Du même auteur

Mort d'un général, Paris, Seuil, 1977.
Baraka, Paris, Denoël, 1984.
L'Ennemi du bien, Paris, Mazarine, 1986; rééd. Gallimard, « Folio ».
Paradis Blues, Paris, Payot, 1988; rééd. Gallimard, « Folio », 1990.

Les bâtards de Voltaire

Pour Maurice Strong, qui m'a appris qu'il était possible d'établir une relation judicieuse entre les idées et l'action.

Essais Payot

John Saul
Les bâtards de Voltaire
La dictature de la raison en Occident

Traduit de l'anglais
par Sabine Boulongne

« Écartons ces romans qu'on appelle systèmes ;
Et pour nous élever descendons dans nous-mêmes. »

Voltaire

Titre original

VOLTAIRE'S BASTARDS.
THE DICTATORSHIP OF REASON IN THE WEST
(New York, The Free Press)

Première partie
ARGUMENT

La raison est un étroit système
gonflé en idéologie.

Le temps et le pouvoir aidant,
elle s'est changée en dogme,
dépourvu d'orientation et
caché sous les apparences d'une recherche désintéressée.

Comme la plupart des religions, la raison
se présente comme la solution des problèmes
qu'elle-même a suscités.

CHAPITRE PREMIER

Où l'auteur donne sa position

Dans les moments de grande passion, l'esprit est en général submergé par une vision enflammée de la personne que l'on tient dans ses bras. En un pareil instant, il est peu probable qu'on songe à analyser ses travers, réels ou hypothétiques. Surtout si on se trouve dans l'obscurité. Quant au fruit éventuel de ce commerce charnel, il faudrait être un amant bien singulier pour, en pleine action, se ronger les sangs en se demandant si l'enfant à venir sera une création convenable et digne d'exister.

A posteriori, il est aisé de critiquer la passion avec laquelle Voltaire et les autres penseurs du xviiie siècle ont embrassé la raison. Ces hommes appartenaient à des sociétés encore gouvernées par les infamants caprices de la vie de cour. Tous avaient été jetés en prison ou menacés de l'être pour avoir exprimé leurs opinions. Dans la plupart des pays, la justice recourait encore officiellement à la torture pour arracher des aveux, et les condamnés encouraient toute une gamme de châtiments inhumains, à commencer par le supplice de la roue. Ces instruments du pouvoir arbitraire constituaient en quelque sorte une forme sociale des ténèbres. En Europe et en Amérique, les philosophes se jetèrent éperdument dans les bras de la raison, convaincus que de nouvelles élites rationnelles, capables d'édifier une civilisation novatrice, verraient ainsi le jour. Cette histoire d'amour fut d'une fertilité miraculeuse, au point que la société s'en trouva avantageusement réformée, au-delà de ce que n'importe lequel de ces penseurs avait pu imaginer.

Et pourtant, privé de l'influence modératrice d'une quelconque structure éthique, l'exercice du pouvoir eut tôt fait de devenir la religion de ces nouvelles élites. Leurs réformes entraînèrent notamment une institutionnalisation sans précédent et permanente de la violence étatique, alliée à une rivalité croissante entre les méthodes démocratiques et les méthodes rationnelles, ces dernières prenant peu à peu le dessus.

Si Voltaire revenait aujourd'hui parmi nous, il serait horrifié par les

9

nouvelles structures en place, cette mauvaise caricature des changements pour lesquels il lutta en son temps. Il déclinerait toute responsabilité vis-à-vis de ses descendants – nos élites dirigeantes – et s'emploierait probablement à les combattre avec la même hargne qu'il consacra jadis aux courtisans et aux prêtres.

De nos jours, il est difficile d'évaluer l'impact que Voltaire eut sur ses contemporains. Il connut une renommée inégalée au XVIIIᵉ siècle. Bien qu'il ne fût pas un philosophe, pas plus qu'il ne proposa de système philosophique, ses idées marquèrent l'évolution du monde occidental presque jusqu'à la fin du XIXᵉ siècle. Sa vie fut un tissu de contradictions. Il était consumé par l'ambition sociale et la cupidité. Pur produit de la classe moyenne, il perdit une bonne partie de son existence à tenter de se faire accepter par l'aristocratie tout en s'efforçant de devenir un courtisan accompli. Fils d'un homme d'affaires de province, il fit fortune grâce à l'agriculture, à la manufacture et au marché de l'argent; il se trouva ainsi impliqué dans d'interminables scandales et dans des procès peu reluisants. D'un autre côté, une foi irrésistible en la réforme sociale l'animait. Et parmi tous les hommes de lettres du XVIIIᵉ siècle, il fut le seul à avoir su imposer cette question dans les débats publics.

Deux drames imprévisibles l'obligèrent en définitive à favoriser les facettes positives de sa nature. En 1726, à l'âge de trente-deux ans, il fut embastillé pour la deuxième fois. Les autorités offrirent cependant de lui rendre sa liberté pourvu qu'il acceptât de s'exiler. Il alla donc vivre deux ans et demi en Angleterre, découvrant ainsi une nation où « les hommes ont des pensées libres et nobles ». À son retour, il exagérera d'ailleurs les vertus d'Albion de façon à encourager les changements dans son propre pays.

Les trois mois passés en compagnie de Jonathan Swift dans la demeure de Lord Peterborough constituèrent sans doute la phase la plus déterminante de cet exil. Les pamphlets et les romans qu'il écrivit par la suite s'édifièrent sur un art de l'ironie et du ridicule que Swift avait été le premier à perfectionner, mais dont Voltaire sut faire des armes populaires invincibles. « Tous les genres sont bons hors le genre ennuyeux », disait-il. Ses *Lettres philosophiques*, publiées en 1733, furent l'un des premiers grands coups portés aux pouvoirs établis. Quant au *Siècle de Louis XIV*, il donna naissance à la méthode historique moderne. Voltaire entreprit des recherches scrupuleuses pour rédiger cet ouvrage qui traite non d'un roi mais d'une société.

Autre tragédie venue briser le cours de sa vie: son cuisant échec comme courtisan, à Versailles d'abord, puis à la cour de Frédéric le Grand. Voltaire était déjà le dramaturge le plus réputé et une célébrité en Europe lorsqu'il s'enfuit brusquement de la cour de Prusse. Il ne trouva d'asile nulle part ailleurs. Enfin il s'installa à Ferney, un domaine situé près de la frontière suisse, pour des motifs de sécurité. Là, loin des capitales et des cours des rois, il fut contraint de ne plus compter que sur sa plume.

Faute d'avoir influencé les monarques et les hommes de pouvoir qu'il avait approchés, Voltaire se tourna vers les citoyens, devenant ainsi le champion des droits de l'homme, l'avocat le plus habile des réformes concrètes. « Il faut avoir pour passion dominante l'amour du bien public » : voilà qui résume en peu de mots les vingt dernières années de sa vie. Il inonda l'Europe de pamphlets, de romans et de poèmes, tous d'inspiration politique.

Les philosophes de profession, aujourd'hui comme alors, reprochent à l'œuvre voltairienne de manquer d'idées grandioses et systématisées. Or ce ne sont pas forcément ces idées-là qui changent les sociétés. Voltaire concentra son attention sur six libertés fondamentales : celle de la personne (en luttant contre l'esclavage), la liberté de parole et de la presse, la liberté de conscience, la liberté individuelle, la garantie de la propriété privée et le droit au travail. En s'adressant aux citoyens et non à leurs dirigeants ou aux autres penseurs, il inventa l'opinion publique telle que nous la concevons aujourd'hui. En imposant un nouveau vocabulaire, « acceptable » par tous les hommes civilisés, il contraignit ceux-là mêmes qui détenaient les rênes du pouvoir à se battre sur son propre terrain. Il fut à lui seul une armée de guérilla car, il le dit lui-même, « Dieu n'est pas pour les gros bataillons, mais pour ceux qui tirent le mieux [1] ».

Durant la dernière année de sa vie – 1778 –, Voltaire regagna Paris en triomphateur. Pendant des mois, il fut adulé, courtisé, applaudi par toutes les classes sociales. Celles-ci semblaient profiter de la réapparition du vieillard dans la grande capitale européenne pour montrer qu'elles s'étaient ralliées à l'idée d'un gouvernement régi par une alliance philosophique inédite et équilibrée entre la raison et l'humanisme. Les pouvoirs arbitraires de l'Église et de l'État paraissaient tout à coup si fragiles qu'ils ne résisteraient pas à la première crise suffisamment forte pour faire souffler le vent du changement. En attendant, Voltaire s'abandonnait aux plaisirs d'être adulé. Toutes ces flatteries l'épuisèrent peu à peu et il en mourut.

Quand la crise surgit, elle se propagea dans toute l'Europe comme une traînée de poudre. Dès 1800, les désagréments des nouvelles méthodes étaient devenus aussi évidents que leurs avantages. Reportons notre attention sur les désordres qui en résultèrent : nos regards sont irrésistiblement attirés par les batailles politiques de l'époque. Avec le recul, cependant, on voit clairement que l'hypothèse fondamentale de Voltaire – celle de ses amis à travers toute l'Europe comme celle des Américains – était erronée. L'humanisme était incapable de contrebalancer la raison. De fait, ces deux concepts s'avéraient être des ennemis inconciliables.

On estime en général qu'une civilisation incapable de faire la distinction entre l'illusion et la réalité est en bout de course. Notre propre réalité

11

est dominée par des élites qui ont passé l'essentiel des deux derniers siècles – pour ne pas dire des quatre derniers – à organiser la société sur la base de réponses prédéterminées et de structures destinées à produire des réponses. Ces structures se fondaient sur un savoir-faire, celui-ci s'édifiant à son tour sur la notion de complexité, l'ensemble ayant pour effet d'en rendre la compréhension aussi difficile que possible. « Ce dont nous ne pouvons parler, affirme Ludwig Wittgenstein, nous devons le passer sous silence [2]. » Contre un pareil mutisme, les armes les plus efficaces de l'écrivain ont toujours été la simplicité et le bon sens. Or jamais les gardiens du verbe n'ont été aussi coupés des réalités du pouvoir. De fait, jamais des gens aussi aptes à manipuler les mots n'ont tenu les leviers du pouvoir. En conséquence de quoi la culture occidentale ressemble de moins en moins à un reflet critique de sa propre société.

Notre civilisation nous semble stupéfiante quand on considère ce qu'elle est apparemment capable de comprendre et de savoir. Jamais l'histoire n'a connu d'élites aussi considérables, chargées de tels fardeaux de connaissances. Cette formidable réussite domine nos existences. Tout naturellement, ces élites se sont attachées à définir elles-mêmes les qualités essentielles et les plus admirables qui s'imposeront à chaque citoyen.

La possession, l'usage et le contrôle du savoir sont devenus leurs thèmes fétiches : c'est la rengaine du savoir-faire. Pourtant, le pouvoir des élites dépend moins du parti qu'elles tirent de leurs connaissances que de l'efficacité avec laquelle elles contrôlent l'usage qui en est fait. Ainsi on trouve, parmi les illusions qui ont investi notre civilisation, la conviction absolue que la solution à nos problèmes réside dans l'application hardie d'un savoir-faire organisé rationnellement. Alors qu'en réalité nos problèmes résultent en grande partie de cette application même. On s'imagine que nous avons créé la société la plus complexe qui soit depuis l'émergence du genre humain. En fait, la répartition du savoir en domaines de compétences dignes de l'époque féodale a rendu la compréhension générale et l'hypothèse d'une action coordonnée non seulement impossibles, mais méprisables et suspectes.

Lorsque nous considérons l'ascendant et le pouvoir de l'argent, des armées, de la magistrature, ou encore la facilité avec laquelle la censure, la violence et l'emprisonnement musellent des auteurs, le verbe nous paraît d'une fragilité extrême. Or il suffit de prendre un peu de recul pour mesurer la puissance du langage. Rien ne fait plus peur aux détenteurs de l'autorité que la critique. Qu'ils soient démocrates ou dictateurs, ils sont incapables de reconnaître que c'est précisément l'outil le plus à même de permettre à une société, quelle qu'elle soit, d'éviter les erreurs. La faiblesse du pouvoir fondé sur la raison saute aux yeux quand on considère la critique comme une force négative encore plus qu'un roi médiéval ne l'aurait fait. Après tout, le fou lui-même n'a-t-il pas été banni des châteaux du pouvoir moderne? Qu'est-ce qui effraie donc tant nos élites?

C'est le langage – et non pas l'argent ou la force – qui est facteur de légitimité. Tant que les systèmes militaire, politique, religieux ou financier ne contrôlent pas le langage, l'imagination du public peut évoluer librement, au gré d'idées qui lui sont propres. L'autorité établie a toujours eu davantage à redouter des propos incontrôlés que des forces armées. Les lois coercitives de la censure sont rarement efficaces au-delà de brèves périodes, et dans des domaines limités.

Il n'y a rien de particulièrement original dans le fait d'abattre les cloisons intellectuelles, politiques, sociales ou émotionnelles derrière lesquelles on a emprisonné le langage, pour le libérer, avant de voir cette pauvre chose se faire capturer et enfermer à nouveau. Ce processus s'est répété d'innombrables fois au cours de l'histoire. Les manieurs de mots qui servent nos imaginations ont toujours été dévoués à la communication. La clarté constitue inévitablement leur méthode, l'universalité étant leur objectif. En revanche, les façonneurs de mots qui œuvrent au service du pouvoir établi sont à jamais voués à l'obscurantisme. Ils châtrent l'imagination, assujettissant le langage à une complexité qui en fait l'apanage d'un cercle restreint. L'élitisme est leur objectif. Le signe indubitable d'une société bien contrôlée, ou en déclin, est précisément que le langage a cessé d'être un outil de communication pour devenir un bouclier au service de ceux qui le maîtrisent.

Si la raison est une idée et la société rationnelle une abstraction, alors toute notre époque s'est fondée et continue à s'appuyer sur le langage. De la même façon que le déferlement d'idées et de mythes survenu au XVIIᵉ et au XVIIIᵉ siècle ouvrit la voie à d'infinis changements au sein des structures gouvernementales et sociales, le découpage et le cloisonnement du langage en fiefs spécialisés ont fait qu'il est désormais impossible pour le citoyen de prendre une part effective à la société. L'ironie humaniste aguichante des premiers temps a cédé le pas à un cynisme rationnel rebutant et à la manie des slogans caractéristique de notre époque. Et s'il s'est trouvé quelque chose d'inexorablement défectueux dans les premiers changements – une sorte de grave malentendu au cœur même de la raison –, alors cette faute doit encore subsister, enfermée quelque part dans les structures impénétrables et byzantines de notre société.

La notion de compréhension universelle survit dans nos mémoires. Stéphane Mallarmé, dont T. S. Eliot se fit l'écho, disait que nous devrions « purifier le dialecte de la tribu ». Il s'agit ici d'un simple rite de purification, d'un dépouillement des structures byzantines destiné à mettre au jour notre filiation historique et notre réalité contemporaine. Il n'est pas question ici de réaligner nos idées, mais simplement de démontrer leur alignement naturel, dicté par le bon sens.

En quelques pages, nous allons passer en revue quatre cents ans d'histoire sans autre forme de procès. Les « stops » et les sens uniques philosophiques sont plus ou moins passés sous silence. Les grands domaines du savoir-faire moderne sont amalgamés comme s'ils ne faisaient qu'un, et non représentés tels qu'ils existent, comme autant de zones de pouvoir autonomes. Et les justifications avancées par chaque nation sont occultées par la similitude de nos élites modernes, de nos structures, et par la forme que le pouvoir y a prise, en un temps où l'Âge de Raison commence à radoter.

Chapitre II

La théologie du pouvoir

Il y a une vingtaine d'années, les nations démocratiques et industrialisées entamèrent une lutte interne aussi acharnée que factice censée opposer la droite et la gauche. Il s'agissait en réalité de l'agonie de l'Âge de la Raison. Les slogans attribués à l'un et l'autre camp dans cette bataille imaginaire nous étaient remarquablement familiers. Des termes tels que *réforme, socialiste, social-démocrate* et *interventionnisme* furent ainsi opposés à *capitaliste, conservateur, individualisme* et *valeurs établies.*

Ce conflit fut apparemment déclenché par deux crises successives. Ce fut en premier lieu la défaite des Américains au Viêt-nam, qui anéantissait tout un lot d'hypothèses fondées sur l'infaillibilité américaine admises jusque-là par l'ensemble des démocraties. Depuis 1945, rien n'était venu remettre en cause ces postulats. Si un nombre restreint de ces démocraties avaient appuyé l'engagement des États-Unis au Viêt-nam, elles se rangeaient globalement à l'avis de la plus grande nation du monde dans la plupart des autres domaines. La débâcle américaine laissa les gens dans le désarroi le plus total – et ne parlons pas de l'Amérique elle-même. Alors qu'ils tournaient toujours en rond, la deuxième crise vint les frapper de plein fouet, sous la forme d'une déroute économique internationale. Cette dépression dure depuis vingt ans.

Quoi qu'il en soit, nous sommes désormais habitués à ce que nos leaders politiques et économiques ne s'attaquent qu'à des symptômes limités de cette crise, sous un angle toujours positif. Ainsi, ils relanceront la machine pour sortir d'une prétendue récession temporaire, ils géreront le problème suscité par l'endettement du tiers monde, ils mèneront une guerre localisée contre l'inflation, puis ils concentreront leur attention sur cette portion de l'économie qu'ils ont artificiellement stimulée à la limite de l'explosion alors que tout le reste plonge inexorablement dans le marasme. Nous y sommes tellement accoutumés qu'il est difficile de savoir vraiment si la dépression sévit toujours ou si elle est sur le point de

15

disparaître. Il semble que, le soir venu, nous nous endormions avec le vague espoir que les choses seront devenues plus claires au matin. Mystérieusement, il se produit toujours une nouvelle explosion pendant la nuit et, lorsque nous nous réveillons, le problème présente un nouveau symptôme.

Cette dépression, d'une envergure égale, voire supérieure, à celle des années trente, nous submerge encore. Apparemment, aucun gouvernement n'a la moindre idée quant à la manière d'y mettre fin. Et comment pourrait-il en être autrement ? Le contrôle, justifié par un savoir-faire, est l'essence même du leadership rationnel. Admettre l'échec, c'est reconnaître que l'on a perdu le contrôle. Officiellement, nous n'avons pas connu de dépression depuis les années trente. Et dans la mesure où la plupart des experts – les économistes notamment – font partie intégrante du système, au lieu d'être des commentateurs dans le sens propre et indépendant du terme, ils contribuent à nier la réalité. En d'autres termes, notre civilisation éprouve continuellement le besoin de donner le pas à l'illusion sur la réalité et de démentir nos perceptions mêmes.

De fait, au cours des vingt dernières années, nous n'avons strictement rien vu qui ressemblât de près ou de loin au profil traditionnel d'une dépression. La raison en est simple : au lendemain de la crise des années trente, nous avons créé une multitude de soupapes de sécurité et de filets de sauvetage destinés à éviter tout risque d'effondrement général. Ainsi sont nés les règlements bancaires rigoureux, les programmes de sécurité sociale et les services nationaux de santé dans un certain nombre de pays. Ces pis-aller ont remarquablement bien fonctionné, en dépit des tensions et de la mauvaise gestion des vingt dernières années. Cependant, dans la mesure où le système rationnel empêche quiconque occupe des responsabilités légales de prendre suffisamment de recul pour avoir une vue d'ensemble de la situation, en désespoir de cause la plupart de nos gouvernants ont entrepris à tort de démanteler ces soupapes et ces filets comme si c'était le prétexte de trouver une solution théorique générale à la crise.

Pis : le rafistolage de ces garde-fous s'est substitué à une attaque directe du problème. Ainsi, on recourt à la libéralisation des prix afin de stimuler la croissance par le biais de la spéculation monétaire. Lorsque cela produit un regain d'inflation, des contrôles sont imposés à l'économie – d'où une aggravation du chômage. Quand le chômage prend des proportions nécessitant une intervention musclée, la réglementation salariale se dégrade. Cette création d'emplois instables engendre à son tour une reprise de l'inflation, et on relève les taux d'intérêt. Après quoi on recommence le cycle sous la houlette des économistes, qui suivent en fait, étape par étape, un raisonnement interne sans aucun rapport avec la réalité historique. De cette façon, en l'espace de dix ans, l'idée de faire de la dette publique un outil économique, d'héroïque est devenue scélérate. Dans la même période, l'endettement du secteur privé a fait le chemin inverse. Cela n'aurait pas été possible si nos économistes n'avaient pas le nez collé sur des raisonnements établis qui leur permettent d'éluder les comparaisons sérieuses et les références aux leçons bien réelles de la période précédente.

D'une manière générale, tout cela signifie que l'on prend les méthodes de gestion pour des solutions. De sorte que, comme dans un jeu compliqué, on repousse le problème avec le long bâton de la rationalité d'un coin à un autre du terrain. En conséquence de quoi nous sommes perpétuellement au bord de la récession – jamais dedans, quoi qu'en disent les indices – ou soutenus artificiellement. Auquel cas nous réussissons à nous convaincre que nous volons en altitude.

L'argument politique concomitant a eu gain de cause pendant quelques années, jusqu'au jour où nous nous sommes aperçus que son vocabulaire ne s'appliquait pas au problème. Dans les années soixante-dix et quatre-vingt, les politiques économiques dites de gauche, aux États-Unis, au Canada, en Angleterre et en Allemagne, ont provoqué la chute des autorités en place, qui furent remplacées par des gouvernements prétendument de droite. Dans le même temps, des politiques identiques, en France, en Espagne, en Australie et en Italie, considérées comme de droite, donnèrent lieu au remplacement des gouvernements au pouvoir par les tenants d'idées de gauche.

Cette confusion généralisée obscurcit encore la mémoire historique du public. Ainsi, la droite américaine a détenu le pouvoir pendant vingt ans. L'ordre est une de ses obsessions. Elle soutient que la gauche – les *libéraux*, terme dont la signification est loin d'être claire – est incapable de maintenir l'ordre. Pourtant, depuis vingt ans, les vols à main armée, la violence et le crime ont proliféré jusqu'à atteindre des niveaux sans précédent – tant aux États-Unis que par rapport aux autres pays occidentaux. Ce qui n'empêche pas la droite américaine de se considérer comme l'incarnation du maintien de l'ordre et de passer pour telle aux yeux de ses opposants de gauche.

Nous sommes entourés de contradictions flagrantes de cette espèce. Nous parlons sans fin de l'individu et de l'individualisme, quand un simple coup d'œil objectif aux grandes questions de notre temps nous permettrait de voir que nous vivons une époque de grand conformisme. Nos sociétés se fondent sur des principes démocratiques et pourtant la quasi-totalité de nos grands penseurs refusent de prendre part à ce processus, abandonnant l'exercice du pouvoir politique à des gens pour lesquels ils n'ont aucun respect. Nos leaders économiques nous dragonnent au nom du capitalisme, quand la plupart d'entre eux sont des employés à l'abri du risque. Nous sommes obnubilés par la concurrence, quand l'armement – un bien de consommation artificiel – occupe le premier rang du commerce international. Nous condamnons les marchands d'armes, que nous taxons de sournoiserie et d'immoralité, sans vouloir admettre que nos hauts fonctionnaires et nos industriels sont responsables de plus de 90 % des trafics d'armes. Jamais auparavant nous n'avons été noyés sous un tel flot d'informations; et pourtant, toutes les organisations – publiques et privées – fonctionnent selon le principe du secret de l'information *a priori*. Nous sommes convaincus que les gouvernements n'ont jamais été aussi puissants; dans le même temps, on a l'impression qu'ils sont pour ainsi dire incapables d'imposer des changements, à moins d'un effort proprement surhumain. Pour en revenir à notre premier exemple : après avoir cultivé pendant un siècle le respect de soi chez les employés, tout en leur garantissant la stabilité de l'emploi, notre première réaction dès que la dépression pointe son nez consiste à tourner le dos au secteur industriel pour miser sur les services. Nous voulons croire que ces derniers – le *software*, les bureaux de consultants ultraspécialisés – sont la voie de l'avenir alors que la plupart des emplois que nous créons se situent tout en bas de l'échelle des services – serveurs, vendeurs, intérimaires – et qu'ils n'offrent aucune garantie et aucune perspective à long terme. En d'autres termes, l'essentiel des créations d'emplois des années quatre-vingt représente une défaite de nos sociétés théoriquement équilibrées et stables.

Nous attribuons facilement cette schizophrénie occidentale à des intérêts nationaux ou à des conflits idéologiques. La gauche officielle imputerait la plupart de nos problèmes à un égoïsme débridé, comme s'il lui restait une idée quelconque sur la manière de dompter l'intérêt personnel au profit du bien de tous. Quant à la droite, elle hausserait les épaules hardiment – ou plutôt cyniquement –, l'air de dire que la réalité n'est pas commode. Mais un cynisme est probablement une forme déguisée d'impuissance mêlée de confusion. De toute façon, aucune de ces contradictions n'a quoi que ce soit à voir avec la réalité.

En définitive, tout cela démontre que, si nous ne sommes pas aveugles, nous voyons sans percevoir les différences entre réalité et illusion. De telle sorte que lorsque l'une de ces différences – en particulier à l'échelle internationale, avec l'arrière-plan mythologique que cela suppose – paraît se résoudre, c'est aussitôt l'euphorie générale. Celle-ci s'apaise ensuite sans que notre schizophrénie en soit le moins du monde affectée. Ce déplacement constant des responsabilités nous fait oublier l'unité profonde du monde occidental et osciller brutalement entre des visions tour à tour optimistes et pessimistes, entre nationalisme et internationalisme.

Il faut reconnaître qu'au premier abord l'Occident apparaît comme une vague chimère. Que penser de ces quelque dix-sept pays répartis sur trois continents et divisés par leur langue, leur mythologie et certaines rivalités tribales tenaces? D'ailleurs, le terme d'« Occident » lui-même n'est guère justifié.

En y regardant de plus près, on peut considérer qu'une série d'expériences et de croyances fondamentales partagées lient les unes aux autres l'Europe, l'Amérique du Nord et l'Australasie. De l'empreinte judéochrétienne aux crises démocratiques et révolutionnaires en passant par la Réforme, la Renaissance et la révolution industrielle, l'Occident s'est constitué à travers une succession d'épreuves dont on a fait des postulats. Ces derniers s'édifiaient pour leur part sur des hypothèses fondées ou des mythologies relatives à Rome et à la Grèce antique. C'est cet Occident-là qui s'est regroupé sous la bannière de la Raison. Et non pas les vastes empires chaotiques de la Chine ou de la Russie, qui se sont développés en leur temps sur la base d'une succession d'expériences et d'hypothèses distinctes. Non plus que le Japon, qui constitue un cas à part. Ni ce que nous appelons le tiers monde, bénéficiaire et victime à la fois de nos postulats. Il s'agit de cet Occident qui s'est accoutumé à certaines illusions afin d'éviter de faire face à sa propre réalité.

Depuis plus de quatre siècles et demi, notre civilisation vit une ère que notre obsession du progrès et notre servilité vis-à-vis d'une structure nous ont incités à rebaptiser une douzaine de fois – comme s'il suffisait de brandir des concepts fondamentaux pour faire croire à une évolution. En réalité, nous n'avons jamais dépassé les idées fondamentales du XVIe siècle qui, faute de définition plus précise, devraient être qualifiées de concepts de la raison. Il y aura bientôt cinq cents ans que sévit l'Âge de la Raison. Chaque jour, des idées, des structures, des croyances nouvelles viennent s'agglutiner à l'armature fragile de ces quelques concepts fondamentaux.

Pourtant, même aux premiers jours, ce n'étaient pas des idées de grande envergure. Sans compter que, dès le départ, elles se fondaient sur un malentendu essentiel : elles prétendaient que la raison constituait une arme morale, alors qu'en réalité il ne s'agissait guère que d'une méthode administrative désintéressée. Cette erreur fondamentale explique peut-être la force inaltérée de la raison, dans la mesure où, pendant des siècles, les élites occidentales furent contraintes d'inventer un sens moral là où il n'en existait aucun.

La mémoire est l'ennemi juré de la structure. Celle-ci se nourrit de méthode et tout contenu l'entrave. Le besoin que nous avons de nier l'amoralité de la raison a fait de la mémoire la première victime des nouvelles structures en place. Nous devons donc à tout instant nous rappeler que l'idée rationnelle a joué un rôle moteur au cours de presque cinq siècles de crises occidentales. Elle est à l'origine de nos hypothèses fondamentales et, partant, des grandes divisions de notre système. La raison demeure la manifestation du moi conscient de l'homme occidental et par conséquent de la meilleure partie de son être. On reconnaît toujours en elle la lumière qui guide nos pas au-delà des sables mouvants de nos instincts les plus vils.

Au départ, nous n'avons eu aucun mal à nous convaincre qu'il en était ainsi. D'autant moins que la raison véhiculait depuis un millénaire un acquis moral. De différentes manières et à des degrés divers, les Grecs reconnaissaient dans la raison (*logos*) l'une des principales caractéristiques humaines, et la plus élevée de toutes. Raison était synonyme de vertu. L'action rationnelle était au service du bien de tous. Les penseurs romains n'entamèrent en rien cette certitude, pas plus que les Églises chrétiennes, qui se contentèrent d'en restreindre la signification afin de justifier leurs vérités reçues. Et lorsqu'au xvie siècle les philosophes commencèrent à nous libérer de cette scolastique stérile, ce fut pour se tourner à nouveau vers Socrate, Aristote et les stoïciens, en quête d'une approche éthique autonome.

De là à croire que la plupart des gens – les philosophes notamment – s'accordaient plus ou moins sur ce qui constituait la raison, il n'y a qu'un pas. Or c'est faux. Il n'existait pas de définition concrète généralement admise – et il n'en existe toujours pas. Le plus souvent, les concepts fondamentaux vous échappent dès que vous tentez de mettre la main dessus. Les penseurs, quant à eux, se sont acharnés à les redéfinir au long des siècles.

En vérité, leurs définitions n'ont pas plus d'importance que la mienne ne pourrait en avoir. Ce qui compte, c'est la manière dont notre civilisation comprend, perçoit ou sent la raison. Qu'attendons-nous d'elle ? De quelle mythologie s'entoure-t-elle ?

Une chose est claire : en dépit des redéfinitions successives, la vision populaire de la raison et les espérances qu'elle suscite sont restées pour ainsi dire inchangées. Cette constance semble même résister à ses effets véritables lorsqu'elle est appliquée, avec une ténacité telle qu'il est difficile d'imaginer un concept plus résolument optimiste, hormis peut-être celui de la vie après la mort.

Par ailleurs, la recrudescence de l'attention accordée à l'élément rationnel depuis le xviie siècle a eu une incidence inattendue. Tout à coup, la raison se distingua des autres caractéristiques humaines plus ou moins reconnues – l'esprit, l'envie, la foi, l'émotion, mais aussi l'intuition, la volonté et, plus important encore, l'expérience – et elle les surpassa. Cette mise en avant progressive se perpétue de nos jours. Elle a atteint un degré de déséquilibre tel que la portée mythologique de la raison occulte tout le reste, repoussant les autres éléments aux marges d'une respectabilité douteuse.

Ce solo prolongé et hypnotique a eu pour effet pratique de faire des cinq derniers siècles l'Âge de la Raison. Nous divisons généralement cette période de l'histoire en une multitude de phases : le siècle des Lumières, le romantisme, le néo-classicisme, le néo-réalisme, le symbolisme, l'esthétisme, le nihilisme, le modernisme – pour n'en citer que quelques-unes. Toutefois, les différences entre ces courants, de même que celles qui séparent l'école de Bacon de celle de Descartes, se confondent lorsqu'on prend suffisamment de recul pour tout embrasser du regard. Les arguments abstraits, déductifs de Descartes, qui justifient mathématiquement leurs conclusions, se fondent ainsi avec l'approche empirique, mécaniste de Locke, qui s'amalgame à son tour au déterminisme de Karl Marx. En d'autres termes, depuis les environs de 1620, voire de 1530, il semble que nous nous soyons contentés de fignoler des détails. Ou plutôt de cabrioler de droite et de gauche pour nous dissimuler qu'au cours de cette longue période nous n'avons fait en réalité qu'un seul pas – à l'opposé de la révélation divine et du pouvoir absolu de l'Église et de l'État.

Ce combat bien réel contre la superstition et le pouvoir arbitraire fut remporté grâce au recours à la raison et au scepticisme. Il a fallu tout ce temps pour que raison et logique d'une part, et scepticisme de l'autre, s'insinuent jusqu'aux racines de la société occidentale. Après tout, un monarque absolu régnait encore sur l'Allemagne il y a soixante-quinze ans et sur la France il y a cent vingt ans. Le suffrage universel remonte, d'une manière générale, à une cinquantaine d'années; et la fin de l'antisémitisme catholique officiel est encore plus récente.

On peut aisément démontrer que la raison n'a pas encore été absorbée par nos sociétés occidentales. D'importantes régions du sud des États-Unis et certaines métropoles du Nord telles que New York et Washington, des villes de l'Italie du Sud et des Midlands, en Grande-Bretagne, ainsi que certains quartiers de Londres n'ont jamais pu s'élever au-dessus de conditions que nous croyions réservées au tiers monde, ou y sont retombées. Mais l'évolution des civilisations est toujours truffée de contradictions qui ne changent rien aux vérités fondamentales.

Les querelles idéologiques des cent dernières années n'ont pas ajouté grand-chose à la ligne directrice que nous avons suivie. Au contraire, une série d'événements grandioses et sombres – bains de sang d'inspiration religieuse en Europe, dictatures napoléoniennes et concurrence industrielle illimitée, pour n'en citer que trois – ont eu raison tour à tour de la société occidentale, et cela apparemment à la faveur de méthodes rationnelles. La conviction initiale et aisée que la raison était une force morale s'est peu à peu changée en un parti pris désespéré. Le xxᵉ siècle a assisté à l'accession finale de la raison pure au pouvoir; il a vu également des explosions de violence et des défigurations sans précédent de ce même pouvoir. On peut difficilement nier que le meurtre de six millions de Juifs a été un acte parfaitement rationnel.

Notre civilisation a pourtant été construite dans le dessein précis d'éviter de tels dénouements. Nous imputons soigneusement – rationnellement – nos crimes à des impulsions irrationnelles, en fermant les yeux sur le malentendu qui est à la base de tout : la raison n'est pas autre chose qu'une structure. Or une structure est toujours plus facilement contrôlée par ceux qui s'estiment affranchis du poids encombrant du bon sens et de l'humanisme. Elle convient avant tout à des manipulateurs qui ont du goût pour le pouvoir dans ses formes les plus pures.

L'Âge de la Raison est ainsi devenu celui de la Structure, une époque où, faute d'un dessein, la quête de pouvoir en tant que valeur en soi est devenue le principal indice de l'approbation sociale, le mérite se mesurant pour sa part à l'aune du pouvoir acquis.

Le savoir devait bien évidemment se poser en garant de la force morale de la raison, une arme invincible entre les mains de l'individu, grâce à laquelle la société devait s'édifier sur des actions sensées et réfléchies. Mais dans un monde fondé sur le pouvoir exercé au travers d'une structure, la considération désintéressée du savoir ne peut tout simplement pas tenir le coup et se change rapidement en une manie du savoir-faire. À la vieille civilisation de classes se substitua un système de castes, version hautement sophistiquée du corporatisme. Devenu la monnaie du pouvoir, le savoir fut conservé en tant que tel. Cette nouvelle race d'experts secrets était tout naturellement hantée non par la volonté de promouvoir une compréhension générale, mais par l'obligation de fournir des réponses. Cette soif intarissable de réponses est l'une des grandes caractéristiques de l'Occident depuis les années cinquante. Mais quel est l'intérêt d'obtenir des réponses qui, faute de mémoire et d'entendement, n'ont aucun sens ? Cet amalgame entre une réponse correcte et la recherche de la vérité est peut-être le signe le plus douloureux de notre confusion.

Une curieuse confusion, à vrai dire ! Organisées et calmes en apparence, nos vies se déroulent en réalité dans une atmosphère fébrile, pour ne pas dire frénétique. Des hordes de réponses « capitales » nous assaillent, puis s'envolent, soudain dénuées de sens. Des chapelets de solutions « absolues » viennent résoudre les grands problèmes de notre société ; après quoi elles se volatilisent sans que nous ayons eu le temps de prendre conscience de leur échec. Les autorités publiques, les chefs d'entreprise, les experts n'ont plus vraiment l'obligation de rendre compte de leurs actions, dans la mesure où la fragmentation de la mémoire et de la compréhension a bouleversé la notion de responsabilité individuelle.

Tout cela parce que le langage s'est émoussé sous le règne de la structure et du pouvoir abstrait. Il y a belle lurette que les concepts fondamentaux à partir desquels nous opérons ont été coupés de leurs racines pour se métamorphoser en rhétorique pure. Ils n'ont plus aucune signification. Ils sont utilisés à l'aveuglette, ou administrativement, comme des masques. Plus le langage limite le discours général, plus nous cherchons à trouver des réponses.

Pourtant, nous n'en avons pas tellement besoin. Les solutions sont une denrée bon marché de nos jours. Elles sont un remède de charlatan, le reconstituant des élites rationnelles. Et les structures dont elles émanent sont en grande partie responsables de la panique endémique de l'homme moderne.

Nous nous efforçons bien évidemment de considérer ce siècle sous un meilleur jour : moins comme une réussite que comme une période marquante, significative. Nous nous considérons comme des victimes du

22

désordre qui succéda à la désintégration de l'ordre religieux et social. Dans ce vide, la conscience collective occidentale ne pouvait éviter de se morceler. La succession de grandes phases génériques – Raison, siècle des Lumières, romantisme – devait s'achever par une explosion, et de ces gravats devait naître une époque confuse au sein de laquelle une foultitude d'idéologies se disputaient nos esprits et nos corps.

C'est ainsi que, à en croire la légende, le fascisme, le nazisme, le communisme, le marxisme, le socialisme, la démocratie et le capitalisme firent manœuvrer leurs armées intellectuelles, militaires et économiques dans l'Occident tout entier. Pour ne pas dire la planète. Dès les années cinquante, fascisme et nazisme avaient été anéantis grâce à une alliance temporaire entre les autres. Aujourd'hui, communisme et marxisme paraissent sur le point d'être éliminés à leur tour. Le capitalisme et la démocratie, nuancés de socialisme, règnent pour ainsi dire en maîtres après un siècle de bataille généralisée dans la confusion la plus totale. La deuxième guerre de Cent Ans s'achève.

Malheureusement, à l'instar de la première, celle-ci n'a pas eu de véritable sens. Ce fut une diversion vaine et superficielle. En termes de *Realpolitik*, notre siècle se termine à peu près comme il a commencé. Le Japon domine toujours l'Orient et poursuit son essor. Il en va de même de l'Allemagne en Occident et des États-Unis dans les Amériques, même s'ils vacillent tous quelque peu. La Russie, la Chine et la Grande-Bretagne sont, comme il y a cent ans, en plein déclin, chacune se maintenant en place par des élastiques d'une résistance douteuse. Quant aux puissances moyennes, elles ont recouvré leur relative stabilité du début du siècle. La France elle-même se retrouve à peu près dans le même état qu'en 1900 : si elle a perdu son empire, elle a réussi à reprendre un rôle central sur le continent européen.

Cette guerre idéologique a peut-être été coûteuse dans tous les sens du terme ; cela ne veut pas dire pour autant qu'elle a eu une portée véritable. Les hommes sont parfaitement capables d'inventer des raisons concrètes mais stupides pour justifier leurs luttes fratricides. De grandes batailles, comme Crécy et Azincourt, l'ont parfaitement démontré durant la première guerre de Cent Ans.

Le vide que tout cela était censé combler n'avait en réalité rien d'un vide. La structure et la méthodologie de la raison prévalaient partout pendant ces affrontements. En réalité, tout au long du xxe siècle, une profonde unité a cimenté l'Occident : la confusion superficielle que nous avons prise pour un vide n'est autre que le produit de l'amoralité propre à la raison. La conversion de la civilisation occidentale à une méthodologie dénuée de valeurs – humanistes, morales ou esthétiques – ne pouvait manquer de nous précipiter dans d'interminables combats sans fondement. Plus précisément, les batailles du xxe siècle pourraient être taxées de parfaite inconscience. D'autant que la force qui les sous-tendait n'était qu'une abstraction acéphale. Cela explique peut-être que nous soyons

23

obnubilés à ce point par le raffermissement de la conscience individuelle. Les être humains ont tendance à personnaliser les problèmes de civilisation qui leur échappent.

Au cours de la décennie qui vit l'affirmation de l'État-nation rationnel grâce à certains événements tels que la guerre civile américaine, le deuxième Acte de réforme en Grande-Bretagne, la dislocation de l'Empire autrichien en une monarchie dualiste, l'affranchissement des serfs en Russie, la naissance de l'Allemagne, du Canada et de l'Italie, Matthew Arnold évoquait dans *Dover Beach* une vision du siècle à venir :

> Et nous sommes là sur une plaine obscure,
> Balayée d'appels confus à la lutte, à la fuite,
> Où des armées aveugles s'affrontent dans la nuit.

Dans un tel contexte, il ne semble guère nécessaire d'approfondir les rivalités opposant les camps en présence. Ni le capitalisme ni le socialisme ne peuvent prétendre être des idéologies. Ce sont des méthodes de répartition de la propriété et des revenus. Pas autre chose. Le plus singulier dans ces méthodologies théoriquement pratiques et prétendument opposées, c'est que ni l'une ni l'autre n'a jamais vraiment existé, hormis sous une forme tout à fait expérimentale. Et encore : elles étaient invariablement mêlées l'une à l'autre. Leurs vocabulaires mutuellement exclusifs comportent davantage de similitudes que de divergences. Pareilles à de jeunes sœurs, elles nous ont imposé leurs fraternelles rivalités. Ce sont en réalité des sous-espèces d'un groupe plus vaste incluant christianisme, nazisme et communisme. Ceci parce que toutes ces formes prospèrent en cultivant le désir, à l'instar de l'islam ; parmi les grands mythes du monde, seul le bouddhisme se fonde sur la modération du désir chez l'individu.

Les idéologies modernes n'ont rien des grandes mythologies. Marx, même s'il fut un analyste de talent, s'employa à avancer des idées inapplicables et des conclusions erronées. Que ces idées aient eu énormément de succès ne les rend pas moins sottes. Au XVIe siècle, l'Inquisition elle aussi se tailla un franc succès – elle contribua d'ailleurs pour une large part à la définition initiale du concept de raison. Et pourtant, on ne peut dire que les inquisiteurs aient fait preuve de bon sens en prétendant que la meilleure manière d'interroger les gens consistait à les écarteler jusqu'à ce que leurs articulations lâchent ou à leur fracasser les membres à coups de maillet. Or l'Europe entière l'accepta en tremblant. Les élites, les rois eux-mêmes n'osèrent pas protester ; jusqu'à ce que le pire fût passé.

Marx eut de la chance de naître quatre-vingts ans avant Walt Disney. Ce dernier proposa lui aussi un paradis pour enfants ; mais à la différence du philosophe allemand il tint sa promesse. Cette remarque vous paraît spécieuse ? Reconnaissez que les idéologies surgies après l'émergence de la raison n'ont pas apporté grand-chose : une fois assises au pouvoir, elles ont entrepris des actions sans aucun rapport avec leur mythologie. Il n'y

24

a jamais eu d'État communiste, rien que des dictatures absolues, désuètes et inefficaces. D'aucuns font grand cas du lourd appareil bureaucratique communiste parfaitement inopérant. Mais qu'y a-t-il de foncièrement communiste là-dedans? En quoi ce pesant système se distingue-t-il des douzaines d'autres bureaucraties tout aussi pesantes et inefficaces – les derniers Mandchous, les Ottomans ou les Byzantins? L'absence de propriété privée est souvent considérée comme un apanage marxiste. Or la plupart des sociétés féodales se fondaient sur la même idée et la même structure; la seule différence était que le dépositaire du pouvoir avait changé de costume. Un roi représentant de Dieu et défenseur du bien public fut remplacé par un Soviet suprême, porte-parole du parti communiste, œuvrant lui aussi dans l'intérêt général.

Si le marxisme était la réponse idéale à un besoin réel de la société occidentale, d'autres chimères auraient pu convenir aussi bien. Walt Disney, pourquoi pas? À l'avant-garde des mythologies, il a métamorphosé l'Amérique en une vision d'elle-même où le citoyen devient spectateur et les croyances des vérités cinématographiques, les leaders se changeant en personnages de théâtre. N'est-ce pas mieux adapté à la vie réelle qu'un système ou une idéologie imaginaire comme le capitalisme?

Au fond, les champions actuels de la libre entreprise et de la concurrence, les gestionnaires bureaucratiques bien protégés au sein d'entreprises cotées en Bourse sont capables de neutraliser sans trop de difficultés les vrais propriétaires (les actionnaires) et les véritables responsables (les administrateurs). Quant au libre jeu de la concurrence, une démonstration classique de son fonctionnement nous a été donnée à l'occasion de la dérégulation des compagnies aériennes américaines dans les années quatre-vingt. On avait promis un plus grand nombre de lignes rivales desservant davantage de destinations à des tarifs plus abordables. En définitive, nous avons perdu sur les trois tableaux. Le libre jeu de la concurrence engendre au mieux des oligopoles, au pire des monopoles. Dans un cas comme dans l'autre, on aboutit à des prix fixes. Cette réalité est occultée dans certains esprits à cause de la symbiose imaginaire que l'on opère entre capitalisme et démocratie – une idée à peu près aussi sotte que serait une symbiose entre socialisme et démocratie. Si on leur laisse le champ libre, l'une et l'autre corrompront nos élus et le corporatisme aura tôt fait de s'installer.

La droite et la gauche, comme le fascisme et le communisme, n'ont jamais été autre chose que des dialectes marginaux aux extrêmes de la raison. Ce sont les réponses naïves auxquelles on pouvait s'attendre d'un foyer idéologique qui, en son fondement même, donne créance à des solutions absolues. Et c'est ainsi que, en dépit de ce méli-mélo d'idéologies factices, l'éthique de la raison continue à se propager au sein de nos sociétés. Certaines de ses caractéristiques initialement moins apparentes se sont frayé un chemin jusqu'à des positions dominantes. D'où l'émergence d'un système déterminé à appliquer une sorte de logique immaculée et neutre

25

à chaque décision, au point que la dictature de la raison a remplacé celle des monarques absolus. L'élaboration et le contrôle de systèmes complexes sont aujourd'hui la clé du pouvoir.

Désormais, l'aspect le plus catégorique de la pensée de Descartes a pris le dessus. Ce sont des réponses que nous voulons ; des réponses simples et nettes qui cachent en réalité d'immenses complexités. L'obsession du tandem vrai-faux nous conduit à des solutions artificielles aussi rassurantes que l'ancienne certitude que la terre était plate. La manie de louer l'efficacité comme valeur en soi a précipité de vastes secteurs de nos économies dans le chaos. Dossiers et organigrammes sont les nouveaux protocoles du pouvoir, équivalents modernes de la cérémonie du lever du roi à Versailles. Le règne contemporain de la raison ressemble fort aux derniers jours de l'Ancien Régime. À l'instar de la monarchie, la raison possède un système parfaitement édifié et intégré qui s'autojustifie. Ce système lui-même fait figure de justification pour la société. À la fin du XVIIIe siècle, personne ne se souvenait que l'Église et les rois avaient initialement instauré leur méthode de gouvernement afin de rendre la stabilité à un continent plongé dans l'anarchie. De la même façon, de nos jours personne ne semble se souvenir de l'intention originelle des systèmes technocratiques complexes dominant nos vies : ils furent adoptés en vue de combattre les forces établies, lesquelles, poussées par l'intérêt personnel et leurs lubies, se servaient du pouvoir comme bon leur semblait.

Il y a quelques années encore, tout le monde s'accordait à dire que ce que dictait la raison était par définition recommandable. Depuis le milieu des années soixante, toutefois, on a de plus en plus l'impression que nos systèmes fonctionnent mal. Une multitude de symptômes le démontrent, même s'ils refusent de s'insérer dans un schéma global. La dépression. L'essor ininterrompu des industries d'armement. La désintégration du système juridique. La confusion des esprits pour ce qui concerne la propriété et le capitalisme... Voilà quelques exemples choisis au hasard parmi une liste interminable. Les signes d'échec sont flagrants, mais le système ne propose aucun vocabulaire pour décrire pareil effondrement. À moins que nous ne nous décidions à devenir irrationnels. Or le vocabulaire de la déraison est celui des ténèbres, aussi l'évitons-nous bien soigneusement.

Ce manque de moyens intellectuels qui nous permettraient de mettre en cause nos actions est évidente à chaque fois que l'on essaie d'exprimer un vague doute, quel qu'il soit : cela est automatiquement jugé naïf, idéaliste, voire nocif pour l'économie, l'emploi, etc. C'est le cas des exportations d'armes à nos ennemis potentiels, de la perte du pouvoir des actionnaires au profit des gestionnaires ou encore de celle du pouvoir parlementaire au profit de l'exécutif. Si nous tentions d'utiliser des mots sensés pour traiter ces problèmes, ils seraient aussitôt récupérés dans les structures de raisonnements officiels qui accompagnent les idéologies modernes – des raisonnements aussi stériles que ces idéologies sont inappropriées. Notre société ne dispose d'aucune méthode autocritique sérieuse pour la simple raison qu'il s'agit désormais d'un système auto-justificateur qui génère sa propre logique.

Dans ces circonstances, comment s'étonner que nos leaders croient aujourd'hui plus que jamais à l'unicité de leur vision ? Quelle que soit la direction qu'ils prennent, ils trouvent toujours d'autres élites pour leur renvoyer un reflet d'eux-mêmes. Les programmes pratiquement iden-tiques des écoles supérieures de commerce et d'administration pro-duisent des gens rompus à la science de la gestion des systèmes. La méthode des cas concrets de la Harvard Business School est l'exemple le plus connu de cette obsession du management à coups de solutions toutes faites, un système où la logique appuiera toujours les conclusions. Dans les périodes de trouble, les masses se mettent en quête de partis respon-sables. Mais quand les élites sont à ce point similaires, cela devient une chasse aux boucs émissaires. Aux États-Unis, on blâme aujourd'hui le sys-tème Harvard. Pourtant, une approche rigoureusement identique se retrouve dans l'ensemble des systèmes pédagogiques occidentaux, qu'il s'agisse de former des avocats ou des politicologues. C'est notamment le cas des enarques en France, qui sont promis à des postes clés au sein de l'administration. L'École nationale d'administration (ENA) s'est fait une spécialité du processus abstrait et logique. En un sens, dans toutes ces écoles, la formation est conçue de manière à développer non pas un talent pour résoudre les problèmes, mais une méthode permettant d'identifier les solutions qui satisferont le système. À partir de là, la logique interne établie fournira toutes les justifications nécessaires.

Depuis plus d'un demi-siècle, nous nous sommes aisément convaincus, non sans une certaine satisfaction, que le christianisme était mort : le psy-chiatre a remplacé le prêtre. Or cela est vrai seulement si l'on considère notre civilisation du point de vue de la chronique mondaine, pour qui seuls comptent des personnages et des détails. En réalité, nous vivons aujourd'hui en pleine théologie du pouvoir pur issu d'une structure et non d'une dynastie ou d'un combat. La sainte trinité est désormais consti-tuée par l'organisation, la technologie et l'information. Le nouveau prêtre est un technocrate : un homme qui comprend l'organisation, fait usage de technologie et contrôle l'accès à une information qui est un recueil de « faits ».

Le technocrate est devenu l'intermédiaire indispensable entre le peuple et la divinité. À l'instar du prêtre d'antan, il détient la clé du tabernacle d'où il extrait de temps à autre, pour la distribuer, l'hostie, ces bribes du divin qui laissent le fidèle sur sa faim. L'hostie représente le savoir, la compréhension, la communication, l'illusion d'un accès au pouvoir. Et le tabernacle demeure ce qu'il a toujours été : le refuge caché de ce savoir, qui fait du secret l'une des clés du pouvoir moderne. Reste la question de l'absolution en matière de responsabilités individuelles. Toutes les religions ont besoin d'aménagements qui leur permettent de faire face aux réalités incontrôlables d'un monde qui refuse de réagir à l'idéologie qu'elles proclament. Ces aménagements prennent la forme d'une « mythologie à accès personnel » accolée presque arbitrairement au pouvoir. Ainsi nous avons remplacé le saint par le Héros. Comme le saint, le Héros a une double fonction. D'abord donner aux masses quelque chose d'exaltant mais de concret sur quoi concentrer leur attention. Par ailleurs, tous les grands systèmes étant sclérosés à cause de leur nature abstraite, le mécanisme du Saint-Héros offre un moyen pratique de faire bouger les choses.

Jamais les membres de ce clergé n'auraient l'idée de se qualifier de technocrates alors que c'est précisément ce qu'ils sont. Qu'ils soient diplômés d'Harvard, de l'ENA, de la London Business School ou des centaines d'établissements similaires, ce sont des hommes de comité, des avaleurs de chiffres toujours détachés du contexte pratique, inévitablement péremptoires et manipulateurs. En réalité, ce sont des mécaniciens hautement qualifiés, formés pour faire marcher le moteur du gouvernement et des affaires, mais totalement incapables, par formation ou par tempérament, de conduire la voiture. D'autant qu'ils n'auraient pas la moindre idée de la direction qu'il conviendrait de prendre si les événements les obligeaient, pour une raison ou pour une autre, à s'emparer du volant. Ce sont des fanatiques du pouvoir pur, coupés des questions de moralité qui justifiaient à l'origine la force de la raison.

Il se peut qu'ils soient honnêtes ou qu'ils ne le soient pas. Pour comprendre notre époque, il est essentiel de percevoir l'amoralité de nos élites. Les terminologies de Locke, de Voltaire, de Jefferson nous ont conduits à évaluer nos semblables à l'aune du bien et du mal. Un homme qui profite du pouvoir pour faire le mal est jugé conscient de ses actes et s'expose à un châtiment grave, au même titre que l'auteur d'un meurtre prémédité. Mais le technocrate n'est pas formé ainsi. Il appréhende les événements selon la logique du système. Plus les choses sont logiques, plus elles semblent être efficaces ou responsables de la structure, meilleures elles sont. De ce fait, qu'il fasse le bien ou le mal, le technocrate agit spontanément, sans préméditation. Un jour il sera l'assassin parfait, le lendemain un saint, sans même le vouloir. D'autant plus que ceux qui réussissent le mieux dans ce genre de formation sont ceux auxquels elle convient naturellement. L'amoralité s'en trouve renforcée. *Dans le royaume des coulisses, l'eunuque est roi* *.

Loin de s'appliquer exclusivement à la formation des hommes d'affaires et des gouvernants, cette méthode d'éducation est désormais l'apanage de presque toutes les professions. Si l'on se penche sur le travail d'un architecte ou d'un historien d'art, d'un professeur de littéra-

* En français dans le texte.

28

ture ou d'un officier des armées, on découvre la même obsession du détail, de l'accumulation des faits, d'une logique interne. Des spécialités comme les sciences sociales – l'économie et la politicologie en particulier – ne constituent guère plus qu'un amalgame de ces éléments, pour la bonne raison qu'elles ne disposent même pas du verdict de l'action concrète, qui les restreindrait. L'entreprise de l'architecte ou de l'officier repose sur des fondements intellectuels solides; mais le technocrate résolu à construire ou à lutter est persuadé qu'il est équipé des meilleurs outils de tous les temps : un système de raisonnement assorti d'un équipement qui correspond à ce système, l'ensemble lui fournissent les preuves tangibles de sa logique.

Robert McNamara est l'un des fleurons de cette technocratie. Lorsqu'il était secrétaire à la Défense, sous Kennedy et Johnson, puis en sa qualité de président de la Banque mondiale, il planifia la guerre du Viêt-nam tout en jouant un rôle central dans le déclenchement de la course aux armements nucléaires et dans le commerce des armes. Il intervint également dans l'édification de la structure financière qui est à l'origine de l'endettement catastrophique du tiers monde.

Certes, on ne saurait mettre son honnêteté en doute. Mais ce détail personnel est hors de propos. Si étonnant que cela puisse paraître, dans nos systèmes, l'intégrité individuelle de nos leaders ou leur malhonnêteté a semble-t-il une portée proprement insignifiante sur leurs actions. McNamara aborda la guerre du Viêt-nam exactement de la même manière qu'il s'attaqua aux problèmes du tiers monde quand il était à la tête de la Banque mondiale. La logique devait assurer la victoire américaine. Nous avons vu comment elle s'apparente à celle qu'il appliqua au recyclage massif de l'argent déposé en Occident par les compagnies pétrolières, précipitant le tiers monde dans un endettement sans précédent.

Au fil de toutes ces catastrophes, il se comporta comme l'homme de la raison, tout en restant fidèle à la nature abstraite du technocrate. De fait, il demeure déterminé à vouloir faire le bien et ne se rend apparemment pas compte des ravages qu'il a causés. Ce n'était pas du tout ce qu'il avait l'intention de faire! Ce n'était pas non plus ce que les organigrammes et les manuels promettaient. Étant donné son intégrité, il n'en revient probablement pas. D'autres technocrates, moins intelligents, plus sournois, n'auraient pas hésité à réécrire les manuels scolaires pour prouver le bien-fondé de leur logique.

Le lecteur s'étonnera peut-être que l'on soit passé aussi brutalement de questions très générales à la dissection d'un individu. Robert McNamara est un symbole de la fin de l'Âge de la Raison et, alors que je me frayais un chemin dans le dédale des quarante dernières années, il se trouve que

29

son nom ressurgissait à tout moment. Mon analyse essaie avant tout d'éviter les arguments limités à des secteurs précis. Ainsi, ce qui est intéressant dans le cas McNamara, ce n'est pas tant ce qu'il fit pour promouvoir le commerce des armes que la comparaison à établir entre ce fait et les efforts qu'il déploya pour venir en aide aux pays du tiers monde. Plus fascinante encore est la comparaison que nous pouvons faire entre cet homme et une autre figure clé située à l'autre extrémité de l'Âge de la Raison, le cardinal de Richelieu.

Contemporain de Descartes, le cardinal détint le pouvoir en France de 1624 à 1642, comme principal ministre du roi. À bien des égards, il fut le premier homme d'État moderne, le premier à appliquer une méthode rationnelle, systématique, à ce concept nouveau qu'était l'État-nation. Une interprétation classique du personnage – au demeurant exacte dans les détails – ferait apparaître un autocrate retors et abscons. Le même examen nous montrerait McNamara sous les traits d'un homme intègre, honnête, en quête de justice et d'efficacité. En réalité, avec le recul, on s'aperçoit qu'en établissant les fondements du premier État moderne Richelieu conféra à la retenue personnelle et à la responsabilité sociale des rôles essentiels, alors que McNamara fut en grande partie responsable de quatre des plus terribles désastres qui ébranlèrent l'Occident de l'après-guerre. Pour les élites, ce dernier reste pourtant un leader irréprochable des temps modernes et un exemple à suivre.

Il n'empêche que McNamara est incontestablement l'héritier du cardinal. Si on les place côte à côte, il est pour ainsi dire impossible de les distinguer l'un de l'autre. Un examen plus approfondi ne révèle qu'une seule différence majeure : Richelieu imposa sa politique à la France et à l'Europe avec la logique imparable d'un révolutionnaire usant d'une arme nouvelle, alors que McNamara défendit la sienne avec l'assurance aveugle d'un aristocrate fin de race.

La jeunesse de Richelieu et la dégénérescence intellectuelle de McNamara font de ces deux hommes les véritables jalons de l'Âge de la Raison – l'un au début, l'autre à la fin, unis néanmoins au sein de la grande famille rationnelle. Dans l'ensemble, très peu de choses ont changé. Le xviie siècle fut aux prises avec ce que les philosophes de l'époque qualifièrent de logique aveugle. En cette fin du xxe siècle, nous sommes la proie de la raison aveugle, une version plus complexe du même phénomène.

Une chose toutefois a radicalement évolué : le rôle que doivent jouer ceux qui briguent le pouvoir. Nous avons abandonné un système pyramidal qui laissait beaucoup à désirer mais qui présentait tout de même certains avantages : il autorisait par exemple une certaine transparence. La gestion du pouvoir au travers de structures rationnelles, qui s'y est substituée, est nettement plus despotique.

Cela ne veut pas dire que les technocrates détiennent tout le pouvoir. De fait, l'absolutisme et l'inaccessibilité qui les caractérisent depuis le tout début de l'Âge de la Raison étaient et demeurent tellement irréalistes qu'à la fin du xviiie siècle il fallut inventer un personnage public d'un type nouveau : un individu qui, comme aurait dit Mussolini, savait faire en sorte que les trains soient à l'heure. Napoléon fut le premier modèle du genre, et il le demeure. Ces Héros promettaient l'émergence d'un État rationnel, à la faveur d'une politique populiste qui plus est. De Napoléon à Hitler, la voie était toute tracée. D'ailleurs, la grande majorité des hommes politiques actuels continuent à fonder leur image sur ce modèle héroïque.

Depuis un siècle, les personnages publics se répartissent donc en deux camps, dont le plus important, du côté rationnel, se compose de technocrates, de Héros et de faux Héros, tandis qu'à l'opposé un petit groupe résiste aux impératifs structuraux en défendant farouchement une tradition humaniste. Jefferson est peut-être le meilleur exemple de cette école, mais il n'est pas le seul. Le Corse Pascal Paoli, fondateur de la première république moderne, fut l'un des cas les plus inspirés et sans doute le plus tragique.

Ce même clivage opposant technocrates et Héros d'une part, et humanistes à l'esprit pratique d'autre part, se retrouve dans tous les secteurs de notre société. Le conflit se répète interminablement, avec le même déséquilibre et les mêmes résultats. C'est aussi vrai parmi les militaires et dans les milieux d'affaires que chez les écrivains et les architectes.

Plus on analyse ces conflits, plus il est clair que certains de nos instincts fondamentaux – les tendances démocratiques, pratiques, imaginatives de l'homme – sont des ennemis invétérés de l'approche rationnelle dominante. Cette guerre entre le raisonnable et le rationnel est d'une espèce que notre civilisation, telle que nous l'avons constituée, est congénitalement incapable de surmonter. L'émergence d'un nombre croissant de leaders pseudo-héroïques prouve au fond que le système en place se propulse désespérément en avant conformément à sa logique propre. Or cette logique ne va pas sans un déni endémique de toutes ses contradictions internes. Sans parler des guerres intestines qu'elle génère.

Mais que sont Richelieu et McNamara sinon des vestiges isolés au milieu d'un tas de ruines? La nature de notre société nous inciterait à concentrer notre attention sur des personnalités individuelles, et donc à confondre les protagonistes et la cause. Un danger dont nous devons nous prémunir. C'est peut-être la raison pour laquelle j'aborde ce réseau inextricable un peu à la manière d'un archéologue qui fouillerait pour exhumer une civilisation oubliée : l'Âge de la Raison devenu celui de la Déraison.

C'est pourquoi, en homme conscient de son ignorance, je commencerai par déblayer le terrain afin de mettre au jour la topographie générale des

31

lieux. Les décombres sont en fait des mythes et des idées, présentés comme des faits. Le schéma n'est pas très complexe en réalité : il s'agit de suivre l'évolution de l'Âge de la Raison. Non pas d'un point de vue philosophique, mais dans son développement existentiel. Je n'élaborerai pas un raisonnement théorique mais j'envisagerai la succession d'événements qui s'emboîtent les uns dans les autres et qui relient Richelieu à McNamara par-delà les siècles.

L'une des premières choses qui ressortent est le portrait de ces technocrates et de ces Héros devenus progressivement les garants de l'idée rationnelle puis de cette même idée faussée. Étant donné notre obsession de la personnalité, je n'ai pas pu m'empêcher d'esquisser la typologie de ces élites modernes, puis de l'illustrer à travers un certain nombre de nos leaders récents. Cette complaisance se justifie. Elle permet en effet de démontrer la méthodologie commune à tous ceux qui détiennent les leviers du pouvoir en Occident.

En cette fin de xxᵉ siècle, on ne peut plus prétendre que l'accession au pouvoir de nos élites soit fortuite. Celles-ci se composent précisément d'hommes que notre système recherche : Robert McNamara et Ronald Reagan, Robert Armstrong et Brian Mulroney, Valéry Giscard d'Estaing et William Westmoreland, Jim Slater et Michael Milken. Sans compter des armées de chefs d'entreprise anonymes. Ce sont les leaders que nous avons désirés et délibérément choisis. Ils correspondent très exactement au modèle que notre système éducatif entend produire.

Comme toutes les élites en exercice, la nôtre cherche à se perpétuer dans l'intérêt général. Pour y parvenir, il lui faut absolument créer un système pédagogique *ad hoc*. Au premier abord, le processus de formation diffère d'un pays à l'autre; mais dès que l'on écarte les orientations de base, ces différences disparaissent. L'éducation est un domaine où les grands idéaux et la mythologie fumeuse ne peuvent éviter de se confronter aux réalités brutales de l'intérêt personnel.

Après avoir retracé un canevas historique, une typologie de nos élites, ainsi que les grandes lignes de son mode de reproduction, je me suis mis en quête d'un exemple unique qui serait également valable pour toutes les nations. Un exemple qui serait net et précis aussi bien dans l'abstrait que dans son application pratique et qui illustrerait la nature amorale – tragi-comique – de l'approche rationnelle. Le commerce international des armes est de loin le plus évident qui soit. Il est d'autant plus intéressant que des leaders aussi différents que Kennedy, de Gaulle et Harold Wilson succombèrent à ses charmes; après quoi, ils se trouvèrent coincés entre les objectifs et la réalité de ce secteur d'activités – au point que plus leur succès se confirma, plus les effets à long terme sur leur économie et leur politique étrangère furent désastreux.

L'étape suivante consistait à se pencher sur une série de domaines spécifiques – l'armée, le gouvernement, les affaires – afin d'examiner si l'on pouvait dégager certaines caractéristiques communes. L'armée vient en premier lieu car, lorsque les humains entreprennent des changements, qu'il s'agisse de technologie ou d'organisation, c'est en général sur le champ de bataille que tout commence. Si déprimant que cela puisse paraître, c'est bel et bien la réalité. On ne sera donc pas étonné d'apprendre que les premiers technocrates ont été des officiers d'état-major. La violence sans précédent de ce siècle reflète en partie la volonté de domination manifestée par ces derniers sur les officiers de troupes, conséquence elle-même de l'approche désastreuse des états-majors en matière de stratégie.

La question du gouvernement est plus complexe. On a assisté à une amélioration considérable quoique progressive des acquis sociaux, notamment grâce au travail de grandes bureaucraties. En revanche, la transformation de la politique en une extension de la technocratie a eu des conséquences catastrophiques. L'un des effets les plus pernicieux de notre manie du savoir-faire et des systèmes a sans doute été la restructuration des assemblées élues dans le dessein d'accroître leur efficacité. Cette mise en équation de la notion d'efficacité – un sous-produit de la raison au troisième degré – et du processus démocratique montre à quel point nous nous sommes écartés du bon sens. Les décisions efficaces ne sont-elles pas une caractéristique propre aux gouvernements autoritaires? Napoléon était efficace. Hitler aussi. Une démocratie efficace ne peut être qu'une démocratie châtrée. La question qui se pose en fait est de savoir si cette approche rationnelle n'a pas justement enlevé à la démocratie sa plus grande force, à savoir son aptitude à agir d'une manière non conventionnelle. Si on analyse la bataille que nous menons depuis vingt ans contre l'inflation, on ne peut s'empêcher de remarquer que les hommes politiques acquis à la logique technocratique sont aussi prisonniers des solutions conventionnelles.

Il en découle que la théologie du pouvoir, à la faveur de laquelle la technocratie prospère, marginalise l'idée d'opposition et, partant, celle d'un changement raisonnable. L'opposition devient un refus de participer. Elle n'est pas rationnelle. Et il n'y a pas qu'en politique que l'on banalise ces voix qui s'élèvent pour critiquer ou contester depuis l'extérieur des structures de pouvoir : le phénomène se retrouve dans toutes les organisations.

Les victoires de la raison entraînent inéluctablement une prolifération des Héros. Du fait de leur marginalisation, les hommes politiques se retrouvent eux aussi dans l'obligation d'adopter, au moins superficiellement, un profil Héroïque, dans la mesure où c'est la seule approche susceptible de leur valoir le statut dont ils ont besoin. Ce changement a eu des incidences profondes sur les hommes politiques eux-mêmes. Il a modifié les rapports émotionnels qu'ils avaient avec le public. Le rôle du leader étant déstabilisé, ses motivations intimes ont pris les dimensions d'un psychodrame, très loin des raisonnements tenus en public en matière d'idéologie ou d'administration.

33

Toutefois, le succès même des technocrates et des Héros rendait la loi impuissante, alors qu'elle était théoriquement l'instrument du changement et du progrès qu'ils affectionnaient. Depuis l'aube de l'Âge de la Raison, la loi a eu pour but de protéger l'individu des actes déraisonnables d'autrui, des détenteurs du pouvoir en particulier. Il s'agissait d'établir un rapport équilibré entre la propriété et l'individu. Ou entre l'État, l'individu et l'entreprise. Ou encore entre des responsabilités précises et les gens chargés de les assumer. En d'autres termes, la loi tentait de réglementer l'exercice du pouvoir.

Seulement la nature du pouvoir a totalement changé dans notre société. On a assisté, simultanément, à un mariage entre l'État et les moyens de production, à une intégration des élites au sein d'une technocratie composée d'éléments interchangeables, et à une confusion de la propriété et de la gestion dans le cadre des entreprises. Ces nouvelles structures font qu'il est désormais presque impossible pour la loi de juger illégal ce qui ne s'accorde pas avec le bon sens.

Les réalités du capitalisme contemporain sont au centre de nos problèmes. Voici un terme – capitalisme – qui n'a plus grand-chose à voir avec les anciens concepts par lesquels nous justifions encore le vocabulaire que nous utilisons quand nous parlons de propriété privée. Paradoxalement, le mot *capitaliste*, et toutes les notions qui s'y rattachent, renvoient encore, semble-t-il, à la propriété des biens de production et à l'acquisition d'argent et de pouvoir grâce à une production réussie. Or la plupart des grandes entreprises occidentales sont sous le contrôle de gestionnaires et non de propriétaires – des gestionnaires pratiquement interchangeables avec des officiers d'état-major ou des fonctionnaires.

D'autres revendiquent bien évidemment aussi les atouts du capitalisme : les propriétaires de petites entreprises, par exemple, qui sont pléthore et se conforment souvent au modèle original. Seulement ils n'ont guère de pouvoir et d'influence sur notre société. Ceux que l'on appelait jadis les spéculateurs sont beaucoup plus importants dans la communauté des affaires et ils restent à l'écart de la technocratie. Ce sont les banquiers, les courtiers, les promoteurs et d'autres encore, qui se comportent comme si le capitalisme avait cessé de se définir comme la mainmise lente et maladroite sur les moyens de production pour passer à un niveau supérieur où l'argent ne serait plus fait que d'argent. Le XIXᵉ siècle considérait ces hommes d'argent comme des parasites marginaux et irresponsables se nourrissant de la chair du véritable capitalisme. Leurs relations avec le reste de la population s'apparentaient à celles qu'entretient aujourd'hui la Mafia. Et pourtant, nous les traitons comme s'ils étaient les piliers de notre société, tant sur le plan social que sur le plan économique.

Quant aux professionnels de la gestion, leur apparition était censée débarrasser nos économies d'une part de l'égoïsme qui pesait sur elles. Contrairement aux vrais propriétaires, les managers étaient censés s'affranchir d'une cupidité effrénée. Or ces employés ont hérité de la mythologie du capitalisme sans avoir à endosser personnellement la responsabilité des risques encourus. Ils ont toute liberté d'appliquer la théorie du capitalisme comme s'il s'agissait d'une abstraction perfectible et non pas d'une réalité humaine.

Si les leaders de ces secteurs spécialisés ont un impact décisif sur la population, ils sont eux-mêmes affectés, comme tout le monde, par certains phénomènes sociaux inéluctables. Un coup d'œil même sommaire à trois de ces phénomènes nous aidera à illustrer l'incidence que la raison a pu avoir sur nos vies : il s'agit du mythe du secret, de l'obsession de l'individualisme et de l'idolâtrie des stars.

L'invention du secret, né de l'alliance d'un savoir contrôlé et de l'armure protectrice de la spécialisation, est peut-être la création la plus pernicieuse du pouvoir. Jusqu'à il y a peu, on avait le droit de savoir à peu près tout. Aujourd'hui, les restrictions sont interminables. Et pourtant, il n'y a sûrement pas plus de deux ou trois véritables secrets dans le monde. La fabrication d'une bombe atomique elle-même fait désormais partie des renseignements disponibles. Quoi qu'il en soit, l'emprisonnement de l'information se poursuit, nullement entravé par une copieuse législation censée autoriser l'accès de tous à l'information.

Au cours des trente dernières années, ces restrictions ont été contrebalancées par une apparente explosion des libertés individuelles. Cette désintégration de l'ordre social – impératifs vestimentaires, tabous sexuels, expression verbale, structures familiales – représente théoriquement une grande victoire pour l'individu. En réalité, c'est probablement le reflet de cette frustration que l'homme éprouve lorsqu'il se trouve pris dans le carcan d'une spécialisation. Ces actes de liberté individuelle n'ont strictement rien à voir avec l'exercice du pouvoir. De sorte que, au lieu de prendre véritablement part à l'évolution de la société, l'individu se démène pour donner l'impression que personne n'a d'emprise sur son évolution personnelle. Les victoires remportées sur le terrain des libertés individuelles sont peut-être en réalité l'aveu d'une défaite de l'individu.

On notera ainsi avec intérêt que jamais aussi peu de gens n'ont été disposés à s'exprimer sur les questions importantes. Leur peur est liée non à des menaces physiques mais à la crainte de se distinguer de leurs collègues experts, de mettre leur carrière en péril ou de s'engager sur la pente glissante de domaines qui ne sont pas les leurs. Depuis les cours du xviiie siècle, régies par l'étiquette, jamais les débats publics n'ont été aussi sclérosés, prisonniers de formules toutes faites, énoncées par les mêmes élites expertes en rhétorique. Jadis, les nobles outrepassaient leurs frustrations en se laissant aller à un sybaritisme que l'on pourrait qualifier d'égoïsme de cour. Il est difficile de faire la distinction entre cette frivolité courtisane et les libertés individuelles qui nous obsèdent tant de nos jours.

La combinaison d'une technologie restrictive au sein du pouvoir et de libertés individuelles décoratives en dehors de lui entraîna inévitablement la naissance d'une nouvelle classe. Celle-ci fut identifiée pour la première fois par le sociologue américain C. Wright Mills dans les années cinquante. Elle est constituée par les célébrités, les stars, les gens connus pour la seule raison qu'ils font partie du vedettariat. Ce sont des joueurs de tennis, des aristocrates, des enfants de peintres, des acteurs de cinéma. L'histoire abonde en courtisans et en comédiens de renom; mais leur réputation était surtout fonction de l'éclat monarchique qui les illuminait. Les célébrités d'aujourd'hui jouissent d'une renommée sans rapport avec le pouvoir. Au cours des quarante dernières années, elles ont progressivement occupé une part importante de la presse, des conversations et des rêves. Dans l'imagination des gens, les vedettes se sont substituées aux hommes du pouvoir, simples technocrates qui ne suscitent guère d'intérêt.

Ces stars jouent un rôle important auprès du public : elles le distraient de la même façon que les monarques se servaient jadis de leur cour pour divertir. Et depuis qu'elles ont acquis une certaine emprise sur la mythologie publique, elles en tirent un réel pouvoir.

Pour finir, l'Âge de la Raison a radicalement altéré notre imagination dans deux domaines bien particuliers. L'image, jadis grattée sur des murs de pierre, puis peinte, imprimée, photographiée et projetée, peut désormais être conçue par un programme d'ordinateur comme un ensemble en trois dimensions. En d'autres termes, après des milliers d'années d'évolution, l'image a atteint la perfection technique. Ce progrès a remis en cause l'idée que nous nous faisions de l'immortalité. Et finalement, il a eu un effet profondément déstabilisateur sur la vision que nous avions de nous-même. Plus grave : avec le travail de sape que les jargons des spécialistes ont entrepris sur le langage universel, nous ne pouvons même plus nous tourner vers le verbe pour retrouver un semblant de stabilité. De fait, les écrivains, qui ont inventé l'Âge de la Raison, en sont désormais les principaux prisonniers; ils sont incapables de poser les véritables questions, *a fortiori* d'abattre les remparts linguistiques qu'ils ont eux-mêmes édifiés.

La raison aveugle est le ciment qui lie tous les éléments de cette analyse générale. Mais qu'est-ce que la raison aveugle? Peut-être n'est-ce rien d'autre qu'une forme de logique perfectionnée, une version mieux structurée, plus complexe et largement systématisée de celle à laquelle les réformateurs du xviie et du xviiie siècle voulaient échapper. Une escapade qui devait pourtant se faire sur la base de la raison. En d'autres termes, nous nous retrouvons aujourd'hui à peu près au même point qu'il y a près de cinq cents ans.

La fin d'une chose ressemble souvent à son début. Souvent, notre myopie nous fait croire que l'épilogue que nous sommes en train de vivre est un nouveau départ. Voilà une confusion caractéristique de l'assurance d'une vieille civilisation, limitée par les circonstances et l'absence de mémoire, et ressemblant à bien des égards à de la sénilité. Le besoin rationnel que nous éprouvons de contrôler la compréhension des choses et, partant, la mémoire, n'a fait qu'aggraver cette confusion.

La fin est en tout cas cette partie de l'expérience humaine que l'on prend le plus aisément pour autre chose. Tout devient alors plus complexe, organisé et stable. Ce raffinement même marque le divorce entre des idées pourtant simples et claires au moment où elles furent adoptées, et cette formidable structure que l'on a édifiée autour et par-dessus à force de les côtoyer. La structure devient l'apparente célébration de ces idées qu'elle finit invariablement par broyer sous son poids, et cette vérité simple nous est cachée par l'impression de stabilité rassurante qu'elle nous donne. Or la stabilité est l'élément le plus fragile de la condition humaine. Rien ne semble permanent comme un gouvernement établi de longue date et sur le point de perdre le pouvoir. Rien n'est apparemment plus invincible qu'une grande armée à l'aube de son anéantissement.

Pour comprendre l'état dans lequel se trouve la raison, il suffit de comparer les systèmes byzantins d'aujourd'hui aux thèses limpides de Francis Bacon au début du XVIIᵉ siècle ou à celles de Voltaire cent ans plus tard. Dans son *Dictionnaire philosophique*, il notait : « Il est évident à toute la terre qu'un bienfait est plus honnête qu'un outrage, que la douceur est préférable à l'emportement. Il ne s'agit donc que de nous servir de notre raison pour discerner les nuances de l'honnête et du déshonnête [1]. » De tels propos nous ont incités à associer la raison avec la moralité, avec le bon sens et, progressivement, avec la liberté individuelle que nous connaissons aujourd'hui sous le nom de démocratie.

Comment se fait-il que ni Voltaire ni ses amis n'ont remarqué l'usage intensif de la raison qu'Ignace de Loyola pratiqua deux siècles plus tôt, lorsqu'il créa la Compagnie de Jésus et organisa à lui tout seul la Contre-Réforme ? Loyola était ravi de trouver un système qui servirait l'autorité du pape. Quant à Bacon, lord chancelier d'Angleterre, ce n'était pas un démocrate et la moralité n'était pas son obsession. En revanche, il était moderne ; c'était l'idéologue de la science moderne et, en tant que tel, il exerça l'influence la plus significative sur les Encyclopédistes [2]. Voltaire et ses compagnons, même s'ils se fourvoyèrent en croyant que la moralité et le bon sens étaient les partenaires naturels de la raison, envisageaient ces trois éléments dans le contexte de l'autorité. Ils voulaient un monarque fort mais équitable. Ils pensaient que la raison rendrait l'autorité équitable. Comment ont-ils pu commettre une erreur aussi grossière ?

C'est qu'ils ont conclu un peu vite, dans le feu de l'action, en réagissant à des besoins réels, de la même façon que Loyola prit les choses en main quand le catholicisme fut confronté à une victoire protestante, tout comme Richelieu conçut l'État moderne dans le dessein de vaincre une noblesse belliqueuse. William Blake lui-même, avec la clarté de sa vision

37

mystique, écrivit dans *Jérusalem* : « Je dois créer un système ou devenir l'esclave d'un autre homme. »

Dans le sillon des Encyclopédistes survint une volée de philosophes qui s'employèrent à adapter ces idées fondamentales à l'évolution des événements. En définitive, ils se contentèrent d'édifier, sur un mensonge, une structure encore plus élaborée. Dès le départ, la raison appliquée a provoqué autant de barbaries et de violences que d'actions raisonnables, si ce n'est davantage. Si elle généra les parangons d'une démocratie responsable, elle fut tout aussi prompte à inventer une nouvelle race de leaders autoritaires que nous ne devions pas tarder à qualifier de dictateurs.

Tel est l'héritage de l'Occident. Quant au reste du monde, il est aux prises avec d'autres problèmes et d'autres forces. Ce qui ne veut pas dire que nous ne lui soyons pas liés. Nos destins sont même étroitement imbriqués les uns dans les autres. Et nous devons développer une politique qui prenne en compte ces relations. Cela ne signifie pas pour autant qu'il faille analyser ou réformer nos sociétés exclusivement à la lumière d'autres horizons. Une telle option reviendrait à fermer nos aciéries sous le prétexte que quelqu'un d'autre produit de l'acier meilleur marché en faisant trimer des enfants.

Notre évolution est le résultat d'événements qui s'apparentent vaguement à ceux qui façonnèrent l'Afrique, l'Asie ou l'Union soviétique. Les Chinois, par exemple, s'intéressèrent à la logique formelle bien avant qu'elle nous obsède, pour décider en définitive qu'elle avait peu d'importance. Ils approfondirent l'économie de marché alors que nous en étions encore au Moyen Âge, si bien qu'ils ne l'associent nullement à l'idéologie démocratique. La confusion que cela suscite dans nos esprits d'Occidentaux nous a stupidement incités à confondre le libéralisme économique chinois des années quatre-vingt avec une volonté de libéralisme politique.

Le bouddhisme, l'hindouisme et l'islam sont encore étayés par une foi vibrante, tandis qu'en Occident le christianisme s'est trouvé réduit à un phénomène social. La comparaison que fait Olivier Germain-Thomas entre la vie à l'intérieur d'un temple indien et le vide glacial régnant dans la cathédrale de Chartres est particulièrement sensible à cet égard : « La cathédrale de mon pays n'est que le souvenir d'une culture alors qu'en ce temple, tout parle, tout vibre, tout chante, tout vit [3]. » Pour le bouddhiste, penser au monde a pour objet d'y échapper, non de trouver une explication à ses origines.

Au fur et à mesure que l'Occident se refermait sur la logique complaisante de son propre système, il a eu de plus en plus de mal à cerner sa situation réelle. C'est ainsi que nous assistons depuis vingt ans à la succession rapide d'une multitude de « modes » politiques et économiques, toutes censées nous sortir du marasme et de nos contradictions internes.

La plupart d'entre elles recouraient à des clés extérieures à l'Occident ; non pas en raison d'un internationalisme de fait, mais dans l'espoir illusoire que des solutions venues d'ailleurs résoudraient nos problèmes. Ces modes ont été autant de versions revues et corrigées de la grande fraude financière du xviiie siècle, la fameuse affaire des mers du Sud (nous y reviendrons). Aucune de ces modes n'ayant donné le moindre résultat, au cours des dix dernières années elles se sont succédé à une cadence toujours plus frénétique.

À peine avait-on constaté l'échec d'une politique de crédits massifs, dans nos pays comme dans le tiers monde, que nous prêchions l'austérité fiscale à tous les coins de rue de la planète. Dès que la libéralisation des prix eut suscité une vague de fusions nationales et internationales suffisamment forte pour déstabiliser nos économies, nous découvrîmes le bien-fondé du désinvestissement, que nous baptisâmes aussitôt rationalisation. Ainsi, dans notre imagination, le Japon s'est transformé, du modèle idéal pour l'avenir qu'il était, en une incarnation du démon malin se trouvant à l'origine de nos difficultés économiques. Après quoi on en revint à notre idée première. Une décennie de folles espérances venait à peine de prendre fin avec la mort du libéralisme chinois sur la place de Tian'anmen que nous nous tournions déjà avec soulagement et émoi vers l'Europe centrale.

La promesse de vastes changements accompagnés de besoins économiques massifs dans les anciennes nations du pacte de Varsovie nous fit saliver. Voilà enfin l'arrière-pays dont nous rêvions ! Voilà des gens qui croyaient en la supériorité de notre système !

En fait, certains de ces pays n'ont jamais été affectés par l'évolution occidentale ; d'autres n'en ont eu qu'une expérience marginale ; d'autres encore étaient coupés du reste du monde depuis 1939. Leurs espoirs avaient au moins un demi-siècle de retard sur nos expériences réelles. Outre l'anarchie économique et politique qu'impliquait la situation actuelle, ils allaient devoir régler toute une série de problèmes intérieurs essentiels avant d'envisager une véritable intégration dans la structure occidentale. On ne sait ce que réservent les bouleversements en cours à ceux qui vivent dans ce que nous appelions encore il y a peu le bloc soviétique. Mais quels qu'ils soient, l'Occident s'en trouvera soulagé. Voilà une nouvelle manière de nous hypnotiser avec des promesses encourageantes mais vaines. Voilà de quoi entretenir un peu plus longtemps nos illusions. Encore un prétexte pour ne pas attaquer nos problèmes de front.

Cet ouvrage concerne donc l'Occident, cette notion faussement géographique qui fait référence à 750 millions d'individus seulement, répartis dans une poignée de pays dispersés sur la planète. Des nations sous l'emprise de l'Âge de la Raison. D'une manière ou d'une autre, bien sûr, et à des degrés divers, l'ensemble du globe en a été affecté. En effet, nos problèmes trouvent souvent un écho à l'extérieur. Ainsi, alors que nos éminents technocrates nous présentaient leurs prétendus remèdes pour une bonne gestion des sociétés démocratiques, ces mêmes principes de management s'imposaient en Afrique du Sud, en Algérie, au Maroc, en Tanzanie, au Viêt-nam et au Kenya. Comment la technocratie pouvait-elle établir des échanges avec des sociétés démocratiques tout en annonçant faire partie intégrante de systèmes qui précisément éliminent ou ignorent la démocratie et l'individualisme? Car une société démocratique, n'est-ce pas celle où l'individu évalue sa liberté à l'aune de la sérénité et de l'harmonie avec laquelle sa communauté est gérée? Comment un grand bond en avant dans les méthodes de gestion démocratiques peut-il être en même temps un grand bond en avant dans la répression en vigueur sous d'autres latitudes? La réponse pourrait bien être que la raison n'a strictement rien à voir avec la liberté démocratique, l'individualisme ou la justice sociale.

Pour combattre la logique inattaquable et complaisante de l'Ancien Régime, Voltaire et ses amis ont fait grand usage de scepticisme. Depuis, ce scepticisme, cet art de la critique, a continué de sévir; c'est un outil bien plus maniable que le bon sens ou la moralité censés guider la raison humaine. Ainsi naquit une nouvelle logique sceptique, libérée du poids des précédents historiques et donc plus complaisante vis-à-vis d'elle-même que la logique d'antan.

Ce scepticisme devenu la marque des nouvelles élites s'est progressivement changé en cynisme. Pis : à mesure que se développait la complexité des nouveaux systèmes, ils récompensaient ceux qui réussissaient en leur accordant un pouvoir abstrait. Elles en vinrent à mépriser le citoyen, auquel elles se référaient comme s'il s'agissait d'une espèce distincte de la leur : « Il ne comprendra pas. Il n'a pas besoin de savoir ça. Il votera pour n'importe quel homme politique pourvu qu'on lui présente les choses joliment. Il panique trop facilement. »

Les gouvernements sont aujourd'hui incapables de débattre de façon cohérente du marasme politique et économique dans lequel nous sommes plongés. Voilà bien la preuve de ce mépris envers le citoyen.

L'attitude de nos élites est encore plus méprisante vis-à-vis des femmes. Cela n'a rien à voir avec les pressions et les luttes menées depuis un siècle afin de les intégrer dans les mécanismes du pouvoir – et qui n'ont d'ailleurs rien changé à l'affaire. La vérité est que les femmes ne faisaient pas partie de l'Âge de la Raison tel qu'il fut formulé. Elles symbolisaient l'irrationnel. Depuis la naissance de l'Âge de la Raison, les élites les ont toujours situées du côté des perdants.

Les exemples sont légion. Richelieu démontra à son roi pusillanime la nécessité de développer « la vertu masculine consistant à prendre des décisions rationnelles [4] ». Des siècles plus tard, la lenteur avec laquelle on instaurait le suffrage universel dans les démocraties occidentales démontrait que rien n'avait changé. Lorsque l'aristocratie relâcha son emprise exclusive sur la société, ce fut pour admettre les voix d'autres propriétaires terriens : les classes moyennes. Quand ces derniers cédèrent, on put inclure ceux qui ne possédaient pas de terres. Ceux-ci fléchirent à leur tour progressivement, et l'on étendit le plus élémentaire des droits civiques aux diverses minorités exclues. Les adeptes de religions dissidentes furent parmi les derniers à être admis sur la plupart des listes électorales. Enfin le vote fut octroyé aux exclus de la tribu dominante : les Noirs aux États-Unis, les Asiatiques au Canada.

Les femmes ne furent même pas prises en compte tout au long de ce processus. Il y a moins de soixante-quinze ans, une femme propriétaire terrienne éduquée, appartenant à l'aristocratie, était considérée comme moins apte à voter qu'un mineur inculte et sans le sou ou un descendant d'esclave affranchi soumis à la ségrégation. On commettrait par conséquent une grave erreur en pensant que notre société a possédé ou possède aujourd'hui suffisamment de souplesse pour autoriser une réelle participation des femmes. Elle s'est édifiée sur une période de près de cinq siècles sans se préoccuper des femmes.

En 1945 encore, lorsque les autorités françaises décidèrent de la création d'une école d'administration rationnelle et révolutionnaire, l'ENA, on pouvait lire ce qui suit dans l'introduction de la loi habilitant la fondation de cet établissement :

> Il n'est pas douteux que les jeunes filles sont aptes à un très grand nombre des emplois de début qu'offrent les administrations ou les services dont le recrutement est assuré par l'École. Il est même certaines administrations, notamment celle de la Santé publique et de la Sécurité sociale, où leur présence dans le cadre supérieur paraît souhaitable. D'autre part, il est certain que l'aptitude aux grades du début n'est pas le seul critérium que l'on puisse retenir. Les corps des fonctionnaires issus de l'École doivent fournir les cadres des grands services publics. L'aptitude au commandement, la capacité de manier d'importantes affaires, le comportement vis-à-vis de graves problèmes politiques : autant d'éléments qui entrent en ligne de compte et qui ne sont pas d'ordinaire favorables aux femmes [5].

Le responsable de cet énoncé et de la création de l'ENA n'était autre que Michel Debré, nommé Premier ministre en 1958.

Je ne veux pas suggérer, par ces exemples, que les femmes n'ont joué aucun rôle dans les structures du pouvoir. Il y a eu des reines, des chefs d'État et des ministres remarquables de sexe féminin, ainsi que des scientifiques, des peintres, des écrivains, etc. Aujourd'hui, plus que jamais, les femmes occupent des postes d'influence. Dans le passé, toutefois, celles-ci étaient des exceptions qui confirmaient la règle, généralement contraintes pour conserver leur pouvoir d'adopter un profil masculin ou de devenir l'archétype de la femme manipulatrice du sexe fort. Il n'est pas encore certain que les femmes puissent s'intégrer avec succès aux structures établies sans se plier à de telles déformations.

Nous verrons plus loin les réalités de la civilisation occidentale rationnelle : c'est un monde d'hommes. Les femmes souhaitent probablement modifier ces données, mais rien ne prouve qu'elles y parviendront en s'infiltrant dans les structures existantes de manière à leur apporter un appui supplémentaire. Et même si c'était le cas, on ne voit pas pourquoi les femmes revendiqueraient la responsabilité de ce qui s'est passé avant leur arrivée.

L'ensemble de l'Occident est régi par des élites, élues ou non, qui n'ont pas confiance dans le public. Certes, elles coopèrent avec les systèmes établis de représentation de la démocratie. Mais n'attribuent aucune valeur à la contribution des citoyens, pas plus qu'elles ne croient en l'existence d'un code moral général. En revanche, elles ont une foi inébranlable dans l'attrait du Héros, les accords contractuels, les méthodes administratives. Cela signifie que, lorsqu'elles ont affaire au public, elles préfèrent en appeler au plus petit dénominateur commun en chacun de nous. Cette tactique, fonctionnant dans la plupart des cas, renforce leur mépris du peuple apparemment inapte à quoi que ce soit de supérieur. Elles n'admettent pas que le public, ou chacun d'entre ses membres, soit en fait capable du meilleur comme du pire. Le rôle public des citoyens est limité tant par le temps qu'ils y consacrent que par leur savoir. Leurs journées sont remplies par leur travail et la vie de famille, et ils redoutent désormais d'outrepasser leurs compétences. Malgré les griefs qu'ils expriment de temps à autre, curieusement ils nourrissent une confiance inaltérable en leurs élites. Ils pensent que celles-ci se composent de gens convenablement formés et sélectionnés pour mettre en œuvre l'Âge de la Raison. Le dédain avec lequel les élites récompensent cette confiance est une trahison envers ceux qu'elles se sont engagées à servir, autrement dit leurs employeurs légaux.

Le cynisme, l'ambition, l'art de la rhétorique et le culte du pouvoir étaient l'apanage des cours du XVIIIᵉ siècle. Ce sont là des attributs de courtisans. Et c'est précisément ce que sont devenues nos élites modernes, dénuées de toute passion et soucieuses de promouvoir ces particularités dans la population. Le message proclamé au XVIIIᵉ siècle n'avait rien de compliqué. Il s'agissait de rompre la logique esclave du pouvoir arbitraire et de la superstition par le biais de la raison et du scepticisme. Cette même logique complaisante s'est imposée dans le nouveau système. Il nous a fallu quatre siècles et demi pour briser le monopole de la révélation divine et le remplacer par les révélations tout aussi divines de la raison. Nous devons donc rompre à nouveau, cette fois avec la logique arbitraire et la superstition du savoir.

Or dans ce labyrinthe de la logique, ce sont les cas les plus extrêmes, les plus impitoyables, qui fonctionnent le mieux. Thésauriseurs, cyniques, fanatiques de la concurrence pure et dure, exploiteurs de la crédulité publique... Tous goûtent fort les outils de la raison façonnés par le temps. Et dès lors, mettre en doute la raison revient à ergoter comme un imbécile ou un fantaisiste qui chercherait à divertir. Les structures du discours ont été si parfaitement intégrées par les profiteurs du système que, lorsqu'un individu se met en quête des mots et des formules qui exprimeraient son cas, il découvre qu'ils sont déjà largement en usage au service du pouvoir. Cela se résume aujourd'hui en une dictature virtuelle de la terminologie. Il n'est pas vraiment surprenant qu'une société dont les deux mamelles sont la structure et la logique définisse la réponse à la plupart des questions posées en organisant la formulation de chacune de ces interrogations. Au fond, nous devons faire aujourd'hui ce que Voltaire fit jadis : gratter le vernis pour toucher aux fondations. Nous devons redécouvrir la manière de nous poser des questions simples sur nous-mêmes.

La technologie et le savoir progressent à grands pas. C'est souhaitable. Ou cela peut l'être. Cependant l'homme ne change pas. Il est tel qu'il était le jour où le théologien allemand Dietrich Bonhoeffer décida de prêcher ouvertement contre l'antisémitisme nazi, en sachant pertinemment que cela le conduirait dans un camp de la mort. L'homme demeure le même qui applaudissait dans le cirque romain, qui crucifia le Christ, qui décima les Vaudois désarmés, qui ouvrit le premier four crématoire à Auschwitz, qui tortura les rebelles en Malaisie, en Algérie et au Viêt-nam. Fernand Braudel concluait sa dernière interview en disant que si l'homme, par le savoir, a moins d'excuses à être barbare, il n'en reste pas moins « profondément barbare [6] ». Nos parents ne peuvent rien nous léguer qui nous empêche de répéter leurs erreurs et celles de leurs parents. Nous naissons avec la schizophrénie du bien et du mal au fond de nous; de sorte que chaque génération doit réapprendre à se connaître et à se maîtriser. En cédant au réconfort mécanique de notre logique, nous avons renoncé une fois de plus à cette faculté de connaissance et de contrôle. L'obscurité se distingue à peine de la lumière, semble-t-il, les réseaux de la structure et de la logique formant une trame serrée qui nous les dissimule l'une et l'autre. Nous devons écarter ces protections factices si nous voulons recouvrer la maîtrise de notre bon sens et de notre sens moral.

CHAPITRE III

L'essor de la raison

Les façonneurs d'idées ont souvent la faiblesse de croire que leurs discours rompent avec le passé et sont la marque d'un nouveau départ. Aux premiers jours d'une révolution, l'histoire est particulièrement malléable. Désordre et optimisme s'allient pour effacer les vérités fabriquées artificiellement par le régime précédent. Dans le même temps, ils oblitèrent le souvenir des événements réels qui seraient gênants.

Ainsi, les penseurs du XVIIe et du XVIIe siècle n'eurent pas tort de condamner les ténèbres et la superstition. Ils écrivaient peu après une époque où il n'était pas rare que l'on donnât une hostie consacrée à une vache malade pour exorciser le démon, une époque où l'on s'adonnait au culte des saints et où la corruption régnait dans l'Église [1].

Les philosophes de la raison pensaient que rien ne provoque la violence aussi efficacement que la peur, elle-même engendrée par l'ignorance. C'était parce que deux cents ans de guerres religieuses et civiles venaient de s'écouler. Ces conflits continuels avaient donné lieu à des déchaînements de violence civile qui ne devaient plus réapparaître avant le XXe siècle. Les tenants de la raison voulurent couper les racines de cette peur. Leur stratégie consistait à s'attaquer à ce que Isaiah Berlin appela « les sombres mystères et les contes grotesques qui circulèrent au nom de la théologie, de la métaphysique et autres espèces de superstition ou de dogme masqué grâce auxquelles des fourbes sans scrupule brouillèrent pendant si longtemps les esprits des masses aveugles et ignorantes qu'ils assassinaient, asservissaient, opprimaient et exploitaient sans merci [2] ». Il est tout à fait naturel que l'assaut contre l'obscurantisme et la divinisation des monarques absolus qui présidaient à cet ordre des choses fût en définitive qualifié de siècle des Lumières. Que ce courant ait pris sa source en France ajoutait une certaine ironie à l'affaire, le modèle européen d'absolutisme de droit divin étant précisément le roi de France et sa cour. L'opposition intellectuelle française prit les dimensions d'une véritable armée de penseurs appartenant à tous les domaines : philosophie, certes, mais aussi agriculture, science, organisation militaire et bien entendu littérature. Les romanciers faisaient figure de commando, frappant systématiquement là où on s'y attendait le moins. En raison de son dévouement à la publication de l'*Encyclopédie*, Diderot s'éleva au rang de chef d'état-major de l'opération, soutenu par ses fidèles officiers, d'Alembert, notamment ; Voltaire, le champion du combat individuel, joua pour sa part le rôle de stratège. Il se trouvait constamment en première ligne des débats publics, inventant inlassablement les formules susceptibles de promouvoir le changement.

Or ces philosophes ne semblent pas avoir remarqué que les méthodes qu'ils allaient faire déferler sur le monde, au nom de la raison, avaient été largement en usage au cours des deux précédents siècles de violences. De fait, Richelieu lui-même y avait eu recours cent cinquante ans plus tôt, précisément dans le dessein de créer l'État despotique contre lequel le siècle des Lumières se rebellait.

Voltaire et ses amis croyaient peut-être qu'au cours du xviie siècle, où elles avaient servi toutes sortes de causes, aussi nobles que viles, les forces de la raison avaient souffert d'un éparpillement anarchique. Il s'agissait par conséquent de les dompter, afin que la raison garantisse un savoir consacré à l'essor de la morale et du bon sens. Ce fut en tout cas en ces termes que les philosophes présentèrent leur croisade.

Le sens moral n'était évidemment pas un sujet nouveau, pas plus que le bon sens. Intégrés dans l'univers médiéval, ces concepts avaient été repris par une nouvelle génération de penseurs et réintroduits dans la notion de monarchie de droit divin. Ils allaient, une fois encore, se perdre dans les structures dégénérées d'un système vieillissant, pour être récupérés par un nouveau groupe de philosophes prônant la suprématie de la raison comme solution ultime aux problèmes de l'homme.

Cette révolution vers le mythe, qui est propre au xviiie siècle, n'avait donc rien d'inédit. Il s'agissait plutôt d'un resserrement de forces disparates déjà à l'œuvre. L'effet le plus révolutionnaire en fut incontestablement le remplacement de la vieille structure de classes par deux nouvelles catégories de leaders : le technocrate et le Héros. Cette tendance prévaut depuis lors, même si l'on ne peut toujours pas parler d'un consensus populaire, officiel ou philosophique, reconnaissant ces deux espèces comme les têtes complémentaires du pouvoir rationnel.

Le technocrate entama son existence sous les traits d'un serviteur idéal du peuple : un homme affranchi de toute ambition et dénué d'intérêt personnel. Puis, avec une rapidité surprenante, il se mua en profiteur du système, s'éloignant du peuple avec mépris.

Le Héros fut un phénomène plus complexe. Il surgit inopinément des ombres de la raison, projeté à l'avant de la scène par l'impatience fébrile du peuple luttant contre les institutions. Cette impatience était peut-être provoquée par un gouvernement incapable ou égoïste, l'inaptitude de la nouvelle technocratie à tenir les rênes, ou encore des leaders qui, pour une raison ou pour une autre, décevaient le peuple. Une fois réglée l'ancienne rivalité entre monarques et seigneurs, il n'existait plus de structure solide pour canaliser l'impopularité d'un régime. La notion d'élections était nouvelle ; aujourd'hui encore, deux siècles plus tard, elle a de la peine à convertir les désirs du peuple en un gouvernement approprié. En cette période de confusion totale, le Héros émergea donc avec l'exaltant visage de la raison. Lui seul paraissait capable de satisfaire les besoins du peuple, de se faire aimer de lui et de s'atteler à la difficile tâche de raisonner à la place du citoyen perdu et las.

Coincés entre technocrates et Héros, on trouvait des hommes raisonnables qui se considéraient comme les seuls vrais tenants de la raison et se cramponnaient à la morale que leur dictait le bon sens. Seulement ils manquaient à la fois d'efficacité et d'attrait pour tenir le coup, ainsi pris au piège entre un structuralisme virulent et la logique du Héros. Bon nombre d'entre eux résistèrent pourtant vaillamment : Pascal Paoli tint en Corse pendant vingt ans ; Jefferson subsista plus longtemps dans les nouveaux États-Unis d'Amérique ; le premier Pitt dura plusieurs décennies en Angleterre. En France, il s'en fallut de peu que Michel de L'Hospital parvînt à empêcher les guerres de religion. Une cohorte d'hommes servirent la bonne cause – et la servent encore – conformément aux aspirations de Diderot. Mais ils ne sont pas ceux qui ont marqué la tendance générale au cours des quatre siècles et demi qui suivirent. Ils n'ont guère été que des exceptions à la règle, menant un combat d'arrière-garde pour défendre l'humanisme.

Deux de nos obsessions ont occulté la tendance générale. D'une part la volonté tenace de croire sans cesse que nous venons de prendre un nouveau départ. Nous proclamons à tout moment l'aube d'une ère nouvelle. La conversion d'un Âge de la Raison originel en siècle des Lumières, au XVIIIe, ne fut qu'une première étape. L'humanité prit-elle alors vraiment un nouveau tournant ? La réponse est négative, si l'on en croit la plupart des définitions du siècle des Lumières. Selon l'une d'entre elles, le siècle des Lumières fut « une conviction que la raison pouvait autoriser un savoir absolu, supplanter la religion organisée et assurer notre marche vers le bonheur et la perfection [3] ».

La machine rationnelle a poursuivi son chemin depuis lors, même si elle fut redéfinie *ad infinitum*, notamment par Kant, jusqu'au moment où Nietzsche en rejeta le concept lui-même. Cependant la découverte de Nietzsche établissant que la raison était soumise à la passion et aux surhommes vit le jour plus d'un demi-siècle après que le véritable surhomme apparut sur la scène publique pour y faire sa démonstration : Napoléon avait fait de la raison son cheval de bataille, il avait réorganisé l'Europe en son nom et gouverné selon le même principe. Ce qui eut pour effet de renforcer l'approche rationnelle, et non pas l'inverse.

Cela nous en dit long sur l'autre obsession responsable de notre aveuglement. Ainsi, nous avons beaucoup de difficultés à relier une notion philosophique aux événements réels. Ces deux domaines semblent vivre sur deux planètes distinctes. Nous sommes toujours convaincus que la violence est le produit de la peur et que la peur découle de l'ignorance. Et pourtant, depuis les débuts de l'Âge de la Raison, nous avons assisté à un essor parallèle du savoir et de la violence, qui a culminé avec les massacres du xxᵉ siècle.

Faut-il en conclure que la connaissance engendre davantage de peurs que l'ignorance? Ou que le système rationnel a dénaturé la valeur du savoir? Ou quoi d'autre encore? Cela prouve en tout cas qu'en séparant la philosophie des événements réels on a favorisé l'invention de l'obscurantisme mythologique. L'éclosion régulière de nouvelles époques philosophiques y a sa part.

Les révolutions ne commencent jamais à des dates précises, même si nous sommes perpétuellement en quête de ces repères sécurisants. On pourrait ainsi avancer que les postulats et les méthodes de la raison appliquée furent instaurés par l'Inquisition. Dans la manière révolutionnaire dont elle définissait les notions de question, de réponse et de vérité, l'Inquisition contenait déjà les éléments essentiels de la pensée intellectuelle moderne.

Les inquisiteurs furent les premiers à formaliser l'idée que pour chaque question il existe une réponse juste. Celle-ci est connue : il s'agit de poser la bonne question et d'y répondre correctement. Le relativisme, l'humanisme, le bon sens et les convictions morales n'avaient pas leur place dans ce procédé, car ils présumaient le doute. Les inquisiteurs connaissant la réponse, l'incertitude était impossible. Le procédé, essentiel à une emprise efficace, exigeait toutefois que les questions soient énoncées de manière à susciter la réponse qui convenait.

Lorsque l'Inquisition vit le jour, au xiiiᵉ siècle, personne ne comprit ce qui venait de se déclencher, le pape Grégoire moins que quiconque. La proclamation d'une bulle faisant de la persécution des hérétiques la grande spécialité des dominicains pouvait difficilement passer pour un épisode révolutionnaire. La définition de la vérité par les inquisiteurs s'édifia pas à pas, de même que le procédé qui leur permit de l'imposer. Pourtant, chaque fois qu'un nouvel aspect de ce procédé se faisait jour, les postulats sous-entendus apparaissaient plus clairement.

Tout ce que faisait l'Inquisition – hormis l'exécution des coupables – avait lieu secrètement. Le travail des inquisiteurs itinérants imposait d'emblée le silence. À la différence des juges, des magistrats, des nobles et des rois, qui ont toujours revêtu des costumes symboliques, les inquisiteurs portaient des tenues noires, simples et anonymes, à l'instar du comptable modèle. Et bien que leur pouvoir les autorisât à agir à partir d'accusations et de dénonciations, ils tenaient à effectuer des enquêtes en bonne et due forme. Étant déjà en possession de la vérité, ils se faisaient fort d'obtenir de chacune de leurs victimes une démonstration rationnelle de cette vérité. Le détail le plus révélateur est peut-être que leurs tribunaux clandestins comptaient toujours un notaire chargé de consigner scrupuleusement questions et réponses. Ces actes notariés constituaient les archives inaltérables de la vérité. Là encore, cette remarquable exactitude avait pour objectif de glorifier la méthodologie, non le résultat : le notaire était présent afin de confirmer la relation entre la vérité postulée *a priori* et les faits qui s'y trouvaient associés. En surface, les inquisiteurs étaient des monstres tortionnaires. En profondeur, ils se posaient en censeurs moraux.

S'il fallait trouver un père à l'Âge de la Raison, Nicholas Machiavel serait probablement le meilleur candidat. Dans *Le Prince* (1513) et *Les Discours* (1519), il posa les principes d'une méthode de gouvernement qui a cours de nos jours encore. Les humanistes de la Renaissance s'en prirent violemment à lui, et les Encyclopédistes en leur temps. Ils reconnurent en Machiavel leur frère aîné sorti des ténèbres : « Machiavélisme, espèce de politique détestable qu'on peut rendre en deux mots, par l'art de tyranniser [4]. » Cet ancien haut fonctionnaire florentin particulièrement versé dans la réforme militaire n'en reste pas moins un homme de notre temps : un personnage ambitieux, teinté de nationalisme sans en être pour autant la proie, et constamment à la recherche d'un employeur. Confronté aux Médicis après l'effondrement de la république de Florence, il écrivit ses célèbres ouvrages en bonne partie afin de s'attirer les bonnes grâces du nouveau régime. Il aurait été une recrue idéale pour la nouvelle classe d'intellectuels que Henry Kissinger recherchait quatre siècles et demi plus tard : des hommes qui, parce qu'ils n'appartenaient à personne et ne croyaient à rien de concret, pouvaient passer pour indépendants. Évidemment, aux yeux plus méfiants d'un employeur du xvIe siècle, cette liberté émotionnelle et intellectuelle aurait beaucoup ressemblé à la neutralité d'un mercenaire.

Le message de Machiavel était que « des modes et des ordres nouveaux » – en d'autres termes un système distinct et des méthodes nouvelles – récompenseraient le sceptique éclairé. Il fit de lui le symbole éternel de l'Âge de la Raison. La mythologie populaire veut à tout prix faire de Machiavel le prophète de l'immoralité politique. En fait, il était indifférent aux questions de morale. C'était un courtisan moderne en quête d'un emploi. La vitalité était la caractéristique qu'il recherchait chez un leader politique, et non la vertu. L'efficacité politique est le thème central de ses écrits. Jusqu'à ce jour, les hommes qui se trouvent taxés de *machiavélisme* voient leur carrière sévèrement limitée. D'où la question suivante : pourquoi si peu d'hommes sont-ils qualifiés de machiavéliques ? Si l'on ôtait les références au xvIe siècle contenues dans *Le Prince* et si on intitulait ce livre *Le Pouvoir et le cadre* ou *Un gouvernement efficace*, il serait immédiatement adopté par toutes les écoles de management modernes, il formerait des hommes d'affaires, des fonctionnaires, des professionnels de la politique. On ne manquerait pas de le considérer comme un manuel idéal pour la préparation du leader international moderne.

Dans le sillage de Machiavel se joua le troisième acte de l'essor de la raison : le schisme de l'Église catholique. Les *Quatre-vingt-quinze thèses* de Luther (1517), l'Église d'Angleterre (1531) et l'*Institutio Religionis Christianae* (1536) surgirent en une seule et unique explosion. La nature arbitraire du catholicisme officiel mit probablement le feu aux poudres. Mais une prise de conscience de plus en plus répandue de l'argument rationnel persuada aussi les gens que la réforme était possible. Un populisme presque inconscient, inspiré par le bon sens, poussa les instigateurs de ce mouvement à traduire la Bible en plusieurs langues. Cette simple initiative de vulgarisation anéantit le monopole que les prêtres exerçaient sur le verbe. Elle demeure l'un des coups les plus sévères portés contre la pratique du secret comme facteur de manipulation.

Pourtant, des idées aussi simples que le droit à la dissidence, la responsabilité et la liberté individuelle furent rapidement noyées dans une mer de sang. Alors que les massacres provoqués par les guerres de Religion faisaient non plus des milliers ni des centaines de milliers, mais des millions de victimes, l'un et l'autre des partis semblaient perdre de vue leurs objectifs. En définitive, la Réforme transforma sans aucun doute l'Europe. Mais l'ambiguïté de l'ensemble du processus était telle que l'avenir fut déterminé davantage par les adversaires de la Réforme que par les réformateurs eux-mêmes.

Ignace de Loyola ne semblait pas destiné à devenir l'instigateur de la Contre-Réforme. Qu'il ait formulé la méthodologie rationnelle moderne paraît plus surprenant encore. Ce petit noble espagnol, consumé par l'ambition et la passion de la guerre et des femmes, réussit à s'imposer dans les cours royales. Ces dons de courtisan devaient d'ailleurs jouer un rôle essentiel dans sa vie future.

Alors qu'il n'était encore qu'un tout jeune homme, il eut la mauvaise fortune de recevoir entre les jambes, au cours d'un combat, un boulet de canon qui lui fracassa les os et fit de lui un invalide. Son énergie lui fit refuser cette situation : il se soumit à une série d'opérations extrêmement risquées au cours desquelles on lui brisa à nouveau les deux jambes pour essayer de les redresser. Le résultat final ne fut guère brillant : les interventions chirurgicales avaient laissé un morceau d'os en saillie sur le côté d'une jambe, de sorte qu'en un ultime acte de narcissisme aristocratique il obligea ses médecins à tout recommencer afin de scier l'os déformé [5].

Cette dernière extravagance le brisa, tant physiquement que moralement, et la crise qui en résulta fut à l'origine de sa conversion. Celle-ci fut entourée de mystère et jalonnée de rencontres avec le divin dignes des plus grands saints. Puis, brusquement, le prévisible devint imprévisible, et la voie classique menant au salut prit des allures de révolution.

Car à peine achevée la phase miraculeuse de ce processus, Loyola se livra à une interprétation rigoureusement intellectuelle de l'Église. Une abstraction réalisée méticuleusement, avec une obsession quasi notariale de la précision, de la loi, de la procédure, et finalement de la structure. Ce travail de mise en forme ne lui prit que quelques années. Au départ, Ignace déambula seul sur les routes d'Espagne, marchant vers Dieu clopin-clopant, prêchant et enseignant dans les villes et les villages, poussé par l'amour et ce qui paraissait être une communion naturelle avec le peuple, voire avec la terre elle-même. Bientôt, d'autres lui emboîtèrent le pas et suivirent son exemple. L'Église ne pouvait ignorer cette petite bande de prédicateurs, tout de noir vêtus, qui allaient proclamer leur foi parmi les masses.

D'abord, les observateurs pensèrent que ces jeunes gens prenaient exemple sur saint François d'Assise, qu'ils avaient fait vœu de pauvreté et d'humilité. Or l'uniforme d'Ignace et de ses compagnons n'avait rien à voir avec une volonté de simplicité ou une spiritualité qui les aurait laissés indifférents, pour ne pas dire inconscients, du bien-être physique. Loyola se mêlait au peuple pour raisonner avec les gens, pour les attirer à Dieu non par l'amour mais par une logique rigoureuse. Et s'il avait fait fi de son élégance d'antan, ce n'était pas pour rapprocher l'homme de Dieu, bien au contraire. Son apparence avait été consciemment façonnée pour servir la cause, en d'autres termes pour ramener les ouailles dans le giron de l'Église. En se donnant des allures de simplicité, il recherchait avant tout la discrétion. Ignace était en passe de devenir le premier technocrate rationnel.

En ce temps-là, où toute initiative religieuse était dangereuse, Loyola fut régulièrement dénoncé auprès de l'Inquisition par des voix anonymes. L'Inquisition savait manier la peur. Elle était effectivement le guide spirituel de cette ère nouvelle, mais d'autres tiraient les leçons de ses méthodes en les poussant plus loin encore. Les inquisiteurs commençaient à être dépassés par leur propre méthode, le pouvoir exercé par le biais d'une structure. Quand vint le moment où ils durent affronter Loyola, il devint clair qu'ils avaient perdu les pédales. En 1535, alors qu'Ignace était sur le point de quitter Paris avec ses partisans, une rumeur lui apprit qu'on l'avait dénoncé, ainsi que ses *Exercices spirituels*. Sa vie était en danger. Sans perdre un instant, il se rendit chez l'inquisiteur local et lui annonça qu'il regagnait l'Espagne. S'ils devaient l'accuser d'hérésie, il fallait se décider rapidement. Pris au dépourvu et se demandant probablement si l'outrecuidance de ce jeune homme ne cachait pas des amis haut placés, l'inquisiteur minimisa l'importance de cette accusation. En revanche, il était curieux de voir son livre. Conformément

50

à la longue expérience de l'Inquisition, les écrits d'un homme demeuraient le meilleur moyen de le faire tomber.

L'inquisiteur lut les *Exercices spirituels*, en fit l'éloge et demanda s'il pouvait en garder une copie. Il voulait évidemment le passer au peigne fin à la recherche de vices hérétiques.

Loyola accepta mais insista pour être immédiatement traduit en justice, seul moyen lui permettant d'être rapidement jugé et blanchi. L'inquisiteur souhaitait, lui, réserver son jugement. Ignace alla aussitôt chercher un greffier, qu'il ramena chez l'inquisiteur afin de consigner et de confirmer les louanges proférées par celui-ci à l'égard des *Exercices spirituels*, ainsi que son refus d'engager des poursuites [6]. Cette petite scène de caractère privé fut d'une importance capitale : la première organisation jamais fondée sur la terreur raisonnée venait en effet d'être déjouée par le futur créateur de la deuxième.

Quatre ans plus tard, Loyola persuadait le pape de lui accorder la reconnaissance officielle de son ordre. Les documents établissant la fondation de cet ordre commencent par un résumé de la méthodologie à laquelle il devait se consacrer. Une méthodologie qui contenait déjà en substance l'objectif essentiel que l'Âge de la Raison se proposerait par la suite :

> Celui qui souhaite devenir jésuite doit impérativement admettre cette notion qu'il est membre d'une société instituée très précisément pour s'efforcer avant tout de favoriser le progrès de l'âme de l'homme dans sa vie ainsi que dans la doctrine chrétienne. Des objectifs qui doivent être atteints en raisonnant le peuple et en l'instruisant [7].

Le message était clair. Il s'agissait avant tout d'appartenir à une organisation fondée sur une méthode. L'accès à cette organisation serait limité par la méthode en question : ses membres constitueraient par conséquent une élite spécialement formée à cette intention. Son pouvoir reposerait sur la précision, la recherche et l'action. Cette élite tirerait parti de ses méthodes pour éduquer les masses et, au travers de cet enseignement, pour imposer un point de vue. Et sa réussite pourrait être mesurée : depuis lors, le terme de *progrès* a été employé comme synonyme de *mesure*.

Cette approche rigide et professionnelle ne pouvait être que le fait d'un ancien militaire de carrière, expérimenté et aguerri, qui sut organiser sa Compagnie comme une armée religieuse. Tout cela n'avait plus grand-chose à voir avec la foi aveugle et les pouvoirs arbitraires de l'ancienne Église. Soudain, il devint clair que l'ordre jésuite détenait les clés du futur : l'organisation et la politique des partis. La doctrine fut réduite à n'être qu'un instrument utile, ou guère plus, le rôle de Dieu devenant somme toute relativement secondaire. Le nouvel ordre força les catholiques à mettre au premier plan les intérêts de l'Église elle-même : l'organisation mère. En opérant ainsi, il réduisit progressivement les guerres de religion, suscitées par des croyances et des émotions fanatiques, à des considérations pratiques liées à des intérêts d'inspiration politique. « Pratiques » signifiant « négociables ». Du coup, les interrogations sur des principes religieux complexes se changèrent en revendications territoriales, en alliances, par la voie de mariages royaux qui apporteraient, selon le cas, sécurité ou insécurité financière.

L'élection de Loyola comme général de la Compagnie illustrait parfaitement ses méthodes. Il n'avait aucun rival, sa candidature fut acceptée à l'unanimité, le résultat du vote étant connu d'avance. Pourtant Loyola le refusa. Il tergiversa, fit des simagrées et résista pendant deux semaines avec une modestie qui ne pouvait être que feinte s'agissant de l'homme qui venait de damer le pion au pape et à la bureaucratie vaticane. Après quoi, il obligea ses compagnons à recourir aux urnes pour la deuxième fois, ce qui aboutit évidemment au même résultat. Il traversa Rome pour aller trouver son confesseur et lui demander conseil. Celui-ci pouvait difficilement lui recommander de refuser : toutes les autorités de l'Église lui en auraient voulu. Loyola obligea le pauvre homme à consigner son avis par écrit et à l'envoyer à la Compagnie. En se fondant sur cette recommandation cachetée, qui avait tout d'un ordre divin intimé à un mortel, cet homme « modeste » finit par accepter.

La Compagnie de Jésus connut très vite un immense succès. Lorsque Loyola mourut, en 1556, dix-sept ans après la création de son ordre, elle comptait un millier de membres. En 1700, ils étaient vingt-trois mille ; ils constituaient la force politique la plus puissante de l'Occident. Les jésuites contrôlaient depuis les coulisses la plupart des gouvernements européens, sans parler des colonies. Le pape lui-même en vint à les redouter, et en définitive leurs ennemis s'allièrent suffisamment longtemps pour que la Compagnie fût démantelée en 1723. Il n'en reste pas moins que les jésuites endiguèrent quasiment seuls la vague de la Réforme.

Loyola eut toujours recours à une approche prudente, raisonnée, affranchie de tout dogme. Ainsi, il œuvra en faveur de l'instauration de l'Inquisition à Rome afin d'empêcher de nouveaux égarements hérétiques, alors qu'il s'y opposa en Allemagne, où l'Église n'avait pas suffisamment de pouvoir pour l'imposer à long terme. Dans le même esprit « politique », il prônait la peine capitale pour les hérétiques, mais « cela [lui] paraissait au-delà de ce que la situation actuelle de l'Allemagne pouvait supporter [8] ».

Ses consignes à l'intention des jésuites opérant dans ce dernier pays auraient pu être données au xxe siècle : les gens contaminés par l'erreur devaient être éliminés du gouvernement et de l'enseignement. Il fallait brûler les ouvrages hérétiques ; quelle que soit la nature du livre, s'il était l'œuvre d'un écrivain contaminé, on devait impérativement le jeter au feu avant que quiconque ait eu le temps d'apprendre à aimer son auteur. Des synodes devaient être convoqués en vue de démasquer certaines hérésies spécifiques. Par ailleurs, il était formellement interdit d'appeler un hérétique un « évangélique [9] ».

Cette dernière instruction est la plus fascinante de toutes, car elle préfigure les dictatures terminologiques qui prendront une importance considérable au xxᵉ siècle. Loyola le premier fut conscient de la force de certains mots. Il était essentiel de les contrôler, de se les approprier au profit de l'Église. Mieux encore : en traitant ces mots comme des icônes, on pouvait en faire glisser le sens de manière à leur donner une utilité politique. C'est ainsi qu'il y avait eu toutes sortes de figures « évangéliques », certaines bonnes, d'autres mauvaises. Le terme signifiait simplement « qui apporte la bonne nouvelle ». Désormais, seuls ceux qui parlaient au nom de l'Église auraient droit à cette épithète.

De nos jours, des termes tels que *capitalisme, révolutionnaire* ou *libre* sont exploités de la même manière. Le fait de s'adjuger le mot *libre* pour l'appliquer aux affaires publiques de son propre camp met le camp adverse dans une position difficile. C'est pourquoi les politiciens et les hommes d'affaires sur le point de réduire des avantages sociaux ou de fermer une usine invoquent systématiquement la notion d'équité pour se justifier. Il en va de même pour certains concepts comme la justice, la rationalisation et l'efficacité : ces termes mythologiques remplacent toute espèce de réflexion. Ce sont les équivalents modernes du vide intellectuel.

Très vite, la Compagnie de Jésus généra une élite instruite au sein de la société laïque. À l'époque, aucun autre système éducatif n'offrait un enseignement comparable. Ceux qui souhaitaient voir leurs enfants réussir ne pouvaient qu'être tentés de les inscrire dans une école jésuite. Et pourtant, dès le départ, le succès des jésuites fut tempéré par des critiques qui s'en prenaient tour à tour à leur cynisme, à leur ambition, à leurs ingérences politiques, à l'amoralité de leur intelligence. Autant de reproches que l'on pourrait aisément adresser de nos jours à un énarque ou à un diplômé de Harvard.

À la source de ces critiques se trouvait une vérité fondamentale : quel que fût le bien accompli par la Compagnie, elle semblait immanquablement dénaturer le cours des affaires publiques ou produire des élèves, certes remarquables, mais déformés d'une manière ou d'une autre. Sans compter que plus l'élève était brillant, plus cette déformation sautait aux yeux.

Ce travers tenait aux prémices mêmes de l'ordre. Les protestants avaient été les premiers grands messagers de la Réforme. Loyola leur vola la méthode dont ils s'étaient servis pour propager leur message, dans l'intention de l'appliquer à la défense d'une cause allant résolument à l'encontre de la raison. Partant d'une contradiction aussi flagrante, son entreprise paraissait vouée à l'échec. Au contraire, ce fut un grand succès : la raison prit une force beaucoup plus grande entre ses mains que dans celles des réformateurs. Il avait créé une arme flexible, libre de toute entrave et de toute contrainte vis-à-vis de la moralité ou d'idées, quelles qu'elles soient.

En séparant cette méthode de ses racines, les jésuites s'armèrent de forces qui cachaient en réalité de profondes faiblesses. Le système ainsi établi ne pouvait résister à l'inéluctable invasion d'idées étrangères, contradictoires et destructives, tant morales qu'intellectuelles. Il n'y a donc pas lieu de s'étonner si, dès avant la fin du xviᵉ siècle, la Compagnie de Jésus fut imprégnée d'un cynisme virulent.

Il n'est pas besoin d'être grand clerc pour identifier le schéma résumé par ces trois épisodes. Les inquisiteurs, Machiavel et Loyola étaient tous attachés à des *a priori* et au service du pouvoir établi. Ils exercèrent des fonctions administratives. Deux d'entre eux étaient des courtisans et tirèrent largement parti de leur expérience militaire. Leur méthodologie n'avait aucun support idéologique ou moral. La peur et le secret étaient leurs armes favorites. Ils préféraient l'anonymat, la discrétion, des vêtements modestes et le pouvoir exercé à l'abri d'une façade. À l'avant-garde de la réforme politique et sociale, la méthodologie était en train de devenir une sorte de mercenaire dont on louait les services.

Cette nouvelle étape fut décisive. Au début du xviᵉ siècle, la technocratie rationnelle trouva en l'État-nation un partenaire à long terme. Ce mariage d'amour eut lieu sous l'autorité d'un monarque théoriquement absolu, Louis XIII, et fut arrangé par un cardinal.

Bien évidemment, lorsque nous nous replongeons dans cette période, nous sommes facilement hypnotisés par les feux d'artifice philosophiques dont elle fut remplie. Francis Bacon et René Descartes poussèrent l'Occident à rejeter le Moyen Âge et à créer deux écoles rationnelles rivales, l'une issue de la nouvelle science, l'autre des mathématiques.

Bacon se donna beaucoup de mal pour établir la différence entre l'élaboration d'une argumentation visant à *produire* une réponse, option qu'il excluait, et ce même processus visant à *chercher* une réponse : « La logique aujourd'hui en usage cherche plutôt à fixer et à donner une stabilité aux erreurs qui ont leur fondement dans des idées communément reçues, au lieu d'aider à rechercher la vérité. Elle fait donc plus de tort que de bien [10]. » Avec une parfaite simplicité, il souligna la différence fondamentale entre la pensée et le jugement. Cette démonstration limpide, une fois dévoilée, parut s'étioler pendant un siècle et demi, jusqu'au moment où les Encyclopédistes choisirent Bacon et John Locke comme principales sources d'inspiration.

Si on y regarde de plus près, la clarté de Bacon et son ouverture d'esprit sont toutefois sujettes à caution. Sa carrière personnelle fut celle d'un courtisan, entre hauts et bas, comme celle de Machiavel. Il trahit son mécène, le comte d'Essex, fit parler de lui en donnant son aval à une confession obtenue par la torture conformément à la tradition de l'Inquisition, et profita sans scrupule des pouvoirs publics. Il semble qu'il ait été encore plus machiavélique que Machiavel. Intarissable sur la question de la vérité, il rejetait la suprématie du droit coutumier et, partant, du Parlement. Il considérait la loi naturelle, ou raison, comme l'autorité suprême. Une telle définition de l'origine de la raison sous-entendait un monarque absolu servi par un conseiller sage – en l'occurrence lui-même. Et lorsque, dans *La Nouvelle Atlantide*, Bacon entreprit d'imaginer la société idéale, le résultat fut une dictature de technocrates en quête de savoir et de vérité qu'ils dissimulaient soigneusement aux regards du citoyen. Une alliance unissait le savoir et le pouvoir au secret et à la chasteté. Au prime abord, cette chasteté, ou « asexualité », peut paraître une bizarrerie ; mais on s'apercevra progressivement qu'elle fait partie du schéma général.

On fait grand cas des différences entre les philosophies anglaise et française, Bacon et Descartes illustrant cet écart. Leurs arguments sont certainement très différents sur le plan technique, mais les intentions et les résultats sont pour ainsi dire identiques.

Descartes demeure bien sûr le demi-dieu de la pensée rationnelle. Son *Discours de la méthode* expose une étonnante vision de la raison. Descartes fut éduqué par les jésuites et semble en avoir tiré, entre autres choses, un respect absolu de l'autorité. Il prit même l'initiative de retirer l'un de ses ouvrages de la circulation plutôt que de prendre le risque de déplaire. Sa fameuse exploration du doute se révéla en définitive comme une force conservatrice qui empêche tout argument censé en faveur du changement de passer les impossibles épreuves de la vérité rationnelle.

Descartes (1596-1650) était un contemporain de Richelieu (1585-1642). Ce fut le cardinal qui, sans référence au penseur toutefois, s'employa à intégrer les pensées déductives du philosophe dans le premier véritable État moderne et dans ses méthodes. On pourrait même dire que Descartes est redevable au cardinal : à la publication du *Discours de la méthode*, en 1637, Richelieu occupait déjà depuis treize ans les fonctions de Premier ministre. Dès 1627, le cardinal avait fait connaître sa proposition en treize points visant à une « réorganisation rationnelle du gouvernement ». On peut mesurer l'impact qu'il devait avoir sur les générations futures en considérant certains éléments de son projet. Par exemple la restructuration du système pédagogique, qu'il entreprit afin de multiplier les diplômés des professions scientifiques et pratiques, au détriment des arts libéraux.

Homme de pouvoir il y a quatre siècles, Richelieu apparaît néanmoins comme une remarquable combinaison des meilleurs et des pires aspects de notre époque. Comme individu, il représente l'exemple classique du leader technocrate. Il avait un tempérament nerveux, impatient, qui le rendait beaucoup plus efficace dans les coulisses qu'en public. Il lui arriva souvent de riposter à une opposition massive en isolant un ennemi au sein d'un groupe afin de le détruire tout en rassurant les autres. Sa vision profondément cynique des phénomènes humains l'incitait à penser qu'il lui suffisait de mettre à profit son intelligence pour manipuler l'histoire et en changer le cours.

Il se caractérisait en outre par une véritable obsession du détail et y travaillait sans relâche. Dans une large mesure, sa tâche consistait à se placer au centre d'un flux d'informations, de façon à en contrôler et à en recueillir un maximum. À la fin de sa vie, il manipulait un extraordinaire réseau d'agents, contrôlant les secrets de tout le monde. La pratique du secret était vraiment le noyau de sa méthode. À sa première intervention publique, en 1614, alors qu'il n'était encore qu'un jeune évêque relativement inconnu des États généraux, il proposa pour régler les délibérations de cette assemblée une méthode en deux parties : l'établissement précis de l'horaire des réunions et le secret absolu de tout ce qui s'y dirait et s'y ferait. Précision, dur labeur, secret : si cela n'est pas un modèle suffisamment clair pour les technocrates des temps modernes, ajoutons-y son esprit rancunier. Vingt-huit ans plus tard, alors qu'il agonisait, boursouflé, souffrant le martyre et parfaitement conscient qu'il ne lui restait que quelques jours à vivre, il concentra toute son attention sur le procès et la condamnation à mort de son ennemi juré, le marquis de Cinq-Mars. Sur les treize juges qui venaient de décider du sort du jeune homme, onze optèrent pour son exécution. Richelieu tenait absolument à connaître le nom des deux dissidents, bien que rien ne l'y autorisât légalement [11]. Si la maladie lui avait octroyé un répit, il aurait certainement tout mis en œuvre afin de prouver qu'il fallait être soi-même un traître pour croire que Cinq-Mars n'en était pas un.

Richelieu partageait une autre caractéristique avec ceux qui sont plus à leur aise dans un système que confrontés à des individus. En public, il pouvait être le parangon de la raison froide. Dans l'intimité, en revanche, il se livrait à des attaques personnelles particulièrement virulentes. Sa grande spécialité était les pamphlets anonymes ou hétéronymes. Citons la diatribe anonyme publiée à l'encontre du duc de Luynes, le favori de Louis XIII. Au dire du cardinal, l'homme avait six vices majeurs : « l'incapacité, la lâcheté, l'ambition, l'avarice, l'ingratitude et la fourberie [12]. » Richelieu se servait du langage pour dissimuler ses actions et ses pensées plus que pour communiquer. À son penchant pour la méchanceté insidieuse il convient d'ajouter sa faiblesse pour l'intrigue, qui accompagne souvent la manie du secret et la quête du pouvoir au travers d'une structure en place.

Mais d'où lui venaient ces engouements pour l'intrigue et la manipulation, cette triste vision de la société, du citoyen et de lui-même ? Les Chinois avaient coutume de châtrer les conseillers impériaux afin de mettre une fois pour toutes un terme aux rêves dynastiques de ces jeunes gens ambitieux. Les méthodes de Richelieu font penser à celles des eunuques chinois. Et on se prend à spéculer en songeant à l'éloge de l'asexualité des élites rationnelles prononcé par Bacon. Remontant plus loin encore dans le temps, on en vient à se demander à quelle hauteur le boulet de canon avait atteint Ignace de Loyola, fondateur du système rationnel. La raison semble avoir donné naissance à un système qui, quels que soient ses avantages, a un effet castrateur. Dans ces circonstances, comment s'étonner qu'il attire dans les hautes sphères du pouvoir des individus qui ont une vision asexuée du monde?

La structure mise en place par Richelieu ne manquait certainement pas d'aspects progressistes et positifs. Il entreprit de créer une administration intègre, avec un système fiscal honnête – une véritable gageure! S'il ne ménageait pas les élites qui cherchaient à contrecarrer ses projets, il montra un certain empressement à soulager les plus démunis, même s'ils avaient soutenu ses ennemis. Il était déterminé à éliminer du sytème monarchique tout élément irrationnel ou arbitraire. Il écrivait :

> Le bon sens incite chacun d'entre nous à comprendre que l'homme, étant doué de raison, ne devrait rien faire qui ne soit raisonnable, puisque dans le cas contraire, il agirait contre sa nature. [...] Il n'y a rien dans la nature qui soit moins compatible avec la raison que l'émotion [13].

La centralisation devait être la marque distinctive de l'État nation et Richelieu conçut un système susceptible de rendre ce processus irréversible. Il devait permettre d'asseoir un gouvernement efficace et honnête, mais aussi de briser le pouvoir négatif de l'Église et de l'aristocratie. Il est difficile aujourd'hui de percevoir à quel point tout cela était révolutionnaire pour l'époque. Le nationalisme qu'il défendait était un concept totalement inédit, guère compris, et loin d'être accepté. Il avait affaire à forte partie : les pouvoirs en place et les droits acquis de la noblesse. À bien des égards, la république moderne et son équivalent, la monarchie constitutionnelle, sont des créations de Richelieu.

Dans le même temps, toutes ses initiatives, bonnes ou mauvaises, se fondaient sur un recours à la peur, cet instrument indispensable à toute organisation moderne. Il écrivait :

> Châtiments et récompenses sont les deux principaux instruments du gouvernement. [...] Le pouvoir provoque la peur. Il est certain que, de toutes les forces capables de donner des résultats dans les affaires publiques, la peur, si elle se fonde sur l'estime et le respect, est la plus efficace, dans la mesure où elle peut pousser quiconque à faire son devoir [14].

À un moment de sa carrière, le cardinal fut contraint d'abandonner ses fonctions. Soudain, il parut maladroit, incompétent. Il se mit à dire et à faire le contraire de ce qu'il convenait et montra les signes d'une paranoïa galopante. Ses talents étaient adaptés à l'exercice du pouvoir, non à l'opposition. D'ailleurs, si la méthode rationnelle est née pour défendre le pouvoir établi, pourquoi un grand technocrate ferait-il merveille dans l'opposition? L'exercice efficace du pouvoir exclut l'idée d'une opposition honorable.

Si on analyse la personnalité de Richelieu et les grandes lignes de sa politique, il apparaît comme un personnage résolument moderne. Il faut également voir en lui le premier à avoir donné une réalité au rêve machiavélique, qui n'était pas de devenir un prince parfait. Le prince de Machiavel n'était au fond que le pivot indispensable d'une méthode politique correspondant à un contexte et une époque donnés. Richelieu incarne plutôt l'accomplissement du rêve personnel de Machiavel, celui de l'employé qui se sert de la protection d'un prince en vue d'instituer un nouveau système. Louis XIII, avec sa faiblesse de caractère et son instabilité émotionnelle, était une marionnette idéale entre les mains de Richelieu. Les historiens qui s'attachèrent à l'étude des relations mouvementées entre le cardinal, le monarque et la reine mère y virent des tergiversations continuelles sur fond d'intrigues mineures. Et ils passèrent à côté de ce qui se déroulait véritablement en France.

Entre les mains d'un technocrate consommé, ce royaume féodal était en train de se métamorphoser en une nation. La monarchie absolue qui s'instaura par la suite, et que l'on considère généralement comme le glorieux chant du cygne du mode politique traditionnel, fut en fait la première manifestation à part entière de l'État-nation administré de façon rationnelle.

Sous le couvert théâtral de la monarchie absolue se dissimulait le pouvoir grandissant de l'État qu'avait voulu Richelieu, un État dénué de tout attachement aux droits monarchiques et à la morale, quelle qu'elle soit. Versailles était un État moderne déguisé – un jeu complexe de charades. Richelieu avait déclenché des forces telles que ce ne serait plus qu'une question de temps avant que le prince ne soit remplacé par quelque chose d'encore plus malléable : une démocratie constitutionnelle, où le gouvernement va et vient, tandis que des cardinaux – ou leurs homologues laïcs – restent en place.

Le bouddhisme possède une formule, la « voie moyenne », ou « juste milieu », qui a toujours fasciné les Occidentaux déçus de leur société. Après un examen plus approfondi, cette voie moyenne se révèle extrêmement ardue. Ce terme sous-entend néanmoins une modération raisonnable qui fait défaut dans notre absolutisme rationnel. Si les écrivains du XVIIIᵉ siècle situaient leurs contes allégoriques en Orient, c'était peut-être qu'à leurs yeux les Orientaux possédaient un peu de bon sens.

Ce qui ne veut pas dire que la modération ait été absente de la pensée occidentale. Bacon se fit scrupule d'y parvenir dans sa quête d'une ouverture d'esprit, de même que Richelieu lorsqu'il s'efforça de créer des institutions équitables. Quant à Blaise Pascal, il se donna beaucoup de mal pour couvrir les traces encore fraîches de Descartes en démontrant la fibre morale de la raison : « Toute notre dignité consiste donc en la pensée. C'est de là qu'il nous faut relever. [...] Travaillons donc à bien penser : voilà le principe de la morale [15]. »

D'une certaine manière, Molière fut l'*alter ego* de Pascal. La formidable popularité du dramaturge donnait l'espoir qu'une action raisonnable était envisageable. Mais celui qui disait sans détour la vérité – comme Molière – joua finalement un rôle tout à fait particulier dans des sociétés où un pouvoir décisionnel dominait l'État, l'éducation, les affaires, tous les domaines essentiels. Il remplissait au fond la même fonction que le théâtre de Guignol. Quand le citoyen avait consacré sa journée, son année, sa vie au système, à celui qui détenait le pouvoir, il allait rêver et rire au théâtre, où Molière malmenait allégrement ses supérieurs.

Quoi qu'il en soit, il n'aurait pas été possible d'ignorer purement et simplement Pascal. On pouvait l'admirer ; cela ne signifiait pas pour autant qu'il fallait l'écouter ni en faire un saint, placé au-dessus du commun des mortels mais impossible à suivre. À la différence de Thomas Hobbes, par exemple, qui remportait un formidable succès en Angleterre en proposant un contrat social laïc et mécaniste dépendant d'un monarque absolu et surtout de la peur, utilisée comme instrument de contrôle.

Un homme comme John Locke avait bien plus d'attrait. Il s'en prenait aux pouvoirs du passé et à l'ordre établi, inexpliqué et inexplicable. Ce qui était fort bien venu. Dans le même temps, grâce à son système contractuel, il mena les citoyens bien plus loin sur la voie ouverte par Bacon et Descartes. Celle-ci devait en définitive les conduire à une véritable obsession des preuves et, partant, des faits.

En ce temps-là, les faits étaient des trésors si rares que personne ne les imaginait multipliables. Tout le monde les croyait solides et inanimés : des faits avérés. Personne ne comprenait encore que la vie deviendrait une marche malaisée et interminable le long d'un littoral jonché de faits de toutes les formes et de toutes les tailles. Blocs de pierre, graviers, tessons, ovales parfaits... On était à cent lieues de penser que ces faits n'avaient aucun ordre, imposé ou naturel, qu'ils avaient à peu près autant de signification que des mots bruts alignés les uns derrière les autres, sans grammaire ni syntaxe. Un homme pouvait ramasser n'importe quel fait et le jeter dans la mer pour faire des ricochets. Une main exercée pouvait le faire rebondir trois ou quatre fois tandis qu'une autre, moins habile, n'obtenait qu'un plouf. Dans un cas comme dans l'autre, la preuve avait la même valeur. Tel autre pouvait en revanche choisir de bâtir avec ces faits une sorte de forteresse sur la rive.

Quant à Locke, il ne pensait certainement pas que les faits se transformeraient si rapidement en armes, maniables non seulement par les bons mais aussi par les méchants. Des armes au service de la vérité mais aussi du mensonge. S'il s'était donné la peine d'analyser la carrière de Richelieu, il aurait peut-être prévu ce qui arriverait. Ainsi, à l'âge de vingt ans, alors qu'il était à Rome, Richelieu commenta un sermon devant le pape, défendant certaines thèses. Le lendemain, il se présenta à nouveau devant le Saint-Père et débattit du même sermon, cette fois-ci en démontrant la thèse inverse [16].

L'Europe n'avait pas encore accouché de la raison moderne que déjà se faisait sentir la vigueur de la future logique aveugle. Certains comprirent ce qui se produisait et se lancèrent dans d'éloquentes mises en garde. Les propos tranchants de Jonathan Swift furent trop précoces et trop virulents. *Les Voyages de Gulliver* (1726) le rendirent célèbre, mais on eut tôt fait de le classer parmi les marginaux et les insolites. Il y eut aussi cet infortuné professeur Giambattista Vico, qui se hasarda à exposer ses idées dans la très catholique ville de Naples. Pour combattre les complaisantes abstractions cartésiennes, il s'appuya sur l'histoire. Par la suite, les rationalistes le traitèrent d'obscur réactionnaire pour discréditer ses thèses. Or son intention n'était pas de défendre l'ordre ancien, et moins encore les pires aspects de ce dernier. Il cherchait à développer la même curiosité d'esprit que Pascal, la même méticulosité dans la détermination du bien et du mal. Il écrivait en 1708 :

> Aujourd'hui, seuls la critique et le jugement sont admirés. Le sujet lui-même a été relégué au dernier rang. [...] On dit que, les hommes étant capables de jugement, il suffit de leur apprendre une chose et ils sauront d'eux-mêmes si elle est vraie. Mais qui peut être sûr d'avoir tout vu [17]?

Quant aux nouvelles méthodes d'analyse, « il est impossible de nier ce qu'elles affirment à moins de les attaquer au départ [18] ».

Vico fut peut-être le premier à reconnaître la force irrésistible des nouvelles méthodes d'argumentation théoriquement libres, construites en définitive pour imposer une réponse précise. Montesquieu et lui condamnèrent d'une seule voix la disparition de la « vocation politique » telle que la prônaient les Grecs et les Romains, une vocation favorisant le culte de la vérité, une vision de la société comme un ensemble éthique [19]. Ce fut Montesquieu, juriste issu de la petite noblesse bordelaise, qui suscita dès le début du XVIIIe siècle l'admiration des philosophes français pour les libertés consenties aux Britanniques.

Mais si la vérité ne devenait rien d'autre qu'une argumentation structurée, truffée de faits utiles et malléables, que restait-il de cet ensemble éthique hormis le machiavélisme d'une part et le sentiment brut de l'autre? Le bon sens, que l'on pourrait aussi appeler émotion prudente, ou prudence, avait été mis hors jeu. Vico et Montesquieu devinèrent ce qui se passerait quand les amarres de l'ancien système seraient rompues : la technocratie régnerait en une étrange coalition avec une émotion quasi animale. Les besoins émotionnels parfaitement normaux de l'homme, en l'absence d'un contexte social qui puisse les satisfaire, dégénéreraient en sensiblerie. Ce sentimentalisme de base, déchaîné par le technocrate rationnel, se changerait un beau jour en culte du Héros.

En 1755, le tremblement de terre de Lisbonne ébranla la légitimité morale du pouvoir établi. Il eut sur l'inviolabilité psychique de l'Église et des monarques absolus le même effet que la guerre du Viêt-nam sur les États-Unis. Cette catastrophe, qui tua sans distinction des milliers d'hommes, de femmes et d'enfants, riches et pauvres, semblait requérir une explication immédiate. Collectivement, les peuples d'Europe voulurent savoir pourquoi. L'Église et les autorités constituées ne purent s'empêcher de répondre que Dieu punissait ainsi les pécheurs.

Les citoyens trouvèrent cette réponse ridicule. Lisbonne n'était pas un lieu de péchés, surtout comparée à Madrid, Paris ou Londres. Et ces enfants, ces femmes, ces indigents ignoraient tout, sans aucun doute, des péchés mortels. Ce prétendu châtiment divin était d'une sottise telle que, tout à coup, les gens se sentirent libérés de l'obligation de croire ce que leur disaient les autorités. L'Église, en particulier, discrédita ainsi le pouvoir qui était le sien d'approuver ou de sanctionner moralement le mode de vie des gens.

L'aristocratie se retrouva dans une position particulièrement complexe. Depuis des décennies, elle ne croyait plus aux fondements de sa propre légitimité. Ses membres profitaient cependant du maintien d'un semblant de conviction. Ce simulacre fut rapidement battu en brèche par les philosophes des Lumières, en pleine possession de leurs moyens, qui fondirent, avec leur verve et leur causticité coutumières, sur la version officielle du tremblement de terre de Lisbonne. Tout cela ne fut pas très clair au départ, ni concrètement ni d'un point de vue structurel ; mais le voile avait été déchiré.

Au cours de la même année, un autre événement survint qui permit de croire que la raison, loin d'être seulement une idée, pouvait gouverner les hommes. Les philosophes n'auraient désormais plus besoin d'inventer des nations orientales mythiques, comme l'avaient fait Montesquieu et Voltaire, pour illustrer leurs argumentations. Il leur suffisait de faire référence à la république de Corse [20].

L'histoire choisit de retenir des événements bien particuliers. Pour que le souvenir en soit conservé, il faut généralement qu'un groupe solide – une nation organisée ou un peuple relativement important – intègre tel événement à sa mythologie et la nourrisse au fil des siècles. La république corse a disparu des mémoires du fait qu'en dehors de l'île, personne n'avait de raisons de s'y intéresser. Les idées philosophiques mises en application par Pascal Paoli pour édifier sa république étaient essentiellement françaises. Or ce furent les Français qui anéantirent son œuvre : Louis XV d'abord, puis la Révolution, et finalement Bonaparte. Sur l'île, l'importance de la république de Paoli ne pouvait d'ailleurs manquer d'être minimisée par les autorités, au nom de l'intégration dans le giron français.

La Corse appartenait à Gênes depuis le xvie siècle. Les Génois avaient toujours concentré leur contrôle sur les ports de l'île, maintenant une surveillance assez lâche sur l'intérieur montagneux où vivait l'essentiel de la population. De temps à autre – et plus que jamais au xviiie siècle –, des clans rivaux se choisissaient un leader et organisaient une rébellion. Le père de Paoli avait mené l'une de ces forces de libération avec beaucoup de succès. Toutefois, les Génois sollicitèrent un appui militaire des Autrichiens et des Français et, en 1738, Paoli dut se réfugier à Naples, où il emmena avec lui son fils âgé de treize ans. Pascal Paoli grandit donc en exil en Italie, où il apprit par cœur les classiques ainsi que l'italien, le français et l'anglais. Il reçut une formation d'officier de l'armée et lut avec avidité tous les philosophes de son siècle.

En 1755, les divers clans se regroupèrent une nouvelle fois. « Par la voix générale », ils élirent le jeune exilé, alors âgé de trente ans, le priant de revenir au pays pour prendre la tête de leur coalition. Paoli regagna donc son île, déterminé à appliquer les idées des philosophes à ce fragment de monde réel. Sous sa houlette, le nouveau soulèvement prit très vite une ampleur telle que l'île ne tarda pas à se libérer du joug génois, à l'exception de quelques ports assiégés. En désespoir de cause, Gênes se tourna de nouveau vers la France, implorant son secours, et Louis XV envoya un corps expéditionnaire. (Incidemment, le futur révolutionnaire Mirabeau faisait partie du contingent d'officiers français dépêchés sur place.) L'armée de Paoli eut recours à des tactiques de guérilla pour anéantir les soldats français. En réaction à cette débâcle, le roi expédia sans attendre des renforts plus importants, non sans exiger en contrepartie les titres de propriété de Gênes sur l'île.

Cette invasion devait inspirer à Rousseau la remarque suivante : « J'ai encore de la peine à croire que la France soit prête à s'attirer la censure du monde [21] ». Le premier Pitt, qui apportera par la suite son soutien aux révolutionnaires américains contre son propre roi, plaida ouvertement en faveur de la Corse. Il disait de Paoli qu'il « était de ces hommes que l'on ne trouve plus hormis dans les *Vies* de Plutarque [22] ».

Le deuxième contingent français comprenait un jeune major, le comte de Guibert, futur inventeur de la stratégie militaire moderne. Dès que leur propre expansion territoriale fut en cause, les Français se battirent avec acharnement, et l'inégalité des effectifs et des fonds disponibles affaiblirent l'armée de Paoli. Finalement, en 1769, une grave erreur stratégique provoqua la déroute des Corses au beau milieu d'un fleuve de montagne, sur le Ponte Nuovo.

La république n'était plus. Voltaire, admirateur de Paoli, conclut amèrement : « Il restait à savoir si les hommes ont le droit de vendre d'autres hommes ; mais c'est une question qu'on n'examinera jamais dans aucun traité [23]. » Les officiers supérieurs corses – dont le père de Napoléon Bonaparte – rentrèrent chez eux. Paris entreprit alors son habituelle assimilation des territoires nouvellement conquis, en proscrivant notamment l'enseignement du corse et en expédiant les jeunes gens de l'élite locale sur le continent afin qu'ils y soient élevés comme des Français.

Pendant ce temps, Paoli prit la route de l'exil. Il s'installa en Angleterre. À cette époque, la plupart des philosophes pensaient que les Anglais jouissaient de libertés politiques sans égales en Europe. Paoli espérait qu'il y serait bien reçu grâce à l'appui de James Boswell, venu en Corse quelques années plus tôt, et auteur d'un ouvrage offrant une description enthousiaste de la république de Paoli.

Sur le chemin de Londres, le leader vaincu fut accueilli à travers l'Europe comme le grand héros de la raison politique. Des foules immenses – parfois si denses qu'il ne pouvait sortir des demeures où il avait trouvé refuge – le suivaient partout. On vendit des foulards à son effigie. Les rois voulaient le recevoir et lui rendirent hommage.

La révolution américaine n'allait pas tarder à éclater, et les coloniaux n'avaient que trois héros étrangers dont ils pouvaient s'inspirer : Pitt l'Ancien, John Wilkes et Paoli. La Corse contribua pour une large part à l'éveil de l'idéal républicain dans les treize colonies. Des navires, des enfants reçurent le nom du leader martyr. Quand la révolution fut proclamée, les rebelles utilisèrent le nom de Paoli en guise de cri de ralliement dans les charges contre les troupes anglaises. Plus tard, dans toute la république américaine, de vieux révolutionnaires lèveraient leurs verres en son honneur le soir de son anniversaire.

Il est difficile d'imaginer aujourd'hui l'impact que la république corse put avoir sur l'Europe et l'Amérique pendant les quatorze années où elle régna sur l'île, puis à nouveau durant la Révolution française, lorsque Paoli fut rappelé de son exil londonien. À Paris, il fut acclamé par l'Assemblée nationale, des modérés aux révolutionnaires, pour avoir été le premier homme à s'élever contre les rois et à gouverner sous la bannière de la raison. Mirabeau, Danton, Robespierre, tous savaient qu'en 1762, quand la république de Paoli n'avait que sept ans, Rousseau avait écrit dans *Le Contrat social* :

> Il est encore en Europe un pays capable de législation, c'est l'Isle de Corse. La valeur et la constance avec laquelle ce brave peuple a su recouvrer et défendre sa liberté mériterait bien que quelque homme sage lui apprît à la conserver [24].

Divers philosophes se sont imaginés dans ce rôle. Mais Paoli lui-même y fut contraint par les circonstances. Sans être un idéologue, il se considérait comme l'instrument de la raison. Son solide bon sens lui permit d'agir raisonnablement alors que les forces de l'absolutisme – anciennes et nouvelles – s'agitaient autour de lui. En définitive, il fut vaincu à la fois par la fin de la monarchie absolue et par les forces nouvelles et bruyantes de la raison nationaliste.

L'équivalent moderne de la popularité que connut la Corse parmi les intellectuels et la jeunesse européenne et américaine du XVIIIᵉ siècle serait la Tchécoslovaquie d'Alexander Dubček ou le Chili de Salvador Allende. Pourtant, la situation était très différente. Paoli était le précurseur d'une idée résolument nouvelle. Il fut le premier leader à réussir dans cette entreprise hasardeuse. Après quoi, il fut crucifié, par les intérêts établis d'abord, puis par de nouveaux intérêts. Il popularisa le règne de la raison, véhiculant cette idée pour la première fois au-delà des milieux intellectuels et la communiquant à l'ensemble de la population européenne. Son ascendant sur le public peut être comparé à celui de John Kennedy. Plus tard, en exil, il finit par ressembler davantage à un Norodom Sihanouk, fantôme errant d'une petite nation anéantie par des puissances supérieures.

Il n'en reste pas moins que Paoli fut l'inventeur *de facto* de la république moderne, qui était loin d'être une création idéale. Il avait affaire à une population démunie, déchirée par des rivalités. Son élection n'était représentative qu'au regard des clans. Au mieux, on pourrait dire que, si une société a jamais ressemblé à la démocratie inconsciente de Marx, ce fut bel et bien la Corse que Paoli regagna après son exil italien en 1755.

Il tenta de faire passer son pays sans transition du Moyen Âge à l'Âge de la Raison, en sautant allégrement la monarchie absolue, et en tirant parti d'idéaux modernes pour y parvenir. Dès le début, il avait tout du leader républicain modèle. Il s'habillait simplement et refusait les fonds votés à son intention par les assemblées. Il créa des écoles publiques et fonda une université. Bien qu'il fût lui-même croyant, il brisa le pouvoir économique et politique de l'Église, institua un système juridique équitable, encouragea les industries locales en suivant une ligne politique que nous appellerions aujourd'hui social-démocrate, et il aida l'Assemblée à élaborer une constitution modèle, propice à la décentralisation et à la délégation des pouvoirs. Ses idées, éclairées dans bien des domaines, furent divulguées par Boswell et quelques autres de ses hôtes, ainsi qu'à travers sa volumineuse correspondance.

Paoli admirait les hommes politiques qui se faisaient les serviteurs du peuple. Il était nationaliste chaque fois qu'il était question du service public d'un État libre. Il s'enthousiasma pour la colonie pacifique de William Penn, où les gens étaient « plus heureux qu'Alexandre le Grand après qu'il eut anéanti toute une multitude lors de la conquête de Thèbes [25] ». Il avait un sens profond de la vertu et une « foi dans le peuple » qui le guidèrent sa vie durant. La Constitution corse de 1762 s'inspira du corps *ad hoc* des lois existantes et des principes des Lumières. Son discours d'ouverture, adressé à la Consulta élue en mai de la même année, était un modèle de raison en action :

> Vos concitoyens, en vous élisant pour les représenter, ont placé entre vos mains leurs intérêts les plus chers. [...] Examinez vos consciences, éclairez-vous les uns les autres par des discussions franches et soyez convaincus que les résolutions que vous prendrez ensemble seront la loi du pays, car ce qu'elles représentent sera l'expression sincère de la volonté de la nation.

Paoli parla le premier de citoyens libres prêts à choisir entre « la liberté ou la mort ». En regagnant son île après vingt et un ans d'exil, il s'agenouilla pour en embrasser le sol, scellant ainsi le lien entre la raison et l'amour de la patrie – une équation qui, plus que toute autre idée issue de cette époque, a été dénaturée pour servir des principes opposés.

La république de Paoli, plus que l'Amérique, fut le précurseur de la Révolution française. En 1790, Mirabeau, soucieux de se racheter d'avoir participé à l'expédition militaire dépêchée par Louis XV en Corse, fit pression pour que l'Assemblée invitât Paoli à revenir d'exil. La Constitution française de 1790 imitait de près celle instituée par le Corse un quart de siècle plus tôt. Il fut donc accueilli à Paris en héros. Une émouvante réception l'attendait à son arrivée à l'Assemblée. Les orateurs défilèrent l'un après l'autre sur l'estrade pour vanter ses mérites. Robespierre donna le ton : « Vous avez défendu la liberté alors que nous n'osions même pas l'espérer [26]. »

Les chambres parisiennes, aussi enthousiastes qu'instables, le renvoyèrent en Corse gouverner en leur nom et en celui de la raison. Paoli fut reçu sur sa terre natale comme le sauveur de la nation. De même qu'en 1755, il repoussa toute tentation de glorification personnelle et se mit au travail. Ce fut le dernier grand moment de sa vie. Inventeur du premier gouvernement de la Raison, il était sur le point d'être pris en étau entre les deux forces qui allaient dominer l'Occident, les technocrates et les Héros, division classique de la société rationnelle moderne. L'honnêteté de Paoli, son âge, l'exiguïté de la Corse en plein cœur de l'ouragan révolutionnaire, furent autant de facteurs qui limitèrent sa liberté de manœuvre.

Il entreprit malgré tout de mener à bien son mandat, pour s'apercevoir en définitive que, dans un Paris en proie à une confusion toujours plus grande, les révolutionnaires s'acharnaient à se détruire les uns les autres, de sorte qu'il devenait pour ainsi dire impossible de ne pas se prendre de querelle avec eux. Difficile de savoir si la distance qui le séparait de la capitale fut pour lui un avantage ou un inconvénient. Quoi qu'il en soit, il ne tarda pas à essuyer des attaques d'une Assemblée qui semblait résolue à le déstabiliser.

Et l'élément le plus susceptible de le déstabiliser n'était autre que la nouvelle génération de jeunes aristocrates corses ayant grandi sous la domination française depuis vingt ans. Ils formaient un groupe curieux, à la limite de la schizophrénie. Éduqués en France et attirés dans l'orbite parisienne – avec tout ce que cela pouvait comporter de fausse supériorité urbaine dissimulant un complexe d'infériorité provincial –, ils n'en demeuraient pas moins les fils de chefs de clan et de nationalistes convaincus, hostiles à la conquête française. Paoli était leur père spirituel.

Pendant ce temps, un nouveau phénomène prenait un essor sans précédent dans le Paris révolutionnaire : la raison romantique. Les jeunes gens s'imaginaient dans la peau d'un Héros, né non pas de l'idéal paolien du serviteur du peuple, tout dévoué à sa cause, mais d'un nouveau rêve au narcissisme débridé. Lorsqu'un jeune homme se sentait doté d'une dose de courage suffisante pour s'arroger une gloire personnelle, la destinée et la raison lui donnaient la possibilité de le faire, d'une manière ou d'une autre – au détriment de ceux qu'il trouvait sur son chemin. Trahir une cause ou sa patrie n'était rien comparé à la gloire, le mot en vogue pour désigner l'avancement personnel. Dans son *Dictionnaire philosophique*, Voltaire avait déjà écrit : « Celui qui brûle de l'ambition d'être édile, tribun, préteur, consul, dictateur, crie qu'il aime sa patrie, et il n'aime que lui-même [27]. » Pour un jeune Corse consumé par le feu de l'ambition Héroïque, il ne pouvait y avoir d'obstacle plus grand que Paoli, modèle vivant du service public raisonnable.

Les frères Bonaparte ouvrirent la voie à ce nouveau culte du Héros. Paoli avait toutes les raisons de croire en leur loyauté. Non seulement parce que leur père avait été l'un de ses meilleurs et de ses plus proches officiers, mais aussi parce que leur mère avait été une célèbre patriote. Elle suivait son époux dans les montagnes, de champ de bataille en champ de bataille, pendant la campagne contre les armées de Louis XV. On l'avait vue, enceinte de six mois, le 8 mai 1769, à Ponte Nuovo lorsque la république corse avait subi son ultime et plus cuisante débâcle. Son époux et elle échappèrent à la catastrophe et parvinrent à regagner leur maison d'Ajaccio, où Bonaparte vit le jour. Vingt ans plus tard, ce dernier servait dans l'artillerie française. Mais il n'en demeurait pas moins farouchement attaché à la cause corse. Comme Paoli, il avait tiré son inspiration de la Révolution de 1789. Plus tard, lorsque la confusion et le chauvinisme parisiens se retournèrent contre les intérêts de l'île, Bonaparte écrivit à Paoli. Il lui fit part de sa haine des Français et de ses sentiments à l'égard de ces pauvres Corses, fléchissant sous le poids des chaînes alors même qu'ils embrassaient, tremblants, la main qui les opprimait [28].

En vérité, l'esprit de discorde et le subterfuge d'une révolution qui avait mal tourné entraînaient déjà ces jeunes aristocrates corses dans des turbulences émotionnelles. Qui était pur ? Qui ne l'était pas ? Qui était révolutionnaire ? Traître ? Comment définir la liberté ? Et l'intérêt général ? À qui devaient revenir les rênes du pouvoir ? Qui devait mourir ? La pensée rationnelle abstraite fonctionnait à plein et son impact sur le monde réel était immédiat. Paoli refusait de laisser la Corse céder à cette dialectique violente. Au contraire, il s'obstina sur la voie d'une réforme progressive et sereine. L'Assemblée de Paris était dans sa phase la plus radicale et cherchait des diversions. Ses membres traitèrent Paoli de criminel et menacèrent d'envahir la Corse. Ils décidèrent d'agir aussi sur les futurs chefs de clans demeurant à Paris, en s'efforçant de les persuader que la modération de Paoli était antirévolutionnaire. Un petit nombre d'entre eux furent renvoyés dans l'île avec mission d'y provoquer des incidents révolutionnaires et Héroïques. Paoli s'efforça de contrecarrer leurs desseins en convoquant la Consulta, composée d'un millier de membres. L'île fut proclamée république indépendante pour la deuxième fois en quarante ans.

Pourtant, lorsque le vieil homme découvrit qu'un groupe de jeunes

Corses, y compris les Bonaparte, complotaient contre lui pour prendre le pouvoir à Paris, il perdit espoir et chercha un contrepoids à la France. Il n'en existait qu'un seul : l'Angleterre. Il plaça donc la république corse sous protection britannique, pour découvrir que les Anglais étaient aussi rapaces que les Français. Londres envoya un gouverneur, Sir Gilbert Elliot, un technocrate aux talents limités. Présomptueux, adonné à l'intrigue et aux flagorneries, jaloux de ses prérogatives, l'administrateur ne sortait jamais de son palais. Elliot ne pouvait admettre que le soutien dont les Anglais bénéficiaient sur l'île se fondait exclusivement sur la confiance accordée à Paoli par le peuple. Il en vint à considérer le vieil homme comme un rival et à conspirer avec les autorités anglaises pour l'évincer.

Elliot pensait qu'en jouant la carte de la manipulation administrative il compenserait son incapacité à contrôler l'île. Le problème, soutenait-il, était le grand âge de Paoli. Le vieillard ralentissait le cours des affaires en organisant d'interminables consultations avec des représentants du peuple. Et son idée de soutenir un État bâti sur les principes de la raison tout en s'opposant à l'impérialisme français était trop complexe à mettre en œuvre quand la guerre faisait rage partout. Elliot était persuadé que, s'il pouvait se débarrasser de Paoli, il contrôlerait le système administratif mis en place par ce dernier et, partant, le gouvernement et l'île. Il fallut du temps avant que ses talents de mandarin ne parviennent à chasser pour la troisième fois le vieil homme de son île. Après son départ, le gouverneur ne réussit à exercer techniquement le pouvoir absolu que l'espace d'une nuit. Puis tout se volatilisa. Un instant, il fut le maître de l'île; l'instant d'après, il eût été imprudent pour lui de quitter son palais. Quelque temps plus tard, les Anglais furent contraints d'abandonner l'île de Beauté.

Officiellement, bien sûr, Elliot n'avait pas perdu la Corse : il avait décidé de se retirer volontairement. S'il fallait désigner un coupable, ce ne pouvait être que Paoli. Le vieil homme eût-il quitté les lieux plus tôt, Elliot n'eût pas été obligé de renoncer. De fait, dans ses rapports, il pouvait blâmer toute une kyrielle de gens. Et conformément à ce qui deviendrait par la suite une tradition chez les officiers d'état-major promus pour avoir perdu une bataille, il reçut le titre de baron Minto of Minto. Il n'hésita pas à ajouter le symbole national de la Corse, la tête de Maure ceinte d'un bandeau blanc, à ses armoiries familiales!

Quant à Bonaparte, à l'instant où son complot avait été découvert, il s'était réfugié en France, sur laquelle il concentra dès lors toutes ses ambitions. D'une certaine manière, son détachement à l'égard de la nation française faisait de lui le parangon du Héros. Depuis Machiavel, les penseurs rationalistes avaient inlassablement souligné l'importance d'une attitude mercenaire et détachée.

Les frères Bonaparte furent l'avant-garde des Héros rationnels et du culte dont ils faisaient l'objet. Étant les premiers, agissant en famille et s'assurant une solide emprise sur le pouvoir pendant plus d'une décennie, ils furent à même de définir l'action Héroïque pour les deux siècles à venir. Le problème était que, pour s'élever de la sorte, ils avaient trahi le premier grand homme d'État rationnel, qui fut aussi leur modèle paternel et celui de la Corse. Autrement dit, ils avaient trahi leur pays.

L'embarras de Napoléon est flagrant dans la manière dont il évita soigneusement la Corse quand il détint le pouvoir à Paris. Par ailleurs, il favorisa l'intégration de l'île dans la structure française. Son extraordinaire machinerie pédagogique et mythologique permit d'éliminer Paoli ou de dénaturer son image dans chaque aspect de l'organisation gouvernementale et culturelle. La Révolution était présentée comme l'expression même de la raison, et Napoléon en était l'héritier naturel ; par conséquent, Paoli devait impérativement passer pour l'ennemi de la raison.

La mythologie officielle renforça donc progressivement le culte rendu à l'idole Bonaparte tout en tournant Paoli en dérision. La formule connut son paroxysme au XXᵉ siècle, dans le film d'Abel Gance, remarquable mais grossièrement inexact, qui déifiait Bonaparte. Jeune, il apparaît comme un nationaliste idéaliste, désintéressé, virginal, séduisant même, face à un Paoli vieux dictateur dégénéré, corpulent, corrompu et syphilitique. Que Paoli fût d'une honnêteté scrupuleuse, qu'il mourût sans un sou, qu'il menât une existence monacale et donnât naissance à la démocratie tandis que Bonaparte s'adonnait à tous les excès sur les plans politique, militaire ou financier, poussé par une ambition égocentrique démesurée, tout cela disparaît sous un débordement de mythes. Gance est allé jusqu'à inverser les apparences physiques des deux hommes. Paoli avait été un grand et bel homme, et c'est Bonaparte qui, d'une taille nettement inférieure à la moyenne et souffrant d'une ectopie testiculaire, prit de l'embonpoint à la fin de sa vie. Mais tout cela n'a aucune importance. Après tout, la naissance du Héros n'a pas plus à voir avec la réalité qu'avec les capacités administratives de Sir Gilbert Elliot, futur baron Minto.

Longtemps avant cette fin désastreuse de Paoli, sa première république avait déjà fait des émules dans les colonies américaines. La raison eut ainsi une deuxième occasion de faire ses preuves outre-Atlantique. Les coloniaux eurent beaucoup plus de chance que les Corses. Londres était loin, le pouvoir du Parlement britannique tempérait celui du roi, les amis des coloniaux au Parlement affaiblissaient le parti de la guerre. Par ailleurs, les colonies étaient relativement vastes, et dirigées non par un homme brillant mais par un remarquable assemblage de personnalités. Dans ce groupe, deux hommes se substitueront à Paoli dans la mythologie républicaine internationale.

Il est juste de dire que, si les États-Unis n'avaient pas produit Washington et Jefferson, l'histoire de ce pays aurait été toute différente. Sans un premier Président serein, parfaitement respectable et d'une ambition limitée, et un troisième Président qui possédait de surcroît une dose de génie lui permettant à la fois d'imaginer la république de la raison et de la mettre en œuvre, on voit mal comment l'enthousiasme révolutionnaire aurait pu être canalisé et la nation américaine mise sur la voie de la raison.

Non que la révolution ait donné des résultats entièrement satisfaisants. La Constitution américaine, comme le souligna l'ancien juge de la Cour suprême Thurgood Marshall, était « défectueuse dès le départ [29] ». Même après une guerre civile et des bouleversements sociaux considérables, le système actuel demeure incapable de résoudre de graves problèmes tels que les terribles disparités économiques, la violence, l'aggravation de l'analphabétisme et le nombre affligeant d'électeurs abstentionnistes. Quoi qu'il en soit, Washington et Jefferson maintinrent la république en place suffisamment longtemps pour que les esprits s'apaisassent et que la nation s'extirpât des montagnes russes révolutionnaires. L'expérience française montre ce qui aurait pu se passer. Embarqués dans l'élan de la révolution sans grands chefs républicains à leur tête, les Français passèrent de manière convulsive de la république à la dictature, suivie d'une monarchie, pour revenir ensuite à une république, puis à une dictature, et de nouveau à une république et à une dictature, avant de retourner à la république en vigueur aujourd'hui.

On pense généralement que la Révolution française provoqua des bouleversements beaucoup plus violents que ceux suscités par la révolution américaine. L'instabilité qui régna en France au lendemain de 1789 est censée en avoir résulté. Or si l'on parle de changements sociaux profonds, l'analyse est erronée. En France, la véritable révolution avait déjà eu lieu, progressivement, au cours des vingt années qui précédèrent la Révolution.

La classe intellectuelle et administrative en plein essor était déjà convertie à la raison. Cette classe était presque tout entière issue de l'aristocratie, même s'il s'agissait de petite noblesse, ou plus précisément d'une nouvelle bourgeoisie. La plupart des changements administratifs rénovateurs qu'elle prônait avaient déjà été effectués ou étaient en cours d'élaboration à l'heure où éclata la Révolution. L'École royale des ponts et chaussées fut fondée en 1776, juste avant l'École des mines et l'École normale supérieure. Le plus réputé de tous ces établissements nationaux, l'École polytechnique, fut créé en plein cœur de la Révolution par des éléments de la classe moyenne. Et ceux-ci avaient le sentiment de participer au processus en cours, non d'en entamer un nouveau. La structure de l'armée avait déjà été modernisée sous Louis XVI dans des proportions que les Britanniques ne devaient pas égaler avant la fin du xixe siècle. Les troupes révolutionnaires, qui ébahirent tout le monde en battant les Prussiens à Valmy en 1792, étaient en fait l'armée royale reconstituée, commandée pour une bonne part par les produits de ce système : des jeunes officiers bien nés, des professionnels, acquis bien avant 1789 aux principes de la gestion rationnelle.

Quant au droit divin du roi, cet ennemi juré de la Révolution, plus personne n'y croyait depuis des années. Comment aurait-il pu en être autrement? L'essentiel de l'élite dirigeante croyait tout juste en Dieu, elle n'allait certainement pas croire en un Dieu actif, intervenant dans les affaires humaines!

Les formes superficielles que Louis XIV avait initialement données à l'État restaient l'unique ciment des institutions. Louis XIV s'habillait et vivait en Roi-Soleil afin de donner à l'aristocratie et à la population une image concrète de son pouvoir. Sur les échelons qui descendaient de son trône de grandeur, chaque aristocrate disposait d'une place, dans un ordre décroissant de magnificence. Le roi s'efforça d'assujettir les nobles à ce code dénué de sens, de façon à les contrôler le temps de consolider son pouvoir. En définitive, il aimait par-dessus tout la simplicité. Il était parfaitement conscient de l'écart existant entre ses atours de Roi-Soleil et la réalité de ses fonctions de chef d'État. Pendant la deuxième moitié de son règne, il prit l'habitude de fuir autant que possible la vie publique, se dépouillant de ses extravagantes tenues pour s'asseoir tranquillement dans un petit salon en compagnie de sa femme, tel un acteur dans les coulisses.

Un siècle suffit pour que cette dichotomie disparaisse : Louis XVI et sa cour en étaient arrivés à croire à la réalité des apparences. Ils s'imaginaient que c'étaient cette mascarade, cette publicité qui faisaient de Louis un roi; que s'il en était dépourvu, il ne serait plus rien. De surcroît, si seules les apparences comptaient, il n'y avait aucune raison de s'inquiéter de l'incompétence réelle dont il faisait preuve. Ce raisonnement nous paraît familier : il s'apparente aux hypothèses souvent émises à propos de nos leaders politiques actuels.

À maintes reprises au cours de la Révolution, Louis XVI fut incapable d'exercer ses fonctions, moins en raison de la faiblesse de son caractère, de ses excès de boisson ou de la bêtise de sa femme, que par son inaptitude à faire la différence entre l'apparence et la réalité. À cet égard, sa tentative de fuite avortée, en 1791, qui s'acheva par son arrestation à Varennes, fut particulièrement révélatrice. La confusion qui régnait dans son esprit à propos de sa dignité royale lui fit refuser le déguisement et l'incita à rejeter des plans d'évasion beaucoup plus efficaces. Il opta en définitive pour la solution la plus incommode, tout en dédaignant de se travestir convenablement. Le roi portait une perruque rose, comme s'il allait à un bal costumé et n'avait pas à affronter une situation bien réelle et désespérée. Lorsque le chef d'un gouvernement et ses plus hauts conseillers sont disposés à risquer l'existence même du régime sur le fait que le chef en question porte ou non une perruque de domestique l'espace de douze heures, ce régime n'est pas seulement un système sclérosé. Selon les critères cliniques normaux, il est déjà mort.

Mais pourquoi la révolution eut-elle des effets tellement plus déstabilisateurs en France qu'aux États-Unis ? Une première réponse a déjà été donnée : l'Amérique a eu la chance de disposer de chefs révolutionnaires de génie. Ensuite, à la différence de la France, les États-Unis n'essayèrent pas de devenir une république autrement que de nom. Hormis son titre, la fonction de George Washington correspondait à la définition donnée par Voltaire d'un monarque bienfaisant à tous égards. Enfin, rien ne dit que l'histoire des États-Unis ait été plus stable que celle de la France. Les continuels déchaînements de violence associés à la civilisation américaine sont généralement attribués à la tradition des pionniers. On pourrait tout aussi bien les imputer au syndrome engendré par la révolution, qui consiste à régler par la force les problèmes sociaux.

La véritable réponse est peut-être d'un ordre beaucoup plus général. La menace ou la promesse de changements font ressortir la fragilité de notre psychisme. De brusques revirements sont facteurs d'instabilité. L'argument rationnel, dès ses débuts dans l'ère moderne, s'est appliqué à éviter cette réalité. Les multiples modèles sociaux abstraits – mathématiques, scientifiques, mécaniques, commerciaux – sont fondés sur l'hypothèse optimiste qu'une réorganisation schématique de la société sera propice à la race humaine. La notion même de perfectibilité de l'être humain repose sur l'idée d'une manipulation de l'extérieur ou d'en haut. Les technocrates et les Héros sont les deux catégories de manipulateurs rationnels que nos sociétés préfèrent.

Ce que les révolutions française et américaine auraient dû nous dire, en fait, c'est que les êtres humains ne réagissent pas bien à ce type de manipulation. Plus celle-ci est abstraite, plus ils lui résistent – à moins de s'embarquer dans des montagnes russes émotionnelles et politiques. En ce sens, la révolution est un signe d'échec tant pour ceux qui perdent le pouvoir que pour ceux qui le conquièrent. Elle provoque une instabilité que les citoyens comme leurs nouveaux leaders souhaitent juguler au plus vite. Une fois déchaînée, toutefois, cette instabilité prend de l'élan, et cela se termine inéluctablement par des souffrances physiques et des effusions de sang. Certains problèmes sont peut-être réglés en définitive, mais la civilisation reste à jamais stigmatisée par la violence. L'acte violent porte généralement à de nouveaux paliers d'extrémisme et d'absolutisme rigides : d'où un regain de violence.

Avec le recul, il est relativement facile d'identifier les effets déstabilisateurs à long terme de manipulations sociales aussi extrêmes. Les gens vivant au XVIIIᵉ et au XIXᵉ siècle avaient beaucoup plus de difficultés à interpréter ces signaux confus et multiples. Ceux qui cherchèrent la voie moyenne, tels Paoli et Jefferson, progressèrent à l'aveuglette dans le chaos, aidés de leur seul bon sens.

À cet égard, Edmund Burke, célèbre whig, penseur circonspect, d'une grande curiosité d'esprit, partisan des indépendances corse et irlandaise et des révolutionnaires américains, nous offre un excellent exemple. Dans son *Discours aux électeurs de Bristol*, il énonça l'une des premières propositions raisonnables en vue d'une relation pratique entre l'élu et l'électeur. Il commit cependant une grave erreur « idéologique » dans sa carrière : il s'opposa à la Révolution française. Avec des arguments brillants, et d'autres parfaitement erronés. Il ne savait pas grand-chose de la France, ce fut donc par ignorance qu'il fit l'éloge de l'Ancien Régime. En revanche, son sens pratique l'aida sans aucun doute à mettre en lumière les aspects désastreux de la Révolution. Il déclara qu'il était favorable à « une liberté éthique réglementée, à l'instar de n'importe lequel de ces messieurs français [mais qu'il se refusait à] sortir du rang pour vanter les mérites d'un objet dénué de toutes relations concrètes [au point de se retrouver] dans toute la solitude d'une idée métaphysique [30] ».

Cette opposition incita une nuée de philosophes rationalistes, dont Jeremy Bentham et James Mill, à le classer parmi les réactionnaires, comme d'autres penseurs l'avaient fait jadis pour Vico. On pourrait dire que Burke subit l'équivalent intellectuel d'une condamnation par l'Inquisition, d'un rejet pour motifs graves par la logique cartésienne, ou encore d'un procès stalinien.

Ceux qui le cataloguèrent ainsi n'appréciaient pas davantage ses prises de position en faveur de Paoli et de Washington que son opposition à la Révolution française. En réalité, ce n'étaient pas tant ses opinions qui les hérissaient que la façon dont il les exprima et les motifs qui le poussèrent à le faire. Ce qui les choquait était moins qu'il s'insurgeât contre la réforme ou la justice – ce qui n'était d'ailleurs pas le cas – que son refus de la nouvelle logique. Le plus souvent, Burke avait une perception très nette de l'histoire. Il était en mesure de voir les événements tels qu'ils se déroulaient et d'où provenait telle vérité morale approximative. C'était un homme à l'esprit pratique qui s'appuyait sur le bon sens. Il ne recourait pas à des arguments *a priori*. De là à faire de lui un ennemi des temps nouveaux, il n'y avait qu'un pas.

Pour les penseurs rationnels, le soutien qu'il apportait à la réforme dans certains domaines était en contradiction flagrante avec le conservatisme tenace qu'il manifestait dans d'autres. Pour Burke, cependant, la réforme et le maintien de la stabilité faisaient partie d'un équilibre, d'un compromis qui reflétait la réalité du monde. Le monde réel était rempli de contradictions qu'une démarche égoïste ne pouvait se permettre de repousser d'un mouvement abstrait. En ce sens, même dans ses opinions les plus conservatrices, Burke se rapprochait davantage de la voie moyenne que les rationalistes optimistes. En effet, ceux-ci imaginaient des populations entières brutalement affranchies des contraintes du passé et du présent pour se retrouver sens dessus dessous, forcées d'affronter un avenir remodelé et purifié avec la passivité absolue d'un Big Mac. Telle était la réalité que Burke cherchait à tâtons quand il s'en prenait à la Révolution française : plus l'avenir idéal proposé était complexe, plus on pouvait penser qu'il nécessiterait une dissolution générale, imposée par ses initiateurs ou d'autres hommes, surgissant *in extremis* pour restaurer l'autorité dans la situation anarchique qui en résulterait. Dans un cas comme dans l'autre, on assisterait au déclenchement d'une vague de violence qui, dans ce nouveau monde immaculé, libéré de l'expérience comme du bon sens, serait inévitable.

Burke ne fut évidemment pas le seul réformateur à émettre des doutes sur la Révolution. Thomas Jefferson fut ambassadeur des États-Unis en France de 1785 à 1789. Une solide amitié le liait à La Fayette depuis la révolution américaine. En 1789, Jefferson était le seul révolutionnaire expérimenté et triomphant à Paris ; de sorte que sa maison devint vite la Mecque des députés nouvellement élus. Ils venaient lui demander conseil. Il leur fit voir qu'ils étaient en train de dériver et que la situation commençait à déraper, non seulement pour le roi, mais aussi pour les réformateurs et les révolutionnaires. Ces derniers perdaient de vue les erreurs très concrètes qui avaient tout déclenché. La possibilité indiscutable de consolider le pouvoir politique démocratique et la justice sociale était en train de leur filer sous le nez. Tous se retrouvaient aux prises avec des discussions sans fin autour de notions aussi abstraites que la véritable nature de l'homme ou la recherche de solutions définitives aux innombrables problèmes qui se posaient. Mirabeau et Danton étaient distraits à la fois par de grandes idées et par leurs petites convoitises personnelles. Quant à Robespierre et Saint-Just, ils apparaissaient comme des réincarnations des inquisiteurs et de Loyola, déguisés en anges révolutionnaires vengeurs.

Les origines révolutionnaires de Jefferson et son passé de Président équitable et honnête l'ont finalement préservé de procès intellectuels du type de ceux dont Burke eut à souffrir. En somme, il est peut-être le seul grand homme de raison qui parvint, par son envergure, à échapper au jugement définitif des idéologues rationnels. Il put donc se prévaloir d'une grande réussite, tant sur le plan des idées que dans le domaine de la pratique politique. Ses erreurs étaient indéniables, mais il représente peut-être la plus grande figure publique que le monde moderne ait connue. À la fois philosophe, écrivain, architecte, fermier, inventeur, révolutionnaire, politicien, homme d'État, il était entouré d'amis et d'amour. Il évita les intrigues. Il ne croyait pas au secret. Il savait faire la différence entre la nécessité de préserver la paix et les excès qui peuvent justifier une guerre. Il ne parvint pas à convaincre ses collègues de traiter de la question de l'esclavage dans le cadre de la Déclaration d'indépendance. Il n'en écrivit pas moins : « Rien n'est plus clairement écrit dans le livre de la destinée que le fait que ces peuples doivent être libres. » Mais si « cela doit être imposé de force, la nature humaine peut trembler à la perspective de ce qui l'attend [31] ». En vrai démocrate, Jefferson croyait dans le peuple, « source de toute autorité [32] ». Il était moralement conscient en permanence : « Un cœur honnête étant la première bénédiction, un esprit éclairé est la seconde. » À son neveu, il écrivait : « Même si tu ne vois pas que lorsque tu fais un pas il y en aura un second, suis la voie de la vérité, de la justice, de la franchise, et ne doute jamais qu'elle mène hors du labyrinthe avec la plus grande aisance qui soit. Le nœud que tu imaginais gordien se dénouera sous tes yeux. Rien n'est plus erroné que l'idée qu'une personne peut s'extirper d'une difficulté par l'intrigue, les chicaneries, la dissimulation, le louvoiement, le mensonge et l'injustice [33]. »

Aujourd'hui, ces paroles sont dignes d'un enfant de chœur. Mais ce jugement est un reflet de nous-mêmes ; il n'a rien à voir avec les mots eux-mêmes. Jefferson agissait comme il s'exprimait : « Aucune expérience ne peut être plus intéressante que celle que nous tentons actuellement et qui finira par prouver, à n'en point douter, que l'homme peut être gouverné par la raison et la vérité. Notre objectif premier devrait donc être de lui laisser ouvertes toutes les voies de la vérité [34]. » Pourtant, jamais il n'oublia que la naissance violente de l'Amérique était la source d'une mythologie dont son peuple était bien forcé d'être fier. Même si cet orgueil n'empêcherait jamais que tant de violence constituât un poids dans son histoire : « Le sang du peuple fait partie de notre héritage [35]. » Un héritage que le nouveau système devait assimiler progressivement.

Jamais il ne suggéra non plus qu'il fallait être un génie, un héros, un champion ou donner toujours les bonnes réponses pour gouverner convenablement. Sa description de George Washington est un véritable panégyrique de l'avantage de ne pas être le meilleur :

> Il avait un esprit fort et puissant, sans qu'il soit de tout premier ordre. Sa clairvoyance était grande, bien qu'elle n'eût pas l'exactitude de celle d'un Newton, d'un Bacon ou d'un Locke. Dans la limite de sa vision, aucun jugement ne fut plus juste. Faute d'invention ou d'imagination, il opérait lentement mais ses conclusions étaient sûres. [...] La prudence était sans doute le trait le plus marquant de sa personnalité. [...] Son intégrité était des plus pures, son équité d'une inflexibilité sans pareille, aucun motif d'intérêt, de parenté, d'amitié ou de haine ne pouvant influencer sa décision. [...] Il considérait notre nouvelle Constitution comme une manière d'expérience sur le bien-fondé d'un gouvernement républicain [...] et aurait cédé jusqu'à la dernière goutte de son sang pour la soutenir [36].

Il n'est donc pas étonnant que des hommes politiques très différents se soient réclamés de Jefferson. Ils lient généralement ces revendications non à ses convictions philosophiques, morales ou politiques, mais à un concept spécifique utilisé par Jefferson lui-même pour traduire un besoin réel de son époque. Le Président Reagan était un grand adepte de ce type de détournements de préceptes moraux isolés, dont il se servait d'ailleurs pour justifier des actions qui auraient horrifié Jefferson. Ce qui manque toutefois à ces pilleurs de mots, c'est le formidable bon sens que Jefferson apporta à la raison et à la morale. Il leur manque aussi la vision historique à laquelle il parvint à les rallier, à l'instar de Burke. Cependant, une vision historique sous-entend une solide mémoire des événements passés, ce qui a pour effet de brouiller les éléments nets et précis de solutions rationnelles autonomes.

L'expérience révolutionnaire française aurait sans doute été bien différente si un Washington ou un Jefferson avaient pris la situation en main. Or le peuple, dont le cœur battait encore la chamade sous l'effet de l'excitation et de l'angoisse de la révolte, se perdit dans un océan d'idées et d'espérances surhumaines. De plus, ils étaient dirigés par des égotistes, brillants mais immatures, qui ne tardèrent pas à s'entre-tuer. Quand ces derniers furent remplacés par un groupe de politiciens vénaux et plutôt ordinaires, le peuple connut la déception. On assista à une dépression nationale, ni plus ni moins. Chacun se mettait désespérément en quête des réponses promises. Ils avaient alors bien besoin de leaders capables de leur expliquer que la vraie gloire de la liberté était quelque chose d'aussi ennuyeux qu'un homme politique honnête. Ou que le processus de la raison était lent et pénible. Ou encore que, pour assurer la victoire de la raison, il fallait à tout prix faire taire les égoïsmes individuels.

Au lieu de cela, on vit naître de la confusion une puissante version masculine du sentimentalisme, à l'égard duquel Montesquieu et Giambattista Vico avaient lancé tant d'avertissements soixante-quinze ans plus tôt. Les amarres de l'ancien système avaient été coupées par une révolution abstraite. Les technocrates et les penseurs rationnels étaient incapables de donner une direction au navire qui piquait dangereusement du nez. En l'absence de contexte social stable, les besoins émotionnels, parfaitement normaux, de la population dégénérèrent en sentimentalisme. Ce phénomène prit une forme concrète sous l'aspect du culte du Héros, le veau d'or de la raison. Bonaparte, disciple de Paoli, sortit blanchi de sa trahison vis-à-vis de son mentor et de sa patrie. Qu'il fût étranger faisait de lui un Héros idéal. Il était là non pour réparer les amarres, mais pour éloigner le navire. En d'autres termes, le Héros se révéla un magicien de la raison, se substituant du même coup au souvenir et à l'histoire.

Il est évident que Bonaparte n'aurait pu jouer un tel rôle sans des talents indéniables. Il reste le parangon du général moderne. La réforme administrative et juridique le passionnait. Il était incapable de conquérir une cité sans ouvrir une avenue en son centre, à l'image d'un empereur romain, ou bâtir quelque édifice grandiose à chaque coin. Son formidable ego inspira la plus grande part de ses actions. Depuis son coup d'État du 18 brumaire – lorsqu'il paniqua tant à la tribune de l'Assemblée que son frère dut prendre la relève –, l'écart ne cessa de se creuser entre le mythe du Héros rationnel et la réalité de l'homme et de ses actions.

Dans ce contexte, il est sans doute important de souligner que, sur l'ensemble des quatre premières républiques modernes, Bonaparte en détruisit trois : la Corse, Haïti – dont le leader, Toussaint-Louverture, fut jeté dans une geôle humide et glaciale où il mourut de froid – et la France. Il ne put cependant jeter son dévolu sur la quatrième, en l'occurrence les États-Unis.

Bonaparte prit rapidement les traits du Héros, manifestant dès le début toutes les caractéristiques de la raison aveugle. Il était catégorique et supportait mal les situations ambiguës. Peu de temps avant son coup d'État, il déclarait que la France avait besoin d'une victoire complète : « Qu'une victoire complète soit à l'un des partis ; dix mille par terre, d'un côté ou de l'autre. Autrement, il faudra toujours recommencer. » À ses jugements péremptoires s'ajoutait un profond mépris pour le peuple : « Il leur faut de la gloire, les satisfactions de la vanité [37]. » Pour le reste, il utilisait un vocabulaire vaguement démocratique, auquel il ne croyait pas du tout. Le véritable message qu'il tira de la Révolution était la nécessité d'une administration rationnelle : « Lorsque le bonheur du peuple français sera assis sur les meilleures lois organiques, l'Europe entière deviendra libre [38]. » En d'autres termes, la raison est synonyme de structure, elle-même synonyme de bonheur, c'est-à-dire de liberté. Raison signifie efficacité et réussite : Bonaparte avait compris que le pouvoir conféré par des méthodes efficaces et une argumentation rationnelle était beaucoup plus absolu que tout ce qu'avait pu connaître la monarchie. Le seul élément indispensable pour que cette combinaison devienne irrésistible était une personnalité émotive. Ainsi, l'instabilité émotionnelle connue sous le nom de charisme, associée à un talent pour les méthodes rationnelles, devenait-elle la panacée du dictateur moderne.

Devant le bâtiment de l'Assemblée, le 18 brumaire, juste après son coup d'État, Bonaparte sentit son courage revenir et entreprit de haranguer ses soldats : « Cet état de chose ne peut pas durer. Avant trois ans, il nous mènerait au despotisme! Mais nous voulons la République assise sur les bases de l'égalité, de la morale, de la liberté civile et de la tolérance politique. Avec une bonne administration, tous les individus oublieront les factions dont on les a faits membres et il sera permis d'être Français [39]! » En d'autres termes, son coup d'État eut pour but d'empêcher le despotisme de s'installer. Il promit tout un lot de libertés au moment même où il supprimait la liberté. Il promit l'efficacité, comme une potion magique destinée à produire ce qu'il avait jadis appelé « bonheur », auquel s'était désormais substitué le mot « Français ». Il est étonnant que la raison ait pu conduire aussi vite à tant de nationalisme aveugle.

De là à enrayer les nouveaux mécanismes de la liberté de parole – et même les anciens –, il n'y avait qu'un pas. En fait, la monarchie des Bourbons avait été relativement laxiste au cours des dernières années de son existence. Voltaire lui-même, à son retour à Paris, s'était fait acclamer au théâtre en présence de la reine. Napoléon ne l'aurait pas toléré. Il fit de l'Assemblée son porte-parole et les hommes de lettres prirent le chemin de l'exil. Il reprit l'idée de Richelieu d'un réseau d'espions, en la poussant encore plus loin. Ainsi, il mit en place la première police secrète moderne et efficace, sous le contrôle de Fouché. Il rétablit par ailleurs le système de contrôle social conçu par Louis XIV à des fins de diversion, en se faisant couronner empereur et en distribuant autour de lui des titres grandiloquents accompagnés d'uniformes tout aussi grandioses. Après quoi, il entreprit, non sans cynisme, de distribuer plus de médailles qu'aucun État n'en avait jamais vu, tout en les qualifiant de babioles.

Sans un instant de répit, il entreprit de parfaire sa propre mythologie Héroïque, qui cachait sa trouvaille la plus brillante et la plus retorse : la ruse émotionnelle qui liait au Héros une population perturbée. Cette ruse se fondait sur un concept très simple : tous les Héros ont une destinée tragique. Ils sont, en quelque sorte, mariés au peuple. Ils se sacrifient telle une vierge sur l'autel du culte mystique. Le comte Roederer, secrétaire de Napoléon, raconta que lorsque le Héros s'installa aux Tuileries, palais obscur, humide, mais palais royal, l'échange suivant eut lieu entre eux :

Roederer : « *Ceci est triste, général !* »
Bonaparte : « *Oui, comme la grandeur* [40] ! »

Durant des années, il s'obstina à réitérer ce genre de foutaises mystiques. Pendant que Moscou brûlait, par exemple, il engagea avec son confident, le comte Narbonne, une conversation des plus romantiques :

> Moi, j'aime surtout la tragédie, haute, sublime, comme l'a faite Corneille. Les grands hommes y sont plus vrais que dans l'histoire. On ne les y voit que dans les crises qu'ils développent, dans les moments de décision suprême ; et on n'est pas surchargé de tout ce préparatoire de détails et de conjectures que les historiens nous donnent souvent à faux. C'est autant de gagné pour la gloire. Car, mon cher, il y a bien des misères dans l'homme, des fluctuations, des doutes. Tout cela doit disparaître dans le héros. C'est la statue monumentale, où ne s'aperçoivent plus les infirmités et les frissons de la chair. C'est le *Persée* de Benvenuto Cellini, ce groupe correct et sublime où on ne soupçonne guère, ma foi, la présence du plomb vil et des assiettes d'étain, que l'artiste en fureur avait jetés dans le moule bouillonnant, pour en faire sortir son demi-dieu [41].

On comprend pourquoi Bonaparte fut le seul véritable objet de haine dans la vie de Jefferson ! Alexander Hamilton lui-même, qui présentait pourtant certaines caractéristiques du Héros dangereux, fut traité par Jefferson comme un rival et non comme un monstre. Avec Hamilton, toutefois, c'était le système américain qui était en cause, et Jefferson pensait sans doute pouvoir en tirer le meilleur parti. Hamilton échouera donc. Bonaparte fonctionna dans un tout autre système, et Jefferson savait, puisqu'il avait séjourné à Paris, qu'il n'existait aucun leader raisonnable pour s'opposer à ce Héros. Ce qui provoqua la fureur de l'Américain, c'était aussi son refus d'admettre que le succès de la raison puisse reposer exclusivement sur la présence d'hommes appropriés. La réussite de Bonaparte, qui avait déjà trahi tout ce que la raison avait à offrir, prouvait combien il était facile de la dénaturer. L'homme était

> un scélérat [...] à l'origine de plus de malheurs et de souffrances dans ce monde que n'importe quel autre être ayant vécu avant lui. Après avoir anéanti les libertés de son pays, il en a épuisé toutes les ressources, physiques et morales, dans le seul dessein de satisfaire son ambition démente, son esprit arrogant et tyrannique. [...] Quelles souffrances peuvent expier [...] les misères qu'il a déjà infligées à sa génération, sans parler de celles à venir, auxquelles il a rivé les chaînes du despotisme [42]!

Ce qui exaspérait Jefferson, ce n'était pas seulement l'irréparable dommage causé par Bonaparte aux promesses de la raison. C'était aussi que ces ravages aient été perpétrés au cours de l'établissement de ce système, alors qu'il aurait dû être animé d'une vitalité toute pure. Dans une lettre, il tenta de se rassurer en comparant sa carrière à celle de Bonaparte :

> M'étant vu confier, comme lui, le bonheur de mon pays, je me sens béni de ne lui ressembler en aucun autre point. Je n'ai pas causé la mort de cinq ou six millions d'êtres humains, la dévastation d'autres pays, le dépeuplement du mien, l'épuisement de toutes ses ressources, l'anéantissement de ses libertés, ni sa soumission à une puissance étrangère. Autant de méfaits qu'il a accomplis pour rendre plus illustres les atrocités perpétrées dans le dessein de se couvrir lui-même, ainsi que sa famille, de diadèmes et de sceptres usurpés. Bien au contraire, je trouve un réconfort en me disant que, pendant la période de mon gouvernement, pas une goutte de sang d'un seul de mes concitoyens n'a été versée sous l'épée de la guerre ou de la loi, et qu'après avoir chéri pendant huit années leur paix et leur prospérité, j'ai abandonné de mon seul gré les fonctions qu'ils souhaitaient me voir conserver, ceci en dépit de leurs bénédictions et de leurs insistances [43].

Bien entendu, d'autres hommes, aux États-Unis, en France et ailleurs, ont essayé depuis lors de faire aussi bien que lui. Des multitudes d'administrateurs dévoués ont exercé leurs talents, qu'ils aient été des élus ou des employés du gouvernement. Ils ont accompli des choses merveilleuses dans la poignée de nations qui composent l'Occident. Mais le mythe aberrant du Héros, avec sa destinée tragique, n'en a pas moins continué à sévir, toujours prêt à s'interposer lorsque les gestionnaires s'enlisaient dans la manipulation des systèmes ou lorsque le public perdait son sens de l'orientation.

À la fin du XIXᵉ siècle, le monde était rempli de Kaiser Wilhelm, de généraux Boulanger, de Cecil Rhodes, des Héros mal dégrossis poussés par des philosophes tout aussi inexpérimentés, et souffrant dans bien des cas d'instabilité mentale. Cette alliance du génie et de la folie, que Friedrich Nietzsche incarne encore aujourd'hui, constituait un mélange idéal pour faire passer l'amère pilule.

En 1912, Léon Bloy, dont la renommée n'était déjà plus à faire, publiait *L'Âme de Napoléon* : « Napoléon est inexplicable, et sans doute le plus inexplicable des hommes, parce qu'il est, avant tout et surtout, le Préfigurant de CELUI qui doit venir et qui n'est peut-être plus bien loin [44]. »

Vous pensez peut-être que de telles incantations auraient dû faire rire les gens. Qu'elles les inciteraient à taxer l'écrivain de déraison, et à l'oublier tout aussi vite. En réalité, Bloy acquit une grande popularité à la faveur d'un étrange phénomène, tout à fait imprévisible, qui resserrait les liens entre le Héros rationnel et les racines préchrétiennes de la religion. En apparence, les propos de l'écrivain faisaient allusion à l'imagerie chrétienne. En vérité, il fallait y voir une référence à l'animisme. Il s'agissait en fait de l'inexplicable et de l'inévitable, de l'unicité des choses où tout, animé ou inanimé, est vivant, où le Héros et le commun des mortels ne font qu'un.

Lorsque les philosophes du XVIIIᵉ siècle décidèrent la mort de Dieu, ils s'imaginaient faire le ménage : la religion corrompue serait à jamais balayée, les aspects acceptables de la moralité chrétienne étant simplement époussetés et soigneusement réaménagés au sein de la raison. Sans qu'ils y prissent garde, le résultat fut que cette moralité n'était plus essentielle à la nouvelle société. Plus précisément, ils en firent quelque chose de facultatif, la structure devenant du même coup le nouvel élément indispensable. Par conséquent, s'il n'y avait pas de place pour un Léon Bloy dans les rangs de la philosophie officielle, à la fin du XIXᵉ siècle la population éprouvait le désir de croire en quelque chose qui dépassât la structure aride et les jugements plutôt moroses des nouveaux leaders rationnels, technocrates ou politiciens de la classe moyenne. Certes, la prophétie de Bloy se révélait parfaitement exacte : Napoléon était incontestablement un précurseur, le « Préfigurant de CELUI qui doit venir ». L'élément inattendu étant peut-être que CELUI qui vint n'était pas français, mais le bâtard d'un douanier autrichien.

Léon Bloy était peut-être moins intelligent que Nietzsche, mais certainement pas moins fou. Si Nietzsche bâtit un nid philosophique idéal pour le culte du Héros préchrétien au cœur de la raison moderne, Bloy eut l'avantage de tout ramener à un « mode d'emploi » mystique, qui rappelle furieusement les convictions de la nouvelle droite des classes moyennes, telles qu'elles s'expriment au cours du déjeuner dominical.

Bloy n'était certainement pas beaucoup plus fou qu'Oswald Spengler, qui justifia le premier grand Héros en parlant de « la tragédie de l'existence de Napoléon, qui attend toujours d'être découverte par un poète à l'âme suffisamment élevée pour la comprendre et lui donner forme [45] ». Si Spengler évoquait l'ère des Héros comme s'il s'agissait de la fin de notre civilisation, il crut reconnaître l'aube d'une nouvelle culture dans un autre Héros, d'une espèce apparemment différente, qui ouvrait une voie à travers l'Afrique pour édifier une civilisation nouvelle, virginale. Cecil Rhodes devait être « le précurseur d'un César à l'occidentale [46] ». En réalité, tout ce que Spengler dit à propos de Rhodes, c'est qu'il était plus facile d'être un Héros en Afrique, à l'écart des fondations profondes de la civilisation occidentale, qui ralentissaient immanquablement toute marche en avant.

Ces trois auteurs sont généralement associés à des phénomènes distincts : Bloy était un marginal excentrique, Spengler un feu de paille obsédé par la notion de cycles et trop égocentrique pour exercer une influence salutaire sur les nazis, et Nietzsche sortait indemne en dépit de sa récupération par les nazis. C'est qu'il n'était ni un nationaliste raciste ni un antisémite, ni même un nationaliste allemand. À telle enseigne qu'il est le seul à avoir conservé une réputation intacte, qui en fait une source d'inspiration importante pour nos penseurs contemporains, de quelque horizon politique qu'ils viennent.

La vérité est que, une fois leurs caractéristiques respectives écartées, il leur reste en commun la déification du Héros. Tous trois arrivent à ce résultat en mariant le dieu-Héros de la religion chtonienne au Héros moderne de la raison. La brillante analyse du surhomme faite par Nietzsche n'est en fait qu'une version tape-à-l'œil du brutal abaissement de l'individu agenouillé en adoration aux pieds du dictateur mégalomane tel que l'a conçu Bloy. Et lorsqu'un être cultivé se laisse séduire par les méditations subtiles de Nietzsche, il ne fait, au fond, que satisfaire le besoin de tout homme rationnel moderne de ressentir ce que Bloy appelait l'exaltation d'être dominé. Pour ces trois écrivains, le surhomme acquiert son pouvoir avec la mort de Dieu d'une part, et parce qu'il est armé de l'épée invincible de la raison d'autre part.

En cette fin de XXe siècle, on a généralement le sentiment que Hitler – et peut-être aussi Staline, bien que les Occidentaux n'éprouvent guère le besoin de le prendre en considération – fut un accident de l'histoire. Il nous prit au dépourvu. Mais nous retrouvâmes à temps nos esprits pour affronter, l'arme à la main, cette force du mal. Ce fut une effroyable aberration. Il n'est pas étonnant que personne ne veuille s'accrocher au souvenir de Hitler comme incarnation de la normalité moderne. Mais si nous sommes encore à l'Âge de la Raison et si Hitler est l'image par excellence de la face obscure de la raison, alors il demeure encore parmi nous, sans l'ombre d'un doute.

Les êtres humains estiment qu'il est impossible qu'un être humain commette certaines atrocités, à moins d'être fou. Nous refusons d'admettre que tant de mal puisse exister en nous. C'est le signe de l'inébranlable optimisme de l'homme, de son désir d'être bon. De ce fait, nous avons classé l'établissement, la gestion et la direction des camps de la mort dans la catégorie des actes de démence. Il ne fait aucun doute qu'un puissant courant de folie prévalait chez Hitler comme dans son régime. Mais ces massacres organisés n'en faisaient pas partie.

Nombre d'exterminations de nations, de villes, d'armées, de groupes politiques, religieux ou sociaux encombrent l'histoire. Jadis, ces génocides étaient systématiquement liés à quelque ambition sociale, économique ou politique concrète. C'était par exemple la mainmise sur un territoire ou sur des biens privés, la prise de pouvoir d'un groupe donné, l'anéantissement de croyances rivales, la nécessité d'effacer des dettes ou la volonté de donner un exemple. C'était le cas des troupes mongoles de Genghis Khan. Dès qu'elles occupaient un territoire nouvellement conquis, elles décimaient la population d'une ville, de manière à convaincre les autres de coopérer, autrement dit de payer toutes sortes d'impôts et d'accepter l'asservissement de leurs fils.

Les atrocités commises par Hitler étaient d'une tout autre teneur. Ce fut le premier massacre véritablement gratuit de l'histoire de l'humanité. Et la folie n'en fut pas la cause, même si certains parmi ceux qui le perpétrèrent avaient indéniablement perdu l'esprit. Ce ne fut pas davantage le simple produit de l'antisémitisme traditionnel. C'était bien plutôt un effet de la profonde panique d'un monde abandonné à une logique, et qui avait affranchi l'imagination de ces criminels de tout sentiment de ce qu'un homme doit ou ne doit pas faire. L'Holocauste résulta d'une argumentation parfaitement rationnelle, en regard de ce qu'était devenue la raison : une argumentation complaisante à souhait et inattaquable. Rien d'étonnant à ce que l'assemblée convoquée pour décider de la « solution finale » ait été composée de hauts représentants ministériels, de technocrates. Il n'y a pas lieu d'être surpris non plus que la fameuse conférence de Wansee n'ait duré qu'une heure et n'ait porté que sur les modalités de mise en place de ladite solution. C'était une réunion parmi d'autres pour ceux qui y assistèrent. La manière scientifique, systématique, dont ces modalités furent appliquées est apparue à beaucoup comme un complément accessoire de la folie générale. D'autres l'ont ignorée, sous prétexte qu'elle ne représentait qu'une banalisation du mal. Or ce massacre fut « géré » avec une précision et une efficacité dignes d'une étude de cas de Harvard. Il n'était motivé par aucune raison pratique. Il ne s'agissait pas d'acquérir des terres, puisque leurs propriétaires en avaient déjà été dessaisis. Aucun territoire n'était en jeu. Au contraire, ces tueries originèrent d'un manque à gagner évident, l'Allemagne nazie exterminant une population asservie capable d'assumer une forte production à une époque où tous les Aryens de sexe masculin étaient partis se battre.

Le judaïsme n'était pas vraiment une religion rivale, puisqu'il ne faisait pas de prosélytisme. Tous ces morts n'augmentèrent en rien le pouvoir de l'Allemagne. Et il n'était pas question non plus de donner d'exemple à qui que ce soit, puisque toute l'affaire fut gardée secrète.

Acte de logique pure perpétré conformément à des normes rationnelles, l'Holocauste fut le fruit d'une alliance entre les deux praticiens essentiels de la raison : le Héros et le technocrate. Tout mettre sur le compte de la folie ou d'une banalisation du mal au sein d'une société technologique moderne, c'est passer à côté de la réalité. Et si nous avons pu espérer que la face ténébreuse de cette union avait été entièrement éliminée avec la destruction d'Hitler, les événements des quarante dernières années nous montrent que c'est précisément le contraire qui s'est produit.

Le rêve napoléonien occupe une place plus grande que jamais dans nos imaginations. Mais en même temps, on sent déjà dans nos souvenirs s'atténuer progressivement l'opprobre moral à l'égard d'Hitler. Dans cinquante ans, nous nous retrouverons peut-être anéantis sous le poids d'un autre rêve de pure grandeur, tout aussi monstrueux que celui de l'Empereur. Deux hommes qui ont osé. Qui ont été adulés. Qui ont gouverné avec génie. Des administrateurs équitables et efficaces. Modestes dans leurs aspirations, mais entourés d'individus de moindre envergure qui profitèrent de la situation et s'interposèrent ainsi entre le Héros et son peuple. Cette ultime référence correspond à ce que l'on pourrait appeler le « syndrome du lit de camp » : le Héros ne demande qu'à dormir sur son lit de camp sous une tente, à se battre pour son peuple et à côtoyer ses concitoyens dans la tenue la plus simple. S'il est contraint de porter l'uniforme, celui-ci sera le plus humble possible, sans cordons ni médailles. Il est le soldat du peuple. Seules les obligations inhérentes à sa qualité de Héros le contraignent à se « sacrifier » et à dormir dans des palais, dans un grand lit doré, à se parer le matin, à se façonner une image glorieuse que le peuple puisse admirer. Inutile de dire que dans ces circonstances les élites rapaces, contre lesquelles le Héros protège le peuple, en profitent tant qu'elles peuvent. Nos deux Héros furent ainsi trahis par leur entourage, non par le peuple. Et finalement détruits, conformément à la destinée tragique des Héros.

L'idée que Hitler puisse être traité avec honneur cent ans après sa mort ne devrait pas nous surprendre. Vingt-cinq ans seulement après qu'il eut été déposé, on ramenait triomphalement à Paris, dans un somptueux cercueil, ce Napoléon qui avait pourtant subi une défaite ignominieuse. Ses funérailles donnèrent lieu à une cérémonie digne d'un César. Les deux hommes avaient causé un nombre approximativement égal de morts. Et le rêve de Napoléon – combiner une administration efficace à la force brutale nécessaire pour en assurer la mise en œuvre – se cache aujourd'hui sous l'oreiller de tous les colonels ambitieux qui s'endorment le soir en espérant que la fée du pouvoir, telle la petite souris, viendra se glisser auprès d'eux. Dans quelques années, tous les témoins des monstruosités du régime hitlérien auront cessé de vivre. Tous les témoins de toutes sortes seront morts. La mythologie sera alors libre de se développer comme bon lui semble. Que fera-t-elle des six millions de Juifs exterminés ? En l'absence de témoins, cette abomination deviendra un détail abstrait, tragique certes, dans la destinée tout aussi tragique du Héros. De la même façon que l'invasion de la Russie par Napoléon passe aujourd'hui pour n'être qu'une grave erreur dans sa carrière. La rapidité avec laquelle se développe ce processus de normalisation est flagrante quand on voit l'audace que manifestent depuis peu les révisionnistes de l'Holocauste.

Nous imaginons aujourd'hui que nous avons tiré un trait sur ces fantasmes de leaders suprêmes et de violence étatique. Pourtant, le langage du ministre des Postes le plus banal abonde en évocations de force et d'efficacité d'inspiration napoléonienne. Les apparitions en public de nos leaders politiques sont orchestrées avec le même faste que les triomphes de Napoléon. Jamais nous n'avons aussi bien toléré les dictatures et la violence. Ces quarante dernières années, nos amis et nos alliés du monde entier ont compté un étonnant ramassis d'exterminateurs, de trafiquants de drogue et de tortionnaires. Les Khmers rouges eux-mêmes furent réintégrés sans difficulté au sein de la communauté internationale, sous prétexte de régler un problème juridique relativement mineur. Nous acceptons tout simplement le fait que le monde produise des Héros et que ces derniers éliminent des masses de gens.

LA TORTURE A POUR OBJET D'OBTENIR DES RÉPONSES [47].

Cette proclamation des Khmers rouges, affichée à la prison Tuol Sleng de Phnom Penh, leur principal centre d'interrogatoires, est un rappel de l'éducation rationnelle à l'occidentale qu'ils ont reçue. Des milliers d'hommes sont morts derrière ces murs.

Leur devise aurait pu aussi bien être placardée en latin dans une salle de l'Inquisition au XVIIe siècle. Ou dans une prison tchécoslovaque des années cinquante. Ou, de nos jours, dans les locaux de services secrets militaires occidentaux – bien que la méthodologie moderne considère la torture psychologique comme plus efficace que les sévices physiques. Les problèmes théoriquement à l'origine du besoin de raison ont ressurgi, pour devenir les instruments officiels de cette même raison. De surcroît, des initiatives telles que « la torture [...] pour obtenir des réponses » ne semblent guère s'accompagner de condamnations véritables et durables.

Au contraire, nous concentrons nos aspirations moralistes relativement abstraites sur deux ou trois massacres choisis, qui illustrent schématiquement notre horreur : un avion civil abattu par des terroristes ou l'incendie d'un petit village peuplé d'innocents. Comme si nos esprits ne pouvaient en enregistrer et en digérer davantage.

Il est inutile d'essayer de prendre pour modèle un homme comme Jefferson, à qui son génie permettait d'appliquer pleinement des préceptes moraux, tant individuels que généraux. Il avait de la chance d'être ainsi. Mais en cherchant à l'imiter, on en ferait précisément ce qu'il détestait le plus : un Héros. Sans compter que nous céderions probablement aussi à la tentation de nous élever nous-mêmes au rang de Héros.

Les affaires publiques ne requièrent pas davantage de morale, elles demandent une morale abstraite. Or, dans la mesure où elles sont personnelles et appliquées, les règles morales ne peuvent être abstraites. Ce qui ne nous a pas empêchés de chercher des remèdes à nos problèmes. La solution moderne consiste à établir des normes par le biais de constitutions et de lois. Mais constitutions et lois sont des abstractions, plus soumises que nous ne voulons bien l'admettre à la volonté de ceux qui les gèrent. C'est-à-dire les technocrates et les Héros.

CHAPITRE IV
Le courtisan rationnel

Croire qu'une classe d'individus, quelle qu'elle soit, puisse agir de manière désintéressée pendant plusieurs siècles, c'est faire preuve d'un optimisme excessif. La succession d'hommes de cour qui ont contribué à donner naissance à notre civilisation rationnelle, tant sur le plan intellectuel que dans la pratique, ont démontré avant tout leur volonté de se maintenir et de se promouvoir dans leur propre intérêt.

Cela ne veut pas dire qu'ils aient été totalement dépourvus d'idéalisme. Ni que leurs initiatives n'aient pas amélioré la condition humaine de façon significative. Il n'en reste pas moins que leur comportement était celui de courtisans. Si admirables que soient certains aspects de notre société, au fond elle n'en demeure pas moins une civilisation de courtisans.

Ce phénomène, nous éprouvons quelque difficulté à le reconnaître en nous. Car nous avons appris à décrire en termes flatteurs des caractéristiques qui auraient parfaitement convenu à Versailles ou à la Cité interdite. Nous concentrons notre attention sur les conflits opposant divers acteurs de notre société, tels que les bureaucrates et les hommes d'affaires, au lieu d'admettre qu'ils utilisent tous les mêmes méthodes. La notion même d'homme de cour a été soigneusement reléguée dans un passé peuplé de monarchies absolues.

Il n'y a pourtant aucune raison de cantonner ces courtisans aux cours royales. Ils se définissent non par une fonction particulière, mais par leur attitude face à l'exercice du pouvoir. En réalité, un seul facteur important a changé au cours des siècles. Jadis, lorsqu'ils parvenaient à s'assurer les pleins pouvoirs, ces hommes devaient faire un choix difficile : perpétuer leurs méthodes de parasites abrités derrière le paravent de la vieille classe dirigeante ou se transformer eux-mêmes en une élite de gouvernants responsables. Chez les Mandchous, au xixe siècle, les eunuques choisirent la première solution, privant ainsi peu à peu la Chine de son énergie et d'une administration efficace. Leurs homologues géorgiens en firent autant au XVIIe siècle quand ils contrôlèrent la dynastie safavide de Perse. Au Xe siècle, à l'époque des Abbassides, les califes de Bagdad furent tellement discrédités par le pouvoir de leurs eunuques que les militaires finirent par prendre la relève. Les califes devinrent leurs hommes de paille. Il est arrivé qu'individuellement des hommes de cour, des eunuques soient devenus des responsables politiques. Mais jamais une classe d'hommes de cour en tant que telle n'y est parvenue.

La société rationnelle a glosé sur le choix difficile entre la fonction de courtisan et celle de leader, au point de le fausser presque totalement. Après tout, notre société a été conçue en grande partie par des hommes de cour, sur la base de leurs aptitudes élitistes. Tout cela marque la notion même de modernité – en particulier dans son acception la plus large – et explique pour une bonne part notre refus des autres forces sociales en présence, jugées rétrogrades ou inefficaces. Pour la première fois dans l'histoire occidentale, les hommes de cour n'ont plus besoin de changer lorsqu'ils accèdent au pouvoir : le pouvoir a été façonné à leur image.

Le technocrate moderne et l'homme des cours royales d'antan sont pour ainsi dire identiques. Même si, en fait, certains détails ont changé. La grande réussite de l'approche rationnelle a été d'éliminer le besoin de marques extérieures, remplacées par une méthode de compréhension globale et abstraite. Ainsi, en bien des pays, la castration était jadis monnaie courante.

Si pittoresque que soit cette absence de testicules chez les eunuques de l'empereur de Chine ou ceux du shah de Perse, il s'agissait en réalité d'un détail accessoire. La castration établissait le fait que, par sa fonction – ou plutôt par son incapacité de fonctionner –, l'homme de cour ne pouvait se prévaloir d'aucune prétention dynastique. Il était totalement assujetti au monarque. Autre élément, plus important encore : la division entre cour intérieure et cour extérieure, particulièrement évidente en Chine. Les eunuques avaient leur place dans la cour intérieure et, par conséquent, servaient le pouvoir, non la population. La notion d' « intérieur » sous-entendait qu'ils accomplissaient leur mission d'une manière secrète et arbitraire. Leur pouvoir personnel leur permettait d'intervenir sur les structures formelles entourant l'empereur. L'illustration sans doute la plus éloquente de cet ascendant est le labyrinthe de couloirs bordés de murs élevés qui découpent la Cité interdite à Pékin. Chaque section conduisait partout et ne menait nulle part, et cela faisait partie intégrante du pouvoir de manipulation absolu dans lequel vivait l'eunuque.

À Versailles, la vie de cour reposait moins sur une complexité géographique que sur un dédale de règles, de codes vestimentaires et de privilèges scrupuleusement répartis. Il y avait celui qui goûtait la nourriture du roi (son frère). Ceux qui portaient son chapeau, chacun étant responsable du chapeau propre à telle ou telle cérémonie. Chacun avait le droit d'entrer ici et pas là. Le droit d'être présent à la cérémonie du lever du roi. Au repas de Sa Majesté. À la chasse royale. Interdiction de chasser, mais permission de suivre les chasseurs. Les permutations étaient sans fin. Selon la formule de Diderot, autant de « productions artificielles de la perfection la plus recherchée [1] ». C'est au travers de ces conventions que la politique religieuse se trouvait définie et que les guerres étaient ou non déclarées. Par tous ces aspects, Versailles s'apparentait à la cour du califat de Bagdad sept cents ans plus tôt, où les puissants eunuques étaient classés selon leur degré de responsabilité des biens personnels du calife.

Le deuxième duc de Saint-Simon, lui-même homme de cour consommé, fut le grand chroniqueur de Versailles. Le premier duc, son père, avait commencé sa vie dans les étables royales et un sérieux complexe d'infériorité incita son fils à intriguer tant et plus dans les couloirs du palais. À l'instar de la plupart des courtisans, il nourrissait un mépris sans nom pour autrui, tout en étant incapable d'éprouver pour lui-même la moindre trace d'ironie. Il pouvait décrire en ces termes un autre homme qui aurait tout aussi bien pu être lui-même : « C'était de ces insectes de cour qu'on est toujours surpris d'y voir et d'y trouver partout, et dont le peu de conséquence fait toute la consistance [2]. »

Une langue caustique est relativement inoffensive. On pourrait en dire autant des réunions nocturnes organisées par une poignée d'aristocrates dans le nord de l'Italie au début du XVIe siècle. Ils se regroupaient en cercle dans la *Sala delle veglie* de la duchesse d'Urbino pour discuter des caractéristiques du courtisan idéal. L'un d'eux, le diplomate Baldassarre Castiglione, publia par la suite l'ensemble du débat dans son livre *Le Courtisan*. Devenu immédiatement un best-seller, il était la quintessence de l'élégance à la Renaissance. Une sorte de bible du comportement civilisé. Les participants étaient des hommes importants appelés à devenir évêques, archevêques, cardinaux, secrétaires particuliers du pape, doges de Gênes, ducs de Nemours ou préfets de Rome. Ils ne purent se mettre d'accord pour savoir si la beauté, la danse et l'élégance vestimentaire comptaient davantage que l'usage de la tromperie au profit d'un maître, l'honnêteté, la loyauté ou le courage manifesté dans le but unique de se distinguer. En revanche, la maîtrise de la raison faisait partie des rares exigences incontestées : « La raison a un pouvoir tel qu'elle donne toujours envie d'être obéie ; elle étend son influence par des voies merveilleuses, pourvu que l'ignorance ne s'empare pas de ce que la raison est censée posséder [3]. »

L'inspirateur de ces bavardages n'était autre que le beau-père de la duchesse, le premier duc d'Urbino, l'un des mercenaires les plus aguerris de son époque. Il opéra dans une Italie infestée par la confusion et la violence politique. La duchesse avait épousé son fils unique, le second duc, invalide et impuissant. De fait, en dépit de ces élégants discours sur la vie de cour, le duché était à prendre et l'un des convives de la duchesse finit effectivement par gérer toute l'affaire au nom du pape. On ne saurait nier le charme de la duchesse d'Urbino. Pas plus que celui du comte d'Essex tant qu'il demeura aux abords des palais d'Élisabeth Ire. Dès l'instant où cette dernière envoya le cher comte affronter le monde réel en Irlande, son charme s'évanouit et il en résulta une catastrophe militaire et politique.

Dans la mesure où tout ce qui constituait la société tournait autour des cours, il semble qu'elles suscitaient autant de bienfaits que de maux. Versailles permit au roi de protéger Molière. Le génie d'Holbein s'épanouit à l'ombre de Henry VIII. Mais l'essence des cours était le pouvoir, non la créativité ou l'élégance. Lorsqu'on regarde les portraits des grands courtisans d'Holbein, dès le premier coup d'œil on est frappé par ces visages de manipulateurs, de brutes, images d'une ambition démesurée, de violence, de lâcheté et de trahison.

Tout cela ne nous éclaire guère sur la variété d'hommes de cour qui sévissent dans le monde moderne. McNamara représente peut-être une version évoluée de Richelieu. Et Giscard d'Estaing, un Saint-Simon. Mais ce qui compte vraiment, c'est que la société a été restructurée de manière à faire coincider la société avec ce type d'individus. C'est pourquoi il est important de passer en revue un certain nombre de personnages, pour montrer que ces courtisans sont devenus l'idéal d'une élite moderne.

Ces gens-là ne gouvernent pas dans le sens politique ancien du terme. Ils ne conçoivent pas de politique destinée à répondre aux besoins du public. Pas plus qu'ils ne jouent les précurseurs en exprimant des besoins que le public n'aurait pas encore consciemment formulés. Ce sont parfois des idéalistes inconsciemment dominés par leur génie technique, tels Robert McNamara ou Michael Pitfield. Ou bien des opportunistes cyniques, comme Henry Kissinger, Harold Wilson ou James Baker, jouant sur la marge étroite séparant le système des hommes politiques. D'autres fois encore, et tel est le cas de Simon Reisman, le déséquilibre entre des émotions apparemment incontrôlables et des capacités techniques poussées semble atteindre une ampleur telle que le conflit résultant finit par nuire aux affaires publiques. Il existe aussi un certain nombre d'hommes qui souhaitent obtenir une position morale et idéologique mais qui sont dominés par le caractère mécanique de leurs aptitudes intellectuelles. Jacques Chirac fait partie du lot. D'autres encore, comme Valéry Giscard d'Estaing, souffrent d'une intelligence limitée, au-delà des capacités mécaniques restreintes nécessaires pour les propulser en avant. Enfin, des hommes comme Sir Robert Armstrong sont d'une grande intelligence, totalement asservie toutefois à ces mêmes aptitudes mécaniques. De sorte qu'ils se montrent brillants et parfaitement sûrs d'eux, sans que cela corresponde à un objectif apparent.

Ensemble, ils forment un groupe, une classe liée par une espèce d'intelligence particulière fondée sur leurs talents d'hommes de système. Ils créent et travaillent principalement dans le cadre de systèmes et à travers des systèmes dont ils sont les émanations. Leur domaine est le pouvoir. Ils sont enclins à manipuler les faits et méprisent les débats publics. Les dif-

férences qui les séparent tiennent partiellement à une question de génération, ou dépendent des traces d'individualisme qui subsistent en eux. Et
pourtant, leur unité n'est pas seulement le résultat d'un apprentissage
social. Elle ne découle pas seulement d'une éducation partagée. Ce sont
plutôt des exemples remarquables du type d'hommes qu'attirent les systèmes modernes et qui savent en tirer le meilleur parti.

La notion de qualités humaines innées fut largement débattue au cours
de la première moitié de l'Âge de la Raison, avant d'être noyée sous le
besoin croissant de tout démontrer, au moyen de ce que l'on devait en
définitive qualifier de « faits ». Et pourtant, ce sont des dons mécaniques
et logiques innés qui lient les uns aux autres les nouveaux tenants du pouvoir. Ils disposent de ce que l'on peut appeler un talent pour la manipulation ; le système les récompense simplement pour cela. Il semble que,
dans la pratique, ils manquent invariablement de sens moral, cette qualité
indispensable au respect sans compromis de l'individu. Ils manquent
aussi d'une échelle de valeurs dans leurs rapports avec autrui, et ne
comprennent pas que le contenu prime sur la forme. En d'autres termes,
ils ressemblent à s'y méprendre aux hommes de cour ou aux courtisans
du xviie et du xviiie siècle.

Seule une question de genre distingue ces deux termes. L'anglais établit
une distinction plus nette que le français et surtout que l'italien (d'où ces
mots dérivent). La langue anglaise différencie l'acte social (courtier) de
l'acte sexuel (courtisan), comme pour sous-entendre que vendre son honneur n'est pas aussi condamnable que vendre son corps. Pour les Italiens
et les Français, l'une et l'autre expression font référence à un comportement subtil et obséquieux à la cour. Qu'il s'agisse de l'âme, du corps ou
de l'esprit, il est question de vendre quelque chose. Ils ont raison, car il est
préférable de définir le technocrate moderne comme un simple courtisan
et de qualifier ses méthodes de « courtisanerie ».

Robert McNamara est l'individu qui incarne le mieux l'homme de raison dans son flamboyant déclin. Il domine notre époque tel un colosse et
pourtant, dans un sondage, il aurait de la chance s'il obtenait un score de
1 %. Il croit aux forces de la lumière et des ténèbres. C'est un homme
d'honneur. Il renonça à ses fonctions de secrétaire à la Défense sous Johnson parce qu'il avait le sentiment que la guerre du Viêt-nam s'enlisait. À
la tête de la Banque mondiale, il tenta de sauver un tiers monde voué au
désespoir en lui octroyant des montants considérables. Il était convaincu
qu'à force de raison, de logique et d'efficacité, on pouvait faire triompher
le bien. Et pourtant, ses initiatives ont entraîné de terribles désastres dont
l'Occident ne s'est toujours pas remis.

Lorsque Robert McNamara abandonna la présidence de la Ford Motor
Company pour devenir secrétaire à la Défense sous John Kennedy, en

1961, il appliqua dans le domaine gouvernemental les méthodes de gestion modernes de l'industrie privée. Personne ne pouvait alors imaginer que ces méthodes se révéleraient aussi catastrophiques pour le secteur privé que pour les affaires publiques.

McNamara se mit aussitôt en devoir de réorganiser le Pentagone et l'armée américaine. C'est-à-dire qu'il entreprit de les rationaliser. Il est certain qu'en procédant ainsi il fit montre, en matière militaire, d'une extraordinaire inefficacité. Il avait recours à des méthodes et à des cas de figure antédiluviens. Il mit en œuvre trois processus distincts, dont les deux premiers – l'application des principes rationnels des affaires à la formation des officiers d'une part, et à la production d'armes d'autre part – feront l'objet d'un examen précis plus loin.

En transformant les officiers de l'armée en cadres rationnels, McNamara entendait incorporer « un certain nombre de pratiques et de techniques propres au monde des affaires en vue d'accroître l'efficacité de la bureaucratie du Pentagone [4] ». Ces techniques, apparemment valables, eurent une incidence bien plus grande encore. Elles révolutionnèrent l'état-major américain en lui faisant adopter, selon les termes de Richard Gabriel, « les habitudes, les valeurs et les pratiques de la communauté des affaires [5] ». Cela eut pour effet de changer du tout au tout les motivations de ces officiers en substituant à l'autosacrifice la notion d'intérêt personnel. Les professionnels de l'armée devinrent des êtres hybrides, mi-bureaucrates, mi-cadres exécutifs. Ils en vinrent à se méprendre sur la signification fondamentale de l'appartenance à l'armée : que chaque individu, pour faire son devoir, est prêt à accepter l'inacceptable, c'est-à-dire à mourir. Se faire tuer n'a, après tout, rien de logique ni de rationnel ou d'efficace, et ne ressemble certainement pas à ce qu'un homme d'affaires percevrait comme son intérêt personnel !

Cette restructuration fut le point de départ d'une longue période au cours de laquelle l'armée américaine essuya défaite sur défaite. Richard Gabriel, qui dérange de plus en plus de militaires en révélant les travers de l'armée américaine, à l'instar de Basil Liddell Hart chez les Britanniques après la Première Guerre mondiale, explique mieux que quiconque comment ladite armée est devenue un organisme bureaucratique incapable de se battre autrement que d'une manière oppressive et maladroite. Ce que confirme incontestablement son besoin de triompher d'ennemis considérablement inférieurs par l'envoi systématique de troupes massives.

Le deuxième processus entamé par McNamara découlait tout naturellement du premier. Son passé de constructeur d'automobiles lui permit de se rendre compte rapidement à quel point l'armement était un secteur onéreux. En se fondant sur le principe de la réduction des coûts grâce à la production en série chère à Henry Ford, il décida, en toute rationalité, de limiter les dépenses d'armement en produisant des contingents plus importants de chaque type d'arme, tout en écoulant le surplus à l'étranger. Les ventes à l'étranger ne couvriraient peut-être pas tous les investissements effectués directement par le Pentagone dans le domaine de la recherche et du développement, mais une partie au moins, tout en réduisant le coût unitaire de chaque pièce d'armement dont l'Amérique avait besoin. En se procurant ces armes, les alliés des Américains paieraient en retour une partie de la protection fournie par ces derniers. Enfin, l'usage d'un matériel militaire américain dans l'ensemble de l'Occident assurerait l'unité de l'armement employé, facilitant une action commune et le réapprovisionnement en cas d'opération d'urgence. Les meilleures conditions d'efficacité, de rentabilité, de morale, outre une stratégie militaire judicieuse, se trouvaient ainsi réunies.

À l'époque, les États-Unis souffraient d'un déficit commercial global évalué à trois milliards de dollars. Les ventes d'armes à l'étranger contribueraient de surcroît à rééquilibrer la balance commerciale.

Ce raisonnement, somme toute avisé, fut également à l'origine de la création de l'International Logistics Negotiations Organization (Organisation internationale des négociations en logistique). Un nom abscons à souhait, sorti tout droit du vocabulaire des gestionnaires. En réalité, c'était une agence chargée des ventes d'armes pour le gouvernement américain. Il s'écoula peu de temps avant que la plupart des autres nations occidentales n'imitassent cet exemple et n'adoptassent à leur tour les mêmes théories de management. Nous étions en passe de développer le plus grand marché d'armes de l'histoire qui, plus significatif encore, constitue aujourd'hui le secteur numéro un de l'économie mondiale.

Après quoi, McNamara entreprit de redéfinir la stratégie militaire américaine. Il trouvait immoral et irrationnel que la défense occidentale reposât sur une force nucléaire de dissuasion qui, si on s'en servait, anéantirait la planète. Cette stratégie, connue sous le nom de Riposte massive, se fondait sur une vision de la guerre nucléaire que l'on pourrait qualifier de « tout ou rien ». En d'autres termes, si on avait recours à cet armement, ce serait massivement, dans le dessein de détruire irrémédiablement le camp opposé. Cependant, cette option revenait inévitablement à s'autodétruire, soit parce que l'ennemi parviendrait à déclencher une contre-attaque d'une envergure similaire avant de s'effondrer, soit parce que la quantité d'armes mises en jeu par une seule des deux parties suffirait à rendre la vie impossible sur terre.

En dehors d'une attaque massive, il n'existait aucune stratégie nucléaire. On ne disposait même pas d'équipement nucléaire d'une envergure suffisamment limitée, et doté de systèmes de lancement assez restreints, pour autoriser autre chose qu'un cataclysme. L'usage « rationnel » de l'armement nucléaire n'était même pas envisageable. En revanche, la porte était théoriquement ouverte à une sorte de déclenchement accidentel de l'apocalypse. Du point de vue rationnel de McNamara, cela signifiait que la supériorité nucléaire américaine « ne pouvait en aucun cas se traduire en puissance militaire exploitable [6] ».

Le gouvernement américain et McNamara proposèrent donc à leurs alliés de l'OTAN une stratégie d'un genre nouveau qu'on baptisa « Riposte graduée ». Elle était constituée de lignes de défense bien précises, plus ou moins parallèles, établies en profondeur à partir de la frontière séparant les territoires de l'OTAN du bloc de l'Est. À une attaque de l'Europe occidentale par l'armée soviétique, on réagirait en escalade, à mesure que lesdites lignes seraient franchies, depuis l'utilisation initiale d'armes conventionnelles jusqu'à l'armement nucléaire de combat le plus complexe. Si les différents échelons d'armes nucléaires tactiques ne réussissaient pas à stopper l'avance ennemie, l'Occident aurait alors recours aux bonnes vieilles bombes stratégiques intercontinentales, massives, radicales et cataclysmiques. Les ripostes initiales étaient censées faire l'affaire et la nouvelle stratégie réduisait les risques d'un cataclysme.

Bien évidemment, en dehors de McNamara et des autorités américaines, personne ne voyait les choses sous cet angle-là. Pour les Européens, la situation était claire : Washington n'était plus disposé à se battre pour ses alliés. L'Europe serait détruite avant que les États-Unis ne se décident à intervenir pour de bon.

McNamara ne se rendait pas vraiment compte qu'il avait dessiné ses lignes de défense, correspondant à des ripostes militaires en escalade, sur une portion bien réelle de la planète, en l'occurrence l'Europe occidentale. Düsseldorf, Amsterdam, Bonn, Strasbourg, Paris et Rome faisaient-elles partie de la zone un, deux, trois ou quatre ? La contre-attaque graduée, rationnelle, qu'il proposait – ou plutôt qu'il imposait, avec la supériorité du leadership américain – prévoyait bel et bien l'anéantissement des populations d'Europe occidentale.

Cette stratégie dictée par les Américains en 1961 porta un coup fatal à la confiance des Européens en leurs partenaires d'outre-Atlantique. Les alliés refusèrent de l'adopter dans le cadre de l'OTAN, tout en sachant pertinemment que cette résistance n'avait aucun sens. Comme en témoigne la réaction de Charles de Gaulle deux ans plus tard : « Il est évident que, pour un pays, il n'y a plus d'indépendance imaginable s'il ne dispose pas d'un armement nucléaire, parce que, s'il n'en a pas, il est forcé de s'en remettre à un autre, qui en a, pour sa sécurité et, par conséquent, pour sa politique [7]. » Si sérieuses qu'aient pu être les délibérations au sein de l'OTAN, entre 1961 et 1967, la Riposte graduée fut, *de facto*, la stratégie de l'alliance, du jour où les Américains l'imposèrent. Parmi les victimes sacrifiées, les Allemands se trouvaient en première ligne : ils s'y opposèrent tout particulièrement. Ils furent aussi les premiers à cesser de protester, craignant que leur insistance ne pousse Washington à se retirer totalement d'Europe.

Quant aux Français, la Riposte graduée les incita finalement à quitter l'OTAN et à s'équiper rapidement d'une force nucléaire indépendante. Quand cela se produisit, de Gaulle expliqua que la France ne pouvait plus appartenir à une Europe dont la stratégie, au sein de l'OTAN, était la stratégie américaine : « Dans ce cas, l'Europe serait automatiquement impliquée dans la lutte alors même qu'elle ne l'aurait pas voulu[8]. »

La prolifération des armes nucléaires suscitée par la stratégie rationnelle de McNamara dépassa largement la *force de frappe* française. Pour faire face aux nouveaux échelons d'un éventuel engagement militaire, prévus dans l'organigramme, il fallut mettre au point des armes nucléaires et des systèmes de lancement de toutes sortes et de toutes tailles. Et les Soviétiques se virent dans l'obligation de suivre la cadence.

En plus du nombre sans cesse croissant d'armes nucléaires développées à grands frais, il en résulta un risque de guerre nucléaire bien plus important que dans le cadre de l'ancienne stratégie. Pour commencer, les possibilités d'erreur s'étaient accrues, étant donné que des armes de taille de plus en plus réduite se retrouvaient désormais sous la responsabilité relative de fonctionnaires et d'officiers de moindre rang. Sur le terrain, des officiers se trouvaient chargés d'équipements nucléaires de combat, avec tous les risques d'erreur que cela comporte. En outre, le seuil psychologique et moral impliqué dans le maniement d'un « petit » dispositif nucléaire fixé sur un char ou un canon est bien inférieur à celui qui est en jeu pour expédier un missile balistique intercontinental.

La perte de confiance des Européens dans les Américains, manifestement déterminés à reprendre une partie de leurs billes, eut aussi pour effet d'amoindrir la crainte de représailles nucléaires américaines chez les Soviétiques. On pouvait donc s'attendre à une action militaire de leur part. Cela provoqua de nouvelles dépenses militaires dans un camp comme dans l'autre. Les défaites militaires américaines, qui se succédaient, ajoutèrent encore à ce risque. « Quand une nation a des succès militaires à son actif, les adversaires susceptibles de vouloir se mesurer à lui se limitent d'eux-mêmes[9]. » Est-il utile de préciser que les débâcles qui portaient si gravement atteinte à la crédibilité américaine étaient le fruit de la rationalisation de l'armée réalisée par McNamara ?

En définitive, la Riposte graduée eut un résultat exactement opposé à son objectif théorique. Sauf qu'elle fit de l'armement nucléaire « une puissance militaire exploitable », selon la formule de McNamara. Et c'était bien là ce qui avait motivé cette réforme.

Dans ces circonstances, n'y avait-il pas lieu de s'étonner de voir ce même McNamara refaire surface, avec une formidable ingénuité, au début des années quatre-vingt, parmi les plus farouches détracteurs de la Riposte graduée ? Il était bien là en 1984 pour signer un appel des « hommes d'État » occidentaux préconisant le retrait des armes nucléaires de combat. Le titre du document en question nous rappelle quelque chose : *Gérer le conflit Est-Ouest*. En 1986, McNamara publia un livre consacré au démantèlement des arsenaux nucléaires. Ce qui nous fait défaut, disait-il, c'est « un cadre conceptuel acceptable pour la gestion des relations avec l'Union soviétique ». Pourquoi ? « La montée substantielle du seuil nucléaire, telle qu'on l'envisagea au moment où la Riposte

graduée fut initialement mise sur pied, n'est pas devenue une réalité. »
Que s'est-il passé? Les choses étaient trop spécialisées : la situation
actuelle est le résultat « imprévu – et à mon avis, inacceptable – de la
longue série de décisions prises par les chefs militaires et civils de l'Est et
de l'Ouest [10] ».

À aucun moment il ne mentionne le fait qu'il fut l'un des principaux
instigateurs du marasme résultant de la prolifération nucléaire et de
l'incertitude stratégique. Il ne paraît même pas en être conscient. Il
n'admet pas davantage que tout cela découle précisément d'un recours à
un mode de planification et de gestion conçu par lui. Il n'a pas l'air de se
rendre compte qu'il est retourné à la case départ!

L'évolution de l'histoire est le plus sérieux ennemi d'un homme comme
McNamara. L'histoire est une mémoire linéaire; en cela, elle échappe à
toute organisation et elle est indifférente à la raison. L'homme rationnel
moderne se caractérise par une perte de mémoire. Ou plutôt une négation de la mémoire, parce que celle-ci est incontrôlable. S'il faut les évoquer malgré tout, les événements réels d'une époque révolue seront présentés comme quelque chose de singulier ou de dangereux. Le passé,
lorsqu'il comporte un système défectueux, disparaît purement et simplement des esprits. Il est toujours *ad hoc*. En revanche, l'avenir suscite toujours l'optimisme, parce qu'il laisse la porte ouverte à toutes sortes de
solutions. Quant au présent, il est là, impuissant sous nos pieds, à supplier
qu'on veuille bien le gérer.

Dès lors, on comprend aisément que tout ce qui ne faisait pas partie
intégrante de l'organigramme de McNamara ne puisse en aucun cas lui
être imputé. Il est clair que ce qui a mal tourné n'avait strictement rien à
voir avec sa planification.

En 1991, il proposa de détruire toutes les armes nucléaires, à l'exception de quelques centaines de part et d'autre, qui seraient placées sous
une surveillance mutuelle effective. Or, s'il ne restait que deux cents missiles dans chaque camp, la guerre nucléaire ne risquait-elle pas de devenir une éventualité tout à fait plausible, ne serait-ce que parce que les
gens croiraient alors qu'elle n'anéantirait pas la planète? Des contrôles
seraient bien évidemment imposés. Mais avec des arsenaux aussi limités,
une seule petite tricherie, si minime fût-elle, d'un côté ou de l'autre,
modifierait radicalement l'équilibre stratégique. Ce qui rendait ce genre
de ruse on ne peut plus tentante! L'effarante masse d'armements dont
nous disposons aujourd'hui a la particularité d'annuler l'importance véritable des progrès stratégiques. 2 000 armes d'un côté contre 1 900 de
l'autre, ou même 2 000 contre 1 500, voilà qui n'a strictement aucune incidence sur le plan stratégique. En revanche, 300 contre 200 se révèle d'une
importance capitale. Même 250 contre 200 serait décisif.

Une réduction du nombre d'ogives nucléaires est sans aucun doute un
objectif sensé et salutaire. Ces dernières années, on a assisté à quelques
pas timides dans cette direction, que nos hommes politiques, avides de

crédit facile, ont voulu faire passer pour des restrictions substantielles. Ce qui n'est pas du tout le cas. Quoi qu'il en soit, tant que des leaders réformateurs existeront à Moscou, cette tendance se maintiendra.

En attendant, quel avantage peut-il y avoir à rationaliser la guerre nucléaire? Ce n'est évidemment pas une question que pourrait se poser un homme comme McNamara. Tout ce qui est rationnel est bon. Il n'y a rien d'autre à dire. La simplicité intangible de sa logique prend rarement en considération le facteur humain. Ce serait une déformation de son cadre conceptuel contraire au code professionnel.

Après avoir occupé pendant huit ans le poste de secrétaire à la Défense, McNamara renonça à ses fonctions pour des motifs éthiques. Entre 1969 et 1981, il se consacra à une tâche qui cadrait avec sa vision du service public. Les efforts qu'il déploya en vue de faire de la Banque mondiale un pont reliant le tiers monde à l'Occident pourraient faire figure d'actes d'expiation, après ses années passées au Pentagone. Certains indices prouvent d'ailleurs que, d'une manière confuse, il envisagea la situation sous cet angle. On aurait dit qu'en endossant personnellement les torts, selon le mécanisme émotionnel de la culpabilité chrétienne, il évitait de mettre en cause ses méthodes. Or cette décision de se distancer d'une guerre qu'il en était venu lui-même à désapprouver était une initiative surprenante en soi. Il avait été le plus ardent défenseur de l'engagement américain au Viêt-nam dans les sphères gouvernementales. Il avait mené une bataille sans merci en politique intérieure pour défendre cette intervention, malgré les conseils opposés que le Président recevait de gens comme George Ball, le sénateur Wayne Morse, le sénateur Richard Russell, le sénateur Mike Mansfield, le vice-président Hubert Humphrey et le sénateur William Fulbright. Sans compter que le Président Johnson lui-même, peu versé dans les relations internationales, n'était pas très favorable à la guerre.

Si on laissa le conflit traîner en longueur jusqu'à ce que l'Amérique commence littéralement à se déchirer, ce fut en grande partie parce que le secrétaire à la Défense, Robert McNamara, avait réussi à en faire sa propre guerre. Lorsque les choses tournèrent mal, il ne lui vint pourtant pas à l'idée de reconnaître son erreur ou de s'en excuser. Plus étonnant encore, il abandonna le navire pour protester contre l'enlisement du conflit, comme si cela suffisait à le blanchir une fois pour toutes. Il semblait croire qu'il pourrait se soustraire à l'histoire de la guerre.

Quelques pâtés de maisons seulement séparent le Pentagone de la Banque mondiale. À peine installé dans ses nouveaux locaux, McNamara entama des démarches, qu'il jugeait « salutaires » et qui débouchèrent cette fois sur une catastrophe d'envergure internationale. Son idée était d'augmenter les fonds mis à la disposition de la Banque en vue d'aider les nations les plus défavorisées. Pour que cette aide soit répartie de façon plus équitable, il entreprit de restructurer les méthodes d'évaluation de l'établissement.

Cette initiative se traduisit concrètement par la création de deux nouveaux dispositifs, le Country Program Paper et le Country Allocation Exercise. Le premier proposait à l'Agence de développement international de la Banque un programme de prêts sur cinq ans dans un pays donné, en échange d'une analyse statistique détaillée, secteur par secteur, de l'économie dudit pays. Le second « établissait des cibles pour le personnel de la Banque chargé de chaque pays, chaque secteur étant là encore pris en compte [11] ». Il est vrai que tous les technocrates ont de la peine à déléguer et sont obstinément attachés à la centralisation. McNamara surveilla donc personnellement la mise en œuvre de ses programmes.

En 1973, en pleine crise du pétrole, les États-Unis et les autres pays occidentaux firent marcher leurs planches à billets en vue de régler leurs dettes auprès des pays de l'OPEP. Ces derniers s'empressèrent de déposer ces richesses dans les coffres les plus sûrs de la planète, à savoir... aux États-Unis, au Canada et en Europe occidentale. Cette émission massive d'argent fut à l'origine d'une forte inflation. Les versements faits à l'OPEP entraînèrent un déséquilibre du commerce international, et les rendements des capitaux investis par l'OPEP aggravèrent encore ce déséquilibre, en provoquant un endettement extérieur des pays industrialisés.

L'économie américaine, paralysée par l'inflation, les dépenses d'énergie et le déséquilibre de la balance commerciale qui en résulta, n'était pas en mesure de faire bon usage de ces fonds étrangers. La situation devenait précaire. McNamara intervint et la rendit catastrophique. Dans cette masse considérable de dépôts bancaires inutilisables, il vit l'occasion de boucler la boucle en expédiant tout l'argent qu'il pouvait aux pays du tiers monde. Il persuada les banques commerciales d'en faire autant, sous prétexte que cet afflux inespéré de capitaux permettrait aux nations défavorisées de s'enrichir. Cette prospérité favoriserait leur croissance, conformément au modèle occidental, et les besoins ainsi créés inciteraient ces pays à acheter des équipements industriels et des biens de consommation auprès des Occidentaux. De cette façon, l'argent reviendrait une nouvelle fois en Occident, sous la forme d'une stimulation de la production grâce aux ventes à l'étranger. On mettrait ainsi un terme à la dépression et la balance commerciale retrouverait son équilibre.

Malheureusement, nulle part dans ses innombrables graphiques et modèles, McNamara ne posa les bonnes questions. Était-il sage de pousser des économies agraires fragiles, souvent fondées sur des structures tribales, dans la voie d'un développement industriel basé sur le pétrole, alors que la crise énergétique en cours avait déjà mis à plat des économies occidentales beaucoup plus fortes ? Ces nations avaient-elles des ressources énergétiques suffisantes pour éviter le piège de l'importation de pétrole qui avait déjà causé tant de torts à l'Occident ? Ces toutes jeunes nations disposaient-elles des infrastructures nécessaires pour s'adapter rapidement à une croissance provoquée artificiellement ? Ces sociétés agraires, privées des structures de la classe moyenne urbaine, souvent pauvres en ressources naturelles, devaient-elles vraiment s'engager dans pareille aventure? Cela convenait-il à leur économie? À leur société? Ne seraient-elles pas plus avisées d'améliorer leurs structures agraires existantes? Si elles devaient élargir la base de leur économie, n'auraient-elles pas plutôt intérêt à se concentrer en premier lieu sur un axe de développement qui satisfasse leurs besoins internes, au lieu de se lancer dans l'arène internationale des guerres import-export, coûteuses et à haut risque?

La question essentielle était de savoir ce qui se produirait si ces prêts massifs en provenance de l'Occident n'entraînaient pas la prospérité espérée et si ces nations démunies se trouvaient dans l'impossibilité de rembourser leurs dettes. Or personne ne la posa. Pas plus qu'on ne se demanda – c'était pourtant lié – ce qui se passerait si les banques occidentales elles-mêmes étaient dans l'incapacité de rembourser leurs dettes, c'est-à-dire de payer leurs déposants, avec la faillite du tiers monde?

En définitive, il faudra attendre 1981 pour qu'on s'avise de programmer les statistiques d'endettements dans le modèle de développement international de la Banque mondiale. Soit à peu près dix ans trop tard. Au premier abord, une telle erreur passerait aisément pour de l'incompétence criminelle. Quand on y réfléchit, elle est tout à fait compréhensible. Privés de mémoire, ancrés dans le présent, d'un optimisme aveugle face à l'avenir, les parangons de la rationalité ont eu toutes les peines du monde à prendre en compte une réalité toute simple.

La gestion de McNamara eut, dans la pratique, les effets suivants : ses méthodes abstraites et centralisatrices détruisirent la collégialité qui unissait jusque-là le personnel de la Banque et la Banque avec ses emprunteurs et ses clients. Au centre de ces méthodes, on retrouve un mode de « gestion par la peur [12] », formule qui ressurgit constamment comme une conséquence de l'organisation moderne. En outre, les deux programmes conçus par McNamara obligeaient le personnel de la Banque, comme les autorités responsables des pays emprunteurs, à rédiger d'interminables rapports. Des rapports qui ne tardèrent pas à devenir complaisants de part et d'autre. Une fois qu'un programme de cinq ans était lancé, le préposé de la Banque mondiale s'engageait à le faire fonctionner. Ne l'avait-il pas recommandé lui-même? Ce programme, ce pays étaient « les siens ». Il révisait ses dossiers de façon à assurer à ce pays des apports de fonds constants. Quant aux pays emprunteurs, ils apprirent vite à noyer la Banque sous des tonnes de statistiques, de graphiques et de documents pour justifier le moindre besoin et satisfaire tout le monde [13].

Au début des années quatre-vingt, les Philippines avaient encore droit à des rapports dithyrambiques; elles possédaient « l'une des meilleures économies du tiers monde ». Tous s'étaient engagés beaucoup trop loin pour dire ce qu'ils pensaient vraiment. Puis la crise provoquée par l'endettement philippin prit une ampleur telle qu'il ne fut plus possible de taire la vérité. Elle éclata au grand jour, au moment où on s'y attendait le moins, et en contradiction avec ce que la Banque avait écrit pendant des années à ce sujet.

Les statistiques sur le tiers monde avaient été falsifiées à la hausse depuis si longtemps que les vrais chiffres parurent aussi irréels que les faux. Et lorsque le Fonds monétaire international (FMI) s'attela à la crise mondiale de plus en plus préoccupante, en imposant des remèdes économiques d'une extrême sévérité, son plan d'attaque se fondait sur des années de statistiques sans rapport avec les réalités nationales. Les populations n'avaient pas prospéré le moins du monde, alors que leurs économies fonctionnaient sans entrave et faisaient bonne figure dans les statistiques. Pourquoi devaient-elles donc souffrir lorsque le FMI leur imposait des conditions draconiennes fondées sur une gestion financière rigoureuse? On pouvait légitimement conclure que, depuis des dizaines d'années, les gens en chair et en os n'avaient pas été pris en compte dans les définitions officielles de l'économie réelle. Ils n'y figuraient qu'en théorie, ou sous la forme d'une donnée statistique.

McNamara est sans aucun doute profondément choqué par la situation actuelle. Il est l'exemple du technocrate investi d'un pouvoir considérable, qui pâtit d'une personnalité nettement divisée entre un véritable génie mécanique et un idéalisme puéril, sans le soupçon de bon sens qui lui permettrait de faire le lien entre les deux.

Robert McNamara est peut-être un cas exceptionnel du phénomène rationnel; mais il ne constitue nullement une exception à la règle. Il représente la règle sous sa forme la plus avancée. Des hommes de cet acabit abondent dans d'autres pays. Edward Heath avait cette même ardeur démesurée, alliée à la conviction que les systèmes fonctionnent pour le bien de tous. En Grande-Bretagne, Heath initia un processus similaire en tous points à celui entamé par McNamara aux États-Unis. Son Central Policy Review Staff faisait appel à des personnalités extérieures brillantes. Il avait un style de planification et un choix des priorités particuliers, qui mettaient en lumière des méthodes d'analyse politique tout en assurant l'efficacité du programme. Il semblait lui aussi incapable d'établir un lien entre sa foi en ces méthodes et l'effet de leur application dans un monde réel.

Edward Heath se fit huer par les mineurs lors de la grève catastrophique qui fit tomber son gouvernement. Et ce fut une démonstration flagrante de la faiblesse du nouvel homme de raison lorsqu'il s'aventure hors des défenses protectrices du système. À la différence de McNamara, Heath avait été élu pour faire ce qu'il fit. Aussi les électeurs l'obligèrent-ils à payer ses erreurs.

On rend compte de l'échec de Heath en évoquant son caractère cassant et sa conception trop intellectuelle des rouages gouvernementaux. Ces deux allégations sont fausses. Ce qui est intéressant chez Heath, c'est précisément sa conviction : il croyait qu'il suffisait de développer de meilleures méthodes pour changer radicalement les gens et les structures. Peu importait que les méthodes proposées fussent effectivement meilleures ou non. Il était persuadé qu'elles l'étaient, ce qui fait de lui une version précoce du technocrate nanti également d'un pouvoir politique.

Robert Armstrong, secrétaire du Cabinet britannique et chef de la bureaucratie pendant une décennie, constitue quant à lui un exemple beaucoup plus classique de l'administrateur rationnel. Dès sa nomination, en 1978, il évita soigneusement la position d'infériorité du technocrate dans les affaires publiques, en jouant la carte de la discrétion. Cela ne l'empêchait pas d'exercer avec un naturel parfait un pouvoir politique considérable, sans assumer pour autant la moindre responsabilité publique. De par ses origines et sa formation, il avait tout du bureaucrate de la vieille école; ses méthodes étaient pourtant résolument modernes. Il était obsédé par le secret et contrôlait les flux d'informations, y compris au sein du gouvernement, allant jusqu'à exclure volontairement certains ministres. C'était, par nature, un manipulateur d'hommes et de systèmes. Comme dans le cas de McNamara, ce leadership par la manipulation fut à l'origine d'une démoralisation profonde de l'administration. Dans les descriptions qu'on en donne, le mot courtisan semble revenir presque naturellement : « Le rôle du courtisan consiste à supporter, apaiser, faire usage de ruse et de dérobades, manipuler le pouvoir – toujours à l'abri du trône. Dans ces domaines, Armstrong excelle [14]. »

Quand une question l'intéressait personnellement, il empêchait, dans la mesure du possible, les ministres d'en débattre en profondeur. Les informations qu'il laissait circuler ne servaient que sa propre cause. Il n'avait pas l'air de croire à grand-chose, hormis en l'excellence de ses opinions personnelles. Lesquelles étaient déterminées par des intérêts immédiats liés à sa fonction, ainsi que par une attitude générale propre à sa classe.

Il fallut attendre la crise de Westland Helicopter, survenue en 1985, pour que Armstrong s'aventure hors des barrières protectrices de la structure administrative, dans l'intention de protéger son employeur en prenant en main les débats publics. Westland était le dernier constructeur d'hélicoptères britannique. Une société américaine voulait l'acquérir. Le Premier ministre et plusieurs membres de son cabinet étaient favorables à cette vente, alors que le secrétaire d'État à la Défense aurait préféré un consortium européen. La querelle qui s'ensuivit divisa le Cabinet, la communauté des affaires, ainsi que la presse. La tension parvint à son comble avec la fuite malencontreuse d'informations confidentielles qui confortaient la position du Premier ministre. On fit appel à Armstrong pour apaiser la tempête, en le priant de mener une enquête officielle sur les origines de cette fuite. En réalité, il est difficile d'imaginer qu'il ne connaissait pas la réponse avant même de commencer ses recherches. Quoi qu'il en soit, il présenta les résultats de ses investigations à Margaret Thatcher comme si elle n'était qu'une observatrice distante, quand tout portait à croire que le Premier ministre elle-même était impliquée dans cette affaire. Pour finir, Armstrong consentit à paraître devant la Commission de défense de la Chambre des communes. D'autres personnalités politiques, profondément impliquées et techniquement responsables de cette affaire, refusèrent de se présenter. Ce qui fit d'Armstrong, en sa qualité de responsable de la bureaucratie, le défenseur et le porte-parole des autorités politiques. Il remplit cette mission avec une méticulosité jésuitique et en coupant les cheveux en quatre. Cela eut pour effet d'occulter inextricablement la vérité. L'habileté avec laquelle il manœuvra pour se sortir de cette impasse, de manière à jeter un voile tout à fait injustifié sur les faits et, partant, à sauver le gouvernement, explique peut-être la décision prise par Mme Thatcher de l'envoyer quelque temps plus tard en Australie.

Là encore, il était question de secret. La situation requérait une fois de plus une vision artificielle de la réalité. Un ancien agent secret britannique, fort mécontent, vivant en Nouvelle-Galles du Sud, avait fait paraître ses mémoires, révélant du même coup certaines méthodes des services de renseignements britanniques. Lorsque l'avion d'Armstrong se posa en Australie, le contenu du livre était déjà connu. Il n'y avait donc plus rien à faire. Pourtant, dans l'esprit logique et rationnel du Premier ministre britannique et des hauts fonctionnaires de son entourage, ces révélations faites au grand public résultaient au fond d'une malencontreuse irruption de la réalité. Ils semblaient croire qu'il suffisait d'une petite manipulation, juridique, technique, pour que cette réalité retrouve sa place dans le domaine de l'amateurisme.

Toutefois, dès l'instant où Armstrong sortit de son cocon protecteur londonien, ses propos ne tenaient plus debout. Officiellement, on déclara qu'il avait échoué en Australie parce qu'il s'agissait d'un endroit beaucoup plus rude – moins civilisé, moins à même de lui valoir le respect qu'il méritait. En réalité, les avocats qui le harcelaient ne lui devaient rien. Il n'avait aucun contrôle sur eux. Aucune prise. Ni carotte ni bâton.

Sorti de son propre système, le technocrate est comme un enfant hors de chez lui. Dans un moment de frustration, Armstrong lâcha sa fameuse formule : « Économiser sur la vérité. » Celle-ci peut être interprétée de bien des manières. Mais quel que soit le sens dans lequel on les tourne, ces quatre mots n'en restent pas moins l'épitaphe idéale du courtisan rationnel.

Bien sûr, on trouvait, dans d'autres pays mais à des postes équivalents, des praticiens beaucoup plus rigoureux de ces méthodes. Parmi les plus rationnels, citons Michael Pitfield, chef de l'administration canadienne (greffier du Conseil privé) sous Pierre Trudeau, pour ainsi dire sans interruption de 1974 à 1982. L'intelligence de Pitfield lui ouvrit les portes de l'université dès l'âge de quatorze ans, et lui permit d'occuper, à trente-sept ans, le poste non électif le plus élevé qui soit au sein du gouvernement. Sa jeunesse et ses relations étroites avec le Premier ministre incitèrent les mauvaises langues à qualifier injustement cette nomination de partisane. Ce fut cependant son mode de gestion abstrait qui entretint sa réputation sur la scène politique.

La bureaucratie et les hommes politiques canadiens – pas seulement ceux de l'opposition – eurent rapidement l'impression que quelque chose ne tournait pas rond dans les méthodes et les démarches entreprises par Pitfield. La plupart d'entre eux étaient singulièrement mal armés pour croiser le fer avec lui, en grande partie à cause de la supériorité intellectuelle du chef de l'administration, mais aussi parce que, à l'instar de McNamara, il passait son temps à redéfinir sa manière de procéder. Ses opposants furent dans l'incapacité de trouver un terrain sûr et identifiable par tous sur lequel l'affronter.

Pitfield croyait foncièrement en ce qu'il faisait. Il était intimement convaincu de connaître l'angle d'approche convenant à chaque question qui se posait. Cette approche étant invariablement conditionnée par un désir d'honnêteté, de justice sociale, et la volonté de protéger les plus démunis. En cela, il ressemblait à McNamara. D'ailleurs son apparence de jeune thésard grand et dégingandé n'était pas sans rappeler celle de l'Américain aux allures de notaire vieux jeu, rigide et à la mine sévère.

Pitfield faisait continuellement des expériences dans la structure gouvernementale, en vue d'en accroître l'efficacité, de faciliter la circulation de l'information et de forcer les ministres à considérer d'une manière rationnelle les options politiques qui s'offraient à eux. Il expérimenta tant et si bien que ces ministres se virent peu à peu dépossédés de leur pouvoir, tandis que les jeunes bureaucrates du Conseil privé s'ingéniaient à les maintenir en porte à faux. Ces derniers entretenaient l'angoisse des ministres. Ceux-ci redoutaient à tout instant de perdre leur place, ils voyaient de moins en moins clairement ce qui se passait dans l'esprit du Premier ministre et, partant, au sein du gouvernement dont ils étaient bel et bien responsables – contrairement à la clique du Conseil privé. Avant Pitfield, on n'avait certainement jamais employé avec autant d'habileté cette curieuse méthode de gestion qui consiste à recourir à des masses d'informations, afin de créer la confusion la plus totale. Cette dernière étant génératrice d'une ignorance telle qu'en définitive les bénéficiaires de ces informations se voient privés de tout pouvoir.

L'une de ses dernières entreprises de réorganisation consista à unifier deux secteurs clés du gouvernement : les Affaires étrangères et le Commerce extérieur. Le principe semblait raisonnable : la diplomatie et le commerce international étant les deux mamelles de la politique étrangère, il paraissait logique de vouloir les coordonner. Le document établissant le mode de fonctionnement du futur département était brillant. On aurait dit un complot maçonnique médiéval proprement codé, que l'on aurait greffé sur un roman policier. Il abondait en renvois croisés complexes entre les deux secteurs – des correspondances pratiques et non intellectuelles. Pour accomplir ce que la charte de cette organisation requérait d'eux, les pions de ce nouveau système devaient se concentrer moins sur les obligations de leur travail proprement dit que sur la manière de jouer perpétuellement à la marelle sur l'ensemble de l'échiquier. Comment pouvaient-ils avoir la moindre idée de ce qu'ils étaient censés faire dans la pratique ? Le simple fait de se maintenir à sa place dans la structure, ou de se souvenir de l'emplacement dévolu à tous les autres, ainsi que des secteurs dont chacun était responsable, avait de quoi vous occuper à plein temps.

Ce réaménagement signé Pitfield sonna le glas de la politique étrangère canadienne. Il avait commis l'erreur de croire qu'une organisation complexe était porteuse de résultats concrets. Or ses structures étaient conçues de manière à définir dans les moindres détails toutes les activités possibles et donc, dans leur conception même, à décourager toute activité non définie à l'avance. En d'autres termes, elles étaient échafaudées de façon à détruire tout contenu.

La fonction publique canadienne faisait depuis toujours l'admiration de la population, qui voyait en elle une assemblée d'hommes et de femmes dévoués au service public, c'est-à-dire résolus à assurer sa protection. L'inaccessibilité des structures mises en place par Pitfield accrut inévitablement l'écart entre administrateurs et administrés. L'approche distante qu'il se faisait fort d'instaurer et sa volonté de centralisation des processus de décision creusèrent encore ce fossé et furent à l'origine d'une situation où le serviteur en vint à mépriser son maître. Entendez : où le bureaucrate se mit à dédaigner le public. Quant à ce dernier, il réagit par un regain de méfiance et de ressentiment, en dépit du fait que, pendant toutes ces années, on assista à une multiplication bien réelle des programmes sociaux et à une amélioration des mesures protectrices offertes aux citoyens.

Le gouvernement conservateur qui accéda au pouvoir en 1984 profita de l'atmosphère de méfiance et de peur qui régnait dans l'administration. Il en tira allégrement parti pour démoraliser la bureaucratie, qu'il considérait comme son ennemie, et l'obliger à se plier à sa volonté. Les membres de ce gouvernement émirent l'hypothèse que le secteur public était très politisé et favorisait le camp adverse. Cela autorisa les nouvelles autorités à le politiser plus ouvertement encore, en faisant appel à un grand nombre de collaborateurs partisans. C'est ainsi que la gestion scientifique et idéaliste appliquée par Pitfield à ce qui avait été, avant son arrivée, l'une des bureaucraties les plus efficaces et les plus populaires du monde industrialisé réduisit cette dernière à l'état d'instrument impopulaire entre les mains d'hommes politiques appelés à prendre la relève.

On a de la peine à croire qu'un homme comme Henry Kissinger soit issu de la même couvée que McNamara, Heath ou Pitfield. Quoi qu'ils aient entrepris, ils étaient tous persuadés d'agir au service du bien public. Ce furent leurs méthodes et leur manque de bon sens qui jouèrent contre eux. Kissinger utilisa lui aussi ces méthodes, mais d'une manière consciemment cynique. Pour les trois premiers, les moyens mis en œuvre étaient censés servir une fin. Dans le cas de Kissinger, c'était lui-même qu'ils servaient.

Dans un poème où il s'en prend à ceux qui détruisirent Pouchkine, Lermontov brosse un portrait du courtisan classique sous son pire jour :

> Vous, cupides vassaux qui autour du sceptre rampez,
> Bouchers de la liberté, du génie, du renom!
> Vous vous abritez derrière le rempart de la loi, et tout –
> Loi, vérité, honneur – dans votre sillon s'effondre!

Voilà qui fait volontiers penser à Henry Kissinger, sans doute le technocrate qui remplit parfaitement ce rôle traditionnel. Quand Kissinger jouait les Iago auprès du Président Nixon, transformé pour l'occasion en Richard III, les éléments propres à une tragédie royale étaient en place. Cependant Kissinger ne fut pas seulement le parangon d'un phénomène suranné. Il sut se servir des techniques modernes avec un génie certes limité, mais une belle détermination.

Il est difficile de savoir si Kissinger a vraiment cru qu'il concourait à l'intérêt général. Nous ignorons ce qui se passait dans sa tête pendant les premiers mois où il occupa les fonctions de conseiller à la présidence en matière de sécurité nationale. Peut-être s'aperçut-il tout à coup qu'il voulait le pouvoir à tout prix et qu'il avait les talents de manipulateur nécessaires pour l'obtenir? Peut-être aussi, dans la fièvre suscitée par cette révélation, en oublia-t-il la nature du service public?

À cette époque, il nous faisait l'effet d'un prophète désignant le chemin menant sur la voie pavée d'or du paradis rationnel. Il entendait s'entourer d'hommes qui « s'étaient donné la peine d'acquérir de vastes connaissances leur permettant de résoudre les problèmes », mais aussi de « contribuer à la définition des objectifs en jeu [15] ». Ils devaient constituer une nouvelle classe d'intellectuels, à distinguer des juristes, des bureaucrates et des hommes d'affaires composant généralement les gouvernements.

En vérité, c'est dans le passé de Kissinger qu'il aurait fallu chercher les véritables signes précurseurs de l'avenir. Son héros, tant sur le plan intellectuel que sur les plans politique et pratique, fut de tout temps le prince de Metternich, qui domina l'Europe pendant trente-quatre ans après la débâcle de Napoléon. Ceux qui, dans le gouvernement, le Congrès et la presse, auraient dû se pencher de près sur les motivations foncières du nouveau venu acceptèrent aveuglément cette référence à Metternich comme un indice de sa supériorité intellectuelle. Personne n'eut l'idée de se demander pourquoi on s'était laissé convaincre si facilement que Kissinger était la voix du futur, alors qu'il tirait son inspiration du leader politique le plus rétrograde, le plus intraitable et le plus antiréformiste du XIXe siècle.

Après la défaite de Napoléon, Metternich déjoua systématiquement les plans de ceux qui, en Europe, aspiraient à l'instauration de conditions pacifiques susceptibles d'autoriser l'assimilation des réformes politiques et sociales issues de vingt-cinq années de révolution. Il brisa le pouvoir de tout leader teinté de libéralisme ou intéressé par une société équitable. À l'en croire, la Révolution française n'avait jamais existé, pas plus que les républiques italiennes, les assemblées élues ou la défense des droits de l'homme. Il subvertit les bonnes intentions des souverains européens. Il fit en sorte que le tsar Alexandre embrassât un despotisme non éclairé, dans le dessein de détourner la Russie de sa tendance à l'européanisation, l'expédiant du même coup sur une trajectoire longue d'un siècle qui devait déboucher sur l'explosion de 1917. Plus grave encore : il entreprit de contrecarrer le projet de Castelreagh, ministre des Affaires étrangères britannique, en vue d'un compromis européen qui, en protégeant les monarchies et l'apparence de l'ordre ancien, devait intégrer une grande partie des réformes nées au cours du quart de siècle précédent. Metternich fit échouer ce compromis, que plus personne n'osa remettre sur le tapis avant 1945.

Après tout cela, il se mit en devoir de reconstruire l'Europe des monarchies absolues. La paix, durable mais peu satisfaisante, qui en résulta, fut son œuvre, pour laquelle Kissinger nourrissait une admiration sans bornes. Les explosions de 1848 en découlèrent directement et rendirent inévitable la division de l'Europe entre révolutionnaires et conservateurs. Ce schisme artificiel rendit impossibles des solutions raisonnables inspirées par le bon sens. Tout n'était plus désormais que bataille des extrêmes. Les thèses de Marx sur l'inéluctable lutte des classes s'expliquent en grande partie par l'Europe de Metternich. Sans pousser le raisonnement trop loin, disons que la violence sans précédent et les effusions de sang qui ont entaché notre continent au XXe siècle étaient fatales dès lors que le prince avait réussi à appliquer le cynisme moderne à une cause rétrograde. Un cynisme alimenté par des divisions artificielles entre les pouvoirs politiques et leur éloignement des intérêts plus terre à terre de la population. Metternich eut, au XIXe siècle, un impact comparable à celui d'Ignace de Loyola trois cents ans plus tôt.

Aujourd'hui seulement, après deux guerres mondiales et d'interminables révolutions et guerres civiles, l'Europe occidentale paraît s'être purifiée de cet esprit de discorde. Quant à Henry Kissinger, il révisa l'approche à son gré et apporta sa propre pierre à l'action politique conçue par Metternich.

Kissinger était convaincu que, pour s'attaquer à un problème, le mieux était d'attendre une crise accompagnée d'une perte de contrôle de la situation. Cette brusque flambée des événements ferait disparaître les anciennes contraintes politiques, sociales et économiques, qui avaient obligé le secteur concerné à résister au changement. Alors même que ces structures surannées se liquéfiaient dans la chaux vive, Kissinger lui-même, l' « Homme-amiante », plongerait vaillamment dans cet enfer de flammes pour y bâtir un tout autre édifice. Selon sa théorie, il faisait naître un nouvel espoir des cendres des anciens préjugés.

On comprend que la presse ait pu être séduite par un homme qui, non content de braver le danger, aimait le risque et s'élançait gaillardement au-devant des situations les plus périlleuses, crise après crise. Cette hardiesse suscitait les plus grands enthousiasmes, et pas seulement parmi les journalistes. Kissinger était la cible rêvée de tout rédacteur responsable de la une. Mieux, il comblait les souhaits des chroniqueurs de la presse populaire, dans la mesure où il rejetait l'édification lente et prudente de relations et l'élaboration de solutions qui empêcheraient les situations de déraper. Henry Kissinger traitait les événements comme s'il s'agissait de grands faits d'actualité et comme s'il en était un lui-même!

Mais les périodes de bouillonnement ne suffisent pas à désintégrer les structures façonnées par le temps. L'histoire est dotée d'une armature extrêmement solide, bâtie sur une mémoire profondément ancrée. Les flammes s'accompagnent de fumée et d'obscurité. Elles détruisent les fenêtres, les cloisons, les sols. Mais les structures demeurent. Et lorsqu'elles changent, cela se fait lentement, à moins d'un véritable cataclysme. Même dans cette éventualité, la mémoire tient le coup. Pour s'en convaincre, il suffit de se rappeler la France, l'Allemagne, le Japon ou l'Autriche se relevant du désastre de la dernière guerre. Les solutions dictées artificiellement en période de troubles laissent tout le monde insatisfait quand le calme revient; elles passent pour des agressions personnelles, imposées, à contre-courant de l'histoire, à des gens momentanément trop faibles pour résister. Dès qu'ils se sont suffisamment remis pour réagir, ces gens réagissent, et souvent avec violence. Ce fut le cas en 1848. Ou encore en 1989, en Europe de l'Est.

Il y a autre chose de plus vicié encore dans la stratégie de Kissinger. Dans le *Contrat social* de Rousseau, on lit :

> Les usurpateurs amènent **ou** choisissent toujours ces temps de troubles pour faire passer, à la faveur de l'effroi public, des lois destructives que le peuple n'adopterait jamais de sang froid. Le choix du moment de l'institution est un des caractères les plus sûrs par lesquels on peut distinguer l'œuvre du législateur d'avec celle du tyran [16].

Les penchants à l'usurpation de Kissinger se firent jour peu après son arrivée à Washington. On passerait beaucoup de temps à analyser son implication dans l'opération cambodgienne ou son engouement pour les écoutes téléphoniques. D'autres l'ont fait. Ce ne sont là que des annexes à sa conception du pouvoir, ou plus précisément à son art de manipuler les structures en place afin de s'assurer le pouvoir.

Il commença sa carrière comme conseiller de la présidence en matière de sécurité nationale. Un rôle anodin comparé à celui de secrétaire d'État, de secrétaire à la Défense ou du Conseil de sécurité lui-même. Parvenu à la fin de son mandat, Kissinger avait cependant réussi à faire de ce poste le plus puissant des États-Unis en matière de défense et de politique étrangère. Il ne faisait pas partie du gouvernement au titre de responsable d'un département légalement chargé de la gestion de la politique étrangère et de la défense, conformément au système américain. Il n'était guère plus qu'une créature du Président. Il n'empêche qu'il s'était incontestablement emparé des rênes du pouvoir.

Ses fonctions de conseiller n'y étaient pour rien, même si ses remarquables talents de courtisan l'aidèrent à s'accommoder d'un Président beaucoup plus sensible aux flagorneries que la plupart des gens. L'ascension de Kissinger tenait bien plus à son aptitude à remodeler la structure gouvernementale, de façon que le statut du Conseil de sécurité, des secrétaires d'État et de la Défense soit réduit à celui d'auxiliaire du conseiller. De la sorte, il agit de manière beaucoup plus grave que n'importe quel officier impliqué dans l'affaire du Watergate. Il détourna le système gouvernemental américain de façon à se placer lui-même au centre de l'échiquier politique.

Avec l'assentiment du Président Nixon, il réduisit le nombre de réunions du Conseil, limitant ainsi les occasions de vrais débats au sein d'un forum où il n'occupait aucune responsabilité. Il prit la présidence d'un sous-comité baptisé Groupe de révision et comprenant des hauts fonctionnaires de la CIA, des chefs de l'état-major, ainsi que du secrétariat à la Défense et du secrétariat d'État. Ces derniers renvoyaient les questions posées devant des sous-comités ou au Conseil de sécurité en réunion plénière.

Ce pouvoir de gestion lui permettait de contrôler la situation dans tous les domaines. En l'absence de réunions plénières du Conseil, Kissinger devint la voix du Président. Le Groupe de révision déterminait si les questions avaient été convenablement préparées par les départements concernés et si elles étaient prêtes à être examinées par le Conseil. En outre, son équipe inondait lesdits départements de demandes d'études et d'enquêtes, de manière à leur donner l'impression qu'ils participaient au processus de décision. Il s'agissait en réalité de les occuper, de façon à les maintenir à l'écart. Lorsque le Conseil se réunissait finalement, le Président avait été « briefé » avec une précision telle qu'il prononçait, sur les sujets étudiés, des discours rédigés au préalable. De sorte qu'il devenait impossible pour les membres du cabinet de les contester. Pourtant, la raison d'être du Conseil était précisément de discuter à bâtons rompus sur les grandes questions de sécurité qui, par leur importance, dépassaient le cadre des responsabilités de chaque département pris individuellement. À cela il faut ajouter les énormes dossiers élaborés pour étayer le point de vue de Kissinger sous le couvert inattaquable d'une avalanche de faits et un personnel du Conseil prêt à fournir à tout instant une donnée ou un chiffre supplémentaires. On se retrouve ainsi avec un appareil gouvernemental incapable de fonctionner autrement qu'en se conformant strictement aux instructions du conseiller du Président.

L'effet paralysant des dossiers préparatoires sur l'exercice de la démocratie est un phénomène moderne tout à fait extraordinaire. Si les faits sont le savoir et le savoir la vérité, ces dossiers confèrent une forme particulière de pouvoir à qui se charge de les rédiger. Quiconque les contrôle domine le débat politique. Ils réduisent à néant la fonction d'un cabinet ministériel, censé tirer parti du bon sens collégial. Chéris des technocrates, ils sont un instrument clé de notre temps et servent d'armes du pouvoir dans toute société occidentale, partout où les délibérations en commun jouaient jadis un rôle. C'est-à-dire dans les cabinets, les commissions de cabinet, les comités interministériels, les conseils d'administration des entreprises, les comités exécutifs, les comités de conseil, les comités d'urgence et les comités tout court.

À ses talents d'organisateur Kissinger alliait un sens aigu de l'art de se placer sur la trajectoire des informations, de façon à en devenir personnellement le messager, à les réinterpréter à sa guise ou à en arrêter la transmission. Ce besoin de contrôler le flux d'informations allait de pair avec son obsession du secret, et contribuait au climat de peur qui s'insinuait dans la vie de tout un chacun.

Kissinger avait une autre particularité, qu'on retrouve souvent chez les courtisans, et qui consiste à changer de personnage. En public, il était, et demeure, le maître de la logique. Un homme d'État éclairé :

> La semaine dernière, j'ai eu le privilège de rencontrer le Premier ministre [japonais] Nakasone. [...] Je lui ai dit que j'étais très frappé par la divergence des vues sur la sécurité en Asie et en Europe. Il m'a autorisé à citer la réponse qu'il m'a donnée à cet égard : « La différence est la même que celle qui distingue la peinture européenne de la peinture japonaise [17]. »

En privé, toutefois, Kissinger était un adepte de la raillerie et du coup bas. En confidence, il insistait sur le fait que le secrétaire d'État William Rogers était une « tapette » et il n'hésitait pas à qualifier le secrétaire à la Défense, Melvin Laird, de « mégalo », et Daniel Ellsberg, à l'origine de la fuite du Pentagone, de « pervers [18] ». Il collectionnait avec délice les rapports établis par le FBI sur la vie privée des personnalités publiques et multipliait les écoutes téléphoniques de tous ceux qui s'opposaient à sa cause.

Kissinger était tellement persuadé de contrôler le cours des événements qu'il en vint à provoquer par inadvertance toutes sortes d'incidents anarchiques. Il ne doutait pas un instant de pouvoir modifier le cheminement de l'histoire, en appliquant une version modernisée de la méthode de Metternich. Mais s'il s'appuyait en apparence sur l'histoire, l'incohérence de ses actions fit la démonstration de son âme de technocrate. Il décida par exemple que le shah d'Iran était l'homme des Américains en Méditerranée. Il poussa ce dernier, déjà engagé sur la voie de la modernisation, à accélérer le mouvement et à s'armer de façon à se protéger des Russes, de l'instabilité au Moyen-Orient et de Kadhafi. Nation prospère grâce à son pétrole, l'Iran possédait une nombreuse population. Le shah dépensa sans compter, comme on l'encourageait à le faire. Il ne tarda pas à se trouver à court de fonds. Dans un de ses moments de lucidité, Kissinger lui conseilla de financer son armement, ses routes et les merveilles modernes dont il souhaitait doter son pays en augmentant le prix du pétrole. Juste un peu. Or les tarifs pétroliers se révélèrent vite anarchiques. Kissinger réagit, comme d'autres, en se faisant l'avocat de la solution inflationniste : l'Amérique amortirait l'effet de l'augmentation de la facture pétrolière. On ne tarda pas à retrouver ses émules dans les réunions au sommet du monde entier, prônant à leur tour ce remède miraculeux, si seulement on voulait bien garder son calme et faire marcher la planche à billets – alors que les indices de l'inflation ne cessaient de s'envoler [19]. Les monnaies flottantes, la guerre des devises (qui sévit toujours), le shah perdant pied et à deux doigts du naufrage : autant de réalités pour prouver que l'histoire a poursuivi sa voie déjà tracée quand Kissinger a eu fini d'en dévier le cours.

Quand les technocrates occupent des fonctions électives, leurs défaillances prennent une autre forme : ils sont peut-être maîtres dans l'art de ressusciter artificiellement, ils ont rarement l'aptitude de paraître crédibles sous les feux de la rampe.

Jacques Chirac, Premier ministre à deux reprises, n'a jamais pu se débarrasser de l'image d'un homme qui n'avait pas mérité cette fonction. La manière légèrement contrainte et abstraite dont il présente ses idées incite les gens à penser qu'il n'y croit pas vraiment. Le public a le sentiment que son ambition n'est pas contrebalancée par des convictions susceptibles de justifier sa place à un poste clé.

Vingt années se sont écoulées, mais personne n'a oublié les brillantes manipulations qui lui ont permis d'écarter ses collègues politiques de façon à asseoir Valéry Giscard d'Estaing dans le fauteuil présidentiel et à s'attribuer pour la première fois le rôle de Premier ministre. L'image d'un requin, d'un homme prêt à trahir ses amis et son parti pour parvenir à ses fins renaît chaque fois qu'il réapparaît sur la scène politique. Et pourtant, on sent qu'il voudrait agir dans l'intérêt général. Normalement, il manifeste une certaine efficacité. Mais dès que la situation devient explosive, dès qu'un véritable sens moral est requis pour la contrôler, il panique et choisit inévitablement le mauvais camp.

Pendant la semaine séparant les deux tours des élections présidentielles de 1988, alors que les sondages indiquaient qu'il avait pris un sérieux retard, il multiplia les démarches « diplomatiques ». Il commença par ordonner une attaque militaire contre les nationalistes de Nouvelle-Calédonie. Les militaires stationnés dans le pays le lui déconseillaient fortement, mais le Premier ministre tenait à démontrer qu'il avait de la poigne. Dix-neuf personnes furent fauchées, sans la moindre possibilité de se défendre, dans un assaut mené contre une grotte où elles avaient trouvé refuge. Après quoi, Chirac tenta de faire la preuve de son humanité et de ses talents de médiateur en négociant la libération des otages français au Moyen-Orient. Il se contenta de céder à une partie des revendications des ravisseurs. On s'accorde généralement à dire que, pour quelques secondes au journal télévisé du soir, où on le vit à l'aéroport accueillant les prisonniers libérés de retour en France, il mit gravement en péril la vie d'autres otages. Sans compter qu'en cédant il encouragea les kidnappeurs à poursuivre leurs activités. Enfin, dans le dessein d'attirer un petit groupe d'électeurs foncièrement nationalistes, il fit d'une mésentente commerciale à propos de zones de pêche opposant la France à l'un de ses proches alliés – le Canada – un grave incident diplomatique, qui frôla l'affrontement militaire.

Pleins de bon sens, les électeurs français virent dans ces trois démarches incongrues la preuve concrète que Chirac n'avait pas l'étoffe d'un président. Ces erreurs ne lui coûtèrent pas seulement le deuxième tour des élections : elles valurent à son parti de perdre les législatives qui suivirent. On ne devrait jamais mettre en doute la capacité populaire à faire le bon choix quand les options proposées sont claires. Le problème est que les nouvelles élites technocratiques s'arrangent généralement pour déformer la nature et la valeur de ce choix.

Cette tendance de Chirac à cafouiller de façon spectaculaire nous inciterait à penser qu'il est l'opposé d'un homme comme Henry Kissinger. Ce en quoi on aurait tort. Tous deux possèdent des compétences techniques. Ils sont animés par une même ambition dévorante et manquent autant l'un que l'autre de sens moral, Kissinger comblant ce vide par un cynisme savamment dosé.

Seul dans les premières générations de technocrates élus, Harold Wilson connut un succès politique. Peut-être parce qu'il alliait des talents d'acteur au cynisme et à l'ambition d'un Kissinger, et savait parfaitement doser le tout. À l'instar de ce dernier, il préféra ne pas tirer parti de sa compréhension des nouveaux systèmes pour se lancer dans une croisade de modernisation, se contentant d'y puiser son pouvoir grâce à la manipulation. Après avoir gouverné le pays pendant plusieurs années, il était parvenu à faire admettre l'idée que rien de désintéressé, rien qui soit à moyen ou à long terme, n'était possible en matière d'affaires d'État. Seule la crise du moment comptait : le dernier conflit salarial, le dernier sursaut de la livre... Un technocrate dénué de convictions même discutables ne vaut guère plus qu'un tricheur professionnel. Le sens de ce qui est juste et normal avait été perdu ; aucune des initiatives de Wilson ne pouvait donc être jugée malfaisante.

Dans ce contexte, les normes, généralement élastiques, de la vérité en matière politique furent poussées à l'extrême. Harold Wilson mena une croisade contre la Rhodésie blanche en imposant un blocus économique orchestré par les autorités britanniques. En parallèle, il soumit le monde à une rhétorique idéaliste sur l'égalité et la justice raciales, tout en sachant pertinemment que la compagnie pétrolière britannique, sous contrôle gouvernemental, fournissait le régime de Salisbury.

Même si l'on écarte la question de la moralité, Wilson croyait-il vraiment que la vérité n'éclaterait jamais ? Dans l'esprit du technocrate, la vérité, comme l'histoire et les événements en cours, c'est ce qui sied aux intérêts du système ou du jeu planifié par celui qui détient les rênes du pouvoir. C'est une abstraction intellectuelle, et Harold Wilson s'estimait maître de ces définitions.

Cette vision particulière de la réalité, indépendante des pratiques établies et des faits d'actualité, transparaissait dans son attitude à l'égard de la presse. Wilson se servait des médias pour se donner l'apparence d'un homme du peuple. Méprisant la liberté de la presse, il utilisait son ascendant de Premier ministre et les intimidations dont il disposait légalement pour se prémunir de toute attaque de la part des journalistes. Si, au cours d'une interview télévisée, il sentait que la situation lui échappait, il était parfaitement capable de faire arrêter les caméras en menaçant d'intenter un procès aux producteurs et à ses interviewers, qui après tout ne faisaient que leur métier.

Le long règne de Harold Wilson n'eut rien d'historique ni de dramatique. Même si l'on pourrait y voir une sorte de farce théâtrale. Des drames, il y en avait en effet tous les jours, sans motivation apparente. Le gouvernement baignait en permanence dans une atmosphère trouble. Wilson briguait toujours plus de pouvoir, « jouant » du système tel un musicien ordinaire dans un orchestre de province. Après quoi il s'en alla tranquillement rejoindre la Chambre des lords. C'est précisément parce qu'il a « joué » du système au lieu de gouverner le pays que c'est un personnage intéressant.

L'homme qui doit à Jacques Chirac d'avoir été président de la République française nous offre un exemple bien plus extraordinaire de cette première fournée de technocrates élus : en l'occurrence Valéry Giscard – ou Giscard d'Estaing, si l'on prend en considération l'acquisition par son père d'un nom d'emprunt donnant à sa famille l'apparence d'un passé aristocratique. En se distinguant du lot par ses moindres capacités, Giscard nous en dit long sur le technocrate et sur le pouvoir.

D'une intelligence limitée, Giscard est issu d'une famille de nouveaux riches terriblement ambitieuse, qui fut pétainiste pendant la dernière guerre. Son éducation devait lui permettre d'accomplir la destinée familiale. Diplômé de l'ENA en 1954, à l'approche de la trentaine, il mit tout en œuvre pour devenir un personnage important. Il jouissait du talent indéniable de jongler avec les chiffres – un talent de comptable –, auquel s'ajoutait une assurance hors du commun. Cette confiance en soi pouvait passer pour un maniérisme de classe, et elle fut souvent jugée comme telle. En réalité, il fallait y voir l'aplomb du technocrate qui commence un entretien en en définissant les termes à sa guise. Le don singulier dont jouissait Giscard était précisément cette aptitude remarquable à tout définir par rapport à ses normes personnelles, du monde à la France, en passant par chaque problème pris individuellement.

Ses compétences financières abstraites, associées au soutien financier on ne peut plus concret de sa famille, contribuèrent à faire de lui un jeune ministre des Finances. Il apparut comme le précurseur d'une nouvelle race d'hommes modernes. Ses responsabilités ministérielles étaient relativement légères, les économies occidentales étant à ce moment-là en plein essor. De surcroît, Charles de Gaulle offrait à son équipe gouvernementale un leadership créatif et solide, étayé par plusieurs ministres inventifs, à l'origine d'une croissance réelle. Au fond, la fonction de Giscard consistait à tenir le gouvernement en bride. Un rôle négatif, passif, dénué de créativité et ne nécessitant pas de sens du commandement.

Le reste du Conseil des ministres étant fougueux, cette inertie de Giscard se révéla utile. Il joua ce même rôle pendant dix ans, alors que la situation allait se stabilisant. Lorsque Georges Pompidou remplaça de Gaulle, ce rapport se perpétua.

Ce fut seulement après la mort de Pompidou dans l'exercice de ses fonctions, Giscard devenant candidat à la présidence, que sa véritable personnalité se fit jour. Il entama sa campagne par une petite astuce administrative destinée à ruiner la réputation de son rival gaulliste, Jacques Chaban-Delmas. La déclaration d'impôts de Chaban se retrouva un jour entre les mains des journalistes. Giscard étant ministre des Finances, il était responsable de la fiscalité. Chaban n'avait rien fait de mal, sauf qu'il n'avait pas payé beaucoup d'impôts. Les conditions d'imposition des catégories privilégiées, conformément aux systèmes fiscaux en vigueur dans l'ensemble de l'Occident, sont toujours un choc pour le grand public. La déclaration de Giscard aurait probablement eu un effet similaire ; mais le ministre des Finances s'abstint de la divulguer.

Giscard profita de cet épisode et fit passer Chaban-Delmas pour une ancienne figure de la droite, fatiguée, corrompue, lui-même se présentant sous les traits d'un progressiste avide de construire l'avenir de la France. Les compétences technocratiques étaient alors considérées comme synonymes de progrès et d'ouverture d'esprit. En fait, rien n'indiquait, dans le passé du ministre des Finances, qu'il pût avoir des inclinations pour le progrès. Il avait toujours été la voix conservatrice des gouvernements gaullistes, tantôt jacobins, tantôt girondins. Chaban, en revanche, s'était clairement distingué en étant le Premier ministre le plus radical et le plus socialement conscient de la Cinquième République.

111

Trahi par Giscard, Chaban-Delmas essuya un affront identique de la part de Chirac. Pour servir ses ambitions, le jeune ministre n'hésita pas à provoquer des dissensions dans le parti gaulliste, en rassemblant ses troupes autour de Giscard. On eut l'impression que l'ensemble de la jeune génération technocratique se ralliait à la cause de ce dernier.

Ce qui était faux. Si on examine le gouvernement français de l'époque, on s'aperçoit que Giscard avait fort peu d'amis. C'était un « comptable » ambitieux, solitaire, isolé. Tous les hommes dignes d'intérêt de la fonction publique – les penseurs, les décideurs, les actifs – soutenaient la candidature de Chaban ou celle du socialiste François Mitterrand. Chirac courait après le pouvoir, tant et si bien qu'il finit par l'obtenir. Une fois élu, Giscard le récompensa d'avoir trahi ses amis en le nommant Premier ministre.

Cette élimination de Chaban par le tandem Giscard-Chirac illustre à merveille la bataille opposant aux anciens les nouveaux hommes du pouvoir. Et ceux-ci apparaissent sous leur plus mauvais jour. Chaban était sans doute un peu roublard. C'était aussi un héros de la Résistance, qui choisit de bonne heure le camp des vaincus, alors qu'il n'avait apparemment aucune chance de se remettre sur pied. Plutôt que de briguer le pouvoir, il préféra défendre les valeurs les plus honorables de la société. Dès qu'il fut nommé Premier ministre, Chaban entama un vaste programme de réformes. Et pourtant, ce furent Giscard et Chirac qui, en se présentant comme les tenants rationnels et efficaces d'un nouvel ordre, prétendirent être des hommes de réforme. En vérité, ils ne surent pas très bien quoi faire du pouvoir politique, une fois qu'ils l'eurent obtenu. Pourtant, dans l'affrontement opposant la réalité déformée de la politique progressiste mise en œuvre par Chaban à l'image trompeuse du modernisme de Giscard et de Chirac, cette dernière l'emporta indéniablement.

Dès le lendemain des élections de 1974, Giscard se lança dans une série d'initiatives plus ridicules les unes que les autres. Il invita des éboueurs à venir prendre le petit déjeuner à l'Élysée. Lors des dîners officiels, son épouse et lui-même insistaient pour être servis en premier, tels des monarques de l'Ancien Régime. Deux dames âgées, qui avaient fait un remarquable travail de volontariat pour diverses bonnes causes, furent elles aussi conviées au palais, à l'heure du thé. On le leur servit dans un grand salon, où elles goûtèrent seules en tête à tête. Après quoi, on les conduisit dans une salle plus somptueuse encore où Giscard les attendait. Il avait pris place dans un fauteuil digne d'un roi et les reçut sans se lever. Les anecdotes de ce genre sont innombrables.

En même temps, les avis de Giscard en matière économique laissaient plutôt à désirer. Il fut le premier chef d'État occidental, bien avant Reagan et Thatcher, à tenter de juguler l'inflation en augmentant les taux d'intérêt. D'où un accroissement des faillites et du nombre des chômeurs. Combien de fois le vit-on expliquer publiquement, avec une formidable assurance, que les problèmes qui se posaient étaient spécifiques et temporaires, alors qu'il s'agissait incontestablement du contraire. Il fut aussi le premier leader d'une nation industrialisée à répandre l'idée, propre à un technocrate, qu'il était parfaitement inutile de tenir le public au courant de la situation économique réelle. Il ne pourrait ni la comprendre ni contribuer à la résoudre.

En fait, il se rendit rapidement compte de son incompétence et décida de changer de Premier ministre. À Jacques Chirac succéda un économiste, Raymond Barre. Avant d'être parvenu à mi-parcours de son septennat, Giscard abandonnait la partie dans le domaine précis où il avait convaincu l'opinion qu'il ferait un bon président.

Les Français comprirent alors confusément qu'ils avaient commis une erreur, sans parvenir à mettre vraiment le doigt dessus. L'intelligence se mesurant désormais à l'aune des compétences technocratiques, on ne disposait plus d'une terminologie permettant de dire que le président était stupide ou, pour parler plus courtoisement, qu'il avait un esprit étriqué. Il dut céder sa place aux élections suivantes en grande partie parce que l'opinion publique en était arrivée à la conclusion que s'il ne manquait pas d'intelligence, il était quelque peu benêt (à cause de ses prétentions sociales), et pas très honnête (suite à la fameuse affaire des diamants de Bokassa). Tout cela n'était probablement pas sans fondements. Mais son problème principal n'en demeurait pas moins un manque certain d'intelligence. En 1991, sa carrière revint à son point de départ lorsqu'il crut pouvoir profiter de l'intolérance croissante suscitée par l'augmentation du nombre d'immigrés en France pour proclamer une politique aux connotations racistes. Son pétainiste de père aurait été fier de lui.

Restent James Baker et Simon Reisman, qui appartiennent tous deux à cette même classe technocratique, même s'ils ont usé de méthodes différentes. Le conflit qui les opposa se solda par une victoire de l'esquive. Il mit en lumière les caractéristiques qui donnent l'avantage au technocrate moderne dans l'exercice du pouvoir et celles qui, confondues avec les attributs des personnages publics, l'affaiblissent. Pur produit de la dépression, Reisman s'éleva au rang de sous-ministre des Finances canadien, avant de renoncer à ses fonctions pour devenir lobbyiste à la solde de plusieurs grosses entreprises. À la fin des années quatre-vingt, il réintégrait le gouvernement pour négocier le traité de libre échange américano-canadien. Il fut alors confronté à James Baker, secrétaire américain aux Finances, dont la carrière s'était édifiée dans l'ombre de George Bush. À bien des égards, Baker pouvait être considéré comme l'héritier de la méthode Kissinger. Plus encore que ce dernier, il avait fait siens les principes metternichiens de contrôle et de gestion, applicables à tout moment. S'il a pu surpasser Kissinger dans les négociations, c'est en grande partie parce qu'il savait contrôler son ego.

En revanche, Reisman souffrait du pire défaut pour un technocrate. Quelle que fût la question en jeu, son ego le submergeait, faisant de lui un négociateur impétueux, intimidant mais inefficace. Au début de sa carrière, ses déficiences passèrent à tort pour des atouts. Tant que les fonctionnaires de l'ancienne école restaient sur leur réserve, Reisman donnait l'impression de sortir de ses gonds et de rudoyer ses interlocuteurs. On le pensait préoccupé de faire avancer les choses. Ses intimidations perpétuelles semblaient faire la preuve de sa supériorité intellectuelle.

Lorsque suffisamment d'indices furent réunis pour mettre en doute son intelligence, voire contester son équilibre psychique, le système l'avait déjà propulsé dans les hautes sphères. Vers le milieu des années soixante, un succès isolé, l'accord conclu entre les industries automobiles américaine et canadienne, qu'il revendiqua, passa pour la preuve concrète de ses compétences politiques et administratives. Trop faible intellectuellement pour s'écarter de la rengaine des économistes, il se contenta de déjouer la sagesse conventionnelle.

Reisman ne tarda pas à devenir l'un des pivots de l'administration canadienne, en mesure d'appliquer pleinement ses méthodes. Alors que d'importants hommes d'affaires japonais se trouvaient dans son bureau, il aurait téléphoné à quelqu'un en criant : « J'ai ces foutus Nippons devant moi qui réclament un tarif préférentiel ! » À une réunion avec des négociateurs commerciaux de la CEE à la fin des années soixante, Reisman se mit à rudoyer ces derniers comme il l'aurait fait avec ses subordonnés. Ce comportement n'ayant apparemment aucun effet sur eux, il passa sans hésitation au registre des insultes. Il leur fit une véritable scène, s'époumonant tant et plus. Le Canada se créa donc inutilement des ennemis. En définitive, le pouvoir des technocrates est limité au système qu'il domine [20].

Si son énergie indéniable et la peur qu'il suscitait aiguillonnaient ses subalternes, Reisman avait une telle obsession du pouvoir que son action s'en trouvait minée à plus grande échelle. Il passait son temps à critiquer ses collègues sous-ministres. Plus tard, alors qu'il était à l'apogée de sa carrière politique, il parvint à contrecarrer un projet de loi visant à l'établissement d'un revenu annuel minimum garanti, que défendait la majorité du Cabinet. Il se vanta ouvertement d'avoir fait tout seul obstruction à une initiative procédant des représentants élus du peuple. Lorsque, au début de 1974, il abandonna ses fonctions au ministère des Finances, ce fut pour créer une société de lobbying conçue pour servir précisément les intérêts qu'il avait eu la charge de juguler en sa qualité de fonctionnaire. Cette initiative donna lieu à une levée de boucliers telle qu'elle fut à l'origine de tout un lot de réglementations strictes concernant les conflits d'intérêts des fonctionnaires... qui n'eurent apparemment guère d'effets.

La réputation de Reisman, de négociateur coriace, et son parti pris en faveur du libre-échange avec les États-Unis, convainquirent les autorités canadiennes de faire appel à lui pour diriger l'équipe chargée de négocier un accord commercial entre les États-Unis et le Canada. Les deux parties savaient que les résultats de ces tractations modifieraient profondément la face politique et économique de l'Amérique du Nord. Ce fut alors que les prétendus atouts de Reisman apparurent sous leur vrai jour.

Il constitua une équipe relativement restreinte et se coupa du soutien bien organisé de l'administration. Sa manière agressive et individualiste de mener le combat, tel un général de cavalerie à l'ancienne mode, aux éperons aussi vifs que son esprit était lent, anéantit d'emblée tout espoir de réaliser un travail d'équipe. Tout reposait sur ses pouvoirs légendaires de diplomate intraitable. Washington tira parti de cette faiblesse en lui opposant un négociateur inconnu et réservé. Reisman vit là un affront à sa réputation. Sa conduite en devint d'autant plus égocentrique et ostentatoire. Pendant ce temps, son homologue américain faisait imperturbablement front, au nom d'une équipe gigantesque mais invisible, hautement professionnelle, formidablement organisée, et gagnait inexorablement la partie sur la plupart des points clés. Discret, feignant l'indifférence, James Baker contrôlait parfaitement la situation.

À l'instar des Reisman, Kissinger et Chirac, Baker, sans convictions véritables ni visée morale, est motivé avant tout par une passion dévorante pour le pouvoir et une profonde hantise de la défaite. Contrairement à eux, il excelle dans l'art de la manipulation invisible, qui autorise un homme du système à faire pleinement usage des pouvoirs dont il est dépositaire.

Il se méfie des solutions proposées avec trop d'enthousiasme et n'a pas le moindre respect pour ceux qui les lui suggèrent [21]. Ses méthodes de négociation sont parfaitement claires.

> L'astuce consiste à les mener là où on veut, en posant soi-même ses conditions. Dès lors, les choix vous appartiennent. À vous de décider d'appuyer ou non sur la gâchette. Peu importe, une fois que vous les avez conduits là où vous voulez qu'ils soient. Ce qui compte, c'est de savoir que la situation est entre vos mains, que vous pouvez faire tout ce qui vous paraît être de votre intérêt [22].

Telle est, d'après le chasseur Baker, la meilleure manière de tuer la dinde sauvage! Alors que Reisman écrasait son cigare sur la table des négociations, vociférant et jurant tant et plus, on imagine aisément que le secrétaire aux Finances américain voyait en lui un oiseau sautillant nerveusement autour de l'auget à grains. Au cours des derniers jours de négociations, apparemment acharnées, Baker surgit comme s'il remarquait pour la première fois que quelque chose se passait. Il entraîna les Canadiens troublés dans son bureau, où il tira la balle mortelle. Ils finirent heureux, parce que toute leur attention était concentrée sur la mangeoire au moment où le projectile pénétra dans leur cerveau collectif.

Les premières apparitions de Baker en qualité de secrétaire d'État de Bush n'eurent pourtant rien d'impressionnant. Le Président et lui se lancèrent dans une série de visites officielles à l'étranger qui mirent hors d'eux les alliés des Américains. Dans les milieux politiques, on murmura qu'il n'était décidément bon à rien en dehors de Washington, où tout le monde semblait sous son charme. Mais Baker apprit vite. Quelques semaines plus tard, il reprenait ses anciennes habitudes de chasseur. En un rien de temps, il attrapa le coup des jeux politiques internationaux.

Depuis les négociations sur l'accord Plaza, en 1985, censé régler le problème du dollar en plein déclin, personne ne doutait qu'il fût capable de manœuvres internationales dignes d'un Metternich. Il lui avait fallu la coopération réticente du Président et de Donald Regan, ancien secrétaire aux Finances, alors chef du personnel présidentiel, mais aussi celle des autres gouvernements occidentaux, qui avaient pour leur part beaucoup à perdre. Baker les monta les uns contre les autres à force d'intrigues, si subtiles et si audacieuses qu'ils furent dans l'incapacité de lui opposer une riposte cohérente. Un homme de système véritablement supérieur peut opérer n'importe où s'il prend soin d'évaluer d'abord la structure dans laquelle il s'aventure.

Baker a vite compris les mécanismes internationaux. Sur son propre terrain, il a évolué avec beaucoup d'agilité, glissant des bribes d'information au public lorsqu'il l'estimait approprié, développant la plupart du temps un jeu qu'on juge généralement serré ou discipliné. Pour dire les choses plus simplement, c'est dans le secret qu'il fonctionnait le mieux. Il s'appuyait sur les professionnels du département d'État pour leur soutirer des informations, mais sa politique était arrêtée dans un cercle étroit qui se composait en tout et pour tout de quatre conseillers.

Mais il subsistait un problème crucial : Baker ne semblait pas avoir de système de valeurs. Une politique conçue dans l'isolement manque fatalement de sens et d'objectifs. De sorte que ses méthodes, si raffinées fussent-elles, n'étaient guère efficaces lorsqu'elles étaient mises en œuvre à l'encontre de gens qui avaient une conception systématique de leurs objectifs. Dans les mois qui précédèrent et qui suivirent l'occupation du Koweït par l'Iran, Baker fut dans l'incapacité de tirer parti de ses compétences. En dépit d'un soutien sans précédent de la part de la communauté internationale, y compris des nations islamiques, ses initiatives restèrent sans effet. Un regard impartial sur les données diplomatiques de l'époque suggère que tous les éléments étaient réunis pour un arrangement. Y compris le temps nécessaire pour le mettre en œuvre. Ce qui, dans une situation de crise internationale, constitue un avantage exceptionnel pour ceux qui souhaitent parvenir à un accord. Il n'en résulta pas moins une guerre, dont le dénouement ne fut nullement satisfaisant.

Ces portraits rapidement esquissés d'individus complexes mettent en valeur les tendances communes à tous ceux qui ont tenu les rênes du monde occidental au cours des dernières décennies. Les tenants du pouvoir moderne nous apparaissent sous une multitude de formes différentes. Certains attributs sont pourtant communs à tous, et tout d'abord une grande difficulté à s'accommoder du processus démocratique. Les talents des technocrates ne conviennent pas aux débats publics ni à une relation ouverte avec le peuple. Ils gardent leurs distances, de façon à cacher leur mépris, ou se montrent au contraire d'une affabilité ridicule. À croire qu'ils prennent les gens pour de parfaits imbéciles. Leurs dons innés les entraînent dans d'autres directions. Ce sont les maîtres de la structure, ils provoquent des querelles d'antichambre. Ils excellent dans l'art de manipuler l'information ou de la cacher. Ce sont des marchands de savoir, qu'ils vendent en contrepartie du pouvoir. Ils accordent une importance capitale au secret.

Qu'ils le veuillent ou non, leurs méthodes font peur à ceux qui ont régulièrement affaire à eux. Ce sont presque toujours des bravaches. Leur dureté passe pour de l'intimidation. Associée à l'usage du secret et à la manipulation des systèmes, cette brutalité permet d'inquiéter les gens – ou du moins leurs revenus, leurs pensions, leurs carrières. Dans bien des cas, elle dégénère en attaques personnelles, malveillantes et insidieuses. D'autres préféreront les faire éclater au grand jour, avec l'objectif stratégique de provoquer un choc. On ne saurait s'étonner que ces hommes soient rarement entourés ou secondés par des amis. Ce sont en général des individus solitaires, passant d'une structure étatique à une autre, tel un McNamara ou un Giscard. À moins qu'ils ne s'attachent à un personnage en particulier, dont ils deviennent le courtisan, tels Kissinger, Pitfield ou Baker.

À bien des égards, ils s'apparentent aux eunuques chinois, sous leur pire aspect. Les eunuques modernes ont conservé leurs attributs, mais ils souffrent du même isolement. Peut-être la castration est-elle autant un état d'esprit qu'une réalité physique? Les technocrates ont de graves défauts, touchant leur inaptitude à maintenir le moindre lien entre la raison, le bon sens et la morale. S'estimant les héritiers de l'Âge de la Raison, ils ne comprennent pas pourquoi leurs compétences ne produisent pas les résultats attendus. Leur vision abstraite des rouages de la société humaine les empêche de mesurer le cours naturel des événements ou de se souvenir de leurs propres égarements et de ce qui les a provoqués.

En d'autres termes, ils n'ont pas l'air de comprendre le processus historique. Ils semblent même convaincus que leurs définitions du monde deviendront réelles et permanentes, pour la simple raison qu'elles découlent d'une application logique. Lorsque ces formules ne correspondent plus à rien, l'esprit technocratique n'accepte pas l'échec; il se contente d'effacer le tableau noir pour y porter une nouvelle définition. En ce sens, ce sont bien des esclaves du dogme. Parallèlement, ils réfutent la mémoire linéaire, historique. Une image trop précise d'événements récents entraverait les réorganisations constantes dont ils se servent pour oblitérer le passé et justifier leurs actions présentes.

Leurs compétences déterminent la définition de l'intelligence moderne. Il s'agit d'une définition extrêmement limitée, qui élimine d'office une part importante de l'expérience et de la nature humaines. Songeons que, au regard de cette définition, Socrate, Byron, Jefferson, Washington, Churchill, Dickens, Joseph Conrad, John A. Macdonald et Georges Clemenceau passeraient pour des individus peu intelligents, excentriques, romantiques et guère fiables.

Les technocrates sont des hédonistes du pouvoir. Leur obsession des structures et leur incapacité ou leur refus de les lier à l'intérêt général font de ce pouvoir une force abstraite. Une force qui s'exerce, le plus clair du temps, à contre-courant des besoins véritables d'un monde cruellement réel.

CHAPITRE V

Les enfants de Voltaire

Entre un jésuite récemment ordonné, un jeune marxiste, un officier d'état-major, un énarque et un MBA * fraîchement émoulus, il n'y a pas de différence notable. Ils sont tous les cinq régis par la méthode, et leurs méthodes proviennent d'une même source. Les apparences laisseraient croire qu'il y a de sérieuses divergences entre eux, puisqu'ils s'affrontent régulièrement, au nom de leur pays ou de leur profession. Ces divergences doivent par conséquent résider dans l'objet qu'ils soumettent à leur méthode universelle. À moins que leur rivalité ne résulte de leurs intérêts respectifs, qui se situent à coup sûr aux antipodes si l'on en juge par la violence de leurs batailles.

Pourtant, à l'examen de ces différences, de l'objet concerné, de leurs intérêts respectifs, on cherchera en vain des contradictions notables. La seule chose qui distingue ces cinq individus, c'est la position qu'ils occupent. Ils défendent les avantages structurels que leur a assignés leur système. Et, là encore, si on écarte l'écran idéologique, leurs objectifs sont essentiellement les mêmes.

Au premier abord, ce constat est plutôt de bon augure. C'est la preuve que l'édifice rationnel et l'éducation qui en a découlé ont abattu les barrières d'un nationalisme étriqué. Ne faut-il pas y voir la démonstration d'un ordre international unissant les élites modernes?

Reste à savoir si ce système pédagogique rationnel a produit les élites imaginées par les philosophes de la raison. Voltaire y reconnaîtrait-il ses enfants? Des hommes comme McNamara et Chirac sont des disciples renommés de cette école, mais sont-ils vraiment représentatifs? Pour répondre à ces questions, comparons les intentions originelles de l'enseignement rationnel et celles de ses modernes descendants. Si nos élites ont été formées selon des méthodes et des desseins qui trahissent les valeurs déclarées de la civilisation occidentale, peut-

* MBA : Master of Business Administration.

être est-ce parce que les initiateurs de ces valeurs se sont mépris sur l'objet auquel ils avaient affaire. Si nous produisons des élites qui ne servent ni nos besoins ni nos désirs, n'est-ce pas parce que nos espérances ont toujours été déplacées? Peut-être ces élites sont-elles les produits parfaitement logiques d'une société rationnelle?

Une élite occidentale unifiée, fondée sur un même système de raisonnement : c'était précisément ce que Loyola entreprit de créer en 1539. Grâce à son extraordinaire esprit d'invention, les jésuites constituèrent le premier système intellectuel international. Et pourtant, pendant les quelques années qui s'écoulèrent entre la fondation de la Compagnie de Jésus et la mort de Loyola, la triste réalité de son invention se fit jour. Les jésuites devinrent rapidement les instruments d'intérêts locaux ou se substituèrent tout bonnement à eux. En l'espace de quarante ans, la méthode moderne, tout en demeurant profondément internationale, s'allia inextricablement au nationalisme.

La deuxième moitié du xxᵉ siècle a vu l'apothéose de cette union. Les systèmes dominent partout, ainsi que les hommes de système. Dans le même temps, jamais le nationalisme n'a été aussi puissant – au point de devenir une fin en soi.

Les Américains sont obnubilés par l'état de leur nation, le rêve américain et ce qui entrave sa réalisation. Les Européens se sont repliés sur eux-mêmes. Leur organisation supranationale a pour objectif de pallier le désordre suscité par d'autres forces nationalistes, y compris celles qui se développent aux États-Unis. Le tiers monde se compose d'une centaine de jeunes nations à peine engagées sur la voie sinueuse du rêve national. La désintégration soviétique a libéré par mégarde une multitude de nationalismes dans des circonstances aussi imprévisibles que périlleuses. Et cinq nations d'Europe centrale, qui ont lutté en vain pendant presque tout le xixᵉ siècle et au début du xxᵉ pour se doter d'identités tribales, rationnelles, essaient aujourd'hui, désespérément, de ranimer leurs rêves. En d'autres termes, en dépit des discours internationalistes dont on est si friand de nos jours, nous sommes incontestablement à l'aube d'une ère nationaliste sans précédent.

Le simple fait d'appartenir à ce que les Romains auraient appelé une tribu – bien qu'à celle-ci se substituent de plus en plus des constructions intellectuelles et politiques qui simulent le tribalisme – confère aujourd'hui une légitimité et justifie l'action. L'entité nationale est devenue l'instrument par excellence du gestionnaire moderne et de son système.

Et pourtant, ces hommes et ces femmes (de plus en plus nombreuses) sont les enfants de Voltaire. Ils sont le produit de l'attaque qu'il porta contre une société corrompue fondée sur la superstition, un formalisme rigoureux et le recours à un pouvoir sans limites. Voltaire avait concentré ses attaques sur les anciennes élites, préconisant l'avènement d'une nouvelle classe de leaders rationnels capables de faire tomber le masque de la société de son temps. Son homme de raison avait réponse à tout. Et ses réponses, il les passait au crible de la morale et du bon sens.

Le technocrate d'aujourd'hui est lui aussi dépositaire d'un savoir. Mais ses évaluations n'ont rien à voir avec la morale ou le bon sens. Les différences entre l'homme de raison moderne tel qu'on l'imagine et la réalité apparaissent dans le nom même qu'il porte : *technocrate*.

Technologie est un terme relativement récent, combinant le mot grec *technè*, « aptitude, métier », et *logos*, « savoir ». L'aptitude conférée par le savoir. Le substantif *technocrate* a un tout autre sens. Dans ce cas, *technè* est rattaché à *kratos*, « force, puissance ». Les capacités du technocrate résident dans son exercice du pouvoir, dans l'aptitude conférée par le pouvoir. Il exerce une profession abstraite nécessitant un savoir limité à un domaine restreint. Il loue ses services, tel un mercenaire, à des organisations qui contrôlent des sphères de connaissances plus vastes, son rôle consistant à créer, à servir ou à vendre. En d'autres termes, il accepte un emploi de manière à assumer le pouvoir des autres.

Voltaire ridiculisait l'élite de son temps en soulignant que, nonobstant leurs titres et leurs richesses, ces gens-là étaient lamentablement incultes. Au point qu'ils en étaient réduits à *acheter* savoir et conseils, sur le plan financier, architectural, gouvernemental, artistique ou militaire. Leur ignorance était telle qu'ils ne pouvaient gouverner. Voltaire ne prétendait pas que, pour diriger ou assumer des responsabilités, il fallût être un humaniste. Mais il était utile d'avoir des connaissances générales, et peut-être aussi un savoir plus approfondi dans un secteur particulier. Il s'agissait également de s'intéresser aux idées et aux innovations de son temps. Lire, penser, poser des questions, débattre dans de vastes cercles, au-delà de toute compétence particulière. Considérer la société comme une entité organique, vivante.

Comparés aux technocrates de notre époque, les chefs aristocratiques nous paraissent remarquablement profonds et civilisés. Le technocrate d'aujourd'hui a bénéficié d'une formation active, intense même. Toutefois, en regard des normes compréhensibles dans les traditions de la civilisation occidentale, il semble pour ainsi dire illettré. S'il est incapable d'admettre la nécessité d'une relation entre le pouvoir et la morale, c'est notamment parce que les traditions morales sont le fruit de la civilisation et qu'il ne sait pratiquement rien de sa propre civilisation.

De nos jours, l'absence d'analphabétisme se définit uniquement comme l'aptitude à lire, la civilisation occidentale partant du principe que, par la lecture, l'homme participe pleinement à sa culture. L'un des symptômes les plus flagrants d'une civilisation sur le déclin est précisément que son langage se fragmente en une multitude de dialectes qui font obstacle à la communication, tandis qu'une civilisation saine, en plein essor, se sert quotidiennement du langage pour maintenir l'évolution de la machine sociale. Les élites cultivées, responsables, ont pour mission d'encourager les flux d'informations.

121

Dans ces conditions, que faut-il penser des élites qui se préoccupent avant tout de développer des sabirs, réduisant ainsi la communication – au point que la population renonce à essayer d'y comprendre quelque chose? En agissant ainsi, ne se posent-elles pas en champions d'une certaine forme d'illettrisme?

Que dire des médecins qui empochent annuellement plusieurs centaines de milliers de dollars et dont les lectures se résument à deux ou trois romans policiers par an? Dont l'entendement politique se réduit à une vision schématique du tandem capitalisme-socialisme? Qui, en vertu du système de classe inhérent à leur profession, se voient de plus en plus reconnus et admirés à mesure que leurs connaissances médicales se restreignent? Au xixᵉ siècle, le médecin se situait au cœur des changements politiques, sociaux et culturels. De nos jours, il atteint son apogée lorsque sa vision du corps humain se limite consciemment à un seul organe. Peut-on encore parler d'un individu instruit?

Que penser du professeur de littérature comparée qui considère la fiction comme un exercice distinct de la société? Qui encourage des idées telles que le déconstructivisme, rendant la littérature proprement inaccessible, sauf aux initiés? Qui s'évertue à ruiner la grande tradition populaire faisant de la littérature un outil à l'avant-garde du changement social? Qui ne reconnaît dans la littérature moderne que ces genres incompréhensibles pour les profanes? Qui admet comme sujets d'études littéraires ceux qui se situent à l'écart de l'univers du citoyen? Et qui, dans ce contexte, se trouve lui-même bien incapable de comprendre les mouvements du monde extérieur? Est-il vraiment plus instruit que le petit fermier qui ne sait pas lire mais a une compréhension immédiate, réelle, de l'univers qui l'entoure?

Que dire encore d'un banquier ou d'un économiste appelé à prendre des décisions capitales pour l'évolution économique de sa société en période d'instabilité et d'inflation, et qui n'a jamais entendu parler de John Law, ou qui s'est ingénié à oublier qui il était et ce qu'il a fait? Les scandales des chemins de fer au xixᵉ siècle ou le krach de 1880 lui sont probablement sortis de l'esprit. Que faut-il conclure, lorsqu'il parle sérieusement de la catastrophe qui nous attend si on fait l'impasse sur l'endettement, quand il ne sait pas que toute la force d'Athènes et de sa civilisation (sur laquelle nous modelons toujours la nôtre) est née de la décision prise par Solon de supprimer les dettes? Ou encore que la puissance économique de l'Amérique du xxᵉ siècle résulte pour une grande part des perpétuelles catastrophes financières survenues au siècle dernier?

Tout cela n'a évidemment rien à voir avec le manque d'instruction tel que nous le concevons en général. On ne peut pas dire non plus qu'il s'agisse d'une ignorance d'origine fonctionnelle. *Ignorance délibérée* serait sans doute le terme le plus approprié. Il n'y a donc pas lieu de s'étonner que le gestionnaire moderne ait toutes les peines du monde à maintenir longtemps la barre dans la direction choisie. Il n'a pas la moindre idée de l'endroit où nous nous situons, ni de nos origines. Pis : il ne veut surtout pas le savoir, car ce genre d'informations entraverait son action.

Au contraire, il a appris à cacher ce vide intérieur et à donner une fausse impression de sagesse. Voltaire excellait dans l'art de saper la crédibilité du pouvoir établi, et par conséquent d'anéantir sa légitimité. Son armement se composait de mots si simples que tout le monde les comprenait et pouvait les répéter. On n'hérite malheureusement pas de ce genre de génie. Cependant, Voltaire mit au point une arme auxiliaire, celle-ci parfaitement transmissible : le scepticisme. Un outil remarquablement utile, car il s'agissait d'appliquer le bon sens aux mystères insondables du pouvoir établi, et que la plupart des hommes d'intelligence moyenne pouvaient le manier sans peine. Le scepticisme était donc appelé à devenir l'instrument par excellence des nouvelles élites rationnelles.

Seulement il est pour ainsi dire impossible de faire preuve d'un scepticisme salutaire quand le pouvoir est entre vos mains. Pour y parvenir, il vous faudrait vivre un conflit intérieur permanent entre la prise de conscience de vos responsabilités civiles et l'incertitude quant à votre aptitude à les assumer. En définitive, les nouvelles élites conjuguèrent ces deux éléments contradictoires en une version pusillanime du scepticisme que nous avons baptisée cynisme et qui est un mépris contenu, d'eux-mêmes comme du public. Il s'y attache l'hypothèse, souvent justifiée, selon laquelle toute initiative de leur part se ferait dans l'intérêt du public.

C'est précisément là que réside la tragédie de nos élites. La logique est au cœur de la raison, mais cette logique, Voltaire l'avait imaginée solidement ancrée dans le bon sens. La raison n'était à ses yeux qu'une logique utilisée de façon raisonnable. Le scepticisme avait une fonction complémentaire. Quant au cynisme, c'était une tout autre affaire. Il rompait les amarres entre logique et bon sens, de sorte que la logique se remettait tout à coup à dériver, comme elle l'avait fait sous l'Ancien Régime. Elle était libre de se muer en complaisance aveugle, en efficacité violente ou d'étayer, d'une manière ou d'une autre, l'argument en jeu.

Une chose est claire à propos des élites modernes : elles sont internationales, même si les curieuses illusions véhiculées par le nationalisme contemporain indiquent le contraire. L'entité nationale semble s'édifier sur la conviction que toutes les caractéristiques liées au leadership sont propres à son génie intrinsèque. Cela convient également fort bien aux élites. Étant une manifestation de la tribu nationale, elles trouvent là leur légitimité. De sorte que jamais on ne compare un énarque à un diplômé de MBA ou à un marxiste d'une autre nationalité. Par ailleurs, le qualificatif « professionnel » constituant une des valeurs pivots de notre temps, chacun se garde de faire la moindre comparaison entre les professions.

Qui se hasarderait à dresser un parallèle entre un officier d'état-major, un jésuite, un technocrate et un manager ? Et pourtant, vous ne verriez pas de différence à vous entretenir avec l'un ou l'autre d'entre eux : il suffirait de changer de jargon « professionnel » pour que les discours soient interchangeables.

La spécificité de ces groupes professionnels nous obnubile à tel point que, même si l'on voulait critiquer nos élites, ce serait chose impossible. Les non-initiés ne disposent pas du langage adéquat pour se lancer dans une analyse intelligente. Les références à chaque profession sont presque exclusivement internes. À bien des égards, les différences linguistiques d'un pays à l'autre sont moins profondes que celles qui séparent les dialectes spécialisés dans une même langue. Tout individu raisonnablement actif est capable d'apprendre une ou deux langues étrangères. Mais le jargon d'un comptable, d'un médecin, d'un politicologue, d'un économiste, d'un historien de la littérature ou d'un bureaucrate ne peut être appréhendé que par le professionnel en question. Cet esprit de clocher autoprotecteur et arrogant fait songer au langage et aux affectations des aristocraties sur le déclin.

Les rationalistes du XVIIIᵉ siècle ne seraient guère satisfaits de voir le résultat de leurs initiatives pédagogiques. Ignace de Loyola non plus d'ailleurs. Et pourtant, la filiation est indéniable.

L'armée ecclésiastique et intellectuelle de Loyola avait quelque chose de théâtral à la lumière des troubles et des violences de la Contre-Réforme. Il s'agissait pourtant d'une structure militaire extrêmement moderne qui n'avait strictement rien de théâtral. Rien à voir avec la tradition du chevalier errant ou la bravoure; elle s'inspirait du professionnalisme des armées mercenaires qui prévalaient en ce temps-là. Un professionnalisme que Loyola modernisa en quelque sorte.

Il dota les jésuites d'une structure hautement centralisée et autocratique. Le général était nommé à vie. Il jouissait du pouvoir absolu de nommer ses subalternes immédiats, les provinciaux. Toutefois, le modèle de Loyola dépassa largement les limites de l'autocratie militaire. Il introduisit deux éléments révolutionnaires : une forme d'éducation inédite et l'obligation de rendre régulièrement des comptes à ses supérieurs. Ce deuxième précepte prolongeait les effets du premier tout au long de la vie des membres de la Compagnie de Jésus. Une obéissance absolue imprégnait le tout. Voici un aperçu de la notion d'obéissance telle que la concevait Loyola :

> Plus aisément pouvons-nous souffrir d'être surpassés par d'autres ordres religieux dans le jeûne, la veille et diverses mesures d'austérité [...] que dans une soumission absolue et parfaite et l'abnégation de notre volonté et de

notre jugement. Je désire ardemment que ceux qui servent Dieu dans notre Compagnie soient d'une espèce remarquable[1].

Le sacrifice de la volonté et du jugement individuels étaient donc au cœur de la méthode jésuite. Ces principes se sont perpétués sans modification depuis quatre siècles et déterminent aujourd'hui encore la morphologie de nos élites.

Cette discipline rigoureuse conçue par Loyola s'imposait par une formation très stricte, qui commençait avec un noviciat de deux ans. Pourtant, une seule année constituait la norme. Ces vingt-quatre mois avaient pour objectif de démanteler la volonté du jeune adepte, de manière à en écarter tous les éléments indésirables. L'idée n'était pas de changer ses croyances ou sa façon de penser, mais d'en éliminer les composantes perturbatrices. La suite de l'apprentissage consistait à purifier ce qui restait utile et adaptable avant de cimenter le tout de manière conforme à la structure de la Compagnie.

Démanteler, nettoyer, désinfecter. Puis rassembler tous les éléments grâce au ciment de la Compagnie, ses structures, ses règlements, ses coutumes. Le produit final était taillé sur mesure, dans l'idéologie du Royaume de Dieu[2].

Dix à quinze ans de formation intense suivaient : de longues périodes d'études, d'exercices de discipline spirituelle pure, d'endoctrinement, de mises à l'épreuve concrètes. Pendant ce temps, la Compagnie observait le candidat afin de décider s'il était digne d'y être intégré à part entière.

L'ensemble du processus était méticuleusement et discrètement contrôlé, par le biais d'entretiens privés entre le candidat et son supérieur hiérarchique. Entretiens qualifiés de « comptabilité de la conscience ». Comme toujours avec Loyola, les concepts moraux étaient soumis à des mesures très précises. L'idée de jauger la conscience d'un homme en établissant un bilan par pertes et profits, où fautes et blâmes étaient consciemment mis au jour, était révolutionnaire. La compréhension mutuelle que ces séances établissaient entre le jeune prêtre et la Compagnie, eu égard à la nature du pouvoir véritable, était entretenue par la suite grâce à des rapports écrits adressés régulièrement par chaque jésuite à son supérieur. Il y était question de son travail, mais aussi de ses camarades. On servait les intérêts du groupe en rapportant les faits et gestes des autres jésuites.

Aucun détail n'était négligé, qu'il s'agisse des repas ou des habitudes de sommeil. Loyola évoqua presque sérieusement la nécessité pour les prêtres de rendre compte du nombre de fois qu'ils avaient été piqués par les puces! Ce paternalisme apparent fut progressivement intégré au système et à l'esprit de discipline ou au professionnalisme des jésuites. D'aucuns la qualifièrent de « despotisme de l'âme ». Dans ces conditions, il ne restait plus guère de place pour dissimuler une individualité. De nos jours, on parlerait très certainement de *dépersonnalisation*.

Au premier abord, on serait tenté d'assimiler cette formation aux procédés modernes de « lavage de cerveau » ou de réinsertion. Les techniques d'interrogatoire et d'endoctrinement actuelles ne s'appuient pas sur la violence – ni même sur une menace de violence. Elles consistent avant tout à démanteler et à « désinfecter » l'esprit de la victime, avant d'en réassembler les éléments selon un schéma distinct. Quant aux séances de « comptabilité » et de délation des jésuites, elles semblent avoir inspiré les systèmes modernes de contrôle social par le truchement d'informateurs anonymes – des systèmes que nous identifions avec les sociétés répressives, les services de renseignements et les ministères de l'Intérieur.

Si cette formation et ce façonnage mental sans précédents donnèrent naissance à une force intellectuelle appelée à dominer l'Europe, ce fut aussi parce que les jésuites offraient une éducation remarquablement complète. Loyola et les autres fondateurs de la Compagnie passèrent en revue les meilleures universités existantes, tant catholiques que protestantes. Après quoi, ils ouvrirent leurs propres collèges, fondés sur les méthodes et les connaissances les plus neuves. Ils passèrent ensuite quarante années à observer et à expérimenter. En 1599, ils mirent enfin la dernière main à leur *Ratio Studiorum* ou « programme d'études ». Si l'on fait abstraction du système et du message jésuites, il demeure un mode pédagogique de toute première qualité. Francis Bacon lui-même ne put s'empêcher d'admirer leur travail, une fois écarté le message en question. En peu de temps, les jésuites en vinrent à éduquer non seulement les futurs membres de la Compagnie, mais aussi l'ensemble des élites européennes. Ce qui provoqua inévitablement la fureur des autres ordres et des instances politiques. Or le contrôle de l'intellect et des émotions des futures élites laïques faisait partie intégrante de la politique complexe de la Compagnie. C'était le prolongement naturel de l'influence qu'elle exerçait déjà sur les gouvernements.

Ce n'est certainement pas un hasard si Richelieu et Descartes transitèrent par ce système, ainsi que Voltaire et Diderot. Quoi qu'il en soit, le message jésuite implicite, les manipulations politiques de la Compagnie, suscitèrent bientôt une résistance de plus en plus forte. Une fois que le *Ratio Studiorum* eut trouvé sa forme, l'ensemble du système cessa d'évoluer. On aurait dit que cette machine hautement efficace fonctionnait sans référence à la réalité. Cela devint une évidence en 1755, après le tremblement de terre de Lisbonne. Un grand jésuite, Gabriele Malagrida, lança l'idée que cette terrible vague de morts et de destructions résultait d'un jugement de Dieu. La réaction populaire fut exactement l'inverse de ce qu'il attendait.

L'incapacité des jésuites à s'adapter à l'évolution sociale se manifesta pratiquement par l'émergence, au cours du XVIIIe siècle, d'écoles rationnelles d'une espèce nouvelle, plus nettement attachées aux intérêts nationaux et à des conceptions distinctes, concrètes du professionnalisme. Elles renoncèrent au message professé par la Compagnie ainsi qu'à l'essentiel de son éducation humaniste, tout en conservant son étonnante méthodologie, appliquée désormais à des institutions telles que les écoles militaires et techniques. Dès le milieu du XIXᵉ siècle, ces établissements proliférèrent sous la forme d'écoles d'administration, destinées dans un premier temps au service public, puis au secteur des affaires. La notion de professionnalisme tournant à l'obsession, leur champ d'action se restreignit et les programmes éducatifs furent de plus en plus spécialisés. Le concept jésuite de discipline disparut également, mais une nouvelle forme de professionnalisme vit le jour, qui se concentrait sur des éléments tels que la structure, l'expertise comptable, l'information, la manipulation et la maîtrise des détails. Ce que l'on pourrait globalement résumer comme une version inconsciente et spontanée de l'« abnégation de la volonté et du jugement » si chère à Loyola.

Pour les non-initiés, la preuve tangible que quelqu'un avait reçu une formation jésuite résidait dans son aptitude à mettre n'importe quel interlocuteur à bout d'arguments. Cette arme de la persuasion, que les jésuites appelaient « rhétorique », a été adoptée par nos élites. Vue de l'extérieur, celle-ci s'apparentait à un discours formel et pompeux. À notre époque peu portée sur le formalisme, il semblerait qu'elle n'ait pas résisté aux épreuves du temps. Toutefois, ce formalisme n'était en réalité qu'un travestissement. Plus que moderne, la rhétorique était révolutionnaire. Et elle fait aujourd'hui encore partie de notre quotidien.

Loyola était encore de ce monde lorsqu'il apparut que les jésuites s'étaient laissé dépasser par leur propre rhétorique. Il ne l'avait pas souhaité. C'était le prolongement logique et inévitable de son système, qui voulait que les prêtres « raisonnent » avec le peuple. Il ne s'agissait évidemment pas de dialoguer, de discuter ni d'explorer, mais de convaincre. C'est-à-dire d'argumenter de manière à contrôler l'échange, d'où une supériorité inéluctable de l'initiateur de la conversation. Par « raisonner », Loyola entendait ordonner le débat selon des données définies à l'avance, les questions et les réponses incitant inévitablement à accepter l'autorité du pape. Tout reposait sur une définition préalable de la forme de l'échange entre le prêtre et son interlocuteur, la rhétorique étant la science de ce mode d'expression. L'élégance du style ne servait qu'à décorer l'argumentation et, en tant que telle, à faire oublier que les termes de l'échange avaient été scrupuleusement dénaturés et prédéterminés.

C'est exactement la méthode utilisée de nos jours par les diplômés de MBA et les énarques. Le technocrate moderne cherche à tout prix à initier le dialogue. De cette façon, dès le début de la conversation, il peut établir les paramètres de la discussion théorique sur le point de s'ouvrir. Les dossiers préparatoires jouent un rôle similaire dans l'écrit. L'auditoire visé accepte sans réfléchir le cadre qui lui est imposé. Après quoi, il se laisse prendre dans le tourbillon de la logique qui en découle, totalement absorbé par le va-et-vient du processus questions-réponses indissociable de la structure préétablie de l'échange. S'il arrive à suivre, il se sent satisfait ; dans le cas contraire, lorsqu'il a le sentiment d'être largué en cours de route, il sombre dans le désespoir, miné par un sentiment d'infériorité. Quoi qu'il en soit, il n'a pas le temps de réfléchir ni de jauger les paramètres de base.

Nous avons du mal à lier l'approche intellectuelle jésuite à celle des technocrates, car nous pensons que la rhétorique se fondait sur une éloquence formelle. L'argumentation moderne ne repose pas sur les modulations de la voix, pas plus qu'elle ne cherche à séduire. Il n'est pas question d'artifice. Elle ne nous met pas en valeur. En réalité, elle est le plus souvent rébarbative et ennuyeuse. L'armature maladroite de faits et de chiffres est là pour prouver l'honnêteté et la liberté de pensée de l'orateur. Schémas et graphiques tracent les lignes de l'inévitabilité, qui partent toujours du passé et progressent calmement, prosaïquement, vers l'avenir, conformément au processus linéaire de l'histoire. Il n'y a aucune raison d'y voir quoi que ce soit de trompeur.

Or ces dehors maladroits et fastidieux remplacent en fait l'éloquence. Les faits, les chiffres, les événements historiques servant à jalonner les courbes des graphiques sont tous choisis arbitrairement, dans le dessein de déboucher sur une solution donnée. Par ailleurs, on voudrait absolument nous faire croire que les constantes remises en cause qui font partie intégrante de la dialectique moderne sont la preuve de ses origines socratiques. Les écoles qui se chargent de former les élites occidentales du XXe siècle font constamment référence à leur héritage socratique, sous-entendant que le doute est continuellement mis à contribution dans leur quête de la vérité. En réalité, leurs méthodes d'enseignement se situent aux antipodes du dialogue socratique. Pour l'Athénien, chaque réponse soulevait une question. Pour nos élites, toute question produit une réponse. Socrate aurait probablement chassé les élites modernes de son académie...

Dans ces circonstances, pourquoi ces élites tiennent-elles à ce point à son parrainage? D'abord parce que personne d'autre que lui ne peut conférer une telle légitimité à l'honnêteté intellectuelle s'exerçant par la voie du doute. Par ailleurs, ceux qui peuvent prétendre porter le flambeau d'Athènes peuvent également affirmer qu'ils brandissent celui de la civilisation occidentale. Dans la mythologie occidentale, l'héritage athénien est un mandat pour lutter en faveur du règne de la philosophie et de la loi, de la démocratie, de la justice et de la beauté. Socrate est le Christ martyr du mythe athénien.

Comme les fausses questions, l'assommant manque d'aisance et l'interminable litanie des faits, cet héritage athénien présumé sert à nous faire oublier les mécanismes prédéterminés de la dialectique technocratique. La rhétorique domine toujours nos vies. Immuable depuis le XVIIe siècle, elle a simplement inversé son style, substituant la laideur à l'élégance.

Ce phénomène est encore plus intrigant si l'on observe la manière dont un technocrate aborde une discussion qu'il prend en cours de route. Dans la mesure où il n'a aucune emprise sur le débat, selon ses normes, il s'abstient d'y participer. Tout en trouvant un moyen d'y couper court de façon à pouvoir repartir de zéro en l'orientant sur son propre terrain. La méthode classique consiste à faire une entrée violente, irrationnelle : souvent une invective personnelle. La grossièreté de l'attaque suffit à mettre un terme à la conversation. Le technocrate choisit alors un ou deux points de détail, les plus faibles de l'argumentation, sur lesquels il concentre son sarcasme. Cette *reductio ad absurdum* prend tout le monde au dépourvu et, avant que quiconque ait eu le temps de s'en remettre, il relance la discussion à sa manière. Cette forme de débat public fit son apparition au xxe siècle, par le truchement des Héros – Hitler, Mussolini, Staline. Au lendemain de la Seconde Guerre mondiale, elle fut adoptée par les nouvelles élites.

Dès le milieu du xviiie siècle, la Compagnie de Jésus avait été supplantée par les nouvelles écoles laïques professionnelles. Toutefois, les jésuites ne perdirent rien de leur influence sur les courants modernes. Après avoir été démantelée de 1773 à 1814, la Compagnie revint étayer les forces conservatrices de l'Occident. À ce stade, on assista à d'innombrables mariages intellectuels entre leur système pédagogique et celui des nouveaux établissements séculiers. Le maréchal Foch, par exemple, introduisit la méthode jésuite au sein de l'École supérieure de guerre, contribuant ainsi à la désastreuse escalade des luttes armées au xxe siècle.

La Compagnie poursuivit par ailleurs ses menées politiques. En 1860, les jésuites prirent une part active à l'organisation du premier concile du Vatican. Les derniers affrontements en vue de l'unité italienne étaient en cours, et les gains de la toute jeune nation se traduisaient automatiquement par des pertes temporaires de l'Église. L'objectif des jésuites était de se servir du concile pour institutionnaliser l'infaillibilité pontificale, afin de créer une manière de pouvoir absolu. Ils obtinrent gain de cause. Le pape devint officiellement infaillible. Désormais, libre à lui d'exiger de ses partisans une certaine forme de loyauté. Toutefois, le recours à des structures juridiques pour imposer une soumission aveugle à ce stade avancé du xixe siècle n'eut d'autre effet que de provoquer une révolte. Depuis lors, le pape traîne piteusement son infaillibilité, pareil à l'albatros traînant ses ailes.

Cela tendrait à prouver que l'ancienne rhétorique est incapable de produire le résultat voulu. Pourtant, si on voulait bien oublier un instant les apparences, quelle différence verrait-on entre l'établissement du dogme de l'infaillibilité pontificale et le plan de paix au Viêt-nam de Henry Kissinger ? Dans un cas comme dans l'autre, il s'agit de victoires théoriques : remarquables dans l'abstraction, mais aussitôt balayées par le prochain événement important. Ce sont aussi de parfaites études de cas. Le conseiller jésuite de Sa Sainteté et Henry Kissinger auraient obtenu 20/20 pour les solutions qu'ils imaginèrent s'ils les avaient présentées à la Kennedy School of Governement.

Mais ceci est une comparaison un peu forcée, et rien ne nous oblige à aller chercher aussi loin en exhumant des épisodes aussi exceptionnels. Les méthodes de Loyola font partie intégrante des techniques de nos élites, et elles ressurgissent dans des milliers de faits sociaux, plus banals les uns que les autres. La rhétorique se caractérise par l'art d'orner l'argumentation elle-même, mais aussi par la manière de la présenter. La London Business School présente ainsi le principe fondamental de son programme de maîtrise : « La gestion peut être enseignée comme un ensemble unifié de connaissances essentielles que l'on peut appliquer à une organisation [2]. » Cette formulation fausse notre compréhension du cursus de l'école en question, en dénaturant le mot *connaissances*. Il n'existe pas de connaissances universellement applicables à toutes les organisations. Le savoir est une chose concrète et spécifique. Lorsqu'ils disent « connaissances », comprenons méthode. Quant à l'adjonction, l'air de rien, de l'adjectif « essentielles », cela relève ni plus ni moins d'une forme de charlatanisme. Qu'entendent-ils exactement par « essentielles » ? Si tel était le cas, les entreprises britanniques qui n'ont pas encore recruté de diplômés des écoles de gestion auraient fait faillite.

En d'autres termes, la London Business School enseigne la manipulation. Celle-ci consiste, entre autres choses, à présenter cet art de la manipulation comme une vérité en soi – un savoir. Leur manière de présenter les choses tente aussi de laisser une impression générale d'universalité, d'ouverture d'esprit, de souplesse. Alors qu'il s'agit en réalité de former des gestionnaires capables de faire n'importe quoi, pour n'importe qui, n'importe où. C'est le profil même du mercenaire ou du *condottiere*.

Jefferson rédigea la Déclaration d'Indépendance américaine. Sur le document, les cosignataires mirent en gage « leurs vies, leurs fortunes et leur honneur sacré ». Jefferson passa le reste de son existence à conseiller les jeunes Américains en matière d'éducation, s'efforçant de la rendre rationnelle, dans le sens où il comprenait la raison à la lumière de ses expériences personnelles. Aujourd'hui, une chose est sûre à propos du manager moderne : il n'engage jamais sa fortune ni sa vie. Quant à l'honneur, il ne fait pas partie de l'équation. Certains titres d'ouvrages rédigés par des professeurs de la Harvard Business School nous en disent long sur l'éducation du manager : *Pouvoir et influence, Les Nouveaux Compétiteurs, L'Avantage concurrentiel, Gestion des ressources humaines, L'Atout marketing, Comment faire fonctionner les stratégies...* Ces professeurs ont des valeurs tout à fait particulières. Prenons pour exemple le descriptif du cours que ce même établissement propose en idéologie comparative. Il a trait, nous dit-on, au « rôle de l'idéologie dans le monde moderne des affaires » : « L'idéologie est un concept analytique essentiel et un instrument de gestion indispensable, dont l'importance procède du lien étroit associant l'idéologie et la performance économique [3]. »

On ne s'étonnera donc pas d'apprendre que la première Alumni Achievement Award fut attribuée à Robert McNamara. Mais que se passe-t-il dans l'esprit de gens qui imaginent des titres pareils? Ils affirment « préparer les jeunes à la pratique de la gestion [4]. En d'autres termes, ils se considèrent comme des « praticiens », au même titre que les médecins et les avocats, membres d'un groupe raisonnablement spécialisé qui associe l'application de connaissances précises à un code éthique professionnel.

La Harvard Business School fut fondée en 1908. Dès le début, elle fut indissociable d'une méthode bien spécifique. À en croire ses fondateurs, « la gestion était la nouvelle profession en date [5] ». Depuis plus d'un demi-siècle, les écoles de commerce proliféraient dans l'ensemble des États-Unis. Un événement déterminant se produisit cependant en 1895, lorsque Frederick Winslow Taylor, un protestant revêche et rigide issu de la classe moyenne supérieure, prononça un discours mémorable devant la Société américaine des ingénieurs-mécaniciens, qui donna officiellement naissance au taylorisme, ou organisation scientifique du travail. Concrètement, Taylor proposait une nouvelle méthode d'organisation des usines. Pourtant, il conçut et expliqua cette réorganisation comme faisant partie intégrante d'une révolution sociale, rejetant à la fois l'idée pessimiste de la lutte des classes et toutes les notions humanistes, optimistes, telles que la participation aux bénéfices.

Taylor remplaçait tout cela par un système scientifique et rationnel auquel tous les employés adhéreraient. En contrepartie de cette acceptation aveugle, ils seraient payés davantage. L'ensemble du système reposait sur l'émergence d'un personnel d'encadrement. « En règle générale, déclara Taylor, plus il y a d'hommes travaillant efficacement dans la gestion [...] plus votre économie sera forte [6]. »

Les futurs doyens de la Harvard Business School rendirent visite à Taylor dès 1908. Immédiatement séduits, ils décidèrent de bâtir leur programme autour de sa théorie. Taylor et ses disciples leur apportèrent leur appui, se rendant régulièrement à Harvard pour y faire des conférences. En 1924, l'établissement comptait déjà six cents étudiants et les manuels de Harvard étaient utilisés dans une centaine d'autres universités.

Taylor était convaincu que son système produirait « une utopie de forte consommation, basée sur une production en masse et à l'abri de tout conflit social [7] ». La propension naturelle de l'homme au mal serait corrigée par sa soumission à la machine. Le règne des technocrates remplacerait celui des élites politiques, inefficaces et corrompues. Le choix individuel serait englouti sous le poids des systèmes et découragé par des avantages financiers. La dépersonnalisation de la production serait la clé du succès.

Directement ou indirectement, le taylorisme a dominé la méthodologie des écoles de gestion et changé les structures des entreprises du monde entier. Mais il fut aussi adopté sous des formes diverses par les régimes soviétique et nazi. Lénine édifia ses réformes économiques sur sa propre

131

version de l'organisation scientifique du travail : « Nous devons organiser l'étude et l'enseignement du système Taylor dans notre pays et l'essayer systématiquement en l'adaptant à nos objectifs [8]. » Trotski militarisa l'OST pendant la guerre civile et s'appuya sur elle pour définir sa politique en matière de transports. Staline en fit une vérité communiste. Le premier plan quinquennal soviétique fut dressé avec l'aide d'éminents conseillers tayloristes venus des États-Unis pour l'occasion. À telle enseigne que près des deux tiers de l'industrie soviétique furent bâtis par les Américains. Aujourd'hui, soixante-dix ans plus tard, des consultants héritiers de Taylor sont invités dans une Russie en miettes pour donner leur avis sur la manière de sortir le pays d'un marasme dont leurs méthodes sont en bonne partie responsables. Ces mêmes principes furent adoptés par Albert Speer pour organiser l'économie du Troisième Reich. À quelques adaptations près, l'organisation scientifique du travail servit à gérer la production militaire allemande, les camps de travail forcé et les programmes génétiques, y compris les génocides et les chambres à gaz destinées aux victimes de la polio.

Il serait évidemment absurde de nier le rôle essentiel joué par le taylorisme dans le progrès industriel au début du xxᵉ siècle. D'un autre côté, ses tenants ont toujours soutenu que le leadership technocratique représentait la nouvelle morale. Ses prémisses antidémocratiques se justifiaient par « le rôle rédempteur d'une classe moyenne professionnelle ayant reçu une formation technique [9] ». Il va sans dire que ses auteurs déclineraient toute responsabilité dans les expériences soviétique et nazie, affirmant que n'importe quel système peut déraper dès lors qu'il est utilisé à mauvais escient. Il n'en demeure pas moins étonnant que, en regard de ses propres normes, l'organisation scientifique du travail n'ait jamais failli. Elle a simplement été plus ou moins bien contrôlée par les civilisations qui l'ont reprise à leur compte. Quoi qu'il en soit, on aurait tort d'accorder à Taylor et à ses disciples trop de crédit ou de les blâmer outre mesure. Les théories absolutistes de cette espèce paraissent autonomes, alors qu'elles s'inspirent le plus souvent de tendances qui sont déjà « dans l'air », et qu'elles se sont contentées d'articuler différemment.

Aux États-Unis, la dictature de la technocratie fut limitée dans son élan – et elle le demeure – pour la simple raison que d'autres forces sociales sont en jeu. La version harvardienne de la méthode utilisée par toutes les écoles de gestion est d'autant plus fascinante. Harvard affirme qu'elle est « empirique et basée sur le terrain », et non pas « isolée dans un laboratoire ou enfermée dans des modèles hypothétiques ». Elle ajoute bien sûr qu'elle se fonde sur « la méthode d'enseignement particulière et en perpétuelle évolution de l'école », baptisée « méthode des cas ». Or on trouve là une contradiction majeure. Avant tout, la méthode des cas a la réputation d'aborder la conduite des affaires d'une manière détachée et abstraite. Harvard insiste sur le fait que cette approche cas par cas « aiguise les capacités de compréhension, de jugement, d'expression, ainsi que l'intuition et la sensibilité indispensables à une pratique réussie du management. [...] Elle oblige les étudiants à affronter la réalité rebelle et indomptable [10] ».

En d'autres termes, on enseigne au futur technocrate à mater la réalité. Et la réalité étant ce qu'elle est, c'est-à-dire concrète, ils doivent, pour y parvenir, la déformer. Il n'y a strictement rien d'empirique dans ce processus, puisqu'il part d'une solution et d'une dialectique prédéterminée dans laquelle les problèmes doivent s'intégrer de façon à aboutir précisément à cette solution.

Les étudiants qui réussissent le mieux à ce petit jeu manifestent invariablement une disposition particulière pour les structures abstraites, alliée à une personnalité agressive. Dans ce contexte, l'intelligence consiste en une combinaison de compétences analytiques, d'ambition naturelle et d'un banal esprit matérialiste. La créativité – qui donne naissance à de nouveaux produits – n'est pas récompensée. L'imagination – qui permet à l'homme d'affaires de développer de nouveaux marchés et de mieux vendre – brille elle aussi par son absence. Et rien ne semble indiquer que les valeurs de la société soient prises en considération. Comment cela serait-il possible ? La méthodologie inculquée par Harvard est autonome. Elle est construite de manière à s'affranchir de la mémoire, des croyances et de toute obligation astreignante. Comme diraient les administrateurs de la London Business School, cette méthodologie est un ensemble unifié de connaissances essentielles applicables à toute organisation.

Que les élèves réussissent ou qu'ils échouent dans leurs démêlés avec la réalité, cela n'a finalement pas beaucoup d'importance. En l'absence de mémoire, il ne saurait être question d'une réflexion à long terme sur les résultats obtenus. Bien au contraire, on passe rapidement au cas suivant. L'ingérence d'un « amateur » dans la mise en application de leur système constitue l'unique véritable danger potentiel, dans la mesure où l'intrus en question pourrait insister pour qu'on se réfère à la mémoire [11].

Cette formation a, bien évidemment, un effet déterminant sur les étudiants. En définitive, elle encourage leurs inclinations naturelles. Ainsi, s'ils sont équipés à l'origine, comme c'est le cas de la plupart des gens, d'un bagage inégal de talents, la Business School n'essaie pas de corriger ces disparités en faveur d'un rééquilibrage salutaire. Bien au contraire : elle s'évertue à trouver les candidats qui souffrent du déséquilibre adéquat et met tout en œuvre pour l'exacerber. L'imagination, la créativité, les vertus morales, les connaissances, le bon sens, une perspective sociale sont autant de facteurs condamnés à passer à la trappe. La compétitivité, une réponse toujours prête, l'art de manipuler les situations, telles sont les aptitudes que cette formation encourage. Poussés vers l'amoralité, les élèves deviennent d'une agressivité extrême dès lors qu'ils sont pris à partie par des non-initiés. Ils en viennent aussi à prendre pour argent comptant ces fameuses réponses préparées à l'avance. L'école met l'accent avant tout sur l'essor d'une forme débridée d'intérêt personnel : ce qui compte, c'est de gagner.

Cette reconnaissance soudaine de l'avantage personnel est l'un des développements les plus surprenants de ces trente dernières années. Elle montre l'ampleur de notre confusion. En deux mille cinq cents ans d'histoire, les sociétés occidentales sont au moins tombées d'accord sur une chose : la contrainte individuelle est essentielle à l'harmonie d'une civilisation. Dans une société autoritaire, cette contrainte est partiellement imposée d'en haut, tandis que dans une société libre c'est l'individu lui-même qui se l'impose. Dans la complexité du monde réel, on assiste à une combinaison des deux. Or, pour la première fois en cette fin de XXᵉ siècle, les instances pédagogiques réservées à nos élites refusent d'aborder cette question ou enseignent sans ambages à leurs jeunes recrues qu'il faut se débarrasser d'un tel principe. En d'autres termes, pour la première fois dans l'histoire occidentale, nos institutions les plus respectées prônent l'anarchie sociale.

En aggravant le déséquilibre chez ces étudiants, on multiplie bien évidemment les problèmes humains. Indéniablement, ces jeunes possèdent en eux, parfois à l'état latent ou mutant, les mêmes caractéristiques que n'importe qui d'autre. Avec le temps, ces éléments réprimés en viennent à miner l'individu. À cela, la Harvard School réagit en créant une nouvelle matière, la psychologie sociale du management, destinée à résoudre « les difficultés familiales, les problèmes émotionnels de l'individu et la tension née de l'antagonisme entre les objectifs de sa carrière et ses aspirations personnelles ». Le professeur chargé de ce cours reconnaît que « dans le contexte du management, nous avons fait abstraction des gens, comme s'ils n'existaient pas [...]. Les étudiants ont appris à avoir une vision utilitaire et calculatrice. [En conséquence], ils ont tendance à fuir l'intimité de la vie de famille et à se fuir eux-mêmes ». Après quoi, il tire une conclusion pour le moins surprenante : « La plupart des grands leaders ont l'art de réussir leur vie privée et savent donner. Il semble qu'il y ait un rapport direct entre la capacité de donner et la satisfaction personnelle, le tout générant de surcroît une plus grande créativité [12]. »

Cette affirmation est loin d'être claire. Si on passe en revue la vie privée de nos grands leaders et créateurs, qu'ils soient bons ou mauvais, on a de fortes chances de se retrouver face à une litanie de catastrophes. Quoi qu'il en soit, la réponse du professeur aux problèmes de personnalité de ses élèves tient en deux mots : il faut qu'ils soient plus heureux. Il construit son cours conformément à la méthode des cas; il tente d'intégrer une définition *a priori* du bonheur individuel dans le cadre du management, avec l'espoir de contrebalancer l'absence de l'élément humain éliminé précédemment.

Si on considère la situation dans l'optique de l'école, cette attitude se justifie pleinement. L'établissement a besoin de compenser le fait qu'il sape le respect de l'individu et son rôle de citoyen. S'il y parvient en faisant admettre les idéaux de la famille et du bonheur individuel, il aura réussi à maintenir l'intégrité de son système.

Ces données ne sont pas particulières à Harvard. Lorsqu'ils s'aperçurent que leurs méthodes de gestion étaient dépassées, les Britanniques demandèrent à Lord Franks de mener une enquête. En 1963, ce dernier préconisa l'ouverture d'une école supérieure de commerce, en précisant : « Nous avons beaucoup à apprendre des remarquables pratiques des grandes écoles de gestion américaines et de leurs fructueuses expérimentations [...] tant en matière de méthodes que de programmes [13]. » Cette étude aboutit à la création de la London Business School, qui a recours aux mêmes examens d'entrée que la plupart de ses homologues américaines [14].

Ces méthodes donnent des résultats pour ainsi dire identiques, alors qu'elles s'appliquent à deux sociétés très distinctes. Ces établissements furent créés dans le dessein d'améliorer la gestion, sous le prétexte que ce progrès engendrerait une croissance réelle, qu'il revitaliserait le secteur industriel et assainirait l'économie. Mais où ces managers modernes vont-ils exercer leurs talents ? 70 % des diplômés MBA de Harvard dédaignent le secteur industriel. Les chiffres, pour l'Angleterre, sont pratiquement équivalents. Pis : plus de 80 % de ces diplômés ne sont pas employés dans le domaine de la production, et un pourcentage similaire n'a pas de fonctions de gestion [15]. En Amérique comme en Angleterre, ils sont avant tout consultants, banquiers ou promoteurs immobiliers. Ils se sont intégrés aux secteurs qui ne produisent pas de biens d'équipement : les services. Leur volonté d'éviter la gestion au sens propre du terme, et de concentrer leurs activités dans des domaines aussi superficiels et abstraits que la formation qu'ils ont reçue, est l'une des causes de notre déclin industriel et de notre malsaine obsession des services.

L'idée que la gratification personnelle est la juste contrepartie de l'importance exagérée accordée à la concurrence et au succès a, curieusement, des incidences géographiques. De nos jours, l'industrie a beaucoup de peine à recruter les meilleurs gestionnaires, qui refusent de se rendre dans les endroits où elle s'est installée. Ils préfèrent rester dans les capitales de la gratification post-industrielle, à savoir New York, Londres, Toronto et Paris. Pittsburgh et Birmingham, Hamilton et Lille ne sont pas vraiment des villes cibles pour qui aspire à un épanouissement personnel.

En Angleterre plus qu'ailleurs, les nouvelles élites évitent le secteur industriel, lui préférant des emplois dans la City ou le West End. Leur refus de vivre dans les villes à forte concentration industrielle est indéniablement l'une des causes de la déconfiture de l'industrie britannique. C'est aussi l'une des raisons de l'essor des services, perçus comme une panacée dans tout l'Occident.

La création des élites gouvernementales modernes a suivi le même chemin que celle de nos leaders gestionnaires. En apparence, ce phénomène présente des caractéristiques distinctes. Mais le thème sous-jacent est le même. Dans la plupart des pays, la tendance s'est amorcée avec l'essor des sciences sociales, qui enfermèrent les vraies questions sociales dans une camisole de force faussement scientifique. En témoignent en particulier des courants de pensée en science politique et en économie de l'après-guerre, qui font tout reposer sur des modèles abstraits, des diagrammes et des dialectes incompréhensibles. Non contents d'être d'un ennui indescriptible, ils se sont également révélés être « à côté de la plaque » dans tous les domaines qu'ils ont abordés, ou peu s'en faut. Depuis quarante ans, leurs experts ont catapulté nos sociétés dans une multitude de directions opposées. Chaque fois, ils ont été en mesure de défendre leur point de vue à coups d'arguments quantitatifs et de graphiques, aussi artificiels qu'une étude de cas présentée par un diplômé de MBA.

C'est ainsi que nous sommes passés de la certitude absolue que les conceptions économiques keynésiennes étaient salutaires à la conviction inverse. Que le monétarisme est devenu une panacée du jour au lendemain. Et que l'économie mixte fut considérée comme quasi divine pour devenir un beau jour l'œuvre du diable. L'inflation passa pour un outil économique inoffensif avant que l'on décidât qu'elle anéantissait tous les espoirs de l'homme libre. Après quoi, nous nous sommes brusquement réveillés pour nous apercevoir qu'un instrument d'investissement baptisé endettement constituait un mal plus grand encore. Pour les gouvernements seulement. Ceux-là mêmes qui l'affirmaient soutenaient parallèlement que les dettes commerciales colossales étaient propices à l'économie. Quant à la nationalisation des entreprises publiques, jugée pendant des années indispensable à la reconstruction de l'économie occidentale après la dépression des années trente, elle devint subitement la source de tous nos problèmes. Privatisation et concurrence étaient désormais les nouvelles clés de la réussite économique.

Jamais, au cours de ces spectaculaires volte-face, on ne s'est donné la peine de reconnaître les bons côtés du système rejeté ou d'identifier les défaillances de celui qui le remplaçait. Jamais on ne fit preuve de bon sens ou de sérénité. Les spécialistes en sciences sociales détiennent les vérités et nous les imposent. Résister, c'est se situer d'office dans le camp adverse.

Parmi les phénomènes les plus fascinants liés à ce « professionnalisme des élites gouvernantes », il faut citer l'essor rapide de la John F. Kennedy School of Government de Harvard. Celle-ci a progressivement étendu au secteur public des critères identiques à ceux appliqués au secteur privé par la Harvard Business School, en se targuant d'être « une école professionnelle de gouvernement ». La direction de cet établissement affirme : « Il est essentiel de former une nouvelle catégorie professionnelle. Celle-ci devrait inclure des élus à des postes administratifs, d'autres ayant des fonctions exécutives, ainsi que des fonctionnaires de carrière. » Cette initiative prend des proportions inquiétantes quand on songe que la Kennedy School ne fait aucune distinction entre un employé de l'État et un politicien élu. Il n'y a pourtant pas lieu de nous en étonner. Il s'agit simplement d'une mise à jour des arguments réitérés en faveur d'une dictature technocratique, telle que la prône le taylorisme. Le mythe du salut à travers une gestion efficace est désormais si fort que plus personne ne prête vraiment attention aux prémisses sur lesquelles s'édifie l'éducation des nouvelles élites.

Efficacité. Professionnalisme. Certitude que seuls les professionnels peuvent nous fournir des réponses justes, irréfutables. Autant de concepts excluant d'emblée les postulats démocratiques fondamentaux. Les membres de cette classe professionnelle unique, composée d'hommes politiques, de ministres nommés et de fonctionnaires, devraient se distinguer, nous dit-on, « par leurs capacités analytiques, leurs compétences de gestionnaires, leur sensibilité éthique et leur sens institutionnel ».

Que de choses recouvrent ces quelques mots! Notons par exemple qu'ils doivent se singulariser non pas par leur éthique personnelle ou leur sens moral, mais par leur « sensibilité éthique ». Une sensibilité s'exprimant par conséquent vis-à-vis de l'éthique d'autrui, alliée à l'art de manipuler les autres dans l'intérêt du management. On abandonne dès lors l'idée que la société se fonde sur des principes éthiques liant les élites au même titre que les citoyens.

Plus la gestion est explicitée, plus on s'aperçoit qu'elle s'apparente à la *raison d'État*. Depuis que le satiriste français Mathurin Régnier forgea ce terme en 1609, l'idée de gouvernements invoquant l'intérêt général pour justifier des initiatives arbitraires ou illicites sous couvert de la raison d'État ne nous a plus quittés. Un terme au demeurant indissociable de l'essor de la raison et de l'État-nation. De nos jours, la raison d'État se change en un principe général que l'on pourrait résumer ainsi : le technocrate sait parfaitement ce qu'il convient de faire. Sans que quiconque se hasarde à le dire ouvertement, le citoyen est privé, d'office, de toute participation. Il (ou elle) est là pour être « géré(e) ». Les hommes politiques et les fonctionnaires « professionnels » ne sont pas censés penser en termes d'idée, de politique ou de responsabilité. Leur aptitude première consiste à « résoudre des problèmes » : « Obtenir des réponses après avoir posé les bonnes questions dépendra souvent de la capacité du décideur à reconnaître l'opportunité d'avoir recours à des méthodes quantitatives formelles afin de structurer les problèmes et de tirer des informations des données disponibles [16]. »

Ce qu'ils tentent de faire en réalité, sans prendre pleinement la mesure de leurs motivations et de leurs actions, c'est de créer une classe dont l'accès serait contrôlé par des normes communes et qui prendrait en main les affaires publiques. Une aristocratie des affaires publiques, en

137

quelque sorte. Une méritocratie de la gestion, fondée sur la raison. Ils partageraient une méthodologie inévitable qui, à l'instar des rites de cour, exclurait les citoyens qui n'ont pas à y être admis. Cette classe gouvernerait en s'appuyant sur un jargon professionnel inaccessible au public, comme l'étaient les rites de cour et la rhétorique jésuite. Tout cela au nom de la raison et dans l'intérêt général, bien entendu.

Jamais les concepts de gauche et de droite n'ont autant manqué de propos. Les réformateurs présumés progressistes proposent une forme de gouvernement élitiste fondée sur la raison. En y regardant de plus près, on s'aperçoit que le régime qu'ils prônent subvertit le processus démocratique. Quant à ceux qui se situent parmi les forces conservatrices – et qui, dès lors qu'ils acceptent le terme de *conservateur*, devraient se faire un devoir de protéger les valeurs établies –, ils adoptent avec enthousiasme la nouvelle méthodologie comme le moyen le plus rapide de tirer un profit personnel au détriment de la société.

La phraséologie maladroite de la Kennedy School et son pouvoir limité dans les institutions américaines paraissent étrangement primitifs comparés à ceux de la plus grande école de fonctionnaires du monde occidental : l'École nationale d'administration, ou ENA.

La volonté de faire naître une élite française puissante, dotée d'un sens technique, était dans l'air depuis Richelieu. Les premières grandes écoles virent le jour sous le règne de Louis XVI, et la plus importante école d'ingénieurs, Polytechnique, ouvrit ses portes pendant la Révolution, sous l'égide de la Convention. Une première initiative fut prise sous la Deuxième République, en 1848, afin de créer un lieu de formation équivalent pour la bureaucratie. Le coup d'État de Napoléon y coupa court. Mais en 1871, un certain Boutmy fondait l'École libre des sciences politiques, un établissement privé parrainé par des banquiers et des industriels. Les futures élites bureaucratiques, et finalement politiques, transitèrent désormais par Sciences-Po, comme on en était venu à l'appeler. Dix ans plus tard, Jules Ferry, ministre modéré d'un gouvernement réformateur, tenta de nationaliser cette école, avec l'appui de son fondateur. Le socialiste Léon Blum fit une nouvelle tentative en 1936. Finalement, ce fut de Gaulle, secondé par Jeanneney et Capitant, deux gaullistes de gauche, qui, dans la foulée, nationalisa Sciences-Po et créa l'ENA.

Ces initiatives favorables à l'éducation d'une élite institutionnelle eurent lieu pendant des périodes de révolution ou de grandes réformes consécutives à une révolution. Les riches conservateurs qui fondèrent Sciences-Po, de même que les bourgeois nantis à l'origine de l'ENA, républicains les uns et les autres, agirent au lendemain de terribles violences civiles. Leurs initiatives représentaient la continuation d'un long rêve, inspiré par la certitude que l'établissement d'une bureaucratie bien formée serait propice aux principes de démocratie et d'égalité. Michel Debré, futur Premier ministre, fut chargé de rédiger le projet de loi instaurant l'ENA, et de l'organiser. Il n'est pas étonnant que, dans son rapport officiel, il ait fait état de la nécessité de « reprendre la foi et l'espoir des républicains de 1848 en la valeur de la vertu morale publique, qui doit être enseignée et comprise ». Pour y parvenir, souligne-t-il, l'ENA doit donner à ses élèves un goût pour certaines compétences clés, « un sens de ce qu'est l'homme, qui donne vie à toute entreprise; un sens de la décision qui, après évaluation des risques, permet d'opter; enfin, un sens de l'imagination requis pour créer avec originalité [17] ».

Au milieu de cet hymne aux vertus rationnelles, humaines et républicaines d'une élite administrative, Debré est subitement interrompu par un éclair de lucidité farouchement pessimiste. Que se passera-t-il, se demande-t-il, si « cette nouvelle élite se met à croire en sa caste, au point de pervertir l'administration »? Il se reprend vite et trouve les arguments nécessaires pour prouver qu'une telle issue est impossible.

C'est pourtant exactement ce qui s'est produit, nonobstant une période initiale de créativité fervente. Simon Nora, l'un des directeurs de l'ENA, évoque le parcours qui le conduisit directement de la Résistance aux bancs de la nouvelle école : « Faire sauter des trains ou aller à l'ENA revenait à peu près au même. Dans un cas comme dans l'autre, nous constituions une petite bande persuadée de savoir mieux que quiconque ce qui convenait au pays. Ce en quoi nous n'avions pas totalement tort. Nous étions les plus beaux, les plus honnêtes, les plus intelligents, et nous avions brandi le flambeau de la légitimité [18]. »

Ce petit débordement de passion, de mysticisme et d'égocentrisme s'explique assez bien. La première génération d'énarques n'avait-elle pas fait ses preuves avant d'avoir entamé des études supérieures? Ils arrivèrent à l'école bien déterminés à changer le monde qui les entourait, parce que les expériences bouleversantes de la guerre les avaient convaincus que c'était possible et nécessaire. Après quoi, ils prirent en main les rênes du pays. Étant donné les problèmes graves qui se posaient dans les années cinquante et soixante, ils s'en sortirent plutôt bien. D'aucuns s'imaginèrent que la nouvelle formation rationnelle de l'ENA leur en avait donné la capacité. En réalité, cette éducation n'avait fait que polir des personnalités formées dans l'irrationalité la plus totale pendant la guerre.

À partir de 1950, toutefois, ces mêmes principes pédagogiques s'appliquèrent à des individus non formés, marqués par les habituels ingrédients bruts de la jeunesse. Cette nouvelle fournée d'élèves arrivait tout droit des salles de classe et du giron familial. Les résultats furent pour le moins divergents. Chaque promotion différait selon les modes en cours; mais d'une manière générale les diplômés quittaient l'établissement lestés d'une ambition personnelle galopante. Entre les mains de ces jeunes gens qui ne savaient rien des réalités du monde, auxquels on confiait rapidement le véritable pouvoir, l'organisation abstraite devint une vérité absolue, irrésistible, adaptable à toutes les situations.

En l'espace de quarante ans, l'ENA, et avec elle les autres grandes écoles, avait changé du tout au tout. Selon les termes de Jean-Michel Gaillard, énarque et ancien conseiller du président Mitterrand, « quelle que soit officiellement leur raison d'exister ou leur vocation présumée, ce sont des institutions dénuées de contenu, des machines destinées à sélectionner des élites polyvalentes et à créer des hommes bons pour tout, et, partant, bons à rien [19] ». Les énarques sont aujourd'hui quatre mille environ. Ils exercent un véritable monopole sur l'administration, comptent trente-sept députés élus dans leurs rangs, représentent entre 25 % et 40 % des postes ministériels et environ un tiers des positions clés au sein des cabinets des ministres. Ils ont fourni un président de la République et huit des douze derniers Premiers ministres. Les principaux candidats aux élections présidentielles de 1988 étaient tous diplômés de l'ENA, sauf le président sortant. Si le nombre de diplômés annuels a été réduit de 160 à 90, cela ne limite en rien leur pouvoir. Au contraire, cela accroît le pouvoir des anciens élèves de l'école, ainsi que des futurs diplômés. Le public a manifesté un certain malaise face à l'ascendant croissant de l'ENA. Cette réduction fut donc présentée comme une mesure destinée à limiter le pouvoir dudit établissement. Il faut préciser que les personnalités politiques ayant pris part à cette décision étaient toutes des énarques.

Qu'ils soient devenus les « carcasses » vides polyvalentes décrites par Gaillard ne fait pas l'ombre d'un doute. On les voit partout, à Paris, identifiables au premier coup d'œil à leur costume sombre, mal coupé, qui prolonge la tradition jésuite de l'anonymat physique seyant à l'homme de pouvoir. Leur expression soucieuse, dépourvue de sourire, témoigne d'une certaine lassitude teintée d'arrogance. Leur conversation est tellement assurée, si truffée de phrases banales, que leur interlocuteur a du mal à repérer les structures qui prédéterminent inexorablement les réponses.

Ce langage asexué et dépersonnalisé est le pire des français qui soit. Pourtant, face à un discours aussi sûr de lui et aussi peu communicatif, l'auditeur renonce rapidement à changer d'opinion, du fait de subtiles allusions à la « raison d'État » et à une « information privilégiée ».

L'ENA a admis que ses diplômés continuent à suivre le même schéma, même après des années passées à tenter de maintenir l'impulsion, née dans l'après-guerre, d'une vocation désintéressée pour le service public. Quand la génération de la Résistance eut fait son temps, cet élan initial perdit de sa vigueur et, dès 1958, le programme de l'école fut totalement révisé, dans un sens plus abstrait et plus théorique. La notion de fonctionnaire polyvalent fit alors son entrée officielle dans le système de formation. Quelles que fussent les carrières à venir, tous les candidats devaient être évalués sur la base de tests de connaissances générales identiques, avant de suivre la même formation. En 1965, on procéda à de nouveaux changements, qui allaient également dans ce sens.

Ce système provoqua de graves problèmes dans la bureaucratie de l'État. Les candidats à l'ENA correspondaient désormais à un certain type adapté aux critères spécifiques des examens d'entrée. La plupart des heureux élus achèveraient leurs études avec succès et s'en iraient imposer à l'État français leur vision étriquée. Dès 1971, l'école était forcée d'admettre que ce diplômé cultivé et polyvalent était une utopie. On remplaça dès lors ces ambitions de type culturel par un « façonnage » des élèves, afin qu'ils puissent s'intégrer dans un système unique applicable à tous les secteurs du gouvernement. Unidimensionnel, l'individu devait être nanti d'une méthode polyvalente. Selon sa propre formule, l'ENA recherchait désormais des élèves capables d'un « point de vue polyvalent [20] ». Le génie de son système administratif leur permettrait de gérer n'importe quoi, d'un théâtre à la politique fiscale.

On était désormais tout près de la notion harvardienne de management. De fait, le taylorisme avait remporté un grand succès en France au début du siècle, comme partout ailleurs en Europe hormis en Grande-Bretagne. Mère de la structure rationnelle, dont l'évolution remontait à Richelieu, la France était parvenue à élaborer ses propres théories sur l'organisation scientifique du travail. L'instigateur en la matière fut un dénommé Henri Fayol. Ses disciples et lui-même rivalisèrent avec le taylorisme pendant plusieurs dizaines d'années. En 1925, les deux groupes fusionnèrent officiellement tout en s'inscrivant dans le processus historique plus vaste qui généra l'ENA.

En dépit des nouvelles théories sur la polyvalence, on avait le sentiment que le problème n'était pas résolu. L'élite était plus puissante et moins créative que jamais. Elle se protégeait et servait ses propres intérêts. Quoi qu'il en soit, l'évolution déclenchée suivit son cours, et en 1986 le nouveau directeur de l'ENA, Roger Fauroux, déclarait : « Il faut donner à l'administration le sens de l'efficacité, du rendement et de la performance [21]. » En d'autres termes, les intentions originelles de l'établissement – réforme et service public – passaient à la trappe.

Et pourtant, lorsqu'on examine les sujets traités à l'ENA, la première impression est encourageante. Les cours ont l'air d'aborder les problèmes du monde réel. Les instructions concernant l'examen d'entrée sont raisonnables. Elles prônent la réflexion plutôt que l'effort de mémorisation et encouragent le travail intellectuel pour dominer le sujet. C'est pourquoi on engage surtout le candidat à attaquer le sujet « d'en haut ». Mais, par « domination », l'énarque entend « contrôle ». C'est ce qu'on appelle, à Harvard, « dompter la réalité capricieuse ». Et « réflexion », dans ce cas, signifie prendre le temps de déterminer la réponse attendue par les examinateurs. Les commentaires des professeurs sur les examens d'entrée de l'année précédente sont systématiquement distribués aux nouveaux étudiants en guise de *vade-mecum*. La forme que les réponses sont censées présenter y est développée de A à Z, au point d'inclure parfois les titres à préciser. Il s'agit en réalité d'un jeu complexe de coloriage intellectuel.

La partie de l'examen d'entrée consacrée aux compétitions sportives permet de juger du comique que cette volonté de contrôle peut atteindre.

Ces épreuves sont décrites de long en large dans des décrets remplis de phrases du style : « L'ordre des épreuves dans les différentes disciplines sportives est laissé à la discrétion du jury en fonction des impératifs de l'organisation. » Parmi les épreuves sportives, citons :

> Distance couverte en un temps donné : compétition comportant un maximum de quinze concurrents sur la ligne de départ. Quand le signal de la fin de la course est donné, les concurrents devraient poursuivre leurs efforts jusqu'au prochain poste de contrôle où leur résultat pourra être enregistré[22].

Les épreuves intellectuelles sont présentées d'une manière tout aussi structurée et étouffante, même si on encourage les concurrents à se servir de leur imagination.

Harvard et l'ENA sont l'illustration la plus flagrante d'un état général des affaires. Les écoles de gestion et d'administration, qui ont proliféré dans tout l'Occident, reproduisent systématiquement les erreurs de logique des élites polyvalentes, obnubilées par les réponses à donner. Parmi leurs diplômés, rares sont ceux qui ont le sens des valeurs relatives, que procure l'immersion dans une véritable société. Chez eux, les vérités absolues fondées sur l'abstraction et le détachement règnent en maîtres ; elles sont défendables et interchangeables. Il y a peu de chances qu'un diplômé de Harvard ou de l'ENA perçoive l'ironie ou le caractère très relatif des commentaires de Voltaire sur la diversité des modes de circoncision dans le monde : « Un Parisien est tout surpris quand on lui dit que les Hottentots font couper à leurs enfants mâles un testicule. Les Hottentots sont peut-être surpris que les Parisiens en gardent deux[23]. »

Les fonds investis dans ces écoles réservées à l'élite technocratique et la qualité de l'enseignement qu'on y dispense continuent de progresser, alors que le système général d'éducation est en chute libre. Quand on sait que le concept de raison a pris forme à travers les conversations d'élites de la classe moyenne supérieure, convaincues de la valeur du mérite, on ne s'étonnera pas que les modes d'enseignement populaires soient toujours passés au deuxième plan.

L'éthique de la raison s'accompagnait pourtant de l'idée d'encourager l'éducation pour tous. L'éducation distillait le savoir. Celui-ci dissipait la superstition, de sorte qu'il devenait possible de raisonner. Un homme capable de raisonner était digne d'être un citoyen. Toutefois, cette idée de former des citoyens restait vague. Pourquoi les élites en voudraient-elles ? Les philosophes du XVIIIe siècle ne croyaient-ils pas en une autorité bienveillante établie de façon permanente ? Éduquer les masses avait pour but d'améliorer les relations entre les échelons supérieurs et inférieurs de la société, non d'en changer la nature.

Comme toute élite nantie d'un pouvoir considérable, les technocrates n'ont pas envie de voir leur suprématie remise en cause. Aussi, on s'obstine à investir des fortunes dans les grandes écoles et les universités quand le reste du système éducatif continue à décliner. Le dynamisme intellectuel qui serait nécessaire pour lui donner une orientation convenable est totalement accaparé par les perfectionnements constants réservés aux structures pédagogiques élitistes. En réalité, quoi qu'on puisse dire des besoins en matière d'éducation, il y a toujours eu une contradiction fondamentale dans ce que l'État-nation souhaitait enseigner au citoyen. On pensait qu'on ne pouvait donner aux masses autre chose qu'une éducation élémentaire : des compétences de base et un cadre moral qui n'apparaît nulle part dans l'enseignement consenti aux élites. En d'autres termes, le citoyen moyen devait se voir inculquer les fondements d'une formation humaniste.

Pourtant, dès le départ, les hommes de raison se plaignirent du poids inutile de l'humanisme, ou de ce qu'ils avaient convenu d'appeler, dans le contexte pédagogique, les humanités. Au XVIᵉ et au XVIIᵉ siècle, celles-ci constituaient un domaine où la superstition et les préjugés se dissimulaient aisément. Pour les évincer une fois pour toutes, il fallait une victoire de la science. Richelieu déplorait que les humanités prissent trop de place; on sent qu'il s'inquiétait déjà, non des dangers de la superstition, mais de la menace représentée par une éducation humaniste alors que l'État s'efforçait de créer une élite efficace. Cette vision des humanités gaspilleuses de temps dans un enseignement utile réapparaît sans cesse au fil des siècles. Boutmy fait allusion lorsqu'il fonde Sciences-Po en 1871. On l'évoque aujourd'hui chaque fois qu'il est question d'éducation.

Non contents d'accuser les humanités d'être l'ennemi de la raison, les tenants de la rationalité firent de sérieux efforts pour les annexer, en transformant chacun des domaines des humanités en une science. L'architecture est devenue une formation technologique, quantitative, où l'édification d'un bâtiment est réduite à une succession de détails. L'histoire de l'art a cessé d'être l'étude du beau et du métier pour se changer en une vision mathématique de la créativité. Les nouveaux historiens d'art sont moins intéressés par l'art ou l'histoire que par l'évolution des techniques. Les sciences sociales, créations de l'obsession mathématique, constituent le meilleur exemple de cette déformation des humanités. La réduction de la politique, de l'économie, des problèmes sociaux et de l'art à des représentations mathématiques et à des terminologies hermétiques risque fort d'être considérée par les générations futures comme l'une des plus grandes folies de notre civilisation.

L'élimination des humanités du système éducatif a eu pour effet de saper bon sens et retenue, en nous incitant à passer d'un extrême à l'autre dans les affaires publiques. Pourtant, nos élites technocratiques continuent à penser que les humanités ont la part trop belle dans l'éducation et leur imputent les problèmes de l'enseignement public.

En réalité, nos élites ont cessé de croire qu'il est possible de proposer un enseignement général et universel. En Grande-Bretagne, elles n'y ont peut-être jamais cru, hormis de la manière la plus abstraite et dans de petits cercles idéalistes. Les leaders du parti travailliste eux-mêmes envoient leur progéniture dans des établissement privés, tout en préconisant une amélioration de l'enseignement public. Lorsqu'ils arrivent au pouvoir, cependant, ils ne font aucun progrès dans ce sens. Aux États-Unis, d'importantes masses de la population ont été allégrement abandonnées à l'analphabétisme, depuis toujours. Et chaque année voit s'ajouter de nouvelles couches à ce *Lumpenproletariat*. Partout, on entend les élites chuchoter en privé : « Ils ne sont pas éducables. » D'interminables statistiques viennent corroborer le pessimisme de ceux qui ont pu bénéficier d'une éducation. Soixante-douze millions d'Américains sont illettrés, en majorité des Blancs. Un quart des enfants américains vivent en dessous du seuil de pauvreté. 40 % des élèves des écoles publiques appartiennent à une minorité raciale. Les jeunes Blancs dont les parents ont les moyens sont inscrits dans des écoles privées. On compte deux fois plus d'adolescentes mères aux États-Unis que dans n'importe quelle autre démocratie [24]. Si on ajoute que quarante millions d'Américains n'ont aucune couverture sociale, on est forcé de se demander si le problème provient de la population elle-même ou des élites, de leurs attentes et de leur propre éducation. Si Harvard en général, pour reprendre l'exemple, est ce qu'elle prétend être et si on trouve un peu partout des diplômés de cet illustre établissement, comment se fait-il qu'ils montrent si peu de capacités à régler les terribles problèmes auxquels est confrontée leur société ? Si le célèbre Persan de Montesquieu considérait aujourd'hui la société américaine, la seule conclusion qu'il en tirerait est que jamais une élite aussi magnifique n'a échoué aussi lamentablement, ni avec tant de mauvaise grâce. Car il faut voir la manière dont elle s'obstine à imputer aux échelons inférieurs de la société presque tout ce qui a échoué.

Dans le reste du monde occidental, le déclin de l'enseignement de base s'est généralisé, bien que de façon moins alarmante. Les systèmes éducatifs allemand et français figurent parmi les meilleurs en Occident. Les élèves qui fréquentent les écoles privées sont pour beaucoup issus de ménages désunis, ou des survivants de l'aristocratie et des classes les plus opulentes, ces deux derniers groupes préférant souvent un système protecteur à la qualité pédagogique.

Quoi qu'il en soit, en 1986, quand l'Institut national de recherches pédagogiques réalisa un sondage portant sur seize mille étudiants français, il s'avéra que 69 % des adolescents de quinze ans étaient illettrés ou presque. Ce qui signifie qu'ils étaient incapables de lire le texte qu'on leur présentait ou qu'ils étaient obligés de le lire à haute voix, lentement, afin de le convertir en un message oral. Peu de temps auparavant, le gouvernement avait annoncé, sur le ton autoritaire du gestionnaire, qu'il entendait améliorer l'enseignement afin d'obtenir un taux de réussite de 80 % au baccalauréat – le niveau actuel étant de 50 %.

L'enquête concluait que le problème tenait à la manière dont les étudiants apprenaient à lire. « Pour lire, il faut inventer [25]. » La lecture requiert la participation de l'imagination. On découvrit par la même occasion que, pour 53 % des élèves, les bandes dessinées étaient la première source du plaisir de lire. La télévision et le cinéma occupaient sans doute le reste des loisirs.

Dans tout l'Occident, cette crise a suscité un tollé, le retour à une éducation élémentaire étant préconisé afin de stopper la dégradation du système. Comme toujours dans une société rationnelle, ce repli sur des valeurs fondamentales est proposé comme une solution étroite et définitive à un problème d'ordre beaucoup plus général. Personne ne suggère de faire quelque chose en parallèle pour remédier au divorce catastrophique entre les humanités et les systèmes qui contrôlent nos sociétés. Ou d'établir une liaison raisonnable entre l'enseignement public et celui de l'élite. Ou encore d'évaluer les raisons pour lesquelles des systèmes d'éducation supérieure plus complexes et plus compétitifs que jamais ne parviennent pas à produire des élites capables de résoudre les problèmes de leur société. De fait, on en vient à mépriser tout ce qui ne relève pas d'un enseignement hautement spécialisé. Une formation universitaire générale a mauvaise presse de nos jours. Cet appel en faveur d'un retour aux connaissances élémentaires est probablement une volonté de faire taire la colère de l'opinion publique face à un niveau d'analphabétisme affligeant, plus qu'un désir réel de comprendre le problème. Cela ressemble fort à une nouvelle formule réactionnelle et toute faite. Une nouvelle lubie de la société technocratique. Et cela rappelle étrangement les exhortations qui se faisaient entendre jadis pour inciter les classes laborieuses à travailler plus dur, à prendre un bain une fois par semaine et à aller à l'église le dimanche.

En attendant, les élites continuent à s'imposer en éliminant encore davantage les humanités. Et on a vu progressivement apparaître un type de technocrate évolué qui se caractérise presque inévitablement comme une sorte de bravache intellectuel. Ces femmes et ces hommes agressifs n'ont aucun talent pour ce qu'on pourrait appeler les émotions publiques. L'apparence remarquable que leur éducation leur a donnée est vide, sauf quand elle est comblée par le travail qui les occupe. Lorsqu'on critique leur manière de gérer ce travail, ils se cramponnent à leurs positions, incapables du moindre compromis car ils n'ont pas les bases nécessaires pour pénétrer plus avant dans la matière. Ils deviennent des défenseurs obstinés, totalitaires, de choses dont ils n'ont strictement rien à faire. Ce déracinement psychologique les incite à confondre le pouvoir avec des notions telles que la morale et la compréhension des réalités.

Même dans ces élites, on commence toutefois à prendre conscience que quelque chose ne va pas et que les systèmes établis ne produisent pas les résultats escomptés. La communauté des affaires – qui a hérité d'individus sérieusement déficients, incapables de faire face aux problèmes hors normes auxquels les exposent leurs fonctions de grands gestionnaires – a commencé à prendre elle-même en charge la rééducation de ses cadres.

L'Aspen Institute, principal centre américain de réflexion et de séminaires réservé aux milieux d'affaires, propose désormais un cours d'humanités d'une semaine [26]. L'intitulé de ce cours est d'un comique douteux : « Les humanités peuvent-elles améliorer l'efficacité du management? » Et sa description est appropriée au sujet :

> AT&T, l'une des entreprises les plus importantes et les plus influentes du monde, estime qu'une étude des humanités est une expérience pédagogique essentielle pour le développement du gestionnaire moyen. Ce cours est accessible à tout personnel de management de niveau moyen ou supérieur doté d'un fort potentiel et susceptible d'atteindre des postes d'encadrement supérieurs. Objectifs principaux : améliorer l'efficacité du management, produire des gestionnaires plus compétents et mieux adaptés à leur environnement social et faciliter le passage du statut de gestionnaire à celui de dirigeant. Le cours porte sur cinq domaines : leadership, relations humaines, résolution des problèmes/prise de décision, tolérance au changement et introspection.

Tout cela en une semaine! Ces petits remèdes illusoires, et somme toute affligeants, prolifèrent. L'espoir est de coller *post facto* une étiquette d'humaniste à des individus formés suivant des principes on ne peut plus rationnels. Cela prouve au moins que nos élites contemporaines commencent à se demander si, en dépit de leurs myriades de diplômes, elles sont éduquées.

Compte tenu de la pauvreté de leur bagage historique, les technocrates lisent le moins possible. Ils évitent en particulier l'histoire, la philosophie, la fiction, et se limitent à la littérature d'évasion et à la lecture de journaux et de documents techniques. Il leur arrive toutefois de lire des biographies, qui jouent le rôle faussement satisfaisant, teinté de voyeurisme, que les récits de vies des saints jouaient autrefois. Chez eux, il y a peu d'œuvres d'art sur les murs. Lorsqu'ils s'élèvent vers les sommets de la hiérarchie, ils s'entichent des arts morts de la culture « officielle », en l'occurrence l'opéra et le ballet classique du xixᵉ siècle. Les opéras, jadis populaires et quelquefois révolutionnaires, sont désormais des rituels, de même que les ballets, qui ne furent jamais considérés que comme un spectacle de cirque d'un genre supérieur. À l'origine, le ballet était conçu comme un intermède divertissant aux opéras. Après la disparition des cours royales, à la fin du xixᵉ siècle, les hauts lieux de l'opéra jouèrent progressivement un rôle de substitut pour les nouvelles élites. Ces palais de marbre dorés à la feuille n'étaient-ils pas le reflet de la légitimité d'une civilisation dont le concept même paraissait si confus? Confus, il l'est demeuré. Et si merveilleux que soient la musique et les acteurs, ils ne constituent guère plus qu'une toile de fond.

En bref, contrairement aux classes moyennes supérieures du xixᵉ siècle, nos élites contemporaines sont rarement attachées à la culture. Elles ont

146

tendance à se désintéresser de la pérennité de leur civilisation. De ce fait, elles n'ont qu'une vague notion des conséquences de leurs entreprises. L'absence de perspective historique est peut-être leur défaillance la plus grave, car elles sont incapables d'imaginer un impact dépassant le cadre d'une étude de cas. Dans ces circonstances, on comprend qu'elles se réclament de Socrate. C'est qu'elles n'ont pas les références nécessaires pour se rendre compte à quel point il est idiot de revendiquer cette filiation.

Par ailleurs, l'ensemble de ce processus s'est développé sans prendre en considération la gent féminine. Si les femmes sont désormais nombreuses à y prendre part, le système n'a pas pour autant l'air de vouloir s'adapter à cette réalité nouvelle. La civilisation rationnelle étant une idée fondamentalement masculine, comment s'étonner que notre système éducatif manque à ce point de souplesse? L'éducation de nos élites est incontestablement le premier secteur appelé à être transformé. Étant donné son échec, les femmes seraient bien inspirées de se faire les catalyseurs d'un changement radical, au lieu de rivaliser d'ambition pour obtenir un pourcentage des meilleures places dans des écoles qui ne valent pas la peine d'être fréquentées.

Les méthodes de nos technocrates ne sont que des parodies des stratagèmes utilisés par les courtisans durant les dernières années des monarchies de droit divin. Au XVIIᵉ siècle, à la cour de Russie, « les intrigues alambiquées passaient pour de la perspicacité[27] », une dérive qu'on retrouverait de nos jours dans la plupart de nos élites. Les modes d'accès au pouvoir ne sont qu'une version pseudo-scientifique des coutumes de cour. On a de la peine à croire que les femmes modernes puissent avoir intérêt à s'y plier. Toutefois, si elles veulent battre nos élites sur leur propre terrain, il n'y a certainement pas d'autre choix.

Notre problème tient avant tout à notre conviction du bien-fondé d'une élite unique, polyvalente, recourant à une méthodologie également polyvalente. Tout cela est né de notre volonté d'assurer une cohésion sociale fondée sur la raison. Nous avons incontestablement besoin d'une base sur laquelle édifier une perspective morale globale. Faute de quoi nos communautés ne peuvent fonctionner. Cependant, une société qui enseigne la philosophie de l'administration et la « résolution de problèmes » comme si ces éléments constituaient le *nec plus ultra* du savoir, et qui se préoccupe de créer des élites douées dans la gestion, a perdu non seulement tout bon sens, toute notion des valeurs morales, mais également sa compréhension des progrès techniques. Les gestionnaires sont tout aussi incapables de résoudre des problèmes que de promouvoir la créativité, dans quelque domaine que ce soit. Ils ne peuvent que gérer ce qu'on leur confie. Si on s'avisait de leur en demander davantage, ils déformeraient tout ce qui leur passerait entre les mains.

Pour qu'une civilisation occidentale soit en bonne santé, il faut que, dans le cadre d'une perspective morale relativement intégrée – un consensus sur les principes démocratiques fondamentaux, par exemple –, une myriade d'idées et de méthodes s'affrontent les unes aux autres. Par le biais de conflits « civilisés », la moralité présumée d'une société se trouve constamment mise à l'épreuve. Ces tensions, tant émotionnelles, intellectuelles, que morales, sont précisément ce qui la fait progresser. Ce sont là des contradictions essentielles au bon fonctionnement de la démocratie ; et elles sont génératrices de progrès technologique.

En misant sur une méthode de management globale entre les mains d'une élite unique, nous confions le pouvoir à des gens dont le principal talent consiste à éliminer ces contradictions, en apparence tout au moins. L'échec, l'erreur laissent nos gestionnaires relativement indifférents. En revanche, la démonstration publique de solutions contradictoires les met dans tous leurs états. Ils ne sont évidemment pas les seuls à réagir de la sorte. Le Héros, cette incontournable création de la civilisation technocratique, suit le mouvement. Le Héros pousse le bouchon plus loin encore, dans la mesure où il n'est, au fond, qu'un exploiteur enclin à dénaturer l'attachement des élites à des vérités absolues.

Comment peut-on mesurer les valeurs d'une société lorsque toutes les décisions y sont prises sur la base d'une logique préétablie ? Les examinateurs de l'ENA recommandent à leurs élèves de dominer le problème en l'attaquant « d'en haut ». En haut par rapport à quoi ? La société ? Ses croyances, ses normes, ses traditions morales ? Ce qu'on leur enseigne là est une manière d'efficacité affranchie de toute réalité sociale. Plus la création de cette élite est réussie et spectaculaire, plus il y a de chances que la société s'en aille à la dérive.

On imagine mal comment on pourrait régler ce problème, à moins de ramener notre conception du système éducatif à des considérations pratiques, en commençant par supprimer la fonction canalisatrice de l'éducation élitiste.

Jefferson, fondateur et mécène de l'université de Virginie, refusait que son établissement distribue des diplômes qu'il jugeait prétentieux et impropres à l'enseignement. De surcroît, il estimait qu'ils ne préparaient nullement à des responsabilités futures. Ce n'était pas de l'idéalisme : c'était l'opinion du plus remarquable praticien de la raison. On a perverti l'objet des universités. Apprendre est devenu une activité destinée spécifiquement à permettre d'empocher un diplôme.

Michel Gaillard l'a souligné [28], nous avions besoin, ou nous pensions avoir besoin, de ces sortes d'élites quand nos sociétés étaient encore mises en question de l'intérieur par le pouvoir arbitraire. Ce n'est plus le cas aujourd'hui. Et nous ne pouvons prendre comme prétexte la permanence de ce pouvoir en dehors du monde occidental pour entretenir une fausse élite au sein de notre propre société.

« Il est très dangereux de croire que seules les émotions peuvent affoler l'esprit », écrivait Northrop Frye [29]. Nous avons adopté l'approche analytique avec un enthousiasme tel que les contrepoids possibles – une perspective linéaire de l'histoire par exemple – sont devenus caducs et ont été jetés aux oubliettes. Ce n'était pas du tout ce qu'avaient prévu Jefferson et les philosophes du xviiᵉ siècle. L'analyse avait pour objet de débusquer les erreurs et la superstition. Mais des références claires et pratiques à l'expérience du passé constituaient la base sur laquelle l'homme rationnel devait fonder son examen abstrait. Les Encyclopédistes se donnèrent beaucoup de mal pour définir ce qui s'était déroulé avant leur époque. Car les pouvoirs établis de l'Église et de la monarchie avaient précisément rompu ces liens afin d'imposer des vérités absolues légitimant leur pouvoir. Jefferson a beaucoup songé aux réalités pratiques de l'avenir, avec un optimisme raisonnable. Il ne cessait de mettre en œuvre une approche analytique et scientifique étayée par une vision globale et consciente du passé. Il conseillait invariablement aux jeunes gens d'associer une analyse positive à une base historique linéaire : cela constituait à ses yeux la meilleure manière de changer en limitant les risques éventuels. L'université de Virginie lui fournit l'occasion de mettre ses principes en pratique [30].

Cette approche prudente fut balayée par les forces de la raison pure. À la place, nous avons une élite qui s'est édifiée sur – et dépend de – la mort de la mémoire. Pas seulement la mémoire du passé lointain. Celle du passé récent aussi. Voire du présent. On pourrait tout aussi bien parler de la fin de la relativité ou de toute forme de comparaison. Il ne reste que des souvenirs bon marché, presque nostalgiques, méthodiquement utilisés à des fins de patriotisme et de publicité. La véritable mémoire ne sollicite pas de regrets. Ce n'est pas davantage une force conservatrice que l'analyse n'est un outil du changement. Le souvenir et l'avenir font partie d'un réseau indissociable qui nous aide à nous rappeler précisément les fondements sur lesquels s'est édifiée notre civilisation et, partant, à orienter nos actions de manière à satisfaire nos besoins et à servir nos intérêts.

En accueillant à bras ouverts l'analyse technocratique, nous avons gagné l'illusion que chaque jour est un nouveau jour, que chaque projet peut être discuté comme si c'était la première fois. Cependant, ce n'est qu'une illusion. Aujourd'hui n'est pas un nouveau jour. Le bon sens nous dit que c'est à la fois celui qui suit hier et celui qui précède demain. L'éducation de nos élites nous a fait oublier cette évidence.

Quant aux sciences sociales, qui ont monopolisé notre mémoire au cours de ce siècle, en promettant d'en explorer les moindres recoins – y compris nous-mêmes –, elles ont simplement réussi à fragmenter notre civilisation et à nous la faire perdre de vue. En occupant la plupart des domaines humanistes, elles ont également contribué à miner l'humanisme.

Pour améliorer cette situation, il faudrait commencer par éliminer ce mépris envers le public qui est si profondément ancré dans l'éducation de nos élites. Selon Jefferson, « de par leurs constitutions, les hommes se répartissent naturellement en deux catégories : 1. Ceux qui redoutent et se méfient du peuple et souhaitent lui soutirer tout pouvoir pour le confier aux classes supérieures; 2. Ceux qui s'identifient au peuple, ont confiance en lui, le chérissent et le considèrent comme le dépositaire le plus sûr et le plus honnête des intérêts publics, même s'il n'est pas le plus sage [31] ». Au terme de *classes supérieures*, il faut substituer *classes gestionnaires ou technocratiques*. Ces gens-là ont profité de la confiance que le public mettait dans leur jugement pour faire admettre que la sagesse était la qualité essentielle, toutes les autres étant secondaires, voire dangereuses pour l'intérêt public. À telle enseigne qu'honnêteté et sécurité deviennent des métaphores de naïveté. Or cette sagesse se trouve réduite à une vision unique, étroite, qui est la leur. En d'autres termes, nos élites appartiennent à la première catégorie définie par Jefferson. Elles redoutent le peuple et se méfient de lui.

Curieusement, la création d'élites compétentes ne devrait pas constituer un problème. Dans des sociétés aussi riches et denses que les nôtres, cela devrait même se faire tout seul. Si une société est fondée sur des bases saines, elle trouve des débouchés aux niveaux requis, ou elle les crée. Plus ces débouchés sont variés et contradictoires, mieux c'est. La manière de procéder diffère d'un pays à l'autre. Il en va de même pour l'éducation élémentaire, générale. Inutile de chercher des solutions globales. Sauf la nécessité absolue de détruire l'idée que de telles choses existent. Il faut à tout prix démanteler la structure obsessionnelle qui nous emprisonne et faire exploser la logique verticale qui domine l'éducation.

Dans le même temps, il n'est pas étonnant que nos États-nations, si démocratiques soient-ils, ne parviennent pas à trouver des idées susceptibles de nous sortir de nos difficultés économiques et politiques. Pour gouverner une démocratie, il faut constamment prendre le pouls de la population. Entre nos élites méprisantes, repliées sur elles-mêmes, et notre système d'éducation publique en déconfiture, nous avons perdu l'unité nécessaire pour évaluer ces pulsations.

Si Voltaire revenait parmi nous, il est peu probable que la jeune génération de technocrates reconnaîtrait en lui un père spirituel – ni que lui reconnaîtrait en eux ses enfants. Peut-être verrions-nous se renouveler l'histoire que conte Dostoïevski. À Séville, au xvie siècle, le Christ réapparaît au lendemain d'un autodafé au cours duquel le Grand Inquisiteur a fait subir, en grande pompe, le supplice du feu à une centaine d'hérétiques, sous les yeux de toute la cour et de la population. Le cardinal reconnaît le Fils de Dieu, le fait arrêter et menace de le brûler à son tour, à moins qu'il ne quitte la ville. Dans le cas de Voltaire, nos élites s'évertueraient à le marginaliser à force d'arguments logiques prouvant que ses idées souffrent d'un manque total de professionnalisme.

L'attaque en règle viendrait des cinq professeurs de Harvard auteurs de *La Gestion des ressources humaines* [32]. Organigramme à l'appui, ils prouveraient irréfutablement que cela n'a aucune importance que Voltaire ait eu tort ou raison. Sa seule présence porterait atteinte à la stabilité de la société. Énarques et structuralistes seraient mis à contribution pour démontrer qu'il n'était qu'un charlatan. Sinon, comment un homme aussi intelligent aurait-il pu mettre en péril les intérêts de sa propre nation ? Quant aux politicologues, soutenus par un chorus de poststructuralistes, ils s'empresseraient de démontrer que Voltaire n'a jamais compris ce qu'il disait, et ils procéderaient à une analyse strictement « professionnelle » de ses écrits.

Comme ultime témoin à charge, les plaignants seraient sans doute bien inspirés de faire appel au Dr. Madsen Pirie, président du British Adam Smith Institute. Ce dernier eut une influence considérable sur le gouvernement de Margaret Thatcher. Parmi ses succès, mentionnons la rationalisation – la destruction – du National Health Service, la Sécurité sociale britannique. Il affirmerait probablement que Voltaire fut un mauvais voltairien, dans la mesure où c'était un précurseur inconscient du socialisme. Il prouverait toutefois qu'il est lui-même un voltairien pur et dur, contraint par conséquent de renier son maître. Il défendrait ce point de vue avec la conviction inébranlable d'un professeur de logique, le métier qu'il exerçait jadis.

Il va sans dire que Voltaire serait enchanté de faire l'objet d'une telle attaque : les professeurs de logique faisaient partie de ses ennemis jurés. Sa riposte consisterait peut-être à dire que, en créant des élites obsédées par le processus intellectuel fabriquant des décisions, nous avons éliminé d'emblée préjugés et superstition. Nous avons également confié notre sort à des hommes qui n'ont aucune relation avec les organismes qu'ils gouvernent. C'est à dire que nous avons abandonné au hasard des considérations telles que la responsabilité sociale, l'identification avec l'organisme et la foi en ce que cet organisme représente. Autant d'éléments rayés du processus décisionnel.

Certes, chacun de ces éléments porte en lui le risque d'une décision irrationnelle. Mais sans eux, seule demeure l'abstraction, privée de bon sens et de responsabilité morale. La raison, si loin du monde sensible, devient alors une série d'affirmations gratuites, coupées de la mémoire. Et les élites qui mettent ces abstractions en pratique cèdent à la tentation de la compétitivité. Autrement dit, un état de choses caractérisé par une ambition démesurée, sans objectif véritable, et une obsession aveugle du profit. Au lendemain d'exécutions capitales d'individus condamnés pour blasphème, Voltaire affirmait que « tout homme sensible, tout homme honorable, doit avoir la secte Chrétienne en horreur ». S'il vivait aujourd'hui, il étendrait probablement cette répulsion à la secte Rationnelle.

CHAPITRE VI

Une floraison d'armes

Nous vivons dans une économie de guerre permanente. L'armement est aujourd'hui le premier secteur des biens d'équipement en Occident. Il occupe également le premier rang dans le commerce international, bien avant le pétrole, l'automobile ou l'aviation.

Bien des gens s'imaginent que le réarmement fut limité, chronologiquement et géographiquement, aux États-Unis et aux huit années de l'ère reaganienne. En réalité, tout a commencé vingt ans plus tôt, et le phénomène s'est très vite généralisé. En dépit des tendances actuelles à la détente et à la démilitarisation, rien n'indique que le courant va s'inverser. Il n'est même pas question de baisses de production ou de changements économiques susceptibles d'incidences plus que symboliques sur le système.

Quels que soient les critères invoqués – historiques, économiques, moraux ou tout bonnement pratiques –, si une économie est saine, il n'y a aucune raison pour que l'armement y occupe la première place, à moins que le pays concerné se trouve en guerre. Et même dans ce cas, cette prépondérance passerait pour une aberration qu'il faudrait supporter tant que les événements le requièrent, pas au-delà.

Le boom de la production d'armements nous offre une démonstration parfaite de la manière dont fonctionne le système rationnel. Ces énormes industries sont le résultat de politiques conscientes. Elles ont nécessité une coopération de longue haleine entre les élites modernes, hommes politiques, bureaucrates, chefs d'entreprise, officiers d'état-major, scientifiques et économistes. La création d'une économie fondée sur l'armement a sans doute été l'une des heures de gloire du système rationnel. Tout s'est déroulé avec une pureté, une malléabilité structurelle, une intelligence froide et abstraite que la réalité, c'est-à-dire des populations incontrôlables et des économies imprévisibles, n'a pas réussi à troubler le moins du monde.

C'est précisément cette abstraction qui a empêché le citoyen de prendre la mesure de la situation. Nous croulons littéralement sous les informations. Pourtant, les statistiques ne veulent strictement rien dire : elles sont les virgules et les points-virgules de la langue de tous les jours – parce que ce sont les technocrates qui s'en servent pour orner leurs raisonnements complaisants. Le citoyen a élaboré à cet égard des défenses inconscientes. Dès qu'il entend un chiffre, il bloque aussitôt toute perception des valeurs. Dans une situation semblable, la résistance intellectuelle est pour ainsi dire impossible. Par conséquent, faire la sourde oreille est une réaction saine. Malheureusement, il est tellement difficile d'user des statistiques que même ceux qui seraient en mesure de nous communiquer des vérités relatives finissent par s'y perdre.

Dire par exemple que les ventes d'armes annuelles, nationales et internationales confondues, sont évaluées à quelque 900 milliards de dollars n'a pas le moindre effet [1]. Pour commencer, ce chiffre est de toute évidence inexact. À un tel niveau, la précision est inconcevable. Cette donnée nous fournit cependant une approximation : on en retire la conviction que les ventes d'armes sont importantes, colossales, d'une amplitude inimaginable.

En réalité, personne – pas plus le simple citoyen que le banquier ou le ministre – n'a la moindre idée de ce que peuvent représenter 900 milliards de dollars. L'argent est en soi une notion abstraite. On peut imaginer ce que signifient de petits montants en les comparant à des équivalents concrets. Certains sont en mesure de concevoir le pouvoir d'achat de sommes nettement plus élevées. Les responsables de grosses entreprises peuvent avoir une idée assez précise de ce que représentent plusieurs centaines de millions de dollars. Au-delà d'un certain seuil, le concept de quantité finit toutefois par nous échapper.

Robert McNamara lui-même, inventeur de systèmes de contrôle financier pour l'industrie automobile, le secrétariat à la Défense et le développement des pays du tiers monde, fut dans l'incapacité de concevoir une méthode susceptible de réglementer l'application pratique de sommes pareilles. À l'époque où il détenait les rênes du pouvoir, il perdit lui-même le contrôle des finances de la défense et du développement. Ce qui ne veut pas dire que quelqu'un d'autre s'en serait mieux sorti. Aucun banquier, aucun économiste ayant pris part à l'élaboration de ces systèmes ne fut en mesure de contrôler son budget. Les dépassements budgétaires sont devenus – et demeurent – inévitables dès qu'on manipule des chiffres dépassant l'imagination. Si rigoureux que puissent être, techniquement, les dispositifs de contrôle budgétaire, tout le monde, du citoyen aux responsables eux-mêmes, finit par admettre tacitement que ces réglementations financières n'ont pas la moindre efficacité.

Le problème est le même lorsqu'on essaie d'imaginer un exploit sportif. Presque tout le monde peut concevoir ce que cela représente de sauter par-dessus une barre placée à un mètre de hauteur. Parce que nous avons tous essayé. Beaucoup pourraient imaginer atteindre 2,43 m – le record du monde actuel – si le sort leur a attribué de longues jambes et une musculature exceptionnelle. On pourrait même envisager de sauter un mètre de plus. Mais un saut en hauteur de dix mètres est inimaginable, il relève du domaine de la bande dessinée.

Le budget annuel de la défense aux États-Unis dépasse à lui seul les 300 milliards de dollars. Alors à combien peut s'élever l'ensemble des budgets de défense de la planète ? Combien de milliers de milliards ? Sans compter que ce chiffre ne prendrait même pas en considération certains secteurs, orientés vers la défense, dépendants d'elle ou subventionnés par elle. Toutes les estimations relatives à l'influence de la défense sur nos industries sont sous-évaluées, car les programmes militaires sont intimement imbriqués dans des secteurs théoriquement civils. De sorte qu'il est impossible d'obtenir des chiffres fiables. En Suède, par exemple, où des tentatives relativement sérieuses ont été faites pour comprendre ce phénomène, on estime que la production civile ayant des applications militaires équivaut à celle des productions purement militaires. On peut donc prendre les chiffres de la production nationale d'armement pour chaque pays de la planète et les multiplier par deux, tout simplement. Inutile de préciser que nous n'avons pas la moindre idée de l'impact financier ou structurel auquel il faudrait s'attendre si on supprimait ces investissements directs et indirects. Combien d'industries et de programmes apparemment sans rapport aucun avec la défense en pâtiraient ou s'effondreraient du jour au lendemain ?

Il faut se souvenir que si l'éducation, les services sociaux, les infrastructures routières représentaient ensemble moins de 15 % du budget fédéral américain en 1988, la défense, elle, évaluée à 312 milliards de dollars, en absorbait 33 %. On estime généralement qu'un quart du PIB (Produit intérieur brut) est orienté vers la défense.

La France menant depuis trente ans une politique soutenue de protection et de développement de ses industries de défense, il y a fort à parier que la part de son PIB dépendant du secteur militaire est encore plus élevée. Cette stratégie avait pour objectif d'opposer une alternative à l'armement américain, tout en profitant des investissements militaires pour financer la technologie civile française de pointe. De surcroît, la France exporte 40 % de sa production militaire. Ce qui n'a d'ailleurs rien d'exceptionnel. La Grande-Bretagne en exporte pour sa part 33 %. Vu sous un autre angle, l'armement représente plus de la moitié des biens d'équipement exportés par la France [2].

Même ces chiffres officiels sont sous-évalués. Une grande partie des ventes d'armes ou de pièces détachées est tenue secrète pour des raisons de sécurité. Elle n'apparaît dans aucune statistique. Et les prix concernant les ventes d'armes ne peuvent pas être considérés comme des prix « réels ». Ils sont faussés par d'importantes subventions, des inflations ou des déflations artificielles. Celles-ci sont déterminées à leur tour par une multitude de compromis, justifiés par des considérations de politique

154

étrangère et de commerce international, par l'emploi local et la sécurité nationale.

Exemple classique pendant les années soixante et soixante-dix : le prix du Mirage, l'un des avions de chasse les plus remarquables qui ait jamais été construit, si on en juge par le nombre d'appareils vendus. L'un de ses principaux attraits n'était autre que son prix ridiculement faible, résultat de calculs interminables fondés sur des facteurs tels que la déduction du prix des réacteurs. Le gouvernement français achetait ces réacteurs à leur constructeur, la SNECMA (Société nationale d'étude et de construction de moteurs d'aviation), entreprise nationalisée, à un prix généreux. Un prix qui ne fut jamais rendu public et qui assurait à la compagnie des résultats florissants. Après quoi, les autorités vendaient ces moteurs à Dassault, une société théoriquement privée, à un prix estimé convenable pour garantir des ventes à l'étranger. Là encore, ce montant était gardé secret. En conséquence, Dassault pouvait s'engager dans telle ou telle négociation internationale avec une fantastique marge de manœuvre. Si la vente d'un avion à une nation étrangère convenait à la politique étrangère française, Dassault pouvait vendre meilleur marché que n'importe quel concurrent.

Dans ces circonstances, comment connaître le coût réel du Mirage ? Quel pourcentage du PIB représentait-il ? La société, SNECMA ou Dassault, faisait-elle des bénéfices sur ses ventes ? Si dans les chiffres annuels annoncés par la France en matière de production d'armement, de ventes à l'étranger, de balance commerciale, de taux d'inflation ou de niveaux de productivité, un réacteur est évalué au prix fallacieux de cent francs, peut-on imaginer que ces calculs soient exacts ? Où convient-il d'établir une distinction entre l'aide étrangère, l'assistance militaire extérieure, la politique de l'emploi et le développement industriel ? Même si on pouvait répondre à toutes ces questions, on ne serait toujours pas fixé sur une question beaucoup plus indirecte : le prix réel d'un réacteur vendu à un pays africain démuni mais producteur d'uranium, dont on souhaiterait contrôler les approvisionnements de manière à alimenter sa propre industrie nucléaire, militaire et civile. La France ne produit pas d'uranium, mais elle possède le troisième arsenal nucléaire du monde et des centrales nucléaires capables de couvrir plus de 50 % de ses besoins énergétiques.

Les chiffres américains sont tout aussi édulcorés que les français, bien qu'ils soient fixés selon des méthodes différentes. Par exemple, le Pentagone a mis au point un programme spécial, destiné à la distribution de ses surplus d'armements aux alliés des États-Unis, dans le tiers monde notamment, qui n'ont pas d'autres moyens de se procurer des hélicoptères d'attaque modernes. Or il se trouve que seuls les coûts de « remise en état » et d'expédition de cet équipement, comparativement dérisoires, apparaissent dans les calculs officiels.

40 % des scientifiques américains travaillent sur des projets liés à la

défense. Peu avant l'effondrement de l'URSS, l'OTAN annonça que pour l'Union soviétique ce chiffre se situait encore aux alentours de 75 % ; 40 % de l'industrie soviétique étaient consacrés à la production militaire. Un rapport des Services de recherches du Congrès, datant de 1987, plaçait l'Union soviétique au premier rang des fournisseurs d'armes aux pays du tiers monde (60 milliards de dollars de 1983 à 1986). Une donnée confirmée par le SIPRI, un institut de recherches suédois indépendant. Depuis la crise soviétique, on s'accorde à dire que les États-Unis ont pris la première place. Le SIPRI situe les Soviétiques en deuxième position, après les États-Unis, en matière de ventes d'armes globales[3]. Washington soutient que le SIPRI constitue une source hostile. Quoi qu'il en soit, à de tels niveaux, l'ordre n'a plus beaucoup d'importance, et les nouveaux chiffres officiels en provenance de Moscou sont probablement aussi précis que les données occidentales relatives à nos propres productions.

De nombreux experts estiment que le volume réel de ventes d'armes est en réalité deux, trois, voire quatre fois supérieur aux 900 milliards de dollars obtenus en additionnant toutes les statistiques disponibles. Cela ne servirait pas à grand-chose d'essayer de « digérer » ces données. Le fait même qu'elles soient inconcevables devrait nous donner une idée claire de la situation. Nous avons établi, et en dépit de toutes les difficultés économiques nous continuons à établir, des records historiques en matière de dépenses militaires, et cela dans un monde prétendument en paix.

La politique de réduction des armements initiée par Gorbatchev et Reagan séduit l'imagination. Il ne fait aucun doute que c'était une bonne chose : ces initiatives allaient incontestablement dans le bon sens. En vérité, ce n'était que l'extrême pointe du monumental iceberg constitué par les dépenses et les équipements militaires. Cette bonne nouvelle était du reste tellement insignifiante qu'elle eut un impact historique à peu près équivalent à celui du pacte Briand-Kellogg. Quant à la vague d'enthousiasme que suscite aujourd'hui la réduction des budgets militaires sur l'ensemble de la planète, il faut souligner que ces restrictions concernent exclusivement les taux de croissance annuels. Les budgets eux-mêmes continuent à battre allégrement tous les records. Même si on les diminuait de façon considérable – de 25 % par exemple –, ils n'en demeureraient pas moins largement supérieurs aux niveaux maximaux atteints en temps de guerre. Quoi qu'il en soit, ces coupes massives n'auront pas lieu. La guerre du Golfe a eu pour effet un réarmement généralisé du monde islamique et une réévaluation de l'armement, tant en Occident que dans l'Union soviétique éclatée. Une réévaluation qui ne manquera pas d'entraîner le retrait d'une partie des anciens systèmes d'armement, nucléaires ou conventionnels, qui fera grand bruit à coup sûr. On assistera, en parallèle, à une inévitable vague de modernisation fondée sur les technologies de pointe. L'abandon du *statu quo* par les deux superpuissances a engendré un nouvel élan d'optimisme quant à la réduction massive de la production d'armements. Il a également provoqué une formidable explosion de nationalismes, accompagnée de sérieuses rivalités raciales, qui fait éclater les nations en unités toujours plus petites. On peut s'attendre que cela provoque une expansion du marché de l'armement, et non l'inverse.

Le volume inimaginable de cette production et de ces échanges explique sans doute que les hommes politiques, la presse et le public soient indignés par les miniscandales militaires qu'ils imaginent. Comparez les 20 à 30 millions de dollars impliqués dans l'affaire de l'Iran-Contra à un contrat d'armement moyen, s'élevant aux environs de 300 à 400 millions de dollars. Dans le commerce des armes, 20 millions de dollards est un montant si faible qu'il passe inaperçu aux yeux des professionnels. Toutefois, le public s'est emballé pour l'affaire de l'Irangate parce que la somme en jeu était aisément imaginable et pouvait devenir la proie d'une indignation morale trop longtemps contenue.

En attendant, chaque année, le Pentagone « perd » mystérieusement la trace de l'équivalent de un milliard de dollars en armements et équipements [4]. Les budgets, les coûts et les stocks ont une telle ampleur qu'il n'y a pas moyen de les soumettre à une méthode comptable, si complexe soit-elle. Si ces chiffres peuvent s'expliquer, en revanche il est impossible de les réduire à une séquence rationnelle. Ils échappent donc à tout contrôle. À telle enseigne que la perte de un milliard de dollars devient une simple donnée statistique.

Alors que l'Amérique retournait tous ses paillassons dans l'espoir de retrouver les 20 millions de dollars de l'Irangate, personne n'était tenu responsable de la perte de un milliard de dollars. Il n'y eut pas un seul licenciement. L'aveu de cette disparition donna lieu à quelques entrefilets dans les journaux. Après quoi, on s'empressa d'oublier toute l'affaire. Ce milliard de dollars volatilisé, révélateur d'erreurs et d'incompétence, montre la formidable liberté d'action des fraudeurs, si l'on considère que la Défense est le principal acquéreur de biens et de services aux États-Unis.

À l'époque de l'Irangate, la Commission d'audit du Pentagone achevait une enquête de quatre ans sur les surfacturations des fournisseurs. Elle découvrit que 95 entrepreneurs avaient triché sur les coûts dans 365 contrats sur 774. Les majorations s'élevaient globalement à 788,9 millions de dollars. La Rockwell International Corporation, dans un seul contrat sur la vente de 340 bombes, avait majoré sa facture de 7,4 millions de dollars. Alors que la nation était ébranlée à propos des 12 millions de dollars d'Adnan Khashoggi, les enquêteurs fédéraux avaient toutes les peines du monde à déposer des plaintes pour fraude contre les entrepreneurs impliqués dans ces 365 cas [5].

Les hommes politiques chargés de rendre compte des dépenses militaires affirment que nous sommes en paix. Ils parlent d'une paix acquise grâce à la puissance des systèmes de défense. Selon leur allégeance politique, ils justifient ces dépenses astronomiques au nom de la démocratie, du capitalisme, du socialisme, du communisme, de la dictature du prolétariat ou de la lutte contre les forces colonialistes. Ils admettent aussi, avec un haussement d'épaules, que si ces budgets de défense sont trop élevés, ils sont aussi indispensables.

Tant qu'elle ne détient pas le pouvoir, la gauche monte en épingle le commerce des armes. Elle en fait le symbole du complexe militaro-industriel prophétisé par cet étrange tandem que représentent l'intellectuel marxiste américain C. Wright Mills et le gestionnaire conservateur Dwight D. Eisenhower. Lorsqu'elle est au pouvoir, elle se conforme à l'attitude de la droite. Laquelle tient toujours les mêmes discours sur ce sujet, qu'elle soit dans la majorité ou dans l'opposition. Ainsi les gouvernements de gauche comme de droite déplorent-ils la situation, c'est-à-dire la nécessité de faire face à des ennemis qui se soucient de leur population comme d'une guigne et dépensent des fortunes en armement. Les autorités occidentales affirment ainsi qu'elles n'ont pas d'autre solution que de suivre le mouvement. Au cours des trente dernières années, les gouvernements socialistes de Grande-Bretagne, de France et d'Allemagne ont poussé ce raisonnement jusqu'à la perfection. Compte tenu des événements récents d'Union soviétique, cette rhétorique est périmée. Elle commence pourtant à ressurgir, sous une forme convenablement amendée.

Quant au grand centre gauche, qu'il s'appelle libéral, démocrate, socio-démocrate ou gaulliste, il reste plutôt discret. Les hommes de réforme savent pertinemment que l'expansion de la production d'armes a eu lieu en grande partie lorsqu'ils détenaient le pouvoir. Ils savent aussi qu'ils ont appliqué les méthodes modernes les plus rationnelles, et qu'il en a résulté une rapide accélération des dépenses d'armement. C'est, à leurs yeux, le résultat d'un terrible accident de l'histoire : la coïncidence de la guerre du Viêt-nam avec une croissance de l'inflation, suivie de près par la crise du pétrole. Et pourtant, leurs méthodes rationnelles auraient dû régler ces problèmes relativement limités.

Les hommes de réforme savent aussi qu'en paraissant naïfs ils courent au pire des désastres. Ils n'osent donc pas s'opposer à la production d'armes. Pourtant, ils sont conscients, plus que quiconque, du problème qui se pose.

La production et les ventes d'armes n'ont rien à voir avec l'existence d'un complexe militaro-industriel. Ce terme sous-entend une organisation bien conçue dotée d'objectifs; ce que juridiquement on appellerait de la prévoyance. Mais si le marché des armes ne peut être géré ni comptabilisé par ses propres experts, sans parler des hommes politiques, comment peut-on parler de prévoyance et d'objectifs?

L'épanouissement de l'industrie de l'armement est la démonstration flagrante d'une véritable perte d'objectif des militaires, des administrateurs et des élites industrielles de l'Occident. Tous sont mûs par leur propre confusion et par l'unité de leur méthode. Il n'est donc pas étonnant que les hommes politiques et la presse, qui vit aux dépens des élites dans sa quête de sujets, n'aient pas vu dans l'affaire iranienne autre chose qu'un jeu trivial de manœuvres individuelles. Ils auraient pu profiter de cette vente d'armes, somme toute peu importante, pour dévoiler la manière dont l'Amérique et la plupart des économies occidentales fonctionnent au quotidien. L'Irangate ne fut pas une exception. Ce fut une transaction comme il s'en produit constamment. Une parmi des milliers. Mais pour présenter les choses sous cet angle-là, il faudrait accepter l'idée que, pour la première fois dans l'histoire contemporaine occidentale, le commerce des armes n'est plus un secteur marginal.

Depuis vingt ans, le monde est la proie d'une crise économique doublée de la plus grande confusion. Nos gouvernements préfèrent parler de récessions périodiques, tout en s'efforçant désespérément de débloquer la situation par diverses méthodes : resserrement ou libération du crédit, contrôles des prix et prêts massifs à l'étranger, ou au contraire libre échange, inflation monétaire et dette intérieure exponentielle. Le remède le plus efficace, si on en juge par le nombre d'emplois créés et le volume des ventes, a été la conversion progressive de nos sociétés mi-capitalistes mi-social-démocrates à économies pacifiques en sociétés à économies de guerre.

Cette situation est le résultat d'un long processus qui s'est emballé au début des années soixante, lorsqu'un gouvernement américain de centre gauche, sous la présidence de Kennedy, un gouvernement français conservateur et réformiste dirigé par de Gaulle et un gouvernement britannique socialiste sous la houlette de Wilson décidèrent, chacun pour des motifs différents, que le meilleur moyen de financer leurs propres programmes d'armement consistait à vendre un maximum d'armes à l'étranger. Cette initiative commune s'inscrivait dans le contexte d'une nouvelle conception des dépenses publiques, inaugurée par la première génération de technocrates apolitiques. L'idée de base était qu'une méthode à même de renforcer la production militaire d'une nation aurait aussi pour effet d'augmenter son indépendance.

Charles de Gaulle fut le premier à s'engager dans cette voie. Il prit le pouvoir à l'âge de soixante-huit ans dans un contexte politique instable. À bien des égards, l'économie dont il hérita en 1958 appartenait encore essentiellement au XIXᵉ siècle. Passionné depuis longtemps par la technologie militaire de pointe, et conscient qu'il n'avait pas beaucoup de temps devant lui, il entreprit de moderniser la France civile et militaire à un rythme vertigineux.

Soldat visionnaire, il avait longtemps souffert sous le joug des traditions napoléoniennes sclérosées de l'armée française et d'un état-major abandonné à l'autosatisfaction. Il devait par ailleurs s'accommoder d'officiers qui l'avaient installé au pouvoir et qui s'estimaient tout aussi habilités à le destituer.

Quelles qu'aient été ses ambitions pour la France, la structure militaire était indiscutablement l'élément qu'il comprenait le mieux. Il se mit donc en devoir de révolutionner l'économie par le biais de cette structure : c'était une entreprise beaucoup plus judicieuse qu'on pourrait le croire. De Gaulle était persuadé que la vieille armée empêchait l'éclosion d'une France nouvelle. Il pensait, avec l'idéalisme d'un homme de raison du xviiie siècle, que seule une nouvelle classe d'officiers technocrates pourrait effacer le mythe de l'ancien état-major antidémocratique, antirépublicain, opposé à une guerre mécanisée.

Il s'empressa donc de nommer des officiers technocrates. Les trois grands généraux de l'armée française de l'époque de de Gaulle étaient des ingénieurs – des polytechniciens – qui promurent à leur tour des techniciens. De sorte que leur proportion dans l'état-major passa de 25 % à 50 %.

En parallèle, de Gaulle investit dans le secteur industriel par le biais de l'armée. Ces nouveaux programmes de recherche et de production militaires incitèrent la France à développer ses ventes d'armes à l'étranger. Dès la fin des années cinquante, celles-ci progressaient déjà de 16 % par an, alors que le reste du monde en était encore à 10 % d'augmentation annuelle [6]. Une poussée initiale aisée, qui s'explique par la situation modeste d'où étaient parties les nouvelles autorités.

En réalité, sur le marché international de l'armement, tout paraissait calme. Les États-Unis dominaient la situation en distribuant pour ainsi dire gratuitement leurs armes dans le prolongement du plan Marshall. La Grande-Bretagne tenait allégrement la deuxième place, grâce à la production soutenue de ses industries de guerre et un quasi-monopole sur ses colonies et ses ex-colonies.

La situation explosa le 6 février 1961, quand le Président Kennedy prononça un discours qualifié de « message spécial » devant le Congrès, à propos de la crise de la balance des paiements américaine. Il faisait état d'un gouffre de trois milliards de dollars. Kennedy, en d'autres termes McNamara et les nouveaux techniciens du secrétariat à la Défense, concluait que les États-Unis ne pouvaient plus se permettre de donner des armes en cadeau. Il leur fallait désormais les vendre. Pour être plus précis, l'Amérique devait vendre une quantité d'armes nettement supérieure à celle qu'elle avait distribuée jusqu'à présent. Kennedy présenta cette réalité commerciale sous un jour idéaliste : il parla du besoin de défendre la démocratie et de la nécessité pour les alliés de l'Amérique d'entreprendre une modernisation rigoureuse de leurs capacités militaires. Les alliés devaient endosser une part plus importante de la défense occidentale, en se procurant l'armement américain plutôt qu'en en fabriquant eux-mêmes. En s'approvisionnant aux États-Unis, ils compenseraient le lourd fardeau financier imposé à l'Amérique en sa qualité de garant de la liberté. Kennedy fut très précis. Il préconisa « l'achat de nouvelles armes et de nouveaux systèmes d'armement par ceux de nos alliés qui peuvent financièrement se le permettre ». En clair, le Président encourageait les alliés à subventionner l'économie américaine en achetant des armes. C'était l'illustration parfaite d'un phénomène que de Gaulle a décrit dans ses *Mémoires de guerre* : « Les États-Unis apportent aux grandes affaires des sentiments élémentaires et une politique compliquée. »

McNamara rendit cette nouvelle politique plus confuse encore, en l'étayant d'une explication exprimée dans le jargon rationnel le plus moderne qui soit. Cette déclaration officielle comportait trois parties, dont la première mérite d'être mentionnée ici, en dépit de sa formulation technocratique :

1. Étendre la pratique de la logistique coopérative et de la standardisation avec nos alliés en intégrant autant que faire se peut nos systèmes d'approvisionnement et en concourant à limiter la prolifération des différents types d'équipement [7].

Comme la plupart des décisions politiques de McNamara, celle-ci eut une incidence inverse de l'effet escompté.

En fait, la prolifération démente de tous types d'armement, y compris nucléaire, au cours des vingt dernières années, est le résultat direct de cette politique. Le Conseil de l'Atlantique Nord – la branche politique de l'OTAN – instaura un Comité militaire pour la standardisation, comprenant un représentant de chaque État membre. Sa tâche consistait à fixer des normes en matière d'armement, qu'il s'agisse de balles, d'obus, de fusils, de chars ou d'avions de chasse. Théoriquement, toutes les munitions et pièces détachées des alliés devaient être interchangeables en temps de crise. Par ailleurs, leur stratégie commune devait se fonder sur une compréhension claire et pratique des capacités militaires de chacun. Étant entendu que cette standardisation se ferait au travers de compromis entre les industries d'armement des alliés. Chacun devait acheter autant qu'il vendait, afin que personne ne soit en reste. En d'autres termes, si on choisissait un fusil belge, les chars seraient allemands et les avions américains. Or ce Comité de standardisation avait toujours été la plaque tournante de l'approvisionnement des alliés par les Américains. Avec la nouvelle politique Kennedy-McNamara, il devenait le lieu privilégié des ventes d'armes américaines.

On s'était toujours arrangé pour qu'un volume suffisant d'armes non américaines fût adopté, conformément au système de standardisation, pour ne pas froisser les alliés. Les commandes européennes s'inscrivaient parfois dans le cadre de la politique spécifique de l'OTAN. L'industrialisation rapide du nord de l'Italie par Agnelli-Fiat dans l'après-guerre est due en grande partie à des commandes militaires. L'OTAN était en effet convaincu que la prospérité anéantirait le pouvoir considérable du parti communiste dans cette région, ce qui fut le cas. Cependant, les impératifs de coopération, de standardisation et d'intégration obligeaient les alliés à acheter américain. D'autre part, cette nouvelle politique de ventes coincida comme par hasard avec le lancement de la stratégie nucléaire américaine baptisée Riposte flexible. Or il était clair que cette stratégie, imposée aux alliés par les Américains, ne pouvait s'instaurer sans un réarmement conventionnel massif et généralisé. En d'autres termes, Kennedy alliait utilement une politique de ventes d'armes à une stratégie nécessitant un réarmement global.

Finalement, on dota la nouvelle politique de commercialisation des armes d'un organe spécifique au Pentagone : un service dit de Négociations en logistique internationale, destiné à gérer les ventes d'armes. Son premier directeur, Henry Kuss, était le grand spécialiste des approvisionnements en armes. Il ne fit pas mystère du mobile qui justifiait cette politique. Lors d'un discours prononcé devant une assemblée de fabricants d'armes américains, il s'exprima ouvertement :

> D'un point de vue militaire, nous courons le risque de perdre toutes les grandes relations internationales établies au prix de notre assistance, à moins de nouer des liens militaro-professionnels par le biais de ventes d'armes. [...] La résorption du déficit de notre balance des paiements passe avant tout par un développement du commerce. Toutes les autres solutions envisageables ne feront que différer le problème [8].

Grâce à ses efforts, les ventes d'armes américaines connurent un essor considérable. Mais cette attitude agressive eut aussi pour effet de susciter certaines prises de conscience chez les alliés, les Français en particulier. Ce fut l'une des trois causes à l'origine du désenchantement de la France vis-à-vis de l'OTAN [9]. Les membres du comité de standardisation de l'époque n'ont pas oublié les querelles continuelles opposant les Américains et les Français, Washington souhaitant que tout le monde achète américain, Paris insistant pour que les ventes françaises à l'alliance équilibrent les achats français.

Le général Pierre Gallois, l'un des penseurs militaires les plus originaux que la France ait connus, décréta alors que, si l'Europe acceptait la politique américaine, elle se verrait reléguée au rang de productrice de biens de consommation :

> Pour le reste, autant en faire l'économie en utilisant ce que les Américains ont déjà mis sur pied pour eux-mêmes. Sur le plan commercial, il n'y a rien à objecter à une pareille distribution des tâches. Politiquement et socialement, elle conduit l'Europe occidentale au sous-développement. Il lui faut en effet fermer peu à peu ses écoles d'ingénieurs, ses laboratoires, ses groupes de recherches et, au contraire, préparer sa jeunesse à la pratique du négoce et au travail sous licence étrangère [10].

Paradoxalement, la plupart des économistes occidentaux, convaincus désormais qu'il convient d'abandonner les secteurs industriels que d'autres pays peuvent gérer à meilleur marché, ne sont pas loin d'avaliser cette vision ironique d'un déclin somme toute confortable. Ainsi les États-Unis devraient-ils renoncer à l'acier en faveur de l'Asie, tandis que les agriculteurs canadiens se désisteraient au profit de leurs homologues américains. En attendant, si l'Europe avait retenu cette idée au début des années soixante, elle serait aujourd'hui un désert économique, et non l'une des principales puissances économiques mondiales.

En 1961, les Français refusèrent cette option et entreprirent de restructurer leur économie de manière à rivaliser sur tous les fronts. Mais aussi et surtout afin de produire une technologie militaire de pointe. Le Cinquième Plan mettait l'accent sur six secteurs spécifiques, garants théoriques de l'indépendance et du progrès de la France. Le choix de ces secteurs reflétait incontestablement la politique du ministère de la Défense : énergie atomique, électronique, informatique, aviation, fusées et satellites. Dans le seul domaine de l'électronique, 50 % de la production étaient destinés à la défense. L'ensemble de l'économie française bénéficia de cette injection massive de fonds de recherche. Par ailleurs, la remarquable intégration des élites nationales déjoua toute idée d'un complexe militaro-industriel. L'École polytechnique fournissait les techniciens militaires ainsi qu'une majorité des hauts fonctionnaires et des chefs d'entreprise. Il ne pouvait être question d'un tel complexe alors qu'il n'y avait qu'une seule élite, une source unique de financement et aucune division juridique précise entre la politique, la défense et l'industrie. On ne perdait pas de temps avec des questions de conflit d'intérêts, pour la bonne raison qu'il n'y avait qu'un seul intérêt en jeu.

Pendant ce temps, une société d'aéronautique américaine employait le quart de ses ingénieurs à des fonctions d'analyse ou de contrôle. Il ne pouvait en être autrement dans la mesure où il lui fallait justifier – non expliquer – ses projets dans le détail auprès des autorités, défendre les mérites de ses produits, gagner la confiance des hommes politiques, démontrer le bien-fondé de ses méthodes de gestion et faire la preuve du contrôle qu'elle exerçait sur ses sous-traitants et sur ses coûts. Sans compter qu'elle devait agir de même auprès des gouvernements étrangers pour ses ventes internationales. Dans les entreprises françaises, en revanche, ces secteurs d'analyse et de contrôle étaient réduits au strict minimum, les technocrates gouvernementaux se chargeant de l'essentiel des démarches nécessaires par le biais de la Délégation ministérielle aux armements.

Cette remarquable intégration des élites françaises ne faisait en réalité que préfigurer la situation à venir dans les autres pays occidentaux. Partout ailleurs, les barrières publiques officielles séparant le gouvernement, l'industrie et l'armée permettaient de croire que de véritables contrepoids s'exerçaient encore sur la politique de l'armement. Toutefois, une approche commune des technocrates attachés à ces trois secteurs faisait qu'ils pouvaient mettre au point une politique globale sans se soucier de ces leviers de contrôle. Les subtils ajustements nécessaires pour le public s'effectuaient après coup. L'approbation légale et législative de l'action administrative s'apparentait à une cérémonie d'inauguration avec découpage du ruban.

Les élites françaises savaient pertinemment que leur économie était remodelée sur la base de priorités militaires. Elles étaient convaincues que seule l'armée pouvait se permettre le volume d'investissements nécessaires au maintien des industries de haute technologie, en première ligne de l'innovation.

Cet argument est très prisé en cette fin de XXe siècle. On y a recours partout dans le monde lorsqu'il s'agit de justifier des dépenses militaires. En réalité, les investissements de défense ne sont qu'une facette des investissements publics. Que ces fonds soient alloués à la recherche militaire ou civile n'a finalement pas la moindre importance sur le plan administratif.

Quoi qu'il en soit, au début des années soixante, l'armée française couvrait officiellement 30 % des investissements nationaux en matière de recherche. En réalité, la part des investissements consacrés au secteur militaire était plus proche de 70 % [11]. Le même phénomène s'instaurait aux États-Unis, bien que plus lentement, l'ensemble de l'industrie américaine avant 1973 étant en bonne santé. Dès 1980, toutefois, 40 % de la recherche et du développement américains relevaient des programmes de défense. En 1985, ce secteur représentait 50 % des recherches universitaires. En 1988, 70 % de la recherche et du développement subventionnés par le gouvernement étaient de nature militaire.

Selon de Gaulle, « c'est à l'État qu'il appartient de déterminer, dans le domaine de la recherche, ce qui est le plus utile à l'intérêt public [12] ». Les leaders politiques du monde entier finirent par se rallier à cette idée. Ils n'avaient guère le choix, la situation qu'ils découvraient en prenant leurs fonctions reposant sur un réseau qui unissait inextricablement la recherche et l'équipement militaire. Il n'y avait apparemment pas d'autre solution pour faire de la recherche. Le seul problème était de trouver le moyen de payer à la fois cette recherche et les « besoins » en équipements militaires qu'elle engendrait inévitablement. La solution était simple : il suffisait d'exporter. La vente de 200 avions de chasse à l'étranger financerait les 50 appareils requis par l'aviation nationale.

L'idée qu'on puisse accéder à l'indépendance nationale grâce à une production d'armes à usage interne, dès que des exportations finançaient cette dernière – cette tautologie économico-politico-militaire allait devenir le nouveau credo du monde occidental. Partout, les technocrates, officiers ou administrateurs, expliquaient à leurs employés les formidables avantages que ce cycle apporterait à l'économie nationale. Cette apparente réussite, américaine ou française, était d'autant plus séduisante qu'on la comparait au cuisant échec britannique.

Londres, n'ayant pas envisagé suffisamment tôt une politique d'armement nationale, avait dilapidé les avantages de l'après-guerre, perdant du même coup la plupart de ses anciens marchés coloniaux. En 1966, Harold Wilson et son ministre de la Défense, Denis Healey, décidaient en désespoir de cause de se joindre à la course aux armements. Les deux hommes venaient de la branche la plus à gauche du parti travailliste. Comme pour nous rappeler le manque d'à-propos de toute idéologie, ou du militarisme, dans ce qui était en train de se produire, deux des trois hommes appelés à jouer un rôle dans la création et la gestion de l'organisation britannique chargée de la vente d'armes, le British Defence Sales Group, provenaient de l'industrie automobile. De même qu'aux États-Unis Robert McNamara avait quitté Détroit pour entrer au ministère de la Défense. Ce développement du marché de l'armement fut une entreprise industrialo-administrative, et non militaire. Il s'agissait de produire et de vendre du matériel mécanisé et informatisé. La plupart des gens impliqués dans l'affaire ne pensaient pas sérieusement à la nature du matériel en cause.

Le British Defence Sales Group mit un terme à l'effondrement de l'économie britannique, tout en permettant à la Grande-Bretagne de conserver la quatrième place sur un marché mondial en pleine expansion. À la fin des années quatre-vingt, Londres rivalisait de nouveau avec Paris pour la troisième place.

Quoi qu'il en soit, depuis longtemps déjà, les autres nations occidentales s'étaient engagées sur cette voie. À la fin des années soixante, les Suédois, les Suisses, les Belges, les Allemands et les Italiens parcouraient le monde pour vendre leurs armes. La fin du colonialisme avait donné naissance à de nouveaux États et, partant, à de nouvelles armées ayant besoin d'un armement neuf. Ces gouvernements en herbe voulaient acheter, mais ils n'avaient pas les fonds nécessaires. Un problème somme toute purement technique : il suffisait que les puissances occidentales qui leur vendaient des armes couvrent elles-mêmes leurs dépenses par des programmes d'aide, des prêts bancaires ou des accords de financement d'armements spécifiques. Le tout était facilité par des tarifs subventionnés, particulièrement bas.

En d'autres termes, les vendeurs ne finançaient pas vraiment leurs besoins militaires grâce aux ventes à l'étranger, puisqu'ils finançaient aussi leurs acheteurs. Selon leur système de comptabilité rationnel, un avion de chasse vendu à l'étranger devait à peu près couvrir l'achat d'un appareil équivalent destiné à l'aviation nationale. En définitive, le gouvernement vendeur payait l'un et l'autre. Tout le processus était – et demeure – ni plus ni moins qu'une spirale inflationniste où de l'argent, correspondant au montant de l'endettement, doit être émis afin de financer la production de biens non productifs qui seront stockés sur place et dans d'autres pays.

Après dix ans de rivalités commerciales internationales dans une atmo-

165

sphère survoltée, la crise économique de 1973 précipita gouvernements et entreprises dans une terrible confusion, dont ils n'ont toujours pas émergé. Personne n'a vraiment compris ce qui s'était passé. Les technocrates voyaient bien que les rouages de la croissance étaient gravement bloqués pour la première fois depuis 1945. Ils cherchèrent aveuglément des remèdes, qui échouèrent les uns après les autres. Faire fonctionner la planche à billets. Cesser d'émettre du papier-monnaie. Investir à tour de bras dans l'industrie. Refuser obstinément d'investir dans l'industrie lourde en piteux état. Qu'ils dépensent ou non, qu'ils augmentent les impôts ou non, l'économie restait désespérément inerte.

Le seul secteur qui réagit positivement et rapidement aux stimulations gouvernementales fut l'industrie de l'armement. Des avantages fiscaux visant un secteur industriel normal, des subventions pour la recherche, des fonds d'amortissement ou toute autre mesure d'encouragement relevant des compétences d'un gouvernement sont autant de stimulations susceptibles de relancer la production. Mais cela ne crée pas pour autant des consommateurs. En période de troubles économiques, on ne peut pas dire que les consommateurs se jettent sur les marchandises. Ils limitent au contraire leurs dépenses.

Cependant, l'industrie de l'armement était et demeure un commerce parfaitement artificiel, indifférent aux conditions réelles du marché. L'armement est le produit de consommation par excellence puisque, dans son cas, le consommateur lui-même est artificiel : il s'agit d'un gouvernement, non d'un individu.

Le déplacement circulaire des pions financiers sur l'échiquier économique prit une importance nouvelle. En payant les nations pour qu'elles nous achètent nos armes, ne stimulait-on pas notre économie? N'obtenait-on pas le même résultat en passant des commandes d'armes à l'industrie nationale pour sa propre armée? Plus nos industries fabriquaient d'armements, que ce soit pour le marché intérieur ou pour l'étranger, plus il fallait émettre d'argent. Toutefois, ce procédé ne ressemblait en rien aux méthodes inflationnistes traditionnelles. Les gouvernements fabriquaient des créances complexes, et non des reconnaissances de dettes à l'ancienne mode. De surcroît, il était question de patriotisme et de programmes d'encouragement à l'exportation. Ces compromis internationaux ne pouvaient plus être considérés comme des dépenses. Ils passaient désormais pour des stimulants.

La production d'armes en quantités astronomiques occupait effectivement une main-d'œuvre importante en une période difficile. Même en ne prenant en compte que les industries directement concernées, cela représentait quelque 400 000 emplois aux États-Unis et 750 000 en Europe. Toutefois, la fabrication d'armements ayant acquis un rôle socio-économique accru, savoir si le producteur-vendeur était correctement défendu n'avait plus grande importance. Aujourd'hui, les arguments déterminants en faveur des projets d'armement évoquent l'emploi, la conjoncture industrielle, la balance commerciale et les progrès technologiques. Les fabricants d'armes l'ont bien compris et agissent en conséquence.

En 1981, par exemple, la Rockwell International « vendit » au Congrès le projet du bombardier B-1B en insistant sur le fait que ce dernier se composerait de systèmes construits dans 48 États américains : un argument de poids en matière d'économie politico-industrielle. En 1986, en Grande-Bretagne, Plessey justifia la vente de six systèmes radar AR-3D à l'Iran, pour un montant de 240 millions de livres, en déclarant : « Ce contrat représente deux années de travail pour 1 500 de nos ouvriers. » Les responsables de cette compagnie précisèrent : « Les Iraniens ont promis de ne pas utiliser ce système contre les Irakiens. » Ils se l'étaient sûrement procuré pour faire la chasse aux étoiles filantes! Caspar Weinberger, secrétaire à la Défense sous la présidence de Ronald Reagan, savait au moins s'exprimer sans détours : « Nous devons nous souvenir qu'au moins 350 000 emplois sont en jeu et seront perdus si nous procédons à des restrictions militaires draconiennes. » La fabrication d'armes est devenue la plus importante source de projets créateurs d'emplois en cette fin de XXᵉ siècle. Les néoconservateurs condamnent peut-être les programmes de travaux publics de Franklin Roosevelt ; mais reconnaissons que ceux-ci avaient au moins l'avantage d'assurer la propreté du pays tout en étant relativement bon marché.

Cette idée, qui fait de la fabrication d'armes un moyen efficace pour créer des emplois et empocher des devises étrangères, est d'une naïveté telle qu'elle finit par avoir un certain charme. Croire que les dépenses militaires favorisent l'économie est révolutionnaire en soi. Tout au long de l'histoire, ce secteur a toujours été désastreux pour l'économie. La thèse inverse, qui anime l'Occident en cette fin de XXᵉ siècle, est pour partie une curieuse conséquence des théories keynésiennes. Conséquence née de la conviction que la Seconde Guerre mondiale était nécessaire pour mettre fin à la dépression. Autre aberration des économies actuelles : si Keynes n'a décidément plus la cote de nos jours, la production d'armes est, elle, fortement encouragée.

Pour masquer cette contradiction, les économistes ont conçu une théorie dite du *trickle-down effect*, ou théorie des retombées. Celle-ci leur permet d'affirmer qu'injecter plusieurs milliards de dollars dans un secteur non productif, comme celui des chars, laisse espérer, par ricochet, l'apport d'une centaine de millions de dollars dans le secteur des transports civils. Et que c'est une forme d'investissement industriel efficace.

Les défenseurs de cette doctrine ne sont jamais en peine pour trouver quantité de preuves. Il n'existe pour ainsi dire pas un seul avion, pas un seul équipement radio qui ne soit dérivé d'un concept militaire. Il en va de même des trains à grande vitesse. Des nouveaux alliages. De l'ensemble du secteur de l'énergie nucléaire. De l'électronique digitale. Des communications par satellite. La liste est interminable. Nos leaders politiques demeurent intimement convaincus que c'est la meilleure manière d'organiser la recherche. Pendant sa première campagne présidentielle, George Bush répondait à ses opposants, qui se plaignaient de ce que 70 % des fonds fédéraux attribués à la recherche et au développement allaient à la défense : « Nos détracteurs ignorent l'impact considérable de la recherche militaire sur la science, la technologie, l'industrie et le commerce, et ne se rendent pas compte à quel point elle élargit nos connaissances et contribue à notre prospérité [13]. »

L'intérêt n'est pas de savoir si ce système fonctionne, mais s'il n'existe pas d'autres méthodes, plus efficaces. Pourquoi les gouvernements n'investiraient-ils pas directement dans les secteurs civils, au lieu d'espérer bénéficier de quelques retombées issues de la recherche purement militaire ? Si la recherche civile est véritablement ce qu'ils souhaitent promouvoir, ce système des retombées n'est-il pas un moyen bizarrement détourné d'y parvenir ?

Cela ne veut pas dire que tout l'armement devrait tout simplement disparaître. Ni même que ce soit souhaitable. Il s'agit plutôt de montrer que les priorités de nos économies occidentales n'ont jamais été aussi incohérentes.

Quelle que soit leur formation professionnelle, les nouvelles élites partagent toutes le même point de vue sur la marche à suivre. Cependant les prémisses sur lesquelles se fonde leur raisonnement sont totalement erronées. Ce n'est pas la fabrication massive d'armements en vue de la Seconde Guerre mondiale qui mit un terme à la dépression, mais bien la nécessité, au lendemain du conflit, de reconstruire une Europe dévastée. De sorte que, si nous espérons vraiment enrayer nos difficultés économiques par la voie militaire, nous devons nous arranger pour tout faire sauter le plus vite possible ! Les bombardements massifs de la guerre du Golfe ne furent qu'un premier pas dans cette direction.

En vérité, le rôle central dévolu aux armements dans nos économies entrave considérablement la croissance et voue à l'échec toute perspective de reprise. Le problème des armes – toutes considérations d'ordre moral et humain mises à part –, c'est que ce ne sont pas vraiment des biens d'équipement. Impossible de construire, de faire évoluer ou de développer quoi que ce soit par le biais des armements. On ne peut pas en faire grand-chose, à part les stocker. À moins de s'en servir, évidemment. Une seule et unique fois, dans la plupart des cas. Et dans le seul dessein de détruire. Or le moteur économique de la production est censé être la croissance, non la destruction. En bref, qu'on les amoncelle ou qu'on s'en serve, les armes sont incontestablement des biens de consommation de luxe.

Le marché des armes ne date pas d'hier. Pas plus que la course aux armements. Seulement ses marchands ont toujours été de minuscules pions sur l'échiquier économique, le commerce international des armes occupant une place à peine plus importante. On estima faramineux le coût de l'équipement naval frénétique qui précéda la Première Guerre mondiale. Il s'agissait de quelque 34 cuirassés dreadnoughts du côté des Britanniques et des alliés, contre 20 navires du même type dans le camp allemand et autrichien.

Ces investissements donnèrent lieu à de formidables controverses. Juste avant la déclaration de guerre de 1914, le gouvernement libéral britannique fut sérieusement ébranlé par le différend opposant le secrétaire de l'Amirauté, Winston Churchill, à Lloyd George, chancelier de l'Échiquier. Churchill voulait imposer un budget naval annuel assez important pour acheter de nouveaux dreadnoughts, Lloyd George s'opposait farouchement à cette politique pour des motifs sociaux et économiques. Déterminés à réduire leurs charges financières, les Britanniques avaient commencé à faire pression sur leurs alliés – les Dominions – afin qu'ils construisissent eux-mêmes des bâtiments de guerre. Étant entendu que ces « navires de l'Empire » seraient placés sous le commandement impérial de l'Amirauté. Les avis étaient partagés dans les dominions. Seulement résister à la volonté de Londres, c'était baisser les bras face aux Allemands, se montrer ingrats vis-à-vis de la nation mère et faire secrètement état de républicanisme. Cet argument avait déjà contribué à faire tomber le gouvernement canadien de Wilfrid Laurier en 1911, et il s'en était fallu de peu qu'il causât aussi l'échec de son successeur, Robert Borden. Les partisans de Churchill étaient convaincus que l'acquisition de nouveaux navires empêcherait la guerre, leurs opposants assuraient qu'elle éclaterait d'autant plus vite.

Des discours similaires, relatifs à la guerre froide, se firent entendre dans tout l'Occident dans les années cinquante, au début des années soixante et dans les années quatre-vingt. Toutefois, une différence fondamentale sépare la période d'avant guerre et celle d'aujourd'hui. Depuis trente ans, on a accumulé des arsenaux de guerre colossaux, comme jamais auparavant en temps de paix. Jamais non plus on n'avait consacré à l'armement une part aussi élevée de nos activités économiques en général.

Une chose pourtant n'a pas changé. Les marchands d'armes modernes restent les figures marginales, anonymes, qu'ils ont toujours été. En dépit de sa célébrité, Adnan Khashoggi joua un rôle plus que mineur dans l'affaire iranienne. Les marchands ne sont pas à l'origine des marchés. Ils courent après les affaires en essayant de se faire une place, histoire de récolter au passage quelques milliers, quelques millions de dollars. Ce sont les hyènes d'une industrie contrôlée par les gouvernements, sans lesquels aucune vente d'armes importante n'aurait lieu. Moins de 5 % du commerce des armements est entre les mains des marchands. Et encore, c'est le plus souvent à l'instigation des gouvernements acheteurs ou vendeurs [14]. Pourtant, dès l'instant où le nom de Khashoggi apparut dans le scandale iranien, les journalistes, comme les gouvernants, s'empressèrent de le désigner comme la source du mal. *Time Magazine*, le grand arbitre de la mythologie populaire américaine, fit sur lui sa couverture, en titrant : « Ces obscurs marchands d'armes ». Il présentait des diagrammes compliqués impliquant des gouvernements, des présidents, des ministres et des généraux. Il montrait systématiquement Khashoggi au centre des opérations. Tous les organes de presse couvrant le scandale s'acharnèrent à faire référence aux 12 millions de dollars envolés de Khashoggi. De nos jours, cette somme ne suffirait même pas à acheter un char !

C'est le rôle central des gouvernements dans le trafic des armes qui devrait attirer notre attention. Sans doute avons-nous de la peine à l'admettre, car cette réalité estompe la réputation immorale du commerce des armements. Jadis, il nous suffisait de rejeter la faute sur les marchands d'armes pour ménager une conception superficielle du bien et du mal, où l'intérêt personnel du citoyen restait pour ainsi dire indemne. Quoi qu'il en soit, ce nouvel éclairage des événements nous aide à mesurer l'état des affaires de la nation.

Tout à coup, à d'obscurs monstres d'immoralité tels que Basil Zaharoff, le plus célèbre marchand d'armes du début du xxe siècle, se sont substitués nos propres élus et *nos* employés soi-disant honnêtes – les fonctionnaires. Que doit penser le citoyen de tout cela ? Les hommes politiques peuvent être populaires ou impopulaires. Intègres ou pas. Efficaces ou non. Mais la nature même du processus démocratique nous empêche de voir en eux l'incarnation du mal. Le politique ne peut être corrompu, à moins que le peuple lui-même n'estime qu'il l'est. Quant aux bureaucates, qui sont en fait les « trafiquants d'armes », leur fonction même d'employés du gouvernement les affranchit d'office des contraintes traditionnelles de la responsabilité morale publique.

En outre, les ventes d'armes à l'étranger allègent théoriquement le poids de la défense incombant au contribuable, tout en concourant à équilibrer la balance des paiements. « Quant à la question morale, déclara Raymond Brown du temps où il dirigeait le Département britannique des ventes d'armement, je l'écarte tout simplement de mon esprit [15]. » Son homologue français de l'époque, Hugues de L'Estoile, délégué ministériel pour l'armement, fit une déclaration encore plus conforme aux normes : « Quand on me reproche d'être un marchand d'armes, je pense toujours que lorsque je signe un contrat, je garantis quelque 10 000 emplois sur trois ans [16]. » Quant à Henry Kuss, leur collègue américain, il ne se considérait pas comme un marchand d'armes, mais comme un homme investi d'une mission de rationalisation et de coordination.

La production d'armes est désormais tellement indissociable de ce que l'on considère comme l'intérêt économique national qu'il serait irréaliste, idéaliste, voire simpliste, de songer à la critiquer. Les commentateurs et les pouvoirs publics pratiquent une sorte d'autocensure, aussi généralisée à gauche qu'à droite. En 1986, la Grande-Bretagne ravit à la France la troisième place dans la course internationale aux ventes d'armes. *Libération* réagit en publiant une longue analyse angoissée sur ce qui avait mal tourné. Le journal concluait : « Quelques envolées un peu romantiques ont pu faire regretter que, dans telle ou telle partie du globe, la fameuse " politique de la France " se limite à celle d'un " marchand de canons ". C'est oublier un peu vite qu'on ne peut avoir d'autre politique que celle de sa puissance, c'est-à-dire celle de ses canons : ceux que l'on possède et ceux que l'on vend [17] ». En 1987, la France reprenait hardiment la troisième place.

On peut mesurer, dans le secteur des armes mieux que nulle part ailleurs, l'ampleur des distorsions que subit la politique étrangère et l'inapplicabilité de la loi que provoque la gestion des systèmes. Cela prend d'ailleurs souvent des proportions comiques. Au début des années quatre-vingt, les États-Unis mirent tout en œuvre pour dissuader les Européens de construire une nouvelle génération d'avions de chasse. Les Américains affirmaient que leur prototype était plus performant et meilleur marché. Ce fut peine perdue. En 1985, les Européens créèrent deux consortiums spécialisés, dont le plus important regroupait des intérêts britanniques, espagnols, allemands et italiens, et prévoyait la construction de 800 avions de chasse.

Washington réagit en essayant de s'immiscer dans ce groupement. Les États-Unis n'avaient pourtant pas l'intention d'acheter l'appareil projeté : cinq entreprises américaines travaillaient déjà sur des versions de la nouvelle génération d'avions de chasse américains. Ces cinq prototypes devaient rivaliser à grands frais pour conquérir le marché américain. Si les États-Unis tenaient à s'intégrer dans le consortium européen, c'était uniquement pour trouver de nouveaux débouchés à leurs usines. Les gouvernements sont tellement préoccupés par la création d'investissements et d'emplois grâce à la fabrication d'armements, que Washington aurait probablement accepté de participer à un projet soviétique si on le lui avait proposé. Et Moscou aurait certainement agi de la même manière. Alors que des conflits opposaient indirectement la Chine et l'Occident sur plusieurs fronts, et que d'autres affrontements directs risquaient à tout moment d'éclater, les nations occidentales n'hésitèrent pas à signer des contrats militaires avec Pékin. En contrepartie de quelques millions de dollars, d'ailleurs subventionnés, nous avons ainsi aidé la Chine à devenir un sérieux concurrent des Occidentaux sur le marché mondial des armements.

C'est une des caractéristiques de cet étrange marché des armes : chacun passe son temps à accuser les autres de concurrence déloyale, pour avoir proposé une baisse artificielle des prix de vente. En 1987, le consortium européen Airbus emporta un important contrat aux États-Unis. Ce fut pour Boeing-Lockheed-McDonnell Douglas un échec cuisant sur leur propre terrain. Washington tenta de faire casser ce contrat en accusant les Européens d'avoir considérablement réduit le prix de vente de cet appareil civil, par le biais d'investissements militaires occultes. Cette accusation fit d'ailleurs l'objet d'une note diplomatique, que l'on adresse généralement à un ennemi, non à un allié. La France étant le principal partenaire d'Airbus, le Premier ministre de l'époque, Jacques Chirac, répondit par retour du courrier que si Washington touchait au contrat, un embargo européen sur toutes les marchandises américaines s'ensuivrait. Sans compter, ajoutait-il, que « tous les constructeurs aéronautiques américains sont financés par le Pentagone et la NASA [18] ». Washington dut céder. Bien évidemment, l'une et l'autre partie avaient raison.

Depuis le début du xxᵉ siècle, les grandes nations ont considéré les conflits régionaux comme des terrains d'essai pour leurs équipements de pointe et leurs nouvelles stratégies. De nos jours, dans un monde où la concurrence règne en maître, les producteurs d'armements passent au crible le moindre affrontement survenu dans le cadre de la quarantaine de guerres actuellement en cours sur notre planète, dans l'espoir qu'une de leurs armes aura coulé, abattu ou fait sauter une partie de l'arsenal concurrent.

Si la quasi-destruction de la frégate américaine *Stark* dans le golfe Persique en 1987, et auparavant celle du destroyer HMS *Sheffield* aux Malouines, ont causé un préjudice aux ventes navales américaines et anglaises, elles ont certainement favorisé celles du missile Exocet français. On tire largement parti de tels incidents à l'occasion des campagnes de vente d'armes. La presse mondiale les décrit amplement : c'est une manière indirecte de vanter les qualités de l'armement national. La finalité et les conséquences des combats en train de se dérouler n'ont rien à voir avec cette activité commerciale.

La guerre du Golfe fut le plus vaste champ d'expérimentation militaire depuis la Seconde Guerre mondiale. Le 15 février 1991, en plein cœur du conflit, le Président Bush prit le temps de se rendre à l'usine des missiles Patriot, située à Andover, dans le Massachusetts. Il y prononça un important discours, retransmis en direct sur les ondes internationales. Aux ouvriers rassemblés pour l'occasion, et au monde entier, il déclara en substance que les Patriot représentaient « un triomphe de la technologie américaine » et qu'ils étaient « essentiels au progrès technologique ». Il en profita pour insister sur la nécessité de développer l'Initiative de défense stratégique (IDS). Il réitéra cette propagande mercantile le 6 mars, lors de son discours sur l'état de l'Union, au lendemain de la guerre : « Ils ont réussi grâce à la technologie de pointe américaine. Cette victoire ne laisse plus de doute sur la supériorité des missiles Patriot et les patriotes qui les ont mis en œuvre. » En réalité, des négociations en vue de la vente de dizaines de milliards de dollars d'armement aux alliés américains du Moyen-Orient étaient déjà en cours [19].

Dans ce cas, comme dans bien d'autres, la nation productrice en vient à oublier ses propres intérêts. Ainsi, lorsque des entreprises publiques canadiennes et françaises vendirent leurs réacteurs nucléaires au tiers monde, aucun responsable politique ne se demanda si la prolifération d'armes nucléaires qui en résulterait valait vraiment les quelques centaines de millions de dollars que ces réacteurs rapporteraient. Citons l'exemple d'Henri Conze, principal marchand d'armes du gouvernement français à la fin des années quatre-vingt. En 1987, les temps étaient si difficiles que Dassault fut contraint de licencier 800 employés. Une initiative qui inspira à Conze le commentaire suivant : « L'avenir est très incertain, mais les industriels ne doivent pas se laisser aller à la morosité. Les marchés existent. Le problème est de savoir quand les clients disposeront à nouveau de moyens financiers pour moderniser leur défense. Qui peut dire quel sera le prix du pétrole dans un an [20]? »

En d'autres termes, un homme d'une intelligence supérieure à la moyenne, qui occupe un poste administratif de haut rang, compte sur une nouvelle hausse du prix du pétrole pour que les gouvernements du Moyen-Orient passent de nouvelles commandes d'avions de chasse. Or une telle augmentation aurait eu un effet désastreux sur sa propre nation, puisque la France, à l'instar de la quasi-totalité de l'Europe, importe les hydrocarbures qu'elle consomme. Cet exemple illustre les accès de délire que le commerce des armes peut provoquer.

Il ne faut donc pas s'étonner si la peur de paraître « trop romantique », selon la formule de *Libération*, incite ceux qui se hasardent encore à critiquer ce vent de folie à concentrer leur attention sur le sensationnel et le marginal. C'est-à-dire les marchands qui installent des Jacuzzi dans leurs jumbo-jets, les problèmes psychiatriques des colonels, ou encore ce que tel responsable a chuchoté dans l'oreille du Président des États-Unis à telle heure de la journée dans telle pièce. En réalité, les grandes questions traditionnelles – qui a menti? quelle loi a été transgressée? qui savait? – n'ont plus guère d'importance. Dans le commerce des armes, tout le monde ment, le plus souvent dans l' « intérêt national ». Il s'agit après tout de fonctionnaires ou d'individus subventionnés par des fonctionnaires. Les lois sont presque toujours violées, généralement par ceux qui les ont faites ou qui sont payés pour les respecter.

On comprend finalement assez bien que des hommes intègres soient poussés à user de telles tactiques. Ils ont l'impression d'avoir affaire à des impératifs économiques. Et puis ils sont persuadés que toutes ces opérations font partie d'un vaste plan national, les technocrates de tout poil justifiant tout, de manière systématique, de l'arme elle-même au besoin de l'acheteur potentiel. Enfin, ces transactions se déroulent immanquablement dans un univers calfeutré par le secret, qui leur permet de se laisser aller à des rêves puérils sur la manière dont on peut faire fonctionner le monde.

En 1987, par exemple, 22,4 milliards de dollars furent alloués, dans le cadre du budget américain de la défense, à des « programmes noirs », que l'on s'employa à soustraire à l'attention du public en s'abstenant d'en révéler l'intitulé, la fonction, le coût, ou les trois en même temps [21]. Si les stratégies officielles des hauts fonctionnaires sous-entendent la dissimulation des coûts, des prix, des subventions indirectes ou des considérations de politique étrangère réelles, n'est-on pas en droit d'imaginer qu'ils prennent part à des ventes illicites ou récupèrent des pots-de-vin en écoulant de la marchandise à des pays déclarés ennemis ? Il faut savoir que les licences camouflent le nom de l'utilisateur final. Et l'argent invisible déposé sur des comptes numérotés fait partie du commerce légal des armes, non d'un commerce illicite. Le côté *thriller* de ce secteur avalise une pléthore d'activités douteuses, quand bien même le bon sens devrait montrer aux parties prenantes que cela n'est pas acceptable.

La Grande-Bretagne a ainsi expédié l'équivalent de 50 millions de dollars de pièces détachées de chars à l'Iran, en violation de sa politique officielle. Une loi interdisait en effet la vente d'équipement « létal » à l'Iran et à l'Irak, dès lors que cette transaction aiderait de façon significative l'une ou l'autre des parties. Les auteurs de cette loi entreprirent de la détourner : des pièces détachées pouvaient-elles être considérées comme mortelles ? Comptaient-elles vraiment dans la balance ?

Même en Suède, en dépit des strictes réglementations proscrivant l'exportation d'armes dans des « zones de conflit », on découvrit en 1986 que de hauts fonctionnaires s'en donnaient à cœur joie depuis dix ans. Un véritable arsenal, d'une valeur de plusieurs centaines de millions de dollars, avait été expédié en Iran. À l'ouverture de l'enquête, un haut responsable du gouvernement se jeta sous un train – à moins qu'on ne l'y ait poussé, on ne l'a jamais très bien su.

Martin Ardbo, l'ancien président de la filiale de l'entreprise Nobel, qui se chargea de l'exportation, avoua : « Nous pensions opérer dans un système de double moralité. Ils [le gouvernement et l'inspection responsable de l'équipement militaire] voulaient que nous procédions de la sorte. » Comme toutes les autres personnes concernées, Ardbo s'imaginait qu'en enfreignant la loi il servait son pays [22].

Nos élites pensent que ces distorsions sociales n'ont qu'une incidence passagère, comparée à l'autonomie stratégique financée par les ventes d'armes à l'étranger. En réalité, c'est exactement le contraire qui se produit. Chaque livraison d'armes impose de nouvelles contraintes à la politique étrangère du pays vendeur.

Pour commencer, il faut prendre en compte les coûts faramineux nécessaires pour s'équiper, non seulement dans le dessein de fabriquer une arme, mais pour en construire en quantité, et cela conformément aux impératifs complexes dictés par les marchés internationaux. Ces coûts de production « coincent » le pays fournisseur, qui est forcé de continuer à vendre pour amortir ses investissements et occuper sa main-d'œuvre. Les éventuelles objections sur la clientèle visée, telles que les prescrivait la politique étrangère, ont alors moins de poids que les considérations économiques. Le financement du système de production d'armes devient en lui-même un impératif de politique étrangère.

Mais le comportement du vendeur n'est pas déterminé seulement par l'obligation de vendre. Tout dispositif d'armement nécessite des pièces détachées et des munitions. Le producteur s'assure ainsi des revenus à long terme, pièces détachées et munitions représentant une sorte d' « intérêts sur dépôt ». Malheureusement, ces fournitures régulières ont aussi pour effet de lui imposer des obligations à long terme vis-à-vis de l'acheteur. En refusant de fournir des pièces détachées à sa clientèle, à un moment ou à un autre, un pays a toutes les chances de ruiner sa réputation.

Si cela se produit en pleine guerre, on peut imaginer que le client, privé de munitions, perde la partie. Dans ce cas, les autres nations ne manqueront pas de constater le manque de fiabilité du pays fournisseur. Plus les mobiles éthiques ou politiques invoqués pour empêcher une vente sont spécifiques, plus les conséquences risquent d'être catastrophiques pour le vendeur sur le marché international. Ce fut l'une des justifications alléguées par les employés de Nobel lors du scandale suédois. Ils déclarèrent en effet que, en interrompant ses livraisons d'armes à l'Iran, la Suède aurait compromis sa réputation : ce en quoi ils n'avaient probablement pas tort. Une vente d'armes devient un impératif de politique étrangère. Plus les campagnes de vente d'une nation sont agressives à l'échelle internationale, plus le succès commercial qui en résulte fausse sa politique étrangère.

Quant aux systèmes d'armement complexes dont les producteurs occidentaux veulent s'équiper, ils sont tellement coûteux qu'ils exigent la constitution d'énormes consortiums internationaux. De solides alliances se nouent ainsi ; mais on ne peut pas dire que cela favorise l'indépendance nationale.

Finalement, année après année, un nombre croissant de pays constituent ou développent une industrie d'armement nationale et s'engagent dans la compétition internationale. Ce secteur est aujourd'hui un marché d'acheteurs, et l'obtention d'un gros contrat dépend du soutien militaire promis à l'acquéreur, ou encore d'une aide financière dans des domaines qui n'ont rien à voir avec la défense. En définitive, le vendeur renforce davantage la politique étrangère de son client qu'il ne consolide la sienne.

Quant aux diverses tentatives faites par les pays fournisseurs pour influencer les politiques intérieure ou étrangère de leurs clients, elles se sont invariablement soldées par des échecs. En 1958, dans le cadre du programme de standardisation de l'OTAN, la France adopta le FN belge. Ce fusil fonctionnait avec des cartouches américaines de calibre 7,62. À un moment difficile de la guerre d'Algérie, les États-Unis prétextèrent leur réprobation des guerres coloniales pour interrompre leurs livraisons de cartouches à la France. Les Français étaient convaincus que le véritable motif de cette sanction n'était autre que l'intérêt de Washington pour les gisements de gaz naturel découverts dans le Sud algérien. Cet incident contribua au retrait français de l'OTAN. Il incita la France à concentrer ses efforts sur sa production nationale d'armements.

L'embargo sur les armes à destination de l'Afrique du Sud, imposé par Harold Wilson en 1964, fut le point de départ du rapide déclin des ventes internationales britanniques, qui fit reculer la Grande-Bretagne de la deuxième à la quatrième position. La France prit aussitôt sa place en vendant notamment 64 Mirage, 75 hélicoptères ainsi que plusieurs centrales nucléaires à l'Afrique du Sud. Moins de deux ans plus tard, Wilson fondait la Defence Sales Organization, dans le dessein d'enrayer cette chute libre des exportations britanniques. Comme tout le monde, les États de l'Afrique noire s'étaient inquiétés de cette soudaine rigidité des principes adoptés par le commerce britannique. Une fois la Sales Organization en place, la Grande-Bretagne recommença à rivaliser avec les autres en matière de « moralité » et put regagner la confiance de tout un chacun. Quant à la France, elle fut plus ou moins contrainte de mettre une sourdine sur la question de l'apartheid jusqu'à la fin des années quatre-vingt, lorsqu'elle eut effectué sa dernière livraison d'armes à l'Afrique du Sud.

En 1967, la France décida un embargo de ses livraisons d'armes à Israël, dans l'espoir de mettre un terme à la guerre des Six Jours. L'État hébreu s'empressa de changer de fournisseurs, en diversifiant ses sources d'approvisionnement, avant de concentrer ses efforts sur une production d'armements nationale. Après le coup d'État du général Pinochet, l'Occident cessa progressivement de fournir le Chili en matériel militaire. Depuis lors, ce pays s'est équipé d'une puissante industrie d'armements. En d'autres termes, dans chacun de ces cas, le client a rapidement changé de fournisseurs. Puis, alerté par cette situation de dépendance, il s'est mis en devoir d'édifier sa propre industrie d'armements, pour entreprendre finalement de vendre sa production à l'étranger. Bref, en faisant pression sur un client, on finit par faire de lui un nouveau concurrent.

En 1960, rares étaient les pays du tiers monde que l'on pouvait considérer comme des producteurs d'armes. De nos jours, ils sont vingt-sept sur le marché. Entre 1950 et 1972, 86 % des grands systèmes d'armements vendus aux pays en voie de développement provenaient des États-Unis, d'Union soviétique, de France et de Grande-Bretagne. De nos jours, onze pays du tiers monde exportent des avions de chasse. Neuf d'entre eux vendent des navires de guerre à l'étranger. Vingt-deux ont des programmes de construction de missiles balistiques. Six de ces nations vendent déjà des missiles à capacité nucléaire. La Chine en propose trois modèles, Israël deux, le Brésil trois, l'Inde quatre [23]. Le rééquilibrage de la balance commerciale et la lutte contre le chômage par le biais de l'exportation d'armements font désormais partie intégrante de la politique économique de l'Argentine, du Brésil, de la Chine, de l'Égypte, de l'Inde, de l'Indonésie, d'Israël, du Mexique, de la Corée du Nord, de la Corée du Sud, des Philippines et de Taiwan, pour ne citer que ceux qui y réussissent le mieux.

Le Brésil produit la moitié des véhicules blindés vendus dans le monde. L'armement lui rapporte davantage que le café. La valeur de ses exportations militaires dépasse le montant global du budget de sa défense. Les Brésiliens vous diront que leur politique d'armement est un grand succès, leur gouvernement ayant créé une puissante industrie des armes alors qu'ils n'en ont pas besoin eux-mêmes. En réalité, ils ont poussé un cran plus loin la formule conçue par les Américains, les Français et les Britanniques visant à vendre à l'étranger pour financer leurs besoins intérieurs.

Un certain nombre de pays du tiers monde vendent des armes dans le seul dessein de gagner de l'argent, sans en avoir besoin pour leur défense. Le Pakistan emploie 40 000 personnes dans ce secteur, qui regroupe plus de techniciens et d'ouvriers spécialisés que n'importe quel autre [24]. Cette option permet aux pays en voie de développement de battre à leur propre jeu les nations les plus favorisées.

Au premier abord, on peut s'étonner qu'ils se soient si facilement convertis aux méthodes industrielles occidentales dans ce domaine particulier. N'oublions pas cependant que les élites de ces pays ont longtemps été formées en Occident, et qu'elles continuent souvent de l'être. De la même façon que la génération précédente avait été initiée au marxisme à Paris et à Londres, avant d'essayer de l'appliquer sur d'autres continents, les ex-colonisés qui ont été formés chez nous à partir des années soixante se sont initiés à la même méthodologie que les technocrates occidentaux. Les militaires ont sans doute joué un rôle particulièrement important à cet égard. Ils regagnaient leur patrie avec trois obsessions en tête : l'industrialisation, la gestion rationnelle et l'armement de pointe. Des gouvernements militaires ont pris les affaires en main dans de nombreux pays du tiers monde. Et même lorsqu'ils cèdent les rênes de la présidence aux civils, ils laissent derrière eux des officiers à des postes administratifs clés.

Entre 1950 et le début de la crise économique mondiale, en 1973, le PIB des pays en développement s'est accru de 5 % par an. Dans le même temps, leur budget militaire a augmenté de 7 % et leurs importations d'armes de 8 % [25]. Leur PIB a gravement pâti de la crise de 1973. Mais les pressions militaires qui s'exerçaient dans leurs gouvernements ont malgré tout donné lieu à des augmentations régulières du budget de l'armement. Ce fut, là encore, un facteur qui les poussa à développer leur propre production d'armes à usage interne, ainsi que leurs exportations d'armements. Dès le départ, ils comprirent leur principal atout dans cette compétition : une main-d'œuvre bon marché, à laquelle on pourrait ajouter l'absence de toute ingérence gouvernementale dans leur politique d'exportation. Ces avantages sont encore plus frappants de nos jours. De sorte que les productions du tiers monde continueront sans doute à se développer, inondant d'armes le marché et réduisant encore la part dévolue aux principaux producteurs occidentaux.

Les inconvénients de cette frénésie des ventes d'armes sont innombrables, du point de vue économique et politique aussi bien que militaire. À commencer par le secret. Celui-ci a toujours été un facteur décisif pour assurer la défense nationale. Quand vous possédiez une arme efficace, vous vous gardiez bien de le faire savoir à l'ennemi. De nos jours, il n'est plus question de secret ni de limiter vos fournitures à vos seuls alliés. La lutte acharnée qu'il vous faut mener pour battre la concurrence en vantant vos produits aux clients potentiels fait que le développement stratégique des armes n'a plus guère de sens.

Les experts des ministères de la Défense vous diront bien entendu le contraire. Ils affirmeront qu'ils dressent des listes très précises des productions de nature stratégique et qu'ils surveillent avec attention les nations où la vente de ces biens est proscrite. Cependant ces listes ne sont pas prises en compte, et on ne voit guère comment il pourrait en être autrement. Ce sont des boniments pour relations publiques. La plupart des infractions passent inaperçues ou sont tenues secrètes. Quant à celles qui éclatent au grand jour, elles suscitent des déferlements de protestations hypocrites.

En 1983, par exemple, une entreprise japonaise vendit aux Soviétiques 4 machines-outils automatisées de conception américaine destinées à la fabrication d'hélices de sous-marins. Cet équipement figurait sur la liste américaine des interdictions d'exportation. Le responsable des ventes d'armes auprès du gouvernement américain protesta avec véhémence contre cette initiative, affirmant que les sous-marins russes échapperaient désormais à tout repérage. Les États-Unis seraient donc obligés de dépenser un milliard de dollars pour fabriquer un nouveau système de détection. « Si on veut bien regarder la vérité en face, se lamenta-t-il, ces gens ont causé un tort considérable dans l'unique but de réaliser une vente supplémentaire [26]. »

Or si ces machines-outils avaient une telle importance sur le plan stratégique, comment se fait-il qu'elles se trouvaient entre les mains des Japonais ? La vérité est que, au cours de la deuxième moitié des années quatre-vingt, 5 000 des types de machines figurant sur la liste des matériels stratégiques occidentaux protégés, furent vendues illicitement par diverses nations à l'Union soviétique. Les partenaires européens des États-Unis au COCOM (Comité de coordination pour le contrôle multilatéral des échanges Est-Ouest), la branche de l'OTAN chargée du contrôle des productions stratégiques, voudraient qu'on restreigne radicalement cette liste ou qu'on la supprime purement et simplement.

Au-delà de cette idée fantasque de listes de productions stratégiques, les faits sont encore plus aberrants. Ainsi, il y a longtemps qu'Israël expédie en Afrique du Sud 35 % de ses exportations militaires. Parmi sa clientèle ont figuré également, en bonne place, Taiwan, le Chili de Pinochet, l'Iran, ainsi que le Nicaragua d'Anastasio Somoza. En 1983, le Brésil a vendu des avions au Nicaragua, mettant ainsi en péril l'initiative de paix régionale de Contadora qu'il venait de signer. Vickers, en Grande-Bretagne, et FMC, aux États-Unis, ont mis au point, avec les Chinois, un véhicule blindé de transport de troupes que ces derniers se sont empressés de vendre à l'Iran – pays pourtant frappé par l'embargo des États-Unis et de la Grande-Bretagne. La Chine lui a également vendu des bombardiers, ainsi qu'à l'Irak, de la même façon que la France a copieusement approvisionné l'Inde et le Pakistan pendant leur conflit. La Chine s'est hissée récemment à la quatrième place sur le marché des armes à destination du tiers monde.

La guerre irano-irakienne nous a offert une illustration particulièrement flagrante des normes régissant la politique étrangère en cette période dominée par l'économie des armements. Ce conflit a été condamné pour ainsi dire à l'unanimité. Une cinquantaine de nations ont pourtant vendu des armes à l'un ou l'autre camp. Sur l'ensemble de ces pays, vingt-huit – dont le Brésil et la Chine – ont fourni les deux parties. Les armées iranienne et irakienne avaient une prédilection pour les missiles soviétiques sol-sol. L'Iran, propriétaire d'avions de chasse F-14 américains, et recherchant désespérément des pièces détachées, négocia avec Hanoi l'achat d'un stock d'avions abandonnés au Viêt-nam par les Américains. L'idée était de les cannibaliser. L'Iran réussit à garder dix de ses F-14 en état de vol. Les pièces détachées venaient probablement d'Hanoi ou du Chili, ou d'un allié américain. Quant à l'Irak, ses principaux fournisseurs (pour un montant d'environ 50 milliards de dollars) n'étaient autre que l'Union soviétique, la France, le Brésil, l'Afrique du Sud et la Chine[27].

Pendant ce temps, la Pologne et la Roumanie vendaient des munitions aux contras nicaraguayens, qui payaient leurs fournisseurs communistes avec des dollars provenant de l'aide américaine. Enfin, entre 1984 et 1985, au cours d'une transaction si bien menée que les participants n'éprouvèrent pas le besoin de faire le lien entre leurs convictions et leur action, le gouvernement chinois vendit aux contras l'équivalent de 7 millions de dollars de missiles surface-air et d'armes portatives. Cet achat fut financé par le gouvernement de Taiwan[28].

Ces listes, ces arrangements, ces transactions font la nique au bon sens. Et ils se moquent de la notion de politique étrangère.

Une chose est claire : le combat acharné pour sauver nos économies en
vendant des armes s'est retourné contre nous. Pour y parvenir, nous
avançons à nos acheteurs des sommes tellement considérables qu'on peut
difficilement parler de bénéfices réels. Sans compter que nous choisis-
sons souvent mal nos débiteurs : la plupart des pays emprunteurs ne sont
même pas en mesure de payer les intérêts de leurs dettes.

Plus grave encore, en Occident les financements publics au profit de
l'industrie de l'armement sont tellement favorables que nos entrepreneurs auraient bien tort d'orienter leur production vers un autre secteur.
Les autorités françaises garantissaient ainsi des prêts pouvant aller
jusqu'à 85 % du montant du contrat, à un taux d'intérêt inférieur à 7 %,
alors que les taux strictement commerciaux ne descendaient jamais en
dessous de la barre des 10 %. Aux États-Unis, le Foreign Military Sales
Program accorde des crédits de 100 % à un taux d'intérêt de 3 %, rem-
boursables en trente ans.

Cette surabondance d'armes tous azimuts donne à la plupart des Occidentaux le sentiment étrange qu'ils ne sont pas convenablement défendus. Et pour cause! Ils ont passé trop de temps à armer leurs rivaux et
leurs futurs ennemis en puissance.

Depuis 1950, le flux des armements à destination du tiers monde – et
plus récemment, entre ces pays eux-mêmes – s'est accru à une cadence
annuelle moyenne d'environ 10 %. Quant aux nations qui sont des clients
potentiels mais se trouvent en situation de faillite, l'armement n'y
demeure pas moins l'un des derniers secteurs du budget soumis à des
restrictions économiques. Apparemment, le FMI ne les incite pas à cesser
d'acheter des armes tant que leurs autres programmes n'ont pas été quasiment réduits à néant. La Pologne, par exemple, qui ne peut même pas
s'offrir du papier pour imprimer des livres, a fêté son retour à la démocratie en commandant des avions de chasse aux États-Unis.

Une grave confusion règne aujourd'hui, tant sur le plan économique
que sur le plan moral. Les responsables politiques, qu'ils soient de droite
ou de gauche, redoutent de condamner un secteur d'activité qui, selon la
doctrine universellement admise, serait l'unique barrière nous séparant
encore de la débâcle économique. Bon nombre d'entre eux pensent sans
doute que la production d'armes est une charge qui pèse lourd. C'est là
une conviction hérétique, et qui reste donc secrète. En conséquence de
quoi, l'armement continue à dominer sournoisement nos économies, sans
que le public sache trop qu'en penser.

On justifie le plus souvent une action regrettable en soutenant qu'elle
était nécessaire. Malheureusement, la nécessité en question résulte généralement d'actes conscients plus anciens. L'action n'est donc pas une
nécessité, mais la conséquence d'un choix premier erroné ou accidentel.

Dans le domaine des affaires publiques, cette réalité, fort embarrassante, est dissimulée sous le couvert de la *raison d'État*, laquelle libère un gouvernement de toute responsabilité.

C'est ainsi que, pareils à des écureuils en cage, nous tournons perpétuellement en rond, recourant aux mêmes solutions pour résoudre nos problèmes économiques et aboutir toujours aux mêmes résultats. Depuis dix ans, les grands problèmes d'approvisionnement en matières premières nous ont été épargnés. Le prix du pétrole a évolué en notre faveur. Dans de nombreux pays, les services publics ont été réduits, et on a partiellement démantelé l'État-providence. Pourtant, en Europe, entre 1980 et 1987, le taux de chômage est passé de 5,8 % à plus de 11 %. Après quoi, il a commencé à décliner, puis à remonter. Aux États-Unis aussi, le chômage a baissé. Mais c'est en partie parce qu'on a remplacé les postes à plein temps, assurant la sécurité de l'emploi et des protections sociales, par un travail à temps partiel, donc précaire. Le plus souvent, ces nouveaux emplois amènent au niveau du seuil officiel de pauvreté, ou même en deçà. À la fin des années quatre-vingt, les taux de chômage recommençaient à s'élever dans l'ensemble de l'Occident.

On ne peut prouver que cette situation économique ait été, même partiellement, provoquée par une dépendance de la production d'armements. En revanche, il est clair que ce secteur est désormais le moteur principal contrôlant le volume et l'orientation de la recherche occidentale, la production industrielle, les programmes de technologie de pointe ou la création d'emplois.

Un coup d'œil aux chiffres du ministère américain du Commerce, sur les commandes passées dans les usines américaines, révèle que, mois après mois, les mouvements enregistrés sont déterminés par les succès et les échecs du secteur de l'armement. Novembre 1986, par exemple, fut un bon mois pour l'industrie américaine : on constata une hausse de 4,1 %. Sans les commandes d'équipement militaire, cette augmentation se serait toutefois limitée à 1,3 %. Avril 1987, en revanche, fut un mauvais mois : les commandes ne s'accrurent que de 0,2 %. Sans le secteur militaire, elles auraient chuté de 0,2 %. Un regard averti doit se porter d'emblée sur les données liées aux armements pour prendre la mesure véritable de la situation économique.

Dans ce contexte, l'Initiative de défense stratégique (IDS) prend une connotation industrielle plus que militaire. Le lancement de ce programme, sous la houlette du Président et du ministre de la Défense, ne parut guère probant sur le plan militaire. Ces messieurs se contentèrent de répéter sans conviction de vieux clichés issus de plusieurs siècles de vocabulaire nationaliste : « Nos activités spatiales, motivées en partie par les initiatives soviétiques, sont tributaires du fait que nous devons avoir libre accès et libre usage de l'espace », déclara Caspar Weinberger [29]. Pitt le Jeune aurait pu adresser le même avertissement à Napoléon : « Nos activités navales, motivées en partie par les initiatives de l'Empereur de

France, sont tributaires du fait que nous devons avoir libre accès et libre usage des océans. » On imagine assez bien Winston Churchill s'exprimant de la même façon en 1914, ou Woodrow Wilson en 1917. Ou encore Palmerston en 1854, mettant en garde le tsar : « Nos activités dans le Bosphore, motivées en partie par les initiatives de la Russie impériale, sont tributaires du fait que nous devons avoir libre accès et libre usage de ce détroit. » Ou bien encore la Grande-Bretagne, s'adressant à l'impératrice douairière à propos de l'accès à la Chine dans les années 1890. Ou n'importe qui encore, car la formule de Weinberger est l'éternelle justification évoquée pour rendre compte d'une initiative militaire dictée par des intérêts économiques.

En définitive, ce que disait le ministre de la Défense, c'est que les dépenses militaires *ad hoc* n'avaient pas un impact suffisant pour faire tourner l'économie sans que le gouvernement dépende d'une masse de papiers-valeurs pour « chauffer » la machine. Toutefois, ce flot d'obligations hautement spéculatives était encore plus difficile à contrôler. Sans compter que les ventes d'armes commençaient à ralentir, du fait de la concurrence de nouveaux producteurs. Il fallait désormais une grande stratégie industrielle, d'un genre nouveau, suffisamment complexe pour éliminer d'office la plupart des nouveaux venus sur le marché, de façon à relancer l'économie américaine en particulier, et celle de l'Occident en général. Inutile de dire que cette stratégie se fondait sur des bases militaires. Ce serait une version revue et corrigée de l'initiative militaro-industrielle prise par le tandem Kennedy-McNamara en 1961. En 1993, le nouveau gouvernement Clinton essaya de renforcer l'impression qu'il tenait bien en main le budget de l'armement en renonçant au terme IDS, lié à Reagan et à la grandiose idée de « guerre des étoiles ». À cette occasion, il reprit le titre original du programme, Organisation de défense anti-missiles balistiques. Ce terme, bureaucratique et ennuyeux, a moins de chances de capter l'imagination du public, car il paraît moins extravagant. Le budget en lui-même est demeuré inchangé. En fait, la nouvelle propagande de vente américano-franco-britannique, basée sur l'expérience de la guerre du Golfe, consiste à dire que les systèmes d'armement de moindre qualité en provenance de nations moins performantes sont un gaspillage. Seule la technologie de pointe peut l'emporter.

Et pourtant, quand les économistes occidentaux considèrent le Japon avec envie et perplexité, cherchant désespérément une explication à son extraordinaire réussite économique, ils trouvent toutes sortes de réponses hormis la plus évidente : l'absence d'une industrie d'armement dominante. Non que les Japonais aient manifesté en cela une sagesse particulière : ils ont tout simplement été exclus du jeu par les règlements établis au lendemain de la Seconde Guerre mondiale. Par la suite, pour éviter de retomber dans le militarisme, ils limitèrent officiellement le budget de leur défense à 1 % du PNB.

Cette option a préservé le Japon de la logique inéluctable d'une militarisation de la recherche, de la capacité industrielle et de la politique d'exportation. On ne saurait attribuer son succès économique à cette seule explication. Il n'empêche que c'est l'unique nation développée qui soit passée systématiquement au travers des crises économiques, tout en évitant de fonder son économie sur la défense. C'est en tout cas, et de manière indiscutable, l'une des explications de cette réussite.

Les pressions que l'Occident exerce actuellement sur la nation nippone pour qu'elle assume une part plus importante du fardeau de la défense et participe à l'IDS démontrent le peu d'attention que nous avons accordé au rôle de l'industrie de l'armement. Pourquoi voudrait-on que le Japon s'en mêle, si ce commerce est aussi profitable qu'on le prétend? Il faut en déduire qu'inconsciemment nous nous imaginons que cet engagement affaiblira l'économie japonaise comme il l'a fait des nôtres. Peut-on concevoir meilleur moyen de neutraliser la puissance économique japonaise que de l'entraîner dans cette spirale autodestructrice? D'un autre côté, étant donné l'efficacité de la production japonaise, nous serions rapidement battus à notre propre jeu. Que ferait l'Occident de ses colossales infrastructures industrielles destinées à l'exportation d'armes si tout le monde se mettait à réclamer des chars et des avions de chasse japonais?

Si nous dépendons d'une économie militaire, c'est parce qu'à l'origine nos technocrates ont délibérément cherché à faire face au poids des dépenses militaires de la même façon qu'ils abordent tout problème économique de nature commerciale : en termes de pertes et profits. Ils étaient persuadés que cette attitude renforcerait nos politiques étrangères et raffermirait nos indépendances nationales.

Ce choix, en son fondement, était d'ordre économique. Selon nos élites, l'armement moderne coûtait trop cher pour être produit de manière rentable et satisfaire les besoins d'une seule nation. Il fallait donc produire davantage et vendre nos excédents à l'étranger. Le général Michel Fourquet écrivait, du temps où il était responsable des ventes militaires françaises : nous devons « *admettre comme règle* que ces industries *doivent vivre de l'exportation* [30] ». C'est lui qui souligne.

Trente ans plus tard, nos indépendances respectives n'ont pas été renforcées le moins du monde. Nos politiques étrangères ont été dénaturées. Et nous nous enfonçons dans une crise économique qui dure depuis une vingtaine d'années. Toutes sortes d'explications sont invoquées pour rendre compte de ces problèmes lancinants. Mais comment ne pas incriminer, dans une certaine mesure tout au moins, ces industries qui en sont venues à dominer nos économies pendant cette même période? Il ne fait aucun doute que la production d'armes a bénéficié d'un appui financier et économique considérable – plus que suffisant en tout cas pour faire de n'importe quelle industrie rentable un succès. Sans compter que trente ans représentent une longue période d'essai pour une option économique, quelle qu'elle soit.

Si une part de tout ce désordre économique peut être imputée à l'industrie de l'armement, n'est-ce pas précisément parce que les armes ne constituent pas des biens d'équipement? Comment pourraient-elles stimuler à elles seules toute une économie, s'il n'y a pas de coûts réels ni d'acheteurs identifiables, ou de retour sur investissements sous la forme d'infrastructures civiles? Quant à chanter les louanges de l'« effet retombées », on atteint la limite du ridicule! Pourquoi lier notre développement et nos investissements industriels à une méthode inefficace qui repose sur la chance? On mesure à quel point le système rationnel est défectueux quand on songe que nous avons accepté avec docilité une stratégie de développement économique qui fait apparaître la roulette de Monte-Carlo comme une chose sûre.

On ne peut faire de l'armement un banal outil économique, pour la bonne raison qu'il n'en est pas un. La défense nationale est un des rares devoirs sacrés d'une société, à côté de la préservation de la justice. Or la justice ne se vend pas. Les sièges d'une assemblée législative non plus. Pas plus que la présidence, les fonctions du Premier ministre ou les responsabilités publiques, quelles qu'elles soient. Ou encore les intérêts nationaux. Ce sont là les fondements d'un État moderne démocratique. Il va sans dire que la défense non plus ne se vend pas.

L'armement fait partie intégrante de la défense d'une nation. Les grands stratèges, depuis Sun Tse, ont clairement énoncé que la meilleure défense consistait à éviter la guerre en s'imposant grâce à son leadership. Faute de quoi, mieux vaut un conflit éclair causant aussi peu de dommages matériels que possible. Ainsi, une nation sage, ou une alliance raisonnable, garde-t-elle ses armes par-devers elle de façon à préserver les avantages que celles-ci peuvent lui valoir. Elle s'abstient en toutes circonstances d'armer qui que ce soit.

Cette prudence et ces précautions permettent d'éviter les grandes guerres destructrices qui s'éternisent. Ces affrontements-là créent la confusion et fragilisent dangereusement l'équilibre militaire international.

Que penser alors de l'argument selon lequel l'armement moderne coûte trop cher pour être rentable à moins qu'on ne le produise en masse? Ces productions massives n'obligent-elles pas à exporter? Ce raisonnement est tentant. Mais il a fallu un mode de comptabilité fort peu imaginatif pour faire des armes une source éventuelle de profit. Même dans le cas exemplaire de l'ancien Mirage, si on additionne les coûts réels de la recherche, les subventions, les prêts à l'étranger, les investissements industriels, les démarches de politique étrangère et les frais de formation, force est de constater qu'il en est résulté des pertes colossales. En attendant, la roue a continué de tourner. L'argent a circulé dans le monde et des hommes ont travaillé pour produire des avions de chasse.

184

Cette roue qui tourne donne probablement, aux économistes et aux administrateurs modernes, l'illusion d'un développement économique. On serait pourtant bien avisé de retirer la production d'armes du secteur économique pour la réintégrer là où elle se trouvait auparavant : dans les affaires publiques. Jusqu'en 1914, l'histoire de l'armement fut dominée par les arsenaux et les chantiers navals gouvernementaux. Dans un tel contexte, le matériel militaire peut être traité avec le détachement qu'il mérite sur le plan financier. Les armes sont des outils dont l'État doit à regret se munir. À lui d'en assumer pleinement la responsabilité. Le contribuable paie aujourd'hui la note, de toute façon. Alors pourquoi ne pas éliminer les énormes coûts supplémentaires que l'on génère en prétendant que les armes sont des biens d'équipement produits sur le marché à l'intention d'acheteurs potentiels ?

Ce hiatus délibéré entre la défense nationale et les citoyens qu'elle est censée préserver est sans doute l'un des drames les plus déconcertants de ce dernier quart de siècle. Pourquoi nos démocraties ont-elles décidé tout à coup qu'elles n'étaient plus en mesure d'assumer les coûts de leur propre défense ? Qu'est-ce qui a pu changer si radicalement dans l'histoire des nations ? Ou dans nos principes économiques ?

En vérité, rien n'a fondamentalement changé. Si ce n'est qu'une volée de jeunes technocrates américains intelligents avaient quitté l'industrie, automobile notamment, pour s'intégrer dans le service public. En même temps qu'une nouvelle génération de technocrates accédait à des positions d'influence en France. Or ils avaient une telle confiance en leurs nouvelles méthodes de management qu'ils n'avaient pas douté un seul instant de leur aptitude à transformer l'armement en un bien d'équipement, de manière à tirer des profits de la défense nationale, au bénéfice du gouvernement.

L'alchimie a toujours exercé sur nous une véritable fascination. Chaque homme voudrait croire qu'il est capable de changer le vil métal en or. L'approche rationnelle s'apparente au fond à une sorte de procédé alchimique. On décrète que les armes sont des biens d'équipement. Après quoi, on édifie une structure économique destinée à concrétiser ce qui n'est guère qu'une assertion. Ensuite on gère l'économie comme si l'armement avait fondamentalement changé de nature, sans se préoccuper vraiment de savoir si l'économie réagit à ce nouveau postulat. Tout est en place dans le système qui, de l'intérieur, paraît parfaitement apte à résister à tout raté. Nous disposons aujourd'hui d'infrastructures considérables dépendant exclusivement de ventes d'armes soutenues. En dépit de difficultés économiques insurmontables, nos élites ne cessent de nous répéter que leur système fonctionne : que les ventes créent des emplois, qu'elles nous rapportent des devises, qu'elles justifient la recherche, qu'elles couvrent les dépenses de la défense nationale, qu'elles sont la preuve de l'influence que nous exerçons à l'étranger... Rien de tout cela n'est vrai. Mais cela n'a pas d'importance, puisque nos élites sont persuadées du contraire.

On trouve ici la rhétorique moderne à l'œuvre. Un cas comme celui-là, l'essor d'une économie dépendant de l'armement, démontre clairement comment la raison fonctionne, selon un mode particulièrement complexe en l'occurrence. La filiation historique et intellectuelle, de Machiavel, Bacon, Loyola et Richelieu jusqu'à McNamara, suit une logique absolue. L'élite d'aujourd'hui, fruit de cette évolution, qui répond aux questions au lieu d'en poser, qui dépend des systèmes, atteint à la perfection. Le secret, la *raison d'État*, le mariage entre la raison et le nationalisme, l'amoralité et l'anéantissement de la responsabilité individuelle, toutes ces caractéristiques typiquement rationnelles sont bel et bien présentes. En l'absence des mécanismes régulateurs du bon sens, nous sommes incapables d'imaginer comment on pourrait remédier à la situation, de quelque manière que ce soit.

Deuxième partie

SCÈNES D'UN SYSTÈME
QUI NE MARCHE PAS

Jamais on n'a défendu aussi ardemment l'échec
Comme s'il s'agissait d'un succès. En partie parce que
Nous avons connu un certain succès. En partie
parce qu'une civilisation qui n'est qu'un système n'a ni mémoire ni
forme.

Soudain, la réserve inépuisable de faits dont nous disposons a confondu
le vrai et le faux.
Le pouvoir de la compétence a obscurci les causes du succès comme de
l'échec.

Les réponses immédiates et les vérités absolues sont le pain quotidien de
la civilisation rationnelle. Aucun effort n'est tenté pour identifier les
schémas récurrents, de peur que l'on puisse reconstituer la mémoire.

Les vérités absolues se dissimulent dans nos habitudes les plus simples.
L'analyse sociale type commence par le gouvernement et passe ensuite à
l'armée, puis à l'économie.
Mais l'Âge de la Raison a maintenu l'ordre traditionnel qui veut que les
gouvernements suivent les trompettes de la guerre.

Chapitre VII

Question de tuer

Le combat est l'art organisé le plus ancien et le plus immuable qui soit, à moins de consentir ce privilège de l'ancienneté à la prostitution. Alors que d'interminables réformes ont transformé nos sociétés civiles, l'art de la guerre est fondé depuis des siècles sur les mêmes principes. Plus précisément : si les principes de la guerre sont restés les mêmes, ses structures ont radicalement changé.

Ces changements structurels, introduits au XVIIIᵉ siècle, suscitèrent alors de grands espoirs. Il semblait qu'en faisant de l'officier un professionnel on extirperait la guerre de ses origines : la boue où jadis l'homme se battait à coups de massue. Le nouvel officier rationnel ferait que les guerres seraient rapides et efficaces. Les grands chefs militaires avaient toujours réussi à préserver un équilibre indispensable entre l'imagination et ce qu'on pourrait appeler le professionnalisme. C'était la capacité de gérer les réalités physiques d'une armée et d'une situation données. L'imagination, c'était la stratégie, autrement dit cette souplesse innée qui permet d'orienter les événements en sa faveur, de prendre l'ennemi au dépourvu et, bien entendu, de l'emporter. Les innovations entamées au XVIIIᵉ siècle avaient pour but d'institutionnaliser le professionnalisme et les aptitudes stratégiques des grands généraux. Le nouvel état-major serait désormais en mesure de limiter le nombre des victimes et les ravages de la guerre. Le processus engagé semblait d'une limpidité telle qu'il promettait l'élimination des conflits « inutiles ». Il s'agissait d'analyser la guerre avec suffisamment de sang-froid pour écarter la multitude de facteurs émotionnels perturbateurs – la superstition, l'orgueil ou l'ambition personnelle, le statut social – qui souvent nous entraînent trop loin dans la violence, sans motif apparent.

En définitive, ce processus prétendument novateur nous a ramenés à notre point de départ, c'est-à-dire dans la boue, plus fréquemment et plus violemment que jamais. De surcroît, rien n'indique que nos expériences désastreuses, le conflit de 1914-1918 notamment, aient véritablement suscité des réformes importantes. Pleine d'assurance et dénuée d'objectifs ou d'orientation, la guerre rationnelle semble à court de mémoire. Plus précisément, la nature même des armées professionnelles maintient en permanence les forces armées à un niveau de temps de guerre. Celles-ci disposent, qui plus est, d'un armement à la mesure d'un temps de guerre. La réalité étant nettement plus commode que la théorie, l'approche rationnelle a donné lieu à l'institutionnalisation d'un état de guerre permanent.

Le XIXe et le XXe siècle sont pleins d'avertissements paradoxaux sur le pouvoir militaire. Nos discours et nos constitutions clament la suprématie des autorités civiles, ce que semblent confirmer nos systèmes électoraux et ministériels. Pourtant, le XXe siècle, en particulier, a été animé de gigantesques aventures purement militaires, d'une ampleur et d'une intensité inconnues du temps des monarchies absolues. Cet engouement pour l'aventure perpétuelle remonte à Napoléon et n'a pas l'air de vouloir disparaître. De sorte que les avant-gardes de la science, de la gestion et de l'industrie restent dominées par nos armées. Au lieu de nous laisser décourager par ce phénomène, nous avons élaboré un rapport réciproque : à mesure que les militaires acquièrent de l'importance, nous forgeons de nouveaux moyens pour nous persuader qu'il ne se passe rien.

Depuis deux cents ans, des pouvoirs de destruction d'un genre nouveau ont été confiés à nos officiers supérieurs. À commencer par l'armement moderne, bien entendu. Beaucoup plus importante, toutefois, a été la transformation de la mythologie militaire, traditionnellement fondée sur la « victoire glorieuse », en un phénomène nettement plus complexe, qui associe une stratégie technocratique lourde et inutile avec l'élévation de nos pertes humaines au statut de rite sacrificiel. Cette perversion de la guerre – un instrument de dernier recours destiné théoriquement à améliorer la position civile d'une nation – en un monstre bicéphale alliant méthodologie abstraite et bains de sang cathartiques, est l'un des rejetons les plus inattendus de la raison. D'une certaine manière, cette déformation est liée à la mort de Dieu et à son remplacement par le Héros et le planificateur militaire modernes.

Malheureusement, ayant chassé la guerre de leurs esprits, nos leaders civils sont mal préparés pour faire face à sa présence au cœur même de nos vies. Ce rêve rationnel nous a laissés mentalement désarmés, alors que le monde est physiquement en guerre. C'est peut-être la raison pour laquelle la société civile enterre ou efface rapidement et inexorablement tout souvenir des violences passées, prétendant que le passé est passé et que le présent n'a rien à y voir. Jamais nous n'avons aussi obstinément tourné le dos à l'évidence de nos propres violences. Nous traitons chaque épisode funeste comme s'il était parfaitement inattendu ou le dernier de son espèce. Nous vivons pourtant le siècle le plus violent de ce millénaire. Jamais non plus la civilisation occidentale n'a connu une telle barbarie, même si celle-ci a indéniablement joué un rôle catalyseur important, à l'origine de multiples changements dans l'ordre civil. Quoi que prétende notre mythologie, forte des dernières découvertes scientifiques et d'arguments philosophiques sur l'évolution de la société, c'est la guerre qui a ouvert la voie et continue de le faire. Nos structures technocratiques elles-mêmes ont pris forme dans la modernisation des forces armées européennes. Le premier technocrate ne provenait pas de l'ENA ni de Sciences-Po ou de Harvard. Sorti au pas cadencé d'une école militaire, il était officier d'état-major.

L'optimisme invétéré de l'homme, favorisé par l'amputation rationnelle de sa mémoire, lui permet de nier allégrement l'évidence de la chronologie historique, pour se comporter comme si l'avenir dépendait d'initiatives strictement civiles. Sans doute avons-nous besoin de croire que les choses vont changer. Mais nous devons aussi nous conduire de manière à laisser sa chance au changement. Notre déni de la réalité ne diminue en rien la présence bien réelle de la guerre et du leadership militaire qu'elle nous impose.

Depuis cinquante ans, nous entretenons l'illusion que nous sommes en paix. Cette vision du monde est moins fausse qu'imprécise. L'Occident a vécu sous l'étreinte d'une paix nucléaire, unique alternative à une auto-destruction massive, pour ne pas dire totale. Toutefois, la création d'armes nucléaires a donné lieu à deux niveaux de paix et de guerre, sans rapport l'un avec l'autre. Depuis près d'un demi-siècle, nous connaissons en effet une paix que l'on pourrait qualifier de nucléaire, tout en glissant progressivement vers une nouvelle sorte de guerre mondiale conventionnelle. En limitant notre attention au monde développé, nous avons cependant pu faire semblant de jouir aussi d'une paix conventionnelle. Il en est résulté une vision parfaitement artificielle de ce qui constitue la guerre.

Au XIXᵉ siècle, la guerre impliquait des nations européennes, de part et d'autre. Si les Blancs ne se trouvaient que d'un seul côté, on parlait d'une pittoresque aventure. Quant aux affrontements entre d'autres races, on en admettait tout juste l'existence. Il s'agissait plutôt de conflits tribaux, considérés comme une curiosité, auxquels seuls des excentriques pouvaient s'intéresser. Les combats entre puissances coloniales passaient pour marginaux, à moins qu'ils ne menacent de s'étendre à nos territoires.

Ainsi, un conflit opposant l'Autriche et la Prusse, et qui causait un millier de morts, était une guerre. L'affrontement des Britanniques avec le Mahdi au Soudan, à l'origine de pertes beaucoup plus importantes, fut simplement qualifié d'expédition. Des partis pris de ce genre nous permettent de dire que la deuxième moitié du XIXᵉ siècle fut une période de paix et de stabilité.

Ce type de raisonnement nous sert aujourd'hui encore pour ignorer la violence qui entoure l'Occident. Les dix-huit nations développées sont effectivement en paix les unes avec les autres. Elles ont même réussi, pendant près de cinquante ans, à éviter la guerre avec leur principal rival, l'Union soviétique. Récemment, l'effondrement du bloc soviétique d'abord, puis de l'URSS elle-même, nous a conduits à proclamer une succession d'aubes nouvelles et de nouveaux ordres mondiaux éphémères. Les gens croient que la guerre froide est finie, et que le risque de guerre nucléaire lui-même est derrière nous. Rien ne prouve pourtant que ces hypothèses soient correctes. Nous n'avons pas la moindre idée de la forme – géographique, politique ou idéologique – que l'Union soviétique finira par prendre. Les guerres civiles dans l'ancienne Yougoslavie et plusieurs républiques de l'ex-URSS sont-elles des aberrations temporaires ou le début de troubles beaucoup plus étendus? Les armements conventionnels et atomiques demeurent intacts dans les deux camps. Certaines nations d'Europe centrale vont peut-être adopter, à long terme, des systèmes démocratiques et/ou des économies libérales. Il faudra probablement attendre une dizaine d'années avant que nous soyons fixés.

En attendant, les périodes de troubles aggravent les risques de guerre et favorisent les « aventures » militaires. L'Occident est désormais, à l'instar du reste du monde, dans un état d'instabilité générale comme on n'en a pas connu depuis l'avant-guerre. De ce fait, les affrontements armés, qui ont progressivement augmenté en dehors de l'Occident depuis une quarantaine d'années, se sont subitement multipliés, telles des métastases. En d'autres termes, les événements récents ont encouragé les guerres sans rien changer à la contradiction fondamentale entre une paix « nucléaire » durable et une guerre conventionnelle toujours plus étendue et de moins en moins contrôlable.

Pendant un temps, dans les années cinquante et au début des années soixante, les Occidentaux redoutèrent que la désintégration des empires coloniaux européens ne menaçât cette illusion de paix. Ils trouvèrent très vite des solutions pour apaiser la tempête. On créa des pays sur le modèle européen de l'État-nation issu du XVIIIe siècle. Les forces des Nations unies, de maintien de la paix, virent le jour. Non pour résoudre les conflits, mais pour les « figer » sous forme de semi-guerres interminables, du Moyen-Orient à l'Asie du Sud-Est.

À cette époque, l'intervention du secrétaire général de l'ONU et des bérets bleus sous-entendait au moins que l'on pouvait faire face à la situation. De nos jours, les points chauds du globe sont si nombreux que l'ONU se trouve matériellement dans l'impossibilité d'intervenir dans plus de quelques conflits à la fois, ces derniers devenant alors des sites vedettes pour les Occidentaux. Le recours aux forces pacifiques est rarement envisagé. Tant de guerres ébranlent aujourd'hui la planète qu'une médiation politique internationale en elle-même est un véritable luxe.

L'ONU n'est pas la seule à tolérer ces déchaînements de violence qui touchent l'ensemble du monde, comme s'ils faisaient naturellement partie de la « paix » occidentale. La plupart des organismes internationaux, occidentaux ou régionaux, tels que l'Organisation pour l'unité africaine, admettent que le monde fonctionne ainsi. Les protestations se résument en une foison de murmures à peine intelligibles.

Quand la crise économique éclata, en 1973, une poignée de conflits agitait le monde. En 1980, on en dénombrait une trentaine. De nos jours, il y en a plus d'une quarantaine. La plupart des statistiques établissent qu'un millier de soldats en moyenne périssent chaque jour de par le monde [1]. Ces données sont probablement en deçà de la réalité, du fait de l'impossibilité de rassembler des chiffres précis sur un grand nombre de guerres en cours. Comment évaluer les pertes humaines dans la campagne cambodgienne? En Érythrée? Dans l'État shan en Birmanie? Personne ne sait vraiment à quoi s'en tenir. Un millier de morts par jour équivaut à peu près au nombre moyen de soldats français tués quotidiennement pendant la Première Guerre mondiale [2]. Ce conflit n'a duré que cinq ans. Or les violences qui font rage aujourd'hui durent depuis plus de dix ans. Cinq mille civils meurent aussi chaque jour, directement ou indirectement, de la guerre. Trois millions et demi de soldats tués depuis dix ans et vingt millions de civils. Et ces chiffres n'incluent même pas les tueries périodiques, comme celle du Cambodge.

En d'autres termes, l'essentiel de la planète est en guerre. Seul l'Occident, minoritaire, est préservé. Nous constituons l'exception, non la règle. Et pourtant, nous sommes directement ou indirectement impliqués dans cette escalade de la violence. Même si, à l'intérieur de nos frontières, les pertes humaines se limitent aux victimes d'occasionnelles attaques terroristes, de quelques révoltes locales, comme c'est le cas en Irlande ou en Corse, et d'une poussée de la violence civile organisée. On aurait du mal à imputer à la passion ou à la cupidité les quarante meurtres par mois dus aux guerres de gangs à Washington ou à Los Angeles.

Ces données pâlissent toutefois à côté des sinistres statistiques mentionnées plus haut, et qui dépassent notre entendement : ces chiffres sont en effet trop élevés. Toutefois, les victimes appartiennent à d'autres civilisations : nous ne nous sentons pas directement concernés. De temps à autre, nous réussissons à concentrer notre attention sur l'une de ces tragédies pendant un bref laps de temps. Pour y parvenir, il nous faut envisager les choses sous un angle occidental – lorsque des otages sont en cause, par exemple, ou à l'occasion d'une expédition humanitaire. Depuis l'ardent antiesclavagiste chrétien Gordon à Khartoum jusqu'au journaliste moderne en croisade derrière les lignes des moudjahidin ou aux jeunes Médecins sans frontières, la lignée est ininterrompue.

Nous avons tout de même trouvé le moyen de nous intéresser, tardivement et pour une courte période, aux massacres cambodgiens. Ainsi que, par intermittence, à la famine frappant des millions d'Éthiopiens, elle-même suscitée par la guerre. Mais nous avons abordé le problème comme si ces gens-là vivaient sur des îles, sans jamais mentionner les populations avoisinantes, elles-mêmes touchées par ces catastrophes : les Akkas, les Karens, les frontaliers thaïs, les Soudanais ou les Somaliens. Nous n'avons même pas pris la peine de noter que ces derniers étaient aussi en guerre, et qu'ils mouraient exactement comme les autres. Seuls les Éthiopiens affamés et les Cambodgiens martyrisés attirèrent notre attention. En 1991, la révolte avortée des Kurdes irakiens enflamma nos imaginations pendant une brève période, grâce à la présence sur place de troupes et de journalistes occidentaux. Des photographies bouleversantes furent publiées dans nos journaux, ainsi que des chiffres alarmants faisant état de 500 à 2 000 victimes civiles par jour. Or il y avait déjà longtemps que, en Somalie et au Soudan, on enregistrait des pertes civiles équivalentes résultant des conflits en cours, sans que l'Occident s'y intéressât particulièrement au-delà d'occasionnels articles de journaux sérieux.

Cette aptitude à concentrer notre attention sur une seule guerre vedette à la fois nous permet de croire que, une fois ce conflit terminé, la paix se trouve restaurée dans le monde. Ainsi, en août 1988, les Russes se retirèrent d'Afghanistan ; au même moment, un cessez-le-feu fut déclaré entre l'Iran et l'Irak. Nous fîmes grand cas de la guerre en Afghanistan parce qu'elle avait l'avantage de montrer les Russes dans une mauvaise passe. Les massacres irano-irakiens duraient depuis des années lorsqu'une intervention occidentale dans le Golfe leur valut finalement de faire la une de nos journaux. À ce stade, toutefois, les pertes humaines avaient déjà considérablement diminué. Les deux conflits parvinrent simultanément à leur terme. Les médias et les leaders occidentaux décrétèrent alors que le monde venait d'échapper au gouffre de la violence. On proclama que ce serait l'« été de la paix ».

En l'espace d'une semaine, pourtant, trois à cinq mille Birmans avaient été fusillés ; après quoi, l'armée organisa un nouveau coup d'État. Quelque cinq mille personnes furent massacrées au Burundi. Plusieurs bombes explosèrent en Irlande, tuant des civils et des militaires. Puis des activistes de l'IRA périrent dans une embuscade. Le président pakistanais mourut dans l'explosion d'un avion, ainsi que tous les autres occupants de l'appareil, des personnalités officielles et des généraux – y compris l'ambassadeur américain. Pendant ce temps, en Chine, de violentes émeutes provoquaient plusieurs morts. Il y eut un coup d'État sanglant à Haïti. Des combats acharnés opposèrent les Marocains aux guérilleros du Front Polisario en lutte pour l'indépendance de la portion la plus désolée du Sahara, le Río de Oro. L'armée irakienne, libérée par la trêve irano-irakienne, tourna aussitôt son attention vers la province kurde en rébellion : 100 000 réfugiés kurdes s'enfuirent vers la Turquie. Les forces rebelles furent rapidement cernées et exterminées. Faute d'une présence occidentale massive, ce premier massacre kurde passa pour ainsi dire inaperçu, en dépit de l'usage d'armes chimiques à l'encontre de la population civile.

Même en Afghanistan, qui jouissait théoriquement d'une paix rétablie, une série d'attaques rebelles coûtèrent la mort à des douzaines de personnes, ce qui eut pour effet de raviver le conflit. Ce que nous avions appelé la « paix afghane » se limitait en définitive au retrait des soldats blancs de la zone de conflit. Ce récapitulatif ne tient compte que des affrontements suffisamment « à la mode » pour mériter d'être rapportés. Il fait abstraction des pertes quotidiennes d'une série de guerres en cours, du Cambodge aux Philippines, en passant par le Liban, diverses provinces kurdes, la Namibie, l'Angola, la plupart des pays d'Amérique latine, la Colombie, etc. Bizarrement, aucun homme politique, aucun journaliste n'annonça, à la fin de la semaine en question, que l'été 1988 n'avait pas été aussi pacifique qu'on voulait bien le prétendre.

La bombe nucléaire elle-même a été soumise à cette dichotomie artificielle de la guerre opposant la « réalité » occidentale à une version « imaginaire » du même phénomène, située ailleurs. Depuis des dizaines d'années, nous sommes obnubilés, à juste titre, par la course aux armements atomiques et les générations de missiles, de missiles antimissiles, d'ogives multiples toujours plus complexes, au point que nous en sommes arrivés aujourd'hui à la nucléarisation de l'espace. L'allégement progressif des tensions Est-Ouest ces dernières années a donc été accueilli avec un énorme soulagement. Pourtant, il n'y a jamais eu beaucoup de risques que les Soviétiques ou les Américains, les Français ou les Britanniques fassent usage de cet armement.

Le vrai danger réside dans les forces nucléaires qui ont proliféré dans le reste du monde : l'Inde, le Pakistan, Israël, l'Égypte, la Chine, l'Afrique du Sud, la Libye aussi sans doute. L'Irak est peut-être à deux doigts de produire un armement nucléaire. Aucune de ces nations ne dispose de systèmes de lancement très complexes, mais elles n'en ont pas vraiment besoin : leurs cibles ne sont ni Washington ni Moscou. Contrairement aux forces nucléaires occidentales, elles ne sont pas l'enjeu d'équilibres colossaux, liant inextricablement entre elles des nations ennemies. Leurs forces nucléaires pourraient par conséquent être utilisées avec succès, c'est-à-dire sans provoquer nécessairement un échange mutuellement suicidaire. En d'autres termes, les immenses puissances nucléaires de l'Occident sont pour ainsi dire imaginaires, le véritable armement nucléaire échappant totalement à notre contrôle, dans un monde invisible, fait de conflits perpétuels et de lourds bilans quotidiens.

Notre myopie nous procure une tranquillité d'esprit factice. Elle nous prive du même coup des moyens nécessaires pour faire face aux forces qui s'affrontent tout autour de nous. À moins que nous ne soyons disposés à déchaîner le potentiel de notre machine militaire. En d'autres termes, la seule stratégie à notre disposition pour gagner consiste à élever la mise dans des proportions telles que les répercussions dépasseraient toute estimation. Cependant, on peut difficilement qualifier de victorieuses des guerres déstabilisatrices au point qu'elles multiplient les désordres au lieu de les limiter. Notre méthodologie du « tout ou rien » dissimule aussi cette réalité : que nous intervenions militairement ou non, ce sont bel et bien *nos* guerres, dans le sens concret où elles s'appuient sur nos économies et notre armement, dans un contexte d'États-nations d'inspiration occidentale. Dans nos imaginations, elles sont absentes. Elles sont pourtant bien là. Et il n'existe pas vraiment de barrières pour nous préserver de toute cette violence.

De temps à autre, un attentat terroriste visant nos concitoyens nous force pourtant, par sa brutalité, à regarder autour de nous. Toutefois, ces éclairs de conscience, si intenses soient-ils, durent rarement plus d'une semaine. En l'espace de dix ans, le nombre d'attentats terroristes est passé de 175 à 1 000 par an. Cela démontre bien que les vagues de violence agitant le monde hors des frontières de l'Occident viennent déferler avec de plus en plus de force sur nos rivages. Quelle importance ont 1 000 attentats par an? N'est-ce pas là un chiffre dérisoire comparé aux 6 000 soldats et civils tués chaque jour ailleurs?

S'il n'y avait pas la télévision, on nous épargnerait même les quarante-huit heures d'émotion que provoque l'explosion d'une bombe à Paris ou à Londres. Quand sept kilos de dynamite tuent 20 personnes dans un centre urbain, le bruit de la déflagration ne se fait même pas entendre à quelques pâtés de maisons de là. Quand cela se produisit en 1986, dans le Quartier latin, où abondent cinémas, cafés et restaurants, 10 000 personnes continuèrent tranquillement à manger, à boire et à faire la queue pour aller voir un film, sans savoir qu'à quelques centaines de mètres d'eux 150 personnes gisaient mortes, ensanglantées ou disloquées sur le trottoir. De surcroît, dans la mesure où une minorité parmi ces gens en train de se divertir rentreraient chez eux à temps pour voir les dernières nouvelles à la télévision, seuls ceux qui ne se trouvaient pas sur les lieux apprendraient avant le lendemain matin ce qui s'était passé.

Si on fait abstraction des quelques vies qu'il coûte, le terrorisme moderne est avant tout un événement médiatique. Il ne s'agit pas de tuer pour l'exemple, mais de fournir des images et des articles de journaux qui auront pour effet de généraliser un acte spécifique, le but étant d'obtenir un impact politique. Pourtant, ces petites effusions de sang nous rappellent la violence inadmissible des guerres modernes. En ce sens, notre perspective est assez différente de celle du xviiᵉ siècle, ou même du xviiiᵉ. Mirabeau, parlant d'Avignon au tout début de la Révolution française, déclara que la nature des « guerres nationales » changerait la guerre elle-même : « Notre âge sera celui des guerres plus ambitieuses et plus barbares que les autres [3]. »

De nos jours, nous expliquons cette barbarie en invoquant la maxime de Clausewitz : « Admettre dans la philosophie de la guerre un principe de modération serait une absurdité – la guerre est un acte de violence poussé à ses limites les plus extrêmes. » Seulement Clausewitz était un spectateur innocent. La violence avait déferlé au-delà des frontières de son territoire traditionnel longtemps avant que le Prussien ait commencé à écrire. Son argument est sans doute une réaction aux ravages des guerres napoléoniennes, dont il avait été témoin pendant vingt ans. D'autres durent extirper de son contexte l'idée de guerre absolue conçue par Clausewitz, afin de la rendre recommandable. Dans ses écrits, il contrebalança son affirmation par des déclarations contradictoires tout aussi péremptoires. C'était un argument compliqué, conçu pour éliminer la vérité originale apparemment incontestable. La théorie de Clausewitz, souligna le stratège britannique Basil Liddell Hart, était « trop abstraite et embrouillée pour que des soldats à l'esprit pratique puissent la suivre [4] ». Aussi simplifièrent-ils sa pensée, tout en s'appuyant sur elle pour justifier leur volonté déjà établie de s'engager dans une guerre absolue. Mirabeau avait parfaitement compris ce qui était sur le point de se produire alors même que les forces de la raison prenaient le pouvoir. Aux vieilles guerres mercenaires avaient succédé les conflits aristocratiques, menés dans l'ignorance et l'indifférence du peuple. Quand la guerre dépassait les limites professionnelles pour toucher la population civile, cela se faisait rarement pour autre chose que de satisfaire les désirs personnels du soldat. Et ceux-ci se résumaient en trois mots : sexe, vivres, argent. Ces conflits opposaient les élites entre elles. En revanche, les guerres nationales – celles contre lesquelles Mirabeau mit ses contemporains en garde – étaient censées impliquer les populations. Son erreur, et en fait la nôtre, fut de considérer l'essor de l'État-nation, fondé sur le citoyen, comme la cause première de l'émergence de la guerre absolue. L'État-nation a certainement joué un rôle, mais surtout dans la nouvelle classe d'officiers professionnels, qui voyait dans la stratégie une abstraction et dans la guerre un instrument de moins en moins affûté.

Cette classe d'officiers fut créée pour abolir le pouvoir arbitraire – et l'amateurisme – du soldat aristocrate. Le militaire professionnel devait être un employé de l'État. Ainsi, il mettait fin à cette tradition qui faisait de l'État l'otage des grands généraux. L'officier professionnel soumis serait l'exécuteur consentant des guerres de l'État. Malheureusement, avec la nouvelle définition de la guerre sans limites, cela signifiait aussi que les militaires continueraient docilement à se battre tant qu'il y aurait des armes et des recrues en vie. Théoriquement, l'officier n'était plus l'instigateur de la guerre; cela voulait dire qu'il ne constituait même plus une force de retenue. Il se conformait aux ordres, les pouvoirs essentiels passant entre les mains des autorités politiques. Cependant, l'expérience du siècle dernier avait montré que les autorités civiles étaient tout aussi incapables d'assumer ce genre de responsabilité que les officiers et les monarques qui les avaient précédées. Les massacres militaires et civils gratuits que le XXᵉ siècle a inaugurés sont une des conséquences de cet échec.

Il y a deux mille cinq cents ans, le stratège chinois Sun Tse commença sa théorie sur la guerre en ces termes : « La guerre est une question vitale pour l'État. Il est impératif qu'elle soit étudiée en profondeur [5]. » De nos jours, pourtant, en dehors des cercles militaires professionnels, et faute d'une « crise vedette », on n'est pas censé aborder ce thème. Ou alors, on l'évoque sur un ton nostalgique, en mettant en lumière les personnalités impliquées. À moins qu'il ne fasse l'objet de débats hautement politisés opposant des orateurs aux antipodes les uns des autres. Ce n'est pas non plus un sujet que les citoyens sont appelés à prendre sérieusement en considération comme faisant partie de leurs vies. C. Wright Mills fut peut-être le premier à reconnaître la dichotomie grandissante entre les déchaînements de violence et le refus du public d'y prêter attention. Vers le milieu des années cinquante, il écrivait : « Dans le monde entier, le seigneur de la guerre est de retour. Partout, la réalité se définit selon ses termes [6]. » Le parti pris idéologique de Mills, à la lisière du marxisme, le trompa sur les raisons de cette évolution. Mais il avait correctement identifié la tendance.

De nos jours, quand les personnalités publiques évoquent la violence dans le monde, elles le font pour servir leurs objectifs à court terme. Le gouvernement Reagan, par exemple, répétait sans relâche qu'il y avait quarante-deux guerres en cours sur la planète, toutes provoquées par les ambitions soviétiques. Cette violence devint un argument de poids pour augmenter le budget américain de la défense. En réalité, la plupart de ces conflits n'ont strictement rien à voir avec le capitalisme, le communisme ou n'importe quelle autre idéologie occidentale. On ne voit pas très bien comment des nomades du Sahara pourraient se dévouer à la dictature du prolétariat. Ni comment des fermiers bouddhistes producteurs de riz pourraient être attachés à un individualisme compétitif et à la notion de marché. Cette vision du monde est tellement artificielle que, lorsque nos partenaires prétendument idéologiques du tiers monde deviennent gênants, nous changeons allégrement de camp. C'est ce que nous avons fait à maintes reprises avec la Chine, l'Éthiopie-Somalie, l'Irak, l'Égypte, et même le Cambodge.

Cette vision féerique des conflits internationaux a convaincu les Occidentaux que ni eux ni leurs leaders politiques ne comprenaient les mécanismes de la guerre, qu'il faut pourtant connaître si on veut limiter ses ravages. Une curieuse forme d'hystérie, sourde et généralisée, en a résulté. Certains penseurs font référence à la peur sublimée d'une catastrophe imminente. Les tenants de la droite imputent à ce phénomène l'émergence de mouvements idéalistes qui offrent des solutions simplistes et générales à des problèmes complexes – les Verts, par exemple, ou le mouvement en faveur d'un désarmement unilatéral [7]. Nous avons même vu quelques explosions d'hystérie apolitique. L'engouement pour les abris anti-atomiques aux États-Unis fut l'un des premiers exemples du genre.

Plus récemment, l'Occident a connu un formidable élan d'enthousiasme lorsque la Birmanie et la Chine montrèrent des signes de changement. N'était-ce pas la preuve que la démocratie et le capitalisme pouvaient l'emporter sans que nous ayons à faire la guerre? La névrose de cette allégresse sauta aux yeux lorsque nous plongeâmes sans transition dans la confusion la plus totale, quand les troupes gouvernementales intervinrent et ouvrirent le feu. Au lieu de prendre un peu de recul, pour essayer de dissiper notre confusion, nous nous sommes aussitôt jetés sur un nouveau lot de superlatifs émotionnels à propos de la libéralisation de l'Europe centrale. Dès que celle-ci commença à engendrer des violences nationalistes et des débâcles économiques, nous nous élançâmes à corps perdu au secours de la monarchie absolue koweïtienne, engageant des sommes qui auraient sans doute pu résoudre les problèmes immédiats de l'Europe centrale. Après quoi, nous retournâmes précipitamment donner aux Soviétiques une quantité de conseils aussi calculés que vains. La guerre du Golfe – quels qu'aient été les mérites de l'opération en soi – fit retentir dans tout l'Occident les accents d'un patriotisme facile et d'hyperboles hystériques, sous l'inspiration de nos leaders politiques et de nos généraux. De cette manière, le débat public fut réduit à une simple antinomie entre le bien et le mal, entre les patriotes et les traîtres. En d'autres termes, on ravala à un chauvinisme digne du XIXᵉ siècle une controverse qui aurait pu être sensée. Quant aux citoyens confrontés à cette approche, ils restèrent passifs ou s'y associèrent, ce qui démontrait bien la confusion régnant dans notre système.

C'est ainsi que, pour évoquer une question totalement distincte, plus de 70 % des Français se déclarent en faveur du maintien de leur force de frappe. Dans le même temps, un nombre équivalent d'entre eux affirment qu'ils sont opposés à l'usage de cette force, même dans des cas *in extremis* [8]. Nous espérons, semble-t-il, que les crises pourront être gérées l'une après l'autre. Or c'est précisément là que réside le danger. Si nous avons effectivement réussi à éviter la guerre atomique, nous avons fait preuve d'une remarquable incompétence dans la gestion de l'ensemble des crises militaires modernes. Non seulement nous n'avons guère manifesté de logique dans notre développement nucléaire, mais nos armées conventionnelles semblent constamment se préparer à des guerres qu'elles ne feront pas, tout en perdant la plupart des combats qu'on les envoie mener.

Mis à part l'épisode irakien, l'armée américaine n'a pas gagné une seule guerre depuis 1945. À l'exception du coup d'éclat de MacArthur à Incheon, en Corée, elle n'a même pas gagné une bataille importante. Les deux autres puissances interventionnistes occidentales, les Britanniques et les Français, n'ont pas fait beaucoup mieux. Les Britanniques peuvent se prévaloir d'un seul succès digne de ce nom – la Malaisie dans les années 1950 – et les Français de quelques victoires locales en Afrique. La stratégie choisie par les armées professionnelles – tenter d'écraser l'ennemi, quel qu'il soit, par l'envoi de troupes massives – a plus souvent échoué qu'elle n'a réussi. Et les victoires ainsi remportées ont été tellement chaotiques qu'elles ont finalement créé davantage de problèmes qu'elles n'en ont réglé.

Cet échec des forces militaires les plus puissantes, les mieux formées et les mieux armées de l'histoire devrait nous inciter à réfléchir sérieusement sur nos partis pris en matière de violence organisée. Il n'est pas étonnant dans ce contexte que les structures de l'État moderne empêchent les citoyens de reconnaître qu'un contrôle étroit et impartial des affaires militaires fait partie intégrante de leurs responsabilités politiques. Or la grande majorité d'entre eux, ainsi que la plupart des fonctionnaires et des ministres, ne pensent pas que leurs armées nationales aient un rapport quelconque avec leur vie ou celle de la société. Ils ne se sentent pas responsables de ces troupes que leurs impôts font vivre, pas plus qu'ils ne les détestent. La plupart des gens sont tout simplement indifférents.

Or aucune civilisation ne peut se permettre d'ignorer les mécanismes de la violence. L'incapacité de nos armées à faire face aux tactiques des petits groupes de guérilla modernes ne veut pas dire que l'organisation militaire soit obsolète. Cela signifie simplement qu'elle est mal adaptée. Ce refus d'aborder la question de la force sous prétexte que nous ne voulons pas nous en servir nous laisse totalement démunis face à ceux qui souhaiteraient en faire usage contre nous.

Chapitre VIII

Comment organiser la mort

Rien de particulièrement nouveau n'a été dit sur la guerre depuis 500 avant Jésus-Christ, lorsque Sun Tse écrivit son petit recueil d'instruction militaire. Il fallut attendre la deuxième moitié du XVIIIe siècle pour que cet ouvrage soit traduit en français et que les Occidentaux puissent ainsi le découvrir. Les idées de Sun Tse eurent une influence notable sur la nouvelle conception rationnelle française de la guerre.

Le génie de Sun Tse était tel que, aujourd'hui encore, il réduit Bonaparte en personne à un simple général. En d'autres termes, à un homme qui ne peut résoudre les problèmes autrement que par la guerre. Selon le stratège chinois, « ceux qui ont un talent pour la guerre soumettent l'armée ennemie sans bataille. Ils capturent ses villes sans les prendre d'assaut et renversent son État sans qu'il faille d'opérations prolongées. Votre objectif doit être de prendre le pays rival en le gardant intact. Ainsi se définit l'art de la stratégie offensive [1] ». Il n'entendait manifestement pas la stratégie offensive telle qu'elle fut interprétée plus tard par nos officiers, lors de la Première Guerre mondiale. Ni par les hommes responsables de la campagne d'Irak, en 1991, qui débuta par soixante jours de pilonnage intensif et s'acheva dans l'incendie des infrastructures pétrolières et dans de graves désordres raciaux.

Quand on a compris le propos de Sun Tse, on s'étonne moins que les effectifs importants ne confèrent aucun avantage à une armée convenablement dirigée. « On n'a encore jamais vu d'opération intelligente qui ait été prolongée. Jamais aucune nation n'a bénéficié d'une guerre longue. » Le général moderne, en fait le Héros moderne, n'a pas avalé cette partie de la leçon. Plus leur génie est grand, plus leurs victoires sont écrasantes, plus les généraux modernes se battent longtemps. L'un des premiers disciples de Sun Tse écrivit : « La guerre s'apparente au feu : ceux qui refusent de déposer les armes sont consumés par elle. » Dans la pratique, sa stratégie est aussi pertinente aujourd'hui qu'à l'époque où il l'élabora, dans les cours chinoises. « Dans la guerre, il est suprêmement important de s'attaquer à la stratégie de l'ennemi. Ensuite, la meilleure chose à faire est de briser ses alliances. Puis d'affronter son armée. La pire politique consisterait à essayer de prendre ses villes d'assaut. » On songe immanquablement à la stratégie de Mao dans les premiers temps. Plus important encore, rappelons-nous les bombardements stratégiques des villes allemandes et alliées, qui restèrent sans effet. Cette tactique fut utilisée à nouveau, avec les conséquences désastreuses que l'on connaît, au Viêt-nam. Elle demeure le pivot de la stratégie nucléaire. Quelquefois, les propos de Sun Tse réapparaissent pour ainsi dire mot pour mot dans les théories de Liddell Hart et de Mao. De sorte que, même si on lit ses textes pour la première fois, ses idées nous semblent familières. « On pourrait comparer une armée à l'eau, car de la même façon que l'eau qui coule contourne les hauteurs et se précipite vers les basses terres, une armée évite la force et s'attaque aux points faibles. [...] Avancez selon une trajectoire indirecte et détournez l'attention de l'ennemi en l'attirant avec un appât. » Ou encore : « La vitesse est l'essence de la guerre [2]. »

En substance, le message que Sun Tse réitère est que la stratégie n'a rien à voir avec des règles fixes ou des orientations préétablies. Elle se fonde plutôt sur un certain nombre de vérités fondamentales qui, appliquées par un chef compétent, se subdivisent en une myriade d'actions. « Il n'y a que cinq couleurs primaires mais leurs mélodies sont si nombreuses que personne ne peut toutes les entendre [3]. »

Étant donné les terribles bains de sang qu'a connus notre siècle et la pesanteur des stratégies conventionnelles et nucléaires de ces cinquante dernières années, on est tenté de taxer Sun Tse d'idéalisme. Cependant, l'observateur attentif retrouvera l'écho – conscient ou inconscient – de ses théories dans les actions et les propos tenus par les grands commandants modernes. Napoléon en revenait constamment aux secrets de l'art « qui [me] servait, [moi], au lieu des 100 000 hommes qui [me] faisaient défaut. C'est l'homme, et non pas les hommes, qui compte » [4]. Cette aptitude lui permit de laminer des armées beaucoup plus importantes que les siennes. « J'étais trop faible pour me défendre, alors j'attaquai. » Liddell Hart, peut-être le plus grand stratège de ce siècle, reprit les thèses de Sun Tse : « Car la vérité la plus profonde de la guerre est bien que la décision d'une bataille est généralement prise dans l'esprit des commandants adversaires, et non dans le corps de leurs hommes [5]. »

Il ridiculisa sans merci le « Clausewitz officiel ». Dire que « la guerre est une continuation de la politique par d'autres moyens est devenu un lieu commun. C'est par conséquent dangereux. Nous sommes tout aussi fondés à dire que la guerre est la faillite d'une politique [6] ». Et Charles de Gaulle, dans son premier grand essai militaire, *Le Fil de l'épée*, écrivit : « Dans la guerre, en dehors de quelques principes fondamentaux, il n'y a pas de système universel. Tout est affaire de circonstances et de personnalités [7]. »

Souplesse mentale, mobilité physique, rapidité, minimalisation de la violence et de la destruction : tels étaient les fondements de la théorie de Sun Tse. La vision globale du commandant, si imprévisible fût-elle, jouait un rôle essentiel. La victoire se définissait comme la résolution du problème. En simplifiant un peu les choses, on peut répartir les généraux en deux catégories. Les descendants de Sun Tse, d'une part, que l'on pourrait qualifier de compétents, l'autre catégorie regroupant pêle-mêle les médiocres, les incompétents, les bureaucrates, les flegmatiques, les victimes des circonstances et ceux qui provoquent des morts inutiles dans leur propre camp ou dans celui de l'ennemi.

Les trois premiers généraux occidentaux qui découvrirent la guerre de mouvement moderne démontrèrent leur supériorité d'une manière irréfutable. Ils marquèrent la tendance pour tous les commandants à l'esprit novateur qui leur succédèrent. Le duc de Marlborough et le prince Eugène ne comprenaient pas grand-chose à l'organisation. C'étaient de purs soldats ; ils désavouèrent les règles établies de la guerre occidentale en faisant fi des tactiques linéaires formelles. Ils parcoururent l'Europe en tous sens, en ce début du xviiie siècle, manifestant un total manque de savoir-vivre, entraînant leurs armées dans leur sillage et prenant au dépourvu les troupes de Louis XIV, qui les imaginaient à des lieues de là. Plus tard, Frédéric le Grand saurait lui aussi tirer parti de la vitesse. Cependant il avait également hérité d'un des premiers États bureaucratiques, sur les fondations duquel il bâtit une armée professionnelle, dénuée d'amateurs et de mercenaires. En dépit de sa relation particulière, pseudo-philosophique, avec Voltaire, il fut un monarque aussi absolu qu'on peut l'être, et il s'appuya sur sa bureaucratie pour renforcer son pouvoir. Il fut aussi le modèle du dictateur technocratique du xxe siècle. Marlborough et le prince Eugène jouèrent pour leur part le rôle d'atouts militaires. Ils servirent de modèle à des soldats tels que l'Américain George Patton ou l'Allemand Heinz Guderian, qui mena la charge des blindés à travers la France en mai 1940.

La raison déferla dans le sillage de ces trois hommes. Ceux qui s'en emparèrent à des fins militaires firent preuve d'une admirable volonté. Ils en avaient assez de combattre au sein d'armées d'amateurs, sous les ordres d'aristocrates incapables, le plus souvent des ducs incontinents ou des enfants ignorants. Jeunes officiers, ces apôtres de la raison avaient été forcés de risquer leur vie sur le champ de bataille, où ils étaient littéralement paralysés par les lourdes stratégies et les tactiques officielles de leur époque, alors que Frédéric les humiliait et les décimait inexorablement. Ils sentaient qu'il devait y avoir un meilleur moyen. Il s'agissait d'exploiter la raison humaine.

Le marquis de Bourcet ouvrit la voie en fondant, à Grenoble, une école de guerre – une première mondiale – et en rédigeant ses *Principes de la guerre en montagne* publiés en 1764. L'établissement grenoblois fut aussi la première école d'administration de tous les temps. Ce qui veut dire que les militaires commencèrent à former des technocrates près d'un siècle avant que les administrateurs gouvernementaux ne s'engagent sur la même voie, et cent cinquante ans avant l'apparition de la première école supérieure de commerce! Quant aux *Principes de la guerre en montagne*, ils devaient avoir une influence considérable sur Bonaparte, en lui inspirant sa plus brillante campagne, celle d'Italie.

Après Bourcet vinrent trois généraux français : Saint-Germain, Gribeauval et Guibert. Le comte de Saint-Germain fut un ministre de la Défense radical. Il perdit et retrouva à plusieurs reprises ses fonctions, tandis qu'il se démenait contre les intrigues de la cour et l'opposition du gratin militaire. Bien qu'aristocrate lui-même, il entendait changer l'armée française en substituant un corps d'officiers professionnels au système de classe qui la régissait. Jean-Baptiste de Gribeauval fut le premier général à l'aider dans ce sens. L'artillerie moderne qu'il créa posa les fondations de l'artillerie napoléonienne, unique élément que l'on met encore fréquemment au crédit de ce dernier, alors qu'il se contenta en définitive d'exploiter avec brio une machine dont il avait hérité. Après Gribeauval, ce fut le tour du comte de Guibert, qui relia solidement l'idée de professionnalisme à la raison et à la stratégie. Son *Essai général de tactique*, publié en 1773, eut un impact considérable. Cet ouvrage montrait comment mener une guerre de mouvement. À deux reprises, on fit appel à Guibert pour servir aux côtés de Saint-Germain au ministère de la Défense. Il put ainsi poser les fondations de l'armée moderne que les révolutionnaires et Bonaparte exploiteraient par la suite. Chaque fois, il fit l'objet d'attaques virulentes.

Son premier mandat dura deux ans, au terme desquels la fureur du personnel militaire à son encontre fut telle qu'on l'envoya passer dix ans sous les drapeaux. Il mit cet exil à profit pour réfléchir et pour écrire. Son ambition était de lier son idée d'une carrière militaire réussie au service moral; il en fit la démonstration dans son *Éloge au chancelier Michel de L'Hospital*. Au XVIe siècle, ce dernier avait été un parangon d'honnêteté et de dévouement au service public. À la tête du gouvernement, il avait tenté d'empêcher les guerres de religion qui devaient déchirer la France pendant deux cents ans. Cet éloge était, bien évidemment, une manière déguisée de s'en prendre à la cour de Louis XVI. L'attaque n'était pas particulièrement subtile, mais son succès fut total et si immédiat que Guibert fut nommé membre de l'Académie française.

Ce fut la seule période de toute l'histoire de l'Académie où cette honorable société servit le changement au lieu du pouvoir établi. La cérémonie qui présida à la réception de Guibert fut d'une splendeur sans précédent et devint une manière de démonstration du pouvoir que les milieux éclairés commençaient à pressentir en 1786. Du jour au lendemain, Guibert devint la vedette des intellectuels parisiens. Grâce à ce coup de pouce, un an plus tard, on le rappelait au ministère. Une fois encore, les courtisans lui mirent des bâtons dans les roues.

En liant professionnalisme et stratégie militaire à la raison et à la moralité, Guibert suscita un grand dilemme – qui n'est toujours pas réglé de nos jours. Mais pourquoi voudrait-on que les changements s'imposent sans entrave sous leur forme la plus pure ? De fait, on constate une remarquable unité, si curieuse soit-elle, entre les événements qui instaurèrent la guerre de mouvement dans l'histoire occidentale moderne, avant de donner naissance à deux types de stratégies. La première était destinée aux généraux à la tête de vastes armées. L'autre était le déni de la guerre conventionnelle : on l'appelle aujourd'hui guérilla ou guerre de partisans. Ces deux stratégies procédèrent essentiellement de la lutte menée pour défendre et détruire la république de Pascal Paoli en Corse.

Corse de naissance, Bonaparte grandit donc à l'ombre d'hommes qui s'étaient servis de tactiques de guérilla pour lutter contre les armées européennes. L'armée de Paoli avait fait du *macchia,* les collines escarpées, impénétrables, de l'île de Beauté, un atout majeur dans la lutte, de la même façon que d'autres utiliseraient la jungle plus tard. Cette stratégie originale causa une telle surprise aux Français que, de *macchia*, ils tirèrent le mot « maquis », ce terme générique servant désormais à décrire les combats de guérilla. Quoi qu'il en soit, le comte de Guibert fut le seul officier français à tirer des conclusions pratiques des continuelles défaites imposées à leurs forces conventionnelles par la petite armée corse, le plus souvent invisible. En sa qualité de jeune officier, son rôle dans cette expédition consistait à commander une bande d'irréguliers corses luttant du côté des Français contre la république de Paoli. À la bataille de Ponte Nuovo, Guibert prit le commandement des troupes qui s'emparèrent du pont, décidant ainsi du sort de l'île. Dans son *Essai général de tactique*, il se souvint de cette guerre, remportée par les Français pour la seule raison que les Corses avaient pris de l'assurance au fil des batailles qu'ils gagnaient, au point de céder à la prétention de se battre comme les armées européennes. À Ponte Nuovo, ils descendirent de leur maquis et s'exposèrent à un affrontement conventionnel, dans les conditions contraignantes d'une guerre de position.

Dès son adolescence, sur le continent où on faisait de lui un officier français, Bonaparte découvrit les nouvelles méthodes de Guibert, dans lesquelles il retrouva les souplesses et les voies détournées de son héritage. Cependant, l'usage simple que les Corses firent de la mobilité avait été assimilé et réformé par un militaire français professionnel. Le mouvement incessant qui devait donner à Bonaparte une mainmise sur l'Europe n'était autre que les tactiques de guérilla corses, transformées et développées par Guibert en une stratégie adaptée à de vastes armées, puis mises en pratique par Bonaparte, un homme qui connaissait depuis l'enfance ces tactiques de mobilité. Au fond, c'était un mariage naturel.

Cette influence s'exerça au-delà de Bonaparte et des Français. Sous le deuxième gouvernement de Paoli, qui succomba à une fâcheuse dépendance des Anglais, il y eut tout de même une lueur d'espoir. Londres envoya un jeune colonel nommé John Moore former les Corses à la guerre conventionnelle. À l'instar de Paoli, il tomba sous le coup des intrigues et des ambitions d'Elliot, le technocrate représentant de George III. Ce dernier l'expulsa de Corse le même mois que Paoli. Mais au cours de la brève période où il avait pris le commandement, ses idées furent totalement remises en cause par ce qu'il avait découvert sur le terrain. Venu pour enseigner, Moore repartit avec des théories toutes neuves. Il fut à l'origine de la réforme des méthodes de combat britanniques. Il fonda la Brigade légère, dont la souplesse prépara en quelque sorte le terrain à la guerre d'Espagne. Après sa mort, survenue à La Corogne en 1809, ses méthodes furent reprises par l'homme appelé à le remplacer, Arthur Wellesley, futur duc de Wellington. Aux tactiques et à la stratégie de Moore, Wellington ajouta ses propres expériences de la guerre de mouvement dans la colonie indienne. Ainsi l'évolution progressive de la guerre européenne vers un règlement de comptes entre Bonaparte et Wellesley fut-elle, d'une certaine manière, une confrontation entre deux interprétations renforcées et quelque peu formalisées de la guerre du maquis corse.

À maintes reprises, la guerre de mouvement européenne évolua grâce à l'intégration d'expériences étrangères par une section marginale des corps d'officiers. Le poids écrasant des hommes de cour d'abord, puis celui de l'état-major, étaient tels que, sans ces bouffées d'air venues d'ailleurs, aucune méthode créative n'aurait vu le jour. L'histoire militaire des cent dernières années est remplie d'influences étrangères. Chaque fois, les pressions de la bureaucratie militaire réussirent à neutraliser tout changement.

Le sort dévolu aux réformes de Guibert en est un exemple éclairant. Il avait eu recours à la raison pour organiser une armée moderne capable de développer une stratégie de mouvement. Il s'efforçait d'éliminer l'incompétence et la médiocrité, en établissant une structure qui ne permettrait de promouvoir que les vrais soldats. Or la leçon tirée par les autorités civiles trente ans plus tard, après l'aventure napoléonienne, était qu'en associant professionnalisme et génie on créait des hommes dangereux. Le génie devenait soudain l'ennemi de la stabilité, même si la principale justification d'une armée nouvelle basée sur les principes de la raison était précisément de mettre ce génie au service de la nation. Les autorités prirent le contrepied de l'objectif déclaré du professionnalisme, et en firent une structure visant à éliminer le génie. En d'autres termes, ils désavouèrent la raison d'être du professionnalisme, la création de soldats capables de gagner, en le réduisant à un talent pour l'organisation bureaucratique.

C'était peut-être là l'inévitable conséquence de l'idée rationnelle issue de Machiavel et de Richelieu. L'émergence d'armées professionnelles était à leurs yeux une manière de former des officiers apolitiques. Jusqu'alors, l'histoire abondait en soldats politisés qui profitaient de leur succès personnel pour défier l'autorité établie. Cependant, Guibert et Saint-Germain étaient apparus après environ un siècle de soumission militaire. Plus tôt, dans son *Essai général de tactique*, Guibert avait écrit :

> Si par hasard il s'élève dans une nation un bon général, la politique des ministres et les intrigues des courtisans ont soin de le tenir éloigné des troupes pendant la paix. On aime mieux confier ces troupes à des hommes médiocres, incapables de les former, mais passifs, dociles à toutes les volontés et à tous les systèmes. [...] La guerre arrive, les malheurs seuls peuvent ramener le choix sur le général habile[8].

La réforme rationnelle n'eut pas pour effet d'éliminer ce problème. Au contraire, elle l'amplifia, de sorte que l'assaut porté par Guibert contre l'Ancien Régime atteignit plus aisément encore les autorités responsables de la guerre de Crimée, des deux guerres mondiales, de l'Indochine, du Viêt-nam, et de presque toutes les autres.

Incapable de faire face au génie, la raison avait lié son sort à la médiocrité. Guibert et les autres fondateurs de l'armée moderne avaient imaginé un état-major professionnel chargé d'entreprendre une guerre sur le plan technique et matériel, libérant ainsi l'échelon des commandants professionnels, appelés pour leur part à se battre sur le terrain. Au lieu de cela, les états-majors nationaux jouèrent à saute-mouton, en se développant et en acquérant toujours plus de pouvoir. Tout débuta après la défaite imposée à la Prusse par Napoléon. Les Prussiens attribuèrent la supériorité de leur rival à l'organisation mise en place par le trio Gribeauval-Saint-Germain-Guibert. Ils entreprirent aussitôt de se mettre au diapason. L'état-major général allemand vit ainsi le jour, qui connut deux grands moments de gloire : 1870 et 1914. Battus à plate couture et proprement humiliés en 1870, les Français accrurent encore leur dépendance vis-à-vis de la bureaucratie militaire. Peu avant la Première Guerre mondiale, ils réussirent à produire un tandem état-major/commandement assez proche du modèle allemand. Le passage de Foch au commandement de l'École de guerre supérieure consolida le lien entre les deux. Quant à l'Angleterre, le désastre de Crimée n'avait pas suffi à lui donner vraiment envie de changer. Aux environs de 1860, la moitié des brevets d'officiers s'achetaient encore. En 1898, la débâcle des troupes du Mahdi face à celles de Kitchener parut confirmer que l'armée britannique se portait encore très bien.

Sur le moment, la campagne soudanaise passa pour une victoire du savoir-faire et de la technologie des Occidentaux face aux intrépides musulmans. De surcroît, Kitchener était l'image même du Héros moderne plein de panache. C'était un homme solitaire, mystérieux et pieux. Il avait tout d'un grand commandant. En réalité, il était totalement dénué de talent stratégique et d'aptitudes pratiques sur le plan militaire.

Ingénieur de formation, il passa deux années à construire laborieusement une voie ferrée fortifiée menant à Khartoum, la capitale madhiste. Parvenu sur les lieux, il mena la bataille décisive d'Omdurman, qui fut, selon les termes d'un grand correspondant de guerre de l'époque, « non pas une bataille mais un massacre ». Grâce à leurs mitrailleuses et aux balles dum-dum, qui explosent au moment de l'impact, faisant de plaies sans gravité des blessures mortelles, les forces anglo-égyptiennes infligèrent de très lourdes pertes à leur adversaire : 10 800 morts soudanais et seulement 48 du côté anglais. Cette victoire apparemment glorieuse fit oublier la lenteur et la pesanteur du vainqueur, comme l'infériorité de l'armée rivale. La puissance de guérillas commandées avec efficacité et les effets neutralisateurs d'une armée vaste et pédante dans l'autre camp suscitèrent bien des surprises pendant les quinze années qui suivirent.

Le premier choc eut lieu presque aussitôt après les événements soudanais, en Afrique du Sud, où l'amateurisme criminel des Britanniques souleva un vent de réforme. Cette campagne fut semblable à celle des Américains au Viêt-nam, sauf que les Anglais l'emportèrent finalement. S'ils dépassaient largement en nombre les Boers, et étaient équipés de l'armement le plus moderne, ils ne savaient pas lire les cartes, n'en possédaient guère, et n'avaient aucune notion de la température ambiante, du mouvement ou des circonstances. De fait, à part les charges sabre au clair, ils n'entendaient rien à rien. Un état-major convenablement formé leur faisait défaut. Quel qu'ait été le problème des Américains au Viêt-nam, ce n'est pas cela qui leur manqua. Bien au contraire. Notons que ces deux armées firent preuve malgré tout d'une égale incapacité. Quoi qu'il en soit, après l'expérience boer, les Britanniques se lancèrent dans un frénétique programme d'instruction militaire, qui se prolongea pendant dix ans. Ils avaient sérieusement besoin d'une solide formation administrative sur les manœuvres et le ravitaillement de leurs troupes, sans parler de l'organisation des moyens de communication ou des méthodes d'action systématisées.

Toutefois, si les Britanniques avaient mieux analysé leurs difficultés en Afrique du Sud, ils auraient compris que leur véritable problème n'était pas leur amateurisme – même si celui-ci était un sérieux handicap –, mais leur malencontreuse méprise sur la nature de la bataille dans laquelle ils s'étaient engagés. Le général français Gambiez écrivit soixante-dix ans plus tard : « Les Boers, n'ayant pas lu Clausewitz, essayèrent toutes les méthodes indirectes [9]. » Ce qui revient à dire qu'ils firent preuve de souplesse et de bon sens. Ils furent finalement battus par Kitchener, qui eut recours une nouvelle fois à des méthodes lentes et pesantes, y compris la tactique de la terre brûlée et l'installation de camps de concentration. En définitive, au lieu de se préoccuper de leurs échecs stratégiques, les militaires britanniques firent une véritable fixation sur leur amateurisme. Du coup, ils concentrèrent leurs efforts sur une mise en pratique efficace de leurs stratégies conventionnelles et maladroites. S'ils avaient observé l'évolution des états-majors allemand et français, ils auraient compris que ce type de réforme ne donnait pas lieu à un plus grand professionnalisme, mais à une dangereuse forme de logique bureaucratique.

Ces officiers nouvellement formés, sous la conduite de leur état-major général, avaient pour mission, selon la formule de Liddell Hart, d'apporter « un substitut collectif au génie, qu'aucune armée ne peut espérer produire sur commande [10] ». Cette formation systématisée et formelle eut l'avantage de créer une méthodologie et un vocabulaire collectifs. Les communications s'en trouvèrent facilitées, assurant ainsi une meilleure compréhension mutuelle. Pour prendre un exemple rebattu, il y avait peu de chances pour que l'on assistât de nouveau à la charge de la Brigade légère dans la mauvaise vallée, comme cela s'était produit pendant la guerre de Crimée, après un ordre mal interprété. Sir William Robertson, chef de l'état-major impérial pendant la Première Guerre mondiale, déclara après coup que, grâce à l'uniformisation de leurs méthodes de gestion, il avait pu envoyer des télégrammes à tous ses officiers sans crainte d'être mal compris [11].

En réalité, étant donné la médiocrité du commandement sur le terrain, cette mise en commun des méthodes et de la terminologie militaires eut pour effet d'aggraver leurs erreurs. L'administration de l'état-major offre un moyen d'action collectif tout en éliminant d'office la moindre remise en cause, individuelle ou collective.

Robertson déclara avec beaucoup de satisfaction que cette méthodologie commune avait aussi l'avantage de leur éviter la panique dans les moments difficiles. Les technocrates présentent toujours la maîtrise de soi et l'impassibilité comme les signes marquants de leur professionnalisme. Aujourd'hui encore, l'une des principales astuces utilisées par les professionnels, lorsqu'ils prennent part à des débats publics avec des non-professionnels, est de suggérer que ces derniers ont paniqué et que c'est l'ignorance qui les y a conduits.

Toutefois, un examen plus approfondi de cette thèse sur la supériorité du sang-froid du professionnel, qui fut mise pour la première fois à profit avec succès lors de la Première Guerre mondiale, soulève un certain nombre de questions. N'aurait-il pas mieux valu que les états-majors des armées engagées dans le combat paniquent au lieu de poursuivre un massacre inutile ? L'incapacité de paniquer n'est-elle pas au fond un signe de stupidité ou de déficience grave ?

Depuis cent ans, on considère cette aptitude à garder son sang-froid en toutes circonstances comme une grande vertu chez les militaires, mais aussi dans toutes les sphères de leadership. Partout autour de nous, des hommes d'affaires, des banquiers, des bureaucrates, des hommes politiques, des généraux nous tiennent des propos rassurants, nous suggèrent de nous laisser aller et de suivre la direction éclairée qu'ils nous désignent. La méthode rationnelle est désormais indissociable du calme imperturbable de l'initié.

Sur quoi se fonde cette prétendue supériorité? Où sont les exemples prouvant que le savoir dépassionné fait avancer la cause de la civilisation? En réalité, la capacité de paniquer a toujours été l'une des grandes forces de ceux qui occupent des positions de commandement.

Paniquer ne signifie pas nécessairement tourner les talons et prendre la poudre d'escampette. L'intelligence et un certain sens de la dignité autorisent généralement le maintien d'un calme apparent. Le doute de soi et la dignité sont les marques d'un leadership compétent. Un homme, une organisation, voire une société, capable de paniquer intérieurement, est en mesure de reconnaître lorsqu'il (ou elle) s'est fourvoyé(e), et peut-être aussi d'identifier l'erreur en cause, dès lors qu'il (ou elle) admet la nécessité d'une réévaluation complète. De cette réévaluation naîtra probablement le redressement requis.

Or l'homme de raison, tel que nous le concevons aujourd'hui, est incapable de paniquer ainsi. Il véhicule tant de compétences et bénéficie d'une structure telle qu'il jouit d'une assurance absolue. Grâce aux moyens intellectuels dont il dispose, il a toujours les moyens de prouver qu'il a raison, même lorsqu'il est au bord d'une catastrophe qu'il a lui-même provoquée. Sur le champ de bataille – militaire ou civil –, lorsque les choses ne tournent pas comme il le voudrait, ce sont les circonstances qui sont responsables. Le commandant rationnel est suffisamment sûr de lui pour ne jamais céder, même s'il a tort. Tôt ou tard – il peut le prouver –, la réalité se fera jour.

L'aptitude à réagir aux circonstances – clé de la stratégie de Sun Tse – est bien sûr possible seulement si le leader est capable de bousculer ses idées préconçues. La force intérieure requise pour s'autoriser à paniquer est au centre même de cette aptitude. Or l'instruction militaire propre au xxᵉ siècle a ignoré cette force. Au contraire, elle s'est appliquée à éliminer toute trace de cette forme d'intelligence chez l'officier professionnel.

Tel un homme de Neanderthal émergeant de sa caverne à la lumière du jour, l'officier d'état-major entra dans le xxᵉ siècle, en brandissant une massue de la mort sculptée dans la raison. Cette arme lui permit de manier des arguments déjà assimilés avec un vocabulaire auto-justificateur, et de sortir de la Première Guerre mondiale avec une réputation presque intacte. La mythologie protectrice qu'il suscita imputait la responsabilité des désastres de la guerre à une race imaginaire de généraux conservateurs de l'ancienne école. En réalité, la Première Guerre mondiale avait été conçue et menée au plus haut niveau par la nouvelle génération de militaires – sur tous les fronts, sauf peut-être celui de Russie. Ce fut le premier affrontement sur le champ de bataille entre des états-majors modernes rivaux, dans leur plein épanouissement.

Les Allemands étaient les plus professionnels. Les fonctions de commandement et d'administration les plus élevées avaient été regroupées à Berlin, et elles étaient maintenues séparées, d'une manière totalement abstraite, de la lutte menée par les officiers sur le terrain. Cette abstraction extrême leur donna un avantage au départ. Ils disposaient ainsi d'un concept achevé, le plan Schlieffen, nommé ainsi d'après le maréchal Alfred von Schlieffen, chef de l'état-major général entre 1891 et 1906. Le plan en question, élaboré dans ses moindres détails, attendit près de dix ans avant d'être réalisé. En d'autres termes, l'état-major général allemand était plus que préparé. Lorsqu'ils mirent leur idée à exécution, elle se développa à grande vitesse jusqu'au point où sa logique pouvait la mener. Cependant, quand cette logique parfaite se heurta de plein fouet à la réalité, sur les rives de la Marne, toute cette machine s'immobilisa brutalement. Les membres de l'état-major allemand s'étaient rendus coupables de l'erreur militaire la plus classique : ils avaient essayé de modifier les circonstances pour qu'elles s'accordent à leur stratégie, au lieu de s'adapter à elles.

L'armée française avait l'avantage d'être légèrement moins organisée que les Allemands, et remplie d'officiers coloniaux qui s'employaient à saper la stratégie de l'état-major parisien. Cela signifiait qu'il y avait juste assez de marge de manœuvre pour qu'un combattant du maquis colonial puisse prendre l'initiative d'en pousser un autre à agir d'une manière qui n'avait rien à voir avec les manuels ou la mentalité de l'état-major. C'est ainsi que le général Joseph Gallieni, gouverneur de Paris, qui s'était fait un nom pendant la conquête de l'Indochine avant d'annexer Madagascar grâce à une campagne particulièrement originale, poussa à l'action le général Joseph Joffre, qui, bien que jouissant de talents médiocres, excellait dans l'art des manœuvres. Gallieni et Joffre arrêtèrent les Allemands grâce à leur comportement irrationnel. On pourrait presque dire qu'ils réussirent en paniquant. Si l'armée française s'était déjà trouvée sous les ordres de Foch et de ses acolytes, la manœuvre, désordonnée mais brillante, connue sous le nom des taxis de la Marne n'aurait jamais été possible. Et les Français auraient probablement perdu la guerre.

Les Britanniques mirent beaucoup plus de temps que les Français à prendre au sérieux la formation de leur état-major. Mais ils rattrapèrent si vite le temps perdu, pendant la Première Guerre mondiale, qu'il ne pouvait plus être question d'originalité. Au début de la guerre, l'état-major britannique bénéficia de la présence à sa tête d'un commandant en chef qui n'avait reçu aucune formation militaire : Kitchener. La contradiction flagrante entre son profil héroïque et la réalité de ses méthodes laborieuses éclata au grand jour. S'il réussit à conserver sa notoriété auprès de la population anglaise, ceux qui connaissaient la vérité désespéraient. Ainsi, les deux officiers d'état-major alors en pleine ascension, Douglas Haig et William Robertson, pourraient défendre par la suite leur propre incompétence, en rappelant la réalité de la situation lorsque Kitchener détenait les rênes du commandement.

La guerre durait depuis moins d'un an quand il devint évident que les seuls secteurs laissant le champ libre à un certain degré d'originalité se situaient à l'écart des capitales européennes. Comme tous les technocrates, les généraux d'état-major n'aiment guère s'éloigner des centres du pouvoir. L'absence est l'une des rares armes qui peuvent être efficacement utilisées contre eux. Dès lors, on comprend que la seule campagne intéressante de la Première Guerre mondiale se soit déroulée au Moyen-Orient, sous le commandement du général Edmund Allenby. Il en sera de même pendant la Seconde Guerre mondiale, sous la conduite du général Claude Auchinleck et du général Archibald Wavell. Voire plus loin encore, en Extrême-Orient, à l'instigation du général Slim. En Europe, en revanche, pendant la Première Guerre mondiale, la lourdeur du système de solidarité de l'état-major causa près de cinq années d'affrontements lents et méthodiques, qui donnèrent lieu à un spectaculaire carnage.

Certaines statistiques relatives au commandement prouvent que la nouvelle génération de militaires n'eut guère de mal à faire de Kitchener son bouc émissaire. Lorsque la guerre éclata, en 1914, sur les quarante-cinq postes supérieurs de commandement au sein du corps expéditionnaire britannique, quarante étaient occupés par des diplômés de l'École de guerre. Quatorze d'entre eux y avaient enseigné. Quatre de ces figures clés – dont Haig et Robertson – avaient même dirigé l'établissement. Dès les premiers échanges, en août 1914, le leadership stratégique et administratif se trouvait entre les mains d'hommes qui constituaient les fleurons de la modernité.

Pour comprendre la philosophie de cette école, le mieux est de comparer deux de ses diplômés vedettes. Haig et Allenby entamèrent tous les deux leurs études à l'École de guerre britannique en 1896. L'un et l'autre achevèrent leur carrière en qualité de maréchal et de pair du Royaume-Uni. Pendant la guerre, cependant, Haig avait exercé un pouvoir beaucoup plus considérable, puisqu'il commandait en Europe, où il occupa en définitive la deuxième place, après Foch, et où il fut responsable d'une succession de campagnes désastreuses. Allenby, pour sa part, avait remporté assez habilement sa guerre au Moyen-Orient. Mais l'état-major ne prit guère ses campagnes en considération.

À l'encontre d'Allenby, bourré de qualités, Haig avait les pires défauts d'un officier d'état-major. Si le système avait fonctionné raisonnablement et d'une manière équitable, récompensant les meilleurs et écartant les moins bons, leurs carrières auraient été inversées. De fait, si le système avait fonctionné, Haig n'aurait jamais dépassé le grade de colonel.

Allenby, surnommé *Bull*, le Taureau, avait une volonté de fer. C'était un homme ouvert et chaleureux. Il entretenait d'excellents rapports avec ses collègues officiers et savait inspirer ses hommes. Haig, en revanche, était timide, incapable de créer des liens, et préférait se tenir à l'écart. Seules sa réserve naturelle et la pratique du secret lui permirent de dissimuler ses faiblesses et de réussir, en multipliant les manipulations et la paperasserie. Même lorsqu'il fut finalement nommé à la tête des forces britanniques en Europe, il quittait rarement ses quartiers. Allenby avait une culture très étendue ; il était passionné d'ornithologie et de musique. Il avait une grande sensibilité et ses intérêts dépassaient largement le domaine de la guerre. Haig, au contraire, avait une vision étroite des choses, « comme un télescope [12] », et ne pensait qu'à l'armée. Rien d'autre ne l'intéressait. Allenby concevait donc des stratégies fondées sur un certain degré d'humanité et sur le bon sens qui découle de la prise de conscience d'un monde perturbé par des événements violents. Haig, quant à lui, était un général à la pensée étriquée, obsédé par la technique, et moins indifférent qu'inconscient des aspects humains de la vie du soldat. Il travaillait inlassablement. Mais en dépit de son zèle, il n'avait pas l'esprit très vif et manquait à la fois d'imagination et de clairvoyance. En revanche, il avait des relations. Il s'évertua à s'entourer de gens susceptibles de faire avancer sa carrière, à commencer par le prince de Galles. Au fond, Haig était l'archétype du technocrate.

Quant à Allenby, c'était le type d'individu dont les technocrates se méfient. Si les deux hommes manifestaient une égale ténacité, Allenby était ouvert aux opinions des autres, tandis que Haig s'enfermait dans ses fausses certitudes. On ne peut certainement pas dire qu'Allenby manquait d'ambition, mais Haig en était littéralement dévoré.

Cet antagonisme opposant des officiers supérieurs de l'état-major à des chefs militaires compétents s'est perpétué tout au long du xxᵉ siècle. Dans les années qui précédèrent la Première Guerre mondiale, l'originalité du jeune Wavell fut vertement critiquée par William Robertson, le commandant de son École de guerre. Quant au général J.F.C. Fuller, l'un des futurs pères de la stratégie moderne – et révolutionnaire – des blindés, il dut s'y prendre à deux reprises avant d'être admis dans cet établissement. Une fois intégré, il resta convaincu qu'il ne décrocherait jamais son diplôme. Seule la guerre lui épargna cette humiliation. À cette époque, l'école était dirigée par Launcelot Kiggel, futur chef d'état-major de Haig. Kiggel était l'homme qui se rendit pour la première fois dans les marécages de Passchendaele après y avoir envoyé à la mort 250 000 de ses hommes. Le choc de ce terrible spectacle, qui lui avait pourtant paru tellement rationnel sur une carte au quartier général, eut raison de lui. Il éclata en sanglots en s'écriant : « Mon Dieu, mon Dieu, avons-nous vraiment envoyé des hommes là-dedans ? »

L'essentiel de la Première Guerre mondiale fut mené sous la stratégie offensive de Foch. Ce dernier était certainement plus intelligent que Haig, et il ne faisait pas partie de ces technocrates adonnés à la pratique du secret. Il possédait même une sorte de charisme, lié à un optimisme invétéré. En 1921, il décrivit en ces termes la manière dont il avait commandé les troupes alliées : « La guerre a démontré la nécessité, pour réussir, d'avoir un but, un plan et une méthode. » Après quoi, il s'interrompit, revint en arrière et reformula sa phrase : « La guerre a montré la nécessité pour la direction d'avoir un but, un plan et une méthode, et d'en poursuivre l'application avec une active ténacité [13]. » En d'autres termes, il élimina spécifiquement et consciemment le seul élément qui comptait vraiment, se battre pour gagner, et y substitua la volonté de pouvoir de l'officier supérieur. Dans son esprit, la guerre n'était pas une affaire de victoire, mais d'administration. Les trois instruments de commandement qu'il recommandait étaient d'une nature bureaucratique et inflexible. Il insistait sur la nécessité pour un commandant de faire preuve de ténacité ; mais dans son contexte, cela ne faisait qu'augmenter la rigidité du système. Or tout cela est exactement aux antipodes des principes définis par les grands stratèges – de Sun Tse à de Gaulle.

À bien des égards, Foch peut être considéré comme le père de l'École de guerre française moderne. Il y enseigna pour la première fois en 1895. De 1908 à 1911, il dirigea l'établissement et définit le schéma intellectuel général de ce qui se produirait par la suite dans les tranchées : « Une bataille remportée est une bataille où l'on n'admet pas d'avoir été battu. Il faut agir, parce que c'est la seule chose qui donne des résultats. » Sa stratégie, qui consistait à « attaquer, toujours attaquer », invalidait toute réflexion. Foch avait été éduqué chez les jésuites et admirait profondément leurs méthodes. Son attachement à l'idée que la guerre pouvait être commandée depuis un quartier général s'apparentait assez bien à l'attitude de Loyola qui, une fois élu général supérieur, resta obstinément cloué à Rome jusqu'à sa mort, seize ans plus tard.

Aujourd'hui, tout le monde s'accorde à dire que la guerre de 1914-1918 fut un désastre sur le plan stratégique, sans qu'on ait cherché à désigner des coupables. L'état-major prenait systématiquement toutes les décisions, d'une manière abstraite et théorique, avant de les communiquer par écrit aux commandants sur le terrain. Les officiers de campagne qui osèrent mettre en garde leurs quartiers généraux contre les débâcles possibles furent scrupuleusement ignorés. L'état-major attachait beaucoup trop d'importance au maintien de ce qu'il considérait comme une chaîne de commandement essentielle, basée sur une méthode et un langage communs, et destinée à éliminer tout élément de panique. Si l'issue de la bataille prouvait que les avertissements de l'officier de campagne étaient fondés, si tant est qu'il ait survécu au carnage, ce dernier était généralement démis de ses fonctions.

En 1915, le général Ferry, commandant de l'armée française, eut vent d'une imminente attaque par les gaz – la première de la guerre. Il en avertit ses supérieurs, ainsi que les Britanniques et les Canadiens qui flanquaient ses troupes. En apprenant la nouvelle, les chefs de son quartier général laissèrent exploser leur colère. Ils lui intimèrent l'ordre de ne jamais traiter directement avec les Alliés et de se borner aux procédures de rapport en usage. Ils décrétèrent en outre qu'il était idiot de prêter foi à des rumeurs pareilles, sans parler de les rapporter. Après l'attaque, qui eut bel et bien lieu, Ferry fut destitué.

Peu avant l'attaque allemande sur Verdun, à l'origine de la bataille la plus sanglante de la guerre, des rumeurs arrivèrent jusqu'au ministre de la Guerre. Elles laissaient entendre que le système de défense local était défectueux. Ces bruits provenaient d'officiers qui avaient essayé en vain d'attirer l'attention de leur commandant, le maréchal Joffre. Après une enquête menée à l'initiative du ministre, Joffre fut mis au courant de la situation, qu'il choisit d'ignorer, tout en exigeant qu'on lui révèle la source de ces rumeurs. Les officiers responsables avaient passé outre à la hiérarchie. Le ministre lui fournit leurs noms. Ils furent tous mis à pied. Puis les Allemands attaquèrent et la défense française fut réduite en miettes.

Pendant ce temps, les états-majors de toutes les parties œuvraient sans relâche, expédiant des rapports, établissant des statistiques, élaborant des plans de batailles invisibles et envoyant des consignes d'une précision extrême pour ces affrontements. 21 millions d'hommes avaient été mobilisés en 1914. En 1918, on avait atteint le chiffre de 68 millions. Tout au long de la guerre, les états-majors ne cessèrent de clamer que cela ne suffirait pas. Ils firent chuter ministres et gouvernements à force de manipuler les informations pour donner l'impression qu'ils n'avaient jamais suffisamment d'hommes à leur disposition. 68 millions de soldats représentaient indiscutablement un triomphe d'organisation. Le monde n'avait jamais rien vu de tel. En vérité, les généraux manquaient de recrues pour jouer les différents rôles de leurs scénarios de bataille. Ils en réclamaient toujours davantage. C'est l'une des caractéristiques de l'organisation moderne. Elle est absolue dans les besoins qu'elle exprime et infinie dans sa capacité d'expansion. De même que les généraux de la Première Guerre mondiale n'avaient jamais assez d'hommes, de même leurs collègues d'aujourd'hui sont perpétuellement à court d'équipements.

Non contents de n'avoir aucun sens de la logistique, ces généraux ne comprenaient pas pourquoi ils se battaient. Avant la campagne de la Somme sous le commandement de Foch, le général Fayolle écrivit : « La bataille dont il rêve n'a aucun sens. Elle ne permettra même pas de faire une percée [14]. » 1 250 000 hommes périrent de part et d'autre lors de cette campagne. Les Français à eux seuls tirèrent 6,5 millions d'obus.

Pour mesurer l'insanité de tels événements, il faut essayer de comprendre ce qui se passait dans l'esprit de ces commandants. Ils pensaient sincèrement que la raison était de leur côté, et qu'elle avait pris la forme d'une structure. Leur attachement à une méthodologie fit d'eux les champions d'une vaste campagne pour le progrès de l'humanité. Un observateur détaché aurait sans doute fait remarquer qu'il leur manquait le seul talent dont un général ne peut se passer : l'aptitude à gagner. Seul le sentiment d'être soutenus par une structure les avait conduits là où ils étaient.

Quand la guerre éclata, ces technocrates en uniforme se trouvèrent dans l'obligation de commander. Faute de ce que Sun Tse appelait un sens stratégique, ils évitèrent la débâcle en jetant simplement des masses de soldats face à l'ennemi. Ce n'était pas la réaction d'hommes en proie à la panique : ils étaient parfaitement sereins et persuadés d'agir pour le mieux. Longtemps avant 1914, ils s'étaient déjà préparés à cette stratégie. Dès 1909, Haig avait parlé d'une longue guerre où on aurait raison de l'ennemi à l'usure. À la tête de l'École dc guerre, Robertson décourageait systématiquement toute pensée originale, qui n'avait à son avis « aucun rapport avec la besogne ardue et sanglante de masses d'hommes s'évertuant à s'entre-tuer [15] ». Seul Foch avait réfléchi sur une stratégie qu'il avait consignée. Il croyait pourtant lui aussi qu'il fallait expédier des cohortes de soldats à l'assaut de l'ennemi.

L'étendue des carnages inutiles perpétrés pendant la Première Guerre mondiale provoqua confusion et colère dans la population. Jamais la société occidentale n'avait vu se creuser un tel fossé entre la réalité et l'apparence, entre le fait de gagner la guerre et celui de commander des armées. Tout au moins pas depuis la fin des monarchies de droit divin. Et même en ce temps-là, cet écart avait été moins choquant, moins total. Pour une véritable comparaison, il faut remonter à l'époque la plus corrompue de l'Église, avant la Réforme, lorsqu'on s'appuya sur une terminologie faite de dévotion et de pureté afin de favoriser l'essor d'un monde d'incroyance, d'hédonisme et de cupidité. Quand la Réforme s'instaura, ce même vocabulaire servit à justifier une interminable succession de massacres de part et d'autre.

Cette division moderne s'est fait jour depuis 1914 seulement. Cependant, grâce aux instruments de la logique parfaite, le concept rationnel a occupé nos langages et nos moyens de communication, au point que la réalité s'en trouve souvent réduite à un rôle mineur. Tout se passe comme si les instruments et le savoir de Galilée avaient changé de camp et servaient à rassembler toutes les puissances d'observation, de démonstration et d'argumentation pour prouver que le soleil tourne autour de la terre. Raison, structure, calme et méthode : tels sont aujourd'hui les outils du pouvoir établi et de la sagesse conventionnelle. En période de crise, cette dernière devient la vérité absolue des élites dirigeantes. Elle leur donne de l'aplomb pour aller de l'avant, dans la mesure où elle élimine réflexion et doute. Ce qui autorise ces élites à taxer de naïveté ou de trahison toute tentative allant dans ce sens. L'homme moyen, témoin impuissant d'un massacre barbare, en est réduit à tâtonner en quête d'un nouveau mode de communication lui permettant d'exprimer l'évidence.

L'important, toutefois, ce n'est pas l'indifférence des armées professionnelles pour la vie de leurs soldats. Il n'y a rien de personnel dans cette indifférence. Il se trouve simplement que la stratégie des états-majors tend naturellement vers des méthodes amples et brutales. Il n'y a pas de différence notable entre l'utilisation d'hommes et celle d'explosifs.

Le seul changement qui s'est opéré depuis quatre-vingts ans tient à la majoration du prix politique lié à la perte de grandes quantités d'hommes. C'est pourquoi les états-majors ont choisi de mettre l'accent sur l'équipement et les explosifs; sans renoncer pour autant aux envois massifs de troupes, la guerre du Golfe l'a amplement démontré en 1991. À la motivation et à la stratégie, on substitue rationnellement une quantité illimitée de puissance de feu, de machines et d'hommes. En engageant des masses d'un de ces éléments, ou plusieurs à la fois, face à l'adversaire, on cherche à le terrasser ou à l'avoir à l'usure. Il ne s'agit en aucun cas d'une stratégie, mais d'un retour à une barbarie mythologique.

La puissance de feu est peut-être l'élément le plus intéressant, dans la mesure où c'est l'arme favorite de la plupart des élites modernes. Son attrait réside dans sa nature, à la fois abstraite et quantifiable. Elle évite en outre l'inconvénient pénible du contact physique ou de la violence flagrante. Le seul problème étant que les pilonnages restèrent sans effet pendant les deux guerres mondiales. Ils échouèrent de la même manière en Indochine et au Viêt-nam, et ne furent que partiellement efficaces en Irak. On se souvient cependant que les technocrates rejettent l'idée d'un développement historique linéaire. La mémoire n'est pas rationnelle. Chaque épisode nouveau suscite sa propre argumentation. Si on se hasardait à lui faire remarquer que, en d'autres lieux et en d'autres temps, on a déjà largué des tonnes de bombes sans obtenir les résultats escomptés, l'officier-technocrate rétorquerait que jusqu'à présent on n'a pas su les utiliser à bon escient.

L'engouement apparent des commandants de la Première Guerre mondiale pour leur équipement avait quelque chose de paradoxal. Tout au long du conflit, entre les deux guerres et jusqu'au début de la Seconde Guerre mondiale, ils rassemblèrent des quantités de chars. Après quoi, ils empêchèrent qu'on en fît un usage intelligent. Ce qui les intéressait, ce n'était pas la façon de tirer un profit maximal de ces blindés, mais la meilleure manière de les placer sous le contrôle de l'état-major.

On pourrait dire que, pendant toute la campagne européenne de la Première Guerre mondiale, il n'y eut que trois cas d'initiative militaire valable et décisive. À commencer par l'opération de la Marne, sous l'inspiration de Gallieni. Quant aux deux autres, Liddell Hart les attribue à Churchill : il s'agit de la mobilisation de la flotte britannique avant la déclaration de guerre – qui déclencha le blocus alimentaire qui finirait par briser l'Allemagne cinq ans plus tard – et du débarquement de trois milliers d'hommes en Belgique derrière les lignes allemandes qui fonçaient droit sur Paris en 1914. Ce débarquement fut accompagné de « fuites » d'informations fallacieuses faisant croire aux Allemands qu'ils avaient affaire à 40 000 hommes. Cette tactique les força à regarder par-dessus leurs épaules et à ralentir le mouvement. Pendant les cinq années suivantes, on assista à une succession de « coups de poing » parfaitement vains imposés par les états-majors.

217

Le technocrate vit conformément à une réorganisation fictive des circonstances. Le maréchal Douglas Haig entreprit de parachever la version officielle de l'histoire. Après la signature de la paix, il créa un comité bienveillant chargé d'évaluer l'organisation de l'état-major pendant la guerre. Celui-ci conclut son rapport en ces termes : « Le point le plus frappant des données qui nous ont été fournies a été l'indéniable succès des efforts déployés par l'état-major tout au long de la guerre. Cela démontre sans conteste la validité des principes généraux sur lesquels ce dernier a fondé son organisation [16]. »

Il est difficile d'attribuer une valeur émotionnelle, quelle qu'elle soit, à ces cinq années de règne sans partage de l'officier d'état-major. Ainsi, entre Haig, Foch et le commandant en chef allemand, Erich Ludendorff, il y a soixante-quinze ans, et Pol Pot aujourd'hui, les différences sont minimes. Ils ont en commun le pharisaïsme, l'obsession du secret, l'ambition, la certitude du bien-fondé de leur mission, la propension à engager autant d'hommes que nécessaire et la sincère conviction de la nécessité de sacrifier ces vies. Jadis, on pendait les amiraux anglais haut et court quand ils avaient perdu la bataille. Depuis 1914, les nations occidentales décorent leurs commandants incompétents.

Chapitre IX

Le pouvoir immuable

On estime généralement que, du point de vue de la compétence militaire, la situation s'améliora après 1918 et que, malgré le mauvais départ pris par les Alliés, les deux parties avaient de meilleurs chefs pendant la Seconde Guerre mondiale, les états-majors étant relativement bien contrôlés.

Il fallut pourtant le même nombre d'années pour venir à bout d'une Allemagne plus faible qu'en 1914 et nettement moins bien équipée que les alliés. Une Allemagne diminuée par la destruction délibérée d'importants secteurs de sa population : face à leurs ennemis, les Allemands étaient à un contre trois en 1940, et un contre dix en 1943. Après le débarquement sur les côtes normandes en 1944, les Alliés dominaient la mer et le ciel d'une manière absolue et irrémédiable, tout en bénéficiant d'une supériorité écrasante en matière d'équipement, dans tous les domaines. Malgré cela, nos généraux mirent encore près d'un an pour avancer, avec lourdeur, sur un tiers de l'Europe [1].

Des deux guerres mondiales, nos chefs militaires tirèrent la leçon suivante : le pire n'était pas d'être surpassé tactiquement par l'autre camp. Si médiocres que soient ses chefs, une armée disposant de troupes, d'explosifs et d'équipements en nombre supérieur finira par l'emporter dès lors qu'elle a la ténacité et l'appui politique nécessaires pour s'acharner sur son adversaire. Il semble que nos généraux ne puissent se sortir cette malencontreuse leçon de la tête. Depuis une cinquantaine d'années, cependant, ils ont abouti dans de nombreuses impasses, essuyé de lourdes pertes et connu surtout des victoires à la Pyrrhus. En bref, s'ils s'assurent la victoire au prix fort dans les grandes guerres, ils sont incapables de s'adapter aux petits conflits imprévisibles qui se sont progressivement étendus à l'ensemble de la planète.

Pendant la Seconde Guerre mondiale, les populations furent reconnaissantes aux chefs militaires d'avoir limité les envois de troupes à la boucherie. La plupart de ces généraux avaient passé la guerre de 1914-1918 dans les tranchées, en qualité de jeunes officiers ; ils étaient sensibles au problème des pertes humaines. Si louable soit-elle, toutefois, cette retenue ne nous dit rien sur le point essentiel : l'étonnante puissance de l'Allemagne.

L'explication est peut-être que, si les deux parties souffrirent au même degré des terribles bains de sang qui marquèrent la Première Guerre mondiale, la défaite les rendit proprement insoutenables aux Allemands. Cette crise brisa momentanément la logique de l'Âge de la Raison. De la cassure provoquée par la honte, l'accablement et les espérances mortes émergèrent deux catégories d'hommes. Le premier était un fou : le nazi. L'autre était un officier de pure souche, soucieux d'utiliser les forces de la raison sans en être pour autant prisonnier. En temps normal, on se serait moqué du fou, et le pouvoir de l'état-major aurait brisé le bon soldat. De leur côté, les Alliés étaient obligés d'entretenir l'illusion qu'ils avaient gagné la Première Guerre mondiale et que des hommes comme Foch et Haig étaient de bons soldats. Vingt ans plus tard, on compara la libération et l'anarchie émotionnelles et intellectuelles provoquées par la défaite allemande aux effets paralysants de la victoire des Alliés sur le champ de bataille. La situation qui en résulta en 1940 était une illustration parfaite de la thèse de Sun Tse, selon laquelle les guerres sont gagnées dans l'esprit des commandants.

Les innovations stratégiques à l'origine de la victoire allemande avaient pris naissance en Grande-Bretagne, grâce à Basil Liddell Hart, qui fut le premier à définir une stratégie axée sur les chars rapides et une pénétration profonde. Dès 1919, dans le *RUSI Journal*, il publia un article à ce sujet, en s'inspirant des manœuvres effectuées par les blindés allemands lors de l'offensive de mars 1918 – celle-ci avait été un éclair d'inspiration désespérée, après trois ans et demi d'échecs pour l'état-major général. Après quoi, Liddell Hart s'efforça de faire pression sur son gouvernement et sur le ministère de la Guerre. Dans l'armée britannique, des militaires comme Fuller et Percy Hobart, eux-mêmes hommes des blindés, reprirent le même combat, sans succès.

En 1926, Liddell Hart fit une tournée dans l'armée française afin d'y propager ses idées. À cette occasion, il rencontra le général de Gaulle, jeune officier sous les ordres du maréchal Pétain. De Gaulle entama sa propre croisade en faveur de la nouvelle tactique. Mais la mythologie erronée et paralysante d'une armée prétendument victorieuse était encore plus pernicieuse en France qu'en Grande-Bretagne. Après la mort de Foch, l'accession de son collaborateur intime, le général Maxime Weygand, porteur du flambeau de son ancien supérieur hiérarchique, au grade de chef d'état-major de l'armée, empêcha tout changement. Un an plus tard, les spécialistes des blindés britanniques réussirent une première « percée » : ils persuadèrent l'armée de fonder une Force blindée expérimentale, que l'état-major parvint cependant à démanteler assez rapidement.

Pendant ce temps, en Allemagne, Hans von Seeckt, commandant en chef de la Reichswehr, avait commencé, au lendemain de la paix, à concevoir une stratégie où « chaque action se fondait sur un objectif ». Bien qu'il n'appartînt pas aux blindés, cette arme l'emporta grâce à lui. Si la défaite avait entamé le pouvoir de l'état-major allemand, elle ne l'avait pas anéanti. En 1926, von Seeckt fut destitué. Deux ans plus tard, il prit sa revanche en publiant un ouvrage condamnant les armées recrutées par conscription : « La masse est facteur d'immobilité. [...] De la chair à canon. [...] L'avenir de la guerre me semble résider dans l'emploi de troupes mobiles, relativement réduites mais de grande qualité [2]. »

Pendant ce temps, Heinz Guderian s'était élevé progressivement dans les régiments de blindés allemands. À l'époque de la Force blindée expérimentale britannique, il enseignait la tactique de la guerre des chars. Dès 1930, il imitait la stratégie britannique avec des tanks factices, en attendant que ses hommes soient convenablement équipés. En 1933, les Britanniques faisaient un nouveau pas en avant avec la création d'une Brigade de blindés sous le commandement de Hobart. S'ils avaient continué sur cette voie et persuadé les Français d'en faire autant, l'année 1940 aurait pu connaître un sort différent. Mais les chefs militaires britanniques firent tout ce qu'ils purent pour limiter le pouvoir de Hobart. Sa brigade fut réduite à un rôle purement expérimental, comme si la stratégie des blindés en était encore à ses premiers balbutiements. En 1934, de Gaulle s'exprima sur le sujet dans *Vers l'armée de métier*, réunissant en un schéma unique les nouvelles conceptions stratégiques conçues par Liddell Hart et les troupes mobiles chères à Seeckt. Ses propos, aussi brillants que limpides, provoquèrent une violente réaction de l'ensemble de l'état-major. Il attendit probablement trop longtemps. Un an plus tard, les Allemands créaient trois *Panzerdivisions*, avec Guderian comme commandant de la deuxième. En 1936, ce dernier entreprenait des manœuvres imitant très précisément les méthodes de Liddell Hart et de Hobart et s'inspirant étroitement de leurs livres et de leurs manuels, qu'il avait personnellement pris soin de faire traduire.

On aurait tort de croire que l'état-major général allemand joua un rôle positif dans cette percée remarquablement ingénieuse. Seeckt destitué, les chefs militaires d'outre-Rhin en revinrent aux tactiques standard, refusant la stratégie des blindés. À l'instar des états-majors britannique et français, ce n'était pas tant aux chars eux-mêmes qu'ils s'opposaient qu'à l'usage qu'on se proposait d'en faire.

Cette opposition générale et farouche s'explique lorsqu'on songe que la stratégie de Liddell Hart obéissait aux principes avancés par Sun Tse. En se fondant sur la surprise, la souplesse et l'originalité, elle donnait au commandement la liberté de s'adapter aux circonstances. C'était exactement l'inverse d'un plan d'état-major. Où étaient les graphiques ? Les organigrammes ? Les décisions de comités ? Quels étaient les bénéfices à partager entre les différents corps d'armées ? Que faisait-on du sacro-saint pouvoir hiérarchique ? Du respect dû aux autorités supérieures ?

Au lieu de tout cela, on demandait tout bonnement aux généraux d'état-major de confier leurs coûteux équipements à une poignée de commandants relativement jeunes opérant sur le terrain, sans leur donner de consignes particulières. Les décisions devaient être prises rapidement, sur place, à la lumière des circonstances, sans qu'on prît la peine de consulter le quartier général. Au lieu d'attaques laborieusement organisées conformément à la tradition du plan Schlieffen, les chars devaient s'élancer à travers champs à la recherche du meilleur itinéraire. Tout cela était proprement inacceptable aux yeux d'un officier d'état-major « rationnel ». Les chefs militaires allemands s'ingénièrent donc à entraver la tactique de Guderian, comme leurs collègues britanniques et français l'avaient fait pour Hobart et de Gaulle.

En définitive, ce fut Hitler qui força ses généraux à accepter la nouvelle stratégie. Son génie résidait dans le parti qu'il tirait de l'inattendu pour paralyser ses adversaires. C'est précisément ce qui l'attira chez Guderian. Comme le souligna Liddell Hart, il sut faire la preuve de « la fausseté de l'orthodoxie [3] ».

La réapparition du mot *génie* dans le contexte hitlérien nous rappelle à quel point ce terme est dépourvu de morale. Du même coup, on se souvient de la leçon tirée de l'expérience napoléonienne : le génie procède de l'aspect le plus sombre de la raison et devrait par conséquent être détruit. Cependant, cette logique était et demeure par trop étriquée. Libre de toute valeur morale, le génie surgit partout. Si vous entreprenez de le détruire sous prétexte qu'il est dangereux, plus la société est stable, plus cette destruction sera totale. Seules les sociétés chaotiques n'arrivent jamais à bout de lui. Les communautés stables sont justement les mieux à même d'entraîner le génie sur un terrain moral sûr ; les sociétés chaotiques, elles, ont toujours suscité le pire chez ceux qui ont le génie du pouvoir. C'est pourquoi Fuller, Hobart et de Gaulle furent écartés, alors que Guderian alla jusqu'au bout de son entreprise, grâce au soutien d'Hitler.

Il manquait à Hitler la constance professionnelle nécessaire pour tirer parti à long terme des victoires que son génie lui vaudrait. Il était fou à lier, après tout. Alors que l'état-major allemand aurait pu lui assurer cette régularité, les officiers se livrèrent à une opposition silencieuse mais obstinée. Cette réaction ne tenait ni à une différence de classes ni à un rejet moral du nazisme. Ce qui agaçait les généraux, c'était le refus d'Hitler et de ses acolytes de respecter les structures militaires établies ou la hiérarchie imposée par ces structures. Par leur mainmise sur la machine administrative, ils n'eurent aucun mal à évincer Erich von Manstein, chef d'état-major du commandant en chef des armées. Manstein était à l'origine de la stratégie mécanisée qui l'emporterait en 1940. Pour l'empêcher d'y jouer un rôle, l'état-major l'envoya prendre la tête d'un régiment d'infanterie.

Au moment de l'attaque, en juin 1940, l'état-major général avait même réussi à neutraliser partiellement Guderian. Ce dernier ne commandait qu'une petite partie des blindés. Il ignora pourtant les ordres et s'élança à l'assaut avec les forces dont il disposait, conformément à une stratégie qu'il avait toujours recommandée. L'état-major n'avait d'autre solution que d'essayer de le rattraper au plus vite. Guderian battit un adversaire nettement plus fort que lui et équipé de beaucoup plus de chars.

Ces heurts permanents entre l'intérêt personnel, rationnel et rigide, de l'état-major allemand et le génie inconstant d'Hitler allaient ruiner, au cours des quatre années suivantes, la victoire évidente que Guderian avait remportée en leur nom à tous. En d'autres termes, Hitler fut vaincu par sa folie – et certainement pas par les Alliés.

Après 1940, les armées alliées refusèrent de tirer parti de la liberté de pensée que procure généralement la défaite. Ils entreprirent au contraire de rassembler des masses de troupes et d'armements, comme ils l'avaient fait lors du précédent conflit. De temps à autre, un officier doué d'une pensée originale se détachait du lot. On l'évinçait invariablement dès qu'il avait fait la preuve de son talent, ou bien on l'expédiait sur un théâtre d'opérations à l'écart des centres de pouvoir.

L'exemple le plus tragique fut sans doute celui du général de division et stratège Eric Dorman-Smith, à l'origine de la victoire de Wavell, cette bataille qui avait opposé 40 000 soldats britanniques à plus de 134 000 Italiens en Égypte, en octobre 1940. Eût-elle été présentée comme une solution à l'École de guerre britannique, sa tactique « aurait été rejetée sous les éclats de rire de toute l'assemblée [4] ». Au lieu de le récompenser de cette victoire en l'élevant au rang de conseiller, on le mit pour ainsi dire au chômage. En 1942, Rommel était en Afrique. Il avait réussi à réduire l'avantage des Britanniques et détruisait tout sur son passage. À cette époque, Dorman-Smith était conseiller d'Auchinleck, et les deux hommes entreprirent d'arrêter l'avance de Rommel. Ils finirent par le vaincre sur le plan tactique et immobilisèrent ainsi l'armée allemande. Dans ces circonstances, ce fut une victoire extraordinaire.

Ces méthodes souples, procédant de l'inspiration et non de contraintes bureaucratiques, avaient exigé une réorganisation hâtive des forces britanniques locales. Les structures militaires ne pouvaient manquer d'en être affectées : cela impatienta l'état-major général, qui multiplia les intrigues afin que les deux hommes fussent destitués. La formule qu'ils mirent au point pour arriver à leurs fins s'appuyait sur une forme d'intelligence bureaucratique particulièrement subtile. En effet, ils persuadèrent Churchill qu'Auchinleck avait remporté un tel succès qu'il devait à tout prix attaquer de nouveau Rommel, et sur-le-champ : il lui réglerait son compte une fois pour toutes. Or ils savaient pertinemment qu'Auchinleck n'en avait pas les moyens. Sa dernière campagne avait laissé ses forces, déjà inférieures à celles de l'adversaire, dans un état qui ne lui permettait en aucun cas de reprendre l'offensive. Lorsque Churchill lui ordonna d'attaquer, en homme intelligent et responsable Auchinleck refusa. Il fut destitué et attendit un bon moment avant de se voir confier un nouveau poste, éloigné des centres névralgiques euro-péens : en Inde. Quant à Dorman-Smith, il fit l'objet d'une véritable ven-detta, qualifiée par Michael Elliott-Bateman de « catastrophe nationale » et de « honte pour l'armée [5] ». Officiellement, on le considérait comme un homme « habile mais relativement instable [6] ». La compétence et la stabi-lité sont les deux arguments essentiels invoqués par l'homme de raison moderne pour dissimuler sa propre incapacité. On pourrait situer l'exemple le plus ancien de ce phénomène au milieu du XVIIIe siècle, lorsque les officiers-courtisans de George III se plaignirent de ce que le général James Wolfe était enragé. À quoi le roi répondit qu'il souhaitait que Wolfe mordît ses officiers.

Le cas le plus célèbre, pendant la Seconde Guerre mondiale, fut celui de Sir Hugh Dowding, général de l'armée de l'air. Ayant pressenti la bataille d'Angleterre, il essaya de préparer la Royal Air Fore à cette éven-tualité, en dépit de la forte réticence des experts ; ces derniers étaient convaincus que des bombardements massifs en Allemagne étaient la seule chose à laquelle se préparer. Quand la guerre éclata, le général Dowding tira le meilleur parti d'une situation désastreuse et remporta la bataille d'Angleterre. Ce fut l'unique grande campagne aérienne remportée sur le théâtre des opérations occidental, et sans doute la plus grande victoire britannique lors de ce conflit. En cas d'échec, l'ennemi aurait envahi l'Angleterre. Dès l'instant où le succès fut assuré, l'état-major mit Dow-ding à pied, parce qu'il avait eu raison, et afin que les spécialistes des bombardements stratégiques pussent continuer à raser les villes alle-mandes et d'autres métropoles européennes.

Le pilonnage de ces villes avait bien peu de rapport avec une guerre faite pour l'emporter. Si peu qu'on ne saurait l'attribuer exclusivement à une incompétence stratégique. Les Allemands avaient déjà lâché autant de bombes qu'ils le pouvaient sur les villes britanniques, sans entamer le moins du monde la détermination des Alliés et sans affecter leurs prépa-ratifs militaires. Bien au contraire : plus ces bombardements tuaient de civils, plus la population était résolue à lutter. Dans ce cas, pourquoi les commandements alliés tenaient-ils tellement à une reproduction exacte de ce que les Allemands avaient fait à l'Angleterre ?

Ils s'imaginèrent sans doute que leur stratégie obtiendrait des résultats. En cela, ils étaient les dignes héritiers de la mentalité « ligne Maginot » et de la stratégie de la guerre des tranchées. À l'instar de Foch et de Haig, ils pensaient que leurs attaques continuelles finiraient par réussir. Les hommes, l'équipement, les bombes ainsi gaspillés expliquent en partie que la guerre se soit éternisée jusqu'en 1945.

Quant à Dowding, son nom fut exclu des publications gouverne-mentales proclamant sa victoire et il fut privé du titre de maréchal des forces aériennes britanniques. Gavin Stamp a souligné que, depuis Nel-son, il fut le seul homme appelé à sauver la Grande-Bretagne – ce qu'il fit effectivement [7]. Pour toute récompense, Dowding eut droit à l'hostilité de l'état-major de l'Air Force qui, faut-il le préciser, concentra toute son attention sur son caractère bizarre et difficile.

En dehors de quelques épisodes de courte durée où Patton, le général français de Lattre de Tassigny et peut-être aussi Montgomery réussirent à faire ce qu'ils voulaient, l'originalité – en fait, la stratégie – fut exclue purement et simplement du théâtre des opérations en Europe. La guerre fut péniblement menée au gré de tactiques linéaires relativement habiles mais dénuées d'imagination, et somme toute assez semblables à celles employées pendant la Première Guerre mondiale. Si les Allemands n'avaient pas déjà été affaiblis par les Russes et surpassés en nombre, les combats auraient pu se poursuivre pendant des années. Comme en 1914-1918, l'originalité eut de meilleures chances de s'exprimer loin des quartiers généraux. Dans le Pacifique, MacArthur prouva que la mobilité pouvait être efficace en sautant d'île en île, laissant les Japonais indemnes mais impuissants dans son sillage. En Birmanie, Slim mena lui aussi une campagne relativement originale.

Auparavant, Orde Wingate, bien qu'entravé par une personnalité franchement instable, avait entrepris de se lancer dans la guérilla. Une grande première de la part d'un officier occidental à pareille époque. Ses opérations dans la jungle birmane, derrière les lignes japonaises, se fondaient sur une stratégie qui devait beaucoup à Sun Tse et qu'on aurait pu comparer ultérieurement à celle de Mao. « Bondissez sur l'ennemi dans l'obscurité, écrivit Wingate. Battez-le à plate couture et disparaissez silencieusement dans la nuit [8]. » Dès 1938, convaincu que le Dieu d'Israël l'avait appelé, il apporta aux Juifs de Palestine le cadre militaire qui demeure le fondement de leur stratégie. Son influence sur Israël montre l'effet considérable qu'il aurait pu avoir s'il n'avait pas péri au premier jour de sa deuxième opération en Birmanie. L'une des forces de Wingate résidait dans le fait qu'il était conscient du conflit opposant le talent au management professionnel, et qu'il pouvait par conséquent s'en défendre. Selon lui, « la principale différence entre un bon et un mauvais leader est que le premier a une imagination affûtée ». Quoi qu'il en soit, s'il avait vécu, les champions de l'orthodoxie professionnelle auraient fini par le détruire. Pour s'en convaincre, il suffit de voir ce qu'ils ont fait de sa mémoire. Bien que Wingate n'ait jamais perdu une bataille – et on ne peut certainement pas en dire autant des autres généraux qui combattirent en Orient et échouèrent souvent par pure incompétence –, il est le seul commandant mis à mal dans l'*Official History of the Japanese War* [9].

Cette persécution mesquine des généraux compétents n'est pas motivée seulement par le fait que leurs succès démontrent l'incompétence des états-majors. Elle procède aussi de la prise de conscience de ce que ces méthodes efficaces ne peuvent en aucun cas être imitées de façon régulière. Wingate introduisit l'esprit de sa tactique dans la situation palestinienne; ses méthodes nous ont donc été transmises par le biais des succès israéliens. Quand les armées occidentales s'évertuent à les imiter, elles échouent lamentablement. Aucun état-major général ne peut s'adapter à une méthode basée sur la fluidité, et certainement pas telle que Sun Tse la définit. « De même que l'eau n'a pas de forme constante, il n'existe aucune condition constante dans la guerre [10]. » Souvenons-nous que Wingate s'était vu refuser son admission à l'École de guerre en 1936!

Les phénomènes de la guerre moderne sont une des composantes d'une évolution unique et continue. Pourtant, l'anonymat des états-majors, comparé à notre manière de monter en épingle un certain nombre de leaders héroïques sans rapport les uns avec les autres, et sur lesquels nous concentrons notre attention, a occulté cette unité. Le général Maxime Weygand fut l'un des rares officiers d'état-major célèbres à avoir joué un rôle important pendant cinquante ans de stratégie militaire. Ne serait-ce que pour cette raison, il est l'un des grands noms qu'on évoque lorsqu'il est question du développement des structures militaires modernes.

Sa carrière l'entraîna tour à tour de l'expérience brûlante de l'affaire Dreyfus, au tournant du siècle, à la Première Guerre mondiale en qualité de chef d'état-major de Foch ; puis à l'entre-deux-guerres, où il exerça les fonctions de chef d'état-major et d'inspecteur général de l'armée ; à la deuxième moitié de la campagne de 1940, où il fut le généralissime qui mena la France à son ultime défaite ; enfin à l'après-guerre, dont il sortit indemne. On pourrait dire de Weygand qu'il fut l'officier moderne par excellence : médiocre, d'un aplomb inébranlable, sectaire et personnellement victorieux dans toutes les débâcles militaires dont il fut responsable.

À la mort de Foch, en 1929, Weygand, en tant que porte-parole de l'état-major, fort de toutes ses nouvelles méthodes rationnelles, était son successeur naturel. Dans sa jeunesse, pourtant, il avait appartenu à la droite traditionnelle. À l'instar de la plupart des officiers, il avait allié sa fidélité envers l'armée à son antisémitisme lorsqu'il s'était opposé au capitaine Dreyfus. Mais il était allé encore plus loin. Il signa la pétition en faveur du colonel Henry, cet officier qui avait menti et fait accuser un Juif pour protéger ses officiers. Quand de Gaulle publia *Vers l'armée de métier*, en 1934, Weygand, alors chef de l'état-major général, y vit une attaque irrationnelle contre un système rationnel, lancée par un homme difficile à évaluer, et par conséquent instable et dangereux. Il fit tout ce qu'il put pour museler de Gaulle.

Créature de l'état-major, Weygand n'avait guère connu le service actif. Il prônait la raison, l'efficacité, la gestion des systèmes, les privilèges de classe, l'antisémitisme et la défense des intérêts du système au détriment de la vérité. Pour sa part, de Gaulle défendait le républicanisme, la mise en cause directe des structures et l'indifférence pour les systèmes, qu'ils soient constitutionnels ou administratifs. Il possédait une sorte d'irrationalité pénétrante qui venait éclairer la vérité.

En juin 1940, quand tout bascula, le système conserva sa rationalité et Weygand lui resta fidèle. Ayant reçu le commandement des forces françaises tard dans la bataille, il dut chercher dans sa formation, ses expériences, ses pouvoirs, son autorité, son imagination, un moyen d'arrêter l'élan irrationnel des blindés de Guderian. Les paroles et les initiatives de son mentor, le maréchal Foch, lui revinrent certainement en mémoire. Et pourtant, il n'y trouva rien. Absolument rien. Par ailleurs, comme la plupart des technocrates militaires conservateurs, il pensait que l'effondrement des structures existantes provoquerait une explosion sociale.

De Gaulle, alors sous-secrétaire à la Défense, alla le trouver pour lui demander ses plans en vue d'une contre-attaque ou d'une campagne défensive. Weygand n'en avait aucun. Il était obnubilé par les risques d'un coup d'État communiste au cas où l'armée serait battue et démantelée. Il proposait de sauver l'armée et le pouvoir que l'état-major exerçait sur elle en signant un armistice, tant que l'organisation militaire était encore intacte. De Gaulle ne voyait pas du tout la situation sous cet angle. À son avis, le système avait perdu les pédales ou s'était rendu coupable de traîtrise en refusant de remplir ses obligations vis-à-vis de la nation. Il prit un avion pour Londres dans l'intention de déjouer le système.

En définitive, la victoire des Alliés et les procès qui eurent lieu en France après la guerre ruinèrent la réputation de la plupart des officiers supérieurs qui avaient collaboré avec l'Axe. Weygand fut pour ainsi dire le seul à s'en sortir indemne. Jusqu'à ce jour, son nom a été maintenu à l'écart de ceux qu'on est autorisé à critiquer. Un flou artistique permanent plane sur ses actions et sur sa réputation. On pourrait dire qu'une sorte d'aura protège l'enfant chéri de l'état-major.

Il nous a fallu une forte dose de chauvinisme pour nous persuader que les Alliés s'en étaient bien tirés pendant la Seconde Guerre mondiale. Les difficultés militaires qu'a connues l'Occident depuis 1945 découlent en grande partie de cette vantardise puérile, qui a permis à l'establishment militaire de se comporter comme si tout était en ordre, comme si ses méthodes étaient les plus efficaces. Il en va de même de l'état-major allemand, qui imputa sa défaite à la folie des nazis. Ils prétendent tous que, s'il y eut quelques anicroches dans les systèmes de gestion mis en place pendant la Première Guerre mondiale, dès 1939-1945 tout était réglé au point que de nos jours la planification des états-majors parvient à modifier les circonstances. En d'autres termes, leurs méthodes consacrées passent désormais pour des vérités militaires.

Poutant, on voit mal comment les états-majors et les écoles de guerre du monde occidental pourraient ne pas remarquer la suite presque ininterrompue d'échecs militaires qui ont marqué leur parcours depuis 1945. Des images d'armées occidentales s'empêtrant ici et là depuis un demi-siècle reviennent dans tous les esprits, mais comme une succession d'épisodes sans rapport les uns avec les autres. Les dernières guerres coloniales passèrent pour des manœuvres de désengagement. Les débâcles anglaises ne furent jamais associées à celles des Français, des Espagnols ou des Portugais. Les conflits post-coloniaux furent encore tout autre chose. Guérillas et terrorisme leur succédèrent, et on a assisté à quelque deux cents conflits en tout, à travers l'Indochine, l'Algérie, le Yémen, la Corée, le Liban, Cuba et l'Angola [11].

Un observateur mal avisé se demandera peut-être ce qui s'est réellement passé. N'est-ce pas simplement le fait que des armées rationnelles, complexes, ont baissé les bras face à un adversaire moins rationnel et moins professionnel, qui recourait à des stratégies de guérilla révolutionnaires menées par des leaders eux-mêmes moins rationnels et moins sophistiqués ? Le résultat est que, incontestablement, ces armées irrationnelles et primitives ont vaincu les autres. Nos spécialistes semblent d'ailleurs en tirer une certaine satisfaction. De la même façon, en 1415, au lendemain de la bataille d'Azincourt, les chevaliers français affirmèrent que, si les Anglais avaient réussi à les battre, c'était parce qu'ils avaient fait appel à des paysans armés de poignards et d'arcs dont les règlements de la guerre interdisaient l'usage ! Depuis 3 000 ans, la plupart des grandes armées qui ont été vaincues, entraînant leur civilisation dans leur chute, ont eu affaire à des adversaires qui, selon la logique des perdants, étaient inférieurs et arriérés.

Ceux qui nous battent n'ont rien inventé. Leurs actions reflètent simplement les principes d'une stratégie souple, exposée en des termes simples et clairs un demi-millénaire avant Jésus-Christ. Nos armées perdent parce qu'elles ont oublié que leur objectif était de gagner. Nos chefs militaires se concentrent sur l'organisation, leurs positions de pouvoir dans celle-ci, et sur la préparation d'une forme de guerre qui convienne à cette organisation. Ils s'imaginent faire preuve de souplesse parce qu'ils ont amassé des monceaux d'équipements puissants et rapides. Or les armes sont des objets inanimés. Elles dépendent de la volonté et de l'imagination des commandements, eux-mêmes esclaves d'une méthodologie et d'une structure rigides.

Nous cherchons toujours des excuses pour les opérations maladroites que nous avons menées. Malheureusement, en l'occurrence, ces excuses sont battues en brèche par la simplicité des méthodes du vainqueur. Elles le sont aussi par les succès obtenus chaque fois qu'un commandant occidental choisit d'adopter ces principes stratégiques fondamentaux. Quand MacArthur mit à exécution sa tactique dite des « sauts de puce » derrière les lignes coréennes, jusqu'à Incheon, il s'inspira du débarquement surprise mené par James Wolfe à Québec en 1759 [12]. Et lorsque le commandant britannique Gerald Templer déjoua les plans des communistes, lors des troubles en Malaisie, dans les années 1950, on pourrait dire qu'il fut dans sa stratégie plus proche encore de Sun Tse que Mao en personne.

« Les spécialistes de la défense se cachent comme s'ils étaient sous la terre ; ceux qui sont habiles à l'attaque manœuvrent comme s'ils venaient du ciel [13]. » Toutes les armées de guérilla se sont approprié cette formule de Sun Tse, en l'adaptant à leurs besoins. L'incapacité de nos structures militaires à en faire autant nous a entraînés toujours plus loin d'une action raisonnable, en dépit des tentatives de soldats réfléchis pour expliquer le problème. Elliott-Bateman s'y essaya en 1967, dans son ouvrage intitulé *Defeat in the East*. Il analysa les difficultés rencontrées par les Américains au Viêt-nam à la lumière de celles que les Français avaient connues pendant la campagne d'Indochine. Ce livre n'eut cependant pas le moindre impact.

Tout semblait indiquer que les officiers d'état-major américains s'étaient convaincus d'une logique à trois niveaux. Pour commencer, les Français étaient démunis, sous-équipés, dépassés, et ne disposaient pas d'une puissance aérienne suffisante pour soutenir des bombardements stratégiques. Ensuite, l'état-major américain disposait d'un pouvoir tel que les officiers de commandement eux-mêmes n'étaient guère que des pions au sein de la structure. Un dispositif de contrôle technique à distance devait assurer leur organisation et les mener à la victoire. La distance et la différence entre le Pentagone et la jungle vietnamienne creusaient encore cet écart. Enfin, sur le terrain, le rôle du commandement était tellement limité qu'on pouvait aisément le confier à des esprits médiocres. Pour faire preuve d'un plus grand cynisme encore, disons que, en confiant le commandement à des hommes moins intelligents et moins imaginatifs, le Pentagone pouvait les contrôler et les manipuler à loisir.

De cette logique il résulta que la plus grosse machine de guerre de toute l'histoire se retrouva entre les mains d'une série de commandants qui paraissaient sérieusement limités sur le plan intellectuel. Ils culminèrent, si on peut dire, avec le général William Westmoreland. À ce dernier, on aurait d'ailleurs très bien pu substituer le maréchal Haig ou le maréchal Foch.

Les militaires s'employèrent à imputer les échecs suivants à une sorte de conspiration de la presse, de la population et du gouvernement. La vérité est que, en dépit des bataillons nombreux et des équipements complexes dont ils disposaient, ils perdirent toutes les batailles. L'une des conséquences les plus fâcheuses de cette débâcle fut le mécontentement des hommes de troupe à l'égard de leurs chefs – un millier d'officiers et sergents américains furent tués ou blessés par leurs propres soldats [14]. Ces gradés étaient pour la plupart des militaires de carrière, leurs hommes étant en règle générale des appelés.

La défaite américaine au Viêt-nam suscita la création d'une armée entièrement professionnelle. Pourtant, lorsque, en 1983, une partie de cette nouvelle force fut envoyée dans la petite île de la Grenade, dans les Caraïbes, pour combattre 50 soldats et 600 civils cubains, il fallut sept bataillons entiers et toute une semaine pour que les Américains « l'emportent » [15]. Ils subirent en outre d'importants dommages matériels et d'assez lourdes pertes humaines, infligées pour la plupart par des soldats de leur propre armée. Un nombre de médailles légèrement supérieur au total des hommes engagés dans cette opération furent décernées : 8 633 en tout. La seule leçon qu'on tira de la Grenade fut apparemment que la quantité, même si elle est mal mise à profit, peut corriger un manque de qualité. C'est ainsi que sept ans plus tard, à Panama, on envoya 25 000 hommes. L'envoi de cet éléphant pour écraser une mouche ne devait pas manquer de provoquer de lourdes pertes civiles. On pouvait raisonnablement s'attendre qu'une telle domination assure au moins le maintien de l'ordre civil. En définitive, elle déboucha sur l'anarchie et la destruction de larges secteurs de la ville de Panama, accompagnées de pillages massifs et d'une catastrophe économique. Cette déstabilisation fut d'une ampleur telle que Panama ne manifeste guère de signes de reprise.

Quant à savoir si le leadership militaire américain s'était réformé, il suffisait de regarder le général Maxwell Thurman à l'œuvre pour avoir une réponse. Officier des services de renseignements au Viêt-nam, il avait fait un bref passage dans l'artillerie avant d'occuper le plus clair des vingt années précédant Panama dans des départements de l'état-major tels que les services du personnel, de la réforme militaire et de l'entraînement. Au beau milieu de l'opération panaméenne, pour le moins musclée, qu'il avait montée, cet officier bureaucrate, froid et myope, se laissa aller à des déclarations publiques qui faisaient songer à un film de série B. Il semblait à tel point ignorer le comportement convenant à un véritable commandant en campagne qu'il tendait à catégoriser les gens en « bons » et en « méchants », affectant des manières à la John Wayne.

Les Britanniques avaient beau se prétendre supérieurs, ils ne brillèrent guère plus que les Américains pendant la même période. Ils obtinrent tout de même une victoire incontestable en Malaisie dans les années cinquante. Mais ils essuyèrent aussi une série d'échecs cuisants : en Palestine, à Chypre et à Aden. Le débarquement à Suez lui-même fut exécuté avec une lourdeur et une lenteur telles que les nations hostiles à cette opération eurent le temps d'exercer des pressions politiques pour y couper court.

Aux Malouines, en revanche, les Britanniques réussirent une belle opération, au demeurant sans la moindre utilité stratégique ni tactique. De fait, grâce à l'éloignement du théâtre des opérations et au manque de formation et d'équipement de l'armée argentine, tout se déroula comme si rien n'avait changé depuis juin 1944 et le débarquement des Alliés sur les côtes normandes.

Cette même armée britannique demeure incapable d'assumer ses responsabilités bien réelles en Irlande. Les excuses généralement invoquées tiennent à ce que, dans ce cas particulier, il ne s'agit pas vraiment d'une guerre et que le gouvernement se refuse à engager un nombre suffisant de soldats pour l'emporter. Pourtant une bonne armée ne doit-elle pas savoir s'adapter à chaque situation? La tâche la plus importante confiée à l'armée britannique depuis un quart de siècle a été le maintien de l'ordre dans le royaume. Or elle s'est révélée incapable d'adapter ses méthodes à cette situation précise.

Les Français ont mis au point une technique d'intervention éclair à appliquer dans leurs anciennes colonies africaines. Cependant toutes les grandes opérations qu'ils ont entreprises depuis 1945 ont échoué. Ou alors elles ont réussi à un prix tel que la victoire n'eut aucune valeur politique. L'Algérie fut l'exemple d'une victoire perdue en voulant remporter la bataille. Des épisodes plus récents – l'intervention au Liban, l'affaire du *Greenpeace Rainbow Warrior*, les massacres en Nouvelle-Calédonie – ont pourtant montré que les Français ne sont pas mieux adaptés aux réalités militaires modernes que les Anglais ou les Américains.

Ces exemples nous rappellent que le progrès technologique et l'action rationnelle ne vont pas de pair avec une réforme intelligente et progressiste. Ni avec la barbarie et la destruction. Indifférents à toute valeur, ils conviennent à des hommes médiocres chez lesquels dominent l'ambition, l'autosatisfaction et un talent de manipulateur.

Cette situation repose aujourd'hui encore sur une astuce intellectuelle fascinante. La raison renvoie à la modernité, elle-même liée aux systèmes et aux méthodes. En revanche, l'intelligence se réfère avant tout à la pratique. La recherche pure est en elle-même une forme d'application pratique, puisqu'elle cherche à agir et non à gérer. Pour des hommes de système, la pratique n'est pas séquentielle. Elle tend vers l'action, non vers la continuité. La continuité, dans ce cas, n'a rien à voir avec la mémoire. Elle concerne les systèmes. Comme elle n'est pas séquentielle, on peut rarement compter sur la pratique, et donc lui faire confiance. Chez un militaire, l'intelligence évoque toujours la peur de Napoléon – la peur d'un soldat qui sait se battre.

Pour se voir confier des troupes et du matériel militaire, un officier doit être moderne sans être trop intelligent ni trop compétent. Peu importe si, dans une opération, il manifeste certaine tendance à perdre ses hommes et son équipement. La création des armées modernes est liée au combat de manière exclusivement abstraite. La capacité de vous battre avec succès, si tant est qu'on vous le demande, n'est donc qu'une considération secondaire.

L'obsession de nos chefs militaires pour les systèmes de management au détriment de la victoire les incita à substituer la technologie à la stratégie. Cette association de la méthode et de la machinerie tendait automatiquement vers des solutions globales et absolues. De la grandiose campagne soudanaise de Kitchener jusqu'à la sursaturation d'armes à la Grenade, à Panama et en Irak, en passant par les pilonnages des deux guerres mondiales, on retrouve toujours la même tendance.

Un exemple intéressant de la manière dont ce système déforme l'action militaire la plus simple s'est déroulé sur les marges du théâtre des opérations au Viêt-nam. Ces lisières géographiques avaient une importance particulière, dans la mesure où les Nord-Vietnamiens s'en servaient pour déplacer leurs troupes et leurs équipements. Les complications locales étaient nombreuses, entre les tribus de montagne, les mouvements nationalistes marginaux, les producteurs d'opium, les voies de transport cachées et le terrain accidenté, le plus souvent montagneux et couvert d'une végétation dense. Chacun de ces éléments constituait un problème relativement limité, mais qui avait des implications considérables. On s'aperçut vite que les systèmes occidentaux ne pouvaient fonctionner sur une aussi petite échelle. Il n'était pas question d'y planifier quoi que ce soit.

Les officiers affectés aux régions frontalières découvrirent bientôt qu'il n'existait pas de solution globale, ni de possibilité de mouvements massifs des troupes. Il était inutile d'investir des fonds importants dans des programmes de transfert de population, d'éducation ou d'instruction militaire. En revanche, il existait des possibilités infinies pour de petits projets individualisés, susceptibles d'avoir un impact important dans des situations aussi restreintes et aussi délicates.

Or toute requête concernant le financement d'un projet de 25 000 dollars était systématiquement rejetée par l'état-major de Saigon ou de Washington. Le système de planification de l'armée n'était pas en mesure de traiter une proposition concrète concernant, par exemple, une petite tribu de montagne.

La tentative de créer des villages fortifiés au Viêt-nam fut un exemple particulièrement remarquable de cette situation. Au départ, cette stratégie, mise au point en Malaisie sous l'inspiration du général Gerald Templer dans les années cinquante, apparut comme l'une des rares innovations militaires heureuses de l'après-guerre. L'idée consistait à fortifier un certain nombre de villages, sélectionnés dans les régions dominées par les communistes, et à y loger progressivement les populations des zones environnantes. Elles seraient ainsi à l'abri des menaces des guérillas, qui avaient généralement lieu la nuit, tout en restant à proximité de leurs champs, où elles pouvaient travailler dans la journée.

Les paysans vietnamiens souffraient du même problème que les Malais. L'état-major américain de Saigon estima cependant que cette tactique pouvait être améliorée. Il fut décidé qu'on construirait des villages neufs dans des régions sûres. On pouvait ainsi les équiper d'emblée de systèmes de défense complexes. Après quoi, l'armée se chargea de transporter les villageois des zones communistes dans ces sites à l'abri du danger.

Cette version technologique et coûteuse du village fortifié exigeait une administration considérable, mais peu d'effectifs militaires. Les villages avaient à peine besoin d'être défendus. Malheureusement, en faisant ce choix, l'état-major de Saigon ne répondit pas aux objectifs de son entreprise. Au lieu de renforcer la confiance dans les campagnes, ils les vidèrent de leur population. Plutôt que de protéger les paysans chez eux, il les avait, en quelque sorte, kidnappés pour les lâcher dans un endroit inconnu, loin de leurs champs. Théoriquement, le plan semblait inattaquable, et d'une envergure correspondant aux méthodes de management modernes. Les Américains étaient convaincus d'avoir amélioré le concept britannique original, fondé sur un budget beaucoup plus restreint. Toute l'affaire se solda par une catastrophe.

L'obsession de l'efficacité fait qu'on veut à tout prix appliquer de grandes idées à de petits problèmes. Ce terme d'efficacité peut se définir de deux manières. Il fait référence à une notion de qualité mesurée selon un rapport qualité-prix. Par exemple : combien a coûté un repas comparé à la satisfaction qu'il nous procure ? Il peut aussi sous-entendre qu'une production en masse entraîne une réduction des coûts par article : ainsi, un hamburger de chez McDonald n'est peut-être pas très bon, mais il est meilleur marché parce qu'il est produit en quantité.

La plupart des gens veulent croire qu'ils bénéficient d'un excellent rapport qualité-prix. Il est vrai que la mythologie de la publicité évoque rarement la production de masse, alors qu'elle ne cesse de se référer au rapport qualité-prix. La notion d'efficacité, dans l'esprit de l'officier d'état-major, s'apparente assez bien à celle que véhicule le commerce moderne, qui fait étalage de qualité pour vendre des marchandises produites en masse. Ainsi le Pentagone s'estime-t-il plus efficace quand il a financé des programmes d'instruction militaire de 5 millions de dollars destinés aux tribus de montagne, et qu'il a rejeté un plan de 25 000 dollars. Cette notion d'efficacité joue aussi lorsqu'il s'agit d'envoyer des armées à la guerre. Plus on expédie d'hommes et d'équipements, plus on est efficace. On est sûr que le travail sera fait.

Les officiers français et anglais vous diront que ce gaspillage de ressources est un phénomène américain, un produit de la prospérité d'outre-Atlantique. Si réconfortante que soit cette idée, un coup d'œil aux deux guerres mondiales montre que la guerre « à la chaîne » fut inventée par les états-majors allemand, français et anglais. Et non par le Pentagone ni par Henry Ford.

Ce remplacement d'officiers aux talents stratégiques par des hommes ayant un penchant marqué pour la quantité rappelle ce qui se produisit dans les armées des monarchies européennes à la fin du XVIIIe siècle. À propos de l'armée française non réformée en 1773, Guibert écrivait : « C'est qu'on a créé une tenue qui leur fait passer trois heures par jour à leur toilette, qui en fait des perruquiers, des polisseurs, des vernisseurs, tout, en un mot, hormis des gens de guerre [16]. » La tenue n'était pas vraiment le problème. À la fin du XVIIIe siècle, les instances militaires étaient infestées de courtisans qui ne savaient pas faire la guerre ; ils espéraient inconsciemment que les soldats s'identifieraient totalement avec leurs uniformes, leurs régiments, leur groupe, au point de marcher de leur plein gré en ligne droite sous les balles ennemies. L'armement a remplacé les uniformes : c'est la toilette de notre époque. On part du principe sous-entendu que si les soldats sont « bien armés », ils ne s'apercevront pas que personne ne leur a dit comment gagner la guerre.

La supériorité des petites armées rapides réside aussi bien dans leur armement que dans leurs effectifs. En dépit de sa renommée d'officier d'artillerie à une époque où l'artillerie révolutionnait la guerre, Napoléon ne fut jamais intéressé par les nouveaux équipements. Il refusait d'utiliser des obus à mitraille ou des ballons d'observation. Il préférait les structures légères, qui permettaient de se déplacer rapidement. Il était conscient de ce que ses soldats pouvaient assimiler et maîtriser en matière d'armement. Les armes devaient être une extension naturelle du soldat, non l'inverse. Dès lors que son armement le dominait, le soldat ne pouvait plus agir naturellement et avec rapidité.

L'attachement des armées modernes à la quantité et à la supériorité technologique a inversé ce rapport. L'officier et le soldat – en fait, les armées entières – sont devenus, en quelque sorte, des accessoires de leurs armements. Deux incidents, survenus en l'espace d'une semaine au printemps 1987, et un troisième pendant l'été 1988, ont démontré d'une manière dramatique les dangers d'un pareil engouement pour la technologie.

Le premier de ces incidents eut lieu sur la frégate américaine *Stark*, qui croisait dans le golfe Persique. Les Américains avaient décidé de protéger le passage des tankers pétroliers entre les forces adverses iraniennes et irakiennes. Un Mirage irakien s'approcha du navire. L'équipage de la frégate surveillait l'appareil depuis trois minutes quand le chasseur lança deux missiles Exocet, qui atteignirent leur cible et endommagèrent gravement le bateau. Trente-sept marins périrent. Après quoi, le Mirage s'éloigna sans encombre.

L'affaire fit grand bruit. Pourquoi la frégate n'avait-elle pas réagi, avant, pendant ou après l'attaque ? Tout l'équipage était à son poste. Le navire était muni d'un dispositif antimissile capable de neutraliser les Exocet.

L'explication est simple : le dispositif antimissile extrêmement complexe de la frégate n'était pas branché. Car, une fois enclenché, il tirait automatiquement sur tout appareil en approche. Or de nombreux avions circulaient dans le ciel du golfe Persique et tous n'appartenaient pas au camp ennemi. Certains étaient civils. De surcroît, la frégate avait lancé deux avertissements au chasseur : cela avait pris deux minutes. Or il faut quatre-vingt-dix secondes pour actionner le dispositif antimissile. Il manquait donc trente secondes pour qu'il soit opérationnel quand le premier Exocet atteignit sa cible, neutralisant le système électronique du navire. Quand l'équipage rétablit le courant, le deuxième missile fit mouche.

Il ne s'agissait donc pas d'une panne ni d'une erreur de l'équipage. La superstructure située à l'avant bloque les détecteurs et les défenses antimissile du navire. De ce fait, quand un appareil suspect approche, la frégate doit tourner sa poupe dans cette direction, afin que le dispositif antimissile détecte l'arrivée d'éventuels projectiles. Des calculs extrêmement précis avaient établi qu'on disposait de suffisamment de secondes pour virer de bord, détecter le missile et tirer. Cela ne nous dit pas ce que la frégate doit faire quand elle est la cible de deux avions venant de directions différentes...

Les autorités militaires analysèrent minutieusement cet incident. Ils conclurent à une erreur humaine. Le capitaine de la frégate fut relevé de ses fonctions et quitta la marine. Si on considère la complexité des réactions requises quand on est confronté à des indicateurs, dont quelques-uns seulement parmi les douzaines possibles étaient en jeu, une autre question se pose : le capitaine pouvait-il vraiment prendre une décision sur le moment ou s'agissait-il simplement d'une possibilité théorique ? Dans l'abstrait, en dépit de la confusion des circonstances, il disposait de quelques secondes pour tourner le navire, étudier les informations et ordonner le déclenchement du dispositif antimissile. En réalité, le remarquable équipement de défense du *Stark* n'offrait qu'une protection théorique, difficilement utilisable même par des hommes entraînés, dans une situation de guerre réelle.

Quelques jours plus tard, un jeune Allemand de l'Ouest traversait la frontière finno-russe à bord d'un monomoteur Cessna. Il pénétra dans l'espace aérien soviétique, franchit les lignes de défense, couvrit les 680 kilomètres qui le séparaient de Moscou, où il survola la place Rouge, frôla la tombe de Lénine, et se posa au pied du Kremlin. Les Soviétiques ne fournirent aucune explication. Mais les experts occidentaux suggérèrent que leur système de radar était incapable de repérer des appareils volant à faible vitesse ou à basse altitude, notamment à cause des grands arbres qui obscurcissaient l'écran du dispositif. Tout le monde s'accorda cependant à dire qu'il s'agissait d'une erreur humaine, et non d'une défaillance technique. Il y eut plusieurs limogeages.

En juillet 1988, dans le golfe Persique toujours, le croiseur américain *Vincennes* abattit un Airbus d'Iran Air, tuant 290 passagers civils. Après des excuses initiales, de la marine et des autorités américaines, un rapport de l'US Navy, comportant mille pages, rejeta la faute sur l'officier chargé des opérations. Ce dernier reçut une lettre de réprimandes, étant entendu qu'elle ne serait pas versée à son dossier personnel. Si l'officier en question était réellement coupable, pourquoi la punition était-elle si bénigne ? Dans le cas contraire, pourquoi le punir ? Il faut bien en conclure que la marine préférait blâmer un homme plutôt qu'une machine – une machine si complexe qu'elle n'était pas capable de faire la différence entre un minuscule chasseur et un énorme Airbus. Sa motivation première était d'éviter qu'on critique le dispositif de protection Aegis dont était équipé le navire. Il faut dire que la marine avait investi 46 milliards de dollars dans ce système pour équiper 56 croiseurs et destroyers.

En attendant, à cause des mines posées par des petits chalands en bois, 25 grands navires américains, soit un total de 20 000 hommes, étaient immobilisés, tels des dinosaures, dans le golfe Persique, incapables de brancher leur équipement électronique de peur de détruire tout ce qui les entourait, y compris leurs propres bâtiments et leurs propres avions. Peu après l'incident du *Stark*, et près d'un an avant celui du *Vincennes*, l'amiral Carlisle Trost, chef des opérations navales, réagit aux critiques faites à cette situation en invoquant la fameuse formule magique : la marine ne construit pas de petits bâtiments parce que cela ne serait pas rentable [17].

Depuis dix ans, ces équipements difficiles à manœuvrer posent des problèmes. La mission de sauvetage des otages en Iran fut trahie par des hélicoptères qui refusèrent de fonctionner. Les responsables de l'opération à la Grenade perdirent une part importante de leur équipement à cause de fonctionnements défectueux. À Beyrouth, les marines américains se replièrent dans leurs navires après que l'explosion d'une voiture piégée dans leur caserne eut tué 240 d'entre eux. La marine découvrit subitement que, tant que ces navires restaient au port, leurs radars ne pouvaient être branchés. Personne ne savait comment les faire fonctionner quand les moteurs des navires étaient arrêtés. En définitive, il fallut poster des marines armés de missiles portatifs sur les ponts pour surveiller l'approche éventuelle de hors-bord ou d'avions volant à basse altitude.

Dans son étude sur les récents engagements militaires américains, Richard Gabriel conclut que cette obsession de l'équipement de pointe a fortement handicapé l'armée. Le missile antichar TOW a des ratés dans 30 % des cas, les Sidewinders dans 35 % des cas et les Sparrows une fois sur quatre. Il est vrai que les impulsions naturelles des technocrates et les impératifs de la technologie sont désormais si détachés de la société humaine que plus personne ne sait où finit la recherche et où commence l'application.

Une quantité croissante d'équipements militaires a été empruntée prématurément à la recherche. Ce matériel paraissait d'un usage pratique. Mais on n'a pas pris en considération ce que des êtres humains pouvaient en tirer dans une situation réelle. Théoriquement, les armées occidentales disposent d'un arsenal remarquable. En réalité, l'essentiel de cet équipement est inutilisable en temps de guerre. À moins que l'ennemi ne soit surpassé au point de ne plus pouvoir faire figure d'opposant. Pour dire les choses simplement, cet arsenal est trop compliqué pour être utilisé.

Le fusil M-16 lui-même, dont est équipé le soldat américain, est trop « compliqué » – un terme lourd de sens, qui transfère la responsabilité de l'échec au soldat. Dans des circonstances idéales, le M-16 est incontestablement le meilleur fusil du monde. En fait, il s'enraye facilement. Les guérilleros du monde entier, qui se battent dans des conditions difficiles, sont beaucoup plus heureux d'avoir entre les mains une Kalachnikov toute simple, même si elle ne permet pas le quart des performances promises par le M-16. À cela les stratèges vous répondront que les guérilleros ne sont pas aussi subtils que les soldats occidentaux. Dans la plupart des cas, c'est faux. Le soldat occidental moyen bénéficie de beaucoup plus d'entraînement, mais de bien moins d'expérience. Le guérillero moyen sait, quant à lui, ce qu'il peut et ce qu'il ne peut pas manipuler dans une situation de guerre réelle.

Le problème aujourd'hui, en Occident, est que les armes sont désormais mises au point sans tenir compte des hommes qui auront à s'en servir ou des conditions pratiques d'utilisation. Le général d'état-major moderne est tellement anxieux d'acquérir ces nouveaux équipements qu'il porte au budget une quantité maximale d'armes, sans laisser un sou pour les pièces détachées ou l'entraînement.

Ainsi, en 1985, l'US Air Force disposait de 7 200 appareils sans avoir les moyens de les maintenir en état. De la même façon, les Américains n'avaient pas les bases européennes capables d'accueillir l'équipement qui devrait y être déployé en cas de crise. Il leur manquait le carburant, les munitions, les ateliers de réparation et les tours de contrôle indispensables à l'utilisation de ce matériel. Le matériel, ils l'avaient, mais ils n'avaient rien d'autre [18].

On pourrait qualifier de « complexe d'Armada » ce désir frénétique d'amasser le maximum d'armements ultra-modernes et ultra-complexes. S'il est vrai que, dans d'autres pays occidentaux, les budgets de la défense limitent cette folie de collectionneur, ce « complexe d'Armada » n'en est pas moins chez eux un mal général.

La victoire de l'Occident sur l'Irak semblerait avoir dissipé nos inquiétudes sur le commandement militaire, ses compétences stratégiques et ces équipements inutilisables. Cet unique succès a balayé le funeste souvenir de douzaines de batailles perdues et de guerres mal gérées. Or rien n'est pire qu'une confiance reposant sur une mauvaise interprétation des événements. En outre, une guerre où l'une des parties refuse de se battre ne saurait être une victoire pour l'autre, si la paix qui s'ensuit laisse au vaincu un pouvoir effectif. Au lieu de nous réconforter, nous ferions mieux de nous demander ce que ce conflit a démontré à propos de nos armées occidentales.

D'une part, il y a le problème de la mobilisation. Nous nous sommes mobilisés à l'échelle mondiale, rassemblant des troupes et des équipements en provenance du monde entier, sans intervention militaire de la part de l'ennemi. C'est une situation que nous avons maintenue pendant des mois, confirmant l'infériorité de notre adversaire. À telle enseigne que les méthodes de combat et la rhétorique internationales ne se justifiaient en aucune manière.

D'autre part, nous avons mené, sans rencontrer de résistance véritable, une longue campagne de pilonnages, sans précédent à en croire la propagande officielle, tant par sa précision que par son efficacité, grâce aux nouvelles « bombes intelligentes ». En réalité, 7 % seulement des 88 500 bombes larguées étaient intelligentes [19]. Nous n'avons pas d'information spécifique sur l'ampleur de leur intelligence, car les vidéos ne nous ont montré que les succès. En dépit des déclarations répétées du général Schwarzkopf, selon lesquelles « nous avons réussi à neutraliser l'ensemble des plates-formes de lancement » des missiles Scud irakiens, nous savons que la moitié d'entre elles restèrent opérationnelles [20]. Quant aux bombes classiques des alliés, qui représentaient 93 % du total, elles avaient un degré de précision habituel de 25 %. Cela veut dire que cette campagne n'était pas si différente des interminables barrages de la Première Guerre mondiale ou des bombardements stratégiques de 1939-1945, lesquels provoquèrent de lourdes pertes sans atteindre les objectifs militaires escomptés. Pendant la guerre du Golfe, une partie des infrastructures militaires de l'Irak et la plupart de ses infrastructures civiles furent anéanties. Nous ignorons si cela a eu un effet déterminant sur ses capacités de combat. La suite des événements a démontré que l'armée n'avait pas été sérieusement endommagée. La courte guerre terrestre elle-même donna d'innombrables preuves que les bombardements massifs et prolongés n'eurent pas d'impact vraiment significatif sur l'issue du conflit. Des régiments entiers, qui n'étaient pas la cible de ces pilonnages, rendirent leurs armes sans tirer un seul coup de feu. Il semble aujourd'hui que l'armée de Saddam Hussein, à l'exception de sa garde républicaine, était fort peu disposée à combattre. Nos chefs militaires ont expliqué qu'ils avaient été contraints d'agir comme si l'ennemi allait se battre, puisque aucune information ne leur suggérait le contraire. Ce qui signifie que les réseaux de renseignements occidentaux ne fonctionnaient pas. Or une armée ne peut mener une guerre intelligente sans disposer d'informations précises sur le camp adverse.

Par ailleurs, rien n'indique que notre armement ait bien fonctionné. Nos armées pouvaient puiser en toute impunité dans l'ensemble des stocks occidentaux, elles n'étaient pas soumises aux conditions contraignantes de la guerre véritable, comme la nécessité de prendre de gros risques pour se réapprovisionner en matériel. Le taux de défaillance des armements occidentaux a probablement été de 25 %, comme les expériences antérieures tendraient à le suggérer. Cependant, nos forces étaient surarmées, au point que même des taux de défaillance élevés auraient été sans conséquence.

Enfin, la stratégie d'invasion terrestre s'effectua dans les normes. Elle bénéficia de l'élément de surprise pour la seule raison que l'ennemi, d'une infériorité flagrante, n'avait pas les moyens de recueillir des informations au-delà de ses frontières. Ce qu'on voulut faire passer pour une offensive terrestre rapide et audacieuse se résuma en définitive à une manœuvre on ne peut plus prévisible à l'encontre d'un adversaire qui attendait de se rendre ou, dans le cas de la garde républicaine, était bien déterminé à faire le mort jusqu'à la fin des hostilités.

Qu'il s'agisse des effectifs, des équipements ou du commandement, les stratégies employées lors de ce conflit étaient celles que nous préparions depuis cinquante ans en vue d'une guerre terrestre en Europe. De nos jours, on s'accorde à dire que, avec l'effondrement de l'Union soviétique et du pacte de Varsovie, la guerre froide fait partie du passé. Cependant, les rivalités fondamentales entre l'Est et l'Ouest demeurent, ainsi que leurs infrastructures militaires.

Pour évaluer convenablement la campagne irakienne, il faudrait l'imaginer dans un contexte nous opposant à un véritable adversaire, vraisemblablement en Europe. Pour commencer, il ne saurait être question d'une supériorité aérienne. Six semaines de bombardements stratégiques donneraient lieu immanquablement à une contre-attaque d'une durée et d'une intensité égales. Il serait impossible d'acheminer sur le front des troupes et des équipements qui ne s'y trouveraient pas initialement, en raison de la capacité de riposte à longue portée de l'ennemi. Faute d'une attaque rapide, les deux armées souffriraient de lourdes pertes. Une fois engagées, elles dépendraient de ravitaillements immédiatement disponibles. Et le mouvement stratégique d'une armée, quelle qu'elle soit, dans n'importe quelle direction, serait instantanément détecté par les satellites de son adversaire.

Deux exemples spécifiques nous donneront une vision plus réaliste de la situation. En janvier 1991, le US General Accounting Office – Bureau de comptabilité générale américain – publiait un rapport établissant que l'armée américaine était tellement mal équipée, et si mal entraînée, que dans une guerre chimique plus de 50 % des effectifs exposés périraient[21]. Nous n'avons aucune raison de supposer que les armées alliées soient mieux préparées. Le deuxième exemple concerne le missile Patriot, héros de la guerre technologique. On pense aujourd'hui qu'il ne s'est pas du tout comporté conformément aux affirmations faites pendant la guerre. Il ne fallut pas moins de 158 Patriot pour toucher 47 missiles Scud. De surcroît, l'impact ne détruisait même pas l'ogive du Scud. Le Patriot atteignait la fusée à combustible alors qu'elle était pour ainsi dire épuisée. En conséquence, la tête du missile était simplement détournée vers un autre site. On note effectivement que le nombre de victimes et les dégâts matériels en Israël s'élevèrent considérablement quand les Patriot entrèrent en opération[22].

Le Président Bush tenait beaucoup à comparer Saddam Hussein à Hitler. Dans son message sur l'état de l'Union, après la guerre du Golfe, il continua sur la voie des comparaisons. Il fit allusion aux deux guerres mondiales : « À deux reprises déjà au cours de ce siècle, le monde entier a été mis sens dessus dessous par la guerre. » Au-delà de ces beaux discours, outranciers au point d'insulter notre intelligence, il faut savoir que les méthodes présomptueuses employées par l'Occident contre l'Irak nous auraient à coup sûr entraînés à la catastrophe si nous avions eu affaire à un ennemi véritable. Même pour libérer le Koweït, cette stratégie était inappropriée. Nous avons laissé aux Irakiens tout le temps nécessaire pour préparer la destruction des infrastructures civiles et pétrolières locales. Et même s'ils furent vaincus, nous leur avons amplement laissé les moyens de poursuivre sans entrave leur œuvre destructrice. Ce désastre fut encore aggravé par le refus des Irakiens de se battre, suivi par leur reprise du pouvoir à Bagdad. Les problèmes qui avaient motivé cette guerre ne furent pas réglés pour autant. Pis : au lieu de régler ces problèmes, la guerre du Golfe provoqua une croissance massive et un réarmement ultra-moderne des forces armées massées dans cette région du monde. L'Iran, notamment, s'active beaucoup sur ce plan. Il faut cependant souligner que, pour la première fois dans l'histoire récente, le Pentagone évita de saboter sa propre armée. Ceci grâce à la décision personnelle du général Colin Powell, chef d'état-major des armées, de passer outre au système officiel du Pentagone. En d'autres termes, on ne peut pas dire qu'il y ait eu de réforme. Ce fut une exception à la règle, rien de plus.

À bien des égards, la victoire occidentale sur l'Irak nous rappelle curieusement celle des Britanniques sur le Mahdi au Soudan en 1898. Le commandant Kitchener, un être apparemment brillant, en réalité flegmatique et manquant singulièrement d'imagination, se prépara pendant deux ans à la bataille. Il vainquit sans peine un adversaire qui ne disposait même pas de mitrailleuses. Les pertes furent lourdes dans le camp des mahdistes, et presque insignifiantes du côté des Britanniques. On assista à une charge de cavalerie impressionnante, assez comparable à ce récent assaut des chars occidentaux en Irak, mais qui n'eut guère d'incidence sur l'issue du conflit. Il n'empêche, tout cela était palpitant. Avec la victoire de Kitchener, les Britanniques crurent qu'ils étaient sur la bonne voie, militairement parlant. Ils sabotèrent ainsi la guerre en Afrique du Sud et s'engagèrent à corps perdu dans le massacre de 1914-1918. Les comparaisons de ce genre ne sont jamais entièrement satisfaisantes. Toutefois, en les maniant avec scrupule, on peut au moins décourager un triomphalisme facile.

Les états-majors occidentaux pléthoriques sont passés sans transition du mythe de l'organisation moderne à celui du manager moderne. Tous les syndromes de la vie bureaucratique sont présents dans leurs quartiers généraux. On y travaille huit heures par jour. Les décisions sont prises collectivement, de manière à protéger l'individu. On s'y montre incapable de réagir à une information indiquant clairement que le système fonctionne mal. Le leadership est rarement récompensé. Les systèmes du management des affaires sont consciencieusement appliqués à la gestion des armées. Il n'est pas exagéré de dire que les officiers en savent davantage aujourd'hui sur le management des systèmes que sur la guerre proprement dite.

Dans ces « corps d'officiers animés de l'esprit d'entreprise », a écrit Richard Gabriel, « la concurrence et le carriérisme font que chaque officier ne se préoccupe que de lui-même. [...] Des directeurs du personnel sont en fait responsables du système et le programme de promotion militaire a été remanié de façon à récompenser des bureaucrates gestionnaires [23] ». Les tableaux d'avancement de l'armée sont contrôlés par des officiers d'état-major qui ont peu d'expérience du front ou qui n'en ont aucune.

Il n'est donc pas étonnant que les organisations militaires occidentales soient incapables de s'adapter à des combats menés contre des armées rapides et légères, dont le comportement ne cadre pas avec la tradition rationnelle. L'officier gestionnaire peut difficilement comprendre pourquoi de tels conflits ont lieu. Ou les motivations des officiers qui y prennent part. Ou encore la raison pour laquelle ces guerres se déroulent quotidiennement sur la planète. Ces mystères propres au tiers monde, et de plus en plus dans l'ancien monde communiste, sont en deçà de leurs multiples compétences.

Lorsque, au matin du 25 avril 1980, le secrétaire américain à la Défense fut contraint d'annoncer la débâcle de la centaine d'hommes envoyés en mission de sauvetage en Iran, 35 000 officiers et autres membres de l'état-major quittèrent leurs bureaux du Pentagone afin de suivre son discours sur des écrans de télévision suspendus dans les couloirs du gigantesque bâtiment. Ils arboraient un sourire pincé et témoignaient d'une certaine curiosité mêlée de confusion [24]. Il était question d'un monde indifférent à leurs méthodes et à leurs systèmes, un monde réel qu'on leur demandait souvent d'imaginer dans l'abstrait. La quasi-totalité des opérations militaires américaines de ces quarante dernières années avaient donné lieu à d'interminables débats préalables dans les milliers de bureaux situés de part et d'autre de ces couloirs. Les préparatifs duraient parfois si longtemps que les circonstances avaient complètement changé au moment où l'opération était finalement lancée. Le message que le secrétaire à la Défense adressait à l'état-major annonçait que la réalité imaginée en Iran avait abouti à un désastre. Il devint évident pour tous les membres du Pentagone qu'une erreur humaine avait été commise là-bas, sur le terrain.

Quelques années plus tard, quand le comité de liaison des forces armées américaines concocta des plans pour l'invasion de la Grenade, une portion minuscule de la force d'attaque fut attribuée à chaque service représenté au sein dudit comité. Un rôle précis était donc assigné à chaque *section* de chaque service considéré. L'opération était presque aussi complexe que le débarquement en Normandie. À telle enseigne que la seule raison pour laquelle elle réussit fut l'absence de résistance, même symbolique, de l'adversaire. Une quantité importante des 8 633 médailles décernées allèrent à des membres du personnel de planification, qui n'avaient pris aucune part aux combats. Cela n'avait rien d'inhabituel. En 1970, au Viêt-nam, 522 905 décorations furent distribuées, soit deux fois plus que les effectifs militaires américains présents en Asie du Sud-Est [25].

Si toutes ces données sur les forces armées occidentales et leurs capacités sont exactes, que faut-il en conclure à propos du réseau complexe d'armes nucléaires qui nous entoure? Très probablement qu'une bonne part de l'équipement offensif censé lancer des bombes ne fonctionne pas, ainsi qu'une portion plus importante encore de notre équipement défensif. Au fond, tout le monde s'accorde à dire que la défense nucléaire est un phénomène beaucoup plus complexe que le simple fait d'expédier des bombes à la partie adverse. Il y a peu de chances pour que nous sachions un jour si tout cela est vrai ou non. En attendant, le concept de guerre des étoiles, pris dans son contexte, semble tout à coup sans rapport avec la guerre nucléaire. Il appartient à la catégorie des rêves d'officiers bureaucrates : des masses considérables d'un équipement incompréhensible pour tout le monde hormis les experts et pour ainsi dire inutilisable en situation réelle.

C'est l'un des grands paradoxes de l'histoire militaire, que les victoires sont invariablement revendiquées par des courtisans se dissimulant derrière le verbiage du vainqueur. Dans la mesure où ils n'entendent rien à la stratégie, ils se persuadent sans mal qu'ils sont les véritables héritiers des méthodes du vainqueur. Nos états-majors occidentaux s'estiment les légataires de ces stratèges qui font figure de héros de la dernière guerre. De ceux qui prônaient un mouvement de pénétration profonde et rapide de blindés hautement mobiles.

À preuve la manière dont ils s'obstinent à fabriquer des hélicoptères toujours plus complexes. Ces appareils sont mus désormais par une logique qui leur est propre, sans aucun rapport avec leurs performances éprouvées en situation réelle. Quels que soient les nouveaux gadgets dont on les équipe, ils ont un défaut funeste : un soldat armé d'un fusil ordinaire peut en abattre un d'un seul coup de feu. On continue pourtant à y avoir recours dans les combats, malgré de lourdes pertes et un impact sur l'ennemi souvent limité. Mais il a été décidé que les hélicoptères étaient les chars des temps modernes. Par conséquent, le pourcentage de pertes n'a aucune importance.

Si Liddell Hart, Fuller, Guderian, de Gaulle, Dorman-Smith, sans parler de Wingate, devaient présenter aux états-majors modernes une version de leurs idées adaptée aux circonstances, ils seraient proprement ridiculisés. Imaginons qu'ils tentent d'influencer les stratégies actuelles : on peut être sûr que les directeurs du personnel dans les états-majors s'empresseraient de les muter à des postes de province.

Charles de Gaulle fut une victime surprenante de cette double dépendance militaire vis-à-vis du management et de la technologie. Au fond, il fut le seul grand stratège à acquérir un réel pouvoir. À la tête de la France, il eut tout le loisir d'appliquer les idées qu'il avait développées trente ans plus tôt dans *Vers l'armée de métier*. De Gaulle accéda au pouvoir en 1958, à l'époque où l'armée était révoltée contre les autorités civiles. Cette rébellion tournait apparemment autour du problème algérien. En réalité, elle s'inscrivait dans une problématique beaucoup plus vaste : l'aptitude de l'armée française à accepter un système républicain et démocratique comme autorité suprême. Dans les faits, la classe d'officiers traditionnelle, cette étrange combinaison de petite noblesse et d'état-major, contrôlait toujours la machine, comme elle le faisait depuis 1914.

En sa qualité de président de la République, de Gaulle voulait créer une armée hautement technologique, un équivalent moderne de son ancienne force blindée. Elle serait dirigée par une nouvelle génération d'officiers, des techniciens qui ne seraient issus ni de la petite noblesse ni de l'état-major, et qui n'auraient pas cette conception « club privé » de l'armée. Ils constitueraient la première génération d'officiers véritablement apolitiques de l'histoire des républiques françaises. À l'écart du processus politique, ils garantiraient la stabilité politique de la nation. De l'avis du général, cela résoudrait une fois pour toutes l'éternel problème des relations entre civils et militaires en France.

Ces nouveaux officiers furent formés et promus aussi rapidement que possible. Le chef d'état-major, le général Charles Ailleret, était lui-même un technicien. Il avait eu la responsabilité des projets d'armement et il était officiellement le « père » de la bombe atomique française. L'ancien état-major et l'ancien corps d'officiers résistèrent à ces changements, aussi vigoureusement que les circonstances le leur permettaient. Ils opposaient une résistance particulièrement farouche à cette force de frappe nucléaire qu'une poignée d'hommes suffirait à faire fonctionner. Ce qui signifiait que le président pouvait avoir un contrôle direct sur la machine militaire, sans que l'état-major central ait besoin d'intervenir.

Quand de Gaulle abandonna le pouvoir, en 1969, il avait gagné la partie. Mais cette victoire n'avait pas donné les résultats escomptés. Les nouveaux officiers-technocrates provenant de la classe moyenne, ils se retrouvèrent dans un corps d'officiers sans partager sa mythologie traditionnelle. La technocratie n'offrant aucun réconfort, ils se sentaient perdus dans un rôle qui avait toujours appartenu à d'autres. Inévitablement, ils se cramponnèrent à la certitude la plus accessible et la plus évidente : leur loyauté envers l'armée. Une loyauté interne, indépendante de tout engagement plus large vis-à-vis d'autres classes ou du reste de la société.

L'essor de ce corps d'officiers-technocrates, repliés sur eux-mêmes, obnubilés par l'état-major et isolés du reste de la communauté, ne fut pas réservé à la France. Ce phénomène s'est généralisé en Occident, prenant aux États-Unis des proportions particulièrement inquiétantes. Les nouveaux officiers sont de plus en plus souvent issus de familles de sous-officiers. Ils ont donc été élevés dans les camps de l'armée et l'univers émotionnel de la mythologie militaire. Ils ne possèdent pas les liens avec l'extérieur dont jouissait l'ancienne classe d'officiers. Ils n'ont pas davantage de relations avec leur propre classe, car le déroulement de la vie militaire les élèvera forcément au rang supérieur, qu'ils soient simples soldats, sergents ou officiers.

Partout aux États-Unis, les programmes publics, pédagogiques, sociaux ou juridiques se sont sérieusement dégradés. La seule exception importante a été les forces armées, où on prend soin de tout le monde dans un contexte socialiste paternaliste. Pour les Américains pauvres ou issus des classes moyennes inférieures, la vie dans l'armée est préférable à celle du monde extérieur. Les intérêts d'un corps d'officiers façonné dans ce climat sont propres à leur univers.

Revenons à la France. Avant d'abandonner le pouvoir, le général de Gaulle assista à un retournement de la classe des officiers. Au lieu de réagir au défi de sa nouvelle stratégie, ces derniers transformèrent la toute jeune puissance nucléaire et le nouvel équipement conventionnel en une abstraction toujours plus complexe et pesante. Ils entreprirent de renforcer la résistance de l'ancien état-major au pouvoir politique, découvrant là une manière de faire pression sur les hommes politiques afin d'obtenir un constant apport d'équipements.

Ils tombèrent littéralement amoureux de la stratégie des blindés, à laquelle les anciennes autorités militaires avaient opposé une résistance farouche. Il serait plus exact de dire qu'ils tombèrent amoureux du char, une merveilleuse machine, lourde et compliquée, qu'on pouvait armer de multiples manières. Il ne fallut pas longtemps pour qu'ils l'adaptassent à une conception statique de la stratégie, qui rappelait étrangement la guerre des tranchées – comme l'avaient fait, d'ailleurs, toutes les armées occidentales.

La stratégie nucléaire ne tarda pas à subir le même sort. La fameuse *Riposte graduée* n'avait strictement rien de gradué. Ce fut précisément la méthode utilisée pendant la Première Guerre mondiale : une défense statique, en profondeur, exigeant des masses de bombes, d'équipements et d'effectifs, dans d'infinies variations de volumes et de combinaisons.

C'est pourquoi les Européens identifièrent les implications à prévoir, dès l'instant où cette stratégie de la riposte graduée fut introduite par McNamara, au début des années soixante. Ils comprirent qu'il faudrait que leur continent soit détruit avant que les États-Unis n'envisagent d'intervenir. Cet éclair de lucidité fut cependant de courte durée, les stratèges de l'état-major étant proprement fascinés par les innombrables possibilités de combinaisons d'armements que leur offrait la riposte graduée.

En peu de temps, on fit de la complexité même de la stratégie nucléaire française, ainsi que de celle des autres puissances occidentales, une version revue et corrigée de la ligne Maginot. Le dispositif du missile MX américain, en particulier, doté d'une quantité limitée de rails spéciaux pour le déplacement de l'armement selon une trajectoire fixe, est une parodie de la ligne Maginot. Et l'IDS, récemment rebaptisée, même si elle était réalisable, ne serait au fond qu'une expansion massive d'une défense statique du même acabit.

La réaction des militaires aux récents accords sur la réduction des arsenaux nucléaires européens illustre bien cet état d'esprit. Cela leur était parfaitement égal, dès lors que cette perte était compensée par des armements conventionnels importants. Au départ, cette attitude semble judicieuse : l'effondrement de l'Union soviétique et du pacte de Varsovie, auquel il faut ajouter l'enthousiasme puéril de l'Occident, laissait croire que tout était à prendre en Europe de l'Est. Toutefois, si on prête une oreille attentive aux exigences de nos militaires en matière d'équipement conventionnel et à leurs inquiétudes à propos d'une éventuelle réduction de ce matériel, on en retire une curieuse impression. Ils ont presque l'air satisfait qu'on ait décidé de limiter les bombes nucléaires en accroissant du même coup notre dépendance vis-à-vis des blindés et de l'artillerie. On assiste ainsi à un regain du mécontentement des anciens officiers d'état-major face à l'essor de l'armement nucléaire, qui privait leurs quartiers généraux d'un pouvoir confié à la classe politique. Sur un continent désormais composé d'une myriade de jeunes nations fragiles, dont les relations diplomatiques et militaires risquent fort de ne pas se stabiliser avant une bonne dizaine d'années, un retour aux chars et aux canons laisse entrevoir l'espoir d'un armement maniable et d'un retour aux bonnes vieilles guerres.

Cette sorte de structure bureaucratique asphyxiante, qui considère la guerre sous la seule forme des armements, de la même manière qu'un grand nombre d'aristocrates l'envisageaient jadis en termes de protocole et d'uniformes, a donc transformé une réalité franche et brutale en une abstraction. Du même coup, dans l'esprit de l'officier, l'idée concrète qu'il se bat pour gagner s'est dissipée. Cela a eu pour effet d'occulter ce qui justifiait qu'un soldat risquât sa vie. Les guerres n'en ont pas moins continué de provoquer des morts. Quelque chose devait nécessairement apparaître, pour contrebalancer ce climat d'obscure abstraction. Quelque chose de rassurant, qui prit la forme d'un exutoire émotionnel baptisé bravoure.

Le courage, ou bravoure, est devenu l'un des piliers de la mythologie de l'État-nation. Jadis, les notions de « service » et de « conduite chevaleresque » jouaient des rôles importants. Le courage n'était qu'une des qualités requises du soldat pour gagner la guerre; il ne pesait pas plus dans la balance que l'intelligence, l'humanité, le professionnalisme ou la personnalité.

Avec l'essor des états-majors bureaucratiques, le courage en est venu à compenser le fait qu'on ne se batte plus pour gagner. Il est l'aune permettant de mesurer ce nouveau phénomène qu'est le Héros. Chaque soldat, chaque officier, peut rêver à sa propre gloire en comparant sa vaillance à celle du Héros.

De tout temps, chaque homme a pu espérer se prévaloir de courage. Celui-ci prenait trois formes. La première était d'une espèce relativement rare : il s'agissait de cet acte de bravoure qui rapproche considérablement la victoire. Non d'une manière romantique ou abstraite : rien à voir avec le proverbial anéantissement d'un nid de mitrailleuses. On s'approche de la victoire, non seulement lors d'un affrontement, mais dans une grande bataille ou une guerre. La deuxième forme de courage était moins exceptionnelle. C'était la vaillance manifestée par un individu que le sort a mis dans une situation impossible. Cela n'a rien à voir avec la victoire. Il est question d'un homme et de son destin. C'est la guerre en tant qu'acte existentiel, sans aucun rapport avec la notion de victoire ou de défaite. La troisième catégorie était d'une banalité tragique. C'est cette qualité que les hommes développent en eux pour faire face au sort désespéré que leur ont imposé des officiers incompétents. Il s'agit d'une forme de dignité personnelle, qui rend la vanité de la mort de cet homme acceptable aux yeux de sa famille et de la société. Malheureusement, cette dignité a aussi pour effet de dissimuler l'incompétence des officiers responsables, ainsi que la structure militaire coupable de cette mort.

Lorsqu'on parle de courage dans l'État-nation, on fait généralement allusion au suicide honorable d'individus condamnés par mégarde. Quant aux médailles qui accompagnent ce gaspillage de vies, ce sont des astuces destinées à faire oublier l'incompétence de nos militaires. En remplacement de la victoire et/ou de sa vie, le soldat reçoit une décoration.

Ces décorations ont une portée cynique encore plus grande lorsqu'on se sert du sacro-saint courage et du deuil des familles pour conférer de la dignité à des guerres menées de façon stupide. Les valeureux soldats et leurs familles sont attirés dans un piège. Le soldat sacrifié a fait preuve de courage sous les ordres d'un officier qui a récompensé ses efforts. C'est donc que la bataille méritait d'être livrée. Le courage de quelques-uns lui a donné sa raison d'être. La règle fondamentale de la guerre – on la fait pour gagner – a été jetée aux oubliettes.

Le courage est devenu une preuve de vertu et donne sa valeur à la célébrité. La renommée du soldat courageux, comme celle du recordman des mangeurs de gâteaux interviewé à la télévision, repose sur le fait qu'il est à cet instant, et à sa manière, un Héros. Cela ne va guère au-delà d'un rêve impossible, destiné à neutraliser un commandement inepte [25].

Une nation qui se montre incapable de se défendre, ou qui refuse ce défi, a peu de chances de survivre. L'histoire l'a amplement démontré. C'est la raison pour laquelle Sun Tse invoqua la nature essentielle de l'action militaire. En dépit de son cynisme, de son indifférence et de son aptitude à exaspérer ces braves gens qui voulaient faire de la raison une force morale, Machiavel perçut lui aussi le fondement du problème : « Il y a une grande disproportion entre ceux qui sont armés et ceux qui ne le sont pas. »

L'Occident n'a jamais été aussi armé. Et pourtant, il ne s'est jamais senti aussi mal défendu. Nos autorités civiles et militaires elles-mêmes n'arrivent pas à se mettre d'accord sur une situation dans laquelle nos armes seraient mises à profit pour nous assurer une défense efficace. Les interrogations répétées de la population, depuis plusieurs dizaines d'années, montrent qu'une majorité parmi ceux qui se sont retrouvés dans la ligne de tir – en l'occurrence les Européens – sont dans l'incapacité d'imaginer une action, quelle qu'elle soit, susceptible de défendre leurs vies, leurs familles, leurs maisons, leurs patries.

Dans un tel climat, il n'y a pas lieu de s'étonner que les corps d'officiers, eux aussi, fassent l'objet d'un certain mépris. Ou que les officiers aient une vision confuse du rôle qui leur incombe. Quand le capitaine d'un sous-marin nucléaire reçoit l'ordre d'expédier ses ogives, il n'a aucune idée de la cible qu'elles atteindront. Les coordonnées géographiques correspondantes figurent sur une disquette électronique que l'ordinateur du sous-marin est le seul à pouvoir déchiffrer. Interrogés sur cette situation, ces officiers se déclarent en général soulagés que leurs pouvoirs destructeurs, au moment du lancement, restent dans l'abstrait. Ils préfèrent ne pas savoir quelle ville sera détruite[26].

Une nation doit nécessairement se défendre. Défendre un peuple libre ne peut être qu'un acte moral. Mieux vaut le faire bien que le faire mal; une défense intelligente minimise les risques de mort et de destruction.

L'idée de Guibert de faire appel à la raison pour organiser l'armée en vue d'éliminer la médiocrité, et de permettre à des militaires compétents de prendre les commandes, était certainement valable et conforme à la morale. Pourtant, son succès eut pour conséquence directe les déchaînements de Napoléon et, dans leur sillage, ceux de l'archétype du Héros divin. Par la suite, la déformation de la raison en un océan bureaucratique destiné à noyer les Héros semblait parfaitement justifiée. La répression du génie devint l'ultime protection de l'homme libre.

Cependant, cette protection n'est valable que dans une société où les hommes vivent libres. Ailleurs, les forces des ténèbres consolidaient sans peine le mythe à double face de la raison et du Héros. Et quand ces forces s'en prenaient aux hommes libres, une nuée de techniciens s'employaient à nous défendre. Les états-majors militaires, chargés de combattre en notre nom, se montrèrent aussi sanguinaires que Napoléon. La différence était que leurs tueries procédaient non d'une ambition débridée, mais d'une ambition frustrée. Sauf à les considérer en tant qu'accessoires du pouvoir administratif, les pertes humaines qu'ils occasionnèrent étaient, elles, le résultat non d'une agression, mais de leur indifférence et de leur ineptie.

La médiocrité tue aussi sûrement que le génie. Nous sommes donc contraints de revenir à nos convictions originales sur le rapport entre morale et défense. Il existe deux types de morale dans le monde des armes. La première, une variété étroite, consiste en une relation honnête entre l'officier et ses hommes. Dans ce contexte, le technocrate échoue, alors que le bon officier a des chances de réussir. Le Héros déchaîné parvient lui aussi à ses fins dans ce domaine, en dénaturant le dévouement que lui doivent ses hommes.

L'autre forme de morale, d'une plus grande ampleur, lie l'officier à l'État. Dans les démocraties naissantes du XIXᵉ siècle, des hommes ambitieux pouvaient déformer la raison en vue de servir leurs intérêts personnels. D'une manière ou d'une autre, Foch et Haig l'ont démontré, ce faible pour la distorsion a sévi jusqu'au milieu du XXᵉ siècle.

Aujourd'hui, nous n'avons plus l'excuse de l'inexpérience. Nous devrions nous sentir suffisamment à l'aise dans notre mode de vie pour nous estimer capables de maintenir des soldats sur le chemin du devoir. « Le gouvernant éclairé est prudent et le bon général met en garde contre toute action précipitée. Ainsi l'État reste sûr et l'armée est préservée », écrivit Sun Tse [27]. Il serait certainement plus sage de confier notre défense à ceux qui sont en mesure de la garantir, dès que nous sommes convaincus d'être capables de les contrôler. Mieux vaut prendre le risque d'un génie honnête que de nous laisser submerger par une médiocrité manipulatrice et insensible.

Mais comment un État, quel qu'il soit, peut-il se doter d'un système militaire fondé sur la compétence et la morale? L'instauration d'une entente entre la population et ses défenseurs est la réponse évidente. Or aucune nation ne peut croire en une telle harmonie tant qu'un état-major contrôlera les armées. Les changements nécessaires pour y parvenir sont beaucoup trop nombreux. Il faudrait commencer par extirper l'idée que, de nos jours, l'officier se distingue à peine du bureaucrate ou de l'homme d'affaires moderne. L'officier n'est pas un manager, ni un homme de comité. Il ne participe pas à des prises de décision collectives.

L'essence d'une bonne stratégie est ce qu'elle a toujours été : l'insécurité et l'incertitude. Les officiers d'état-major cherchent au contraire sécurité et certitude. Ils planifient scrupuleusement leurs attaques et leurs programmes de défense. Pour modifier cette situation, il n'y a qu'un moyen : leur reprendre le contrôle.

L'une des mesures les plus simples pour aller dans le bon sens consisterait en une réduction radicale de nos corps d'officiers. Ils sont aujourd'hui pléthoriques. Au point qu'ils s'appuient sur une logique interne servant leurs propres intérêts, mais qui n'est qu'indirectement liée à la stratégie et à la cause nationale. Cette réduction des effectifs est recommandée par certains penseurs indépendants tels que le grand historien militaire britannique Michael Howard et Richard Gabriel. Un corps d'officiers restreint a plus de chances de se concentrer sur le rôle qui lui incombe. Nos états-majors cesseraient d'être obnubilés par l'amoncellement d'équipements complexes si les officiers étaient en nombre suffisamment limité pour savoir où ils vont. À un niveau pratique, les soldats devraient être évalués par des soldats. Les officiers chargés du personnel n'ont aucun rôle à jouer dans le façonnage d'un corps d'officiers. De la même façon que les bureaucrates en uniforme n'ont pas à jouer aux stratèges en antichambre.

Pour parvenir à ces fins, et aller bien au-delà, il faudrait que nos leaders politiques prennent véritablement leurs responsabilités. Depuis quarante ans, les hommes politiques ont laissé les états-majors leur dicter les programmes. Au lieu de jouer à des jeux bureaucratiques avec de l'argent et des équipements militaires, les gouvernements se trouveraient ainsi dans l'obligation de contrôler des penseurs capables d'exercer une action.

Pour ce qui est des états-majors nécessaires pour servir une armée moderne, quelle qu'elle soit, nous avons fait pendant deux siècles l'expérience d'une administration rationnelle. Nous savons à présent ce qui marche et ce qui ne marche pas. Les hommes politiques et les soldats avaient les moyens de contrôler ces états-majors. Mais cela exigeait d'eux des efforts intenses et soutenus. Nous devons continuellement nous rappeler que l'intention première d'une gestion rationnelle de nos armées et de leur professionnalisme était de limiter le nombre des guerres en les rendant de surcroît plus rapides, moins destructrices, plus décisives. En définitive, on a assisté à l'institutionnalisation d'un état de guerre semi-permanent, toujours plus destructeur, plus confus, et qui prend de plus en plus d'ampleur.

Notre problème consiste à identifier la réalité dans un monde réfugié dans les illusions militaires. Nous prétendons être en paix alors que le monde est en guerre. Nous pensons que nos armées sont faibles alors que les budgets de notre défense atteignent des niveaux que n'ont jamais connus des nations théoriquement en paix. Nous célébrons les valeurs d'une guerre de mouvement éclair tout en nous préparant à des attaques de front, lentes et statiques. Nous acceptons, nous encourageons les stratégies des technocrates en ignorant leur long passif d'échecs et de revers. Et, finalement, en glorifiant nos occasionnelles victoires face à des adversaires nettement plus faibles, nous nous débrouillons pour oublier que l'histoire de la guerre est pleine de ces grandes armées sans imagination vaincues par de petites forces ingénieuses.

De tout cela il ressort que la plus grande menace pour la démocratie n'est pas l'émergence d'un Napoléon, mais notre incapacité de limiter la fonction des administrateurs à la seule administration. Le véritable défi consiste à contrôler des soldats dont la tâche serait d'entretenir une stratégie d'incertitude. L'homme est beaucoup plus heureux quand il a des certitudes, même si cette sûreté est factice et périlleuse.

Toutefois, si le bon sens pouvait effacer de nos esprits les craintes venues d'un passé instable, ce contrôle nous apparaîtrait comme un devoir naturel des citoyens responsables et de leurs gouvernements. Si nous pouvions exorciser le Héros napoléonien, nous découvririons la valeur morale de notre propre défense et, partant, de nos soldats. La défense d'un homme libre dépend de sa disposition à tuer le Héros qui est en lui, de façon à le rejeter chez les autres.

Chapitre x

Au service de la collectivité

Tant que l'on croit au dessein d'une organisation, ses responsables trouveront un moyen sensé de la gérer. Mais si cette confiance se fonde exclusivement sur sa structure, alors l'organisation tout entière perdra progressivement son sens de l'orientation et sa capacité de fonctionner. Le marché des armes est l'exemple même de cette désorientation des gouvernements occidentaux et de leur inaptitude croissante à accomplir ce que la société attend d'eux. Il semble que la confusion régnant parmi ceux qui nous gouvernent a pris une ampleur telle qu'ils ne font plus la différence entre une activité frénétique et l'exécution de leurs fonctions.

La cause de cette crise est notre impuissance face aux contradictions opposant la démocratie et une administration rationnelle : des contradictions qui ont donné lieu à l'émasculation de la première, qu'il s'agisse des assemblées élues ou des bureaux ministériels. Cependant le problème n'est pas aussi simple qu'on veut bien le croire. Après tout, l'association d'un gouvernement démocratique et d'une administration rationnelle a amélioré l'équilibre social pendant deux siècles. En cours de route, cependant, cette coalition a perdu progressivement le sens de ses motivations ou de la méthode à employer. Il en a résulté une inversion des rôles. L'administration s'est imposée comme un objectif en soi et le leadership démocratique s'est senti obligé de suivre le mouvement. À l'orientation s'est substituée la méthodologie. Une valeur morale a été attribuée à des outils techniques tels que l'efficacité et la rapidité.

D'où un déclin de la fonction démocratique, réduite à un simple procédé, et une frustration croissante, pour ne pas parler de colère, parmi les représentants du peuple et leurs électeurs. Une frustration que des groupements d'intérêts exploitent de plus en plus – ce qu'au temps de Mussolini on aurait appelé des intérêts corporatifs. Le corporatisme se fonde sur l'idée que chaque groupe a son propre objectif, son organisation et son potentiel financier. Ces groupements d'intérêts nient la démocratie, elle-même dépendante de la contribution individuelle des citoyens. On estime généralement que la dernière guerre mondiale est venue à bout du corporatisme. Cependant, le vide croissant laissé par la démocratie a permis à ces groupements d'intérêts d'occuper une part de plus en plus importante des structures politiques occidentales, et cela au nom de l'électeur, frustré par l'État rationnel. Ainsi, sous couvert de rhétorique populaire, le système démocratique en est-il venu à servir des intérêts spécifiques. Au terme d'un extraordinaire abus de confiance, les électeurs ont entrepris, volontairement, de restituer les gains acquis au cours des deux derniers siècles aux groupements qui furent, pendant si longtemps, les principaux bénéficiaires d'une civilisation grossièrement inéquitable, ou à leurs équivalents modernes.

Il est difficile d'aborder ce problème d'une manière sensée tant que l'absolutisme des idéologies définit les paramètres du débat, comme c'est si souvent le cas dans une société rationnelle. Quand Max Weber eut fait de la bureaucratie une valeur autonome, au début du siècle, d'autres purent justifier par son contraire leur opposition à une société équitable. Le faux débat qui en a résulté a suscité un nombre croissant d'aberrations subversives, dans une civilisation qui souhaite rester démocratique. Ainsi, les leaders politiques ont régulièrement ménagé des zones tampons entre le système gouvernemental et eux-mêmes.

La plus déroutante de ces défenses intermédiaires est la prolifération des conseillers non élus, si nombreux de nos jours, et si puissants, qu'ils constituent de véritables gardes prétoriennes. Leur tâche consiste à accroître le pouvoir des ministres en augmentant leur indépendance vis-à-vis des représentants élus du peuple et du système administratif. Cependant, l'histoire l'a maintes fois démontré, le pouvoir laissé entre les mains des conseillers personnels de chefs de gouvernement, libres d'agir à leur guise, donne toujours lieu à des abus; l'essor de la bureaucratie fut largement motivé par la volonté d'éliminer ces abus.

Nous tenterons ici de mettre en relief un certain nombre de contradictions inhérentes à un gouvernement démocratique rationnel, afin d'en déterminer la cause. Ainsi, le développement des services publics est-il responsable du déclin de la véritable démocratie, comme l'affirme aujourd'hui la droite? Les classes politiques et bureaucratiques auraient-elles radicalement changé parce que l'altération de leurs pouvoirs attire des candidats d'un genre différent? Existe-t-il une alliance naturelle entre les méthodes démocratiques et bureaucratiques? Ou une tension naturelle qu'il convient de contrôler consciemment, à chaque instant? Ces questions, et d'autres encore, montrent que les grandes coalitions nationales placées sous le signe de la démocratie et de la raison se sont désintégrées. La seule manière de comprendre ce qu'il en reste est de provoquer un divorce de fait entre les idées et les méthodes qui, entremêlées, ont dénaturé notre société.

252

Après avoir fait, pendant un siècle, de grands pas vers la justice dans de nombreux domaines, les nations occidentales se résignent aujourd'hui à un recul général en la matière. Les pays membres de l'OCDE comptent 30 millions de chômeurs sans vraiment faire preuve d'initiative, comme s'il s'agissait d'une caractéristique inéluctable des sociétés modernes. L'essentiel de cette population inactive se compose de chômeurs chroniques. Les progrès réalisés dans le domaine de la lutte contre le chômage, aux États-Unis en particulier, reposent sur la création d'emplois partiels, précaires, rémunérés par un salaire minimum. En d'autres termes, par un retour au capitalisme non réformé du xixe siècle. À cela il faut ajouter une montée de l'analphabétisme sans précédent depuis la Première Guerre mondiale et une dégradation consternante de l'éducation publique.

En rendant les classes ouvrières européenne et nord-américaine pour ainsi dire obsolètes, par le biais de politiques sociales éclairées, nos sociétés ont fait une terrible découverte. Cela ne sert à rien d'éliminer les conditions de vie des classes laborieuses en intégrant celles-ci dans le reste de la communauté à moins d'éliminer aussi le besoin de cette catégorie sociale ou de changer d'attitude à son égard. L'une et l'autre de ces solutions requièrent une réorganisation de l'économie. Au lieu de tenter une politique systématique, nous nous sommes contentés de créer une toute nouvelle classe ouvrière. Dans des pays tels que l'Allemagne, la Suède, la France, cela s'est fait en encourageant l'immigration massive de ressortissants de pays du tiers monde. Cette immigration s'est faite dans de telles conditions que les nouveaux venus ont conservé un statut d'ouvriers dans le sens où on l'entendait au xixe siècle : ils n'ont généralement pas le droit de vote ni de citoyenneté, et sont souvent privés d'un accès permanent au système d'éducation ou de sécurité sociale en vigueur dans leur pays d'adoption.

Aux États-Unis, en dépit de la disparition des formes de racisme les plus virulentes et de l'émergence d'une petite bourgeoisie noire comportant certains hommes politiques à la carrière brillante, les Noirs ont vu se confirmer leur rôle de sous-classe laborieuse. En témoignent les statistiques sur le chômage, la santé, le taux de mortalité, l'éducation, la population pénitentiaire et le niveau de vie de ces familles. Ainsi, le taux de mortalité infantile parmi la population noire est plus de deux fois supérieur à celui des Blancs, et l'écart ne cesse de se creuser. Une deuxième sous-classe ouvrière est venue s'y ajouter, composée d'Hispaniques qui, en l'an 2000, constitueront le plus important groupe ethnique des États-Unis, soit 30 millions d'individus. Un grand nombre de ces immigrants alimentent un marché noir peu onéreux, aux normes d'emploi peu élevées, qui échappe à toute réglementation sociale. Ce marché parallèle a exercé de fortes pressions sur les économies des États du Sud, qui conservent de ce fait, ou retrouvent, des conditions d'avant Roosevelt.

D'où un mouvement d'industrialisation en provenance des États du Nord. Autre pression s'exerçant sur ce mode de concurrence réduite au dénominateur commun le plus bas : l'Amérique associe progressivement son économie à celle du Mexique, un pays qui fonctionne avec des conditions de travail rudimentaires et bon marché caractéristiques du tiers monde.

En Grande-Bretagne, une attitude similaire a donné lieu à la création de « poches » de nouveaux riches, contrebalancées par des groupes tout aussi importants de nouveaux pauvres. Ce retour à une société bipolaire, divisée en son milieu par un fossé, a été accéléré par le déclin général des services publics, tant sur le plan pratique – par exemple, les transports – que sur le plan social – les soins médicaux.

En d'autres termes, on a assisté à une destruction progressive de la notion de consensus social. Tout cela a été copieusement alimenté par un attachement servile à la conviction, d'ordre rationnel, qu'il existe des réponses absolues à toutes les questions et à tous les problèmes. Ces solutions ont été appliquées successivement d'une manière désordonnée et déroutante au cours des vingt dernières années. Dans le même temps, l'aptitude des gouvernements à assurer un développement économique a été gravement entravée par une dépendance grandissante vis-à-vis des industries de services indispensables à la croissance : un secteur dominé non par des articles complexes, tels que le *software*, mais par les biens de consommation et les services personnels au consommateur. Cet essor des services provoque une dépendance des économies occidentales vis-à-vis du secteur d'activité économique le plus instable qui soit, le premier à s'effondrer en cas de crise. Disons les choses autrement : les industries de services sont à l'économie ce que l'émission effrénée d'argent est à la stabilité monétaire. Ce sont deux formes d'inflation.

Ces preuves d'un déclin général contrastent nettement avec les mécanismes étatiques, qui n'ont jamais été aussi complexes. Ces derniers ont d'ailleurs atteint un niveau de complexité tel qu'ils sont désormais totalement incompréhensibles, non seulement pour le citoyen, mais encore pour la majorité de la classe politique. Cette dernière, par une forme de laxisme intellectuel et pratique, a accepté cette situation sous prétexte qu'il ne pouvait en être autrement. Le vide qui en a résulté en matière de leadership a permis à une espèce hystérique d'hommes politiques simplistes de s'emparer du pouvoir à grand renfort de truismes, de clichés et de chauvinisme – intellectuellement en deçà du chauvinisme manifesté au XVIII⁰ siècle pendant la fameuse affaire de l'oreille de Jenkins [1].

Dans son discours d'inauguration, le Président Bush évoqua avec emphase la perspective d'une Amérique plus douce et plus compatissante. Il déclara : « Nous savons ce qui marche : la Liberté. Nous savons ce qui est juste : la Liberté. Nous savons comment garantir à l'homme une existence plus équitable et plus prospère : par le marché libre, la liberté d'expression, des élections libres. » Personne ne rit de l'ordre absurde qu'il choisit de donner à ces trois formes de liberté. Les hommes de raison, qu'ils appartinssent au parti de l'opposition ou à celui du Président, aux médias ou aux universités, ne trouvèrent rien à dire.

Chaque mot, chaque concept de ces guerres de la démocratie et de la justice a été récupéré par ceux qui s'opposent traditionnellement à l'une et à l'autre, et qui cherchent les moyens de défaire ce qui a été réalisé. Le sens moral propre au xviiie siècle a été renversé. Le plus fort, c'est qu'il l'a été à l'aide de sa propre terminologie. Ainsi Bush peut-il donner la priorité aux marchés libres plutôt qu'aux hommes libres – comme si le droit de jongler avec des obligations hautement spéculatives était plus important que d'éliminer l'esclavage – et Reagan affirmer que Jefferson s'opposait à des gouvernements interventionnistes, ce qui reviendrait à dire que 40 millions d'Américains privés de couverture sociale ne concernent pas les autorités. Jefferson s'élevait contre certains aspects inutiles des gouvernements : ces organismes qui n'apportaient plus rien à la communauté. Il considérait le pouvoir politique comme un jeu de cartes limité. Les responsables devaient jouer prudemment, reprenant sans cesse d'anciennes cartes, en abattant de nouvelles, à mesure que certains problèmes étaient réglés et que de nouveaux surgissaient[2]. De nos jours, ceux qui briguent le pouvoir – et qui l'obtiennent souvent – recourent encore à cette terminologie du xviiie siècle, de la même façon que les télévangélistes utilisent l'Ancien Testament.

En confondant la méthode et le contenu, la structure et la morale, nous avons fabriqué une arme fatale susceptible d'être utilisée contre n'importe quelle société équitable. Aucun homme honnête ne peut se servir d'un système moderne pour créer et servir, avec autant de succès qu'un individu malhonnête, résolu à détruire et à se remplir les poches. La confusion morale qui en résulte ne saurait être imputée exclusivement à ceux qui se rendent coupables en profitant de la situation. Ces gens-là, leurs attitudes, sont le produit d'une méthode de raisonnement relevant désormais de la gériatrie. Les élites rationnelles, obsédées par la structure, ont fait preuve d'un autoritarisme croissant, se ralliant à un processus moderne de type administratif. Les citoyens s'estiment insultés et se sentent de plus en plus isolés. Ils cherchent celui qui jettera la pierre aux coupables en leur nom. N'importe quelle vieille pierre fera l'affaire ! Pour briser l'arrogance de ces hommes obscurs aux méthodes énigmatiques, inutile de donner dans la subtilité. La nouvelle droite et sa parodie des valeurs démocratiques ont constitué une arme grossière mais dévastatrice visant à punir les élites modernes. La nouvelle gauche, qui finira par arriver, pourrait fort bien se révéler tout aussi simpliste.

Et pourtant, quoi qu'on en dise, force est de reconnaître qu'il y a deux siècles, ou même soixante ans, les choses n'allaient vraiment pas fort. En comparaison, tout va plutôt bien de nos jours. Nous avons entrepris de châtier nos élites et de condamner le fonctionnement de notre société à cause de déficiences bien réelles. Mais dans quel contexte retrouvons-nous ces déficiences?

Prenons le cas de la santé publique. À la fin du XVIIᵉ siècle, Paris n'avait pas de système d'égout, ses rues étaient de gigantesques latrines pour 500 000 citadins. Les terrasses des Tuileries empestaient tellement que personne n'osait y aller, hormis pour se soulager.

La structure administrative moderne, alors toute récente, était limitée pour ainsi dire aux maîtres des requêtes. Ancêtres des ombudsmans, ces magistrats écoutaient les plaintes et requêtes adressées par les citoyens au monarque. Richelieu n'avait pas encore commencé à raser les murs de la ville avec l'idée de permettre un contrôle administratif central.

Cent cinquante ans plus tard, en 1844, la situation n'avait pour ainsi dire pas changé. Sur 912 000 Parisiens, 600 000 vivaient dans des taudis [3]. À Montfaucon, au nord de la ville, des transporteurs d'excréments faisaient du porte-à-porte toute la nuit et déchargeaient leurs cargaisons nauséabondes dans de grands marécages débordant de matières fécales. Des hommes passaient leur vie sur ces rives, pataugeant du matin jusqu'au soir en quête de quelque objet qu'ils pourraient vendre. À Lille, vers 1860, dans le quartier ouvrier de Saint-Sauveur, 95 % des enfants mouraient avant d'atteindre l'âge de cinq ans.

Les célèbres égouts de Paris furent construits sur une longue période dans la deuxième moitié du XIXᵉ siècle. De continuels atermoiements ralentirent l'exécution des travaux. Ils étaient dus en bonne partie à l'opposition farouche des propriétaires fonciers, qui refusaient de débourser la moindre somme pour faire installer des canalisations sanitaires dans leurs immeubles. En quelque sorte, ils s'apparentaient à la nouvelle droite d'aujourd'hui. En 1887, après une lutte publique féroce, le préfet de Paris, Poubelle, imposa à ces mêmes propriétaires les récipients qui portent son nom. Cette intervention gouvernementale sur le droit individuel de jeter ses détritus dans la rue – en réalité le droit de tout propriétaire foncier de ne pas laisser le choix à ses locataires – fit de Poubelle un « cryptosocialiste ». En 1900, les propriétaires se battaient toujours contre les obligations qui leur étaient imposées de relier leurs immeubles aux égouts municipaux et de coopérer au ramassage des ordures. En 1904, dans le XIᵉ arrondissement, seulement 2 000 des 11 000 immeubles que comptait ce quartier ouvrier avaient un système de canalisations. En 1910, un peu plus de la moitié des immeubles parisiens et 50 % seulement des villes françaises disposaient du tout-à-l'égout.

Des photographies de Marseille au début du siècle montrent d'énormes amas de détritus et d'excréments en plein milieu des rues. Les épidémies de choléra étaient fréquentes et faisaient des ravages dans la population. En 1954, Saint-Rémy-de-Provence s'équipait à son tour d'égouts : ce fut la dernière ville française à le faire.

L'installation progressive d'une bureaucratie compétente élimina cette saleté et les maladies. Les autorités publiques s'y employèrent, malgré la résistance des classes moyennes et supérieures. Le marché libre s'opposait à l'hygiène publique. Les riches aussi. Ainsi que les gens civilisés et la plupart des couches sociales cultivées. Voilà pourquoi il fallut un siècle pour accomplir ce qui aurait pu être fait en dix ans. En termes contemporains, l'économie de marché opposa une résistance farouche et inflexible à l'hygiène publique, à l'eau courante, au ramassage des ordures, ainsi qu'à une amélioration de la santé publique, dans la mesure où il s'agissait d'entreprises non lucratives qui imposaient des contraintes aux libertés individuelles. Ce sont là de simples vérités historiques, oubliées de nos jours.

En définitive, ce sont les propriétaires eux-mêmes, avec leur incroyable égoïsme, qui ont fait de Marx un chef de file. Si on évita une violente révolution sociale en Europe occidentale et en Amérique à la fin du XIXᵉ siècle et au début du XXᵉ, ce fut grâce au dévouement et à la réussite de la classe administrative, qui sauva les biens, les droits et les privilèges de ceux qui s'opposaient à ses réformes. Et cela en dépit du fait que ces fonctionnaires étaient fort mal payés, à peine soutenus par la classe politique et très mal vus – ils le sont encore aujourd'hui – par ceux qui contribuaient au financement de ces tâches.

Si la bataille menée, et remportée, était juste et populaire, comment les anciennes élites ont-elles réussi à convaincre un si grand nombre de citoyens que les fonctionnaires et les services qu'ils offraient devaient être méprisés? Ce phénomène s'explique en partie par une prise de conscience des élites de ce que la raison n'est qu'une méthode. Il ne fallut guère de temps aux adversaires de l'hygiène publique pour apprendre à utiliser les compétences adéquates, comme on apprend à manier une nouvelle arme. Plus précisement, les hommes de raison, comme les mandarins chinois, ont toujours loué leurs services. Étant donné la répartition actuelle des capitaux importants, la nouvelle argumentation rationnelle nous est désormais fournie par des fondations et des comités d'experts commandités par des entreprises. Deux siècles après les Encyclopédistes, leurs victimes s'emploient à payer pour que l'on couche sur le papier leur propre version de la vérité.

Les citoyens sont néanmoins surpris par l'aisance avec laquelle le mécanisme rationnel est utilisé afin d'accomplir exactement l'inverse de ce que les philosophes du XVIIIᵉ siècle avaient imaginé. Ce retournement a été facilité par une séparation naturelle entre les représentants élus et les élites administratives. Leur coopération se prolongea, par intermittence certes, pendant toute la fin du XIXᵉ siècle et au début du XXᵉ. Mais depuis vingt-cinq ans elle a cessé d'exister. Dans les meilleurs des cas, on assistait tout au plus à une alliance fragile qui nécessitait de mettre temporairement en sourdine des valeurs opposées et des origines sociales distinctes.

Le principal fil conducteur de la Raison a toujours été la création d'un homme nouveau, qui révolutionnerait le gouvernement des sociétés grâce à une méthode inédite. De cette révolution touchant au public comme au privé naîtrait une société équitable. Le contrôle démocratique ne faisait pas partie de l'équation. Et les principes moraux n'apparaissaient qu'indirectement, dans la mesure où un grand nombre de philosophes du XVIIIe siècle étaient persuadés que leurs structures rationnelles finiraient par libérer toute la force de la morale sur la place publique.

« Je crois sincèrement à l'existence d'un instinct moral », écrivait Jefferson en 1814, à l'époque où Napoléon continuait à sévir en Europe et où tout semblait être allé de travers. « J'estime que c'est le plus beau joyau qui orne la nature humaine [4]. » Une trentaine d'années auparavant, en 1787, Jefferson était ambassadeur à Paris. Dans les moments qui précédèrent le cataclysme, il fut le seul homme de raison à avoir mis ses idées en application pour réussir la révolution. C'est dans un tel climat qu'il écrivit à un jeune Américain :

> L'homme était destiné à vivre en société. Sa morale devait donc être façonnée à cette fin. Il était doté d'un sens du bien et du mal, relatif à cette réalité-là. [...] Le sens moral, ou conscience, fait autant partie de l'homme que sa jambe ou son bras. Tout être humain en est pourvu à des degrés divers, de même que chaque homme reçoit une force musculaire distincte. Ce sens moral peut être renforcé par l'exercice [5].

Dans ces propos, rien ne suggère que la raison et la morale soient liées. Quant aux nouveaux systèmes, tant américain que français, il s'agissait d'expériences. L'idée d'un gouvernement représentatif n'était pas considérée comme une prémisse, ni même recherchée. La raison devait fournir une méthode grâce à laquelle des élites nouvelles et convenablement formées donneraient naissance à une société meilleure. Il en résulterait une forme juste de gouvernement autoritaire. On attendait des hommes de pouvoir qu'ils exercent un contrôle sur eux-mêmes. Faute de quoi, le système se chargerait de limiter leur champ d'action.

La démocratie fut un participant inattendu venu rompre, d'une certaine manière, le cours des événements. Si les origines de la raison moderne étaient le fait d'hommes intéressés avant tout par l'usage du pouvoir, parmi lesquels un grand nombre de conseillers royaux ou pontificaux en quête de moyens de gouverner plus efficaces, celles de la démocratie remontaient aux « hommes libres » de l'Europe septentrionale, vivant de façon tribale dans des familles élargies. On ne sait pas grand-chose de cette période d'après le déclin de Rome. Cependant, dès le départ, le concept d'une association entre égaux marqua l'évolution de la démocratie. Les premières tentatives faites pour dépasser les liens de parenté donnèrent lieu à la création de « gildes » en Allemagne et en Scandinavie. Des prestations de serments et des banquets organisés dans un premier temps, ces rassemblements d'hommes libres évoluèrent rapidement vers des groupements d'entraide et de protection mutuelle. Dès le viiiᵉ siècle, ils se multiplièrent en Angleterre. Les premiers statuts de gildes conservés datent du début du xiᵉ siècle. Les membres de ces associations se juraient fidélité et fraternité : « Si l'un de nous erre, tous supporteront sa faute ; partageons tous ensemble le même lot. » Ainsi l'exprimait la Gilde de Cambridge.

Dès le xᵉ siècle, l'étape suivante se profilait : les assemblées de représentants apparurent peu à peu en Angleterre, avec des délégués auprès des chefs-lieux de comtés et des divisions administratives de comtés. Dans le reste de l'Europe, le même processus était en cours. En 1133, l'Aragon se dota de *cortes*; dès 1162, la Castille l'imitait.

Ces associations libres prirent de l'ampleur avant l'émergence des souverains européens. Elles représentaient une force importante. Progressivement, la nouvelle génération de monarques accapara tout le pouvoir, afin de le restituer fragment par fragment, comme s'il lui appartenait de le dispenser de façon arbitraire. En Europe, le concept d'hommes libres regroupés en associations libres fut continuellement battu en brèche par ces monarques. Charlemagne le premier s'employa à contrôler les gildes. En Angleterre, ces structures de base furent préservées. On considère souvent la Grande Charte de 1215 comme le symbole de la lutte opposant le roi aux barons. Il s'agissait effectivement des deux groupes disposant d'une puissance militaire, mais le litige concernait en réalité le statut de « tous les hommes libres », comme l'énonce clairement la Charte. Du reste, ce document définit leurs droits jusque dans les détails.

Ces conflits entre hommes libres et monarques éclatèrent bien avant que les gildes ne deviennent des corporations artisanales liées à des commerces spécifiques. Ces associations professionnelles n'abandonnèrent pas pour autant les principes des anciennes gildes. Elles continuèrent à véhiculer l'idée d'hommes libres au sein d'une association libre, et développèrent le concept d'obligation. Dans l'Europe du Nord païenne, les gildes étaient cimentées par des serments, ou contrats, fondés sur les obligations de l'individu vis-à-vis du groupe. Les devoirs des hommes libres s'étendaient au même rythme que ses droits. La notion de mérite y était implicitement contenue. L'homme libre devait mériter et préserver sa place au sein de l'association. Tandis que le cercle s'élargissait et que les assemblées représentatives se multipliaient, l'idée de méritocratie joua un rôle accru. L'homme choisi pour être délégué à la cour des comtés était théoriquement le meilleur candidat disponible, et pas seulement le doyen de l'assemblée ou le détenteur du rang héréditaire le plus élevé. Un maître artisan dans une corporation détenait cette position en raison de ses compétences.

Si la conversion de l'Europe du Nord au christianisme se produisit longtemps après la création de ces gildes, elle confirma néanmoins le concept d'hommes libres au sein d'associations libres. Le leitmotiv des prêtres n'était-il pas que tous les hommes étaient égaux devant Dieu ? Or, à l'instar des monarchies, l'Église entreprit de mettre en place des structures pyramidales complexes, destinées à exercer un contrôle sur la population. Le thème chrétien fondamental conserva pourtant toute sa force. Avec la Réforme, il fut repris sous une forme nouvelle, qui mettait l'accent sur les obligations morales et sociales des hommes égaux devant Dieu. Ce message renouvelé devait jouer un rôle majeur dans l'affirmation des droits démocratiques.

Au début du XVIIIe siècle, un grand nombre de philosophes français concentrèrent leur attention sur l'Angleterre, où ils découvrirent une « société équitable ». Ils l'interprétèrent comme la victoire d'un pouvoir étatique ordonné. En réalité, il s'agissait d'une forme de tribalisme hautement évolué qui, grâce à l'isolement de cette nation insulaire, n'avait pas été dévié pas des forces extérieures.

La démocratie émergea en différents points de l'Occident, sous l'instigation du bon sens, pour ainsi dire sans relation avec l'intellect. Elle est restée – et elle demeure toujours – un produit organique de la société, de même que le sens moral. Démocratie et sens moral ne sont ni structurels ni analytiques. Ils ne sont pas nés de la raison, pas plus qu'ils ne l'ont engendrée. Seul le temps pouvait montrer qu'un sens moral inné et une méritocratie de fait étaient, d'une certaine manière, en contradiction profonde avec des structures rationnelles et efficaces. L'homme libre ou le concept de gilde correspondaient à des versions primitives de la participation par le biais de la citoyenneté. Le concept rationnel revenait à une participation à travers l'appartenance à une élite.

L'idée qu'un gouvernement constitué de représentants élus puisse bénéficier des révolutions de la raison fut probablement une surprise pour les révolutionnaires, autant que pour les rois. En fait, ces nouvelles élites rationnelles résistèrent pied à pied à l'extension du droit de vote comme au principe de la participation démocratique. Elles parlaient de justice, mais définissaient le droit de participer au processus politique selon des critères très étroits tels que le privilège du savoir ou la propriété individuelle. De fait, les Américains durent attendre 1860 pour instaurer le suffrage universel, même pour les hommes de race blanche, soit près d'un siècle après la révolution. Les Suisses les devancèrent de douze ans. Le Danemark instaura le suffrage universel en 1866, puis la Norvège en 1898. Les autres élites modernes, y compris les Britanniques, résistèrent à cette tendance jusqu'en 1918 ou 1919; c'est-à-dire jusqu'à ce que le retour des armées, malmenées et aigries, de la première guerre rationnelle moderne, les oblige à céder.

Le langage moderne ne nous donne pas les moyens d'établir une distinction entre méritocratie et compétence. Ces deux idées sont confondues, alors qu'elles sont en réalité en totale opposition. Quelles que soient ses défaillances, la méritocratie se fonde sur des hypothèses larges et extensibles. Elles impliquent la générosité, même si cette présomption est souvent trahie. En revanche, l'hypothèse de la compétence et du savoir spécialisé est d'inspiration élitiste. Elle suppose un degré de supériorité et la possession priviligiée de réponses. Elle favorise les barrières sociales et l'exclusion politique. On croyait qu'une méritocratie pouvait être étendue grâce à une simple redéfinition de la citoyenneté, génératrice de pressions continues en faveur de la démocratie. Or les tendances naturellement protectionnistes des élites rationnelles résistèrent à ces pressions. Elles continuent à saper les avancées de la démocratie.

Seule la France échappa à l'interminable bataille qui devait aboutir au droit de vote octroyé à tous les citoyens. Dès l'instant où l'idée républicaine fut au pouvoir (1792), le suffrage universel – qui excluait les femmes – fut l'une des caractéristiques requises. En conséquence, il apparu et disparu tour à tour, au fil des révolutions et des coups d'État. Le message sous-jacent, que les élites rationnelles purent renforcer en suggérant cependant qu'elles désapprouvaient le processus démocratique, était que la notion de démocratie impliquait une instabilité et des visées politiques intéressées. Sous la IIIe et la IVe République, cette dissociation s'amplifia, au point de devenir une sorte de fond sonore à la vie nationale. Quant à l'administration rationnelle – qu'il s'agît d'une dictature, d'un leadership autoritaire mais progressiste ou d'un management bureaucratique puissant –, il fallait l'associer à un gouvernement équitable, efficace et sensible. Les deux régimes napoléoniens et celui de Louis-Philippe n'en avaient-ils pas très tôt donné la preuve?

Jamais aucune nation occidentale n'a fait publiquement la lumière sur l'antagonisme opposant les nouvelles élites au processus démocratique. Dès la fin du XVIIIe siècle, le représentant élu était superflu dans un monde où le savoir et les compétences passaient pour des garants de la vérité. Pourtant, à première vue, on n'a pas cette impression. Les constitutions proclament le règne de la volonté populaire en garantissant aux assemblées élues des pouvoirs décisionnels. Dans certains pays – ceux qui furent à l'origine sous tutelle britannique, ainsi qu'en Italie et en Allemagne –, les parlements jouissent d'un pouvoir judiciaire pour ainsi dire absolu. Ailleurs, notamment aux États-Unis et en France, le pouvoir est divisé entre l'exécutif, les tribunaux et les assemblées, même si ces dernières ont légalement le dernier mot dans le processus de décision. En d'autres termes, le représentant du peuple a été incorporé au cœur de la machine gouvernementale en tant qu'arbitre suprême, entre l'exécutif et l'administration experte d'une part, et le peuple de l'autre.

Au début cependant, les responsables chargés du pouvoir effectif – les membres de l'exécutif, les élites administratives et les tribunaux – jugeaient la présence du représentant du peuple agaçante et injustifiée. Si on leur en donnait l'occasion, ils s'arrangeaient pour la rendre sans fondement. Le régime napoléonien en donna la preuve de bonne heure, lorsque les forces du pouvoir, efficaces, compétentes et héroïques, balayèrent les responsabilités naissantes des représentants élus. Quand Napoléon enleva au peuple ses pouvoirs démocratiques, il n'y eut guère de protestations des juristes, des ingénieurs, des scientifiques, des militaires, des fonctionnaires. Ils ne remirent pas en cause son obsession de l'éducation et de l'organisation des nouvelles élites, qui allait de pair avec son indifférence pour l'éducation des masses. Ainsi, l'alliance entre un exécutif autoritaire de tendance populiste et un groupe d'experts efficace élimina le temps perdu avec les assemblées élues. À quelques exceptions près – Chateaubriand et Mme de Staël notamment –, les intellectuels gardèrent un silence obstiné. N'avaient-ils pas eux-mêmes formulé l'idée de l'État rationnel?

Ensuite, après chaque coup d'État, les élites rationnelles s'empressèrent de servir les hommes du pouvoir comme Louis-Philippe ou Napoléon III. Ces régimes se consacrèrent au développement d'infrastructures commerciales et industrielles, à la modernisation des villes et à la construction de systèmes de transport. En toute impartialité, il faut reconnaître que le régime de Louis-Philippe, propice à la classe moyenne, réforma l'éducation de manière à en faire profiter une tranche plus large de la population. Cependant, les priorités de ces gouvernements étaient ailleurs : pour Napoléon III il y avait la reconstruction de Paris sous l'égide du baron Georges Haussmann, préfet et planificateur. Voilà le meilleur exemple de ce nouveau phénomène qu'était une élite autoritaire. Pendant dix-sept ans, 100 000 ouvriers démolirent le cœur du Paris médiéval et le remplacèrent par un réseau de larges avenues au tracé rectiligne. Des milliers d'architectes, d'ingénieurs, d'administrateurs publics, de sociétés, de banquiers, de spéculateurs, s'y employèrent à plein temps. Des immeubles imposants et solides se substituèrent aux taudis. Les nouveaux systèmes d'égouts et de distribution d'eau potable, parties intégrantes de ces améliorations, mirent fin aux épidémies de choléra. Cette vaste entreprise d'assainissement entraîna la démolition de 27 500 maisons, les familles évacuées se trouvèrent dans l'obligation de se débrouiller toutes seules. Ce n'était pas seulement un problème temporaire : les immeubles d'Haussmann n'étaient pas destinés à la population défavorisée mais aux nouvelles élites de la classe moyenne, qui s'identifiaient au régime et en profitaient. Les gens démunis se réfugièrent dans les quartiers miséreux et abandonnés, à la périphérie de la ville. Ils constituèrent alors la ceinture rouge de Paris, bastion communiste pour les cent ans à venir [6].

Il faut souligner que les structures étatiques, les pouvoirs et les bénéfices acquis par les élites demeurèrent parfaitement intacts au retour de la démocratie, en 1871. C'est là une règle générale maintes fois confirmée, dans tous les pays, depuis deux siècles.

La grandeur impériale et le désir de modernisation suscitèrent les travaux de reconstruction de Paris et les évictions sans précédent qui les accompagnèrent. Ainsi s'affirma la brutalité du pouvoir politique : les larges avenues et les boulevards, conçus pour les charges de cavalerie et les coups de canon, taillaient dans le vif les « garennes » régulièrement agitées de révoltes populaires difficiles à contenir. Dans ses romans,

Émile Zola décrit la misère de la ville sous le Second Empire, il y a un peu plus d'un siècle. Cette scène tirée de *L'Argent*, qui se déroule en 1867 au nord de Paris, dans les bas quartiers envahis par les délogés, en est une bonne illustration.

> Le cœur serré, Mme Caroline examinait la cour, un terrain ravagé, que les ordures accumulées transformaient en un cloaque. On jetait tout là, il n'y avait ni fosse ni puisard, c'était un fumier sans cesse accru, empoisonnant l'air... D'un pied inquiet, elle cherchait à éviter les débris de légumes et les os, en promenant ses regards aux deux bords, sur les habitations, des sortes de tanières sans nom, des rez-de-chaussée effondrés à demi, masures en ruine consolidées avec les matériaux les plus hétéroclites. Plusieurs étaient simplement couvertes de papier goudronné. Beaucoup n'avaient pas de porte, laissaient entrevoir des trous noirs de cave, d'où sortait une haleine nauséabonde de misère. Des familles de huit et dix personnes s'entassaient dans ces charniers, sans même avoir un lit souvent, les hommes, les femmes, les enfants en tas, se pourrissant les uns les autres, comme les fruits gâtés, livrés dès la petite enfance à l'instinctive luxure par la plus monstrueuse des promiscuités [7].

Cependant, cette alliance du pouvoir autoritaire et des élites rationnelles n'était pas limitée à la France. La tendance napoléonienne – de l'époque Napoléon Ier – se propagea dans toute l'Europe sous une forme similaire. Partout on tirait parti des aspirations populistes pour renverser des régimes fatigués : en Italie, en Allemagne... Les nouvelles élites de Trieste et d'Udine accueillirent ce changement avec le même enthousiasme que leurs homologues françaises. Quand l'aspect autoritaire du pouvoir apparut, elles n'en continuèrent pas moins de collaborer, pour la bonne raison que les programmes de construction, d'organisation et d'éducation étaient déjà en cours. Qu'une partie importante de la Grande Armée napoléonienne – celle qui fut décimée dans les neiges russes – ne fût pas française devrait apparaître comme le signe du statut quasi religieux attribué à l'organisation moderne.

Cette alliance se développa et s'étendit tout au long du xixe siècle. Elle se manifestait de façon flagrante chaque fois qu'un exécutif autoritaire l'emportait sur la démocratie incarnée par les représentants du peuple. Après avoir renvoyé Bismarck en 1890, le Kaiser Guillaume II retira effectivement tout pouvoir aux assemblées responsables. Pendant une vingtaine d'années encore, il consacra ses efforts à la construction d'un empire, d'une économie et d'une force militaire, avec la coopération totale de structures administratives et sociales très avancées.

Mussolini accéda au pouvoir en 1922 en menaçant une démocratie affaiblie. Dès 1928, il avait éliminé les partis politiques italiens. Pendant les quelque vingt années de sa dictature, les élites administratives et économiques firent marcher rondement la machine de l'État. Conformément au cliché fasciste, elles étaient satisfaites d'obtenir que les trains arrivent à l'heure.

Il en fut de même de l'Allemagne nazie. Albert Speer, ministre de l'Armement sous Hitler, le décrivit d'une manière fort convaincante dans ses mémoires. Notons le mal qu'il se donna pour se représenter lui-même, ainsi que les autres technocrates, comme des victimes du système : « La technologie prive toujours davantage l'humanité de sa responsabilité vis-à-vis d'elle-même [8]. » En d'autres termes, il s'efforçait d'éliminer de ses actions l'élément du choix moral.

Le mouvement de collaboration des élites techniques et bureaucratiques françaises entre 1940 et 1944 a fait couler beaucoup d'encre. En réalité, si la Grande-Bretagne avait été occupée après 1940, rien hormis son chauvinisme ne suggère que la réaction anglaise eût été différente.

Dans tous ces cas, on aurait tort d'invoquer comme motivation première un engagement idéologique spécifique vis-à-vis du pouvoir autoritaire concerné, ou un manque de courage. Appartenir à une élite nationale, c'était servir l'État, et l'État englobait pêle-mêle, dans sa mythologie, fonctionnaires, industriels, directeurs de banque, juges et scientifiques. Dans de telles circonstances, il faut être fou pour se lancer dans l'opposition. Longtemps avant 1939, la plupart des chefs de la résistance française avaient déjà manifesté les signes de ce qu'un homme rationnel appellerait un « comportement singulier ».

Quant au représentant élu, pour les nouveaux experts, où qu'ils soient, il passait pour un homme cupide, intéressé, lunatique et capable de faire appel aux sentiments les plus vils du peuple afin de prolonger son mandat. Cette attitude était implicite dans l'argumentation rationnelle. La référence de Francis Bacon à « une politique dépravée » ou, un peu plus tard, celle d'Adam Smith évoquant « cet animal insidieux et rusé vulgairement appelé homme d'État ou politicien », ont valeur de truismes chez les administrateurs et les experts du xxᵉ siècle. De sorte que, chaque fois qu'on a assisté à une renaissance de la coalition technocratico-napoléonienne – cela s'est produit de nombreuses fois au cours des cent cinquante dernières années –, les experts n'ont pas eu l'air de trouver cette alliance particulièrement dérangeante.

Ces différents épisodes et les pouvoirs gouvernementaux rendus nécessaires dans des pays menacés par des émules de Napoléon ont favorisé la religion administrative, avec sa foi en la rapidité et l'efficacité. Elle a continué à se développer et à se renforcer, au point que les structures étatiques ont réduit les représentants du peuple et leurs parlements aux fonctions qui leur étaient dévolues avant l'Âge de la Raison : celui d'organes consultatifs destinés à faire office de soupapes, sans intervenir de façon régulière. Certes, ces assemblées se réunissent plus souvent qu'au xviiᵉ siècle, et sont traitées avec déférence. En période de crise, elles jouent parfois un rôle vital. Mais cela n'est pas nouveau. L'exécutif moderne, comme le monarque avant lui, doit se tourner vers le Parlement quand le navire de l'État est en péril. À première vue, le Congrès américain a échappé à ce type de déclin ; mais ses pouvoirs ont toujours été intentionnellement plus politiques que décisionnels, à portée immédiate plutôt qu'à long terme, négatifs plus que créatifs.

Dans ce contexte historique, il n'est pas surprenant que les structures rationnelles, les convictions morales et le gouvernement représentatif se soient amalgamés pour ne faire plus qu'un dans l'esprit des gens. Ou que de nos jours, où les structures règnent souverainement, l'homme ait totalement perdu le sens du bien et du mal. Ou encore que la démocratie en Occident, après avoir connu un essor progressif pendant plus de cent cinquante ans, soit aujourd'hui en plein déclin. Certes, il n'y a pas moins d'élections, d'hommes politiques ou de débats politiques qu'auparavant. Bien au contraire : les nations industrialisées n'ont jamais connu autant de campagnes électorales, de votes et de débats politiques. Cependant, l'impact direct des vœux du citoyen sur les orientations du gouvernement et l'administration est extrêmement faible. Les parlements sont devenus des cirques pittoresques. Lorsqu'ils se hasardent à exercer une forme de pouvoir, c'est de plus en plus au nom de groupes de pression dont ils sont l'instrument public.

Rien de tout cela n'aurait été possible si les gens eux-mêmes ne s'étaient pas laissé séduire par la religion de la raison. Dès qu'ils eurent admis la valeur irréfutable de notions telles que la compétence, la gestion, l'efficacité, ils ne purent s'empêcher de considérer les assemblées – pourtant élues par eux – comme des rassemblements désuets de bavards inefficaces. Les bons citoyens n'aspirent plus à y siéger comme auparavant. Les gens ont pris l'habitude de regarder leurs ministres courir en tous sens, écartelés, tels des schizophrènes, entre leur rôle d'administrateur et celui de star. En tant qu'administrateurs, ils tentent de s'assimiler aux bureaucrates afin de démontrer que l'action rationnelle est le résultat du processus démocratique. D'un saut périlleux toujours plus audacieux, ils reviennent s'installer sous les feux de la rampe, pour y jouer une politique ultra-personnalisée. Ils apprennent à mettre en valeur leur apparence, la blancheur de leurs dents, leurs capacités sportives, l'amour qu'il portent à leur épouse, leurs enfants en parfaite santé. Désignés par le peuple pour assumer la politique et gouverner, ils passent de tentatives d'administration bureaucratique à des étalages de « personnalité » gênants et déplacés. Avec le temps, les nouvelles visées politiques qu'ils ont apportées au pouvoir s'estompent progressivement.

Examinons l'exemple simple de l'hygiène publique : la coalition triangulaire du sens moral, de la démocratie et de la structure rationnelle a mis du temps à s'imposer face aux intérêts égoïstes du pouvoir arbitraire. Des décennies de révolutions, de coups d'État, de grèves paralysantes, de violence et de guerres civiles témoignent des difficultés de ce processus. À chaque victoire, les nouvelles structures consolidaient leurs défenses et emmagasinaient de nouvelles armes en vue de l'étape suivante. Malgré cela, il a fallu attendre que les tueries de la guerre de 1914-1918 détruisent la confiance dans les anciennes croyances et que la révolution russe ait semé la terreur dans les esprits les plus rétrogrades pour que des hommes politiques et des fonctionnaires envisagent sérieusement de mettre en place leur nouvelle utopie. Dès lors, tout alla très vite. Si vite que personne ne remarqua la désintégration de la coalition triangulaire.

L'idée que les normes morales, la démocratie et l'action rationnelle formaient une sainte trinité est restée largement admise tant que les fonctionnaires ont constitué une classe distincte des politiques, les uns et les autres apportant des compétences différentes au processus de réforme. Des hommes d'origines sociales diverses avaient réussi à s'intégrer au processus politique, à tous les niveaux, alors que les bureaucraties du monde occidental étaient pleines d'individus relativement semblables, issus des classes moyennes. La fonction publique représentait un espace paisible, presque altruiste, d'où on pouvait faire son chemin dans la société. Les hommes politiques, eux, se retrouvaient sur un marché rendu frénétique par les ambitions idéologiques et financières, à la recherche de la bonne manière de convaincre les citoyens d'accepter leurs choix, sans réfléchir à la façon dont il faudrait procéder.

Cette situation changea bientôt. À mesure que les bureaucrates consolidaient le pouvoir que leur conféraient un gouvernement responsable et des initiatives sociales, ils attirèrent dans leur cercle des gens beaucoup plus ambitieux. Une fois en place, le système rationnel ne manqua pas de séduire un nombre accru de candidats, moins intéressés par les idées politiques que par les structures – ou plus exactement par la gestion, le contrôle, la manipulation de ces structures, et l'acquisition d'un pouvoir substantiel.

En peu de temps, ces structures politiques se généralisèrent, à l'image de l'Église à l'apogée du christianisme en Europe. Elles garantissaient à la population une stabilité que l'on n'avait pas connue depuis l'Empire romain. Dans certains pays, les enfants se mettaient debout exactement au même moment pour entonner l'hymne national. Ailleurs, ils faisaient la même dictée ou apprenaient la même leçon d'histoire le même jour, à la même heure, probablement à la même minute, dans tous les villages, villes et métropoles. Les déclarations d'impôts étaient rédigées sur des formulaires standard. On abattait les animaux conformément à des normes nationales. Les barrières provinciales furent démantelées et – à l'exception de quelques cas particuliers, comme le Canada et l'Australie – disparurent totalement.

L'illettrisme reculait, on finançait des programmes sociaux et on ne vendait plus de viande avariée sur les marchés. Selon des critères objectifs et impartiaux, l'Occident devenait plus agréable à vivre. Une multitude de programmes furent lancés à la faveur d'une vague de réformes longtemps contenue, et finalement libérée, au point de se propager jusqu'au-delà des frontières.

Cependant, le succès même de cette réforme favorisa les bureaucrates dotés de talents de managers, tout en bloquant la voie à ceux qui proposaient des idées et un engagement véritable. Dès le début des années soixante, les managers donnaient le pas. Il semblait que cela constituât un aboutissement plutôt qu'une trahison de l'idée de gouvernement rationnel. La structure tenait désormais debout toute seule, pour ainsi dire affranchie de toute contrainte politique, par son ampleur même, sa complexité et son professionnalisme. Dans une organisation aussi complexe, le sens moral n'avait plus sa place. On partait du principe, vieux de deux siècles, qu'être rationnel était en soi être moral. Quant au processus démocratique, il paraissait de plus en plus inefficace et dénué de professionnalisme. Débattre de politique d'une manière ouverte et éclectique était jugé tape-à-l'œil, embarrassant, voire prétentieux. Une analyse professionnelle constitue logiquement le moyen le plus approprié pour dégager les orientations politiques à suivre. En revanche, les amateurs faisaient preuve d'une certaine superficialité, d'émotions déplacées et d'ambitions suspectes.

Les serviteurs de l'État étaient désormais confrontés au problème qu'avaient connu les jésuites après la mort de Loyola. Ils avaient fait serment de pauvreté et d'humilité – ou du moins ce qui leur correspondait à l'époque moderne : si vous vouliez devenir riche et célèbre, il fallait vous lancer dans les affaires ou dans la politique. Il n'en était pas moins vrai que les fonctionnaires possédaient le pouvoir et travaillaient aux côtés des puissants. Comme dans le cas des jésuites, l'humilité était appelée à disparaître dans la vague déferlante du succès. Bientôt, les hauts fonctionnaires furent mieux payés que les hommes politiques. Dans les entreprises publiques, les postes clés étaient rémunérés selon les barèmes industriels, de façon à s'assurer la « qualité » de ce secteur. Ainsi les bureaucrates évoluant à la périphérie du pouvoir percevaient-ils des salaires supérieurs à ceux qui se situaient au cœur du pouvoir, eux-mêmes payés davantage que leurs maîtres politiques. Comme dans le cas des jésuites, l'ordre était riche et ses membres vivaient en son sein. Même si les bureaucrates ne profitaient pas de fonds appartenant à d'autres, en administrant cet énorme système, un haut fonctionnaire pouvait s'offrir une existence aisée, voire luxueuse. Il voyageait, mangeait, donnait des ordres, comme seul un homme riche l'aurait fait quelques années auparavant.

Parallèlement, les gens en venaient à penser que les bureaucraties gouvernementales ne remplissaient pas leur office. D'interminables récits d'inefficacité et d'indolence occupaient désormais une partie des débats publics. Il y eut la banale clé anglaise que le Pentagone paya des milliers de dollars. La petite Britannique renvoyée chez des parents qui la maltraitaient par une assistante sociale de la fonction publique et que ses parents battirent à mort; après enquête, l'assistante sociale fut disculpée grâce à l'appui des autorités locales. Citons encore les 5 000 Canadiens inscrits au chômage qui, lors d'une grève des postes, ne se présentèrent pas en personne pour retirer leur chèque, démontrant ainsi que leurs noms avaient été inventés. Ces histoires vont du tragique au grandiose. Ce fut par exemple le ministère des Finances britannique et non le chancelier de l'Échiquier lui-même qui parvint à maintenir la Grande-Bretagne hors du serpent monétaire européen quand ce système fut initialement mis sur pied.

Certes, la somme totale de ces défaillances est dérisoire, comparée aux dimensions de l'État moderne. Mais chaque incident fait office de drapeau rouge, éloignant encore la population des fonctionnaires et stimulant la quête d'une structure toujours plus complexe, censée éliminer tout risque d'erreur.

Combien de fois de nouveaux ministres, contrariés par ces difficultés institutionnelles, se sont éperdument lancés à la conquête de leur département ministériel? Ils s'efforcent de dominer la machine, de la comprendre, pour qu'elle fonctionne mieux, pour qu'elle réagisse au moindre souhait du public. Ils se plongent assidûment dans l'étude des organigrammes, des projets de programmes, des normes d'embauche, des circuits d'informations. Ils sont déterminés à maîtriser le processus en s'y intégrant personnellement. À la fin de leur longue journée de travail, ils sont physiquement et mentalement épuisés.

Faut-il préciser que, dans ces circonstances, le ministre en question n'a plus un instant à lui pour réfléchir à la politique qu'il entend mener ou à sa mise en œuvre? Cependant, le jeu administratif n'est pas sans attraits : à défaut de réflexion, la journée est remplie par une fébrilité dont il ne peut bientôt plus se passer. Le ministre en conclut qu'il gère un organisme important. Il s'identifie avec ses employés les plus compétents. Il devient ce qu'on appelle un « bon ministre » – ce qui signifie aujourd'hui qu'il est bon pour son ministère. Il finit par occuper des fonctions honorifiques de vice-ministre. Il devient une sorte de sous-secrétaire superfétatoire.

Cette bureaucratisation des ministres est tellement répandue désormais que, en France, ce sont les bureaucrates qui deviennent ministres, complétant ainsi l'unité de la structure rationnelle. En réalité, il n'existe qu'une seule classe gouvernante véritable, au niveau politique et bureaucratique, et c'est surtout l'École nationale d'administration qui permet de s'y intégrer.

Partout, le public, la plupart des hommes politiques, ont accepté le critère « administratif » comme le plus indiqué pour juger les ministres. Cependant, une heure passée en compagnie d'un de ces ministres, quel qu'il soit, suffit à démontrer l'effet de ce système sur sa capacité de raisonner. Son bureau est submergé par une montagne de paperasserie, constituée par toutes sortes de notes et de dossiers. Quand il aura tout lu, ces documents seront remplacés par d'autres. Il est tenu de signer quantité de mémos et un courrier abondant. Par sa signature, il prend personnellement la responsabilité de la moindre pompe à essence dans le pays. Des délégués, des sous-secrétaires, des fondés de pouvoir, des conseillers, des assistants entrent à tout instant dans son bureau, pour lui demander conseil à propos d'une marée noire survenue au large de la côte Ouest, réclamer des subventions pour la troupe de danse moderne de l'East Side, savoir comment cacher au public l'évasion d'un criminel libéré sur parole. N'ayant pas un moment pour réfléchir, un « bon » ministre se voit en outre dans l'obligation de défendre ses subalternes.

Sans doute serait-il avisé de ne pas essayer de comprendre jusque dans le détail les activités des employés de son ministère ? Peut-être devrait-il renoncer à administrer son département et passer moins de temps dans son bureau ? Il ferait sans doute mieux de garder ses distances vis-à-vis de son ministère, afin que le travail de ses employés puisse être jugé selon les résultats obtenus. Cela risquerait de coûter cher à un certain nombre de fonctionnaires, mais les plus capables en bénéficieraient sans aucun doute. Le ministre n'a peut-être pas la réponse à toutes les questions sur le bout de la langue. Au fond, est-ce si grave que cela ? Libéré de ce contrôle, il disposerait de plus de temps et serait plus souvent dans l'état d'esprit nécessaire pour réfléchir à la politique qu'il entend mener. En d'autres termes, il faut peut-être se demander si, dans la mesure où l'homme politique et le bureaucrate ont des responsabilités distinctes, ils ne s'en sortiraient pas mieux, l'un et l'autre, s'ils faisaient chacun leur travail en maintenant une certaine distance entre eux.

Au lieu de cela, la cooptation des ministres par leur département fait désormais partie de la norme. À telle enseigne que la fonction ministérielle a perdu l'essentiel de son pouvoir. Avec ce pouvoir s'est également volatilisé le rôle essentiel des débats dans le gouvernement et, partant, le pouvoir du gouvernement lui-même, dans les démocraties parlementaires et exécutives. Or tout cela s'est produit sans que la classe politique ait admis publiquement qu'il y avait eu changement.

En réaction à cette paralysie ministérielle, les hommes politiques ont mis au point deux instruments de gouvernement. Un réseau de commissions interministérielles, tout d'abord, destiné à augmenter les flux d'informations, les délibérations et l'efficacité en général. Ce réseau est censé aider les débats politiques à franchir les obstacles des bureaucraties ministérielles. Le deuxième outil est l'augmentation formidable du nombre de conseillers opérant dans l'entourage direct du chef de l'État. Ces conseillers proviennent généralement de l'extérieur ; ils assument les responsabilités politiques censées incomber aux ministres. Ils n'appartiennent pas à proprement parler à la hiérarchie et ne sont pas responsables sur le plan juridique. Ils se contentent de conseiller le président ou le Premier ministre, en matière de politique étrangère par exemple. Tout le monde sait que, dans ce domaine, seul le conseiller peut intervenir à tout moment auprès du président. Tout le monde comprend alors que des idées peuvent être exposées et des problèmes résolus en traitant directement avec lui, en court-circuitant le ministre concerné et son département.

Ces deux instruments du pouvoir ont profondément altéré la nature du gouvernement représentatif. Ils se sont pourtant imposés sans qu'il y ait eu de débat public sur la question et sans changement constitutionnel. Nous prétendons être gouvernés d'une manière légale. Mais il en va tout autrement.

Les commissions interministérielles tentent de régler des problèmes d'ordre structurel en imposant d'autres structures. Il existe désormais des commissions gouvernementales regroupant en petits comités des ministres pour traiter de tel ou tel sujet particulier. L'idée est de confronter en un espace restreint tous les aspects d'une nouvelle orientation politique importante. Cela devrait permettre des débats approfondis et utiles, en évitant la lourdeur de réunions gouvernementales au grand complet. Les rivalités entre ministères devraient ainsi être éliminées. Dans la plupart des pays, on trouve une bonne douzaine de commissions semblables qui concentrent leur activité sur des secteurs tels que le développement économique, la sécurité ou la politique sociale. On trouve aussi une commission théoriquement toute-puissante, baptisée par exemple Conseil national de sécurité. La plupart de ces commissions disposent d'un secrétariat permanent. Cela leur donne la cohérence nécessaire pour doubler le cabinet lui-même, en répartissant différemment les responsabilités gouvernementales.

Ces commissions sont censées libérer les ministres des contraintes bureaucratiques de leur département, pour leur permettre de réfléchir et d'agir à leur aise. En déplaçant la politique depuis les intérêts généraux du gouvernement aux intérêts spécialisés d'une commission, on a transféré le débat du cadre des priorités politiques, sociales et éthiques, à celui des compétences ultra-spécifiques. Or c'est précisément dans ces domaines que les directeurs généraux, les secrétaires généraux et les vice-ministres éclipsent systématiquement les ministres.

En Grande-Bretagne, le ministre arrive à la commission briefé par ses fonctionnaires, portant sous le bras les épais dossiers de son département et accompagné d'au moins un de ses bureaucrates – celui qui connaît le mieux le sujet à l'ordre du jour. Cet expert est là pour lui souffler ce qu'il doit dire. Les résultats d'une telle procédure sont si évidents que la relation ministre-fonctionnaire a inspiré une série télévisée humoristique à grand succès intitulée *Yes, Minister*. Au Canada, l'expert en question est même autorisé à participer aux débats ministériels. De toute façon, avant même que les ministres aient pénétré dans la salle de conférence, les fonctionnaires des départements intéressés se sont déjà réunis à des échelons inférieurs, afin de régler la question.

Dans ces débats ministériels conçus de façon à privilégier les compétences techniques, les ministres se trouvent sérieusement désavantagés. La politique à suivre a déjà été définie conformément aux priorités administratives. Les décisions prises par les commissions peuvent alors être présentées au gouvernement réuni au grand complet, assorties d'une recommandation. Les ministres concernés, plutôt mieux informés en la matière que leurs collègues, parleront d'une seule voix aux participants non spécialisés. Ce serait un suicide, pour un ministre non compétent, que de se hasarder à tenir des propos contraires à la recommandation de la commission. Un ministre inexpérimenté pourrait invoquer des arguments de principe, d'ordre moral ou de bon sens. Autant d'éléments suspects à la vérité rationnelle. En agissant de la sorte, il risquerait de provoquer d'emblée une opposition sérieuse à ses futures initiatives politiques. Ainsi, les décisions des commissions interministérielles, fondamentalement bureaucratiques, sont-elles contraires aux pouvoirs de décision relevant de l'ensemble du gouvernement. Elles affaiblissent encore le gouvernement. On se rend compte à quel point les décisions des commissions ministérielles traduisent l'interventionnisme de la fonction publique quand on sait qu'il existe des douzaines de commissions techniques, chargées de préparer les décisions prétendument prises au sein des commissions interministérielles. On voit où mène cette restructuration si on considère la Grande-Bretagne, où l'existence même de ces commissions est tenue secrète, de même que l'appartenance de quelqu'un à l'une ou l'autre d'entre elles. Le niveau primaire – et essentiel – du processus de décision gouvernemental est devenu totalement invisible.

À cet égard, les États-Unis se distinguent par le fait que le cabinet n'a pas à rendre de comptes aux électeurs. Sous la présidence de Kennedy, les attributions du conseil de cabinet furent reprises pour la première fois par le Conseil national de sécurité. Puis elles furent perverties par ses fonctionnaires quand Henry Kissinger devint conseiller du Président, assumant la direction réelle de la fonction publique. Les sous-commissions du Conseil fonctionnent à peu près de la même façon que les commissions gouvernementales. Là encore, si le conseiller sait s'imposer nettement, la nature officieuse de cette structure administrative lui donne une mainmise encore plus large – qui devrait pourtant relever théoriquement du pouvoir politique.

Au-delà de ces structures parallèles, il existe une infinité de commissions panacées pour remettre les bureaucraties irresponsables au diapason des objectifs politiques. Aux systèmes de planification, de programmation, de budgétisation (PPBS) ont succédé des enquêtes sur les dépenses publiques, sans parler d'analyses et de révisions de la politique, de directions par objectifs, de budgets à base zéro, d'enveloppes budgétaires [9].

Aucune de ces commissions, de cabinet ou autre, n'a réussi à accomplir ce pour quoi elle fut créée. Pas une seule n'a donné un nouvel élan au gouvernement. Elles n'ont fait qu'en alourdir les rouages. Beaverbrook déclarait pendant la Seconde Guerre mondiale : « Les commissions sont l'ennemi de la production. »

Autre instrument utilisé par les leaders politiques pour réactiver leurs structures gouvernementales enlisées : le conseiller personnel. Ces individus occupent l'espace qui sépare le leader de la structure. Ils ne sont ni élus ni responsables, ils ne sont ni les représentants du peuple ni ses serviteurs. Ils constituent une version républicaine des hommes du roi, l'équivalent civil de la garde prétorienne. Ils traduisent la tentative du chef de l'État de contourner les structures gouvernementales.

Cette garde prétorienne occidentale est particulièrement visible aux États-Unis – ce qui ne veut pas dire qu'elle y soit plus puissante qu'ailleurs – où, de Président en Président, la controverse relative à ces conseillers a pris de plus en plus d'ampleur. Quelquefois, ces litiges et ces scandales tenaient à des initiatives prises ou à des ordres donnés sans en référer à l'autorité requise. Souvent, il était question de corruption. Ou encore d'incursions hasardeuses dans le monde de la sécurité ou de la défense. Quand le secrétaire général de la présidence fait preuve d'incompétence – ce fut le cas avec Hamilton Jordan, sous la présidence de Carter, ou de Donald Regan, du temps de Reagan – ou qu'il est éclaboussé par un scandale – H.R. Haldeman sous Nixon, John Sununu sous Bush –, son pouvoir n'en est pas pour autant affecté. Il n'existe qu'à travers le Président, il faut donc que le Président le perçoive comme une gêne politique. Aussitôt, tout son entourage se retourne contre lui, dans un réflexe autoprotecteur.

Les gens s'imaginent aujourd'hui que le personnel présidentiel a toujours été l'un des principaux centres d'intérêt de la république américaine. C'est faux. Les membres du cabinet exerçaient encore pleinement leurs fonctions dans les années soixante. Leur perte de pouvoir au profit du personnel de la Maison Blanche date du mandat du Président Kennedy. Ce dernier était obsédé par les pouvoirs de l'establishment administratif, qui lui paraissaient constituer autant d'obstacles, et par la paralysie que représentait la multitude de réunions officielles, en particulier des commissions. Il convoquait donc le cabinet aussi rarement que possible, estimant que « cela serait inutile et un gaspillage de temps. [...] Tous les problèmes que traitent les ministres du Cabinet sont extrêmement spécialisés [10] ». Le cabinet ne se réunissait jamais pour débattre des orientations politiques à suivre. Celles-ci étaient étudiées en petits comités, dominés par le Président lui-même et par ses conseillers. En dehors de quelques secrétaires de cabinet, comme Robert McNamara, très apprécié à la Maison Blanche et capable de tenir tête à n'importe qui, ce système de gouvernement sans réunions signifiait que le pouvoir tout entier se retrouvait entre les mains du Président et de ses conseillers. Pour dire les choses autrement : privés de relation régulière avec le Président, les secrétaires de gouvernement et leurs départements étaient impuissants. La politique étrangère était définie par Kennedy, en collaboration avec son conseiller en matière de sécurité nationale, McGeorge Bundy, ancien professeur à Harvard. Ils préparèrent d'ailleurs le terrain qui favorisa l'usurpation du pouvoir constitutionnel par Henry Kissinger huit ans plus tard. Bundy et le personnel de la Maison Blanche sapèrent la position de Dean Rusk, secrétaire d'État, en se moquant de lui dans les coulisses, notamment parce qu'il aimait beaucoup les réunions [11]. Cela rappelle étrangement le déboulonnage, beaucoup plus pervers, d'un autre secrétaire d'État, William Rogers, par Kissinger, plusieurs années plus tard.

La méthode Kennedy réussit, dans le sens où elle procura au Président le pouvoir personnel qu'il désirait obtenir. Il semble cependant qu'elle ait faussé de façon permanente l'autorité du cabinet. Sous les successeurs de Kennedy, moins dominateurs que ce dernier, elle a fini par donner un pouvoir illimité aux conseillers présidentiels. Ce déséquilibre fut poussé à son paroxysme sous la présidence de Nixon, quand l'ascendant de la Maison Blanche, associé à un certain isolement, poussa le gouvernement à conspirer et à commettre des actes criminels.

À son arrivée à la Maison Blanche, Jimmy Carter écrivit qu'il entendait « rétablir l'autorité du Cabinet afin d'empêcher les abus commis par le passé ». Plus jamais « les membres du personnel de la Maison Blanche ne domineraient ou n'agiraient en position de supériorité par rapport aux membres de notre cabinet [12] ». Toutefois, au milieu de son mandat, il passa quarante-huit heures à remercier cinq des douze membres de son cabinet : sa principale justification était leur incompatibilité d'humeur avec ses conseillers personnels. Les victimes, y compris Michael Blumenthal, au Trésor, Joseph Califano, à la Santé, à l'Éducation et aux Affaires sociales, Brock Adams, aux Transports, et James Schlesinger, à l'Énergie, faisaient partie des hommes les plus actifs et les plus brillants du cabinet [13]. Le secrétaire général de la présidence, Hamilton Jordan, fit aussitôt une intervention à la télévision, proclamant que ces changements n'avaient pas pour objectif de conférer davantage de pouvoir à la Maison Blanche. « C'est un problème de compétence », expliqua-t-il. De la même façon, Zbigniew Brzezinski, conseiller pour la sécurité nationale sous Carter, s'attira l'admiration de tout le monde grâce à la bataille qu'il mena avec succès pour devenir le grand architecte de la politique étrangère américaine. Quant à la présidence de Ronald Reagan, elle conduisit le phénomène de la garde prétorienne à sa conclusion logique. Un chef d'État vieillissant doté d'un QI limité et d'une capacité d'attention encore plus restreinte ne pouvait faire autrement que de laisser une part importante des pouvoirs monarchiques dont il disposait entre les mains de son staff et, dans ce cas particulier, de sa femme.

S'il est vrai que les secrétaires de gouvernement sont désignés par le

Président, ils n'en sont pas moins nommés publiquement, après audition du Congrès, à la supervision de tel ou tel secteur des affaires publiques. Ils sont donc contrôlés par les représentants du peuple et chargés par eux d'assurer la prise en compte des intérêts de la nation. En revanche, les conseillers personnels du Président, y compris le conseiller pour la sécurité nationale, n'ont pas à se soumettre à ces auditions du Congrès. Ils n'ont pas de responsabilités publiques, ils ne sont pas responsables devant l'État. Le plus souvent, ce sont de simples sycophantes du Président.

De tout temps, les Présidents américains ont été entourés d'une nuée de conseillers personnels, de parasites et de courtisans. Le rôle constitutionnel d'un monarque républicain aux pouvoirs limités rendait cette situation inévitable. Cependant, les difficultés auxquelles les Présidents ont été confrontés pour faire fonctionner un gouvernement de type moderne ont fait des membres de leur cour une garde prétorienne virtuelle. Dire que ce fut un choix conscient de l'un d'entre eux serait une simplification abusive. La réalité du pouvoir, les personnalités en cause, le gouvernement, multiplient les problèmes. En fait, au cours des trente années qui se sont écoulées depuis Kennedy, les Présidents – quelles que soient leur intelligence, leurs aptitudes politiques, leur confiance en soi ou leurs convictions politiques – se sont vite retrouvés enfermés derrière un mur de serviteurs personnels.

Les gardes prétoriennes ont toutes une caractéristique commune. Elles se situent elles-mêmes au-delà des lois constitutionnelles et politiques; par conséquent, elles ne disposent pas à proprement parler de règles régissant leur comportement les unes envers les autres, vis-à-vis de leur leader ou vis-à-vis du monde extérieur. Elles jouissent du doux parfum de l'anarchie. Dans ces circonstances, la lutte pour la survie à l'intérieur de n'importe quel palais – en l'occurrence la Maison Blanche – impose à chaque conseiller de se démener pour acquérir davantage de pouvoir personnel, de peur d'être éliminé. Les tensions opposant Nancy Reagan et le secrétaire général de la présidence, Donald Regan, faisaient le bonheur des potinières; mais elles n'étaient guère différentes de celles que connurent Hamilton Jordan sous la présidence de Carter ou Henry Kissinger et H. R. Haldeman sous celle de Nixon. Il est évident que, si on fait appel aux conseillers présidentiels pour stimuler un système de gouvernement frustrant, ils finissent par le miner.

La tendance est la même dans tout l'Occident : le professeur Alan Walters, conseiller économique personnel de Mme Thatcher, imposa la démission du ministre des Finances, Nigel Lawson, en 1989. De même, le Premier ministre britannique eut recours à un fonctionnaire, Bernard Ingham, en qualité de chef des services d'information de son gouvernement – un poste administratif – tout en faisant de lui son porte-parole politique personnel. Rappelons qu'en 1990 Mme Thatcher envoya son conseiller en politique étrangère, Charles Powell, un autre fonctionnaire, à un déjeuner privé organisé en petit comité afin de persuader le propriétaire d'un journal sympathisant, le *Daily Telegraph*, de soutenir davantage le gouvernement [14].

Brian Mulroney a réussi à mêler l'administratif et le politique d'une manière totalement confuse. Il plaça ses amis politiques au Conseil privé – responsable de la fonction publique – et des fonctionnaires au sein de son bureau politique personnel. Pour couronner le tout, il choisit un haut fonctionnaire, Derek Burney, comme secrétaire particulier – en d'autres termes, comme chef du personnel politique. La nuée de conseillers entourant le président Mitterrand fut longtemps une pépinière pour les nouvelles élites. Ces hommes passèrent directement des bureaux de l'Élysée à de hautes fonctions bureaucratiques et politiques, comme s'ils se situaient au-dessus et au-delà des pouvoirs constitués. Les Présidents américains utilisent de plus en plus leurs conseillers de manière similaire. Quand ils veulent renforcer leur contrôle sur un département ministériel, ils choisissent quelqu'un dans leur garde prétorienne et lui confient la responsabilité du ministère en question. Le Président Nixon catapulta Henry Kissinger du poste de conseiller pour la sécurité nationale à celui de secrétaire d'État. Quant à Reagan, il fit du secrétaire général de la présidence, James Baker, le secrétaire au Trésor.

Cette apparition de gardes prétoriennes autour de nos présidents et de nos Premiers ministres est symptomatique pour deux raisons. Tout d'abord, parce que nos leaders ne croient pas qu'ils obtiendront ce dont ils ont besoin des structures de l'État à moins de disposer de véritables hommes de main pour s'en assurer le contrôle. Ensuite, parce que les chefs de gouvernement ne croient plus nécessaire de considérer les assemblées représentatives comme leur principal interlocuteur ou comme la source de leur légitimité politique. En d'autres termes, nos leaders en reviennent ni plus ni moins à une version prudente de la coalition technocratico-napoléonienne.

Les élites rationnelles ont favorisé la modernisation et l'efficacité avec une assurance et une ténacité telles que toute défaillance est imputée au fait qu'elles ne sont pas allées assez loin ou assez vite. Leur définition du gouvernement s'est imposée comme la norme. En réaction, les représentants du peuple ont tenté de reprendre leur place au cœur du pouvoir politique en se modernisant. Mais comment une assemblée populaire peut-elle se rendre efficace?

Pour ces représentants, la grande difficulté, c'est que leur principal outil est le verbe. Ils ont besoin du langage pour défendre des idées et décider d'une action. Mais dans un système de gouvernement rationnel, le mot non structuré est une perte de temps. Les seules choses qui comptent, ce sont l'action exécutive et une administration efficace. Le concept même de leadership se fonde sur ces mêmes compétences. Quant au rôle des assemblées, les masses pensent désormais que « la parole, c'est du vent. Les débats n'aboutissent à rien. Ils dissertent dans le vide ».

Marshall McLuhan l'a souligné, le déclin des mots résulte surtout de l'invasion de notre univers par la technologie électronique. Si dans la réalité nous sommes incapables d'échapper à la prison des systèmes, nos sens, en revanche, ont été libérés pour embrasser de manière inédite un imaginaire non linéaire. Nous voyons et entendons tellement plus de choses aujourd'hui que nous avons moins de raisons de parler. Il arrive même que nous rencontrions de sérieuses difficultés à ordonner nos mots, les images et les sons qui nous bombardent nous arrivant plus souvent de façon globale que séquentielle.

Ceux qui ont grandi avec la télévision regardent parfois plus de cinq programmes à la fois, en zappant régulièrement au bout de quelques secondes. Ces téléspectateurs connaissent les rituels des programmes : ils n'ont donc pas besoin de suivre le déroulement des événements étape par étape. Ils passent de chaîne en chaîne, attentifs à l'ensemble.

La télévision n'est qu'un moyen de communication parmi d'autres. Sons et images nous entourent de toutes parts, dans les ascenseurs, les arrêts de bus, les cinémas, les avions... Difficile de se ménager un moment de silence électronique dans la journée. Quel sens un débat organisé peut-il avoir dans une civilisation capable de transmettre des images à des récepteurs implantés dans la rétine ? Comment s'étonner que sénateurs, députés et autres représentants se sentent piégés par le fardeau du débat classique, un mode de réflexion collective dont les paramètres furent plus ou moins établis dans la cité-État d'Athènes ?

Et pourtant, ils ont tort – comme nous d'ailleurs – d'assimiler la révolution intellectuelle dont l'électronique est peut-être porteuse à la doctrine des élites rationnelles. La première est toute récente, et à l'instar du cerveau ou du débat classique, elle échappe aux chaînes structurelles. Quant à l'approche rationnelle, elle est désormais sérieusement dépassée, du fait de sa dépendance vis-à-vis de structures complexes pour contenir et diriger l'esprit et les émotions du citoyen.

Quoi qu'il en soit, la technologie et la raison ont été amalgamées dans la philosophie moderne, ainsi que dans la mythologie populaire, comme des descendants d'une même famille. Ce qui a eu pour effet d'aggraver notre pessimisme envers le processus démocratique.

Les citoyens apportaient jadis un appui solide à leurs représentants face aux autorités non élues et aux exécutifs. De nos jours, le représentant se retrouve isolé entre le public et ceux qui gouvernent. Les technocrates ont déjà converti leurs ministres à l'efficacité dans le gouvernement. Les ministres arrivent au Parlement ou devant les commissions du Congrès drapés dans l'efficacité. Les représentants élus ont beaucoup de mal à résister à l'idée que les ministres doivent être jugés selon leur efficacité, et non selon leur politique. Les forces de la compétence et du pouvoir soutiennent qu'une bonne gestion est l'essence de la modernité.

Les débats politiques au pied levé sont un gaspillage de temps et tiennent de l'amateurisme ; ils font désormais partie des fonctions les plus négligées d'une assemblée. Depuis quelque temps déjà, les simples députés prennent la parole devant des chambres pour ainsi dire vides. Récemment encore, le ministre dont la proposition de loi faisait l'objet du débat restait à sa place pour écouter ce qu'on en disait, prêt à répondre à toute attaque. Récemment encore, quand le leader d'un parti se levait pour parler, les membres des autres partis l'écoutaient, par respect, par intérêt. Aujourd'hui, les autres formations politiques évacuent volontairement leurs travées, comme pour nier toute crédibilité au leader qui a pris la parole.

Ces débats politiques semblent devoir être remplacés par des séances de questions orales, qui marquent le moment le plus important de la journée. Ces séances ont pour objectif d'interroger les ministres sur telle ou telle défaillance administrative. Cela relève de l'idée, désormais admise, qu'un élu moderne juge de la valeur d'un ministre en fonction de son efficacité. La mise à l'épreuve de sa volonté est aussi, pour le ministre concerné, l'occasion de briller publiquement. Pour faire bonne impression, il doit montrer qu'il connaît à fond son sujet. Il doit avoir une réponse toute prête pour expliquer que l'incident évoqué n'est pas imputable à son département – c'est-à-dire aux bureaucrates travaillant sous ses ordres.

Les pressions favorables à cette doctrine étant ce qu'elles sont, ces assemblées se sont appliqué à elles-mêmes les normes qu'elles appliquent aux ministres. Ces cinquante dernières années de réforme parlementaire montrent que presque toutes les réformes votées ont eu pour objectif d'accélérer le mouvement afin d'assurer la promulgation rapide d'un nombre accru de lois et un maniement expéditif des affaires publiques.

Or la « vitesse » est-elle la nature de la civilisation ? Ne serait-ce pas plutôt la « considération » ? N'importe quel animal peut faire le tour de son enclos quatre fois par jour à toute allure. L'homme seul est capable de s'obliger à agir lentement, de façon à s'assurer qu'il fait ce qui convient, comme il faut. La décision consciente d'agir lentement n'est pas en contradiction avec la vitesse. Un homme peut aussi décider de s'arrêter un moment, puis d'aller très vite pour une raison spécifique en une période donnée. La vitesse et l'efficacité ne sont pas en elles-mêmes des preuves d'intelligence, d'aptitude ou de jugement. Elles ne véhiculent aucune valeur morale. Elles n'apportent rien à l'édifice social. Les périodes les plus violentes et les plus terrifiantes du XXe siècle furent les régimes attachés à l'efficacité et à la rapidité. Dans le seul domaine des services, ces deux caractéristiques sont évidemment utiles ; mais en elles-mêmes, elles ne sont pas des manifestations d'une civilisation avancée.

Les constants appels à l'efficacité lancés aux assemblées occidentales ont eu pour principal effet de décourager la réflexion, voire de la rendre impossible. De nos jours, ces lieux ne sont plus guère que des gares de

277

triage pour de futures lois. Une telle évolution ne pouvait manquer d'influencer le regard que le public porte sur ses représentants. On s'aperçut tout à coup qu'ils n'avaient pas d'utilité apparente.

Les assemblées ont progressivement modifié leurs exigences envers leurs membres. La tradition veut que les représentants apportent avec eux des intérêts à défendre – intérêts locaux, considérations de politique nationale, appuis d'amis ou d'un parti – ou encore leur ambition personnelle. En réalité, un représentant moyen était motivé par une ou deux de ces causes, ses collègues ayant d'autres motivations. L'homme politique, même local, offrait un reflet, même imparfait, des gens réels. Tous ensemble, ils constituaient l'esprit de l'assemblée, image de celui de la population. En ce sens, l'assemblée publique était « électronique » dès le départ. Elle n'était ni linéaire ni rationnelle; en un seul lieu, elle représentait l'ensemble de la population. Or cette représentation nationale était la seule chose qui pût obliger les structures gouvernementales, lancées à toute allure, à s'arrêter, ou tout au moins à ralentir, pour considérer l'intérêt commun avec un peu plus d'attention.

Maintenant que les assemblées ne sont plus des lieux de réflexion ou des tremplins pour se hisser dans les plus hautes sphères, leurs effectifs se regroupent en deux catégories : ceux qui se consacrent à la politique locale et ceux qui cherchent à y exercer le pouvoir. Quant à la volonté de servir dans une opposition élue, les élites modernes n'en voient pas beaucoup l'intérêt. Un homme en pleine ascension est presque gêné de se trouver officiellement et publiquement dans le camp opposé aux autorités établies. Dans l'État rationnel, le pouvoir est tout; seuls les perdants s'y opposent, seuls les marginaux sont fiers d'être en dehors du coup.

On aurait tort de considérer l'arrivée en force d'une race d'hommes politiques agissant en fonction de cette obsession mesquine du pouvoir comme la preuve que la politique est dominée par l'égoïsme et la vénalité. Cela confirme au contraire que, dans l'esprit des citoyens comme des élites spécialisées, le processus administratif s'est confondu avec le processus décisionnel. Dès les années cinquante, François Mitterrand posait la règle d'or de la vie publique contemporaine : « Au niveau de l'homme politique, il n'y a qu'une ambition : gouverner [15]. » Il assuma pour la première fois un ministère en 1944, et il est toujours en place près d'un demi-siècle plus tard.

Bizarrement, l'objectif premier du processus démocratique n'a jamais été l'élection d'un gouvernement, même si, d'une manière ou d'une autre, les gouvernements en sont effectivement venus à refléter la composition de l'assemblée. L'élément essentiel était la constitution appropriée d'une chambre destinée à la réflexion publique, une sorte de club national, qui serait à l'origine de décisions prises dans l'intérêt commun, et qui exercerait un contrôle sur le gouvernement. De nos jours, dans la plupart des pays, la formation d'une assemblée se limite au fond à un processus mathématique, qui entraîne l'octroi immédiat du pouvoir absolu à un gouvernement. Ce même processus mathématique se répète tous les quatre, cinq ou sept ans. En réalité, on a affaire, ni plus ni moins, à une monarchie élective.

La plupart des Occidentaux admettent volontiers la mythologie américaine qui présente les États-Unis comme le pays et le système de l'avenir. Or l'Amérique représente l'avenir depuis plus de deux siècles. La première démocratie révolutionnaire, comme le premier téléviseur ou la première automobile produite en série, est aujourd'hui la plus obsolète. Il n'est donc pas étonnant que pour se protéger contre les abus d'une monarchie du XVIIIe siècle, élective ou autre, les Américains aient créé un système de « freins et contrepoids ». Celui-ci comporte deux assemblées, une cour puissante et le collège électoral qui sélectionne encore techniquement le Président.

La présidence américaine, sous ses meilleurs aspects, aurait pu jouer un rôle dans l'évolution vers un processus démocratique sain. Sous son pire jour, c'était une monarchie élective, qui se distinguait à peine des rois qu'elle était censée remplacer : des monarques absolus, continuellement harcelés par une multitude de groupes d'intérêts complexes – certains légalement constitués, mais la plupart s'exprimant par la voix d'une nuée de courtisans. La présidence américaine a évolué vers ce scénario le plus noir. Et toutes les autres démocraties, prises au piège de la logique d'un gouvernement rationnel, ont glissé dans la même direction. De même que la fin d'un cycle ressemble à son début, nous nous trouvons aujourd'hui confrontés à des problèmes qui prévalaient au milieu du XVIIIe siècle. Les formes de démocratie les plus avancées et les plus circonspectes paraissent déplacées. En revanche, le modèle américain est parfaitement adapté à cette civilisation fondée sur le culte du pouvoir, les décisions prises par des courtisans, une participation limitée du public et des records de corruption individuelle.

En amputant les assemblées représentatives du pouvoir réel, on a métamorphosé la vision que notre civilisation a d'elle-même. Curieusement, pour un peuple qui a consacré une part si importante de ces cent dernières années à explorer l'inconscient humain, nous nous sommes laissé dépasser par ce changement de manière inconsciente. Tout se passe comme si on avait procédé à l'ablation d'un nerf ou d'un muscle essentiel de l'organisme « civilisation », en provoquant une sorte de lobotomie.

L'abâtardissement du Sénat romain sous le règne d'Auguste fut à l'origine de la désintégration de la société romaine. Vint ensuite une période de gloire et de prospérité comme les Romains, rigides, simples et endurcis, n'en avaient jamais connu ou imaginé. Cette splendeur s'édifia pourtant sur des institutions en déclin. « Du pain et des jeux » est une formulation généralement associée à la dégénérescence impériale et à un exode de la population rurale vers la ville, quand l'empereur décida d'importer plutôt que de cultiver du blé. De la même façon, au milieu du XIXe siècle, le rejet des Corn Laws par le Parlement britannique, pour permettre l'importation de céréales bon marché, conjugué à l'importation de coton indien lui aussi bon marché, provoqua une brève envolée, suivie d'un effondrement. Et la décision, récemment prise par les États-Unis, de faire fabriquer un maximum de marchandises à l'étranger, pour profiter d'une main-d'œuvre à bon marché, tout en donnant la priorité aux services sur le marché intérieur, est en train de saper la civilisation américaine. Rappelons-nous : avec le déclin des mécanismes internes de la société romaine, les empereurs durent faire oublier aux citoyens qu'ils n'avaient plus leur place dans leur propre civilisation.

C'est une énigme très simple. Les sociétés se changent en systèmes. Ces systèmes réclament une gestion, et sont par conséquent de plus en plus manipulés, tels un outil ou une arme, par ceux qui détiennent le pouvoir. Le reste de la population accomplit certaines tâches spécifiques, mais on ne lui demande pas de contribuer au façonnage ou à la gestion de la société. Plus la civilisation est « avancée », plus le rôle du citoyen est limité.

Nous ne sommes pas tout à fait aussi avancés que cela. Mais nous n'en sommes pas loin. Nos élites professionnelles ont passé les vingt-cinq dernières années à discuter de méthodes de management, comme si ces dernières constituaient le seul domaine politique digne d'intérêt. Si nous pouvions nous convaincre de considérer la raison comme une technique de gestion parmi d'autres, distincte qui plus est du processus démocratique, nous aurions une tout autre appréhension de la situation. En vérité, s'il existe des moyens de dissiper notre confusion à propos du gouvernement, ils résident dans le processus démocratique, non dans le processus gestionnaire. Toutefois, il faudrait commencer par réhabiliter, ou « dérationaliser », nos assemblées. Le rétablissement d'assemblées populaires véritables est l'une des rares initiatives à la portée du citoyen. Il suffirait pour cela que le peuple prenne conscience que le processus décisionnel, à l'origine de la politique nationale, est profondément différent du processus administratif. Ils n'ont pas de caractéristiques communes. L'un est organique et procède de la réflexion. L'autre est linéaire et structuré. L'un gaspille son temps utilement pour comprendre et parvenir à un consensus. L'autre recherche la vitesse et l'efficacité. L'un procède des citoyens. L'autre les sert.

La réinstauration de cette distinction entraînerait une foule de choses. Les citoyens s'intéresseraient davantage à leur parlement et cela donnerait du courage à leurs représentants. Ces derniers se sentiraient à leur tour suffisamment forts pour se rendre plus indépendants du gouvernement, même dans un contexte parlementaire. Cela aurait pour effet de rappeler aux ministres qu'ils sont eux-mêmes des victimes, que la religion de la compétence administrative, imposée, leur fait constamment sentir leur incapacité. Dans ces conditions, il faudrait qu'un personnage public manquât singulièrement d'assurance pour avoir envie de maîtriser des dossiers, de dissimuler des erreurs administratives, et de vivre dans un monde de secrets triviaux qu'un enfant jugerait indignes de garder. Ils pourraient déléguer une part de leurs responsabilités à leurs employés, de manière à concentrer leur attention sur la mise au point de politiques réelles.

Le plus difficile, dans cet arrangement, serait de se débarrasser de l'idée, intrinsèque aux systèmes rationnels, que toute chose publique doit être étale. Que les catastrophes nucléaires ne sont que des incidents. Que la feinte sérénité publique conjurera la panique, qu'il faut mentir pour apaiser les esprits. Ou alors que les orientations politiques à suivre doivent surgir comme par enchantement, peaufinées par des commissions ministérielles dont l'existence est souvent tenue secrète. Pourquoi ces politiques devraient-elles apparaître tel un phénix jaillissant des flammes, comme le produit naturel et inévitable d'un processus rationnel? Ce phénix fait désormais tellement partie de nos vies qu'il est devenu aussi insipide et morne qu'une poule de batterie.

Les débats politiques ne sont pas censés se dérouler en souplesse. Les mots ne sont pas du vent. Parler n'est pas une perte de temps. Il est utile de discuter. Et la vitesse n'a aucun intérêt, à moins qu'on ne soit en guerre. La classe politique devrait se débarrasser de la peur du désordre verbal que les technocrates ont instillée en elle. Il y a de fortes chances pour qu'une espèce d'individu différente accède alors au pouvoir.

Cependant nous ne prenons pas du tout cette direction. Les assemblées sont en train de devenir les pas-de-porte des groupements d'intérêts. À Washington, on dénombre aujourd'hui quelque 9 000 lobbyistes. Leur tâche ne consiste pas à vendre au représentant les marchandises de leur client, mais à acheter le vote du représentant en échange d'emplois locaux, de contributions aux campagnes électorales, de promesses de rentes ou, dans les pires des cas, de versements immédiats. Si la nomination de John Tower au poste de secrétaire américain à la Défense avait été confirmée en 1989, elle aurait reflété la réalité. Cet ancien sénateur du Texas (État jouant un rôle important dans la fabrication d'armements) était aussi l'ancien président de la Commission des forces armées, un ex-lobbyiste au Sénat – ce qui lui valut en l'espace d'une seule année quelque 750 000 dollars de commissions de la part de fabricants d'armes – et un proche partisan de George Bush [16]. S'il avait pris en main la Défense américaine, on aurait pu modifier son titre, et en faire un secrétaire aux Approvisionnements.

Selon la formule de Jefferson, il n'y a rien de plus « affligeant et de plus nuisible à l'espérance de l'homme honnête que la corruption de la législature [17] ». Effectivement, le monde des experts, qu'il s'agisse des fonctionnaires, des hommes d'affaires ou des professeurs, s'est servi de cette corruption manifeste pour prouver à quel point la démocratie est dépassée.

Le Congrès américain est tellement impliqué dans le système du lobbying que, si des rumeurs tenaces obligèrent les sénateurs à refuser d'entériner la nomination de John Tower, ils ne purent imputer leur vote à sa motivation réelle : la corruption flagrante de l'intéressé. Les débats débutèrent en beauté, les sénateurs et la presse se demandant si on était en droit de nommer secrétaire à la Défense un lobbyiste à la solde de fabricants d'armes. Après quoi, les sénateurs s'écartèrent de ce problème essentiel et concentrèrent leur attention sur des questions d'un tout autre ordre : Tower buvait-il, forniquait-il trop pour remplir sa fonction ? Les relations de l'ex-sénateur avec les entreprises ne différaient guère de celles qu'entretenaient ses collègues. Seulement il était allé un peu trop loin. Il avait attiré l'attention sur lui et, partant, sur ces pratiques. Il devait être sacrifié, afin que les autres puissent continuer. Pourtant, leurs manigances ne sont un secret pour personne. Les statistiques sont là pour en témoigner. Ainsi, au cours de la campagne présidentielle de 1988, le sénateur démocrate Lloyd Bentsen, ancien candidat à la vice-présidence, reçut 8,3 millions de dollars de la part de comités d'action politique (PAC), qui sont des groupements d'intérêts [18]. En 1993, le Président Clinton le nomma secrétaire au Trésor.

Il fallut attendre le tournant du siècle pour que, avec le développement du professionnalisme et la suprématie acquise par le droit, on identifie la corruption publique comme un mal spécifique à éliminer. Ce fut fait dans un délai assez bref. Presque aussi vite, les structures et les fondements de l'État rationnel moderne furent purement et simplement amendés, afin de légaliser, de formaliser et de donner un cadre aux anciennes formes de corruption publique qui gangrénaient les procédures normales.

La corruption a toujours régné dans les affaires publiques. Mais jamais – pas même pendant les pires décennies du XVIIIᵉ siècle – on n'a admis légalement, avec une telle logique et une telle minutie, qu'elle se propage ouvertement à travers tout le système. Selon toute probabilité, la restriction progressive du pouvoir dévolu jusque-là aux assemblées au bénéfice de l'exécutif, de la bureaucratie et du judiciaire, explique cette évolution. Incapables désormais de servir l'intérêt public, les assemblées doivent trouver d'autres intérêts à favoriser. Du reste, les importants groupes de pression situés en dehors du processus démocratique ont remarqué que les parlements étaient inactifs, profondément humiliés et mécontents. La rencontre entre les deux parties s'est faite tout naturellement.

La conversion ou le retour des assemblées aux intérêts des lobbies tient plus à ce vide les obligeant à se chercher un nouveau rôle qu'à la vénalité des individus. Elles ont acquis des attributions nouvelles, qui leur confèrent une importance accrue. Du coup, elles ne prétendent plus détenir le leadership démocratique et ont abandonné les rênes du gouvernement à la structure rationnelle et à l'exécutif.

L'obligation imposée aux lobbyistes de Washington de se faire enregistrer passa d'abord pour une limitation de leur influence sur les représentants du peuple. En réalité, cette initiative a eu pour effet de formaliser le rôle des affaires dans le processus démocratique. Et dans la mesure où chacun s'efforce toujours de gagner davantage d'argent que la loi ne le permet, cette régularisation massive de la criminalité rapproche davantage les activités illicites des structures gouvernementales. Le scandale des caisses d'épargne américaines en est l'exemple par excellence.

Certes, la mythologie populaire veut que le trafic d'influences soit particulièrement virulent aux États-Unis. Les nations se sont toujours réconfortées en attribuant une origine étrangère aux maladies vénériennes ; il en va de même pour la corruption politique. Le gouvernement canadien, dans sa hâte d'imiter son voisin du sud, a suivi l'exemple désastreux donné par les Américains en officialisant le rôle des lobbies. Les Britanniques, avec leur hantise des structures formelles, ont fait de même sans se poser de questions de principe. Année après année, le nombre de postes d'administrateurs et de contrats de consultants attribués à des parlementaires britanniques (MP) en exercice, y compris d'anciens ministres, ne cesse d'augmenter. Seule une stricte soumission à l'hypocrisie générale empêche les gens de souligner l'évidence : admettre un parlementaire dans un conseil d'administration ou lui attribuer un contrat, c'est « s'acheter » un lobbyiste à Westminster [19]. La seule différence entre ce procédé et l'ancien système anglais du « bourg pourri », au xviiie siècle, est que jadis les MP s'achetaient *avant* leur élection. On attend à présent que leur valeur marchande soit fixée avant de les acheter. En France, à elle seule, l'élite administrative occupe les trois sièges du pouvoir : le bureaucratique, le politique, celui des affaires. Il est donc inutile qu'une élite fasse pression sur une autre. Elles sont, comme la Sainte Trinité, alternativement et selon leur volonté, trois organes séparés ou trois en un, indivisible. Les moyens permettant de faire des bénéfices financiers ont donc été intégrés dans le système.

Désormais, dans tout l'Occident, les fonctionnaires ont pris la mesure des possibilités financières inhérentes à leur rôle public. Comme pour les hommes politiques, tout commence souvent par de petites faveurs de la part des lobbyistes – déjeuners, dîners, une caisse de vin à Noël, des invitations à la campagne pour le week-end ou à la chasse en saison. En général, le morceau de choix vient avec la retraite, qu'on prend de plus en plus tôt, pour s'engager à son tour dans des activités de lobbying, une fois délié de toute obligation publique. De nos jours, lorsqu'il prend sa retraite, le haut fonctionnaire britannique espère bien obtenir la direction, voire la présidence, d'une entreprise privée. Anthony Sampson l'a écrit : « Vers cinquante-cinq ans, il se mettra anxieusement en quête de postes de direction, afin d'achever, ou de couronner, sa carrière [20]. » Comment imaginer que cela n'ait pas d'incidence sur son engagement vis-à-vis du bien public au cours des années précédant sa retraite, où il occupe des postes suffisamment élevés pour influencer la politique ? Un secrétaire du cabinet, ou le secrétaire permanent au Trésor, ne pense-t-il, consciemment ou non, à rien d'autre qu'aux intérêts publics alors qu'il cherche déjà, en catimini, un emploi dans l'industrie privée?

Bref, les fonctionnaires monnaient leurs années de bons et loyaux services à l'État. Il semble que leur obsession de la modernisation et de l'efficacité les a volontairement conduits à la même vision du service public que de nombreux représentants élus après l'abâtardissement des assemblées.

Ce sont là de simples signes de la confusion qui règne au sein du système. La corruption du système public découle des caprices de l'industrie privée, qui ont secoué les gouvernements occidentaux depuis trente ans : privatisation, gel des effectifs, dispositifs d'efficacité... En elles-mêmes, ces tendances, et d'autres encore, ont parfois été utiles ; d'autres fois, elles ont été dommageables. Toutefois, l'application généralisée des normes de l'industrie au secteur public a eu, incontestablement, un effet désastreux sur une situation déjà confuse.

En imposant des méthodes de rentabilité à court terme dans un domaine qui n'est qu'indirectement, et à long terme, orienté vers le profit, on était certain d'échouer. Pendant deux siècles les affaires et le marché ont lutté contre toutes les réalisations humaines et sociales du gouvernement. Dès lors, attendre des méthodes de gestion des affaires et des forces du marché qu'elles fassent le travail du gouvernement n'a strictement aucun sens. Il est possible de faire coopérer l'intérêt public et le profit par le biais d'un leadership politique prudent, mais cela ne veut pas dire qu'ils soient interchangeables. On a pourtant agi comme si c'était le cas. Il en résulte que le public ne croit plus au bon fonctionnement des structures gouvernementales. Les hommes politiques et les fonctionnaires n'y croient pas davantage.

CHAPITRE XI

Trois brèves excursions dans la déraison

I

À propos de l'inefficacité bureaucratique, on invoque généralement l'aspect colossal des gouvernements. Cet énorme appareil, propagateur d'indolence, de gaspillage et de confusion, serait à l'origine du mal.

Rien dans l'histoire ne le prouve. L'Empire romain, comme l'Église catholique, a parfaitement bien fonctionné dans ces conditions. Ainsi que les sociétés commerciales géantes, depuis la Ligue hanséatique, au XIVe siècle. Et pas seulement parce que les marchands avaient la motivation du profit, mais parce que chacun savait clairement qu'il était là pour vendre ou pour acheter telle marchandise. Tant que l'on croit au dessein d'une organisation, quelle que soit sa taille, on trouve toujours un moyen sensé de la gérer. Dans ces circonstances, d'où viennent nos hypothèses erronées liant les dimensions d'un gouvernement à son inefficacité?

L'explication réside peut-être dans le style unidimensionnel des structures modernes. Celles-ci nous semblent souvent d'une complexité inextricable, simplement parce que l'approche rationnelle exige que tout soit posé d'une manière logique. Or en général les grandes organisations ne s'adaptent pas à cette approche rigoureuse. En voulant à tout prix les intégrer dans une perspective logique, on sape leur élan naturel, en assujettissant chaque individu à des rapports précis au lieu de le laisser agir par lui-même.

La structure moderne suppose que toutes les fonctions sont similaires et que toutes peuvent être modernisées. Par « modernisées », il faut entendre « soumises à des normes universelles en matière d'organisation et d'efficacité ». Cela implique inévitablement une mesure de la production, de la rentabilité, la conviction qu'il faut « dégraisser » pour accroître l'efficacité, que de vastes effectifs alourdissent le processus de production.

Or certaines fonctions sont fondamentalement manuelles, d'autres mécaniques ; en « modernisant » leurs structures, on les rend inefficaces. D'autres fonctions encore exigent un personnel important. En dégraissant les effectifs, on les rendra inefficaces. Certaines fonctions ne sont pas censées être rentables : elles ont pour but de préparer le terrain pour d'autres fonctions, celles-ci profitables. Les attributions non lucratives de l'État – les transports, les communications notamment – permettent au citoyen de mener à bien ses affaires. Faire des transports ou des communications des secteurs rentables porte préjudice aux infrastructures de l'État ; par conséquent, l'aptitude du citoyen à fonctionner au maximum de ses capacités s'en trouvera entravée.

Des critères de rentabilité n'en ont pas moins été appliqués aux réseaux ferroviaires américain, canadien et anglais, ainsi qu'aux postes américaine et canadienne. Ces initiatives sont fondées sur l'idée que la concurrence améliorerait les services de communications, et sur un attachement à la méthodologie informatique. Certains arguments en faveur d'effectifs restreints et des calculs savants comparant les nouveaux investissements aux rendements financiers ont également joué un rôle. En conséquence, le Canada, jadis détenteur du réseau ferroviaire le plus complexe du monde, s'emploie aujourd'hui à le fermer, alors que les trains qui roulent encore sont bringuebalés sur des voies ferrées antiques. Les États-Unis, motivés par les mêmes théories, furent les premiers à détruire leur chemin de fer, qu'ils s'efforcent à présent de reconstruire. Quant à la Grande-Bretagne, l'essentiel de sa population n'a pas d'autre solution que de recourir aux trains. Ils s'en passeraient pourtant volontiers, s'ils le pouvaient !

Plus les réseaux déclinent, plus les économistes et les planificateurs insistent sur le fait que la tendance est irréversible. Ils affirment que le nombre de passagers potentiels va décroissant et que les transports ferroviaires sont de moins en moins nécessaires. En réalité, ils ont décidé qu'il s'agissait d'un secteur dépassé. Les investissements en équipements nouveaux sont négligeables. Pour couvrir les pertes, on augmente le prix des billets, tout en offrant de moins en moins de services. Ils ont imaginé une prophétie qui s'est réalisée toute seule. Ainsi, les Britanniques investissent l'équivalent d'un tiers de ce que dépensent les Allemands au kilomètre slash passager. Pour compenser la baisse du nombre d'usagers qui en a résulté, ils ont augmenté d'un tiers le coût du kilomètre/passager.

Les Allemands, comme les Français, continuent à considérer leur réseau ferroviaire comme une nécessité absolue, suivant en cela l'ambition du XIXᵉ siècle d'une infrastructure nationale, et finalement continentale. Cette ambition requiert des investissements massifs sans contrepartie : il n'existe pas de projet rationnel visant à faire du chemin de fer une entreprise rentable. Par conséquent, ils ont conservé des effectifs importants à tous les niveaux. Ils entretiennent l'idée classique

286

du service au consommateur et de la fiabilité, en insistant sur la propreté, le grand nombre de trains – donc un grand choix –, la qualité des wagons-restaurants. Ils ont dépensé de grosses sommes et embauché du personnel pour que ces objectifs soient atteints. Ils ont mis au point une technologie sans égale, afin de produire les trains les plus rapides du monde, capables de dépasser les 300 kilomètres à l'heure. Ils ont fait construire de nouvelles voies ferrées pour améliorer le confort des passagers. Le nombre des usagers s'est donc accru. Les trains sont pleins. Dans la campagne française, le prix des terrains s'élève en fonction de la proximité des gares de TGV. Les milieux des affaires sont attirés par les villes de province desservies par le TGV, ce qui facilite la décentralisation. La balance des paiements profite des économies réalisées sur le pétrole importé pour des moyens de transport nécessitant davantage d'énergie, tels que les voitures et les avions, ainsi que de la vente de cette technologie ferroviaire de pointe dans toute l'Europe ou au-delà. Ce succès s'explique par le fait qu'on prit en compte l'ensemble du secteur ferroviaire comme un service public indispensable, digne de la meilleure technologie, dans le contexte d'une industrie exigeant beaucoup de main-d'œuvre, d'entretien et d'investissements. L'idée de profit n'était que secondaire.

L'exemple des postes est encore plus révélateur. Plus les États-Unis et le Canada modernisent, ou rationalisent, leur mode de distribution du courrier, plus cette distribution se fait rare, lente et géographiquement restreinte. Elle devient de plus en plus irrégulière et coûte chaque fois plus cher, y compris pour l'usager. Pourquoi ? Parce que aucune analyse de système ne peut justifier des distributions de courrier six jours sur sept, ou dans des zones rurales reculées. D'après ces analyses, le facteur ne devrait pas faire du porte-à-porte, mais laisser le courrier dans des boîtes aux lettres groupées, où les particuliers iraient eux-mêmes chercher leur correspondance, quel que soit leur âge ou le temps qu'il fait.

Les Britanniques et les Français n'ont pas fait ce choix. Ils proposent toujours un service postal aussi complet, rapide et accessible que possible. Deux distributions par jour à Paris, jusqu'à la porte la plus difficile d'accès. Une ponctualité irréprochable. Ils ont fait de leurs bureaux de poste des centres de communication aussi variés que possible. En proposant de nouveaux services, d'excellente qualité, ils ont encouragé les gens à se servir de la poste. Une clientèle accrue rend l'ensemble du système de plus en plus viable.

Pendant ce temps, au Canada, pour réduire les coûts de l'emploi, on ferme la plupart des bureaux de poste. Le service postal est concédé à de petits magasins, comme occupation secondaire. Mais ceux-ci ne proposent guère plus que des timbres. Surtout, ils coupent le public des fonctionnaires des postes.

La question de l'emploi est particulièrement intéressante. Des hommes et des femmes distribuent le courrier. Si on limite les coûts en réduisant l'emploi, on sape le rendement du système. Il ne reste plus qu'à proposer une restriction des services. L'analyse des systèmes ne prend pas cette donnée en considération, car elle veut avant tout rendre chaque service public rentable. Sans voir qu'un service public n'est pas une entreprise privée, indépendante, mais qu'il fait partie d'un ensemble : la structure publique dans sa totalité. Si la rentabilité d'un service devait être mesurée avec précision, il faudrait prendre en compte l'effet de ce service sur la vie et les activités professionnelles de la population.

Force est de reconnaître que l'emploi coûte cher. Les salaires, les cotisations sociales doivent être couverts par la poste, c'est-à-dire par l'État, et par extension le contribuable. Le chômage aussi coûte cher. Là encore, l'État doit dépenser de l'argent pour le chômeur, en contribuant à sa sécurité sociale. Entretenir un chômeur coûte aussi cher que de l'employer, dans la mesure où aux indemnités de licenciement s'ajoutent les dépenses d'administration des services de la sécurité sociale responsables. À cela l'expert répond en appliquant des calculs artificiels et étroits au coût de l'emploi, et en démantelant ces programmes. D'où l'émergence d'une pauvreté chronique qui, outre les problèmes éthiques qu'elle pose, coûte également beaucoup d'argent à l'État. Tout ce qui compose le quotidien de ces nouveaux pauvres – propriété, consommation, éducation, loi et ordre, santé – décline, engendrant des dépenses supplémentaires pour le gouvernement. Si l'emploi entraîne des frais, il favorise aussi la productivité. Le chômage est totalement négatif sur le plan économique. Si l'embauche d'hommes et de femmes permet de mieux faire fonctionner le service postal, cela renforcera les réseaux de communication, d'où une relance des activités commerciales. Alors le coût de ces emplois sera en soi un profit.

Les postes nord-américaines seraient bien inspirées d'embaucher. Elles devraient construire davantage de bureaux de poste pour se rapprocher du public et établir de nouveaux services de communication, afin de maximiser leur utilité en se maintenant à la pointe de la technologie. Au lieu de réduire leurs services, elles devraient rêver d'armées d'hommes et de femmes distribuant le courrier partout où le public le souhaite.

En cette fin du xxᵉ siècle, on utilise certains mots en dépit du bon sens. Les économistes nous répètent inlassablement que l'ère de l'industrie des services est arrivée. Servir ne signifie-t-il pas procurer des avantages à autrui? Or dans les secteurs les plus courants, traditionnellement sous la responsabilité de l'État, puisqu'ils sont considérés comme la musculature de la société civile, nous recherchons désormais le profit avant toute chose, tout en espérant, dans la mesure du possible, que ce soit le bénéficiaire de ces services qui rende service.

Pour toute une série de services gouvernementaux et paragouvernementaux, les postulats du management moderne sont tout bonnement inapplicables. L'éducation, par exemple : est-ce moins cher de mettre un enseignant au chômage ou de le maintenir à son poste ? Il faut prendre en considération l'ensemble des coûts concernés, pas seulement les salaires. Les dépenses représentées par la formation de l'enseignant lui-même, qui incombent à l'État. La valeur potentielle, pour l'économie de demain, de l'éducation donnée à un enfant appartenant à une classe de vingt élèves ou, mieux encore, de dix enfants – et pas trente ou quarante, comme c'est aujourd'hui trop souvent le cas. La facture que l'État doit payer pour l'analphabétisme galopant. Toutes les nations occidentales reconnaissent aujourd'hui que leurs systèmes pédagogiques universels ne fonctionnent pas. Elles sont toutes en quête de grands remèdes, fondés le plus souvent sur des réformes de structure, de méthode ou de contenu. Or l'éducation, quantitativement et qualitativement parlant, est avant tout le résultat d'un enseignement. Cet enseignement nécessite un aussi grand nombre d'enseignants que possible. Une stratégie pédagogique nationale est rassurante ; mais si elle n'est pas humaine, une stratégie n'est rien d'autre qu'une stratégie.

Les mêmes arguments peuvent être invoqués à propos de la construction et de l'entretien des infrastructures routières, des services maritimes, de la santé publique, des dépenses d'environnement, des bibliothèques, des transports publics, de la technologie de pointe enseignée à l'université... À l'égard des problèmes économiques généraux on dit pourtant qu'il faut se serrer la ceinture. L'émission de billets de banque a invariablement un effet inflationniste. Mais investir dans des domaines qui ne réagissent pas au traitement du « dégraissage », dans la mesure où les bénéfices qu'ils offrent, bien qu'indirects, sont vitaux, c'est faire preuve d'une efficacité et d'un esprit créatif tout aussi réels.

Le concept actuel de pertes et profits passe à côté de ce qui constitue la rentabilité au sens large. Pis : il n'admet pas que divers types d'organisation réagissent de manière positive à des paramètres de management fondamentalement distincts. Ces différences échappent totalement aux hommes d'affaires, auxquels on fait appel de nos jours pour conseiller les gouvernements.

Pourtant, les entreprises privées font souvent preuve d'une attitude extrêmement flexible envers l'efficacité. Les critères utilisés par les grosses sociétés pour définir leur politique d'acquisition, d'endettement, de rémunération des cadres, de planification à long terme, seraient jugés scandaleusement inefficaces, hardis et inconsidérés si nos gouvernements s'avisaient d'y avoir recours. Cela ne veut pas dire que ces entreprises ont tort. Cela signifie qu'elles exigent des gouvernements l'application de normes de rentabilité et d'efficacité imaginaires, qu'elles n'envisageraient pas une seule seconde d'appliquer dans leur propre cas. Maurice Strong, écologiste, homme d'affaires et secrétaire général adjoint des Nations unies, l'a souligné : les multinationales sont les organisations internationales qui donnent les meilleurs résultats. Pourquoi ? Tout simplement parce qu'elles adaptent leurs besoins et leurs normes au site où elles fonctionnent à un moment donné [1]. Elles ont fait une vertu économique de leur gigantisme, ainsi que de leur flexibilité et de leur imagination pour l'organisation. En réalité, elles ont inventé de nouveaux modes de comptabilité. Ceux-ci ne conviennent probablement pas au management des affaires publiques ; ils démontrent toutefois que les gouvernements ne devraient pas être esclaves de clichés économiques triviaux sur des questions de taille, d'efficacité ou de valeur. Comme les multinationales, les gouvernements doivent inventer de nouvelles manières de compter.

II

C'est à l'échec des structures politiques nationales qu'il faut imputer la déplorable inefficacité manifestée depuis vingt ans par nos gouvernements dans le domaine de la coopération économique internationale, ainsi que l'effondrement des accords et des organismes internationaux datant des années quarante et cinquante. Les managers mis à contribution ont calé sur leur propre terrain, alors qu'ils avaient tous les leviers en main. Décontenancés par cet échec inexplicable, ils ont repoussé les problèmes hors de leurs frontières, dans la sphère internationale, où ils étaient en mesure d'agir avec une irresponsabilité qui n'aurait pas été possible chez eux. L'inégalité des acteurs en présence, l'absence de structures solides et d'organismes valables chargés d'appliquer la loi, leur ont permis de faire ce que bon leur semblait, en vue d'obtenir des bénéfices à court terme. Pour y parvenir, il leur a fallu détruire la stabilité internationale, dans le domaine financier en particulier.

Étant donné leur force naturelle considérable, les États-Unis ont maintes fois rejeté leurs difficultés internes au-delà de leurs frontières. Ce fut le cas en 1961 avec le lancement du marché international des armes, destiné à redresser le déficit de la balance des paiements américaine. Ce fut encore le cas en 1973, à l'occasion de la première hausse du pétrole suscitée par les Américains pour aider les Iraniens à financer leur programme d'armement pro-occidental. Ce fut la tentative ultérieure de neutraliser les énormes augmentations du prix du pétrole par le biais d'une inflation généralisée. Autant d'initiatives insensées de la part d'hommes rationnels à bout de ressources. Ces décisions n'étaient pas pires que celles prises par les Européens pour remplacer leurs anciennes classes ouvrières par un *Lumpenproletariat* composé de travailleurs immigrés du tiers monde. On ne compte plus les économistes et les technocrates de l'époque – socialistes, conservateurs ou réformistes – qui ont recommandé ce plan brillant. Rien dans leurs dossiers n'indiquait que cela déboucherait, vingt ans plus tard, sur une crise à connotations raciales. Il n'était pas davantage question de l'incidence des ventes d'armes au tiers monde, à laquelle les Européens s'adonnèrent avec autant d'empressement que les Américains. Ou des conséquences d'une politique européenne de surexploitation des réserves de pêche de l'Atlantique – qui demeure en vigueur.

L'initiative économique occidentale la plus égoïste et la plus dévastatrice des quarante dernières années reste la décision, prise unilatéralement par les Américains en 1973, de rompre l'accord passé après la guerre sur l'indexation des devises. L'intention était de régler facilement leur propre déficit international. À l'époque, on parla, par euphémisme, de conversion à la pratique des devises flottantes. À ce moment-là, comme aujourd'hui, des experts justifièrent cette mesure à grand renfort de chiffres. En réalité, cela ne signifiait ni plus ni moins qu'un retour à l'anarchie sur les marchés financiers internationaux.

Le chaos qui s'ensuivit fit du serpent monétaire européen (SME) une nécessité absolue. L'équilibre des balances commerciales, les déficits, les besoins inflationnistes des États-Unis précipitèrent les devises européennes dans un mouvement en montagnes russes, semant la zizanie dans la production industrielle, la concurrence et le commerce de ces nations. Les folles fluctuations des cours et des denrées suscitées par la politique de Nixon détournèrent la communauté des affaires du domaine solide des investissements industriels, l'attirant vers la roulette russe de la spéculation et des manipulations monétaires. D'où un climat dominé par des restructurations, des fusions, des prises de participation, guère propices à une relance de la production. Le tout eut pour effet d'anéantir presque totalement l'espoir d'une croissance économique réelle.

Dans les faits, la décision américaine de 1973 rompit l'unité des nations industrialisées. En opposant sans merci ses problèmes nationaux à ceux de ses alliés, Washington donna naissance à trois blocs adverses. Cela signifiait que le Japon était libre de jouer son propre jeu. Quant à la CEE, ses membres se rendirent compte qu'ils n'avaient pas d'autre solution que de réussir leur union communautaire. D'un point de vue psychologique, l'Europe de 1992 naquit dans un contexte conditionné par la crise du pétrole de 1973 et des devises flottantes. Au cours des vingt dernières années, à chaque initiative économique ou militaire prise unilatéralement par des gouvernements américains de plus en plus nationalistes, on a assisté à un renforcement de l'unité européenne. Le jour où les membres de la Communauté européenne pénétrèrent comme un seul homme dans la salle de réunion du GATT à Montréal, en 1989, pour en ressortir bientôt en signe de protestation contre les exigences américaines, il n'y eut plus de doute que les choses étaient allées très loin et que les relations étroites liant Mme Thatcher et Reagan étaient parfaitement superficielles.

La gabegie monétaire internationale imposa la création du Groupe des cinq, le G5, devenu par la suite le G7. Cette assemblée représente les sept grandes puissances industrielles mondiales. Elle naquit d'une tentative désespérée pour limiter les ravages causés par les décisions multilatérales en dents de scie et forger entre ces nations des liens économiques minimaux [2]. Les efforts déployés pour établir une politique financière européenne commune en sont un autre exemple, plus restreint. Toutefois, la taille réduite de ces groupes, les tensions qui y règnent et la nature informelle des opérations menées par le G7 prouvent que peu de nations sont disposées à prendre des engagements véritables. Du moins tant que les structures de management internes que chacune d'entre elles a été obligée de s'imposer rendront aussi aléatoire le bilan potentiel d'un accord international, quel qu'il soit. En conséquence, nous sommes toujours la proie des montagnes russes économiques, qui continuent leurs folles embardées.

III

Il est difficile d'aborder d'une manière sensée les changements substantiels à apporter à notre société. Ceux qui s'engagent dans la vie publique, et qui sont responsables de changements éventuels, font souvent obstacle à un débat ouvert au lieu de le faciliter. L'homme politique moderne, coupé généralement dans l'ensemble de la réalité et aiguillonné par une volonté de pouvoir sans but, ressemble de plus en plus à un bien de consommation.

Parmi les prototypes de ce produit, citons Harold Macmillan, courtois Premier ministre britannique du début des années soixante. Petit-fils d'un fermier, héritier d'une fortune bâtie par sa famille dans l'édition, il épousa la fille d'un duc, et peaufina ses manières de façon à les conformer à celles de la caste dirigeante. Il faisait beaucoup d'efforts pour donner l'impression – par le biais d'une défiance prudente et d'un sens de l'humour caustique – qu'il était beaucoup plus intelligent et qu'il contrôlait beaucoup mieux la situation que ce n'était en réalité le cas.

Son successeur, le chef du parti travailliste, Harold Wilson, s'appliqua au contraire à vulgariser son accent et ses manières, s'efforçant de paraître moins intelligent qu'il ne l'était. Il arborait en permanence à la bouche une pipe éteinte, sorte de symbole populaire de désinvolture que confirmait sa tenue vestimentaire. Son image finit par déteindre sur lui : il devint un brave type, digne de confiance, qui fumait la pipe. Or cette image n'avait rien à voir avec l'homme. Fils d'un chimiste industriel, Wilson fit ses études à Oxford. Il y prolongea son séjour pour collaborer au rapport Beveridge, qui posait les structures techniques d'un futur État-providence. Pendant la guerre, il fut directeur de l'Économie et des Statistiques au ministère de l'Énergie et l'instigateur du projet de loi travailliste sur la nationalisation du charbon. Bref, c'était le technocrate moderne par excellence. De surcroît, une fois au pouvoir, il contrôla farouchement les articles de presse le concernant. Pour y parvenir, il bénéficiait du précieux secours de Lord Goodman, l'une des grandes figures juridiques du pays.

Les hommes politiques ont toujours eu recours à des « accessoires ». Cela s'inscrit dans une tradition qui doit plus au théâtre qu'au camouflage. Churchill et Roosevelt furent parmi les derniers fleurons de l'ancien *look* cavalier : cape, combinaison à fermeture Éclair, uniforme militaire, fume-cigarette extravagants, cigares, chapeaux... Si on songe que l'un d'eux était obèse et l'autre invalide, on peut dire qu'ils jouèrent de leurs corps et de leurs visages sur une gamme de variantes infinies. Leur attitude physique – regards incendiaires, belliqueux, rires, fureur – communiquait instantanément au public une intention politique. Leur mode d'expression alliait des qualités patriciennes et populaires, une élégance franche et sans fioritures révélant la force de leurs propos. Ces maniérismes démontraient que les deux hommes étaient des non-conformistes en quête de changement.

Leurs jeux de scène n'avaient pas la même fonction que l'image unique, figée, que véhiculait la race d'hommes arrivés en force dans la politique en même temps que Macmillan et Wilson. Ces hommes nouveaux cherchaient *un* rôle dans lequel – ou derrière lequel – ils fonctionneraient à vie. Cette image les aidait à se faire élire. Ainsi travesti, l'homme politique servait les intérêts qu'il jugeait appropriés. Les adeptes de l'école Churchill-Roosevelt utilisaient des accessoires pour illustrer et vendre leurs options politiques. Les politiciens modernes s'en servent pour déguiser leurs idées et leurs activités.

L'homme politique actuel porte toujours le même type de complet. Les cameramen le repèrent sans mal, où que ce soit, semblable à lui-même, avec son image simple, familière, conçue pour le téléspectateur. Son seul problème est de savoir si son image a été judicieusement choisie. Tiendra-t-elle le coup lorsqu'il prendra de l'âge, à mesure qu'il progressera dans sa carrière ? Finira-t-elle par lui donner un air trop provincial ? Le liera-t-elle indéfectiblement à une période ou à une cause donnée ? L'idée est de trouver une image passe-partout, souple, qui résiste avec bonheur à tous les temps et à toutes les circonstances. Les relations publiques étant de plus en plus complexes en politique, ces images se résument désormais à deux catégories : l'homme d'État et le « populaire ». Formelle et informelle. Les costumes gris de Giscard, à veston droit, ou ses pantalons en flanelle grise portés avec un pull-over à col en V. Le costume présidentiel de Reagan ou sa tenue de cowboy. Le veston droit, simple, de Carter ou ses jeans. De nos jours, il est très rare qu'un homme politique se hasarde à présenter plus de deux images de lui-même. Il aurait trop peur de semer le trouble dans l'esprit des gens.

Pour illustrer cette situation, comparons la génération actuelle d'hommes politiques français avec le président Mitterrand, survivant d'une ère antérieure, vieille de deux générations. Mitterrand a beaucoup de présence, grâce à une culture et une intelligence remarquables, agrémentées d'une aura de mystère. Ses manteaux, ses chapeaux sombres et extravagants le rapprochaient de Léon Blum, premier des Premiers ministres français socialistes, personnage romantique de la première moitié du siècle, poète et duelliste avant de s'engager dans la vie politique. Mitterrand fut un résistant et il prit part à des épisodes encore obscurs de la guerre d'Algérie. Il a écrit de nombreux ouvrages politiques dans un style romantique raffiné. Un psychiatre dirait que ses fameux manteaux et ses chapeaux sont aussi des emblèmes du mystère dans lequel Mitterrand s'est toujours drapé pour éviter d'être épinglé par la politique à court terme.

La nouvelle génération d'hommes politiques français manque à la fois de mystère et de culture. Le complet gris étant un symbole d'efficacité, ils en portent tous un, se confondant ainsi avec les bureaucrates. Tous se conforment au postulat jésuite original selon lequel il convient de porter une tenue simple, non par humilité mais pour conserver l'anonymat. En fait de mystère, c'est le pouvoir et le secret qui se dissimulent derrière les discours et les tenues prévisibles des spécialistes. La plupart d'entre eux n'osent toujours pas sourire en public, de peur qu'on les confonde avec un acteur ou un chanteur, au risque d'oublier qu'ils sont des hommes d'État.

Même le Canada, qui se croyait réfractaire à cette forme de « conditionnement », a choisi à deux reprises, en la personne de Brian Mulroney, un homme politique livré dans une enveloppe en cellophane de superficialité glaciale. On le voit chanter *When Irish Eyes Are Smiling* en étreignant publiquement sa femme et ses enfants, puis jouer les hommes d'État, chuchotant, la mine grave, raide comme un piquet.

Bien entendu, ce sont les États-Unis qui dominent l'imaginaire occidental en la matière : les Américains ont donné le ton en produisant une pléthore de candidats présidentiels « en kit », comme si l'objectif en soi était une plastique présidentielle parfaite. Robert Dole, ancien candidat à la vice-présidence, leader de la minorité au Sénat, est un homme intelligent, qui a accompli suffisamment de choses dans sa vie pour prouver qu'il existe. Cependant, il a un tempérament orageux, qui l'a considérablement desservi. Par ailleurs, blessé de guerre, Dole a un bras atrophié. Or, de nos jours, on considère les difformités physiques comme funestes. Le monde des images, celle du prêtre catholique ou du monarque absolu, requiert un minimum de perfection physique. Le prêtre catholique doit être physiquement parfait, toute difformité sous-entendant quelque intervention obscure, plus ou moins en rapport avec les pieds fourchus. Quant au roi, il doit être beau et courageux, afin que ses sujets puissent jouir de sa gloire. L'homme politique moderne doit être parfait, c'est-à-dire parfaitement inoffensif. Il s'évertue à éliminer de sa personne toute particularité susceptible d'agacer le public. Dole en était couvert quand il se lança dans la course pour la nomination du candidat républicain aux présidentielles de 1988. Il loua les services d'une consultante, Dorothy Sarnoff, pour l'aider à redéfinir son image. Pendant la campagne, interrogée sur les changements de Dole, Miss Sarnoff répondit : « Bien sûr, je l'ai changé. C'est le meilleur élève que j'ai jamais eu. Un homme charmant, charmant. J'ai éliminé tout ce qui était factice chez lui. » Un autre conseiller, John Sears, architecte de la victoire de Ronald Reagan aux primaires de 1980, ajouta : « La compétence ne peut suffire à vous assurer d'être désigné. Si Bob Dole peut convaincre les gens qu'il a une vision crédible et meilleure que celle de ses rivaux, il sera désigné et élu [3]. »

Le mot « vision » paraît déplacé dans cette phrase. Dans la bouche de Sears, il se confond avec image, tout en continuant à suggérer l'art de gouverner et la magnanimité. Il emploie le mot « vision » pour signifier « image », de la même façon qu'on dit « nos chers disparus » en parlant des morts. Quelques mots et un sourire inoffensif. « Une Amérique plus douce et plus sereine. » Pas question de parler politique. Ni d'indiquer quand et comment les choses se feront. Une étiquette *soft*, lisse, reflétant l'humeur du moment. Dole a échoué. Mais ce qui est intéressant, c'est précisément que Miss Sarnoff et M. Sears se soient sentis libres de parler ainsi en public, pendant la campagne, en sachant pertinemment que leurs propos seraient rapportés.

Le terme générique attribué à ce phénomène est *politique de la personnalité*, qui signifie exactement l'inverse de ce qu'il dit. Il s'agit d'inventer une personnalité là où il n'y en a pas, ou de la contrôler et de la déguiser lorsqu'elle est trop apparente. Même dans ces circonstances, il arrive que ces personnages fabriqués échouent lamentablement, parce qu'ils ont été mal choisis ou mal exploités par rapport au monde réel.

Il n'est donc pas surprenant que les hommes politiques modernes évitent, dans la mesure du possible, tout face-à-face aléatoire avec la réalité. Ils tentent de limiter leurs apparitions en public et devant la presse à des événements fabriqués qui fournissent des fac-similés de la réalité.

Des clichés banals les représentant l'oreille collée au téléphone ou un casque de mineur sur la tête font partie de l'arsenal des hommes politiques et de leurs conseillers. Or ce sont simplement des images figées d'une entreprise beaucoup plus compliquée. Ce qui compte, ce sont les événements fabriqués dans leur globalité; ils ont une valeur symbolique et sont orchestrés dans les moindres détails, comme pour un tournage de film. On se souvient par exemple que George Bush entama sa première journée présidentielle en allant rendre visite à son vice-président, au bout du couloir. Annoncée officiellement, cette démarche devait montrer la confiance que le Président mettait en Dan Quayle, déjà vertement critiqué pour son incompétence. Il ne se passa rien; aucun propos important ne fut échangé dans le bureau de Quayle. On imagine fort bien le vice-président se levant de derrière son bureau pour accueillir le Président et échanger une poignée de main avec lui. Il s'agissait d'une visite purement symbolique : le Président avait honoré le vice-président en prenant la peine de se déplacer.

La vie de douzaines de présidents et de Premiers ministres est jalonnée de ce genre de simulacres. Certains sont tout à fait extraordinaires. Lorsque Mme Thatcher fit une apparition aux funérailles des victimes de la catastrophe aérienne de Lockerbie, elle souhaitait témoigner sa compassion pour les souffrances de citoyens ordinaires. Cet épisode eut lieu à un moment où de nombreux Britanniques trouvaient que le Premier ministre et sa politique économique ne servaient que les riches. Le voyage de rigueur des leaders occidentaux dans les camps de réfugiés situés à la frontière du Cambodge manifeste incontestablement un souci humanitaire. Alors que si les troubles cambodgiens se prolongent depuis plus de dix ans, c'est en grande partie parce que l'Occident a des attitudes ambiguës vis-à-vis des différentes parties intéressées.

Des centaines de mini-événements de ce type se produisent chaque jour. Ce sont les équivalents des déplacements royaux – ou plutôt d'un protocole approprié à une royauté ruritanienne. Sauf que, dans ces cas, les acteurs ne sont pas des princes fictifs évoluant dans un récit romantique et divertissant.

Ils possèdent aussi toute une panoplie de scènes factices qui n'ont même pas l'intérêt d'être symboliques. Les fameux saluts du Président Reagan demeurent l'exemple en la matière. En sa qualité de commandant en chef, il était logique qu'il reçoive le salut des soldats de la nation. En revanche, on est en droit de se demander pourquoi le Président lui-même, en civil, leur rendrait la politesse. Pour Reagan, cependant, ébaucher un salut militaire devant des assemblées politiques et des caméras de télévision ne portait pas à conséquence. En réitérant ce geste à sa dernière apparition devant la Convention républicaine, il tourna en dérision ses responsabilités de commandant en chef des armées. Le salut n'est-il pas l'un des rares gestes symboliques qui signifient encore quelque chose ? Il représente le rapport d'obéissance entre ceux qui commandent et ceux qui sont disposés à risquer leur vie si on leur en donne l'ordre.

Quelques jours avant l'entrée en fonctions officielle du Président Bush, la Maison Blanche révéla les événements qui présideraient au départ de Ronald Reagan de la présidence et de Washington. Après la cérémonie, le Président Bush accompagnerait M. Reagan jusqu'à un hélicoptère posé dans les jardins du Capitole. Au moment de pénétrer dans l'appareil, M. Reagan se retournerait et saluerait son successeur. La presse rapporta fidèlement ce scénario préparé avec soin, afin que chacun y prêtât attention. Ce geste alliait vaguement celui de saint Jean Baptiste baptisant le Christ dans le Jourdain et celui du général Douglas MacArthur (destitué en 1951 de ses fonctions de commandement dans la guerre de Corée) concluant son pathétique plaidoyer d'autodéfense devant les deux

296

chambres du Congrès en disant : « Les vieux soldats ne meurent jamais ; ils se contentent de s'éclipser. » Si le Président Bush n'avait pas répondu par un autre salut, le symbolisme de ce geste aurait fait l'objet d'interminables débats dans tout Washington. S'agissait-il d'une insulte délibérée ? D'une déclaration d'indépendance ? D'une trahison ? Le lendemain, le *Washington Post* rapporta : « Sur les marches de l'hélicoptère, M. Reagan salua M. Bush, lui-même sur les marches du Capitole. Après quoi, M. Bush lui rendit son salut [4]. »

Cette semaine-là, nous avions été inondés d'images et de sons sans aucun rapport avec la réalité. Dans son discours d'adieu, le Président Reagan avait beaucoup insisté sur l'effet que ses huit années à la Maison Blanche avaient eu sur le monde :

> Autre chose encore que nous avons appris : une fois qu'on a lancé un grand mouvement, il est impossible de savoir où il s'arrêtera. Nous avons voulu changer une nation. Nous avons changé le monde. Tous les pays se tournent vers le marché libre et la liberté d'expression [Remarquez l'ordre.] en renonçant aux idéologies du passé. Pour eux, la Grande Redécouverte des années quatre-vingt a été qu'une méthode de gouvernement éthique est une méthode de gouvernement applicable [5].

Cinq jours après, le département américain de la Justice publiait les résultats de son enquête interne concluant qu'Edwin Meese, ami du Président Reagan, avait enfreint d'innombrables fois les normes de l'éthique fédérale. Il avait eu « une conduite qui ne pouvait être tolérée de la part d'aucun employé du gouvernement, et encore moins du ministre de la Justice [6] ».

Quelques jours plus tard éclatait l'un des pires scandales financiers de l'histoire de la politique française moderne : une affaire de délit d'initiés impliquant des amis du président Mitterrand. Le directeur du cabinet du ministre des Finances fut le premier à démissionner. Dans les jours qui suivirent, le gouvernement britannique mentit quotidiennement au public afin de couvrir le scandale provoqué par une épidémie de salmonellose due à des œufs. Cette attitude a semble-t-il été provoquée par la crainte d'un brusque effondrement des ventes d'œufs. Cette même semaine, les grands procès italiens contre la Mafia connurent des retours de flamme, avec une série d'acquittements accompagnés de lourdes insinuations relatives à l'ingérence de pouvoirs obscurs dans le processus judiciaire. Cela confirma que le crime organisé jouissait d'une influence plus forte que jamais dans les affaires et le gouvernement italiens. Le même mois, une ministre suisse, accusée de manœuvres politico-financières, fut contrainte de donner sa démission. Une histoire de corruption politique prit une ampleur considérable en Autriche, tandis qu'à Athènes le scandale Koskotas éclatait de nouveau, éclaboussant un ami intime du Premier ministre grec, qui n'allait pas tarder à tomber à son tour. Pendant ce temps, plusieurs ministres et hauts fonctionnaires japonais démissionnaient sous le coup d'une affaire de corruption industrielle. L'ancien Premier ministre lui-même, Nakasone, considéré comme le plus américanisé des leaders japonais, était impliqué. Quelques semaines plus tard, au Sénat américain, commençaient les auditions de l'ex-sénateur Tower, qui devaient mettre en lumière la corruption légale – et non pas illégale – croissante des représentants du peuple. Moins d'un an plus tard, Reagan se rendait au Japon au nom d'une entreprise japonaise [7]. Pour user de son immense prestige, il se fit payer 2 millions de dollars. Ne jouissait-il pas d'une cote de popularité de 68 % au moment où il avait quitté Washington ?

Nous sommes bien forcés d'en conclure que le peuple américain crut en son image, mit en doute les événements, prêta foi à une réalité fabriquée, refusa de croire à ce qu'il avait sous les yeux. Lorsque les auditions de l'Iran-Contra démontrèrent que le Président n'était pas au courant de ce qui se passait autour de lui, l'acteur vieillissant enchaîna une série d'actes symboliques, destinés à prouver qu'il avait la situation bien en main. Le scénario exigeait qu'il se rendît au Pentagone, déambulât dans les couloirs pour y rencontrer et consulter les chefs d'état-major, puis donnât une conférence de presse pour faire état des résultats de ses consultations. À chaque étape, les photographes étaient là. Des images furent ainsi scrupuleusement fabriquées et transmises.

Produit de la remarquable école hollywoodienne de films de série B, puis de la publicité télévisée, Reagan avait tous les outils en main pour creuser l'écart déjà large entre l'illusion et la réalité dans les débats publics. D'ailleurs, c'est un talent qu'il a toujours possédé. Dans ses mémoires préprésidentielles, *Where's The Rest of Me*, il parle de son expérience pendant la guerre, lorsqu'il tournait dans des films destinés à l'entraînement des pilotes de bombardiers, comme s'il avait lui-même pris part aux combats. Certes, il ne le dit pas vraiment. Mais c'est tout à fait l'impression que donne son texte.

Son professionnalisme permit à Reagan de créer des images percutantes aux yeux de critiques honnêtes et compétents, qui s'évertuèrent en vain à rendre compte d'une réalité catastrophique. Ils n'eurent aucun effet sur le public contre les victoires imaginaires et les images rassurantes confectionnées par le Président. Les organisateurs de débats publics, hommes politiques, journalistes et intellectuels, concluaient que le problème venait du citoyen, manifestement incapable de faire la différence, pourtant évidente, entre la réalité et la propagande. Que le public eût un problème, cela ne faisait aucun doute. Mais ce problème venait d'ailleurs, et un citoyen, ou même un groupe de citoyens, ne pouvait pas grand-chose pour remédier à la situation.

Quant à la presse, principale source d'informations plus ou moins impartiales, jamais elle ne s'est trouvée dans une situation aussi délicate. Il lui est presque impossible de concevoir des images qui reflètent les réalités politiques. Tout simplement parce que les personnages publics ne prêtent pas le flanc à la critique.

Même George Bush n'eut aucun mal à présenter des images servant sa cause. La guerre du Golfe lui offrit maintes occasions de simuler le grandiose et l'historique. Cependant, quelque temps après son arrivée à la Maison Blanche, on trouvait dans les journaux du monde entier des articles comme celui-ci, du *London Times* :

> Spontanément, le Président Bush a fait ce week-end une promenade de cinq kilomètres en dépit d'un froid mordant dans sa petite ville natale de Kennebunkport, dans le Maine, en compagnie de sa femme Barbara et de son chien Millie, pour aller acheter des rasoirs à la pharmacie locale. Son chargé de presse n'ayant pas été prévenu, il dut partir en courant pour rattraper le Président, qui portait pour l'occasion un chapeau en fourrure[8].

Pourquoi cette balade? Pour montrer que Bush était un type comme tout le monde, qu'il n'avait pas la grosse tête! L'artifice de cet épisode ne permet pas de savoir si le message est exact. Plus précisément, on voit mal le rapport avec les fonctions officielles du Président.

Les détenteurs du pouvoir bombardent les médias de ces images fabriquées et segmentées que nous ne pouvons ignorer, bien qu'elles soient fausses, car les acteurs sont bel et bien ceux qui composent les gouvernements. En emplissant la scène publique de ces simagrées, ils ont déformé, pour ne pas dire totalement noyé, la réalité. Dans une atmosphère pareille, il est impossible pour la presse d'aider le citoyen à participer à un débat ouvert sur les affaires publiques. Les autorités refusent d'en débattre. Dans leur esprit, communiquer signifie contrôler la manière dont on présente la politique gouvernementale, par l'intermédiaire de personnalités imaginaires et d'événements factices.

CHAPITRE XII

L'art du secret

En Occident, tout est secret. À moins qu'il en ait été décidé autrement. Notre civilisation ne cesse de vanter l'inviolabilité de la liberté de parole, mais elle opère comme si elle s'en méfiait plus que de toute autre chose. Ce penchant pour l'occulte a joué un rôle essentiel dans la déformation de la démocratie. Les experts comme les leaders Héroïques ont trouvé dans le secret un allié naturel. Le mot *secret* lui-même est devenu l'un des termes les plus populaires en ce xxᵉ siècle. Nous l'avons élevé au panthéon verbal où figuraient déjà *management, planning, systèmes* et *efficacité*. Or, de tous, seul le *secret* n'est pas une obsession nouvelle.

Cinq cents ans avant Jésus-Christ, Sun Tse donnait déjà des conseils sur l'usage du secret dans le domaine militaire. Il insista beaucoup sur le rôle qu'il pouvait jouer pour remporter la guerre rapidement et à peu de frais. Le caractère chinois qu'il utilisa pour représenter le concept du secret symbolisait « l'espace entre deux objets » : l'intention était de diviser l'ennemi par le biais d'une préconnaissance [1]. Sun Tse fit preuve d'une grande précision à cet égard. Il répertoria cinq types d'agents secrets, chacun doté d'une fonction spécifique : les agents intérieurs (responsables choisis dans les rangs ennemis et payés pour trahir), les agents doubles (espions infiltrés chez l'ennemi, payés pour trahir leur commanditaire) et les agents « sacrifiables » (auxquels on donnait délibérément de fausses informations) sont les plus remarquables.

Sun Tse partait du principe que cet outil devait être employé de manière précise, en d'autres termes avec modération, afin de réaliser des objectifs spécifiques. Le secret en soi n'est pas la norme ; les choses sont par nature ouvertes, dans la mesure où il n'y a rien de foncièrement secret en elles. L'usage limité et prudent d'informations partielles et la tromperie pouvaient se révéler fort efficaces. Sun Tse insistait sur le fait que, pour produire son effet, le secret devait être un moyen rigoureux, non pas une fin en soi ; il n'était pas pour autant destiné à tout le monde. La réussite exigeait qu'on prît pour guide une fin justifiable et une volonté éthique. « Celui qui n'est pas sage et prudent, humain et équitable, ne peut avoir recours à des agents secrets. » Ou encore : « Seul le souverain éclairé et le général estimable capables d'utiliser comme agents les hommes les plus intelligents sont certains d'accomplir de grandes choses. » Il ne s'agit pas là de propos moralisateurs. Sun Tse était un homme à l'esprit pratique, qui faisait toujours la différence entre l'illusion du succès et un succès véritable.

Notre appréhension du secret est très différente. La révolution rationnelle nous a donné la conviction que la vérité est un fait ou un ensemble de faits. Cette prémisse est devenue un mode de vie en soi, une partie intégrante de la civilisation occidentale fondée sur les notions de structure et de compétence. Les individus dotés d'aptitudes ou d'autorité travaillent dans le cadre de ces structures et exercent un contrôle sur un élément de la vérité moderne. Leur responsabilité consiste à faciliter le fonctionnement du rouage qui leur incombe. Pour réussir dans cette entreprise, il leur faut se conformer. Sur le plan individuel, le seul pouvoir à leur disposition revient à gêner les opérations. Dans ces structures complexes, cette obstruction prend la forme d'une dissimulation : d'informations, le plus souvent, ou de compétences.

Or le secret n'a rien à voir avec ce que suggèrent les lois sur la sécurité de l'État, un domaine spécifique dissimulant des bribes d'informations sensibles, dans l'intérêt commun. Ce qui ne nous empêche pas d'être fascinés par les secrets d'État. Nous les imaginons d'une importance extrême. À mesure qu'ils se multiplient, la menace et l'émoi suscités par nos ennemis, qui tentent de découvrir ces précieuses vérités, vont croissant. C'est le côté « comédie musicale » du secret ; car la sécurité de l'État et l'espionnage sont en définitive les aspects les moins importants du système. On peut imaginer que la plupart des nations détiennent deux ou trois secrets spécifiques, précieux, ou tout au moins dignes d'intérêt. Tout le reste est tenu caché artificiellement. Notre vrai problème est au fondement de cette dissimulation : par nature, la raison encourage chaque citoyen à recourir au secret pour servir son pouvoir personnel.

Il ne s'agit pas d'un phénomène endémique. La société médiévale était organisée d'une manière tellement tranchée, entre les relations contractuelles féodales et la force brute, qu'il ne restait pas de place pour la clandestinité ou des structures stratifiées qui transformeraient un secret en une arme sociale importante. Dans cet univers rude, les actes humains fondamentaux étaient publics ; on y confondait le nécessaire et le licencieux. La raison suscita l'idée que l'homme était plus dissimulé qu'apparent et, comme toujours dans le développement de la pensée rationnelle, Machiavel en fut le pionnier. Le courtisan, le manipulateur d'antichambre, l'intrigant de couloirs soutenait qu'un homme devait cacher beaucoup de choses s'il voulait surpasser ses rivaux.

Après Machiavel survint le bien intentionné Érasme, appelé à devenir l'intellectuel et l'humaniste le plus influent de la Renaissance en Europe du Nord. Les deux hommes semblaient orientés dans des directions diamétralement opposées. Érasme préconisait que le christianisme renonce aux discussions théologiques dogmatiques pour en revenir au simple message du Christ. Son approche critique sapait les truismes de la scolastique médiévale et ouvrait la voie au siècle des Lumières. Malgré cela, il fut aussi le père de la morale conventionnelle de la classe moyenne.

Érasme vantait les mérites de la discrétion, censée refréner le licencieux en modérant le comportement de l'individu en public :

> Il est mauvais pour la santé de retenir l'urine, honnête de la rendre en secret. Certains recommandent aux jeunes de retenir un vent en serrant les fesses. Eh bien! Il est mal d'attraper une maladie en voulant être poli. Si l'on peut sortir, il faut le faire à l'écart. Sinon, il faut suivre le vieux précepte : cacher le bruit par une toux [2].

« Utiliser un bruit pour en cacher un autre » : cette pratique allait devenir la marque de l'homme éduqué.

Machiavel et Érasme n'étaient pas si éloignés l'un de l'autre dans leur vision de l'individu. Dans le nouveau comportement qu'ils prônaient résidait ce qu'on pourrait appeler discrétion ou secret, qu'il s'agisse de soulager ses entrailles ou de manipuler les gouvernements. Ce secret accompagna tout du long l'essor de la raison. À partir de ce que ces philosophes laissèrent entendre, l'Inquisition trouva confirmation de sa vieille conviction selon laquelle tous les hommes cachent quelque chose. Les inquisiteurs conclurent en toute rationalité qu'il suffisait de poser des questions pour que la vérité soit révélée. Bien sûr, il était possible de procéder à un interrogatoire sans recourir à la torture. Mais la torture garantissait l'obtention de réponses. Or, on s'en souvient, la raison pose que pour chaque question il existe une réponse. C'est-à-dire la *vraie* réponse. Loyola, emboîtant le pas à Machiavel, était beaucoup plus intéressé par la manière de structurer lesdites questions, afin d'obtenir la réponse appropriée. Il maîtrisait parfaitement la technique de la discrétion – ou plutôt de la duperie – au service de Dieu, et entreprit de l'élever au rang d'un art dans l'organisation et l'argumentation.

Richelieu reprit ces idées et les développa au service de l'État-nation. Il fit de la possession du savoir son arme la plus précieuse : le savoir reçu avant les autres, le savoir intercepté à l'insu de l'expéditeur ou du destinataire, le savoir dissimulé, peut-être à jamais, ou pour un usage ultérieur, le savoir utilisé opportunément pour vaincre autrui ou convaincre le roi... Ou encore le faux savoir : faits fabriqués de toutes pièces, citations inventées, diffamation, bonnes nouvelles propagées pour aider sa propre cause... Tout cela s'édifia sur la base d'un réseau incomparable d'informateurs et d'espions à l'échelle continentale. L'art d'acheter des informateurs fut incontestablement l'une des grandes contributions de Richelieu au gouvernement moderne. En définitive, le secret, associé au rôle de tout premier ordre joué par le courtisan, remplaçait l'intelligence par la ruse, qualité indispensable pour quiconque caressait l'espoir de gagner du pouvoir dans les affaires publiques.

Sir William Temple, diplomate britannique, au demeurant mécène de Jonathan Swift, fut l'un des premiers à revenir de cette obsession en appliquant le bon sens au service public. Temple estimait que, dans les négociations, la bonne foi donnait beaucoup plus de crédit que les soupçons engendrés par la ruse [3]. Il mit son idée à l'épreuve en 1677, lorsqu'il négocia le mariage de la princesse Mary avec Guillaume d'Orange – les futurs Marie II et Guillaume III. Cet arrangement eut exactement l'effet escompté. Il tissa des liens souples entre la Grande-Bretagne et les nations européennes qui avaient embrassé la Réforme, stabilisant ainsi la position religieuse modérée de l'Église anglicane. Puis il écarta la querelle dynastique britannique, qui opposait deux absolutismes, en l'orientant vers une interprétation plus contractuelle et limitée de la monarchie. La modération prudente que l'on a associée à la politique britannique des deux siècles suivants, et qui fut fort admirée, procédait en grande partie de cet arrangement.

Il faudrait comparer ce dernier aux négociations secrètes, brillantes et astucieuses, menées par Richelieu cinquante ans plus tôt pour marier le fils et la fille d'Henri IV à des princes d'Espagne. Le cardinal souhaitait un règlement raisonnable avec les protestants français et redoutait l'influence des catholiques espagnols sur la France. Il tenta de neutraliser cet élément par des unions franco-espagnoles : en 1615 le futur Louis XIII épousait Anne, fille du roi d'Espagne, tandis qu'Élisabeth, la sœur de Louis, voyait son sort lié au futur Philippe IV d'Espagne. En apparence, ces mariages rassuraient les forces conservatrices françaises et unifiaient l'Europe catholique. En réalité, Richelieu pensait qu'avec ce coup double il ferait de Madrid, l'ennemi manipulateur, un allié maniable.

Curieusement, il n'avait pas songé que ces deux mariages et les enfants qu'ils produiraient généreraient leur logique propre. En dix ans, on vit des résultats exactement opposés à ceux qu'avait espérés le cardinal. Au lieu de neutraliser les catholiques et de ramener les protestants dans le courant, Richelieu avait suscité une situation qui aboutirait à la révocation de l'édit de Nantes et à l'expulsion de la communauté protestante. La confusion engendrée par ce maniement réussi du secret, dans un domaine crucial pour l'État, propulsa la France, écartelée entre la réforme de l'État et le pouvoir religieux, dans une schizophrénie dont elle ne s'est toujours pas totalement remise. La crise de l'école privée, survenue lors du premier mandat du président Mitterrand, était, d'une certaine manière, un écho éloigné de cette sourde confusion issue de mariages espagnols orchestrés par Richelieu. Au début des années quatre-vingt, les autorités françaises essayèrent de consolider la position de l'éducation publique en affaiblissant le financement des écoles privées catholiques. Des siècles de révolution et de réforme politique n'avaient pas réussi à séparer clairement l'Église et l'État, et en cette fin du XXe siècle le gouvernement échoua une fois de plus.

Les philosophes du XVIIIe siècle s'en étaient pris au secret et à la ruse, de la même façon qu'ils s'étaient attaqués à Machiavel et aux jésuites. Toutefois, tant qu'ils mettaient la vérité franche et la raison en équation, ils se liaient à un système qui portait en lui le secret.

En 1787, Jefferson écrivait à Madison, depuis Paris :

> Dire pour finir si la paix est mieux préservée en donnant de l'énergie au gouvernement ou des informations au peuple. Cette deuxième proposition est le moteur le plus sûr et le plus légitime du gouvernement. Éduquer et informer toute la masse des citoyens. Permettons-leur de voir qu'il est dans leur intérêt de préserver la paix et l'ordre, et ils le feront.

Cette attitude était en opposition avec celle des fédéralistes d'Alexander Hamilton, au point de vue beaucoup plus expédient et élitiste. Dans son premier discours d'entrée en fonctions, Jefferson réitéra son engagement pour une approche ouverte et directe, « la diffusion d'informations et l'interpellation de tous les abus à la barre de la raison publique ». Les fédéralistes avaient détenu un pouvoir considérable pendant douze ans et leurs méthodes avaient entraîné de graves corruptions et des manœuvres mercantiles. Le nouveau Président adressa immédiatement une lettre à son secrétaire au Trésor :

> Nos prédécesseurs se sont employés, grâce aux dédales de leur système et aux louvoiements de leurs investigateurs, à tout dissimuler et protéger de la découverte. J'espère que nous irons dans la direction inverse, et [que] par nos réformes honnêtes et judicieuses [...] nous ramènerons les choses à ce système simple et intelligible sur la base duquel elles auraient dû être organisées d'emblée.

Or Jefferson n'avait pas compris que la raison elle-même était à l'origine des complexités du système. L'élitisme rationnel confiait le pouvoir à ceux qui l'avaient mérité. En réalité, il bénéficiait à la classe nantie, exclusivement préoccupée de ses intérêts. C'était là un complément à la conviction d'Alexander Hamilton selon laquelle l'État pouvait être assuré d'une situation stable s'il liait le sort des institutions financières fédérales à celui des riches, dont la prospérité dépendrait alors, selon la formule de James Flexner, de l'autorité fédérale. Ce fut cet esprit hamiltonien, si proche de l'opinion rationnelle européenne, qui devait marquer à long terme le gouvernement des États-Unis : l'intronisation de l'Héroïque, l'opportunisme financier et une vision optimiste de ce que la détention d'une charge officielle pouvait accomplir [4]. Le pouvoir était nécessaire à l'édification de systèmes parfaits. On pouvait compter sur la vénération indissociable de l'Héroïsme et du pouvoir pour occulter les machinations inspirées par l'intérêt personnel et déformer les volontés du public. La foi de Jefferson en une sorte de raison imaginaire ne lui permit pas de voir que l'essentiel de son labeur était motivé par le bon sens et la probité.

Dès l'avènement des gouvernements raisonnables, il n'y eut aucun doute sur ce que les systèmes rationnels feraient de l'information dont la divulgation ne pourrait se réaliser à leur avantage. En revanche, personne n'aurait pu imaginer que, d'un système où des informations sélectionnées étaient consciemment dissimulées par les détenteurs du pouvoir, on passerait progressivement à un système où seules des informations sélectionnées seraient diffusées. Il faut revenir sur cette notion. À la fin du XVIIIe siècle, toute information était publique, hormis les données retenues de façon délibérée. Dès la deuxième moitié du XXe siècle, au contraire, toute information était réservée, à moins qu'on ne décidât sciemment de la propager.

Est-il possible qu'un si grand nombre de secrets dangereux aient surgi ? Comment cela nuirait-il à un Anglais ou à la nation britannique tout entière de connaître les noms et les responsabilités des commissions interministérielles ? Ou de savoir quels membres élus en font partie ? Un citoyen ne doit-il pas savoir s'il court des risques de radiation ? La vie de chacun d'entre nous est faite d'une multitude de questions de ce genre, qui restent sans réponse.

Il n'y a pas davantage de secrets de nos jours. Simplement, la nature du secret a changé. Sous sa forme la plus pure, le secret était, et demeure, une information qui, tombée entre de mauvaises mains, pourrait causer préjudice à l'État. Or rares sont les informations qui peuvent avoir cet effet. Les États peuvent être lésés par l'épuisement de ressources spécifiques ou par des bouleversements technologiques. Le plus souvent, les problèmes d'un État tiennent au refus des élites nationales de faire leur travail, c'est-à-dire d'offrir un leadership compétent et de protéger les intérêts de la population. Il peut s'agir d'une gestion inadéquate des ressources, d'une incapacité à s'adapter aux changements technologiques ou simplement d'une perte d'intérêt pour le leadership ou pour la gestion. Il se peut que des élites ruinent leurs nations par mégarde en profitant des satisfactions du pouvoir sans en assumer les responsabilités. Mais tout cela n'a rien à voir avec le secret.

De temps à autre, il arrive qu'un secret soit utile. L'emplacement et l'horaire d'une attaque militaire, par exemple. Ou l'ampleur d'une formation combattante à un certain moment et en un lieu donné. Cependant, ce genre d'information ne reste pas secrète bien longtemps. En outre, le secret n'est pas forcément une bonne chose pour la défense, car le fait de la connaître peut se révéler dissuasif. Quant aux renseignements sur les nouveaux armements, le camp adverse en tire rarement parti. L'histoire militaire a montré que les victoires éclairs vont généralement au meilleur commandant, non à l'armée la plus importante ou la mieux équipée, ni à celle qui dispose d'armes secrètes.

Dans la réalité, ces espions trahissant des secrets n'en jouent pas moins un rôle dramatique. La trahison est un thème central dans toutes les civilisations. Elle est aussi dérangeante pour l'individu que pour l'ensemble de la communauté : parce qu'elle résulte toujours d'un choix personnel de la part du traître, elle est ressentie personnellement par le (ou les) trahi(s).

Cependant, il n'existe aucune équation entre le sens profond de la trahison et l'importance relative de secrets spécifiques. Une affaire aussi infâme que celle de Julius et Ethel Rosenberg démontre fort bien cette ambiguïté. Citoyens américains, communistes convaincus, ils livrèrent des secrets nucléaires aux Soviétiques ; arrêtés en 1950, inculpés, jugés, ils furent exécutés en dépit d'une controverse d'envergure internationale. Si on met de côté tout ce que l'on a pu dire à l'époque, en matière d'idéologie, de loyauté, de patriotisme et de trahison, il reste le secret lui-même, et une estimation de sa valeur.

La fission nucléaire fut découverte à la fin de 1938 par Otto Hahn, à l'Institut Kaiser Wilhelm. Cette désintégration de l'atome ne constituait ni un secret ni une découverte isolée. Elle s'inscrivait dans un processus à long terme répandu à travers tout l'Occident. Moins d'un mois après la découverte de Hahn, on débattait publiquement de la question à la cinquième conférence de Washington sur la physique théorique. La crainte que l'Allemagne ne prenne une longueur d'avance incita un certain nombre de scientifiques à faire pression sur les gouvernements alliés, afin qu'ils accélèrent le mouvement. Le plus célèbre d'entre eux, Albert Einstein, proche de Hahn et ancien directeur de l'Institut Kaiser Wilhelm, fut encouragé par ses collègues à prendre la situation en main. Einstein consentit à écrire au Président Roosevelt pour préconiser une démarche scientifique concertée. Cette initiative donna naissance au Manhattan Project, qui fut à l'origine de la première bombe atomique.

Ce succès résultait en partie d'une concertation internationale de scientifiques dans le camp allié. Les Allemands n'avaient pas su exploiter leur avance, pour différentes raisons. Les nazis avaient estimé que le domaine nucléaire touchait à une science juive impure. Ils avaient aussi perdu un certain nombre de leurs grands savants, juifs et antinazis. Enfin, les débouchés pratiques de la recherche nucléaire demeuraient incertains. On comprend que des scientifiques évitent de faire des promesses à un gouvernement susceptible de les jeter en prison ou de les tuer s'ils ne fournissent pas les résultats escomptés. La course pour la première bombe était donc, dans une large mesure, imaginaire. Et le secret n'y joua pas un rôle significatif.

Le 6 août 1945, soit six ans et demi après la découverte de la fission nucléaire, les Alliés lâchaient la première bombe nucléaire sur Hiroshima. Un grand nombre de scientifiques qui avaient pris part à la mise au point de cet engin de mort s'opposèrent à son largage, sous prétexte que l'explosion fournirait aux Soviétiques les quelques éléments qui leur manquaient pour rattraper leur retard. Or si les Soviétiques étaient vraiment si près du but, quelle différence y avait-il entre le fait de larguer la bombe et celui de divulguer suffisamment d'informations à son sujet pour faire naître un utile climat de peur? Quatre ans après Hiroshima, l'URSS testait sa première bombe. C'était en 1949. L'année suivante, les Rosenberg étaient arrêtés.

Combien de temps dura leur trahison? Six mois? Un an? Deux ans? Aujourd'hui, il semble peu probable qu'ils aient transmis des renseignements véritablement exploitables. On peut être certain que les secrets des Rosenberg n'avaient rien changé à l'issue d'une guerre ou à l'équilibre des pouvoirs. Pourtant, ce fut l'une des plus grandes trahisons de ce siècle. Aucun autre progrès militaire ne pouvait rivaliser en importance avec la bombe nucléaire.

Quant aux secrets civils, ce ne sont pas vraiment des secrets. Plutôt que de sécurité, il s'agit de techniques de négociation. Sir William Temple a démontré, nous l'avons vu, que les meilleures tractations sont sensées, et tiennent bon devant n'importe quelle analyse. Le secret sert à vendre de mauvaises affaires, et celles-ci tiennent rarement après coup, hormis les déformations complexes de la réalité.

Il n'existe pas plus de secrets de nos jours que du temps de Sun Tse; mais nous en sommes venus à leur vouer un véritable culte. La courte vogue de l'existentialisme, au milieu du xxᵉ siècle, illustre précisément ce qui s'est passé. Une philosophie proclamant que les gens seront jugés d'après leurs actes ne pouvait se maintenir longtemps en Occident. Nous estimons que les gens *sont* ce qu'ils savent et peuvent être évalués en termes de pouvoir, c'est-à-dire en fonction de l'information qu'ils contrôlent. Dans une société fondée non sur l'action mais sur des systèmes, c'est notre place à l'intérieur du système qui détermine notre importance.

La mesure de notre pouvoir se fonde sur des connaissances transitant par la position que nous occupons ou que celle-ci produit. Bizarrement, notre société se caractérise par le fait que l'individu peut plus aisément exercer un pouvoir s'il se réserve le savoir qu'il détient. Il bloque le flux d'informations, de documents ou d'instructions, entre le maillon de la chaîne qu'il représente et le suivant. Sans beaucoup d'efforts, il est en mesure de modifier l'information dans une proportion plus ou moins importante. Brusquement, il cesse d'être un chaînon pour devenir un obstacle. Il démontre ainsi sa propre existence, ne serait-ce que pour lui-même.

Les principes établis par Érasme et Richelieu ont été poussés à l'extrême d'une manière tellement absurde qu'on a encouragé ces mesures de rétention, au point d'en faire une véritable religion de la constipation. Il faut souligner que, au-delà de la civilisation rationnelle judéo-chrétienne, la constipation physique cesse d'être un phénomène culturel. De la même façon que, en dehors de l'Occident, l'apprentissage de l'hygiène prend des formes positives, rassurantes, voire plaisantes, à l'opposé de l'attitude contrainte et disciplinée que nous avons pour ce que nous considérons comme une fonction désagréable [5]. Dans les sociétés bouddhistes et confucianistes, l'idée d'exercer un pouvoir par le biais de la « rétention » est inconnue. Le concept du secret demeure, mais sous une forme différente ; ce n'est pas la préoccupation première. Le monde islamique lui-même, dont les racines religieuses sont identiques aux nôtres, a tiré des conclusions distinctes et s'est engagé dans une autre direction.

Dans le système occidental, où tout est secret à moins qu'on n'ait sciemment décidé qu'il en serait autrement, la première victime est le citoyen, lui-même générateur de secrets. Le calcul est simple : l'individu contrôle un fragment d'un savoir exclusif, dont les autres parcelles sont dissimulées dans le reste de la population. Le secret généralisé a engendré une incertitude si terrible dans nos sociétés que les citoyens ne croient plus guère en leur aptitude à juger des affaires publiques. Ils se plaignent continuellement qu'ils n'en savent pas suffisamment pour prendre des décisions. Ils ont le sentiment que les informations qu'ils ont à leur disposition ne seraient pas si faciles à obtenir si elles valaient vraiment la peine d'être connues. D'où une anarchie mentale et un abattement qui les empêchent d'user à bon escient des pouvoirs considérables acquis par la société démocratique. Ils sont intimement convaincus qu'on leur cache des informations essentielles.

En réalité, des informations plus que suffisantes sont disponibles dans la plupart des domaines. La difficulté consiste à dégager une logique de cet océan de faits complexes dans lequel nous semblons souvent nous noyer. Les gouvernements ont recours à la quantité autant qu'à la dissimulation pour « vendre » leur point de vue. L'assaut des faits venus de l'étranger peut être neutralisé par une bordée de faits gouvernementaux. Les autorités, les grandes entreprises ont toujours davantage de données à leur disposition que leurs détracteurs : c'est l'un des privilèges du pouvoir. Elles ont également accès à des instituts de recherche placés sous leur coupe et à des nuées de professeurs « indépendants », maintenus sous contrat pour produire des études et des déclarations à l'appui de leurs thèses. Comment le citoyen peut-il choisir parmi tant d'assertions « vraies » ? Ce jeu de piste est l'une des grandes inventions de la fin du xxᵉ siècle.

Notre curieuse obsession des secrets, dans un monde où le vrai problème est de se maintenir à flot dans un océan de faits, a favorisé l'éclosion d'une vie imaginaire, bâtie autour d'espions et d'intrigues, comme si seules ces aventures rocambolesques avaient de la valeur. D'une certaine manière, l'école de Le Carré n'est qu'une continuation des vieilles obsessions sur les prétendues menées papistes, les conspirations juives, les cabales maçonniques. Quand Joseph Conrad écrivit le premier roman d'espionnage, *L'Agent secret*, il montra les aspects mesquins, avilissants et inconséquents de cet univers. Dans *Le Nommé Jeudi*, G. K. Chesterton tourna en dérision terroristes et agents secrets. Et Graham Greene entretint cette idée que les services de renseignements abondent en hommes médiocres en quête de secrets tout aussi médiocres.

Le public voit tout cela d'un autre œil. Parce qu'il vit dans des organisations où savoir rime avec pouvoir, il voue au secret une sorte de culte. L'espion de roman est un reflet magnifié du citoyen : James Bond pour les bons jours, George Smiley pour les mauvais. Les archétypes littéraires se font toujours l'écho des grandes préoccupations de leur temps. Les Lancelot, les Don Quichotte véhiculaient des rêves de justice et de bravoure. Nos archétypes se débattent dans des labyrinthes sans issue. Ils perdent le plus souvent, ne gagnent jamais tout à fait, car ils ne savent pas vraiment pourquoi ils se battent.

Beaucoup de gens, en entendant le mot *intelligence*, penseront à la CIA avant de songer à Einstein. Il ne s'agit pas seulement d'une évolution linguistique. L'intelligence ne fut-elle pas l'un des grands concepts de la révolution rationnelle ? Dans ce monde nouveau, meilleur, les hommes ne devaient plus être récompensés pour leur noble lignage ou leur force physique. L'Âge de la Raison devait leur permettre d'utiliser leur intelligence pour améliorer la société et la condition humaine. La vision rationnelle du gouvernement y était étroitement liée.

Il est donc étonnant qu'en anglais le mot *intelligence* en soit venu à désigner la manipulation des secrets. Cette acception nouvelle n'est pas mentionnée dans les dictionnaires du XIXᵉ siècle, même si on y trouve *intelligencer*, « celui qui transmet l'information ». Avec l'essor, en parallèle, de la guerre moderne et de l'officier d'état-major, le culte du secret a contaminé notre acception de l'intelligence. Dès la Première Guerre mondiale, cela ne faisait plus aucun doute. Puis ce terme évolua si vite que l'historien Asa Briggs, quand il publia une nouvelle encyclopédie, en 1989, donna deux définitions d'égale longueur au mot *intelligence*, l'une liée au rassemblement et à l'usage constructifs et optimistes des connaissances, l'autre à une utilisation rétentrice, négative, du secret [6]. On trouve exactement la même évolution en français, où le mot *renseignement*, désignant le savoir et la propagation d'informations, impliqua progressivement la collecte d'informations dans le dessein de les conserver pour soi.

Cet épanouissement du secret a eu un effet néfaste sur notre société. Un seul exemple suffit à le démontrer. Le Pentagone a toujours été, et demeure, intérieurement divisé, non par des idées contradictoires mais par des départements concurrentiels en quête d'un pouvoir toujours plus grand. L'une de leurs armes les plus efficaces à cet égard a été la rétention d'informations. Elle a joué un rôle constant dans l'échec des expéditions militaires, à la Grenade ou dans l'opération de sauvetage des otages en Iran. On évite tout simplement d'informer les gens responsables de ce qu'ils ont besoin de savoir. D'où la débâcle sur place. Les enquêtes, les explications qui s'ensuivent sont invariablement secrètes, car il ne serait pas dans l'intérêt du public de les lui dévoiler. Pour être plus exact, cela aurait pour effet de ruiner les carrières des individus impliqués. Le problème de la dissimulation d'informations est d'une ampleur telle que, de nos jours, 3,5 millions d'Américains doivent obtenir une forme de laissez-passer pour que le système fonctionne. En 1989, une année moyenne, le gouvernement américain engendra 6,8 millions de nouveaux secrets [7]. En Grande-Bretagne, les conservateurs des musées nationaux eux-mêmes sont assujettis à l'Official Secrets Act! Dès qu'ils s'adressent au public, ils enfreignent cette loi. En 1989 toujours, le Victoria and Albert Museum décida de restructurer les attributions de ses conservateurs. Quand un grand nombre d'entre eux protestèrent, le musée invoqua l'Official Secrets Act pour les empêcher de divulguer leur désaccord [8].

La rétention du savoir fait désormais partie des structures modernes; elle est indispensable à leur immobilisation. Le système rationnel se fonde sur le principe que, en organisant les choses et en formant les gens avec minutie, il devient possible de déterminer les événements. Proie des tyrans, de la nature, de l'inconnu, l'homme devient soudain maître de son destin parce qu'il est habilité à se servir de l'organisation. Depuis l'apparition des premiers professionnels, les officiers d'état-major, il est entendu que la structure sera mise à profit pour modifier le cours des choses. Or les circonstances de la guerre se révélèrent pour le moins imprévisibles et rebelles. La situation des gouvernements civils, impliquant des millions de citoyens répartis sur de vastes espaces et véhiculant une pléthore d'intérêts établis de longue date, est encore plus inattendue et immuable.

Le manager moderne a rencontré autant de succès que d'échecs dans ses démarches pour modifier les circonstances. Ses structures « survolent » les civilisations au lieu d'entrer en interaction avec elles. De ce fait, le taux de réussite est plus élevé lorsqu'il s'agit de changements radicaux. Au lendemain d'une révolution, de guerres ou de catastrophes économiques, les « structuralistes » sont en mesure d'imposer des schémas entièrement nouveaux. La disparition des rois, l'arrivée de la démocratie ouvrirent la voie à une reconstitution massive. Les désastres de ce siècle, provoqués en grande partie par l'approche rationnelle, ont aussi créé un besoin de changement de société radical, qui convenait une fois encore aux aptitudes créatrices des grandes structures.

De nos jours, cependant, l'Occident croule sous le poids de ces organisations et tente vaillamment de faire fonctionner au quotidien des programmes colossaux conçus pour le long terme. Quand une idée nouvelle se présente, on la soutient ou on la rejette pour des motifs d'ordre strictement structurel. Or les structures ont naturellement tendance à refuser ces idées nouvelles, dans la mesure où une idée nouvelle dérange. Pas de la même manière qu'autrefois cependant, lorsque l'habitude, la léthargie, les intérêts établis repoussaient systématiquement tout progrès. Cette forme de blocage était concrète et identifiable. Aujourd'hui, les idées nouvelles sont écartées parce qu'elles perturbent l'organisation. Ainsi, de nouveaux ministres énergiques, la tête pleine de bonnes idées, seront-ils rapidement découragés et se rallieront-ils au point de vue que tout ce qui est nouveau est irréalisable.

À l'heure qu'il est, la difficulté réside dans le fait que le gouvernement est constamment mis à contribution pour traiter de problèmes pratiques bien réels – emploi, pollution, inflation, productivité, financement des services sociaux... En parallèle, il existe une longue liste de difficultés critiques qui échappent depuis des décennies à l'attention des responsables. Il y a des années que la gravité de cette situation est connue et admise de tous, au point d'être devenue un cliché. Et pourtant, les structures établies de la science officielle, de l'administration publique et de la gestion des entreprises ignorent les faits ou s'évertuent franchement à discréditer ce qui est connu pour être la vérité.

La destruction massive des forêts par les pluies acides et la pollution des villes européennes due à l'essence au plomb sont deux exemples très simples. Les solutions à ces problèmes sont imaginables et réalisables depuis longtemps. Le gouvernement américain s'obstine pourtant depuis des années à affirmer qu'il n'existe aucune preuve du lien direct entre les pluies acides et la disparition des forêts. Les États-Unis se sont détournés des États de la Nouvelle-Angleterre et du Canada, pour orienter toute leur attention vers les États industriels du Middle West, où on soutenait qu'une modernisation écologique des usines serait la faillite assurée. Une étude portant sur cinq ans fut donc proposée pour examiner la question. À la fin des années quatre-vingt, les pressions populaires – que les autorités qualifièrent de panique irrationnelle – atteignirent un niveau inquiétant. Le gouvernement suggéra une série de demi-mesures. Il ne s'agissait pas de reconnaître que le problème existait, mais de faire une concession à des fins politiques. On continuait à nier la gravité de la situation.

Pendant des années, les autorités et les experts britanniques et français luttèrent désespérément contre l'essence sans plomb. Ils firent tout ce qu'ils purent pour discréditer les écologistes, les qualifiant d'ignorants, de puérils, de subversifs. À la fin des années quatre-vingt, il devint impossible d'ignorer la pollution provoquée par l'essence au plomb. Les deux gouvernements entreprirent alors de discuter de l'ampleur des mesures à prendre. Cela dura un an. La plupart des membres de la CEE s'inquiétaient de l'augmentation des coûts d'importation du pétrole qu'imposerait l'essence sans plomb. Leurs économistes leur affirmaient que cela aurait un impact important sur leur balance des paiements. En définitive, les gouvernements transigèrent et optèrent pour un programme de réduction progressive du taux de plomb, qui coûtera à chacun de ces pays des sommes mille fois supérieures en matière de santé et de réfection de bâtiments qu'en importations de pétrole.

Cependant, l'effritement des édifices, les dommages infligés aux œuvres statuaires, la maladie à long terme ne font pas partie des calculs annuels de la balance des paiements. Pour entretenir l'idée fallacieuse que leur compromis était judicieux, les gouvernements de la CEE n'ont pas hésité à intenter une action contre les États membres – les Pays-Bas notamment – qui avaient opté sans attendre pour l'essence « propre ». Les Néerlandais protestèrent que leurs villes et leur campagne étaient en train de mourir. À cela la CEE répondit que les stricts règlements de contrôle de l'environnement hollandais constituaient une forme de concurrence déloyale pour les autres pays de la communauté. L'idée qu'un règlement écologiquement sain puisse représenter un obstacle commercial abusif pour des produits polluants traduit la mentalité « Alice au pays des merveilles » des élites occidentales.

Ces exemples bien connus démontrent que la structure moderne réagit toujours à ses erreurs en refusant de les admettre. Elle nie l'échec de la même manière. Le système pourrait prouver qu'il fonctionne simplement en réagissant aux problèmes avec franchise, rapidité, et en s'efforçant de trouver des solutions. Au contraire, il prend automatiquement une position défensive, opère des diversions dans le dessein de perturber ses détracteurs, puis dépense du temps et de l'argent à prouver qu'il n'y a pas de problème. Ultime astuce : il tentera de gagner du temps en consentant à négocier, afin d'échafauder de nouvelles ruses. Si cette tactique échoue, le système abandonnera sa position pour prendre celle de l'autre camp en la traitant comme s'il s'agissait d'une vérité absolue, connue depuis toujours.

Ces curieuses réactions à des problèmes somme toute simples s'expliquent par le fait que les systèmes sont construits sur une hypothèse d'exactitude. Il n'y a pas de place pour la moindre erreur, hormis par le biais de quelque procédure convenablement préparée. C'est la raison pour laquelle le système est incapable d'assimiler des facteurs qui sautent pourtant aux yeux, avant de parvenir à une conclusion.

Ainsi, les pluies acides entraînent peut-être la destruction des arbres; mais cela n'a rien à voir avec le déclin de Detroit et des États de la Rust Belt. L'essence au plomb nuit peut-être à l'agriculture et aux édifices en pierre; mais cela n'a aucun rapport avec les balances commerciales ou les règles de la concurrence. Les responsables de ces secteurs sont des gens intègres. Seulement ils n'ont pas les coudées suffisamment franches pour tirer parti de leur bon sens. Du point de vue de la structure, lorsqu'il y a erreur, c'est l'erreur qui a tort!

La tentation de recourir au secret est si forte que c'est désormais l'un des principaux talents des grands courtisans. Les conseillers présidentiels et ministériels se spécialisent dans ce commerce. Sir Robert Armstrong se rendit célèbre par ses menées secrètes. Henry Kissinger se complaisait autant dans la mise sur écoute des lignes téléphoniques de ses rivaux que dans ses négociations secrètes avec la Chine et son opération secrète au Cambodge. Peu importe que quelques egos épanouis jouent à des jeux secrets si cela n'affecte personne. Le vrai problème du système, c'est qu'il suscite un détournement clandestin de la politique publique sans que quiconque dispose d'informations suffisantes pour protéger l'intérêt commun.

Durant les années soixante et au début des années soixante-dix, en Asie du Sud-Est, certaines tribus de montagne acceptèrent de mettre leur potentiel militaire au service de la lutte contre le communisme, en échange de l'usage d'avions américains. Ces groupes voulaient que les Américains se chargent de livrer aux grossistes en héroïne l'opium qu'ils cultivaient dans les montagnes. Les officiers américains opérant sur le terrain n'étaient pas des idéologues. Ils organisèrent les tractations sans sourciller, car cela leur permettait de résoudre leurs problèmes militaires dans une situation difficile. Certains officiers supérieurs ou appartenant aux services de sécurité devaient être au courant de l'affaire, puisque les opérations de transfert et de substitution se firent sans qu'aucun officier ne manifeste le moindre étonnement. Chaque fois que des rumeurs sur cet étrange marché circulaient, on les niait automatiquement. Quand cela fut confirmé en 1972 par un ouvrage scrupuleusement documenté, les autorités furent horrifiées [9]. Bien évidemment, leur réaction resta discrète. Jamais il ne fut question d'admettre officiellement ce qui s'était passé. On ne tenta pas davantage d'expliquer comment des officiers envoyés « se battre pour la liberté » étaient devenus des dealers afin de faire avancer la bonne cause. La question est intéressante d'un point de vue humain. Mais elle reflète aussi l'extrême difficulté pour des structures complexes recourant au secret à conserver une certaine direction politique, sans parler de normes éthiques. Ce secret-là méritait certainement d'être gardé, du point de vue des personnes impliquées : il contenait une vérité terrible et inexplicable.

Aujourd'hui, les choses sont assez différentes. Le moindre tournevis étant devenu un secret national, les gens placés dans des positions théoriquement délicates se situent tout en bas de l'échelle des salaires. La plupart d'entre eux sont de simples opérateurs en informatique. Ils se rendent probablement compte que les informations qu'ils traitent n'ont rien de sensationnel, même si elles sont qualifiées de *top secret* ou Dieu sait quoi encore. Ils savent aussi, parce qu'une multitude d'affaires l'ont démontré en Angleterre, en France ou aux États-Unis, que la moindre bribe d'information a une valeur marchande maintes fois supérieure à leur salaire.

L'affaire Ronald W. Pelton fut, en 1986, la quintessence de l'espionnage ramené à un délit mineur. Pelton, technicien à la National Security Agency (NSA) avec un salaire de 24 500 dollars, vendit un banal renseignement aux Soviétiques pour la somme de 35 000 dollars. Il téléphona à l'ambassade d'URSS depuis son bureau. Dans un immeuble de haute surveillance comme celui de la NSA, toutes les communications téléphoniques avec l'extérieur sont enregistrées. Le système de sécurité de la NSA était tellement surchargé par l'assimilation des informations recueillies de cette manière qu'il fallut plusieurs semaines avant que quelqu'un repérât cette conversation. Plusieurs semaines encore avant qu'on parvînt à identifier la voix de Pelton. Finalement, ce dernier fut traité publiquement de traître. *Traître* est un bien grand mot pour un homme d'une intelligence inférieure à la moyenne, poussé par ses difficultés de trésorerie personnelles à vendre une banale information pour une poignée de dollars [10].

De toute évidence, l'échelle d'évaluation des crimes n'a plus aucun sens. À peu près à la même époque, Edwin Meese, ministre américain de la Justice, sortit indemne d'une enquête menée au sein du ministère et lui attribuant une conduite jugée intolérable de la part d'un employé du gouvernement – *a fortiori* du principal tenant de la loi. Meese fut innocenté grâce à un vice de forme, alors qu'on emprisonna Pelton pour le principe. Ainsi vont les choses dans une société où la sécurité et le secret n'ont pas grand-chose à voir avec la réalité, tout en étant intimement liés à la structure.

L'espionnage de bas étage n'est qu'un contrecoup de ce phénomène structurel. Le labyrinthe informatique qui domine de plus en plus l'information, quelle qu'elle soit, de la plus banale à la plus complexe, fait partie de ce réseau inextricable. Si chaque individu peut essayer de contrôler son petit lot de connaissances, un collectionneur de renseignements déterminé peut pénétrer pour ainsi dire n'importe où. Entre les secteurs civil et militaire, il n'y a plus vraiment de division. Les gouvernements élargissent sans cesse la définition de l'information « réservée » ou secrète, mais ils ne peuvent se couper de la structure électronique, devenue leur moyen de contact avec l'extérieur. De plus en plus souvent, les affaires d'espionnage militaire ou industriel qui éclatent au grand jour marquent l'impossibilité de verrouiller les portes électroniques. En d'autres termes, à cause de notre obsession du secret et de la rétention, nous entravons inutilement le bon fonctionnement de notre société, alors que ceux qui s'efforcent de collecter illicitement des informations s'y emploient sans grande difficulté.

Ces montagnes d'informations tenues secrètes ont fait la fortune des spécialistes du « déchiquetage ». Des entreprises privées envoient des camions parfaitement équipés, conduits par des employés munis de certificats d'habilitation, d'immeuble de bureaux en immeuble de bureaux. Ces hommes collectent des sacs bourrés de secrets qu'ils descendent dans le parking, où tout est réduit en rognures de papier.

Dans certains pays, l'individu, jamais sans ressources, réagit en se battant pour l'instauration de nouvelles lois garantissant au citoyen le droit de savoir. Or ces lois ne font que confirmer le principe selon lequel tout est secret à moins qu'on n'en ait décidé autrement. Le citoyen ne saura que ce qu'il demande spécifiquement. En réalité, les lois régissant le droit de savoir augmentent la rétention d'informations. Elles incitent les experts à multiplier les ruses, en enregistrant leurs informations de manière encore plus décousue, de sorte que, au cas où elles seraient repêchées, elles renseignent aussi peu que possible sur ce qui nage ailleurs dans la mare du secret. En ce sens, les pays dotés d'une législation de ce type ne sont pas si loin de la Grande-Bretagne, où la foi dans le secret croît sans entrave.

En 1989, pour protester contre la promulgation d'un nouvel Official Secrets Act plus sévère encore, Lord Stockton, président de la maison d'édition britannique Macmillan et fils de Harold Macmillan, déclara sans ambages que, dorénavant, « les mécanismes de la tyrannie sont intégrés à notre société [11] ». Il déplora que la Grande-Bretagne n'ait pas su tirer la leçon de l'attitude plus ouverte choisie par le Canada et les États-Unis. Or les différences sont plus apparentes que réelles. En 1983, le Canada promulgua une loi d'accès à l'information qui suscite aujourd'hui plus de dix mille requêtes par an. Dans son rapport annuel de 1991, le haut fonctionnaire chargé de l'information au niveau fédéral, nommé par le Parlement, accusait pourtant le gouvernement de dissimuler des informations d'une manière quasi antidémocratique et de traiter la transparence comme s'il s'agissait d' « une culture étrangère [12] ».

Tout gouvernement garde à sa disposition une pléthore de méthodes simples pour contourner la législation régissant l'accès à l'information. La plus facile consiste à placer formellement les informations en question sous le sceau du secret. Les autorités occidentales classent systématiquement leurs dossiers de planification, qu'il s'agisse de culture ou de zones de pêche, sous la rubrique « secret ». L'exemple le plus connu en la matière est évidemment l'affaire des papiers du Pentagone.

En juin 1971, sept mille pages d'analyses et de dossiers du gouvernement américain, couvrant la politique des États-Unis au Viêt-nam depuis un quart de siècle, furent communiquées clandestinement au *New York Times*. Elles faisaient partie des archives secrètes. Un grand nombre de journalistes du *Times*, et les avocats du journal eux-mêmes, s'opposaient à leur publication. Ces derniers tenaient d'ailleurs tellement au respect de la loi du secret qu'ils quittèrent le journal séance tenante. La direction prit néanmoins la décision de publier ce *scoop* en neuf épisodes. Nixon et les institutions gouvernementales firent leur possible pour les en empêcher. À une injonction du tribunal interdisant cette publication fit suite « la plus importante affaire touchant à la presse de l'histoire des États-Unis ». Elle aboutit à la Cour suprême et s'acheva par une victoire pour le *Times*. Les juges siégeant actuellement à la Cour suprême sont nettement plus favorables aux volontés de l'autorité; on peut donc imaginer que, si le *Times* devait plaider une affaire similaire aujourd'hui, il n'obtiendrait pas gain de cause. En 1989, Erwin Griswold, qui, en sa qualité d'avocat général, avait initialement défendu les intérêts du gouvernement, écrivait qu'il n'avait « jamais vu une once de menace à l'encontre de la sécurité nationale dans la publication » de ces documents [13].

Les lois sur l'accès à l'information ne sont guère que des procédés législatifs destinés à ouvrir et fermer des judas. Elles ne changent rien aux hypothèses fondamentales d'une société rationnelle qui sont : 1. qu'un homme peut définir son existence uniquement par le biais du contrôle d'un savoir; 2. qu'il ne peut prouver qu'il compte qu'en gardant judicieusement pour lui ce qu'il sait. Cette dissimulation généralisée est en partie responsable de l'incapacité dans laquelle se trouve notre société de débattre ouvertement de ses problèmes et d'agir sur eux.

Prenons le cas de Mme Thatcher. De tous les leaders politiques modernes, c'est peut-être elle qui en manipula le mieux l'image. Son aptitude à allier autorité et certitude de détenir la vérité faisait d'elle la reine de la dissimulation. On avait souvent le sentiment, y compris parmi ses admirateurs, qu'elle recourait à des méthodes dignes d'une nurse. Rien d'étonnant à cela : les nurses sont responsables de l'apprentissage de l'hygiène et des mesures générales de rétention sociale. La nurse est peut-être dépassée en tant qu'institution sociale; elle n'en demeure pas moins parfaitement adaptée au gouvernement des démocraties modernes.

C'était fascinant de regarder Mme Thatcher courir après des secrets en cavale dans le monde entier, comme si elle avait les moyens de les obliger à retourner se cacher. Un ouvrage relativement inoffensif, baptisé *Spy Catcher*, œuvre d'un agent secret de second rang à la retraite du nom de Peter Wright, fut publié en 1987. Margaret Thatcher, Premier ministre d'une démocratie en exercice, poursuivit cette merveille de pays en pays, dans l'intention de faire saisir et proscrire un livre que tous ceux que cela intéressait avaient déjà lu [14]. Peu après la diffusion télévisée d'un documentaire sur l'exécution, à Gibraltar, de trois terroristes de l'IRA par les SAS britanniques, elle insista sur le fait que les journalistes impliqués ne connaissaient pas les faits ou les avaient ignorés. La chaîne de télévision se sentit obligée de mener une enquête. Le rapport qui en résulta provenait de conservateurs de renom; il disculpait les journalistes. Mme Thatcher rejeta néanmoins ce rapport, en soutenant que l'émission était malhonnête [15]. Selon elle, seules les autorités responsables en savent suffisamment pour dire ce qu'est la vérité.

Ces deux exemples à la limite du comique montrent que les lois officielles régissant le secret dans les pays occidentaux ont été réglées sur la complexité des structures de gestion modernes. Ce ne sont plus de simples mécanismes destinés à punir la trahison. Elles ont été dotées de véritables armes, de machines administratives nouvelles, conçues pour s'adapter à la croissance massive et complexe des secrets artificiels. Dans la pratique, les gouvernements exercent désormais un contrôle juridique plus important que jamais sur l'information dont le public a besoin pour comprendre comment il est gouverné.

Il y a presque un siècle, le 22 décembre 1894, le capitaine Alfred Dreyfus, jeune officier au bureau central de la sécurité militaire française, était condamné par le conseil de guerre pour trahison et déporté à vie à l'île du Diable. L'écriture figurant sur un bordereau trouvé par une femme de ménage dans une corbeille à papiers du bureau de l'attaché militaire allemand avait été identifiée à tort comme étant la sienne. Ce papier contenait des renseignements sur des mouvements de troupes. Les preuves contre Dreyfus étaient contradictoires. Toutefois, il était juif et, en cette période d'antisémitisme croissant, il constituait un parfait bouc d'émissaire.

L'armée employa tous les moyens pour couvrir la faiblesse de son accusation, et des faux furent ajoutés au dossier de Dreyfus par le major Henry. Mais il continuait à y avoir des fuites et, à la fin de 1897, le comte major Esterhazy, coureur de jupons et joueur endetté, fut publiquement identifié comme le vrai coupable. Émile Zola, le romancier le plus populaire de l'époque, fervent défenseur de la réforme politique et sociale, choisit ce moment pour intervenir dans le débat. La question de la culpabilité étant réglée à tous égards, hormis du point de vue judiciaire, il pouvait montrer l'immonde utilisation de Dreyfus comme instrument de l'antisémitisme. « La vérité est en marche, écrivit-il, et rien ne l'arrêtera. » Esterhazy fut jugé et acquitté, à la suite d'une parodie de justice.

Les dreyfusards étaient désormais doublement outragés. Zola écrivit une lettre délibérément calomnieuse au président de la République, qu'il fit publier dans le journal de Georges Clemenceau, *L'Aurore*, sous le titre « J'accuse ». On fit un procès en diffamation à l'écrivain, et l'affaire Dreyfus se retrouva ainsi une nouvelle fois au tribunal. Zola fut condamné à un an de prison et à une amende de 3 000 francs. Il s'était enfui à Londres avant la fin du procès et il attendit là-bas que l'abcès crève. Son recours aux tribunaux ayant porté ses fruits, il put rentrer en France onze mois plus tard, date à laquelle Dreyfus eut droit à un nouveau procès. Bien qu'on lui refusât cette fois encore l'acquittement, le président de la République gracia le jeune officier. Il fut réintégré dans l'armée, promu, et mena dès lors une carrière respectable bien qu'ordinaire.

Ce fut sans doute la bataille politique et judiciaire la plus importante menée dans une nation occidentale moderne à propos d'une question touchant au secret et à la trahison. Son issue amorça la désintégration du pouvoir militaire et le renforcement des structures civiles. Le débat se poursuivit pendant près de dix ans et divisa profondément la nation. Si le capitaine Dreyfus devait être condamné pour trahison aujourd'hui, que ce soit à Paris, à Londres ou à Washington, ses défenseurs n'auraient pas le moindre espoir de faire casser le verdict. La législation officielle protégeant le secret les empêcherait de s'attaquer sérieusement à l'affaire. En Grande-Bretagne, bastion mythologique d'une justice équitable, Zola serait muselé par la loi dès sa première intervention. S'il persistait, il risquerait fort d'être jugé par un tribunal secret, l'affaire touchant à la sécurité de l'État. S'il obtenait malgré tout gain de cause en recourant aux lois sur la diffamation, il se retrouverait probablement ruiné par les frais de justice et l'obligation de verser plusieurs millions de livres de dommages et intérêts. Les nations occidentales n'ont apparemment pas connu une seule affaire, depuis Dreyfus, où des forces populaires furent en mesure d'en appeler aux lois sur la sécurité de l'État pour régler une question de secret injustifié et obtenir gain de cause – à l'exception peut-être de celle du Pentagone.

Les définitions sont des reflets simples, mais révélateurs, de la société. Ce sont des éléments sur lesquels chacun s'accorde, consciemment ou inconsciemment – les données qui précèdent toute conversation, toute action, toute loi.

Sous l'Ancien Régime, la vérité était définie comme un absolu. Les premiers hommes de raison perturbèrent le *statu quo* en mettant cette définition en doute. Ils montrèrent qu'elle sous-entendait un absolu arbitraire. Cependant, ils ne contestaient pas l'idée de vérité absolue, et concentrèrent leur attention sur la création de méthodes rationnelles pour la découvrir. En ce sens, la vérité devint relative pendant une période. Diderot écrivait : « On doit exiger de moi que je cherche la vérité, mais non que je la trouve. »

Cette quête honnête cacha la nécessité de trouver la vérité, qui dépendait peut-être plus que jamais du bon sens. Le désir de trouver des vérités absolues reprenait de la vigueur. Les définitions anglaises de la vérité datant du milieu du XVIIIe siècle l'illustrent fort bien. Pour Johnson, elle signifie « honnêteté, réalité, fidélité ». Pour Chambers, dans *Cyclopedia or Universal Dictionary*, qui devait inspirer les Encyclopédistes, la vérité est « un terme utilisé en opposition à la fausseté et appliqué à des propositions qui répondent ou s'accordent à la nature et à la réalité de la chose ». La définition française donnée par Littré au XIXe siècle dans son *Dictionnaire de la langue française* est la suivante : « Une qualité par laquelle les choses apparaissent telles qu'elles sont. » Littré, Johnson, Chambers s'efforçaient d'être raisonnables.

Comparons leur retenue et leur circonspection à la nouvelle définition donnée par Noah Webster au XIXe siècle : « Vérité : conformité à un fait ou à la réalité ; accord exact avec ce qui est, a été ou sera. » Ou avec la définition contemporaine de l'*Oxford Dictionary* : « En accord avec un fait ou la réalité. » De l'*American Heritage* : « Conforme à un fait ou à la réalité. »

Celle du *Petit Robert* : « Connaissance conforme au réel, ce à quoi l'esprit peut et doit donner son assentiment. » La « connaissance » en question est bien évidemment factuelle. L'usage du mot « doit » résume l'attitude nouvelle [16].

La vérité est aussi absolue aujourd'hui qu'elle l'était au xve siècle. À l'époque comme de nos jours, le pouvoir suprême était celui qui permettait de détenir la vérité. Le pivot de notre absolutisme est le « fait », que nous devons tous accepter comme le garant d'une véracité irréfutable.

Maintenant que la vérité est un fait, il n'y a rien de surprenant à ce que les faits s'apparentent à des lapins, inoffensifs, enclins à la copulation, se multipliant à toute allure et cabriolant en tous sens, au point que la planète se retrouve plusieurs mètres en dessous de leur masse bondissante. Il n'est pas étonnant non plus que la vérité soit devenue aussi arbitraire que le papier-monnaie dans une économie inflationniste. La même vérité se modifie à l'infini, selon les faits choisis. Ce choix dépend des experts, de chaque individu contrôlant un dossier ou signant une lettre. Ils se retrouvent avec le pouvoir de la vérité entre les mains. Comment s'étonner qu'ils veuillent le conserver? C'est leur version personnelle du rêve de chaque enfant : faire la seule chose que Merlin et Lancelot eux-mêmes furent incapables d'accomplir – arracher l'épée de la pierre.

Chaque homme dispose désormais d'une arme susceptible de le protéger dans une certaine mesure contre les vérités absolues des autres. C'est aussi une source de fierté. Le secret est un procédé grâce auquel l'homme prend conscience qu'il vaut quelque chose.

Le refus négatif, rétenteur, proche de la constipation, de révéler, d'agir, de coopérer, est la clé de l'homme rationnel. De nos jours, la vérité est moins un fait en soi qu'un fait jalousement conservé. Cela ne veut pas dire que nous accordions de l'importance aux grandes affaires d'espionnage. Quelques secondes de réflexion suffisent à n'importe qui pour prendre la mesure du rôle joué par un Philby, un Burgess ou un Maclean dans le déclin de la Grande-Bretagne. Ils n'en ont eu aucun. Vingt ans de trahisons au plus haut niveau ne comptèrent pour ainsi dire pas dans une nation qui s'effondrait pour des raisons on ne peut plus concrètes.

On ne peut donc pas dire que nous vouons un culte aux espions de Le Carré ou aux athlètes à la James Bond. De la même façon, les scandaleuses histoires d'espionnage ne nous marquent guère. Ce ne sont que les misérables petits faits divers de notre siècle.

D'un autre côté, leur insignifiance nous laisse libres de considérer les espions réels ou fictifs comme le modèle romantique de la civilisation moderne. Ils ont remplacé les anciens parangons du courage et de la chevalerie. Dans la mesure où les secrets n'existent pas vraiment, les trahisons de Philby comptent autant que les petits secrets que chaque citoyen est en mesure de garder pour lui.

En conséquence, notre obsession des secrets et des intrigues ne s'applique pas à ouvrir les rideaux pour laisser entrer la lumière. Nous

nous complaisons à rêver que nos pouvoirs de dissimulation personnels, si limités soient-ils, appartiennent à la même catégorie que ceux qui occupent la une des journaux. Lorsqu'on trouva Roberto Calvi pendu sous le London Bridge, chacun, par empathie, ressentit un frisson de plaisir subliminal. Quand le sénateur Joe McCarthy leva un doigt accusateur, on eut la sensation inconsciente qu'il le pointait vers chacun d'entre nous. Quand Gouzenko apparut, déguisé, pour se mettre publiquement à table, chacun s'imagina sous le même capuchon blanc, révélant tout [17]. La popularité du colonel North vient en partie seulement de ce qu'il fut attaqué pour avoir voulu défendre une certaine vision du rêve américain. Sa volonté de risquer le tout pour le tout en adoptant la méthode la plus secrète fut tout aussi déterminante.

Nous ne suivons pas les pistes du mystère pour trouver la vérité, mais pour avoir la confirmation que le mystère existe. Ces secrets imaginaires nous émoustillent, car nous sommes tous porteurs de faits et, partant, nous détenons tous des secrets.

CHAPITRE XIII

Le chevalier secret

À la décharge des technocrates obsédés par le secret, il faut dire qu'ils trouvent depuis longtemps du réconfort dans leur vision d'un savoir, chevalier de la raison. C'est la science qui, la première, engagea la bataille contre les forces des ténèbres. On célébrait chaque découverte comme si de nouveaux territoires avaient été conquis, sur le chemin menant à un lieu de lumière éternelle où le savoir régnerait en maître. Pourtant, ces progrès bien réels, qui nous dévoilaient un à un les secrets de la nature, concouraient à la création d'un monde échappant de plus en plus au contrôle de la société. À chaque nouvelle connaissance, à chaque nouveau pouvoir surgissaient de nouvelles élites, toujours plus inaccessibles, et une subtilité plus grande dans la violence et la destruction.

La science, chevalier miraculeux, ressemble à un alliage de Merlin et de Lancelot. Le premier, mi-prophète mi-magicien, naquit des amours d'un diable et d'une jeune fille vertueuse ; il faisait corps avec les lois de la nature, il était donc à même de les exploiter. Il prépara secrètement Arthur pour qu'il devînt un roi parfait. Par son immortalité, Merlin peut être considéré tour à tour comme un symbole de liberté ou d'esclavage. Lancelot, le plus valeureux des chevaliers d'Arthur, passait pour le parangon de la chevalerie, du courage et de la fidélité. Il portait cependant en lui le secret de son amour adultère pour la reine, une trahison qui était la négation de toutes ces qualités. À deux reprises, il aperçut le Saint-Graal ; mais son impureté le fit échouer au dernier moment. En définitive, son vil secret provoqua la guerre qui anéantit la Table ronde et fut à l'origine de la mort d'Arthur. Ainsi le serviteur des bonnes causes suscita-t-il la ruine du bien, alors que le miraculeux Merlin, révélateur de la perfection, était tout aussi mystérieusement incapable de comprendre les forces qu'il déclenchait.

La grande révolution scientifique dans laquelle nous sommes toujours embourbés débuta en 1543, lorsque Copernic publia *Des révolutions des orbes célestes*, établissant une théorie selon laquelle la terre tournait autour du soleil. Désormais, le progrès s'apparenterait à une victoire sur l'autorité établie et les idées officielles. Curieusement, l'opposition à Copernic fut plus ferme chez les chefs de la Réforme, à commencer par Martin Luther, qu'à Rome, où le pape Clément VII donna son approbation pour la publication d'une des premières versions des *Révolutions*. En revanche, quand Galilée publia son *Dialogue sur les deux principaux systèmes du monde*, en 1632, qui clarifiait et prouvait l'argument de Copernic, il fut traduit en justice par l'Inquisition et contraint de se rétracter.

Dès lors, il était clair que les scientifiques avaient embrassé la vertu par excellence. Jacob Bronowski, mathématicien et humaniste de notre siècle, l'explique : dans leurs argumentations, jamais ces hommes n'avaient recours à des considérations de race, de politique, de sexe ou d'âge. Ils résistèrent à « toute forme de persuasion hormis le fait [1] ». La vérité était leur guide dans un monde où tous se laissaient mener par l'intérêt. Le modèle d'une dictature dirigée par des scientifiques, façon Francis Bacon, telle qu'elle est présentée dans la *Nouvelle Atlantide*, doit être compris dans ce contexte. Son idée d'un conseil nocturne de scientifiques chevronnés, qui décideraient en secret de ce qu'il convient de faire des nouvelles connaissances et de ce que le peuple doit en savoir, n'était que le commencement d'un débat poursuivi de nos jours. Comme il convenait à l'esprit d'un courtisan, Bacon opta pour le secret et la manipulation dans l'intérêt du public.

Cependant, la plupart des scientifiques estiment que le secret n'a pas sa place dans leur travail. Ils mènent un débat permanent et ouvert avec le monde : une « République de la Science », selon la formule de Polanyi. « Dans la libre coopération de scientifiques indépendants, nous trouverons un modèle fortement simplifié d'une société libre [2]. » C'est, écrit le physicien nucléaire Robert Oppenheimer, « une chose que nous découvrons partout dans notre maison : il n'y a pas de serrures, aucune porte n'est fermée. Partout où nous allons, il y a des pancartes, comportant généralement une formule de bienvenue. C'est une maison ouverte, accessible à tous les nouveaux venus [3] ».

La situation est évidemment loin d'être aussi simple. La République de la Science existe bel et bien dans la sphère exaltée de la recherche pure. Le secret n'y joue aucun rôle, l'intérêt social non plus. À ce niveau, la vertu, c'est l'examen et la révélation des lois de la nature. La marge entre ce travail désintéressé et la science appliquée est claire. Dans les faits, toutefois, elle est confuse. De nombreux scientifiques se retrouvent dans les deux camps. Dans le domaine de l'application, d'autres règlements ont cours. Cette mise en application sous-entend des intérêts de race, de politique, de sexe, d'âge. Des choix non scientifiques doivent être faits. Le secret devient un outil pour le détenteur du savoir.

C'est la confusion suscitée par le passage de la frontière entre science théorique et science pratique qui trouble tellement les scientifiques. Une fois qu'ils ont franchi le pas, s'ils renoncent à tout pouvoir sur le savoir ils se voient rapidement contraints par les autorités publiques ou privées à prendre des initiatives qui les perturbent, à défendre des raisons qui n'ont rien à voir avec la science. La vertu inhérente au travail théorique tient à la pureté désintéressée des lois de la nature. Or la civilisation humaine est toujours « intéressée », et les choix liés à l'application scientifique finissent par toucher à des questions d'éthique. Une vertu d'une espèce très distincte est impliquée et le scientifique est confronté à l'impossible tâche de satisfaire l'une et l'autre.

Cette contradiction a été progressivement occultée par une troisième valeur, elle-même arbitraire, qui se rattache à tout progrès. Le caractère inévitable attribué à la science théorique a été arbitrairement étendu à la science appliquée. De ce fait, on éliminait toute possibilité de faire des choix d'ordre pratique par le biais de mécanismes publics. À tout moment, le bon sens nous dit qu'aucune application n'est inévitable. Ou qu'une civilisation doit décider de ce qu'elle souhaite faire d'une découverte scientifique. Toutefois, dans la précipitation et le désordre suscités par la révolution scientifique, très peu de choix ont été faits par la société. La recherche théorique est peut-être ouverte et désintéressée, elle n'en concerne pas moins des domaines qui restent obscurs pour le citoyen. Cet hermétisme a donné le ton à tous les travaux scientifiques, de quelque niveau qu'ils fussent. De la sorte, il rendait pour ainsi dire impossible une intervention sensée de la population.

Malgré cela, et jusqu'à l'avènement de l'énergie nucléaire, on s'accordait à penser que la force de la science, selon la formule d'André Malraux, « ne pouvait pas se retourner contre l'homme [4] ». Le monde occidental abondait en peintures et en statues vantant les bienfaits de la science. Parmi ces évocations les plus achevées, citons *La Nature se découvrant devant la Science*, datée de 1899, du sculpteur français Louis-Ernest Barrias : une femme voluptueuse, grandeur nature, faite de marbre, d'onyx, de lapis lazuli et de malachite, trône dans la grande salle des fêtes du musée d'Orsay. Elle offre au regard des épaules et une poitrine splendides. À sa taille, un scarabée, symbole du savoir, tient entre ses pinces le tissu drapé qui dissimule pudiquement le reste de sa personne. Le sculpteur voulait sans doute nous laisser croire que, en échange de quelques cajoleries, le scarabée lâcherait le tissu qui nous dévoilerait, en glissant, les parties les plus secrètes et les plus intimes de l'effigie. Le savoir nous révélerait tous ses secrets si nous savions l'apprivoiser. Et avec son aide, l'homme pénétrerait les secrets de la nature et du monde.

Le scarabée devait choisir entre deux solutions. En maintenant les voiles en place avec ses pinces il s'arrogeait un pouvoir considérable. Mais il y a une autre lecture : la science, avec l'appui du scarabée, explorerait chaque orifice de la nature, s'offrant au passage des plaisirs orgastiques, et ne céderait au public que les informations qu'elle jugerait bon de lui dévoiler. Rares sont les hommes qui aiment partager leur maîtresse. En revanche, ils tiennent à ce que tout le monde sache qu'elle est belle et qu'elle leur donne du plaisir.

Si l'histoire d'amour, idéalisée au XIXe siècle, entre l'homme et la science fut incontestablement passionnée, très vite des doutes apparurent sur les bienfaits du progrès. Le monstre de Frankenstein en est l'exemple le plus populaire. Ce récit de Mary Shelley décrivait la lutte entre la science et l'humanisme; il date de 1818. Frankenstein, scientifique optimiste, donne naissance à un horrible monstre auquel il enseigne Goethe, Plutarque, Milton. Incapable de vivre sans amour, la créature devient malgré elle un assassin. Cette tragédie s'achève en Antarctique, où Frankenstein meurt, le monstre s'éloignant seul dans la neige pour connaître le même sort. Vers 1850, le critique d'art John Ruskin écrivait à propos de la science moderne : « Elle donne des leçons de botanique, dont le sujet consiste à montrer qu'il n'y a pas de fleur. » Ou encore : « Vous aviez des excuses à faire un peu le fier lorsque, vers le 6 avril dernier, vous avez noué un fil de cuivre allant jusqu'à Bombay en faisant courir un message dessus, aller et retour. Mais quel était votre message et quelle était la réponse? L'Inde se trouve-t-elle mieux à cause de ce que vous lui avez dit [5]? »

Certes, Ruskin est en grande partie responsable de l'hyperbole romantique qui permit à de nombreux écrivains et créateurs de renoncer aux batailles publiques et de se réfugier dans le domaine privé. Sa proposition était que le progrès n'est pas bon en soi. Elle fut reprise par un grand nombre d'esprits créatifs, non scientifiques. À l'instar de Ruskin, ils partaient du principe que si le progrès n'était pas bon en soi, il ne pouvait être que mauvais. Ils se retirèrent sur le terrain plus sûr du domaine privé, sur lequel s'est développée une part importante de la créativité du XXe siècle.

Cependant, Ruskin était lui-même un grand théoricien révolutionnaire de l'art et de l'architecture. Il aida ses contemporains à voir d'un œil neuf et contribua à l'essor d'un nouveau souffle de créativité, de Dante Gabriele Rossetti, William Morris et les préraphaélites à George Eliot, Walt Whitman et Marcel Proust. Les « sauts instinctifs » de sa théorie ressemblent à ceux de la recherche scientifique théorique. Un siècle plus tard, Bronowski se penchait sur le même problème. Existe-t-il une différence entre « les actes créatifs de l'esprit dans le domaine de l'art et dans celui de la science? » Bronowski soutenait que les découvertes de la science et les œuvres d'art étaient autant d'explorations, en fait des « explosions d'une similitude cachée [6] ». Cette créativité-là ne gênait pas Ruskin, par ailleurs géologue accompli. C'était l'apparente impossibilité d'exercer le moindre contrôle sur l'orientation et la cadence des applications ultérieures qui l'ennuyait. En vérité, s'il y avait eu séparation entre la science et l'art, il s'agissait d'un divorce involontaire, imposé par la doctrine de la structure et du progrès. Ruskin exposait une pensée étonnamment moderne. Ses théories sur la beauté l'entraînèrent vers un radicalisme politique. Ses attaques contre l'insouciance de la science appliquée étaient indissociables des assauts qu'il portait contre les structures sociales et économiques, lesquelles « encouragent au fond la souffrance humaine et la destruction de la beauté, qu'elle soit naturelle ou créée par l'homme [7] ».

Quant au public, dès le milieu du xxᵉ siècle, sa foi inébranlable dans la bonté innée de la science fléchissait. Il lui restait un besoin profond, inexprimable, de continuer à croire que la science était autorisée à se développer, que rien n'était plus répréhensible que la résistance au progrès scientifique. La logique peut faire grandir le doute le plus infime à une vitesse terrifiante. Contester, c'est douter. Le doute est synonyme de peur. La peur est irrationnelle. Se montrer irrationnel, c'est accepter l'ignorance et l'instabilité émotionnelle. En un rien de temps, vous voilà un luddite.

Finalement, quelle que soit la nature de nos peurs, nous pensons que la science, pure ou appliquée, est toujours cette force que nous devons laisser aller de l'avant. L'expression « aller de l'avant » ne veut plus rien dire de nos jours ; mais une grande partie de nos difficultés tiennent à ce genre de pièges linguistiques. Une civilisation qui progresse massivement dans une direction, quelle qu'elle soit, sans garder d'empire sur elle-même, est dans une situation de fuite éperdue, comme si elle était poursuivie par des hordes ennemies. Ces vingt dernières années, nous nous sommes habitués à la présence de groupes effarouchés appartenant à ce qu'il est convenu d'appeler la droite, qui incitent la civilisation à se réfugier dans le passé. En même temps, la religion du progrès à travers la science, inaccessible, presque mystique, a imposé une fuite en avant vers un avenir inconnu.

Quant aux scientifiques, dont la majorité s'obstine à croire en l'inviolabilité du progrès, ils continuent sur cette voie, avec la pureté déterminée de terroristes. Du reste, leur conviction que des changements physiques sont nécessaires apaise nos craintes de voir notre société embourbée dans la confusion. Les rares scientifiques qui apprennent à douter et osent le faire en public sont discrédités et jugés mentalement instables par l'ensemble de la communauté scientifique.

De temps à autre, un grand savant trouve pourtant les mots justes pour mettre en cause les hypothèses fondant notre société. John Polanyi, prix Nobel de chimie, mène une campagne pour que l'on applique le bon sens au développement du savoir. « Le progrès de la science a sa logique propre, affirme-t-il, qu'on ne peut ignorer qu'à nos risques et périls [8]. » Polanyi ne dit pas qu'on devrait s'efforcer de restreindre la science pure. Il affirme que, avec l'aide des scientifiques, la science doit concevoir des mécanismes sélectifs autorisant l'application du bon sens, de l'intérêt commun et des principes éthiques au développement des découvertes scientifiques.

L'exemple par excellence de cette relation incontrôlable entre la recherche et le développement sont les travaux qui entrèrent dans leur ultime phase avec la théorie de la relativité d'Einstein, en 1905, et culminèrent avec la fission de l'atome par Otto Hahn, en 1939. Leur première application fut la bombe atomique. Les scientifiques à l'origine de cette explosion se sentirent obligés de débattre, en secret comme l'époque l'exigeait, des implications de leur travail. Ces discussions furent consignées dans un rapport remis en main propre, en juin 1945, soit un mois avant la première expérience atomique, à Henry Stimson, secrétaire américain à la Guerre :

> Dans le passé, la science a souvent été en mesure de fournir des méthodes de protection contre les nouvelles armes d'agression. [...] Cependant, elle ne peut promettre une protection aussi efficace contre l'usage destructeur de l'énergie nucléaire. Seule l'organisation politique du monde peut assurer cette sauvegarde. Parmi tous les arguments en faveur d'une organisation internationale efficace pour la paix, l'existence de l'armement nucléaire est le plus convaincant.
> Nous ne pouvons espérer éviter une course à l'armement nucléaire, que ce soit en cachant aux nations concurrentes les données scientifiques fondamentales de l'énergie nucléaire ou en accaparant les matières premières nécessaires.
> Cette course à l'armement nucléaire débutera à coup sûr dès le lendemain de notre première démonstration de l'existence des armes nucléaires.

Le rapport Franck arriva à destination et fut proprement rangé, donc ignoré, par la structure politique et administrative. Les physiciens nucléaires qui signèrent ce document se trouvaient dans une position inhabituelle : ils avaient inventé un procédé dont les conséquences étaient immédiatement prévisibles dans leur intégralité. Leur appel au bon sens avant le largage de la bombe est un cri de désespoir. Car, à l'instant de l'explosion, une nouvelle profession allait immanquablement voir le jour : une catégorie de scientifiques formés et employés pour développer plus avant l'arme la plus extraordinaire jamais conçue. Cette profession aurait une structure liée aux structures de l'État. Le tout serait étayé par une logique autojustificatrice. Les derniers jours précédant l'explosion, ces inventeurs furent à la fois conscients et libres : une combinaison qui, le livre de la Genèse l'avait établi longtemps auparavant, entraînait l'expulsion du jardin de l'innocence et la reconnaissance du mal en chaque individu.

Avec le rapport Franck, les scientifiques s'efforçaient-ils de prendre leurs responsabilités face à l'inadmissible application de leur inéluctable invention ? C'est une interprétation optimiste. Les esprits cyniques diront plutôt qu'ils proclamaient la participation innocente de la science pure dans cette affaire, tout en rejetant sur la classe politique les responsabilités de l'application. Pourtant, les meilleurs savants du siècle avaient été les premiers à encourager les hommes politiques à construire la bombe, consentant de surcroît à se charger de cette tâche. Einstein, Leo Szilard, Niels Bohr, James Franck, Robert Oppenheimer et des douzaines d'autres étaient impliqués dans l'opération. Tous se considéraient comme des humanistes, et une bonne partie d'entre eux étaient des pacifistes. Leur appel de 1945 invitant les hommes politiques à la prudence en matière de nucléaire était sincère. Mais était-il honnête?

Einstein avait écrit au Président Roosevelt en 1939 pour l'exhorter à construire la bombe aussi vite que possible, afin de conserver son avance sur les Allemands. Il déclara pourtant après son largage : « Si j'avais su qu'ils feraient ça, je serais devenu cordonnier. » Si Einstein ne comprenait pas le processus en cours de développement, s'il n'aidait pas le public à le comprendre, quelle responsabilité avait-il prise dans sa lettre de 1939? Pour dire les choses crûment : ce n'était pas parce qu'il pensait être un chic type qu'il en était un.

Le problème est que, en quatre cents ans de révolution scientifique, on a toujours répété le même message : l'invention et le changement sont des vertus. Des vertus rationnelles. Aucune tentative n'a jamais été faite pour faire coïncider la ligne de séparation entre le caractère inévitable de la science pure et les choix théoriquement offerts par la science appliquée, avec la possibilité de laisser le choix au public. Seuls les scientifiques ont caressé l'espoir d'identifier cette ligne, avant, après ou pendant son franchissement. C'est ce qu'a fort bien démontré le projet Manhattan. Il serait irréaliste de croire que cette ligne soit un jour parfaitement nette. La République de la Science pourrait cependant améliorer cette situation si elle admettait une deuxième contrainte, aussi importante qu'un débat ouvert entre experts : l'obligation d'aider le citoyen à comprendre les options en jeu. Les scientifiques seraient forcés de refuser les conforts du langage et les dialogues exclusifs avec les structures du pouvoir. En d'autres termes, pour la première fois dans l'histoire moderne, on développerait l'idée que la société, avec l'aide du scientifique, a les moyens de changer le cours du progrès.

Pourtant, souligne John Polanyi, la plupart des scientifiques gardent le silence parce qu'ils s'estiment trop mal informés pour apporter une contribution quelconque en dehors de leur domaine restreint. Dans un monde de spécialistes et de concurrents, ces experts ignorent effectivement tout des structures politiques et économiques régissant la société. Lorsqu'un scientifique se risque à parler franchement, il est le plus souvent martyrisé sans merci par ses collègues.

L'exemple d'Oppenheimer est resté dans la mémoire scientifique internationale, telle une croix illuminée qui se met à clignoter chaque fois que les savants sont tentés de convertir leur compétence scientifique en morale publique. Le physicien Oppenheimer fut choisi pour diriger le projet Manhattan. Pas un instant, ni avant ni après Hiroshima, il ne douta que « la plus haute fonction de l'homme [consistait] à apprendre à connaître et à comprendre le monde objectif et ses lois [9]. » Il eut pourtant de plus en plus de peine à faire la part entre le savoir et son application. Après le rapport Franck, il hésita sur les étapes ultérieures du développe-

327

ment de la bombe. Il appliqua progressivement ce qu'on pourrait qualifier de normes humanistes ou morales éclairées par la science, pour
mettre un frein au programme nucléaire militaire, dont l'avenir dépendait encore de lui pour partie. C'est ainsi qu'il se trouva pris dans les filets
du maccarthysme. Il devint l'une des victimes de la « chasse aux sorcières » contre les communistes et fut destitué de ses fonctions. Alors seulement, il déplaça sa campagne en faveur d'une application morale de la
science hors des cercles du pouvoir scientifique et politique pour la
mener dans l'arène des débats publics.

Notre civilisation a une sainte horreur des spécialistes qui parlent librement sur tous les sujets. Les commentaires publics d'un individu s'exprimant hors de son domaine de compétence, ou tentant de tirer des conclusions plus larges de ses connaissances spécifiques, passent pour une
dangereuse victoire de l'émotion sur le professionnalisme. Il ne s'agit ni
plus ni moins que d'une ingérence dans le secteur d'autrui. Cela indique-
rait que les structures existantes sont inadéquates. Les propos d'un écrivain ou d'un journaliste sont relativement inoffensifs, ils procèdent de
milieux marginaux. En revanche, un véritable expert, qui participe pleinement à la société, s'attaque à lui-même en s'en prenant aux autres.
Quant aux critiques formulées publiquement par un individu dans le
domaine qui est le sien, elles sont pires, dans le sens où elles trahissent les
secrets d'une confrérie. La compétence et la structure réussissent ainsi à
couper court à la plupart des débats publics sérieux.

Dans le monde de la science, le secret trouve sa manifestation la plus
évidente. Le savoir et la compréhension sont des qualités permettant à
l'homme rationnel d'agir. Le scientifique, en revanche, conserve ce savoir
pour lui. Il le dissimule. Non dans ses détails : ces derniers sont livrés aux
entreprises et aux gouvernements. Il garde secrète toute configuration de
détails susceptible d'autoriser le citoyen à comprendre. Interrogé par des
profanes, le scientifique se rétracte derrière la complication et la spécialisation. Bien sûr, c'est compliqué! Mais il n'existe aucune profession où
l'obligation de convertir le dialecte interne en un langage humain soit
aussi totalement absente. Par ce secret, le scientifique empêche le citoyen
de savoir et de comprendre et, partant, d'agir, hormis dans l'ignorance.
Au mieux, avec l'appui d'un solide bon sens, l'ignorance peut encore
atteindre le niveau d'un humanisme convenable; au pire, elle est émotionnelle et craintive. Dans un cas comme dans l'autre, l'humanisme et
l'émotion seront mis en échec par la compétence.

L'industrie nucléaire est devenue une sorte de microcosme du secret et
de la supériorité protectrice liés au savoir scientifique. En France, à la fin
des années cinquante, les élites administratives décidèrent de diminuer
les importations de pétrole en donnant la priorité à l'énergie nucléaire.

Désormais, plus de 70 % des besoins énergétiques français sont couverts par des réacteurs nucléaires. On atteindra les 80 % quand vingt centrales supplémentaires se seront ajoutées aux quarante existantes et que des surgénérateurs seront mis en service. Entre l'installation des premières centrales et 1986, il ne s'est pas produit un seul accident nucléaire en France. Les élites françaises pouvaient se vanter de la supériorité de leur système. Comme ceux d'autres nations, ce système était vendu sur le marché international. Les autres constructeurs de centrales nucléaires – États-Unis, Canada, Royaume-Uni, Japon, Union soviétique – n'avaient pas non plus connu beaucoup d'accidents. La plupart étaient jugés comme de simples incidents techniques. Dans l'ensemble, on avait affaire à une industrie sans danger, procurant l'énergie nécessaire à des pays manquant de pétrole et de charbon. Pendant des décennies, cette certitude demeura inébranlable dans le public. Le nucléaire était la technologie de l'avenir : propre, silencieuse, invisible, au contraire des techniques bruyantes, salissantes et envahissantes du XIXᵉ siècle. La sensation de pureté était telle que le mythe scientifique d'un changement moral pour le bien de l'humanité prit un nouvel essor. Le bien public était synonyme de savoir appliqué. De jeunes scientifiques du monde entier rêvaient d'allier le nucléaire et le bien de tous, à l'instar des jeunes gens qui rêvèrent jadis de suivre saint François. Ils ne cherchaient pas à faire fortune sur le dos des autres ni à devenir des promoteurs, des spéculateurs ou des manipulateurs influents. Ils choisissaient le service public qui, s'il ne demandait pas autant de sacrifices que les franciscains, n'en était pas moins altruiste et désintéressé.

Cette réalité était frappante en France, où l'industrie nucléaire avait un passé exemplaire. Un consensus national, plus solide que jamais, reflétait la confiance issue de l'expérience et, inévitablement, celle née de la nécessité, à mesure que le pays augmentait sa dépendance vis-à-vis du nucléaire. Les experts nucléaires avaient travaillé à un rêve futur. Ils défendaient à présent un système national.

En 1986 eut lieu la catastrophe de Tchernobyl. La fuite était d'une envergure telle qu'elle fut détectée d'abord hors de l'Union soviétique : les systèmes d'alarme de générateurs suédois se déclenchèrent comme si l'accident avait eu lieu sur place. L'Europe entière fut mise en état d'alerte contre les radiations. Dans les semaines qui suivirent, il devint évident qu'une contamination massive des produits alimentaires avait eu lieu sur l'ensemble du continent. Dans la plupart des pays européens, on jeta lait et fromages. L'Italie détruisit ses légumes et obligea ses enfants à rester à l'intérieur. Des animaux contaminés furent tués et incinérés.

Bizarrement, seule la France semblait avoir été épargnée par les vents porteurs de nuages de radiations. La vie continuait comme si de rien n'était. On consomma le lait, le fromage, les légumes, la viande. Les Français regardaient chaque jour dans les journaux les cartes montrant l'évolution des radiations, et ils ne pouvaient manquer d'être troublés par l'élégance cartésienne avec laquelle les vents emportaient la contamination vers le nord et le sud, laissant un trou bien net au milieu, juste assez grand pour contenir l'Hexagone.

En définitive, ce n'était ni une question de stupidité ni une affaire de manipulation politique. Les experts nucléaires français étaient tellement habitués à protéger les citoyens des dangers moraux d'un savoir mal interprété, qu'ils avaient étendu cette même protection aux Soviétiques.

Ce réflexe protecteur mériterait le qualificatif de conspiration contre la panique. La plus grande peur de l'homme rationnel reste que le citoyen puise à la source de ses instincts les plus vils et agisse sans réfléchir. L'empire de la raison sur la passion. De la raison sur la peur. De la raison sur la panique. Avant toute chose, il importe que l'homme moderne reste calme.

Curieusement, dans les pays qui affrontèrent plus ouvertement la catastrophe de Tchernobyl, les citoyens prirent à cœur leur droit à la panique. Ils écoutèrent attentivement les avertissements et les conseils qui leur étaient donnés, évitant de manger ce qu'on jugeait dangereux, sans se plaindre des récoltes perdues, gardant scrupuleusement leurs enfants à l'intérieur. Personne ne se mit à courir dans les rues comme un fou. Ils recoururent à leur bon sens pour paniquer avec dignité.

En France, la nouvelle commença à se répandre qu'on avait traité les citoyens comme des enfants. Ceux-ci réagirent avec une certaine colère. Dans un premier temps, l'agneau français, jugé toxique, fut refoulé aux frontières. Les experts français en imputèrent la faute à l'ignorance de leurs voisins. Après quoi, le Japon refusa jusqu'aux herbes aromatiques françaises destinées à l'exportation. La presse internationale concentra son attention sur le refus de Paris d'admettre que quelque chose de grave s'était produit. La confiance des Français dans le système nucléaire s'en trouva peu à peu ébranlée. Au cours des semaines qui suivirent, la révélation d'une tromperie indéniable obligea finalement les experts à une certaine franchise.

Soudain, les réacteurs nucléaires, sûrs depuis trente ans, commencèrent à avoir des ratés : une demi-douzaine en l'espace de douze mois. Puis des comptes rendus d'incidents antérieurs circulèrent. Un rapport officiel, non publié, établit que, le 4 avril 1984 à Bugey, dans une région agricole très peuplée située entre Lyon et la frontière suisse, « l'incident est d'une gravité [...] encore jamais rencontrée sur les réacteurs à eau pressurisée. [...] Une défaillance supplémentaire [...] aurait donc conduit à une perte complète des alimentations électroniques de puissance et à une saturation hors dimensionnement. [...] La non-fermeture des vannes aurait constitué une voie de dégénérescence supplémentaire de l'incident vers une situation difficilement contrôlable [10]. »

Le scientifique auteur de ce rapport estima sans doute que la publication ultérieure de ses propos constituait une trahison. Il se disait peut-être que, lu par des profanes n'y connaisssant rien, son rapport pouvait être utilisé pour donner une vision étroite et sensationnaliste de la vérité. Quant à la vérité, il s'agissait d'une réalité vaste et complexe, qu'on ne peut en aucun cas comprendre si on n'y baigne pas.

L'individu moyen, en écoutant une justification pareille, sentirait probablement, derrière les mots du scientifique, une colère dépassant l'explication rationnelle. Cette rage a sa source dans la conviction du scientifique, et surtout de l'expert nucléaire, qu'il est Merlin-Lancelot, le serviteur miraculeux de l'avenir. Or voilà que brusquement, de toutes parts, des gens ordinaires l'accusent de mettre leur vie en danger!

Le cher homme réagit à la mise en cause de ses actes comme si ses motivations – c'est-à-dire son jugement moral – étaient contestées. Il riposte avec les armes qu'il méprise le plus : avec la peur, la haine de l'*outsider*. Il le fustige. Il dissimule. Il fait exactement ce que le public ignorant est censé faire s'il n'est pas manié avec prudence : il panique. Nourri d'abstractions, il panique mal, sans dignité ni bon sens. Et la société se retrouve dans l'incapacité de régler calmement les problèmes qu'il a provoqués.

En 1987, des niveaux de radioactivité élevés furent enregistrés sur une plage proche de la centrale nucléaire de Dounreay, en Écosse. Ces données furent confirmées par différentes mesures d'experts. D'ailleurs, les scientifiques responsables ne niaient pas les faits. Cependant, des travaux d'extension de la centrale avaient été prévus. Des études et des auditions étaient en cours. Les mêmes scientifiques refusèrent de prendre en compte les taux de radioactivité enregistrés sur la plage dans leurs études sur les futures normes de sécurité. Les deux choses n'avaient rien à voir, disaient-ils [11]. Comme si on leur avait présenté non des faits, mais une information déloyale inexplicablement passée du côté des ténèbres.

Une série de fuites survenues à la centrale nucléaire de Pickering, dans la banlieue de Toronto, qui regroupe 5 millions d'individus, ont été décrites comme autant d'incidents techniques. Au lendemain de Tchernobyl, un rapport officiel, bien documenté, publié au Canada, jeta des doutes sur les normes de sécurité nucléaire locales. Les autorités réagirent en ordonnant à la compagnie chargée du développement des réacteurs nucléaires, qui appartenait à la Couronne, de réviser ces normes. L'entreprise en question se contenta d'expliquer en long, en large et en travers qu'une telle révision était inutile, dans la mesure où le rapport se basait sur des craintes non fondées. Ce refus d'entretenir le doute semblait sans appel.

Les scientifiques travaillant dans des centrales nucléaires rapportent tout incident à leurs supérieurs. Cela fait partie des structures internes propres aux experts. On sait par exemple qu'en 1986 il s'est produit 2 836 accidents dans les 99 centrales nucléaires américaines. En 1987, on dénombra 2 940 accidents dans 105 centrales [12]. Le blocage de l'information se produit au moment où le savoir technologique menace d'échapper au contrôle absolu du système des experts.

En vingt-huit ans, divers incidents survenus dans l'énorme centrale nucléaire Du Pont, au bord du fleuve Savannah, en Caroline du Sud, furent rapportés par la direction de l'établissement au bureau régional de l'Atomic Energy Commission (AEC). Rappelons en particulier le mémorandum de 1985, écrit par un scientifique à ses supérieurs, et décrivant 30 « incidents de réacteurs de la plus grande importance ». Dans aucun cas on ne prit la moindre initiative. Pas plus qu'on ne se donna la peine de rapporter l'information aux bureaux centraux de l'AEC ou au département de l'Énergie. Ces renseignement furent tenus secrets. Les personnes concernées firent comme s'il ne s'était rien passé. Pourtant, elles ne font pas partie de ceux qu'on qualifie généralement de criminels. Ce sont très probablement de bons citoyens, des parents affectueux, qui paient leurs impôts et emmènent leurs enfants chez les scouts ou prendre des leçons de piano. Quand la vérité se fit jour, le département de l'Énergie imputa cette clandestinité à une pratique institutionnelle profondément enracinée, qui remontait au projet Manhattan, en 1942, lorsque la sécurité comptait plus que tout [13]. Toutefois, cela explique mal pourquoi il fut décidé de ne pas rapporter ces incidents au département de l'Énergie, qu'on pouvait tout de même difficilement considérer comme une agence étrangère. En définitive, cette dissimulation obsessionnelle reflète une terrible confusion entre la compétence, la valeur personnelle et la moralité.

En traitant les citoyens comme des enfants peureux, le scientifique obtient précisément cet effet. À preuve les lamentations et l'autoflagellation dans l'introduction au recueil de nouvelles intitulé *Les Monstres d'Einstein*, du romancier britannique Martin Amis. Les armes nucléaires « me donnent envie de vomir et provoquent chez moi des douleurs d'estomac ». Dans l'éventualité d'une guerre nucléaire, « je serai obligé (et c'est bien la dernière chose que j'ai envie de faire) de regagner ma lointaine demeure, à travers l'ouragan de feu, les vestiges de vents soufflant à mille à l'heure, les atomes déformés, les morts gisant partout. Alors – si Dieu le veut et si j'en ai encore la force, et, bien sûr, s'ils sont encore vivants – je devrai trouver ma femme et mes enfants, pour les tuer [14] ». L'hystérie d'Amis conforte le scientifique et les autorités. L'expert se sent pardonné de vouloir conserver le savoir pour lui. Même si Amis se laisse aller à cet accès de délire pour la seule et unique raison que depuis quarante ans qu'ils refusent de discuter calmement, ouvertement, de la question nucléaire, les scientifiques ne laissent pas au profane d'autre mode d'argumentation.

Curieusement, ces attaques ne font que renforcer le point de vue du scientifique selon lequel, si les armes nucléaires sont un mal nécessaire, imposé par les besoins de l'homme non civilisé, l'énergie nucléaire, elle, est un bienfait indispensable à notre bien-être. Pourtant, les risques de catastrophe sont beaucoup plus grands avec de paisibles réacteurs qu'avec des bombes. L'armement nucléaire, après tout, est « en veilleuse ». Il faut que quelqu'un décide de l'utiliser. Le bon sens et l'humanité nous protègent à cet égard. Les réacteurs, en revanche, explosent continuellement : c'est ainsi qu'ils produisent de l'énergie. La seule chose qui sépare l'homme du déchaînement de cette force est l'efficacité d'une machine contenant ces explosions et la compétence des responsables de la gestion de ces centrales. Une chose est certaine : l'infaillibilité, mécanique ou humaine, n'existe pas. Les avions de ligne s'écrasent. Les trains à grande vitesse et à haute technologie déraillent. Les barrages cèdent. Les ponts s'effondrent. On a dénombré, rappelons-le, 2 940 incidents nucléaires, rien qu'aux États-Unis, en 1987, dans 105 centrales seulement.

À la fin des années quatre-vingt, on assiste à une soudaine remise en cause salutaire de l'énergie nucléaire. La Grande-Bretagne a pour ainsi dire renoncé à construire des centrales supplémentaires. Mais la façon dont cela s'est produit montre qu'aucun progrès n'a été réalisé quand il a été question de dévoiler au grand jour les secrets de la science, afin que le public les analysât. Bien au contraire. Les décisions ont été prises au niveau gouvernemental, sans débats publics préalables. Les experts nucléaires eux-mêmes ne se sont pas donné la peine d'en discuter entre eux. On s'est contenté d'annoncer que la privatisation du secteur de l'électricité prévue par le gouvernement n'inclurait pas le nucléaire. En y regardant de plus près, on trouve à cela deux raisons. D'abord, en dépit de promesses vieilles de dix ans, l'énergie nucléaire continue à coûter plus cher que les sources d'énergie traditionnelles. Ensuite, le secteur privé n'a aucun intérêt à investir dans un domaine aussi risqué. Il se préoccupe surtout des risques et des coûts encourus dans le démantèlement d'anciennes centrales.

Nulle part il n'était mentionné que le public devrait s'inquiéter lui aussi de ces questions. Le président de l'Atomic Energy Authority répétait au contraire, à qui voulait l'entendre, les arguments habituels : « Nous devons prouver que l'énergie nucléaire, sans risque, est aussi économique. Il ne fait aucun doute que le public a été troublé par les rapports de la presse relatifs au risque financier de l'énergie nucléaire [15]. »

En d'autres termes, ni les atomistes ni les élites du gouvernement ou des affaires n'étaient prêts à admettre quoi que ce soit. Ils prétendirent que les problèmes de l'industrie nucléaire venaient de la confusion régnant dans le public – c'est-à-dire de son ignorance. Il faut être conscient que ce qui s'est produit en Grande-Bretagne ne constitue qu'une pause. La communauté scientifique reste convaincue qu'elle doit aller de l'avant. Elle s'obstinera à s'intégrer de force aux différents systèmes, jusqu'au jour où le gouvernement britannique annoncera tout à coup l'instauration d'un nouveau programme amélioré. Cette décision paraîtra surgir de nulle part, et pourtant le programme en question naîtra pleinement formé. L'argument qui conférera à cette continuité un caractère inévitable sera que la plupart des autres nations occidentales ne se seront pas arrêtées. La France a toujours le vent en poupe. Les États-Unis reprendront du collier dès la prochaine crise énergétique. Seule la Suède semble avoir pris définitivement la décision de dénucléariser. Au printemps 1991, cinq ans après Tchernobyl, l'industrie a entamé une campagne internationale concertée pour faire accepter au public ses nouvelles normes de sécurité [16].

Dans ce débat, les questions intéressantes sont les plus simples, celles que les experts évitent scrupuleusement. Pourquoi le public devrait-il se soumettre à des risques éventuels ? De quel droit les scientifiques imposent-ils leur programme à la population ? Pourquoi paniquent-ils à l'idée d'agir avec prudence ? Pourquoi se sentent-ils obligés de fuir éperdument dans le futur ?

Qu'un atomiste s'oppose par moralisme au vrai débat public, et qu'il retienne le savoir, ou que d'autres scientifiques agissent de même pour d'autres raisons : où est la différence ? Chaque année, on dénombre 2 millions de cas d'empoisonnements dus à des contacts avec des pesticides, dont 40 000 mortels. Les pesticides ont contaminé les nappes phréatiques dans le monde entier. En 1987, dans la principale région productrice de riz en Italie, il fallut faire venir de l'eau potable par camions à l'intention des familles. Le riz, comme chacun sait, pousse dans des champs inondés. Les fermiers avaient pollué les nappes phréatiques locales. L'effet sur la production était une autre question, dont les paysans eux-mêmes refusaient de débattre. L'Europe du Sud est en proie à une épidémie d'araignées rouges microscopiques qui s'attaquent aux récoltes. Ces arachnides sont un effet secondaire des traitements chimiques perfectionnés contre le mildiou. Plusieurs études européennes ont fait état d'une nette augmentation du nombre de maladies incurables, parmi des fermiers relativement jeunes, associées à l'usage intensif de produits chimiques en agriculture. L'université de Guelph lie l'essor de la maladie de Parkinson à une substance contenue dans les engrais chimiques. On constate par ailleurs une nette avancée de l'immunité humaine vis-à-vis des antibiotiques. En 1960, 13 % seulement des staphylococcies résistaient à la pénicilline ; en 1988, on en dénombrait 91 %. Il faut attribuer cette évolution pour partie à une surutilisation de ces médicaments, qui a également entraîné des épidémies, de méningite et de gonorrhée notamment. De nombreux tests ont incriminé l'administration d'hormones et d'antibiotiques aux vaches, moutons, cochons, poulets, destinée à les protéger contre la maladie et à stimuler leur croissance. 55 % des antibiotiques américains sont administrés aux animaux de ferme. À la faveur d'un phénomène baptisé « gènes sauteurs », les bactéries développent des mécanismes de défense à une cadence dépassant l'apparition de nouveaux traitements. On interdit donc désormais, en Europe, l'administration d'hormones aux animaux. Il s'agit d'une véritable victoire politique sur

334

les experts en hormones européens, qui nient obstinément tout effet secondaire, à l'instar de leurs collègues américains. Aux États-Unis, on constata pour la première fois la présence indéniable de la salmonelle dans des œufs frais. En neuf ans, entre 1979 et 1988, l'incidence de la salmonellose fut multipliée par six. En décembre 1988, le docteur Douglas Archer, directeur du département de microbiologie au Centre pour la sécurité alimentaire et la nutrition appliquée de l'Office du contrôle pharmaceutique et alimentaire (Food and Drug Administration), confirma que l'élevage de la volaille en batteries était à l'origine de cette maladie. Un mois plus tard, le ministre britannique Edwina Currie s'exprima ouvertement sur cette question et fut contrainte de démissionner [17].

Ces exemples sont d'une évidence incontestable. Le refus de la plupart des organisations d'admettre qu'il y a un problème lorsqu'il en surgit effectivement un – sans parler de faire quelque chose pour le résoudre – est souvent imputé à des intérêts financiers. Il n'y a rien de plus facile que d'accuser la cupidité humaine. Cependant, la plupart des entreprises concernées sont dirigées par des gérants, non par leurs propriétaires. Ces gestionnaires sont le plus souvent des scientifiques ou des ingénieurs. Des technocrates d'une espèce ou d'une autre. Au-delà, on trouve de gigantesques réserves de compétences dans les universités, les hôpitaux, les instituts. La grande majorité de ces honorables scientifiques participent au processus de dénégation du problème ou se contentent de garder le silence. Ils sont incapables de prendre du recul par rapport au progrès, afin de condamner certaines avancées.

Ainsi impute-t-on les contaminations dues aux pesticides à l'usage erroné qu'en font les paysans. La pollution des nappes phréatiques ne saurait être liée spécifiquement à l'agriculture. En janvier 1989, on révéla que les teneurs en pesticides de l'eau recyclée par quatre usines de traitement britanniques étaient supérieures à celles autorisées par les normes de santé du Marché commun. Les responsables des usines en question et le gouvernement eurent une réaction pour le moins puérile : ils décrétèrent que les niveaux imposés par la CEE étaient trop bas. Ils affirmèrent que c'étaient les consommateurs qui en pâtiraient, car ils seraient contraints de débourser davantage si on voulait respecter ces règlements trop rigoureux. En revanche, ils ne manifestèrent pas la moindre inquiétude quant aux éventuelles conséquences sur le plan sanitaire. L'épidémie d'araignées rouges est attribuée à un mauvais usage des produits antimildiou. Ces petites bêtes sont considérées comme un « incident technique » qu'on essaie de régler grâce à la mise au point de traitements chimiques supplémentaires. On refuse catégoriquement d'admettre que les engrais chimiques provoquent des maladies ou ont un effet sur les eaux. Pourtant, il est désormais impossible de boire l'eau des lacs canadiens, apparemment limpides, sans la filtrer. Les autorités mettent en garde contre une consommation excessive de poissons pêchés dans ces lacs. On découvre tout à coup que les huîtres et les moules provenant de régions non polluées d'Europe et d'Amérique du Nord empoisonnent les gens. On admet rarement que le problème soit local : le poisson a dû être acheminé dans la zone concernée par quelque courant. Jamais on n'aborde sérieusement la question des millions de tonnes d'écoulement d'eaux agricoles, qui sont une cause essentielle de la pollution des eaux. On nie aussi que les antibiotiques puissent survivre au cycle alimentaire. Les résultats positifs des dépistages sont considérés comme accidentels. Au lieu de remettre en cause l'usage abondant des antibiotiques, la communauté scientifique poursuit sa fuite en avant, découvrant de nouveaux remèdes pour les calamités que d'autres médicaments ont provoquées. Non contents de nier les risques des hormones administrées aux animaux, les experts nord-américains soutiennent que l'interdit européen est un stratagème conçu par des gouvernements protectionnistes contre la concurrence étrangère. Ils sont terrifiés à l'idée que ce précédent européen aide les groupes de pression antihormones américains. Les producteurs d'hormones européens prennent le parti des Américains ; ils ont créé un lobby, baptisé Entreprises européennes pour la santé animale. Ce titre illustre à la perfection la dictature de la terminologie poussée jusqu'à l'absurde. Ils se sont approprié le sentimentalisme de la SPA au nom d'une organisation consacrée à l'engraissement chimique d'animaux destinés à l'abattoir.

Les études annuelles portant sur les coûts de l'agriculture organique par rapport à l'agriculture chimique, aux États-Unis, montrent que la première est légèrement meilleur marché. Les coûts de production sont les mêmes, mais les fermiers qui optent pour la méthode chimique doivent payer des produits onéreux. La communauté scientifique continue malgré tout à faire corps avec les entreprises pour dénigrer ce qu'ils qualifient d'approche non scientifique. Pourquoi un procédé qui fonctionne mieux, qui n'a pas d'effets secondaires et coûte moins cher devrait-il être éliminé, au nom d'un attachement au « progrès » ? La réponse n'est pas très claire. Ce dévouement à l'efficacité n'a plus lieu d'être, dès l'instant où la méthode proposée ne complète plus les techniques déjà utilisées. En 1989, une remarquable percée eut lieu à cet égard : aux États-Unis, l'Académie nationale des sciences annonça les résultats d'une longue étude établissant que l'agriculture organique était aussi productive que l'agriculture chimique, voire plus. Ces experts recommandent aujourd'hui qu'on revienne sur quarante ans de politique gouvernementale favorisant l'agriculture « moderne ». Cette proclamation révolutionnaire fut accueillie par le silence de la communauté scientifique. Inutile de dire que la nouvelle ne circula pas au-delà des frontières, pour provoquer de grands débats dans la région rizicole du nord de l'Italie ou les vastes zones maraîchères du sud de la France et de l'Angleterre, lesquelles se glorifient d'avoir l'une des agricultures les plus modernes et les plus industrialisées d'Europe.

Là encore, la communauté scientifique montre peu d'empressement à se demander pourquoi le public devrait subir de tels risques sans comprendre et sans avoir voix au chapitre. Les trente-cinq produits chimiques participant à la production et à la conservation d'une pomme constituent peut-être un danger pour la santé publique. Pourquoi s'est-on précipité sur ces insecticides, ces engrais artificiels, ces fongicides, ces agents conservateurs, sans prendre le temps d'y réfléchir publiquement, et de vérifier si c'était la bonne voie, si le citoyen souhaitait s'y embarquer ? Les systèmes parlementaires exigent qu'un gouvernement justifie ses actions en public. Depuis le début du xxᵉ siècle, la communauté scientifique a changé notre vie plus que n'importe quelle assemblée législative. Et pourtant, elle ne se sent pas obligée de justifier quoi que ce soit.

Quant au scandale survenu au début de 1989 après l'épidémie de salmonellose provoquée par les œufs, toute l'affaire ressemble à une satire. Pour commencer, aucun scientifique, homme politique ou journaliste ne se donna la peine de mentionner qu'il s'agissait d'un problème commun à tous les pays occidentaux, où des méthodes industrielles avancées sont utilisées pour élever les poulets. Ensuite, la crise tomba immédiatement dans le chauvinisme le plus bas : les œufs anglais ne pouvaient être que bons. Du jour au lendemain, les poules britanniques agitaient un drapeau de l'Union Jack tandis que Mme Thatcher prenait publiquement la défense de ces consciencieux volatiles. Enfin, le seul ministre qui osa clamer la vérité, Mme Currie, fut isolée par la communauté scientifique, qui laissa entendre qu'elle était hystérique, qu'elle avait paniqué. Après s'être débarrassés d'elle, les officiels responsables prirent des mesures parielles – juste suffisantes pour éviter la panique –, confirmant sans l'ombre d'un doute que le ministre injustement écarté avait eu raison depuis le début.

L'attitude envers la science a apparemment changé ces dernières années. L'engouement pour les Verts, désormais entité politique, impose aux hommes politiques, aux bureaucrates, aux hommes d'affaires, ainsi qu'aux scientifiques, un programme plus circonspect. Cependant, les victoires remportées par les écologistes se limitent presque exclusivement à l'arène politique. La démocratie exhibe ainsi ses muscles. Toutefois, entre montrer ses biceps et changer la société, il y a un monde. Pour changer la société, il faut vaincre le système, bouleverser ses structures ou le détruire.

À ce stade, ni la communauté scientifique ni les bureaucrates ou les hommes d'affaires n'ont réagi aux nouveaux signaux politiques, en dehors de quelques formules d'assentiment de bon aloi. On introduit désormais des paragraphes à teneur écologiste à côté d'autres questions, relatives à la maternité par exemple, dans les discours des hommes politiques et des chefs d'entreprise. Dépossédés de l'exclusivité de leur terminologie, les partis politiques à orientation écologique, comme les Verts, ont déjà commencé à s'embourber dans les complexités de la politique moderne. Et les rares changements accomplis se limitent à des domaines étroits, où on peut marquer des points sur le plan politique.

Tout en prônant la responsabilité vis-à-vis de l'environnement, le gouvernement britannique s'efforce de maintenir la qualité des eaux municipales à un niveau aussi bas que la loi le permet. Les autorités américaines s'inquiètent de la déforestation au Brésil, alors qu'aux États-Unis les émissions de gaz carbonique augmentent chaque année, à un rythme accru, au-delà de la moyenne planétaire. Les Canadiens font du tapage à propos des pluies acides, tout en fermant obstinément les yeux sur la désertification qui gagne chez eux avec leurs déforestations massives. Aucune structure n'a entamé de débat véritable avec ceux qui contestent l'application aveugle de la science. En tendant l'oreille, on perçoit, au mieux, un silence obstiné.

Le problème n'est pas l'opposition entre Verts et anti-Verts, ou entre écologistes et capitalistes. Il s'agit plutôt d'une approche générale de la vérité, de la rétention du savoir, du pouvoir, qui dépasse largement ces mouvements. Le credo des Verts concerne une portion importante de la problématique scientifique ; mais une portion seulement. Les dangers qui menacent notre environnement résultent de ce problème, mais ne constituent pas ce problème en lui-même.

Si la structure scientifico-administrative devait aboutir, d'une manière ou d'une autre, entre les mains des écologistes, elle n'en demeurerait pas moins aussi secrète, rétentrice et sûre d'elle. Aux vérités de La Palice qui ont cours aujourd'hui, comme les bienfaits sociaux de l'énergie nucléaire, succéderaient alors d'autres vérités, tout aussi évidentes : le bien-fondé d'un non-développement généralisé, par exemple.

L'effet psychologique de l'approche rationnelle découle en partie de la confusion de certains termes tels que *moderne* et *bon*, à peu près aussi apparentés que *retour à la nature* et *salutaire*. Le public sait que les absolus n'ont pas leur place ici ; mais notre société ne nous donne pas les outils nécessaires pour contester ou rejeter ces données avec bon sens.

Le mythe entourant le vin français démontre les résonances profondément comiques que ce phénomène peut parfois revêtir. L'image romantique d'un vieux vigneron rondouillard aux doigts noueux, travaillant dans ses vignes, est intimement liée au plaisir de boire du vin. D'autres visions, liées à des gloires passées, l'accompagnent : le bourgogne favori d'Henri IV était le nuits-saint-georges, le chambertin était le vin favori de Napoléon. Pourtant, public et professionnels sont convaincus que le vin produit autrement qu'avec les méthodes modernes serait imbuvable. Si vous dites à un Français : « Ceci est du vin organique », il lèvera les yeux au ciel. Or le vin organique est tout simplement produit comme du temps d'Henri IV ou de Napoléon, avant deux tournants marquants survenus à la fin du XIXe siècle : l'arrivée du phylloxéra qui ruina la vigne, et l'introduction du sucrage artificiel des moûts, connu sous le nom de chaptalisation. Le producteur de vin organique fait macérer le jus de raisin plus longtemps, avec la peau et les pépins. Le vin ainsi produit reste plus longtemps dans des fûts en bois ; il se conserve aussi plus longtemps en bouteille. Sa stabilité, son corps et son goût sont naturels.

Le vin moderne est trop souvent plein de sulfure, de stabilisateurs chimiques, de fongicides, d'additifs d'alcool et de sucre de betterave. Ce sont ces adjonctions, non l'alcool de raisin, qui sont à l'origine de la plupart des « gueules de bois ». De nos jours, le vin n'a pas du tout le même goût que le nuits-saint-georges d'Henri IV. Il est forcé, il arrive vite à maturation, il « meurt » plus vite encore. Comme les réacteurs nucléaires, le vin moderne fait partie des promesses secrètes de notre société.

Des Princes et des Héros

Curieusement, on s'imagine en Occident que nos leaders sont le fruit du hasard ou d'un accident. On se plaint d'une manière étrangement détachée de ceux auxquels on confie l'autorité. Plus curieux encore, face aux problèmes, aux crises et aux besoins du public, nous attendons l'apparition de leaders adaptés à la situation.

Il est rare que nos leaders soient le résultat d'événements ou d'accidents de parcours. Ils sont plutôt le produit naturel de structures installées à long terme et de l'évolution progressive d'une civilisation. Les choix des citoyens sont souvent si limités par ces tendances générales qu'ils se voient dans l'obligation de faire la guerre sous la conduite de réformateurs sociaux, comme ce fut le cas en Grande-Bretagne, en France et aux États-Unis pendant presque toute la Première Guerre mondiale. Soixante ans plus tard, quand eut lieu l'effondrement économique de 1973, l'Amérique se trouvait entre les mains d'un pur politicien, dénué de bon sens en matière financière. La France et l'Angleterre étaient dirigées par des technocrates dotés d'outils essentiellement administratifs. Seule parmi les nations occidentales, l'Allemagne était gérée par un économiste compétent, et cela pour des raisons sans rapport avec la crise immédiate.

On allègue ces rendez-vous ratés pour étayer l'idée que la démocratie constitue un mode de gouvernement inefficace et inadapté. Il serait plus honnête et plus précis de dire que la démocratie est de plus en plus entravée par l'usage de la méthodologie rationnelle dans la création et la sélection des leaders. Ces hommes sont inadaptés au processus démocratique, qu'ils sapent en allant à l'encontre de ses besoins essentiels. Depuis notre conversion à la raison, deux types de leaders sont nés : le prince rationnel et le Héros.

Le prince reste fidèle à ses origines. Il est de toute évidence la créature de Machiavel, de Loyola, de Bacon, de Descartes et de Richelieu. Les leaders modernes ne montrent guère d'empressement à revendiquer ces ancêtres. Cependant, c'est le prince rationnel de Machiavel qui s'est multiplié pour occuper les postes administratifs clés. À telle enseigne qu'il n'a pas tardé à envahir la sphère politique. Les politiciens eux-mêmes ont entrepris d'imiter les méthodes de leurs employés, occultant l'inimitié naturelle et profonde entre démocratie et management rationnel. Le développement des réflexes démocratiques du citoyen s'en est trouvé saboté, et l'idée même de leader démocrate s'est vue tour à tour bloquée et déformée.

La frustration suscitée par ces obscures batailles donna naissance à un nouveau type de leader : le Héros. Celui-ci constituait une combinaison simple des approches démocratique et rationnelle, à la fois populaire et efficace. Populaire grâce à une alliance entre la majesté des rois et le culte divin, qui forçait l'adulation de l'opinion publique. Efficace parce que son pouvoir laissait le Héros libre d'administrer sans contrainte sociale.

Malheureusement, cette solution mixte trahissait à la fois l'opinion publique et l'administration. On s'aperçut très vite que tous les Héros étaient les ennemis de l'intérêt public, leur pouvoir résidant dans l'art d'utiliser la violence, contre les citoyens si nécessaire. Même le Héros qui se servait de son ascendant pour faire le bien préparait en réalité le terrain pour un autre, qui pourrait plus facilement faire le mal. D'où une question troublante : comment une civilisation surgie des cendres du pouvoir absolu des rois et des Églises au nom de la liberté et de l'égalité a-t-elle pu se vouer à un tel culte?

Plus curieusement encore, avec Napoléon, on comprit que rares étaient les individus susceptibles de devenir de véritables Héros, capables d'exploits surhumains ou de faiblesses aptes à anéantir le pouvoir et l'amour-propre du citoyen. L'essor ininterrompu de l'élan Héroïque exigeait le développement d'un troisième type de leasership, plus accessible : ainsi naquit le leader faussement Héroïque. Celui-ci pouvait se hisser au pouvoir par la violence, à l'instar du véritable Héros, ou grâce aux méthodes de la société démocratique. Il allait cependant déformer ce processus, en se servant de l'imagerie Héroïque et des promesses de l'efficacité Héroïque.

Il en résulte que notre société se trouve parfois dominée par les véritables Héros, terrifiants, dispersés parmi des nuées de faux Héros, dont la plupart ont réussi à tirer parti du système électoral, et toute une gamme de princes rationnels non élus, dont les plus beaux fleurons président nos codes juridiques. Aucune de ces trois catégories n'est aisément contrôlable, car leur pouvoir est le fruit d'un rejet profond de la relation démocratique.

Le 13 octobre 1761, Marc-Antoine Calas, un calviniste français de trente ans, se pendait dans l'échoppe de son père, rue des Filatiers à Toulouse [1]. Pour protéger la réputation de son fils, Jean Calas, grand marchand de tissus, essaya de cacher ce suicide. Les tensions entre la majorité catholique et la minorité protestante de la ville firent naître une rumeur selon laquelle Jean Calas avait étranglé son fils après avoir découvert qu'il était sur le point de se convertir au catholicisme. Le marchand fut arrêté et un long procès s'ensuivit. Il fut condamné par le magistrat municipal, puis par le parlement de Toulouse. Le 10 mars 1762, il subissait le supplice de la roue, une méthode qui consiste à dénuder la victime, à lui lier bras et jambes écartés sur une grande roue de chariot couchée à terre. Un ou deux hommes entreprenaient de lui briser les articulations et les os l'un après l'autre, avec une barre de fer. Devenus pliables, les membres étaient ensuite entrelacés avec les rayons. Pour finir, on remettait la roue en position verticale et on laissait agoniser le malheureux. Calas mourut en protestant de son innocence. Une telle condamnation signifiait aussi que sa famille perdait tous ses droits civils, ainsi que ses biens.

Douze jours plus tard, la veuve de Calas alla trouver Voltaire pour le supplier de l'aider. Il avait soixante-huit ans, il était le dramaturge le plus populaire d'Europe. Il agissait aussi comme la mouche du coche en matière de réforme politique et sociale. En France, une menace d'emprisonnement pesait en permanence sur lui. Quelque temps auparavant, il avait abandonné le service de Frédéric le Grand de Prusse pour s'installer à Ferney, à la frontière franco-suisse, d'où il invectivait ceux qui attiraient son attention.

La première réaction de Voltaire aux supplications de Mme Calas fut de penser que son mari était coupable. Sa haine de la religion organisée l'incitait à craindre le pire des sectes. Il fit néanmoins une enquête sur l'affaire et fut convaincu qu'une grave injustice avait été commise. Il écrivit à ses relations parisiennes – ministres, courtisans, parlementaires –, les priant d'intervenir. Ceux-ci ne manifestèrent guère d'enthousiasme.

Ce fut là un tournant dans la vie du philosophe. Peut-être le plus important de tous. Jusqu'alors, Voltaire n'avait pas vraiment développé de grand programme philosophique. Il appelait pourtant la réforme de ses vœux, et pendant une grande partie de sa carrière déjà longue, il avait cherché à forcer la main aux gouvernements. Il avait été courtisan et conseiller royal, auteur dramatique et historien. Trois ans auparavant, il avait énergiquement défendu la cause de six frères auxquels les jésuites avaient dérobé leur héritage. Il prit personnellement en charge l'affaire Calas et se répandit en invectives tous azimuts.

Voltaire inventa le concept d'opinion publique, en quelque sorte, en montrant comment celle-ci pouvait être mise à contribution pour une bonne cause. Au lieu d'aborder la question d'« en-haut », comme le faisaient généralement les philosophes du XVIIIe siècle, il se mit au niveau des réalités de la vie humaine. Il imposa ainsi l'idée qu'on pouvait transformer certaines affaires judiciaires émouvantes en de grandes batailles qui créeraient des précédents et obligeraient à une réforme d'envergure.

Plus important encore : il concentra son attention sur la loi, c'est-à-dire la réforme juridique et l'équité de son application. Voltaire n'était pas le premier homme de lettres à vouloir instaurer une réforme sociale par le biais d'amendements juridiques. À Dublin, dès la première moitié du siècle, on l'a vu, Jonathan Swift avait pris en charge d'interminables procès. Une trentaine d'années auparavant, Voltaire, grand admirateur de Swift, avait passé trois mois dans la même demeure que lui, pendant son exil en Angleterre. Son engouement ultérieur pour les romans politiques satiriques, les pamphlets et les diatribes poétiques tenait en grande partie à l'influence de Swift. En 1730, Henry Fielding avait commencé ses attaques contre la loi par une œuvre dramatique en trois parties. En 1749, devenu avocat et magistrat, il publiait *Tom Jones*, un roman où il montrait la nécessité d'une réforme juridique. Sa vie durant, Voltaire s'inspira de ces penseurs anglais, estimant que c'était l'exemple politique à suivre.

L'affaire Calas était cependant quelque chose de nouveau. En un an, Voltaire en fit le sujet de conversation par excellence dans l'Europe entière et le malheur de Jean Calas prit des proportions mythologiques. Voltaire poursuivait résolument son attaque. Il fallut deux ans pour obtenir la révision du procès. Le 9 mars 1765, trois ans et demi après l'exécution de Calas, les quarante juges de la cour d'appel de l'hôtel de ville de Toulouse le disculpaient à l'unanimité. Les hommes et les femmes d'Europe pouvaient voir et comprendre que justice avait été faite. La voie était ouverte pour les grandes batailles juridiques populaires qui, au cours de notre siècle, produiraient l'affaire Dreyfus et celle du Watergate. Quant à Voltaire, il n'était plus considéré comme la mouche du coche dans l'arène politique. Il était désormais le défenseur de Calas et, partant, le champion de la justice. Au cours des vingt dernières années de sa vie, il s'engagea ainsi dans une série d'autres affaires.

La souveraineté de la loi s'était ancrée dans la conscience des citoyens comme l'instrument le plus sûr pour contrôler les élites dirigeantes et garantir la justice politique et sociale. Quelques années auparavant, les idées de Montesquieu, juge devenu écrivain, s'étaient adressées à d'autres membres de l'élite. Désormais, même le message complexe et fortement intellectuel des Encyclopédistes trouvait un écho populaire, qu'ils n'étaient pas vraiment en mesure de comprendre eux-mêmes. Leurs arguments en faveur d'une monarchie forte cimentée par un code juridique inviolable obligeaient à se demander pourquoi le monarque jouirait d'un tel pouvoir, alors que les codes juridiques étaient censés être inviolables. Cette même idée circulait depuis plus longtemps en Angleterre ; elle trouva une force nouvelle lorsque le refus du roi George III d'agir conformément à la loi incita les gentlemen américains – propriétaires terriens et marchands des villes notamment – à engager une action révolutionnaire.

Au cours des discussions et des débats ultérieurs, il devint clair que le nouvel homme public rationnel serait d'abord et avant tout un législateur. Ceci afin de garantir le règne de la Justice, désormais considérée comme l'exercice de l'autorité en vue du maintien du droit [2]. L'importance de l'action juridique fut confirmée par l'expérience napoléonienne : celle-ci démontra que, même lorsqu'un Héros détenait le pouvoir, la suprématie de la loi n'était dépassée que par la gloire militaire. Alors même qu'il s'affairait à conquérir l'Europe et violait les droits les plus élémentaires du citoyen, Napoléon donna pompeusement son nom à un nouveau code juridique révolutionnaire. Le mythe Héroïque dont il fait l'objet tient largement à ce qu'on lui attribue en grande partie, si ce n'est en totalité, la rédaction du Code Napoléon. Nombre d'écrivains et d'artistes le représentent passant des nuits entières à dicter les nouvelles normes de la justice. En réalité, l'essentiel du Code était en préparation avant son accession au pouvoir : un comité composé d'experts juridiques lui donna ensuite sa forme. Napoléon se contenta d'y apporter quelques changements de style de dernière minute. Il faut aussi mettre à son crédit la promulgation de l'ensemble. Quelle que soit la vérité historique, si les Héros pouvaient s'emparer d'un pouvoir arbitraire plus grand que celui d'un monarque absolu, ils le faisaient au nom du citoyen. Une idée qui a cours encore aujourd'hui.

Dans cette nouvelle croisade populaire en faveur du droit, la question de la forme et du style était implicite. La suprématie du droit signifiait que la formulation des lois devait être claire. Faute de quoi les citoyens n'y comprendraient rien ou pas grand-chose. Et dans ces circonstances, comment savoir si justice était faite?

Il a fallu deux siècles pour que cette clarté se dissipe progressivement, la loi devenant une force en elle-même au lieu d'être le prolongement de décisions représentatives des volontés de la population. La masse croissante des lois promulguées par nos assemblées touche de plus en plus aux méthodes administratives plutôt qu'à la formulation d'une politique véritable; la plupart d'entre elles concernent des aspects techniques du développement du système. La pesanteur de cet appareil juridique rend le gouvernement presque impossible. À quelques très rares exceptions près, ni les représentants élus ni les citoyens ne comprennent quoi que ce soit à cette machine légale.

Depuis un siècle, nos codes juridiques, jadis minces, ont doublé de volume, puis triplé, quadruplé. À mesure que la justice se compliquait, elle semblait plus exigeante, de sorte qu'il fallut multiplier les lois. En cours de route, il se produisit quelque chose de particulier : nos langues se révélèrent incapables de formuler des concepts absolus. Les propositions établies au xviie et au xviiie siècle en matière de justice étaient parfaitement claires. Par la suite, l'incapacité des législateurs à rédiger des textes juridiques susceptibles de traduire ces propositions fut imputée à l'insuffisance des décisions politiques. Vers la fin des années cinquante, toutefois, cette excuse ne tenait plus. Les nouvelles lois, si bien formulées fussent-elles, ne parvenaient plus à allier principe et application. Par conséquent, d'autres lois étaient nécessaires pour boucher les trous qui surgissaient inexplicablement ou pour étendre la législation à des domaines mystérieusement exclus. Or chaque loi supplémentaire créait des lacunes au lieu de les combler.

À mesure que les systèmes juridiques occidentaux se compliquaient, ils ressemblaient de moins en moins à un filet de sécurité et de plus en plus au filet de quelque pêcheur dément, qui laissait passer toutes sortes de poissons, grands et petits, selon des critères tels que l'intelligence, la chance ou l'argent. Le droit pénal se révélait relativement efficace lorsqu'on avait affaire à des amateurs, plutôt insuffisant face à des petits voleurs et totalement dérisoire en présence de professionnels. Quant aux lois fiscales, elles aboutirent rapidement au résultat suivant : un grand nombre de grosses entreprises payaient moins d'impôts que n'importe quel ouvrier travaillant à la chaîne. Car ces sociétés pouvaient bénéficier de centaines de clauses leur donnant droit à des exonérations, à des investissements spéciaux, à des échappatoires diverses, notamment en faisant passer des sommes importantes par profits et pertes ou par l'intermédiaire de paradis fiscaux, alors que les employés voyaient leurs contributions fiscales retenues directement à la source.

Les carrières juridiques se multiplièrent par étapes successives, pour boucher ces trous toujours plus nombreux et les exploiter. De nos jours, on compte 350 000 avocats aux États-Unis, dont 25 000 rien qu'à Washington, où ils sont au service des structures gouvernementales. En France, la charge argumentatrice et le rôle inquisiteur de la loi ne sont confiés que partiellement aux juristes. Magistrats, notaires et Conseil d'État concentrent un pourcentage important des activités juridiques du pays. Malgré cela, le nombre d'avocats a doublé approximativement au cours des vingt-cinq dernières années, passant de 10 000 à 20 000. On constate des augmentations comparables dans la plupart des autres pays occidentaux. Les codes juridiques nationaux, de plus en plus volumineux, ne constituent qu'une petite partie de leur travail. Les règlements administratifs tiennent une place tout aussi importante, ainsi que les nouveaux secteurs du droit international. Le droit de la CEE, par exemple, compte aujourd'hui autant que celui de chacun des États membres.

Dans ce labyrinthe toujours plus complexe et plus technique, un jeu du chat et de la souris se trouva finalement instauré entre des armées rivales de juristes, qu'il s'agisse d'affaires criminelles, de rachats d'entreprise, de politique fiscale, de normes écologiques ou de milliers d'autres questions personnelles, privées ou publiques. Seules les parties qu'ils représentaient faisaient de ces avocats des adversaires. Leurs compétences étaient les mêmes. Leurs méthodes procédaient de la même source. Cependant, les parties en cause n'étaient pas dans une situation d'égalité. Les rédacteurs des lois étaient incapables de suivre la cadence : ceux qui les enfreignaient usaient de ce même droit et le législateur devait obéir à ses propres lois. Quant aux juristes œuvrant à l'encontre de l'intérêt commun – que ce soit au profit de criminels, d'entreprises ou d'individus ne s'occupant que de leurs intérêts personnels –, ils n'étaient guère limités que par des détails de procédure ; ils se trouvaient donc perpétuellement en avance sur les législateurs.

Cette masse de lois et les luttes compliquées qu'elles provoquèrent dépouillèrent les représentants du peuple du pouvoir réel. Celui-ci se retrouva confié à ceux qui interprétaient le code juridique. Quand il s'agissait d'initier une politique, l'interprétation de la loi acquérait une importance aussi grande que le fait même de légiférer. Puis une importance supérieure. Quoi qu'en disent les constitutions des nations occidentales, le fait est qu'aujourd'hui juges et tribunaux jouent un rôle législatif plus important que les représentants élus.

C'est le troisième élément responsable du déclin des assemblées élues. Certaines facettes du pouvoir représentatif ont été reprises par l'exécutif et l'administration, une autre partie a été récupérée par ceux qui débattent de la loi et l'appliquent. À mesure que les législateurs ont perdu de leur ascendant, le droit lui-même est devenu une structure sans failles. À l'instar de l'administration, il s'est substitué à la politique tout en servant de support à l'élaboration de celle-ci.

La plupart des penseurs du XVIIIᵉ siècle étaient obsédés par l'inviolabilité des codes juridiques. Cela s'explique par deux facteurs : leur désir de mettre un terme au règne intolérable d'une autorité arbitraire, absolue, et leur foi en une sorte de contrat social. Ils partaient du principe que ce contrat engloberait et garantirait des normes sociales satisfaisantes. Le *Social Contract* de John Locke avait été publié en 1690, soit quarante ans avant l'exil de Voltaire en Angleterre. Pour beaucoup, Locke avait balayé les origines autoritaires du contractualisme contenues dans la philosophie de Hobbes. Il faisait preuve de davantage de souplesse. En outre, un autoritarisme convenablement contrôlé ne gênait pas les adeptes de la raison. L'approche rationnelle, contractuelle, du droit leur semblait offrir des garanties de justice.

Quoi qu'il en soit, pour une minorité, ces rêves de justice, rendus absolus par l'intervention d'une intelligence sans entrave, semblaient dangereusement dissociés des réalités de la société humaine. Rousseau, par exemple, réagit en essayant de relier les nouveaux concepts juridiques à leurs racines, l'humanité : « Je parle des mœurs, des coutumes et surtout de l'opinion ; partie inconnue à nos politiques, mais de laquelle dépend le succès de toutes les autres[3]. »

Dans les années cinquante, cette idée s'exprimait encore par la voix de Learned Hand, le plus grand juge américain de son temps, champion de la justice sociale. Face au débordement du zèle législateur, il écrivit : « Je me demande souvent si nous ne faisons pas trop reposer nos espoirs sur les constitutions, les lois et les tribunaux. Ce sont là de faux espoirs, croyez-moi. De faux espoirs. La liberté réside dans le cœur des hommes et des femmes : quand elle meurt, aucune constitution, aucune loi, aucun tribunal ne peuvent la sauver [4]. » Cette idée qui met les codes juridiques en balance avec un objectif moral, avait été exprimée lors de la création de l'Amérique, lorsque Edmund Burke, à la Chambre des communes, s'éleva contre l'opinion de son pays et l'intérêt même de l'État en prônant la justice pour la cause révolutionnaire : « Ce n'est pas ce qu'un avocat me dit que je dois faire, mais ce que l'humanité, la raison et la justice me dictent [5]. »

Burke aborda la révolution américaine exactement comme Voltaire avait abordé l'affaire Calas. Il cherchait la justice dans un cas spécifique, persuadé que toute victoire sur les composantes du mal permettrait d'avoir raison de lui. Cependant, à mesure que le réseau des lois se compliquait, la poursuite de la justice au coup par coup, à l'instar du plébiscite, devenait plus une soupape qu'un dispositif conduisant à des solutions d'ordre général. De nos jours, ces tentatives isolées, lorsqu'elles aboutissent, donnent lieu à des injustices plus grandes encore. L'affaire du Watergate fut l'une de ces entreprises apparemment réussies : elle devait obliger les présidents américains et leur entourage à davantage d'honnêteté. Ce fut en définitive un modèle qui tourna au bénéfice de la présidence suivante. Car celle-ci fit preuve d'une malhonnêteté bien plus grande encore, sans que le chef de l'État lui-même ou sa popularité en fussent affectés.

À cet embrouillamini juridique, qui pousse à manipuler la loi, on réagit le plus souvent en multipliant les lois autonomes, rendues inviolables par une déclaration de droits. Dans les pays où de tels documents existent déjà, aux États-Unis notamment, on les renforce. Cette curieuse tendance fut provoquée en partie par l'abdication des classes politiques, troublées et frustrées. Dès lors qu'une déclaration de droits garantissait la justice qu'elles ne se sentaient plus capables de susciter elles-mêmes, pourquoi ne pas céder une partie de leurs pouvoirs théoriques à un document qui remplirait cet office? Le succès proclamé de la Déclaration des droits américaine est à l'origine de cet argument, qui s'est assuré une belle place depuis peu au Canada et ne cesse de prendre du poids en Angleterre. Lord Scarman, l'un des neufs juges membres de la Chambre d'appel, président de la Commission juridique de la Couronne pour sept ans, a fini par s'engager en faveur d'une déclaration des droits anglaise : « Quand les temps sont anormalement animés par la peur et les préjugés, le droit coutumier et jurisprudentiel est un désavantage : il ne peut résister à la volonté du Parlement, même si celle-ci est inspirée par la peur et les préjugés [6]. »

En attendant, on peut se demander quel succès a remporté la Déclaration des droits américaine, et en comparaison avec quel autre système? En dépit du pouvoir et de la richesse des États-Unis, aucun pays développé ne souffre de telles disparités sur le plan économique et humain ni ne connaît de tels degrés de violence. 40 millions d'Américains n'ont aucune couverture sociale. Les autorités délaissent des quartiers pauvres occupés par des minorités raciales. À Los Angeles, 70 000 jeunes appartiennent à des gangs des rues qui commettent quelque 380 meurtres chaque année depuis dix ans [7]. Par rapport à n'importe quel autre pays occidental, un plus grand pourcentage de la richesse nationale est entre les mains d'une minorité de la population. On dénombre 25 000 meurtres par an. Le chiffre des meurtres bat d'ailleurs chaque année des records sans précédent. À cela il faudrait ajouter les 1,5 million de crimes violents commis chaque année ainsi que 12,3 millions de vols.

De toutes les nations occidentales, seuls les États-Unis ont autorisé la constitution de groupes d'autodéfense pour aider au maintien de l'ordre. Il n'y a pas d'autre manière de décrire les Guardian Angels, qui exercèrent leur vigilance d'abord dans le métro de New York, et patrouillent aujourd'hui dans un nombre croissant de quartiers. Que les autorités établies admettent leur présence et que le public les accueille favorablement prouve bien que le système juridique est jugé inopérant du haut en bas de l'échelle, du policier faisant sa ronde à la justice rendue par la Cour suprême.

La Déclaration des droits de l'homme, telle que l'interpréta la Cour suprême, légalisa l'esclavage à l'occasion de l'affaire Dred Scott en 1857. Cette même Déclaration niait les résultats de la guerre de Sécession en légalisant l'esclavage *de facto*, sous la forme d'une ségrégation, à la faveur d'une décision du tribunal dans l'affaire Plessy contre Ferguson. Cette même Déclaration mit fin *de facto* à l'esclavage avec le verdict de l'affaire Brown contre l'administration scolaire en 1954, après des débats acharnés entre les juges. En 1905, le tribunal donnait son approbation à l'exploitation des ouvriers, des femmes, des enfants et des immigrés. Il entérina l'inégalité des femmes et des hommes. Il ratifia la suppression par le pouvoir exécutif des droits constitutionnels des citoyens américains d'origine japonaise après Pearl Harbor.

Cela ne veut pas dire que les assemblées législatives soient incapables d'actions illégitimes. À propos des droits des Japonais en 1941, à l'instar de la Cour suprême américaine, les parlements britannique et canadien se rendirent coupables de racisme et d'opportunisme financier en les privant de leurs droits et de leurs biens et en les faisant interner. Le fait est que la Déclaration des droits de l'homme n'offrait pas la moindre protection aux victimes, pas plus que la sagesse des juges.

Plus important encore : ces décisions de politique essentielles à la moralité et à l'humanisme, à la nature même du citoyen, furent prises par un organisme nommé et non élu. Les représentants élus se déchargèrent ainsi de toute responsabilité à propos de choix vitaux pour le bien-être physique et moral de leurs électeurs. Or cela concernait aussi le citoyen.

Notre confiance dans les tribunaux, analysée à froid, est une confiance dans les juges. Elle se fonde sur une vision rassurante. « À la différence de la plupart de ceux qui statuent dans le domaine public, les juges semblent proposer des réponses claires et définitives. La justice conforme à la loi s'apparente à une pièce de monnaie qui, lorsqu'on la jette en l'air, ne retombe pas sur la tranche, mais du côté pile ou du côté face. On sait clairement qui a gagné et qui a perdu. Le juge donne ses raisons, rend son verdict avant de se retirer dans des hauteurs lointaines et glacées [8]. » Cette description, que nous devons à Lord McCluskey, juge suprême d'Écosse, date de 1986. Le juge Learned Hand décréta pour sa part que « l'autorité et l'immunité du juge se fondent sur l'hypothèse qu'il parle au nom des autres, de sorte qu'il doit manifester son ascendant en se drapant dans la majesté d'un passé obscur [9] ». Montesquieu était président à mortier au parlement de Bordeaux au début du XVIIIe siècle. Il décrivit la situation d'une manière limpide : « Quand je vais dans un pays, je n'examine pas s'il y a de bonnes lois, mais si on exécute celles qui y sont, car il y a de bonnes lois partout [10]. » Lord McCluskey encore : « Le juge entend l'une et l'autre partie. Il passe en revue tous les éléments dans son esprit bien organisé, satisfait que la loi s'applique à des faits établis, et il prononce un jugement qui détermine les droits et les responsabilités des plaideurs [11]. »

De tout cela, il résulte que le juge s'apparente beaucoup à quelqu'un que nous connaissons fort bien. Un personnage mythologique, serviteur désintéressé du pouvoir et de la justice. Indifférent au lobbying et à l'opinion de la majorité. Qui s'efforce d'arbitrer en prenant en compte le bien commun.

C'est le prince, bien sûr. Celui de Machiavel, mais aussi le prince idéal de tout un chacun. C'est le Goldfriend de la littérature anglo-saxonne, Salomon et Henri IV, le bon roi, et autres monarques équitables. C'est avant tout le despote bienveillant, depuis longtemps disparu, des philosophes de la raison. Frédéric de Prusse, Catherine de Russie et Christine de Suède, tels que Descartes, Grimm, Voltaire et Diderot avaient espéré les façonner. C'est le prince de la raison en personne.

Dans ces conditions, le juge est précisément ce que les héritiers de la raison – les technocrates sous toutes leurs formes – ont toujours voulu. Plus important encore peut-être, il correspond au profil de l'individu dont notre civilisation a besoin, à les en croire. Ils n'ont pas tort en un sens. Dès lors que nous avons des systèmes complexes et sans fin, qui échappent à tout dispositif de contrôle normal, nous avons aussi besoin d'un tyran, bienveillant et équitable, qui puisse dire simplement, lorsque le système s'emballe : « Ça ne marchera pas. Arrêtez! »

Pourtant, à quoi bon accepter ce sacrifice des droits démocratiques si le système juridique et ses mécanismes de contrôle ne fonctionnent pas ? Et beaucoup d'indices concourent à le prouver. Les juges ont toutes les peines du monde à rendre des jugements clairs et équitables. Le citoyen se voit progressivement dépossédé de ses attributions de juriste. Le système semble dans l'impossibilité de juger assez vite pour se maintenir au diapason. Pis encore, la loi et ses responsables ne sont capables d'engager des actions que s'il s'agit d'une affaire sans grande importance. Les crimes les plus graves leur échappent totalement.

Pour commencer, il y a l'aptitude du juge à trancher clairement et avec équité. Le citoyen peut trouver un certain réconfort dans le fait que les tribunaux occidentaux ont prononcé une série de jugements généreux au cours des trente dernières années. Ce n'est là qu'une courte période, cependant. Et même dans cette nouvelle ère de justice, les verdicts n'ont été rendus que de justesse. Entre 1974 et 1984, 20 % des jugements de la Cour suprême américaine ont été prononcés avec une marge d'une seule voix : cinq contre quatre. En 1987, le juge Lewis Powell démissionnait. Sur les quarante et un verdicts décidés à cinq contre quatre au cours de son dernier mandat, il avait opté trente-trois fois pour le vote majoritaire. Il avait joué un rôle clé dans des décisions relatives à l'avortement et aux mesures antidiscriminatoires envers les minorités, même s'il n'avait pas toujours voté pour la réforme. Son successeur était moins large d'esprit. Par conséquent, au début de 1989, la Cour revint sur ses positions à l'égard des mesures antidiscriminatoires : plusieurs de ses verdicts en témoignent, la plupart ayant été prononcés à une voix près [12]. Selon le juge réformateur Thurgood Marshall, aujourd'hui décédé, l'interprétation juridique de la Cour est désormais revenue à son point de départ, avant que l'affaire Brown contre l'Éducation nationale n'entame le processus de déségrégation.

En 1991, le revirement politique de la majorité de la Cour fut complet. Un nouveau verdict de droite incita Thurgood Marshall à donner sa démission par dépit. L'affaire en question inversa, par six voix contre trois, des décisions prises antérieurement par la Cour suprême sur la recevabilité d'informations nouvelles dans les cas d'homicides [13]. Il ne fait aucun doute que le juge Marshall, alors âgé de quatre-vingt-deux ans, était d'autant plus troublé qu'il savait la tendance des futurs verdicts fixée pour les vingt ans à venir. Il décrivit la situation sans détours :

> La question qui se pose est de savoir si la majorité d'aujourd'hui a présenté le type de démonstration extraordinaire que cette Cour a exigé de tout temps avant d'annuler l'un de ses précédents. À mon avis, cette majorité n'a manifestement pas fait une telle démonstration. De fait, le trait le plus frappant de l'opinion majoritaire est précisément qu'elle estime clairement ne pas avoir besoin de se donner cette peine.
>
> En renonçant à cet attachement historique de la Cour au concept d'un « judiciaire en tant que source de jugements impersonnels et raisonnables »

[...], la majorité se déclare libre de rejeter tout principe de liberté constitutionnelle [précédemment] reconnu ou réaffirmé par elle. »

Le juge John Paul Stevens, exprimant lui-même une opinion dissidente, écrivit pour sa part que « la majorité d'aujourd'hui a clairement été influencée par un argument qui a une forte connotation politique mais n'a aucune place dans une décision judiciaire raisonnable ».

L'un et l'autre juge évoquaient donc la raison. Thurgood Marshall entama son émouvant plaidoyer en soutenant que « le pouvoir, et non la raison, est la nouvelle devise du processus décisionnel de la Cour suprême ». Cet avis est fondé dans une certaine mesure. Cependant, si on envisage les choses d'un point de vue historique, la conviction rationnelle que la justice est mieux servie par l'administration judiciaire que par une politique démocratique a autorisé le pouvoir exécutif à pratiquer un déni de justice en recourant à des nominations à la Cour suprême sur une base exclusivement idéologique. Après tout une Déclaration des droits de l'homme, susceptible d'être manipulée sur de longues périodes grâce à la nomination de juges à vie, enlève au processus démocratique la responsabilité de changements politiques spécifiques. Le juge Rehnquist, dans son verdict majoritaire prononcé dans l'affaire de 1991, déclara sans ambages que l'adhésion aux précédents établis par des verdicts antérieurs de la Cour était la « voie favorite », sauf lorsqu'une décision paraissait inapplicable ou « mal raisonnée ».

Et c'est là que les arguments relatifs à la nature de la justice se rapprochent de la réalité. Le Président Reagan, son procureur général Edwin Meese – qui échappa à des poursuites judiciaires grâce à un vice de procédure – et ses partisans ont toujours considéré que le retour politique de la droite devait se faire en trois étapes : l'acceptation d'une position philosophique, l'accession à la présidence, enfin une retraite, sur tous les fronts, des conquêtes progressistes des cinquante dernières années [14]. Ce revirement ne pouvait avoir lieu qu'au sein de la Cour suprême. C'est la raison pour laquelle les décisions les plus importantes prises par le Président Reagan au cours de ses deux mandats furent incontestablement les nominations des juges appartenant à cette cour. Il ne fallut que huit ans pour rééquilibrer la Cour suprême en faveur de la droite. Les nominations du Président Bush ont créé ensuite une majorité. Un juge siège généralement de dix à quinze ans, soit l'équivalent de deux mandats présidentiels et demi, voire trois ou quatre, pendant lesquels il n'est responsable envers personne, et n'est lié que par sa propre interprétation de la loi.

Le juge est donc un décideur politique essentiel. Ce phénomène n'est aucunement limité aux États-Unis. Au Canada, qui s'est récemment doté d'une Déclaration des droits, Brian Dickson, juge en chef de la Cour suprême, aujourd'hui à la retraite, soulignait que ses collègues et lui étaient désormais « les ultimes arbitres » pour la majorité des grandes questions de politique sociale auxquelles la société était confrontée. Ce à quoi il ajouta : « Nous avons le pouvoir malgré nous [15]. » Effectivement, deux juges ont déjà donné leur démission parce qu'ils étaient incapables de supporter les tensions de cette nouvelle responsabilité.

Le pouvoir des juges n'en est pas moins sérieusement entravé. Ils ne choisissent pas les questions qu'ils examinent : ils doivent attendre qu'elles se présentent devant la Cour. À l'instar de la nation, ils doivent parfois patienter dix à vingt ans avant qu'une affaire n'arrive à l'une des cours suprêmes. C'est une manière dangereusement passive de promouvoir une politique. La répugnance des juges à assumer leurs responsabilités est peut-être plus révélatrice encore pour le citoyen. Ils sont exposés au jugement public, alors qu'ils ne se sentent que partiellement responsables. Ils savent que notre société n'a pas entamé son ère moderne sur le principe que le juge serait un prince. Ils ont le sentiment d'être utilisés par le système, césars rétifs manipulés par leur garde prétorienne.

Dans le processus juridique, le rôle du citoyen est limité aux devoirs du jury, élément indissociable de la justice équitable à l'occidentale. Cependant, ce rôle ne dépasse jamais l'échelon inférieur du processus judiciaire. Les procédures des cours d'appel sont la responsabilité exclusive des juges. À mesure que le pouvoir des tribunaux s'accroît, le rôle du jury se restreint, en particulier dans les pays où domine le droit coutumier. Les administrateurs de nos systèmes judiciaires s'appliquent à limiter le rôle du public dans l'élaboration de la justice. Ils ont l'air de penser que la loi est devenue trop compliquée pour que des juristes non avertis la comprennent. Les jurys sont considérés comme inutiles dans un nombre croissant de procédures, en Grande-Bretagne notamment. Et les pouvoirs des jurys, quand ils existent encore, sont de plus en plus restreints. Le principe du verdict unanime lui-même est écarté, dans la mesure du possible.

Être jugé par la décision unanime de nos pairs : voilà un des derniers domaines où l'humanisme l'emporte encore sur la logique. Le juré apporte son bon sens au tribunal, un élément sous-entendu dans l'expression *doute bien fondé*. Ce doute offre au citoyen une bien meilleure protection que n'importe quelle déclaration des droits. On est pourtant en passe de le laisser filer, sans qu'un murmure de protestation s'élève dans le public.

En 1972, la Cour suprême américaine renonça au principe fondamental de l'unanimité du jury dans les affaires relevant des États, dans le verdict Apodaca contre Oregon. Le juge Thurgoog Marshall exprima son désaccord par écrit :

> Aujourd'hui, la Cour suprême annule deux sauvegardes indissociables et essentielles que la Déclaration des droits offre à un accusé : le droit de soumettre son cas à un jury et celui d'exiger que les preuves portées contre lui soient suffisantes pour aller au-delà d'un doute fondé. [...] L'armature de ces sauvegardes demeure, mais la Cour suprême les a privées de vie et de sens. [...] Elle affirme que, lorsqu'un jury se prononce à neuf contre trois en faveur d'une condamnation, les trois doutes qui s'expriment ne remettent pas en cause le verdict des neuf autres. Mais nous savons ce qui s'est passé : le pro-

cureur a essayé, sans y parvenir, de persuader ces jurés de la culpabilité du prévenu. Dans ces circonstances, on fait violence au langage et à la logique en disant que le gouvernement a prouvé la culpabilité dudit prévenu au-delà d'un doute bien fondé [16].

Pour dire les choses autrement : nos élites ne se fient pas à notre jugement. Les experts qui ont de l'influence sur la réforme juridique, que ce soit dans la bureaucratie, les associations d'avoués, les tribunaux ou les bureaux d'avocats influents, ne le diront jamais ouvertement en public. Ils soutiendront que le système actuel est vieillot et inadapté. L'argument rationnel par excellence, comme toujours, c'est l'efficacité.

Ces arguments seraient peut-être acceptables si on pouvait en tirer la certitude d'une plus grande équité. Cependant les réformes motivées par l'efficacité n'ont rien résolu, même sur le plan technique. La justice est de plus en plus décalée par rapport à l'événement qui a suscité son intervention. Entre l'inculpation d'un individu et la résolution finale de l'affaire, il s'écoule parfois un, deux, trois, voire quatre ans. Si l'accusation est grave, on finit presque par oublier l'existence de ceux qui sont impliqués. Les délais de la justice contemporaine envoient à tous les citoyens un message clair : ils auraient tort de compter sur le système juridique pour les protéger, dans la mesure où leur expérience des tribunaux sera bien plus destructrice que protectrice.

Les responsables de la réforme juridique ne le nient pas, d'ailleurs. Ils y voient la preuve de la nécessité de réformes draconiennes. Néanmoins, les premiers changements que nous leur devons sont en place depuis assez longtemps pour qu'on puisse leur imputer une nette aggravation de la situation. Il ne fait aucun doute qu'une réforme massive s'impose d'urgence. Mais rien ne suggère que l'« efficacité » recherchée par les commissions chargées de cette réforme dans l'ensemble des pays occidentaux résolve nos problèmes juridiques. Il s'agit, ni plus ni moins, d'une sorte de bricolage. Le problème essentiel est que les lois ne répondent pas à la souplesse et à l'imagination des grands crimes, car nos systèmes juridiques sont conçus pour traiter des données spécifiques. Or, pour les gens intelligents, ces données spécifiques s'apparentent aux étapes d'un parcours d'obstacles. Les passages difficiles étant nettement définis, il suffit de les contourner.

De temps à autre, cependant, même les gens intelligents font des erreurs, ils sont trop sûrs d'eux ou exagérément subtils. Ils se laissent emporter par une atmosphère politique laxiste ou corrompue, ou par une économie en surchauffe, et ils tombent dans le piège. Du point de vue du public, ces affaires passent pour être la preuve que le système juridique mène un sérieux combat face à la corruption ou à la criminalité des élites. En réalité, ce sont des épisodes pour ainsi dire accidentels.

Ainsi, les récentes attaques visant les délits d'initiés touchaient des personnalités telles que Michael Milken aux États-Unis ou Ernest Saunders, ancien président de la compagnie britannique Guinness. Ces scandales ne font que rappeler aux hommes d'affaires comment pratiquer intelligemment le délit d'initiés. Il s'agit d'un prolongement du parcours d'obstacles, dans lequel de nouveaux règlements fiscaux suscitent aussitôt une effervescence créatrice chez la gent comptable, jusqu'à ce qu'on trouve le moyen de contourner le problème.

Le département américain de la Justice vient d'achever une enquête de trois ans sur la General Dynamics Corporation. Cette enquête fit la preuve que ladite compagnie avait escroqué le gouvernement pendant la construction de sous-marins d'attaque nucléaires. Elle prouva que la société avait falsifié des informations sur les délais de livraison des sous-marins et les dépassements des coûts estimés, sans parvenir toutefois à identifier les personnes à incriminer. La marine ayant donné son aval aux activités de la General Dynamics, il aurait donc fallu l'impliquer dans l'accusation. Or le département de la Justice rechignait à le faire. C'était la deuxième fois que le département envisageait d'inculper la General Dynamics. En 1986 déjà, l'enquête étant en cours, la compagnie avait reçu 8 milliards de dollars de contrats de défense supplémentaires [17].

Cette possibilité de fraude massive et intentionnelle par l'un des principaux fournisseurs de la Défense américaine, avec l'assentiment de la marine, est d'une importance nationale et constitue un grave défi au maintien de la justice publique. Mais ce genre d'événements – ou plutôt d'événements manqués – sont considérés comme normaux et ne provoquent pas la moindre vague dans l'océan des débats publics. L'affaire de la General Dynamics ne fut même pas mentionnée dans les premières pages des journaux. Elle ne fut pas davantage traitée par les grands journalistes chargés des affaires nationales. Quelle explication peut-on trouver à une telle indifférence du public, en dehors de celle-ci : les citoyens ne croient pas que leur système juridique puisse fonctionner. Et ce que le citoyen doit supporter constitue rarement une urgence pour les hommes politiques ou la presse.

Les rares fois où des criminels appartenant à l'élite sont traduits en justice, les circonstances suggèrent que, d'une manière ou d'une autre, une grave erreur a été commise : l'accusé, même s'il est coupable, ne devrait pas se trouver là. En 1986, au Plaza Athénée, à Paris, un riche homme d'affaires américain tira cinq coups de feu sur le vice-président de la chambre de commerce franco-arabe, le blessant grièvement. Leur différend avait trait à une commission de 3 millions de dollars due à l'Américain Taj Jamil Pasha, à la signature d'un contrat pour une usine livrée clé en main en Allemagne. Jamil fut relaxé contre une caution de 800 000 francs. Il revint en France pour le procès trois ans plus tard. Le juge le traita avec beaucoup de respect, fit référence à sa carrière dans les milieux d'affaires et lui rendit la liberté contre paiement d'une amende de 42 000 francs. Pasha peut revenir en France quand il le veut. L'affaire précédente, jugée dans le même tribunal, concernait un jeune Marocain accusé d'avoir tenté un hold-up dans un hôtel, armé d'un fusil à plombs. Il avait demandé sa mise en liberté sous caution. C'était sa première infraction et il avait déjà passé neuf mois sous les verrous. Le tribunal le débouta de sa requête et on le reconduisit en prison [18].

Cet épisode n'est pas très différent de celui qui se déroula à Londres en 1988, lorsqu'un banquier bien connu de la City, Roger Seelig, rejeta les douze accusations portées contre lui par le Metropolitan Police Fraud Squad en liaison avec l'affaire Guinness. Il fut libéré contre une caution de 500 000 livres, versée par deux importants businessmen, Sir Terence Conran et Paul Hamlyn. Dans le milieu des affaires, on estimait que les personnes impliquées avaient fait merveille sur le plan financier : peu importaient les faits, les poursuites engagées étaient injustifiées. Un homme accusé d'avoir mangé une pizza de 3,95 livres sans l'intention de la payer avait précédé Seelig au tribunal. Il fut condamné sur-le-champ à payer une amende de 50 livres ou à passer sept jours de prison. Il n'avait pas les 3,95 livres en poche : comment aurait-il pu en posséder cinquante ?

On pourrait alléguer que les pauvres ont toujours été en prison tandis que les riches s'en sont toujours tirés. Dans le cas de l'affaire Jamil, le journaliste du *Monde* présent au procès en fut réduit à citer La Fontaine : « Selon que vous serez puissant ou misérable [19]... » De tout temps, rois et tribunaux ont puni tel ou tel membre de leurs élites devenu trop encombrant. Louis XIV fit un exemple de Fouquet, son surintendant des finances. Les tribunaux d'aujourd'hui ont choisi Boesky, Saunders et une poignée d'autres. Il ne saurait être question d'appliquer la justice à tous ceux qui transgressent la loi. Les tribunaux ne peuvent s'occuper de cette nuée de petits malfaiteurs et criminels. Comment pourraient-ils traiter les cas de la moitié des grands noms des milieux d'affaires des dix-huit pays développés ?

Cela ne veut pas dire qu'aujourd'hui, en Occident, les disparités sociales soient aussi considérables qu'elles l'étaient au xviie siècle. Ou que la justice soit aussi sévère qu'elle l'était jadis. Les condamnations étaient beaucoup plus fréquentes et plus cruelles que de nos jours ; mais lorsque des aristocrates ou des bourgeois étaient traduits en justice, la loi était souvent aussi brutale avec eux qu'avec les paysans. La question est de savoir si les institutions de l'Âge de la Raison ont rendu la justice plus équitable. On pourrait affirmer que notre époque étant moins marquée par les actes de trahison, les guerres de religion et les dissensions politiques, la part des contrevenants à la loi issus des élites, par rapport à ceux issus des classes démunies, est aujourd'hui plus faible qu'elle ne l'était du temps des monarchies absolues.

La nature même des grands crimes a considérablement changé depuis cinquante ans. Tout le monde sait que la Mafia joue un rôle majeur dans la banque et les affaires italiennes, ainsi que dans le plus important parti politique, la Démocratie chrétienne; que les paradis fiscaux tels les Bermudes, Hong Kong, les Bahamas, les îles Turk et Caicos, aux Caraïbes, utilisés par la plupart des multinationales pour réduire leurs charges fiscales, servent aussi à blanchir les revenus du crime organisé. La plupart des banques internationales y ont des succursales. On sait aussi que les banques américaines ont été copieusement infiltrées par le crime organisé, ainsi que des pans entiers du secteur industriel, notamment l'industrie du spectacle – en particulier Hollywood et la distribution cinématographique. Cela explique en partie les coûts de production exorbitants des films américains. Les accusations d'activités criminelles portées contre la Bank of Credit and Commerce International (BCCI) en 1991 constituent un événement exceptionnel, provoqué par l'audace toute particulière de cet établissement. Il était inévitable qu'un montant de 15 milliards de dollars de pertes dissimulées et les connivences avec des agences de renseignements finissent par attirer l'attention. La BCCI n'est évidemment pas la seule à faire fi des lois nationales. Ses négligences sont l'occasion d'examiner de près des procédés bancaires relativement courants. Le trafic de la drogue, jadis domaine réservé d'une poignée de familles siciliennes, a pris des proportions multinationales gigantesques. Il implique des organisations chinoises ou latino-américaines aussi bien qu'italiennes. La drogue figure aujourd'hui parmi les plus importants commerces internationaux.

Tout cela échappe à notre système de justice. Les autorités en sont réduites à d'humiliantes saisies de quelques kilos ici ou là. À l'occasion, on assiste à un grand « coup de filet », qui consiste généralement en plusieurs centaines de kilos – une goutte d'eau dans la mer. D'après les estimations, moins de 10 % du commerce annuel de la drogue font l'objet de saisies. Lorsqu'un trafiquant important est arrêté, les autorités ont du mal à obtenir sa condamnation ou une peine suffisante. L'expédition américaine au Panama, forte de 25 000 hommes, qui coûta 400 vies et des centaines de millions de dollars de dommages, fut montée au nom de la justice, afin d'anéantir un important réseau de cocaïne en renversant le général Manuel Noriega. Le général fut effectivement renversé, un gouvernement ami le remplaça, et le commerce de la drogue se poursuivit, tout simplement. Quant à Noriega, ses avocats et lui-même passèrent plusieurs années à louvoyer avec la loi américaine. Il fut finalement condamné, mais la procédure d'appel fera traîner l'affaire pendant de nombreuses années encore.

La drogue mise à part, nos autorités n'ont toujours pas compris comment l'argent se déplace ni comment les accords se nouent. Nos codes juridiques cherchent des preuves sous la forme de contrats ou d'échanges concrets de marchandises contre des devises. Malheureusement, le crime organisé se passe de contrats. Et de papiers. Il fait fi des frontières. Les multinationales, elles, signent des contrats, mais sous n'importe quelle juridiction, y compris celle des paradis fiscaux. Nos codes et nos tribunaux sont pour ainsi dire impuissants face au crime organisé. Ils le sont tout autant quand il est question de réglementer les multinationales. L'important n'est pas d'établir des comparaisons sur le plan moral entre les cartels de la drogue et les multinationales, mais bien que nos lois n'ont aucune portée face à des opérations internationales, qu'elles soient de nature criminelle ou strictement commerciale. Lorsque éclata le scandale de la BCCI, le 5 juillet 1991, l'un des clients cités à comparaître, à part les seigneurs de la drogue, les dictateurs, les terroristes et les trafiquants d'armes, n'était autre que la CIA. Richard Kerr, sous-directeur de la CIA, confirma que l'Agence avait fait transférer des sommes substantielles par le biais de la BCCI, que la banque avait « pris part à des activités illicites telles que blanchiment de l'argent, narcotiques et terrorisme », mais que la CIA ne s'était pas servie de cette banque « d'une manière illégale [20] ». Cela soulevait deux questions : qu'entend la CIA par « légal »? Et plus précisément, cette déclaration ayant de fortes chances d'être exacte : comment les élites occidentales définissent-elles aujourd'hui l'activité légale, en opposition à la théorie légale? Kerr fit ce commentaire alors qu'il s'adressait à un groupe de jeunes étudiants débattant de l'éthique publique.

Les difficultés dans lesquelles nos systèmes juridiques s'embourbent ont provoqué une reprise des débats sur la nature de la loi. Curieusement, la plupart de nos experts – de gauche comme de droite – se replient sur l'argument que la loi a comme base un contrat conclu entre l'individu et la société. Les autres contrats, à un niveau plus terre à terre, sont ceux, innombrables, qui permettent à la société de fonctionner. Un grand nombre d'entre eux soutiennent, à l'instar de l'Américain John Rawls, que les principes de la justice échappent en grande partie à notre bon sens [21]. Ils recherchent un contrat social qui permette le consensus. Cette approche se justifierait si on avait quelque espoir que ces contrats soient mis en œuvre d'une manière qui reflète leur intention sociale. Sinon, en place d'une saine compréhension de la loi et des normes sociales, inspirée par le bon sens, il ne nous restera qu'un ensemble de procédures et de détails techniques sans portée, livrés à l'exploitation des experts.

Rares sont les domaines qui ont encore une force exécutoire raisonnable. Le divorce et le meurtre ont peut-être conservé le plus de clarté à cet égard. Mais avec du recul, on s'aperçoit qu'en dépit de notre obsession d'une justice absolue, tenace depuis le XVIIIᵉ siècle, tout le système tourne autour de l'hypothèse que la loi fonctionne parce qu'elle est l'expression des citoyens et que le citoyen croit en elle. En réalité, le créateur, c'est de plus en plus l'expert; les attributions de législateur et de juriste dévolues au citoyen se sont réduites au point qu'il ne se sent même plus directement concerné.

Quand les experts juridiques contemporains parlent de la loi comme d'un contrat, on est tenté de répliquer que les puissances de l'argent –

légal ou illégal – considèrent les contrats comme une plaisanterie, ceux que l'individu conclut avec la société comme les codes juridiques. Ce sont des jouets manipulables par des professionnels comme les avocats, qui sont formés à cet effet. Ces gens utilisent le bon sens souvent à mauvais escient, et font passer les gouvernements pour des enfants. Par ailleurs, on doit trouver dans la justice la foi des citoyens dans les lois auxquelles ils se conforment et leur désir de coopérer avec les autorités. Si les lois actuelles existent, cc n'est pas parce que, sans elles, chacun aurait un comportement criminel. Elles sont là pour établir des normes sociales générales, mais surtout pour faire face à une petite minorité qui a toujours refusé d'assumer un comportement responsable. Un contrat social, quel qu'il soit, se fonde sur le principe que les élites constituées en sont les garantes, pour le meilleur ou pour le pire. L'idée qu'une civilisation fonctionnerait alors que ses élites seraient les premières à détourner ce contrat dans leur propre intérêt paraît impossible. C'est pourtant précisément ce qui se passe.

À bien des égards, étant donné sa complexité et son inefficacité, la loi s'apparente à l'étiquette régissant les cours à la fin du XVIIIᵉ siècle. Chacun fait semblant d'y croire. Puis ceux qui jouissent d'un pouvoir, quel qu'il soit, s'en vont faire autre chose. Quant aux juges, ils président à ces formalités, tels des princes inspirés par la raison, bien qu'ils n'aient ni l'autorité paternaliste d'un monarque absolu ni l'autorité populaire d'un leader élu pour faire respecter le contrat social.

Les Héros

L'apparition soudaine du Héros, à la fin du XVIIIᵉ siècle, fut un choc pour une civilisation en pleine mutation et relativement optimiste. Bonaparte semblait surgir de nulle part. Ni les philosophes ni les autorités ne savaient qu'en penser. Ils ne comprenaient pas comment il pouvait être une invention de la révolution rationnelle. Pourtant, ils voyaient bien qu'on l'admirait et qu'on finit même par le vénérer comme le fils naturel de la raison. Il était le libérateur des peuples, le dispensateur de la loi, le réformateur de l'administration, le mécène des sciences, le souverain modeste toujours vêtu d'un uniforme simple qui ne revendiquait pas de hautes fonctions dynastiques et ne cherchait qu'à faire naître une méritocratie. Dans la société qu'ils avaient imaginée, cependant, aucune de ces qualités ne cadrait avec les coups d'État militaires, la dictature entretenue par la violence, la censure permanente de la liberté de parole et, partant, de l'écriture et de la pensée, l'abâtardissement et finalement la destruction d'un gouvernement responsable, la glorification de l'aventurisme militaire d'un individu et l'institutionnalisation du mercantilisme pour ceux qui détenaient le pouvoir. D'une manière ou d'une autre, Napoléon avait imposé tout cela sans efforts.

Il n'était pas étonnant que ce nouveau Héros échappât à la compréhension. En réalité, toutes les implications du phénomène n'ont pas encore été saisies par la conscience occidentale. Au fond, nous acceptons sans sourciller que nos experts traitent avec des juges et des tribunaux plutôt qu'avec des hommes politiques ou des parlements. Les représentants du peuple eux-mêmes sont découragés par leur incapacité à poursuivre leur quête de réponses absolues et leur course à l'efficacité et à la modernité ; ils ont peu à peu renoncé à une grande partie de leurs responsabilités – c'est-à-dire le pouvoir du peuple – au profit des élites administratives, et en particulier les juges. Cette perte de pouvoir démocratique concret a incité les hommes politiques à s'imposer, en concentrant leur attention sur leur attrait personnel. En d'autres termes, ils tentent de diriger par le biais de leur personnalité, selon un phénomène qu'on qualifie généralement de « politique de la personnalité ». Cette formule a une résonance assez amusante. Elle a aussi quelque chose de rassurant. Elle sous-entend que rien n'est en jeu, sinon l'ego de politiciens inoffensifs. Ce qui est non seulement trompeur mais faux. Cette notion de « personnalité » est une manière agréable de décrire la méthode napoléonienne de gestion du public qui, depuis le règne de l'Empereur, est devenue le principal instrument public des dictateurs Héroïques.

Que cherchent-ils à créer, ces hommes politiques de nos sociétés démocratiques, en usant de cette méthode ? Certainement pas des personnalités. En réalité, ils tentent de se muer en entités publiques autonomes, capables de se passer des fondements et des étais que constituent les partis, la politique, les convictions ou les responsabilités de représentants élus. Ils souhaitent se transformer en une sorte de monolithe indépendant, afin que le public leur voue son admiration, sans intermédiaires ni conditions. Une admiration qui ne serait pas motivée par quelque chose de particulier, une ligne politique ou une initiative, quelle qu'elle soit. Mais une admiration vague, chaleureuse, inspirée par certains traits de leur personnalité : leur intransigeance, par exemple, leur caractère tendre, affectueux, leur simplicité, ou au contraire leur majesté. L'homme politique s'efforce ainsi de créer une sensation de bien-être ou de dépendance dans la population.

En bref, ces hommes veulent devenir des Héros. Ils ne veulent pas être des Héros véritables, qui se hissent au sommet suivant la tradition du premier monstre de la raison, Napoléon. Non. Ils se contentent d'un Héroïsme d'imitation, qui fait qu'on les vénère pour leur apparence. Les hommes politiques modernes sont à Napoléon ce que Louis XVI était à Louis XIV. La vision d'un Quayle ou d'un Mulroney, parés pour leur grand rôle, apporte une note comique à la vie publique. Et pourtant, Naphta le soulignait dans *La Montagne magique* de Thomas Mann, « l'insipide n'est pas synonyme d'inoffensif [22] ».

Le succès populaire de ces personnalités sciemment construites a peut-être un rapport avec l'autodiscipline extraordinaire dont elles ont besoin pour se convertir au mode héroïque. On ne peut pas dire que l'auto-discipline ait été considérée comme une grande vertu par les Occidentaux au cours des dernières décennies. Dans les années cinquante et soixante, on estimait qu'il s'agissait d'une prédilection de la droite, et cette méprise continue à sévir dans les débats politiques. Or on ne peut rien imaginer de moins discipliné que la nouvelle droite, avec sa mythologisation romantique de la liberté, de l'égalité et de l'individualisme, qui permet d'occulter des politiques concrètes telles que la légalisation de la spéculation par le biais de la dérégulation financière. De fait, la nouvelle droite est encore plus insubordonnée que les classes moyennes libérales, qui ont redéfini la liberté individuelle comme le privilège de ne rien donner d'elles-mêmes lorsqu'il s'agit de protéger ou de favoriser le bien public. Dans l'ensemble de l'Occident, elles se sont progressivement retirées de la vie publique, sous prétexte que la politique portait atteinte à leur vie privée. Leurs existences sont désormais consacrées au carriérisme, aux voyages, aux vacances, au sport, à l'exercice et au maintien d'un état d'esprit individualiste qu'on pourrait qualifier d'obsession du bien-être personnel. Pour la nouvelle droite comme pour les libéraux de la classe moyenne, l'individualisme est désormais synonyme de sybaritisme.

Une attitude aussi infantile face au rôle du citoyen leur a permis d'inverser la logique d'une manière remarquable. Le fonctionnaire – policier, soldat, percepteur, responsable de la santé –, rémunéré par le citoyen, devient l'ennemi de ce dernier. Cette transformation est en partie le résultat du sentiment qu'on a perdu le contrôle de la machine publique. Mais à quoi sert l'autodiscipline dans la vie publique, sinon à faire que nos convictions aient quelque effet ? Parmi les élites occidentales, la tendance consisterait plutôt à éviter de payer des impôts, autant que possible sans enfreindre la loi, et à s'acquitter du reste à contrecœur, prenant pour acquis les services publics tout en s'en plaignant et en considérant le fonctionnaire et ces services comme des gaspillages de temps et d'argent. Ainsi nos élites se glissent-elles dans ce moule infantile et irresponsable qu'une société technocratique considère comme la véritable nature de tout citoyen dans une démocratie.

Dans ces circonstances, comment s'étonner que le rêve du Héros continue à hanter l'imaginaire occidental ? Le Héros incarne l'autodiscipline. Tel le Christ sur la croix, il est discipliné au nom de la population. Tant qu'il est là pour les protéger, les citoyens peuvent se maintenir en plein infantilisme. Le Héros a le pouvoir mythologique d'assumer toute la responsabilité, au nom de nos structures rationnelles, tout en faisant vivre, à travers sa personnalité, nos rêves romantiques.

L'idée rationnelle que la société est perfectible lui donne aussi le droit de recourir à la violence. Ce Héros punisseur, vengeur, a fait son apparition pendant la Révolution française avec les jacobins, sous la houlette de Robespierre et de Saint-Just. L'union immédiate et simpliste qu'ils réalisèrent entre ces pouvoirs vengeurs, associés au Dieu de l'Ancien Testament, et les nouvelles espérances rationnelles imposées à chaque citoyen, auraient dû constituer un premier avertissement. On aurait dû y voir les dangers inhérents au leadership Héroïque. Au lieu de cela, l'élimination physique des citoyens impurs est devenue un thème récurrent. Cette sorte d'extrémisme s'appliquait jadis à la défense des doctrines religieuses. Au xxᵉ siècle, nous avons vu des leaders Héroïques, à droite comme à gauche, justifier l'exécution d'individus par toutes sortes de prétextes, de la pureté raciale à la méthodologie économique et sociale. Seuls les Héros sont suffisamment résistants pour édifier une société vertueuse au prix de bains de sang.

Qu'il soit paternaliste ou vengeur, l'argument Héroïque se fonde sur l'idée que la scène publique est chroniquement vide. De sorte que seul un leader exceptionnel peut sauver la mise. C'est la justification habituelle des coups d'État « dans l'intérêt public ». Le premier exemple de coup d'État rationnel fut peut-être la révocation du Parlement croupion par Oliver Cromwell en 1653, avec l'aide de ses soldats et d'un slogan populiste : « Vous avez siégé trop longtemps ici pour le bien que vous avez pu faire. Partez, vous dis-je, que nous puissions nous débarrasser de vous. Au nom de Dieu, partez ! » Cromwell, leader vertueux, prétendait parler au nom du peuple, mieux que ses représentants eux-mêmes. Ses initiatives provoquèrent une révolution à la fois politique, économique et sociale. Cependant, dans la mesure où elles se dissimulaient derrière des thèmes fortement puritains, et parce que la monarchie britannique fut restaurée par la suite, avec l'essentiel de son apparat, l'image historique de ces événements a été faussée. Il revenait à Bonaparte, avec son investiture militaire de l'assemblée élue, le 18 Brumaire, de cristalliser l'idée de l'obligation vertueuse faite au Héros d'imposer dans l'intérêt commun un coup d'État à l'encontre des représentants du peuple :

> Qu'avez-vous fait de cette France que je vous avais laissée si brillante ? Je vous ai laissé la paix et j'ai retrouvé la guerre ! Je vous ai laissé des victoires et j'ai retrouvé des revers ! Je vous ai laissé les millions d'Italie et j'ai retrouvé les lois spoliatrices et la misère ! Qu'avez-vous fait de 100 000 Français que je connaissais, mes compagnons de gloire ? Ils sont morts ! Cet état de choses ne peut pas durer[23].

Le faux Héros moderne est plutôt réfractaire à l'idée d'entraîner les troupes dans les assemblées élues. Il a pourtant conservé les thèmes que cultive le Héros : l'incompétence de l'assemblée, la vacuité chronique de la scène publique, la nécessité d'un leadership exceptionnel et vertueux. La vertu est régulièrement redéfinie, de manière à refléter l'esprit du temps. Elle se réfère tour à tour à l'honnêteté, à la morale individuelle, à l'attachement au bien-être général. Depuis une vingtaine d'années, on l'associe généralement à la qualité de l'enrichissement personnel.

Les hommes politiques savent que, s'ils accèdent à la scène publique et s'y maintiennent, ils pourront donner l'impression de remplir l'espace par la force même de leur personnalité. Ce ne sera évidemment pas le cas ; et par conséquent la mythologie héroïque du vide se maintiendra, rendant leur présence encore plus essentielle. Cette énigme est au xxᵉ siècle ce que l'indivisibilité de la Sainte Trinité était au Moyen Âge, ou la nature de la prédestination à la Réforme. Comme toujours, le maintien d'un paradoxe sans solution dans les affaires publiques signifie que les détenteurs du pouvoir peuvent, en somme, justifier n'importe quelle initiative.

La permanence, dans le faux Héros moderne, des thèmes instaurés par Cromwell et Bonaparte sous-entend que les forces sociales qui donnèrent naissance à ce phénomène sont encore bien vivantes. De la même façon qu'un Héros faisait jadis des émules, et que l'émergence de ces derniers ouvrait la voie à de faux Héros construits à leur image, la déception provoquée par ces pâles imitations risque de provoquer l'apparition d'un nouveau type de véritable Héros.

Les mythologies populaires de la télévision, du cinéma, des vidéos, des romans, des bandes dessinées, de la publicité, prennent désormais le visage d'étrangers mystérieux débarqués on ne sait d'où, d'individus insignifiants inexplicablement érigés en champions, d'astucieux visiteurs venus d'autres civilisations, de soldats solitaires mettant en déroute des armées entières. Ronald Reagan a fait merveille en reprenant inlassablement l'une de ses répliques, tirée d'un film sur l'entraîneur de football de l'équipe de l'université Notre-Dame, Knute Rockne, et son joueur vedette agonisant, George Gripp. Les dernières paroles de ce dernier, Héros du turf, à ses coéquipiers, étaient qu'il leur fallait marquer des points : « Gagnez un match pour le Gipper * » ! En somme, cette phrase résumait notre obsession nostalgique ou la conviction que nous sommes, selon la formule de Léon Bloy, perpétuellement en attente de CELUI qui viendra. Que le langage utilisé soit d'une outrageante banalité ne fait qu'aggraver les choses. Manifestement ridicule, la formule est devenue agréable à entendre.

Nous éprouvons de la difficulté à rester conscients des dangers implicites de ces Héros, qu'ils soient réels ou imaginaires. Cela vient en partie du divorce qui existe entre l'héroïque et le Héros. Il est rare qu'un fossé aussi large sépare un mot de son sens. Issu du courage, l'héroïsme s'est fondé sur l'abnégation de soi et l'humilité. C'est un sacrifice, mais il ne garantit pas que, par ce geste héroïque, on puisse aider qui que ce soit. L'exemple militaire le démontre clairement, l'héroïsme n'apporte qu'exceptionnellement la victoire. La survie du héros est un accident, car l'essence de l'acte héroïque est la soumission à des risques illimités. En d'autres termes, l'acte héroïque est parfaitement irrationnel.

Le Héros rationnel, en revanche, est un ego déchaîné, un dieu sur terre, le veau d'or, qu'il soit général, joueur de tennis ou politicien. C'est un colosse dont l'ombre apaise l'incertitude de ceux qui s'y réfugient. Il est

---

* *« Win one for the Gipper ! »*

l'émanation des rêves de ceux qui se pressent à ses pieds. Il incarne leur espérance, imméritée, inaccessible.

Le Héros est le grand destructeur de l'individualisme. À notre époque, censée être celle de l'individu, nous rêvons de, et admirons, une nuée de Héros, dans tous les domaines, comme aucune civilisation ne l'a jamais fait auparavant. Settembrini, dans *La Montagne magique*, est peut-être la meilleure évocation de l'homme de raison. Il se considère comme un individualiste. Pourtant, souligne la voix inquisitrice de l'homme ordinaire dans le roman, « pour être cela, il fallait reconnaître la différence entre la morale et la félicité », ce qui n'est certainement pas le cas de Settembrini [24]. Leur incapacité à faire cette distinction incita les disciples de la raison, alors même qu'ils concevaient le nouvel individu moral, à créer du même coup, par inadvertance, une nouvelle version de l'homme béni de Dieu, auquel ils pensaient justement avoir réglé son compte. En réalité, ils avaient combiné les pouvoirs mythologiques du chevalier, du monarque et de la divinité, pour produire une nouvelle divinité terrestre.

Depuis deux siècles, le Héros rationnel est parmi nous. Né pleinement achevé en la personne de Napoléon, il surgit de la confusion qui balaya l'Europe à la fin du xviiie siècle. Napoléon fut détrôné en 1815 et mourut six ans plus tard en exil. Vingt ans après son premier enterrement à Sainte-Hélène, la mythologie organisée récupérait le phénomène. Le philosophe allemand Hegel avait déjà évoqué ces « figures historiques mondiales » qui brisent l'ancien moule et changent le cours de l'histoire. Mais ce fut l'Écossais Thomas Carlyle qui brossa, en 1841, l'année du retour triomphal de la dépouille de Napoléon à Paris, un portrait du sauveur moderne, dans son ouvrage intitulé *Le Héros et le culte des héros*. Son ton était flagorneur, pour ne pas dire servile. À coup de formules telles que « l'homme fort et juste », Carlyle logeait cette nouvelle invention de la dictature rationnelle dans la vieille structure mythologique du leadership héroïque. Soudain, les émules de Napoléon apparaissaient comme les descendants naturels des premiers héros chasseurs, guerriers et martyrs, qui avaient joué un rôle concret, et souvent essentiel, dans des sociétés plus simples, plus franches aussi. Il s'ensuivait que le nouveau Héros rationnel était un leader indispensable.

Des générations d'historiens ont ergoté sur la définition précise du rôle héroïque convenant aux leaders modernes; mais ils n'ont pas remis en cause l'hypothèse que les Héros modernes font partie d'une évolution unique de l'histoire. De sorte que depuis cent cinquante ans, tout général, révolutionnaire ou conspirateur hâbleur peut revendiquer des antécédents remontant à Jules César et à divers chefs de tribus barbares – réels ou imaginaires, tels que Vercingétorix, Siguror et Siegfried –, jusqu'aux vaillants chevaliers, à Jeanne d'Arc et aux guerriers indiens d'Amérique défendant leurs territoires.

Sept ans après la contribution falsifiante de Carlyle, le premier grand faux Héros faisait son apparition. Ce n'était autre que le neveu de Napoléon. Conspirateur incompétent, aussi malingre qu'empoté, il paniquait dans les situations difficiles. Il n'avait de surcroît aucun talent militaire ni la moindre expérience de la guerre. Il sut néanmoins profiter de l'aura impériale de son oncle, en se faisant passer pour un leader romantique et plein d'allant aux élections présidentielles de 1848. Sa principale contribution au profil Héroïque tenait à son génie pour les relations publiques. Il remplaça les aptitudes concrètes de son oncle par des capacités illusoires. On pourrait dire qu'il fut à l'origine du concept du Héros-acteur. En 1851, il se servit de son pouvoir présidentiel pour organiser un coup d'État. Un an plus tard, il devenait empereur, à l'instar de son oncle.

Par la suite, Napoléon III se ridiculisa sur les champs de bataille en Italie, où il abandonna ses alliés italiens parce qu'il ne supportait pas la vue du sang. En 1870, il se fit battre à plate couture par l'armée prussienne et s'exila en Angleterre. Quoi qu'il en soit, la manière dont il s'était emparé du pouvoir, ses dix-huit années de règne à la grandeur ostentatoire et sa destruction de la démocratie à coups de programmes de réforme administrative et de travaux publics contribuèrent à créer le modèle des futurs faux Héros.

Napoléon III avait été vaincu par le génie du chancelier prussien, Bismarck, assisté d'un état-major général relativement nouveau. Dix-huit ans plus tard, ses loyaux serviteurs se trouvaient employés à la solde d'un nouvel empereur, Guillaume II, un personnage grandiloquent, présomptueux et à l'intelligence limitée. L'homme aimait les gestes emphatiques, les tenues voyantes, et s'exprimait d'une voix criarde. Malheureusement, ses pouvoirs royaux se trouvaient gravement limités par une structure démocratique raisonnablement active et par d'impressionnantes institutions sociales. Il rêvait de se débarrasser de tout cela, pour en revenir au pouvoir absolu de son ancêtre Frédéric le Grand. Cependant, Guillaume ne ressemblait pas à Frédéric, être austère, réservé, ascétique presque, doté de génie militaire et d'ambitions intellectuelles illimitées. Le vrai modèle de Guillaume n'était autre que le Héros moderne, tel que l'avait défini Napoléon Ier et imité Napoléon III.

À leur instar, il résolut ses problèmes politiques en recourant à une sorte de coup d'État monté « de l'intérieur ». En 1890, il congédia Bismarck, installa à sa place des chanceliers serviles et élimina peu à peu les limites imposées à son pouvoir personnel. Après quoi, il régna comme il l'entendait pendant vingt-huit ans. Curieusement, il fut encouragé dans sa démarche par Max Weber, le plus grand penseur allemand de l'époque, pourtant farouchement opposé aux méthodes du Kaiser, qui écrivit néanmoins d'innombrables pages sur le rôle révolutionnaire joué dans l'histoire par les Héros charismatiques. Il fallut la désastreuse réalité de la Première Guerre mondiale pour révéler le caractère illusoire du leadership de Guillaume II.

Entre-temps, d'autres espèces de faux Héros de moindre envergure avaient surgi en Occident. Des conquérants d'opéra-comique tels que le général Boulanger. Des généraux mystiques comme Kitchener, dont l'aura cachait des talents limités. Un général apathique et barbare comme Ulysse Grant sut se draper dans des atours impériaux d'une façon suffisamment convaincante pour remporter les élections présidentielles américaines. Des officiers d'état-major tout aussi incompétents tels que Foch et Haig devaient dissimuler leurs méthodes proprement bureaucratiques sous des dehors pleins de panache, entraînant le faux Héros dans la contradiction absolue.

C'est seulement dans les années vingt et trente, soit cent quinze ans après Napoléon, que deux faux Héros furent en mesure de perfectionner l'imitation du vrai. Hitler était sans conteste le plus étonnant des deux. Ce que notre civilisation a gardé de cette expérience n'est pas ce qu'elle prétend avoir retenu. En apparence, nous nous souvenons de Hitler comme d'un monstre, et nous nous disons que des hommes comme lui ne doivent plus jamais accéder au pouvoir. En réalité, nous n'avons pas manqué de remarquer qu'il avait brillamment réussi. Ce petit peintre raté, enfant illégitime, laid, de basse souche, devait jouir d'une gloire inégalée depuis Napoléon Bonaparte. Or Hitler n'acquit pas le pouvoir en infligeant une défaite aux ennemis de l'Allemagne. Il n'était même pas doué pour la conspiration. À l'instar de Napoléon III, il combina son génie des relations publiques au maniement du secret et au pouvoir de la police, qui s'était développé progressivement depuis Machiavel, Bacon, Loyola et Richelieu. Hitler éleva cette science de la manipulation secrète à un professionnalisme sans précédent, tout en dissimulant la mesquinerie de telles manœuvres derrière l'écran de la pureté et de la gloire Héroïque.

C'est là un bel exemple de l'individu insignifiant érigé contre toute attente en champion, incarnant l'illusion par excellence. Si on met de côté les événements spécifiques de sa carrière, son racisme, sa violence, son instabilité mentale, on trouve en lui le modèle retenu par les faiseurs d'images d'aujourd'hui, ainsi que par la civilisation rationnelle. Si on compare les attitudes publiques des leaders politiques contemporains avec celles des politiciens démocrates d'avant la Seconde Guerre mondiale, on s'aperçoit qu'ils n'ont pas grand-chose en commun. Les politiques de jadis manquaient le plus souvent d'élégance. On trouvait des groupes d'hommes juchés sur des podiums derrière de longues tables, prenant part à d'interminables débats. La démocratie avait un aspect « classe moyenne » rassurant. Les forces du socialisme, alors en pleine expansion, adoptèrent elles-mêmes ces conventions et se concentrèrent sur les questions de fond, non sur les leaders. Au mieux, on assistait à de longues discussions parfaitement mornes. Au pire, une atmosphère lourde de corruption politicarde régnait dans des pièces enfumées.

Le style politique contemporain commence à devenir compréhensible lorsqu'on le compare à la méthode hitlérienne. Nous sommes habitués à ces podiums du haut desquels un leader baigné d'une lumière dramatique s'adresse à une foule immense, invisible dans l'obscurité. Les congrès, les grands rassemblements politiques modernes dérivent de ceux de Nuremberg. Nous admettons désormais sans sourciller les célébrations spectaculaires et officiellement joyeuses, à grand renfort de drapeaux, de musique et de projections d'images du leader. Au quotidien, cet individu nous est présenté comme un personnage auguste, réservé, ou au contraire comme un homme en prise directe avec le peuple, prenant part à des rencontres populaires.

La réalité de la politique démocratique se situe entre ces deux images. Pourtant, les leaders modernes évitent soigneusement de se montrer dans des conversations sérieuses ou des négociations avec des personnages publics de moindre importance. De plus en plus, ils se dérobent, même à ce genre d'entretiens, y compris dans les coulisses. Ils se font représenter par des officiels de niveau inférieur, se réservant pour les séances essentielles ou préorchestrées. Lors des réunions publiques, il y a quarante ans, les leaders politiques prenaient place sur la tribune, avec les autres orateurs, en attendant leur tour. Aujourd'hui, on les garde hors de la vue du public et ils entrent Héroïquement en scène au dernier moment, en ménageant leurs effets. Dans l'autre rôle qui leur incombe, en tant que représentants directs du peuple, ils sont catapultés, comme par quelque canon mystique, tout droit dans les centres commerciaux, les fabriques de conserve de poissons ou sur les pelouses à l'heure du barbecue, pour y serrer des mains.

Ces images contrastées sont nées de la conversion du Héros en une sorte de symbole sexuel. Diverses méthodes sont utilisées à cet effet. Ainsi de l'équation religieuse et monarchique, prérationnelle du pouvoir et de la puissance, que Napoléon mania avec tant d'habileté. Ainsi de l'idée, perfectionnée par Hitler, de retenue ou de pureté délibérée et destinée à illustrer un sacrifice personnel au service du public.

Certains de ces éléments, voire tous, se retrouvent dans les campagnes politiques et les méthodes de gouvernement de la plupart des politiciens d'aujourd'hui. On ne peut pas dire qu'il s'agisse de déformations superficielles. Le fonctionnement des élections et les relations continues que le gouvernement entretient avec la population sont indissociables du système démocratique.

Dans ces circonstances, que doit-on penser des Héros modernes qui cherchent sincèrement à servir le bien public ? La réponse la plus simple est sans doute que ce ne sont pas des Héros modernes et qu'ils appartiennent plutôt à une tradition prérationnelle. Ce qui ne veut pas dire que leurs actions seront comprises de cette manière. En réalité, ils sont en conflit permanent avec ce que la société attend d'eux. Ainsi, même des hommes d'une scrupuleuse honnêteté n'ont pu résister aux besoins de déification propres à notre époque.

Garibaldi était probablement le personnage le plus célèbre du milieu du xixe siècle. Brillant guérillero, champion des causes justes, il fit de l'Italie unifiée une réalité militaire et affective. Grand avocat de réformes qui ne sont devenues que récemment des réalités concrètes, il fut constamment à l'avant-garde du changement. Il fut aussi continuellement obligé de fuir la scène publique pour se réfugier dans des endroits isolés, afin de résister aux effets de ses actions Héroïques sur le plan personnel [25].

Fils d'un pêcheur de Nice, il entama une carrière navale mouvementée, en servant plusieurs puissances méditerranéennes. Cette partie de sa vie eut son apogée lorsqu'il participa à une mutinerie républicaine contre le roi du Piémont. Garibaldi avait alors vingt-sept ans. Sa fuite le conduisit en Amérique latine, où, pendant douze ans, il prit part aux révoltes contre les dictateurs argentin et brésilien, révoltes qu'il mena parfois lui-même. Dès 1848, il était de retour en Italie, où il entama véritablement son combat en faveur de l'unité italienne. Ce n'était ni un nationaliste ni un patriote dans le sens qu'on donne à ces termes de nos jours. Il ne croyait pas en la vertu absolue des États-nations ou des groupements raciaux, qu'il considérait simplement comme des instruments temporaires de la justice sociale. Par justice, Garibaldi entendait des notions telles que les droits de l'ouvrier, l'égalité raciale, la liberté religieuse, l'émancipation de la femme et l'abolition de la peine capitale.

Par conséquent, bien qu'il se battît du même côté que le roi Victor-Emmanuel du Piémont et son Premier ministre, le comte Camillo Cavour, Garibaldi n'hésitait pas à les attaquer dès qu'ils s'aventuraient hors des normes de la justice. Populaire avant tout, sa voix se faisait entendre pour défendre les intérêts de chacun. En outre, chaque fois que son génie militaire lui donnait le pouvoir, Garibaldi s'empressait de le remettre aux autorités établies. L'exemple le plus célèbre en la matière fut, en 1860, sa conquête éclair, à la tête d'un millier de volontaires en chemises rouges, du vaste royaume des Bourbons qui s'étendait de Naples à la Sicile. À peine proclamé dictateur des Deux-Siciles, il remit ce territoire au Piémont, afin d'imposer la création d'une Italie unifiée. Après quoi, il se retira du monde, dans sa modeste maison de l'île de Caprera, entre la Corse et la Sardaigne, d'où il réapparut périodiquement, au cours des vingt-deux années qui lui restaient à vivre, faisant campagne pour diverses réformes.

Nonobstant ses excentricités et ses ambitions excessives en matière d'action publique, jamais Garibaldi ne chercha à profiter de ses succès militaires et de l'adulation du public pour faire avancer ses intérêts personnels ou s'emparer du pouvoir. On dit parfois qu'il fut manipulé par des hommes politiques véreux. C'est un point de vue qui reflète le mode de pensée de notre civilisation. Si noble que soit sa cause, on s'attend qu'un Héros brigue le pouvoir ; en vérité, c'est nous qui exigeons qu'il en soit ainsi. En fait, si Garibaldi pestait contre les intrigues des hommes politiques, il refusait de jouer leur jeu ; il leur laissait le champ libre pour leurs propres manœuvres. On aurait tort de croire que c'étaient des feintes destinées à consolider sa position future. Étant donné les obsessions de notre époque, cette résistance de Garibaldi ne fait qu'accroître son aura de Héros quasi divin.

En Italie, on trouve des centaines de milliers de reliques laissées par le grand homme sur son passage, de ville en ville. Dans le musée municipal de Crémone, par exemple, pareils à des fragments de la Sainte Croix, le visiteur découvre quelques objets mis sous verre, reliés par un ruban rouge. Notamment une écharde provenant d'une porte de sa maison de Caprera, ainsi qu'un morceau de granite et des fleurs séchées prélevées sur sa tombe. À côté de ces vestiges se trouve une autre vitrine contenant ce qui ressemble au petit doigt desséché d'un saint martyr. C'est un mégot de cigare que le Héros fuma à Crémone. L'objet porte une étiquette soigneusement calligraphiée :

Avanzo d'un sigaro che G. Garibaldi
fumava sul Torrazzo il 5 aprile
del 1862, raccolto e donato al Museo
da Giovanni Bergamaschi.

Ces reliques sont dispersées dans tout le pays comme une promesse que le Héros reviendra un jour sur terre. Ainsi, alors que Garibaldi résista lui-même aux pires tentations de la société rationnelle, son exemple ne pouvait manquer de faire naître l'espoir qu'un autre Héros suivrait, qui serait le meilleur des hommes. Un leader qui porterait les rêves du peuple tout en le faisant travailler. En d'autres termes, quelqu'un qui remplirait le rôle mythologique de l' « homme fort et juste » de Carlyle.

Ce Héros apparut quarante ans plus tard en la personne de Mussolini, qui se trouvait être l'opposé absolu de Garibaldi. La société rationnelle s'attend que le Héros assume le pouvoir. Tôt ou tard, un quidam doté de son propre programme surgit, pour répondre à cette attente.

Au cœur du problème se trouve l'idée que nous nous faisons du « meilleur » des individus. C'est un concept qui gêne notre compréhension générale de ce que la civilisation est capable d'accomplir. Toute tentative pour améliorer ou élargir nos connaissances en matière d'art, de science ou autre passe souvent pour une recherche de la perfection. Il s'agit là d'une approche concrète, voire humaniste, de la civilisation. Par ailleurs, la quête du « meilleur » est une affaire abstraite et arbitraire, qui tire ses origines des sociétés guerrières et du culte des idoles. Celui qui est le meilleur, dans quelque domaine que ce soit, est indiscutablement le Héros d'un jour.

Une société qui confond le culte du meilleur et la quête de la perfection aura des difficultés à concentrer son attention sur les précédents et les procédures établies, balayés par l'émotion de l'Héroïque. C'est ainsi que des actes inadmissibles dans une société démocratique, des initiatives faussement héroïques ou la manipulation d'institutions, y compris de l'assemblée élue, deviennent de simples problèmes transitoires dès qu'un leader se drape dans les atours du Héros. Dans ces circonstances, il semble que le jeu en vaille la chandelle. De sorte que, face au Héros et aux faux Héros, la morale et les conventions sociales de la société démocratique s'effacent docilement.

Rien dans le dogme occidental officiel n'identifie les Héros, les faux Héros et les Princes – en particulier les princes de la loi – comme étant des facteurs importants de notre civilisation. Les lois, les constitutions, les élections libres et ouvertes, les assemblées, les gouvernements responsables sont autant d'éléments qui établissent les règlements par lesquels nous nous gouvernons et sommes gouvernés.

Pourtant, le contrôle du leader par le citoyen ne dépend pas en premier chef des lois et des constitutions. Celles-ci ne sont que les expressions théoriques d'une relation. La réalité des structures rationnelles impose des liens bureaucratiques ou émotionnels.

Les citoyens se trouvent inévitablement dans un rapport de type pyramidal vis-à-vis du Prince. La structure, sa compétence garantissent la supériorité du Prince. Le Héros, vrai ou faux, bon ou mauvais, gouverne grâce à une astuce de nature émotionnelle. Il n'est pas choisi en tant qu'élément intégré, concret, de la société. Il se trouve consacré tel un leader mystique. Cette sacralisation peut fort bien prendre la forme d'un vote. Napoléon démontra dès la naissance du Héros que, dans un contexte Héroïque, l'élection exclut tout bon sens démocratique.

Une civilisation qui glorifie un autoportrait fictif dans le dessein de se rassurer n'a rien d'original. Longtemps après le règne des empereurs, Rome entretient la fiction d'une citoyenneté républicaine défendue par un Sénat tout-puissant. La plupart des pays européens se considèrent encore comme le produit d'une unité raciale et culturelle, alors que ce sont le plus souvent des mosaïques de tribus conquises et de cultures minoritaires vaincues. L'Amérique se voit comme le prophète de l'égalitarisme, alors qu'elle fait partie des nations les moins égalitaires d'Occident. Tout cela n'a pas grande importance tant que l'État continue à fonctionner d'une manière raisonnable.

Il existe cependant un danger imminent quand une civilisation est incapable de reconnaître la nature de son leadership et d'identifier ses origines. Cela suscite des espérances irréalisables et une grave méprise quant aux mécanismes qui imposent les ordres et les font suivre. D'où une tendance à passer, de façon erratique, d'un optimisme forcené et manipulable à la déception et à un pessimisme confus, alors que nous adulons et méprisons tour à tour nos élus. Sans une vision commune de ce qui constitue l'exercice lucide, équitable et parfait du pouvoir, le désir de quelque chose de mystique, appelé leadership, se transforme en une rengaine obsédante et hypnotique. En cours de route, les citoyens perdent le respect d'eux-mêmes et leur sens de l'orientation; ils agissent de façon immature, selon ce que les Princes et les Héros attendent d'eux.

Chapitre XV

Le Héros et la politique de l'immortalité

Un matin de Pâques, un homme devint objet d'envie pour la race humaine tout entière. Ce qui causa tant de jalousies, ce n'était pas tellement sa résurrection, mais le fait qu'il ait su d'avance qu'il reviendrait parmi nous. Ce mythe sous-jacent à la civilisation occidentale demeure capital, même à l'époque postchrétienne qui est la nôtre, où ces questions glissent de plus en plus dans l'inconscient. Au fond, le temps est la condition fondamentale de l'homme, et savoir qu'il cessera un jour d'exister constitue sa plus grande peur. Moins que la mort, c'est cette idée de ne plus exister qui angoisse l'individu. Nous estimons que si la mort du Christ sur le Calvaire fut difficile, il savait que ce n'était en définitive qu'une affaire de trois jours, et cela lui facilita les choses.

Pour les autres, la mort reste inacceptable à cause de l'incertitude qui l'entoure. Si cette incertitude pouvait être dissipée, note un officier dans *Guerre et paix*, ses soldats se battraient sans peur. Si même on pouvait être certain que seul le néant nous attend, cette peur perdrait de sa force. Et cela en dépit du fait que notre incertitude serait alors remplacée par l'assurance que nous ne sommes au fond, selon la formule de Martin Luther, « rien que des excréments transitant par le rectum du monde ».

Les hommes résolvent toujours de la même façon l'absurde et l'incertitude. Ils créent des sociétés plus complexes pour amortir le choc de la mort en simulant une éternité physique et sociale sur la terre. Lutter contre la mort revient, selon Camus, à prétendre que la vie a un sens. Malheureusement, cela révèle aussi notre peur qu'elle n'en ait aucun.

Les hommes qui se lancent à corps perdu dans le leadership de ces sociétés trahissent une détermination excessive à dissiper cette angoisse. Contrairement aux citoyens ordinaires, qui mènent ce combat dans le giron de leurs familles ou de communautés restreintes – ou encore dans leur for intérieur –, le personnage public affronte la mort sur la scène publique. Si nous nous appuyons sur nos familles, nos croyances, nos carrières pour rechercher l'immortalité, l'homme public compte sur nous pour y parvenir. Ce choix de vie nous en dit long sur lui et, partant, sur la direction qu'il entend donner à la société.

L'argument selon lequel les religions, et en fait les sociétés, ne sont que des sédatifs destinés à calmer l'angoisse des mortels est un peu trop facile. D'un autre côté, la promesse d'une sorte de vie après la mort faite **par** le christianisme, l'islam, et même le bouddhisme, devait apaiser la populace et faciliter la tâche des gouvernants. Si la révolte ou la révolution sont les réactions d'un animal traqué, la foi en une vie après la mort, quelle qu'elle soit, en élimine le besoin.

En Occident, Dieu est mort depuis quelque temps déjà. La religion, en tant que croyance sociale, constitue au mieux un code moral, au pire un protocole social. Une foi véritable est, aux yeux du croyant, un état naturel que rien ne peut remettre en cause. C'est l'une des raisons pour lesquelles nous avons tant de peine à admettre le monde islamique. Les musulmans refusent de débattre de questions fondamentales. Ils ne sont pas intéressés par une analyse rationnelle. Ils croient comme nous croyions jadis. Au-delà de l'incompréhension et de la frustration que cela suscite chez nous, nous sommes d'autant plus troublés que leur certitude est un reflet de notre passé.

Nos leaders et nous-mêmes survivons depuis un moment dans des sociétés qui n'ont aucun moyen d'échapper à l'angoisse par le biais de la foi. Cela explique peut-être en partie l'hystérie puérile suscitée ces dernières décennies par certaines théories de gestion économique telles que la nationalisation, la privatisation et le marché libre. La mort de Dieu était censée libérer l'humanité d'obsessions absolues, afin que nous puissions nous livrer à une analyse rationnelle. Au lieu de cela, les nouvelles structures ont tout bonnement repris les anciennes obsessions d'absolu liées à l'âme pour les appliquer à la vie économique. Ainsi, que l'idée de marché libre soit bonne, mauvaise ou insuffisante, il s'agit essentiellement d'un banal code commercial. De nos jours, pourtant, on tend à l'assimiler à la liberté de l'homme, à la lui attribuer, voire à lui donner priorité sur cette dernière. Or la liberté est une affirmation morale de la condition humaine, tant dans le sens pratique que dans le sens humaniste. La mettre à égalité avec une méthode de gestion des affaires témoigne d'une réelle confusion. D'un malaise inconscient.

En fait, nous avons remplacé nos croyances par des systèmes. D'où l'apparition d'un sédatif d'un genre nouveau qui propose l'éternité sur cette terre. Le réseau tissé par la société rationnelle occidentale offre à l'individu une place fixe en sa qualité d'expert au sein d'une structure autonome et apparemment éternelle. La confusion, l'absence de conclusions et d'objectifs nets et précis, l'aisance même avec laquelle la structure se trame à l'infini autour de nous sont autant d'éléments qui la font ressembler au lit éternel du nirvana. Si beaucoup se plaignent d'être pris au piège dans le labyrinthe de la civilisation moderne, leurs doléances surgissent du confort émotionnel de cette stabilité.

Le leader est le seul élément statique au sein de la société. Quelle que soit la civilisation considérée, il doit faire face à sa propre insécurité au travers de ses échanges avec les gens qu'il dirige. S'il existe une différence entre la gestion de notre société et une autre, elle réside précisément dans l'absence de forme de la nôtre. Ces dédales procurent peut-être le réconfort de l'éternel, mais contrairement aux sociétés d'antan, les structures rationnelles font qu'il est pour ainsi dire impossible de proposer à notre civilisation une direction précise. Globalement, la société occidentale paraît inefficace. Ses dirigeants ne peuvent s'empêcher de trouver qu'il lui manque certaine tension interne. Ils veulent la secouer un peu. La réorganiser. La forcer à répondre aux besoins qui se font sentir. Ils veulent diriger, et ils sont conscients que, pour y parvenir, il leur faut ajouter un peu de tension dans l'organisme.

Le leader porte en lui toute notre confusion, alors qu'il tente de s'élever au-dessus de la société dans l'espoir d'y trouver une vision claire, susceptible de lui dévoiler la direction à prendre. Là-haut, sur sa montagne imaginaire, il est seul, en proie à l'angoisse individuelle de la liberté. Il nous regarde nous agiter inutilement à ses pieds, luttant à moitié contre l'idée de mortalité dans notre labyrinthe sécurisant. Il voit bien que nous trouvons un certain réconfort dans l'égarement de notre éternité terrestre. Or comment peut-il être réconforté, lui, s'il ne réussit pas à nous faire réagir à ses efforts, pas plus que la structure elle-même ?

Les leaders ont toujours souffert de ces angoisses. Hadrien, essayant désespérément de comprendre quelque chose à un Empire romain fatigué, ou le pape Paul III, confronté aux intérêts complexes de l'Église pendant la Réforme, éprouvèrent probablement des sentiments analogues. Le leader d'aujourd'hui, opérant à la fin de l'Âge de la Raison, a cependant un problème particulier. Notre société est d'une extraordinaire complexité. Tout naturellement, le leader sent qu'il n'est pas monté tout à fait assez haut. Encore un effort et il sera enfin en mesure de comprendre l'organisation générale. Cependant, toutes les contraintes imposées au leadership moderne, propres aux parlements, à l'administration et aux tribunaux, sont précisément là pour l'empêcher de monter plus haut.

La peur de l'échec s'emparera inévitablement de lui, car si la société refuse de réagir, sa vie n'aura plus de sens. Plus il redoute cette éventualité, plus il a de chances de s'imaginer tel un compositeur qui nous considérerait d'en haut, comme des notes de musique amassées au hasard en attendant d'être agencées. S'il a beaucoup de talent – même des dons limités pour les affaires militaires ou les grands discours –, il peut créer, un bref instant, ce que la population et lui prendront pour de la musique : une sorte de mélodie mystique surgie de l'éternité. Plus il pénètre en profondeur les racines animistes d'une société, quelle qu'elle soit, plus il lui sera aisé de convaincre ses concitoyens que cette musique captera autant de l'avenir qu'elle a libéré du passé. À ce moment, on assistera à une fusion entre le peuple et son leader. Cette fusion s'apparente à un moment zen, instantané et éternel à la fois. Longtemps après cet instant éphémère, l'individu se souviendra de ce que représentait le fait d'appartenir à l'éternité. Quant au Napoléon compositeur de musique, c'est un Héros – faute de pouvoir lui attribuer dans le monde moderne le qualificatif de dieu.

Cependant, en s'abandonnant à cet instant et au Héros, l'individu se trahit entièrement. Ces expériences de satisfaction vécues à travers l'extase entraînent inévitablement les civilisations vers les profondeurs d'un océan d'injustice, et souvent aussi dans le sang. C'est la raison pour laquelle la justice tient moins à l'accomplissement ou au fait de s'élever à des hauteurs héroïques qu'à une question de retenue et d'attention prudente.

Selon les philosophes du xviie et du xviiie siècle, cette réserve constituait précisément le message de la raison. Toutefois, alors qu'ils empêchaient d'une main la satisfaction de l'ego, ils favorisaient de l'autre l'explosion de l'égocentrisme sous la forme du Héros mythologique, dieu de la raison.

Le Moyen Âge proposait au chef et à ses sujets une vision passablement différente de l'éternité. Peut-être à cause des fléaux qui s'abattaient sur l'Europe et du chaos permanent, tandis que des armées de mercenaires se déplaçaient sans cesse, pareilles aux ombres humaines de la peste noire. « Aucune autre [époque] n'a suscité autant de tensions [...] autour de l'idée de la mort, écrivait Erik Erikson. Un appel perpétuel au *memento mori* retentissait tout au long de la vie [1]. » La mort était là, sous les yeux de chacun, puissante, omniprésente, à un point que nous pouvons difficilement imaginer.

Mourir, c'était échapper à un monde violent de péchés et de tentations pour se retrouver entre les mains de Dieu. Les méthodes garantissant l'évasion étaient clairement définies, sans oublier le détail des procédures de rémission lorsqu'une règle était enfreinte. Les marches à suivre susceptibles d'ajouter au crédit d'un homme étaient elles-mêmes soigneusement explicitées, afin que les esprits les plus simples puissent s'y conformer. On aurait dit les avenants d'une police d'assurance promettant l'entrée au paradis. La multiplication des indulgences finit par ruiner la crédibilité de tout le processus, même chez les plus crédules. Dans les premiers temps, cependant, on y croyait ferme.

Ces attitudes médiévales contrastent avec les nôtres. Nous avons moins de fléaux mais plus de guerres, et des guerres beaucoup plus sanglantes. Notre parti pris occulte la mort. C'est l'un de nos nouveaux secrets. Rien ne nous dit qu'il faille affronter la mort. Notre quête d'éternité se situe au contraire à un niveau matériel. Nous consacrons nos vies à travailler, à nous préparer, à épargner, à nous pousser de l'avant vers quelque chose d'indéfini. Notre mouvement à travers le système nous donne l'impression d'être ici pour toujours.

Dans la mesure où notre époque est avant tout technologique, la plupart des gens ajoutent à cette obsession matérialiste une volonté de faire échec à la maladie. L'idée d'immortalité rôde à l'arrière-plan. Si l'on peut rallonger la vie de cinq ans, pourquoi ne pas espérer un sursis de dix ans? De dix ans ou plus! La « culture » de la vieillesse a été métamorphosée, au point que sa terminologie vibre désormais de la promesse d'une jeunesse renouvelée. Des formules telles que l'« âge d'or » ont surgi, dissimulant les réalités du déclin physique. Charles de Gaulle, toujours en décalage par rapport aux conventions de son époque, disait que la vieillesse était une épave. L'individu doit naturellement tenter de survivre et de tirer parti de sa survie. C'est l'occultation du processus inévitable qui est à la fois si nouvelle et si singulière. Il semble que, non contents de ne pas nous préparer mentalement à notre fin inéluctable, nous devrions, quand le moment approche, nous créer tout un lot d'illusions, afin d'éviter à tout prix les pensées qui devraient s'imposer.

Le pouvoir du Héros moderne procède de cette tricherie vis-à-vis de notre destin de mortels. Nous vivons un demi-mensonge. Ce qui nous expose tous, y compris les plus subtils d'entre nous, à une manipulation élémentaire de nos émotions qu'une civilisation plus franche jugerait risible.

Lorsque, en 1982, le Président Reagan déclara : « Nous ne nous sommes jamais immiscés dans les affaires internes d'un pays et nous n'avons aucune intention de le faire, pas plus que nous n'y avons songé », personne ne jugea bon de glousser d'un air gêné en s'exclamant : « Écoutez, on a fait ça quarante-huit fois, rien qu'en Amérique centrale et du Sud! » Au lieu de cela, les Américains se sont dit : « Oui, nous sommes un brave peuple amoureux de la liberté. » On était à la veille de l'opération de la Grenade. Quand le président Mitterrand modifia le système électoral français en faveur de la proportionnelle afin de diviser la droite, permettant ainsi au parti néofasciste de conquérir plusieurs sièges à l'Assemblée – tout en affirmant que son objectif était de renforcer la démocratie –, rares furent ceux qui s'en offusquèrent. Après deux ans de troubles sociaux imputables à cette initiative, Mitterrand fut réélu haut la main. Lorsque Brian Mulroney déclara que le Président Reagan était son meilleur ami, susceptible par conséquent d'être influencé par lui, personne ne pouffa de rire en se gaussant de lui : « Allons, Brian, il arrive tout juste à se souvenir de votre nom. »

Que se passe-t-il donc dans la tête de nos leaders et de leurs concitoyens? Ils sont manifestement de connivence. Ils ne mentent pas, ni les uns ni les autres, puisqu'on ne peut véritablement parler de duperie. S'agit-il d'auto-illusion? Ces initiatives n'en donnent pas l'impression. Elles sont trop ouvertes, trop candides.

Se pourrait-il qu'il y ait une défaillance dans les mécanismes de leurs mémoires? Il ne semble pourtant pas que, dans ce domaine, l'Occidental ait évolué par rapport à ses prédécesseurs. Il existe aujourd'hui deux catégories de mémoire. La première est liée aux structures. Chaque structure est autonome et se perpétue elle-même. Les souvenirs qu'elle génère sont donc internes, logiques et séparés du monde extérieur. L'autre forme de mémoire est éclectique : ce sont des réminiscences, au coup par coup. Des gens. Des lieux. Des événements. C'est le souvenir d'un monde à la McLuhan, où il n'y a ni syntaxe ni ordre. L'esprit s'élève, plonge, pareil à une mouette sur une décharge municipale.

Ce qui nous fait défaut, c'est la mémoire linéaire, qui offre une vision historique. Nous nous souvenons peut-être de ce qui s'est passé il y a deux jours, mais nous n'arrivons pas à nous rappeler l'écoulement de ces deux jours. Si nous n'avons pas ce schéma linéaire à l'esprit, les mots ne sont ni vrais ni faux. Ce ne sont rien d'autre que des mots, bien dits ou mal dits, par des gens qu'on aime ou qu'on n'aime pas. Sans une mémoire ordonnée, toute civilisation est impossible. Le poids des mots, leur valeur, les sentiments qui s'y rattachent sont perdus.

Seul sur sa montagne, angoissé par l'incertitude, le leader voit tout cela. Il est conscient de la vacuité des mots. Il constate la perte de la mémoire. Ces éléments se traduisent par l'incapacité accrue du citoyen à juger clairement. Il est donc devenu plus difficile que jamais de gouverner convenablement. En revanche, il devient beaucoup plus facile de composer des danses de confusion et de ténèbres. Des danses inspirées par l'ego du Héros.

Cependant, les citoyens ne sont pas sans défense. Leur bon sens reste intact. Ils peuvent tout simplement refuser de réagir aux formes de leadership les plus viles. Ils peuvent aussi emprisonner le leader dans des limbes paralysantes, en limitant leurs rapports avec lui à une parodie. Mais dans une telle atmosphère de confusion, la société court toujours le risque d'être tenue à l'écart de la danse, ou de danser sur la musique d'un leader animé par le génie des ténèbres.

Enfant, Adolf Hitler voulait être architecte. Il transportait partout avec lui un petit musée de ses projets architecturaux d'adolescent – jusqu'au bunker assiégé où il se suicida. Il propagea l'idée de grandeur architecturale à travers tout le Reich.

Au premier stade de ses ambitions politiques, il y avait pourtant chez lui une tendance destructrice que les gens n'arrivaient pas du tout à saisir. Ils tentèrent d'expliquer ses traits de caractère selon une méthode analytique, comme s'ils avaient affaire à une personne normale souffrant de défauts spécifiques : il était antisémite, ce n'était pas un démocrate, il passait sans transition du charme à la colère la plus noire. C'était la toute première fois qu'un Héros se déchaînait ainsi, qu'il fût vrai ou faux, et ils ne songèrent pas à le considérer comme un être totalement imaginaire. La manière dont il fut conçu, en tant que reflet unique et déformé du peuple allemand, destiné à exploiter le désespoir de ce dernier, échappa aux paramètres de la pensée politique établie.

Son penchant destructeur s'accrut tout au long des années quarante, prenant résolument le pas sur les aspects créatifs, « architecturaux », de sa personnalité. Albert Speer, responsable de l'industrie de guerre allemande, tenta, quelque vingt ans plus tard, de se réhabiliter lui-même en prétendant qu'il avait réussi à retarder l'assaut des instincts dévastateurs du Führer jusqu'aux derniers jours de la guerre. « Il s'efforçait délibérément d'entraîner les gens à la mort avec lui. Il ne connaissait plus aucune barrière morale : à ses yeux, l'aboutissement de sa vie signifiait la fin de toute chose [2]. » L'analyse de Speer était presque parfaite. Pourtant, ce n'était pas la défaite qui poussait Hitler à cette vision apocalyptique de lui-même. La Solution finale avait été décidée en janvier 1942, longtemps avant que le cours de la guerre ne fût inversé. Le massacre des Slaves, pour faire place aux Teutons sur les territoires situés à l'est de l'Allemagne, était déjà entamé. Au contraire, ce fut la réussite d'Hitler qui lui permit de laisser libre cours à sa propre conception du pouvoir, ou plutôt de ses droits. Quand le courant se retourna irrémédiablement contre lui, ses sentiments à cet égard s'en trouvèrent simplement exacerbés.

Conserver l'énergie d'un Héros constructif est une contrainte épuisante. La créativité est limitée par le temps et les efforts déployés. Elle oblige à une continuelle dépendance vis-à-vis d'autrui. Elle s'apparente d'assez près à l'acte quasi divin de la procréation. Cela peut s'effectuer lentement, selon des méthodes animales nécessitant neuf mois de développement naturel et un engagement dans vingt années de formation. Il s'agit d'un processus séquentiel, imposant des limites de quantité. La satisfaction est plus considérable pour la femme que pour l'homme, qui n'apporte qu'un peu de semence, l'espace de quelques secondes, et ne peut jamais être certain que ces quelques gouttes soient les siennes. Pendant une douzaine d'années, Hitler insista sur l'importance de l'architecture et s'absorba dans des dessins ambitieux. Il disposait d'un pouvoir absolu en matière de planification et de dépenses, et son principal conseiller économique, Speer, était architecte. Pourtant, un seul de ses grands projets architecturaux fut réalisé : un nouveau Reichstag, qui devait à peine servir.

La destruction est l'autre facette du pouvoir de Dieu, égale à la création à bien des égards. Elle est surtout plus facile et plus rapide. Entre créer la vie et la reprendre, le Héros choisit invariablement la deuxième option. Ne serait-ce que parce que la satisfaction est plus immédiate.

Hitler en arriva à se considérer comme l'incarnation de la civilisation allemande : pas seulement le gouvernement, mais aussi la race, la culture, l'histoire, la mythologie. De sorte que, lorsqu'il cesserait d'exister, ce serait la fin de tout cela. Après son départ, il ne pourrait plus être question d'éternité. Erikson déclara à son propos qu'il avait « une peur presque pitoyable [...] de n'être rien. Il lui fallait défier cette éventualité en étant délibérément et totalement anonyme (d'où ses actions plus tôt dans sa vie). Ce n'est qu'à partir de ce néant choisi par lui-même qu'il pouvait devenir tout. Tout ou rien, telle est la devise de ce genre d'hommes [3] ».

Dans ce contexte, les concepts de la morale s'effacent. Le Héros prend tout sur lui et élimine toute nécessité pour la société de définir la culpabilité ou les droits inviolables de l'individu. Jean Genet, condamné pour meurtre et converti en philosophe existentialiste et écrivain, porta cette idée à sa conclusion la plus folle. Dans le *Journal du voleur*, il déclare que les actes doivent être poussés jusqu'à leur achèvement. Quel que soit le point de départ, la fin sera belle. C'est quand une action est inachevée qu'elle est vile [4].

Il s'ensuit que l'action est la seule expression possible de l'être. Au-delà de l'être, il n'y a rien. Plus l'acte est intense, plus grande est sa beauté. Par conséquent, le meurtre est le plus bel acte qui soit. Car c'est l'acte par excellence. Ayant tué Dieu, l'homme doit le remplacer. Or le moyen le plus facile de prouver qu'on est Dieu consiste à supprimer la vie d'un autre homme. « S'il y a un Dieu, dit Nietzsche, comment peut-on tolérer de ne pas être Dieu nous-même ? » Dans le cas contraire, ce même besoin de divinité est encore plus nécessaire. En théorie, le Héros a le choix entre créer et détruire. En pratique, la destruction est pour lui la seule option envisageable.

Dans la pièce de Genet, *Le Balcon*, des hommes se rendent dans un bordel où ils prétendent exercer la fonction dont ils ont toujours rêvé. C'est l'illustration de la structure rationnelle et de la réduction de l'homme à son rôle purement fonctionnel. Travestis en juge, en général, en évêque, les clients de cette maison de passe parlent à des miroirs qui les glorifient et qui les reflètent à l'infini. Ils sont ravis d'être le reflet de l'éternité de quelqu'un d'autre. Le principal personnage de la pièce est le chef de police. Il contrôle tout, mais personne ne sait qui il est. C'est l'homme rationnel du pouvoir, il opère efficacement dans les coulisses à l'aide d'instruments tels que le secret et la manipulation. Personne n'a jamais demandé à jouer son rôle au bordel. Son seul désir est d'être une source de reflets pour les autres. Il vit dans cet espoir. Quand ce jour vient enfin, il déclare : « Non au cent millième reflet d'un miroir qui se répète ; je serai l'Unique, en lequel cent mille veulent se confondre. » Après quoi, il « [ira] pourrir dans les consciences ». En attendant ce jour-là, il se fait bâtir un colossal tombeau, creusé sous une montagne de marbre rouge, avec des pièces et des niches et, au milieu, une minuscule guérite taillée dans un diamant. Il se fera enterrer là pour l'éternité, tandis que le monde reflété tournera autour de lui [5].

Il y a quelque mille sept cents ans, pendant la période qui conduisit de l'effondrement de la foi dans les divinités romaines à la victoire du christianisme, on assista à une formidable multiplication du nombre de dieux et d'esprits en lice pour combler ce vide. Au xixe siècle, alors que la chrétienté essayait désespérément de se remettre de la mort effective de Dieu, une myriade de saints firent leur apparition. Le Héros s'est multiplié de nos jours, avec la même assurance cachant un grand trouble. En y regardant de plus près, on s'aperçoit que nos sempiternelles réaffirmations de l'individualisme témoignent, au fond, de la terrible confusion d'individus cherchant leur reflet dans des modèles. Ces leaders politiques et militaires, ces terroristes, ces capitalistes, ces médaillés, ces stars sont organisés autour de nous sclon une hiérarchie inconsciente de Héros dominant nos imaginations et nos espoirs avec une force que nous n'admettrons jamais.

L'idée fantasque, chez Genet, d'un tombeau reflétant à jamais ce qui l'entoure, a déjà été reprise partout où un Héros a vécu assez longtemps pour laisser des reflets derrière lui. Le généralissime Franco fit creuser un tunnel au cœur d'une montagne inaccessible. On y aménagea une galerie de granite de soixante-dix mètres de long, aux proportions dignes d'une cathédrale. Il fallut dix ans à des milliers de prisonniers de la guerre civile pour réaliser ce rêve. Une croix en acier de cent cinquante mètres de haut domine la montagne. Franco repose juste au-dessous du poteau de la croix, au milieu de ce mausolée. Ses camarades de la guerre civile – ses premiers reflets – sont ensevelis autour de lui.

Le tombeau de Napoléon aux Invalides est construit sur le même principe. De simples mortels se pressent dans l'église du Dôme au sol blanc et austère, sans sièges ni décorations, pour venir admirer le plus beau dôme de France. Autour d'eux sont disposées, en cercles, les chapelles contenant les tombeaux des maréchaux de Napoléon et d'autres maréchaux français plus proches de nous. Juste au-dessous du dôme, on a creusé un grand puits en marbre, orné d'une douzaine d'énormes statues des victoires. Au centre, un tombeau massif en porphyre rouge, aux extrémités incurvées, abrite la dépouille du premier Héros. Pareil aux pharaons égyptiens promis à la vie éternelle, il est enfermé dans plusieurs cercueils, le premier en fer gainé d'étain, le second en acajou, puis deux épaisseurs de plomb, de l'ébène et enfin du chêne. Sous une masse de marbre. Napoléon gît là, comme au vortex d'un cône cosmique montant vers les cieux.

Tout cela n'est guère différent de ce que l'on retrouve pour les trois grands hommes empaillés du xxᵉ siècle. L'idée d'exposer publiquement ces leaders révolutionnaires, théoriquement morts, venait peut-être d'eux. Ce n'est pas certain. La coopération de leurs successeurs immédiats, c'est-à-dire de leurs reflets directs, était de toute façon nécessaire. Il incombait à ces derniers d'organiser l'embaumement et l'intronisation de leurs Héros.

Trouve-t-on des caractéristiques particulièrement divines dans l'apparence de ces Héros? La barbe mitée de Lénine et son teint de cire de plus en plus jaunâtre n'ont franchement rien d'impressionnant. L'obésité de Mao est un sérieux obstacle à la crédibilité de son immortalité. En l'apercevant, on a un moment de perplexité, tandis que les foules pékinoises hésitent entre le fou rire, à la pensée du travail de taxidermie nécessaire, et l'esquisse d'un geste respectueux, mieux approprié à Bouddha. Mao repose au centre d'un vaste mausolée, dont le plan est la copie exacte d'un temple bouddhiste, à l'emplacement où Bouddha devrait être assis ou couché. Quant à Ho Chi Minh, son ascétisme devrait être un exemple pour tous les Héros qui souhaiteraient être conservés. À sa vue – là encore, le site s'apparente à un temple –, les foules d'Hanoi tombent en arrêt. Sa peau colle à son ossature, comme du jambon de Parme, comme si on l'avait pendu pour le faire sécher au lieu de le laisser mourir de sa belle mort. On dirait qu'il fait la sieste. Son mausolée, construit spécialement à son intention, est l'édifice le plus impressionnant d'une ville par ailleurs délabrée.

Il est encore un quatrième leader communiste qu'on expose ainsi, peut-être le plus évocateur de tous les Héros contemporains. Que Georgi Dimitrov ait ou non mis le feu au Reichstag en 1933, il fut jugé pour ce crime. En dépit de son acquittement, Hitler se servit de lui comme prétexte pour fermer une fois pour toutes la porte au monde illusoire de la démocratie et entrer dans le vide éternel de son propre ego. Dimitrov passa toute la Seconde Guerre mondiale en prison, avant de devenir le reflet de Staline en Bulgarie, à la fin des années quarante. Il fit pour la Bulgarie ce que Hitler avait fait pour l'Allemagne : il liquida la démocratie, puis mourut en 1949.

Staline proposa aux Bulgares les services de son embaumeur officiel, qui s'était chargé de Lénine en personne. M. Sbarsky, taxidermiste, était le premier représentant d'une nouvelle espèce de prêtres, dotés du pouvoir de conférer l'immortalité. Son travail sur Lénine constituait un acte historique. En répétant à Sofia les mêmes gestes sur Dimitrov, il confirma un principe moderne.

Ce principe avait fait son apparition à la fin du XIXᵉ siècle, lorsque les dépouilles bien conservées d'un certain nombre de saints catholiques éveillèrent l'attention des tenants de la machinerie mythologique à Rome. Bientôt, les restes d'autres saints, enterrés depuis belle lurette, voire disparus, resurgirent dans le monde chrétien. Comme pour contrer les rumeurs grandissantes relatives à la mort de Dieu, on les exposa dans des églises. La vision de ces demi-dieux, miraculeusement préservés, comme prêts à reprendre forme humaine le jour du Jugement dernier, ralliaient les gens à la notion chrétienne de l'immortalité. L'Église ne s'arrêta pas en si bon chemin. Elle sentit que le XXᵉ siècle technologique se fonderait sur des preuves concrètes et entreprit d'embaumer et d'exposer également des saints historiquement plus proches de nous.

Il n'y a guère de différence entre Lénine, Mao, Ho ou Dimitrov et saint

Vincent de Paul, suspendu dans une vitrine au-dessus de l'autel dans l'église portant son nom, rue de Sèvres, à Paris. Tous les cinq devaient, en tant que Héros, s'attendre à être exhibés de la sorte. Toutefois, sainte Claire, amie et disciple de saint François d'Assise, aurait été horrifiée de penser que, six cents ans après son décès, dans le dénuement le plus total et l'acceptation absolue de sa mortalité, on l'exhumerait pour l'exhiber dans la crypte de son église. Des marches en marbre ont été disposées au-dessus de son simple tombeau, afin que le public descende glorieusement jusqu'à une grille derrière laquelle elle repose. Une religieuse, dont le visage est dissimulé sous un voile épais, répète inlassablement : « *E il corpo vero di Santa Chiara.* » Claire s'exclamerait probablement : « Et alors! », et les obligerait à enterrer de nouveau sa dépouille. Elle serait encore plus scandalisée d'apprendre que la religieuse psalmodiante a le sentiment d'exister en partie parce que le corps de sainte Claire se trouve là. La brave sœur serait révoltée si on lui disait qu'elle se comporte comme une communiste.

Quant aux quatre Héros révolutionnaires embaumés, le spectacle qu'ils offrent aujourd'hui les embarrasserait probablement sur le plan intellectuel. Mais on peut être à peu près certain que cela leur apporterait tout de même, à un niveau inconscient, une grande satisfaction, égale au moins à celle qu'éprouveraient Napoléon ou Franco en se voyant exposés à l'idolâtrie, tels des autels chrétiens. Ces hommes ont tous sévi à l'Âge du Héros, et ils font partie des rares heureux élus ayant officiellement accédé à l'immortalité. Devenir un Héros, c'est accepter – pour ne pas dire désirer – que les gens vous élèvent au rang d'immortel. S'ils changent d'avis en cours de route, vous risquez de vous retrouver tout à coup parmi les mortels, enfoui sous la terre à jamais – ou du moins pour quelque temps. Lénine entre actuellement dans cette phase inquiétante. Conformément aux normes historiques de la déification terrestre, les citoyens défilant devant ces autels voient bien que leur idole est un dieu. Le message que les autorités cherchaient à faire passer, en exposant ces hommes comme elles l'ont fait, est d'une clarté limpide.

Cela dit, libre au public de penser que le Héros est une garantie satisfaisante d'immortalité. C'est une indication concrète, exceptionnelle, de son éventuelle existence. En conséquence, le grand saut de la mort est théoriquement adouci pour les millions d'individus qui découvrent ces Héros Uniques, en vitrine ou enfermés dans un bloc de marbre, dont ils ont peut-être envie de devenir les reflets.

Le processus démocratique n'offre pas d'adoucissement équivalent. La participation du citoyen à une démocratie est une affaire très terre à terre, qui n'a pas grand-chose à voir avec la grandeur ou l'Héroïsme. Cependant, nos systèmes rationnels complexes classent les individus, en tant qu'experts, dans des positions fixes. Le réconfort offert par ce sentiment d'appartenance contredit l'idée même de participation démocratique. L'initiative politique passe aux leaders, qui encouragent à leur tour l'individu, plus passif que jamais, à rêver. Les leaders Héroïques poussent les gens à rêver, comme si cette aptitude était un attribut politique positif. En vérité, il s'agit plutôt de libérer nos peurs, qui prennent alors tout leur essor dans les royaumes sans bornes de la fantaisie.

Et pourtant, lorsque nous considérons nos propres leaders, ils ne ressemblent guère au Héros hiltérien ou à Napoléon envahissant l'Europe. Ce ne sont que de petits hommes insignifiants. Cependant, les méthodes qu'ils utilisent et leurs postulats sont les mêmes que ceux de ces Héros d'antan. Faux Héros, sans aucun doute, ils manipulent les instruments du pouvoir dans une parodie de grandeur. Le plus clair du temps, cette particularité échappe au public, faute d'indices. Et puis, brusquement, par exemple lors de la guerre du Golfe, en 1991, ils se laissent aller sans effort au style belliqueux et hyperbolique de chefs de guerre cruels et inflexibles.

Juger ce fait inoffensif, c'est passer à côté de la réalité. Nos structures rationnelles ne nous conduisent décidément pas vers un leadership équilibré, ouvert et franc. Au contraire, elles nous entraînent, lentement mais sûrement, toujours plus profondément dans un monde où les postulats du leadership pencheraient vers la parodie. Mais cette parodie est celle du Héros.

Chapitre XVI

Le détournement du capitalisme

> Lorsque j'utilise un mot, il signifie exactement ce que je décide qu'il signifie.
> Humpty Dumpty.

Nulle part Lewis Carroll, en tant qu'architecte linguistique du xxᵉ siècle, n'a eu plus d'impact que dans le domaine des affaires. Noms, verbes, adjectifs, y sont jetés avec force enthousiasme, colère et sincérité, laissant des traces mythologiques tellement évidentes qu'elles ne nécessitent aucune explication. *Capitalisme, libre entreprise, risque, propriété privée* – toutes ces formules, et bien d'autres, qu'on les entende ou qu'on les lise, se comprennent instantanément et suscitent une approbation ou une désapprobation immédiates.

Cette limpidité nous a permis de tenir un interminable débat public sur la forme que la société moderne devrait prendre. Faut-il lâcher les forces créatrices/égoïstes de la libre entreprise? Ou devons-nous protéger/ dorloter/libérer le citoyen face aux défis et aux aléas du risque?

Ces questions ont été encore simplifiées par une tendance à utiliser indifféremment les expressions « monde libre » et « libre entreprise ». George Bush, et avant lui Ronald Reagan, parlaient de marchés libres avant de parler d'hommes libres. Si certains chefs d'État occidentaux sont plus subtils dans leur choix des mots, rares sont ceux qui se donneraient beaucoup de peine pour contredire ce principe, même parmi les socialistes.

Ces pirouettes de mots sans racines ont créé l'illusion d'un débat. Une illusion si convaincante, d'ailleurs, que nous prenons rarement la peine de savoir qui argumente avec autant de ferveur au nom du capitalisme. Curieusement, il se trouve un nombre très restreint de capitalistes parmi eux. Ce sont en fait des nuées de gérants de sociétés, de directeurs financiers, de spéculateurs et de pourvoyeurs de services. Plus curieux encore, si vous les interrogez vous vous apercevrez que l'engagement et la prise de risques individuels, pourtant au cœur même du capitalisme, leur font horreur. Au fond, ils sont les prophètes et les défenseurs d'un système économique qu'ils rejettent.

En Occident, nous avons allégrement amalgamé trois éléments distincts comme s'ils faisaient naturellement partie de la même famille : la démocratie, la raison et le capitalisme, alors qu'ils ne sont même pas enclins à s'entendre. Les hommes d'affaires, qui prennent aujourd'hui la défense du capitalisme avec tant d'agressivité, sont en réalité le produit de sa défaite par la raison. Un produit qui n'a cependant rien d'unidimensionnel. Les spéculateurs, quant à eux, sont un signe de l'échec de la raison. Les pourvoyeurs de services paraissent on ne peut plus inoffensifs : ils se contentent de combler un vide dans notre économie. Le danger réside dans le fait que nous voyons en eux une solution inédite plutôt qu'une nouvelle manifestation de notre problème. Quant aux managers drapés dans les atours du capitalisme, ils ne sont pas aussi désastreux qu'il y paraît. Après tout, pendant leur ascension vers le pouvoir, nous avons tout de même réussi à instaurer une sorte de compromis social global, si fragile et inégal soit-il.

Quoi qu'il en soit, le fossé séparant l'illusion capitaliste de sa réalité est désormais si profond que les praticiens et les autorités civiles ont du mal à prendre des décisions économiques sensées. Les problèmes commencent avec l'équation démocratie-capitalisme. L'idée de faire marcher ensemble la démocratie et le capitalisme n'est qu'une merveilleuse plaisanterie marxienne – entendez : dans la plus pure tradition des Marx Brothers! Ni l'histoire ni la philosophie n'associent marchés libres et hommes libres. Ils n'ont guère en commun que ce qu'autorisent des hasards de temps ou de lieu. En réalité, la libre entreprise fonctionne beaucoup mieux dans son état le plus pur lorsqu'elle opère sous les auspices de structures gouvernementales autoritaires, propices à son épanouissement. Une stabilité incontestée convient aux prises de risques financiers. Les gouvernements autoritaires peuvent s'allier aux pouvoirs de l'argent sans redouter des conflits d'intérêts. Ils peuvent agir plus vite, en se compromettant beaucoup moins. La démocratie, en revanche, est soumise à des compromis politiques et sociaux constants. Elle tend à réprimer les activités de toutes sortes, liées ou non aux affaires, dans le dessein de protéger un maximum d'individus.

Par conséquent, la période la plus glorieuse du capitalisme fut l'Angleterre victorienne à l'autorité bienfaisante, avant le suffrage universel octroyé aux hommes, les lois régissant le travail des enfants, les règles de sécurité du travail, le droit de grève et les contrats d'embauche. Il s'épanouit sous Louis-Philippe, le roi des hommes d'affaires, qui allait jusqu'à s'habiller comme un chef d'entreprise, puis à nouveau sous Napoléon III, qui supprima le suffrage universel instauré par l'éphémère Deuxième République. Il se maintint allégrement sous la gouverne du Kaiser Guillaume II, qui revint sur certaines réformes libérales imposées par son père et Bismarck. Le dernier tsar de Russie présida au plus grand essor de la libre entreprise qu'on ait jamais vu. Aux États-Unis, le capitalisme connut sa période heureuse et prospère avant l'octroi du suffrage universel aux hommes de race blanche, en 1860, puis à nouveau à la fin du XIXᵉ siècle et au début du XXᵉ, alors que de vastes portions de la population étaient privées du droit de vote à cause d'une immigration massive. Même une fois devenus citoyens à part entière, ces nouveaux arrivants demeurèrent politiquement dociles, tout au long du processus d'intégration de leur communauté d'origine dans le courant général de la société. La période la moins satisfaisante pour les capitalistes américains commença au début des années trente et se prolongea jusqu'aux années soixante-dix, quand les citoyens participèrent de plus en plus aux affaires publiques. Malgré une crise économique prolongée, ces vingt dernières années ont été les plus heureuses pour les affaires depuis le krach de 1929. Cette félicité a coïncidé avec une baisse du pourcentage de participation aux élections, à un niveau sans précédent depuis l'instauration du suffrage universel pour les hommes. Ce phénomène ne se limite d'ailleurs pas à l'Occident. Les lieux du capitalisme le plus actif, au cours des dernières décennies, sont Singapour, Taiwan, la Thaïlande et la Corée. Ces quatre pays sont gouvernés par des systèmes autoritaires complexes et propices aux affaires.

La confusion générale entre les libertés propres à la démocratie et celles du capitalisme confirme aussi que les grands hommes d'affaires ne comprennent plus rien à leur propre idéologie. Leur credo est pourtant connu de tous depuis des siècles. Le capitalisme sous-entend l'utilisation du capital, et pas seulement sa propriété. On ne peut être propriétaire d'une abstraction. Il faut posséder quelque chose pour rendre le capital concret. Un terrain ou une usine. Pendant longtemps, l'or a pu s'échanger contre du capital. C'était en réalité un bien concret, dont on fit l'étalon de mesure du capital parce qu'il était transportable.

Cependant, la possession d'un bien grâce au transfert du capital ne suffit pas à faire d'un propriétaire un capitaliste. D'ailleurs, la propriété d'objets inertes, tels que terrains, immeubles ou or, existait longtemps avant l'avènement du capitalisme. Ceux qui augmentent leur capital en faisant commerce de tels biens se contentent de spéculer sur la valeur de ces biens. Gagner de l'argent de cette manière n'est pas un acte capitaliste en soi.

Le capitalisme est la propriété et l'utilisation d'éléments concrets mais dynamiques dans une société, ce qu'on appelle couramment les moyens de production. Un capitaliste engendre davantage de capitaux grâce à la production des moyens dont il est propriétaire. Cela nécessite le réinvestissement périodique d'une partie des capitaux acquis dans la remise en état, la modernisation et l'expansion des moyens en question. Le capitalisme est donc la propriété d'une abstraction baptisée capital, rendue concrète par la propriété de moyens de production qui, par le biais d'une production réelle, crée de nouveaux capitaux.

Cependant, le capitalisme tel qu'on le conçoit aujourd'hui tourne autour de ce qu'on appelle la motivation du profit, même si le profit n'est ni une cause du capitalisme ni au cœur même de l'initiative capitaliste. Il n'est rien d'autre qu'un résultat salutaire de l'ensemble du processus. Quant à la propriété des moyens de production, elle a été supplantée par leur gestion. Pourtant, gérer, c'est administrer, l'administration étant une fonction bureaucratique. On constate par ailleurs une dépendance croissante vis-à-vis du capital lui-même, afin de produire de nouveaux capitaux. Il s'agit alors de spéculation et non de production. Le développement des moyens de production est désormais rejeté, dans l'ensemble, comme étant non lucratif et franchement indigne du gestionnaire moderne, qui préférerait abandonner aux pays du tiers monde ce « sale » travail d'usine, qui nécessite une main-d'œuvre importante. Enfin, la conception contemporaine du capitalisme présente pompeusement les « services » comme l'une de ses nouvelles manifestations, particulièrement complexe. Or vendre ses talents n'est pas un art capitaliste en soi. Et la plupart des emplois créés par les industries de services, à l'exception de la technologie de pointe, sont les héritiers du commerce des biens et des services tel qu'il existait avant le xviiie siècle.

Les industries de services ne peuvent même pas se prévaloir d'être la facette créative du capitalisme, c'est-à-dire l'avant-garde qui transforme le capital abstrait en production. Elles vivent des fruits du capitalisme. Pour dire les choses courtoisement, elles représentent le secteur tertiaire, qui regroupe au fond les parasites économiques. Les experts-conseils, les conseillers en relations publiques, les conseillers financiers, des banquiers aux courtiers, tous les mercenaires de la compétence sont les descendants des courtisans qui rôdaient jadis autour des rois et des aristocrates. Le maître des feux d'artifice royaux, le concierge (officiellement chargé d'allumer les chandelles), la maîtresse de la chambre royale. Des prêteurs à gages. Les industries de services comprennent notamment ceux qui spéculent sur les marchandises. Les promoteurs immobiliers et les propriétaires de grosses entreprises commerciales en sont les exemples les plus représentatifs. Les premiers existaient longtemps avant le capitalisme et lui survivront tout aussi longtemps. Ils sont généralement en cheville avec des institutions financières qui négocient des abstractions du capital, ou des administrateurs de biens inertes, comme les notaires et les ministères. Des Donald Trump et des Robert Campeau sévissaient déjà au Moyen Âge et au xixe siècle, sans qu'on les considérât comme des capitalistes. Qu'ils soient solvables ou en faillite, ce ne sont pas davantage des capitalistes aujourd'hui.

Le 13 août 1987, la Bourse de New York fêtait cinq années de forte croissance ininterrompue. Le Dow Jones avait augmenté de 245 % depuis 1982. L'indice de la Bourse de Londres de 300 %, celui de Toronto de 180 %, celui de Paris de 300 %, celui de Tokyo de 1 800 %! Au cours de la même période, la croissance économique réelle, hors contexte financier, c'est-à-dire capitaliste, avait été dérisoire. Le chômage, déjà élevé, avait atteint des taux records en Europe, bien qu'il eût quelque peu baissé au Canada et passablement chuté en Amérique. Cette amélioration de la situation américaine s'expliquait toutefois par une volonté délibérée d'ignorer la baisse des normes de l'emploi et la multiplication des postes à mi-temps, comptant comme des emplois à temps complet. Pour dire les choses crûment, dans les années trente, les femmes qui faisaient des lessives pour vivre ne figuraient pas parmi les créations d'emploi réussies. Or notre économie moderne, fondée sur l'industrie des services, a une autre manière de mesurer les choses. Au cours de la même période, la crise de l'endettement mit la plupart des banques occidentales en situation de faillite technique. Le nombre de banques américaines qui coulèrent s'éleva chaque année pour atteindre, en 1987, le chiffre record de 208, un niveau inégalé depuis 1933. 10 % des établissements bancaires restants (soit 1 500 sur 15 000) figuraient sur la liste des institutions menacées établie par la Federal Deposit Insurance Corporation. Des institutions financières plus petites, comme les caisses d'épargne, se trouvaient dans une position tout aussi précaire. Le nombre de faillites continua à augmenter dans tout l'Occident, marquant chaque année de nouveaux records.

Le seul secteur de production montrant une nette croissance était celui des armements, qui ne font pas partie des biens d'équipement et ne créent pas de production en eux-mêmes. L'endettement national des pays occidentaux continuait à s'aggraver, les devises poursuivaient leur évolution en montagnes russes. Le commerce des biens réels était si perturbé que les négociations du GATT (Accord général sur les tarifs douaniers et le commerce) se retrouvèrent dans l'impasse, la plupart des nations adoptant des mesures protectionnistes. Les marchés financiers continuaient pourtant à battre tous les records de hausse.

La Bourse a pour objet d'offrir un lieu réglementé permettant aux propriétaires de biens de production de vendre leur capital en mettant leurs actions sur le marché, ou de développer leurs moyens de production en se procurant un financement supplémentaire, par l'émission de nouvelles actions. Une hausse du marché devrait être le signe d'une augmentation de la valeur des moyens de production, grâce à une multiplication des ventes et à de nouveaux investissements. Rien de cela ne s'est produit entre 1982 et 1987. Pourtant, d'énormes sommes de capital furent engagées sur le marché. Où est donc passé l'argent? Il semblerait qu'il se soit volatilisé dans une sorte de dédale de valeurs spéculatives, où managers et spéculateurs se couraient après, sans rien d'autre en tête que le contrôle des leviers du management et la maximisation – ou plutôt la création artificielle – des profits. Dans ces circonstances, on ne saurait s'étonner que le secrétaire américain au Trésor, le ministre allemand de l'Économie et les ministres canadien et français des Finances, pendant cette période, aient été d'anciens agents de change ou d'anciens banquiers d'affaires. Ou que la vedette de ce que la plupart des gens considéraient comme un mode de gestion américain généralisé et irresponsable ait été Ross Johnson, un ami intime du Premier ministre canadien [1].

Le capitalisme moderne ne pouvait justifier cette situation, sinon en proclamant que la maximisation des profits se trouve au centre du processus. Or si cette maximisation des profits justifie vraiment l'existence d'une économie capitaliste, les entreprises capitalistes contemporaines sont donc constituées par la spéculation financière et les services. S'il en est ainsi, alors le capitalisme, considéré comme l'une des grandes inventions de l'homme occidental, n'est plus aujourd'hui qu'une version améliorée de la bonne vieille spéculation d'antan, dans la tradition de l'affaire des mers du Sud et de la faillite inflationniste de John Law. Au lendemain du Lundi noir – le krach du 19 octobre 1987 –, rien de particulièrement dramatique n'avait ébranlé la société occidentale. On était donc en droit de se demander si le capitalisme moderne, obnubilé par les profits spéculatifs, ne s'était pas dissocié des moyens de production à tel point qu'il n'avait plus aucun rapport avec la réalité de l'économie.

Troublé par ces problèmes économiques apparemment insolubles, le citoyen se tourne vers le capitaliste en quête d'explications. Ce dernier lui reproche d'abord de ne pas prendre d'initiatives et de ne pas travailler assez dur. À ces remontrances succède un vibrant appel en faveur d'une rigueur morale individuelle impliquant le risque, la compétitivité, les forces du marché, l'individualisme. Pour finir, il renvoie le citoyen à son gouvernement, responsable selon lui de l'inflation, du chômage, de l'effondrement des marchés boursiers, ainsi que des restrictions imposées à la liberté d'action individuelle. Le citoyen obtempère. Mais alors qu'il se tourne dans la direction indiquée, quelque chose d'étrange dans l'apparence du capitaliste attire son attention. Il se rend compte tout à coup que celui-ci n'a rien d'un chef, d'un propriétaire ou d'un preneur de risques. Il dégage bien une certaine assurance, mais aucune lueur ne brille dans son regard. Il est trop sûr de lui pour être vraiment responsable. Et ses tenues sont trop uniformes pour un individualiste. Il n'y a pas un soupçon de créativité chez lui, aucune trace de l'usure inhérente à l'entrepreneur. Ses propos s'intègrent trop bien dans le boniment universel sur la libre entreprise et la motivation par le profit. Soudain, le citoyen comprend qu'il n'a pas affaire à un propriétaire de biens de production, mais à un employé travesti.

Qu'il soit président, président-directeur général, quel que soit le titre qu'il se donne, le fait est que l'entreprise ne lui appartient pas. Il a été engagé pour faire un travail. Il a un contrat lui garantissant un emploi, dont les termes sont fixés d'avance, ainsi qu'une voiture de service, des billets d'avion en première classe, un régime de retraite, des congés payés, des abonnements à des clubs. Il a un MBA ou un diplôme d'ingénieur et il est l'heureux détenteur d'un paquet de deux mille actions payées par la compagnie. Celles-ci ne lui appartiennent pas non plus. C'est juste une astuce licite pour lui épargner des années d'impôts sur ses revenus supplémentaires. Il revendra ces parts à sa retraite, en empochant le fruit de cette transaction en liquide. Et si, pour quelque raison, il doit être licencié, son contrat comprend sûrement une clause d'indemnisation susceptible de le mettre à l'abri du besoin.

Imaginons que le citoyen insiste pour rencontrer le vrai capitaliste – le propriétaire. Le directeur se moquera probablement de lui gentiment, en lui disant que les propriétaires ne sont que des spéculateurs détenteurs d'actions. En plus, ils sont 173 000. Si on lui demande comment ce capitalisme revu et corrigé peut contrôler et orienter les initiatives des managers, le directeur se lancera sans doute dans une longue explication sur le rôle joué par son conseil d'administration et ses assemblées annuelles. Le citoyen comprend immédiatement que cette assemblée annuelle est une plaisanterie. Il est évidemment impossible de regrouper à cette occasion les 173 000 actionnaires : par conséquent la direction contrôle la majorité des voix. Pour ce qui est du conseil d'administration, le jeu est encore plus subtil.

La plupart des administrateurs sont nommés indirectement par le management de l'entreprise. Ils acceptent ce poste non parce qu'ils souhaitent contrôler la compagnie, mais pour la bonne raison que faire partie d'un conseil confère un certain prestige. C'est une manière de nouer des relations, d'accroître son ascendant en ville et de mettre un peu de beurre dans les épinards. Leur priorité n'est certainement pas de s'assurer que la compagnie prenne les bonnes décisions. Ils se contentent d'empêcher les erreurs élémentaires. Et surtout, ils sont à l'affût d'occasions à saisir, des occasions plus subtiles que des délits d'initiés. Des contrats de services, par exemple, qu'on pourrait faire attribuer à d'autres sociétés dans lesquelles ils ont des intérêts.

Même si les administrateurs voulaient être diligents, comment le pourraient-ils ? D'énormes dossiers accompagnent chaque résolution présentée au conseil par la direction. Ces documents ressemblent étonnamment aux dossiers préparés à l'occasion des réunions des commissions ministérielles. Ils ont été rédigés par des douzaines, voire des centaines d'experts. Que peut dire l'administrateur ? Quel que soit le sujet, le management trouvera une réponse rassurante. Quatre ou cinq directeurs font partie du conseil d'administration. Si les assemblées nationales, fortes de l'autorité du suffrage universel, sont incapables de contrôler les gouvernements en dépit de la publicité donnée aux débats publics, si les ministères sont bien en peine de faire bouger les structures gouvernementales en dépit du soutien des parlements, on voit mal comment une poignée d'administrateurs occasionnels pourraient faire beaucoup mieux alors qu'ils sont confinés à des débats privés et que les actionnaires ne leur apportent aucun soutien organisé.

Sans compter que la direction fait tout ce qu'elle peut pour mettre ces administrateurs dans sa poche. Tout d'abord, ils sont joliment rémunérés. Aux États-Unis, leurs rétributions oscillent actuellement entre 30 000 et 50 000 dollars par an. En effet, plus les administrateurs empochent d'argent, plus les managers peuvent gonfler leurs propres rémunérations. Sans oublier les avantages en nature, qui ne sont pas négligeables : les réunions dans des sites agréables, la prise en charge des épouses, voyage compris. Sans oublier des cadeaux de temps en temps et l'accès aux services de la compagnie, quels qu'ils soient. Les organismes bancaires offrent presque systématiquement à leurs administrateurs la possibilité d'ouvrir des comptes en Suisse ou dans quelque paradis fiscal. Cette proposition n'a rien d'illicite mais, en l'acceptant, l'administrateur se compromet inévitablement. Il renonce ainsi à gêner le conseil de quelque manière que ce soit. Il devient membre du club. Désormais, il fait partie de la bande. La direction de la banque possède suffisamment d'informations sur ses affaires privées pour le tenir si nécessaire.

Supposer que les membres d'un conseil d'administration exercent une autorité effective sur les entreprises est l'une des grandes illusions du capitalisme contemporain. Ces conseils n'ont jamais été conçus pour être une unité de contrôle représentant 173 000 actionnaires. Il s'agissait plutôt de regrouper tous les propriétaires, ou une grande partie d'entre eux. En tant que tels, ils jouissaient d'une véritable autorité. Le plus souvent, un ou plusieurs administrateurs-propriétaires géraient la compagnie. Cette situation existe encore, mais elle se limite presque exclusivement aux petites entreprises.

Partout en Occident, la libre entreprise est dominée par des employés, de plus en plus souvent issus d'écoles de gestion ou de commerce. Comme les bureaucrates, ils sont loin d'être doués pour l'invention, que ce soit en matière d'investissement, de développement des produits ou d'acquisition de marchés pour la vente de produits. Ils se spécialisent dans l'élaboration de systèmes dans lesquels ils peuvent opérer et dans la conception de programmes précis, modelés selon la méthode de l'étude de cas.

Un individu qui se distingue, manifeste son désaccord ou prend des risques est un danger pour ce genre de système; il est promptement écarté. Les hauts dirigeants des grandes entreprises et des multinationales occidentales ont été choisis par le système en raison de leur médiocrité. Car les systèmes possèdent une logique interne. Il existe un certain nombre d'exceptions, bien sûr. Mais des exceptions, il y en a toujours. Il y a plus de cinquante ans, André Malraux décrivait déjà les premières étapes de ce phénomène dans *La Condition humaine*. Gisors, directeur à Shanghai d'une compagnie française, explique son point de vue : « Le capitalisme moderne est beaucoup plus volonté d'organisation que de puissance [2]. »

Ces managers n'ont pas de pouvoir qui leur soit propre. Ils jouent le jeu des intrigues de couloirs, comme les eunuques le faisaient jadis dans les dédales de la Cité interdite. L'avancement de leur carrière les intéresse au premier chef, et la meilleure manière pour eux de parvenir à leurs fins consiste à fournir des preuves immédiates de succès. Leur mode de gestion s'oriente vers des profits rapides. Le syndrome du rapport trimestriel est propre à cette approche. Les manifestations de la réussite doivent être constantes et immédiates, structurées de façon à favoriser le marché financier tout en jetant continuellement des miettes au conseil d'administration. La planification à long terme, les investissements de base et à long terme, tant pour améliorer la production existante que pour créer de nouveaux produits, sont le cadet de leurs soucis.

Certains managers tiennent tant à conserver leur poste dans leur entreprise qu'ils se montrent prudents et sont terrifiés par le risque. D'autres en revanche progressent de société en société, toujours à l'affût d'activités nouvelles. Ils ont besoin de retombées immédiates. Ni les uns ni les autres ne sont intéressés par une exploitation sérieuse des moyens de production, pas plus qu'ils ne sont attirés par la production de biens ou leur vente. Ces biens sont concrets. Par nature, les managers optent pour ce qu'il faut bien appeler une approche intellectuelle. La raison est leur devise. Ils savent et peuvent expliquer sans « toucher du doigt ». Toucher du doigt, c'est glisser dans un monde inférieur. On dirait presque qu'ils craignent la réalité du capitalisme, redoutant que les usines, noires et sataniques, ne s'emparent d'eux et ne les privent par la force de leurs rêves de grandeur, les laissant à la merci des moyens de production pour le restant de leurs jours. Ils sentent bien que la réalité du monde des usines ne se soumet pas facilement à la manipulation abstraite.

On a dit beaucoup de choses sur la rigidité de l'industrie occidentale face à celle du Japon, de la Corée ou d'autres puissances capitalistes récentes. On s'en souvient, les officiers d'état-major qui orchestrèrent la Première Guerre mondiale imputèrent leurs revers à la vieille classe militaire. De la même manière, les technocrates, symboles de l'avenir, se sont attachés à critiquer les industriels de la vieille école pour les échecs du monde des affaires. Or les anciens managers-propriétaires ne sont plus là depuis des décennies. Il en reste tout au plus quelques poignées, disséminées ici et là. Ce sont les technocrates, les diplômés de MBA, notamment, qui ont fait preuve d'un manque de souplesse tel qu'ils ont fini par céder l'essentiel des moyens de production à d'autres civilisations. Ce sont également eux qui ont considéré le succès de ces autres cultures comme la preuve que le capitalisme occidental devait mourir pour renaître de ses cendres sous une forme aseptisée, urbaine, non industrielle.

La leçon qu'ils ont tirée de tout cela est claire : si les civilisations inférieures prennent en charge le travail manuel, l'Occident, plus avancé, pourra se concentrer sur les activités d'ordre cérébral. Grâce à la prolifération des écoles de commerce, cette approche intéressée a été presque immédiatement convertie en un raisonnement philosophique. En sa qualité de tête pensante de la « société postindustrielle », Rosabeth Moss Kanter, de la Harvard Business School, en parle comme s'il s'agissait du résultat délibéré et attendu de l'évolution des affaires. Elle considère que les entreprises modernes doivent allier « les meilleurs aspects de l'approche créative de l'entreprise à la discipline, à la concentration et à l'esprit d'équipe d'une société souple et innovatrice ». Elle évoque avec assurance « la fin prochaine de la bureaucratie et de la hiérarchie [3] ».

La critique que fait Kanter des anciennes grosses sociétés américaines est fondée à bien des égards. Mais les changements qu'elle imagine dépendent de ce que l'essentiel de la concurrence du tiers monde, imbattable et animé d'un fort esprit d'entreprise, doit son succès à l'injustice sociale. Apparemment, cela n'a produit aucun effet sur les philosophes de la gestion ou des gestionnaires en général. Dans l'exaltation que leur procure leur rôle de capitalistes, ils s'étendent interminablement sur la valeur intrinsèque de la concurrence. Ils n'hésitent pas à établir un parallèle entre la concurrence et la morale, traitant la compétitivité comme s'il s'agissait d'une valeur universelle. Ils passent à côté de la relativité fondamentale de la concurrence. Il est évident qu'un pays qui se sert des normes sociales du xixe siècle en matière de production industrielle produira des marchandises à meilleur marché que celui qui se fonde sur des principes inspirés par la classe moyenne. Mais la politique sociale rétrograde menée par la nouvelle droite, aux États-Unis comme en Grande-Bretagne, ne parviendra pas à réduire les coûts de production au niveau de ceux du tiers monde.

Les industries lourdes telles que celle de l'acier ont été gravement touchées par la production coréenne. En 1979, l'industrie sidérurgique américaine employait 435 000 personnes. Dix ans plus tard, ces effectifs étaient réduits à 169 000 [4]. Pourquoi l'acier coréen est-il tellement meilleur marché? Avant les récentes manifestations ouvrières, les Coréens avaient la semaine de travail la plus longue du monde : cinquante-sept heures. En contrepartie, ils touchaient l'équivalent de 10 % d'un salaire occidental. Dans la mesure où le coût de la vie est relativement élevé en Corée, les ouvriers vivaient au-dessous du seuil de pauvreté. Les syndicats y sont pour ainsi dire bannis et les grèves interdites. Les conditions de travail font songer à l'Angleterre du xixe siècle. En 1986, 1 660 ouvriers trouvèrent la mort à leur poste de travail et l'on dénombra 141 809 accidents du travail [5].

Étant donné l'attachement du manager moderne aux « normes » internationales de la concurrence, l'amélioration relative des conditions sociales en Corée, obtenue grâce à des manifestations fréquentes et violentes, a eu pour effet d'affaiblir l'attrait de ce pays en tant que producteur capitaliste. Tout citoyen attentif à la rhétorique moderne sur le marché libre et la liberté individuelle pense qu'un peu plus de justice sociale et de démocratie seraient salutaires. La cause de la civilisation occidentale a progressé en ces termes. Cependant le manager oublie tous ces discours dès qu'il est question de données spécifiques. De son point de vue, la Corée est désormais moins compétitive qu'avant.

Dorénavant, pour les compagnies souhaitant vendre leurs produits sur le marché nord-américain, il est nettement plus avantageux de concentrer leur production sur les États du sud des États-Unis et la partie nord du Mexique, dans un système en tandem. Les normes sociales des États du sud des États-Unis n'ont jamais été très élevées ; elles sont officiellement ramenées à un faible niveau par les investisseurs industriels à la recherche d'une main-d'œuvre bon marché, privée de sécurité et de protection. Un peu plus au sud encore, de l'autre côté de la frontière, se trouve une vaste région spécialisée dans l'assemblage, baptisée zone Maquiladora. Les salaires offerts dans les états du Sud sont inférieurs de 50 % à ceux du Nord, du Canada et de l'Europe. Dans la zone Maquiladora, les lois régissant la main-d'œuvre mineure et les conditions de sécurité dans les usines en sont restées à ce qu'elles étaient au milieu du XIXᵉ siècle. Les salaires correspondent à 1/10 de ceux du monde développé. On peut y fabriquer des produits chimiques toxiques et des explosifs sans engager les moindres frais pour la protection des ouvriers ou de l'environnement. Tout produit fabriqué quelque part entre le Tennessee et le Mexique est aujourd'hui plus compétitif que s'il l'était en Asie.

Ce système en tandem a pour conséquence que les pressions de la concurrence réduisent les normes sociales dans les États du nord des États-Unis, au Canada, lié désormais à son voisin du sud par un pacte d'intégration économique, ainsi que dans d'autres pays qui souhaitent se mettre sur les rangs pour ces marchés ou concurrencer leurs exportations. L'expérience de Maquiladora a eu tellement de succès que les entreprises ont poussé les gouvernements américain et mexicain à accepter un pacte économique de plus grande envergure. Les Mexicains espèrent obtenir un apport de capital accru et de nouveaux emplois susceptibles d'améliorer leur économie. Toutefois, l'intérêt des investisseurs réside principalement en une main-d'œuvre bon marché et peu protégée, ainsi qu'en des normes industrielles laxistes.

Pourquoi des employés technocrates, à la pointe du progrès, chercheraient-ils à déstabiliser les structures de leur propre pays pour soutenir des systèmes sociaux que leurs pères condamnaient encore il y a moins d'un siècle, les jugeant criminels ? Pourquoi confieraient-ils, ou confierions-nous, nos besoins élémentaires à des sociétés instables, qui ne sont pas encore passées par les turbulences économiques et politiques liées à la plupart des révolutions industrielles ? Les gestionnaires de l'État et de l'industrie ont vraisemblablement consulté leurs diagrammes et ont estimé qu'il n'y avait pas d'autre solution. Il ne leur est pas venu à l'esprit de mettre en cause les effets d'une telle stratégie sur leur propre société.

Ils ont été confortés dans leur point de vue par un défilé interminable de professeurs d'écoles de gestion et d'économistes qui passent une grande partie de leur vie sous contrat avec des entreprises, selon des modalités diverses. Ces hommes sont à l'origine d'un raisonnement intellectuel étayant une certaine forme de masochisme économique. Le « marché » se trouve inévitablement au centre de leurs analyses. Une vision globale de la société, des problèmes sociaux, de la morale, de la démocratie, et en fait du capitalisme, est automatiquement écartée. Ce « marché » théorique et la « compétitivité », tout aussi théorique, qui l'accompagne, nécessaire à quiconque souhaite se maintenir dans l'arène, ont été définis par des gens comme Michael Porter d'une manière qui suppose la fin de tout contrat social élaboré. Professeur à la Harvard Business School, Porter est l'auteur de plusieurs ouvrages sur la concurrence ; il exerce une influence déterminante sur les affaires et le gouvernement de plusieurs nations occidentales [6].

La complexité des modèles financiers et des formules mathématiques qu'il utilise suggère l'existence d'une remarquable percée dans le domaine théorique des affaires. En réalité, Porter et beaucoup d'autres ne recommandent ni plus ni moins qu'un retour à une économie « sauvage ». Sous le vernis de leur approche hautement professionnelle se dissimule un pessimisme profond quant à l'aptitude de notre civilisation à déterminer son orientation. D'où l'obligation de nous soumettre passivement aux forces du marché et de réserver nos capacités pour réagir contre ces forces brutales « naturelles », plutôt que de chercher à les contrôler ou à les diriger, même si cette passivité doit se solder par la destruction de notre société.

Curieusement, les arguments invoqués par les économistes et les « penseurs » des écoles de gestion, non seulement occultent les retombées économiques sous-jacentes, mais sont sans rapport avec la teneur de ces interminables réunions d'entreprises destinées à recueillir des informations utilisables contre des gens moins bien informés plutôt qu'à agir véritablement. Le temps est limité, et pour un cadre d'entreprise il se passe surtout à séduire d'éventuels protecteurs, à s'insérer dans le système, à construire les bastions d'une structure supplémentaire et à lancer des plans qu'alimentera cette structure. La comédie de la vie d'entreprise, totalement à l'écart de la production, a fait l'objet de satires innombrables.

Le gestionnaire est enclin à (pour ne pas dire avide de) mettre en péril les progrès réalisés par la société occidentale, pour la bonne raison qu'il n'est pas ancré dans la réalité. Il n'est ni propriétaire ni vraiment responsable. L'aspect concret du capitalisme ne lui plaît pas. Son domaine est l'abstraction. N'étant pas en prise directe avec la réalité, il ne sait pas du tout jusqu'où il peut aller. Au XIXe siècle, on peut imaginer que les monstres du capitalisme hésitaient à prendre certaines initiatives, en songeant que le public les tenait pour responsables de leurs actions. Plus ils agissaient à l'encontre des intérêts de leur société, plus leur réputation risquait d'en souffrir. Dans la mesure où leur ambition était de s'élever dans la société, on peut concevoir qu'ils aient fini par se restreindre, comme Andrew Carnegie, tout en essayant de se racheter par quelques œuvres charitables. Le manager a affaire à des théories capitalistes, non au capitalisme. (Selon des critères abstraits, les Mexicains se révèlent plus compétitifs que les Allemands.) Il présente cette « vérité » comme quelque chose d'inévitable. On dénote une certaine impuissance – il faudrait plutôt parler d'asexualité – dans sa manière d'insister sur le fait que le destin est esclave de la théorie, comme il l'est d'ailleurs lui-même.

À bien des égards, il ressemble au bourgeois nouveau riche du XVIIIᵉ siècle, qui essayait de se faire passer pour un aristocrate. Il va au-delà de ce que n'importe quel duc oserait faire, dans ses manières, sa tenue, son snobisme. Le manager est le bougeois gentilhomme du capitalisme.

Ces singularités se manifestent même dans les entreprises les plus solides. Boeing, le plus grand constructeur d'avions au monde, fut probablement aussi le meilleur. Ces mérites furent récompensés par un succès considérable, au point que la compagnie vendit pour 30 milliards de dollars d'appareils en 1988, et qu'elle avait encore un millier de commandes à honorer. Pour satisfaire cette demande, elle embaucha à tire-larigot. Tant et si bien que près de 40 % de ses employés avaient moins de deux ans d'expérience. Chacun subissait une pression énorme pour alimenter la chaîne de montage à un rythme soutenu. D'où une baisse brutale de la qualité. Des fils furent intervertis dans les systèmes d'alarme et les appareils d'extinction. On dénombra une trentaine de cas de plomberies montées à l'envers et des capteurs de température des caissons de moteur furent permutés. Un volet de courbure se désintégra lors du premier vol d'un appareil. Une partie d'un 747 s'émietta en plein vol, après une défaillance due à la fatigue des métaux. Pour finir, l'agence américaine de l'aviation décida de revoir les méthodes d'assemblage de Boeing.

Pourquoi les cadres de Boeing ne se rendirent-ils pas compte que leurs cadences de production étaient trop rapides? Pourquoi s'obstinèrent-ils à affirmer le contraire? Un manager raisonnable se hâterait de conclure que la compagnie nuirait moins à sa réputation en limitant la production au lieu de fabriquer des avions de moins bonne qualité. Pourquoi tenaient-ils tellement à donner la priorité à la vitesse et à la quantité au détriment de la qualité? Comment ont-ils pu s'imaginer qu'un travail de précision pouvait être multiplié de façon exponentielle? Guidés par une logique abstraite, obsédés par la maximisation des profits, ils étaient dans l'incapacité de ralentir leur allure, même dans l'une des meilleures entreprises mondiales de technologie de pointe. Cette retenue propre au bon sens fait défaut aux managers comme au système [7].

La répartition de l'argent en deux catégories, argent apparent et argent réel, fut l'une des innovations les plus frappantes de la gestion d'entreprise. L'argent apparent appartient à l'entreprise, mais ce sont les employés qui s'en servent, directement ou indirectement, pour leurs besoins personnels. Quant à l'argent réel, il sort de la poche de l'individu. Certains n'ont que de l'argent réel à leur disposition. Les ouvriers, par exemple. Ou les travailleurs indépendants, les écrivains, les peintres, à l'exception de rares boursiers.

Les cadres occidentaux – ceux de l'industrie en particulier et, de plus en plus, ceux des milieux gouvernementaux – vivent le plus clair du temps grâce à de l'argent apparent. Ils mangent, voyagent, téléphonent et conduisent sans considérer le coût réel de ces activités, les frais engagés n'étant limités que par leur position dans la hiérarchie professionnelle. En ville, il est difficile d'imaginer un restaurant de qualité qui ne tire pas au moins la moitié de ses profits de l'argent apparent. À l'heure du déjeuner, ce chiffre est plus proche de 100 %. Les hôtels en centre urbain seraient vides sans les directeurs de compagnie. Le marché des voitures de luxe serait réduit quasiment à néant sans les voitures de société. Quant aux clubs sportifs, ils seraient en faillite sans les abonnements offerts aux managers. Une catégorie de billets d'avions plus coûteux – classe « Affaires » – a été créée expressément pour les managers qui ne sont pas encore tout à fait arrivés au sommet. S'il se trouve de vrais capitalistes à bord, c'est-à-dire des personnes qui dépensent leur propre argent pour leurs affaires, ils voyagent probablement en classe économique.

Il n'y a pas moyen de calculer les coûts de l'argent apparent pour les entreprises – ou plutôt pour les actionnaires qui en sont, après tout, les propriétaires. Les « avantages en nature » officiels du manager, ses frais de représentation, n'en constituent qu'une petite partie. Le reste est incorporé dans la méthode de gestion, qui se justifie par elle-même, de la structure de la compagnie. L'argent apparent ne fait pas que doubler les coûts réels du personnel d'encadrement ; il multiplie les salaires par trois ou quatre. Pour l'actionnaire, les dépenses ainsi engagées sont incontrôlables. Plus le manager profite de sa société, plus il se sent capitaliste, et plus il le clame haut et fort. Plus il s'élève dans la hiérarchie de l'entreprise, plus il dépense de fonds apparents dans des proportions qui sont sans rapport avec les intérêts de la compagnie ou les besoins du secteur dans lequel il opère. La taille et la qualité du mobilier dans son bureau ne sont qu'un détail par rapport à l'envergure et à l'architecture de l'immeuble tout entier. La décision de couvrir de marbre le nouveau siège social tient-elle davantage aux besoins de l'entreprise ou aux velléités de prestige de la direction ? De nos jours, on va jusqu'à modifier la forme des tours de bureaux, afin d'accroître le sentiment d'importance de l'encadrement, si factice soit-il. Les capitalistes ont désormais des bureaux d'angle. De plus en plus d'immeubles sont donc construits, à grands frais, avec des façades en zigzag. Un architecte new-yorkais l'a confirmé : « Plus vous pouvez vous vanter d'avoir des bureaux d'angle, plus l'immeuble se vend bien [8]. »

À cet instant même, des dizaines de milliers d'employés volent à bord d'avions d'entreprises. Comme si cela pouvait les aider à décrocher davantage de contrats ou à faire de meilleures affaires! Ce n'est vraisemblablement pas le cas. En réalité, les grandes affaires imposent rarement des délais serrés. Le plus souvent, rien ne presse. Les négociations sont lentes et compliquées. On ne peut pas vraiment parler d'impératifs de production obligeant un directeur à sauter dans un *Lear Jet*. Le système commercial est parfaitement adapté à l'emploi du temps d'une entreprise. Or on dénombre entre 20 000 et 60 000 avions d'affaires, rien qu'en Amérique du Nord. Un petit jet coûte entre 3 millions et 20 millions de dollars. Sans compter le salaire du pilote, les assurances, les droits d'atterrissage, les frais de carburant...

Ces hommes ont-ils vraiment le sentiment qu'en se déplaçant plus vite, en voyant plus de gens et en participant à davantage de réunions, ils sont susceptibles de remplacer la production industrielle elle-même? Peut-être cette course éperdue constitue-t-elle une tentative pour simuler la croissance économique?

« Notre attitude vis-à-vis de la croissance est au cœur du dilemme actuel de la société industrielle, affirme l'homme d'affaires et écologiste Maurice Strong. C'est une maladie qui s'est propagée dans l'organisme des sociétés technologiques modernes [9]. » Notre obsession du profit nous a conduits à nous rabattre sur l'idée que la croissance rapide est une caractéristique propre au capitalisme. Il est vrai que les progrès technologiques du siècle dernier ont entraîné une croissance importante. La production brute mondiale a été multipliée par vingt et un depuis 1900, l'usage de combustibles fossiles par trente, la production industrielle par cinquante [10]. Les marchandises ainsi produites ont été consommées grâce à une hausse spectaculaire du niveau de vie général et par une véritable explosion démographique – de 1,6 milliard d'individus à 5 milliards en quatre-vingts ans. Que l'essentiel de la production vînt de l'Occident accentua encore les effets de cette croissance. Nous vendions nos produits au monde entier en échange de matières premières bon marché. Cet ensemble de circonstances donna lieu à des profits sans précédent. Dans l'ère qui suivit – la nôtre –, dénuée de mémoire linéaire, la communauté des affaires considéra la croissance rapide et les profits énormes comme des caractéristiques fondamentales de sa réussite, alors qu'il s'agissait en réalité d'une anomalie à courte échéance.

La population des pays en voie de développement continue à s'accroître, d'une manière qui les appauvrit plutôt qu'elle ne les enrichit. Le niveau démographique de l'Occident s'est stabilisé à un point de saturation. Nos besoins de production suivent automatiquement le même chemin. La situation n'est catastrophique que si on traite le capitalisme comme une machine contrainte d'engendrer constamment des profits colossaux. Si nous en revenions à des espérances plus normales, nous aurions moins de difficultés à accepter des rendements modestes.

Les richesses du vrai capitaliste – le manager-propriétaire – provenaient de ses biens et de ses réinvestissements dans sa propriété. Il se consacrait entièrement à la production, sans chercher à augmenter ses profits chaque année. Tant que les taux d'inflation restaient bas, il se satisfaisait de rapports de 5 % à 7 %. En revanche, il tenait à la stabilité du marché pour écouler ses marchandises. Il n'y a pas de retour en arrière possible ; mais il est important de comprendre le désir de solidité du capitaliste moyen pour mieux juger les sauts, frénétiques et sans objet, du gestionnaire et du spéculateur modernes.

Ces managers se sont convaincus que le profit est l'essence même du capitalisme et qu'ils sont les nouveaux capitalistes. De là à une dissociation des profits d'entreprise et des revenus des gestionnaires, il n'y avait qu'un pas. Au cours des dix dernières années, les cadres de direction ont pris à leur compte tous les rôles des capitalistes et se sont ouvertement payés comme s'ils étaient les propriétaires de leur entreprise. Ainsi, au moment où les revenus réels dégringolent dans l'ensemble de l'Occident, alors qu'on lutte contre les hausses de salaires de peur de relancer l'inflation, les managers n'ont pas hésité à doubler, voire tripler, leurs revenus. En Angleterre, rien qu'en 1988, les cadres dirigeants ont obtenu des augmentations de 31,5 % en moyenne. Et cela après les réajustements dus à l'inflation. La même année, les cadres moyens voyaient leurs salaires s'accroître de 4,7 % [11]. En 1990, en Angleterre toujours, la vieille et solide Prudential Corporation perdait 300 millions de livres en une seule opération et fut forcée, pour la première fois en cinquante ans, de diminuer de 8 % les rentes de reconversion versées aux retraités. Dans le même temps, son directeur général obtenait une hausse de salaire de 43 %, soit 3 000 livres supplémentaires par semaine. La même année, la Norwich Union, établissement tout aussi respectable, enregistrait une perte sans précédent de 148 millions de livres. Son directeur général percevait une augmentation de 23 %. Chez Rolls-Royce, le président, Lord Tombs, s'octroyait une augmentation de 51 %, alors que 34 000 de ses ouvriers étaient menacés de licenciement, à moins qu'ils n'acceptent de renoncer à toute hausse de salaire [12]. Les unes après les autres, dans l'ensemble de l'Occident, les compagnies se sont mises à verser à leur directeur général plus de 1 million de dollars par an. Les revenus apparents, comprenant les avantages en nature, les portefeuilles d'actions, outre le style de vie des cadres dirigeants, multiplient ces sommes plusieurs fois. En d'autres termes, le manager est si profondément imprégné de son rôle imaginaire de capitaliste qu'il confond son profit personnel avec celui de la compagnie, et la prospérité des actionnaires avec la sienne.

Pour ceux qui gèrent et ne possèdent rien, il n'y a rien de plus déroutant que la vision d'un manager-propriétaire. Ce dernier est une odieuse évocation des fausses prétentions du gestionnaire : il lui rappelle qu'il s'est approprié ses attributions, les détournant en quelque sorte, pour les adapter le plus aisément à ses besoins.

La logique de notre époque n'est pas sans rapports avec ce qu'il est advenu de nos économies ; mais les nouvelles élites – industrielles ou gouvernementales – ont eu elles aussi un rôle déterminant. Elles ont créé les conditions du marché et les règlements qui découragent la propriété privée et les petites entreprises, tout en favorisant l'essor des grandes sociétés aux actionnaires anonymes. Dans le contexte actuel, ceux qui créent des entreprises éprouvent des difficultés à les faire croître au-delà d'un certain seuil sans céder aux occasions de rachat offertes par les grandes compagnies qui rôdent autour.

Ce n'est pas seulement parce qu'il est devenu difficile, d'un point de vue structurel, de posséder des entreprises de dimensions plus importantes. Il se trouve simplement que ce n'est plus à la mode. Les centaines de milliers de petites affaires dont les propriétaires sont obligés de trimer pour faire des profits réels sont considérées avec un dédain mêlé d'amusement par les institutions financières, les grosses sociétés et les bureaucrates. L'anonymat règne dans le monde des affaires. Le cadre ne touche pas vraiment à l'argent, il exerce sa profession. À ce niveau, le propriétaire se sent isolé, on le traite comme un farfelu à la tête d'une entreprise aux structures simplistes. Sa détermination à contrôler ses moyens de production d'une manière aussi personnelle jette un doute sur sa personnalité. Le capitaliste moderne ne se fait pas remarquer s'il est important. Il se confond avec la structure. Ce n'est pas un individualiste. Ce système exerce une fascination telle que les nouveaux propriétaires rêvent de devenir riches et de réussir suffisamment pour vendre leur entreprise à une grosse société, afin de s'élever enfin au rang de cadre dirigeant – c'est-à-dire d'employé.

Les vignerons de Bourgogne mènent une existence quasi idéale. Leur travail requiert presque toutes les compétences. Ils doivent être à la fois des fermiers extrêmement capables, des chimistes, des gestionnaires versés dans le secteur des relations publiques, des vendeurs efficaces. Ils travaillent à l'intérieur, mais aussi en plein air. Ils sont liés aux traditions locales ainsi qu'au commerce international. Rares sont ceux qui gèrent plus de trente hectares de vigne. Cela suffit pourtant à faire d'eux des millionnaires, en meilleure posture financière que la plupart des présidents d'entreprise. Certaines années sont excellentes, d'autres désastreuses. Mais le stock de vins vieillissant dans leurs caves leur assure une stabilité financière. C'est l'un des petits secteurs commerciaux les plus agréables, les plus variés, les plus rémunérateurs qui soient. Et pourtant, famille après famille, quand elle hérite la nouvelle génération décide de louer les vignes et s'en va ailleurs exercer les métiers d'employés, d'enseignants ou de fonctionnaires. Être employé, même si les revenus sont inférieurs, leur confère davantage de respectabilité. On méprise celui qui travaille à son compte.

On reconnaît là deux caractéristiques essentielles du capitaliste moderne. Il veut avoir le sentiment d'appartenir à quelque chose. Il parle beaucoup d'individualisme, mais rien ne lui fait plus peur qu'une initiative indépendante. Il est profondément conformiste. Par ailleurs, il fuit les responsabilités de la même manière que les aristocrates fuyaient jadis leurs domaines pour se réfugier dans les cours royales, comme s'ils trouvaient indigne d'eux d'administrer une affaire.

Cette fuite des responsabilités est aussi une déroute de l'imagination. L'imagination est au centre de la concurrence concrète, dans le sens où il s'agit de créer des produits nouveaux et toujours meilleurs. Vendre l'inconnu, c'est s'engager sur un terrain semé de risques. C'est aussi l'un des principaux arguments invoqués en faveur du capitalisme : l'acheteur a la possibilité de choisir parmi une vaste gamme de produits.

On ne peut nier que notre système économique essaie de produire le plus de biens possible. Toutefois, exploiter la diversité des goûts de la population ne l'intéresse pas davantage que la qualité. Le principal désir du management est de minimiser les risques et les investissements à long terme. Cette volonté se fonde sur une foi vibrante dans les économies d'échelle. Si on voulait satisfaire les préférences de chacun, les entreprises seraient contraintes de développer davantage de chaînes de production, beaucoup plus restreintes. Pour simplifier les choses, elles choisissent de créer des produits sans originalité, qui correspondent à la moyenne des goûts, inondant le marché de quantités énormes de marchandises pour ainsi dire identiques, qui sont mises en concurrence dans un faisceau de demandes relativement établi.

Dans ces circonstances, la bataille du marché ne peut se fonder sur une comparaison des produits par le public. Elle porte sur des stratégies d'organisation invisibles, ainsi que des emballages et une publicité ostensibles. Cette lutte en faveur de la quantité sans variété est reconnaissable dans tous les secteurs, de la haute technologie aux produits de base : des magnétoscopes aux ordinateurs et aux voitures, en passant par les chaussettes.

Une visite dans n'importe quel magasin de sports européen, nord-américain ou australasien donne l'impression qu'on a le choix entre des douzaines de paires de chaussettes. Les différences de prix sont censées rendre compte d'une variation de la qualité. L'emballage et les étiquettes indiquent si ces articles sont destinés à un joueur de tennis ou à un jogger. Les couleurs et les formes des paquets nous apprennent que leurs contenus sont intéressants. Des images choisies avec soin nous suggèrent que le futur propriétaire de ces chaussettes arbore une belle musculature, ou que ce sera bientôt le cas. Les étiquettes évoquent des réclames connues dans le monde entier, associées à l'homme le plus rapide ou au champion le plus riche.

Pourtant, à l'intérieur de l'emballage, on trouve essentiellement deux modèles de base. L'un court, destiné aux joueurs de tennis, aux joggers, etc. L'autre long, pour le ski, le ski de fond et les autres sports d'hiver. La texture de ces chaussettes sera pour ainsi dire la même. Elles comprendront toutes 100 % ou approximativement 30 % de fibres synthétiques. Les chaussettes plus longues en contiendront un pourcentage équivalent, mais les fils seront plus épais. Les chaussettes courtes sont généralement blanches, avec parfois des rayures sur la cheville. Il y a davantage de choix de couleurs pour les longues, peut-être parce que les sports d'hiver requièrent plus de contrastes. Ce n'est qu'ici ou là, dans quelques vieilles boutiques-musées, cachées derrière une façade modeste, qu'on a la preuve que variété et qualité existent. Des douzaines de paires de chaussettes toutes différentes – textures, matières, couleurs, longueurs –, sans aucun emballage, surgissent tout à coup. On constate avec intérêt, en comparant les prix avec ceux des grands magasins, que la qualité et l'originalité sont souvent meilleur marché. Pour une raison ou pour une autre, les économies d'échelle ne sont plus nécessairement rentables une fois qu'on se retrouve devant les comptoirs des magasins. Faut-il en imputer la raison aux frais d'emballage ou à l'entretien des structures d'entreprises, avec leurs managers qui ne contribuent guère à la production des chaussettes? Ou s'agit-il d'un phénomène de concurrence dans un secteur artificiellement fermé par les exigences de la production et de la distribution de masse – ce qu'on appelait autrefois un oligopole?

Les chaussettes ne sont qu'une illustration parmi d'autres de la façon dont le marché offre des quantités toujours plus importantes de produits de plus en plus similaires. L'industrie de l'électronique suit exactement la même voie, sans en concevoir le moindre embarras, peut-être parce que ses produits sont une invention de notre époque. Dans ce cas, l'emballage est constitué par le design du produit lui-même. Ainsi le capitalisme moderne a-t-il inversé l'objectif de la concurrence concrète. L'énergie nécessaire pour créer différents produits qui, grâce à leurs qualités particulières, rivaliseraient pour attirer l'attention du public a été remplacée par une volonté de différencier des produits pour ainsi dire identiques aux yeux du public, à travers une concurrence fondée exclusivement sur l'apparence.

Dans cette atmosphère où règnent les quantités homogénéisées, les structures intégrées et les cadres au statut magnifié, il est tout naturel que les petites entreprises souffrent. Toutefois, la principale force s'exerçant à leur encontre provient du management des grosses compagnies.

Leur répugnance aux risques et aux investissements à long terme, voire aux produits eux-mêmes, pousse les gestionnaires à rechercher des moyens d'assurer la croissance par le biais de l'organisation. À cet égard, la solution la plus évidente consiste à acheter les capacités de production des autres. Fusions et rachats simulent en effet la croissance, en absorbant la créativité d'autrui. Dans la mesure où les vastes consortiums d'entreprises étouffent inévitablement, au lieu d'encourager, l'originalité dans une compagnie acquise, il faut perpétuellement en acheter de nouvelles. Comme pour Dracula, il n'y a jamais assez de sang frais.

La mythologie actuelle du « marché libre » démontre que les choses se passent ainsi. Le capitalisme est impitoyable : les faibles périssent, seuls les forts tiennent le coup. L'offre la plus élevée l'emporte. Quoi qu'il en soit, les petites unités ne sont plus rentables. À en croire les capitalistes gestionnaires, nous assistons à un défrichage salutaire de notre jardin envahi par la mauvaise graine, une rationalisation de l'économie occidentale. Malheureusement, cette hyperbole ne correspond pas du tout à la réalité.

Les grosses entreprises sont désormais l'équivalent de banques de dépôt. En ces temps troublés, elles passent pour des centres d'étalonnage, à l'instar de l'or jadis. Elles sont propriétaires et disposent de capacités de production, d'employés formés, de marchés établis. Cette solidité attire le soutien des actionnaires, mais aussi celui des gouvernements, nonobstant les profits et l'efficacité en jeu.

Parmi les dizaines de milliers de faillites enregistrées depuis 1973, rares sont celles qui touchaient ces grosses entreprises. Ce sont les petites sociétés à risques qui ont coulé. Elles n'avaient pas de couches protectrices et une décennie de taux d'intérêt élevés a suffi à les anéantir. D'autant que les banques, dont leur vie dépendait, ne leur ont guère fait de cadeaux.

Ces taux d'intérêt élevés ont contribué à un ralentissement temporaire et superficiel de l'inflation. Ils ont aussi transformé si profondément le terrain capitaliste qu'il n'était pour ainsi dire plus question d'une reprise économique normale. Tout d'abord, le message transmis par les chiffres concernant l'inflation était totalement inexact. Nos systèmes d'analyse ne mesurent qu'une portion réduite des coûts visibles. Les indices de prix à la consommation et autres instruments de mesure ne traduisent pas ce qui se passe en réalité. À bien des égards, l'inflation réelle est plus élevée aujourd'hui qu'elle ne l'était dans les années soixante-dix. Ainsi, l'équilibre créé par la politique monétariste est tellement artificiel que, dès que la croissance augmente, l'inflation suit. Aussitôt, les taux d'intérêt remontent eux aussi, faisant chuter la croissance et la création d'emplois. Recourir à des taux d'intérêt élevés pour juguler une inflation définie de façon aussi restrictive revient à saigner un malade pour faire baisser sa fièvre. L'effet n'est que provisoire. Or le problème du patient n'est pas la fièvre, mais l'infection grave qui est à l'origine de ses sueurs et de sa température. Le médecin ignorant s'obstine à lui ouvrir les veines, jusqu'à ce que le patient rende l'âme.

Nos politiques anti-inflationnistes des vingt dernières années ont eu pour effet de mettre en faillite les entreprises les plus petites et les plus agressives, alors que les grosses sociétés, paresseuses et sans direction, s'en sont tirées sans problème. Les banques leur ont prêté de l'argent à des taux privilégiés. Elles ont elles-mêmes contribué à l'inflation, en recourant à la Bourse pour offrir de nouvelles actions. Du reste, les gouvernements continuent à les traiter comme des organes parapublics. On ne saurait blâmer les hommes politiques, terrifiés à l'idée que ces grandes entreprises puissent fermer. L'arrivée massive de travailleurs sur le marché de l'emploi est un signe manifeste de l'échec de notre gestion économique. De surcroît, lorsque les managers font pression sur les autorités, ils se présentent comme d'importants pourvoyeurs du parti au pouvoir. Sans compter qu'ils parlent le même langage que les fonctionnaires qu'ils souhaitent influencer.

On assiste à une opération nette et précise, coordonnée par les gestionnaires des différents secteurs privés et publics. La créativité capitaliste a été découragée, tandis qu'on favorisait les manipulations financières. Cette campagne d'amaigrissement a privé les opulents d'une partie de leurs excédents de graisse, qu'il leur a fallu convertir en... liquidités. A présent, ils se remplument en picorant les carcasses de jeunes sociétés étiques. Rien qu'en 1984, les États-Unis ont dépensé 140 milliards de dollars en fusions, rachats et reprises de sociétés par leurs cadres. En 1988, on atteignait presque la somme de 300 milliards, pour un total de 3 310 sociétés. Au Royaume-Uni, avant la crise de 1973, quelque 150 millions de livres étaient dépensés chaque année pour le rachat de sociétés. Ce chiffre s'éleva régulièrement pour atteindre 5 milliards de livres, avant de sauter à 15 milliards aujourd'hui. L'inévitable disparition du rachat d'entreprises par l'endettement ne représente pas vraiment un changement significatif. Il s'agissait plutôt d'éliminer un instrument de spéculation particulier. Ainsi, les transactions internationales liées aux fusions et aux rachats se sont élevées à 375,9 milliards de dollars en 1988, sur un total de 5 634 opérations. Après quoi, on assista à l'effondrement du marché de la spéculation. En 1989, pourtant, les chiffres avaient à peine baissé : 374,3 milliards de dollars pour 5 222 opérations [13].

Pour le public, l'essentiel des activités est l'œuvre de spéculateurs tels que T. Boone Pickens ou les rois des junk bonds. Ce qui n'est pas du tout le cas. Les spéculateurs ne sont que de simples reflets des gestionnaires. Le management des grosses entreprises a multiplié initialement le nombre de ces spéculateurs, pareils à des cochons aveugles se gavant au hasard de leurs errances dans la campagne. Ils n'avaient aucun mal à se procurer ce qu'ils voulaient. L'imaginaire populaire veut que les loyaux gestionnaires s'efforcent désespérément de lutter contre ces spéculateurs cupides. C'est vrai dans certains cas. Mais le plus souvent, ils se démènent avant tout par crainte de perdre leur emploi. D'une manière générale, les managers ont cessé depuis longtemps de tenir la bride aux spéculateurs, pour la bonne raison qu'ils se sont ligués avec eux.

Quoi de mieux que des managers rachetant les parts de leurs actionnaires ? Cela devrait enfin leur donner la possibilité de devenir de vrais capitalistes, des détenteurs des moyens de production. Des managers-propriétaires. Ce n'est pas du tout ce qui se passe. Leur propriété se fonde sur un endettement sans aucun rapport avec le capital de la compagnie – souvent cinq à dix fois supérieur. Ils ont remplacé le droit de propriété « responsable » des actionnaires par une autre forme, basée sur l'endettement, qui fut à l'origine de la Grande Dépression. Les gestionnaires d'une grande entreprise reprennent les rênes des mains des managers d'une autre société, généralement moins importante. En théorie, c'est un jeu équitable. En réalité, les managers en question portent préjudice à l'entreprise qu'ils ont acquise en la criblant de dettes afin de financer leur rachat. Plus cette entreprise est productive, plus il est intéressant de la racheter. De nombreuses entreprises ont été rachetées à deux, trois reprises, en l'espace de dix ans. Chaque fois, les frais engagés par l'acheteur se sont trouvés réincorporés dans les comptes de l'entreprise faisant l'objet de la transaction.

L'endettement global des sociétés américaines s'élève aujourd'hui à 2,2 trillions de dollars. Il a pratiquement doublé en cinq ans. Les intérêts sur ces versements absorbent 32 % de la trésorerie totale des entreprises. Ce chiffre n'inclut pas le 1,1 trillion de dettes en cours du secteur financier privé, c'est-à-dire les capitaux réunis par les institutions financières, principalement des actions de sociétés et des titres à court terme, destinés à leur usage propre. Ni le 1,17 trillion de dollars impayé dans les autres secteurs, essentiellement dans les industries de service. En d'autres termes, le remboursement des intérêts dépasse largement 32 % de la trésorerie des entreprises.

Et pourtant, les hommes d'affaires partent continuellement en guerre contre le poids de l'endettement gouvernemental, qui n'absorbe en réalité que 15 % des recettes fiscales annuelles. En Grande-Bretagne, les entreprises dépensent 11,5 % de leurs revenus en remboursements d'intérêts, l'État en dépensant quant à lui 10 %.

Une petite part seulement de ces dépenses des entreprises est investie dans les capacités de production. Il s'agit surtout d'émettre et de faire circuler des créances spéculatives. En 1984, l'année où 140 milliards de dollars furent dépensés aux États-Unis sous la forme de fusions et de rachats, 78 milliards de dollars de capitaux se volatilisèrent purement et simplement des entreprises [14].

Ce qui conduit les grosses entreprises à dévorer les petites n'a strictement rien à voir avec le capitalisme. Leurs services de relations publiques trouvent toujours des formules flatteuses. Ce fut le cas lorsque Philip Morris racheta Kraft pour un montant de 13,5 milliards de dollars : « Nous pensons qu'une union entre Philip Morris et Kraft donnera naissance à une entreprise alimentaire américaine susceptible de rivaliser plus efficacement sur les marchés internationaux [15]. » En fait, ces transactions financières colossales n'ont strictement aucun rapport avec l'usage et le développement des moyens de production. Elles sont liées à une structure générale du management, à laquelle des méthodes financières toujours plus abstraites donnent une impression de croissance. Le problème ne se limite pas à l'intervention de gouvernements favorables aux entreprises, satisfaisant des intérêts commerciaux particuliers. Il s'agit plutôt des conséquences logiques de méthodes de management mises au point depuis un siècle. Comme dans d'autres secteurs, un système parfaitement rationnel est beaucoup plus facile à manipuler par des gens malhonnêtes qu'utilisable par des gens intègres. Dans ce cas spécifique, en autorisant le développement sans contrôle des opérations financières, les autorités ont donné libre cours, pour la première fois depuis 1933, à toutes les forces de la spéculation irresponsable.

Le caractère illusoire de cette activité frénétique est confirmé par les statistiques relatives à la croissance réelle de nos économies occidentales. Les chiffres n'ont cessé de baisser depuis les années soixante, et surtout au cours des dix dernières années de dérégulation. La vérité est simple : la production d'un tracteur résulte du travail d'hommes qui connaissent leur métier et vendent les machines à d'autres hommes, qui s'en servent vraiment. Les méthodes de planification financière et de gestion sont tout au plus des facteurs marginaux. Les instruments essentiels du capitalisme sont concrets. Le reste n'est que baratin !

Un baratin qui permet d'affirmer que les fusions créeraient une diversification, celle-ci apportant à son tour la stabilité dans une période troublée. Elle aurait aussi pour conséquence d'élargir le potentiel d'expérience dans une organisation donnée. En réalité, on ne tire aucun parti de cette expérience. Le management se sent obligé de concevoir des structures toujours plus complexes, susceptibles de faire face à cette variété d'une façon homogène. Tout doit cadrer dans l'ensemble, et théoriquement c'est le cas. Les managers en savent de moins en moins sur les activités de la société, tandis que les individus disposant d'une expérience et de responsabilités concrètes sont réduits au statut de « modèles » d'entreprises, qui n'ont rien à voir avec la production. Ceux qui n'y connaissent rien institutionnalisent leur pouvoir ; les autres vivent dans la terreur de perdre leurs budgets et leurs emplois.

Les cadres supérieurs et leurs conseillers doctrinaires attachés aux écoles de gestion ont constaté que ces méthodes ne fonctionnaient pas. Ils ont réagi de trois manières. Tout d'abord en interrompant la production dans des domaines où ils ne peuvent soutenir la concurrence. Nous l'avons déjà souligné, cela consiste à confier des secteurs entiers de production aux pays du tiers monde. Ensuite, à s'implanter eux-mêmes dans ces pays, afin de tirer parti des normes de l'emploi et du système social en vigueur – en d'autres termes, cela revient à saper le consensus social occidental en dépendant de régions qui en sont encore au début de l'ère industrielle. Enfin, à inverser le processus en vigueur depuis vingt ans, en divisant leurs entreprises en opérations semi-autonomes ou en en vendant certains secteurs. Ces opérations semi-autonomes donnent aux managers les outils de l'indépendance, hormis les plus importants. Quant à la vente de secteurs entiers, elle a pour effet de ramener la plupart de ces unités à leur point de départ, c'est-à-dire qu'elles redeviennent de petites sociétés spécialisées et indépendantes. Cependant, au cours du processus, elles se sont alourdies de deux endettements successifs, chacun égal à la valeur de la société en question. Le premier lui est imposé par l'entreprise qui l'a reprise au moment de l'achat initial ; le deuxième est imputé aux managers par le propriétaire, qui souhaite à présent la racheter.

Enfin, il existe une quatrième solution qui consiste à tenter d'importer en Occident les méthodes de production « magiques » de l'Orient. L'Orient, dans ce cas précis, signifie le Japon. Et il faut admettre que l'option nippone a au moins le mérite d'être constructive. Elle possède aussi ce charme exotique qui désarme toujours les grandes personnes quand elles expriment un désir d'apprendre. Évidemment, dans les années soixante et au début des années soixante-dix, ces mêmes japono-philes, qui proposent aujourd'hui l'option orientale, enseignaient à leurs étudiants ou proclamaient dans les milieux d'affaires que les Japonais n'avaient pas connu de véritable révolution industrielle et qu'à défaut ils avaient arbitrairement « collé » des méthodes de production industrielle sur un système social paternaliste et médiéval. C'était socialement impos-sible. Sinon, une révolution aurait inévitablement eu lieu, et tout l'édifice se serait écroulé.

De nos jours, les économistes et les « philosophes » des affaires appellent cette greffe de l'industriel sur le médiéval le « miracle japo-nais ». La connotation religieuse est appropriée. Elle coïncide avec leur propre conversion, opérée sur la route de la stagnation. Ils sont les porte-voix des grandes solutions et désormais ils ne parlent plus que d'équipes de production, de participation des ouvriers et de loyauté vis-à-vis de l'entreprise. On est en droit de se demander pourquoi les ouvriers ou les cols blancs occidentaux devraient s'intéresser à ces notions quand le management ou les spéculateurs se débarrassent des unités où ils tra-vaillent avec une indifférence qui rappelle l'époque de l'esclavage. S'ils se montrent loyaux et si leur esprit d'équipe est effectivement générateur de succès sur le marché, leur unité sera probablement écrasée de dettes dans les délais les plus brefs, afin de financer quelque manœuvre gestionnaire sans aucun rapport avec elle.

En vérité, il y a mille manières de fabriquer et de vendre un même objet. On a eu en Occident d'interminables discussions sur la participa-tion capitaliste. Dès 1799, Robert Owen, propriétaire de filatures de coton, ayant particulièrement réussi dans les affaires, acheta les filatures de New Lanark, en Écosse, où il organisa une communauté modèle fondée sur les principes de la coopération mutuelle. Son initiative renforça le mouvement coopératif, qui s'étendit dans des directions aussi nombreuses que variées, de l'Allemagne de Bismarck à la France de De Gaulle. Selon l'historien suédois Hakan Berggren, il suivit aussi une autre route, *via* l'école du libéralisme de Manchester, pour inspirer l'idée suédoise de la social-démocratie. Il n'est donc pas nécessaire de prendre modèle sur le Japon, qui a effectivement trouvé une solution particulière à sa société, à mi-chemin entre le médiéval et le postindustriel.

Nos penseurs n'ont pas compris que le problème de l'Occident ne tient pas à ses méthodes de production. Bien sûr, cela se fait sentir dans les usines. Les usines sont des réalités concrètes, où les difficultés ne peuvent pas être déguisées. Mais le problème réside surtout dans la structure du management et dans les managers eux-mêmes. S'ils veulent prendre modèle sur l'Orient, ils feraient bien de remarquer, pour commencer, qu'au sommet les entreprises japonaises sont à peine organisées. Si nous adoptions leur système, la majorité de nos managers seraient sans travail, car leurs activités n'ont rien à voir avec la recherche, la création, la production de biens.

Se débarrasser de ce système, et d'eux-mêmes par la même occasion, ne fait certainement pas partie des options envisagées par les managers. Quoi qu'il en soit, l'apathie des moyens de production face aux systèmes abstraits pose un problème. L'une des solutions imaginées par le management consiste à décider que, les économies évoluant vers des niveaux de technologie et d'éducation supérieurs, elles s'éloigneront toujours davantage de la production pour se rapprocher des sphères célestes des services. L'avenir de l'homme civilisé réside dans les industries de services.

Une idée aussi attrayante et positive mérite qu'on ouvre un dictionnaire – le *Robert* par exemple :

> Service : (du latin *servitium* : esclavage) Obligation et action de servir (un supérieur, une autorité).

Sous le mot *service*, appartenant à la même famille de mots, on trouve (après serviette) : servile, servilité, servitude...

Le philosophe du management vous répondra : oui, précisément. À l'avenir, l'homme civilisé, achetant ses marchandises moins complexes et plus salissantes – telles que l'acier – dans des pays moins développés, aura sous ses ordres les industries de services de son pays. Toutefois, le professeur s'est trompé de facteur. La servitude première d'une industrie de services n'est pas envers le public, mais envers l'industrie – la vraie, c'est-à-dire celle qui produit de plus en plus de marchandises sous le contrôle politique de civilisations dites « inférieures ».

En quoi consiste précisément cette servitude ? La réponse est simple : les industries de services disposent d'un marché tant que l'industrie véritable continue à fournir des produits de base à un prix acceptable, sur un marché où le public peut se permettre de les acheter. Ces trois critères doivent être satisfaits avant que le public se tourne vers les services pour s'en procurer avec l'argent qui lui reste en poche.

Le désordre qui règne actuellement en Corée montre à quel point cette servitude peut être délicate. Cette situation nous rappelle aussi qu'une relation de ce type suppose que nous acceptions les systèmes sociaux en place dans ce pays et que nous leur apportions notre soutien financier. Akio Morita, fondateur de Sony, fut le premier à humilier les managers occidentaux. Il rejette l'idée que les industries de services constituent une voie d'avenir pour les économies développées. Il pense que la croissance économique requiert une base industrielle florissante, susceptible d'engendrer une véritable valeur ajoutée [16].

Refermons le dictionnaire pour ouvrir n'importe quelle histoire des civilisations. Le lecteur curieux pourra réfléchir aux caractéristiques des sociétés décadentes. Au point de rencontre entre leur essor et leur déclin, les sociétés – ou plutôt leurs élites – découvrent qu'il serait indigne d'elles de continuer à faire ces choses concrètes auxquelles elles doivent leur succès. Elles se mettent en devoir d'organiser leurs vies d'une manière diamétralement opposée à celle qui fut à l'origine de leur civilisation, et qui justifiait leur existence. Toutefois, elles conservent invariablement le vocabulaire originel et la mythologie propres à leur essor, comme si ces talismans les protégeaient.

En accueillant à bras ouverts les industries de services, nous renonçons aux fondements d'une société de classe moyenne, vouée à l'éthique du travail et stimulée par la croyance erronée, souvent hypocrite mais néanmoins réelle, en une forme d'égalité humaine. Comme si le nom de Karl Marx nous était parfaitement inconnu, nous nous jetons à corps perdu dans la démonstration du noyau même de son analyse. Tandis que l'infrastructure d'une société pourrit, sa superstructure continue à prospérer, se nourrissant des matières en décomposition qu'elle recouvre. Lorsque cette infrastructure finit par disparaître totalement, il suffit de peu de temps pour que la brillante surface cède à son tour sous son propre poids.

Les hommes d'affaires, les économistes soutiennent qu'il faut à tout prix nous tourner vers les industries de services, qu'il s'agit là des nouveaux secteurs de croissance. S'ils avaient concentré leur attention sur les domaines traditionnels, poursuivent-ils, les économies de main-d'œuvre résultant de la modernisation auraient engendré une crise permanente de l'emploi. Ce en quoi ils n'ont pas tout à fait tort. Mais il n'est pas exact non plus de dire que notre société est confrontée à la nécessité de prendre de toute urgence une direction nouvelle. Et prétendre que les industries de services sont naturellement créatrices d'emplois ne repose que sur une logique abstraite.

Les secteurs les plus intéressants des services – ceux de la haute technologie – sont aussi ceux qui, de toute l'économie, requièrent le moins de main-d'œuvre. 70 % des coûts de fabrication d'une puce semi-conductrice sont liés au savoir – c'est-à-dire à la recherche, au développement et aux tests. La main-d'œuvre ne représente que 12 %. Dans le cas des médicaments, ces chiffres sont respectivement de 50 % et 15 %. De surcroît, ces technologies nécessitent de moins en moins de matières premières. Vingt-cinq à cinquante kilos de câbles en fibres optiques peuvent transmettre autant de messages téléphoniques qu'une tonne de fils de cuivre. Et ces cinquante kilos ne demandent que 5 % de l'énergie nécessaire pour produire une tonne de fils de cuivre [17]. Ces économies sont tout à fait souhaitables. Elles laissent supposer que nous allons peut-être bientôt mettre un terme à la multiplication exponentielle et terrifiante des activités industrielles dont les effets sur la planète commencent seulement à se faire sentir. L'important, toutefois, est de reconnaître que les industries de services sérieuses ne seront pas des créateurs d'emplois solides. En fait, elles ne devraient même pas figurer dans la catégorie des services.

Pourtant, les industries de haute technologie sont invoquées chaque fois qu'on magnifie le secteur tertiaire. L'idée est que les ordinateurs, le software et les communications modernes sont des caractéristiques de notre avenir, un avenir fondé sur les services. En réalité, ils appartiennent au processus de fabrication industrielle, où ils jouent un rôle essentiel dans des domaines tels que la recherche, le développement, le design, la production, les ventes. Akio Morita l'a souligné, de tels éléments ne peuvent en aucun cas être mis à part ni être maintenus dans le monde développé alors que la fabrication serait transférée dans le tiers monde.

Dans ces conditions, comment se fait-il que les entreprises japonaises aient suivi la même voie que leurs homologues occidentales en construisant des usines dans des pays comme le Mexique et la Thaïlande? C'est que leur production étrangère n'est pas faite dans l'intention de diviser les tâches industrielles. Le Japon conserve délibérément une structure complète sur son propre territoire. Ses usines étrangères reflètent avant tout le succès de leurs ventes internationales. Elles bénéficient peut-être de coûts de production inférieurs à l'étranger. Mais si l'emploi intérieur devait en souffrir, il est probable que les Japonais réduiraient en premier lieu leur production étrangère. Le fait est que les Japonais n'acceptent pas notre manière « révisionniste » d'idéaliser le secteur tertiaire.

À l'origine, la notion de services incluait tous ceux qui ne fabriquaient pas un produit, c'est-à-dire un bien capital. L'enseignement et les communications appartenaient à cette catégorie. Un grand nombre de ces professions reçoivent aujourd'hui le qualificatif de services publics; si elles ont pour objet de former ou d'aider les gens, elles apportent indiscutablement une contribution indirecte mais essentielle à la production. Quoi qu'il en soit, ce ne sont pas ces secteurs, fondamentaux, des services publics qui sont aujourd'hui en pleine expansion. Partout en Occident, les gouvernements s'efforcent au contraire de les restreindre, nous l'avons vu.

Il existe par ailleurs des services qui ne sont pas considérés comme des industries, parce que notre obsession des profits semble les éliminer d'office de ce que nous appelons l'économie. En général, ils se retrouvent dans les catégories dites culturelles ou caritatives. Selon la formule de Maurice Strong, « la plupart des besoins valables encore insatisfaits sont d'une nature immatérielle [18] ». Pourquoi ces services devraient-ils figurer parmi les œuvres de bienfaisance? Voilà qui n'est pas très clair. Fournir des repas à des personnes âgées isolées est-il moins important que de fabriquer des balles de golf? Tout le monde vous répondra que non. Dans ce cas, pourquoi traiter la première tâche comme un travail bénévole de dernier recours et la seconde comme une industrie essentielle? En vérité, nos élites gestionnaires ont adopté le principe d'Andrew Carnegie selon lequel « de grandes inégalités entre les hommes sont essentielles à la concurrence et au capitalisme ».

La principale catégorie des services, dans laquelle sont créés la plupart des emplois, est celle qui fait naître et satisfait des besoins artificiels. Cette explosion des industries de consommation est considérée comme le produit inéluctable d'une société ayant réussi, riche et à l'aise, disposant déjà de tout ce qui lui est nécessaire. L'étape suivante consiste à créer des biens dont cette société n'a pas besoin, ainsi que des services dont l'attrait même est qu'ils ne sont d'aucune nécessité. Ces services et ces « objets-services » ont tout loisir de croître, de se multiplier, de s'échafauder les uns sur les autres, générant une justification de leur propre existence. Ils visent les moindres détails de l'habillement, des cheveux, de la peau, de l'ouïe, de la vue, de l'habitat, du sport, de la nourriture, des transports. Ils sont réunis en une cathédrale baroque d'éléments, de styles, de complexités et de prétendus besoins.

Cela ne poserait pas de problèmes si la civilisation occidentale, en particulier celle de l'ère moderne, avait des objectifs sybarites. Un coup d'œil à notre histoire suffit à se convaincre du contraire. Un aperçu de la situation contemporaine montre que, si le principal domaine d'expansion économique se situe dans les services superflus, un pourcentage croissant de la population retombe inexorablement à un niveau de pauvreté d'avant le xxe siècle.

C'est là que réside le véritable paradoxe du capitalisme moderne. Il excelle dans l'art de produire des services dont les gens n'ont aucun besoin et n'ont probablement pas envie non plus. Il sait admirablement les convaincre qu'ils leur sont indispensables et qu'ils les veulent à tout prix. En revanche, il a de la peine à se tourner vers la production des services qui nous sont vraiment nécessaires. Pis encore, il dépense souvent un temps et une énergie considérables à persuader les gens que ces services sont irréalistes, secondaires et improductifs. Jamais nos capacités d'organisation n'ont été aussi performantes, jamais notre désir d'accumuler objets et agréments n'a été aussi facile à satisfaire et jamais les événements n'ont paru aussi difficiles à contrôler. En d'autres termes, une structure économique rationnelle a beaucoup de mal à donner aux gens ce qu'ils veulent vraiment, dans la mesure où la demande humaine réelle ne suit pas un schéma défini. Proposer aux gens ce qu'ils souhaitent est inefficace, parce que ce n'est pas rationnel. En revanche, il est rentable de leur donner ce qu'ils ne veulent pas, car une structure de vente artificielle autorise certains schémas d'achat rationnels.

Tout se passe comme si nous étions en train de devenir ce que nous nous étions initialement promis d'anéantir. Les élites de sociétés évoluées comme les nôtres réunissent entre leurs mains un pouvoir réel suffisant pour détourner la conduite intrinsèque de la communauté. Elles peuvent opérer cette trahison tout en nous endormant avec la plus douce des berceuses. Elles consacrent toutes leurs énergies à la vie de l'employé, un sybarite bien rémunéré, tout en vantant les mérites du capitalisme, la concurrence, la réussite durement obtenue. La trame des mythologies régnantes est si dense que personne ne voit ce qui se passe réellement derrière ce camouflage intellectuel et émotionnel.

Les élites supportent très mal la critique. Elles réagissent au quart de tour, en affirmant que cette critique procède du camp de l'ennemi : la gauche, le rival étranger, les forces du communisme ou n'importe quelle autre idéologie qui leur tombe sous la main. Cependant, en dépit de leur compétence et de leur pouvoir, croient-elles vraiment que les sociétés peuvent être détruites par qui que ce soit, hormis par ceux qui les dirigent ? Les paysans, les ouvriers d'usine, les fonctionnaires ordinaires, les employés des échelons inférieurs ou moyens n'ont certainement pas l'ascendant nécessaire pour détruire ni même modifier la direction prise par une société. Ce sont incontestablement les élites qui mènent la danse. Et l'histoire des civilisations passées montre que, à un certain point, ces élites cessent de remplir leurs obligations et se laissent aller. Ainsi les citoyens romains, fermiers et soldats, commencèrent-ils à importer du blé et à louer les services de barbares pour se battre à leur place. Quant aux aristocrates européens, ils abandonnèrent leurs terres et leurs régiments pour gagner les cours royales, où ils devinrent des parasites et des manipulateurs parés de leurs plus beaux atours. Aujourd'hui, nos producteurs-propriétaires renoncent à leur propriété et à leurs usines pour devenir eux-mêmes des parasites du confort et des plaisirs urbains.

Le manager moderne est effectivement un phénomène urbain. La ville qui l'intéresse est New York, Londres, Paris, Toronto, Francfort ou Milan. Il y trouve au quotidien la preuve concrète de sa propre valeur. Il lui suffit de s'observer lui-même dans la structure d'entreprise urbaine. Il a les mains propres. Il ne rencontre que des gens qui lui ressemblent. L'ouvrier est une image lointaine, aussi détestable que l'employé de ferme dans le souvenir du propriétaire noble à la cour de Louis XV.

Le manager n'a pas besoin de connaître ces gens-là ou d'aller là où ils se trouvent. Souvent, il en est lui-même issu, ce qui renforce sa volonté de ne pas y retourner. Ses chaussures Gucci sont la preuve qu'il ne vient pas de débarquer d'Essen ou de Baie-Comeau. Il est aussi le premier à croire à la publicité et aux services inutiles générés par sa classe. Il achète tout, les vêtements, les voitures, les cosmétiques, les vacances, les équipements sportifs, les biens, les piscines, les cartes de club de tennis. Les managers de l'industrie construisent même des armements à l'intention des managers gouvernementaux.

Inutile de dire qu'il n'est pas question pour ces gens-là de vivre à Pittsburgh, Hamilton, Leeds ou Lille. Leur habitat, c'est une poignée de grands paradis urbains. Ce drainage des zones « indésirables » de nos nations a engendré d'énormes flux sociaux et économiques. Le seul contre-courant procède du besoin que nos managers éprouvent de disposer d'un havre de paix le temps d'un week-end, pendant les vacances d'été ou d'hiver. De sorte que, durant ces brèves périodes, des régions entières de l'Occident sont consacrées à la consommation pure, du vendredi soir au dimanche soir, ainsi qu'en août et en juillet. Le reste de l'année, elles sont pour ainsi dire au point mort.

L'un des plus grands problèmes du capitalisme réside dans le fait qu'on trouve de moins en moins d'usines dans les grands centres urbains. Ces compagnies sont impossibles à gérer convenablement à distance, mais les managers refusent de vivre là où elles se situent. Un certain nombre d'entre eux accepteront toutefois de s'y installer, y compris des hommes de qualité. Mais que représente cette minorité, petite flaque d'eau dans l'océan toujours plus vaste de la classe urbaine des managers? Et s'ils refusent de vivre sur ces sites, ceux-ci continueront à se vider de toute activité. Le conformisme de nos élites des milieux d'affaires est tel qu'elles iront dans les endroits où elles trouveront leurs pairs en quantité suffisante.

L'Angleterre a souffert, plus qu'un autre pays, de cette concentration de talents en une seule ville. Les descendants immédiats et lointains des hommes qui ont bâti cette nation, les classes moyennes des Midlands industriels, s'entassent les uns sur les autres au cœur de Londres, dans l'espoir de devenir banquiers, publicitaires ou directeurs au siège social des entreprises.

Les villes des Midlands souffrent de bien des maux, mais en deçà de leurs problèmes en matière d'équipement, de travail et de marchés se dissimule le simple fait que ceux qui peuvent aller vivre à Londres n'hésitent pas une seconde. Là, ils s'acharnent à devenir des gentlemen. Un terme qui, comme tant d'autres en ce siècle, suppose une chose et en signifie une tout autre. Dans ce cas, il s'agit d'une éducation, d'un accent, d'une manière de se vêtir suggérant un statut social établi de longue date. En réalité, il est question d'appartenir à la nouvelle classe de managers consacrée tout particulièrement aux services, qui fait semblant de produire mais ne produit rien du tout.

Au bout de vingt ans de dépression et de crise économique généralisée en Occident, les hommes d'affaires sont plus nombreux et plus riches que jamais. Le niveau de vie de la population dans son ensemble a décliné, tandis que celui des gestionnairre n'a cessé de s'élever. La classe moyenne américaine se réduit comme peau de chagrin. Cette baisse correspond à l'éviction des membres de l'ancienne classe moyenne, qui ne se sont pas adaptés au nouveau modèle des managers. Quand on analyse le sort des propriétaires et des gestionnaires de la libre entreprise depuis un siècle, on peut difficilement prétendre qu'ils ont souffert dans l'État social-démocrate. C'est même impossible.

Il faut réfléchir un moment sur le développement de la législation sociale, du code du travail, des normes du marché financier, des règlements antipollution et de la politique fiscale au cours de cette même période. Peut-on trouver un seul cas, dans n'importe quel pays occidental, où les milieux d'affaires ont réagi positivement à l'instauration de mesures plus équitables ? Lorsque des gouvernements favorables aux entreprises ont accédé au pouvoir et limité les contraintes juridiques imposées aux entreprises, s'est-il trouvé un seul homme d'affaires pour estimer qu'on était allé suffisamment loin dans ce sens ? A-t-on jamais entendu parler d'un management admettant que des commentaires publics soient faits, de façon indépendante, sur la manière dont les affaires sont menées dans les milieux spécialisés ? D'obligations de reboisement jugées acceptables ? De cotisations de sécurité sociale suffisamment basses ? D'autorisations de rejets industriels admissibles, dans l'atmosphère ou dans l'eau ? Ou encore de droits des ouvriers trop restreints, quels qu'ils soient ?

Ce pourraient être des échanges normaux, au sein de sociétés libres. Cependant, les sociétés ne grandissent pas et ne prospèrent pas exclusivement sur la base d'une guerre de partisans. L'idée contenue dans le concept de « société », surtout lorsqu'elle est « démocratique » ou « libre », c'est que ses membres s'entendent et sont disposés à coopérer. La communauté des affaires, et notamment la classe gestionnaire d'aujourd'hui, semble se considérer comme un partenaire privilégié, autorisé à refuser de coopérer quand cela lui chante.

Le syndicalisme adopte souvent une attitude similaire. Mais les syndicats ne sont qu'une création de la communauté des affaires. Ils sont le reflet exact de la mentalité des chefs d'entreprises. S'ils sont égoïstes, leur égoïsme est proportionnel à celui de leurs employeurs. Un syndicat ne fait que réagir à la situation. Si quelqu'un comme Arthur Scargill, président du syndicat des mineurs britanniques, sème le désordre au point qu'il devient évident que ses intentions ne sont pas le règlement de doléances spécifiques, on peut être fondé à croire que ce quelqu'un est dangereux et incontrôlable. Il est vrai qu'il est aussi le résultat de l'attitude depuis longtemps discutable des propriétaires de mines et de leurs managers. Si la situation a changé, cela prouve simplement que l'histoire opère lentement et que les reflets subsistent alors que le miroir originel est brisé. Les chefs syndicalistes ont su tirer la leçon du refus de coopérer que le management oppose à la société.

On dénote une inquiétante complaisance dans l'idée que le capitalisme est l'ennemi de l'équité. Est-il vrai que les milieux d'affaires ont toujours opposé un front uni face aux réformes et à la coopération sociale? Certainement pas. Les partis réformistes dans tout l'Occident ont été financés et parfois dirigés par des membres de cette classe. Le parti libéral britannique à son apogée, le parti travailliste après lui, ont reçu l'appui d'hommes issus des grandes familles industrielles des Midlands. De même pour le parti démocrate américain, les socio-démocrates allemands, les radicaux français, les socialistes, les libéraux canadiens, etc.

De nos jours, rares sont les hommes d'affaires qui œuvrent au sein de partis réformistes. Leur nombre se réduit d'ailleurs sans cesse. Ces hommes en viennent de plus en plus à un rejet de la justice sociale qu'on pouvait attendre d'un requin de la finance au XIXe siècle. Ils opposent une résistance farouche aux normes sociales équitables.

Il suffit de les interroger le jour de leur visite à l'école privée que fréquentent leurs enfants ou quand ils sortent de leur vaste résidence où deux ou trois voitures attendent sagement dans l'allée. Tous vous parleront avec hargne de la destruction de l'initiative et de l'anéantissement de la libre entreprise. Si propice aux affaires que soit le gouvernement en place, ils dénonceront sa politique. Loin d'eux l'idée qu'ils puissent être les tenants de la bureaucratie des affaires, grassement rémunérés et abondamment protégés! Ils se sont déguisés, mentalement, pour jouer le rôle d'Andrew Carnegie, le grand capitaliste, comme ce dernier devait jouer son propre rôle. Pour finir, ils vous abandonneront sur la pelouse, s'éloigneront au volant de leur Mercedes de fonction, pour rejoindre leur bureau d'angle dans quelque *penthouse* au paradis des salariés.

Une question revient sans cesse : qu'est-ce qui pousse un manager à agir ainsi? Il n'a pas l'air de le savoir lui-même. On lui a confié la dépouille de la mythologie capitaliste pour qu'il en fasse quelque chose. Au lieu de reconnaître les limitations de son pouvoir, il choisit de se draper dans les atours du capitaliste en plein essor. De nos jours, il y a de fortes chances pour que le consensus social intéresse avant tout le véritable propriétaire des moyens de production. Car il risque de beaucoup y perdre.

Le refus du technocrate de coopérer à une morale publique concorde parfaitement avec son tempérament. Il tient à créer le contexte et à poser les règles du jeu avant d'y participer. En société, c'est impossible : les relations sont trop compliquées. Le technocrate en revient alors à son mode naturel, qui est défensif, et tire parti de ses talents pour se frayer un chemin parmi les conventions et les lois, en s'en tenant d'aussi près que possible au comportement admis. Le cliché contemporain veut que le Héros nietzschéen se rebelle face aux systèmes. On voit à quel point la relation entre le Héros et le technocrate s'apparente à celle de frères siamois. « La morale est l'instinct grégaire de l'individu », écrivait Nietzsche [19]. Le Héros manifeste son individualisme amoral en définissant lui-même son propre programme moral et en l'imposant. Le cadre d'entreprise n'étant qu'un employé, il témoigne du même individualisme amoral en assimilant l'intérêt commun et l'aptitude à manipuler les systèmes.

Une fraude portant sur 215 millions de livres fut révélée dans la compagnie britannique ISC Technologies. Le président de la société mère, Sir Derek Alun-Jones, déclara que le problème n'avait pu être repéré au départ parce que, sur la somme totale, 105 millions de livres avaient été détournés par l'intermédiaire de filiales situées dans des paradis fiscaux. « Les transactions avec des sociétés panaméennes, libériennes et des îles Caïmans sont assez courantes dans les affaires [20]. » En d'autres termes, la compagnie admettait sans sourciller que le gouvernement et les citoyens soient légitimement privés d'impôts sur les sociétés par le biais de mécanismes d'exonération offerts par les paradis fiscaux. Par la suite, certains managers trouvèrent un moyen parallèle pour détourner de l'argent de la compagnie. La seule différence était que l'escroquerie opérée à l'initiative de l'entreprise était techniquement légale. Ces fraudes licites étaient un mode de transaction commerciale tellement répandu qu'elles étaient devenues « monnaie courante ». Alors que la fraude illicite restait un phénomène rare, pour ne pas dire exceptionnel.

Telles sont les ruses qu'une nouvelle génération de propriétaires et de managers, en particulier dans les industries de services en plein essor, ont découvertes et acceptées comme la norme des milieux d'affaires. Les services constituant un secteur tellement artificiel, ils ont pu s'en imprégner et en tirer parti pour récolter des sommes considérables. Il n'y a guère de différence entre détourner légalement la lettre de la loi et contourner carrément la loi. Qu'un homme habile opère dans le feu de l'action et la différence s'efface totalement.

Les gens de gauche, qui s'opposent rituellement au capitalisme, s'élèvent contre ce type d'activités. Malheureusement, les combats qu'ils mènent n'ont pas grand-chose à voir avec les événements en cours. Lors du Congrès socialiste mondial de 1978, une résolution fut prise, qui débutait en ces termes :

> L'Internationale socialiste est pleinement consciente de l'importance grandissante des multinationales dans l'ordre économique mondial et du besoin urgent de contrôler les activités de ces organisations. [...] De tels contrôles ne

seront efficaces que dans la mesure où de meilleurs systèmes d'information sur les multinationales peuvent être mis en place [21].

Or toutes les informations étaient disponibles – elles le sont toujours. Nous en savons probablement même trop. Dans leur désir de considérer la multinationale comme un monstre voué à la préméditation, ils sont passés à côté de l'essence du monstre : à savoir qu'il n'a aucune direction ni volonté particulières. Il est motivé par les besoins de son organisation et les ambitions étriquées de ses managers. La multinationale s'apparente à une espèce de monstre de science-fiction, informe, mobile et invisible.

Pour cette raison, on peut considérer l'employé d'une multinationale comme le citoyen international par excellence. L'adjectif « anational » lui conviendrait encore mieux. Certains économistes l'ont déjà décrit comme le héraut d'un monde futur, où toutes les barrières artificielles faisant obstacle aux mouvements et aux commerces des hommes auront été balayées, emportant avec elles l'égoïsme étroit et destructeur de l'État-nation. Qui est le mieux à même d'ouvrir cette voie que le manager international, qui n'a aucun but intéressé et ne demande qu'à faire des affaires ?

L'idée est séduisante à maints égards. Toutefois, la malléabilité du cadre multinational procède non de son ouverture d'esprit, mais de son indifférence. Il est parfaitement disposé à s'adapter aux politiques locales si celles-ci lui conviennent. De la même façon, dès l'instant où elles ne cadreront plus avec ses objectifs, il n'hésitera pas une seconde à les détourner. Le pouvoir de son entreprise lui aura sans doute permis de se tailler une place importante dans l'économie locale, souvent en rachetant ou en opprimant des concurrents régionaux ou nationaux de moindre envergure. À l'opposition de sa propre société aux politiques locales le manager pourra ajouter celle des amis de la compagnie : consœurs multinationales, banques, organismes de crédit internationaux, voire d'autres gouvernements, et tout particulièrement celui de son pays d'origine. Il sera question de taux d'imposition ou du contrôle de l'environnement, des normes de l'emploi, des politiques de réinvestissement ou des obligations de recherche et de développement.

En mettant des bâtons dans les roues d'une filiale de multinationale, les autorités locales se feront des ennemis au-delà du secteur concerné. Si ce gouvernement tient bon, le manager et son entreprise prendront la poudre d'escampette et s'installeront dans d'autres lieux, qui lui conviendront mieux. De surcroît, la compagnie aura suscité de telles tensions socio-économiques à l'échelle locale que d'autres multinationales suivront son exemple. Elles laisseront derrière elles un vide économique qui entraînera la chute du gouvernement récalcitrant.

Le manager et l'organisation à laquelle il appartient sont des protagonistes parfaitement désintéressés. Sous leur influence, l'idée du bien public dépérit. L'unité sociale d'une communauté, quelle que soit sa taille, se fonde sur l'aptitude à accepter qu'on *n'obtienne pas* ce qu'on veut. La volonté de libérer l'homme des intérêts étroits du nationalisme est une bonne chose ; mais la liberté passe aussi par un accord sur le partage des responsabilités. L'État-nation n'est rien d'autre qu'une des innombrables tentatives faites par l'homme pour s'accommoder de cette idée. De nos jours, des organisations telles que la CEE essaient d'élargir la définition en établissant des normes communes à des groupes de nations. La multinationale et ses managers « anationaux » tentent d'échapper à toute responsabilité, en conservant le pouvoir de traiter chaque communauté selon les intérêts de l'entreprise.

Pourtant, la multinationale n'est pas aussi indifférente qu'elle prétend l'être. Même un mille-pattes a un programme de vie. Le système le plus compliqué doit trouver moyen de se satisfaire. Et le noyau de ce système se trouve au siège de l'entreprise. Ce sont les intérêts des managers de la maison mère qui décident du flux général des investissements et du capital. Quand le siège se trouve à New York, la plupart des membres du conseil d'administration seront américains, de même que l'essentiel des hauts dirigeants. Ils peuvent vendre et acheter à l'échelle internationale, il n'empêche qu'ils se réveillent le matin sur la 76e Rue Est. Leurs soucis premiers sont liés à ce qui les entoure. Leurs considérations politiques essentielles concernent d'abord le pays où l'entreprise est basée.

Cela ne les empêchera pas d'opposer la politique d'une nation où s'est installée l'une de leurs filiales à celle de leur propre pays. Leur recours à la main-d'œuvre bon marché des nations du tiers monde pour faire baisser les normes occidentales n'est qu'un exemple parmi d'autres.

En définitive, il s'agit malgré tout de ne pas donner de pouvoir à la filiale. Même si le siège social lui demande d'adopter une certaine agressivité, la filiale est l'élément passif d'une structure internationale. Conformément à l'ancien mode colonial, on fait appel aux élites locales pour s'assurer la coopération des autochtones. Les autorités du pays d'accueil se considèrent forcément comme les récepteurs passifs des investissements et des emplois créés. Selon la teneur des débats économiques, on peut toujours savoir si on se trouve au cœur des structures multinationales ou en bout de piste. Plus on s'éloigne du centre, plus le mot *emplois* apparaît de bonne heure dans les négociations. Les emplois sont l'élément passif dans l'activité industrielle. Ils sont considérés comme le résultat d'un processus qui commence ailleurs, en se fondant sur l'investissement de capitaux ou la recherche et le développement, la planification industrielle et les marchés.

L'idée du capitalisme en tant qu'entreprise qui, dans une société ou entre des sociétés, serait basée sur la coopération et des bénéfices mutuels, est absente du modèle multinational, et de plus en plus aussi des petites compagnies. C'est précisément cette coopération qui est à l'origine du succès nippon. Toutes les particularités japonaises, que nous nous efforçons à présent d'imiter, ne sont que les conséquences de cette coopération. C'est la raison pour laquelle les efforts que nous faisons pour les copier ressemblent davantage à une parodie qu'à une tentative de réorganisation. Vous ne pouvez pas avoir une vision des forces du marché à la Friedman ou une idée des affaires conforme à celle des écoles de gestion, c'est-à-dire sous la forme d'une structure, et bénéficier des méthodes de coopération propres aux Japonais, aux Suédois, ou même aux Coréens, pour prendre trois exemples très différents. L'approche mercantile et l'approche coopérative se neutralisent mutuellement.

Il y a quelques années, une publicité pleine page pour la Gulf Oil parut dans de nombreux journaux. Elle proclamait :

> Le profit n'est pas un gros mot. Il ne s'agit pas de gains mal acquis. Il n'est pas question de rouler le consommateur. Le profit permet à une entreprise de travailler. C'est l'argent dont nous nous servons pour trouver de l'énergie et la développer.

Après la crise de 1973, les gouvernements occidentaux cherchaient désespérément comment faire face à la catastrophe économique suscitée par leur dépendance vis-à-vis du pétrole de l'OPEP. Ils décidèrent de laisser la part des profits dus à la hausse des prix du pétrole revenant aux entreprises entre les mains des sociétés multinationales de transport pétrolier basées en Occident. Ces compagnies pourraient réinvestir leurs nouvelles richesses chez elles ou dans des pays stables, en dehors de ceux de l'OPEP, en vue de découvrir et de développer des sources d'énergie à l'intention de l'Occident. Si elles acceptaient de se comporter en bons citoyens, elles seraient récompensées par les bénéfices qu'elles tireraient de ces réinvestissements.

Pour les citoyens et leurs gouvernements, il s'agissait bel et bien du pari de la foi. Il aurait été tout à fait compréhensible et justifié qu'ils imposent au maximum ces profits exceptionnels colossaux qui mettaient à plat les économies occidentales. En outre, les prémices de la crise avaient indiqué que mieux valait ne pas confier les intérêts publics aux compagnies pétrolières.

Ainsi, quelques mois seulement avant la crise, les compagnies pétrolières canadiennes (appartenant en grande partie aux Américains) avaient déclaré au gouvernement que les réserves nationales devaient suffire pour tenir le coup durant un siècle entier. Cela parce qu'elles voulaient obtenir la permission d'exporter sur le marché américain, plus rentable, les stocks dont elles disposaient effectivement. Lorsque la crise éclata, les réserves nationales déclarées se révélèrent imaginaires : le Canada se retrouva prisonnier à la fois des approvisionnements étrangers et des priorités des compagnies pétrolières étrangères. Les managers responsables avaient menti et présenté des statistiques trompeuses. Non qu'ils eussent été forcés de choisir entre les intérêts de leurs actionnaires et ceux des citoyens de leur pays. En réalité, ils avaient choisi librement de faire des profits supplémentaires au bénéfice de leurs actionnaires, ce qui les obligeait à mettre en péril le bien-être fondamental de leurs concitoyens.

On peut citer un deuxième exemple, aux États-Unis. En 1972, les compagnies pétrolières américaines décidèrent que le tarif de 4,50 dollars le baril serait suffisant pour assurer une prospection et une production adéquates pour le marché intérieur [22]. En d'autres termes, cela devait couvrir les frais d'exploration et garantir de substantiels profits. Quelques mois plus tard, la crise éclatait et l'OPEP augmentait les tarifs, non pour couvrir de nouveaux coûts, mais pour accroître les bénéfices. Les compagnies américaines découvrirent soudain qu'elles avaient sous-estimé les coûts d'exploration aux États-Unis. Au lieu de 4,50 dollars le baril, il leur fallait 10 dollars pour s'en sortir. On passa ensuite à 15 dollars. Puis à 20 dollars. Chaque fois que le prix montait, les arguments techniques le justifiant étaient tellement solides qu'on ne faisait aucune référence aux prix antérieurs, plus bas, établis par rapport aux coûts de production.

Certains pensèrent que, en revendiquant une juste compensation, ces compagnies récupéraient ce que leur avaient coûté les durs combats des années précédentes. Or la plupart de ces multinationales existaient depuis une cinquantaine d'années. L'époque des risques était depuis longtemps révolue. Elles fonctionnaient davantage comme des banques pétrolières, acquérant les découvertes de prospecteurs qui risquaient leur chemise tous les jours. Entre 1968 et 1972, les sept grandes compagnies pétrolières américaines avaient déjà accumulé des profits nets de 44 milliards de dollars. Au cours de la même période, elles avaient payé moins de 2 milliards en impôts fédéraux : un pourcentage réel de 5 %. Quand la crise éclata, elles étaient déjà plus riches que beaucoup d'entreprises ne pouvaient rêver de l'être.

Les gouvernements occidentaux décidèrent néanmoins de leur confier ces nouveaux profits gigantesques. Au cours de la première année de crise, leurs gains s'accrurent de 71 % à l'échelle internationale. Leurs profits nets s'élevèrent à 6,7 milliards de dollars. Elles payèrent globalement 642 millions de dollars d'impôts. Texaco, par exemple, empocha 1,3 milliard de dollars après impôts, Exxon 2,4 milliards [23]. Au même moment, les économies occidentales plongeaient dans l'abîme.

Les compagnies entreprirent aussitôt de réinvestir leurs profits. Mais pas dans le pétrole. Mobil acheta la chaîne de grands magasins Montgomery Ward pour la somme de 8,5 milliards net. À la même époque, la compagnie faisait paraître des publicités pleine page :

> POURQUOI ÊTES-VOUS SI MÉFIANT
> ENVERS LES GRANDES ENTREPRISES?

Sun Oil acheta la chaîne d'épiceries Stop-N-Go. Shell se lança dans les plastiques et Exxon dans les mines de cuivre, tout en montant une campagne publicitaire rassurante :

VOUS N'AVEZ PAS À AVOIR PEUR DE NOUS.
L'ANTIPATHIE DES LIBÉRAUX À NOTRE ÉGARD
EST DU SNOBISME PUR ET SIMPLE.

L'argent que ces compagnies empochaient allégrement handicapait toujours davantage les économies occidentales. Mais ces entreprises étaient en mesure d'en acheter d'autres, à des prix réduits. Des compagnies d'assurances. Des sociétés de fournitures médicales. Gulf essaya d'acquérir le Ringling Brothers Barnum & Baily Circus. Elles découvraient la fabrication des boîtes, le bois, la sylviculture, les chaînes de grands magasins... Au début des années quatre-vingt, elles détenaient 25 % des sociétés de ressources chimiques (cuivre, plomb, zinc, argent, or).

Elles avaient également repris à leur compte la plupart des grandes compagnies de charbon américaines. Leur première initiative de gestion dans ce secteur fut de réduire la production, dans le dessein de faire monter les prix du charbon. Dans un pays déjà désespérément en quête d'énergie! À la fin des années soixante-dix, elles avaient acquis quatorze des vingt plus importants gisements de charbon du pays, deux des trois principaux producteurs d'uranium et trois des quatre réserves d'uranium [24].

Atlantic Richfield avait une stratégie plus précise encore. La compagnie acquit des gisements de charbon en surface dans tout le Midwest, jusqu'à devenir le principal intervenant dans ce secteur. Puis, sans se hâter de développer ces ressources, elle fit pression sur Washington afin de faire passer la dépendance énergétique de la nation du pétrole au charbon. Elle soutenait que les réserves de charbon nationales étaient suffisantes pour assurer une stabilité des approvisionnements à long terme. Atlantic Richfield affirmait aussi que le prix de ce charbon devait être l'équivalent mondial de celui d'un baril de pétrole de l'OPEP. Elle savait pertinemment que le charbon de surface est aussi bon marché à exploiter que le sable sur la plage. Tout le monde dans ce secteur le savait également. Les profits potentiels étaient inimaginables, même par rapport aux normes de la crise pétrolière. Si Atlantic Richfield était si empressée de faire du lobbying à Washington, au lieu d'aller de l'avant et d'utiliser ses capacités capitalistes pour exploiter le charbon et le vendre, c'était que les infrastructures posaient problème. L'Amérique n'en avait pas pour distribuer le charbon et le brûler. Pour adopter la stratégie d'Atlantic Richfield, elle devait d'abord s'équiper pour acheminer le charbon et créer de nouvelles usines fonctionnant avec cette énergie. Un ingénu qui aurait accordé son attention aux discours inspirés par la libre entreprise des compagnies pétrolières aurait imaginé que Richfield avait déjà constitué un syndicat avec les autres compagnies productrices de charbon, afin qu'elles puissent toutes emprunter sur leurs gains futurs pour financer et bâtir ces infrastructures indispensables. Or cette idée ne leur était même pas venue à l'esprit. Toutes ces infrastructures devaient être construites aux frais de la nation.

Quant aux profits exceptionnels que l'ensemble de l'industrie empochait grâce à la hausse du prix du pétrole, une partie d'entre eux étaient effectivement réinvestis dans le développement de nouvelles sources d'énergie. Pas assez, cependant, pour éliminer la dépendance de l'Occident vis-à-vis du pétrole étranger. Ainsi, avec la plus parfaite candeur, gouvernements et citoyens glissaient-ils inexorablement vers une prochaine crise pétrolière, qui devait les secouer encore davantage que la première.

Ces initiatives, licites mais malhonnêtes, des compagnies pétrolières, figurent officiellement parmi les grands exploits du capitalisme moderne. Leurs ruses complexes firent l'admiration des autres affairistes. Courtiers et banquiers en vantèrent les mérites. Au premier abord, une telle attitude était en contradiction avec les principes de la raison. Dans l'*Encyclopédie*, Diderot commençait sa définition de la « fortune morale » en ces termes : « Les moyens de s'enrichir peuvent être criminels en morale, quoique permis par les lois [25]. »

De toutes ces compagnies productrices d'énergie, une ou deux seulement appartenaient ou étaient contrôlées par un individu ou un groupe d'individus identifiables. À aucun moment les actionnaires anonymes ne poussèrent ces sociétés à trahir la confiance du public et à porter préjudice à l'État. Comme la plupart des investisseurs en Bourse, ils étaient passifs, regardant leur portefeuille monter ou baisser alternativement. Pour l'heure, ils faisaient des bénéfices et ils étaient satisfaits. Ils ne songeaient pas vraiment aux conséquences de tels profits pour la communauté. La responsabilité directe de cet acte économique privé, sans doute le plus irresponsable du siècle, incombait aux managers, fleurons de la méthodologie et enfants de la raison.

Chapitre XVII

La multiplication des pains

Inflation a toujours été synonyme de flatulence. Le XVIIe siècle a étendu la définition de ce mot, au-delà de l'accumulation et de l'expulsion de gaz, pour y inclure des dérivés relatifs au comportement tels que *emphase* et *grandiloquence*. Vers 1860 seulement, le terme *inflation* se réduisit au phénomène économique.

On ne saurait en attribuer la cause à une révolution dans le monde des finances. L'argent a toujours été comparable à un gaz, dont la masse s'amplifiait et diminuait alternativement, empoisonnait ou faisait naître des fleurs, tour à tour opaque ou translucide, parfumé ou malodorant. Avec le recul, l'idée lumineuse du XIXe siècle, pour lequel l'argent indompté n'était rien de plus que des pets incontrôlés, se comprend tout à fait. Il devint pour ainsi dire impossible de confondre inflation et croissance.

C'est pourtant précisément ce que les hommes d'affaires, les économistes et les banquiers s'obstinent à faire depuis trente ans. Nos structures et nos élites préfèrent la manipulation dans l'entreprise à la production réelle, et de la même façon, les manipulations financières leur sont plus naturelles que la création de capitaux. D'où la conversion progressive de nos économies en une myriade d'inflations d'un genre nouveau, dont la plupart ne sont pas prises en compte par nos innombrables instituts de sondages. L'essentiel de l'argumentation économique actuelle se fonde sur des taux d'inflation reflétant la menue monnaie de nos économies au lieu de rendre compte de ce qui se produit réellement. En apparence, il ne saurait donc être question de ballonnement d'aucune sorte. En vérité, au-delà des interminables discours sur la complexité de nos populations, nos économies postindustrielles, nos entreprises et nos industries de services « postsecondaires », nous créons des fonds et des devises offshore incontrôlables, comme les eurodollars, qui se multiplient selon une logique propre. Nous gérons des marchés monétaires pour ainsi dire libres de toute contrainte sur nos propres territoires. Nous autorisons des rachats d'entreprises fondés sur des endettements colossaux. Nous admettons que ces opérations soient financées grâce à des créations fiduciaires, correspondant à la valeur des capitaux de la société cible. Nous créons des capitaux factices en fournissant des services imaginaires, et notamment en vendant des armes. Nous acceptons une circulation monétaire effrénée par le biais de mécanismes tels que les cartes de crédit. Nous autorisons les banques à couvrir leurs créances irrécupérables par l'émission de nouvelles actions, de sorte que le système boursier servira non à augmenter le capital en recourant à l'endettement, mais à camoufler la dilapidation des capitaux en aggravant encore l'endettement.

La liste des expédients monétaires est interminable. La plupart des économistes soutiennent que si toutes ces activités contribuent éventuellement à une atmosphère génératrice d'inflation, elles ne constituent pas en elles-mêmes l'inflation. À les en croire, si vous tenez à savoir ce qui arrive à nos économies, il vous suffit de vous référer à l'indice des prix à la consommation, au PNB ou à d'autres repères tout aussi spécifiques.

Si ces derniers suffisent vraiment, comment se fait-il qu'on ne trouve plus de croissance sans une explosion immédiate des taux d'inflation ? La réponse est simple : nous ne connaissons plus une croissance véritable. Pourquoi le fossé se creuse-t-il entre les classes de plus en plus prospères de nos sociétés et celles dont le dénuement ne cesse de s'accroître ? Parce que la création de richesses dépend désormais des manipulations financières dues à une petite portion de la population, et non plus de la production de la société dans son ensemble. Pourquoi nous répète-t-on à loisir qu'une baisse du niveau général des services publics et/ou des niveaux de vie individuels est désormais essentielle à la santé de notre économie ? Parce que les manipulations financières engendrent des profits mais n'apportent rien de concret à la richesse économique de la société. Ces méthodes abstraites sont si répandues et si complexes que, comme dans les années quatre-vingt, elles donnent l'illusion d'une prospérité générale alors qu'en réalité les infrastructures économiques et sociales sont en chute libre. Nos élites sont souvent les plus perplexes face à l'incapacité des systèmes à engendrer de véritables richesses. Il est vrai qu'elles sont elles-mêmes le produit du système rationnel, non leur créateur. Elles vivent dans l'espoir que leurs méthodes fonctionneront. Leur éloignement de la réalité est tel qu'elles pensent engendrer la croissance par leurs systèmes, alors que, dans le passé, ceux-ci n'ont fait naître que l'inflation.

« Nous fabriquons de l'argent et non des choses », déclarait il y a vingt ans Jim Slater, banquier d'affaires britannique, père de l'inflation moderne, peu de temps avant de s'effondrer en entraînant dans sa chute une série de banques et d'entreprises. À l'instar d'autres hommes d'affaires tels que Sir Arnold Weinstock et Lord Stokes, il se flattait d'être une force de modernisation et d'efficacité – une revendication prise pour argent comptant par l'establishment financier britannique [1].

Slater avait une formation de comptable. Il avait aussi un don naturel pour les manipulations boursières. En 1964, il fondait la Slater Walker Securities et entreprenait de racheter des compagnies évaluées au-dessous de leur valeur et de leurs capitaux, pour les démanteler et revendre tout ce qu'elles possédaient de concret, jusqu'à ce qu'il ne restât qu'une coquille vide. Ses émules et lui-même détruisirent ainsi des centaines d'entreprises de production et d'ingénierie qu'il était facile de vendre « cash ». Un « cash » avec lequel il était alors possible de « jouer ». Ils se lancèrent allégrement dans le démantèlement de l'économie britannique, pour leur profit et leur plaisir personnels, par le biais de manipulations financières inflationnistes. Slater soutenait qu'en agissant ainsi il libérait les éléments productifs retenus captifs par des conglomérats paralysants. En réalité, des études portant sur la réorganisation de l'industrie britannique à cette période démontrèrent que ces compagnies prétendument « affranchies » n'en avaient retiré aucun bénéfice. Slater & Walker se rendit célèbre en prêtant ou en investissant ses propres fonds dans l'une ou l'autre des compagnies lui appartenant, ce qui aboutissait à jouer sur la valeur de leurs actions. Jim Slater, un jeune homme mince et sympathique, passa bientôt pour « le plus grand sorcier financier que la City eût jamais connu [2] ». En 1969, il vendit ses avoirs, démantelant son empire. Il décréta que l'argent liquide constituait « l'investissement optimal » et s'intéressa à des secteurs plus directement liés à des opérations sur le « cash » – spéculation immobilière, management financier et investissements à Hong Kong. Cette sacralisation du « cash » encouragea d'autres banques à prendre des engagements financiers au-delà de leurs moyens, tout en accélérant exagérément la spéculation immobilière et en poussant certaines entreprises à un stade où 27,5 % de leur cashflow net passaient en remboursements d'intérêts. Ce chiffre inquiétant était cependant inférieur de 5 % au taux de 32 % que les entreprises américaines supportent aujourd'hui pour couvrir leurs dettes.

C'était néanmoins un niveau sans précédent à l'époque, et lorsque le premier effondrement boursier eut lieu en 1973, l'inflation exceptionnelle de l'économie britannique lui valut d'être plus gravement touchée que les autres. Les ruses de Jim Slater ne pouvaient maintenir l'illusion quant à la solidité de son empire. Entre 1974 et 1975, il vira de bord plusieurs fois, pour se retrouver finalement avec quelques vestiges à peu près sans valeur. Ses opérations furent soumises à une multitude d'enquêtes, qui auraient pu être effectuées des années auparavant, quand la chance lui souriait encore. À la fin de 1975, ayant perdu tout crédit, il dut abandonner sa propre compagnie et un autre joueur célèbre du marché, Jimmy Goldsmith, en récupéra les morceaux.

Il fallut quelque temps avant que Britanniques et autres gouvernements occidentaux se rendent compte qu'ils n'échapperaient pas à la dépression générale. Les dispositifs de redressement habituels ne fonctionnaient pas. Leur réaction à cette déconvenue fut de type maniaco-dépressif. Ils se lancèrent dans une croisade contre l'inflation classique, élevant les taux d'intérêt et freinant toute forme d'investissement, en aggravant le chômage – d'où des ponctions accrues sur les services sociaux. Cette croisade se poursuivit longtemps et elle est encore en vigueur de nos jours. C'est pourquoi, si draconiennes qu'aient été les mesures prises, nous n'avons jamais pu réduire les excès inflationnistes et ouvrir la voie à une croissance saine, non inflationniste.

En contradiction absolue avec cette croisade anti-inflationniste, nous nous sommes engagés dans une folle aventure financière. Consciemment ou non, nous avons entrepris de lever les restrictions et de réduire les normes dans l'ensemble du secteur financier, en libérant les forces profondes de l'inflation. Bien évidemment, personne n'était autorisé à jouer directement avec l'instrument de contrôle inflationniste traditionnel, réservé aux gouvernements : la masse monétaire. Celle-ci, de même que les directives en matière de salaires et de prix, étaient « chasse gardée », si on peut dire, et maintenues sous la surveillance obsessionnelle des médias. Elles faisaient l'objet de débats publics constants. La justice sociale, la croissance économique, la peur d'une guerre nucléaire et divers autres thèmes disparaissaient à l'arrière-plan, tandis que l'Occident gardait le regard rivé sur les mouvements mensuels, hebdomadaires, voire quotidiens, des courbes de l'inflation. Un dixième de pourcentage vers le haut ou vers le bas provoquait parfois un vent de panique. La vie publique paraissait réduite à une série de statistiques. Les combats électoraux se livraient sur des fractions de taux.

Pendant ce temps, les secteurs potentiellement inflationnistes s'ouvraient progressivement à la manipulation financière. Les activités économiques étaient attirées vers le secteur financier, qui offrait un accroissement d'occasions de moins en moins réglementées. Les énergies créatrices se concentraient sur l'invention de nouvelles formes d'abstractions financières non mesurables – des abstractions bâties sur d'autres abstractions – et de niveaux d'endettement qui, en comparaison, donnaient aux pratiques de 1929 une allure presque raisonnable.

Vers le milieu des années quatre-vingt – avant le Big Bang –, le montant annuel des transactions effectuées sur le marché financier londonien s'élevait à 75 trillions de dollars par an. Soit vingt-cinq fois plus que la valeur totale des échanges commerciaux internationaux, qui représentaient 2,84 trillions de dollars en 1988. La spéculation en devises dans les principaux centres internationaux atteignait 35 trillions de dollars par an, soit douze fois la valeur totale du commerce mondial. Ces transactions ne correspondaient à aucune activité concrète. Il s'agissait de multiplications de papier-monnaie, qui n'avaient pas le moindre effet bénéfique sur l'activité économique. Ainsi la City de Londres est-elle en mesure de prospérer et de cohabiter sans problème avec une dépression économique généralisée dans le reste du pays. Les gouvernements sont accoutumés désormais aux plaisirs faciles de cette spéculation, comme le démontre la répugnance de l'Angleterre à faire entrer la livre dans le serpent monétaire européen, ou le système monétaire européen, qui représentent l'un et l'autre des tentatives d'instauration de stabilité monétaire dans une vaste région géographique concrètement gérable [3]. Officiellement, les Britanniques s'opposaient à cette participation sous prétexte que le serpent risquait de limiter la marge de manœuvre gouvernementale pour imposer une politique adaptée au jeu de la concurrence en Angleterre comme dans le monde. En réalité, ils redoutaient que leur adhésion au serpent ne limitât le potentiel spéculatif de la City en matière de devises. Ayant compris que la spéculation ne s'en trouverait pas limitée pour autant, la City se rallia au serpent monétaire.

Dans ce contexte, les définitions traditionnelles des risques encourus par les banques ne signifient plus grand-chose. En 1873, Walter Bagehot écrivait à propos des réserves : « Le montant de ces liquidités est si faible qu'on tremble en comparant leur insuffisance à l'immensité du crédit qui repose dessus [4]. » L'insuffisance dont parle Bagehot nous semblerait colossale aujourd'hui. Au milieu des années quatre-vingt, la banque d'affaires américaine Lehman Brothers disposait d'un capital de base de 270 millions de dollars. Or elle prenait quotidiennement des risques évalués à 10 milliards de dollars.

Cette spéculation flottante sous forme d'actions et d'obligations est l'œuvre de préposés aux chiffres. On les appelle conventionnellement des « banquiers », mais ce sont en réalité de simples techniciens, dont la formation ressemble à celle d'un employé quelconque et dont les talents s'apparentent à ceux d'un bookmaker. Ils n'ont aucune expérience en dehors de leurs écrans, pas la moindre compréhension des activités industrielles que représentent les chiffres qui scintillent sous leurs yeux. Pis encore, ils n'ont aucune responsabilité ni la moindre idée des effets que leurs énormes transactions peuvent avoir sur l'ensemble de la société. Dès 1984, ce genre d'hommes traitaient des affaires évaluées à 4,1 trillions de dollars dans la seule First Boston Corporation, une banque d'affaires new-yorkaise. Soit un montant supérieur à l'ensemble du PNB américain.

Le mot clé qui a permis tout cela est celui de *dérégulation*. Les États-Unis les premiers, suivis par tout l'Occident, ont brandi cette bannière, au nom de l'esprit d'initiative. Il est certain qu'en un demi-siècle d'édification de structures administratives visant à corriger l'injustice, l'instabilité et les dommages causés par le marché libre au XIXe et au début du XXe siècle, on était allé trop loin dans certains domaines. Mais la réaction à cette surrégulation n'avait aucun rapport avec le problème qui se posait dans la réalité. Elle a entraîné un retour à une liberté de caractère antisocial, qui consiste à agir d'une manière irresponsable, à spéculer, à réaliser des bénéfices excessifs, en jouant non seulement sur les actions, mais également sur la monnaie.

Le problème ne tient pas seulement à telles ou telles modes, parfois éphémères : prêts croisés en devises, junk bonds, opérations à terme, marché à options, opérations à terme sur les indices des valeurs (qui requièrent un acompte de 6 % seulement), rachats d'entreprises financés par l'endettement et actions hors-cote, dont la valeur véritable est floue, et par conséquent ouverte à la spéculation et à l'arbitrage. Sans compter que ces modes n'ont pas toujours la vie aussi courte qu'il y paraît. Dans une économie aussi détachée de la réalité, la spéculation, sous ses diverses formes, ne disparaît pas simplement parce qu'on en a dénoncé la valeur douteuse. Les junk bonds, par exemple, ont continué à circuler après les désastres qu'ils ont provoqués à la fin des années quatre-vingt, et ils représentent aujourd'hui plus d'un quart de l'ensemble des obligations recensées par l'institut d'enquêtes Moody's. En outre, ces dangereux phénomènes ne se limitent pas aux États-Unis. Les règlements japonais autorisent un ratio d'endettement de 5 %. L'endettement des entreprises britanniques est passé de 10 milliards de livres, juste avant le premier krach de 1973, à 53 milliards de livres en 1988. On pourrait croire qu'il s'agissait d'une invention des années soixante-dix minées par l'inflation. Or il ne semble pas que l'inflation officielle encourage ou décourage particulièrement ce type d'endettement. La situation dérapa encore davantage au cours des années quatre-vingt. Le processus fut alimenté par de petites sociétés financières qui, avec une réglementation plus stricte, auraient été jugées hors normes, sinon criminelles. La dérégulation leur permit d'acquérir le statut de banques. Ayant constaté les énormes plus-values empochées par ces petits spéculateurs, les grandes banques de dépôt sautèrent à pieds joints dans le caniveau pour y jouer le même jeu. L'ensemble du système s'apparente à ce que Keynes aurait appelé une société de casino [5].

Aujourd'hui encore, cela constitue l'une des activités essentielles de notre économie. En réalité, la croissance annuelle de l'économie américaine, si on tient compte de l'inflation, s'est progressivement réduite, à mesure que la dérégulation s'installait : 4,2 % dans les années soixante, 3,1 % pendant les années de crise (soixante-dix) et 2,1 % durant les années quatre-vingt, théoriquement prospères. Au Canada, en dépit d'un vaste et solide système de protection sociale, le nombre de gens vivant au-dessous du seuil de pauvreté s'est accru pendant la période de dérégulation, passant de 14,7 % en 1981 à 17,3 % en 1985, et cette tendance se poursuit [6].

À Wall Street, le 24 avril 1987, un groupe de rock fit son apparition à la Bourse américaine, pour exciter les courtiers de ses rythmes endiablés. La société de franchising des restaurants Hard Rock Café devait être introduite en Bourse ce jour-là. La présence de ce groupe à la corbeille symbolisait à merveille l'esprit des « industries de services », le rôle du battage publicitaire dans un système boursier déréglementé et la joie imbécile qui ne manque jamais de se manifester dans les périodes d'anarchie économique.

Dans ces moments-là, on est toujours fasciné par le comportement dont font preuve les agents de change, puis les hommes d'affaires, enfin le public et les gouvernements. Tout le monde se met à croire que ce qui se passe correspond à la réalité. Par un coup de baguette magique, la spéculation se transforme en investissement – un investissement sans risque. Le plus incroyable, c'est cette brusque révélation que la monnaie serait une chose concrète, alors que tout le monde sait parfaitement qu'il s'agit seulement d'une vague notion, pas même d'une abstraction. Car on est incapable de décider une fois pour toutes de quoi elle serait l'abstraction.

Ce que nous avons fait de mieux a été de trouver des arrangements concrets. Cela semble fonctionner avec succès et longtemps lorsqu'il existe une relation traditionnelle entre le travail réel/les ressources/les produits et la masse monétaire disponible. Dans ces limites, un keynésien raisonnable et un monétariste raisonnable ne sont pas très éloignés l'un de l'autre. Cependant, les gens ont du mal à rester raisonnables face à des abstractions. En réalité, ils s'habituent tellement à leur définition arbitraire de l'abstraction de la monnaie qu'ils en font quelque chose de réel et d'absolu.

Nos difficultés, en la circonstance, découlent de la prédilection naturelle de la raison pour l'abstraction au détriment de la réalité. Le résultat en est tout à fait révolutionnaire : nous avons réussi à donner forme à la spéculation dans le cadre d'un système rationnel. Et pourtant, s'il y a une leçon à tirer de l'histoire, c'est bien que l'inflation et la dépression emboîtent immanquablement le pas à une économie qui se livre à la spéculation, en particulier lorsqu'elle s'autorise à spéculer sur l'endettement.

Le monétarisme contemporain, en dépit de son obsession bornée de la masse monétaire et de l'inflation classique, a engendré les niveaux d'endettement les plus élevés de l'histoire moderne, accompagnés par la charge considérable et souvent inadmissible des intérêts. Plus curieux encore, alors que les monétaristes s'offusquent des dettes contractées par les États, ils sont indifférents aux endettements sans précédent des entreprises et des individus. Pourtant, les entreprises sont plus accablées que leurs gouvernements par la charge des remboursements d'intérêts. Ces intérêts, qu'ils soient versés par des gouvernements ou des entreprises, sont, au fond, une composante de l'inflation. Mais les autorités publiques disposent d'autres mécanismes, la législation et les règlements notamment, pour encourager l'activité économique. Tandis que le gouvernement britannique règle aveuglément sa dette, les citoyens de Sa Majesté, pour la première fois de leur histoire, dépensent davantage qu'ils ne gagnent. Leur endettement a doublé au cours des six dernières années. Faute de croissance réelle, les entreprises et les individus ne peuvent espérer rembourser leurs dettes que par le biais d'une inflation soutenue. À moins qu'ils ne décident de se mettre en cessation de paiement. Le nombre de faillites individuelles et commerciales continue à croître dans tout l'Occident, atteignant chaque année des taux historiques. Aujourd'hui, au début des années quatre-vingt-dix, il est de trois à quatre fois supérieur à ce qu'il était il y a vingt ans.

L'endettement du tiers monde participe du même processus. On a rarement vu une charge financière plus évocatrice de la spirale inflationniste, développée par la pratique d'endettements successifs. Il faut rappeler le processus de sa création. Au départ, les États-Unis poussèrent les États producteurs de pétrole – en particulier l'Iran – à une consommation inutile, principalement dans le domaine militaire. L'Iran incita l'OPEP à augmenter les tarifs pétroliers afin de couvrir ses dépenses de consommation. Puis l'Occident recourut à la planche à billets pour régler ses factures pétrolières. Quant aux pays de l'OPEP, ils furent contraints de réexpédier ces fonds vers l'Occident, en règlement de marchandises provenant essentiellement des industries de services, en particulier des armes, et de les déposer en lieu sûr. Les banques occidentales devaient donc cet argent aux producteurs, Iraniens et Arabes. Il s'agissait là de dépôts, elles leur devaient donc des intérêts. Les économies occidentales étant alors en pleine stagnation, en raison de la hausse du prix du pétrole et de l'inflation de la masse monétaire qui en avait résulté, les banques trouvèrent commode de prêter aux pays du tiers monde une partie des énormes dépôts qu'elles venaient de recevoir. L'idée était que toute cette masse monétaire accélérerait le développement de ces pays, créant un nouveau marché pour les produits occidentaux qui ne trouvaient plus preneur. Toutefois, cela n'aida guère les pays en développement, leurs économies ayant été paralysées par les mêmes hausses pétrolières et par le déclin des prix des matières premières après l'effondrement des économies occidentales. Les banques leur prêtèrent donc davantage, afin de consolider les prêts initiaux. Plus l'Occident lui prêtait de l'argent, moins le tiers monde était en mesure de le rembourser. À l'heure qu'il est, la plupart de ces pays ne sont même pas capables de servir les intérêts de leurs dettes sans succomber à la faillite, provoquant du même coup de graves troubles civils et anéantissant le peu de stabilité sociale dont ils jouissent.

L'argent est évidemment perdu. En attendant, nos gouvernements et nos banques ont déjà passé dix ans à s'affairer dans tous les sens, imposant à leurs débiteurs des contraintes économiques plus draconiennes qu'aucun pays occidental ne s'en est jamais imposé à lui-même. On s'aperçut que, au lieu d'accélérer les remboursements, ces contraintes provoquaient localement davantage de pauvreté et de souffrances. Notre solution consista à prêter plus d'argent encore, augmentant ainsi la masse des dettes irrécupérables. Nous avons commencé à faire grâce de quelques centaines de millions par-ci, réduire quelques montants par-là, rééchelonnant ce qui finirait bien par apparaître comme une triste réalité : des créances irrécouvrables. Des conférences internationales se sont succédé, tandis que nous cherchions à tout prix à entretenir l'illusion qu'il s'agissait encore de prêts viables. Lorsque James Brady, alors secrétaire américain au Trésor, proposa un plan global pour régler la situation, un soupir de soulagement se fit entendre dans les milieux sensés. Un cri de colère lui faisait écho dans l'ensemble de la communauté bancaire. Or le plan Brady ne parvint même pas à amorcer une solution au problème. Ce fut un coup d'épée dans l'eau. Le tapage publicitaire autour de ces plans de restructuration des dettes a été tel que les gens imaginent qu'on est aujourd'hui en train de régler ce problème. Or l'endettement du tiers monde ne s'est nullement réduit, il continue au contraire à s'aggraver.

Les structures rationnelles ont peur d'admettre la réalité, de l'appeler ouvertement, publiquement, réalité, et de la traiter comme telle. Cette peur est si profondément ancrée que, même lorsqu'il s'agit simplement de faire quelques pas dans la bonne direction, ceux-ci doivent être camouflés. Si nous portions attention aux propos des porte-parole de nos économies au sujet de l'endettement du tiers monde, nous en serions stupéfaits. La seule conclusion possible est que nos structures et/ou nos élites sont mythomanes – c'est-à-dire des mythologues chroniques. Ce besoin de décrire la réalité autrement qu'elle n'est – c'est-à-dire de mentir de façon obsessionnelle – est une facette de la certitude rationnelle que l'homme peut et souhaite modifier les circonstances pour les adapter à ses propres plans. Plus nos économies sont abstraites, plus il est facile de croire que des situations financières imaginaires peuvent être manipulées *ad vitam aeternam*. Or rien dans l'histoire ne prouve que ce soit le cas.

Au vie siècle avant Jésus-Christ, le peuple d'Athènes s'enfonça progressivement en des temps troublés. La cité était dominée par les Eupatrides, aristocrates de naissance qui contrôlaient le gouvernement, possédaient l'essentiel des terres et se servaient de leur pouvoir pour inciter les fermiers les plus pauvres à s'endetter pendant les mauvaises saisons. Les Eupatrides se comportaient comme des banquiers. Quand les fermiers étaient dans l'incapacité de servir les intérêts de leurs dettes, ils étaient réduits à l'état de serfs sur les terres qui leur avaient appartenu. Certains furent même vendus comme esclaves. Serfs et esclaves perdaient bien entendu leur statut de citoyens d'Athènes. Cette spirale de l'endettement prenait des proportions de plus en plus inquiétantes.

Face à une division impossible entre riches et pauvres qui était à l'origine d'une grave instabilité économique et d'une éventuelle révolution, les Athéniens, désespérés, firent appel à Solon. Ils lui confièrent les pleins pouvoirs. Vingt ans plus tôt, Solon avait déjà occupé les fonctions d'archonte – magistrat qui gouvernait la république d'Athènes durant une année. Solon était aussi le plus grand poète de la cité grecque. Il se servait de ses dons pour inciter les gens à s'engager politiquement. Son message était toujours le même : modération et réforme. Il était aussi opposé à la révolution qu'à la tyrannie. Ce sens de la mesure doit être apprécié à la lumière de ce qui se passa par la suite. Les dettes irrécouvrables et les inégalités croissantes lui avaient déjà inspiré les propos suivants :

> Le mal public entre dans la maison de chaque homme. Les portails de la cour ne peuvent suffire à lui barrer la route. Il saute par-dessus le mur. Que l'homme aille se réfugier dans un coin de sa chambre, le mal finira certainement par le débusquer.

Le contexte dans lequel Solon prit le pouvoir n'était guère différent de celui que nous connaissons aujourd'hui. Le même climat maniaco-dépressif imprégnait la société. La politique financière et juridique draconienne des dirigeants démoralisés se fondait sur le code juridique originel de Dracon, auquel les activités incontrôlées des nantis faisaient contrepoids.

Lorsqu'il accéda au pouvoir, la première initiative de Solon fut de restituer toutes les terres confisquées et de libérer la totalité des citoyens asservis. Il le fit par décret, c'est-à-dire qu'il imposa par la loi une amnistie immédiate. Les Athéniens disaient de cette opération qu'elle « secouait les jougs ». Concrètement, l'entreprise de Solon revenait à détruire les reconnaissances de dettes. Selon ses propres termes, il avait

> Extirpé
> Les pierres d'hypothèques qui partout étaient plantées
> Et libéré les champs jusque-là asservis.

Une fois le peuple et la nation affranchis de leurs « chaînes de papier », Solon fut en mesure de rétablir l'équilibre social. Après quoi il instaura un code de lois équitables en remplacement de celui de Dracon et posa les fondements d'une constitution démocratique. Athènes entama son ascension glorieuse, déployant une admirable créativité dans le domaine des idées, du théâtre, de la sculpture, de l'architecture, des concepts démocratiques, et accumulant des richesses. Tout cela constitua les fondements de la civilisation romaine, et, partant, de la nôtre. De nos jours, nous ne pouvons entreprendre la moindre démarche sans un tribut conscient ou inconscient au génie de Solon et d'Athènes – génie déclenché par une cessation des paiements.

Henri IV fut sans doute le plus grand roi de France. La voie qui le conduisit au trône fut longue et ruineuse, la guerre civile faisant rage dans tout le pays. Quand il accéda finalement au pouvoir, en 1600, la France était en ruine et le gouvernement endetté d'une somme colossale pour l'époque : 348 millions de livres. Son surintendant des Finances, Sully, est considéré aujourd'hui encore comme le plus subtil et le plus prudent des fonctionnaires. Il refusa de servir les intérêts de cette dette.

Puis il négocia une baisse des taux par rapport à ceux qui avaient été décidés au départ. Il refusa aussi de respecter les échéances. On peut dire qu'il mit le pays en état de cessation de paiement. Or, en l'espace de dix ans, Henri IV et lui-même avaient rebâti la France.

En 1789, Jefferson écrit de Paris à James Madison à propos du principe de la dette, appliquant son bon sens à la réalité. De nos jours, des nations comme le Brésil ou le Pérou pourraient être comparées à la France du XVIIIe siècle :

> Supposez que Louis XIV ou Louis XV ait contracté des dettes au nom de la nation française pour un montant de 10 000 milliards, le tout envers la Hollande. L'intérêt de cette somme s'élèverait à 500 milliards, ce qui correspond au registre global des loyers ou à l'ensemble des recettes nettes du territoire de la France. La génération actuelle aurait-elle dû se retirer de ce territoire où la nature les a fait naître afin de le céder aux créanciers hollandais ? Non, ils ont les mêmes droits sur le sol où ils ont vu le jour que les générations précédentes. Ils ne s'octroient pas ces droits ; c'est la nature qui les leur octroie. Par nature donc, ils sont eux-mêmes, ainsi que leur terre, exonérés des dettes de leurs prédécesseurs [7].

Tout au long du XIXe siècle, les prêts qui financèrent d'important programmes d'investissements américains, lancés par des consortiums privés, furent continuellement annulés par le même procédé de cessation des paiements. L'histoire des chemins de fer américains est en elle-même une série de cessations de paiements. L'histoire du capitalisme américain l'est également. Cela s'est passé d'une façon spectaculaire durant les paniques des années 1837, 1857, 1892-1893 et 1907. Ces incidents n'ont pas eu lieu d'une manière civilisée, comme ce fut le cas sous l'égide d'un Solon ou d'un Sully. On assista à une véritable panique, suivie d'un krach à l'origine de faillites massives, qui effacèrent à leur tour des dettes considérables. Étant donné le désordre que provoqua chacun de ces épisodes, ils furent tous suivis d'une courte période de dépression généralisée, avant qu'une économie assainie ne reprenne son essor avec une vigueur renouvelée. Pendant la seule panique de 1892-1893, 4 000 banques et 14 000 entreprises commerciales déposèrent leur bilan. En d'autres termes, le non-remboursement de ses dettes joua un rôle vital dans l'édification de l'Amérique. La différence entre Henri IV et les faillites des chemins de fer américains tient à des considérations de méthode, non au fond. Les grandes dépressions des cent cinquante dernières années peuvent être considérées comme des mécanismes de cessation de paiement des sociétés de classe moyenne. Ces dépressions libèrent en effet le citoyen, en retirant toute valeur à la matérialisation de sa dette par le papier. Cette méthode était, et demeure, maladroite et douloureuse, en particulier pour les plus démunis. Mais elle détruit ces « chaînes de papier » et permet l'édification d'un nouvel équilibre après les douleurs et les troubles provoqués par l'effondrement général.

L'une des innovations les plus surprenantes de la fin du XXe siècle, au-delà de la rationalisation de la spéculation, a été l'attribution d'une valeur morale, d'origine vaguement religieuse, au remboursement des dettes. Un phénomène qui a probablement quelque rapport avec l'introduction de Dieu comme soutien officiel du capitalisme et de la démocratie. On admet que le penseur allemand Max Weber mit cette notion en valeur dès les premières années du xxᵉ siècle, dans des ouvrages tels que *L'Éthique protestante et l'esprit du capitalisme*. Pour Weber, l'essor du capitalisme était tout à la fois l'initiateur et le produit de la Réforme. L'homme d'affaires bourgeois en est issu : « Tant qu'il demeurait dans les limites de la correction formelle, tant qu'il avait une conduite moralement irréprochable et tant qu'il faisait un usage acceptable de sa richesse, il pouvait servir ses intérêts financiers comme il l'entendait et sentir qu'en agissant ainsi il accomplissait son devoir. » Weber souligna que le succès du capitalisme entraînait l'abandon des valeurs chrétiennes en devenant « une quête de la richesse, dépouillée de toute portée religieuse ou éthique ». Il décrivit le grand capitalisme qui en résulta comme une passion mondaine apparentée au sport. De surcroît, il exemptait de sa théorie sur le protestantisme et le capitalisme « les usuriers, les pourvoyeurs militaires, les courtiers, les fermiers généraux, les gros marchands et les magnats de la finance [8] ».

En fait, le recouvrement d'intérêts débiteurs contredit l'histoire de la doctrine chrétienne. Il ne s'agit pas seulement d'opposer des taux d'intérêt justes à des taux injustes. Prêter de l'argent pour réaliser un profit était et demeure un péché véniel. Dans l'usure, c'est le prêteur qui est dans son tort. L'emprunteur a eu un moment de faiblesse, par nécessité, et le prêteur a exploité sa défaillance. Ce thème réapparaît tout au long de l'histoire pour justifier le non-remboursement de dettes, mais aussi la confiscation des biens du prêteur, voire son exécution.

Le christianisme n'était pas le seul à charger le prêteur de péchés. Chez les bouddhistes, le moins que l'on puisse dire est que ce dernier n'était pas sur la bonne voie pour atteindre le nirvana. Les prêteurs musulmans, en théorie tout au moins, risquaient la mort. Enfin, dans la Torah, il était clairement indiqué que les juifs ne devaient pas faire payer des intérêts à leurs coreligionnaires [9].

On a souvent invoqué la nature immorale du prêt pour rationaliser l'antisémitisme européen. Or les pouvoirs bancaires des juifs étaient essentiellement un argument utile pour les États catholiques. Dans certains cas, on les excluait d'office des autres professions. En empruntant de l'argent à des individus auxquels l'organisation raciale ou religieuse officielle n'offrait aucune protection, les chrétiens avaient d'autant plus de facilité à ne pas rembourser leurs dettes. Quelques remous religieux faisaient parfaitement l'affaire. Ou un pogrom de temps à autre. Ou simplement, dans le cas des rois, un refus de payer laissant le prêteur juif sans le moindre recours sur le plan juridique. En organisant la société de manière à pouvoir emprunter aux juifs, les chrétiens évitaient habilement de contrevenir à la loi catholique. Quant aux juifs, ils n'enfreignaient aucun de leurs principes religieux en prêtant aux chrétiens. En d'autres termes, grâce à cette subtilité, les deux parties échappaient au châtiment divin.

Certes, un antisémitisme fondamental était lié à tout cela, et on ne saurait l'ignorer. Cependant la liste des prêteurs catholiques et protestants non remboursés, emprisonnés, exilés et pendus est si longue que le syndrome de la cessation de paiements doit aussi être considéré en dehors de tout préjugé de race ou de religion. Le fait est que les financiers n'ont jamais eu un statut respectable au sein des sociétés occidentales, ni pendant l'ère chrétienne ni depuis l'avènement du capitalisme. Les banquiers n'ont jamais réussi à s'intégrer en tant que classe de citoyens honorables aux côtés des bourgeois, des marchands et des capitalistes. On n'a jamais estimé qu'ils apportaient une contribution valable au tissu social. Les intérêts qu'on leur versait passaient pour de l'argent « pour rien », partant immoral et inflationniste dans le sens le plus fondamental du terme. Ils ont donc toujours vécu en marge de la loi et de la société. De temps à autre, quelques banquiers parvenaient à entrer dans le courant majoritaire et y acquéraient pouvoir et gloire. Mais dès l'instant où ils n'étaient plus utiles, on les renvoyait sans ménagements dans le caniveau.

Au début du xve siècle, par exemple, Jacques Cœur gravit les échelons du système des fermiers généraux à Bourges. La spéculation fit de lui un homme plus riche encore, et il se mit au service du roi Charles VII. Peu à peu, il associa son empire financier développé à l'échelon européen avec ses fonctions officielles : il fut tour à tour ministre des Finances, conseiller du roi, négociateur diplomatique. En 1450 et 1451, il finança la conquête royale de la Normandie. De sorte que le monarque et la grande noblesse se trouvèrent considérablement endettés à son égard. On lui imputa alors le meurtre de la maîtresse du roi, Agnès Sorel, et il fut emprisonné malgré son innocence. Il parvint finalement à s'enfuir à Rome.

En 1716, un théoricien écossais de la monnaie fut autorisé à développer son système de papier-monnaie en France. Le gouvernement s'était considérablement endetté et la méthode inflationniste de John Law promettait de résoudre le problème. Dès 1718, il eut mainmise sur la trésorerie royale et les marchés financiers grâce à une spéculation internationale, édifiée sur la création fictive d'une colonie en Louisiane. Cette fièvre spéculative atteignit son apogée au début de 1720, avant de s'effondrer lamentablement, contraignant Law à s'enfuir. Il mourut à Venise, dans le dénuement le plus total.

Les choses n'ont guère changé depuis lors. En 1893, Émile Zola publiait son roman L'Argent, où il illustre les méthodes des marchés financiers et l'opprobre moral visant les banquiers à la fin du Second Empire. Son personnage principal, M. Saccard, est un banquier-promoteur dont la spécialité consiste à faire grimper la valeur d'actions émises au profit de prétendus projets à l'étranger. Dans ce cas particulier, il s'agit du Moyen-Orient. La facilité avec laquelle il fait de l'argent lui vaut d'être la vedette du monde financier. Zola souligne : « À quoi bon donner trente ans de sa vie pour gagner un pauvre million lorsque, en une heure, par une simple opération de Bourse, on peut le mettre dans sa poche? [...] Le pis est qu'on se dégoûte du gain légitime, qu'on finit même par perdre la notion de l'argent [10]. » L'élan de Saccard finit par être stoppé net, ruinant des centaines de gens. Il recommença tout simplement à zéro.

Les gens tels que le banquier de Zola étaient souvent très riches; mais personne ne voulait vraiment les connaître ni en savoir trop sur eux. C'étaient des spéculateurs, des marginaux, guère productifs mais toujours enviés. Nos banquiers d'affaires contemporains – considérés comme les piliers de la société et les bastions du capitalisme – sont les successeurs de Saccard.

L'apparition du banquier et du spéculateur au hit-parade des citoyens honorables est parfaitement rationnelle. Lorsque le vice-président d'une banque de dépôts, la tenue impeccable, les propos raisonnables, vient y figurer, cette promotion sociale dont profitent les prêteurs d'argent paraît justifiée : il s'agit d'un cadre, d'un technocrate, d'un expert. Ses discours rassurants font qu'on oublie les conséquences passées ou présentes du respect qu'il nous inspire.

Pour le citoyen, il est plus facile de porter un jugement sensé sur ces banquiers qu'on maintient toujours en marge de la société. En entendant mentionner le nom de T. Boone Pickens, par exemple, il se dira spontanément : « Voilà un spéculateur. » Or le spéculateur en question est soutenu par les banques d'investissement new-yorkaises les plus respectables, par ces banquiers à la tenue impeccable et aux propos raisonnables qui inspirent tant de respect et de vénération partout où ils vont. Pickens est certainement un personnage plus suspect que Saccard. Les banquiers respectables sont gênés par sa rudesse, ils découvrent avec agacement qu'ils ne sont que des pions sur l'échiquier de ses opérations financières. Ils finissent par imiter ses méthodes, tout en prenant bien soin de ne rien perdre de leur respectabilité.

Cette nouvelle respectabilité des banquiers a donné du poids à l'argument selon lequel le remboursement de dettes est une obligation morale. Il est pourtant difficile d'oublier que, chaque fois qu'une société s'est abstenue d'honorer une dette importante, sa situation économique s'en est trouvée consolidée, parfois à un point tel que, comme dans le cas d'Athènes ou des États-Unis, tout l'édifice social s'est trouvé propulsé vers la croissance et la créativité.

La crise suscitée par l'endettement du tiers monde pourrait être l'exemple par excellence du conflit opposant le bon sens économique à la morale structurelle. Depuis le début des années quatre-vingt, des gens aussi divers que l'ancien Premier ministre néo-zélandais conservateur Robert Muldoon et l'économiste socialiste britannique Lord Lever ont préconisé une cessation générale des paiements du tiers monde [11]. Ils estimaient qu'il serait préférable de procéder rapidement à cette opération et d'éliminer ces « chaînes de papier », plutôt que de continuer à développer des procédures paperassières présentant tous les inconvénients d'une cessation de paiements sans en offrir aucun des avantages. Ce syndrome de la paperasserie ne fait qu'épuiser les énergies des pays emprunteurs et des pays prêteurs, dans l'unique dessein de préserver une illusion.

Cela aurait certainement été réalisé si nos banques de dépôts n'avaient pas essayé de masquer leur erreur initiale en utilisant l'argent de leurs petits et moyens déposants après avoir joué avec celui des profits pétroliers artificiels. Sans compter que la croissance générale de l'endettement et des déficits a fait naître une peur tacite : en annulant les dettes du tiers monde, on finirait par détruire l'obligation morale d'autres débiteurs vis-à-vis d'autres dettes. Au fond, les engagements financiers du tiers monde ne sont que le reflet d'une civilisation occidentale dont la survie économique dépend, plus que jamais, de la manipulation des endettements plutôt que de la production industrielle. Dans le sillage immédiat des nations d'Afrique et d'Asie, on trouve désormais l'Europe centrale. Sans parler des gouvernements occidentaux eux-mêmes, des entreprises et des citoyens, tous plus ou moins enchaînés par leurs propres dettes.

En réalité, la somme des dettes en train de détruire les communautés du tiers monde ne représente pas grand-chose, selon les normes occidentales. Le passif global du tiers monde, évalué à 1,2 trillion de dollars, est inférieur au budget annuel du gouvernement américain. Le marché financier londonien, il faut le rappeler, traite annuellement des transactions portant sur 75 trillions de dollars. En admettant que les dettes du tiers monde soient annulées à ce jour, sans aucun accord particulier entre les parties, les banques occidentales connaîtraient certes une mauvaise année ; mais elles ne feraient pas faillite pour autant. D'ailleurs, les plus avisées d'entre elles ont déjà considéré comme des créances douteuses et passé par pertes et profits une partie des sommes qui leur sont dues.

La singulière morale que les structures publiques et privées ont arbitrairement imposée à l'acte de remboursement des dettes explique pour partie que nous ayons renoncé à une telle solution, avec ou sans accord. Dans son ouvrage intitulé *Religion and the Rise of Capitalism*, Tawney souligne que, si condamnable que fût le comportement de l'homme médiéval, la société l'obligeait à être pleinement conscient du devoir qui lui incombait de soulager la pauvreté des autres. Il savait pertinemment que l'accumulation de richesses mettait son âme en péril. L'éthique du travail qui émergea à la Réforme modifia tout cela, en assimilant pauvreté et paresse, richesse et juste rétribution d'un dur labeur [12]. D'où les mauvais traitements sans précédent infligés à une part importante de la population par une élite restreinte. Ces troubles sociaux furent suivis d'une lente réintégration de la morale de la responsabilité sociale dans la société occidentale – c'est-à-dire dans les nouveaux États-nations. Comme si le bon sens général avait récupéré *in extremis* le meilleur de l'ancien contrat médiéval, afin de l'imposer aux nouvelles structures rationnelles qui prenaient forme.

Notre attitude actuelle confirme que nous sommes passés à une nouvelle étape. De nos jours, l'éthique sociale est subordonnée à un fonctionnement efficace du système. À ce stade, le contrat social dépend du contrat financier. Le concept de moralité a été tellement déformé qu'il est désormais assimilé au bon fonctionnement des systèmes, et par conséquent au respect des dettes contractées. De ce fait, nous sommes incapables de nous servir de notre bon sens pour évaluer la pauvreté et les souffrances créées par l'endettement, de les comparer avec l'impact relativement limité que pourrait avoir sur le système une cessation de paiements.

Ainsi, chaque fois que le Mexique était officieusement considéré comme en faillite, du fait de son incapacité à rembourser les intérêts de sa dette, nous nous sentions obligés de lui proposer une nouvelle série de prêts colossaux. Ceux-ci n'avaient pas pour but de relancer l'économie mexicaine. Il s'agissait simplement de crédits destinés à permettre aux Mexicains de servir leurs intérêts sur les dettes déjà contractées. Le Mexique n'en tirait aucun avantage. Nos banques encore moins, puisque l'opération, à long terme, revenait à créer de nouvelles dettes non recouvrables. Quant à notre société, elle s'en tirait encore moins bien : elle se trouvait davantage enfermée dans un labyrinthe de contraintes financières purement artificielles. Lorsqu'un nouveau gouvernement vénézuélien accéda au pouvoir en 1989, suscitant une vague d'enthousiasme dans tout l'hémisphère, la première initiative occidentale fut d'imposer à son président un sévère programme d'austérité, afin de s'assurer que le débiteur adopterait un comportement « responsable ». Or ce programme entraîna des émeutes, qui firent de nombreuses victimes. D'où une réaction simultanée des Occidentaux et des Vénézuéliens. Le secrétaire américain au Trésor, Brady, proposa un plan de restructuration en quatre étapes. C'était un processus lent et négatif qui aggrava la situation au lieu de la régler. Les Vénézuéliens eux-mêmes entamèrent un programme de reconversion désespéré. Ils cédèrent la propriété de certaines parties du patrimoine national contre un abandon de leurs dettes. Ce programme ressemble terriblement au scénario évoqué par Thomas Jefferson, qui incitait les Français débiteurs et insolvables à ne pas abandonner leur pays à leurs créanciers hollandais.

Des crises semblables ont lieu dans l'ensemble du tiers monde. Alors que la cessation *de facto* des paiements de ces pays s'impose progressivement à l'esprit ramolli des milieux économiques et financiers, une étrange réaction s'amorce chez ces derniers. Ils estiment que le tiers monde devrait cesser d'imputer ses problèmes aux banquiers occidentaux. Le véritable problème serait l'absence de capitalisme dans ces pays. Les véritables coupables sont par conséquent les gouvernements de droite et de gauche qui tentent de diriger ces économies nationales.

Ils n'ont évidemment pas tout à fait tort. Dans l'ensemble du tiers monde, il y a de la place pour l'instauration d'un capitalisme responsable. Mais il est beaucoup plus urgent de mettre en œuvre des programmes agricoles responsables, pour encourager les paysans à quitter leurs bidonvilles et retourner à la terre. De toute façon, le capitalisme responsable n'est pas vraiment la préoccupation de la plupart des financiers et des économistes. Ils rêvent en fait d'un déploiement des forces du marché si longtemps réprimées. Ils voudraient une révolution industrielle qui, comme celle que nous avons connue en Occident, devrait nécessairement passer par une première phase brutale, effrénée, l'instauration de nouvelles infrastructures industrielles provoquant immanquablement une vague de troubles sociaux et de souffrances. En d'autres termes, des bas salaires, aucune sécurité de l'emploi, aucune réglementation en matière de sécurité et d'environnement. Aucun d'entre eux ne l'exprime exactement de cette manière. Mais leur argumentation le sous-entend.

Or il n'y a pas le moindre rapport entre l'essor du capitalisme et des dettes non récupérables, même s'il en existait un à l'époque où ces dettes furent contractées. À l'origine, elles avaient pour objet d'industrialiser le tiers monde par un apport de capital. On l'a vu, la Banque mondiale et Robert McNamara ouvrirent la voie, suivis avec enthousiasme par les banquiers et les économistes. Cette initiative échoua et l'endettement devint un obstacle aux futures activités économiques des pays emprunteurs, en particulier les activités de nature capitaliste. Le problème ne tient pas au fait que les gouvernements auraient refusé de faire jouer les forces du capitalisme, mais bien à l'impossibilité d'apporter le moindre souffle de vie dans ces pays tant qu'ils n'auront pas réglé leurs dettes.

À confondre le bon fonctionnement des systèmes et ses valeurs morales, notre société est incapable d'analyser et de juger de l'utilité réelle des structures prises individuellement. Cet état d'hypnose dans lequel nous sommes plongés laisse aux prêteurs le contrôle des programmes économiques et sociaux. L'endettement du tiers monde n'est qu'une partie du problème. Nous abordons l'inflation et le financement des entreprises avec la même confusion. L'endettement des gouvernements lui-même pourrait être considéré et traité différemment, si nous analysions sans parti pris la nature de leur endettement et des remboursements d'intérêts. Si l'importance accordée à l'endettement était ramenée à son usage en tant qu'instrument d'intervention abstrait, l'inflation monétaire, les intérêts, les remboursements, pourraient être traités de façon concrète.

La fascination qu'excerce cette économie incontrôlée fondée sur un tel système fiduciaire est particulièrement flagrant dans les acquisitions d'entreprises. Issue des marges les plus extrêmes de la légalité, une nouvelle catégorie d'acquéreurs s'est propulsée sur la respectable scène publique au début des années quatre-vingt. Ces hommes peuvent être considérés comme une deuxième génération de Jim Slater. Quand on analyse le cas d'un T. Boone Pickens, d'un Ivan Boesky, d'un Paul Bilzerian ou d'un Henry Kravis, on s'aperçoit que, si leurs aptitudes techniques sont plus réelles que celles des premiers « raiders » d'entreprises, leurs intentions et leurs normes sociales sont nettement moins élevées. Ils ont évolué à reculons, au point de ressembler à des personnages sortis tout droit des romans de Zola. On les retrouve dans tout l'Occident, unis par la conviction que le capitalisme se résume à des transactions de type fiduciaire. On pourrait les appeler les « nouveaux inflationnistes ». Que la société les ait acceptés aussi naturellement paraît confirmer notre volonté de normaliser la spéculation pour en faire l'avant-garde du capitalisme. Et nous les avons acceptés, cela ne fait aucun doute. Dès 1983, l'épopée de Pickens à la Gulf Oil obtenait l'appui du plus grand holding bancaire américain, la CitiCorp [13].

Cette tentative de rachat se déroula comme une parabole de l'ère économique moderne. D'un côté, il y avait la Gulf, au cinquième rang de l'industrie pétrolière américaine, considérée par la communauté des affaires comme une réussite en matière de gestion. Au cours des cinq années précédentes, le rendement de son capital avait pourtant été le plus faible des quatorze grandes compagnies pétrolières américaines, la croissance de ses dividendes la plus lente. Le moins qu'on puisse dire est que la Gulf Oil n'avait guère brillé en matière de découverte de gisements sur le territoire américain. La léthargie de ses managers, désorientés, satisfaits d'eux-mêmes ou timorés, avait pris une ampleur telle qu'ils avaient fini par connaître des difficultés financières et s'étaient réveillés, si on peut dire, au moment où ils piquaient du nez. Ils avaient donc procédé à certains changements de personnel, afin de donner l'impression qu'ils se remettaient plus sérieusement au travail.

Dans de telles circonstances, et compte tenu de la masse des actionnaires et des échecs répétés enregistrés par la compagnie, la théorie de la libre entreprise aurait voulu qu'une partie des propriétaires se rebiffe et décide de remplacer le management par une nouvelle équipe. Or on vit apparaître sur la scène ce T. Boone Pickens, qui venait d'acquérir 13,2 % des actions de la compagnie grâce à diverses formes d'emprunts. Il ne représentait pas une alternative à un management déficient, sa spécialité étant les achats et reventes de sociétés. Ce qui l'attirait dans cette affaire était précisément le fait qu'une mauvaise gestion avait provoqué une chute des actions telle qu'elles étaient réduites à 40 dollars l'unité quand la valeur estimée de l'actif les situait à 114 dollars. M. Pickens ne cacha pas ses intentions : s'il parvenait à prendre le contrôle de l'affaire, il vendrait les réserves de pétrole et de gaz de la compagnie – le seul véritable actif de la Gulf Oil – pour réaliser un profit immédiat. En d'autres termes, il entendait cannibaliser la compagnie.

Cette volonté était bien entendu camouflée sous un superbe verbiage technocratique, destiné à laisser entendre le contraire. Les réserves en question devaient être mises de côté dans un « fonds de royalties », de manière à verser les revenus de la compagnie directement à ses actionnaires. Ces petits actionnaires bénéficieraient ainsi des investissements de Pickens. Avec une logique qui aurait déconcerté Ignace de Loyola lui-même, on expliqua que cette élimination des réinvestissements potentiels augmenterait l'investissement.

La réalité était bien loin de ces explications fantaisistes. Pickens s'était arrangé pour créer une situation dans laquelle il serait de toute façon gagnant. Il pouvait s'imposer de force au sein du conseil d'administration, en obligeant la compagnie à vendre ses actifs pour en retirer un profit immédiat. Ou bien, après avoir fait monter le prix des actions en laissant croire au marché qu'il y aurait une liquidation, il obligerait les amis des managers à acheter ses 13,2 %, ce qui lui rapporterait un profit à peu près équivalent en « cash ». En d'autres termes, ou bien il détruisait la compagnie, ou bien il l'endettait encore davantage. Dans un cas comme dans l'autre, le capital créé serait de l'inflation pure.

Il s'ensuivit une bataille entre un groupe de technocrates léthargiques essayant désespérément de sauver leur emploi et un raider qui ne s'intéressait ni à la compagnie ni à l'industrie. Ses armes étaient le profit immédiat et son aptitude à manipuler le système de la libre entreprise. Les managers disposaient quant à eux d'une panoplie de réglementations et des structures légales de l'entreprise. L'affrontement connut deux principaux rebondissements.

Au moment précis où Pickens paraissait sur le point de l'emporter, le management de la Gulf découvrit une subtilité juridique grâce à laquelle il put sauver la mise. Si une majorité d'actionnaires se prononçait en faveur d'un déplacement de la compagnie dans le Delaware, les lois de cet État permettraient au management d'empêcher Pickens de siéger au conseil. La bataille s'engagea sur un nouveau terrain, un combat par procuration débouchant sur une consultation des intéressés. Or les gestionnaires ont toujours l'avantage quand il s'agit de manipuler des votants invisibles; ils obtinrent de justesse la majorité. La compagnie « déménagea » dans le Delaware, bien que rien n'ait concrètement bougé. Toute l'opération s'effectua sur le papier.

Dans cette lutte opposant l'incompétence des managers et la cupidité irresponsable d'un individu – personne, actionnaires, autorités financières, grandes institutions financières, ou membre du gouvernement – n'a songé un seul instant que le système de la libre entreprise était en train de dérailler. Ils avaient tous l'air de trouver cela parfaitement normal. Du reste, Pickens avait le soutien de près de la moitié des actionnaires et d'un grand nombre d'institutions financières parmi les plus respectables. Sa technique de « raider à l'esbroufe » fut copieusement analysée par les experts financiers, du *Wall Street Journal* au *Financial Times*, comme s'il s'agissait d'une tentative de rachat d'entreprise réalisée en toute bonne foi et non d'une opération de cannibalisation.

Quelques années plus tôt, ces gens avaient traité Pickens de charlatan. Pourquoi avaient-ils changé d'avis? Avant la Gulf, Pickens avait déjà effectué une opération « à l'esbroufe » très critiquée sur une compagnie pétrolière évaluée à 4 milliards de dollars, la Cities Service. Cette OPA avait également « échoué », mais l'objectif de l'opération avait été atteint : ses partisans et lui-même avaient réalisé d'énormes profits. La définition la plus courante du capitalisme contemporain se fondant sur le terme *profit*, cela faisait de lui un personnage respectable.

Pickens n'est qu'un exemple parmi les centaines de requins de la vieille école accueillis à bras ouverts sur le marché financier américain. Paul Bilzerian, à la tête d'une fortune de 40 millions de dollars, réalisa plus d'une douzaine de raids sur de banales compagnies qui s'occupaient innocemment de leurs affaires – avant d'être finalement arrêté. Un beau jour, les managers d'entreprises telles que Hammermill Paper ou Cluett Peabody & Company levaient les yeux de leur travail, dans leurs bureaux ou leurs ateliers, alertés par un bruit inhabituel. Soudain, un forcené fondait sur eux dans l'obscurité, brandissant une immense épée dont la lame menaçante étincelait. Inutile de dire que la plupart d'entre eux tombèrent dans les pommes ou payèrent la rançon demandée. Bilzerian ne se donnait même pas la peine d'inventer des justifications comme Pickens, qui au moins prétendait défendre les droits des petits actionnaires. « Si je devais écrire un article à mon sujet, déclara un jour Bilzerian, je ne suis pas sûr que ce serait un récit flatteur [14]. »

Examinons aussi l'OPA de Beatrice, le géant des produits de consommation. Cette entreprise étrange était la création de gestionnaires ayant provoqué une croissance fictive par le biais de rachats et de diversifications. En 1987, ces derniers furent agressés à leur tour par Kohlberg Kravis & Roberts. Kravis utilisa un tout petit capital – 40 millions de dollars – pour organiser l'achat de Beatrice pour un montant de 6,2 milliards de dollars [15]. Après quoi, ils démantelèrent la compagnie et la vendirent par morceaux, empochant environ 3 milliards de dollars. L'ensemble de l'opération, de l'investissement aux formidables profits, prit seize mois en tout. Il n'en résulta pas la moindre croissance! Kravis affirma qu'il avait rendu service à l'économie en général en retirant certaines unités de production des mains d'administrateurs pour les vendre à des gens plus entreprenants. Il y a, bien sûr, une part de vérité dans tout cela : le genre de vérité qui découle d'une logique débridée. Un groupe de technocrates – le management – a constitué un monstrueux conglomérat en créant son propre type d'inflation. Puis un autre groupe de technocrates – spécialistes des OPA – intervient pour démanteler l'entreprise, provoquant une inflation d'un nouveau genre. Les acheteurs des unités de production vendues par Kravis se démènent à présent sous le poids d'un nouvel endettement inutile, évalué à 6 milliards de dollars.

Cette dette pèse sur l'économie américaine. Elle n'a libéré personne et ne représente pas le moindre investissement productif. L'argument de Kravis n'est, en somme, qu'un sophisme destiné à camoufler la réalité d'un achat réalisé avec des obligations spéculatives sans valeur et à travers une spéculation rapide. En dehors du profit tiré de l'opération, les honoraires professionnels se montaient à 10 millions de dollars, versés à Drexel Burnham Lambert pour le financement des junk bonds, 45 millions de dollars à Kohlberg Kravis & Roberts pour la préparation de la transaction, et 33 millions à trois banques, Kidder Peabody, Lazard et Salomon, pour leurs conseils. Ces honoraires n'ont strictement rien à voir avec une activité économique quelconque. Si notre système autorisait des poursuites fondées sur l'esprit de la loi ou sur l'esprit du capitalisme tel qu'il doit fonctionner dans une démocratie, Henry Kravis serait jugé comme criminel. Or on admire ses exploits. Cela ne peut qu'encourager d'autres spéculateurs à suivre cette voie et donner aux producteurs de biens réels l'impression qu'ils perdent leur temps.

Un grand nombre de gens imputent cette situation à des personnages tels que Donald Regan, qui convertit une large part de l'intérêt public américain en un rêve de courtier, peuplé de commissions à n'en plus finir. Cette attribution des responsabilités a l'avantage de situer le problème dans un pays spécifique, sous les auspices d'un gouvernement particulier. Dès lors, il devient possible de parler de reaganisme et d'invoquer le caractère irresponsable, incontrôlé, des années quatre-vingt. En réalité, les problèmes évoqués n'ont rien de spécifiquement américain. Toutes les économies occidentales suivirent la même voie, les unes après les autres, sans qu'aucune des élites sorties des grandes écoles – gestionnaires des milieux d'affaires, gestionnaires gouvernementaux ou économistes en général – ait protesté. Du reste, ces experts fournirent eux-mêmes la structure rationnelle et la terminologie qui ont donné à ce système de profits une apparence socialement acceptable.

Il est certain qu'ils ne s'attendaient pas vraiment au résultat obtenu. Peut-être est-ce la raison pour laquelle les autorités, et le public en général, se sentirent naïvement réconfortés en apprenant qu'une partie de ces transactions avaient été réalisées dans l'illégalité. Les révélations sur Boesky, suivies par d'autres sur Michael Milken, suscitèrent une exaltation collective. En Grande-Bretagne, l'affaire Guinness provoqua une réaction pudibonde. Mitterrand n'hésita pas à apparaître sur le petit écran, pour méditer sur la nature de l'argent et se joindre à l'exercice d'autocritique publique sur le délit d'initié commis par son ami Pelat.

Soudain, on eut le sentiment que les choses avaient changé, qu'une ère plus responsable avait commencé avec la nouvelle décennie. Mais sur quoi se fondait cette impression, hormis sur la volonté de prendre ses désirs pour des réalités et la satisfaction de voir révélées quelques affaires frauduleuses? En fait, on n'a pour ainsi dire rien changé aux lois et aux règlements régissant les transactions financières. Une grande partie des opérations qui sont techniquement légales sur le marché demeurent irresponsables sur le plan économique. Les junk bonds ne représentent pas moins de 25 % de l'ensemble des obligations répertoriées par l'institut d'enquêtes Moody's. Ils sont incontestablement l'un des grands instruments économiques des années quatre-vingt-dix. On sait que l'une des opérations financières les plus excitantes et les plus profitables sur le marché international consiste en des échanges de dettes du tiers monde entre banques. Il est donc clair que les organismes d'investissements n'ont pas encore redécouvert les vertus du financement de nouvelles productions. Libéré de la mauvaise réputation que sa cupidité lui avait value au cours des années quatre-vingt, Kravis propose désormais une nouvelle forme de recyclage de ses capitaux constitués sur la base d'un endettement considérable.

Un nombre croissant de banques américaines sont sur le point de déposer leur bilan ou sont maintenues artificiellement en vie par le système fédéral d'assurances bancaires, lui-même en faillite effective. En attendant, de gros scandales financiers éclatent régulièrement. En 1991, à Milan, une série d'affaires concernant des agents de change insolvables se sont succédé. Cela a contribué à l'actuelle décomposition du système politique italien. Des révélations sur les malversations opérées au sein de la principale banque d'investissements américaine, Salomon Brothers, ont donné lieu à des inculpations et à des remaniements dans la compagnie. Warren Buffett, le financier « aux mains propres » auquel on fit appel pour réparer les dégâts, s'est empressé d'annoncer que les tentations et les règlements restaient sans changement dans le système américain. Les gens qui « se comportent mal [...] semblent s'en tirer malgré tout ». Le Serious Fraud Office britannique a engagé une enquête internationale sur la grande société de loisirs Brent Walker. Entre autres problèmes, 1 milliard de livres s'était mystérieusement volatilisé des comptes de la compagnie en l'espace de quelques mois. Il en résulta dix-huit mois de crise financière, suivis d'une restructuration visant dix-huit entreprises. En 1991, une série de sociétés financières suédoises se sont effondrées, au premier rang d'entre elles, Gamlestaden. Des réglementations laxistes ayant autorisé des prêts mal garantis ont été mises en cause par une étude gouvernementale.

À l'époque où il était procureur, Rudolph Guiliani, futur candidat à la mairie de New York, fut l'instigateur de nombreuses poursuites pour fraude engagées à la fin des années quatre-vingt. Il estime que la communauté financière a « la capacité de se corriger elle-même [16] ». Cette remarque sous-entend que ceux qui font l'objet de ces poursuites se seraient écartés de la norme. Ce qui est faux. Au contraire, ils suivent la tendance générale. Au pire, on pourrait dire qu'ils ont une longueur d'avance sur la moyenne des entreprises. En Grande-Bretagne, le rapport de la commission Lord Roskill sur les fraudes commençait en ces termes : « Le public ne croit plus qu'en Angleterre et au Pays de Galles le système juridique soit capable de contraindre effectivement et rapidement les auteurs de fraudes graves à rendre des comptes. [...] Le public a raison [17]. »

À New York, le nombre de violations de la loi en matière de délits d'initiés s'est considérablement accru depuis la dérégulation. Même avant Boesky, entre 1982 et 1985, la SEC * avait engagé soixante-dix-sept procédures, soit autant qu'entre 1934 et 1981. Cela ne veut pas dire que les hommes d'affaires sont plus malhonnêtes qu'ils ne l'étaient alors. Si la dérégulation nous a bel et bien replongés dans l'atmosphère d'avant 1929, elle n'est pas seule en cause. Il s'agit là d'effets, non de causes. Robert Lekachman, alors professeur d'économie à la City University of New York, notait : « Le marché n'est pas plus corrompu qu'auparavant, mais il est tout de même moins honnête que Monte Carlo. Au casino, on sait au moins combien l'établissement empoche [18]. » Dans le cadre d'une étude portant sur les jeunes gens impliqués dans le scandale Boesky, Carol Asher a établi qu'ils étaient tous issus de la classe moyenne et détenteurs d'une licence universitaire, ainsi que d'un autre diplôme décerné par l'une des meilleures écoles de droit ou de gestion du pays. Ils touchaient tous des salaires nettement supérieurs à la moyenne et montaient allégrement les échelons de la hiérarchie. Leurs collègues les qualifiaient de « motivés », « intelligents », « consciencieux », « déterminés », « vifs », « avides de réussir », « pleins d'esprit d'entreprise » et « très travailleurs » [19].

Bref, ils n'avaient aucun besoin d'enfreindre la loi et n'appartenaient pas *a priori* à la catégorie des individus susceptibles de le faire. Ils faisaient simplement partie d'un milieu économique où la définition de l' « habileté » n'avait strictement rien à voir avec des normes sociales, dans la mesure où la société avait canonisé les structures et leur manipulation. Ils ressemblaient à la plupart des gens de Wall Street, de la City ou de la Bourse. Peut-être avaient-ils simplement fait un pas de trop hors des normes généralement admises?

Cette atmosphère a suscité l'inquiétude quant au déclin de la morale. Du coup, les écoles de gestion se sont empressées de créer des cours sur l'éthique dans les affaires [20]. Mais une fois le système économique soustrait de la réalité, il ne reste plus rien de concret sur quoi porter un juge-

* L'équivalent de la Commission française de contrôle des opérations en Bourse. (*N.d.T.*)

ment moral. D'où une inflation effrénée du mot « intégrité ». Cette éthique flatulente est le reflet de notre inflation monétaire. Une décision d'ordre moral, prise dans le contexte actuel des structures propres aux affaires, n'a pas plus de réalité qu'une transaction immobilière dans un jeu de Monopoly.

Au-delà de ces manipulations monétaires et éthiques à l'échelle nationale ou multinationale, il existe un monde parallèle totalement libéré de la nécessité de manipuler, car il n'est soumis à aucune règle ou norme. Cette zone crépusculaire de la finance – offshore, affranchie de toute taxe, non réglementée – est tellement imaginaire qu'elle pourrait passer pour de l'inflation pure. Pourtant, les éléments avec lesquels elle joue sont issus des économies bien réelles de nos nations.

Le monde des fonds offshore, ou délocalisés, nous entraîne tout droit dans les aventures du financier à la Zola, M. Saccard, vendant à la Bourse de Paris les actions de son projet imaginaire au Moyen-Orient. Ou encore dans les tourbillons du fameux grand krach britannique connu sous le nom d'affaire des mers du Sud. La South Sea Company fut fondée en 1711, dans l'intention de se livrer au commerce des esclaves dans l'Amérique espagnole. En 1720, en dépit d'une croissance médiocre, la compagnie proposa de prendre à son compte la dette nationale britannique. Le Parlement accepta et les parts de la South Sea Company passèrent brutalement de 128 à 1 000, avant de s'effondrer totalement. En dehors du fait que beaucoup furent ruinés, une enquête révéla une corruption publique colossale. La même année, à Paris, on assistait au fiasco de John Law.

D'une manière ou d'une autre, l'établissement d'une distance physique – frontières ou océans – entre l'investissement et l'investisseur a toujours donné à ce dernier une confiance puérile en son propre jugement. Savoir qu'il ne peut pas vraiment connaître la réalité des faits le rend plus optimiste. Dès le milieu du xixe siècle, les valeurs minières australiennes et canadiennes provoquaient des frissons de plaisir quasi érotique parmi des classes privilégiées européennes comme la gentry britannique et les médecins parisiens. Ces individus, bénéficiant d'un peu de temps libre et de liquidités, se délectèrent à rechercher dans leur atlas d'obscures concessions où des gisements de pétrole et des filons d'or avaient été théoriquement découverts, et dont les actions ne cessaient de grimper. Avant sa faillite spectaculaire, les mystérieuses découvertes de Dome Petroleum dans l'Arctique faisaient rêver dans tous les manoirs européens [21].

En cette fin de xxe siècle, la réalisation d'un désir à distance a acquis un nouveau charme abstrait. Les fonds offshore et les marchés des eurodollars, pour ne citer que deux exemples, constituent des univers inédits, totalement inexplorés jusque-là. Inutile de consulter un atlas ou un planisphère pour savoir dans quel pays ces opérations ont lieu. Elles résident exclusivement dans l'imagination.

Le fonds Quantum, géré par George Soros, est un bon exemple de ce nouvel univers imaginaire. Soros a été jusqu'à écrire un ouvrage sur ses méthodes, intitulé *L'Alchimie de la finance*. On ne saurait concevoir idée plus inflationniste que la conversion de vil métal en or. C'est apparemment ce que Soros a réalisé, avec son Fonds évalué à des milliards de dollars. Ce dernier est basé dans le paradis fiscal de Curaçao, aux Caraïbes, et échappe à la plupart des obligations d'information imposées en Occident. Soros est l'un des plus grands gestionnaires de fonds offshore et s'amuse comme un fou à jouer avec des actions, des matières premières et des devises, de pays en pays. Une année, il s'occupe d'or en Finlande ; puis il passe aux bananes, avant de s'intéresser au mark puis aux gouvernements sinistrés d'Europe centrale. Le secret de sa réussite réside, semble-t-il, dans la vitesse avec laquelle il bouge, outre la confiance que ses talents inspirent à sa clientèle. Et il faut bien qu'ils aient confiance en lui, car ils n'ont aucun contrôle sur ses activités. Ont-ils foi en sa capacité de choisir les bons investissements, de les financer grâce à un système d'endettement complexe et secret, de réaliser des profits de manière inexplicable ? Ou bien se fient-ils plutôt à un rêve, essence des richesses de nature inflationniste ?

Les actions et les matières premières ont certainement été l'objet de manipulations offshore merveilleuses ; mais rien n'est plus excitant que la spéculation sur les devises. Au cours des quinze dernières années, marquées par des taux flottants, toutes nos institutions financières privées, sans parler des gestionnaires de fonds ayant « l'esprit d'entreprise », comme Soros, ont pu se consacrer à de telles manipulations. Les intérêts rivaux de diverses nations ont permis aux spéculateurs du marché des changes de faire jouer les économies les unes contre les autres, provoquant une évolution des devises en montagnes russes, tout en sautant agilement de-ci de-là, afin de tirer des bénéfices d'un côté ou de l'autre. Soros se souvient avec émotion d'avoir fait « le coup de sa vie » en 1985 en se plaçant du bon côté au moment de la chute du dollar. Cette année-là, son Fonds obtint des rendements de 122 % *.

Les ministres des Finances, censés consacrer leur temps et leur énergie à établir une base financière solide, propice à l'administration et à la croissance nationales, sont contraints de passer une bonne partie de leur vie à déjouer les manœuvres des spéculateurs sur le marché des devises. Il leur est difficile d'avoir le dessus, dans la mesure où l'approche abstraite des spéculateurs n'a strictement rien à voir avec le capitalisme, la croissance ou l'investissement. En réalité, elle n'a pas vraiment de rapport non plus avec les facteurs économiques. La spéculation sur les devises est ce qui se rapproche le plus d'un jeu d'enfants qu'un adulte

* On l'a encore vu intervenir à l'été 1993 dans les manœuvres spéculatives contre les monnaies européennes.

voudrait utiliser pour gagner sa vie. C'est aussi l'activité la plus difficile à juguler pour un gouvernement agissant seul. Le jeu des abstractions numériques se poursuit donc, perturbant à la fois les revenus, la production et la stabilité économique. Au XVIIe siècle, on aurait pendu Soros. De nos jours, l'*International Herald Tribune* dresse de lui un portrait flatteur, qui vante allégrement ses talents [22]. Car, en n'y consacrant que des capitaux réduits, il est apparu comme le bienfaiteur, et peut-être le sauveur, de plusieurs pays d'Europe centrale.

Tant de formes d'inflation ont été inventées que nous ne possédons pas les instruments pour les mesurer toutes. Par ailleurs, nous sommes encore loin d'admettre qu'il s'agit bien là d'inflation; nous nous en tenons obstinément à nos méthodes d'évaluation classiques, basées sur des listes restreintes de produits. Or pourquoi l'estimation de l'inflation devrait-elle se fonder sur des éléments que notre société considère comme accessoires désormais dans un monde aussi complexe? Si nous nous sommes orientés vers les industries de services, dont font partie les services financiers, la nature de l'inflation a donc changé, et nous devons analyser différemment ce que nous pensons vraiment qu'elle est.

La carte de crédit, par exemple, est un moyen privé d'émettre de l'argent qui échappe au contrôle de la masse monétaire qu'exerce toute banque centrale. Dans la deuxième moitié des années quatre-vingt, le nombre des cartes de crédit allemandes a été multiplié approximativement par cinq, pour atteindre 5 millions. De 1976 à 1988, en Grande-Bretagne, le nombre de cartes Visa et Master est passé de 6,4 millions à 24,5 millions. Rien qu'en 1988 et 1989, les dépenses faites dans ce même pays au moyen de cartes de crédit se sont accrues de 26 %, pour s'élever à 8 milliards de livres. En France, on dénombrait 17,7 millions de cartes à la fin de 1988. La même année, les dépenses effectuées par ce moyen doublèrent, pour atteindre 458 milliards de francs. Cette évolution a donné lieu à une croissance considérable de l'endettement privé dans l'ensemble de l'Occident. Durant les années quatre-vingt, les dépenses au moyen des cartes de crédit ont été multipliées par sept au Canada. En 1988, toujours au Canada, l'endettement lié aux cartes de crédit est passé de 10 milliards à 12 milliards de dollars [23].

Même dans des secteurs où l'inflation est théoriquement prise en compte, les chiffres sont faussement bas, car ils ne sont pas conçus pour refléter l'économie du secteur des services. L'augmentation des coûts immobiliers prendra en compte exclusivement les ventes de constructions nouvelles ou les hausses de loyer dans des zones spécifiques. De sorte que les taux d'inflation de 2 % à 5 % que les pays occidentaux ont annoncés, ne correspondent pas à une estimation complète, laquelle montrerait que le prix de la plupart des logements urbains a triplé au cours des dix dernières années [24].

446

La plupart des listes d'indices des prix à la consommation s'appuient sur un échantillonnage de produits alimentaires de base qui ne représente pas ce que les gens consomment en réalité. Le prix de ces produits particuliers évolue beaucoup plus lentement que celui de la majorité des denrées alimentaires, car précisément ils sont de première nécessité, et leur consommation ne s'accroît pas outre mesure. D'autre part, leur coût est souvent contrôlé indirectement par des mesures gouvernementales. La production des produits laitiers, des œufs et des céréales illustre parfaitement ce phénomène. Ou encore les baromètres tels que les niveaux du PIB, qui mesurent le prix des produits en se limitant au territoire national, sans inclure les importations. Le commerce illicite de la drogue doit être considéré comme une partie intégrante de cette inflation galopante. Les estimations le situent aux environs de 300 milliards de dollars par an. C'est suffisant, selon le vice-ministre des Finances japonais, pour « saper la crédibilité des systèmes financiers [25] ». Dans ces circonstances, que doit-on penser du marché des armes, tout aussi artificiel et trois fois plus important que celui de la drogue ? D'autant qu'il a l'avantage d'être à la fois légal et secret. Il n'apparaît nulle part dans nos évaluations mensuelles ou annuelles en matière d'inflation.

Que dire aussi de la question, très précise, des taux d'intérêt ? Nous estimons aujourd'hui qu'ils sont souvent plus élevés que nécessaire, même s'ils sont tolérables comparés à ceux de la fin des années soixante-dix. Or les taux actuels sont en réalité très élevés si on se replace dans le contexte des économies favorables d'autrefois. De 300 avant J.-C. à 100 après J.-C., les Grecs faisaient payer entre 6 % et 9 % d'intérêt. Les taux romains oscillèrent entre 6 % et 8 %, de 500 avant J.-C. à 100 après J.-C. Lorsque l'empire amorça son déclin, ils grimpèrent à 12 %, et plus haut encore après l'an 300. Au XVIIIᵉ siècle, les taux britanniques se situaient aux alentours de 6 %, les taux français entre 2 % et 6 %. Au XIXᵉ siècle, période de forte croissance, les taux britanniques étaient de 4 % à 5 %, les taux français de 3 % à 6 %, les taux allemands de 4 %, les taux américains de 6 % à 8 %. Enfin, pendant presque tout le XXᵉ siècle, jusqu'en 1973, ils se limitèrent entre 3 % et 6 % [26].

Depuis vingt ans, il leur est arrivé à l'occasion de passer au-dessous de la barre des 10 % ; mais le plus souvent ils se sont maintenus au-dessus. D'une manière générale, les taux réservés à une clientèle privilégiée sont deux fois plus élevés que les moyennes de jadis. De surcroît, la possibilité d'émettre de l'argent « privé » par l'intermédiaire des cartes de crédit a fait naître un taux d'intérêt parallèle, qui s'est situé entre 15 % et 22 %. Les prêts au tiers monde et les junk bonds oscillent presque tous dans ces eaux-là. Le bon sens nous dit que ces intérêts n'ont rien à voir avec la production réelle ni avec la croissance. C'est une valeur ajoutée, non productive, donc inflationniste. La plupart de nos économistes restent convaincus que des taux d'intérêt élevés tuent l'inflation, alors que c'est exactement l'inverse qui se produit.

Par ailleurs, aucune des méthodes officielles d'évaluation ne reflète la véritable explosion qu'ont connue les coûts des industries de services. La religion économique prêche l'expansion des services. En parallèle, ceux qui mesurent l'inflation considèrent l'essentiel de ce secteur comme superflu. Les prix des chambres d'hôtel, des restaurants, des vêtements de marque, des denrées alimentaires de luxe ou de semi-luxe ont augmenté, en moyenne, de plus de 10 % par an. Avec la multiplication des foyers à double salaire, toute une série de services, qui ne sont toujours pas pris en compte dans la plupart des analyses de l'inflation, sont désormais nécessaires pour un grand nombre de gens, des plats cuisinés aux blanchisseries.

L'explosion du marché de l'art, à laquelle tout le monde a participé, des caisses de retraite hautement conservatrices aux spéculateurs marginaux, n'est qu'une version restreinte du phénomène des junk bonds, à l'instar des marchés de luxe illusoires. On hésite à mentionner les petites chaussures rouges que portait Judy Garland dans *Le Sorcier d'Oz*, vendues aux enchères au prix de 165 000 dollars, ou les bouteilles de vin du XIXᵉ siècle, imbuvables à coup sûr, évaluées à des centaines de milliers de dollars. Ou encore les Van Gogh, les Picasso, vendus des dizaines de millions de dollars. Tout cela fait partie d'un secteur étonnamment vaste, qui a vu des objets sans valeur intrinsèque, ou dotés d'une valeur sans relation raisonnable avec les sommes payées, faire leur entrée dans l'économie. La civilisation occidentale se limitait jadis à un seul scandale des mers du Sud à la fois. Lorsque l'affaire éclatait, les contemporains se calmaient un moment, sérieusement éprouvés. Aujourd'hui, nous menons de front des milliers de scandales, et le cycle inflationniste est si puissant que, quand une affaire éclate, le système du papier-monnaie en relance aussitôt une autre.

Quoi qu'il en soit, la spéculation inflationniste des secteurs financiers écrase par son ampleur toutes les autres. Quelle est la différence entre un billet de banque de Weimar, un junk bond et une action privilégiée en dépôt flottant pour couvrir des prêts irrécouvrables? Il n'y en a aucune, hormis l'apparence. Ils représentent tous trois une inflation pure. On se rend compte qu'on est allé trop loin quand les milieux d'affaires s'empressent d'inviter les gouvernements à intervenir. C'est-à-dire chaque fois que la situation échappe à tout contrôle. La bonne volonté des autorités, en dépit de leur dévouement supposé aux forces du marché, montre qu'elles sont conscientes du danger que représente le système actuel. L'ironie de la dérégulation réside dans le fait que plus on lâche du lest dans les affaires, plus celles-ci deviennent dépendantes du gouvernement appelé à les sauver en dernier recours.

Les places financières n'ont jamais été capables de se restreindre elles-mêmes, sauf à l'occasion de catastrophes. L'une de nos grandes réussites a été d'éliminer la plupart de ces débordements grâce à des règlements stricts. La dérégulation financière leur a de nouveau ouvert la voie. Un chien citadin bien dressé, maintenu dans un périmètre donné, peut se débrouiller tout seul pendant une période limitée et dans certaines circonstances. Un chien non dressé montrera davantage d'initiative : il se mettra à lécher ou à mordre les enfants sans raison, il s'enfuira, fera ses besoins sur des tapis persans, mendiera autour de la table avant de se faire écraser. Nous avons déchaîné quantité de chiens non dressés dans un environnement hautement urbanisé. Les autorités chargées de réglementer la situation doivent donc être sur le pied de guerre en permanence, pour éviter les catastrophes, tandis que ces animaux déambulent librement dans les maisons et aux carrefours.

Dans ces circonstances, comment s'étonner que l'inflation nous talonne depuis près de vingt ans ? Même sous sa forme officielle, inexacte et artificiellement réduite, elle ne cesse de rebondir, sous l'impulsion non des salaires ou du prix des céréales, mais de la multitude d'éléments inflationnistes que nous refusons de prendre en compte. Il est parfaitement normal que le Royaume-Uni, qui a réussi mieux que quiconque à réduire sa dette nationale, tout en combinant pendant plus de dix ans une politique anti-inflationniste classique, rigide, avec une dérégulation totale, soit aujourd'hui le pays le moins à même d'endiguer la hausse des prix. L'aptitude des gouvernements à contrôler la masse monétaire pour juguler l'inflation est pour ainsi dire inexistante. La masse monétaire dépend désormais autant de ces nouveaux fabricants d'argent indirect que de n'importe quel directeur de banque nationale. Si les gouvernements émettent de l'argent, ils ne font qu'ajouter aux activités inflationnistes des milieux d'affaires privés. Si, dans l'intention d'endiguer l'inflation, ils renoncent à émettre, ils ne seront plus en mesure de régler leurs propres échéances.

La situation actuelle, où les gouvernements jouent le rôle d'ultimes sauveteurs, après avoir abandonné la plupart de leurs pouvoirs de contrôle intermédiaires, génère l'irresponsabilité. Si l'intervention des autorités en dernière instance empêche de graves calamités, elle entretient aussi l'illusion que le système est en bonne santé. Imaginons que l'Occident ait voulu s'occuper sérieusement de l'inflation : il aurait mis en place des réglementations rigoureuses, destinées à décourager cette myriade de spéculations d'un nouveau genre, tout en réduisant les taux d'intérêt aux alentours de 5 % ou moins. Cela aurait eu pour effet d'empêcher les scandales financiers dans nos pays développés, tout en encourageant de véritables investissements productifs, qui auraient donné lieu à une croissance réelle.

En posant les fondements de la civilisation occidentale, Solon identifia les zones de danger : « Le mal public entre dans la maison de chaque homme. » Dans un monde pétri d'intérêts personnels et d'illusions, il conserva une vision mesurée de la situation, traitant les dettes avec la même constance qu'il accordait à la justice. L'un de ses objectifs était de démontrer comment chaque homme est en mesure de contrôler le spéculateur qui est en lui. Équitable, prudent, antirévolutionnaire, considérant l'action individuelle comme partie d'un tout, il fut peut-être le premier homme de raison à part entière : une version antique de Pascal Paoli ou de Thomas Jefferson. Et pour démontrer les dangers d'une foi aveugle en ses talents rationnels, il quitta Athènes pendant dix ans, une fois sa tâche accomplie. De cette manière, il évita le culte du héros et la tentation de se cramponner au pouvoir au nom de la gloire.

Ses préceptes simples sont d'une grande utilité quand on songe à l'endettement des gouvernements, à celui des entreprises, aux valeurs capitalisées, aux junk bonds, aux marchés des changes, aux fonds offshore, à la spéculation sur les capitaux, aux taux d'intérêt, aux services imaginaires et, d'une manière générale, à la conversion progressive des structures monétaires occidentales en un type de financement qui engendre des profits mais pas de véritables richesses. Ce sont là des abstractions, bâties sur des abstractions, elles-mêmes fondées sur l'abstraction par excellence, l'argent. Reprenant l'idée, limpide et générale, de Solon, on peut dire que le mal public s'est installé dans chacune de nos maisons. Et il nous rassure au prix d'une inflation d'illusions.

Troisième partie

SURVIVRE DANS UN MONDE FANTASMATIQUE

L'INDIVIDU DANS L'UNIVERS DE LA RAISON

La passivité est le propre des animaux domestiques.
Elle peut être imposée partiellement aux humains en les menaçant de violence. On peut aussi y parvenir avec succès grâce à un système global qui prétend définir ce que doit être l'existence.

« Considérez nos origines, disait Dante.
Vous n'êtes pas faits pour vivre comme des brutes
Mais pour suivre vertu et savoir. »

Le savoir n'est ni l'information ni la compétence ni un manuel d'instruction. C'est une recherche de l'homme en tant qu'être complet, en quête du doute, avec un désir illimité de comprendre.

L'animal domestique est incapable d'admettre le doute, encore moins de l'assumer. Les forces de l'homme – langage, image, mémoire, caractère – se muent donc en autant de fardeaux. Ces moyens, porteurs de vertu et de savoir, deviennent alors une prison redoutable.

CHAPITRE XVIII

Images d'immortalité,
ou la victoire de l'idolâtrie

Il existe certaines différences entre le téléspectateur occidental de cette fin de xxᵉ siècle et l'occupant paléolithique des grottes de Lascaux. Le premier est installé dans une pièce plongée dans une semi-obscurité, sa télécommande à la main, le deuxième fixait son regard sur les dessins ornant les murs de sa caverne en brandissant une sorte de torche rudimentaire. Ces distinctions, et d'autres encore, tiennent davantage à des questions d'organisation sociale qu'à la sensibilité avec laquelle chacun d'eux considère l'image. Les hommes des cavernes avaient certainement une conception plus claire, plus consciente et plus structurée de ce qu'ils avaient sous les yeux. Cela ne veut pas dire que les peintures rupestres vieilles de dix-sept mille ans, représentant des bœufs, des chevaux, des cerfs, des buffles et des hommes, soient simples ou primitives. Elles sont l'œuvre d'artisans accomplis.

Il nous est difficile de savoir aujourd'hui, d'une manière précise, ce que les hommes préhistoriques voyaient dans ces images ou ce qu'ils en attendaient. Nos hypothèses à ce sujet se fondent sur des comparaisons avec des civilisations isolées qui ont conservé jusqu'à il y a peu un mode de vie théoriquement similaire, reposant sur la chasse, la cueillette et les outils de pierre. En revanche, nous savons que le phénomène de l'image fabriquée par l'homme procède depuis toujours de trois forces inter-dépendantes : la peur, consciente ou inconsciente, contrebalancée par une combinaison de magie et de rite. Cela n'est pas particulier à l'Occident, cela demeure aussi vrai aujourd'hui qu'au paléolithique.

Les peurs qui motivent les civilisations sont innombrables. Peur du monde inconnu hors de la caverne ou de la colonie, hors du pays ou de la planète. Peur de ne pas survivre, à cause de la faim ou d'une agression ennemie. Peur non de mourir, mais de cesser d'exister – peur que la mort ne débouche sur le néant.

Il semble que les hommes des cavernes concevaient leurs représentations d'animaux comme des pièges magiques qui leur permettraient de dompter leur proie, de la même façon que, des milliers d'années plus tard, les chrétiens jugeraient miraculeuses les images du Christ ou de la Vierge Marie. Dès qu'il parvenait à communiquer avec elles, ces statues et ces peintures donnaient au suppliant un certain contrôle sur la maladie, la pauvreté, et même la mort. En de nombreux endroits, il semble que ce soit toujours le cas. Si le rituel servant à communiquer avec ces images constituait la clé des miracles chrétiens, il en allait sûrement de même pour les chasseurs de la préhistoire se préparant à s'élancer à la poursuite de leur proie.

Avec le temps, la relation entre peur, magie et rite s'est modifiée. Aucune de nos peurs ne fut domptée, cependant, alors que les civilisations devenaient sédentaires, puis urbaines. Au contraire, le doute et l'angoisse suscités par la plus obscure de nos phobies – celle du vide extérieur – se sont amplifiés. Alors que la magie s'est progressivement réfugiée dans notre inconscient – ce qui ne veut pas dire qu'elle ait disparu –, le rite l'a peu à peu remplacée. Dans cette civilisation où Dieu est mort, nous ne percevons pas vraiment que le poids du doute, de l'angoisse, de la peur endémiques dans notre société représente l'héritage de la promesse chrétienne, déçue, d'une vie éternelle. Nous ne comprenons pas davantage que le vaste réseau structurel de notre société, les images prévisibles du cinéma et de la télévision sont les successeurs des rituels religieux.

Notre confusion est imputable pour partie au changement rapide, révolutionnaire, de l'opinion officielle quant au rôle de la création d'images. Jusqu'à l'avènement simultané de l'Âge de la Raison et de la Renaissance, cette activité artisanale avait joué un rôle à la fois social, politique, et surtout métaphysique ou religieux. À partir du XVe siècle, au lendemain des découvertes techniques permettant de peindre une image parfaite, l'art se distingua discrètement de l'artisanat. Dès le XVIIIe siècle, ce divorce était plus ou moins établi, même si on s'est souvent efforcé de réunir les deux. Au début du XIXe, on fonda des musées, avec pour unique objectif le plaisir esthétique. L'idée que l'art *est* en lui-même sa raison d'être est désormais si solidement ancrée dans les esprits qu'on ne se hasarde plus guère à la remettre en cause.

Pourtant, il est peu probable que l'image, qui a eu un rôle fondamentalement religieux ou magique depuis plus de quinze mille ans, se libère d'elle-même en l'espace de quelques siècles pour devenir un simple objet d'art. C'est là que l'expérience occidentale se distingue radicalement de celle des autres civilisations. Depuis deux mille ans, le christianisme a présenté et défendu un dogme monothéiste, antipaïen, anti-idolâtre. Ceux qui considèrent le christianisme de l'extérieur sont toujours surpris par l'agressivité de ces revendications, dans la mesure où la réalité du culte les contredit systématiquement.

L'argument monothéiste fut immédiatement réduit à néant par la division de Dieu en une trinité. La notion de trois en un ou de un en trois était d'ailleurs si complexe que les chrétiens eux-mêmes n'arrivaient pas à se mettre d'accord sur son sens. La Vierge Marie se vit accorder virtuellement le statut de divinité, de même qu'un nombre croissant de saints. De l'avis de tous, hormis des chrétiens, ces derniers avaient bel et bien reconstitué une religion polythéiste.

Le concept de « païen » était encore plus confus. Ce terme faisait référence, en principe, à celui qui ne vénérait pas le « vrai Dieu ». Et pourtant, les musulmans, qui rendaient un culte au même Dieu que les chrétiens, se référaient aux mêmes textes et adoptaient le plus souvent les mêmes codes moraux, étaient considérés comme des païens, tout comme des douzaines d'autres sectes revendiquant des différences doctrinales mineures.

En définitive, aucune civilisation, où que ce soit dans le monde, ne s'est montrée aussi résolument idolâtre que le christianisme. Le besoin de créer et de vénérer des images conçues « à notre image » est indissociable de l'histoire de l'Occident. Ce fut une constante, pour ainsi dire sans rupture, des Grecs jusqu'à nous, en passant par les Romains, à quelques variations près dans la panoplie des divinités majeures et mineures. En dépit des origines judaïques du christianisme, l'Église a si bien contourné l'interdit du culte des images imposé par l'Ancien Testament, que seules les images des autres religions ont reçu le qualificatif d'idoles. Six cents ans après le Christ, l'avènement de l'islam fut provoqué en grande partie par une idolâtrie chrétienne effrénée. L'Église réagit aussitôt en taxant les musulmans d'infidèles, de non-croyants.

Certains ordres religieux et sociaux ont évité la dépendance des images, évitant même d'y recourir. Du point de vue de l'Occident, le judaïsme en est l'exemple par excellence. L'islam a presque aussi bien réussi, de même que le shintoïsme, le confucianisme et, pendant une longue période, le bouddhisme. Au cours du XIXe siècle, en Afrique comme en Asie, les administrateurs coloniaux occidentaux n'ont cessé de rencontrer des groupes qui s'abstenaient de créer des images humaines et s'en méfiaient comme de la peste. Nous avons tous à l'esprit l'idée cliché de l'indigène redoutant de se faire photographier parce qu'il craint que le photographe ne lui prenne son âme. Il est certain qu'un habitant de Lascaux aurait eu la même réaction.

Cette attitude se comprend du reste fort bien. L'indigène en question est un animiste, il ne croit pas au culte des idoles. En revanche, il pense que toute chose, animée ou inanimée, est vivante. Il fait lui-même partie intégrante de l'univers, et il y a peu de chances qu'il imagine la mort comme un trou noir débouchant sur le néant. Celle-ci ne fait que le restituer à l'univers.

De tout temps, les Occidentaux se sont caractérisés par leur obsession à vouloir présenter leurs dieux, par le biais d'images, non sous la forme de démons, d'animaux ou d'abstractions, mais sous une apparence humaine. La peinture a toujours été liée à ce besoin métaphysique et social fondamental. Nos dieux vivent à jamais, et nous sommes créés à leur image. Ces continuelles imitations, mortelles et connues de tous, ne reflètent pas simplement nos rêves d'immortalité. L'image, dans l'idolâtrie comme dans l'animisme, est un piège magique. En Occident, le travail du peintre ou du sculpteur était de concevoir un piège parfait pour capter l'immortalité humaine. En tant qu'artisans, leurs efforts ont eu pour objet, pendant des milliers d'années, le progrès technique. Aux environs de 1500, Raphaël, Michel-Ange et Léonard de Vinci réalisèrent les ultimes améliorations qui leur permettraient une représentation exacte de la réalité. Aucun changement métaphysique n'a pourtant accompagné ces avancées spectaculaires, et la notion d'un pouvoir magique ne s'en est pas trouvée développée pour autant.

Depuis lors, l'Âge de la Raison a connu un déclin prolongé du rôle de l'image comme source d'espérance. Déclin encore accéléré par les apparitions de la photographie, du cinéma, de la télévision et de la vidéo. À mesure que l'espérance s'est dissipée, la confusion, elle, n'a fait que croître. Ce fut la confusion d'une civilisation sans croyances, tout d'abord. Puis celle que provoqua l'interprétation d'images nouvelles étonnamment parfaites. Le potentiel technique de ces images grandissant, la confusion qu'elles suscitent engendre la méfiance.

En conséquence, le fossé ne cesse de se creuser entre l'image et la société. Les artistes-artisans ont battu en retraite vers un domaine qui leur appartient désormais en propre. Deux catégories de fabricants d'images se sont empressées de prendre leur place dans notre société : l'équivalent moderne des artistes officiels d'une part, qui reçoivent l'approbation des experts des musées ; les nouveaux ritualistes d'autre part, qui produisent des imitations électroniques de la réalité. La télévision et le cinéma nous ont apporté des images plus vraies que la réalité, qui n'en sont pas moins séparées de la foi, dans une société qui ne croit plus pour la première fois depuis près de deux millénaires.

La fin de l'Âge de la Raison est une époque où on considère l'image comme faussée ; c'est pourtant une époque d'idolâtrie pure et simple. À mesure que les images électroniques ont glissé vers un formalisme conservateur, hautement structuré et confortable, nos méthodes rationnelles ont été impuissantes à tirer parti de ce qui constitue en vérité un changement surprenant. Une civilisation fondée sur la structure fuit le doute. Et tout naturellement, l'homme rationnel a ramené l'imagerie moderne aux formes rituelles les plus viles d'une religion païenne.

Presque toutes les civilisations ont été obnubilées par la relation possible entre l'image et l'immortalité. Mais la plupart d'entre elles ont limité l'effet hypnotique du reflet idolâtre de soi. Les chrétiens empruntèrent aux religions plus anciennes, celles des Grecs et des Romains, la toute-puissance de l'image divine. Ils intégrèrent cette divinité païenne dans la leur. En fait, il est assez difficile d'en imputer la responsabilité aux Pères de l'Église. Il s'agissait d'hommes dévots, mais d'une grande simplicité sur le plan social et culturel. Ils étaient presque toujours issus des classes inférieures de la société, parfois des classes moyennes. En 312, grâce à la conquête romaine d'inspiration chrétienne, sous l'égide de Constantin, ils se retrouvèrent brusquement catapultés au centre des affaires. La civilisation dont ils avaient la charge était dominée par l'ancienne aristocratie romaine, cultivée et sophistiquée. En quelques années, ces simples prêtres durent assumer la responsabilité des angoisses théologiques des citoyens du plus grand empire jamais constitué. Le pouvoir qui leur incombait étant considérable, leur simplicité et leur intégrité, qui avaient attiré Constantin, constituèrent un handicap.

Comment pouvaient-ils captiver l'imagination d'une population aussi vaste, baignant dans un étrange amalgame de philosophie grecque rationnelle et d'idolâtrie baroque? La solution la plus facile consistait à intégrer ces deux éléments dans le christianisme. Cette option prit la forme d'une politique officielle quand Damase Ier devint pape, en 366. Plutôt que d'essayer de convertir les païens romains au christianisme pur, il choisit de fonder l'Église romaine. Il rallia à cette cause les classes dirigeantes de la cité, malgré leur héritage philosophique athénien et leur attachement à une imagerie fort complexe, qui devint l'une des caractéristiques fondamentales de la religion chrétienne.

Un demi-siècle plus tard à peine, cette conception fut intégrée au courant intellectuel dominant du christianisme, par l'intermédiaire des écrits de saint Augustin, évêque d'Hippone, en Afrique du Nord. Entre l'art chrétien et l'idolâtrie, il établit une différence extrêmement subtile : « Dieu n'est pas l'âme de toutes choses, mais le créateur de toutes les âmes [2]. » Comme souvent lorsque des distinctions complexes sont appliquées à des questions d'éthique simples, le résultat fut de justifier le culte des idoles établi *de facto*. Cette conception s'imposa de façon permanente avec l'avènement sur le trône pontifical, en 590, du grand pape Grégoire. Celui-ci popularisa et universalisa le message de l'Église grâce à une simplification du message chrétien et à l'acceptation de la magie et des miracles. Il n'y parvint pas en rejetant l'idolâtrie rationnelle sophistiquée qui prévalait depuis deux siècles, mais en développant ses postulats essentiels.

Au milieu du VIIe siècle, l'attachement à la magie et au mysticisme porta ses fruits avec ces chrétiens orientaux qui, fuyant l'explosion musulmane et sa condamnation de l'idolâtrie, s'établirent à Rome et prirent le contrôle de l'Église. Entre 678 et 741, onze des treize papes qui se succédèrent sur le trône pontifical étaient grecs ou syriens. C'étaient des réfugiés venus d'Orient, qui apportaient avec eux leur obsession des reliques et des images miraculeuses. Des charrettes entières de fémurs de saints et de fragments de la Sainte-Croix furent acheminées à Rome. Des images décorèrent bientôt l'intérieur de toutes les églises, focalisant les angoisses des paroissiens. S'il restait la moindre incertitude sur la conception occidentale, elle fut vite dissipée durant la querelle des Images, qui sévit dans l'empire d'Orient entre 726 et 843. Les tentatives faites par Constantinople pour bannir l'usage des images saintes furent constamment sapées par le pape et l'Église romaine [3].

Cette tendance se perpétua pendant un millénaire, jusqu'à ce que le christianisme fléchît sous la pression d'une rationalité renouvelée. Tandis que les Églises s'effondraient, l'image se trouva libérée de leur emprise, sans l'être pour autant de la divinité. Nous avons tué Dieu en le remplaçant par nous-mêmes. Au travers de ce processus, l'homme a hérité de tous les pouvoirs divins de l'image chrétienne idolâtrée.

Le caractère artificiel de cet héritage païen avait quelque chose de tout à fait curieux. L'homme devait confectionner l'image avant de croire en ses pouvoirs. Par comparaison, l'indigène animiste, qui croit que la vie est en toute chose et qu'il fait lui-même partie intégrante de ce tout, adopte une position intellectuellement saine. Il participe d'un nirvana concret sur la terre. Bouddha a quelque peu terni cette vision avec son idée d'un nirvana abstrait. Selon lui, l'homme éprouve des difficultés à quitter cette terre ; mais s'il y parvient, il y échappera pour l'éternité.

Remarquons l'aptitude miraculeuse de la culture grecque à inoculer à n'importe quelle civilisation l'angoisse profonde et inconsciente suscitée par la peur de la mort, avant de l'encourager bassement par des promesses idolâtres. Les bouddhistes se débrouillèrent pendant des siècles sans effigies de Bouddha. C'est le voyage d'Alexandre le Grand en Inde qui les attira pour la première fois sur la voie ambiguë des représentations du Bouddha, théoriquement respectées et non adorées, de même que les statues de la Vierge étaient théoriquement respectées et non adorées.

Quant à Mahomet, il fournit dans le Coran une description limpide du paradis :

> Il y aura deux Jardins destinés à celui qui redoutait le lieu où se dressera son Seigneur.
> Deux Jardins pleins de floraison... Où coulent deux sources.
> Où il y aura toutes les espèces de fruits.
> Ils seront accoudés sur des tapis aux revers de brocart et les fruits des deux Jardins seront à leur portée. Là, ils rencontreront celles dont les regards sont chastes et que ni homme ni djinn n'a jamais touchées avant eux.
> Elles seront semblables au rubis et au corail.
> Il y aura deux autres Jardins en deçà de ces deux-là.
> Deux Jardins ombragés...
> Ces deux Jardins contiennent des fruits, des palmiers, des grenadiers.
> Il y aura là des vierges bonnes et belles.
> Quel est donc celui des bienfaits de votre Seigneur que, tous deux, vous nierez [4] ?

La limpidité de cette évocation explique que les images aient été bannies par la religion musulmane. Par l'intermédiaire de son prophète,

Dieu avait transmis aux hommes tous les détails sur le Ciel : il ne restait plus de place pour broder sur sa description.

Curieusement, quelque sept siècles plus tôt, le Christ avait parlé à des gens du désert tout aussi simples, s'exprimant presque exclusivement par paraboles. Pourtant, il ne leur donna pas la moindre indication sur ce qu'était le paradis. Il s'étendit longuement sur l'identité de ceux qui y accéderaient et sur la manière d'y entrer, sans dire un mot du site en lui-même. Le chrétien fidèle en quête de signes lira à la place :

> Bénis sont ceux qui sont persécutés pour leur vertu : car le royaume des cieux est à eux.

Ou :

> Quiconque s'humiliera comme ce petit enfant sera le plus grand au royaume des cieux.

Ou encore :

> Un homme riche rentrera difficilement au royaume des cieux [5].

Si Mahomet transmit à ses adeptes une description détaillée du paradis alors que le Christ avait totalement éludé la question, on peut être certain que cela fut intentionnel de part et d'autre. On parle cependant du même Dieu, des mêmes prophètes, du même paradis. Toute tentative d'explication sur cette divergence tiendrait de la pure spéculation. Si nous prenons le Christ au mot, il a fait allusion à un paradis assez semblable au nirvana bouddhiste. Toutefois, le succès du christianisme en Europe n'eut rien à voir avec une telle idée. Tout au contraire, le caractère indéfinissable du paradis chrétien laissait l'Occident libre de cultiver son attachement païen à un amalgame de mystique et de réalités concrètes.

C'est à travers l'image que l'imaginaire occidental s'est révélé et qu'il continuera à se révéler. Il n'était pas nécessaire de changer grand-chose au passé préchrétien. Les paraboles du Christ concordaient parfaitement avec les fondements de la mythologie et de la philosophie grecques. La simplicité abstraite du christianisme facilita son assimilation rapide avec la folie des images de l'Europe romaine. Le paradis très vague du Christ était une contribution apparemment révolutionnaire. Il donnait une forme à l'idée naissante d'immortalité. Mais ce fut l'Europe romaine qui transforma cette idée en une image concrète. Et ce fut l'Europe, grecque, romaine et barbare, qui imprégna de magie le rêve d'immortalité. Statues, peintures et objets miraculeux sont un don de l'Europe païenne à la religion austère du Christ. Il n'y avait qu'un pas entre les effigies du Christ ensanglanté ou les images de la Vierge guérisseuse, et l'image profane, garante inconsciente de l'immortalité de l'homme.

Le pouvoir de l'image païenne, chrétienne ou postchrétienne, n'a pas grand-chose à voir avec la foi. Il relève des mythes et des archétypes de l'homme occidental. De nos jours, un individu appartenant à la cinquième génération de citadins athées est tout aussi prisonnier de ces espérances que l'était un paysan médiéval. Si quelque chose a changé, c'est uniquement le fait que, depuis la Renaissance, la Réforme et l'essor de la raison, l'homme a fini par apprendre à produire non seulement des images, mais les images parfaites et porteuses d'un pouvoir considérable dont il avait toujours rêvé. Confronté à l'inefficacité d'un tel progrès, il sombra dans la confusion, en proie à une peur intime plus grave encore.

Longtemps auparavant, l'Église chrétienne avait entrepris de faire du paradis du Christ une réalité concrète, de caractère doctrinal. L'Église rétribuait des peintres chargés de représenter le paradis officiel. Ces artisans étaient initiés à un protocole complexe, qui indiquait de façon précise où chacun siégerait pour l'éternité. Ils illustrèrent ainsi l'idée que les chrétiens se retrouveraient sur des nuages. L'Église dissipa toute hésitation sur le fait que les corps en décomposition se reconstitueraient parfaitement au jour du Jugement dernier. Pour illustrer ce thème, elle passa commande à des milliers de peintres.

À mesure que l'ancienne aristocratie romaine disparaissait, l'illustration joua un rôle plus essentiel, pour des raisons autant magiques que pratiques. Presque tout le monde était illettré, y compris dans les nouvelles classes dirigeantes, fort diverses, pour ne pas dire opposées. Faute de pouvoir lire au public des textes saints, instructifs et réconfortants sur le paradis, comme c'était le cas des musulmans, les prêtres pouvaient conduire leurs ouailles dans des églises dont la décoration faisait amplement la démonstration de l'éternité.

À la fin du Moyen Âge, lorsque l'Église se servit de sa définition du paradis comme d'un moyen pour collecter des fonds, en recourant à certains stratagèmes comme les indulgences, elle causa un tort considérable à la crédibilité de ce concept. Par la suite, elle fut accusée de corruption et renonça à cette description concrète du Ciel. Du coup, les gens commencèrent à moins y croire. Dans un premier temps, pendant la Réforme, on vit la création de nouvelles Églises chrétiennes. Pourtant les Occidentaux revinrent progressivement à un usage plus nettement païen de l'image. Aujourd'hui, nous sommes entourés de millions d'images, vivantes et parfaites. Leur rôle est presque identique à celui des idoles de jadis : ce sont des reflets rassurants pour l'homme, quelle que soit la direction dans laquelle il se tourne. De l'ère chrétienne, nous avons retenu le sentiment que le peintre et le créateur d'images ont le pouvoir de transmettre le sens de l'éternité.

L'évolution technique, lente et compliquée, vers une réalisation parfaite de l'image, s'est échelonnée d'une manière désordonnée sur plusieurs milliers d'années, des progrès étant accomplis ici et là, ou simultanément en divers endroits. Les scènes les plus marquantes de ce véritable combat se situent dans le nord de l'Italie, entre le XIIIᵉ et le XVIᵉ siècle. À Sienne, chaque étape de cette explosion créative demeure exposée sur les murs de la ville, tels les indices d'une énigme se dévoilant peu à peu.

Jusqu'au début du XVIᵉ siècle, les peintres étaient obnubilés par le progrès technique. Ils s'étaient toujours débattus avec des problèmes comme la perspective, dans l'espoir inconscient que, s'ils parvenaient à créer une image parfaite, il se produirait quelque chose de magique. Avant que l'homme rationnel ne s'empare de l'idée de progrès, celle-ci était une notion désespérément confuse, écartelée entre un processus technique et une amélioration d'ordre éthique.

Cela ne veut pas dire que le besoin de progrès a été systématiquement assimilé à l'idée de quête, comme d'un Saint-Graal. Il se comprenait plutôt comme un processus de type administratif, une avancée ou un progrès sur un territoire conquis. Ainsi, les monarques accomplissaient des progrès à travers leurs propres royaumes. Le résultat était bon ou mauvais, ou nul, selon le roi et selon ce qu'avaient été ses désirs. La noblesse et la paysannerie médiévales devaient supporter le passage du roi et de son entourage. La confusion entre ce que nous attendons aujourd'hui du progrès et ce que nous en obtenons n'est pas pire que celle de l'époque. Notre confusion n'est pas différente de celle du peintre médiéval. Il cherchait désespérément des améliorations techniques, mais son travail lui fournissait la preuve que ses œuvres les plus fortes n'étaient pas nécessairement parfaites ni, partant, les plus avancées.

Duccio progressa, même s'il se perdit dans la confusion suscitée par le progrès. Entre 1308 et 1318, il travailla aux énormes retables de la *Maesta*, l'autel de la cathédrale de Sienne, qui comportait d'innombrables petites scènes exécutées sur des panneaux individuels. Il achevait consciencieusement chaque scène avant de passer à la suivante. En cours de route, il fit une série de découvertes techniques inédites. De sorte que, chaque fois qu'il s'attaquait à un nouveau panneau, il constatait qu'il avait commis de graves erreurs dans les scènes précédentes. Au moment de leur exécution, cependant, on n'aurait pas pu parler d'erreurs : seuls les progrès qu'il accomplissait permettaient de les qualifier ainsi.

Ainsi, Duccio avait mal disposé certaines portes, de telle sorte que ses personnages n'auraient jamais pu les franchir. Quelques panneaux plus loin, il peignit une autre porte. Cette fois, les figures présentes dans la pièce furent reproduites de façon à donner l'impression qu'elles venaient juste d'entrer.

Dans toute la ville de Sienne, les peintres étaient regroupés dans les ateliers de différents maîtres ; ces derniers leur transmettaient leur savoir, puis ils s'en allaient voler de leurs propres ailes, complétant par eux-mêmes les connaissances acquises. Un à un furent ainsi révélés les mystères techniques de l'image. On peut en voir l'étape finale à la bibliothèque Piccolomini. En 1505, Pinturicchio y peignit une série de fresques illustrant la glorieuse carrière du pape Pie II Piccolomini.

Pinturicchio avait assimilé les leçons techniques de ces prédécesseurs. Après quoi, il progressa tout seul, au point que ses images colossales étaient tellement riches, par la couleur et les détails comme par les relations entre animé et inanimé, que le spectateur avait l'impression de voir les détails engloutis par l'ensemble. De toute évidence, le maître était sur le point de créer l'image miraculeuse parfaite.

Pinturicchio s'est représenté dans la neuvième fresque, située tout en bas à gauche. À côté de lui, on reconnaît son élève, Raphaël, qui, quelques années plus tard, résoudra les dernières énigmes techniques. Il réalisera l'ultime progrès en poussant l'image peinte aux limites de ses possibilités.

D'autres attribueront ce progrès à Michel-Ange ou à Léonard de Vinci. Ce en quoi ils ont probablement raison. Tant d'années s'étaient écoulées, tant de progrès avaient été réalisés, tant d'artisans avaient pensé et œuvré que cette ultime étape ne pouvait être que le résultat d'un effort collectif. La perspective fut résolue et l'image parfaite vit le jour entre 1405 et 1515, alors que des artisans avaient lutté pendant des milliers d'années pour parvenir à cet instant solennel.

Peut-être est-ce parce que Raphaël était le plus unidimensionnel de ces trois personnages qu'on lui assigna cette découverte? Il était le peintre des peintres. Ce n'était pas un égocentrique libidineux comme Michel-Ange, dont les frasques étaient aussi connues que son œuvre; ni un scientifique ou un stratège inventeur d'armes et de machines, à l'instar de Vinci. Raphaël aurait pu servir de modèle au peintre de l'Âge de la Raison, le technocrate invisible des images. Avec le recul, il apparaît en effet comme le père de l'« artiste », c'est-à-dire de l'homme qui peint pour créer la beauté. Cependant, Raphaël ne se contenta pas de perfectionner l'image. Son œuvre majeure, ce sont les fresques de la Stanza della Segnatura, qui ornent les appartements pontificaux de Jules II. Ces fresques avaient pour thème la justification du pouvoir de l'Église par la philosophie néoplatonicienne. Jules II y est entouré des penseurs qui avaient remis au jour cette trahison originale du dogme chrétien, afin qu'il conserve un sens – c'est-à-dire qu'il se justifie – dans le contexte de l'explosion humaniste de la Renaissance. C'est Raphaël qui fit de cette vieille contradiction une image unifiée. Les deux fresques les plus importantes sont *La Dispute du Saint-Sacrement* et *L'École d'Athènes*. Ce ne sont pas les détails de ces scènes qui les rendent révolutionnaires, c'est le fait que des milliers d'années de recherche pour obtenir une image parfaite ont abouti à des peintures affirmant le mariage entre les traditions de l'idolâtrie païenne et celles de l'immortalité chrétienne. Avec un panache remarquable, Raphaël mit la dernière main à l'intégration des éléments païens gréco-romains dans les éléments chrétiens, et referma la boucle inaugurée par le pape Damase au IVe siècle.

En l'espace de vingt années de travail intensif, ces trois hommes accomplirent le miracle de l'image. La peinture prit vie, l'image devenant réelle, aussi réelle que possible avec de la peinture. La relation entre le sujet observé et l'observateur atteignit finalement la perfection. L'observateur se trouvait, en quelque sorte, intégré dans le sujet observé. Il venait à l'image encadrée en quête de sa prison éternelle, aussi soumis qu'une vierge venant à Dracula, dans l'espoir que l'image boirait son sang et vivrait ainsi à jamais.

Somme toute, c'était une espérance limitée comparée à la promesse du paradis proposée par l'Église. Un simple panneau peint sur un mur représentait une modeste vision de l'éternité, aussi médiocre que l'idée de dormir dans un cercueil dans la journée pour n'en sortir qu'au coucher du soleil. Tout comme Dracula, l'image était l'ultime reflet. Elle restait incapable de donner la vie, de la même façon que le comte demeurait invisible dans un miroir.

L'observateur abordait l'image parfaite le cœur rempli d'espoir. Il y découvrait un miracle technique. Du génie. Une émotion, une beauté qui le séduisaient comme il n'avait jamais été séduit. Mais il n'y trouvait pas ce qu'il était venu chercher. Ce reflet vivant n'avait pas sur lui l'effet escompté. Bien sûr, comme la plupart des espérances d'ordre métaphysique, celle-ci appartenait au royaume des désirs informes. Ce n'était jamais que l'esquisse du désir. Le perfectionnement de l'image fut l'une des grandes déceptions de l'histoire occidentale.

Après la découverte de Raphaël, et pendant une vingtaine d'années, les artisans célébrèrent leur triomphe par une explosion de génie [6]. Cependant, l'échec inconscient dissimulé sous cette impression de réussite se révéla peu à peu et assombrit leurs perspectives. Pour s'en convaincre, il suffit de regarder l'opulence et la joie sensuelle du Titien tourner lentement au tragique. Faute d'espace disponible pour le progrès, l'image vira, esquiva, fit volte-face, pour finalement s'enterrer, tel un animal enchaîné à sa promesse irréalisable, en quête d'un moyen pour dépasser la mortalité du réel.

L'esprit conscient ne regarde pas un tableau en tenant compte de tous ces éléments. Il y recherche la beauté, l'émotion ou le reflet de quelque chose qu'il connaît. Les obsessions humaines ne sont pas liées à une pratique, à une preuve, à un débat public. Leur impossibilité est un attrait en soi. Et pourtant, ces obsessions ont presque toujours des effets secondaires concrets. Elles suscitent des organisations, des croyances, des objets, des types de comportement particuliers. La société est en partie le résultat de besoins réels, d'ordre militaire, économique ou social. Mais elle procède également d'obsessions impossibles à réaliser.

Si nous allons vers l'image à la recherche de Dracula, nous y trouvons en fait le reflet de notre propre réalité : les conventions sociales, les rapports de force, les valeurs établies et les émotions patriotiques. Ou bien nous y trouvons des images qui reflètent nos espoirs en matière de justice ou de confort matériel, à moins que l'image ne vienne renforcer nos préjugés. Le peintre reflète ce que la société souhaite qu'il reflète. S'il inspire un refus ou une angoisse, il réagit à quelque chose qu'il perçoit dans le corps social même.

Lorsque le romantisme s'épanouit, à la fin du xviiie siècle, et que l'ego s'enfla au point de dominer la vie publique, on estima tout à coup que Raphaël était un être bien trop modeste pour faire figure de père de l'image parfaite. On se conforma à la description des découvertes techniques fournie par Vasari dans son ouvrage, *Vies des plus excellents peintres, sculpteurs et architectes*, écrit peu de temps après les événements évoqués. En d'autres termes, on attribua cette percée sans précédent à un individualiste irresponsable et antisocial comme Michel-Ange, véritable caricature de l'artiste du xxe siècle. Pour peu qu'on parvienne un jour à créer une société véritablement ouverte et raisonnable, Vinci cesserait sans doute de nous apparaître comme un géant formidable, et c'est à lui que l'on attribuerait ce gigantesque progrès.

Bien que Michel-Ange ait fini par incarner l'artiste type du futur, il faisait incontestablement partie d'une société où l'artisan se trouvait pleinement intégré. Les peintres de son temps étaient des artisans, membres d'une corporation ou gilde. À Bruges, les primitifs flamands du xve siècle appartenaient à la même gilde que les bourreliers, les vitriers et les miroitiers. À Sienne, leurs signatures, soigneusement datées, étaient suivies de déclarations comme celle-ci, de Thadeu Bartholi : « *Fecit fieri agelella* (Fait avec fierté). » Ces signatures n'étaient pas des manifestations de leur ego, comme chez les peintres modernes. Ils signaient en tant que membres d'une gilde, confirmant ainsi leur rôle d'artisans et prenant publiquement la responsabilité de leur contribution à la communauté. L'image avait une fonction publique. Elle était accessible à tous. Nul besoin d'avoir de l'argent, un rang social élevé ou d'être cultivé pour contempler une peinture ou une fresque.

À mesure que les peintres se rapprochaient de l'image parfaite, la société exigeait de plus en plus qu'on lui proposât des reflets d'elle-même. Les donateurs de tableaux religieux se faisaient représenter discrètement dans les coins, souvent dans de petits médaillons. Peu à peu, ils trouvèrent le courage d'insister pour être intégrés dans la structure centrale de l'image. Puis, tout d'un coup, ils apparurent aussi grands que les autres personnages, à la fois dans la sculpture et dans la peinture. Les piliers de la cathédrale Saint-Stéphane à Vienne sont décorés d'effigies de saints et de donateurs grandeur nature, mêlés les uns aux autres. En peinture, on trouvait de plus en plus couramment ces mêmes donateurs agenouillés devant le Christ, au bout d'une file, derrière les apôtres ou le saint local. Bientôt, les apôtres eux-mêmes se volatilisèrent, l'image étant désormais consacrée au Christ, à la Vierge Marie et au seigneur de la région. Ou au conseil de la ville. Ou encore au roi.

Dans les tableaux représentant l'Apocalypse – c'est-à-dire le Jugement dernier –, les bourgeois ou les seigneurs locaux apparaissaient sains et saufs, du côté des chrétiens épargnés, tandis que le Christ expédiait les damnés aux enfers. Il ne s'agissait pas d'impressionner les serfs de la paroisse, ou qui que ce soit, en représentant les saintes relations de leurs maîtres. Ni de faire publiquement la démonstration de leur sainteté. Mais plutôt de rappeler que le Christ était immortel et qu'ils se tenaient à Ses côtés. L'image était une sorte de négatif de la vie, qui serait développé dans la mort.

De plus en plus fréquemment, le peintre vêtait le Sauveur, Sa famille et les saints à la dernière mode, même s'il était parfaitement renseigné sur la manière dont les gens s'habillaient au temps du Christ. Il existait en effet toutes sortes de représentations précises et bien connues des vêtements portés aux temps bibliques – statues, mosaïques, bas-reliefs. Il ne s'agissait pas non plus d'une volonté de populariser le christianisme ou de le moderniser. La religion était parfaitement accessible. Son message était peut-être diversement déformé par les Églises, mais la notion de souffrance sur la terre, de résurrection et de vie éternelle était on ne peut plus claire.

Même si le Gabriel de l'*Annonciation* de Benedetto Bonfigli, à Sienne, ressemble à un riche dandy, avec ses boucles blondes coupées à la dernière mode, l'idée était qu'une image contemporaine pouvait être aussi éternelle qu'un ange. Les trois sages de l'*Offrande* de Pietro Perugino font songer aux princes du *Printemps* de Botticelli. Et pour la même raison. À Modène, on trouve une extraordinaire transposition de citoyens ordinaires en saints bibliques. Ce groupe de personnages en terre cuite grandeur nature, œuvre de Guido Mazzoni, coloriée par Bianchi Ferrari en 1509, se trouve dans l'église de San Giovanni. Les personnages descendent le Christ de la croix. Ils ressemblent tous à des habitants de la Modène médiévale venus à l'aide pour emmener le corps du Christ.

Cette fusion entre l'actualité humaine et la promesse biblique de l'immortalité va nettement au-delà des tenues vestimentaires et des coupes de cheveux. Dans la cathédrale d'Orvieto, Fra Angelico et Signorelli ont peint une Apocalypse où certains personnages semblent sortis tout droit d'un défilé de mode. Plus important encore : les défunts sauvés par la résurrection et surgissant des entrailles de la terre. Ce sont des squelettes retrouvant leur chair lors de leur retour à la vie et qui bavardent entre eux. L'attention accordée par le peintre aux détails corporels est quasi libidineuse. Elle est aussi puissamment profane, faut-il le préciser ? Ces morts ressuscités incarnent le peuple, et il s'agit d'une illustration précise de la manière dont leurs corps seront reconstitués. Les citoyens d'Orvieto pouvaient se rendre à la cathédrale et compter leurs muscles, mesurer leur tour de poitrine, vérifier la couleur de leurs yeux. C'était un reflet d'eux-mêmes, ressuscités pour l'éternité, jusque dans leurs moindres détails. Cette représentation est reprise d'une manière plus explicite encore dans la basilique de Santa Maria degli Angeli, à Assise, où le Maestro dell'Osservanza a peint un *Martyre de saint Bartholomé* au début du XVe siècle. De part et d'autre du pauvre saint, nu et ensanglanté, on découvre une rangée de bourgeois d'Assise arborant des chapeaux bordés de fourrure et ornés de longs glands épais, rejetés avec élégance sur une épaule. Ces hommes sont extrêmement bien vêtus pour l'époque. En revanche, ils n'ont pas la tenue qui convient pour assister à un martyre. On croirait voir la réception grotesque d'un mariage à la mode. Il semblerait que le sujet sacré n'ait plus d'importance, hormis par association. Ce qui compte, c'est que le citoyen soit là, aux côtés d'êtres immortels, dans un reflet presque animé.

Ces astuces pour obtenir le meilleur emplacement sur le mur perdirent tout intérêt quand Raphaël créa l'image parfaite, car elle n'eut aucun résultat magique. Les peintres réagirent en se livrant à la surenchère. L'exubérance joyeuse du Titien était une tentative pour donner la vie à la réalité de Raphaël, par la multiplication des détails. Plus de nuages, plus de personnages, davantage d'événements. Un effort gigantesque pour mieux saisir la réalité du paradis.

Voyant que cela ne fonctionnait toujours pas, un grand nombre de peintres renoncèrent au grandiose pour se tourner vers l'intime et s'essayèrent à l'érotisme. *Vénus et l'Amour*, de Cranach l'Ancien, est une version édulcorée de cette tendance. Vénus n'y a rien de mythologique, elle n'a rien non plus d'une déesse : elle est représentée totalement nue, à l'exception d'un chapeau à la mode. Son regard taquin, coquettement tourné vers l'observateur, est une invitation à l'amour, destinée à n'importe quel homme disposé à la rejoindre sur le mur. Cette approche directe, à laquelle *Playboy* doit beaucoup, était si populaire que, vers la fin du XVIIe siècle, Cranach en peignit d'innombrable versions, pour ainsi dire identiques, à l'intention d'admirateurs de toute l'Europe. L'allégorie de Bronzino intitulée *Le Temps et la Vérité découvrant la Luxure* renonce pour sa part à toute pudeur. C'est l'une des scènes les plus érotiques jamais peintes. L'épiderme de la jeune femme, d'une blancheur suave, est presque palpable. Un Cupidon svelte, pubère, a glissé un bras autour d'un de ses seins, par-dessous, afin de saisir l'autre entre ses doigts, tandis que ses lèvres effleurent les lèvres de la jeune fille. C'est l'essence de la nudité féminine, le corps tourné vers l'observateur, les cuisses sur le point de s'écarter, offrant un mélange de placidité et d'énergie contenue. On comprend mal pourquoi les autorités britanniques entreprennent périodiquement de censurer des films pornographiques, alors qu'une œuvre aussi explicite orne la National Gallery !

Après le corps, les peintres tournèrent leur attention vers la société, mais d'une manière vague et détachée. Ils décrivirent les scènes qu'ils connaissaient, cette fois en maîtrisant pleinement la perspective. Ils entraînaient la société avec eux dans des envols de fantaisie, comme ceux de Fragonard, qui tenta de rendre la vie meilleure qu'elle ne serait jamais en recourant à des couleurs d'un romantisme impossible, dans une nature luxuriante, toute en rondeurs, peuplée de femmes opulentes et de couples joyeux. D'autres usèrent de nouveaux stratagèmes, comme La Tour avec ses jeux d'ombre et de lumière, pour donner l'illusion d'une image animée. Les Anglais s'essayèrent à un naturalisme qui semblait éliminer toute barrière entre le sujet et le portrait. Gainsborough installa *Portrait de Mr et Mrs Andrews* sous un arbre, leurs champs à l'arrière-plan. On les découvre tels qu'ils étaient dans la réalité, sûrs d'eux, ennuyeux et pompeux. Ils ont presque assez de vie pour sembler ressasser de vagues liens de parenté avec un duc ou nous relater une bonne partie de chasse. D'autres peintres encore s'abandonnèrent à une propagande sans vergogne. Ils s'emparèrent du thème du nouveau Héros de la fin du XVIIIe siècle et représentèrent quantité de révolutionnaires et de généraux.

Napoléon, Héros par excellence, avait à ses côtés David, le plus grand adorateur de Héros parmi les peintres, ainsi que Gros, Regnault, et deux des élèves de David, Ingres et Gérard. On les qualifia souvent de romantiques, car leur style mariait l'intime et le grandiose. Appliquée à Napoléon et à son empire, cette union est en réalité une combinaison de sentiments vils et d'idolâtrie. Leurs relations privilégiées avec les hommes du pouvoir entretenaient l'illusion que ces peintres conservaient le statut qu'ils avaient toujours eu au sein de la communauté. David, en particulier, semblait être une version moderne de l'ancien bourgeois, membre de gilde, artisan du Moyen Âge. C'était loin d'être le cas. C'était un serviteur du pouvoir, non un élément constitutif du pouvoir. Il exprima lui-même on ne peut plus clairement son attitude vis-à-vis de Napoléon : « Dans le passé, on aurait érigé des autels en l'honneur d'un homme tel que lui [7]. » Ses tableaux *étaient* des autels. Malgré ses opinions politiques révolutionnaires, David ne parvint pas à se créer une existence autonome : il joua un rôle d'adulateur. Cette illustration du peintre-serviteur ne pouvait que renforcer une conception des beaux-arts qui réduisait l'« art » à un procédé technique, celui-ci étant limité à son tour à un choix restreint de sujets classiques. En échange, le peintre jouissait d'une respectabilité factice ; non en tant qu'artisan « utile », mais comme un délicat créateur de beauté, qu'il convenait de protéger du monde réel.

On peut trouver toutes sortes d'explications à la séparation progressive de l'artisan et de l'artiste, qui fit perdre au peintre le rôle qu'il avait joué jusqu'alors dans la société. Et pourtant, il faut bien constater que les premiers signes de cette séparation apparurent quand on approcha de l'image parfaite. Pendant la Renaissance, le peintre se considérait encore comme un artisan. Mais le sens de ses pouvoirs mystiques potentiels, que la société attribuait à ses talents d'artisan, se dissipa dès l'instant où Raphaël rompit la barrière technique. Le peintre fut dès lors rejeté tacitement par la société. Ce rejet provoqua en définitive son long déclin.

L'historien d'art R. G. Collingwood situe au XVIIIe siècle l'amorce de cette séparation entre beaux-arts et art « utile » [8]. Autrement dit, c'est au XVIIIe siècle que la société douta consciemment que l'art pût être utile.

L'artisan-devenu-artiste réagit à cette marginalité forcée comme le font souvent les parias : en se retranchant dans sa dignité. Puisqu'on ne voulait pas de lui, il se replierait sur sa propre conception de sa grandeur. Son statut social déclinant, il devint non conformiste, individualiste, irresponsable, lunatique, « bohème ». À ce moment-là, il transféra son allégeance de Raphaël à Michel-Ange, un personnage antisocial plutôt conforme au moule moderne. Dans le même temps, ces nouveaux « artistes » adoptèrent une définition de la beauté qui n'avait plus guère d'intérêt sur le plan social. Comme on ne leur demandait plus de refléter la société, ils n'étaient plus en mesure de la critiquer ni de proposer une alternative sérieuse. À mesure que l'art s'écartait de la société, il devenait une simple forme de refus ou d'anarchie.

L'image perdant ainsi sa fonction, de même que son pouvoir magique, l'artiste s'en éloigna. Delacroix fut parmi les premiers à choisir cette voie. En 1832, il échappa physiquement et mentalement à la dictature des beaux-arts en se rendant en Afrique du Nord. Il en ramena des images saisissantes, violentes, subjectives, de chevaux sur des champs de bataille. En 1849, il entreprit deux énormes fresques pour l'église Saint-Sulpice de Paris. L'essentiel de ce qui allait se développer au cours du siècle est déjà visible dans l'une de ces œuvres, qui montre Jacob luttant avec l'ange Gabriel. La lumière évoque puissamment Monet. À terre, on aperçoit un chapeau qu'on pourrait attribuer à Van Gogh. Ce penchant impressionniste tourna vite à l'engouement, et dès le début du XXᵉ siècle, l'abstraction avait évincé l'image. Quarante ans plus tard, l'image parfaite devait réapparaître, à la faveur d'une série de nouvelles écoles : réaliste, hyperréaliste, naturelle-réaliste, magique-réaliste. Les artistes s'évertuaient à créer des images plus animées que celles des photographes et des cinéastes. L'effet était pour le moins surprenant, mais la valeur magique de l'œuvre continuait à leur échapper.

Cet abandon de l'image reflète une série d'événements déconcertants. En 1839, la photographie faisait son apparition. Delacroix était déjà au faîte de sa carrière. Gustave Moreau n'avait pas encore entamé la sienne. Manet avait sept ans. Cézanne naquit cette année-là, Monet un an plus tard. Dès 1845, la pellicule remplaça la plaque photographique. Trois ans plus tard, Gauguin voyait le jour. Van Gogh naquit huit ans après, et Toulouse-Lautrec en 1864 seulement.

Ces peintres découvrirent en grandissant un monde inondé d'images nouvelles, parfaites. D'un point de vue technique, presque toutes les photographies étaient supérieures à un Raphaël ou à un Vinci. Et pour ainsi dire n'importe quel imbécile pouvait en produire une. En dépit de ce changement révolutionnaire, l'image elle-même n'avait toujours pas pris vie. En réalité, elle semblait avoir échappé de justesse, une fois de plus, à l'emprise du photographe. Alors que les peintres se tournaient vers l'abstraction, niant l'image, ou vers le surréalisme, comme pour s'en moquer à travers le grotesque, ils semblaient, dans leur désespoir, regretter d'avoir cru à la perfection technique comme à un secret susceptible de lui donner la vie. Et pourtant, il y avait toujours eu des peintres dont le pouvoir résidait davantage dans leur potentiel mystique que dans leur technique d'exécution. En dépit du caractère romantique conféré au processus créatif au xxᵉ siècle, ce mysticisme était aussi éloigné de la conception moderne de l'artiste qu'il l'était de l'artisanat médiéval.

Même parmi les meilleurs artisans, on dénotait souvent un élément de génie animiste, qui submergeait et anéantissait leur talent. Duccio se donna beaucoup de mal pour éliminer ses erreurs, mais il en subsista malgré tout un grand nombre. Nous les repérons aisément, mais nous voyons bien que ces peintures sont des chefs-d'œuvre, beaucoup plus beaux, plus émouvants, plus vibrants de vie que des milliers d'autres œuvres d'excellents artistes n'ayant pas commis d'erreurs graves parce qu'ils travaillèrent quelques années après lui.

Cela paraît évident. Pourtant, si le perfectionnement de l'image n'était pas essentiel à la qualité ou à la force de l'œuvre picturale, les valeurs générales et fondamentales de structure et de compétence furent mises en question avant même le xviiᵉ et le xviiiᵉ siècle, quand le progrès et la raison s'élevèrent au rang de vérités absolues et inviolables.

Dans le cas de la peinture, il ne s'agit pas simplement de savoir si l'absence de perfection réussit là où la perfection a échoué. Si tel était le cas, il suffirait de constater la supériorité du travail imparfait de Duccio, de Carpaccio et de Pinturicchio par rapport aux toiles techniquement parfaites de Véronèse, Fragonard et Rubens. Il n'est pas question non plus de dire que le génie tel que nous le comprenons aujourd'hui est plus important que la compétence technique. En réalité, le génie tel qu'il apparaît dans l'inspiration mystique réfute la conception du génie telle que l'entend l'Occident moderne.

Ce phénomène n'est pas limité à quelques peintres farfelus. Des éléments de mysticisme apparaissent chez les plus brillants possesseurs de talent et de génie. Rappelons Duccio et son problème de porte dans l'un des panneaux de la *Maesta*. Quelques scènes plus loin, il avait déjà trouvé la solution. Avec cet acquis et l'amélioration de sa technique, il aurait pu revenir en arrière et corriger son erreur de perspective. Il n'en fit rien. Jugea-t-il que cette image, même erronée, accomplissait quelque chose qu'il ne pouvait justifier sur le seul plan technique?

Considérez les anges qu'il peignit sur l'ensemble des panneaux de la *Maesta*. Ils nous paraissent familiers, hors du temps. Ils sont curieusement démodés par rapport au reste, tout en ayant l'air étrangement moderne. Un feu semble jaillir de leur personne, tel un réacteur qui les propulserait en avant. On pourrait y voir une interprétation littérale, un peu naïve, de la manière dont les anges volent. Or cela n'a rien de naïf.

On les croirait sortis d'un autre tableau, pour ne pas dire d'un autre monde. Ils réapparaissent d'ailleurs d'une façon tout aussi curieuse dans l'œuvre d'autres peintres. Finalement, il n'est peut-être pas surprenant de retrouver cette même énergie mystique, angélique, un siècle plus tard, toujours à Sienne, dans les toiles de Soma di Pietra.

Dans les fresques de Pinturicchio illustrant la vie du pape Pie II, une scène montre les cardinaux alignés les uns derrière les autres devant le souverain pontife. Ils sont couronnés par la masse de leurs chapeaux, semblables à une volée de chouettes neigeuses sur le point de s'envoler en direction de l'observateur. Ces coiffes dansent à l'unisson sur les têtes de ces hommes, selon des angles tout à fait particuliers, et paraissent trois fois plus volumineuses que ceux qu'elles couvrent. Techniquement imparfaits, ces chapeaux traduisent pourtant d'une manière saisissante l'essence du cardinalat.

Jusqu'à Raphaël, l'inspiration mystique était généralement enfouie dans l'œuvre des grands peintres. Elle émergeait parfois dans des tableaux commandés par l'Église, la noblesse, le conseil de la ville ou l'une des gildes. Ce mysticisme se faufilait parfois dans la faille qui séparait encore le génie de la perfection technique. Avec Raphaël, cet écart fut comblé. Au cours des quatre siècles qui suivirent, nous l'avons vu, les peintres s'écartèrent de la société, le mysticisme étant réduit à un élément distinct mais mineur, relégué à l'arrière-plan. Que ces peintres fussent irrationnels, antisociaux – dans le sens conventionnel du terme – et dangereux ne fit qu'accentuer cette marginalité. Leurs œuvres touchaient toujours le public et provoquaient des réactions que la société jugeait dérangeantes.

Le mysticisme passait pour le dernier refuge de la superstition. L'homme rationnel en trouvait la confirmation dans l'existence d'images religieuses relativement rudimentaires, mais qui exerçaient encore une influence irrationnelle. Parfois, il s'agissait de quelque chose qui se situait au-delà de la superstition, fondé par exemple sur quelque épisode théoriquement miraculeux survenu dans le passé. De temps à autre, on trouve cependant des images qu'il suffit de regarder avec un esprit ouvert pour reconnaître qu'elles sont effectivement porteuses d'une force irrationnelle puissante.

Le crucifix qui « parla » à saint François, lui enjoignant « d'aller réparer [Ma] Maison qui tombe en ruine », est une illustration parfaite de ce phénomène. On ne peut pas dire que ce soit une très belle image. Un artisan anonyme l'a peinte aux environs de l'an 1000, puis le crucifix fut suspendu dans la petite église rurale de San Damiano. Lorsque François s'y rendit, l'église était dans un piteux état, pour ainsi dire en ruine. Il comprit le message de travers, pensant qu'il devait reconstruire le petit édifice de pierre, et non l'Église de Rome.

Une force émane malgré tout de cette image. Certes, tout le « cirque » religieux qui s'est aujourd'hui emparé d'Assise nous perturbe, et plus personne ne pourra voir ce crucifix comme François l'aperçut alors – seul, dans une petite église en ruine –, dans la paix et l'isolement. Pourtant, la force de cette image se fait encore sentir.

Le changement apparu dans l'inspiration mystique après les découvertes de la Renaissance est déjà visible dans l'œuvre du peintre allemand Grünewald. Il tirait parti des récents progrès techniques uniquement quand cela lui convenait. Sa *Résurrection*, datant de 1515, pour l'autel d'Issenheim, le situe dans la lignée des peintres du passé comme Uccello ; mais elle le rapproche tout autant de William Blake au XVIIIᵉ siècle et de Dali aujourd'hui. Le Christ se dresse dans une gerbe de couleurs évoquant une explosion irréelle d'électricité. Les soldats gardant sa dépouille tombent à la renverse au moment où il ressuscite. Un siècle plus tard, le Greco s'employait à déformer la réalité, comme le montre *L'Ouverture du cinquième sceau*. Les couleurs sont apparemment mal maîtrisées, les corps des ressuscités flottent, imprécis, tordus. Ce tableau véhicule plus une émotion qu'une image.

L'inspiration purement mystique de la peinture étendit son emprise à mesure que la puissance de la raison prenait de l'ampleur. Heinrich Füssli et William Blake œuvrèrent à une époque où les vagues de la raison déferlaient autour d'eux. En 1782, l'année qui précéda la publication du premier ouvrage de Blake, *Esquisses poétiques*, le *Cauchemar* de Füssli fit sensation dans toute l'Europe. Ce tableau représente une femme habillée, langoureusement abandonnée au bout de son lit, arc-boutée dans une posture impossible. Un petit monstre sombre est perché sur sa poitrine. Un cheval fou guigne dans la pièce, entre les rideaux foncés. L'appel à l'irrationnel, chez Füssli, eut un impact considérable. Les étranges figures dissociées de Blake véhiculent la même sensation d'une réalité incontrôlable. Ses anges ont l'air maladroit, naïf ; ils manquent de naturel sur le plan technique, ils ne sont pas crédibles. En un sens, ils sont tout cela à la fois. Ils ressemblent beaucoup aux anges de Duccio et de Soma di Pietra. Ils remettent en cause cinq siècles de progrès technique. Et pourtant, ils sont presque vivants. Par une série de gestes que nous ne pouvons identifier intellectuellement au génie, Blake a presque réussi à capturer l'image.

Goya était alors à l'apogée de sa carrière. Il semble que la famille royale espagnole, qui rétribua l'essentiel de son travail, n'ait pas compris les puissances qu'il déchaînait. Son œuvre représentant le massacre des Espagnols par les troupes d'occupation françaises, le 3 mai 1808, fut sans doute applaudie par les nationalistes, y compris par la noblesse espagnole. Or ce ne sont pas de simples paysans espagnols qu'on y exécute. Il y a chez eux quelque chose de sauvage et de surnaturel. On a l'impression qu'ils crient à l'adresse de leurs bourreaux. C'est un cri éternel de refus – celui de la guerre civile espagnole, près d'un siècle et demi plus tard, celui de n'importe quel paysan en révolte à n'importe quel moment, dans n'importe quel pays. C'est plus une image mystique de la condition humaine que le reflet d'un événement particulier.

Comparez cette sensation brute, affolée, aux images parfaites, laquées, que David produisait à l'époque – des œuvres de talent et d'intelligence. Elles sont touchantes, mais d'une manière singulière. Ce sont de remarquables outils politiques qui suscitent les émotions du spectateur dans un dessein précis. Pendant ce temps, Goya peignait des explosions. Il suffisait de les regarder pour sentir une déchirure à l'intérieur de soi. Peut-être faut-il y voir une représentation de l'éternel – une explosion informe, perpétuelle.

À Füssli, Blake et Goya succéda Gustave Moreau, qui peignit avant les impressionnistes et survécut à bon nombre d'entre eux. La mise en scène mystique et artificielle est flagrante dans son *Œdipe et le Sphinx*, ainsi que dans *Prométhée*, aux tonalités agressives, inexplicables, qu'on pourrait attribuer à Grünewald. Les sujets sont classiques, mais l'impression tient du barbare. Le mysticisme reprenait une place centrale sur la scène artistique, en partie parce que les autres images peintes subissaient les assauts de la photographie et du cinématographe, qui vit le jour en 1896. Mais il était également encouragé par le pressentiment de la fin – de la mort – qui ne cessait de croître à l'aube du xxe siècle.

Au tournant du siècle, un groupe de peintres viennois ouvrit la voie à cette sombre prophétie. Chaque coup de pinceau d'Egon Schiele semblait aviver la mort, à l'instar de la Crucifixion de Grünewald. Son *Heinrich Benesch et son fils*, de 1913, est une prédiction de la boucherie qui débuterait un an plus tard et durerait cinq longues années. La main puissante de ce père sûr de lui repose sur l'épaule de son fils aux traits de veau, le conduisant à la mort. Le père croit y voir clair, mais n'y parvient pas. Le fils, lui, voit ; mais il feint la cécité. Tout cela est évoqué de façon irrationnelle dans un portrait de famille théoriquement conventionnel.

Quand la Première Guerre mondiale éclata, un pessimisme plus sombre encore s'exprima. Tous les signes exprimés par Blake réapparurent en la personne de Magritte, qui par son style léché mais éloquent, maladroit, presque gauche, ne cessait de répéter au spectateur : « Regarde ce que tu as fait ! Imbécile ! Que vas-tu faire à présent ? »

Une part importante des bouleversements subis par l'image au cours des trente dernières années du xixe siècle et des quarante premières années du xxe siècle paraissait inédite. Ces changements portaient en eux l'optimisme inhérent à l'innovation et à une forte exaltation. L'invention était palpable un peu partout. On franchissait constamment de nouvelles barrières. L'image n'était pas la seule à découvrir de nouvelles formes à cette époque, mais ces peintures nous procurent aujourd'hui encore le choc de la nouveauté.

Et pourtant, les bacchanales de l'époque tenaient moins de la fête que de la mise à mort. Les cubistes, les surréalistes, les expressionnistes, la frénésie des lignes obscures, les plaques de couleurs crues, les blocs d'acier brut, les amas de pierres – que représentait tout cela si ce n'était une danse macabre ? Éblouissante, bouleversante, profondément évocatrice du malaise de l'homme face à sa civilisation rationnelle. Une danse de mort. Mais de quelle mort? En un sens, celle de l'image. Ou plus exactement, celle d'une certaine attente vis-à-vis de l'image. En termes d'histoire de l'art, chacune de ces écoles mérite une réelle attention. Eu égard à la relation de notre civilisation avec l'art, elles contribuaient à démontrer que l'image avait cessé d'être un pilier de la société – comme cela avait été le cas depuis le Moyen Âge – ainsi qu'une manière de critique constructive – ce qu'elle avait souvent été dans le culte romantique de l'ego. Elle n'était plus non plus au service du pouvoir. La nouvelle image ne reflétait pas, pas plus qu'elle ne remettait en cause, le monde rationnel, structuré, créé par l'homme. Elle éclatait au contraire en un gigantesque tourbillon, sur un tout autre plan, comme si elle n'avait plus sa place dans ce monde nouveau. Pour la première fois dans l'histoire, l'image refusait la société.

Quant aux peintres, comment n'auraient-ils pas fait des progrès durant toutes ces années? Le cubisme surgit, comme par magie, en 1907, onze ans après l'invention du cinématographe, alors que celui-ci commençait véritablement à prendre son essor. Le surréalisme fut officiellement fondé en 1924, trois ans après que le premier long métrage de Charlie Chaplin, *The Kid*, eut révolutionné le cinéma. Dali se joignit aux surréalistes en 1929, et Picasso peignit ses nus déformés en 1930, après la première apparition de Mickey Mouse, en 1928. Cette même année, *Steamboat Bill* fit de Mickey le protagoniste de dessins animés le plus célèbre du monde entier. D'un seul coup, il devint le personnage le plus connu de la planète, lui qui n'était pourtant qu'une image. Les sondages prouvent qu'il l'est toujours. *Guernica* et la grande exposition surréaliste de Londres datent de 1936, l'année où la télévision vit le jour, dans cette même ville. Soit six ans après l'avènement du cinéma parlant, cinq ans après Donald Duck et le chef-d'œuvre de Chaplin, *Les Lumières de la ville*, et un an seulement après la parution de la première bande dessinée. Le film *Blanche-Neige* sortit en 1937. Deux ans plus tard, la première émission de télévision américaine avait lieu à New York.

Les plus remarquables peintres du xxᵉ siècle avaient beau progresser à grands pas, l'image continuait à les devancer. Leur course était entravée parce qu'ils se cantonnaient dans une spécialisation « artistique », à l'écart de la société. Ce processus les mena dans le colimateur d'une nouvelle race d'historiens d'art. Alors que les peintres essayaient désespérément de rattraper la technologie, ils étaient la proie d'une foule de conservateurs, de critiques d'art, de marchands d'art et d'historiens d'art à l'esprit technocratique, qui se multiplièrent à une telle vitesse qu'ils constituent aujourd'hui l'espèce dominante.

Les premiers mécènes et historiens d'art furent souvent des obsessionnels, avides de toucher, de sentir, de tenir, d'observer, afin de trouver des liens mystiques avec l'image. De nos jours, les spécialistes ont tendance à être les parias de l'art, formés et évalués selon les critères spécifiques à l'éducation contemporaine, et incontestablement effrayés par le pouvoir potentiel de l'image. Leur rapport avec la créativité se fonde rarement sur l'amour ou l'obsession. Elle est leur mode de subsistance. Ils semblent plus à l'aise avec l'analyse, comme si une douzaine de photographies d'un chef-d'œuvre, prises dans des conditions parfaitement maîtrisées et dans un isolement neutre, les satisfaisaient davantage que quoi que ce soit d'autre. À ce moment-là, pourquoi ne pas détruire l'original et limiter la compréhension du public à leur propre analyse, fondée sur ces clichés, d'éléments parfaitement mesurables. On ne peut pas être un expert en matière de génie ou de mystique. Le génie et la mystique lui font peur.

Ces experts contrôlant les grandes galeries, ils purent appliquer leurs normes à la définition occidentale de l'art. Les nouvelles générations de peintres, coupés de ce que leurs prédécesseurs avaient ressenti grâce à leur intégration dans la société, découvrirent que les seuls échos qu'ils recevaient provenaient de ces experts. Dans la confusion qui s'ensuivit, de nombreux artistes produisirent directement pour les musées. C'est-à-dire pour les technocrates de l'art.

C'est aujourd'hui le mobile essentiel de la peinture occidentale. S'il semble que les peintres se soient dégagés de l'égocentrisme et aient retrouvé une place dans un monde d'images et de fresques publiques, à la manière des artisans des gildes médiévales, la ressemblance reste super-ficielle. Carpaccio avait peint des surfaces exposées au public à la demande des autorités établies – autorités sociales, politiques et reli-gieuses qui n'avaient rien à voir avec l'art. Ses illustrations répondaient à des besoins émotionnels et mythologiques de la société, non aux siens ou à ceux d'experts en images. Curieusement, son intégration au tissu social et l'identification de ses images au rêve public lui donnaient la liberté d'exprimer pleinement son génie et son inspiration mystique. Si le peintre postraphaélique œuvrait dans la position de plus en plus inconfortable d' « outsider », il puisait son énergie dans les reflets qui lui parvenaient en sa qualité de critique social récemment affranchi. Au cours de la deuxième moitié du XXᵉ siècle, les peintres perdirent le contact avec cette source d'énergie, leurs liens avec la société se rédui-sirent et furent remplacés par des reflets provenant d'un groupe d'experts en art socialement inadaptés. Il s'agit en fait d'une restauration moderne de la dictature des beaux-arts.

Seuls les peintres capables de puiser en eux-mêmes une inspiration mystique semblent en mesure de travailler d'une manière productive, en dépit de l'effondrement de notre société. Ils évoluent, indemnes, parmi les forces libérées par cette érosion. Ils ne sont pas affectés par les modes ni par les normes des experts. La confusion qui règne aujourd'hui ne les gêne pas. Sans se laisser déconcerter par la désorientation générale, ils cherchent les moyens de l'exprimer. Le secret consiste, selon eux, à dompter les forces violentes déchaînées par le trouble ambiant. On peut qualifier leur approche d'animiste.

Il n'est donc pas étonnant que les images et les textes de Blake soient plus populaires aujourd'hui que jamais. Ou que Francis Bacon figure parmi les plus grands peintres modernes. Il a exprimé son admiration pour l'art des Égyptiens, « qui tentaient de mettre la mort en déroute ». Mais il a nié vouloir en faire autant, parce qu'il ne croyait pas à la vie après la mort. Toutefois, ce n'est pas l'essentiel. Tant de choses en ce siècle sont passées de l'inconscient au conscient : seuls, ou presque, la mort et les rêves ont disparu dans les profondeurs de l'inconscient. « Je suis un réaliste, affirmait Bacon, j'essaie de piéger le réalisme [9]. »

Or personne n'a su autant que lui saisir la violence et les capacités auto-destructrices de notre temps. Ses corps tronqués, déformés, vivent éter-nellement, aussi sûrement que les morts reconstitués de la *Résurrection* de Fra Angelico. Leurs contours, leurs bouches, leurs yeux disproportion-nés, leurs têtes fragmentées, pareilles aux éléments d'un puzzle, expri-ment avec réalisme la manière dont tant de gens se voient ou se sentent. Dans une société résolue à substituer à la cohésion sociale et morale le progrès technique et une structure glacée, ces reflets violents, magiques, de la mortalité comptent parmi les quelques échos de la réalité encore disponibles.

Chez la plupart des peintres, notre siècle a fait naître un pessimisme croissant quant au pouvoir de leur art. Si les artistes du début du XVIe siècle avaient été déçus par les effets limités de l'image peinte par-faite, les peintres modernes ont été doublement meurtris par l'arrivée de la photographie. Les photographes ont développé leur technologie et le public les a suivis avec impatience.

Le cinéma muet, puis parlant, et enfin en couleurs, avait donné au public beaucoup d'espoir quant au pouvoir de l'image. Dès 1948, la télé-vision américaine diffusait ses programmes sur une grande échelle. Le célèbre feuilleton *I love Lucy* débuta en 1951. Le premier film en cinéma-scope sortit en 1953. L'histoire choisie pour cette expérience sur grand écran était *La Tunique*, liée, fort à propos, à l'immortalité du Christ. En 1954, Walt Disney obtenait un créneau horaire à la télévision. Au cours des dernières années, on a installé de nombreuses salles équipées de sys-tèmes Dolby et stéréo. Plus récemment, on a vu apparaître des images créées par ordinateur, proposant des personnages et des objets qui paraissent réels mais prennent n'importe quelle forme, se dissolvent, se fragmentent, font d'innombrables choses impossibles dans la réalité.

La commercialisation de l'hologramme constituera vraisemblablement la prochaine étape. Les films auront alors la densité de pièces de théâtre, sans perdre pour autant la réalité qu'offrent l'écran et les tournages en extérieur. En 1981, le metteur en scène John Waters produisit un film « odorant », intitulé *Polyester*. Les spectateurs entraient dans la salle armés d'une carte numérotée. De temps à autre, un chiffre clignotait sur l'écran; le public grattait la section correspondante sur la carte qu'il tenait à la main, et la salle se remplissait de l'odeur évoquée, chaussures sales ou roses trémières. Le seul élément techniquement réalisable qui manque encore à l'appel fera sans doute bientôt son apparition : il s'agira de moduler les émotions du spectateur. Dans *Le Meilleur des Mondes*, publié en 1932, c'est-à-dire juste après l'avènement du cinéma parlant, Huxley décrivait la façon dont on y parviendrait, à l'aide d'un spray intoxiquant soigneusement modulé. Il en résultait un « Super film 100 % chantant, parlant, synthétique, en couleurs, stéréoscopique, et sentant. Avec accompagnement synchronisé d'orgue à parfums [10] ». Il n'y a aucune raison de penser que nous n'y parviendrons pas.

Il semble que nous approchions du terme du processus grâce auquel les formes picturales rudimentaires, initialement grattées et peintes sur les murs des cavernes, sont arrivées à maturité. On en connaît déjà le résultat : nous avons réalisé l'image parfaite, mais elle est morte. Ou plutôt, et c'est bien plus grave, elle n'est pas tout à fait morte ; car nous avons créé des images qui dépassent la réalité. Des images qui n'ont rien de vivant, mais qui sont plus réelles que celles animées de chair et de sang. Il nous est si facile de créer ces animations hyperréalistes qu'elles sont désormais disponibles en masse. S'agissant d'imitations parfaites, elles sont totalement crédibles. Même le réalisateur d'un téléfilm ou d'un clip de rock est capable de représenter une image plus aboutie que n'importe quelle forme réalisée par le génie de Raphaël.

Cependant, de sévères limitations sont imposées à ces créateurs en raison de la nature de l'image électronique. Marshall McLuhan avait évoqué la nécessité, pour la télévision, de s'adapter au processus plutôt qu'au produit conditionné [11]. Des dizaines d'années plus tard, on ne comprend toujours pas à quel point cette opinion était fondée. Le public, les critiques sont de plus en plus obnubilés par la nullité du produit et demeurent convaincus qu'il faut en attribuer la responsabilité à des entreprises, à des intérêts financiers ou à des individus.

Or la télévision s'est révélée un instrument de contrôle plus intéressant que la plupart ne l'imaginent. Certes, elle n'est pas particulièrement efficace s'il s'agit d'exercer un contrôle sur le téléspectateur. C'est un moyen de manipulation ou de propagande beaucoup trop évident. En revanche, le système électronique – la machine – exerce incontestablement un contrôle puissant sur ceux qui ont la charge de le faire fonctionner. Les besoins en produits d'une chaîne ou d'un réseau de télévision sont illimités en quantité, mais leur portée et leur diversité sont terriblement restreintes. Les professionnels de la production se trouvent donc contraints de renier leur conception de la vie, afin de satisfaire cet appétit insatiable mais très spécifique.

Au-delà de l'objectif de la caméra, il y a toute la dimension du monde réel – désordonné, imprévu, fait d'une multitude d'espérances, de compréhensions ou de méprises. Son ampleur même et son caractère incontrôlable ont toujours incité le spectateur à limiter son interprétation de l'image créative. Jusqu'à l'invention de la photographie, la réalité figée du peintre tendait à l'éternité et à l'universalité. Une nature morte représentant une poire cherchait à représenter quelque chose de considérable à travers la spécificité de l'objet. L'observateur recherche cette même universalité éternelle sur l'écran animé de son téléviseur.

Or la nature essentielle de la télévision ne vise pas, chez le spectateur, le besoin d'un moment de réflexion ; elle répond à la nécessité pour le système d'occuper les ondes. La quantité de matériel mis en œuvre et la vitesse à laquelle il doit être créé éliminent toute possibilité de réflexion véritable. Le système récompense la productivité, non la créativité. Sans interdire ou limiter à proprement parler la créativité, il suffit de ne pas la rétribuer pour minimiser les efforts déployés en ce sens.

Lorsque la télévision vit le jour, il y a plusieurs décennies, ses employés s'attelèrent à leur tâche avec optimisme et un certain idéalisme. Le réalisateur Norman Jewison a évoqué les capacités créatives qui semblaient alors offertes par la télévision. Tout au long des années cinquante, ces artistes œuvrèrent avec talent et originalité pour convertir la réalité en autant de réflexions intéressantes. Le théâtre put entreprendre des expériences inédites, grâce à l'aptitude de la télévision à offrir des images instantanées au public. Les comédies de situation avaient quelque chose de frais et de remarquablement vivant, alors qu'il s'agissait simplement d'adapter pour le petit écran les pièces de radio et de vaudeville traditionnelles. Des journalistes tels que Edward R. Murrow semblaient avoir découvert un angle nouveau pour présenter les événements réels d'une manière partiellement affranchie des vieilles méthodes de propagande.

On rappelle volontiers que les profits potentiels de la télévision se sont développés au même rythme que le système lui-même. Et qu'on fit bientôt appel à des « packagers » pour produire la bouillie télévisuelle que nous connaissons aujourd'hui. Et que les publicitaires ne tardèrent pas à comprendre le pouvoir qu'ils avaient de décourager toute velléité politique. Ces facteurs sont bien réels. Mais les scénarios qui se limitent à présenter des scélérats achevés sont rarement exacts. Peut-on vraiment imaginer qu'une poignée d'individus puissants aient réussi à faire main basse sur un phénomène comme la télévision, afin de la châtrer ? Si c'était le cas, pourquoi a-t-on assisté au même déclin des chaînes de télévision publiques du monde entier – y compris dans les pays où il n'existait pas de concurrence des chaînes privées ? Certes, la télévision britannique, tant publique que privée, a fière allure, comparée au désert américain. Mais c'est uniquement un effet de comparaison.

La capacité de la machine à engloutir des programmes à la vitesse du son, avant de les régurgiter en un vide infini, ne pouvait manquer d'épuiser la créativité. Mais ce fut surtout la manière dont ces programmes sombraient dans le néant qui découragea les esprits talentueux. Leurs images ne trônaient pas sur les rayons des libraires ou des bibliothèques ; elles n'étaient pas suspendues dans les galeries, les musées ou les salons des particuliers, elles n'avaient pas les honneurs des salles de cinéma. Elles étaient simplement diffusées au profit d'un public invisible, sous les yeux duquel elles scintillaient ou ne scintillaient pas, selon la position arbitraire d'un cadran ou selon qu'on pressait ou non les boutons d'une télécommande. Les sondages démontrent que, pour une personne qui regarde un programme d'un bout à l'autre, deux ou trois autres n'en voient que des bribes.

On dit souvent de la génération de la télévision – c'est-à-dire la plupart des Occidentaux de moins de quarante ans – qu'elle n'a jamais connu la solitude. L'idée sied on ne peut mieux à une civilisation qui dénigre la mémoire précise. Jusqu'au milieu du XIXᵉ siècle, les gens n'étaient jamais seuls. Les familles vivaient regroupées, qu'elles fussent riches ou pauvres. Les domestiques eux-mêmes étaient intégrés dans la vie quotidienne de leurs employeurs. Chez les plus démunis, la sexualité était une activité relativement publique, car on disposait rarement de plus d'une pièce ou deux. Dans certaines sociétés, les couples se voyaient attribuer régulièrement des moments de tranquillité, afin de copuler à leur aise. Les vanniers de Valabrego, à quelques kilomètres d'Avignon, vivaient en groupe dans de vastes logis ne comportant qu'une seule pièce. Ils avaient établi un système de rotation officiel, octroyant à chaque couple trente minutes d'intimité tous les samedis. Cette coutume avait toujours cours dans les années quarante. Dans les campagnes d'Europe et les régions les plus pauvres d'Amérique du Nord, l'intimité ne devint un thème dominant qu'après la Seconde Guerre mondiale.

Dire que la génération de la télévision n'a jamais été seule pour la simple raison qu'elle est constamment en présence d'une machine d'animation revient à traiter l'image comme une réalité. Il serait plus correct d'affirmer qu'au contraire les gens n'ont jamais été plus seuls, ou plus silencieux. Pour la première fois de l'histoire, on ne se rassemble plus en famille ou en groupe pour chanter, faire de la musique ou se livrer à des jeux. La télévision a supprimé le besoin de se divertir par ses propres moyens.

En fait, ce sont les besoins de la structure de la télévision, et non ceux des téléspectateurs, qui ont contraint la production à mettre l'accent sur le processus plutôt que sur le contenu. Au fur et à mesure que ce système a évolué, les créateurs ont compris si parfaitement les besoins de la machine qu'ils ont appris à éviter les tentations de la réalité. C'est aussi vrai en ce qui concerne les informations que pour les films ou les sitcoms.

Un événement réel n'est pas forcément télévisuel. Tout d'abord, il faut qu'il soit visuel et qu'une caméra soit présente. Ainsi, les conflits commerciaux ne sont guère prisés, et on leur préfère des faits divers qui laissent des traces – catastrophes aériennes ou marées noires. On favorise également ce qui concerne les personnalités politiques plutôt que les débats politiques. L'histoire d'un politicien infidèle ou alcoolique peut être traitée comme une fiction. En revanche, un homme politique qui se prononce en faveur des dépenses militaires ou d'un contrôle des armements a vite fait de lasser les téléspectateurs. Les auditions publiques du juge Clarence Thomas devant la commission de ratification n'avaient guère d'intérêt pour la télévision tant qu'elles concernaient ses opinions juridiques. En revanche, les discussions relatives à ses habitudes sexuelles convenaient parfaitement au petit écran. Le succès de CNN (Cable News Network) a concrétisé une conception télévisuelle de la réalité sous la forme d'images d'action tout à fait concrètes. Les guerres fournissent d'excellentes séquences, pourvu que l'action soit accessible et prolongée. Le Moyen-Orient, par exemple, offre un cadre idéal à la guerre télévisée. Les caméras peuvent être sur place en permanence, et un scénario astucieux, composé de voitures piégées, d'émeutes, de bombardements hebdomadaires, assure un approvisionnement constant en matériel pour la structure télévisuelle.

Cette machine en mouvement perpétuel travaille sans effort dès lors que le flux d'images illustre des situations que le spectateur comprend à l'avance. Cela explique en partie que le système se concentre sur deux ou trois guerres, même si on en compte actuellement une quarantaine dans le monde. Les autres conflits sont éliminés d'office, parce qu'ils sont moins accessibles à long terme, ou parce que l'action est moins prévisible et moins régulière ; parce que l'issue prévue ne cadre pas facilement avec les scénarios occidentaux débiles et sans cesse rabâchés, opposant la gauche et la droite ou les Blancs et les Noirs ; ou, enfin, parce que le besoin d'un flux ininterrompu d'images ne permet pas aux structures de la télévision de se lancer dans les interminables explications verbales ou mises au point de caractère non visuel qui seraient nécessaires si on voulait se donner la peine de présenter les trente-sept autres guerres en cours.

Selon McLuhan, nous sommes « en équilibre entre deux époques, celle de la détribalisation et celle de la retribalisation [12] ». La télévision est l'une des principales forces en faveur de la retribalisation, sans parler du cinéma, bien sûr. La télévision s'est révélée le système de communication le plus « provincial » qui soit. Les images animées, dont nous avons désormais tant besoin, doivent absolument parler un langage que le spectateur comprenne.

Aussi ne voit-on pour ainsi dire jamais le Président américain s'exprimer en anglais à la télévision française ou allemande, de même que le président français et le chancelier allemand ne parlent jamais leur langue devant le public d'outre-Atlantique. Les téléspectateurs voient le plus souvent les chefs d'État étrangers en train de marcher ou d'escalader la passerelle d'un avion. Ils en sont réduits à ce rôle banal, dans la mesure où la télévision exige du mouvement. Un journaliste expliquera en voix off pourquoi on nous montre ces images inoffensives et totalement hors de propos.

Le monde entier paraît disposé à dévorer une quantité illimitée de sit-coms américains, mal doublés et de piètre qualité, qui ne contribuent aucunement à améliorer la compréhension à l'échelle internationale. Des feuilletons comme *Dynasty* ne font que renforcer les clichés simplistes sur les États-Unis. *Dallas* révèle au monde le caractère américain à peu près aussi bien que les films de Charlie Chan nous éclairent sur les Chinois, ou que Maurice Chevalier fait comprendre la France.

Quant aux programmes consacrés aux affaires publiques – souvent comparés au journalisme de la presse écrite, des magazines ou de la radio –, on y discerne rarement une filiation par rapport à l'image peinte. Les reportages télévisés ne sont apparentés au journalisme traditionnel que dans la mesure où ils partagent les mêmes sujets. La confusion est encore accrue avec les efforts colossaux déployés par un petit nombre de gens, généralement au sein des chaînes publiques, pour réaliser un mariage difficile et temporaire entre l'image, l'information et l'interprétation. Cela exige une tension constante pour ralentir les images et imposer des questions inattendues à un système qui préfère les réponses toutes faites. Il s'agit là d'une télévision de qualité et, partout où on la trouve, elle a un impact réel. Mais dès que les responsables de la production relâchent leur emprise sur la machine, celle-ci s'emballe et oublie tout ce qui constitue la véritable expérience journalistique. Ils sont fatalement contraints de laisser filer.

Le journalisme essaie de s'affronter à un monde sauvage et indiscipliné. La télévision recherche une image lisse qui rassure et réconforte. Mieux une émission sur les affaires publiques traduit la barbarie de l'univers qui nous entoure, plus on multiplie les pressions afin de l'éliminer des ondes ou d'en changer les responsables. On impute souvent ces initiatives aux publicitaires, à la télévision privée, ou aux financements gouverne-mentaux en ce qui concerne les chaînes publiques. Mais alors pourquoi la presse écrite prospère-t-elle allégrement lorsque les nouvelles sont vio-lentes et inquiétantes? Après tout, les propriétaires de journaux sont du même type que ceux qui contrôlent les chaînes de télévision. Et les mêmes marques assurent la publicité dans un cas comme dans l'autre.

La réponse tient au fait que la télévision et le cinéma n'ont rien à voir avec l'histoire du langage, et tout à voir avec les images et ce que nous sommes convenus d'appeler l'histoire de l'art. Le journal télévisé du soir ne participe pas du même domaine de compréhension que nos quoti-diens, l'histoire ou la philosophie politiques. En fait, le présentateur, qu'il s'agisse d'un journaliste local relatant un grave incendie ou bien de Water Cronkite, de Christine Ockrent ou de Dan Rather, appartient au fond au même type que saint François accomplissant des miracles par l'inter-médiaire des images qui le représentent chez Giotto, ou que Bonaparte franchissant glorieusement les Alpes grâce au pinceau de David. Comme toujours en matière d'image, c'est la structure technique qui domine. À moins que le génie du créateur ne puisse s'élever au-dessus de ce qui est rationnellement possible. À la télévision, c'est impossible. Dans ce contexte, en effet, la production est une activité de groupe où les créateurs eux-mêmes représentent une minorité.

Quand le téléspectateur s'installe pour regarder les nouvelles ou son feuilleton habituel, il regarde une image qui lui arrive en droite ligne de Giotto, Duccio et Raphaël, riche de toutes les espérances et de toutes les promesses remontant aux personnages des peintures rupestres. Indiana Jones et J.R. – l'une des rares figures internationales de la télévision – ont une petite part de responsabilité dans l'échec de l'image parfaite à nous procurer l'immortalité.

Pour la première fois de l'histoire, on a l'impression que les images sont truquées, que l'image est devenue un ennemi social au lieu d'être un prolongement bénéfique de l'homme et de sa société. Jadis, l'image en quête d'un reflet de l'immortalité faisait formellement partie de la société. Aujourd'hui, nous sentons que le flux d'images animées est constitué non de reflets, mais de moyens de manipulation, à l'origine d'une vision erronée de nous-mêmes. Certes, nous avons toujours souffert d'une vision relativement déformée de nous-mêmes et les créateurs d'images ont joué à cet égard un rôle significatif. Mais depuis les progrès techniques réalisés à la Renaissance, l'image a perdu ses attributions magiques pour devenir un instrument de propagande.

Cette impression d'images fausses est liée en partie aux déceptions que suscitent les millions d'animations parfaites emplissant aujourd'hui le monde. Notre société est désarçonnée par ses propres contradictions. D'un côté, nous ne croyons plus à la religion, pivot de près de deux mille ans de notre évolution. D'un autre côté, nous avons conservé un code éthique officiel, issu des croyances judéo-chrétiennes, et nous tentons d'attribuer ce code à une vérité laïque et rationnelle. Cependant, la structure créée par la raison met en pièces ce code moral. Les nouvelles images lisses de la télévision et de la vidéo sont mues par leur propre logique; en même temps, elles sont au cœur de la structure qui défie notre code moral.

En réalité, la société occidentale est privée de foi pour la première fois depuis le déclin de la religion officielle de l'Empire romain. Notre cas est sans précédent. Au cours de ces deux mille ans, on ne trouve pas un seul exemple d'une civilisation ayant survécu sans croyance, ne serait-ce que durant cinquante ans. Nos traditions et notre mythologie ne nous préparent aucunement à faire face à cette situation. Même dans nos archétypes animistes, on ne peut trouver le moindre réconfort, pour la bonne raison que l'homme occidental n'a jamais été aussi éloigné d'une conception de lui-même comme partie intégrante du monde physique que constitue la terre. Les structures abstraites qui dominent la civilisation occidentale réfutent tout ce qui touche au physique ou au spirituel.

En conséquence, nous sommes devenus le jouet de convictions aussi passionnées qu'étroites. Les modes sociales et économiques les plus étranges et les plus éphémères ont pris l'apparence de la foi religieuse. Nous nous sommes jetés à corps perdu dans la croissance économique à tout prix. Et dans une consommation effrénée. Nous avons embrassé des idées abstraites telles que le capitalisme et le socialisme, l'économie de marché ou les nationalisations. Des choses aussi terre à terre que les sources énergétiques – le nucléaire – ont été revêtues de propriétés quasi divines. Nous avons succombé aux épidémies de drogue et à l'anarchie sexuelle. Nous avons assisté à une déification de l'ambition personnelle.

Nous savons que ce siècle est le plus violent que l'homme ait jamais connu. Nous tendons à en imputer la faute à l'invention de nouvelles armes de destruction massive. Or les armes sont des objets inanimés. Et les hommes se sont souvent montrés capables d'un remarquable contrôle d'eux-mêmes quand, ayant en main des armes inacceptables, ils avaient la possibilité de remporter la victoire. Au cours de ce siècle, nous avons choisi de ne pas nous maîtriser. Une violence inexplicable est presque toujours le signe de l'irruption de peurs profondes, et on ne saurait imaginer une peur plus sérieuse que celle de la mort. Avec la disparition de la foi et l'élimination de la magie de l'image, la peur humaine de la mort a été libérée et se répand désormais comme elle ne l'a jamais fait depuis deux millénaires.

Les signes de cette peur sont reconnaissables partout. Un culte du passé, sans précédent, a conquis les élites de tous les pays développés. La mémoire n'a rien à voir là-dedans. Aujourd'hui, personne n'étudie le passé pour le comparer avec le présent ou y rechercher des directives pour l'avenir. Notre obsession du passé est sans aucun rapport avec nos actions présentes.

D'où le nombre croissant des heures de loisir, signe du progrès économique de l'Occident, consacrées à musarder parmi les ruines, les images et l'architecture du passé, alors que notre siècle est théoriquement tourné vers l'innovation. Les gens sont de moins en moins nombreux à vouloir intégrer ces nouveautés dans leur vie personnelle, hormis lorsqu'il s'agit d'éléments pratiques liés à leur cuisine, à leur salle de bains, à leur voiture, à leurs jeux électroniques. Ce que nous voulons, en somme, ce sont de vieilles maisons, des antiquités, des toiles anciennes, l'argenterie de nos ancêtres. Les ornements des habitations modernes occupées par une famille issue de la classe moyenne ou supérieure sont le plus souvent des pastiches de la décoration du XVIIIᵉ ou du XIXᵉ siècle, à l'intérieur comme à l'extérieur. Il y a cent ou deux cents ans, les hommes ne demandaient qu'à acheter et à visiter ce qui était nouveau. S'ils se rendaient sur des sites anciens, ce n'était pas pour une vague communication avec le passé, mais pour y trouver l'inspiration leur permettant d'innover. Jefferson s'émerveilla des proportions de la Maison Carrée de Nîmes et se servit de ses principes architecturaux pour la construction de l'université de Virginie. Au cours de ce même voyage, il s'informa sur les méthodes agricoles et la recherche scientifique. Le visiteur moderne de la Maison Carrée est obsédé par le passé mythologique du lieu et sa proximité avec un pittoresque marché provençal.

De nos jours, presque plus personne ne part en villégiature dans l'intention de découvrir l'avenir. Le voyage organisé le plus banal, inlassablement répété, est voué à un perpétuel culte du passé. Les églises et les palais d'Europe n'ont jamais été aussi envahis depuis un siècle. Ils ne sont pas visités par des fidèles et des nobles, mais par une foule de gens qui flânent dans ces vastes espaces comme s'ils espéraient y trouver la trace de quelque promesse oubliée.

Cette interminable errance est considérée comme le produit superficiel d'une société prospère. Mais pourquoi tenons-nous tant à circuler par millions autour de la planète comme s'il s'agissait d'un Disneyland desservi par des avions à réaction et non par des mini-trains ? Que voyons-nous dans ces palais, ces églises, ces ruines ? Certainement pas une réalité historique ou concrète. La plupart d'entre nous déambulent dans ces cavernes désaffectées en ne sachant rien, ou peu de chose, sur les communautés qui les occupaient jadis, ou sur les sociétés qui en émergèrent. Les cars véhiculant des millions d'adultes responsables de Versailles à la tour Eiffel, en passant par le Louvre, traversent comme avec des œillères une ville moderne, dotée d'un des systèmes de communication les plus performants qui soient, et d'une des élites administratives les plus puissantes du monde. Nous sommes inexorablement entraînés par une confusion et une angoisse qui sont devenues des marques distinctives du xxᵉ siècle. Le citoyen moyen de la Sienne du xvᵉ siècle aurait trouvé cela tout à fait surprenant.

Dans les reliques du passé, nous cherchons en particulier la manifestation d'une certitude. Il semble que nous trouvions dans les grands monuments et dans les images optimistes du passé des bribes de ce réconfort que le progrès nous a dérobé.

Dans le même temps, nous n'arrivons pas à déterminer si notre peur des images modernes est exagérée ou, au contraire, minimisée. Ces images échappent certainement à notre contrôle. Elles représentent davantage nos ennemis que nos amis, car elles banalisent les idées et exaltent le superficiel, tout en insistant sur les personnages publics qui sont eux-mêmes plus image que contenu. Toutefois, notre bon sens nous a déjà permis de réduire notre réceptivité traditionnelle aux images. Au lieu de considérer la télévision comme une vérité, nous avons codifié son contenu en des formes iconographiques. Nous pouvons dénigrer les comédies de situation, les séries policières et les sagas familiales qui composent le secteur fiction de la télévision, de la même façon que nous pouvons classer les nouvelles, les émissions d'analyse ou d'actualité, qui constituent l'information, comme autant de formules de programmation. Or ce sont là des réactions rassurantes, mais trompeuses.

On serait beaucoup mieux inspiré de situer la programmation des chaînes de télévision dans le contexte du rituel religieux. À la différence du protocole des cours royales, ou de certaines catégories de fictions, le rituel religieux est conçu pour satisfaire tout le monde. Comme *Hélène et les garçons*, ou n'importe quel sitcom, les religions sont foncièrement sans classes. À l'instar de la télévision, elles évitent la surprise – surtout la surprise de nature créative. Elles se nourrissent de la répétition de formules connues. Les gens sont attirés par la télévision comme par les religions, parce qu'ils savent qu'ils y trouveront ce qu'ils connaissent déjà. Ils sont rassurés par l'uniformité, et l'uniformité naît de la répétition.

La télévision, qu'il s'agisse de fiction ou d'affaires publiques, représente une mythologie populaire simplifiée, comprenant impérativement certains personnages astreints à dire et à faire certaines choses dans un ordre précis. Au bout d'une minute, quel que soit le téléfilm, la plupart des télé-spectateurs doivent pouvoir tracer les grandes lignes du scénario jusqu'à sa conclusion. Si on lui fournit la première réplique d'un dialogue, dans la majorité des scènes, un spectateur averti sera en mesure de débiter les trois ou quatre échanges suivants. Rien n'est plus formel, plus simplifié et plus dogmatique qu'une mauvaise comédie ou un reportage télévisé sur la famine en Afrique. On trouvera davantage de souplesse dans une messe catholique ou un opéra chinois classique.

À la télévision, les expressions figées, standard, sont de mise pendant et après les rituels normalisés. La manière dont la caméra saisit l'image fait également partie d'une pratique établie. Au départ, les mouvements de caméra étaient limités par la dimension des studios et le coût des équipements ; mais aujourd'hui, trois plans de base, mis au point pour les sitcoms, s'inscrivent d'office dans la répétition simplifiée de la télévision. Le travail de la caméra dicte à son tour le moment et l'espace dans lequel les personnages évoluent à l'intérieur de chaque scène. Comme dans les multiples peintures d'église représentant la Résurrection, le Jugement dernier ou le Paradis, chacun a une place et un rôle désignés. La gestuelle et les sons fixés par la télévision ont imprégné notre société à tel point que, même lorsqu'un politicien néophyte ou un membre du public est interviewé, il utilise presque automatiquement les schémas de réponse standard.

La télévision est le service religieux quotidien du monde moderne. D'ailleurs, les paraboles du Christ ont inspiré le sempiternel moralisme que nous débitent les fictions télévisées. Chaque épisode d'une demi-heure ou d'une heure requiert au moins une leçon de morale, afin que le rituel soit maintenu. Il en va de même pour les affaires publiques. Tout reportage d'un journaliste dépêché sur place doit être construit sur le modèle d'une parabole, de manière à poser un dilemme moral si l'histoire n'est pas terminée, ou pour fournir la morale de l'histoire si elle est achevée. Ce besoin de moralisation montre que les affaires publiques présentées à la télévision ne ressemblent guère aux comptes rendus qui en sont faits dans la presse, et combien elles font partie de l'imagerie.

Le spectateur reconnaît dans une certaine mesure que la réalité n'a pas grand-chose à voir avec ce qu'il découvre sur l'écran. Il comprend qu'au-delà de son poste de télévision, dans la rue, le monde sera très différent de cette moralisation imposée et des tueries à la chaîne des films policiers. Il en est conscient, de la même manière qu'autrefois les chrétiens croyants savaient pertinemment que, en sortant de l'église où ils venaient de manger le corps du Christ, ils trouveraient des rues désordonnées, sales, empestant les égouts.

Cette capacité de comprendre n'est nullement infaillible. Lorsqu'une société parvient à un certain stade de son évolution, on constate souvent une confusion entre ce qui relève de la réalité et ce qui relève du rituel. Cela peut avoir des conséquences désastreuses. L'un des épisodes les plus connus, à cet égard, est le fameux « Qu'ils mangent de la brioche ! » de Marie-Antoinette. Cette remarque spirituelle jaillit subitement de ses lèvres comme un bon mot plein de subtilité. Eût-elle parlé de gâteau, il se serait agi d'une plaisanterie banale et de mauvais goût : répondant au peuple qui réclamait du pain sous les fenêtres des salons de Versailles, elle lui recommanda de se rabattre sur le plus délicat des pains – blanc, léger, rempli d'œufs et de beurre. La plupart de ces braves gens ignoraient probablement ce qu'était une brioche. Mais peu importe, puisqu'elle ne s'adressait pas à eux. Elle lança cette plaisanterie en détournant la tête des croisées et de la réalité, à l'intention de ses courtisans admiratifs qui participaient à ses côtés aux rituels du palais. On imagine aisément le cheminement de ces quelques mots, répétés avec empressement au départ, entre initiés raffinés, puis en catimini, par quelques domestiques au sortir des salons, les rapportant le long des interminables couloirs à d'autres serviteurs, en bas des escaliers, au fil d'autres couloirs, jusqu'à ce que finalement la plaisanterie atteignît l'extérieur, circulant parmi la populace qu'elle plongea dans la confusion, puis dans l'incrédulité : comment la reine pouvait-elle avoir un tel mépris pour eux ? Finalement, ce fut avec horreur et rage qu'ils la répétèrent quand ils en eurent saisi les implications. Marie-Antoinette et ses compagnons avaient perdu tout sens de la réalité. Ils n'avaient plus aucune notion des limites, qui étaient celles des rituels de la Cour.

De la même manière, nous voyons aujourd'hui nos hommes politiques prendre pour argent comptant le rituel de la télévision, avec ses émotions faciles et identifiables – larmes, amour et haine, le tout maintenu par une morale chrétienne lobotomisée. Ils confondent ces émotions caricaturées avec les émotions authentiques. Le Président Lyndon Johnson fut l'un des premiers à en faire la démonstration lorsque, en toute innocence, il montra à un petit groupe de journalistes la toute récente cicatrice qui ornait son abdomen après une ablation de la vésicule biliaire. Quelques heures plus tard, le public découvrait cette image à son tour. Que pouvait-on imaginer de plus banal? Et pourtant, dans un système où tout est fixé d'avance, cela choqua profondément. En d'autres termes, Johnson avait fait là quelque chose de surprenant. Or la surprise n'a rien de rassurant, surtout de la part d'un chef d'État. Elle engendre l'insécurité. Depuis lors, d'autres hommes politiques ont pleuré ou se sont confessés en direct. À la télévision, on assiste à tout moment à ce genre de scènes. Mais pas de façon réelle. D'une manière exclusivement rituelle. Lors des primaires américaines de 1972, le vainqueur potentiel, le sénateur Edmund Muskie, ruina sa campagne en pleurant à la télévision. Quand le Premier ministre australien, Bob Hawke, l'imita à la fin des années quatre-vingt, sa carrière faillit tourner court. Lorsqu'un personnage public pleure à la télévision, cela affecte le public, tout comme un prêtre pourrait affecter ses paroissiens en remplaçant les hosties du calice par des morceaux de chair.

À l'image de tout rituel, la télévision est au-dessus des contraintes propres à la participation linéaire. Dans ses premiers écrits sur la télévision, McLuhan imagina qu'elle exigerait une participation active du spectateur. Nous avons découvert, depuis lors, qu'une attitude passive suffit amplement. Les spectateurs participent en ce sens qu'ils connaissent le rituel d'avance. Ils n'ont pas besoin d'être présents ou attentifs tout le temps.

Les « générations télévision » « regardent » deux, trois, quatre programmes à la fois, voire davantage. Non que ces programmes soient vides de sens ; mais le spectateur en connaît déjà le contenu, qui le laisse d'ailleurs plus ou moins indifférent. Ce qui le séduit, c'est justement de participer au rituel éternel de ces programmes. Si nos ancêtres pouvaient difficilement assister à plus d'une messe à la fois, de nos jours il est possible de participer à deux, trois, dix, trente, quarante rituels en même temps, en appuyant tout simplement sur les boutons d'une télécommande. Une heure ou deux de cet exercice suffisent à nous apprendre qu'il ne s'agit pas de quarante rites distincts, mais de quarante variations sur le même thème. Il n'est pas question d'une formule de programmation, mais d'une répétition d'ordre rituel. Le « zapper » invétéré atteint ainsi une sorte de nirvana électronique, dans lequel toutes les structures s'évaporent, alors qu'un vide totalement familier l'enveloppe.

Même les rediffusions sont des supports satisfaisants pour ce système. L'absorption du corps du Christ est incontestablement un moment beaucoup plus exaltant de la messe que les prières préparatoires. De la même façon, les téléspectateurs attendent avec impatience l'apparition de Lucille Ball, dans la vieille série télévisée intitulée *I love Lucy*, qui se soumet pour la énième fois aux mouvements inscrits au programme de la télévision. Pendant la période de Noël 1989, à la télévision américaine, une rediffusion de ce célèbre sitcom des années cinquante battit tous les nouveaux programmes, obtenant une sixième place à l'audimat national Nielsen.

Bien sûr, ici et là, des programmes vont à l'encontre de cette démarche. On trouve des individus qui, tout en comprenant fort bien la manière dont fonctionnent les médias électroniques, se démènent pour mettre leurs talents au service de programmes insolites. Dans la plupart des pays, cela se limite à quelques heures par semaine. Ces émissions ont un impact considérable par rapport aux autres, parce que ce qu'ils proposent est meilleur, mais aussi parce que tout rituel se délecte d'un non-conformisme occasionnel.

La télévision appartient ainsi à la même catégorie que la plupart des systèmes modernes, hautement complexes. Elle exige beaucoup de travail et elle paie bien. Pour alimenter cette faim insatiable de programmes, elle a attiré, dans ses structures, des masses de créateurs. Ceux-ci auraient pu contribuer à offrir une vision concrète et précise de la condition humaine. Au contraire, ils se sont laissé embrigader dans la cour royale imaginaire du rituel télévisé. Leur situation fait songer à celle des aristocrates européens du XVIIIᵉ siècle, éloignés de leurs domaines, à l'écart de leurs responsabilités régionales, exemptés du service militaire et du service public, où on avait pourtant désespérément besoin d'eux, mais attirés dans l'orbite scintillante des cours royales érigées autour d'un rituel en apparence essentiel. S'ils se trouvaient ainsi hors d'état de nuire au monarque, ils n'étaient plus disponibles pour concourir au bien-être de leur société.

Le rituel comporte toujours quelque chose de foncièrement direct et immédiat. L'hostie est la chair du fils de Dieu. La présence d'un homme dans la chambre royale à une heure particulière fait de lui un personnage important. La couleur d'un veston, la forme d'une paire de chaussures fait de celui-ci un gentleman ou un noble. Le rite donne l'impression de rehausser la réalité à travers l'abstraction d'éléments concrets. Celui de la télévision est allé amplement au-delà. Ses images ne sont pas des abstractions de la réalité. Elles sont plus réelles que la réalité ordinaire. Lorsqu'elles nous présentent la mort, elles sont plus convaincantes que la mort elle-même. D'une certaine manière, si la mort sur le petit écran est plus crédible que la mort véritable, alors la télévision a réussi à saisir l'image éternelle.

On se rend compte à quel point la mort électronique a investi notre vision de la mortalité quand on constate la déception que suscite la présentation d'une mort véritable à la télévision. Dans les années soixante-dix, une équipe de CBC se rendit dans un service de soins palliatifs d'un hôpital de Winnipeg, pour y filmer (avec sa permission) le lent déclin d'un homme vers la mort. Un public considérable suivit, le cœur battant, ses derniers instants, alors que d'ultimes inspirations soulevaient encore sa poitrine. Quand il rendit le dernier soupir, cela se produisit si discrètement que la machinerie électronique – son et image – ne perçut aucun changement. Il fallut avertir le public que c'était fini. Dix fois par soirée, à la télévision et dans les cinémas, on assistait, et on assiste encore, à des morts beaucoup plus crédibles que celle-là. Dans chaque cas, l'éclairage est meilleur, la caméra se trouve juste au bon endroit pour saisir la moindre expression du « mourant », le son est parfait, la couleur remarquable. Le passage de la vie à la mort est clairement délimité. Ce sont là des morts crédibles. Quelques-unes constituent des expériences cathartiques remarquables. En l'espace d'une semaine de 1988, à la télévision française, on ne dénombra pas moins de 670 meurtres, 15 viols et 27 scènes de torture [13]. Ces chiffres seraient à peu près les mêmes dans la plupart des pays.

Nous avons toujours été confrontés à quantité d'images violentes. Les tableaux représentant des corps décapités, martyrisés, en décomposition, étaient plus explicites encore. Leur effet considérable, dans un monde sans photographie ni cinéma, est difficile à imaginer aujourd'hui. Les lieux publics – églises, hôtels de ville, places et palais – vibraient de violence, sous forme de tableaux ou de sculptures. Les gens vivaient alors dans les lieux publics, ce qui n'est plus le cas de nos jours. La différence entre ces images et celles des films, de la télévision et de la vidéo, ne tient pas au génie ou à la qualité émotionnelle inhérents aux unes ou aux autres. Tout réside dans la perfection voisine de la banalité de ces dernières. D'autant plus qu'elles sont crédibles. Les fictions les plus terre à terre contiennent de « beaux » meurtres.

Les sociétés se sont toujours organisées sur la base d'un contrôle de soi et de règles d'action communément admises. L'image électronique semble s'être faufilée entre les mailles de ces filets de retenue et d'ordre, pour la simple raison qu'elle est apparue soudainement, alors qu'on ne s'y attendait pas. La société avait les moyens de forcer ce médium à se contrôler. Les gens furent probablement déconcertés par le fait que, jour après jour, dans chaque programme ou presque, les images amalgamaient obstinément la mythologie éthique occidentale et une violence effrénée. Cette dernière étant la négation absolue de la première.

Cette confusion est flagrante dans la réaction du public américain aux reportages sur la guerre du Viêt-nam. On a dit souvent que les gens se désintéressèrent peu à peu de la guerre à cause de la violence des images présentées à la télévision, tout particulièrement celles qui montraient des GI's et des enfants vietnamiens agonisants. En fait, on ne vit pas énormément de morts et très peu de scènes de violence. Les téléspectateurs furent surtout déconcertés par la manière dont cette guerre remettait en cause leur rituel et leur mythologie. Les GI's devaient apparaître comme des patriotes triomphants luttant pour la bonne cause. La récupération nationaliste des paraboles du Christ était manifeste dans ce rôle caricatural.

Or il était évident, aux yeux de n'importe quel téléspectateur, que ces jeunes gens, interviewés continuellement sur les champs de bataille, n'étaient pas en train de remporter une victoire. Ils avaient l'air de se demander ce qu'ils faisaient là ; ils semblaient déconcertés par la mythologie américaine liée à ce conflit, et très préoccupés de savoir de quel côté se situait la bonne cause. Et puis, surtout, ils ne s'exprimaient pas comme des Héros, pas plus qu'ils n'en avaient l'apparence.

Les téléspectateurs, y compris les politiciens, reprochèrent ces images aux journalistes : ils blâmèrent le messager. Derrière leurs accusations vilipendant des attitudes jugées partisanes et antipatriotiques se cachait une réelle confusion quant à la manière dont les images rituelles avaient été mises sens dessus dessous, de telle sorte que ces scènes développaient l'insécurité. On aurait pu répondre que la guerre était une chose compliquée, à la différence des fictions rituelles, qui restent très simples. Les rôles moraux y sont clairement définis. Les personnages ont raison ou tort. En tant que spectateurs, nous nous identifions automatiquement avec ceux qui sont dans le vrai. Et on espère que les autres se repentiront ou manifesteront au moins des regrets avant de mourir. La participation du téléspectateur est à la fois intense et passive. Elle est intense parce que le rituel a trait à des postulats fondamentaux, qui lui permettent précisément de rester passif. Il dépend du fonctionnement régulier et ordonné du système. Le spectateur ne peut rien y changer. Les images en provenance du Viêt-nam perturbant l'iconographie, les mythologies et les rituels établis, le public fit jouer son pouvoir. C'est-à-dire qu'il s'empara de sa télécommande et éteignit la guerre.

Après la fin de la guerre – la vraie – la télévision et le cinéma étaient libres de revenir aux images rituelles. En peu de temps, ils remanièrent la guerre du Viêt-nam afin que le GI redevienne un Héros. Quant aux Vietnamiens, considérés pendant dix ans de conflit comme les pauvres victimes d'une agression, il ne pouvait être question de les transformer d'un seul coup en méchants. Les fabricants d'images puisèrent donc dans la mythologie fondamentale et firent de certains officiers, sergents ou caporaux américains des méchants typiques. Ainsi le GI luttait-il pour le bien au nom du peuple américain, même si un petit groupe de ses collègues antiaméricains trahissaient la cause. Ils s'inscrivaient dans une iconographie qu'on peut faire remonter à Benedict Arnold et aux « agents communistes » des années cinquante. *Platoon*, le film d'Oliver Stone, est une parfaite illustration de ce phénomène. Il oppose deux sergents, un bon et un méchant, pour illustrer le « fait » que les sergents américains sont généralement bons. Malheureusement, l'un de ces sergents se trouve être un méchant. Cette approche s'inspire de l'Ancien Testament : elle repose sur le mythe de l'ange déchu en tant qu'exception à la règle. Elle dégage aussi utilement la responsabilité de tous les autres. *Platoon* participe du même phénomène que les films de la série *Rambo*. Toutefois, l'approche de *Rambo* a au moins l'honnêteté de constituer un mensonge flagrant. La version de Stone est une déformation subtile, visant à rétablir une parabole morale électronique.

La campagne de 1991 en Irak prouva que les autorités militaires avaient su tirer la leçon de l'expérience. Elles ne se contentèrent pas de limiter l'accès des journalistes, et en particulier de la télévision, aux véritables zones de combat. Elles allèrent jusqu'à choisir avec soin les images convenant à une diffusion. En d'autres termes, elles définirent elles-mêmes l'apparence de la guerre. Du point de vue de l'âge électronique, cette gestion de l'image a été comparée à juste titre à la guerre du Viêt-nam. En ce qui concerne l'accès du public à une information indépendante, la guerre du Golfe a eu une signification historique. En 1991, le citoyen avait une vision beaucoup plus limitée de ce qui se passait réellement sur les champs de bataille que lors de la guerre de Sécession, de la guerre de Crimée ou de la guerre des Boers. Dans le cas du Viêt-nam, les connaissances relatives à la conduite de ces guerres antérieures eurent un impact important sur les événements de politique intérieure. La peur de l'image moderne, la nature encombrante de l'œil électronique, la complexité des méthodes de management modernes ont encouragé les autorités à supprimer un droit démocratique imparfait mais néanmoins établi.

À l'instar de la plupart des structures modernes, les médias électroniques se spécialisent dans des travaux de montage destinés à rationaliser la réalité – c'est-à-dire à lui imposer une forme abstraite. Il n'est pas étonnant qu'une telle angoisse imprègne nos sociétés. Les gens se sentent attachés à des images incontrôlables, où ils finissent par se noyer. Leur peur grandit à mesure que la technologie progresse, laissant l'homme à la traîne en sa qualité de simple spectateur.

On dirait que ces reflets, ces morts plus convaincantes que la mort, ces violences plus terrifiantes que la violence, ces femmes plus belles que les femmes, ces hommes plus forts que les hommes, sont d'une nature divine et insoutenable. En prenant vie, ces images ont acquis le monopole de l'exagération crédule, en remplissant l'espace normal de l'imagination humaine par des animations graphiques ne laissant guère de place pour autre chose. La peur qui nous hante aujourd'hui ressemble à celle des hommes des cavernes, l'image rôdant désormais autour de nous, et non plus dans notre imaginaire.

Tout porte à croire que le rituel a été raffiné au maximum. Jadis, en Occident, il était limité par les imperfections de l'image statique, mais surtout par la présence de Dieu. L'école officielle, fondée par saint Augustin, faisait de Dieu la force créatrice à l'origine de ces images, tandis que la réalité concrète de la foi en faisait une force idolâtre, insufflant une part de son pouvoir à quantité d'images et de statues pour qu'on puisse Le retrouver au cœur de tout reflet. Les sacrifices, les martyres, la beauté et l'amour n'avaient de sens que dans ce contexte divin. Aujourd'hui, la mort de Dieu, combinée à la perfection de l'image, nous a plongés dans un nouvel état d'expectative. Nous sommes devenus l'image. L'observateur et l'observé. Il n'y a pas d'autre présence pour attirer notre attention. Et cette image possède tous les pouvoirs conférés à Dieu. Elle tue à volonté. Sans le moindre effort. Magnifiquement. Elle dispense la morale.

Elle juge perpétuellement. L'image électronique est l'homme devenu Dieu, et le rituel mis en œuvre nous ramène à nous-mêmes au lieu de nous conduire à quelque mystérieuse Sainte Trinité. Faute d'une compréhension lucide de ce que nous sommes désormais cette seule source, les images ne peuvent manquer d'exprimer à nouveau la magie et la peur propres aux sociétés idolâtres. Cela facilite l'usage de l'image électronique en tant qu'instrument de propagande pour quiconque peut en contrôler une partie.

La perfection électronique de l'image constitue l'étape finale de la quête d'une idolâtrie pure par l'homme occidental. Ce processus a commencé avec l'introduction, par le pape Damase, des fondements rationnels et païens de Rome dans l'Église chrétienne, et il a connu une étape décisive avec l'image statique parfaite obtenue par Raphaël, lorsqu'il représenta les principes athéniens à l'intention d'un pape de la Renaissance. Ce processus est aujourd'hui arrivé à son terme. La peur qui dévore l'homme est un reflet de cet aboutissement. On a désormais l'impression que notre image et nous-mêmes se poursuivent en un cercle éternel, en se dévisageant d'un air prudent et dénué de sens.

Le premier signe d'une réaction violente à cette mainmise sur notre imagination visuelle est apparu de manière soudaine, avec l'essor rapide des bandes dessinées. Quarante-cinq ans après l'invention de la plaque photographique, trente-neuf ans après la pellicule, cinq ans après la photogravure, cette imagerie un peu gauche, naïve, simple, volontairement approximative, a surgi en Angleterre. Les *Ally Slopes* britanniques datent de 1884 et ont servi d'exemple à la première bande dessinée publiée en 1896 dans un journal américain : *The Yellow Kid*. Son succès donna lieu à une prolifération de bandes dessinées : *Krazy Kat* en 1913, *Little Orphan Annie* en 1924, *Tintin* et *Tarzan* en 1929, suivies de centaines d'autres.

On pouvait imaginer que, à mesure que le cinéma progresserait, ces récits rudimentaires, émouvants, perdraient peu à peu leur raison d'être. L'arrivée des films parlants en 1927 aurait dû mettre un terme à l'expérience une fois pour toutes. Or, un an plus tard, Mickey Mouse faisait sa première apparition dans un dessin animé. Le succès de ce film ne se justifiait d'aucune façon. Pourquoi voudrait-on regarder évoluer une souris, manifestement peu crédible, alors qu'il existait des images d'êtres humains filmés pour de vrai ? Mickey acquit pourtant une renommée plus grande que n'importe quelle vedette de cinéma. En 1935 paraissait le premier album de bandes dessinées et on assista à une formidable multiplication de ces publications toutes simples.

Les images électroniques montrant des gens en chair et en os s'amélioraient jusqu'à atteindre la perfection, et dans le même temps la BD devint de plus en plus une manière de soupape pour l'imagination visuelle, ou plus précisément pour le besoin d'exagération propre à l'homme. Que Mickey Mouse soit aujourd'hui encore le personnage le plus populaire de la terre confirme que Disney joua un rôle plus important pour l'image que Picasso ou n'importe quel peintre moderne. Tous furent contraints de lutter contre le carcan de l'image parfaite. Disney parvint à la libérer.

Le regain d'influence de William Blake fournit une indication sur ce qui était en train de se produire. Blake avait combiné l'élément mystique et l'élément narratif, en utilisant des personnages qui n'étaient pas très différents de ceux des dessins animés d'aujourd'hui. En même temps, il fut le premier à montrer que l'image immortelle était ancrée plus profondément dans notre imaginaire que dans la réalité.

La deuxième révolution de la bande dessinée survint dans une Europe qui se relevait à peine de la Seconde Guerre mondiale. Ce déferlement de folie qui balaya le continent en tous sens pendant six longues années libéra sans doute les émotions nécessaires. Quoi qu'il en soit, les Belges, les Français, les Espagnols, produisirent des albums de bandes dessinées reliés qui prirent le nom de BD. Lucky Luke, cow-boy un peu loufoque, devint le nouveau Mickey Mouse. Astérix, le guerrier gaulois, se révéla une incarnation freudienne et familière du caractère français. Dans une lettre adressée à l'historien Harold Innis, Marshall McLuhan écrivit en 1951 qu'on avait eu tort de considérer « la bande dessinée comme une forme littéraire dégénérée et non pas comme un style de fiction picturale naissante [14] ». À partir de ce stade embryonnaire, la BD connut une véritable explosion, que McLuhan lui-même n'aurait jamais pu imaginer.

Dans les années soixante survint le troisième boom de la BD. Une imagination déchaînée produisit des albums débordant de violence, d'excès, de sexe et de vitesse. Un rêve irrationnel frustré jaillissait de ces pages, comme pour répondre aux images prévisibles et parfaites de la télévision et du cinéma. RanXerox est un homme-robot qui arrache des yeux et tranche des mains. Il fait aussi l'amour pendant des heures [16]. Mais on dénote de l'ironie dans son personnage, et les albums qu'il inspire offrent une vision froide, redoutable, de ce que nous sommes en train de devenir. Le dessinateur Bilal est l'inspirateur de bon nombre de dessinateurs de bandes dessinées. En 1986, il publia une BD intitulée *La Femme Piège* [16]. Celle-ci vit dans un monde futuriste, sordide, en pleine décomposition. L'avenir que Bilal dépeint se situe dans quelques années seulement. Londres et Berlin sont des morgues que se disputent de bizarres armées révolutionnaires. La Femme Piège a les cheveux bleus, les lèvres bleues, et elle tue des hommes à tête d'oiseau qui font songer à la mythologie égyptienne. Le temps est précis, mais il traduit un perpétuel mouvement en avant et en arrière. Une sensation de peur intense imprègne le récit, qu'aucune de nos images électroniques ne saurait produire. Ce débordement de frayeurs et d'imaginations refoulées ainsi qu'une critique ouverte du *statu quo* – que la télévision respecte fidèlement – se sont manifestés de plus en plus, à partir des années soixante-dix et quatre-vingt, dans des mensuels tels que *Métal Hurlant*, *Pilote*, *Heavy Metal*,

Hara Kiri, Charlie Hebdo, et plus récemment dans le magazine américain *Raw*, publié par Art Spiegelman.

En 1986, un organisme de sondage interrogea 16 000 adolescents français. On leur demanda qu'elles étaient leurs lectures favorites[17]. Ils avaient le droit d'exprimer plusieurs choix. Leurs préférences se répartissaient ainsi :

1. Bandes dessinées   53 %
2. Romans historiques et d'aventures   40 %
3. Romans policiers et d'espionnage   38 %
4. Science-fiction   30 %
5. Magazines et revues pour adolescents
   (qui comportent des bandes dessinées)   26 %
6. Contes et légendes   19 %
7. Histoires d'amour   18 %
8. Reportages, exploration, voyages   18 %
9. Romans classiques   18 %

Il aurait été plus intéressant de les interroger sur leurs préférences visuelles, en inscrivant sur la même liste que les bandes dessinées la peinture, la télévision, la vidéo et le cinéma. Une fois par an, quelque 200 000 amateurs de BD se réunissent à Angoulême. Les deux séries télévisées qui imitent la mythologie des bandes dessinées – *Star Trek* et *Dr Who* – font l'objet de conventions annuelles tout aussi populaires. On imagine difficilement un peintre ou un groupe de peintres contemporains attirant une telle foule ou suscitant l'exaltation que provoquent ces manifestations. On ne peut établir de comparaison avec les rassemblements annuels des professionnels du cinéma ou de la télévision à Cannes.

Les journaux américains ont maintenu leur quota quotidien de bandes dessinées. Celles-ci se limitaient autrefois aux pages réservées aux enfants, ainsi qu'à l'éditorial. Progressivement, qu'elles soient d'inspiration sociale, politique, ou de simples divertissements, elles se sont étendues aux autres pages. Certains dessinateurs comme Jules Feiffer et Garry Trudeau sont passés de ces pages à des publications annuelles d'albums reliés. Des sections entières des librairies sont désormais consacrées à ces albums.

En peu de temps, les bandes dessinées américaines originales parurent elles aussi sous forme d'albums reliés. Le premier à connaître le succès fut *Maus*, d'Art Spiegelman[18]. À l'aide de dessins très simples, presque maladroits, en noir et blanc, Spiegelman a trouvé un nouveau moyen de sensibiliser le public au drame de l'Holocauste. Les Juifs y apparaissent sous la forme de souris, les Allemands sous l'aspect de chats. En parallèle, on publia des traductions de BD. Ces bandes dessinées ont souvent pour thème une société occidentale en déclin et une population en proie à une peur viscérale. Chaque image semble réfuter l'hyperréalisme factice et la morale rassurante de la télévision et du cinéma.

Au cours de cette évolution, un certain nombre de peintres se sont tournés à leur tour vers la BD. Andy Warhol et Roy Lichtenstein, par exemple, ont joué avec ce type d'images, mais uniquement dans le contexte et selon la terminologie de l'art officiel. Les experts en art en furent choqués; ils en conclurent que ces peintres étaient des révolutionnaires. Or Warhol et Lichtenstein s'apparenteraient plutôt à des peintres de cour cherchant à attirer l'attention en se pavanant autour du palais sans leur perruque. Ils s'adressaient toujours à la cour et à ses courtisans, et cela sans sortir de ses structures.

Leur attitude diffère de celle des véritables dessinateurs de BD, qui ressemblent aux artisans-peintres antérieurs à Raphaël. Ils traitent de la réalité et s'adressent à l'ensemble de la société. Si les Warhol et les Lichtenstein s'emploient à des imitations complexes, amusantes et choquantes de la réalité, les dessinateurs de BD, eux, s'efforcent de trouver de nouveaux reflets de la réalité.

Les artistes officiels amusent sans doute la cour des critiques, des experts et leurs adeptes. D'une certaine manière, ils sont plus conservateurs et condescendants que leurs homologues de la fin du XIXᵉ siècle. Prenons le cas de Lichtenstein. Il fut amené à peindre des versions agrandies de bandes dessinées, en 1960, lorsque l'un de ses fils, désignant un album de Mickey, lui déclara : « Je parie que tu ne saurais pas peindre aussi bien que ça! » À la suite de quoi Lichtenstein exécuta une image surdimensionnée de Donald Duck. En 1962, il fit sensation dans le monde de l'art en exposant des œuvres inspirées par la BD à la galerie Castelli de New York. En novembre 1963, Lichtenstein décréta : « Mon travail diffère de la bande dessinée, mais je n'appellerai pas cela une transformation. [...] Je m'occupe de forme, et la bande dessinée n'est pas " formée " dans le sens où je l'entends. Les bandes dessinées ont des formes, mais aucun effort n'a été fait pour les rendre profondément unifiées [19]. » Cela peut paraître étonnamment prétentieux de la part du plus célèbre représentant du pop art. Mais il faut se souvenir que Lichtenstein a été, pendant une grande partie de sa vie, professeur d'histoire de l'art dans une université. Par ailleurs, copier les bandes dessinées a fait de lui un homme riche et célèbre. Ce processus reposait toutefois sur un postulat généralement admis : Lichtenstein était un artiste, alors que les dessinateurs, eux, ne méritaient pas ce qualificatif.

On ne saurait trouver exemple plus clair de l'énorme fossé délibérément creusé entre la fonction de l'art et celle de l'artisanat dans la société occidentale. En détournant l'idée secondaire du mérite artistique personnel, l'artiste lui-même perd toute notion de l'habileté technique si essentielle aux peintres d'antan, mais aussi, et surtout, de la véritable relation entre l'image créée par le peintre et le public. Lichtenstein a dérobé les authentiques images publiques, les bandes dessinées, tout en les dénigrant, afin d'amuser ses amis les experts. Comme la plupart des gens pris au piège de la réalité abstraite du rituel, ils imaginaient que la BD n'était qu'un outil amusant que leurs talents leur permettaient de manipuler à leur guise. Il n'y a pas de différence entre le bon mot de Marie-Antoinette sur la brioche et les boîtes de soupe en conserve de Warhol. Ce sont deux expressions d'une même artificialité habile, dénuées de pertinence et d'intelligence.

La profession artistique, avec ses innombrables écoles de formation à l'analyse et à la production, ses musées et ses experts si sûrs de leur jugement, n'a pas compris que les dessinateurs se sont emparés d'une grande partie des outils de l'imagination qu'on avait laissés de côté, et que les images parfaites de la télévision n'ont pas su davantage utiliser. Le dessinateur était presque le seul à jouer avec l'ancienne énigme de l'image, de la société et de l'immortalité. Ce qui apparaissait, à un esprit professionnel et rationnel, comme une volonté d'évasion, était en réalité une tentative de dépassement de cette réalité apparente qui a emprisonné notre imagination. Pendant que Lichtenstein exploitait, dans la plus parfaite insouciance, des images créées par d'autres, les dessinateurs continuaient sur leur lancée, découvrant inlassablement de nouvelles images. Tandis que Warhol s'efforçait désespérément de choquer avec les idées des autres, un dessinateur du nom de Chester Brown faisait paraître une BD dans laquelle le Président des États-Unis était un pénis parlant lié au corps d'un petit criminel anémique de bas étage [20]. On peut s'attendre qu'un artiste professionnel post-Warhol réalise un jour une « version artistique » de cette image.

Dans *Le Procès-Verbal* de Le Clézio, le héros déclare : « Je suis pris dans la bande dessinée de mon choix [21]. » Un peu plus tard, la société rationnelle l'enferme, sous prétexte qu'il est fou. Dans une très large mesure, l'aspect visuel de la tradition humaniste est aujourd'hui entre les mains du dessinateur, ainsi que la quête de l'image immortelle. Les experts en art et leurs clients artistes sont, de plus en plus, les alliés des sitcoms télévisés et d'une réalité retenue prisonnière. Dans une société en déclin qui vénère par trop la structure pour y changer quoi que ce soit, on comprend que l'imagination passe pour un ennemi et non pour un allié du peuple.

L'étape suivante de ce combat débuta véritablement en 1991, avec l'apparition du film *Terminator II*. Grâce à la programmation par ordinateur, on créa des personnages de bandes dessinées qui ressemblaient à de vrais acteurs. Ce fut l'apogée d'une décennie d'expériences de plus en plus audacieuses. On voyait déjà de vrais bébés dotés de bouches conçues par ordinateur pour leur permettre de parler, de vraies têtes combinées à des corps informatisés, comme dans le film *Tron*. Avec *Terminator II*, il devint possible de couper en deux sur l'écran la tête d'un individu fait de chair et d'os – en l'occurrence Arnold Schwarzenegger –, puis de la reconstituer. En d'autres termes, les images rituelles du monde électronique peuvent désormais simuler la liberté de l'imagination visuelle réfugiée dans les bandes dessinées. Tout se passe comme si la magie de l'imagerie était occupée par l'école officielle du rite. L'imagerie produite par l'homme tourne, comme toujours, autour des forces de la peur, de la magie et du rituel. Une modification radicale du rapport entre ces deux derniers éléments engendre forcément une peur plus grande encore. Plus les images de contrôle seront complexes, plus les individus rechercheront un réconfort à travers des niveaux accrus de peur. Tout se passe comme si le dernier refuge connu de l'imagination visuelle et de la fantaisie avait été pris d'assaut par les forces de la structure.

CHAPITRE XIX

La vie en boîte
L'individu et la spécialisation

Nous vivons sans conteste au paradis de l'individu. Nous en avons suffisamment de preuves autour de nous. Les uniformes de classe et de fonction disparaissent peu à peu. Diffamation et lois sécuritaires mises à part, tout homme et toute femme est habilité(e) à dire ce qu'il(elle) veut sur n'importe quel sujet, sans craindre d'aller en prison. Rien ne nous empêche de nous vêtir comme nous l'entendons, de porter des cheveux longs ou courts, de nous livrer à des activités sportives ou sexuelles – maritalement ou hors mariage –, chacun d'entre nous ou presque pouvant en jouir comme bon lui semble, quelles que soient ses origines. Seuls quelques bastions, spécifiques par leur appartenance de classe et leurs moyens, résistent en partie à cette vague populaire généralisée. Nous avons désormais accès à des informations de tout genre et de tous bords et nous pouvons voyager dans le monde entier pour des sommes modiques, ne serait-ce que pour découvrir par nous-mêmes ce qu'on apprenait jadis par des sources publiques limitées, qui transmettaient des préjugés invérifiables.

Et pourtant, qu'est-ce que le véritable individualisme dans un État laïc contemporain? S'il s'agit de simple autosatisfaction, nous vivons une époque dorée. S'il tient à un engagement public personnel, nous assistons en fait à la mort de l'individu, dans une période de conformisme sans précédent. La spécialisation et le professionnalisme ont été les grandes innovations de la structure sociale durant l'Âge de la Raison. Malheureusement, ils n'ont pas fait naître les liens nécessaires à la coopération publique. Ils ont plutôt servi à construire des cellules défensives, où l'individu se trouve prisonnier.

L'individualisme moderne s'est confiné pour l'essentiel à des questions personnelles et superficielles. Par exemple : votre dentiste se penche sur vous, le teint hâlé après un voyage dans quelque île du Sud, les dents d'une blancheur immaculée. Sa chemise déboutonnée révèle une chaîne en or. Son brushing présente une cascade de boucles parfaites. Sa deuxième ou sa troisième femme l'attend à la maison, prête à aller dîner dans un restaurant de nouvelle cuisine. Il vous parle de bons crus, de tennis et de squash. Il possède à coup sûr une voiture de sport étrangère. À moins qu'il n'ait une allure plus rustique, qui indique qu'il est l'heureux propriétaire d'une maison de campagne. Est-il possible qu'il s'agisse de la même espèce d'homme que le maréchal-ferrant qui arrachait des dents pendant son temps libre il y a quelques siècles? De ce lugubre tortionnaire en costume noir caricaturé par Daumier? Ou encore de ce personnage comique dont se moquèrent Wilde et George Bernard Shaw? « Misérable voleur d'ivoire en faillite [...] architecte des gencives. C'est ton métier de faire souffrir [1]. » Non. Vous avez devant vous un homme moderne : un individualiste en quête de bonheur et de paix intérieure.

Le rêve américain demeure le mythe occidental par excellence. « La vie, la liberté, la poursuite du bonheur. » Une fois garanties la vie et la liberté, l'individu de la classe moyenne se concentre sur cette quête du bonheur. De nos jours, on divorce facilement; il n'est même pas nécessaire de se marier. Rien ne nous empêche de vivre en couple sans passer par le mariage, civil ou religieux. Maintenant que nous avons cessé de respecter ce cadre social hypocrite, on voit même des corps nus voluptueusement enlacés sur les pages de publicité des plus grands magazines, et au cinéma les diverses étapes de l'accouplement. En tendant un peu le bras, dans n'importe quelle librairie, on peut se procurer des concentrés de sexe en images. Dans n'importe quelle ville, rien ne nous interdit de payer une petite somme pour avoir sous les yeux des femmes ou des hommes nus, ou des couples faisant l'amour en direct.

Il y a moins d'un demi-siècle, on considérait qu'une actrice n'était pas issue d'un milieu social suffisamment élevé pour épouser un « fils de famille ». Si ce dernier refusait d'obtempérer, sa famille lui coupait les vivres. Ces femmes-là ne valaient guère mieux que les prostituées. Habillées de pied en cap tant qu'elles étaient sur les planches ou devant la caméra, elles étaient un peu trop promptes à se dépouiller de leurs vêtements dans d'autres circonstances. Aujourd'hui, les parents appartenant à cette même classe sociale sont ravis que leur fille fréquente une école d'art dramatique. Ils ne s'offusquent pas le moins du monde si, par la suite, elle apparaît sur l'écran en petite tenue ou dans un lit en compagnie, dès lors que cette scène s'intègre à un film sérieux.

De même, il y a une cinquantaine d'années, un officier de l'armée aurait catégoriquement refusé que sa fille épousât un comptable. De nos jours, ce dernier serait accueilli à bras ouverts dans la famille. Éviter de contribuer au financement du bien-être public est désormais l'une des vertus de l'individualisme.

Cette liberté de choix largement répandue est le fruit de la victoire de la raison sur des valeurs sociales arbitraires. L'individu a été affranchi de sa cage sociale. C'est tout au moins le mythe en vigueur. Pourtant, on ne comprend pas très bien ce que cette libération a à voir avec l'accomplissement de l'individu. Les leçons de l'histoire paraissent claires. Les sociétés en pleine ascension sont simples, sans fard, intransigeantes. Celles qui sont au contraire sur le déclin s'abandonnent à une absence de parti pris, au sybaritisme et au baroque. Les Romains de la République et du début de l'Empire étaient des fermiers menant une vie simple, réglée par des devoirs précis. Les pionniers américains étaient de braves campagnards, dénués de fioritures hormis leur imagination et leur volonté de travail. Les leaders de telles sociétés reproduisent généralement cette humilité. George Washington en est l'exemple moderne le plus célèbre. À son époque, déjà, on le comparait à Cincinnatus, ce chef romain qui servit le peuple avec un désintéressement total avant de renoncer au pouvoir pour retourner à sa charrue. Longtemps avant Washington, il y avait eu des hommes comme Henri IV – le premier des grands rois modernes – qui, dès le début du xviiᵉ siècle, sut balayer d'un geste protocole, ornements et grandeur. Henri IV alla jusqu'à refuser de prendre des bains; il écrivit à sa maîtresse : « Ne te baigne pas. Je rentre. » Ces jeunes sociétés sont apparemment saines, mais elles sont invariablement empreintes d'un pharisaïme le plus souvent lié à une rigidité morale et religieuse. Leurs mythes de la simplicité et du bien font abstraction des réalités politiques. Les Romains et les premiers Américains étaient poussés à agir par une volonté d'expansion militaire et une économie fondée sur l'esclavage. Néanmoins, ces gens-là réussissent dans leur entreprise et le succès entraîne un bien-être qui autorise à son tour davantage d'agréments et d'indulgence vis-à-vis de soi. Qui les en blâmerait? Si cela s'appelle dégénérescence, eh bien, les sociétés ne sont-elles pas faites pour disparaître un jour? Il faut espérer que la nouvelle tribu qui apparaîtra inévitablement pour combler le vide laissé par la perte d'ambition et la modération de l'ancienne les laissera s'en aller en douceur.

Il n'est pas difficile de reconnaître que nous, Occidentaux, montrons tous les signes d'un tel déclin. Ce qui fait de nous des candidats au remplacement. Toutefois, nous ne nous rendons pas vraiment compte que ce que nous considérons aujourd'hui comme de l'individualisme n'est, au fond, que l'expression d'un pharisaïsme on ne peut plus complaisant. Notre idée de l'individu ne s'est-elle pas formée au terme de plusieurs siècles d'une lutte qui opposa les pouvoirs arbitraires de l'Église et de l'État d'une part, et les disciples de la raison de l'autre? Le citoyen de la fin du xxᵉ siècle, qui en est le produit, ne ressemble guère au Romain dégénéré ou à l'aristocrate européen dégénéré du xviiiᵉ siècle. Le dentiste évoqué plus haut, avec ses faiblesses inoffensives, ne peut être l'équivalent moderne d'un jouisseur de l'époque de Néron. L'attachement du citoyen moderne aux vertus de l'individualisme superficiel n'a sûrement pas grande importance. Ces plaisirs sont de simples artifices.

Il suffit de voir la manière dont le citoyen se comporte face aux structures du pouvoir pour comprendre l'état réel du développement individuel dans notre société. La volonté d'un individu de ne pas se conformer apparaît le mieux lorsque cet anticonformisme menace son existence même, ou celle de sa famille, de ses amis ou encore d'autres citoyens. Heureusement, nous n'avons pas souvent l'occasion de procéder à ce genre de vérifications. D'un autre côté, nous sommes évalués chaque jour par les réponses que nous donnons à des questions sur nos revenus, nos carrières ou la politique des autorités publiques. Une civilisation qui prétend reposer sur la participation individuelle du citoyen subsistera ou s'effondrera selon la manière dont nous répondrons à de telles questions.

Dans *La Montagne magique*, Thomas Mann fait admirablement ressortir les deux facettes de cet argument. Pour être un individualiste, « il faut au moins distinguer la différence entre morale et félicité [2] ». Un individu prend sur lui la responsabilité de comprendre ce qui est moral et ce qui doit inspirer sa conduite. Celui qui dépend d'une bénédiction compte sur Dieu et ses représentants pour savoir comment définir la morale et la mettre en vigueur. C'est un enfant de Dieu, un pupille auquel il ne viendrait jamais à l'idée de revendiquer une responsabilité personnelle. L'individu s'apparente à un enfant qui aurait grandi et quitté le foyer parental. Pour dire les choses plus crûment, l'homme a tué Dieu avec l'idée de le remplacer. À moins qu'après L'avoir tué il ne se soit trouvé dans l'obligation de combler le vide? Dans un cas comme dans l'autre, il assume désormais les pouvoirs de jugement moral auparavant réservés aux divinités.

Pourtant, aucune des libertés individuelles tant prisées par notre dentiste ne semble appropriée au citoyen exerçant le rôle de juge dévolu jadis à Dieu – ou plutôt tel qu'il était joué par les représentants de Dieu sur la terre, les Églises et les monarques de droit divin. Ces pouvoirs sont d'une nature concrète et bien réels. La seule question est de savoir qui s'en emparera. Car celui qui en est devenu le maître fixera les contours de la vie dont les autres jouiront ou qu'ils endureront. Dans une société rationnelle, l'acte individualiste suprême devrait donc consister, pour chaque citoyen, de concert avec les autres, à s'emparer de ces pouvoirs et à les exercer pour le bien de tous. La négation suprême de l'individualisme, c'est de s'acheter une BMW alors que quelqu'un d'autre exerce à votre place le pouvoir de juger. Les droits et les privilèges tant appréciés par notre dentiste sont très révélateurs de cet état de félicité qu'on trouve dans des sociétés plus anciennes, régies par des mécanismes d'inspiration divine.

Pour évaluer à quel point notre définition de l'individualisme est confuse, il suffit d'observer l'Occident avec un regard extérieur. Les sociétés bouddhistes sont horrifiées par bien des aspects de la civilisation occidentale; mais ce qui les surprend le plus, c'est notre obsession de nous-même en tant qu'objet d'intérêt constant. Selon leurs critères, il n'y a rien de plus malsain qu'un individu de race blanche obnubilé par lui-même, hanté par la culpabilité, acharné à faire du prosélytisme et à vendre Dieu, la démocratie, le libéralisme ou le capitalisme avec une fausse modestie qui recouvre en fait un terrible instinct de supériorité. Pour un bouddhiste, il est clair que cet individu ne comprend rien à lui-même ni à la place qu'il occupe dans le monde. Il est mal à l'aise dans son rôle, mal dans sa peau, et déverse hypocritement ses frustrations sur le monde qui l'entoure.

Quant à l'Occidental contemporain « libéré », qui se croit détendu, sympathique, ouvert, en harmonie avec lui-même et avide de l'être avec les autres, il paraît encore plus repoussant. Il souffre du même complexe de supériorité que son prédécesseur tourmenté par la culpabilité, mais il se complique encore la vie en prétendant ne pas s'estimer supérieur. Même si l'Occidental n'est pas conscient de cette réalité ou ne la comprend pas, tout individu extérieur à cette société s'en aperçoit sur-le-champ. L'inaptitude de l'Occidental à s'occuper de ses affaires traduit en fait une absence de culture. Parmi ses caractéristiques les plus intolérables : une prétention à vouloir révéler ce qu'il pense à propos de lui-même, ses mariages, ses divorces, ses enfants, ses sentiments, ses amours... L'Europe se plaît à croire qu'il s'agit là d'une particularité américaine. À cet égard, la différence entre ces continents se limite à une question de degré. Tout homme, toute femme engendré par la tradition judéo-chrétienne meurt d'envie de se confesser, même quand on ne lui demande rien. Le bouddhisme cherche avant tout à faire comprendre à l'individu qu'il fait partie d'un tout et que, dans ces conditions, il n'offre qu'un intérêt limité. Et s'il se préoccupe de son existence personnelle, il ne peut le faire qu'en privé. L'individu qui semble naviguer sur des eaux calmes est un homme de qualité. Les tempêtes qu'il affronte ne concernent que lui.

En quoi consiste alors l'individualisme occidental ? Au XIXᵉ siècle, l'individualiste passait pour un homme agissant de son propre chef. Il devait cependant se plier aux contraintes d'une société très organisée. Le plus libéral des penseurs de l'époque, John Stuart Mill, déclara pourtant que « la liberté de l'individu doit être limitée afin qu'il ne puisse être en lui-même une gêne pour autrui [3] ».

Si les contraintes de la civilisation occidentale du XIXᵉ siècle lui faisaient courir le risque de gêner les autres, il pouvait toujours se réfugier aux frontières de l'Amérique du Nord ou du Sud, ou de l'Australasie, ou s'y faire envoyer. Là-bas, rien ne l'empêchait de laisser libre cours à son besoin de liberté en menant l'existence de son choix. Si ce type d'affranchissement lui semblait excessif, il existait encore de nombreux espaces, au sein des empires, où on pouvait trouver refuge sans rompre les liens avec sa société, mais en se libérant plus ou moins des contraintes sociales. Ceux qui souhaitaient jouir d'une liberté maximale pouvaient se faire envoyer aux marges des empires, en qualité de courtiers au service de la Hudson's Bay Company, ou comme commissionnaires régionaux dans le sud du Soudan. Dans ces régions, ils n'avaient pas la moindre chance de rencontrer un seul Occidental à des centaines de kilomètres à la ronde. Rimbaud fuit Paris et la poésie pour rallier un comptoir abyssin, où il s'occupa de fusils et d'esclaves. Cette liberté personnelle le tua, et beaucoup d'autres connurent le même sort. Dans le cas de Rimbaud, la menace vint de la maladie, un danger beaucoup plus fréquent pour ces gens-là que la violence. Ceux qui souhaitaient prendre une distance qui les mît à l'abri sans s'abandonner pour autant à un individualisme excessif avaient toujours la possibilité d'incorporer un régiment étranger, chez les Rajputs dans le nord de l'Inde, ou dans la Légion en Algérie. Ils se trouvaient ainsi libérés du joug de la société britannique ou française, tout en subissant les contraintes, plus rassurantes, de la structure d'un régiment.

Même sans quitter l'Occident, un homme désireux de préserver son individualité trouvait le moyen de s'accommoder des structures rudimentaires subsistant au-delà des carcans de la société bourgeoise du XIXe siècle. Dans les bas quartiers, les hôpitaux, les usines, des hommes issus de milieux sclérosés luttaient contre le bien ou le mal comme s'ils partaient en guerre. Dès les années vingt, les poches de violence les plus extrêmes avaient cependant disparu, et le rayon d'action de l'individu s'en trouva nettement limité. Dans une société stable et embourgeoisée, la retenue était fort appréciée. Curieusement, il en résulta que le moindre acte d'audace suffisait pour qu'un homme apparût à la fois comme une gêne et comme un individu véritable.

Cela explique en partie l'essor de l'individualisme artistique, une forme d'« existentialisme » qui n'obligeait pas à quitter son pays, même si elle exigeait souvent certaine marginalité. Les prototypes du genre furent Byron et Shelley, qui fuirent leurs déboires conjugaux à travers l'Europe, tout en préconisant une révolution politique. Lermontov fut lui aussi un modèle précoce : exilé dans le Caucase, il y participa à des guerres de conquête et s'éleva dans ses écrits contre les pouvoirs centraux qu'il abhorrait, avant de mourir en se battant en duel. Victor Hugo est un exemple plus tardif, mais plus imposant : il s'exila volontairement pour protester et refusa de regagner la France tant que Louis Napoléon détiendrait le pouvoir. De telles initiatives exigeaient une bonne dose de courage et un degré certain de conviction et de détermination personnelle. Dans bien des cas, ces hommes rappelaient l'individualisme des pionniers.

L'individualisme contemporain ne peut se comparer à ces démarches existentielles. Peut-on établir un rapport entre le pionnier et le dentiste moderne qui essaie de satisfaire ses caprices? Entre le légionnaire français et le skieur conducteur de Porsche? Entre le citoyen responsable d'une démocratie séculaire et le cadre cocaïnomane? Ces gens se livraient, et se livrent encore, à une forme de défi. À part cela, on ne peut pas véritablement les comparer. Les deux phénomènes appartiennent à des univers distincts.

L'« individu » est un concept ancien. En revanche, l'« individualisme », tel qu'il commença à prendre forme au début du XIXe siècle, était l'expression nouvelle d'un puissant espoir. Les gens ordinaires conservaient le souvenir des aspects positifs du Moyen Âge – les gildes alliant métier et responsabilité sociale –, et les nouveaux individualistes reprenaient à leur compte les anciennes responsabilités du citoyen. Les membres de ces corporations professionnelles portaient en eux une mémoire plus ancienne encore : celle du citoyen de la cité-État de la Grèce antique. Le citoyen athénien, individu idéalisé, est demeuré un exemple quasi mythique pour le citoyen tout au long de l'histoire occidentale.

En fait, cette parenté n'était qu'illusoire. Elle avait été annulée quand les pouvoirs des gildes, des bourgeois et de leurs cités avaient été laminés par les guerres de religion et remplacés par ceux de rois à la puissance absolue. Seule survécut la notion de professionnalisme. Les royaumes d'Europe étaient remplis de professionnels officiellement accrédités, dont le rôle trouvait sa légitimation non dans leur compétence, mais dans la structure irrationnelle du pouvoir – une pyramide dominée par Dieu et le roi.

C'est pourquoi le concept de professionnalisme, tel qu'il réapparut dans les armées de la raison conquérante, était si intimement lié à l'idée que les hommes existaient par eux-mêmes, et non grâce à une autorisation octroyée par quelque pouvoir arbitraire. Cela s'appliquait aux officiers de l'armée aussi bien qu'aux fonctionnaires, aux commerçants ou aux manufacturiers. Leur contribution à la société, par le biais de leur profession, confirmait qu'ils étaient détenteurs de la raison. Ainsi, le fait de posséder la raison signifiait qu'on était un individu responsable.

Tout au long de la révolution industrielle, génératrice d'une foison d'inventions et d'une forte croissance des classes moyennes, l'essor du professionnalisme fut intimement lié à l'idée occidentale que l'homme était un individu responsable. Il l'était à la mesure de ses compétences. Aussi la valeur de l'individualisme était-elle indissociable de l'importance croissante que l'on accordait à la spécialisation. En améliorant ses capacités dans le domaine qui était le sien, chaque homme pensait accroître le contrôle qu'il exerçait sur sa propre existence. Il accroissait ainsi le domaine de ses responsabilités. Cela lui permettait de mesurer à la fois sa valeur et la somme de sa contribution à l'ensemble de la société.

Tout cela se fondait sur l'idée que ce professionnalisme d'un nouveau genre donnerait naissance à des groupements de spécialistes constituant une sorte de méritocratie populaire. La première manifestation importante de ce phénomène eut lieu dans les années vingt, sous une forme hélas détournée, avec la montée du corporatisme, qui devait évoluer par la suite en fascisme. On aurait dû y voir la preuve que la filiation historique reliant Athènes aux gildes n'était guère qu'un mythe. Les événements des années vingt et trente ne furent pas sans lendemain. Le corporatisme réapparut dans les années soixante, en Angleterre, avec le mouvement syndicaliste britannique, de même qu'en Amérique du Nord, sous la forme d'un groupement d'affaires baptisé la Table ronde, et son émule canadien, le Business Council on National Issues. Ces derniers peuvent se targuer d'avoir posé les jalons des programmes économiques et sociaux actuels de leurs pays. Les coteries de citoyens associés en groupements d'intérêt ne deviennent corporatistes, et donc dangereuses, qu'au moment où ces groupements perdent de vue leur objectif initial et cherchent à violer le système démocratique. Dans le cas des syndicats britanniques et des conseils d'affaires nord-américains, leur intervention dans les affaires publiques visait à réduire la participation des citoyens à la démocratie.

Ces trois exemples illustrent une tendance qui ne cesse de s'amplifier. Ils démontrent aussi que le professionnalisme a eu finalement pour effet d'isoler l'individu. Le professionnel avait découvert qu'il pouvait effectivement bâtir son empire personnel ; or plus il devenait compétent, plus son empire rétrécissait. L'individu se retrouva dans une situation de plus en plus contradictoire. D'une part, il était le détenteur pour ainsi dire tout-puissant de l'information, des connaissances et des responsabilités dans un secteur extrêmement restreint. Sa coopération était donc essentielle à d'autres qui, au sein de la même discipline, étaient eux-mêmes spécialistes d'autres secteurs tout aussi minuscules. Or, la coopération de tout le groupe, des différents groupes entre eux et avec la société dans son ensemble, était tout aussi indispensable à la population en général. D'autre part, à mesure que proliféraient ces zones restreintes de responsabilité absolue, chaque individu se retrouvait plus sûrement enfermé dans la cellule confinée de sa spécialisation. Il devait perdre progressivement de son pouvoir dans la société au sens large. Les philosophes des XVIIe et XVIIIe siècles avaient cru établir les fondements d'une civilisation d'individus ouverte comme celle de la Renaissance. C'est exactement l'inverse qui s'est produit.

Notre mythologie suggère que la société s'apparente à un arbre couvert des fruits mûrissants de l'individualisme professionnel. Elle présente en fait l'image d'un labyrinthe de couloirs bloqués par d'innombrables portes fermées à clé, chacune donnant accès à une petite cellule.

Cela n'a rien d'étonnant. Si les origines de notre problème remontent à quatre siècles, il a fallu attendre le milieu du XIXe pour que tous les termes permettant de décrire cette situation fassent leur apparition, ou prennent leur acception actuelle, sous l'impulsion de structures en mutation. *Spécialiser*, par exemple, était un terme ancien, traditionnellement utilisé dans le sens où nous employons aujourd'hui le mot *spécifier*. Il a pris en 1855 seulement le sens qu'on lui attribue aujourd'hui, c'est-à-dire employer, cantonner dans une spécialité. Quant au terme *spécialisation*, il fut forgé en 1843 par John Stuart Mill, le mot *spécialiste* étant pour sa part une invention d'Herbert Spencer, et datant de 1856 [4].

Dès l'instant où cette éthique professionnelle s'est formellement inscrite dans le langage, les gens se sont rendu compte que le savoir et la compétence, tels qu'ils sont appliqués par les sociétés rationnelles, minaient la position de l'individu au lieu de la renforcer. Spontanément, d'autres néologismes ont alors fait leur apparition, de manière à alimenter un vocabulaire de protestation. Le plus important de tous ces termes, *individualisme*, est apparu d'abord dans la langue française, puis en anglais. Au départ, il se fondait sur un refus de la terminologie limitative appliquée au professionnel. L'individualisme fut créé sur le principe d'un sentiment ou d'une conduite centré sur l'individu lui-même. En d'autres termes, on acquit de plus en plus la conviction que le seul moyen de développer des qualités individuelles consistait à rejeter la société.

Les propos de Charles Bonnet, qui le premier établit l'identité de l'individu moderne en inventant en 1760 le terme *individualité*, montrent bien que, dès le départ, l'individualisme n'avait d'autre but que le refus social et la complaisance vis-à-vis de soi-même dans une société rationnelle : « Je suis un être sentant et intelligent ; il est dans la nature de tout être sentant et intelligent de vouloir sentir ou exister agréablement, et vouloir cela c'est s'aimer soi-même [5]. »

En d'autres termes, si participer à la société sous-entend l'émasculation de l'individu, alors l'individualisme n'a pas d'autre option que de se fonder sur l'abdication de toute responsabilité. Face au pouvoir d'une civilisation enserrée par la structure, le véritable individu prend la fuite. Il refuse le rêve rationnel d'un monde où chacun est un expert et ne représente qu'une partie seulement de l'homme. Ce qui le révolte, ce n'est pas tant qu'on ait fait de lui une cellule au sein du corps social. C'est surtout que chaque cellule n'ait qu'une compréhension limitée de l'ensemble et, partant, qu'une influence restreinte sur ses rouages. Alors qu'il terminait ses études à Harvard, le juge Learned Hand évoqua ce malaise moderne auprès de ses camarades d'études en 1893 :

> Civilisation sous-entend spécialisation, celle-ci signifiant l'oubli des valeurs globales et l'établissement de fausses valeurs. C'est-à-dire une mentalité de philistin. Un sauvage ne saurait tomber dans cette condition. Ses valeurs sont bien réelles. Il satisfait ses propres besoins et découvre qu'ils procèdent de lui-même et non d'une évaluation de ceux des autres. En pratique, nous nous devons d'être des spécialistes ; la division du travail nous prescrit de savoir quelque chose d'un sujet et fort peu des autres ; elle nous fait avaler le philistinisme de force, que cela nous plaise ou non [6].

Learned Hand passa sa vie à plaider, en s'efforçant de fonder ses jugements sur sa morale et son bon sens. Il entendait appliquer sa propre spécialisation au monde extérieur. Pour cela, il fut respecté et considéré comme le plus grand magistrat des États-Unis. Pourtant, il ne fut jamais nommé à la Cour suprême. Malgré la bonne volonté de ceux qui se trouvent à des postes dits de responsabilité, le système se débrouille pour

505

ne pas récompenser ceux qui communiquent d'une « boîte » à l'autre sans respecter la structure établie.

Bien que le juge Hand et une poignée d'autres hommes remarquables l'aient exhorté à dépasser les limites que la société nous impose, il est difficile pour le citoyen de conserver tant d'individualisme. Le problème est le même en ce qui concerne les normes exceptionnelles établies jadis par Jefferson. Dans le meilleur des mondes, chaque homme, chaque femme tentera de les atteindre. Mais c'est pure hypocrisie de prétendre que nous y parviendrons tous.

La réaction la plus compréhensible et la plus courante du citoyen-expert consiste à se tenir sur la défensive. Il s'évertue à transformer sa cellule de prison en une forteresse, en surélevant et en renforçant ses murs. Cette boîte capitonnée est peut-être une cellule ; elle représente aussi l'un des rouages d'un processus plus général, et joue par conséquent un rôle essentiel. L'expert est le seul à comprendre et à contrôler les mécanismes de sa propre boîte. Son pouvoir, en tant qu'individu, consiste à garder pour lui son savoir et à refuser de coopérer. L'« information » est la monnaie d'une société bâtie sur de tels systèmes. Dès qu'un homme a livré les informations qu'il détient, il a dilapidé son capital. Il les distribue donc au compte-gouttes et avec prudence. À la rigueur, il les échange contre d'autres. Quand il se sent menacé, il refuse effectivement de coopérer, en exagérant les difficultés de sa spécialité, en en inventant, en jouant sur la lenteur, en divulguant des informations erronées. Le seul vrai pouvoir de l'expert réside dans la rétention du savoir. Plus l'individu est sûr de lui, moins il a de chances de choisir une « boîte » isolée et bien protégée. Marshall McLuhan disait : « L'expert, en tant que tel, est plein d'insécurités. S'il se spécialise, c'est pour acquérir une certaine assurance [7]. »

L'une des découvertes les plus précieuses du spécialiste fut qu'il pouvait défendre son territoire en développant un jargon incompréhensible aux non-initiés. L'explosion de la terminologie qu'on a connue au cours des cinquante dernières années a bouleversé les langues occidentales. On croit généralement – à tort – que la plupart de ces termes proviennent de la langue anglaise. Ce qui a permis à bon nombre de gens d'expliquer les ratés de la communication dans leur société par l'impérialisme de l'anglais – ou inversement, par l'incapacité de l'allemand, du français et de l'espagnol à se moderniser.

Or l'explosion terminologique inspirée par les experts s'est produite avec une intensité équivalente dans toutes les langues occidentales. Les sciences sociales à elles seules ont inondé d'innombrables langues – le français, l'allemand, l'italien, mais aussi l'anglais. Sur tous les sujets, dans toutes les professions, les experts ont progressivement enlevé au public le sens général de leurs fonctions.

L'exemple de la philosophie frise le ridicule. Socrate, Descartes, Bacon, Locke et Voltaire n'ont pas écrit en un jargon qui leur fût propre. Ils ont rédigé leurs pensées en grec, en français ou en anglais courants, à l'intention du lecteur moyen de leur temps. Leur langage est clair, éloquent, souvent touchant et amusant. Le philosophe contemporain n'écrit pas dans la langue courante de notre époque. Ses textes ne sont pas accessibles au grand public. Plus étrange encore, l'interprète moderne des philosophies antérieures écrit lui-même dans un dialecte incompréhensible. Quiconque possède un niveau d'éducation pré-universitaire correct peut encore lire Bacon, Descartes, Voltaire ou Locke avec aisance et plaisir. Alors qu'un diplômé d'université a du mal à déchiffrer les interprétations de ces mêmes penseurs par nos grands intellectuels contemporains. Dans ces conditions, pourquoi se donner la peine d'essayer de lire ces gloses modernes de textes à l'origine si limpides? Les universités actuelles font cependant de ces interprétations la voie unique conduisant l'expert à l'originalité. Les philosophes d'hier sont ainsi traités comme des amateurs qui ont besoin de la protection et des explications des spécialistes.

La nouvelle terminologie spécialisée représente une grave attaque contre le langage en tant que moyen de compréhension. Les murs séparant les « boîtes » de compétences continuent de s'élever. Les jargons de la science politique et de la sociologie sont devenus de plus en plus hermétiques et inintelligibles entre eux, bien qu'ils concernent des domaines très voisins. Il est d'ailleurs peu probable que ces disciplines puissent mener une existence indépendante l'une de l'autre. On peut même se demander si l'une ou l'autre constitue un domaine de compétence véritable. Or ces jargons ont envahi progressivement des secteurs traditionnels et les ont coupés les uns des autres, ainsi que du public. Le rempart séparant ces deux pseudo-sciences et l'économie est plus solide encore. L'architecte et l'historien d'art utilisent des jargons si éloignés l'un de l'autre que l'absence de modes de raisonnement communs suggère qu'ils sont totalement distincts – sans parler de l'économiste –, non en raison d'une différence dialectique, mais par l'usage de langues différentes. Saint-Pierre de Rome fut pourtant bâtie par des peintres!

Un anthropologue allemand est à bien des égards mieux équipé pour communiquer avec son homologue français qu'avec un de ses compatriotes détenteurs d'un M.B.A. Au premier abord, on pourrait en conclure qu'une langue internationale est en train de se développer. Or il n'en est rien. Ces nouveaux dialectes ne constituent nullement des ajouts utiles à nos langues. Il s'agit d'une rhétorique destinée à obscurcir la compréhension. Si la perspective d'une véritable intégration internationale devait faire apparaître un jour le cauchemar de la compétition entre spécialistes, on peut imaginer qu'ils compliqueraient à plaisir leur langage, pour faire obstacle à ce type de communication.

L'expert prétend naturellement que tout cela est faux. Il affirme que l'enrichissement de son vocabulaire améliore la compréhension dans son domaine de compétence. Or cette compréhension se limite précisément au « collège invisible » des spécialistes travaillant dans le même secteur. Dix géographes qui pensent que la terre est plate renforceront mutuellement leur erreur. S'ils disposent d'un dialecte qui leur est propre, il sera impossible aux non-initiés d'exprimer un avis contraire. Seul un marin pourrait les remettre sur la voie de la vérité. Or un individu libéré des entraves de la compétence, mais qui a voyagé dans le monde entier, est bien la dernière personne qu'ils désireront rencontrer.

L'objectif du langage est la communication. Il n'a pas d'autre raison d'être. Une grande civilisation se prévaut naturellement d'une communication facile, large et riche par son contenu. Dès que le langage apporte une entrave à la communication, on a affaire à une civilisation sur le déclin.

Les initiateurs de ce phénomène obscurantiste ont été ceux-là mêmes qui auraient dû se consacrer à améliorer la communication : les professeurs. Ils ont fait de leurs universités des temples de la spécialisation, flattant le goût de la société moderne pour ce qui touche à l'exclusivité. Maurice Strong est allé jusqu'à dire que les « aptitudes de synthèse, linéaires, interdisciplinaires, sont meilleures en dehors des universités qu'en leur sein ». L'historien américain William Polk pense pour sa part que les universités devraient désormais s'appeler *multiversités*, dans la mesure où l'enseignement qu'elles dispensent est au cœur de ce qui divise la société au lieu de l'unifier [8]. Ces établissements, gardiens de la tradition intellectuelle occidentale, se consacrent désormais à la prévention de la pensée globalisante. Les professeurs qui forment la jeunesse actuelle tout en classant les événements contemporains, qu'ils soient politiques, artistiques ou financiers, sont devenus les protecteurs officiels des « boîtes » dans lesquelles vivent les gens éduqués.

Cette obsession de la compétence est telle qu'il est désormais impossible de parler des affaires publiques à un niveau « raisonnable ». Si un ingénieur des Ponts et Chaussées se refuse à l'ingérence d'autres disciplines dans son domaine, si un ingénieur nucléaire éprouve les mêmes sentiments vis-à-vis de ses responsabilités, il est vraisemblable qu'aucun d'entre eux ne mettra en doute le jugement de l'autre. Ils savent trop bien comment les questions d'un non-initié doivent être traitées par un expert : de la même manière qu'ils s'y prendraient eux-mêmes.

La procédure normale, face aux questions de l'extérieur, consiste à éviter de répondre en décourageant l'interrogateur, notamment par l'intimidation, en sous-entendant qu'il n'est pas informé, qu'il manque de précision, de profondeur, mais aussi en lui reprochant son excès de curiosité. Si l'interrogateur bénéficie d'un certain pouvoir hiérarchique, l'expert se sentira peut-être obligé de répondre, en prenant davantage de précautions. Il peut lui livrer un minimum d'informations dans un jargon abscons, tout en s'excusant de la complexité de la terminologie employée, suggérant ainsi que son questionneur n'est pas suffisamment compétent pour en comprendre davantage. S'il doit répondre à l'interrogateur sans lui manifester de respect particulier – à un journaliste, par exemple, ou à un homme politique –, l'expert livrera une série de données incompréhensibles, noyant le débat tout en donnant l'impression de vouloir coopérer. Si quelqu'un parvient à y voir à peu près clair dans tout ce charabia, il ne pourra discuter le point de vue de l'expert qu'en recourant à des développements d'une complexité telle que le public, auquel il est censé communiquer ce qu'il comprend, perdra rapidement tout intérêt. Bref, en attirant le non-initié obstiné dans sa propre « boîte », l'expert sera parvenu à le neutraliser.

Malgré le mépris pour le citoyen que traduit ce processus d'auto-défense, l'expert est lui-même un citoyen. Ce droit qu'il s'octroie de traiter son domaine de compétence comme un territoire exclusif est précisément ce qui, à ses yeux, fait de lui un individu.

De surcroît, il sait que seules certaines classes sont réparties et isolées en « boîtes » de spécialisation, à la différence du reste des citoyens. Il sait aussi que la masse, même si elle ne constitue plus un *Lumpenproletariat* ni même la classe ouvrière traditionnelle, est absorbée par le travail et la famille. Ces dizaines de millions de gens maintiennent donc une tradition qui croit encore aux bonnes intentions de leurs élites rationnelles. Cela tient pour partie à une réalité toute simple : la plupart des citoyens n'ont pas le temps d'interroger sérieusement leurs experts. Et s'ils trouvaient le temps nécessaire pour le faire, ils n'auraient pas à leur disposition le vocabulaire hermétique ni une compréhension suffisante des structures obscures pour y parvenir. S'ils persistent malgré tout, les réponses rhétoriques que leur apporteront les spécialistes ne serviront qu'à les rassurer.

Les spécialistes exploitent cette confiance du public avec le cynisme exacerbé de gens qui ont peur. Ce qui les effraie, en particulier, c'est leur propre perte d'individualisme, du fait qu'ils sont pris au piège des structures de la société rationnelle. La population, si elle n'est pas directement prisonnière de ces structures, dépend totalement de la manière dont la société est gérée. Il existe aussi dans la population un pourcentage relativement restreint de gens suffisamment nantis pour demeurer à l'écart avec les moins puissants et les moins éduqués. Pourtant, dans la mesure où ils ont besoin de choses procurées par la société, ils en dépendent également. De toute façon, ce sont les classes moyennes – supérieures et inférieures confondues – qui sont totalement piégées. Elles constituent l'élite de fait, même si leurs membres doivent travailler pour vivre. Elles représentent la principale création de l'Âge de la Raison, et même lorsqu'elles ne représentent pas la majorité, elles n'en dominent pas moins la société occidentale. Ces gens-là sont prisonniers de leur propre compétence ;

c'est pourquoi ils ont sombré dans la confusion la plus grave quant à leur rôle de citoyens individuels.

Durant ses heures de travail, les obligations d'un homme ou d'une femme vis-à-vis de son emploi le contraignent à limiter son regard à son domaine de compétence particulier. Il ne peut rien dire à propos des secteurs spécialisés d'autrui. L'objectif de la structure est d'assurer un fonctionnement en souplesse, non de favoriser les critiques publiques. Par ailleurs, la volonté de l'expert de n'essuyer aucune critique de la part de ceux qui sont en dehors de sa « boîte » le dissuade à son tour de formuler la moindre remarque à leur encontre. Lorsqu'il quitte son bureau/ses fonctions, à la fin de la journée, il est théoriquement libre. En fait, si durant ses loisirs il devait se livrer publiquement à des commentaires indépendants sur son propre domaine de compétence, il aurait de sérieux ennuis avec le système qui l'emploie. Un tel comportement passerait pour une forme de trahison. Dans bien des cas, les obligations contractuelles de sa fonction l'empêchent d'exercer toute activité « indépendante » dans son secteur de spécialisation en dehors des heures de bureau. Son employeur a la jouissance exclusive de son savoir. Bref, l'expert employé ne possède aucun droit personnel sur son activité de spécialiste, hormis celui de changer d'employeur. On ne peut guère considérer cela comme un droit important, d'autant plus que toute tentative de s'exprimer en sa qualité d'expert individuel lui vaudra une réputation d'individu difficile, ce qui l'empêchera finalement d'aller chercher un travail ailleurs.

Nous avons donc affaire à une classe moyenne éduquée, raisonnablement prospère, composée d'employés responsables, qui sont pour ainsi dire censurés, ou autocensurés, pour ce qui relève de l'essentiel des responsabilités du citoyen individuel. L'exception se limite au droit de vote à bulletins secrets. Par ailleurs, la désintégration des barrières traditionnelles de notre société – notamment les convictions sociales et religieuses – laisse aux membres de cette vaste classe moyenne tout loisir d'utiliser leur temps libre comme bon leur semble, pourvu qu'ils ne viennent pas entraver le fonctionnement du système. Ils sont tout aussi libres de dépenser leur argent comme ils le veulent, pourvu qu'ils ne remettent pas en cause les structures.

Pour ces classes moyennes, la seule solution consiste à compenser le mieux possible les terribles frustrations de leurs existences muettes, contrôlées et mises en boîte, en gaspillant leur temps libre et leur argent – en d'autres termes, à compenser une camisole de force concrète par des libertés illusoires. C'est ce que nous appelons désormais l'individualisme : une immersion dans les eaux imaginaires de l'autosatisfaction.

Pour les classes moyennes d'aujourd'hui, il n'est plus seulement question de frustration. Il leur faut aussi oublier que les véritables pouvoirs de l'individu ont été dissous par sa propre compétence. Pour que cette amnésie soit effective, il suffit de feindre de croire que les expressions superficielles de l'individualisme signifient encore quelque chose.

Au temps des anciens régimes despotiques, le non-conformisme était perçu comme une menace pour les intérêts du gouvernement : c'était un crime capital. Pour les nations démocratiques du xxᵉ siècle, les crimes capitaux ne sont guère nombreux. L'anticonformiste est considéré comme irresponsable. Cela revient à mettre en péril une position confortable à l'abri d'une boîte. Or l'homme, et désormais la femme, issus de la classe moyenne sont le produit d'un système pédagogique et social édictant qu'une vie réussie passe automatiquement par son intégration dans une boîte de spécialisation, en occupant au maximum l'espace de cette boîte et pendant une période aussi longue que possible. On comprend que ceux qui oseraient prendre le risque de perdre tout cela sont bien rares. La peur d'agir d'une manière aussi irresponsable a porté un coup fatal au débat public parmi les citoyens éduqués.

En revanche, le non-conformisme superficiel laisse nos structures rationnelles indifférentes. Les questions relatives à l'attitude morale et à l'apparence physique sont de moins en moins prises en compte : elles passent pour des moyens d'expression de soi justifiés, ou pour des thèmes appropriés à des débats publics animés. Dans un cas comme dans l'autre, ce sont des soupapes de sûreté inoffensives. Cette victoire du non-conformisme superficiel rend le citoyen-expert schizophrène : docile, diligent, maître de la situation tant qu'il demeure dans sa boîte ; détendu, original au possible, quelquefois même ergoteur, aimant les plaisirs et inévitablement en quête de bonheur dès qu'il en a franchi les limites. C'est en tout cas la théorie qui prévaut.

Le mot *bonheur* abondait dans les premiers discours sur la raison. Ses évocations les plus remarquables apparaissent sans doute dans la Déclaration d'indépendance américaine. Nous savons ce que son auteur voulait dire quand il écrivit que tous les hommes « sont dotés par notre Créateur de certains droits inaliénables, parmi lesquels la vie, la liberté et la poursuite du bonheur ». Ce sont des idées sur lesquelles Jefferson s'étendit longuement au cours des quarante-cinq années qui suivirent.

Et il ne fut pas le seul. Rarement un terme s'est propagé à une cadence aussi rapide d'un philosophe à l'autre. Alors que Dieu mourait lentement, crucifié sur la croix de l'État rationnel, le *bonheur* s'élevait parmi les nouvelles divinités d'une civilisation qui se convertissait inconsciemment à un polythéisme laïc.

L'acception actuelle du mot *bonheur* est pourtant sans rapport avec celle évoquée par Jefferson ou les autres chefs rationnels. Leur bonheur à eux était essentiellement la quête d'une aisance matérielle minimale – à distinguer de notre conception facile du confort moderne. Pour eux, « matériel » faisait référence à l'établissement concret d'une société prospère et bien organisée. Jefferson s'adressait à des hommes qui se battaient encore contre un continent barbare, qui n'avaient pas oublié les carences matérielles et l'oppression religieuse auxquelles ils avaient échappé en fuyant l'Europe. Sa déclaration sous-entendait qu'en leur garantissant un bien-être stable et organisé il leur offrirait par la même occasion une satisfaction rationnelle. Bonheur était synonyme de bien, dans le sens de *bien public*.

Les sources dont Jefferson et d'autres s'inspirèrent pour parler du bonheur étaient on ne peut plus claires. Montesquieu écrivait dans ses *Lettres persanes*, en 1721 : « Tout homme est capable de faire du bien à un autre homme mais c'est ressembler aux dieux que de contribuer au bonheur d'une société entière. » Un quart de siècle avant la révolution américaine, Voltaire, dans son poème sur le tremblement de terre de Lisbonne de 1755, à l'origine de l'un des grands tournants des idées occidentales, écrivait : « [...] Et vous composer dans ce chaos fatal/ Des malheurs de chaque être un bonheur général [9]! » Alors que des dizaines de milliers de morts gisaient sous les décombres, il est peu probable que le grand homme de lettres ait fait allusion à un avenir peuplé de perruques poudrées et de salles de bal, ou encore de baignoires et de courts de squash. Il ne se préoccupait pas davantage du droit inaliénable pour l'individu de porter des jeans.

Jefferson s'appesantissait encore sur la question près d'un demi-siècle après avoir rédigé la Déclaration d'indépendance. En 1823, il écrivait à Coray, l'un des grands experts de la Grèce antique, promoteur de la liberté grecque moderne : « Les droits équitables de l'homme et le bonheur de chaque individu sont désormais reconnus comme les seuls objets légitimes du gouvernement. »

Au mot « bonheur », on pourrait substituer « bien-être général », dans le sens de suffisance matérielle, de liberté par rapport à tout contrôle despotique, et de droits, comme celui à l'éducation. Jefferson poursuit en disant que le « seul instrument » assurant « l'égalité des droits et le bonheur [est] le gouvernement par le peuple, agissant non pas en personne mais par le biais de représentants choisis par lui [10] ». Le bonheur était donc un besoin matériel et moral. Non un perpétuel Noël victorien en compagnie de son analyste! En 1825, Noah Webster publiait son premier dictionnaire américain. Sa définition du bonheur *(happiness)* débutait en ces termes : « les sensations agréables qui dérivent de la jouissance du bien ». Manifestement, il ne s'agit pas là d'une référence aux protège-genoux rembourrés destinés au jardinier douillet qui portent le nom de HAPPINEES (mot à mot : genoux heureux) [11]!

Pourtant la compagnie HAPPINEES est plus proche de la conception actuelle du bonheur que tout ce que Jefferson ou Voltaire ont pu écrire à ce sujet. À preuve les arguments de Charles Murray, l'économiste américain le plus influent de la nouvelle droite. Dans une discussion sur « la quête du bonheur et d'un gouvernement efficace », il utilisa le besoin de bonheur comme argument en faveur d'une réduction du rôle du gouvernement : « Jusqu'à présent, [le succès d'une politique sociale] a consisté à hisser la population au-dessus du seuil de pauvreté ou à promouvoir l'égalité. Ce que nous recherchons véritablement [aujourd'hui], c'est une approche qui permettra aux gens de se mettre en quête du bonheur [12]. » Le sens de « bonheur » a considérablement changé depuis les intentions de Montesquieu et de Jefferson! Au point de signifier désormais exactement le contraire. La vision du bonheur version Murray s'apparente à celle d'un courtisan vieillissant de la fin du XVIIIe siècle. De nos jours, le bonheur tient davantage à la personnalité qu'à la condition humaine. En réalité, la poursuite du bonheur est devenue une fuite de la condition humaine, de la même façon que l'individualisme a abandonné un pouvoir qui se retrouve à la merci des structures de la société moderne, alors que l'individu se réfugie dans les jouissances de la personnalité. Le premier désir de l'individualiste moderne est de donner une impression de choix et d'audace. Ainsi hommes et femmes s'expriment-il par le biais de concepts aussi ineptes que leur « style de vie » ou la « réalisation de soi ». Cette complaisance personnelle est servie par toutes sortes de mythes et de verbiages, jusqu'à l'imitation des tenues vestimentaires des grands rebelles romantiques des deux derniers siècles.

Presque tous les paragons de la révolte – Goethe, Byron, Constant, Lermontov – sont encore en service actif. Et les mystiques, de Blake à Nietzsche, n'ont jamais été aussi occupés. Leurs descendants offrent une vaste gamme de révoltes émotionnelles, de Rimbaud, Lawrence d'Arabie, D'Annunzio, Eva Peron, Garbo et Hemingway à Boris Vian, James Dean, Che Guevara, Gérard Philipe et Marilyn Monroe. Chacun d'entre eux représente une variation des différents styles d'individualisme en cours. La plupart sont morts jeunes, préservant ainsi leur beauté physique. De ce fait, ils ont été en quelque sorte des martyrs, ce qui conforte leur réputation d'individus sans compromission. D'autres, en revanche, vécurent plus longtemps, pour sombrer en définitive dans l'alcoolisme, l'isolement, le suicide.

Ces victimes romantiques – Héros de l'individualisme – illustrent un ethos de révolte. Pourtant, lorsqu'on analyse les modes de vie contemporains fondés sur cette mythologie de la révolte, on constate qu'ils sont profondément conformistes.

Prenons l'exemple mineur d'une publicité pour une montre appelée Rado. Un homme élégant, de haute stature, en costume sombre, vous dévisage avec assurance et séduction [13]. Il est entouré de moulages en plâtre d'autres hommes grandeur nature. On dirait des fantômes. La légende est la suivante :

VOUS NE CADREZ PAS AVEC LE MOULE. POURQUOI SERAIT-CE LE CAS DE VOTRE MONTRE? VOUS N'ÊTES PAS ARRIVÉ LÀ OÙ VOUS ÊTES EN SUIVANT LA FOULE. NOUS NON PLUS.

Regardons cette photographie d'un peu plus près. L'homme en chair et en os n'a pas l'air particulièrement intéressant. Il ressemble trait pour trait aux moulages, comme s'il avait servi de modèle. Examinons ensuite la montre en gros plan. Elle a l'air tout à fait correct, comme n'importe quelle bonne vieille montre. Vous auriez du mal à la distinguer dans un tas de montres différentes. Que cette publicité se fonde sur un mensonge, qu'elle utilise une fausse information, là n'est pas la question. Il se trouve seulement que les mots sont en contradiction directe avec l'image. Et cette contradiction n'est même pas dissimulée. Elle est évidente, pour la bonne raison qu'elle est essentielle à une telle publicité.

Il n'y a pas eu d'erreur. Ce n'est pas non plus une exception. Il n'y a pas d'astuce. Il s'agit de refléter le rêve d'individualisme en opposition au conformisme de la réalité. Nous nous sommes inspirés de l'aptitude des petits enfants à s'imaginer qu'ils sont des pirates, alors qu'ils sont couchés dans leur lit – et nous en avons fait une partie intégrante de la société adulte.

L'intellectuel moderne rejette la publicité et la culture populaire en bloc : il les considère comme une forme de manipulation cynique évidente ou hors de propos en comparaison avec des idées importantes telles que l'économie de marché, le marxisme, la démocratie. Dans cette société, il est toutefois impossible d'ignorer ce que les gens portent, ce qu'ils mangent, ce qu'ils font de leur temps, la manière dont ils dépensent des milliards de dollars. Jadis boniments occasionnels, la publicité est devenue l'une des formes de communication les plus courantes et les plus lucratives.

Pendant des décennies, nous avons assisté à une guerre sans merci entre deux boissons non alcoolisées aux goûts pour ainsi dire identiques : le Coca-Cola et le Pepsi-Cola. Des centaines de millions de dollars ont été engloutis dans le financement de ce combat acharné. Plus important, le public lui-même a dépensé des millions pour se procurer l'un ou l'autre de ces produits. Ces deux boissons revendiquent les mêmes propriétés : jeunesse, liberté, exploits physiques, divertissements et séduction, au masculin comme au féminin. Dans diverses parties du tiers monde, elles ont également les attributs nécessaires pour aider la liberté politique à vaincre la dictature. Le Coca, en particulier, est devenu une sorte d'idole de bas étage promettant à tous liberté, richesse et accès au précieux individualisme occidental.

Il ne s'agit pas ici d'évoquer des boissons, mais ce que les gens veulent croire à propos d'eux-mêmes. On peut difficilement se prétendre individualiste et libre d'esprit sous prétexte qu'on boit la même chose que 3 milliards d'individus. C'est du conformisme, non de l'anticonformisme.

On pourrait en dire autant des millions de McDonald consommés chaque jour dans le monde entier. Cette réussite des temps modernes n'a manifestement rien à voir avec le fait de vendre le meilleur hamburger. Il suffit de jeter un coup d'œil à ces petits pâtés de viande grisâtre pour s'en convaincre. Une seule bouchée vous confirme que la viande est pour ainsi dire indifférenciable du petit pain mou et insipide et du ketchup gluant.

Un goût sucré lie apparemment tous ces éléments entre eux. Ce hamburger n'est pas bon. D'ailleurs, McDonald ne cherche pas à permettre aux gens de choisir le hamburger qu'ils préfèrent. La stratégie de la compagnie n'a jamais consisté à gagner la faveur du public en lui proposant un choix. Le fondateur de cette chaîne gigantesque lui-même n'a jamais caché qu'il écartait d'office cette éventualité : « Si on laissait aux gens la possibilité de choisir, ce serait le chaos [14]. »

Et pourtant, à un certain niveau, conscient ou inconscient, les gens sont persuadés qu'en allant chez McDonald ils font preuve d'une forme d'individualisme : ils tourneraient le dos aux conventions sociales de la classe moyenne en allant manger un Big Mac. Inutile de s'habiller convenablement ou de manger des plats corrects ou même bons. Pas la peine de mettre des assiettes, de débarrasser la table, de faire la vaisselle. Pas non plus de serveur désagréable. Inutile de faire la conversation, de se tenir droit, de rester tranquille. Il n'est même pas nécessaire de s'asseoir. Manger un MacDo, boire un Coca sont des actes anticonformistes ; mais c'est ce que font chaque jour des dizaines de millions de gens.

Les jeans symbolisent à merveille cette idée d'un individualisme non conformiste par le biais d'une conformité massive et absolue. L'histoire du pantalon en toile denim est irréprochable. Au départ, il s'agissait d'un vêtement de travail. Puis les cow-boys, derniers individualistes mythologiques de l'Occident, l'adoptèrent comme uniforme de travail. Cette toile grossière d'un bleu foncé originaire de Nîmes reflète précisément la tenue traditionnelle de la classe ouvrière, de sorte que le jean représente, au fond, la réponse de l'individualiste pionnier à la conception de classe propre au socialisme ou au communisme. Dès l'instant où quelques Héros modernes martyrs, comme James Dean, en portèrent, les jeans se transformèrent en uniforme de la jeunesse rebelle de la classe moyenne.

Le jean devint un symbole de non-conformité. En porter, c'était refuser les costumes-cravates et les robes, les emplois de bureaux et l'armée. C'était se rebeller. Même lorsque cette forme de rébellion commença à battre de l'aile, au début des années soixante-dix, le jean survécut en tant que symbole révolutionnaire. Les membres des élites, cernés de toutes parts, avaient déjà compris qu'il leur suffisait d'enfiler ces pantalons magiques pour se donner des airs d'anticonformistes. D'un seul coup, tout le monde – Premiers ministres, ministres et secrétaires de cabinet, présidents d'entreprises, vedettes de l'opéra – se balada en jean. Jimmy Carter fut le premier Président américain à suivre le mouvement, en faisant du jean un symbole de sa personnalité. Jacques Chirac, technocrate conservateur et intransigeant, s'est fait photographier par *Paris-Match* alors qu'il flânait dans les jardins de son château en jean. On aurait pu en conclure qu'il n'avait que deux tenues : le costume gris et le jean.

Qu'à ce stade le jean fût déjà plus courant que le costume-cravate n'avait apparemment aucune incidence sur les mythologies liées à l'un ou à l'autre. Les riches, avec leur sens de l'ironie – ou leur manque d'ironie –, n'hésitèrent plus à marier jeans et vison. Ou à mettre un jean pour conduire leur Rolls. Comme s'il y avait quelque chose de moins élitiste dans le comportement du propriétaire d'une voiture de plusieurs centaines de milliers de dollars quand il porte un pantalon en bleu de travail à 20 dollars.

Ce vêtement banal cessa enfin d'être l'emblème du non-conformisme pour devenir, au contraire, le symbole par excellence d'un conformisme anonyme. Le costume-cravate n'avait jamais atteint pareille uniformité. Il était requis uniquement pour certaines fonctions économiques et sociales. Le complet en lui-même différait d'une classe à l'autre, d'un pays à l'autre. En revanche, le blue-jean devint l'insigne d'une conformité absolue, sans égard à la classe sociale ou au pays. Ce fut une aubaine pour le publicitaire, qui pouvait faire appel à n'importe quel rêve de non-conformité, n'importe quel rêve tout court, pour vendre la même camelote.

Le fabricant de jeans italien Forenza vante son produit en le disant « MALMENÉ POUR ÊTRE BEAU * ». La photo montre une fille superbe et délicate vêtue d'un jean usé, déteint, sans forme. L'image traditionnelle dont on s'est inspiré ici n'est plus le cow-boy, mais le vagabond ou l'éboueur – avant que la voirie municipale ne lui fournisse un uniforme. La Banque nationale de Paris propose un compte spécial pour enfants, baptisé compte d'épargne Jeans. Que peut-on imaginer de plus conformiste que le concept d'épargne? En une merveilleuse déformation de trente ans d'histoire sociale, la publicité vantant les mérites de ce compte présente un jeune garçon vêtu au-dessus de la ceinture comme un cadre, mais portant un jean. Les jeans Calvin Klein sont vendus par le biais de campagnes publicitaires visant avant tout les homosexuels. Les jeans Esprit affichent deux photographies représentant de très jeunes femmes. La première a des rondeurs agréables, l'autre montre une sérénité toute bergmanienne. Sous la fille un peu boulotte, on lit : « Cara Schanche, Berkeley, Californie. 23 ans. Étudiante en littérature anglaise, serveuse à temps partiel, membre d'un mouvement antiraciste, surfeuse en herbe, amie du dalai-lama. » Sous le cliché de sa compagne plus mince, on a indiqué : « Ariel O'Donnell, San Francisco, 21 ans. Barmaid, éducatrice bénévole dans la campagne contre le sida, cycliste, étudiante en restauration de tableaux, anglophile, néo-féministe. » Ces deux descriptions regroupent une palette d'activités à la fois originales, humanitaires et à la mode, destinées à donner une impression d'individualisme. On trouve aussi des jeans Buffalo pour sadomasochistes. Les réclames Buffalo montrant des femmes vêtues de jeans et attachées, l'acheteur potentiel peut s'identifier aussi bien avec la fille en question, et se délecter de cette punition, qu'avec son bourreau invisible expert en nœuds, vraisemblablement de sexe masculin et portant lui aussi un jean. Quant au Levi's d'origine, on peut l'enfiler en se contentant d'être un simple individualiste, sans étiquettes intellectuelles ou psychiatriques particulières.

* *BASHED DAMAGED and otherwise made to look beautiful.*

Les phénomènes les plus sots prennent de l'importance lorsqu'ils atteignent de telles dimensions sur le plan économique ou social. Les vendeurs de styles de vie ont beaucoup réfléchi à la contradiction entre conformisme et anticonformisme contenue dans leurs produits. Les jeans Esprit ont éludé le problème grâce à une nouvelle interprétation, sublime, de l'individualisme. Dans leurs publicités, relevons la thèse philosophique suivante :

> Puisque les vêtements en jean sont désormais de tels moyens de nivelage social, vous n'avez plus besoin de soies et de satins pour être chic. Bizarrement, l'élégance est aujourd'hui antimode et antiluxe. Cette nouvelle forme d'élégance est un mode de déclassification qui situe votre savoir-faire – votre style et vos aptitudes – nettement au-delà de ce que vous pouvez vous permettre financièrement. De nos jours, il n'est plus nécessaire d'être riche pour être élégant.

Rarement l'idée moderne de non-conformisme au travers d'une conformité flagrante s'est exprimée avec autant d'évidence. On se prend à regretter l'absence d'un prix industriel destiné à récompenser de tels sophismes.

Cette confusion ne se limite évidemment pas au jean. La charité est devenue une mode. La formule standard, « l'œuvre de bienfaisance de votre choix », s'impose de plus en plus comme l'action charitable de l'année. Les causes tragiques se répandent à toute allure, de nation en nation, de continent en continent, retenant l'attention générale l'espace de quelques semaines ou de quelques mois.

Tant que la situation désespérée des *boat people* brisait le cœur des Occidentaux, impossible de penser à quoi que ce soit d'autre. Le problème ne fut jamais résolu : le flot des réfugiés ne s'est pas interrompu. Cependant, de telles vagues d'émotions ne peuvent se cantonner éternellement autour d'une seule et unique tragédie. La mode, les styles, sont perpétuellement en mouvement. Marquer une pause, c'est susciter un choix. Or le choix, McDonald le dit bien, engendre la confusion. Nous devons donc continuer à aller de l'avant, laissant les *boat people* dans notre sillage, afin de nous occuper sérieusement des malheurs des Éthiopiens mourant de faim. Ils meurent toujours de faim, et nous avons maintenant tourné notre regard vers les victimes du sida : des galas de charité étincelant d'étoiles ont attiré notre attention. Cette vogue fut brièvement éclipsée par un élan de sollicitude envers le peuple kurde, qui souffre depuis un siècle et continue d'endurer les pires maux. Car notre générosité conformiste est déjà passée à autre chose.

Le tourisme est peut-être aujourd'hui le moyen le plus populaire pour nous donner l'impression que nous sommes sortis des normes, alors que nous continuons à nous y maintenir. Le circuit international des avions, des hôtels, des ruines, des danses folkloriques, des plats exotiques et des vêtements ethniques a créé un Disneyland planétaire, à l'exotisme aseptisé. L'hôtel Hyatt Regency Waikoloa, à Hawaii, s'élève au milieu d'un paysage lunaire de rochers de lave noire. Il a coûté 360 millions de dollars [15]. Cet établissement luxueux de 1 241 chambres est consacré, ni plus ni moins, à un rite de caractère existentiel. Après avoir gagné leurs chambres à bord d'une embarcation qu'un capitaine prétend diriger sur la lagune alors que la coque du bateau repose en réalité sur des roues prisonnières de sillons sous-marins, les clients ont le choix entre une multitude d'activités : s'offrir un safari pour tuer des sangliers ou des faisans, participer à une course de formule 1, dîner dans un ancien palais, survoler en hélicoptère un volcan voisin, trouver un endroit tranquille pour pique-niquer au champagne, à moins qu'ils ne préfèrent nager (sur rendez-vous) avec les dauphins de l'hôtel. Pour ainsi dire, tout ce qu'ils ont rêvé d'exotique est ici, à portée de main.

Les propriétaires de cet établissement ont su reconnaître le besoin désespéré qu'éprouvent la plupart des gens de vivre des moments d'exaltation à l'écart de toute structure, quel qu'en soit le prix, ou presque, pourvu que tout soit organisé et que les responsabilités incombent à l'organisateur. Au départ, cela semble un monde fantasmatique; mais c'est aussi le mariage inévitable entre Disneyland et le bordel qu'évoque Jean Genet dans *Le Balcon*. C'est la conséquence logique des Clubs Med., des stations thermales et des voyages organisés. C'est aussi la métaphore parfaite de l'individualisme moderne.

L'une des rares initiatives radicales que l'homme ou la femme moderne prend sans en référer à la structure sociale consiste à modifier son corps. Une étude a récemment démontré qu'aux États-Unis 54 % des hommes et 75 % des femmes sont obsédés par leur apparence physique [16]. Ils sont prêts à la changer de façon drastique, comme l'ont indiqué analyses et sondages :

Changerait	Hommes (%)	Femmes (%)
Poids	56	78
Cheveux	36	35
Taille	34	28
Signes de vieillissement	27	48
Nez	19	21
Dents	36	37
Jambes	–	34
Buste	–	32
Pieds	–	18

S'ils disposent de l'argent et du temps nécessaires, ils peuvent facilement modifier sept des neuf éléments mentionnés ci-dessus. Un bon nombre d'entre eux l'ont déjà fait. Nous n'avons pas affaire à l'hystérie et au sybaritisme caractéristiques de la classe moyenne. Changer son corps, en particulier ses traits, en faisant raboter son nez, en recourant à des implants capillaires où à la liposuccion, c'est incontestablement se livrer à un acte suprêmement individualiste. L'intéressé n'y trouvera pas vraiment de satisfaction et cela ne modifiera pas grand-chose à l'attitude des autres à son égard. Mais cela n'a pas d'importance. Ce qui est fascinant, c'est la détermination avec laquelle l'être humain s'est replié sur lui-même, en quête d'un pouvoir individuel.

L'acte qui consiste à modifier la nature d'un corps (plutôt que la déguiser) appartient au même type d'action que le suicide. Une certaine école de pensée considère le suicide comme l'acte individuel suprême. Choisir un nez en trompette plutôt qu'un nez aquilin est une affirmation moins extrême, mais qui va le même sens. C'est aussi l'un des résultats des progrès techniques issus de la raison. Le même médecin qui, grâce à un siècle d'avancées médicales, peut reconstruire un visage brûlé ou effacer un bec-de-lièvre sera certainement mieux rétribué s'il choisit de satisfaire les inépuisables rêves de métamorphose physique de ses semblables.

L'homme, comme le rat, s'adaptera toujours aux circonstances et réagira systématiquement à l'expérience. Or, pour la première fois de l'histoire, nous sommes en mesure de faire des expériences sur notre propre corps. Pour la première fois aussi, le sexe a été séparé de sa fonction fondamentale, grâce à d'innombrables méthodes de contraception. Les relations sexuelles sont une nouvelle zone de sécurité où l'individu est en mesure d'exprimer son indépendance en dehors de la structure régnante. La multiplication des maladies vénériennes, y compris le sida, est une question distincte. Les expériences sexuelles n'ont aucun effet sur les systèmes administratifs, en dehors des coûts financiers supplémentaires qu'elles impliquent. L'expérience ultime dans ce domaine, le changement de sexe, peut même avoir lieu sans que la carrière d'une personne s'en trouve affectée négativement. Ce qui est intéressant dans l'explosion sexuelle qui a marqué notre époque, c'est moins que la société soit devenue si laxiste à cet égard que le fait que tant d'espérances et d'énergies humaines se soient réunies sur ce terrain précis, en quête d'une satisfaction refusée dans le domaine public.

Quoi qu'il en soit, et en dépit de nos élans romantiques et érotiques, il n'est pas dit qu'on compte aujourd'hui davantage d'orgasmes par individu qu'il y a trois cents ou six cents ans. Jadis, la plupart des gens se mariaient vers l'âge de quinze ans. Ils commençaient donc plus tôt leur vie sexuelle, alors que leurs pulsions étaient au plus fort. Par ailleurs, la société rationnelle a donné naissance à un mal physico-émotionnel baptisé stress, désormais l'une des principales caractéristiques de ceux qui occupent ce qu'on appelle des postes à responsabilités, c'est-à-dire des « boîtes » au sein des structures existantes. Il semblerait que le stress ne soit pas provoqué par le travail, ni par des responsabilités imaginaires. C'est avant tout la conséquence d'une perte de maîtrise de ses propres actions, lorsqu'on devient partie intégrante de la structure, ainsi que des tensions créées par la défense des secrets que chacun détient. Sans oublier la tension constante pour essayer de deviner les futures initiatives des cachottiers qui occupent les « boîtes » voisines. On a démontré que le stress est l'une des causes principales d'impuissance. L'ampleur des classes moyennes contemporaines et leur emprisonnement dans des structures permettent de se demander si le sexe ne donne pas lieu à davantage de palabres que d'orgasmes.

Quelques réalités évidentes : le nombre des partenaires sexuels a augmenté par rapport au XIXe et au début du XXe siècle, mais probablement pas en comparaison du XVIIe et du XVIIIe siècle. Les allusions publiques au sexe se sont sûrement multipliées, mais c'est avant tout le rêve qui a pris de l'ampleur – rêve de puissance, de copulation, de maîtrise, de passion, et surtout d'amour, de possession, d'idylles éternelles. Ces rêves ont envahi l'imaginaire, la conversation, les images publiques, comme s'il n'y avait pas de limite à l'espace disponible qu'ils peuvent occuper.

En ce qui concerne les organes sexuels eux-mêmes, les possibilités d'intervention demeurent limitées. En dehors du fait que, en moyenne, les femmes retirent probablement davantage de l'acte sexuel aujourd'hui qu'autrefois, la mort de Dieu n'a rien changé à ces organes. La Réforme non plus. Ni la conversion de l'Empire romain. Mais l'imagination, une fois concentrée dans cette direction, a des possibilités illimitées. Une part importante de notre imaginaire était jadis sublimée par notre engagement dans les structures religieuses et sociales ; aujourd'hui, nous sommes beaucoup plus libres de canaliser ce potentiel vers une autosatisfaction individuelle. Ce qui ne veut pas dire que le rêve romantique soit nouveau ; pas plus que nos phantasmes sexuels ni même la pornographie. Tout cela existe depuis toujours. Mais pas dans les mêmes proportions.

Il a fallu attendre la découverte de Pompéi, au XVIIIe siècle, et la mise au jour des peintures licencieuses de ce site, pour que la notion moderne de pornographie prenne son essor. Le mot en lui-même date du milieu du XIXe siècle [17]. En français, le terme *pornographe* apparut en 1769 et *pornographie* en 1842, de même que *pornographique* – soit en même temps que les mots *spécialisation* et *spécialiste*, ainsi qu'*individualisme* et *individualiste*. Dès le XVe siècle, pourtant, un satiriste italien du nom de Pietro Aretino flirta avec la pornographie. En 1748, Cleland publia son *Fanny Hill*, plus aguicheur qu'explicite. Restif de La Bretonne erra dans les bas quartiers du Paris du XVIIIe siècle, qui lui inspirèrent une foison de romans osés. Les mémoires de Casanova, rédigés au XVIIIe siècle, parurent en 1826, près de trente ans après la mort de leur auteur. Ces quatre hommes furent des pionniers. La pornographie ne devait pas jouer un rôle vraiment significatif avant le XIXe siècle.

D'un seul coup, toute l'imagination se concentra sur l'acte sexuel, à grand renfort de précisions en matière de tailles, de sons, d'effets, de quantités et d'importance. On assista à un foisonnement de la littérature spécialisée : *The Lustful Turk* (1828), *Rosa Field or A Victim of Lust* (1876), *The Amatory Experiences of a Surgeon* (1881), et, plus tard dans le siècle, un étonnant mémoire comprenant onze volumes intitulé *The Secret Life* [18]. Au xxᵉ siècle, un véritable raz de marée de livres déferla, au point de provoquer l'intervention de la justice. Dès l'instant où le sexe fut officiellement reconnu dans le domaine public en tant qu'acte privé sans limitations, il apparut que les intérêts de la structure du pouvoir et ceux de l'individu n'étaient pas liés. Ce tournant devrait être salué comme une victoire des droits individuels. Mais on pourrait aussi y voir le moment où les structures publiques comprirent que le pouvoir pouvait être maintenu sans qu'il soit nécessaire de réglementer le comportement individuel.

Au Moyen Âge, l'homme rêvait de changer le vil métal en or et les peintures en images éternelles. Mais l'énergie qu'il a consacrée à imaginer l'orgasme depuis une centaine d'années a occulté ces autres rêves. Si Marx revenait parmi nous aujourd'hui, il ne pourrait s'empêcher de dire que l'imaginaire sexuel est l'opium du peuple.

Nous sommes assiégés par des images pornographiques de type *soft* ou *hard* : publicités érotiques, films et romans sérieux comportant d'inévitables scènes charnelles, manuels d'apprentissage pour une vie sexuelle réussie, pour attirer l'amour, se réaliser sexuellement, connaître des idylles plus longues, trouver le partenaire idéal grâce à l'évaluation des types physiques, à l'aide de cartes en couleurs ou de l'astrologie... La mythologie populaire veut que, en cette ère de prudence renouvelée inaugurée par le sida, tout cela soit dépassé. Or un coup d'œil rapide aux films, aux magazines et aux livres qui inondent aujourd'hui le marché indique que, à mesure que la peur du sexe véritable augmente, le recours aux images suggestives s'accroît.

Ces débats interminables et ces rêveries sur l'acte sexuel se fondent sur l'idée que la compétence sexuelle confère une ouverture d'esprit et que cela fait partie de l'apprentissage de l'individu qui entend s'affirmer. C'est là une curieuse idée. Après tout, le tiers monde est rempli de jeunes adolescents et adolescentes qui sont de grands experts du sexe. Or leur compétence dans ce domaine passe justement pour la preuve de leur manque d'indépendance. De surcroît, en dehors des classes moyennes occidentales, les relations sexuelles ont bien plus à voir avec un manque d'affirmation individuelle que l'inverse. L'histoire nous dit que c'est là un domaine qui se prête à la manipulation et au contrôle. L'Occidental de la classe moyenne peut prétendre que la révolution sexuelle a mis un terme à tout cela ; mais croire que l'indépendance sexuelle est un indicateur essentiel de l'affirmation de l'individu relève plus de la comédie romantique que du monde réel. La bizarrerie de cette idée vient peut-être du fait que nous avons imaginé que l'expérience et la compétence sexuelles procureraient une ouverture d'esprit. Le sexe représente beaucoup de choses : un besoin, un désir, une émotion, un soulagement ; mais il n'a certainement rien à voir avec la sophistication, la force de caractère ni l'action personnelle.

En règle générale, le sexe constitue plutôt un obstacle pour ceux qui souhaitent se libérer et se comporter en individus. Ce n'est certainement pas une coïncidence si la plupart des héros martyrs, dans lesquels la société rationnelle a investi son rêve d'individualisme, semblent asexués ou ont connu des vies sexuelles désastreuses. Au premier abord, cela ne colle pas avec notre obsession sexuelle. Mais c'est précisément parce que nous n'avons pas affaire à une affirmation réussie d'un individualisme responsable dans un monde réel. En fait, nous créons des rêves privés pour compenser la désintégration de l'individu et la castration de son pouvoir dans la vie publique.

Marshall McLuhan était convaincu que la montée de violence dans notre société s'expliquait en partie par « la perte d'identité privée qui a frappé si subitement l'homme moderne. [Celle-ci] a fait naître en lui une sourde colère en le spoliant ainsi de son être intime ». Cette spoliation à laquelle il faisait référence n'a rien à voir avec une opposition entre l'entreprise privée et le gouvernement, entre l'individu et le gouvernement, ou entre l'individu et l'entreprise privée. Il s'agit plutôt du produit d'un phénomène structurel général qui touche à tous les domaines.

Cependant, la question est de savoir si la colère qu'évoque McLuhan vient d'une perte d'identité privée ou publique. Il semble croire qu'il s'agit de cette dernière : « Il existe deux sortes de violence liées à la même situation : d'abord celle qui dérive de l'insignifiance de tout un chacun ; ensuite, celle qui procède de l'impulsion de restaurer notre intime sens de nous-mêmes par des actes de violence [19]. » Le premier cas se réfère à une perte d'identité publique, c'est-à-dire à la privation des pouvoirs réels de l'individu. Le deuxième entre dans la catégorie des rêves sexuels obsessionnels et de l'autosatisfaction matérielle. La violence se définit comme une démarche vivant à exposer publiquement une opinion par des moyens privés. C'est, depuis toujours, le signe de frustrations dues à l'impuissance sociale.

Crimes et délits individuels ont suivi une courbe ascendante dans l'ensemble de l'Occident. Les sévices sexuels perpétrés contre des enfants, le viol, les femmes battues se multiplient. Seule une part restreinte de cette augmentation générale est imputable à une plus large diffusion de l'information.

Un sondage récent, réalisé auprès d'étudiants américains de sexe masculin, a révélé que 51 % d'entre eux seraient prêts à violer une femme s'ils pensaient pouvoir s'en tirer indemnes [20]. À cela il y a différentes explications possibles. D'une part, les jeunes gens de vingt ans issus de la classe moyenne ont déjà connu un éclatement de leur personnalité, recomposée ultérieurement en vue de leur insertion dans le cadre de la structure. On ne cesse de leur répéter qu'ils ont de la chance d'être libres et privilégiés.

Ils sont assaillis par des images et une propagande qui les incitent à se croire maîtres de leur corps et capables de grands actes de séduction. Au fond d'eux-mêmes, ils savent bien qu'ils ne sont probablement ni maîtres d'eux-mêmes ni des Casanovas. Ils savent aussi que les attentes de leurs partenaires féminines doivent être satisfaites. En vérité, ils ne s'estiment même pas capables de faire face aux leurs. Dans ces circonstances, il n'est pas étonnant que le viol apparaisse comme l'expression d'une individualité privée et sans entraves. Plus banal encore : c'est désormais une manière de se venger du système.

La position de la femme n'est guère plus enviable. Pour la première fois de l'histoire, sans doute, elle a le sentiment d'être elle-même, distincte de l'homme. Cette assurance nouvellement acquise lui confère dynamisme et volonté de réussir. Elle est avide de s'intégrer au système. Elle n'a pas une idée très claire de l'effet que ce dernier aura sur elle. Elle concentre son attention sur son propre passé, sur ce que les hommes ont fait à ses semblables, au lieu de songer à la structure masculine et à l'impact qu'elle exerce sur les hommes. Son enthousiasme la pousse à travailler plus dur et à obtenir ainsi des résultats souvent meilleurs que ceux de son homologue masculin. C'est pourquoi la femme talentueuse défend efficacement le système qui a émasculé l'homme et qui est donc indirectement responsable de la résistance de ce dernier à l'idée de renforcer le rôle des femmes.

Parallèlement, les plus jeunes générations de femmes considèrent de plus en plus les hommes de leur âge comme des alliés. On leur a rebattu les oreilles, comme à eux, avec le nouveau défi entre les sexes. Des signes concrets d'amélioration semblent confirmer de tels discours. Or tout cela aboutit en réalité à une rencontre entre un vétéran mâle de la guerre rationnelle, apeuré, affamé et brutalisé, et une volontaire féminine inexpérimentée, idéaliste et hyperenthousiaste.

La colère du violeur participe du même phénomène que le lifting ou le suicide. Sa violence est dirigée contre quelqu'un d'autre; mais en commettant son acte il prend lui-même des risques. Or se mettre soimême en danger est l'ultime cri de l'individu. En ce sens, il ne se distingue guère du terroriste politique occidental. L'un et l'autre détruisent. Et s'étant mis eux-mêmes en péril, ils s'attendent à être détruits à leur tour.

Une première vague de nihilistes, d'anarchistes et de révolutionnaires surgit au cours de la deuxième moitié du xixᵉ siècle. Quand l'archiduc François-Ferdinand et son épouse furent assassinés en 1914, on avait déjà assisté, depuis 1900, à une série d'assassinats politiques en Occident : quatre rois, une reine, un prince couronné, un grand-duc russe, trois présidents et six Premiers ministres.

La presse et les potins de l'époque faisaient référence à ces jeunes gens, le plus souvent éduqués et issus de la classe moyenne, qui se sentaient obligés de tuer et condamnés presque inévitablement à mourir eux-mêmes. Lorsque l'archiduc descendit en voiture le quai de Sarajevo ce jour-là, six assassins l'attendaient, dispersés dans la foule sur une distance de 350 mètres. Ils étaient presque tous étudiants et mineurs. Tous portaient des bombes et des pistolets, ainsi que du cyanure pour se supprimer une fois leur mission accomplie. Le premier perdit son sang-froid au moment où le cortège passait devant lui; le deuxième également. Le troisième lança une bombe, qui blessa douze personnes mais manqua sa cible. Dans le chaos qui s'ensuivit, les trois autres prirent la fuite. Ce fut seulement beaucoup plus tard dans la journée que, par hasard ou par stupidité, le véhicule de l'archiduc abandonna le parcours officiel pour se retrouver coincé par la foule dans une rue adjacente. Gavrilo Princip, l'un des trois assassins qui s'étaient enfuis, broyait du noir dans un café en compagnie de sa petite amie lorsque la limousine s'arrêta devant l'établissement. Il se leva d'un bond, se précipita au-dehors, se protégea les yeux de la main, détourna la tête et tira deux coups dans la direction de Ferdinand et de son épouse. Les deux balles atteignirent leur cible. Il essaya ensuite d'avaler le cyanure, mais ne parvint à en ingurgiter qu'une petite quantité, qui le rendit malade. Il fut capturé et jugé. Trop jeune pour être pendu, il fut emprisonné. Atteint de tuberculose et de gangrène, il mourut dans une prison autrichienne en 1917.

Princip était issu d'un milieu humble; il était petit, malingre, plutôt laid et d'une intelligence limitée. Il semble avoir focalisé ses ressentiments sur son nationalisme. Le groupe terroriste auquel il appartenait était d'un amateurisme pitoyable. Leurs aventures consistèrent à transporter leur arsenal en train, à travers le pays, dans une énorme valise, découverte par la suite à Sarajevo par une servante d'hôtel qui nettoyait sous un lit. À leur incompétence répondait celle du commandant militaire local. L'orgueil de Ferdinand et l'image de réformateur généreux qu'il avait de lui-même l'avaient incité à refuser une protection suffisante.

Le plus intéressant des six terroristes était aussi le plus jeune, Vaso Čubrilović. Deuxième dans la série des assassins postés le long du quai, il avait perdu son sang-froid au dernier moment, certainement paniqué par l'échec de son prédécesseur. Čubrilović fut incapable de lancer sa bombe ou de tirer un coup de pistolet, alors que la cible était parfaitement visible. Par la suite, il fut identifié, capturé, jugé et emprisonné, sans être exécuté en raison de son jeune âge. On le libéra après la guerre et il devint un chef révolutionnaire, partenaire de Tito et historien. Il survécut aux combats de guérilla de la Seconde Guerre mondiale et Tito le nomma ministre. À la fin des années quatre-vingt, il vivait encore, dernier des six hommes qui avaient, en un sens, mis fin au Vieux Monde et à sa civilisation.

Lors d'un entretien à Belgrade, en 1987, je lui demandai son sentiment à propos de la violence sans précédent déclenchée par l'assassinat de François-Ferdinand. Cet homme minuscule, de plus de quatre-vingt-dix ans, tout ratatiné, au teint diaphane, vêtu d'un costume ministériel noir et pesant, négligea la question : « Je suis un historien. Il n'y a pas de " si " dans l'histoire. Ce qui compte, c'est ce qui s'est passé et ce qui ne s'est pas passé. L'assassinat de l'archiduc était un reflet de notre situation. La paix était impossible [21]. »

Il définit ensuite la politique comme étant dominée par trois types d'individus : le grand leader qui appartient à une espèce rare, l'idéaliste qui échoue et les opportunistes ou les hommes aux ambitions mesquines, qui sont les plus nombreux. Čubrilović et ses cinq jeunes camarades appartenaient à la catégorie des idéalistes ratés. Tito faisait à son avis partie des leaders exceptionnels. Toutefois, la satisfaction qu'il avait éprouvée à la création de la Yougoslavie semblait avoir été compromise par la montée au pouvoir du troisième type d'individus cité plus haut, les technocrates et les opportunistes. À ses yeux, ces gens-là incarnaient les inévitables complications de la vie en société. Terroriste devenu politicien et ministre, il considérait ces dizaines de milliers d'administrateurs chanceux comme le résultat de l'édification de son pays. Il pressentait déjà que le tissu de la Yougoslavie se déchirerait, les nouveaux détenteurs du pouvoir n'ayant aucun programme en dehors de l'édification de la structure. Et pourtant, au-delà de ses réflexions pondérées sur soixante-dix ans d'histoire, il s'exprimait comme s'il ne s'était jamais remis de cet instant où, jeune terroriste sur un quai de Sarajevo, il avait manqué le grand moment de sa vie d'individualiste, parce qu'il n'avait pas trouvé le courage de tirer sur l'archiduc et de se tuer ensuite.

De toutes les productions de notre siècle, le terroriste est certainement ce qui se rapproche le plus de l'individu. Quelle que soit l'organisation à laquelle il appartient, en un instant il doit agir, seul et d'une manière absolue. Les politiques de l'Occident s'appesantissent sur les terroristes surgissant du tiers monde. Beaucoup plus intéressants, de notre point de vue, sont ceux issus de la classe moyenne de l'Occident, qui ont coupé tout lien avec les vestiges en lambeaux de la société chrétienne. Plus exactement, ils ont rompu les amarres avec la raison et la structure qu'elle a engendrée. Leur acte irrationnel suprême est moins destiné à changer le monde qu'à les libérer eux-mêmes de ce carcan.

Les terroristes d'avant la Première Guerre mondiale débattaient longuement pour savoir ce qu'il fallait faire si des innocents se retrouvaient dans leur ligne de tir, entre une cible présidentielle et eux, ou si une femme ou un enfant montaient inopinément dans la voiture que le projectile devait faire exploser, en compagnie de leur époux ou de leur père, le prince. Fallait-il lancer la bombe malgré tout, sans se préoccuper des « détails », au nom de la justice ? Ou épargner les innocents, en sauvant du même coup la vie des coupables ? Qu'ils se soient posé ces questions montre bien que leur principal souci n'était pas l'effet que cet assassinat pourrait avoir sur le monde, mais celui qu'il aurait sur leur propre statut moral. Qu'ils meurent ou non n'avait guère d'importance. Ce qui comptait pour eux, c'était de définir leur véritable nature, en tant qu'individus dotés de sens moral, avant de penser sérieusement à tuer ou à mourir.

André Malraux commence *La Condition humaine* par une évocation du terroriste comme quintessence de l'homme en quête d'autonomie vis-à-vis de l'humanité. Dans la nuit noire, un jeune terroriste se glisse dans la chambre de sa victime gisant sur le dos, endormie sous une moustiquaire. L'intrus lui plonge son couteau dans la poitrine à travers le filet, le clouant au matelas. L'homme se réveille en sursaut, paniqué, terrassé par la douleur. Il se débat convulsivement avec la lame que le terroriste maintient en place de tout son poids. Durant cette lutte, le terroriste sent l'esprit humain de sa victime s'élever par la plaie, le long du manche du couteau, imprégnant ses mains, ses bras, son corps tout entier. Il est pareil à Dracula, puisant de la force dans le sang ou la vie de sa victime. La question du combat pour la justice sociale, qui l'a incité à entrer dans la chambre pour commettre ce crime, n'a plus lieu d'être. C'est un acte suprêmement égoïste.

Les membres de bandes du type Baader-Meinhoff et Action directe de ces dernières décennies ressemblent beaucoup à ce jeune terroriste. On pourrait même dire qu'ils se sont montrés encore moins efficaces, en tant que révolutionnaires sociaux et politiques, que les premiers terroristes. Le cas de Max Frérot, le principal tueur d'Action directe, illustre cette idée. Dès 1986, les autres membres du groupe s'étaient fait prendre. Frérot seul courait encore, mystérieusement intouchable, dans les dédales de Paris, de Lyon et d'autres villes françaises. Cet isolement lui facilitait la tâche lorsqu'il s'agissait d'abattre de nouvelles victimes.

L'assassin solitaire, sans attache, est presque invisible dans une société structurée. Frérot pouvait continuer à tuer à son aise. Mais chacune de ses opérations barbares paraissait moins ciblée que la précédente. Les actions lancées au hasard démontrent l'intelligence d'un terroriste. Mais ses actes semblaient être le fruit d'une réflexion livrée au hasard. Pourquoi choisissait-il ces cibles-là ? Quels étaient ses objectifs ? Sa stratégie n'était pas convaincante, même avec l'objectif le plus banal : la déstabilisation sociale. On avait l'impression d'un homme seul, cherchant désespérément à parachever son individualité par un ultime acte d'auto-immolation. Ses agressions témoignaient d'une audace chaque fois plus grande et lui faisaient encourir des risques toujours plus considérables, mais elles n'étaient plus guère pertinentes. Ses motivations étaient-elles politiques ou personnelles ? S'il restait le moindre doute sur la question, la découverte de son journal intime, remarquablement indiscret, fournissant des noms, des lieux, des dates et des descriptions détaillées de ses opérations, élimina sans conteste la première option. En définitive, Frérot ne parvint même pas à connaître le martyre. Il se fit prendre, et il est désormais réintégré dans la structure par l'application de règles juridiques et bureaucratiques. C'est là un châtiment beaucoup plus lourd que la peine qu'on lui a infligée, quelle qu'elle soit.

À la fin de sa vie, Malraux affirmait que les terroristes avaient beaucoup changé au cours de son existence. « Pour moi, le grand décalage est que les terroristes que nous voyons à l'heure actuelle sont des personnages assez logiques alors que les terroristes que j'ai connus étaient assez près des nihilistes russes, c'est-à-dire au fond assez métaphysiciens [22]. » Ont-ils vraiment changé à ce point ou se sont-ils tout simplement adaptés à la société dans laquelle ils opèrent, comme tout nihiliste? Les révolutionnaires de la fin du XIXe siècle et du début du XXe, comme ceux d'aujourd'hui, cherchaient à détruire la structure et la raison. Au XIXe siècle, toutefois, ce refus violent de coopérer chez les « individualistes » était plus intuitif que longuement réfléchi. Ils n'avaient encore que quelques vagues notions de ce que représentaient les forces de la structure et de la raison, et de l'effet qu'elles finiraient par avoir sur la société.

Aujourd'hui, la situation est claire de leur point de vue : si vous souhaitez détruire la structure et la raison, il convient d'opérer avec logique et avec science. Mais si vous avez le malheur de survivre personnellement à ces attaques meurtrières, alors, à l'instar de Gavrilo Princip, vous ne valez guère mieux qu'un métaphysicien raté. Peu importe qu'ils vous enchaînent dans une prison autrichienne jusqu'à ce que mort s'ensuive ou qu'ils vous enferment dans une prison modèle moderne pour vous rééduquer. Dans un cas comme dans l'autre, vous avez cessé d'exister en tant qu'individu, plus complètement que si vous n'aviez jamais essayé de rompre avec la société afin d'affirmer votre existence.

Considérons le cas des assassins du ministre canadien Pierre Laporte, à Montréal, en 1970. Tant qu'ils maintinrent leur victime en captivité, leurs visages restant inconnus du public, ils étaient plus que des individus. Ils étaient des dieux en puissance, détenant un pouvoir de vie et de mort. Dès l'instant où ils utilisèrent ce pouvoir de la manière la plus purement existentielle qui soit, en supprimant leur otage, avant d'être capturés et jugés, tout bascula. La strangulation d'un homme rondouillard et vieillissant ne saurait constituer, rétrospectivement, un acte héroïque; surtout lorsque les terroristes sont jeunes et forts. Aujourd'hui, plusieurs dizaines d'années plus tard, leur bande paraît encore plus pitoyable, comme le vestige accidentel d'un acte cataclysmique mais inutile.

Du point de vue du terroriste, la seule importance de l'acte saint est son effet sur celui qui l'exécute. Cet effet – l'obtention d'un individualisme parfait – ne peut se produire que s'il va jusqu'au bout de son acte en se supprimant. Si sa victime meurt et s'il survit, il ne vaut guère mieux qu'un automobiliste coupable d'homicide qui a pris la fuite après avoir provoqué la mort de quelqu'un dans un accident.

Peu de gens aspirent à des actes d'individualisme sanctifiés par la violence. Les méthodes les plus courantes pour se justifier comportent moins de risques. L'acquisition de richesses matérielles, en particulier. Théoriquement, plus une personne accumule de richesses, plus elle sera libre d'agir à sa guise. On devient un individu en achetant sa liberté. Cependant, le système requiert généralement un sacrifice énorme – et de longue durée – de la liberté individuelle. C'est-à-dire une carrière conforme aux normes afin de procurer cette indépendance matérielle. Les restrictions imposées sont quotidiennes, année après année ; en fait, elles durent le plus souvent une bonne trentaine d'années. La notion de l'individualisme en fonction de la richesse repose donc sur un cercle vicieux. C'est la raison pour laquelle l'Occidental issu de la classe moyenne a dissimulé les biens matériels et les plaisirs personnels sous le manteau mythologique de l'individualisme. Ce sont les petites récompenses qu'il reçoit au fil de dizaines d'années de sacrifices. C'est aussi l'une des explications de l'importance accordée à la retraite dans nos sociétés. Cela ne tient pas seulement au fait que nous sommes appelés à vivre plus longtemps. La prison du système nous incite à penser que la récompense de la liberté se trouve devant nous, toujours plus loin.

Pourtant, peu d'entre nous semblent convaincus par les pouvoirs libérateurs de la richesse ou par la promesse d'un avenir plus libre une fois que nous aurons cessé de sacrifier notre existence. Les instruments d'évaluation sociale indiquent au contraire que les niveaux individuels d'angoisse et de stress se sont régulièrement accrus. Nous cherchons un soulagement par le biais d'une gamme toujours plus vaste de mécanismes irrationnels. Les anciennes religions ont connu une certaine renaissance, au moins superficielle. Les gens se tournent vers les psychiatres, les gourous, les églises fondamentalistes, le bouddhisme zen, les exercices de méditation transcendantale, le yoga, et toute une série de drogues socialement admises ou illégales.

Le chemin que le bouddhisme zen propose pour se libérer du carcan de la raison est nettement supérieur à des choix comme la réalisation de soi – associant davantage de richesses et une spiritualité plus forte –, la bioénergie, la thérapie par les couleurs, la prise de contact avec l'anima, le massage permettant de soulager les traumatismes émotionnels fossilisés dans l'organisme ou le yoga lyengar[23]. Mais rien de tout cela, pas même le zen, n'offre des réformes pratiques ou des changements révolutionnaires adaptés à la société dans laquelle nous vivons. Au mieux, nous y trouvons des modes d'évasion temporaires. Quoi qu'il arrive, 60 millions de Français et d'Anglais ne vont pas pour autant devenir bouddhistes zen ni chercher la vérité grâce à un analyste. Cependant, l'individu morcelé s'offre périodiquement des tranquillisants pour oublier les réalités du système qui l'emprisonne.

En contradiction totale avec sa propre attitude, le citoyen attend de ses chefs politiques qu'ils s'abstiennent de prendre des tranquillisants. L'explication de ce puritanisme par projection sur un tiers réside peut-être dans nos origines judéo-chrétiennes. Si nous sommes obligés de subir les douleurs profondes et invisibles de l'existence, il nous faut trouver un agneau sacrificiel qui souffrira au vu et au su de tous. Peut-être est-ce notre manière de nous venger du système? Les leaders politiques en sont théoriquement responsables, et dans la mesure où nous ne pouvons punir des structures abstraites, pourquoi ne pas châtier ceux qui sont censés les gérer? Peut-être tentons-nous de donner de l'importance à ce petit reliquat que nous appelons désormais individualisme en le refusant à ceux que nous élisons? Peut-être est-ce de l'hypocrisie pure : en refusant à ceux qui nous dirigent le genre de vie que nous prétendons choisir, nous évitons la gêne que nous causerait le reflet de notre image sur la place publique.

De toute façon, ces leaders apprennent vite que, en échange des libertés politiques qu'ils peuvent prendre en manipulant le système, ils doivent se conformer strictement à une image publique rigoureuse. De leur bureau présidentiel ou ministériel, ils contemplent la masse des citoyens qui peuvent dire ce qu'ils veulent dans leur vie privée, divorcer aussi souvent qu'ils le souhaitent si leurs finances le leur permettent, coucher avec autant de membres du sexe opposé ou du même sexe qu'ils le désirent, se droguer, se vêtir comme bon leur semble, collectionner des vieux crus et manger dans des restaurants de luxe. Ces actes peuvent être superficiels et n'avoir aucun sens, mais ils représentent la version moderne du bonheur. Or ce bonheur est précisément interdit au personnage public.

On attend de lui – ou d'elle – qu'il soit hétérosexuel, marié, fidèle à sa femme ou à son époux, discret dans sa tenue comme dans ses propos, modéré dans sa consommation d'alcool, qu'il s'abstienne de consommer de la drogue et qu'il conduise une voiture banale. Pas question de jeter l'argent par les fenêtres ou de faire preuve de boulimie. Un public qui trouve sa nourriture personnelle dans un rêve de luxe inépuisable est ravi d'apprendre qu'en rentrant du bureau, si on peut dire, son leader se détend tout simplement en allant à la cuisine préparer des œufs brouillés pour toute la famille. Inutile de dire qu'une telle icône doit réunir en elle les qualités propres aux boy-scouts ou aux éclaireuses, comme ne jamais avoir triché à l'école et ne pas dire de gros mots.

Dans une société dont les structures sont amorales et dont les citoyens sont théoriquement libérés, le leader politique est devenu le dépositaire des vieilles valeurs de la classe moyenne. Bien sûr, personne ne remplit totalement ces conditions. Celui qui s'y conformerait serait probablement incapable de faire son travail. Il leur suffit de modifier suffisamment leur personnage pour offrir au public l'impression requise. La falsification devient un talent essentiel aux élus, et la volonté d'être dupé une caractéristique propre au citoyen. Cela sous-entend aussi que seuls les gens dotés de caractères suffisamment déformés pourront s'élever à des postes de responsabilité. Le système ne peut faire autrement que de récompenser ceux dont le principal talent consiste à savoir jouer la comédie et de punir ceux qui sont francs du collier.

À deux reprises, en 1987, le Président Reagan fut incapable de nommer un juge à la Cour suprême. Au cours des auditions de ratification, le deuxième candidat, le professeur Douglas Ginsburg, de la Harvard Law School, fut accusé d'avoir fumé quelques bouffées de marijuana dans un passé fort lointain. Cela signifiait tout simplement qu'il avait agi conformément à la majorité des gens de sa génération. En vertu de la position qu'il était appelé à occuper, cet épisode banal devenait une faiblesse inadmissible. Le professeur Ginsburg en fut réduit à se défendre par des déclarations infantiles : « D'après mes souvenirs, il est vrai qu'une fois, lorsque j'étais à l'université, dans les années soixante, puis à de rares occasions dans les années soixante-dix, j'ai fait usage de marijuana. C'est la seule drogue que j'aie jamais utilisée. Je n'en ai jamais fumé depuis. *C'était une erreur et je le regrette*[24]. »

Ce que le professeur voulait dire, c'est que fumer de la marijuana avait été une erreur en considération du poste qu'il briguait. Si les citoyens attendaient sincèrement que Douglas Ginsburg regrette ses quelques bouffées d'autrefois, il leur fallait se repentir tout aussi sincèrement de leurs propres écarts passés et présents. Ce qui n'est certainement pas le cas. La même hypocrisie apparut à propos des petites amies de Willy Brandt, des gros mots de Lyndon Johnson, de la maîtresse enceinte de Cecil Parkinson et du goût prononcé de Roy Jenkins pour le bordeaux.

À une époque, le peuple n'avait pas d'autre solution que de se complaire dans le reflet de l'existence mythologique, facile et libre, que menaient leurs rois et leurs nobles. De nos jours, ceux qui ont pris la place des rois doivent en faire autant à l'ombre des vies théoriquement non conformistes menées par une bonne partie de la population. Cela, c'est de la pure théorie. La réalité est bien différente.

Nous vivons un âge de grand conformisme. Il est même difficile de trouver dans l'histoire de la civilisation occidentale une époque aussi conformiste que la nôtre. Les citoyens sont si coincés dans leurs « boîtes » de compétence qu'ils sont effectivement exclus de tout débat public ouvert. Nous avons caché cette vérité en redéfinissant l'individualisme comme un agréable attachement au style et aux émotions personnelles. Nous nous projetons, comme dans un rêve romantique, sur une toile de fond peuplée d'outsiders existentiels et de martyrs. Privés de l'exercice concret du pouvoir, nous nous persuadons que ces images sont réelles. Le cinéma, la télévision, les magazines ont donné à nos modèles une forme concrète. Nous les connaissons. Nous les connaissons même fort bien, ces hommes blonds qui mènent les Bédouins face aux Turcs, ces actrices qui couchent avec des présidents puis meurent, ces poètes qui s'enfuient en Éthiopie pour s'y livrer au commerce des esclaves, ces beautés qui épousent des dictateurs et parlent au nom des plus démunis. Nous les avons vus des milliers de fois sur nos écrans. Nous savons ce qu'ils portent. Nous connaissons les muscles de leur poitrine, la profondeur de leur décolleté. Nous reconnaissons le son de leur voix.

Malheureusement, ils ne ressemblent pas le moins du monde aux outsiders qui ont prétendument inspiré ces images. Ces hommes en chair et en os étaient le plus souvent petits, malingres. Ils avaient de l'embonpoint comme Bonaparte. Quant aux femmes réelles, elles avaient le teint jaune, les traits tirés sous leur maquillage et leurs fourrures. Elles ne portaient certainement pas de jeans. En fait, nous ne tenons pas vraiment à les rencontrer, décidés comme nous le sommes à nous cacher notre propre conformisme. Nous voulons rêver d'eux comme si nous rêvions de nous-mêmes. Leur présence serait un obstacle au rêve.

Notre vision du paradis de l'individu dépend d'illusions soigneusement entretenues. Tant que le pouvoir réel se cantonne dans les structures rationnelles de notre société, seul le rêve permet au citoyen de conserver sa santé. Même si la population éprouvait très largement le désir d'une dérive à la Rimbaud, cela ne serait pas possible. L'Éthiopie a déjà suffisamment de mal à faire vivre sa population et le commerce des esclaves connaît des difficultés depuis pas mal d'années!

CHAPITRE XX

Les stars

Marie-Antoinette fut la première star moderne. Elle ne fut jamais vraiment reine de France. C'était un rôle qui lui revenait : elle « jouait » à la reine. Elle ne considérait nullement ce titre comme une fonction qui, tout en lui appartenant de droit, impliquait des responsabilités ou des obligations.

Une telle irresponsabilité nous semble aujourd'hui naturelle et nous plaçons Marie-Antoinette sur un pied d'égalité avec les autres monarques. Louis XIV joua lui aussi un rôle. Élisabeth Iʳᵉ fut sans doute l'une des plus remarquables vedettes à se produire sur la scène royale. Mais Louis XIV, en homme simple, incarna la grandeur afin de consolider son pouvoir et d'affaiblir celui de la noblesse qui le menaçait. Élisabeth se métamorphosa en une vierge parée et fardée à l'excès, couverte de bijoux, dans l'intention de se protéger des hommes et d'exercer le pouvoir elle-même.

Marie-Antoinette était un phénomène tout à fait nouveau, révolutionnaire. En témoignait, d'une certaine manière, sa ferme miniature, dissimulée dans les jardins de Versailles. Le palais s'apparentait à une scène de théâtre, mais la fermette nous fait davantage songer à un prototype de la propriété de star hollywoodienne ou au zoo privé de Michael Jackson. De petits bâtiments de ferme impeccables. Quelques animaux appartenant aux meilleures espèces. Des domestiques à portée de voix et le plus grand palais du monde à quelques centaines de mètres seulement. La fermette, c'était le Disneyland de l'époque : la plus grande reine du monde et ses courtisanes se déguisaient en laitières et en fermières, s'amusaient à traire les vaches dans un cadre bucolique et romantique à souhait.

En réalité, la star moderne naquit, tard dans la nuit du 20 juin 1791, lorsque Marie-Antoinette, Louis XVI et leurs deux enfants, accompagnés d'une gouvernante et de deux domestiques, s'enfuirent des Tuileries. L'Assemblée constituante les avait maintenus, pour leur bien et celui de la nation, pensait-elle, dans cette gigantesque prison dorée, tels des paons en cage. La poursuite qui s'ensuivit est connue sous le nom de « fuite à Varennes », d'après le nom du bourg proche de la frontière allemande où intervint le dénouement.

La reine mena cette évasion de main de maître et en fut la vedette. Le producteur était un comte suédois nommé Axel de Fersen, le plus fervent admirateur de Marie-Antoinette, et probablement aussi son amant. Il était prévu que le roi s'enfuirait seul, travesti en femme. Louis trouva cependant que cette mascarade manquait de dignité et la reine s'y opposa, parce qu'elle ne tenait pas du tout à rester en rade. Le deuxième plan prévoyait que l'on conduirait le roi incognito, également seul, dans une diligence rapide auprès de l'armée rebelle des nobles en exil. La reine s'y refusa également. Son propre scénario était nettement plus ambitieux : une évasion spectaculaire de toute la famille.

Il fallait une berline, véhicule volumineux mais lent, pour emmener la famille royale au complet et la gouvernante. De surcroît, la reine y fit empiler une telle quantité de bagages qu'en définitive la voiture pouvait à peine couvrir une dizaine de kilomètres à l'heure. Suivait un cabriolet, à une distance respectueuse, transportant une paire de domestiques – le strict minimum.

La gouvernante devait se faire passer pour une baronne russe du nom de Korff, accompagnée de son fils et de sa fille, d'une gouvernante – la reine – et d'un valet, incarné par le roi. Marie-Antoinette puisa dans la garde-robe du palais pour se vêtir en domestique, sans se déguiser vraiment. Elle joua à la servante comme elle jouait à la fermière, comme Garbo incarnerait plus tard une reine et Dietrich une prostituée. Personne n'était dupe. Ces femmes restaient elles-mêmes : des stars. Louis n'essaya même pas de jouer au valet. Il se mit une perruque rose sur la tête et traita toute l'affaire comme une farce. Du reste, son épouse, dominatrice, l'y encourageait.

L'évasion débuta à l'heure prévue, grâce à Fersen, qui les fit sortir secrètement du palais à bord de plusieurs diligences avant de conduire lui-même la reine dans les faubourgs de Paris, où tout le monde monta dans la berline. Dès que Fersen les eut quittés, Marie-Antoinette prit en main la direction des opérations. La voiture ralentit bientôt, adoptant une allure de villégiature. Ils prirent du retard sur l'horaire et manquèrent les détachements de cavalerie qui devaient leur fournir une protection dans les agglomérations. Le roi et la reine passaient la tête par les fenêtres alors que la berline traversait des hameaux. On les reconnut. Ils saluèrent leurs sujets avec de grands gestes. Leur évasion se changea en une parade royale, tandis que la nuit tombait. Aux alentours de minuit, alors qu'ils venaient de quitter le lieu-dit de Sainte-Menehould, le conseil municipal local, contrôlé par des radicaux, se réunit de toute urgence et décida de dépêcher un certain Drouet, fils du maître des postes, dans la ville suivante. Nanti d'une monture rapide, ce dernier dépassa la berline et s'en fut tirer de leur sommeil une poignée de citoyens pour bloquer le pont à la sortie de Varennes. Ils obligèrent la famille royale à descendre de leur véhicule. La frontière et la liberté n'étaient qu'à quelques kilomètres.

Les fugitifs furent rapidement cernés par une foule de curieux hostiles ou admiratifs. Le maire, un commerçant du bourg, vint jusqu'à eux et les invita à se réfugier chez lui. Une fois sur place, l'homme fut si bouleversé par la présence des quatre Bourbons dans son minuscule salon qu'il ne sut plus s'il devait s'incliner devant eux ou les arrêter. Il ne fit donc ni l'un ni l'autre. Dehors, la confusion allait croissant. Drouet avait réveillé les radicaux de la petite bourgade et les avait postés autour de la berline ou sur la barricade fragile qui bloquait le pont. Tout à coup, l'une des escortes de cavaliers égarées fit irruption en ville et se fraya un chemin jusqu'à la maison du maire. L'officier de commandement informa le roi et sa famille que, s'ils partaient sur-le-champ, ils pourraient encore fuir. En revanche, s'ils restaient, ils ne pourraient espérer guère mieux que la captivité. Les rapports entre le roi, faible et indécis, et son épouse, dotée d'une volonté de fer, étaient tels que c'était à elle de décider.

En cet instant crucial pour leur avenir, Marie-Antoinette fut incapable de faire la différence entre réalité et apparence. Plutôt que de risquer une action susceptible de sauver la vie des siens, elle se réfugia dans l'image qu'elle avait d'elle-même, monarque de droit divin, contre laquelle personne ne pouvait rien. Elle choisit d'ignorer la réalité et de continuer à jouer son rôle. Dehors, les radicaux fraternisaient avec les cavaliers du roi. En l'espace d'une heure, les soldats avaient changé de camp. Tout était perdu. La farce de la reine touchait à sa fin.

Pour comprendre à quel point la conception du pouvoir selon la reine était révolutionnaire, il suffit de revenir un siècle en arrière, soit au milieu du XVIIᵉ, lorsque l'idée d'une femme puissante était encore moins admise. Marie de Médicis, veuve d'Henri IV et reine de France, était, du point de vue intellectuel, aussi limitée que Marie-Antoinette. De surcroît, elle était très émotive et souffrait d'un sérieux embonpoint. Elle fut incarcérée à deux reprises. Chaque fois, elle s'évada. Mais elle ne se dissimula pas sous quelque accoutrement, elle ne s'exhiba pas en plein jour sur les routes de France. Vêtue d'une tenue commode, elle descendit en pleine nuit les murs du palais, puis marcha dans la boue à travers la forêt, allant jusqu'à traverser à gué des rivières tumultueuses. La différence entre les deux reines est claire : tout en considérant sa position comme un privilège, Marie de Médicis savait qu'elle dépendait de son aptitude à assumer les responsabilités inhérentes à sa fonction. Les rois et les reines qui n'avaient aucun souci du bien comprenaient que la tâche leur incombant les obligeait à des activités concrètes.

Marie-Antoinette manifesta sa modernité en consacrant la division entre pouvoir et célébrité. Jusque-là, ils étaient inextricablement liés l'un à l'autre. Quiconque détenait le pouvoir, qu'il fût roi, duc, pape ou évêque, devenait célèbre. C'était malheureusement la caractéristique d'une société où les défavorisés enviaient les nantis. C'est aussi une manifestation du désir humain que de s'imaginer soi-même plus grand, plus fort, plus riche, meilleur amant ou plus important qu'on ne l'est en réalité. Cela tient moins à la jalousie qu'au besoin de rêver. Or ce besoin doit se focaliser sur des rêves qui ont été réalisés ou semblent l'avoir été.

Certes, les rois n'étaient jamais aussi sages, aussi forts, aussi beaux ni aussi puissants que leur réputation voulait le faire croire ; mais le mystère entourant un monarque compensait l'essentiel de ces limites. Les illusions du peuple étant généralement trahies par la cruauté, la médiocrité ou la dégénérescence des souverains, les hommes de pouvoir devenaient comme des ombres mystérieuses dans l'imagination du public. Et si le roi n'était pas très reluisant, ils pouvaient toujours concentrer leur attention sur la cour.

La vie dans les cours d'Europe était détestable, au dire de tous. L'hypocrisie et l'ambition y régnaient en maîtres. Dans leurs mémoires et leurs journaux intimes, des hommes comme Saint-Simon et Casanova ont établi la chronique des machinations qui s'y tramaient. Swift protesta violemment contre les cabales des acolytes de la reine Anne. Molière ridiculisa la vie du courtisan. À l'ombre des monarques, des hommes dont le seul talent consistait à gagner des faveurs parvenaient à s'élever. Les cours comportaient aussi une collection de figures mythologiques, chevaliers vaillants, belles princesses à la pureté virginale, sages conseillers, poètes, artistes, sans oublier les meilleurs cuisiniers, les meilleurs cavaliers, et bien sûr des actrices, des intrigants, des prélats, des opportunistes et des réformateurs... Il y avait de quoi combler l'imagination de chaque citoyen : de bons et de mauvais rôles. L'orgasme le plus banal pouvait prendre une certaine importance, grâce aux titres et aux réputations des protagonistes, mais surtout parce que leur célébrité était issue d'un pouvoir légitime. Les gazettes des cours étaient les *People Magazine*, les *Paris-Match*, les *Spiegel* de l'époque. Elles propageaient avec complaisance les vicissitudes de la vie de cour.

Dès la seconde moitié du XVIIIe siècle, Thomas Jefferson, ambassadeur américain à Paris, était toutefois en mesure de considérer Marie-Antoinette avec une lucidité inimaginable quelques années plus tôt, alors que les effluves de la mythologie royale obscurcissaient encore la vision de chacun : « Une certaine vivacité d'esprit, mais aucun bon sens. Elle était orgueilleuse, dédaignant la retenue, s'indignant de tout obstacle à sa volonté, insatiable dans la poursuite du plaisir, et suffisamment résolue pour se cramponner à ses désirs ou périr dans leur naufrage [1]. » On dirait le portrait de quelque star hollywoodienne comme Faye Dunaway : « Assaillie de rumeurs relatives à son caractère impossible, elle s'en tient à son image de grande star [2]. » Ou bien Madonna, tour à tour gainée de soie ou tendant son mont de Vénus vers la caméra. Ou encore la plus grande star de ce siècle, Wallis Simpson, alias duchesse de Windsor, qui sut s'attacher le dernier roi important de l'Occident et en fit un personnage comparable au Louis XVI affublé d'une perruque rose, fuyant inlassablement à travers le monde comme s'il avait pris place à bord d'une grosse berline surchargée de bagages. Mrs Simpson confirme en effet qu'au xxe siècle la célébrité a été proprement détachée du sens des responsabilités.

Entre l'innovation de Marie-Antoinette et l'illustration, par Mrs Simpson, du vedettariat moderne, un siècle et demi de confusion s'est écoulé, au cours duquel la royauté et sa cour se sont désintégrées. La nouvelle société rationnelle a renoncé à la célébrité, sous prétexte qu'il s'agissait d'une faiblesse humaine et sociale ne méritant pas la moindre attention. Mais abandonner quelque chose, c'est déclencher autre chose, et le vedettariat a aussitôt pris son propre essor. Ce qui était au départ une distinction raisonnable entre responsabilité et adulation s'est trouvé rapidement déformé. Par définition, la célébrité occupe la scène publique. Elle ne pouvait manquer de s'interposer entre le citoyen et ceux qui détenaient les responsabilités publiques.

En cours de route, la célébrité se subdivisa en trois grandes catégories. Il y avait l'Héroïque, qui paraissait le descendant naturel de l'ancien vedettariat royal puisque profitant à la nouvelle race des dictateurs, des révolutionnaires, des soldats et des politiciens. En fait, cette célébrité napoléonienne reposait sur un individualisme qui aurait mal tourné ; elle a évolué assez naturellement vers une variété de Héros modernes, de Hitler aux stars du tennis, en passant par les terroristes et les médaillés olympiques. Deuxième catégorie : la renommée, qu'on pourrait qualifier de populaire, qui entourait les demi-mondaines, les acteurs, les joueurs et autres courtisans marginaux des anciens régimes. Elle s'est étendue sans peine pour produire le ramassis des vedettes contemporaines, avec encore les stars du sport, mais aussi les acteurs, les riches désœuvrés, les criminels en vogue, les grands spéculateurs – bref, quiconque est en mesure d'attirer l'attention pour un temps.

La troisième famille de célébrités regroupait les philosophes, les poètes, les romanciers – une espèce toute nouvelle –, c'est-à-dire les messagers de la raison qui avaient réussi à détruire le pouvoir de Dieu et de ses Églises, ainsi que les monarques absolus et leurs aristocraties. La nouvelle race des soldats, des dictateurs, des révolutionnaires, des hommes politiques a bénéficié de leur passage de vie à trépas ; mais ils ne les ont pas assassinés eux-mêmes.

La décapitation des rois, la constitution des gouvernements ont été des événements somme toute secondaires comparés à la destruction des droits de l'Église et de la monarchie que le peuple acceptait aveuglément et auxquels il croyait. Tout au long du xviie et du xviiie siècle, les messagers de la raison s'en étaient pris à ce pouvoir et l'avaient sérieusement remis en cause. Plus important encore, ils avaient imaginé une alternative. Dès le début du XVIIIᵉ siècle et jusqu'au milieu du XIXᵉ, ils s'étaient acharnés à inventer les formules, les arguments, les termes nécessaires pour décrire une société de remplacement.

Il n'est donc pas étonnant que l'homme le plus célèbre de l'époque ait été Voltaire. Aucun roi, aucune reine, aucun ministre, soldat ou acteur n'avait une réputation égale à ce petit homme édenté à la langue bien pendue. À part Napoléon, les figures les plus en vue au XIXᵉ siècle étaient des hommes de plume tels que Byron, Goethe, Tolstoï, Hugo, Balzac.

Napoléon, modèle du Héros, domina l'imagination occidentale pendant les vingt premières années du siècle. Il parvint à séduire les deux écrivains les plus célèbres de son temps : Byron – indirectement – et Goethe, lors d'une conversation qui eut lieu le 2 octobre 1808. L'Empereur venait de conquérir la Prusse, et dans un monde friand de symboles romantiques il avait emporté avec lui l'épée de Frédéric le Grand. À l'apogée de sa gloire, il convoqua les princes d'Europe à Erfurt afin qu'ils assistent à son numéro de séduction sur le tsar. Au milieu des festivités, il invita Goethe à prendre le petit déjeuner en sa compagnie. Napoléon s'assit et mangea. L'écrivain resta debout, de même que Talleyrand et plusieurs généraux. Une fois sorti, Goethe refusa de faire le moindre commentaire sur ce qu'ils s'étaient dit, comme pour indiquer qu'il eût été indigne d'eux de rapporter la teneur de leur entretien.

Dans l'atmosphère d'alors, marquée par un nationalisme allemand en plein essor, le silence de Goethe fut interprété comme une manière de consécration de l'épée héroïque par la plume romantique. Les deux grands hommes avaient eu une entrevue en privé : ce fait même donnait matière à un mythe instantané. On pouvait d'ailleurs compter sur Talleyrand pour divulguer les remarques les plus utiles. On avait déjà appris que l'Empereur avait interrompu à sept reprises des discussions de nature militaire et politique avec des responsables gouvernementaux afin de rappeler qu'il avait lu *Les Souffrances du jeune Werther*. Puis il aurait présenté à son auteur une critique littéraire détaillée de cet ouvrage.

Cette rencontre confirmait à nouveau l'importance du verbe dans un monde où un visiteur venu de la lune aurait deviné que l'épée régnait en maître. En réalité, il s'agissait d'un premier avertissement : l'écrivain n'allait pas tarder à découvrir que la réputation dont il se servait pour influencer le pouvoir était réduite à une simple notoriété. Les nouveaux Héros militaires et politiques reprendraient le flambeau en fournissant au citoyen tout son soûl de rêves. À partir de Napoléon, les structures de la nouvelle société emprisonnèrent peu à peu les hommes de lettres. Les experts gagnaient en pouvoir et ils considéraient ces messagers de la raison avec certaine ambivalence. N'était-ce pas grâce aux écrivains que de simples gestionnaires avaient désormais hérité des rênes du pouvoir ? Mais ces gestionnaires ne pouvaient oublier que c'est le pouvoir des écrits qui avait réglé le sort de leurs prédécesseurs.

537

Les systèmes alors en plein essor s'interposèrent entre la célébrité des écrivains et leur liberté d'en user dans le monde réel. Dès la fin du xixᵉ siècle, la célébrité s'était changée en notoriété. Les écrivains se réfugièrent dans les marges de la société, devenant eux-mêmes des spécialistes ou des « outsiders » qui s'autorisaient à critiquer une société à laquelle ils ne participaient guère. Si Voltaire était l'homme le plus célèbre du xviiiᵉ siècle, ce fut à Mickey Mouse que revint cet honneur au xxᵉ siècle. Même à Shaoshan, la ville natale de Mao Tsé-toung, les kiosques de souvenirs vendent côte à côte des badges de Mao et de Mickey.

Renommée, célébrité, vedettariat sont devenus notre pain quotidien en cette fin du xxᵉ siècle. Nous les méprisons comme des moyens de distraction superficiels, tout en les convoitant avec zèle en tant que clés du succès et du pouvoir. Ce phénomène a évolué jusqu'à revenir à son propre point de départ : le rôle essentiel que jouait la célébrité à l'époque des monarchies absolues. La différence ? Elle était alors réservée à des catégories précises ; aujourd'hui elle est ouverte à tous et sert aussi bien à protéger les activités du système qu'à le renverser. Le plus étonnant est peut-être que, dans notre vaine recherche d'alternatives rationnelles à l'impasse de la raison, ce sont les stars qui offrent l'une des rares solutions « vendables ». Cela révèle que le système s'est effondré.

Jamais le pouvoir public et la célébrité n'ont été officiellement aussi dissociés qu'aujourd'hui. Cette séparation aurait dû être un progrès pour les démocraties. On admettra aisément qu'il en soit ainsi pour les détenteurs du pouvoir politique et économique. Ils peuvent avoir de l'argent, des compétences ou des responsabilités, mais ils ne devraient pas bénéficier des faveurs ou de l'adulation qui étaient jadis des récompenses injustifiées. Ce sont le plus souvent des esprits étroits, ennuyeux, qui ne méritent nullement d'être au centre de nos rêves et de nos fantasmes.

Au début des années cinquante, C. Wright Mills décrivit une nouvelle classe, qui se composait exclusivement de gens célèbres : « Que sont ces célébrités ? Les célébrités sont des Noms qui n'ont pas besoin d'identification supplémentaire [3]. » Ces gens-là semblent bénéficier d'une renommée sans exercer de pouvoir et surtout sans responsabilités. Mills avait identifié correctement le phénomène, sans préciser toutefois le rôle que cette classe ne tarderait pas à jouer. Il nota simplement que la réputation de ces célébrités servait à camoufler le nouvel anonymat des véritables détenteurs du pouvoir.

Cette classe était-elle une création du peuple, rendue nécessaire par l'ennui apparu en l'absence d'une cour royale ? Le peuple cherchait-il à oublier ainsi ses frustrations dues à son incompréhension des systèmes du pouvoir que théoriquement il contrôlait mieux que jamais ? Ou bien les détenteurs du pouvoir avaient-ils eux-mêmes encouragé l'essor de cette classe des célébrités : une sorte de tour de passe-passe, où les mouvements du mouchoir en soie devaient détourner l'attention du public tandis que l'on glissait subrepticement sur la scène, puis retirait, le pigeon blanc du vrai pouvoir?

Quelle que soit l'explication, non contentes d'inventer des Héros qui nous minent et nous détruisent, nos sociétés rationnelles et sécularisées ont estimé nécessaire d'inventer aussi des célébrités et des stars, en si grand nombre, d'ailleurs, qu'elles obscurcissent le sens et la finalité de nos convictions théoriques. On ne comprend pas comment les exploits imaginaires de ces stars ont pu devenir source de mythologie pour notre civilisation. Qu'elles soient prises au sérieux sous prétexte qu'elles proposent une direction à la société apparaît comme une forme de parodie noire. Qu'elles puissent acquérir une popularité plus grande que ceux auxquels incombent les responsabilités politiques, voilà qui change totalement le profil de ceux qui briguent une fonction publique. Jamais depuis que Néron mélangea le pouvoir politique, le sport et l'art dramatique en une formule désastreuse, l'emportant à Olympe à la fois dans une course de chars et dans un récital de musique, on a à ce point confondu le superficiel et l'intérêt du public.

L'orientation déjà confuse de notre civilisation s'est embrouillée davantage encore. L'attachement aux structures rationnelles et la certitude qu'elles indiquent automatiquement la bonne direction nous ont laissés aussi impuissants face à l'apparition des stars que nous l'avons été face aux Héros. En voulant donner un sens aux stars et à leur célébrité, nous en sommes venus à vanter les mérites de la concurrence comme une valeur en soi. Ou bien nous conférons des valeurs mythologiques à ce qui n'en a aucune. Ou encore nous mesurons la popularité des individus comme si cette évaluation leur conférait une valeur et se trouvait liée d'une manière ou d'une autre au processus démocratique. Plus singulier encore, nous attribuons une échelle de valeurs particulière, complexe, au monde des stars, nous conformant ainsi à l'ancienne croyance selon laquelle tout groupe ayant ses propres normes est par définition réel. Finalement, nous attribuons tant de caractéristiques réelles à cet univers de stars parfaitement imaginaire que nous finissons par lui prêter une réalité. Comment s'étonner alors que ceux qui briguent le pouvoir politique imitent à leur tour les stars? La machine de la notoriété publique ne finira-t-elle pas par donner un pouvoir aux stars elles-mêmes?

Learned Hand fut parmi les premiers à souligner l'importance acquise par le culte de la concurrence en Occident. Dès 1922, il mettait en garde les étudiants du Bryn Mawr College :

Dans la concurrence réside de manière latente une grave contradiction. Les hommes s'imitent les uns les autres, captant comme un reflet de sources qui n'émettent en fait aucune lumière. Ce sont des caméléons entourés par d'autres animaux de leur espèce, acquérant mystérieusement des couleurs en dépit d'un environnement incolore. Telle est la triste perspective qui attend inévitablement une communauté fondée sur la renommée en tant que motif universel [4].

De toute façon, nous avons acquis la certitude qu'être le meilleur, c'est être quelque chose. Le coureur le plus rapide. Le plus grand inventeur. Le plus gros buveur de bière. Le meilleur joueur d'échecs. Le patineur le plus acrobatique. Le mieux noté à l'école. À l'université. Au jeu de fléchettes. Le terme *supériorité* est utilisé comme si nous étions en quête d'un contenu, alors que nous cherchons avant tout à obtenir un résultat mesurable : un système de classification ou de classe, dominé par le roi de la performance.

On découvre à quel point ce phénomène s'est généralisé en lisant les propos de C. Wright Mills, écrits trente ans après ceux de Hand :

> La célébrité professionnelle, masculine ou féminine, est le couronnement du *star system* d'une société qui vénère la concurrence. En Amérique, ce système s'est développé au point qu'un homme capable d'expédier une petite balle blanche dans une série de trous creusés dans la terre avec une efficacité et une habileté supérieures aux autres acquiert le droit de rencontrer le Président des États-Unis [5].

La théorie veut que la concurrence entraîne tout le monde, en tirant de chacun d'entre nous ce qu'il (ou elle) a de meilleur à offrir. La compétition et la renommée qui en résulte figurent, selon nous, parmi les grandes avancées de notre méritocratie rationnelle. Elles promettent le progrès personnel et l'intégration sociale.

La réalité est presque à l'opposé de cette théorie. Dans un monde aussi attaché à l'évaluation des meilleures performances, la plupart d'entre nous ne prennent même pas part à la compétition. La dignité humaine étant ce qu'elle est, nous nous écartons nous-mêmes d'office de la compétition, afin d'éviter d'offrir à d'autres le loisir de nous éliminer. Non contente d'empêcher les gens de donner le meilleur d'eux-mêmes, une société obsédée par la concurrence les encourage finalement à dissimuler les talents dont ils disposent, en les persuadant qu'ils en sont incapables. Si nous sommes devenus des spectateurs dans la société, comme on le déplore si souvent, c'est précisément à cause de l'importance que nous accordons à la compétition.

Le domaine des sports amateurs est symptomatique de ce climat. Les athlètes sont soumis à des pressions intolérables et mènent une existence anormale qui exige d'eux n'importe quoi : corps rasés, régimes draconiens ou même usage de stéroïdes. Tout cela est entaché d'un nationalisme bon marché qu'on serait plus inspiré de qualifier de chauvinisme.

Le coureur Bruce Kidd l'a souligné lors de l'enquête sur l'usage illégal de stéroïdes par Ben Johnson, les programmes de financement gouvernementaux destinés aux athlètes amateurs font d'eux des professionnels et les obligent à se doper pour ne pas risquer d'être écartés de la célébrité. S'ils réussissent dans leur sport, on assiste à la commercialisation de leur célébrité : des entreprises se servent du nom et du visage des stars du sport pour vendre leurs produits. Notons cependant que le phénomène du sport de compétition relève davantage du chauvinisme que de l'argent. Les pays communistes n'étaient-ils pas des pionniers en la matière ?

Des passe-temps parfaitement innocents, voire banals, ont ainsi évolué en quelque chose qui fait désormais vibrer les gouvernements, les nations, ainsi que les systèmes de communication internationaux. Ce qui excite tout ce beau monde, ce n'est pas vraiment l'esprit sportif, la variété des participants ou la fascination qu'inspirent à certains les millimètres que parvient à gagner le sauteur. La plupart des spectateurs auront oublié ces millimètres quelques minutes après la fin de la rencontre. Rares sont ceux qui auront pris la peine d'enregistrer ces chiffres au moment où on les a annoncés. Ce qui les fascine, c'est l'aptitude de ces événements sportifs à produire des nuées de stars susceptibles de créer des émotions nationalistes élémentaires. Ces stars deviennent non des exemples à suivre pour la jeunesse – combien oseraient prétendre pouvoir sauter un jour aussi haut ? – mais des modèles de rêve. Ce sont les modernes chevaliers de la Table ronde.

La confusion qui règne, tant dans l'esprit du public que dans celui des concurrents, à propos de ce qui se passe réellement sur le terrain, saute aux yeux lorsqu'on s'aperçoit que ces stars finissent par adopter des maniérismes d'inspiration militaire et politique. À preuve le comportement de deux médaillés noirs américains, Tommie Smith et John Carlos, lors des jeux Olympiques de 1968. Debout sur le podium, tandis que retentissait l'hymne national américain et que la foule applaudissait à tout rompre, ils levèrent subitement leur poing ganté de noir au nom du Black Power. Ils furent exclus des Jeux. Mais bientôt, les gestes politiques et militaires les plus agressifs furent admis sur les terrains de sports. Dans leur excitation, les stars du tennis n'ont pas tardé à brandir à leur tour un ou deux poings serrés en émettant des cris de victoire bestiaux chaque fois que la balle était bonne. Témoin aussi Sylvester Stallone incarnant pour la première fois en 1976 le boxer Rocky Balboa : il imita ce geste appelé à connaître le plus grand succès commercial, au moment où il s'imposait comme un symbole du mouvement anti-apartheid.

Le bras levé, poing serré, a toujours été le symbole d'un combat violent. Ce geste incarne à la fois la victoire et un défi face à la défaite. Il est entré dans notre mémoire consciente par le biais de deux phénomènes concurrents : les légions romaines, dont la main ouverte, brandie, fut adoptée par la suite par les fascistes et les nazis; et la classe inférieure des gladiateurs du cirque s'adressant à César – « Ceux qui sont sur le point de mourir te saluent. »

C'est dans la chapelle Sixtine, décorée par Michel-Ange, qu'on trouve le premier indice de la manière dont ce salut serait transformé durant l'Âge de la Raison. Nous y découvrons Dieu créant les étoiles et les planètes, le bras levé, l'index pointé en un signe de pouvoir terrifiant. De ce doigt, de ce bras, du visage même de Dieu émanent une énergie et une sorte de colère, comme si un éclair fulgurant était sur le point de jaillir de son ongle. Deux fresques plus bas, Dieu est occupé à créer l'homme. Là encore, il a le bras tendu, animé d'une formidable puissance. Son doigt effleure celui d'Adam, si passif et si faible qu'il doit poser son bras sur son genou pour stabiliser la position de son doigt. Sur la paroi du fond, le Christ exerce les responsabilités du Jugement dernier. Le Sauveur, qui semble avoir eu un passé d'haltérophile, tend le bras au-dessus des saints et des multitudes assemblées. Non avec une illumination sereine ou la sagesse d'un Salomon, mais avec une vigueur menaçante, comme si ce geste suffisait à expédier tout le monde en enfer. Ce sont précisément cette énergie et cette colère qui rendent ces images aussi originales. La Sainte Trinité ne lève plus son bras en un symbole abstrait d'autorité. C'est Dieu en tant que Dieu fait homme – tel l'individu moderne. Si un tel réalisme lui donne un air terrifiant, il lui donne aussi une apparence qui l'affaiblit. Si Dieu s'était contenté d'énergie physique pour créer l'homme, ce dernier aurait pu le faire lui-même avec l'aide de quelques après-midi de gymnastique, une armée pour le soutenir, une once d'idéologie en guise d'encouragement et une bonne campagne de relations publiques, histoire de noyer les questions insidieuses.

Ce geste de supériorité personnelle – bras levé – est entré dans la mythologie populaire avec le tableau de David intitulé *Le Serment des Horaces*, datant de 1785. Cette œuvre représente trois jeunes Romains aux muscles avantageux, le bras tendu en une posture qu'on identifierait plus tard avec celle des nazis. Quatre ans plus tard, la Révolution française allait commencer lorsque les législateurs se révoltèrent contre leur roi. David les immortalisa aussitôt dans le *Serment du Jeu de paume*, en y incorporant le geste républicain des Horaces. Ce tableau monumental, inachevé, fut copié d'innombrables fois et propagea l'idée que les hommes manifestaient leur liberté en se tenant groupés, le bras levé en un geste de joie et de révolte. Mais ce n'étaient pas là des gestes d'individus. Pas plus que l'individualisme n'était mis à l'honneur dans les innombrables portraits que David fit de Napoléon, qui passait apparemment ses journées avec un bras en l'air et l'autre glissé dans sa veste.

Le citoyen ordinaire en tant qu'individu, le poing levé en signe de défi, a fait son apparition en 1814, lorsque Goya peignit le massacre de nationalistes espagnols par les troupes napoléoniennes à Madrid, dans son tableau intitulé *Le 3 mai 1808*. Il ne s'agit pas seulement d'une peinture

542

moderne essentielle. C'est la vision essentielle que l'homme moderne a de lui-même. Elle eut le même effet galvanisant sur l'imagination occidentale que le *Guernica* de Picasso plus d'un siècle après. À droite, Goya a placé le peloton d'exécution, fusil en joue, saisi une seconde avant que les coups ne partent. À gauche, on voit les corps ensanglantés de ceux qui sont déjà tombés. Au centre, devant les fusils, se tient un groupe d'hommes, chacun essayant de faire face à la dernière seconde de son existence. Quatre d'entre eux sont représentés en détail. La figure dominante a les bras levés en un geste mêlant acceptation et défi. Il incarne à la fois le martyr religieux classique et l'individu révolutionnaire moderne. Plus révolutionnaires, toutefois, sont les trois autres condamnés, serrés les uns derrière les autres. Au premier plan se tient un prêtre, penché en avant, joignant les mains en une prière désespérée. Derrière lui, le dominant, un homme regarde fixement les canons des fusils, son bras gauche tendu vers le haut, serrant le poing de colère et de peur. Le troisième personnage tient lui aussi son poing droit serré et levé dans un geste de défi sans ambiguïté. On assiste là à la naissance de l'image de l'homme-dieu [6].

Dès lors, l'individu prit de plus en plus, en public, une attitude triomphaliste qui dépassait ses véritables réalisations. Ces images devinrent de véritables armes dans la lutte contre l'autorité arbitraire. Delacroix s'inspira de la révolution de 1830 pour sa *Liberté guidant le peuple* [7]. Sur les barricades, à la tête de la populace, se dresse une femme Héroïque, brandissant un drapeau dans une main, un fusil dans l'autre. Dès 1836, dans *La Marseillaise*, le bas-relief de Rude ornant l'Arc de Triomphe, ce symbole du pouvoir individuel était devenu plus violent que le Dieu de Michel-Ange. Son cri, ses bras lancés en l'air, l'un à la verticale, l'autre plié, l'ensemble est empreint d'une extraordinaire violence. Lénine fut tout naturellement représenté dans des postures semblables, bien qu'il ait l'air plus détaché, plus abstrait, et l'allure d'un intellectuel dans son costume hérité de la classe moyenne. Puis les fascistes et les nazis adoptèrent officiellement ce geste, remettant en cause quatre siècles de représentation de l'individu dans l'art.

Il fallut attendre 1937, et le *Guernica* de Picasso, pour que le phénomène soit clairement illustré. Du côté droit de ce cataclysme de violence se dresse une femme levant les bras, à l'image du personnage central du *3 mai 1808* de Goya. Elle hurle, en un mélange de colère et de défi, auquel se mêlent la peur et un grand trouble. Un peintre d'une telle envergure ne pouvait manquer de remarquer que l'homme-dieu ne s'en tirait plus aussi bien que l'avait promis toute cette imagerie triomphaliste. Dans le monde réel, des Héros barbares paradaient en levant le bras. Les stars avaient déjà commencé à s'élever au firmament et à récupérer l'imagerie de l'homme libre.

Curieusement, la plupart des gens feignirent la surprise en voyant les poings dressés des deux Noirs médaillés olympiques de 1968. Pourtant, l'idée qu'une personnalité sportive puisse légitimement brandir le bras au nom d'une cause ne dura qu'un jour. Bientôt, chacun en fit autant, pour son propre compte : concurrents, vainqueurs, Héros et stars. Suivirent les cris de guerre. Toute la terminologie militaire et nationaliste était désormais disponible, pour n'importe quel usage. La compétition devint une métaphore de la violence et de la guerre.

À Wimbledon, en 1987, on vit Jimmy Connors brandir sa raquette de tennis comme un fusil ou un drapeau, hurlant et levant le poing vers le ciel. Parmi les titres admiratifs des journaux, on pouvait lire « CONNORS LANCE SON CRI DE BATAILLE POUR REMPORTER LA VICTOIRE [8]. » Son attitude et sa posture imitaient parfaitement *La Marseillaise* de Rude.

Les matches de tennis sont désormais annoncés comme « une bataille au finish » ou « un affrontement de titans ». Les sports les plus calmes ont cédé au symbolisme militaire. À la fin du principal tournoi de golf américain de 1989, le vainqueur, Curtis Strange, et son homologue féminine, Laura Davies, brandirent tous les deux leur poing. « Le cran, on naît avec », déclara Curtis Strange pour expliquer son succès [9].

Le tennis est certainement le plus intéressant des sports de compétition, parce qu'il repose sur le « combat » traditionnel entre deux hommes, et parce qu'il est l'apanage de la classe moyenne. On ne peut s'empêcher de penser à la prophétie orwellienne montrant, dans *1984*, un *Lumpen-proletariat* compensant ses frustrations politiques sur le terrain de football. Or les tribunes de Flushing Meadows, de Wimbledon et de Roland Garros sont remplies de présidents de sociétés, d'hommes politiques, de gens riches et célèbres. Ceux qui ne peuvent assister personnellement au tournoi sont collés devant leur écran de télévision. À l'occasion, on se plaint discrètement du « mauvais comportement » d'un joueur. Mais en règle générale, le public adore les poings brandis, les cris de guerre, les bonds de guerriers. C'est pour cela qu'ils viennent. Roland Barthes a évoqué le rôle mythologique que la lutte professionnelle joue pour une partie de la population. Le tennis est devenu la lutte professionnelle des classes moyennes. Peu importe si, contrairement à ce qui se passe pour la boxe, les matches ne sont pas arrangés d'avance.

« Bien utilisé, écrivait Aldous Huxley, [le sport] peut enseigner l'endurance et le courage, un sens de l'équité, le respect des lois, la coordination de l'effort et la soumission des intérêts personnels à ceux du groupe. Mal utilisé, il risque de favoriser la vanité tant sur le plan individuel que pour le groupe, un violent désir de victoire et la haine des rivaux, un esprit de corps intolérant et le mépris du peuple [10]. » En d'autres termes, la marge séparant l'exercice physique de la guerre n'existe plus.

Dès 1974, la violence des matches de hockey canadiens avait dépassé les bornes acceptables, au point qu'on demanda à William McMurtry, avocat à Toronto, de mener une enquête gouvernementale sur les causes d'une telle violence. Durant les auditions, il interrogea Clarence Campbell, président de la Ligue nationale de hockey, qui chapeaute également les ligues d'amateurs et a naturellement une influence considérable sur la jeunesse canadienne, puisqu'il s'agit du sport national. Interrogé sur l'objectif de la NHL, M. Campbell fit preuve d'une remarquable honnêteté; il appartenait à une génération plus ancienne, non formée à la technique de gestion de l'information : « Il s'agit de présenter le sport d'une manière qui lui attirera le soutien du box office [...] C'est du show business. [...] Nous travaillons dans le secteur des loisirs et nous ne pouvons ignorer cette réalité. Nous devons monter un spectacle susceptible d'attirer le public [11]. »

Hollywood a produit quantité de films sur le sport illustrant l'esprit de notre temps. Ils mettent en avant des Héros défavorisés, malingres, sans formation, qui surmontent tous ces handicaps pour devenir des champions. Et chaque fois, au moment du triomphe, ils lèvent le poing. La musique de fond appartient au style que Beethoven créa pour Napoléon. Le plus étonnant de ces Héros cinématographiques est Sylvester Stallone, qui incarne tour à tour des sportifs et des soldats aux origines tout aussi défavorisées. D'un point de vue dramatique, il n'y a aucune différence entre les deux thèmes : en choisissant des sports où le contact physique est violent, comme la boxe, Stallone accentue la confusion entre les deux domaines. En réalité, il est peu probable que Jimmy Connors ou d'autres vedettes du sport aient volontairement copié Goya ou Rude. Une image est certainement restée gravée dans notre imagination : celle de Stallone en Rocky Balboa levant triomphalement les bras. Les gestes de Rocky sont ceux d'une figure née à la Renaissance : Dieu tel qu'il est représenté par Michel-Ange. Stallone a lui-même expliqué qu'il étudiait les tableaux de cette époque afin d'en mieux saisir les mouvements. En d'autres termes, ce qui était à l'origine le bras levé de Dieu, puis des rois, a été détourné par le peuple pour devenir un symbole de liberté et d'individualisme. Dérobé à son tour par les Héros usurpateurs, le geste a été volé encore une fois par les stars, qui en ont fait un emblème de leur rôle divin.

Quel est le rapport entre Sylvester Stallone, le mouvement olympique, les sports non olympiques, le besoin désespéré de tout ce qui est de qualité médiocre de prétendre à une classe internationale, et l'organisation de la plupart des activités humaines en épreuves mesurables? C'est la compétition. Ce qui compte, c'est la compétition en soi, non les motifs qui nous y poussent. Les champions sont nos stars et ils donnent l'impression de nous conduire quelque part.

Cela permet aux classes technocratiques – en particulier les milieux d'affaires – de consacrer l'acte de compétition en tant que religion de l'individualisme, tout en évitant les questions plus complexes comme les engagements à long terme et les responsabilités sociales. Tout diplômé d'une école de gestion peut s'imaginer en champion dans quelque discipline olympique ou en star qui dans son film s'en sort toujours très bien. À preuve la publicité luxueuse d'une firme de recrutement de cadres, le Lannick Group :

COMPÉTITION

Parfois la compétition est féroce. Parfois il n'est pas facile de se distinguer. Et parfois il faut un peu plus que du talent pour se distinguer de la masse [12].

Cette réclame est illustrée par une série d'hommes d'affaires en complet, armés d'attachés-cases, bondissant tel un banc de saumons à contre-courant dans un torrent déchaîné. Les recrues du Lannick Group ne vont manifestement pas à la pêche. Sinon, ils sauraient que le saumon remonte le cours des rivières poussé par un conformisme génétique inconscient. Ils le font pour aller pondre leurs œufs. Après quoi, la plupart d'entre eux meurent.

D'une certaine manière, nous avons été forcés de croire que les stars représentent vraiment quelque chose, pour la bonne raison que les structures rationnelles, tout en accumulant un pouvoir considérable, n'engendrent pas de mythologie. C'est donc aux célébrités qu'il appartient de nous procurer le rêve nécessaire à notre vie quotidienne.

Cette nourriture pour l'imagination doit comporter grandeur, force et succès, mais aussi échec et souffrance – bref, les propriétés du leadership royal prérationnel. La vie du roi était connue de tous. Ses maîtresses, ses prouesses, ses problèmes sexuels, ses obsessions, ses goûts, ce qu'il mangeait, la façon dont il passait ses journées – tout était objet de débats et de longs discours. Le roi incarnait le pouvoir, mais aussi la souffrance : combinaison inévitable dans une société chrétienne à laquelle les sociétés postchrétiennes n'ont pas échappé.

À la base de la renommée d'une star, il y a toujours une sorte de faiblesse tragique. Lorsque, en 1988, la vie de John Lennon fut révélée en détail à l'occasion de la parution d'une volumineuse biographie, un frisson de plaisir saisit tout l'Occident. Sa solitude, ses problèmes de drogue et son impuissance furent analysés de long en large, à la recherche de la vérité [13]. Qu'il soit demeuré le plus célèbre des Beatles tient sans doute à son talent, mais aussi à cette habitude qu'il avait de fuir la scène publique. En définitive, sa célébrité fut renforcée par son assassinat. À la fin de sa carrière, il s'était octroyé un rôle christique par divers gestes, et notamment en déclarant, dans une de ses chansons, qu' « ils » allaient le « crucifier ».

La souffrance et de graves défauts sont des caractéristiques indissociables de la star idéale, mais la perfection en la matière est incontestablement réservée aux martyrs. Monroe, Dean et Lennon existent grâce à la tragédie qui vint clore leur existence. La chanteuse Dalida se tua en 1987, une précédente tentative de suicide ayant échoué. Elle avait déjà enterré trois maris, chacun d'eux s'étant plus ou moins supprimé pour elle. Sa mort fut évoquée en ouverture des journaux télévisés du soir et les grands hommes politiques de l'époque assistèrent à ses funérailles. Le citoyen était obligé de prendre l'événement au sérieux. « Je sers un art mineur, mais c'est néanmoins une servitude qui force à aller jusqu'au bout de soi-même », avait-elle déclaré. Le président socialiste et le Premier ministre conservateur avaient été heureux de se faire photographier à ses côtés. Après sa mort, un de ses amis fut cité à maintes reprises : « Loin dans la nuit, dit-il, elle me confiait sa fascination pour le néant [14]. »

La mythologie des stars ne procède pas toujours de la tradition du Christ martyr. Le couturier Ralph Lauren a édifié son empire commercial sur le principe qu'il vend de la classe et du leadership. Sa boutique de New York ressemble à la demeure d'un homme riche. Un faux écusson familial est gravé sur la porte d'entrée. Les vêtements qu'il propose ne sont ni choquants ni beaux. Ils promettent la respectabilité propre à la classe supérieure. Les publicités sont réalisées sur des terrains de polo, dans des maisons de campagne, lors de parties de chasse.

Cette technique de marketing, somme toute banale, devient intéressante lorsque des gens prennent tout cela pour argent comptant. En 1987, le magazine *Esquire* choisit Lauren pour sa couverture. Le thème du numéro était le leadership contemporain. Pour encourager les ventes, on reproduisit cette couverture dans une publicité pleine page du *New York Times*. On y voit Lauren en uniforme de jean et veste de tweed. Une de ses jambes est pliée, reposant sur un rocher ou une chaise hors champ. Un pouce dépasse d'une poche avec une certaine arrogance. La casquette de l'armée américaine qu'il arbore s'orne d'un galon doré. Derrière ses lunettes noires, il vous gratifie d'un regard franc et un sourire détendu de commandant illumine son visage. On est à mi-chemin entre Douglas MacArthur et un pilote de chasse de la Navy. La légende est ainsi libellée :

RALPH LAUREN À PROPOS DU LEADERSHIP

Au-dessous, on a reproduit un message manuscrit de la vedette :

> Un leader a la vision et la conviction qu'un rêve peut se réaliser. Il insuffle le pouvoir et l'énergie pour y parvenir.

Encore au-dessous, le magazine a ajouté son propre message :

> Le leadership attire le leadership. Les leaders font la différence entre le succès et la médiocrité. Où les trouvez-vous ? Là où sont réunis contenu et style : dans le magazine *Esquire* [15].

Si on voulait réagir de façon rationnelle, on esquisserait un sourire entendu, en se disant que Lauren est décidément doué pour les relations publiques. On n'a pourtant pas oublié l'image, bien réelle, d'un acteur américain de film B devenu Président. Le problème n'est pas que les stars risquent de prendre le pouvoir, mais qu'on assiste à un divorce entre le pouvoir réel et la manière dont il est représenté. Si Lauren était réellement ce qu'il incarne en s'habillant comme il s'habille, ses paroles seraient authentiques, quoi que nous en pensions. Or Lauren n'est pas un leader, il n'a ni vision ni conviction, autant qu'on sache. Il n'insuffle ni pouvoir ni énergie. Ce qu'il fait à merveille, c'est vendre des vêtements sur la base d'un snobisme illusoire. « Le monde en est donc arrivé au stade où il admire et vénère un couturier [16]! », selon la formule de Joseph Roth.

Cette mythomanie n'est nullement réservée aux spécialistes de la mode. Prenez l'exemple de la présentatrice américaine la plus populaire, Oprah Winfrey. Dans un grand article du *New York Times Magazine*, en 1989, cette jeune femme, vue chaque jour par 11 à 16 millions de téléspectateurs, déclarait :

> La grandeur de chacun est relative à la tâche que lui confie l'Univers. J'ai toujours su que j'étais faite pour la gloire. Je ne suis pas Dieu. Je dis constamment à Shirley MacLaine : « Vous ne pouvez pas passer votre temps à dire aux gens que vous êtes Dieu. » C'est quelque chose de très difficile à accepter [17].

La journaliste auteur de l'article tente d'exprimer son incrédulité du mieux qu'elle le peut. Mais les circonstances sociales n'autorisent pas l'incrédulité – tout comme les opposants français de Napoléon n'avaient pas le loisir d'exprimer clairement leurs mobiles. L'autosatisfaction et l'air du temps sont favorables aux vedettes de la télévision.

Ralph Lauren et Oprah Winfrey sont des personnages insignifiants comparés aux célébrités martyres qui ne revendiquent rien et ne proposent rien, et qui se sont contentées d'être elles-mêmes. Elvis Presley a acquis un pouvoir d'immortalité qui rivalise avec celui de Héros empaillés comme Lénine. La maison de Presley, un manoir imitant l'architecture d'avant la guerre de Sécession, avec colonnes, lustres en cristal et miroirs dorés, a tout d'un lieu de pèlerinage chrétien [18]. Un demi-million de « fidèles » se rendent chaque année à Graceland. C'est-à-dire bien davantage qu'au Mount Vernon de Washington ou au Monticello de Jefferson. À l'instar du vêtement de saint François ou des bicornes de Napoléon, les combinaisons d'Elvis sont exposées sur des mannequins de plus en plus volumineux, illustrant son déclin tragique vers l'obésité et le désespoir. Son costume de marié est là aussi, marquant le moment où toutes les filles qui l'adoraient l'ont perdu. Le gâteau de mariage, une pièce montée de 1,50 mètre, apparaît comme un monument commémorant la mort de plusieurs millions de rêves romantiques. Derrière la maison, dans le jardin de la Méditation, se trouve la tombe de l'idole, où on peut aller se recueillir. Avoir enseveli sa dépouille au lieu de l'embaumer et de l'exposer a eu pour effet de renforcer le mythe. Les réapparitions surnaturelles d'Elvis, comme s'il était ressuscité des morts, sont de plus en plus fréquentes.

Rares sont les stars qui atteignent le niveau religieux du mythe réincarné. La plupart d'entre elles, comme Lauren et Winfrey, doivent préciser elles-mêmes leur message, se rapprochant des écrivains, des philosophes et des hommes politiques. Lors d'une interview, en 1987, le chanteur David Bowie délivra un message moral et philosophique :

> QUESTION : Dans les années soixante-dix, vous clamiez votre bisexualité. Aujourd'hui, vous vivez avec votre fils, Zowie, en Suisse, près de Lausanne. Vous semblez avoir renoncé à vos extravagances.
> BOWIE : J'ai beaucoup changé depuis mon départ des États-Unis en 1976. Là-bas, je menais une vie stéréotypée, décadente. Je ne savais plus qui j'étais. Je suis retourné en Europe et j'ai décidé de consolider mon rôle de père. En vivant aux côtés de mon fils, j'ai grandi. J'ai mûri.
> QUESTION : Vous avez dit un jour : « Je veux traverser ma vie comme Superman... »
> BOWIE : Mon Dieu ! Je devais être ivre mort. J'ai dû lire trop d'ouvrages de Nietzsche.
> QUESTION : Quel est le plus grand risque que vous ayez pris dans votre vie ?
> BOWIE : Celui de me droguer. C'est un risque que je ne recommande à personne [19].

La plupart des véritables détenteurs du pouvoir n'ont jamais lu Nietzsche, et ils sont incapables de dire quoi que ce soit de sensé à propos de la drogue. Cela ne fait qu'accentuer la division entre pouvoir et célébrité. La majorité des vedettes n'ont jamais ouvert un livre de Nietzsche. Leurs messages mythologiques sont créés au petit bonheur la chance par les caprices de leurs goûts personnels ou des opportunités commerciales. Le chanteur de rock George Michael passe sans transition d'une chanson intitulée *I Want Your Sex* à *Faith* (« Foi »). Si on lui en laissait le temps, il développerait probablement toute une série d'idées sociales et morales, des droits de l'homme à la réincarnation.

La mythologie populaire dominée par les stars a pour effet d'empêcher la civilisation d'exprimer et de conserver un jugement moral. Seules de brèves impulsions morales semblent possibles : elles surgissent brusquement, dans l'urgence, et mobilisent notre attention avant de disparaître tout aussi soudainement. D'où une multiplication de convictions morales, pétries de bonnes intentions, mais sans racines et emportées par la prochaine vague de sollicitude ou d'indignation. Concrètement, cela a pour effet de relativiser les événements publics et les questions de principe. Dans le même numéro d'un magazine, on peut ainsi vanter les mérites de n'importe quel assemblage de personnalités réelles et de vedettes, comme si leur célébrité à elle seule suffisait à les rendre compatibles. Le numéro de *Paris-Match* du 3 juin 1988 n'a rien d'exceptionnel à cet égard [20]. Il débute par une rencontre entre le pape et un écrivain de renom, Maria-Antonietta Macciocchi, qui venait de renoncer au communisme pour embrasser la foi chrétienne. Elle écrit : « J'avais rencontré Mao, de Gaulle, Hô Chi Minh, et une fois, tout au fond de Qom, la ville sainte de l'Iran, j'ai été reçue par le terrible Khomeyni. Mais jamais je ne m'étais sentie aussi chiffonnée... [que par ma rencontre avec le pape]. »

À cet article succède une interview photographique de la dernière bombe sexuelle française d'alors, Béatrice Dalle, qu'on voyait à la fois nue et à demi vêtue, tapie dans le coin d'une pièce, bouche ouverte, regard libidineux, comme si elle attendait qu'on lui saute dessus. On cite certains de ses propos : « Moi, scandaleuse ? Jamais. » Ou encore : « On me propose toujours des rôles de bête de sexe alors que je suis la réincarnation de la Sainte Vierge. » Après quoi, on pouvait lire le compte rendu d'un entretien avec George Michael :

QUESTION : C'est difficile d'être un sex symbol ?
RÉPONSE : Il y a des hauts et des bas.

Venait ensuite la fête de famille organisée en l'honneur du diplôme de droit de la fille de Jacqueline Kennedy, avec un bref coup d'œil sur la veuve mythique. Après Jackie, c'était au tour de Jean-Marie Le Pen d'avoir la vedette. Il était alors en pleine bataille politique à Marseille. Sa popularité, comme toujours, dépendait de son aptitude à attiser le racisme suscité par le nombre des immigrés entassés dans la ville. Pourtant, son sourire engageant n'était guère différent de celui de Mrs. Kennedy, de George Michael, de Béatrice Dalle ou même du pape, dont il était encore question dans ce numéro de *Paris-Match* à propos de son voyage en Amérique latine.

La célébrité, à distinguer de la popularité, est ce qui permet d'évaluer une star. Les gens célèbres appartiennent au même monde – rocks stars, papes, racistes ou saints. Si leur position sociale ne peut être évaluée par le seul moyen de la concurrence, on peut toutefois la mesurer en fonction de l'impact émotionnel qu'ils exercent sur le public. En ce sens, la célébrité est devenue la concurrence par excellence. Cela ne ressemble nullement à une victoire électorale, qui sous-entend certaines responsabilités. La notoriété doit être entretenue par celui qui en est le bénéficiaire, mais elle ne s'accompagne d'aucune obligation.

Le plus étonnant, dans cette affaire, c'est qu'on en est arrivé à oublier ou à ignorer ceux qui exercent véritablement le pouvoir, qu'ils le fassent bien ou mal. Au lendemain de la première famine en Éthiopie, un organisme de sondage français interrogea un échantillonnage de jeunes. On leur demanda qui, d'après eux, avait le plus contribué à l'aide au développement des pays du tiers monde [21]. Sur les douze noms mentionnés, sept étaient des stars. Plus de 65 % des personnes interrogées donnèrent un nom de vedette. Sur les cinq célébrités les plus souvent citées, quatre étaient des chanteurs ou des comédiens. Le choix le plus fréquent (27 %) était le chanteur Daniel Balavoine, mort peu de temps auparavant dans un accident du Paris-Dakar. En troisième position (11 %) : Coluche, décédé d'un accident de moto. Venaient ensuite France Gall et Bob Geldorf. La seule personnalité non star figurant en haut de liste était mère Teresa (15 %). Cette femme, qui joue le rôle d'une sainte médiévale, est elle aussi une vedette dans le sens ancien du terme : le vestige accidentel d'une époque révolue. Balavoine et Coluche ont certainement accompli plus que leur part de bonnes actions ; mais c'est leur mort brutale qui a fait d'eux des sortes de martyrs et leur a valu des scores aussi élevés. Martyrs de quoi ? De la célébrité ? De la jeunesse ? Difficile à dire.

Quoi qu'il en soit, 3 % seulement des jeunes interrogés songèrent à mentionner la Croix-Rouge. Si on réunissait tout l'argent collecté par les huit stars, y compris mère Thérésa et Bob Geldof, on n'obtiendrait même pas de quoi assurer l'aide fournie par la Croix-Rouge en une seule journée. Cette organisation a ses défauts, mais le peu d'estime que lui accorde le public est la conséquence d'une prudence et d'une modestie délibérées. La Croix-Rouge n'est pas une star. Elle apparaît cependant sur la liste, ce qui n'est pas le cas des gouvernements occidentaux et de leurs ministres qui, s'ils ne consacrent certainement pas assez d'argent aux programmes d'aide, y apportent néanmoins une contribution plus grande que quiconque.

Cette hiérarchie de la célébrité, établie en dépit du bon sens, se reflète dans les sommes colossales qu'empochent aujourd'hui les stars. Il y a quarante ans, la pyramide des salaires élevés ressemblait encore à ce qu'elle était un siècle plus tôt. Les propriétaires terriens et les hommes d'affaires – capitalistes, banquiers, marchands, promoteurs immobiliers – se trouvaient toujours en tête de liste. De nos jours, la majorité des capitalistes qui y subsistent se situent nettement au-dessous des stars, de même que la nuée des dirigeants de sociétés. Une étude, réalisée par le magazine américain *Forbes* à propos des quarante plus gros salaires dans le monde américain du spectacle, montre que les revenus y oscillent entre un minimum de 2 millions de dollars et un maximum de 80 millions par an. Les dix premiers de la liste empochent chacun plus de 20 millions par an. Sur les quarante célébrités citées, dix-huit sont des chanteurs et neuf des acteurs ; six seulement appartiennent à la télévision (par son caractère rituel, la télévision ne crée pas de célébrités à part entière. Sur les six personnes mentionnées, trois sont des présentateurs). Et si un seul romancier et un seul réalisateur de cinéma figurent sur la liste, on y trouve aussi deux dessinateurs, trois boxeurs et deux des neufs acteurs – Arnold Schwarzenegger et Sylvester Stallone – qui sont devenus millionnaires en prétendant être des boxeurs ou en exhibant leurs muscles. Tout cela s'inscrit dans la confusion maintenue entre le vedettariat, la compétition et le mythe du chevalier croisé ou du duelliste.

Aucun chef d'entreprise américain ne gagne suffisamment d'argent pour figurer ne serait-ce qu'au bas de cette liste. Un grand nombre de présidents de sociétés empochent entre 1 million et 2 millions de dollars, mais Oprah Winfrey gagne 80 millions et Madonna 63 millions. À l'exception de Lee Iacocca, président de Chrysler, presque personne ne gagne plus de 10 millions de dollars dans les entreprises (et encore moins 20 ou 50 millions), même si les revenus de ces gens-là sont largement « gonflés » grâce à des options d'achats d'actions, par exemple. L'un des dessinateurs présents sur la liste est Charles Schultz, l'auteur de *Peanuts*. Ses revenus personnels dépassent 30 millions de dollars par an. Rien qu'au Japon, sa société rapporte environ 350 millions de dollars.

Lorsque, en 1987, un sondage demanda à des Françaises de choisir trois personnalités féminines qui les feraient se retourner dans la rue, cinquante des soixante et une célébrités citées étaient des stars, quatre seulement des personnalités politiques. La princesse de Galles était la seule représentante des familles royales – qui jadis incarnaient vraiment la célébrité. Or elle se situait au bas de la liste, en compagnie des personnalités politiques. Les stars occupaient les premiers rangs. Catherine Deneuve était mentionnée trois fois plus souvent que Simone Veil, pourtant la femme politique française la plus en vue. Depuis une dizaine d'années, Catherine Deneuve s'est révélée plus convaincante, en tant que modèle de type princesse, que n'importe quelle personnalité politique exerçant une action véritable. Mère Teresa n'était même pas citée.

La création de caractéristiques propres à une certaine classe comportant protocole et étiquette a toujours été la preuve qu'un nouveau groupe social était en train de s'intégrer à l'organisation de la société. La multiplication déraisonnable des stars en Occident a connu son point de départ en 1937, quand Wallis Simpson, fille du gérant d'une pension élégante, divorcée à deux reprises, épousa Édouard VIII, roi de Grande-Bretagne, d'Écosse, du Pays de Galles, du Canada, de l'Australie, de la Nouvelle-Zélande, de l'Afrique du Sud, de l'Inde, etc. Le scandale sans précédent qui en résulta ébranla le gouvernement et contraignit le souverain à abdiquer. Cette affaire inspira des milliers de livres, de films, de romans, de pièces de théâtre. Le choc qu'elle suscita ne tenait pas simplement au fait que Mrs Simpson reliait l'Amérique à l'Europe. Ou que son humble famille se trouvait du coup alliée à la meilleure famille du monde. Ni même que, dans la mythologie populaire, ce couple incarnait la victoire de l'amour sur la condition sociale et le devoir. En réalité, la conquête de Mrs Simpson démontrait brutalement que la seule chose qui empêchait le roi de connaître une célébrité absolue était son attachement au monde réel. Il put ensuite devenir une star autonome, l'homme le plus célèbre du monde, par le simple fait qu'il existait tel qu'il était.

L'errance de ce triste couple, de continent en continent, de soirée en soirée, constitua une sorte d'interminable voyage officiel du roi et de la reine du star-système. Partout où ils allaient, ils conféraient une légitimité aux acteurs, aux chanteurs et aux nouveaux riches par le seul fait qu'ils les recevaient, qu'ils dansaient et dînaient avec eux – qu'ils partageaient leur vie. Pour la première fois dans l'histoire, les nouveaux riches cherchaient à gravir l'échelle sociale, non au sein de la société traditionnelle, mais dans la nouvelle classe des stars. C'était une occasion extraordinaire pour le monde des nouveaux riches, mais aussi la preuve que les cours royales sur le déclin et la classe dirigeante moderne et ennuyeuse des technocrates avaient perdu de leur attrait pour le public. Si l'équivalent moderne du collecteur français de la gabelle ne pouvait plus rêver de devenir un duc, accueilli dans la splendeur des cours, il pouvait désormais rêver de devenir une star recevant à son domicile le duc et la duchesse de Windsor.

L'impact des Windsor sur la classe des stars et sur la mythologie publique ressemble à celui de Louis XIV et de la reine Victoria sur leurs aristocraties et leurs sociétés respectives. En 1987, les joyaux de la duchesse furent vendus aux enchères chez Sotheby, longtemps après le décès de son époux et plus de dix ans après qu'elle eut succombé à la sénilité. Des offres d'achat furent faites par toutes les célébrités de l'époque, y compris Jacqueline Onassis, l'une des deux femmes les plus connues après la duchesse. Ces stars tenaient à s'assurer une part de la légitimité que conféraient ces diamants et ces perles [22]. Évalués à 7 millions de dollars, ils rapportèrent en définitive 50 millions.

Elizabeth Taylor fit une offre de 623 000 dollars, par téléphone, pour un clip en diamants. Quand le précieux objet fut en sa possession, elle le porta, afin que tout le monde pût l'admirer, lors du gala annuel donné par Malcom Forbes. Le couturier Calvin Klein débOursa 1,3 million de dollars pour trois pièces. Il annonça à la presse qu'il allait en faire cadeau à son épouse. « Les plus beaux cadeaux arrivent quand on ne s'y attend pas. » On raconte que Joan Collins acheta une broche en saphir pour la somme de 374 000 dollars. L'avocat Marvin Mitchelson, spécialiste des divorces et avide de publicité, paya 605 000 dollars un collier d'améthystes et de turquoises. Il l'annonça à la presse et dédia son achat à la mémoire de sa mère. Au cas où le moindre doute subsisterait sur la question de savoir si ces gens-là dépensèrent de telles sommes pour des bijoux ou pour des gages de légitimité, rappelons qu'un collier de chien en perles et en diamants, bijou d'imitation sans valeur, fut vendu 51 000 dollars.

Quant au public, qui vivait jadis par procuration au travers des gazettes de la cour et qui suit désormais au jour le jour la vie des stars, il participa indirectement aux enchères grâce à une société de vente par correspondance, la Franklin Mint, qui se porta acquéreur d'un bracelet. Sur la publicité pleine page pour le nombre illimité de copies qu'elle fit faire de cet objet trônait une photographie de Mrs Simpson, dans sa pose la plus féline, ainsi qu'un cliché superposé du bracelet. La légende débutait en ces termes :

LA DUCHESSE. LES JOYAUX

Pour la femme qui sait ce qu'elle veut et en saisit l'occasion. Affirmez-vous. Avec le bracelet Panther rendu célèbre par l'une des femmes les plus réputées de l'histoire, Wallis Simpson, celle qui déroba le cœur du roi d'Angleterre et refusa de le rendre.

Récemment, à Genève, ce bijou a figuré aux enchères du siècle. Une vente qui a rapporté plus de 50 millions de dollars. Les acheteurs qui rivalisaient pour se procurer les légendaires joyaux de la duchesse de Windsor comprenaient les plus grandes célébrités de notre temps, d'Elisabeth Taylor à Jacqueline Onassis.

Le prix de ce fragment de légitimité était de 195 dollars, taxes locales en sus. Si on tient compte de l'inflation, c'était probablement le prix d'un bon morceau de la Vraie Croix au XIXᵉ siècle.

Quant au désir des nouveaux riches de devenir des stars plutôt que des aristocrates, il les a poussés à un comportement plus ridicule encore que la présomption dont Molière et Shakespeare se moquèrent jadis. L'Occident est aujourd'hui envahi de magazines dont l'unique fonction consiste à flatter leurs prétentions. Parmi les plus volumineux, les plus luxueux, les plus cyniques aussi, figure *Town & Country*, qui attise les ambitions des nantis en leur demandant d'apparaître dans ses pages. Ce qui attire immanquablement les publicitaires. Ces gens relativement conventionnels ne se montrent pas à cheval, en tenue de chasse ou en habits de soirée, sous leur Monet de deuxième catégorie, uniquement pour montrer qu'ils sont riches. *Town & Country* leur permet d'apparaître comme des stars, pour lesquelles poser dans les magazines est une chose parfaitement normale.

L'attrait du star-system est tel que les riches établis de plus longue date, qui peuvent appartenir à l'ancienne aristocratie ou à la petite noblesse, n'y résistent pas. Le roi de l'empire Fiat, Gianni Agnelli, comme ses amis, se sent apparemment obligé d'accorder régulièrement de longues interviews, au cours desquelles il dévoile en détail sa vie privée – ses infidélités, ses rêves et ses problèmes avec son fils [23].

La violence elle-même n'est pas exclue de la structure sociale propre aux célébrités. Les foules applaudissant devant les tribunaux où William Kennedy Smith, Michael Milken et Claus von Bülow étaient jugés ont démontré qu'il faut faire la part des choses entre le crime à la mode et celui qui ne l'est pas, les meurtres à la mode et les autres.

Le praticien le plus intéressant de la violence réelle est le torero. Il n'est pas engagé dans une compétition et jouit de l'adulation de la foule sans devenir pour autant une star. Il ne se bat pas contre un autre homme, mais contre un animal. L'intérêt de ce combat n'est pas qu'il y ait un vainqueur et un perdant. La tauromachie n'est pas un sport né du théâtre. C'est une cérémonie publique que les Aztèques auraient comprise, comme les juifs de l'Ancien Testament et comme tout chrétien capable de reconnaître que sa religion est fondée sur la célébration rituelle d'un sacrifice humain.

Le toréador est tout le contraire d'un individu, et plus encore d'une star. Les gens s'intéressent aux stars car, dans une certaine mesure, ils aimeraient bien en devenir une. En revanche, ils ne vont pas à la corrida pour s'imaginer toréador. Le prestige du toréador s'accroît avec les risques qu'il prend pour maîtriser le taureau. L'ampleur du danger traduit la mesure dans laquelle il s'offre lui-même en sacrifice au nom de la foule. Plus le risque est important, plus le rituel est subtil. Bien qu'il ait le plus souvent la vie sauve, le matador offre un sacrifice sanglant au peuple. Dans presque toutes les civilisations, le taureau a émergé des cavernes profondes de l'inconscient humain comme un symbole de puissance physique et sexuelle. Même si elle est privée de la mort du toréador, la foule partage, à travers ce rituel, le sacrifice de notre force vitale. En fait, on assiste à une cérémonie religieuse, à mi-chemin entre le sacrifice originel d'un homme sur l'autel et le compromis plus récent qui consiste à se contenter de pain et de vin.

À la Feria de Nîmes, en 1987, Paco Ojeda obtint une oreille pour la manière particulièrement brillante et périlleuse avec laquelle il avait affronté un taureau. Ojeda est l'un des grands toreros de notre temps, un personnage émouvant qui peut soudain galvaniser une foule par des gestes inattendus. Un observateur non averti pensera peut-être que ces foules réagissent comme si elles avaient affaire à une star. À Nîmes, pourtant, sa corrida une fois terminée, il entama triomphalement le tour de l'arène, une oreille à la main : quelqu'un lui lança, parmi une pluie de bouquets, un minuscule rond de violettes serrées entre deux feuilles. Ojeta confia l'oreille à quelqu'un, se saisit des violettes, et présenta ce bouquet délicat à la foule en délire, tout en achevant son tour d'honneur. Nous sommes désormais habitués à l'image de sportifs levant le poing à la moindre occasion en un geste d'audace exagéré et prétentieux. Par contraste, Ojeda, qui avait véritablement risqué sa vie, se contenta d'un modeste geste, comme pour dire qu'il en avait suffisamment fait. Cette modestie ne fit qu'accroître la passion de la foule. Bien qu'ils soient des vedettes très populaires, la plupart des toreros demeurent en marge de la société.

En revanche, les marchands de violence sont souvent des célébrités à part entière. Les marchands d'armes, qu'on avait plutôt tendance à maintenir à l'écart, à l'exception peut-être de Basil Zaharoff, sont aujourd'hui accueillis à bras ouverts parmi les stars. Ils apportent avec eux un parfum de mystère, de secrets d'État, de corruption au plus haut niveau qui en font des personnages fascinants. Adnan Khashoggi, le fameux marchand saoudien, va de fête en gala et accorde régulièrement des interviews sur son yacht, dans son avion privé ou dans l'une de ses innombrables résidences. Sa fille Nabila pose pour les magazines de mode, debout sur l'aile de son jet. Il lance des boules en direction des caméras dans son bowling privé. Ses sujets de conversation vont de son yacht – « Si le sultan de Brunei achète le *Nabila I* en mars, dans ce cas je ferai construire le *Nabila II*, qui est déjà dessiné. Il sera équipé d'un sous-marin pouvant contenir six personnes et d'une caméra placée sous la coque, permettant de filmer les fonds marins. Chaque cabine aura son écran... » – aux futures guerres et aux programmes économiques associant écoles et tanks – « Si les modérés prennent le pouvoir en Iran et si la paix avec l'Irak en découle, ce sont deux nations qu'il faudra reconstruire. Soit un marché de 170 milliards de dollars. Si nous obtenons le dixième de ce marché, cela fera 17 milliards [24] ! »

Khashoggi illustre bien la manière dont la société des stars fait fi de tout jugement moral, et pas seulement dans les magazines populaires. Dans le monde réel aussi, les gens célèbres sont égaux. Parmi les invités privilégiés des fêtes mondaines de Londres ou de New York, il peut très bien se trouver des criminels inculpés, dans l'attente d'un jugement ou d'un acquittement. En matière de célébrité, aucun joueur de tennis, aucune princesse, aucune vedette de cinéma – pas même un boxeur – ne saurait rivaliser avec un certain type de meurtrier ou de fraudeur. Sydney Biddle Barrows, plus connue sous le nom de Mayflower Madam, en est un exemple. Issue d'une bonne famille, elle dirigea un bordel new-yorkais jusqu'au jour où elle fut arrêtée et jugée. L'affaire fit grand bruit. Elle vit aujourd'hui de sa notoriété comme criminelle reconnue coupable. Michele Sindona, qui était à la tête du Banco Ambrosiana et qui mourut mystérieusement en prison, devint l'un des chouchous de la société italienne après que sa banque eut fait faillite et que les accusations eurent commencé à pleuvoir sur lui. De même que Licio Gelli, chef de la loge maçonnique P2, accusé de trafic d'influence, qui s'échappa d'une prison suisse. Les frères Kray, un gang de voleurs et de tueurs professionnels, ont connu leur moment de gloire à Londres. En 1989, à l'exposition monumentale de la Royal Academy célébrant le centième anniversaire de la photographie, dans une section baptisée « Figures de style », on pouvait admirer une photographie de l'acteur Michael Caine. À côté de lui trônait un portrait des trois frères Kray. Le photographe de mode David Bailey était l'auteur des deux clichés. Les frères portaient des chemises blanches, des cravates et des pochettes. On aurait pu les prendre pour un groupe de rock s'ils n'avaient pas eu cet air menaçant qu'ils arboraient consciencieusement et que Bailey saisit tout aussi consciencieusement. Ronald Biggs, le « grand pilleur de trains », est un héros populaire. Claus von Bülow, inculpé de tentative de meurtre contre sa très riche épouse avant d'être acquitté, fut un hôte extrêmement prisé quand un mandat d'arrêt fut lancé contre lui.

Reinaldo Herrera, rédacteur à *Vanity Fair*, a déclaré qu'il comptait sur von Bülow pour créer une ambiance choisie lors de ses dîners. Il rêve d'avoir à sa table Jean Harris, toujours en prison pour l'heure, et Ivan Boesky. « Ils ajouteraient du piquant à une soirée, car elle a été reconnue coupable de meurtre, et lui a avoué avoir volé pour ainsi dire le monde entier. Mais la plupart des maisons normales n'ont pas le privilège d'avoir ces grands noms à portée de la main[25]. » L'étoile d'Adnan Khashoggi parut briller d'un plus grand éclat au firmament des stars après son arrestation en Suisse et son extradition aux États-Unis. Il fut finalement libéré contre une caution de 10 millions de dollars, contraint de porter au poignet un bracelet de surveillance électronique inamovible, ses déplacements étant limités aux environs de New York. Alors qu'il était en prison en Suisse, sa fille fut invitée à un grand bal parisien donné par le baron Hubert von Pantz. Parmi les autres invités, citons le frère du président Mitterrand, le couturier Enrico Coveri, le père et la belle-mère de la princesse de Galles, la veuve de Henry Ford, le duc et la duchesse de La Rochefoucauld, ainsi que le prince et la princesse von Thurn und Taxis.

On comprend aisément le frisson de plaisir que des gens blasés peuvent éprouver en dînant aux côtés d'un assassin aussi éloquent qu'élégant. Mais quel peut bien être l'attrait d'un minable faussaire comme Ivan Boesky ? Les stars ont la célébrité des rois sans en avoir les responsabilités. Ils n'aiment guère l'autorité. Dans ces circonstances, que peut-on trouver de plus attirant qu'un homme qui s'est moqué de la structure de l'État ? Il semble que Jean Genet ait eu raison : le plus grand bien est un acte achevé, autonome, affranchi des nécessités du bien public. L'acte suprême consiste donc à tuer ou à voler quelqu'un ou, à défaut, à voler les institutions publiques.

Cet attachement à l'intérêt personnel caractérise la célébrité moderne. En juin 1986, la princesse Gloria von Thurn und Taxis donna une soirée dans sa demeure de Bavière, pour célébrer les soixante ans de son mari. Ce fut l'un de ces événements épiques qui marquent leur époque. Le prince, décédé depuis, était l'un des aristocrates les plus riches du monde. Son anniversaire donna lieu à trois jours de festivités, dont un bal accueillant 250 personnes. Sa maison est plus vaste que la plupart des palais ; elle est tenue par plusieurs centaines de domestiques en uniforme, dont le style date d'avant la Révolution française. Le thème de la fête, choisi par Gloria, une jeune femme qui adore jouer à la star, était le XVIIIe siècle.

La liste des invités comportait des célébrités venues en avion du monde entier. Adnan Khashoggi apparut, déguisé en prince oriental, avec sa femme en Pompadour ; ils étaient accompagnés d'un couple d'esclaves nubiens, le torse nu. Malcom Forbes débarqua de son avion privé, le *Capitalist Tool*, vêtu d'un kilt. Alfred Taubman, géant de l'immobilier qui, en tant que propriétaire de Sotheby, préside un conseil d'aristocrates, et qui fit de la vente des joyaux de Mrs Simpson un triomphe financier et publicitaire, n'hésita pas à se travestir pour l'occasion en roi de France. Enrico Coveri, designer d'accessoires de mode, promu couturier grâce à son succès, se présenta en don Giovanni. Le correspondant de *Vanity Fair* eut l'idée de se déguiser en Voltaire, mais s'inquiéta de paraître trop prétentieux. La princesse Gloria le rassura : « Mais c'est exactement ce dont était fait le XVIIIe siècle : la prétention [26]. »

La princesse, quant à elle, se déguisa en... Marie-Antoinette. En plus d'une somptueuse robe et d'une perruque rose de soixante centimètres de haut, elle portait une tiare en perles ayant appartenu à l'épouse de Louis XVI en personne. Pourquoi l'une des plus riches princesses de notre époque choisirait-elle de s'identifier, parmi toutes les reines, à celle qui fut la plus haïe par ses sujets, méprisée par une large part de l'aristocratie, et qui réussit à perdre sa couronne d'une manière singulièrement peu avisée? La princesse Gloria avait trouvé son modèle : la dernière reine de France fut effectivement la première star moderne.

En un sens, nous avons bouclé la boucle. Les stars apparaissent plus réelles que les individus qui détiennent le véritable pouvoir, de sorte que ces derniers se sentent de plus en plus obligés d'imiter les stars. Être réel ne leur suffit plus. Il faut qu'ils *aient l'air* réels.

Les premiers signes de cette confusion apparurent en 1956, lorsqu'une actrice de cinéma épousa un prince régnant à demi ruiné. Monaco ne pouvait pas être considéré comme un site *réel*, pas plus qu'aujourd'hui. La principauté n'était pas indépendante au sens politique du terme, en dehors du droit qui lui était réservé d'accueillir ceux qui voulaient échapper au fisc. Grace Kelly démontra qu'elle pouvait faire du royaume de son époux une affaire prospère, dès lors que trois éléments de la société naissante des stars s'y trouvaient réunis : le jeu, l'évasion fiscale et la courtisanerie – dans ce cas précis, cela signifiait qu'en s'associant avec une célébrité on devenait soi-même une star. Ce dernier élément était sa contribution personnelle, et elle y réussit fort bien, en faisant venir sur place un flot constant d'amis – principalement des chanteurs et des acteurs –, composant une cour sans cesse renouvelée. Trente ans plus tard, ses deux filles sont les incarnations parfaites des vedettes de la deuxième génération. Leur image conjugue un titre qui ne veut rien dire, le jeu, le cinéma et l'argent manipulé à l'échelle internationale. Ces quatre éléments étaient déjà comme les reflets d'une réalité. Les filles de la princesse Grace sont donc des reflets de reflets. Stéphanie, la seconde, se prend à l'occasion à dessiner une ligne de maillots de bain ou à chanter des « tubes » de disco. Au beau milieu d'une interview accordée à une radio, en 1987, elle marqua une pause pour s'interroger sur ses devoirs « en tant que princesse et star du rock » – comme s'il s'agissait d'une seule et même chose.

Le règne des stars avait commencé en 1937 avec les Windsor. Le deuxième acte débuta en 1956, le jour du mariage de Grace, la princesse reine du cinéma. Quinze mille journalistes couvrirent l'événement. La robe de mariée de Grace, au voile émaillé de milliers de perles, était l'œuvre du plus célèbre costumier de la Metro Goldwyn Meyer. Son mariage attira davantage l'attention internationale que le couronnement de la reine Élisabeth II, trois ans plus tôt. (À un certain niveau, conscient ou inconscient, la tendance de la famille royale britannique à se convertir en stars du xxᵉ siècle remonte probablement au mariage de Rainier.) Grace et ses invités traversèrent l'Atlantique en bateau pour se rendre à Monaco. Au moment où le navire entrait dans le port où les attendaient le prince mythologique et toute la cour, on fit venir Grace à l'avant du paquebot. Une pluie d'œillets rouges et blancs se déversa sur elle, lancés depuis l'hydravion d'Aristote Onassis, qui contrôlait plus ou moins l'économie locale [27].

Pendant les vingt années qui suivirent, Grace et Rainier retinrent davantage l'attention internationale que la famille royale de n'importe quel pays réel. Cette fascination n'était certainement pas motivée par leur pouvoir, leurs titres ou leur sang. Ils étaient des stars idéales, en ce sens qu'ils liaient la mythologie des anciennes cours à celle des studios de cinéma modernes.

Quant à Aristote Onassis, il illustra, mieux que quiconque, le désir des vulgaires possesseurs d'argent de devenir des stars en s'accrochant aux queues-de-pie de ceux qui brillaient déjà au firmament. Son objectif n'était pas de s'acheter une respectabilité, des titres ou une place à la cour ; ce qu'il voulait, c'était la célébrité pure et simple. Il avait déjà fait les premiers pas en prenant pour maîtresse Maria Callas, la plus célèbre diva de son temps, et en s'assurant le contrôle de la principauté jouet de Rainier. Par la suite, il les laissa tomber l'une et l'autre pour épouser la veuve du plus célèbre martyr de la seconde moitié du xxᵉ siècle.

La famille Kennedy représenta le troisième acte de cette déconcertante consécration de la star. Le mandat du jeune Président parut marquer un retour au système de cour du xviiiᵉ siècle, où se conjuguaient faste et pouvoir. Son martyre renvoya cependant l'imagerie de Camelot au domaine de l'imagination. Lorsque Onassis épousa Mrs Kennedy, la morale de l'histoire ne laissait plus de doute : c'était la célébrité, et non plus le pouvoir, qui était à la source du mythe moderne.

Vingt-cinq ans après l'assassinat de Kennedy à Dallas, sa nièce, présentatrice d'une émission d'informations sur CBS, épousait Arnold Schwarzenegger. Ancien Monsieur Univers, star de films de série B, il figure parmi les Américains les plus riches et les plus célèbres de notre temps. La demoiselle d'honneur de la mariée n'était autre que la fille du roi Arthur, alias Kennedy. Quant au témoin du marié, il était haltérophile. Outre le clan Kennedy, la liste des invités comprenait le présentateur de NBC Tom Brokaw, le joueur de tennis Arthur Ashe, le chanteur Andy

Williams, la célèbre présentatrice de journaux télévisés Barbara Walters, ainsi qu'Andy Warhol. Cela ressemblait beaucoup plus à un mariage royal moderne que la cérémonie ringarde organisée pour les épousailles du prince Charles et de Lady Diana. Il était parfaitement naturel qu'un an plus tard le Président Bush convoque à la Maison Blanche l'incarnation de *Conan le Barbare* et de *Terminator* pour le nommer président du Conseil présidentiel sur la forme physique. Le tueur sur écran commenta l'événement en ces termes : « Le Président Bush tient beaucoup à faire de ce pays non seulement une nation plus douce et plus clémente, mais aussi en meilleure forme [28]. » Schwarzenegger n'aurait pas de tels muscles s'il n'était pas bourré de stéroïdes.

Dans de telles circonstances, il n'est pas étonnant que les hommes politiques se soient préoccupés d'acquérir des profils de stars. C. Wright Mills pressentit cette tendance longtemps avant qu'elle se soit établie. Il illustra la confusion grandissante entre célébrité et image, et entre image et réalité, en se fondant sur une description parue en 1954 dans le *New York Times* à propos de l'allocution hebdomadaire du Président Eisenhower à la télévision :

> Hier soir, l'allocution du Président Eisenhower a été de loin la plus réussie de ses apparitions télévisées. [...] Le Président et son conseiller audiovisuel, Robert Montgomery, ont semble-t-il trouvé un « format » qui lui permet d'être détendu et de jouir d'une liberté de mouvement considérablement plus grande. Il en résulte ce qui est incontestablement la qualité la plus souhaitable à la télévision : le naturel. [...] Vers la fin de son discours, voulant manifestement donner davantage de poids à ses propos, le général se mit alternativement à nouer ses mains ou à tapoter le bout de ses doigts contre la paume de l'autre main. Parce qu'ils relevaient de l'intuition, ces gestes avaient la marque de la réalité [29].

Le général était en passe de devenir un acteur. Si un ancien commandant victorieux des armées de la liberté avait besoin d'un tel apprentissage, cela devait être vital pour un homme politique ordinaire.

Quelques années plus tard, le sourire figé de la star du cinéma allait devenir le symbole iconique de la réussite. On peut facilement retracer la propagation de cette mimique affectée d'un pays à l'autre. En dépit de son système de célébrité bien établi, la France fut l'une des dernières nations à céder. L'élite politique, à part et presque isolée, fut en partie responsable de ce délai. En termes iconographiques, le sourire symbolisait pour les Français une certaine déficience intellectuelle et une trop grande liberté vis-à-vis des responsabilités. Chanteurs et acteurs souriaient. En revanche, si un écrivain ou un homme politique osait découvrir ses dents, on ne le prenait pas au sérieux. Référez-vous aux photographies d'auteurs prises avant le milieu des années soixante-dix. Pour tenir un stylo, il fallait serrer les lèvres. Il en allait de même des candidats figurant sur les affiches électorales. Soudain, à la fin des années soixante-dix, quelques hommes politiques desserrèrent les dents jusqu'à les dévoiler, à peine, en étirant précautionneusement les lèvres aux commissures. Cette expression fort peu gracieuse n'avait strictement aucun rapport avec la personnalité ou la politique. Pour les caméras, elle véhiculait cependant une image de star. Du jour au lendemain, le sourire prit une importance telle que François Mitterrand, qui faisait de la politique depuis quarante ans et était alors candidat à la présidence, n'hésita pas à se faire limer les incisives. Cela lui permettait de dévoiler ses dents sans avoir l'air d'un vampire.

La prolifération du sourire dans les démocraties devint un indice important. Au XIXe et au début du XXe siècle, les personnalités politiques détentrices du pouvoir s'étaient efforcées de se différencier des rois qui les avaient précédées et de leur cour – qu'on avait fini par identifier davantage à la célébrité qu'au pouvoir. Les rois étaient des êtres prestigieux, ils souriaient. Les nouveaux démocrates rationnels, eux, étaient des gens sobres, qui s'abstenaient de sourire. Leurs lèvres serrées témoignaient de leur attachement au service public, tandis que les stars héritaient du prestige et du sourire des rois. Un siècle et demi plus tard, les représentants du peuple semblèrent lassés de leur mine réservée et responsable. S'ils détenaient encore le pouvoir, on savait très bien quel était leur modèle.

Les personnages publics reprirent peu à peu à leur compte toutes les caractéristiques de la star, la plupart étant par définition superficielles, pour ne pas dire vénales. Quelques mois après les élections présidentielles américaines de 1984, Geraldine Ferraro, première candidate à la vice-présidence, personnage historique, se servit de sa célébrité pour faire de la publicité pour Pepsi-Cola. En 1989, le ministre des Finances canadien, Michael Wilson, posa pour la couverture d'un magazine de luxe en veste de smoking. Une vedette de la télévision en fourreau noir, le dos nu, lui chatouillait le menton ; vautrée sur un banc surélevé, presque au niveau de son épaule, elle tendait son décolleté vers la caméra, les lèvres lutines, comme si elle posait pour *Playboy*. L'article illustré en couverture concernait les cadeaux de Noël. Wilson voulait du cognac, un manteau en cachemire, un stylo de luxe et un ordinateur portable d'une valeur de 50 000 francs. Le numéro parut juste au moment où le ministre faisait adopter un nouvel impôt indirect qui devait sérieusement grever le budget des bas salaires [30].

La plupart des Européens vous diront que ce sont là les signes de la dégénérescence nord-américaine. En réalité, cela fait partie d'une évolution générale, qui prend des formes différentes dans chaque pays. On a assisté à une ascension de la pure star dans la hiérarchie des informations générales. Aucun pays ne saurait être plus sérieux que la France dans le domaine des idées et de l'analyse politique. Pourtant, lorsque quatre stars françaises moururent, au milieu des années quatre-vingt, chacune de ces disparitions fut traitée comme un événement de la plus haute importance. Elles firent toutes la « une » des émissions de radio et de télévision. Et on ne se contenta pas d'annoncer la triste nouvelle. Sur toutes les chaînes, les journaux du soir diffusèrent un compte rendu détaillé de leurs carrières respectives. Sans oublier les déclarations personnelles du président de la République, du Premier ministre et de la plupart des leaders politiques de l'époque. Tous firent des commentaires dithyrambiques sur les contributions apportées à la nation française par Coluche, fauché à quarante ans dans un accident de moto, l'imitateur Thierry Le Luron, mort du sida alors qu'il n'avait qu'une trentaine d'années, la chanteuse Dalida, qui se suicida à cinquante ans passés, et l'actrice Simone Signoret, décédée d'un cancer après une longue carrière.

Dix ans plus tôt, ces décès auraient été mentionnés à la fin des informations, en trente secondes. Or ces quatre artistes eurent droit à des funérailles quasi nationales, bien que privées. De grands noms de l'armée, d'anciens Premiers ministres sont morts dans les années soixante-dix et quatre-vingt. Mais on ne prit pas la peine de leur faire des adieux aussi prestigieux que ceux réservés à Thierry Le Luron à la Madeleine. Au premier rang, on voyait le Premier ministre d'alors, Jacques Chirac, en compagnie de sa femme, ainsi que Danielle Mitterrand, le ministre de la Culture, François Léotard, et l'ancien Premier ministre Raymond Barre avec son épouse. Valéry Giscard n'était pas présent, mais il écrivit un article de deux pages sur Le Luron pour *Paris-Match*.

Lorsque la plus célèbre des stars de notre siècle, Sarah Bernhard, rendit l'âme en 1923, il y eut quelques articles en première page dans la presse dite sérieuse, ainsi que des reportages pendant trois jours. Le président de la République pria son aide de camp de porter sa carte de visite à la cérémonie funéraire, honorée par le monde des acteurs et des dramaturges. Quand Gérard Philipe, sans doute le plus important acteur français des années quarante et cinquante, mourut en 1959, à l'âge de trente-sept ans, la plupart des journaux publièrent des encadrés en première page renvoyant à des articles figurant à l'intérieur. Aucun officiel ne fit le moindre commentaire. La situation se répéta en 1963, à la mort d'Édith Piaf.

Le jour où Yves Montand mourut à son tour, en 1991, les journaux de radio et de télévision lui furent presque entièrement consacrés. Le président, le Premier ministre, tous les leaders de l'opposition firent des déclarations officielles. Trois grands quotidiens lui consacrèrent leur première page; les autres, la moitié seulement. La réforme constitutionnelle se retrouva reléguée en pages intérieures. Du coup, on omit de parler du bombardement de Dubrovnik. Tous les hebdomadaires sérieux – sauf un – lui consacrèrent leur couverture, ainsi que des cahiers spéciaux de trente à quarante pages dans la plupart des cas [31].

On retrouve le même phénomène en Grande-Bretagne, à travers la multiplication des stars bénéficiant du système des Honneurs de la Reine – distribués par la souveraine sur le conseil de son gouvernement. Au premier abord, cette pluie de médailles et de titres se déversant sur des chanteurs, des couturiers, des joueurs de football semble prouver un égalitarisme de bon aloi. Mais quel est l'objectif véritable de telles distinctions? Elles avaient été instituées à l'origine pour récompenser les services rendus à la Couronne, puis à l'État et au bien public. A priori, cela signifiait rétribuer des services de nature militaire ou civile. Certes, les riches ont toujours pu s'acheter certains honneurs, en remplissant les coffres d'un parti politique ou en finançant certains besoins véritables de la population – des logements pour les pauvres et des centres d'apprentissage jusqu'aux salles de concerts et aux galeries d'art.

Or la plupart des stars ne prétendent même pas servir le bien public. Et la répartition de ces honneurs incombe aux détenteurs officiels du pouvoir. S'ils décorent ces vedettes, c'est pour être identifiés à des gens plus célèbres et plus populaires qu'eux-mêmes. En ce sens, le système des honneurs a été totalement déformé, puisque, au lieu de récompenser des services rendus, les autorités exploitent la notoriété des stars.

Cette confusion entre réalité et célébrité est flagrante dans la manière dont les informations sont livrées au public. Les gestionnaires des systèmes de diffusion de l'information reçoivent des données qu'on peut répartir en trois catégories. La première, c'est la vérité, telle qu'elle est présentée par les hommes politiques, les gouvernements, les ministères, les entreprises privées et toute organisation ou groupe de pression. Quels que soient leur politique et leurs intérêts, tous présentent leur vérité dans le cadre d'une argumentation contemporaine.

Ces informations sont élaborées soit dans l'émotion (le chauvinisme ou la maternité, pour prendre un exemple, étant inaccessibles à l'argumentation), soit dans l'information pure, parce que celle-ci se compose de faits et que les faits sont le fondement indiscutable de la vérité. Les journalistes ne peuvent pas faire grand-chose avec ce type de rhétorique, sinon en diffuser des extraits mis bout à bout, accompagnés de critiques tout aussi rhétoriques venant d'hommes politiques rivaux, des partis de l'opposition et des syndicats. Confronté à un flot d'informations aussi peu compréhensibles, le public se réfugie dans une réception totalement passive, à l'image de la passivité des journalistes devenus de simples transmetteurs. Les uns et les autres attendent désespérément l'occasion concrète de terrasser les manipulateurs auxquels ils sont soumis.

Les scandales personnels sont l'un des rares domaines où cela est encore possible. Il s'agit pour les journalistes de « coincer » le personnage visé à propos d'une question morale mineure : un ministre engrosse sa secrétaire, un président accepte des diamants d'un empereur-dictateur qui est peut-être aussi un cannibale, un autre président incite ses sous-fifres à s'introduire illicitement dans le quartier général de l'opposition... Le citoyen se jette à corps perdu sur ce genre d'affaires au lieu de s'engager dans des débats publics sérieux sur des questions importantes. Les hommes politiques protesteront, en disant que ce ne sont là que des délits mineurs. Mais ils évitent ainsi de révéler leur malhonnêteté intellectuelle à propos de ce qu'ils considéreraient comme des questions majeures.

La deuxième catégorie d'informations, ce sont les faits divers : meurtres, viols, assassinats, enlèvements, détournements d'avions, inondations et ouragans. Il n'y a pas de différence réelle entre l'incendie volontaire classique et le coup d'État. L'un et l'autre reposent sur une violence immédiate et concrète. Ils conviennent bien aux informations, car ce sont des événements faciles à décrire et à montrer – la difficulté résidant dans le fait qu'ils se produisent sans avertissement et ne durent pas longtemps.

Pour finir, il y a la masse d'informations sur les célébrités. Celles-ci doivent donner l'impression d'être continuellement actives. Sinon, elles risqueraient de perdre leur notoriété. Ce sont des pourvoyeurs constants et sûrs d'informations, qui procurent du travail aux journalistes. Les célébrités occupent donc une place de plus en plus importante dans les informations, et cela incite les hommes politiques à se conformer à leur modèle ; les vedettes trouvent aussi par cette voie une ouverture sur la vie publique. Après tout, si l'information se nourrit d'apparences, les stars professionnelles sont des experts en la matière, alors que les hommes politiques ne seront jamais que des amateurs, même ceux qui montrent certaines dispositions.

La combinaison de ces trois catégories d'informations ajoute encore à la confusion entre vie publique responsable et vedettariat. Elle pousse les politiciens et les hommes d'affaires à présenter les événements réels en mettant l'accent sur leurs aspects « m'as-tu-vu ». Un exemple : un ministre emmène un groupe de journalistes visiter une mine. Coiffé d'un casque, il descend sous terre, se fait filmer et photographier, puis réapparaît à la surface pour faire une déclaration de pure rhétorique sur la politique minière. En d'autres termes, il associe la catégorie un – la propagande rationnelle – à la catégorie trois – la parodie. Une catastrophe minière serait encore plus utile pour un ministre qui saurait tirer parti des faits divers appartenant à la deuxième catégorie. Survoler une forêt en feu ou une ville ravagée par un tremblement de terre, visiter des hôpitaux remplis de victimes, se rendre à des funérailles à la suite d'une catastrophe sont autant d'initiatives qui s'inscrivent dans une déformation de la vie politique permettant aux élus de jouer un rôle imaginaire.

Il a fallu peu de temps pour que les journalistes deviennent eux-mêmes des stars. Toute émission de radio ou de télévision, qu'il s'agisse d'informations, de politique ou de culture, requiert un présentateur. L'auditeur ou le téléspectateur a accès aux débats et aux personnages de la vie publique uniquement par cet intermédiaire. C'est donc au présentateur qu'il est fidèle, non à son (ou ses) invité(s).

La semaine dernière, ce présentateur exerçait déjà son rôle d'intermédiaire. Il sera encore là la semaine prochaine, alors que la personne qu'il interroge doit se contenter le plus souvent d'une intervention limitée à trente secondes. Parfois, on lui accorde dix minutes. En de rares occasions, jusqu'à quinze. Exceptionnellement, trente. Ces créneaux horaires sont établis à l'état brut et doivent comporter l'introduction du présentateur, ses questions, ses commentaires et sa conclusion. La personnalité la plus importante dans un spectacle télévisé n'est pas le Président des États-Unis, ni le pape, ni même Jane Fonda ou Michael Jackson. C'est le présentateur. Si le téléspectateur ne parvient pas à s'identifier avec lui, on peut être sûr qu'il passera sur une autre chaîne en quête d'un meilleur intermédiaire.

L'événement télévisé le plus important de la campagne présidentielle opposant Bush à Dukakis ne fut pas le débat qui permit aux deux adversaires de se mesurer l'un à l'autre, mais l'apparition de Bush au journal télévisé de Dan Rather chez CBS. Rather en profita pour mettre Bush au défi de s'expliquer sur son engagement dans l'affaire Iran-Contra. Le vice-président refusa d'aborder ces questions, préférant s'attaquer à Rather et l'accuser de porter des « coups bas ». Cette confrontation ne révéla strictement rien sur la politique du passé. Mais la manière dont Bush tint tête au présentateur de CBS surprit et impressionna tout le monde. Bush fit l'impossible : il jeta le doute sur les motivations et la compétence de son hôte. Sa capacité à ternir la réputation d'une star établie suffisait à prouver qu'il avait lui-même l'étoffe d'une star. Rather se défendit par la suite en disant que l'incompatibilité de leurs personnalités était sans intérêt : la seule chose qui comptait, c'était que le vice-président avait refusé de répondre à ses questions. Pourtant, ses protestations sonnaient creux : il est lui-même l'un des grands bénéficiaires d'un système qui récompense la célébrité avant le contenu de l'information.

Les émissions politiques de la télévision ont au moins l'avantage de permettre au public de voir les hommes au pouvoir, d'entendre leurs réponses aux questions qui leur sont posées, d'assister aux interrogatoires des chefs d'entreprises et des hommes politiques à l'occasion de commissions d'enquêtes. Mais quel est le sens de ces questions et de ces enquêtes si nous sommes effectivement revenus au point de départ, en confondant, comme au xviiie siècle, pouvoir et notoriété, de sorte que nous ne pouvons voir qu'une illusion de la réalité?

La plupart des émissions politiques de la télévision se réduisent à des paraboles, en un curieux prolongement de la tradition chrétienne. En soulevant des questions et en suscitant le trouble, la parabole chrétienne voulait provoquer des changements sociaux. La parabole télévisuelle est complaisante et rassurante. Les interviews télévisées de personnalités publiques ne diffèrent guère de celles de Madonna ou de Catherine Deneuve. On passe en revue les points forts et les faiblesses de l'homme politique. Des problèmes graves, comme le conflit israélo-arabe, le Liban, les pluies acides ou le contrôle des armements sont évoqués régulièrement, mais d'une manière décousue, un peu comme on fait étalage de ses relations. C'est le produit naturel d'un système qui n'a pas la faculté d'aller au-delà de la personnalité en cause. Les vedettes comme Dan Rather échouent lorsqu'elles tentent de défendre un argument sur un sujet concret, dès lors que le personnage politique en cause – en l'occurrence George Bush – réagit à la manière d'une star, en s'en tenant précisément à des considérations personnalisées. Les hommes politiques accusent souvent les médias de refuser d'aborder sérieusement les problèmes. Ces hommes politiques ont tiré la leçon de leur propre comportement : ils s'y refusent aussi à présent.

Durant les années cinquante et soixante, années d'optimisme relatif, les technocrates se lancèrent dans la politique, sous le prétexte que la société devait pouvoir réunir entre des mains rationnelles l'administration et le leadership politique. L'un après l'autre, des hommes et des femmes comme Wilson, Trudeau, Heath, Carter, Giscard, Schmidt, Chirac et Thatcher conquirent le pouvoir. C'était apparemment l'apothéose de l'homme rationnel, qui avait cessé de servir des politiciens dépassés en s'érigeant lui-même en leader moderne.

Quelques années plus tard, la plupart d'entre d'eux devaient s'avouer vaincus. Certains échouèrent parce qu'ils étaient tout simplement incapables de communiquer. Les rares qui survécurent résistèrent grâce à la force de leur personnalité.

La relève qui suivit – à contre-courant – ne remit pas en cause les structures rationnelles complexes et ne les rejeta pas. Cette nouvelle génération politique essaya tout simplement de susciter la confiance en proposant des solutions d'une simplicité pitoyable. Cette accession de la médiocrité au statut de vertu publique produisit des leaders qui n'étaient pas intelligents, mais pouvaient se produire avec talent. Ils savaient se montrer décidés, informés, et donner l'impression qu'ils avaient la situation bien en main. Certains, comme Margaret Thatcher, étaient des technocrates, bien que cette dernière l'ait dissimulé habilement en s'adressant au monde sur un ton extrêmement personnel et d'une voix assurée. Avec une férocité sans pareille, elle s'attaqua à l'inflation pendant une décennie, à la fin de laquelle l'inflation avait atteint en Angleterre un niveau supérieur à celui des pays européens auxquels la Dame de fer reprochait leur socialisme. Ses dons de star étaient tels que personne ne parut s'en rendre compte; pas plus qu'on ne remarqua, sous ses dehors féroces, le manque total d'originalité et d'ingénuité qui s'y dissimulait. Ses armes anti-inflationnistes étaient limitées à des méthodes traditionnelles, déjà utilisées auparavant, avec aussi peu de succès, par d'autres technocrates comme Valéry Giscard d'Estaing – qu'elle méprisait théoriquement. Mais il est vrai que la réalité n'était pas en jeu dans sa bataille; il s'agissait d'une interprétation théâtrale de la réalité.

Aux États-Unis, le système se tourna vers un acteur de deuxième catégorie. L'intelligentsia américaine s'est efforcée de traiter cet épisode comme un accident, une anomalie en quelque sorte. Mais ce furent précisément ses qualités de star médiocre et son intelligence restreinte qui permirent à Ronald Reagan d'accéder au pouvoir et de le conserver. Avant de briguer la présidence, Reagan avait écrit son autobiographie, intitulée *Where's the Rest of Me?* Ce titre est une réplique tirée de *King's Row*, un film où le personnage qu'incarne Reagan se réveille un beau matin à l'hôpital pour découvrir qu'on l'a amputé des deux jambes. Loin d'être une lecture imposée dans les universités américaines, ce livre est épuisé et n'a pas été réédité. L'ancien Président y explique pourtant comment, pour la première fois depuis le début de l'Âge de la Raison, une pure star a pu conquérir le pouvoir.

L'un des grands principes de Reagan était que, en période de troubles, il s'agissait avant tout pour un leader d'adopter un point de vue clair et net. Il semble qu'il l'ait compris dès sa première apparition en public, alors qu'il n'avait qu'une vingtaine d'années. Il commentait alors un match de football en direct à la radio:

> Nous vous parlons du haut du Mémorial Stade de l'université d'Iowa, les yeux tournés depuis l'ouest droit sur la ligne des quarante mètres côté sud. [...] J'ai toujours cru au conteur qui se situe lui-même, afin que le public puisse suivre le jeu à travers son regard[32].

C'est un principe qui contredit tout ce que croient et font les hommes rationnels. Ils fournissent des réponses, puis ils en démontrent le bien-fondé à leur auditoire, qui ne peut s'empêcher d'y voir un affront à sa dignité. Reagan insultait peut-être l'intelligence des gens, mais il ne mettait pas leur dignité en doute. Il se contentait d'adopter une position précise vis-à-vis de la réalité, expliquant aux gens où il pensait se trouver, avant de décrire en termes simples mais mythologiques ce qu'il voyait. Si vous acceptiez l'idée qu'il était là où il disait se trouver, il était difficile de rejeter la description qui suivait. Il se situait d'une manière telle qu'il s'exprimait comme s'il était les yeux des gens.

Les acteurs savent que nous ne demandons tous qu'à croire. La crédibilité du drame a toujours reposé sur la suspension spontanée, et non pas involontaire, de notre incrédulité. L'individu veut croire. On ne peut pas vraiment l'en blâmer.

Les élites rationnelles peuvent le nier, à force de réponses et d'arguments. Mais la réalité n'en est pas moins flagrante, quand on considère le nombre croissant d'hommes politiques médiocres qui occupent un pouvoir d'où parviennent des descriptions claires. L'illusion qu'ils suscitent est deux fois plus forte que celle d'un acteur comme Reagan. En quête d'un pouvoir réel, ils doivent faire semblant d'être des gens qui font semblant d'être réels. Ils adaptent leurs convictions de façon arbitraire, comme tous ceux qui dépendent des sondages. Ils décrivent ces visions éphémères à l'aide de formules apprises par cœur, accumulant les clichés. Ils calquent autant que possible leur comportement sur celui des acteurs de catégorie B. En d'autres termes, après une période au cours de laquelle les technocrates ont tenté de devenir des stars et les stars des hommes politiques, le vide politique a été occupé par la force de la médiocrité. Celle-ci maîtrise une part suffisante des techniques des stars pour produire des personnalités inoffensives et manie une terminologie rationnelle suffisante pour donner une impression de compétence.

George Bush, technocrate à l'œuvre depuis longtemps, a soigneusement poli son vocabulaire, de façon à s'exprimer le plus souvent en des termes simples, très « showbiz ». Ainsi, il ne manifeste pas trop de signes d'intelligence. Son épouse a également cédé à cet impératif. En juin 1989, la rumeur courut qu'elle avait des reproches à faire à Lee Atwater, alors président du Conseil national républicain. On présente toujours Barbara Bush comme une femme foncièrement pragmatique, vieux jeu, BCBG, très famille – l'opposé d'une star. Elle pria pourtant son attachée de presse d'informer les médias qu'elle avait « téléphoné à [Mr. Atwater] pour lui dire : " Je vous aime bien " ». L'épouse du Président avait manifestement une notion plus claire de la dimension cinématographique de son rôle que Mrs Reagan. Tout en recourant avec aisance à la surenchère fulgurante propre aux célébrités, qui élimine toute possibilité de réponse, elle estimait normal d'intervenir à propos d'une question de politique intérieure en évoquant un « tube » de Stevie Wonder : *I Just Called to Say I Love You*. C'est une technique digne de Ronald Reagan, qui se servait régulièrement de scénarios et de dialogues de films dans ses discours politiques, comme s'il s'agissait de choses réelles, afin de provoquer dans le public des souvenirs inconscients et favorables. Comme pour Reagan, la tactique de Barbara réussit : les rumeurs se turent.

Mrs Bush mise à part, la présence de tels individus à des positions de pouvoir soulève une question : qu'est devenu le pouvoir, dès lors qu'ils peuvent le conserver? Le pouvoir lui-même n'est-il plus qu'une illusion dans un monde où Lee Iacocca passe pour un capitaliste, où Brian Mulroney est considéré comme un chef de gouvernement, Ralph Lauren comme un leader, David Bowie comme un exemple moral, Bob Geldorf comme le sauveur de l'Éthiopie et Catherine Deneuve comme le symbole de la féminité? Cette confusion est bien réelle. En 1986 et 1987, l'acteur Tom Cruise empocha 16 millions de dollars, c'est-à-dire davantage que tous les présidents d'entreprises américaines, à l'exception d'un ou deux, pendant la même période. En 1986, à vingt-trois ans, Cruise déclara, à propos de son film *Top Gun*, qui évoque des pilotes de chasse : « Un instructeur de pilotes de chasse m'a dit un jour qu'il n'y avait que quatre professions dignes d'un homme : acteur, chanteur de rock, pilote de chasse ou Président des États-Unis [33]. » Il était déjà acteur et venait d'incarner un pilote de chasse dans un film vu par un public dépassant largement le nombre de citoyens qui s'étaient donné la peine de voter aux présidentielles américaines. Ce public fit plus que voter pour lui : il paya pour le voir. Si jouer le rôle d'un pilote de chasse semble peser autant dans la balance mythologique qu'exercer véritablement cette profession, et puisqu'il bénéficie déjà d'une adulation dépassant celle réservée à un Président, on est en droit de dire que, à vingt-trois ans, Tom Cruise a déjà exercé deux métiers et demi parmi ceux qu'il juge dignes d'un homme. On peut imaginer qu'il ne tardera pas à apparaître en couverture de *Time Magazine*.

On pourrait démystifier tout cela en disant que c'est « du cinéma ». Ce qui donne malgré tout un caractère bien réel à cette affaire, c'est précisément le fait que les détenteurs du pouvoir traitent les stars avec sérieux : ils les fréquentent, vantent leurs mérites, les imitent. Sans compter que technocrates et stars modernes se ressemblent. Ce qui n'a finalement rien d'étonnant : ils sont les produits de la société rationnelle. Ils ne recherchent pas vraiment le dialogue, ni les uns ni les autres. Ou alors ils en sont franchement incapables. Ils font merveille dans les mises en scène. L'acteur, comme l'homme de raison moderne, doit avoir une place déterminée et savoir son texte par cœur avant d'entrer en scène.

Pour ces gens-là, il n'y a rien de plus terrifiant que quelqu'un qui pense en public, quelqu'un qui s'interroge ouvertement. Le public, lui, a été anesthésié par les débats préorchestrés, faits de réponses théoriquement « justes ». À telle enseigne qu'il ne réagit apparemment plus aux arguments qui pourraient semer le doute. Le véritable doute engendre une peur bien réelle.

Vers le milieu des années quatre-vingt, l'héritier du trône britannique posa publiquement des questions sur les conditions sociales, l'architecture de son pays, la vie que menaient ses concitoyens. Il donna aussi des preuves concrètes de son ouverture d'esprit et des incertitudes qui le hantaient. Il se rendit dans une île isolée d'Écosse, où il travailla dans une ferme, pour s'éclaircir les idées et y méditer.

Les réactions des Britanniques allèrent des commentaires hystériques au silence gêné. En fait, ils se disaient : un homme qui se comporte ainsi peut-il devenir notre souverain ? C'est une star « légitime ». De l'équation originelle pouvoir = célébrité, cette dernière n'est-elle pas, au fond, tout ce que la famille royale a pu sauver ? D'un autre côté, Charles et les siens constituent le pivot de la mythologie nationale. Or la mythologie n'est pas censée réfléchir. Elle en est théoriquement incapable.

Si on s'intéresse à ce point au fait que le prince médite, c'est qu'il descend en droite ligne de monarques absolus. Non qu'il rejette sa position constitutionnelle. Ses commentaires s'inscrivent cependant dans le cadre d'une longue évolution, un peu à l'image d'un moine du Moyen Âge annotant le manuscrit d'un prédécesseur. Il est l'héritier direct des premiers dépositaires du pouvoir et de la célébrité absolus, et il se risque à faire un commentaire sur les difficultés de la pensée politique en cette époque rationnelle.

Willy Brandt fit une tentative dans le même sens et obtint un succès limité alors qu'il était au pouvoir, de même qu'Olof Palme en Suède. Quand Pierre Mendès-France s'y essaya, il fut exclu de la scène politique pour les vingt-cinq années suivantes. Pierre Trudeau s'interrogea lui aussi plusieurs fois, en public, à propos de problèmes complexes et d'éventuelles solutions [34]. On l'attaqua de toutes parts, on le traita d'irresponsable. De Gaulle trouva un compromis judicieux, eu égard à l'époque. Il limita ses réflexions publiques à ses écrits, même si dans ce contexte il s'autorisait à soulever des questions fondamentales. Mais lorsqu'il s'exprimait oralement, c'était avec raison ou émotion, en fournissant des réponses et en recourant à la mythologie. Il était à la fois homme de lettres, sachant vivre avec le doute, et homme d'État, quintessence de la certitude. Son approche brillante apparaissait d'autant mieux à travers la frustration et les éventuelles colères des élites de l'opposition.

On voudrait aujourd'hui que les figures mythologiques et les hommes de pouvoir ne pensent pas en public. Ils devraient se borner à affirmer des vérités. En fait, les stars sont rarement capables de prendre part aux débats publics. Elles détesteraient l'idée que la meilleure façon de dissiper la confusion de notre société consiste à accroître cette confusion en posant des questions difficiles jusqu'à ce que la source de ces difficultés apparaisse au grand jour.

Si on analyse en profondeur l'image publique des détenteurs du pouvoir dans un contexte historique, on s'aperçoit que le rapport original entre pouvoir et prestige sous-entend deux formes de célébrité très différentes. On pourrait qualifier la première de célébrité « inutile » : elle abondait dans les anciennes cours royales et les courtisans y tenaient. Ce type de célébrité reste aujourd'hui, comme naguère, dépendante mais distincte des fonctions réelles de l'homme – comme le glaçage d'un gâteau. Théoriquement inoffensive, cette décoration a pour effet d'envelopper le personnage d'une aura protectrice.

La deuxième catégorie de célébrité devrait s'accompagner d'une acceptation des responsabilités publiques. Son objectif est de rendre le serviteur public visible aux yeux du citoyen, afin que nous puissions le juger. S'il détient le pouvoir de nous servir, nous devons le voir en pleine lumière et comprendre ce qu'il fait. La célébrité, en ce sens, oblige à être parfaitement visible et, partant, transparent.

De nos jours, les personnages publics préfèrent la première catégorie – celle des courtisans et des stars – pour conquérir le pouvoir et le conserver. Dans le même temps, ils occultent la manière dont ils gouvernent réellement, tout en se plaignant continuellement de l'indiscrétion des médias et de la perte de leur intimité. En d'autres termes, ils se comportent comme des stars, tout en défendant vigoureusement leur vie privée. C'est de la pure hypocrisie. Si vous voulez être une star, votre vie sexuelle, voire vos orgasmes, intéressent le public au premier chef, comme c'était le cas du temps des monarques absolus.

Le véritable problème est que les personnages publics sont désormais célèbres pour de mauvaises raisons, alors qu'ils bénéficient d'une trop grande intimité dans les domaines essentiels. S'ils cessaient de se comporter en stars, leur vie privée ne nous intéresserait plus. En faisant toute la lumière sur leur existence de serviteurs publics, on susciterait un genre de célébrité qu'aucune star ne pourrait supporter. Si les projecteurs du star-system étaient braqués sur les responsables publics pour de bonnes raisons, le public attendrait de ses leaders quelque chose de tout à fait différent. Il y aurait alors une logique dans le fait de recourir à des questions, même dérangeantes, au lieu de se borner au formalisme rigide indispensable aux stars.

CHAPITRE XXI

Le témoin fidèle

On comprend que les détenteurs du pouvoir s'efforcent de contrôler les mots et le langage que les gens utilisent. Pouvoir influencer la manière dont les individus communiquent entre eux représente pour les dirigeants le meilleur moyen de contrôler leurs pensées. Certains s'y essaient de façon maladroite, par la violence et la peur. D'autres oppresseurs, à la tête de systèmes semblables, recourent à la censure, qu'ils confient à leur police. Plus les élites sont complexes, plus elles consacrent leur énergie à la création de systèmes intellectuels permettant de contrôler toute forme d'expression par les structures de la communication. Ces systèmes n'exigent alors qu'un recours discret à la censure et à l'usage des uniformes. Bref, ceux qui veulent s'emparer du pouvoir chercheront systématiquement à changer le langage établi, ceux qui le détiennent déjà s'évertueront à le contrôler. Les gouvernements issus des victoires électorales les plus banales comme ceux nés des coups d'État violents se sentiront obligés de se travestir, d'une manière ou d'une autre, sur le plan linguistique.

Ce qui est en jeu, ce ne sont pas simplement des arguments particuliers et éphémères, mais le contenu entier d'une civilisation. Ce qu'une langue exprime à propos de l'histoire d'une société déterminera sa mythologie, orientera l'imagination de l'individu, limitera ou justifiera ce que les détenteurs du pouvoir souhaitent entreprendre. Libre à nous de conter notre histoire de telle ou telle manière, en déformant les origines et les caractéristiques de l'individu, la succession des rois, l'évolution des guerres ou celle de l'architecture, les relations entre les riches et les pauvres, les hommes et les femmes, afin de tout faire cadrer avec ce qui est actuellement en jeu. Mais quiconque adoptera une approche désintéressée de la question remarquera que tout changement de structure majeur est inévitablement précédé ou suivi à brève échéance par une révolution linguistique. Depuis cinquante ans, nous nous sommes égarés dans la jungle des sciences sociales, qui prétendent avoir libéré l'homme des manipulations intellectuelles du passé par la mise en œuvre d'une analyse rationnelle désintéressée. Et pourtant, un regard objectif sur l'un ou l'autre des sujets abordés par ces disciplines révèle que leur objectivité n'a été en réalité qu'une forme supplémentaire de manipulation du langage.

Le manieur de mots – qu'il soit prophète, chanteur, poète, essayiste ou romancier – a toujours été le catalyseur du changement ou, au contraire, le serviteur du pouvoir établi. Il démonte les anciennes formules de la sagesse ou de la vérité, libérant l'imagination afin que les individus parviennent à penser eux-mêmes et leur société d'une manière nouvelle, que l'écrivain doit alors exprimer dans un langage inédit. Mais il peut aussi se mettre au service de nouveaux pouvoirs et construire les cages linguistiques dans lesquelles on pourra enfermer toute forme d'imagination.

Le démantèlement de l'ancien ordre linguistique occidental débuta au XIVe siècle, lorsque des hommes comme Dante, Pétrarque et Chaucer créèrent des reflets remarquables de leur société en enrichissant leur langue régionale grâce au génie de leur poésie. Ils opposèrent délibérément leur langue vulgaire au latin de l'ordre religieux et intellectuel officiel. Au XVIe et au XVIIe siècle eut lieu une sorte de rupture : il y eut d'abord une dramatisation de la réalité, à l'initiative de Shakespeare et de Molière, puis la simplicité sournoise de l'essai, grâce auquel Michel de Montaigne et Abraham Cowley mirent en question les vérités théoriques de leur temps ; enfin, ce fut la naissance d'un moyen de communication grossier et banal, le roman. Sous la plume d'un vieux soldat manchot comme Cervantès et d'un médecin provocateur comme Rabelais, ces simples récits en prose proposèrent à l'imagination des hommes de véritables modèles de civilisation, des modèles reflétant la réalité. Ce n'était plus le reflet officiel de l'ordre du monde. Au XVIIIe et au XIXe siècle, cette forme romanesque prit son essor, en allant débusquer les coins les plus reculés de l'ordre établi. Swift, Voltaire, Goethe, Dickens, Tolstoï, Flaubert et Zola disséquèrent et tournèrent tout en dérision, des grandes mythologies aux méthodes de production industrielle, en passant par les ambitions d'une épouse de médecin de campagne.

Le roman n'était ni le produit ni une création de la raison. C'était le moyen de communication le plus irrationnel qui fût. Il n'était soumis à aucun ordre stylistique ni aucune forme idéologique. Il représentait, dans l'ordre intellectuel, ce qu'était l'animisme par rapport à la religion : sans priorités établies ni dépendance vis-à-vis de la structure sociale. Pour le romancier, tout était matière vivante et, partant, digne d'intérêt et de remise en cause. Le roman devint le véhicule de l'honnêteté humaniste. Cependant, à l'instar de la démocratie, sa croissance était étroitement liée aux forces de la raison. Les caractéristiques de la réforme lui furent associées, au point que le roman se fit l'expression linguistique dominante de la révolution rationnelle.

Avec le temps, les romanciers devinrent des célébrités et jouèrent un rôle important dans l'évolution sociale. Leurs œuvres abordaient tous les aspects de la civilisation ; s'ils avaient analysé un problème avec sérieux et réussi à le décrire convenablement, ils avaient une influence incontestable sur la condition des paysans, l'éducation publique, l'éthique propre à l'édification d'un empire, voire sur ce que les femmes pensaient des hommes ou vice versa.

La plupart de nos concitoyens considèrent encore les manieurs de mots contemporains comme des voix indépendantes qui préfèrent critiquer les pouvoirs établis qu'en vanter les mérites. Pourtant, jamais les auteurs ne se sont trouvés à ce point coupés de la société et jamais le langage n'a été aussi impuissant à communiquer aux citoyens l'essence de ce qui nous arrive et de ce qui se passe autour de nous. Jamais les rouages du pouvoir n'ont été aussi bien protégés par l'obscurantisme du langage professionnel. Qu'ils marchent ou non, les mécanismes de gestion des déchets, des opéras, des universités, des hôpitaux, de tout ce qui touche à la science, à la médecine, à l'agriculture, aux musées et à un millier d'autres secteurs sont formidablement préservés depuis la disparition du langage clair et universel.

Curieusement, les écrivains semblent peu enclins à, voire incapables de s'attaquer vraiment à cet obscurantisme professionnel. La majorité d'entre eux y prennent d'ailleurs activement part. Ils se prétendent indépendants de l'autorité établie, mais ils acceptent – ils encouragent même – les structures élitistes que la littérature a instaurées depuis une cinquantaine d'années. Individuellement, ils peuvent exprimer leur indignation et critiquer le pouvoir ; mais en leur qualité d'écrivains, ils tendent à favoriser – en usant eux-mêmes de formes littéraires trop spécialisées – les pratiques byzantines du langage qui divisent notre société et la plongent dans la confusion. De leurs prédécesseurs, ils ont conservé le désir de parler au nom de la justice ; mais beaucoup d'entre eux ont oublié qu'ils étaient censés le faire à travers leurs écrits. Dans leur empressement à s'intégrer dans la société rationnelle, pour y devenir des professionnels à part entière, ils ont oublié que la tâche la plus importante du manieur de mots consiste à conserver au langage habituel son rôle d'arme – une arme capable de protéger la société de l'obscurantisme du pouvoir. Le professionnel est par définition *dans* la société. Un territoire lui est assigné, sur lequel sa compétence lui donne plein pouvoir. L'écrivain est censé être le témoin fidèle de l'homme. Il ne devrait donc pas se trouver au sein de la société, ni en dehors. Il doit participer de la société, être le lien constant entre tous les hommes.

Les romanciers ont eu le pouvoir de faire rêver de liberté les nouveaux citoyens de la classe moyenne, de créer une force capable de briser le bouclier de l'autorité. Cette force était composée d'idées, de situations et d'émotions clairement exprimées. Ils s'en sont servis pour saper la crédibilité du dogme de l'Église et ouvrir la voie aux régimes démocratiques naissants. Ils ont défini, établi et défendu avec zèle le concept du citoyen responsable. Ils sont devenus la voix du citoyen face à l'omniprésente raison d'État, qui réapparaissait sans cesse pour tout justifier, des lois inéquitables au travail des enfants, des généraux incompétents aux conditions inhumaines prévalant sur les navires de guerre. Dans des pays comme la Russie, la voix du romancier portait loin et indiquait le chemin, des guerres napoléoniennes à la révolution de 1917. Dans tout l'Occident, les conteurs, les poètes et les essayistes s'attaquaient aux détenteurs du pouvoir et à leurs systèmes, qu'ils tournaient allégrement en dérision. Les thèmes qu'ils popularisaient inspirèrent des lois, et malgré leurs insuffisances, ces lois ont amélioré la condition de l'homme.

L'émotion – si mal vue dans la gestion des affaires publiques – était l'une des forces sur lesquelles le roman s'appuyait jadis pour neutraliser les justifications les plus convaincantes à propos des intérêts de l'État et des contraintes financières. Un grand romancier pouvait garder la tête haute et continuer à faire courir sa plume, même au travers des tempêtes provoquées par des Héros surhommes accaparant le pouvoir et semant la zizanie. Ailleurs dans la société, des hommes de raison aussi brillants qu'intègres étaient muselés par ces Héros. Ils avaient découvert que la raison éliminait la force émotionnelle nécessaire pour se défendre. Le romancier échappait à ce piège grâce au besoin qu'il éprouvait de communiquer avec tout un chacun et surtout de donner vie à des personnages aussi réels que les hommes et les femmes qui l'entouraient. Il préconisait la raison sans perdre son bon sens, sachant faire de l'émotion le contrepoids de l'intellect. Par son attachement à la clarté et à l'universalité, il enrichissait notre imagination. Quant aux manieurs de mots qui se mettaient au service du pouvoir établi, ils prônaient presque toujours la complexité et l'obscurité d'un langage supérieur.

Grâce à leur succès et à leur influence, les romanciers se multiplièrent à un point que personne n'aurait pu imaginer. En cette fin de xxe siècle, on scrute avec angoisse le monde des scribouilleurs, à la recherce d'un nouveau Tolstoï, d'un successeur de Zola, d'une réincarnation de Goethe, d'un Conrad ou d'un Lorca – et l'on déniche parfois de grands auteurs et de belles œuvres. Mais on y trouve surtout une communauté d'écrivains de plus en plus dominée par des fabricants de romans trop hermétiques pour le public, en dehors du lecteur semi-professionnel, des nuées de professeurs de littérature, critiques ou laudateurs, des hordes toujours plus considérables produites par des ateliers d'écriture, des sectes ésotériques génératrices d'un « art » qui appartenait jadis au compte d'auteur, sans oublier les innombrables confessions relatant avec complaisance leurs amours ou leurs angoisses. Le terrain qu'occupait jadis le dangereux manieur de mots avec son arme redoutable – le langage – est désormais envahi par une gigantesque armée qui se livre à l'introspection ou à l'analyse littéraire et stylistique.

Il est facile de dénigrer une société où le mot créateur n'a plus vraiment de place dans les débats. Pourtant, les citoyens s'interrogent à juste titre : que sait donc cette personne pour mériter notre attention ? Même les écrivains qui traitent du monde dans leurs œuvres découvrent qu'ils n'ont pas échappé au professionnalisme et à la spécialisation déferlant sur la littérature. Cette distance vis-à-vis de la réalité est peut-être la conséquence d'une inexorable sénilité. Il est vrai que, depuis sept cents ans, l'espace public de la communication a été occupé par une série de formes dramatiques fort différentes. La ballade a cédé le pas au poème, qui dut laisser la place au théâtre et à l'essai, ces deux derniers s'effaçant finalement au profit du roman. Aujourd'hui, l'image électronique est en passe de détrôner le roman. Aucune de ces formes d'expression littéraire ne disparaît jamais complètement, mais elles cessent l'une après l'autre d'occuper le devant de la scène et s'éclipsent aux yeux du public pour se retrouver dans les coulisses. Elles s'attardent, tels de vieux soldats aigris, convaincus de pouvoir faire mieux que les nouveaux venus. L'histoire n'a pourtant guère de sympathie pour les auteurs dépassés.

L'évolution du langage peut être ramenée à une série de percées vers cette clarté qui permet une meilleure diffusion des idées et une meilleure compréhension. Ces avancées correspondaient à des périodes où les hommes de lettres étaient parvenus à détruire les arguments établis et à illuminer les ténèbres du pouvoir. Rien ne fait plus peur aux autorités – que leur emprise s'exerce sur un pays, une usine ou un enfant. Elles s'empressent de traquer ce langage dérangeant, s'en emparent et y remettent bon ordre. Deux vérités sont indiscutables : dans les moments de liberté, le langage favorise la clarté et la communication ; en revanche, lorsqu'il est prisonnier, le mot se transforme en un bouclier dont profitent ceux qui s'en sont emparés.

En l'espace de deux millénaires et demi, le langage de l'Occident est parvenu à s'évader à trois reprises de la prison de l'ordre établi. Une première fois dans la cité d'Athènes. Une deuxième fois grâce à un jeune homme qui prêchait en affirmant être le Messie. La troisième fois, cela débuta avec le génie de Dante et, malgré une opposition constante, aboutit à une extraordinaire liberté dans le roman. Aujourd'hui, le langage paraît, hélas, bien près d'être à nouveau récupéré par les forces de l'ordre.

Dès le début de l'aventure athénienne, il était clair que le langage ainsi affranchi servirait l'individu et non le pouvoir établi. En 594 avant J.-C., lorsqu'on fit appel à Solon pour sauver Athènes d'une crise financière, juridique et politique, il était déjà le plus grand poète de son temps et un personnage politique émérite. Nous l'avons vu, les réformes qu'il suscita constituèrent les fondements de l'extraordinaire essor de la cité. Plus important encore : il ancra dans l'imagination occidentale la conviction que la modération et l'intégrité représentaient l'essence même des affaires publiques. Son arme principale était le verbe et il prouva que celui-ci pouvait être une force de retenue plutôt qu'une incitation aux extrémismes, comme une grande partie de notre histoire semble l'avoir démontré. Il ne dit pas que les écrivains devaient gouverner ou prêcher, mais que leurs propos devaient soigneusement refléter la réalité de leur temps, à la mesure de ce que les hommes pouvaient comprendre et de leurs moyens d'agir.

En 594 avant J.-C., cette libération du langage était une occasion inespérée, rendue possible par une crise telle que les structures du pouvoir établi s'en trouvaient minées. Solon avait beau être le plus grand poète populaire de son temps, son principal ennemi n'en était pas moins la poésie. Le génie d'Homère avait en effet servi de justification à l'ordre ancien [1]. L'*Iliade* et l'*Odyssée*, peuplées de dieux officiels et de Héros, avaient un quasi-monopole sur l'imagination et le pouvoir. Si l'on admettait que les affaires humaines se règlent, au niveau individuel ou au niveau de la société, par l'intermédiaire de divinités, il ne restait aucune place pour la responsabilité ou l'initiative individuelles. En fait, cette dépendance favorisait le règne arbitraire et chaotique de leaders Héroïques. Une fois réglée la crise d'Athènes, dès que Solon se fut modestement retiré du pouvoir, les forces conservatrices se débarrassèrent de sa constitution. Il avait proposé un autre modèle de gouvernement, en omettant l'essentiel : un modèle alternatif pour la civilisation et l'individu.

Le conflit qu'il avait provoqué se poursuivit encore pendant deux siècles et demi. Périclès fit, sur le plan politique, des progrès qui paraissaient impressionnants, mais qui demeuraient limités quant à l'imagination. L'invasion des sophistes itinérants, experts en divers domaines, et qui monnayaient leurs conseils avec beaucoup de succès, révéla la confusion régnant dans la population. (Ces sophistes ressemblaient étonnamment à nos technocrates et à nos spécialistes des sciences sociales.) Puis, aux alentours de 400 avant J.-C., Socrate et Platon réglèrent au moins la question du langage. Les attaques constantes que Socrate portait à un savoir discutable visaient souvent les poètes. Il ne s'en prenait pas seulement à la dictature homérique, mais aussi à l'ancienne école des poètes dramaturges conservateurs. En s'obstinant à poser des questions brutales, souvent grossières, tout en refusant d'écrire lui-même un seul mot, il mina le contrôle qu'ils exerçaient sur le langage. En interrogeant chacun dans une langue simple et populaire, il donna une force à cette partie du langage que les formes établies ne maîtrisaient pas.

Pour finir, on l'accusa officiellement d'hérésie et d'avoir corrompu l'esprit de la jeunesse. Il fut condamné à mort par un vote de 280 voix contre 221. Cette victoire injuste et maladroite se retourna contre ses initiateurs en provoquant l'effondrement de l'ancien ordre imaginaire. Platon, l'un des disciples de Socrate, fut profondément marqué par le procès et par le suicide provoqué de son maître. Du coup, il imagina un mode d'organisation de la société fondamentalement laïc et équilibré. Malgré leurs défauts, *La République* et ses autres ouvrages offraient un véritable modèle alternatif pour la civilisation comme pour l'individu. Cette mise en valeur de relations humaines non arbitraires était si réussie que toutes nos sociétés occidentales ont été obligées d'en tenir compte, que ce soit pour s'assurer le contrôle de l'esprit ou pour le libérer. La plus étrange des références à Platon est sans doute celle faite par la technocratie de notre siècle!

La conception athénienne du langage a opposé les normes éthiques et la libre pensée – énoncées dans une langue simple avant de l'être dans la philosophie – à la beauté plus évoluée de la poésie, qui exigeait de l'individu un consentement inconditionnel. La deuxième avancée a débuté elle aussi avec un langage simple, toujours oral, mais cette fois sous la forme de prédications. La prose populaire du Christ était inévitablement opposée aux religions élaborées – le judaïsme d'abord, puis la panoplie héroïco-divine des dieux romains.

Les quelques paroles simples qu'il prononça semblaient avoir une force universelle incontrôlable. À telle enseigne que leur influence s'accrut en dépit de l'obscurité de sa vie et de sa mort. Elles ont survécu aux interprétations des scribes inconnus qui sont à l'origine des textes rassemblés sous le titre d'Évangiles. Le langage du Christ rendait compte de la réalité d'une manière telle qu'aucun pouvoir organisé n'arrivait à en contrôler le sens ni à en tirer profit. Les compromis consentis plus tard par l'Église afin de se ménager l'appui de l'empereur et des bureaucrates romains n'entamèrent en aucune façon la force des prédications du Christ.

Seule l'intégration contestée et tardive de l'Apocalypse dans le Nouveau Testament permit aux gouvernements et aux administrateurs de la religion officielle d'acquérir un contrôle sur le langage christique. Rome fit pression en faveur de cette initiative, alors que Constantinople et l'Église d'Orient y étaient farouchement opposées. Cette controverse, qui remonte au IVe siècle, fut en quelque sorte une prémisse de la polémique suscitée un peu plus tard par la querelle des images, qui débuta avec l'accession de Damase au trône pontifical en 361, et s'éternisa jusqu'en 841, date à laquelle le conflit s'acheva par une victoire virtuelle de Rome en faveur du culte des images saintes.

L'Apocalypse reposait sur l'idée qu'un vieil homme appelé Jean, demeurant dans l'île de Patmos, avait transmis une prophétie que Jésus-Christ ressuscité lui avait lui-même révélée. Dès le cinquième verset, Jean établit sa relation privilégiée avec le fils de Dieu en le présentant comme « le témoin fidèle » qui, avec « une voix aussi forte qu'une trompette », lui avait intimé l'ordre d'écrire. Le « témoin fidèle » est celui qui voit et s'exprime avec précision et en qui on doit avoir confiance. Jean va ainsi transmettre le message du Christ aux Églises de la terre. Les pages qui suivent sont une suite de divagations imprégnées de la tradition païenne, superstitieuse, obscurantiste, qui dominait l'imagination occidentale barbare avant l'arrivée du christianisme. Northrop Frye a montré que l'Apocalypse n'est qu'un ensemble d'éléments mythologiques tirés de l'Ancien Testament [2]. C'est précisément ce genre de mythologie, isolée de la narration principale, que le judaïsme avait en commun avec les autres religions du bassin méditerranéen. On ne peut nier la beauté fascinante, majestueuse, riche de promesses et de menaces, que contiennent ces mots et ces images. Celles-ci offrent une vision concrète et séduisante du paradis que le Christ avait soigneusement évitée et proposent un modèle achevé et complexe à l'imagination chrétienne.

Lorsque les quatre cavaliers de l'Apocalypse, les sept sceaux et les prostituées de Babylone, ainsi qu'une division factice du monde entre le bien et le mal, se retrouvèrent dans le Nouveau Testament, sur un pied d'égalité avec le sermon sur la montagne, le langage chrétien devint aussi malléable que n'importe quel ancien culte de la lune. Voire plus malléable encore. Les détenteurs du pouvoir avaient souvent de la peine à déformer ou à manipuler les cultes païens, dans la mesure où ceux-ci alliaient un rituel public strict à un ensemble limité de règles intangibles. On reproche fréquemment à Paul et à ses Épîtres les étranges dérapages du christianisme. Or sa contribution se limita à des considérations politiques et à l'établissement de règles de conduite, alors que l'Apocalypse altérait fondamentalement la nature de l'éthique chrétienne. Les prophéties de Jean donnaient au message chrétien une ampleur telle que toute action extrême, bonne ou mauvaise, trouvait sa justification : abnégation de soi, martyre, pureté, dévotion et altruisme ne pesaient pas davantage dans le Testament officiel du Christ que le racisme, la violence ou n'importe quelle forme d'absolutisme. Quelle que soit son identité, l'auteur de ce texte était, consciemment ou inconsciemment, au service de l'autorité établie.

L'intégration officielle de l'Apocalypse au Nouveau Testament ne lui assurait pas automatiquement un statut équivalent à celui des Évangiles, plus anciens, qui rapportaient les paroles du Christ vivant sur la base de témoignages de première main. La crédibilité de cette prophétie, due théoriquement au fils de Dieu ressuscité, se fondait sur la conviction, largement répandue, que son auteur était le disciple Jean, celui qui, des années plus tôt, aurait rédigé l'un des Évangiles. Quiconque avait pris la peine de se renseigner savait fort bien qu'il s'agissait en fait de deux personnages différents. Tout d'abord, le premier manuscrit de l'Évangile selon saint Jean est écrit en grec, alors que l'Apocalypse fut rédigée en hébreu. L'Église n'a jamais dit explicitement que le jeune pêcheur disciple du Christ et le vieillard de l'île de Patmos étaient le même homme : les autorités restèrent vagues à ce sujet. Elles laissèrent le malentendu se propager, si bien que beaucoup de prédicateurs, de pasteurs et de prêtres croient, aujourd'hui encore, qu'il n'y eut qu'un seul Jean.

Pour la quasi-totalité des croyants qui, à partir du IVe siècle, admirent sans sourciller que le même homme avait rédigé les deux textes, il était impossible de ne pas accorder à ses dernières révélations une valeur égale à celle de ses premiers écrits. Si Jean avait menti à Patmos, pourquoi prêterait-on foi à la Bonne Nouvelle qu'il avait proclamée à propos du Christ ? De plus, comme son Évangile corroborait ceux de Matthieu, de Marc et de Luc, si Jean avait menti, pourquoi croire les autres ?

Des milliers de théologiens devaient contribuer à cette mainmise sur la langue chrétienne d'origine. À commencer par saint Augustin. La méthode la plus efficace consista à conserver la Bible en latin, de sorte que le message oral de départ ne pouvait être transmis autrement que sous la forme d'une interprétation autorisée par un prêtre. De toute façon, la victoire de la complexité officielle sur le langage libre et simple avait déjà été remportée depuis longtemps, moins de quatre cents ans après l'époque où le Christ commença à prêcher.

La troisième avancée du langage – la plus importante – débuta au sein même de l'Église chrétienne, au xiiie siècle, pour atteindre son apogée par le biais du roman au xixe et au début du xxe siècle. Cette période semble parvenue à son terme, la langue qui domine aujourd'hui mêlant réconfort superficiel, confusion et contrôle. Il n'est pas étonnant que cette révolution ait débuté sous l'égide de l'Église. Le christianisme était la vérité universelle de la civilisation occidentale. En dehors de cette idée, il n'y avait place pour aucun point de vue dissident. Pour qui souhaitait se soustraire aux complexités idéologiques et bureaucratiques de l'empire chrétien, la seule solution consistait en un retour à la simplicité du fondateur de l'Église.

En 1206, François d'Assise, fils d'un riche marchand, choisit de renoncer aux bienfaits de la civilisation. Sa pauvreté évangélique parlait d'elle-même. Plus révolutionnaire, toutefois, fut la manière dont il rejeta un millénaire de théologie et d'idéologie officielles pour penser et s'exprimer dans la langue orale et simple du Christ [3]. Cela dans un monde encore dominé par la riche obscurité mystique d'un autre saint, Bernard de Clairvaux, mort cinquante ans plus tôt. La retraite volontaire de saint François était passive et ne défiait nullement l'autorité. Son message se répandit dans toute l'Europe comme une traînée de poudre : oral, et par conséquent invisible, il échappait à toutes les structures idéologiques et théologiques, à leurs contrôles et à leurs pièges. Néanmoins, le cas de Socrate et celui du Christ l'avaient montré, la dissidence orale devient la propriété de ces structures dès l'instant où meurt son porte-parole. L'Église récupéra le message de François d'Assise en enfermant son souvenir dans la sainteté, les basiliques, les tableaux et les écrits – tous les honneurs officiels que l'autorité est en mesure de dispenser.

S'il devait y avoir un modèle alternatif pour l'imagination, il procéderait du mot écrit. Mais il aurait fallu commencer à travers des formes d'expression existantes – la poésie d'abord, puis le drame poétique et le drame en prose, avant d'évoluer vers le roman. L'idée de la narration – du récit – était déjà là au début, s'acheminant au travers de ces différents supports vers une existence autonome. Peut-être les plus grandes œuvres de génie ont-elles vu le jour de très bonne heure, à la faveur de modes d'expression plus anciens.

Le xiv⁰ siècle fut riche de telles expériences : Dante, puis Boccace, Pétrarque et Chaucer s'emparèrent de langues régionales essentiellement laïques qu'ils utilisèrent pour traduire la réalité humaine. Ils les nourrirent et les façonnèrent en leur apportant leur génie et leur imagination. La poésie était alors au centre de la scène publique. Dante, administrateur de la cité de Florence, fut condamné au bannissement perpétuel en 1302. Il choisit délibérément d'écrire non pas dans le latin de la Vulgate, mais dans un dialecte local : le parler direct, frais et sans entraves du peuple. Il en alla de même pour Pétrarque, courtisan du pape, pour Boccace, fonctionnaire florentin, ou Chaucer, page à la cour du roi avant de devenir lui-même fonctionnaire. Cette explosion humaniste fut suscitée par la conviction que la poésie pouvait avoir un effet profond sur le lecteur. Ces écrivains étaient conscients de la marge dangereusement étroite entre la dissidence sociale, susceptible de leur coûter leur place et peut-être leur vie, et des vers innocents dont l'unique objet était d'informer et de ravir.

Tant que le poème demeura l'arme d'hommes concernés et affectés par le monde réel, il conserva sa force populaire. Les exemples ne manquent pas. Alexander Pope, mouche du coche politique. John Milton, emprisonné pour ses opinions politiques et religieuses. Walter Raleigh, aventurier et courtisan. Alexandre Pouchkine, sympathisant décabriste. Mikhaïl Lermontov, exilé pour son poème vilipendant les assassins de Pouchkine – « Vous êtres cupides qui autour du sceptre rampez. » Alphonse de Lamartine, chef de la révolution de 1848. Victor Hugo, adversaire de Louis Napoléon...

Que Hugo ait figuré parmi les hommes les plus célèbres de la deuxième moitié du xix⁰ siècle, que Byron ait été le poète le plus renommé de son temps, voilà qui n'impressionne guère le monde de la littérature contemporaine. Cela semblerait confirmer que le romantisme ne produisit point de vers importants. Or la renommée de Hugo et de Byron n'avait strictement rien à voir avec leur style. Elle tenait à leur détermination et à leur aptitude à refléter leur époque. Quand Byron écrit : « Toute existence contemplative est mauvaise. Il faut faire quelque chose », il veut dire que les mots sont ce qu'on en fait, et non ce qu'on est. Il faut essayer de faire quelque chose sur la terre, non pour réussir, comme si c'était une banale question d'ambition, mais pour être là, afin de comprendre comment produire des mots vrais.

Tout au long de l'interminable débat sur le rôle de la poésie, la république de Dubrovnik demeura comme un exemple poétique singulier à la lisière de l'Occident. Isolée et protégée par les falaises d'un côté et la mer de l'autre, Dubrovnik fut l'exemple le plus proche d'une reconstitution d'Athènes par le monde chrétien. La république, souvent gouvernée par ses plus grands poètes, subsista mille ans, du ix⁰ au xix⁰ siècle. Cela en fait l'organisation politique occidentale la plus résistante. Les recteurs de la cité changeaient chaque mois, à tour de rôle. Ils se caractérisaient par un niveau élevé d'éducation et le plus souvent par une aptitude à dénoncer l'injustice et à défendre la liberté par le biais de leur œuvre poétique [4]. Au cours de ce millénaire, la ville entretint des alliances souples avec les musulmans, les Turcs, les Vénitiens et les Autrichiens, ou sut les maintenir à l'écart. Bien qu'elle disposât d'une des flottes commerciales les plus vastes de la Méditerranée, elle se défendit toujours sans recourir à l'armée ou à la marine. Sa force résidait dans une politique étrangère remarquablement subtile visant à neutraliser ses ennemis. Les poètes excellaient aussi dans les négociations difficiles où on voyait s'affronter divers ennemis et rivaux de la cité. Est-il nécessaire de rappeler que ce fut Bonaparte, grand destructeur de républiques, qui mit un terme à ce système en bout de course?

Dès le début du XIXe siècle, dans l'ensemble de l'Occident, les forces qui souhaitaient entraîner la poésie dans les coulisses de la contemplation, de la spécialisation et de l'élitisme étaient à l'œuvre. Le roman occupait déjà le centre de la scène. Plus tard dans ce siècle, la rupture allait être plus ou moins achevée. Même un génie comme Baudelaire, l'un des nouveaux poètes de l'introspection, qui écrivait avec toute la force d'un manieur de mots populaire, ne put trouver une brèche pour accéder au public. « Tout livre qui ne s'adresse pas à la majorité – nombre et intelligence – est un sot livre [5]. » Longtemps après sa mort, les élites intellectuelles qui « contrôlaient » la poésie française le maintinrent soigneusement à l'écart des anthologies, des manuels scolaires et des encyclopédies.

Des batailles similaires eurent lieu dans le théâtre. Tout au long du XVIe et du XVIIe siècle, les langues nationales eurent la part belle sur les scènes européennes. Émotion, politique, conscience nationale, amour, ambition s'exprimaient avec une précision et une originalité sans précédent. Personne n'aurait pensé à faire la différence entre un théâtre réservé à l'élite et un théâtre pour le peuple. Les diverses catégories sociales composant l'auditoire puisaient ce qui leur convenait dans des pièces telles que *Le Roi Lear* ou *Hamlet*, dont la puissance semble aujourd'hui encore provenir en grande partie de cette conception populaire. La majeure partie du public n'était-elle pas pauvre et inculte? Molière survint plus tard dans l'évolution du français que Shakespeare ne le fit pour l'anglais : son impact relevait donc moins de la créativité et de l'originalité que des intuitions brillantes qui illuminent son œuvre. D'une éducation relativement supérieure à celle du dramaturge anglais, Molière, acteur-producteur-auteur, n'était certainement pas ce que ses contemporains auraient considéré comme un homme de savoir. Il présenta ses pièces aussi bien à la cour qu'à Paris, écrivant pour toutes les couches de la société française. L'Église, les courtisans et les critiques les plus serviles étaient agacés par son talent à transformer de simples comédies, écrites dans un langage simple et accessible, en de véritables analyses sociales n'hésitant pas à s'en prendre directement aux nantis ou à ceux qui utilisaient la cour pour faire valoir leurs ambitions. Ils firent de leur mieux pour l'arrêter, et parfois ils réussirent à le bâillonner ou à monter le roi contre lui.

Cependant, la plume de Molière était bien plus rapide, plus incisive, plus populaire aussi, que leurs intrigues de couloir. Surtout, il avait le public pour lui, car il représentait le monde tel qu'il était. Au cœur de la plus grande controverse de sa carrière, alors qu'il subissait des menaces physiques constantes, qu'il risquait d'être expulsé de la cour et de voir son théâtre fermé à Paris, il répondit à toutes ces pressions par une pièce parodiant ses détracteurs. Au milieu de *La Critique de l'École des femmes*, il prit en effet le temps de rappeler sans ménagements à ses rivaux littéraires leur inaptitude à séduire le grand public : « Je voudrais bien savoir si la grande règle de toutes les règles n'est pas de plaire [6] ».

C'est précisément ce pouvoir infaillible du mot populaire – du mot qui plaît – qui poussa Richelieu à fonder l'Académie française. « Les coups portés par une épée guérissent aisément, écrivit-il dans son *Testament politique*, il n'en va pas de même des blessures de la langue [7]. » L'Académie se consacrait apparemment au développement de la langue et de la littérature. Mais par sa logique interne, un organisme officiel consacré au langage ne pouvait manquer d'être motivé par une volonté de respectabilité et par la conviction qu'il convenait de plaire à l'autorité établie. En termes plus pratiques, un organisme littéraire doté du pouvoir de définir cherchera inévitablement à contrôler.

Quant aux systèmes et à la manière dont on pouvait s'en servir pour contrôler les idées, Richelieu fit preuve, comme dans d'autres domaines, d'une étonnante lucidité. On ne semble pas comprendre que son recours à l'Académie pour honorer des auteurs constituait la meilleure méthode pour contrôler tout langage dangereux. S'ils l'avaient compris, les écrivains auraient évité de se hâter d'apporter leur soutien à d'autres académies dans le monde. À l'exception d'une courte période, durant la deuxième moitié du XVIIIe siècle, alors que presque toutes les institutions françaises échappaient à tout contrôle, l'Académie a fait précisément ce que le cardinal attendait d'elle : elle a joué le rôle d'une force conservatrice freinant la liberté créatrice du langage.

Par essence, le témoin fidèle ne recherche pas les honneurs, hormis ceux venant du public. Pour dépeindre les choses avec précision et communiquer d'une manière directe, l'écrivain doit être libre de toute obligation vis-à-vis d'une structure organisée, quelle qu'elle soit. Il peut s'engager dans le monde, hors du domaine littéraire, tant que son langage n'est pas lié à un intérêt quelconque. La pire des combinaisons consiste à être hors du monde en tant qu'homme et lié à ses structures en tant qu'écrivain.

La marginalisation progressive de la poésie et de l'art dramatique, jadis principaux moyens de communication, peut être attribuée en partie à de tels liens. Jamais libérés de leurs origines remontant à Homère, et de plus en plus prisonniers de langues nationales désormais stables, les poètes écrivirent contre leur propre passé plutôt qu'à l'intention du lecteur. Cette poésie de référence, si brillante et explosive fût-elle, devait nécessairement être introspective, de sorte qu'elle cessa d'être le reflet du public. L'essor pris par les études littéraires encouragea ce phénomène, de même que la multiplication des prix et des académies. Ce qui semblait révolutionnaire aux yeux des intellectuels paraissait élitiste au reste du monde.

L'exploitation des langues régionales, qui débuta au xive siècle, libéra tout d'abord la poésie. Mais plus les poètes recouraient aux parlers locaux, moins leurs œuvres étaient compréhensibles dans d'autres langues. Leurs intentions profondes étaient intraduisibles, même si on entreprit d'en traduire et d'en publier une bonne partie. Les grands poètes des cent dernières années restent pour ainsi dire inconnus en dehors de leur propre langue. Mallarmé a influencé des poètes un peu partout, mais qui d'autre? Pound et Eliot ont écrit des choses étonnantes sur le monde moderne, mais combien de Français et d'Allemands en sont conscients? Le mythe de Rimbaud, Héros tragique, a voyagé. Mais ses poèmes? Apollinaire, Éluard, Auden, Char, Yeats lui-même, semblent désespérément limités par le langage.

De nos jours, des festivals de poésie se tiennent presque quotidiennement dans diverses universités occidentales. Des poètes s'y lisent mutuellement leurs œuvres. Or personne ne les force à rester ainsi enfermés entre eux. En dehors des démocraties occidentales, les poètes communiquent encore aisément avec le public à travers leurs œuvres. Il s'agit en fait d'une prison construite par le langage des poètes eux-mêmes, dans leurs propres esprits, avec des matériaux tels que la dignité, le formalisme, des styles et des structures appropriés – bref, une incarcération de l'imagination par le biais d'une conscience de soi trop forte. Le théâtre a été confronté à plusieurs problèmes semblables – en plus de sa dépendance d'infrastructures techniques. La nécessité de remplir de vastes salles n'est pas simplement un facteur économique. Elle engendre un manque de souplesse, de légèreté. Dès la moindre difficulté politique, cela devient un grave handicap.

Ceux qui recoururent les premiers au roman étaient une minorité dans une civilisation dominée par les paraboles religieuses, les contes, la poésie épique traditionnelle et d'autres formes plus récentes de poésie, de théâtre et d'essai. Pourtant, dès ses premières apparitions picaresques, la puissance latente de ce nouveau mode d'expression ne laissait aucun doute. *Amadis de Gaule*, peut-être le premier véritable roman, n'était théoriquement qu'un récit d'aventures incorporant toutes les règles d'une mondanité de bon ton. L'œuvre parut en Espagne en 1508 et s'imposa rapidement comme l'un des plus grands *best-sellers* de tous les temps. Elle fut diffusée dans toute l'Europe et provoqua dans son sillage une véritable révolution des perceptions sociales. Ainsi débuta l'étrange relation contradictoire entre l'essor du roman et celui de la raison. *Le Prince* de Machiavel, premier exposé intellectuel de la nouvelle méthode rationnelle, parut en 1513. Amadis devint un modèle pour le chevalier errant de la fiction. Les héros existentiels du xxe siècle en sont les reflets, toujours fondés sur l'antinomie entre la responsabilité liée à l'honneur et leur liberté personnelle, qui les contraint à demeurer en dehors de toutes les structures.

Pour comprendre la force de ces ouvrages, il faut considérer qui étaient leurs auteurs. Cervantès : soldat professionnel, prisonnier des Turcs, esclave pendant cinq ans, il fut l'un des planificateurs de l'Armada. Il fut aussi incarcéré à plusieurs reprises pour fraude et meurtre. Rabelais : médecin versé dans la théologie, la politique, la stratégie militaire et la botanique. Daniel Defoe, auteur du premier roman anglais moderne, *Robinson Crusoé* : marchand, soldat rebelle sous le duc de Monmouth, agent secret de Guillaume III et journaliste. Henry Fielding : avocat et polémiste. Dans *L'Opéra gallois*, il s'en prend à la famille royale ; dans *Les Annales historiques*, sa cible est Walpole. Devenu juge, il entreprend d'écrire *Tom Jones*, menant une double campagne contre la pauvreté et les juges malhonnêtes. Jonathan Swift : pamphlétaire politique, prêtre anglican et défenseur des droits irlandais, il déclara à Alexander Pope qu'en écrivant *Gulliver* il avait voulu « choquer le monde plutôt que le divertir ». Voltaire : philosophe, polémiste, agitateur politique, courtisan, embastillé, exilé en Angleterre, conseiller auprès de l'impératrice Catherine de Russie et de Frédéric le Grand de Prusse, gentilhomme et, nous l'avons dit, l'homme le plus célèbre du xviiie siècle. Lermontov : aventurier, soldat professionnel, tué lors d'un duel. Goethe : haut fonctionnaire du gouvernement de Weimar. Tolstoï : soldat professionnel, agitateur politique, propriétaire terrien, passionné par l'agriculture expérimentale et les nouvelles méthodes révolutionnaires de gestion agricole qui, faut-il le préciser, comportaient une réforme agraire et une amélioration du statut des paysans.

Ces gens-là cherchaient de nouvelles formes d'expression écrite qui rompraient avec les débats établis et auraient un impact que les autorités ne pourraient contrôler. Le roman prit de l'essor parallèlement au journalisme, de sorte que les romanciers étaient aussi pamphlétaires et polémistes, auteurs de tracts et de diatribes, satiristes politiques et moralistes. Pendant son exil en Angleterre, Voltaire avait vu Swift exploiter formidablement ce mélange des genres. Cela n'avait, au fond, rien d'exceptionnel. Dès qu'il y avait dans les lois sur la censure une brèche suffisante pour autoriser une publication, romanciers et journalistes montaient au créneau au coude à coude.

Au début, ces écrivains n'étaient pas convaincus qu'une chose aussi frivole que le roman contribuerait à changer la face du monde. Un grand nombre d'entre eux avaient été séduits par l'élitisme qui entourait la poésie et le théâtre. La supériorité de qui est sur le déclin semble toujours miner la confiance en soi de qui est en plein essor. Voltaire travailla avec beaucoup plus d'acharnement sur ses poèmes et ses pièces de théâtre – des formes d'art plus nobles, à son avis – que sur ses romans. Son poème épique intitulé *La Henriade* (1723) illustrait la vie d'Henri IV, plus proche que quiconque du bon roi idéal. *Zaïre* (1732), une tragédie héroïque écrite selon les règles établies de la scène, rendait compte des angoisses inhérentes à l'honneur, au pouvoir et à la trahison. Voltaire était convaincu que les formes de littérature classiques, alliées à l'influence dont il jouissait sur des monarques tels que Catherine de Russie et Frédéric le Grand, finiraient par favoriser un changement politique et social. Voltaire, et d'autres encore, s'imaginaient que ces monarques rationnels réagiraient en imposant des réformes. Pendant des dizaines d'années, il perdit son temps à louer les interminables et médiocres couplets rimés par le roi de Prusse. Cet attachement à la forme d'art la plus noble lui semblait la garantie de futurs changements. Ses poèmes et ses pièces eurent beaucoup de succès, mais fort peu d'incidence sur le monde, en dehors de celui des livres et des théâtres. En définitive, on les oublia. En revanche, ses petits romans frivoles, créés sous l'impulsion d'une frustration plutôt que d'une foi profonde en leur valeur artistique ou éthique, révélèrent immédiatement une force originale. À l'instar du reste de son œuvre, ils remportèrent un grand succès populaire. En dehors du plaisir qu'ils procuraient au lecteur, des romans comme *Zadig* (1747) et *Candide* (1759) reprenaient astucieusement l'argument intellectuel dominant en faveur de la passivité face aux systèmes établis. Ses œuvres de fiction n'apportaient pas de réponses sur le plan intellectuel, elles ne méritaient pas de débats. Elles permettaient simplement aux lecteurs de comprendre que ces arguments étaient absurdes.

Le secret du roman tenait à ce que, seul parmi toutes les formes d'expression écrites, il façonnait un monde dans lequel le public pénétrait avec facilité. Un roman appartenait davantage au lecteur solitaire qu'aucun poème, aucune pièce de théâtre, aucun essai. C'était une œuvre autonome, tridimensionnelle, ouverte à toutes les interprétations individuelles. Au fond, ce romancier n'était qu'une machine à déchiffrer les reflets du public. Chaque roman pouvait, en somme, être lu comme une autobiographie du lecteur. L'une des grandes forces du roman est que, inconsciemment, chaque lecteur est convaincu qu'il aurait pu l'écrire lui-même. Plus le roman est de qualité, plus le lecteur cède facilement à cette tentation. Le romancier et son ego doivent être invisibles, sinon la confusion serait impossible. Plus l'auteur est présent dans son œuvre, moins ses lecteurs peuvent y participer. Ils doivent alors se contenter d'une sorte de voyeurisme intellectuel. Si le rôle du voyeur procure un certain plaisir, il est nettement inférieur à celui du participant. Les grands romanciers disparaissent donc de leurs livres.

Le plus surprenant était sans doute la facilité avec laquelle ce nouveau mode d'expression fut mis à profit par les écrivains comme par les lecteurs. Il semblait qu'il n'y eût aucune limitation inhérente ou artificielle aux émotions qu'il provoquait ou à ce qu'il pouvait évoquer dans le domaine public ou privé. Plus question de litiges sur la complexité des formes, comme dans la poésie. Les seuls contraintes imposées venaient de la loi. Contrairement à l'art dramatique, il n'y avait pas non plus de lieux que les autorités pouvaient décider de fermer. On pouvait interdire un livre, mais sans parvenir véritablement à ses fins dans la mesure où il était difficile de deviner par avance ce que le public tirerait d'un récit. Les gouvernements pouvaient saisir des presses, il restait toujours quelques machines en état de marche de l'autre côté de la frontière. De surcroît, les livres passaient ces frontières sans entrave et se dissimulaient aisément sous les comptoirs. Ils étaient trop petits pour être détectés et trop nombreux pour qu'on puisse en contrôler la circulation. De plus, en écrivant dans la langue du peuple, les romanciers s'assuraient que leur public potentiel rassemblait tous ceux qui savaient lire. Vers 1530, le *Gargantua* de Rabelais lançait une critique comique et obscène de la bonne conduite médiévale, vilipendant sans ménagements les moines désœuvrés, les guerres inutiles et le dogmatisme. Sous couvert d'une grande comédie, Rabelais offrait de l'homme une vision pleine de bon sens. Il eut continuellement des ennuis avec la loi, de même que Fielding, dont le *Tom Jones* sapait sans complaisance la crédibilité des cours d'Angleterre.

Un mur solide séparait cependant la société de l'usage raisonnable des mots : le mur des structures et de l'autorité établies, tant civiles qu'intellectuelles. Pareil à un mortier, le romancier lançait les forces du langage par-dessus les barrières des structures vers la société située de l'autre côté. Le roman était le projectile idéal, car il n'existait aucun antimissile efficace. Personne ne pouvait rien faire pour empêcher son envoi – hormis saisir les livres, ce qui revenait à ramasser des obus de mortier après qu'ils avaient atteint leurs cibles. En réalité, la saisie ne faisait qu'accroître le succès du livre.

Rien de tout cela ne suffit cependant à expliquer la réaction du public à une forme de divertissement aussi frivole. La narration était au centre de ce succès. C'était le simple recours au récit qui permettait au lecteur d'y trouver son propre reflet. Et le sentiment que la vie animait vraiment l'œuvre de fiction. Les faits eux-mêmes trouvaient une nouvelle forme de rigueur dans le roman. La vérité paraissait plus claire, plus facile à énoncer. De sorte que la fiction était parfois beaucoup plus réaliste que la vie réelle. Elle pouvait percevoir à la fois les réalités de l'existence de l'homme et son monde intérieur.

Bien que les romans aient connu certaines limites en raison de leur attachement aux langues populaires, partant régionales, on s'aperçut rapidement que, comparés à la poésie et à l'art dramatique, ils étaient aisés à traduire. La narration, la représentation des personnages, les émotions, le style non dogmatique passaient facilement d'une langue à l'autre. Il fallut pourtant attendre un siècle (1653) avant que *Gargantua* ne soit traduit en anglais. En revanche, *La Princesse de Clèves* fut traduite dès 1679, soit un an après sa sortie en France. *Robinson Crusoé*, publié en 1716, ne tarda pas à être lu dans toute l'Europe. *Gil Blas*, sorti en 1735, paraissait en anglais en 1749. La fiction pouvait donc contourner les obstacles imposés par l'usage des langues locales.

Où se situait dans tout cela l'écrivain en tant qu'artiste ? À partir du XVIIᵉ siècle et jusqu'au début du XXᵉ, il s'efforça de suivre la popularité croissante du roman, en inventant des méthodes toujours plus efficaces pour toucher un public aussi vaste que possible. Il mettait au point des techniques permettant à ses obus de voler toujours plus haut et toujours plus loin. Si l'art avait sa place dans tout cela, c'était à travers le jugement porté par la société sur l'œuvre de l'écrivain, longtemps après qu'il l'avait écrite – le plus souvent comme une sorte de médaille posthume. Or les soldats ne vont pas à la guerre pour gagner des médailles posthumes.

Au cours du XIXᵉ siècle, les romanciers découvrirent qu'ils avaient une influence considérable, non seulement sur le gouvernement et sur les structures du pouvoir, mais également dans toutes sortes de domaines sociaux. Malgré son apparence passive, une Jane Austen eut un fort impact, car son témoignage sur le monde était d'une exactitude et d'une vérité telles qu'un grand nombre de ses lecteurs se reconnurent pour la première fois dans son œuvre : cela leur permit de prendre certaine distance vis-à-vis d'eux-mêmes et de leur société.

Après la loi de Réforme de 1832, la société britannique connut un certain malaise pendant une bonne quarantaine d'années. Des pressions politiques et sociales de plus en plus fortes s'exerçaient de toutes parts en faveur de changements dans des domaines tels que la législation sur le travail des enfants, les conditions dans les usines et la pauvreté urbaine. Dans cette période de troubles, Dickens écrivit des ouvrages tels que *Oliver Twist* ou *Les Temps difficiles*. La plupart des gens savaient qu'on exploitait des enfants, que les taudis étaient sordides et les conditions de travail dans les usines intolérables. Mais ce savoir demeurait abstrait. Dickens entraîna les représentants de la bourgeoisie au cœur même de ces bas-fonds et de ces fabriques. Il en fit des lieux réels et donna une réalité tout aussi concrète au besoin de réforme. *Les Fiancés*, d'Alessandro Manzoni, publiés en 1825, eurent un effet similaire. Il s'agissait d'un roman historique sur l'oppression et la corruption de l'occupant espagnol en Lombardie. Tout le monde comprit qu'il était en réalité question des Autrichiens, alors maîtres de l'Italie du Nord. En l'espace de vingt ans, de 1827 à 1847, Balzac écrivit les quatre-vingt-onze volumes de *La Comédie humaine*, peut-être la plus étonnante œuvre de fiction moderne. Il dressait ainsi un portrait de la France contemporaine, et notamment des tensions entre Paris et la province, qui eut un impact considérable sur les lecteurs et les écrivains français, ainsi que sur l'ensemble de l'Occident.

Flaubert lui-même renforça la puissance du roman en tant que reflet social, en faisant totalement disparaître l'auteur de la conscience du lecteur tout en créant des univers où des gens « sans importance » prenaient des dimensions de héros. Ainsi le héros de fiction cessa-t-il de ne faire qu'un avec le Héros public, rationnel. Sans doute était-ce là le premier indice que les romanciers souhaitaient prendre leur distance vis-à-vis de la société rationnelle, qu'ils avaient contribué dans une large mesure à créer. Emma Bovary était sotte, égoïste et d'une ambition dévorante. En faisant d'elle le personnage principal de son roman, celui avec lequel nous sommes censés nous identifier, Flaubert précipitait le lecteur dans un état de conscience plus aigu. Du coup, on le traîna en justice pour avoir offensé la morale. Bien qu'il ait été acquitté, son procès était une manière d'avertissement de la part des nouveaux contrôles administratifs que la société était en train d'instaurer.

À la fin du XIXe, le roman n'avait pourtant rien perdu de son impact. Zola poussa les choses un peu plus loin, en reprenant l'habitude des premiers romanciers populaires, comme Dumas père, qui passait régulièrement trois mois en société pour y faire ses recherches avant de s'enfermer trois mois pour écrire. Année après année, on retrouvait Dumas en Russie, étudiant la situation des serfs, à Naples aux côtés de Garibaldi, en Corse avec les bandits. Zola n'alla pas jusque-là. Mais il observa sa propre société avec un œil extraordinairement lucide. Il examina avec une attention égale la Bourse et les salons décrits dans *L'Argent*, ou les taudis et les mines que montre *Germinal*. À travers lui, le regard romantique de Dickens se trouvait débarrassé de toutes ses affectations. Zola décrivit très exactement ce qu'il voyait. Ce souci le projeta dans la crise la plus grave de la Troisième République : l'affaire Dreyfus. Dans *J'accuse*, lettre ouverte adressée au président de la République, il s'en prit délibérément au commandement militaire, afin de contraindre les chefs militaires concernés à comparaître à nouveau devant le tribunal, où les avocats de Dreyfus pourraient leur faire subir un contre-interrogatoire. Résultat : la cour s'empressa de condamner Zola, ce qui eut pour effet inattendu de politiser davantage toute l'affaire. Comme si chaque citoyen se sentait finalement obligé de prendre parti, d'un côté ou de l'autre. Lors du deuxième jugement, Zola sortit du tribunal en guise de protestation et s'enfuit en Angleterre. Onze mois plus tard, l'affaire Dreyfus avait évolué et il put rentrer chez lui[8].

Alors que la communauté littéraire s'était divisée en dreyfusards et anti-dreyfusards et que les écrivains semblaient jouer un rôle de plus en plus essentiel dans les débats publics, le pouvoir du romancier était parvenu à son apogée. Un nouveau chœur littéraire avait pris de l'ampleur au cours des vingt dernières années du XIXe siècle. Il proclamait que le roman devait être une forme d'expression artistique et non un reflet de la réalité.

À leurs yeux, le réalisme grossier de Zola tenait plutôt du journalisme, et le roman, lui, devait se situer aux antipodes de la réalité. Une immersion dans la société ne pouvait que corrompre ce mode d'expression. Pour démontrer que Zola s'était gravement écarté de la norme en cédant à une littérature de genre, les experts littéraires, qui faisaient désormais la loi, taxèrent ses ouvrages de naturalisme, comme s'ils leur reprochaient de n'être que réalistes et de manquer de style. Ils les qualifièrent aussi de romans-reportages, ce qui sous-entendait que ce n'était pas de la véritable fiction et que Zola s'inspirait trop du monde réel.

En vérité, Zola n'avait fait que renforcer le lien existant entre le journaliste-reporter polémiste et le romancier. Defoe, Swift, Voltaire, Diderot et des centaines d'autres avaient suivi le même chemin. Au fond, Zola s'était contenté de moderniser les méthodes journalistiques.

La transformation de l'individu en spécialiste était néanmoins fort avancée dans le reste de la société. Il devenait de plus en plus difficile de rester dans le système tout en prenant ses distances. Toute profession supposait l'engagement contractuel ou moral de garder le silence en public sur ce qui concernait ladite profession. Le moindre écart par rapport à ces critères professionnels témoignait d'un manque de sérieux. L'attribution de responsabilités publiques à des écrivains, naguère relativement courante, comme le prouvent les cas de Sheridan, Goethe ou Lamartine, était désormais exceptionnelle. Disraeli fut le dernier romancier britannique à occuper des fonctions politiques importantes. La publication d'un nouveau roman, alors qu'il dirigeait le parti conservateur, nuisit à sa réputation. Ce qui était vrai pour les politiciens l'était doublement pour les administrateurs, les fonctionnaires et autres employés publics. Les avocats et les médecins eux-mêmes, s'ils travaillaient en association, commencèrent à ressentir les pressions de la solidarité professionnelle et à se plier à l'impératif du silence en public.

Les écrivains qui tenaient à rester dans le monde réel découvrirent que l'éventail des professions accessibles ne cessait de se restreindre. On les évinçait de la société qu'ils étaient censés dépeindre. De tout temps, ils avaient occupé une position marginale, mais cela leur donnait jadis le privilège d'entrer et de sortir librement de la société. Désormais, les règles propres aux « boîtes » de spécialisation les maintenaient en dehors. Rares étaient les individus susceptibles d'occuper plus d'une de ces zones à la fois.

Si la société rationnelle devait faire une exception à cette règle, ce ne seraient certainement pas les écrivains qui en bénéficieraient. Après tout, il s'agissait de non-professionnels, désireux de communiquer des vérités non conformes à des masses d'individus aussi peu professionnels qu'eux.

Par son exclusion, l'écrivain se voyait d'ailleurs refuser la gratification la plus prisée au sein de la société rationnelle : la respectabilité. Il ne s'en était guère préoccupé autrefois, tant qu'il faisait l'admiration de tous. Aujourd'hui, la masse croissante des gens respectables – qui sont aussi les principaux amateurs de romans – ont fini par considérer les romanciers avec un certain mépris, sous prétexte qu'ils étaient irresponsables et vivaient en marge, comme les danseurs et les acteurs, égarés dans un monde d'alcool, de drogues et de prostituées. À mesure qu'ils se détournaient du monde réel afin de mieux équilibrer l'art et l'illusion, on les accusait d'être ce que les premiers romanciers avaient souvent feint pour éviter la censure : des bohémiens intellectuels dont les récits visaient à divertir les jeunes filles.

En 1918 encore, les feuilles de démobilisation de l'armée britannique, qui répartissaient les effectifs en dix-huit catégories socioprofessionnelles, classaient l'écrivain au bas de l'échelle, avec les marginaux, les amateurs et les rebuts de la société, y compris les gitans, les vagabonds et autres improductifs. La situation n'allait pas tarder à évoluer car la fiction était en train de se convertir en art. Et il en va de même pour tout groupement d'intérêt soucieux de s'affirmer : celui des romanciers ne tarda pas à passer autant de temps à se justifier qu'à produire de la littérature. Le monde des écrivains était de plus en plus envahi par une foule de parasites : docteurs en analyse littéraire, spécialistes d'auteurs, partisans de tel ou tel style littéraire, chroniqueurs de cancans littéraires, secrétaires perpétuels d'organisations littéraires, linguistes et historiens de l'art. Une fois les grands thèmes analysés, la génération suivante de docteurs ès lettres fut contrainte de concentrer son attention sur des détails de moins en moins importants. Ils passèrent des décennies à donner un sens aux aspects les plus mineurs de l'existence de chaque écrivain, pour se disputer finalement sa dépouille comme des chiens.

L'écrivain finit par constituer une minorité dans son milieu – une minorité déshéritée. Les professionnels de la littérature bénéficiaient de contrats à long terme, de postes universitaires et de plans de retraite. Alors que la plupart des auteurs continuaient à occuper des espaces restreints dans des quartiers marginaux, ces experts avaient accédé au monde bourgeois de la propriété. Les écrivains se sédentarisaient de plus en plus alors que les professeurs bénéficiaient d'une machine à voyager internationale, pré-financée, et qui assurait sa pérennité. Cela les obligeait à se déplacer dans le monde entier afin de poursuivre leurs recherches littéraires et d'en discuter avec d'autres experts. Le fait que la plupart de leurs sujets d'étude étaient nettement plus pauvres qu'eux et menaient des existences beaucoup moins stables leur convenait fort bien. Plus un romancier buvait ou divorçait, plus il avait connu de faillites ou de dépressions nerveuses, plus il était intéressant à étudier et plus il devenait facile d'assimiler en lui angoisse et créativité. L'image de l'écrivain tragique, obsessionnel, souffrant, fit alors son apparition. Baudelaire : syphilitique et buveur d'absinthe. Verlaine : alcoolique. Joyce : pauvre et aveugle. Proust : asthmatique, homosexuel inavoué. Fitzgerald : pauvre, alcoolique et impuissant. Hemingway : alcoolique et suicidaire. Wilde : martyr, emprisonné, de l'homosexualité. Kerouac, Burroughs et autres : alcool, drogue et tragédie familiale. Partout on retrouve les mêmes thèmes de l'ego non maîtrisé et du génie œuvrant dans la pauvreté, sans la moindre reconnaissance.

La carrière de l'écrivain américain Raymond Carver illustra à la perfection à quoi cela allait aboutir. Pendant les années quatre-vingt, les spécialistes de la littérature y virent un exemple parfait du nouveau créateur poursuivi par ses origines ouvrières, par ses problèmes de famille et d'alcool. Il était rare que l'on parlât de son travail sans y faire référence. Sa mort prématurée, en 1989, fut presque un soulagement pour ses partisans, qui eurent dès lors tout loisir de le disséquer. Ce décès précoce – Carver n'avait alors qu'une quarantaine d'années – confirmait une fois de plus que les écrivains n'étaient pas faits pour vivre.

De prime abord, il n'y avait aucune raison pour que Carver ou tel autre écrivain ait prêté attention à cette nécrophagie mêlant l'analyse absurde et le macabre. Or les spécialistes de la littérature sont des professionnels, tout autant que les spécialistes de la politique. Quelle que soit la direction dans laquelle ils entraînent la littérature, les écrivains résistent difficilement au mouvement. L'idée que ces experts puissent changer la nature de la fiction peut paraître ridicule au premier abord, mais ils s'apparentent en fait à des courtisans, ou encore à des trains d'équipage militaires. Un roi qui n'imposait aucune discipline à sa cour se faisait exploiter par ses courtisans jusqu'à sa disparition, de la même façon qu'un train d'équipage surchargé de butin, de putains, de cuisiniers et de moyens matériels faisait perdre la bataille aux armées.

Quand l'approche rationnelle eut fourni à la littérature une multitude de raisons d'exister, son objet ne pouvait plus être la seule communication avec le lecteur. On finit même par traiter la relation entre le roman et son public comme un thème accessoire ou divertissant, servant de support à des ragots. Les femmes se pâmaient à la lecture de Byron. Des dizaines de milliers de Parisiens avaient accueilli Voltaire à son retour, en 1778. Des foules immenses se déplaçaient pour entendre Dickens. Tel était le genre d'informations qui nourrissaient les biographies des écrivains. Tout cela était cependant secondaire par rapport à l'interprétation psychologique de l'auteur et de son œuvre. Byron était-il bisexuel ? Voltaire couchait-il avec sa nièce ? Dickens se remit-il jamais de son enfance ? On finit par considérer la relation entre le roman et son public de la même manière que la relation entre l'écrivain et son public – de simples illustrations du culte de l'ego et du Héros. Ces questions ne comptaient guère par rapport à l'analyse artistique de l'œuvre et à la révélation de sa signification.

Ford Madox Ford décrivit à sa manière le professionnalisme croissant exigé des écrivains de son temps : « Si vous aviez déclaré à Flaubert ou à

Conrad [...] que vous n'étiez pas convaincu de la réalité d'Homais ou de Tuan Jim, il est certain qu'ils vous auraient insulté et vous auraient tiré dessus. » Alors qu'un romancier anglais de son époque « vous aurait si possible cassé la figure, s'il avait pu imaginer que vous osiez suggérer qu'il n'était pas un gentleman [9] ». En d'autres régions, on pourrait remplacer « gentleman » par « intellectuel », « artiste » ou « professionnel ».

Alors que des génies comme Tolstoï et Thomas Mann écrivaient encore, et que d'autres comme Orwell, Malraux, Hemingway, Greene et Camus devaient encore voir le jour, les principes essentiels du roman et de l'image du romancier étaient déjà en voie de constitution. Des rebelles ne cesseraient de répéter, comme Julien Gracq le fit dans les années soixante, après avoir refusé le prix Goncourt pour son roman *Le rivage des Syrtes*, qu' « en art, il n'y a pas de règles. Il n'y a que des exemples ». Longtemps avant lui, Balzac avait souligné à quel point le monde littéraire était devenu égoïste – un monde dans lequel « on n'aime que ses inférieurs ». Quant à Spengler, dans son fatras d'idées étranges, il soutenait entre les deux guerres que les écrivains modernes « n'ont pas vraiment de statut dans la vie d'aujourd'hui. Aucun d'entre eux n'est intervenu efficacement dans les hautes sphères politiques ni dans le développement des techniques modernes, ni en matière de communications, ni en économie ni dans aucune autre réalité importante, ne serait-ce que par un acte déterminant ou une idée forte ».

Les ingénieurs en aéronautique connaissent les avions. Le cœur n'a pas de secret pour les cardiologues. Mais que sait aujourd'hui le romancier occidental moyen? De quoi peut-il parler? Quelle doit être la matière de ses œuvres? Lorsque Voltaire, Swift, Balzac ou Zola dépeignaient le gouvernement, l'industrie, la Bourse et les sciences, ils en savaient davantage en la matière que la plupart des membres de ces professions. Le romancier se situait alors à l'avant-garde de la connaissance et de la compréhension des réalités. De nos jours, vivant généralement dans l'isolement de la « boîte » de compétence propre à la littérature, il en est bien incapable. Que connaît-il suffisamment bien aujourd'hui pour en faire état dans ses œuvres? Il connaît essentiellement l'écriture et le monde des écrivains. Puis sa propre vie intérieure. Enfin, sa situation concrète, en marge de la normalité, qu'il vive dans le confort ou dans la misère. D'un côté, il y a ceux qui écrivent à propos de l'écriture : les romanciers universitaires et les expérimentalistes. De l'autre, ceux qui, comme Raymond Carver, refusent ce cocon confortable et préfèrent raconter leurs expériences de marginaux.

Dans l'un et l'autre cas, il n'est pas question pour ces romanciers d'être à l'avant-garde de la société en entraînant tout le monde dans leur sillage. À la fin du xixe siècle, Walter Bagehot avait déjà perçu le problème : « Si les bons livres sont de telles raretés, c'est que, parmi les gens qui peuvent écrire, rares sont ceux qui savent quoi que ce soit. »

À mesure que les écrivains perdaient de leur influence sur la société, ils se replièrent sur la notion justificatrice de littérature comme forme d'art. Les origines de cette tendance remontaient à Kant et à l'idée de « l'art pour l'art ». Ce n'était pas simplement parce qu'une école décadente de la fin du XIXᵉ siècle avait décrété que l'art n'existait que pour l'art. Ou parce qu'un génie comme Wilde ou Baudelaire avait donné quelque poids à cet argument. Le langage tombant progressivement sous l'emprise de la civilisation rationnelle, l'indifférence affichée par certains écrivains tenait moins à l'irresponsabilité ou à l'égoïsme qu'à une sorte de reconnaissance de leur défaite.

Les aphorismes de Remy de Gourmont traduisent bien ce défaitisme pouvant aller jusqu'au dégoût de l'humanité. « Numéro LXXXIII – Mieux vaut l'ennui qu'un plaisir médiocre. » Ou : « Nous n'avons plus de principes et il n'y a plus de modèles : un écrivain crée son esthétique en créant son œuvre : nous en sommes réduits à faire appel à la sensation bien plus qu'au jugement [10]. »

Le repli ostentatoire des esthètes occulta l'effet réel du mouvement moderniste. Tous les écrivains s'accordaient sur la nécessité de mettre en lumière les perceptions intérieures de l'individu, ou sa psychologie. Dans la pratique, ce besoin s'exprima cependant par un affaiblissement progressif de la fiction au profit du style et de la forme, deux caractéristiques mesurables susceptibles de faire de l'écrivain un véritable « professionnel », comme n'importe quel autre. Le résultat de cet effacement du fond, de l'émotion, de la finalité, apparaît déjà chez les frères Goncourt. Ils étaient persuadés que leurs romans offraient un portrait précis et réaliste de la société. Mais leur sentiment profond apparaît dès la première page du *Journal* qu'ils commencèrent à rédiger le 2 décembre 1851, c'est-à-dire le jour où paraissait leur premier roman. Or, ce fut aussi le jour du coup d'État de Louis Napoléon. Le messager qui leur apporta la nouvelle s'offusqua lorsqu'ils s'enquirent du sort de leur livre : « Votre roman... un roman... la France se fiche pas mal des romans aujourd'hui, mes gaillards [11]. » Après quoi il s'en fut retrouver la réalité sur les barricades, les laissant broyer du noir dans leur cabinet. Si l'on en juge d'après la façon dont ils relatent l'épisode, il est évident que les frères Goncourt pressentaient la fragilité et l'inadéquation de l'art confronté à la réalité.

L'obsession des expériences dans le domaine du style et de la forme se propagea avec une étonnante rapidité. Le fait que cette approche quasi scientifique fût en somme liée à la révélation de l'inconscient semblait aussi correspondre à la réalité du monde extérieur. L'exaltation suscitée par les changements radicaux du langage, ainsi que le génie, pour ne pas dire la folie, d'un grand nombre de nouveaux praticiens de l'écriture, donnaient l'illusion du progrès. Or la réalité de ce progrès, vu de l'extérieur, était fort différente. La profession des gens de lettres était tout simplement en train de s'inventer son propre dialecte, aussi inaccessible aux non-initiés que le jargon des médecins et des économistes. À partir du XIIIe siècle, les écrivains s'étaient souciés d'obtenir une large compréhension de leur œuvre. Désormais ils avaient choisi de restreindre eux-mêmes l'usage du langage.

Les deux plus notables manifestations de la mort de la communication littéraire universelle s'incarnèrent au début du XXe siècle chez Marcel Proust et James Joyce. Dès lors ils furent reconnus comme les principaux génies de la révolution littéraire moderne, le roman cessa d'être le moyen linguistique par excellence pour poser les questions essentielles et transformer la société. Cela ne revint – par mégarde, dans le cas de Proust – ni plus ni moins qu'à retirer au langage et à la narration leur rôle de lien entre le roman et le public. Du coup, ils transportèrent le romancier hors du domaine du sens commun dans celui de la raison rendue folle par la logique.

Proust envisageait délibérément une œuvre sociale et politique traitant de la destruction de l'aristocratie et de l'ascension de la bourgeoisie. *À la recherche du temps perdu* évoquait les traumatismes subis par les Juifs de France, les clivages profonds provoqués par l'affaire Dreyfus, les mœurs pitoyables d'une société sur le déclin et les ambitions triviales des nouveaux bourgeois. Tout s'achevait à travers les massacres de la Première Guerre mondiale et la reconstitution grotesque, après guerre, d'une société qui prétendait n'avoir pas changé. Le langage et la narration traînaient peut-être en longueur mais ils étaient clairs.

La communauté littéraire porta son attention avant tout sur ce qu'elle considérait comme une vision attristée de l'homme. De ce récit surchargé, on ne retint guère que la nostalgie. De terroriste, Proust devint un gardien de la mémoire – un maître du rêve proposant une nostalgie littéraire des choses du passé. Ici la mémoire n'est pas un agent actif reliant le passé au présent. Il s'agit seulement du passé – passif et inoffensif. Une telle interprétation eut pour effet de transformer le « récit » – qui avait toujours été la force du roman – en un moyen rudimentaire que l'on pouvait ramener à des catégories de fiction secondaires.

La situation devint encore plus confuse quelques années plus tard, quand un autre écrivain prit le contrepied de la révolution suscitée par Proust. Louis-Ferdinand Céline fut probablement l'auteur français le plus révolutionnaire de notre siècle. Il fit exploser le langage et les conventions et renouvela le rapport au lecteur avec une franchise extraordinairement moderne, qui donnait au récit un sens nouveau et une puissance sans précédent. Toutefois les idées qu'il véhiculait étaient issues de la boue des tranchées et son instabilité mentale fit de son pessimisme la voix de la face obscure de l'homme. D'une certaine façon, ce fut comme l'écho des pires aspects de notre passé. Ses idées semblaient correspondre au style de Proust. Si ce dernier avait présenté ses visions avec la force et la clarté révolutionnaires d'un Céline, le roman français serait peut-être encore la manifestation la plus remarquable du langage occidental.

Le cas de James Joyce était plus simple. Ses ouvrages sont incontestablement l'œuvre d'un homme en colère et plein d'amertume. Il estimait être le messie du langage et voyait une croix à tous les coins de rue. La rage qui l'habitait était en partie le produit de la société divisée qui l'avait engendré – un sentiment que son exil interminable l'empêchait de digérer. Dans son œuvre, il entreprit non pas, comme on l'affirme généralement, de libérer le mot prisonnier, en éliminant les conventions, mais de détruire la communication elle-même. Il acheva *Dedalus, portrait de l'artiste jeune par lui-même* par ces termes : « Je vais pour la millionième fois à la rencontre de la réalité de l'expérience pour élaborer dans la forge de mon âme la conscience inachevée de ma race. » Ce qui l'intéresse, c'est sa propre âme. Rien n'indique qu'il ait l'intention de transmettre à autrui les résultats de sa quête. *Ulysse*, puis *Finnegans Wake*, le démontrèrent sans conteste : il ne se donna même pas cette peine.

Comme l'œuvre de Proust, les ouvrages de Joyce abondent en drames sociaux et politiques, mais ce qui domine dans la révolution joycienne, c'est le langage obscur, inaccessible à la majeure partie du public. Une obscurité qui n'avait rien d'accidentel. Dans sa ferveur messianique, Joyce était parfaitement conscient de ravir le roman au public – pour lequel il avait été inventé – et de le livrer à la merci des experts en littérature. Les grands romans du xixᵉ et du début du xxᵉ siècle furent souvent l'œuvre de médecins, d'ingénieurs, de militaires ou de propriétaires terriens. Joyce savait que ses principaux ouvrages ne seraient même pas déchiffrables par des représentants de ces catégories socioprofessionnelles. Parmi les étudiants, seuls les spécialistes en littérature se donneraient la peine de les ouvrir. Parmi eux, quelques-uns seulement poursuivraient leur lecture jusqu'au bout. Quel que fût son génie, Joyce justifiait la révolution élitiste destinée à voler le roman au public. Comme s'il avait pressenti que ce seraient les critiques, et non pas les lecteurs, qui deviendraient les nouveaux prêtres de la littérature et les garants de l'immortalité. Et comme s'il s'était promis de justifier la critique littéraire moderne en écrivant des romans livrés à leur compétence. Il y a de quoi nourrir les mouches dans *Ulysse* et c'est à leur intention qu'on y a mis ce qu'il fallait [12].

À la même époque que *Ulysse*, un autre roman rejetait les conventions linguistiques avec la même ferveur révolutionnaire – l'auteur y parvint d'ailleurs d'autant mieux qu'il était inspiré par des pulsions positives et non pas négatives. Ce n'était pas la colère, ni la haine de l'humanité, qui motivait Ford Madox Ford. Dans *Parade's End*, il fit éclater le langage narratif, non pas comme une astuce intellectuelle, ni pour se venger du lecteur, mais pour traduire la désintégration de la société occidentale pendant et après la Première Guerre mondiale.

Si la communauté littéraire se désintéressa de Ford et choisit *Ulysse* plutôt que *Parade's End* pour marquer le tournant de la fiction du xxᵉ siècle, ce fut surtout parce que ni Ford ni son œuvre ne cadraient avec l'image de la littérature moderne. Ford n'était pas un romancier solitaire, angoissé, replié sur lui-même. C'était au contraire un personnage généreux, de tempérament grégaire, bourré de défauts mais qui consacra une bonne partie de son existence à aider d'autres écrivains. Quant à *Parade's End*, il était en prise directe avec le monde réel. Ford ne passa pas son existence à rédiger de manière obsessionnelle un ou deux ouvrages de génie, comme l'artiste moderne était censé le faire. Il écrivit quantité de livres, certains médiocres, d'autres parmi les meilleurs qui soient. Enfin, Ford considérait Joseph Conrad comme le meilleur romancier du xxᵉ siècle. C'était là une faute inexpiable aux yeux d'une profession qui voulait qu'un génie égocentrique croie d'abord et avant tout en lui-même.

Conrad était et demeure à l'origine de l'école moderne des écrivains qui ont su développer toute la force originale du roman au xxᵉ siècle – de Fitzgerald et Hemingway à Graham Greene et Gabriel Garcia Marquez. Comment s'étonner alors que les professionnels de la littérature aient classé Conrad, dans leur hiérarchie intellectuelle, parmi les auteurs pour adolescents[2].

Dans la plupart des introductions à l'œuvre de Joyce, il nous est présenté comme le génie qui incarna à lui seul tout le mouvement moderniste :

> Pour comprendre cette forme littéraire, il était nécessaire de comprendre les limites de la fiction. De savoir que le roman était parvenu à sa pleine maturité, que chez Flaubert, puis chez Henry James, les ultimes possibilités de la peinture des caractères et de l'exploration mentale et spirituelle avaient été épuisées. Il n'y avait plus rien à faire, hormis repousser plus loin encore les frontières apparemment établies du roman, afin de permettre le développement de ce nouveau facteur de l'existence qu'était le subconscient[13].

Or l'unique gageure du roman était sa capacité à communiquer avec le lecteur. Quant au développement du subconscient, d'autres romanciers – à commencer par Conrad et Hemingway – n'avaient eu aucun mal à trouver de nouveaux moyens pour traduire les profondeurs spirituelles de l'humanité sans recourir à un langage secret. Pourquoi faudrait-il considérer comme une vérité absolue que la principale tâche du romancier consiste à réaliser des progrès sur le plan technique ?

Proust et Joyce finirent par constituer une sorte de rempart intellectuel derrière lequel pouvaient se dissimuler les experts en littérature. Même si les nouvelles générations d'écrivains ne furent guère influencées par eux, on estima néanmoins que ces deux hommes marquaient l'institution officielle de la profession littéraire. Critiques et écrivains pouvaient dès lors se comporter comme si le style définissait l'esthétique et comme si cette dernière se justifiait d'elle-même. Comme si l'on avait démontré que la politique n'avait aucun rapport avec la littérature. Comme si le désir de communiquer était dépassé, voire rétrograde, et le signe d'une faiblesse intellectuelle. Enfin, comme si la capacité d'attirer le public était l'indice d'un vil mercantilisme.

Cette évolution témoignait de trois réalités : une défaite du romancier face à la société rationnelle ; un coup d'État au sein de la communauté littéraire, mené par certains de ses partisans ; la lassitude croissante d'un nombre de plus en plus important d'écrivains cédant aux tentations et aux facilités de la vie professionnelle. « Parmi les artistes, l'indifférence vis-à-vis de la politique a toujours été associée à un sentiment d'impuissance, écrivait Cyril Connolly. [Cela] se cristallisa en une théorie selon laquelle la politique était nuisible et ne constituait pas un matériau artistique de premier ordre [14]. »

On avait presque l'impression que de nombreux écrivains avaient changé d'ennemis : à l'autorité injuste et à la conformité sociale s'était substitué un public de « philistins ». Comment les lecteurs auraient-ils pu interpréter autrement les obstacles qui les séparaient toujours davantage du mot écrit ? Ou encore la conviction de bon nombre d'intellectuels que le public souhaitait de la fiction de bas étage, ce qui les empêchait désormais d'écrire pour lui ?

Curieusement, certains romanciers étaient persuadés du contraire : que le public amoureux de littérature lancerait des attaques kamikazes contre leur prose impénétrable. Or le lecteur n'avait que faire d'une telle confrontation avec l'art. Ce que l'on qualifiait de littérature « sérieuse » n'était guère lu, à commencer par Joyce et Proust. La plupart des auteurs « importants » de notre temps ont moins de lecteurs que le plus banal manuel d'informatique. D'où une rupture radicale avec le passé. Mais ces romanciers sont-ils vraiment importants ? Les grands écrivains des quatre derniers siècles ont été très populaires à leur époque, ou juste après leur mort. Or les manifestes de la littérature moderne sont encore moins lus aujourd'hui qu'au moment de leur parution. Dès le début, la force du roman reposait sur le fait qu'il était intellectuellement accessible au public des lecteurs. Plus ce public s'étendait, plus le roman prit de l'ampleur. Brutalement, au XXe siècle, cela cessa. La plupart des romans importants ne sont même pas accessibles à cette partie de la population qu'au XVIIIe siècle on aurait qualifiée de cultivée. Gracq souligna le phénomène lorsqu'il remarqua que la littérature était désormais quelque chose dont les gens parlaient au lieu de la lire – ce qui n'avait rien de surprenant puisqu'elle n'était plus faite pour être lue.

Tout cela ne retire évidemment rien au génie de Proust et de Joyce. Un roman peut être merveilleux, captivant, sans suivre pour autant les critères essentiels de la communication, de la pensée ou de l'argumentation. La vie est remplie de culs-de-sac, dont certains sont fort intéressants. Le XXe siècle a bâti deux remarquables villas baroques au fond d'une impasse littéraire qui vaut le détour, en particulier pour d'autres écrivains susceptibles d'y glaner des idées adaptables à des voies plus fréquentées. Or la profession littéraire a voulu faire dévier la rue principale dans ce cul-de-sac. Depuis soixante ans, elle a passé le plus clair de son temps à essayer de ressortir des jardins protégés des villas proustienne et joycienne dans l'espoir de découvrir à l'arrière une voie nouvelle – qui n'existe pas.

Les instruments de cette dérive ont été presque exclusivement techniques. De la technique, toujours plus de technique! L'essentiel de la fiction américaine est aujourd'hui dominé par des auteurs « importants » qui sont soit des professeurs d'ateliers d'écriture ou de littérature, soit des produits de cet enseignement. Le romancier-professeur John Barth se flatte que ses élèves se soient tous « consacrés à une écriture formellement innovatrice d'une manière ou d'une autre [15] ». Comment une écriture innovatrice peut-elle être formelle? Difficile à dire. Cependant, formel est bien le mot qui convient dans ce contexte. Il définit un processus qui n'a rien à voir avec l'écrivain en tant que témoin fidèle et colle parfaitement à l'image d'une élite élaborant assidûment un code destiné à assurer sa propre protection.

En produisant des auteurs par l'intermédiaire de cet enseignement, on ajoute encore à l'isolement d'une population d'écrivains pas suffisamment indépendante pour être en mesure d'écrire à propos de quoi que ce soit. Au Moyen Âge, l'aridité de la tradition scolastique suivit la même voie. Aujourd'hui comme alors, l'approche scolastique ne peut s'empêcher de définir, de catégoriser, de créer des cadres techniques, alors qu'en réalité le roman ne supporte pas de telles règles. Ce n'est pas un hasard si dans l'histoire la force des romanciers s'inspira de tous les domaines, sauf de la scolastique, qui – à l'instar des courtisans et des eunuques – s'épanouit à partir d'une structure et d'une vision du monde centrée sur elle-même. Aujourd'hui comme alors, l'influence de la scolastique concerne l'attribution d'emplois, de titres, de prix et de décorations aux plus méritants. Leur obsession de la règle les amène à négliger le jugement du lecteur et incite les experts en littérature à oublier l'une des vérités sur le roman, que Voltaire résuma en ces termes : « Tous les genres sont bons, hormis le genre ennuyeux [16]. »

Certes, si Barth et d'autres veulent se limiter au statut de castrats hautement compétents – produit inévitable d'une vie de cour par trop développée –, pourquoi les en empêcher? Tout romancier a le droit d'être ennuyeux s'il y tient. En ce siècle bouleversé par les révolutions, les guerres, les crises, la famine et les changements radicaux des élites, on peut se demander pourquoi un si grand nombre de romanciers occidentaux éprouvent tant de mal à trouver des thèmes à exploiter, en dehors de leur situation personnelle, du monde des écrivains et des techniques de la littérature. Considérons par exemple le nouveau roman, plus ou moins fabriqué par Alain Robbe-Grillet et une poignée d'autres intellectuels, un soir, autour d'une table, histoire de créer quelques remous dans la littérature. Songeons aux efforts déployés par toute une partie du monde littéraire pour développer et analyser ce style. À l'empressement avec lequel les universités se sont jetées sur cette nourriture pour des mouches d'un nouveau genre. Considérons enfin la méthode d'analyse connue sous le nom de déconstructivisme, qui semblait proposer le moyen de débusquer de nouveaux sens dissimulés dans le langage des textes. En réalité, cette méthode vise à paralyser le langage et la communication en empêchant précisément tout consensus quant au sens. Comment ? « Il ne faut pas ajouter foi aux intentions de l'auteur. Le texte subvertit son propre sens apparent. Le langage ne fait aucunement référence à une intériorité mystique. Le sens n'est pas contenu dans le langage [17]. » Il s'agit moins de nihilisme que d'un plaidoyer en faveur d'un retour à une société analphabète.

Le romancier qui reste à l'écart de la « boîte » de spécialisation où se déroulent ce genre de débats fait figure d'ennemi aux yeux des professionnels. En vivant dans le monde réel, il est en effet la preuve que le roman peut être autre chose. Cela explique sans doute que ces professionnels se soient donné tant de peine pour diviser la fiction occidentale en une multiplicité de genres. La simplicité n'est plus une vertu. On a tant prôné la valeur du langage complexe et hermétique que le public a fini par croire que le manque de clarté était la preuve d'un talent artistique. Même quand la simplicité apparaît sous la forme du minimalisme, on s'évertue encore à donner la priorité au style plutôt qu'à tout autre aspect du contenu.

La plupart des livres qui abordent le monde réel sans effet de recherche sont automatiquement relégués au bas de l'échelle, où toute une série de termes péjoratifs ont été mis au point pour les qualifier. *Docudrame* a eu une certaine vogue. Ainsi que *roman-reportage*. Ou encore *tiré de l'expérience de l'auteur*. Ces expressions et d'autres encore sous-entendent que les expériences personnelles ont un moindre effet littéraire que si elles proviennent de l'imaginaire de l'auteur ou du monde littéraire. Lorsqu'on demanda à André Malraux si *La Condition humaine* procédait d'une expérience vécue, il rétorqua :

> Écoutez, est-ce qu'il existe sérieusement du vécu quelque part ? N'est-ce pas une espèce de chimère incroyable ? Qu'a-t-on considéré comme le comble du vécu en France ? Balzac. Mais Baudelaire écrivait qu'il était le plus grand visionnaire de notre temps [18].

Il essayait d'expliquer la différence entre le reflet fourni par un témoin et la simple photographie. Plus tôt dans sa vie, il avait été amené à décrire ses romans comme « une tragédie grecque envahie par le roman policier ». Comme si une formule choquante était nécessaire pour détruire le postulat selon lequel la fiction est aux antipodes des faits, plutôt que d'être la même chose vue d'un autre œil.

Les auteurs qui prétendent écrire de la « non-fiction » ont certainement réussi mieux que d'autres à éviter les limites de la fiction. Longtemps avant de se risquer à publier son premier roman officiel, Tom Wolfe s'est essayé dans cette voie. En réalité, il a toujours écrit de la fiction : *L'Étoffe des héros* était une histoire à la Zola. Truman Capote fit de même avec *De sang froid*. Ces deux auteurs ont su toucher le grand public d'une manière qui rappelle les séductions du roman du XVIIIᵉ siècle. *Sequesto è un Uomo* de Primo Levi, *L'Empereur* de Ryszard Kapuscinski, *North of South* de Shiva Naipaul, *En Patagonie* de Bruce Chatwin, *Le Dernier Cowboy* de Jane Kramer, et même les *Mémoires d'Hadrien* de Marguerite Yourcenar, sont des œuvres de fiction déguisées. Cette astuce permettait à leurs auteurs de raconter une histoire sans que la communauté littéraire puisse les juger ou les cataloguer trop facilement. La multiplication des formes de littérature de non-fiction s'inscrit dans le même processus.

Les écrivains qui ont quelque chose à dire se sont progressivement détournés du roman comme s'il s'agissait d'un mode de communication condamné à mort. Beaucoup d'entre eux rêvaient d'écrire des romans, mais étaient convaincus que cela représentait un sacrifice inutile – auquel ils pourraient se risquer le jour où ils seraient des auteurs reconnus dans la non-fiction. Leur pessimisme prouve à quel point la structure et le professionnalisme peuvent décourager des gens de talent.

Cependant, le public est resté indifférent à l'idée que la peinture de la réalité constituerait un genre littéraire inférieur. Les lecteurs ont refusé d'abandonner le récit ; pendant des décennies, ils se sont épris de nouveaux moyens de communication proposant une narration claire et précise. La fiction déguisée en non-fiction a particulièrement bénéficié de cette tendance, de même que diverses catégories de « romans », dont le roman policier. En Occident, les gens qui ont le temps et le goût de lire affirment volontiers qu'ils ne lisent plus de romans et leur préfèrent les biographies. En relatant la vie d'un homme ou d'une femme, le biographe est obligé de raconter une histoire. Depuis le déclin de la sensibilité victorienne, ces histoires vraies ont la matière dramatique de la fiction et la peinture des personnages y est tout autant développée. Si extraordinaire qu'ait pu être l'existence du personnage traité, l'auteur n'en est pas moins limité par les contraintes de la réalité. Il parle de son personnage alors que le romancier parle de son lecteur. Le témoin fidèle offre un reflet du lecteur. Le biographe ne peut offrir que du voyeurisme, des exemples et des interprétations. Il propose cependant au public une histoire et le fait vibrer comme dans une bonne fiction. C'est certainement mieux que de ne rien lui proposer du tout.

Il faut considérer ces luttes pour la maîtrise de la fiction dans le contexte de l'essor du roman. Sa force résidait dans le fait que, contrairement à la poésie ou à l'art dramatique, son élan n'était pas freiné par des règles stylistiques débilitantes. Le roman a donc accompagné l'explosion du langage et de la compréhension. De nos jours, la fiction occidentale est paralysée par des barrières stylistiques, des classifications opposant le grand art littéraire à un art vulgaire, des sujets admis et des élites intellectuelles qui surveillent le tout et forment elles-mêmes leurs successeurs. L'un des grands avantages du roman était la facilité avec laquelle il pouvait être traduit d'une langue à l'autre sans perdre de sa force. La scolastique du XXᵉ siècle a éliminé cet atout. De nos jours, il n'est pas rare de trouver des romans aussi difficiles à traduire que de la poésie. Tout cela montre bien que le roman n'est plus un pivot de la liberté linguistique. Il fait désormais autant partie du problème de la communication que de sa résolution.

Les écrivains qui ont le plus de difficultés avec ce que l'on peut qualifier de *statu quo* littéraire sont ceux qui gagnent de l'argent avec leurs livres. Ce mépris vis-à-vis des romanciers dits « commerciaux » ne tient aucun compte du public ou de la manière dont les lecteurs choisissent de lire un livre plutôt qu'un autre. Les tenants de l' « establishment » littéraire sont bien obligés de constater que l'essentiel de ce qu'ils considèrent comme de la fiction de qualité disparaît de la scène publique pour se réfugier dans les coulisses. Ils en accusent la fiction « commerciale » et jugent que les auteurs à succès flattent les instincts les plus vils du lecteur. Sinon ce dernier serait bien obligé de s'intéresser à la littérature sérieuse.

La fiction « commerciale » ou « populaire » est composée essentiellement de romans policiers, de romans d'espionnage, d'aventures, de science-fiction et de romans d'amour. Ce sont les représentants de l'autorité littéraire – les professeurs, les critiques, les éditeurs – qui ont défini ces catégories. Rares sont les écrivains ainsi catalogués qui revendiqueraient ce genre d'étiquettes, hormis les auteurs de romans de gare.

Les sujets de ces œuvres « commerciales » couvrent une partie du terrain jadis occupé par le roman traditionnel. Ce sont ces auteurs qui dépeignent aujourd'hui le monde réel et les crises qui l'agitent, qu'ils le fassent ou non avec honnêteté, avec de l'imagination ou de façon machinale, en prêtant attention aux détails ou en restant superficiels. De toute façon, le héros d'un roman d'aventures médiocre est plus proche du monde réel que la création obscure d'un Barth ou d'un Robbe-Grillet.

En 1976, le sénateur Frank Church, président d'une commission du Congrès américain chargée d'une enquête sur la CIA, et aujourd'hui décédé, écrivait dans son rapport que l'énorme pouvoir que conféraient à l'État les nouvelles technologies touchant à la surveillance, à l'endoctrinement et à la mobilisation étaient capables de créer très rapidement un régime fasciste [19]. En somme, le roman d'espionnage s'efforce de traiter d'une telle situation. De même que l'aggravation de la violence criminelle et l'effondrement de notre système juridique ont alimenté le roman policier, l'essor du commerce des armements a provoqué une escalade de la violence internationale qui nourrit ce qu'on appelle le « thriller ».

Le succès extraordinaire de cette littérature « commerciale » ne s'explique nullement par la lâcheté ou l'ignorance du public. La confusion règne de nos jours et les citoyens se sentent coincés dans les « boîtes » de spécialisation où les structures rationnelles les ont enfermés. Plus que jamais, ils ont besoin qu'on leur renvoie un reflet précis d'eux-mêmes et d'un monde qu'ils ont l'impression de ne pas bien percevoir. Les œuvres les plus célèbres ont toujours présenté de tels reflets sous la forme de divertissements. Shakespeare, Molière, Goethe et Gogol savaient qu'ils devaient distraire leur lecteur. On n'a jamais prétendu que le plaisir que ce dernier en retirait nuisait à la valeur de leurs œuvres ou aux thèmes qu'ils abordaient.

Dans la mesure où cela n'est plus le cas aujourd'hui, pourquoi ne pas laisser tout simplement la littérature dans les coulisses où elle a trouvé refuge? Les nouveaux modes de communication désireux de s'y substituer ne manquent pas. Les images du cinéma et de la télévision occupent déjà le centre de la scène, jadis réservé au roman. Même les fictions les plus populaires doivent se battre pour trouver une place à côté des médias électroniques qui, sans exiger le moindre effort du public, peuvent offrir immédiatement des reflets parfaits de la réalité. Les bandes dessinées ont également occupé le terrain et le nombre de leurs lecteurs ne cesse d'augmenter. La scène publique est aujourd'hui encombrée par une quantité et une variété croissantes de spécialistes de la communication que l'Occident n'avait jamais connus auparavant. Et qui semblent parfaitement à l'aise sous les feux de la rampe.

En leur compagnie, l'écrivain semble encore plus isolé – souvent revêche, austère, voire timide. Et cela malgré des siècles d'efforts pour s'imposer au public. Peut-être l'explication est-elle tout simplement que les écrivains d'aujourd'hui n'ont plus le même profil que ceux d'hier. S'il vivait de nos jours, Byron serait probablement une star du rock et nous transmettrait son message par l'intermédiaire d'un micro. Ou alors ce sont peut-être les moyens de diffusion qui ont changé sur la scène publique, et non pas les artistes.

Cependant ces nouveaux médias n'apportent pas au public ce dont il a vraiment besoin, qu'ils soient trop limités ou trop faciles à manipuler. Ainsi, la chanson populaire s'apparente plutôt à l'hymne ou au slogan; il s'agit davantage d'émotion pure que d'un témoignage. Dans les années soixante, on a assisté à un retour du troubadour, avec des poètes comme Leonard Cohen et Bob Dylan, mais le genre fut rapidement détrôné suite à l'explosion des techniques électroniques; les mots se trouvèrent relégués en troisième position, derrière un arrangement complexe de sons mais aussi d'images, par le biais des vidéoclips. Cette capacité d'assemblage électronique note par note, instrument par instrument, a également influencé les concerts de musique classique en direct, à cause des techniques surhumaines des enregistrements d'arias et de sonates qui sont en vente partout. De même que l'essor du Héros engendre la passivité et un élitisme de la pire espèce, ces sons Héroïques, qu'ils appartiennent à la musique pop ou classique, privent en partie la musique de son rôle.

Quant aux bandes dessinées, quelles que soient leurs qualités – et sans vouloir dénigrer leur popularité –, elles sont essentiellement visuelles, leur force résidant dans l'illustration et non pas dans la communication verbale. Les albums pour enfants se vendent à des centaines de milliers d'exemplaires, et pour quelques dollars. Les BD pour adultes sont plus onéreuses, mais cela ne les empêche pas de connaître des scores de 20 000 exemplaires ou même d'atteindre parfois le chiffre record de 100 000. Alors que dans la plupart des pays le tirage des romans se situe entre 2 000 et 5 000 exemplaires. Les bandes dessinées jouent un rôle essentiel dans la panoplie des images modernes. Elles peuvent même se substituer au mot écrit, sans le remplacer pour autant. Car elles ne disposent pas des mécanismes du langage qui permettent l'organisation de la vie quotidienne, la compréhension entre les individus et l'évolution de la civilisation.

Enfin, les médias électroniques ont les défauts de leurs qualités : ils exigent d'importantes infrastructures, des dépenses considérables et une organisation d'entreprise. Aucun moyen de communication ne peut prétendre être indépendant. Le cinéma et la télévision sont facilement contrôlés par un pouvoir politique, militaire ou administratif. En dehors d'une minorité de démocraties, les écrans de cinéma et de télévision présentent un pauvre assemblage d'images officielles ou inoffensives. Autrefois, les organisateurs de coups d'État devaient, pour assurer le succès de leur entreprise, s'emparer du palais présidentiel et des arsenaux. Les progrès de la technologie moderne les ont contraints à y ajouter les aéroports et les stations de radio. De nos jours, il leur faut également prendre le contrôle des studios de télévision.

L'invention de la cassette vidéo semblait apporter un nouvel élément de liberté : une cassette n'est pas plus difficile à dissimuler qu'un livre. Aujourd'hui, même dans les dictatures les plus sévères, les élites qui voyagent à l'étranger peuvent en rapporter clandestinement. Mais seuls les nantis peuvent voyager et posséder un magnétoscope et sous ces régimes il faut être riche ou puissant pour pouvoir regarder des cassettes en privé.

Les contrôles rigoureux qui existent dans certains pays nous incitent à penser que le problème n'existe pas en Occident. Et pourtant, il prend parfois chez nous des dimensions beaucoup plus graves. Rien n'apparaît sur nos écrans sans l'investissement de sommes colossales par des publicitaires ou des gouvernements. Presque dès le début, les publicitaires ont compris que, s'ils ne pouvaient imposer tout seuls le contenu des programmes, il leur était facile d'empêcher la diffusion de ce qui ne leur convenait pas. Il leur suffisait de couper la manne publicitaire. Les tentatives de certaines chaînes de leur enlever ce pouvoir en vendant des créneaux publicitaires qui ne seraient pas attribués à des émissions spécifiques n'ont fait que compliquer le système en obligeant les annonceurs à multiplier les ruses pour maintenir leurs pressions. Le maître intelligent n'impose jamais d'interdits. Il présente les choses de manière à ne pas nuire à ses intérêts et à éviter tout conflit direct. Les publicitaires de la télévision l'ont bien compris et sont ainsi devenus des champions du divertissement facile.

Dans presque toute l'Europe, les dispensateurs de subventions gouvernementales à la télévision ont également compris dès le début qu'ils détenaient un pouvoir de contrôle. Contrastant avec la liberté initiale de la télévision dans certains pays comme les Pays-Bas, la Grande-Bretagne, l'Allemagne, le Canada et l'Australie, cela s'est traduit par une propagande organisée, subtile ou non. Même les gouvernements les plus libéraux se sont laissé peu à peu influencer par les critiques formulées par les entreprises publiques. Les hommes politiques ont commencé à réagir par des attaques personnelles maladroites à l'encontre de certaines émissions ou de certains journalistes, en les accusant de partis pris antigouvernementaux. Cette attitude devait se retourner contre eux car elle rappelait étrangement au public les années trente, qui avaient débuté par une critique contre la liberté de parole pour se terminer par la victoire des dictatures en Europe. Les autorités recoururent alors à la manipulation bureaucratique. Les restrictions budgétaires et les nominations politiques se révélèrent si efficaces que les producteurs comprirent bientôt qu'ils ne disposeraient plus de moyens financiers s'ils poursuivaient leur démarche critique. Les chaînes privées connaissaient déjà ce genre de situation.

Cela instaura progressivement des formes d'autocensure, chez les gestionnaires d'abord, puis chez les producteurs. Ils devinrent de plus en plus prudents chaque fois qu'une question d'intérêt public était soulevée.

Les détenteurs du pouvoir l'emportent plus facilement face à l'opposition ou à la presse. Cela explique pourquoi les journalistes sérieux adoptent généralement une attitude critique à leur égard. Les gouvernements et les entreprises disposent cependant de budgets et d'experts affectés en permanence à la préparation d'arguments permettant de réfuter tout jugement défavorable. Face à la plupart des critiques, les réponses professionnelles ont l'avantage de semer le trouble dans l'opinion; parfois elles réussissent même à contrer les attaques. Dans le cas de la télévision, la recherche de l'équilibre offre nécessairement un avantage aux détenteurs du pouvoir.

Les manipulations budgétaires et politiques sont un moyen compliqué de contrôler la liberté de parole. La solution a donc consisté à commercialiser de plus en plus la télévision. Ce qui attire les publicitaires, c'est précisément la souplesse rassurante et ritualisée de ce média.

Les émissions déroutantes et choquantes n'offrent pas un support très efficace à la promotion de produits. Les programmes originaux détournent l'attention des écrans publicitaires. L'intention de l'annonceur apparaît clairement dans le fait que le son des spots publicitaires est plus élevé que celui des émissions elles-mêmes. Sur une échelle de un à dix, les programmes passent du silence à des sons maximaux, mais se situent en moyenne entre les niveaux quatre et six. Les publicités se situent au niveau sept ou huit. Si le son des émissions est modulé, celui des publicités reste à ce niveau pendant trente secondes, voire une minute, ce qui renforce encore son effet sur l'écoute. Plus le système de la télévision est commercialisé, comme aux États-Unis, plus les publicités sont bruyantes – entre les niveaux huit et neuf. Même au niveau sept, elles dominent encore le son des programmes.

Le rituel est un phénomène continu et répétitif. La plupart des émissions se situent ainsi au deuxième plan par rapport aux messages publicitaires. Les coûts de production par seconde de la publicité sont beaucoup plus élevés que ceux des programmes. La plupart des spots publicitaires sont en fait de meilleure qualité que les émissions qu'ils financent : les couleurs sont plus riches, le travail de la caméra est plus soigné et le scénario a généralement plus d'efficacité. Si l'on peut encore tirer quelques profits de la surprise en matière de télévision, les créateurs publicitaires semblent être les seuls à en bénéficier.

Le cinéma s'est révélé tout aussi facile à manipuler. **Les films américains** ont envahi les écrans du monde entier et les « normes » hollywoodiennes impliquent des budgets qui rendent impossibles la plupart des productions indépendantes. Le cinéma a fini par ressembler à l'opéra : l'appareil de production est tellement lourd que les détenteurs du pouvoir et de l'argent contrôlent toute réalisation. On peut difficilement reprocher aux commanditaires de ne financer que ce qui leur convient. Quant à la place de la critique sociale ou politique, il est évident que le cœur du système de production cinématographique est financier, et non pas moral. Il s'agit d'un secteur d'affaires à haut risque et aux rouages complexes contrôlés par des comités « compétents ». Il est donc rare que les films se consacrent à des débats encore ouverts. Ils illustrent plutôt des opinions déjà consensuelles. Et la production n'est que la première étape d'un long processus. La distribution dépend tout autant de risques financiers et de considérations politiques. Une multitude d'intérêts font qu'un film aura une audience internationale ou non. Un film peut être distribué à l'échelle planétaire, ou dans quelques salles seulement. *La Bataille d'Alger* ou *Les Sentiers de la gloire* de Stanley Kubrick furent longtemps sans distributeur en France. Personne ne comprenait comment cela était possible. Les producteurs sont les propriétaires absolus des films, alors que c'est l'auteur, et non pas l'éditeur, qui est propriétaire d'un livre.

L'image filmée connaît d'autres contraintes. Un long métrage remarquable, même s'il est l'œuvre d'un génie, ne peut proposer qu'une vision limitée d'événements restreints. Contrairement au roman, le cinéma n'offre pas la possibilité de créer tout un monde dans lequel l'imagination du spectateur peut évoluer à sa guise. La magie des moyens audiovisuels repose sur la capacité d'influencer le spectateur et de susciter ses réactions. Celle de la fiction se fonde sur la possibilité de libérer chez l'individu des émotions et une réflexion. Cinéma et télévision exigent un public plus ou moins passif, alors que le roman a besoin d'un lecteur actif.

Un exemple technique simple permet d'illustrer cette différence. La forme littéraire baptisée nouvelle est un moyen limité – non pas au niveau de ses qualités artistiques, mais au niveau du temps, de l'espace, du nombre des personnages, de la complexité du récit, de la diversité des émotions et des dimensions de l'univers qu'elle dépeint. Elle peut être brillante mais elle se limite forcément à certaines émotions, alors que le roman peut évoquer toute la gamme des sentiments humains. Au bout de près d'un siècle d'adaptations d'œuvres de fiction à l'écran, on peut établir un bilan des réussites et des échecs dans ce domaine. Les romans font généralement de mauvais films, surtout lorsqu'il s'agit de bons romans. En revanche, les nouvelles permettent souvent d'excellentes réussites à l'écran. Elles sont suffisamment précises pour ne pas surcharger les capacités limitées du cinéma. En fait, les meilleures adaptations cinématographiques sont souvent tirées de nouvelles médiocres, ou carrément mauvaises, dans la mesure où une nouvelle de qualité risque d'être trop complexe pour un film de quatre-vingt-dix ou cent vingt minutes.

La télévision a remporté ses plus grands succès dans le domaine des sports. C'est le seul secteur où le spectateur a l'impression qu'on lui livre le sujet dans sa totalité. Nulle part ailleurs le producteur ne se sent suffisamment libre pour traiter le sujet jusqu'au bout. Aucune autre émission n'offre au publicitaire des émotions garanties, libres de toute considération sociale. L'émission sportive a pris de plus en plus d'importance depuis quarante ans; son dérivé le plus notable apparaît dans la multiplication des longs métrages Héroïques traitant de la boxe, du baseball ou des compétitions olympiques.

Plus important toutefois : l'intégration de cette formule dans des scénarios de cinéma ou de télévision qui n'ont strictement rien à voir avec le sport. En apparence, il s'agit d'histoires de guerre, de crimes ou de sagas familiales. En y regardant de plus près, on s'aperçoit cependant que ces histoires ont été réduites à la structure d'une partie de football. La réussite tient à des formules extrêmement précises. Les relations entre les protagonistes sont clairement définies. Le monde réel est reproduit selon un schéma fixe au terme duquel des actions prédéterminées débouchent automatiquement sur la gloire ou sur la tragédie. L'efficacité de la formule dépend d'un système rigide qui ne laisse aucune place à la surprise. Le Héros, qui peut rater son coup, perdre, tomber ou échouer dans son entreprise, est invariablement opposé à un joueur qui n'a pas encore fait ses preuves, et qui finit par l'emporter en devenant ainsi lui-même un Héros.

Le fait que tous les scénarios sportifs dépendent de ce Héros inattendu pour créer le suspense est séduisant sur le plan émotionnel, mais c'est également un thème insidieux dans une société civilisée. Cela revient à transformer les relations humaines en une sorte de loterie. Quelqu'un va gagner un million de dollars. Quelqu'un va devenir le Héros de la partie du jour. La perspective d'un espoir illusoire devient une sorte de normalité. C'est la raison pour laquelle un nombre croissant de films – voire la majorité d'entre eux – glorifient le Héros inattendu. La situation est toujours sauvée par des faibles, des amateurs, des peureux, des losers. Cela n'a cependant aucun rapport avec le monde réel. Jamais les faibles ne remportent la bataille, pas plus que les pauvres ne dament le pion aux riches. Ceux qui achètent des billets de loterie ne gagnent pas pour autant le gros lot. Depuis toujours, le cinéma tient à ses « happy ends ». À la télévision, les films ne se terminent pour ainsi dire jamais mal. Pour y parvenir, des passages entiers des œuvres de fiction ont dû être adaptés – c'est-à-dire déformés – pour prendre un aspect plus rassurant. Grâce à Walt Disney et bien d'autres, le réalisme sans complaisance de la littérature pour enfants – des frères Grimm à Hans Christian Andersen en passant par Beatrix Potter et Frank Baum – s'est trouvé gommé. Certains diront que les petites paraboles du cinéma donnent de l'espoir aux plus défavorisés. Pourtant elles offrent un reflet illusoire de la réalité et amoindrissent tout espoir de changement.

Le problème des nouveaux modes de communication qui encombrent la scène publique est qu'ils rabaissent le langage, le banalisent ou n'en font plus aucun usage. Or il ne peut être question d'une civilisation post-verbale. Le langage est l'élément essentiel de toute société. Il nous permet de comprendre les organismes et rend les relations possibles. Le mot civilisation lui-même procède du droit civil de Rome : les mots qui ont organisé les relations entre individus. Les médias électroniques ont eu pour effet de nous noyer dans la musique des mots en leur retirant tout sens et toute forme.

Reste à savoir si le roman est capable de régler son compte à la dictature de la raison, comme il le fit jadis en affrontant le pouvoir arbitraire. Il suffit de considérer les élites littéraires occidentales pour en douter.

En dehors de l'Occident la situation est fort différente. En Europe centrale comme en Amérique latine, le roman continue à refléter la société. Si les écrivains ont joué un rôle aussi important lors des événements d'Europe centrale en 1989, c'est parce qu'ils représentaient depuis plus de quarante ans la voix de l'opposition. En Afrique et dans une grande partie de l'Asie, où l'ère du nationalisme ne fait que commencer et où l'instabilité politique représente un danger pour quiconque ose exprimer ses opinions, le roman est en plein essor. Depuis quarante ans, les prisons d'Europe de l'Est et du tiers monde sont remplies d'écrivains et les listes annuelles d'assassinats ou d'exécutions politiques se composent en bonne partie d'auteurs, d'essayistes et de journalistes.

Un bref survol des auteurs de fiction qui ont profondément marqué l'Occident depuis un demi-siècle fait apparaître les noms d'Arthur Koestler, Boris Pasternak, Gabriel Garcia Marquez, Alexandre Soljénitsyne, Wole Soyinka, Jorge Amado, Ryszard Kapuscinski, Mario Vargas Llosa et J. M. Coetzee. Un grand nombre d'entre eux viennent précisément de ces marges de l'Occident ou d'au-delà, où le roman occupe encore dans la société une place aussi importante qu'en Europe à la fin du xviiie et au xixe siècle. Des écrivains occidentaux, comme Albert Camus et Graham Greene, ont tiré leur inspiration du fait qu'ils écrivaient sur l'Occident dans un contexte qui lui était étranger. Le lecteur d'aujourd'hui trouve dans tous ces livres les véritables reflets – le témoignage fidèle – que la majorité de nos romans ne parviennent plus à nous offrir.

C'est seulement en Occident, là où les médias électroniques ont fait main basse sur la communication, que les manieurs de mots ont progressivement disparu de la scène publique. On a tendance à croire que l'affaire Rushdie, survenue en 1989, démontra précisément le contraire. Or Les Versets sataniques n'ont rien à voir avec l'idée d'un auteur occidental remettant en cause des préjugés occidentaux. Ce roman fut utilisé par un leader politico-religieux fanatique comme un moyen pour provoquer un incident diplomatique entre l'Occident et le monde islamique. L'épisode rappelait étrangement, mais sous une forme inversée, ces crises diplomatiques provoquées par des canonnières tout au long du xixe siècle. Les Occidentaux prenaient alors prétexte de quelque affront mineur à nos principes – comme le libre accès de nos marchands ou de nos missionnaires en terre étrangère – pour envoyer un détachement militaire et arracher des concessions importantes aux intéressés. L'ayatollah Khomeyni prétexta une atteinte à ses croyances pour dépêcher des terroristes chargés de déstabiliser l'Occident et ses voisins arabes.

La condamnation à mort de Salman Rushdie vint s'ajouter à toute une série de menaces suscitées par divers gouvernements, pour différents motifs, à l'encontre de centaines d'écrivains en dehors de l'Occident, sans parler des meurtres de douzaines d'écrivains, de journalistes, d'auteurs dramatiques et de poètes qui ont lieu chaque année. Il y a moins d'un demi-siècle, nous recourions d'ailleurs au même genre de procédés. L'Occident a réagi aux intimidations de Khomeyni avec une étrange « gêne » à l'idée que des mots puissent causer autant d'ennuis. Nous avons insisté sur le fait que Rushdie n'avait pas voulu offenser qui que ce soit, et l'avons incité à en faire autant : ce n'était après tout qu'un roman! Mais Salman Rushdie était né musulman, il avait abordé l'un de ses sujets favoris en sachant ce qu'il faisait, tout comme Voltaire savait ce qu'il faisait en s'en prenant à l'Église catholique, ou Tolstoï en s'attaquant aux propriétaires fonciers, ou encore Fielding en condamnant la corruption judiciaire. Quant à la réaction de Khomeyni, elle n'était guère surprenante de la part du leader politique de l'aile radicale d'une religion plus jeune que la nôtre de six cents ans et beaucoup plus fervente. En Occident, la religion a perdu l'essentiel de son pouvoir il y a deux siècles et pourtant les chrétiens continuent à s'entretuer en Irlande.

Si inadmissibles que soient les initiatives de Khomeyni, elles n'en sont pas moins compréhensibles. La réaction occidentale fut beaucoup plus surprenante. Il suffisait qu'un vieillard vivant dans un pays sous-développé et en faillite prononçât une brève sentence pour que notre colossale infrastructure fût ébranlée et se mît à tourner en rond. Les structures rationnelles se trouvaient confrontées à la foi et celle-ci l'emporta presque sans combat. La plupart des écrivains – si retirés fussent-ils dans leur petit univers – apportèrent leur soutien à Rushdie. Un petit nombre d'entre eux, dont Roald Dahl, aujourd'hui décédé, l'invitèrent à retirer son livre du marché pour que chacun pût continuer à mener une vie paisible : cela semblait indiquer que la liberté de parole était une valeur précieuse de la société tant qu'elle ne causait pas de problèmes et ne coûtait rien. La grande majorité des auteurs qui continuent à apporter leur soutien à Rushdie semblent croire qu'il s'agissait simplement d'une intrusion barbare dans le droit à la créativité; or, ce qui était en jeu, c'était le droit de la créativité à affronter la barbarie et le pouvoir – sans parler de l'incapacité de notre civilisation à s'identifier avec ce droit.

Cela est d'autant plus étonnant que nos manieurs de mots se sont écartés de la scène publique et ont cessé d'offrir à la société les reflets d'elle-même dont elle a besoin. Les écrivains sont particulièrement efficaces en tant que terroristes – terroristes sociaux, terroristes politiques ou terroristes du cœur. Quand un écrivain a du talent, il peut être les trois à la fois. Ses armes sont des mots utilisés à bon escient pour déranger, pour clarifier la pensée, les émotions et les actions. Son génie, s'il en a, l'aidera à démolir l'autosatisfaction. Il recourra à la confusion pour en tirer une plus grande clarté. Pourtant, si un citoyen souhaite s'informer sur le monde d'aujourd'hui – marqué par la montée de la criminalité, l'usage incontrôlable de la drogue, le désarroi des élites, le fossé séparant les riches des pauvres, les cités aliénantes et les structures industrielles dominées par la production d'armements –, il ne peut compter que sur un nombre limité d'écrivains. Il doit donc recourir également à des auteurs venus d'ailleurs, et à certains des ouvrages relégués dans les catégories dites commerciales, où l'on trouve quantité de romans excellents. Longtemps après que Barth sera enterré et oublié, *Le Grand Sommeil* et *Adieu, ma jolie* de Chandler seront encore considérés comme des chefs-d'œuvre.

Qu'est-ce qui réduit ainsi la force du mot écrit en Occident? La sclérose? La prétention? Le fait que ceux qui écrivent feraient mieux de s'en abstenir? Ou s'agit-il de quelque chose de beaucoup plus fondamental?

Le roman s'est développé en même temps que la lutte pour le progrès de la raison. La fiction était l'ennemi juré de l'ancien système, elle était l'avant-garde du nouveau. Bien qu'il s'agisse d'un phénomène humaniste et non mesurable, ses postulats essentiels sont indissociables du rêve de progrès de l'homme rationnel vers un monde meilleur. Il n'est guère surprenant que, lorsque la raison commença à dérailler, les romanciers eux-mêmes s'égarèrent. Ils n'ont aucune peine à critiquer les régimes totalitaires, mais ils sont congénitalement bloqués quand il s'agit de s'attaquer aux fondements de la raison qui conditionnent l'apparition des nouveaux systèmes totalitaires.

Ceux qui tentent malgré tout d'affronter les problèmes du monde moderne se mettent à brosser le portrait d'une civilisation prise de folie, comme si elle avait été trahie par une survivance de la face obscure ou païenne de l'homme, antérieure à l'Âge de la Raison. Kurt Vonnegut, Thomas Pynchon, Milan Kundera, Yann Queffélec, Ian McEwan, Martin Amis – la plupart brillants, certains un peu hystériques – semblent trouver l'inspiration de cette sorte de traitement de choc dans les parodies et les satires du XVIIIᵉ siècle. La ressemblance est toutefois trompeuse. *Gulliver*, *Zadig* et *Tom Jones* étaient comme des missiles soigneusement dirigés. Le lecteur comprenait tout de suite où se situait le problème et l'orientation que la société devait prendre pour s'amender. Leurs équivalents modernes parviennent à exprimer la confusion qu'éprouvent les gens, sans que l'objectif soit cependant très clair. Au lieu d'un reflet ou d'un témoignage, on propose au lecteur une participation de type cinématique. Le problème que ces romans tentent de résoudre n'a rien à voir avec l'anarchie de la folie moderne. Cela s'apparente à une forme de rectitude logique qui poursuit son mouvement perpétuel comme une machine coupée du sens commun.

Attendre du romancier qu'il s'en prenne à la dictature de la raison, c'est espérer qu'il fasse volte-face et dévore ses propres enfants. Il faut non seulement qu'il s'y décide mais qu'il découvre également la manière de s'y prendre. La plupart d'entre nous considérons aujourd'hui que l'écrivain occidental ne s'implique pas dans ce monde où s'engage pourtant la plus grande partie de la population. Il semble être à l'écart, bien à l'abri dans sa « boîte » de spécialisation. Or l'écrivain souffre aussi de n'être qu'un expert de plus dans notre civilisation, exerçant l'une des centaines de professions accessibles au citoyen cultivé. Les contraintes du monde de l'édition, les prix, les titularisations, les bourses et tous les honneurs qu'il reçoit ou, pis encore, ne reçoit pas, mais dont il a besoin pour survivre, sont autant de chaînes qui le maintiennent bien en place.

Pour redevenir le témoin fidèle, il faudrait qu'il retrouve la méfiance, voire la haine, des structures établies. Qu'il brise ses chaînes littéraires et vienne de nouveau, comme il le faisait jadis, rôder à la fois dans la société ou au-dehors, afin de nous libérer de la prison du langage rationnel en inventant de nouveaux modèles pour l'imagination. Les écrivains qui sont solitaires de nature, qui marchent seuls tout en sachant voir ce qui les entoure, ont un avantage fondamental. Mais ils n'ont pas davantage réussi à se libérer totalement. « Écrire dans une langue simple, vigoureuse... et penser de manière courageuse », tel était l'objectif d'Orwell. Ces aptitudes encouragent l'écrivain tout en servant les intérêts du public. « Le mot précis est une épée qui protège mieux que le silence », soulignait Robert Ford [20]. Grâce à ces armes, l'homme de lettres peut mettre en garde et rallier la tribu au reflet qu'il propose dans son miroir.

L'analyse standard d'une société en perte de vitesse s'attache généralement à ses structures vieillissantes. Le langage est parfois plus important que ces formes tangibles. À mesure que le temps passe, les schémas de pensée établis, les arguments connus, les vérités éternelles deviennent les principaux défenseurs des structures en place. Plus la société est ancienne et stable, plus ces constantes envahissent notre subconscient. Ce sont des questions que l'on considère tacitement comme résolues avant même qu'une conversation ne commence ou qu'on n'ait écrit un seul mot. L'Occident s'est bâti peu à peu tout un édifice d'hypothèses que l'on ne peut plus remettre en cause d'une manière intelligente. Le vocabulaire nécessaire à ce genre de remise en cause a progressivement disparu, au point qu'il n'est même plus possible d'en discuter simplement.

Pis : ces constantes ont acquis un énorme pouvoir. Les deux derniers siècles ont vu naître une pléthore de données abstraites dont la vogue n'a eu qu'un temps. L'impérialisme a cédé la place au socialisme, puis au fascisme, au capitalisme, aux peuples libres, aux marchés libres, à l'efficacité, à la concurrence. Les gouvernements veillent à prendre position vis-à-vis de ces grands mots ; la plupart des organisations et des individus en font autant. Ils peuvent s'en draper ou les expédier comme des boulets contre leurs semblables.

Il n'est plus nécessaire de corrompre les idées issues de la raison. De nos jours, on peut se servir d'un mot comme *liberté* pour qualifier n'importe quoi. C'est un concept qui a à peu près autant de valeur intrinsèque que le papier-monnaie de la République de Weimar. Il n'existe pas de détecteur de faux qui puisse fonctionner quand un mot est utilisé à mauvais escient.

Si les sociétés occidentales d'antan se sont édifiées sur un pouvoir militaire ou religieux, celle de la raison a été construite sur la pensée et le langage. Les structures qui ont commencé par nous libérer, pour nous opprimer ensuite et qui aujourd'hui nous étouffent, sont avant tout des manifestations abstraites de cette pensée et de ce langage.

Nous ne sortirons jamais de la confusion actuelle à moins que l'écrivain ne s'extirpe de sa « boîte », ne renonce à ses prérogatives et n'entreprenne de ramener le langage à ses fondements universels, ce que Mallarmé et Eliot appelaient « purifier le dialecte de la tribu [21] ». Lui seul peut démontrer la folie des dialectes professionnels qui prétendent apporter des réponses à tout, même si ces réponses ne reflètent aucune réalité. La finalité du langage n'est pas d'avoir raison. Les distorsions que cette exigence hypocrite impose à nos moyens de communication essentiels emprisonnent forcément la civilisation.

Le témoin fidèle, comme Solon, Socrate, Voltaire, Swift, et même le Christ, fait merveille lorsqu'il entend remettre en question et éclairer le monde qui l'entoure en évitant l'obsession des solutions propre aux spécialistes. Il trahit la société lorsqu'il est silencieux ou impénétrable, et davantage encore quand il rassure de façon béate. Il est fidèle à lui-même et au peuple quand sa lucidité suscite le trouble.

Chapitre XXII

La vertu du doute

Le désert commence au-dessus de la limite des arbres, en Afrique du Nord comme en Arctique. En ces lieux règne une clarté obligatoire à laquelle l'individu ne peut échapper. L'intensité de la chaleur ou du froid s'allie à la sécheresse pour donner à ces vastes étendues de sable, de roche ou de neige un caractère désolé. Ces lieux sont dans une tension permanente. La vie y prospère, mais en choisissant son moment, d'un brin d'herbe à l'autre, à l'instant précis et à l'endroit précis où ce brin d'herbe peut naître à la vie.

Il y a quelques années, j'ai voyagé à la pointe occidentale du Sahara, dans le Rio de Oro, sous la protection d'un groupe de guérilleros du Front Polisario. Ils étaient alors en pleine guerre contre les Marocains et faisaient régulièrement des incursions au-delà du désert sur leurs montures à quatre roues délabrées, dans le plus pur style des razzias que la tribu des R'gibats pratiquait depuis plus d'un millénaire.

Nous fûmes surpris un soir par une violente averse. Mes six compagnons et moi avions pris refuge dans une tranchée couverte, camouflée au milieu d'un oued asséché. Il n'avait pas plu depuis des années. L'eau glissait sur le sable comme une vague sur des dalles et un torrent impétueux finit par cerner notre petit monticule. Très vite, l'eau s'engouffra dans l'entrée étroite de l'abri. J'aurais pu rester coincé là, seul Celte d'un mètre quatre-vingt-huit à mourir noyé au cœur du Rio de Oro. Mais le vieux R'gibat responsable de notre groupe nous fit sortir à temps par l'unique ouverture et nous nous retrouvâmes dans les turbulences de la nuit. Les deux Land Rover démarrèrent avant que les moteurs fussent noyés et filèrent sur les chapeaux de roue en direction de la rive, emportant pêle-mêle les fusils, les mortiers et toute notre petite bande.

Le lendemain, au lever du soleil, le sable était couvert d'une foison de jeunes plantes. À midi, un lacis de lianes de plusieurs mètres de long tapissait le sol; elles se couvrirent de fleurs pendant que nous déjeunions, sous d'épaisses couvertures en laine, étendus entre les deux Land Rover pour nous protéger du soleil. Aux fleurs succédèrent des fruits et des gourdes. À la fin de la journée, ils étaient mûrs. Le lendemain, les gourdes étaient réduites à l'état de cosses sèches, attendant d'être emportées par le vent et enfouies dans la terre jusqu'à l'arrivée d'un nouvel orage, quelques années plus tard.

Le même phénomène se produit en Arctique pendant le bref été où le soleil brille sans discontinuer. Plus lentement, bien sûr, car c'est le froid qui règne ici en maître. Mais la végétation achève en quelques semaines le cycle qui, ailleurs, prendrait des mois. Ce miracle a lieu dans les quelques centimètres de toundra que dégèlent les ardeurs du soleil et c'est alors une véritable explosion de couleurs et de parfums.

Les populations qui peuplent ces régions sont adaptées aux extrêmes. Ce sont des civilisations en état de survie. La moindre erreur leur est fatale, même avec l'aide de la technologie occidentale. Quand un chasse-neige ou une Land Rover tombe en panne, les chances de survie de ses occupants se comptent généralement en heures. Pour les bateaux qui font naufrage dans l'Arctique, il n'est pas question de sauvetage. Un instant d'inattention suffit à faire d'une innocente excursion un drame où la mort survient très vite.

Ces civilisations ne sont pas plus romantiques que d'autres, elles n'ont pas un sort plus enviable. Mais leur maîtrise constante du milieu, indispensable à leur survie, a de quoi fasciner l'Occidental. Ou plutôt, elle lui paraît inconcevable. Comme l'attention que ces gens-là portent à tout ce qui les entoure. Si l'on compare les capacités d'adaptation d'un habitant du désert à celles d'un citadin occidental, ce dernier semble terriblement ancré dans ses habitudes.

J'ai logé récemment chez un chasseur inuit dans un petit village situé sur un îlot au nord du cercle polaire arctique. Mon hôte vivait dans une maison simple de style occidental construite par le gouvernement. On accédait à l'intérieur par une véranda non chauffée remplie de viande de phoque et de baleine gelée. Dans la cuisine, un morceau de caribou cru était en train de dégeler sur une planche posée à même le sol, au cas où quelqu'un aurait envie de s'en couper une tranche. Le jour où j'entrai chez lui pour la première fois, le chasseur était en train de réparer un hameçon. Il ne parlait pas un mot d'anglais et n'avait jamais été à l'école. Mais il voulut tout de suite me montrer une bande vidéo que ses amis et lui venaient de tourner et dont ils étaient les acteurs. Le contraste était saisissant entre cette culture de l'âge de la pierre et une exploitation aussi facile des technologies les plus modernes.

Ce qui frappe le plus dans ces civilisations du désert, c'est un mélange de sophistication et de mesure. Ce sont des cultures dont la conscience est fortement développée. Les Occidentaux flottent, à moitié endormis, dans un monde capitonné : les mécanismes et la signification de la plupart des événements qui se déroulent autour d'eux leur échappent. Ce ne serait pas grave si nous n'acceptions un peu trop facilement certains scandales, comme la pauvreté qui règne autour de nous. Puisque nous occupons les régions riches et tempérées de la planète, le choix dont nous disposons n'est ni un privilège ni une rareté. C'est une simple évidence.

Dans le désert, de tels choix ne sont pas courants. En lieu et place, des tensions sont imposées par ces civilisations, reconnaissables dans les éléments les plus simples, comme le soin que les gens apportent à la maîtrise de leurs mouvements. Leur lenteur n'est pas seulement une réaction au froid ou à la chaleur. Leurs gestes sont tout à fait conscients. Les Inuits sont aussi clairs à cet égard que les R'gibats ou les Bédouins. Je me souviens d'une jeune femme dans l'Arctique qui m'avait exhorté à la modération en me faisant remarquer que mon enthousiasme et mon énergie superficielle risquaient d'être mal interprétés. Si les habitants d'Igloolik, le village où nous nous trouvions, me voyaient bouger trop vite, ils pourraient en conclure qu'il y avait quelque urgence, ou que j'étais perturbé.

La retenue et la réflexion ne vont pas nécessairement de pair. Il n'empêche que les étrangers que le désert attire – et non pas les passants, comme moi – se ressemblent. Ils paraissent rechercher un moyen de se dépouiller de l'enveloppe capitonnée de leur société. Certains sont séduits par une fausse conception du romantisme, mais ils ne tiennent pas le coup très longtemps. Ceux qui s'y attardent ont tendance à y soumettre leur conscience de soi : cela leur procure un plaisir qui est aux antipodes du romantisme. On le voit dans la manière dont ils évoluent, dans leur regard, dans le rythme de leur élocution. On a l'impression qu'ils tentent de se reconstituer en un tout, y compris l'aspect rationnel ou émotionnel et ce que l'on pourrait appeler l'esprit ou l'âme. Cela correspond à l'idée de Socrate d'un homme alliant intellect, esprit et appétit – ces deux derniers éléments étant essentiels mais subordonnés à une pensée cohérente.

L'intellectuel moderne éprouvera quelque difficulté à établir un rapport entre la conception socratique et ces efforts minimalistes qui ne trouvent souvent aucune expression verbale. À ses yeux, la réalisation de soi sans commentaires ou notes en bas de page appartient sûrement à un ordre inférieur, réservé à une étude essentiellement sociologique ou anthropologique. Dans un cadre aussi extrême, le savoir peut néanmoins trouver son sens véritable. La conviction socratique selon laquelle toutes les vertus sont des formes de savoir demeure valable, de même que son incidence : « Aucun être ne fait le mal sciemment. »

C'est tout le contraire de nos élites, qui justifient souvent leurs mauvaises actions par le fait qu'elles possèdent la connaissance. Cette sophistication rationnelle les persuade que les conséquences structurelles doivent être acceptées. Par un étrange renversement de l'intention initiale de Socrate, l'homme sensé comprend désormais qu'il doit s'accommoder des réalités du monde, si fâcheuses soient-elles. Il est donc bourré de connaissances, las du monde et prêt à accepter le pire.

Tout cela semble être à mille lieues du rêve humaniste de Dante se réalisant grâce à la vertu et au savoir. Le plus conciliant des observateurs serait bien en peine de découvrir le moindre lien entre nos élites modernes et son modèle. Il en existe un néanmoins avec les civilisations du désert. Et ce que Dante décrivit n'était pas un idéal irréalisable. Au xvıᵉ siècle, l'architecte Andrea Palladio pensait que, grâce à ses constructions, l'homme pourrait se reconstituer en un tout – l'histoire ne ferait qu'un avec l'avenir, la nature avec les proportions mathématiques, l'âme avec l'apparence. « La cité n'est rien d'autre qu'une grande maison et la maison une petite cité. » Ses édifices devaient allier l'esthétique et l'utilitaire, ses intérieurs devaient se coordonner avec les extérieurs grâce à une projection de la structure interne sur la façade[1]. En dépit de ses thèmes unificateurs et systématiques, Palladio se considérait comme un architecte rationnel. Cela nous révèle simplement l'écart séparant les espérances optimistes de la raison et la réalité génératrice de dissensions déjà en gestation à cette époque.

En plus de leur formidable assurance, nos élites se caractérisent généralement par leur cynisme, leur rhétorique, leur culte de l'ambition et du pouvoir. C'était également la caractéristique des courtisans du xvıııᵉ siècle. L'hypothèse de base voulait que le cynisme soit une preuve de supériorité intellectuelle. Or il ne reflète nullement l'intelligence, l'expérience ou la possession d'un jugement sain. Ce serait plutôt un signe de médiocrité et d'une inaptitude à tirer profit de l'expérience. Être las du monde, c'est être prêt à répéter inlassablement les mêmes erreurs.

Nous vivons actuellement l'un de ces rares moments de l'histoire où l'ensemble des élites – militaire, gouvernementale, financière et universitaire – ont l'occasion de prouver qu'elles sont meilleures qu'elles ne le semblent. Depuis une trentaine d'années, elles ont tenté de régler des problèmes économiques déconcertants en accélérant la cadence de la production militaire, par une course aux armements nucléaires et un développement du marché international des armes. Nos problèmes économiques n'ont pas trouvé pour autant de solutions. À travers ce processus, l'infrastructure industrielle et financière de l'Occident a accru sa dépendance vis-à-vis de ces biens de consommation artificiels. Plus grave encore : personne, même parmi les élites qui l'ont provoquée, ne connaît véritablement la gravité de cette dépendance. Les mécanismes de financement, les priorités de la recherche et les méthodes de production liés au secteur militaire dépassent aujourd'hui largement les contrats de vente de missiles ou de tanks pour s'étendre à tous les secteurs de l'économie.

Avec la fin de la guerre froide, cette option économique ne se justifie plus. Aujourd'hui, les médias laissent entendre que la production des armements devrait se réduire de façon radicale. Or il y a une différence entre une réduction des stocks d'armes et la fermeture des usines de production. On n'a rien prévu pour remplacer ce type de production. Une baisse brutale de 10 % seulement provoquerait probablement un terrible choc dans l'industrie. Une réduction plus importante pourrait entraîner l'effondrement des mécanismes financiers de l'Occident. Cependant les élites se sont contentées d'ignorer le problème. Leurs discours sur la reprise reposent sur l'idéologie des forces du marché. Or on s'aperçoit rapidement qu'elles sont dans la confusion la plus totale, d'autant plus qu'elles se sont bornées à retarder toute initiative. Les résultats confirmeront sans doute leur cynisme et leur lassitude. L'apparition de nouveaux courants nationalistes et la naissance de deux douzaines de nations instables sur le continent européen offriront de nouveaux marchés aux armements, à mesure que la méfiance et la violence se rapprocheront de l'enclave de stabilité dont jouit l'Occident. Cela justifiera finalement la production de nouvelles armes en Occident. Il faudra bien qu'elles soient nouvelles puisque la menace sera d'une nature différente de celle que suscitaient les rivalités entre les superpuissances. L'armement actuel n'a plus aucune valeur économique. Nos structures exigent désormais une production originale : un nouvel arsenal d'armes conventionnelles devant peu à peu remplacer nos vieux systèmes de tanks lance-missiles nucléaires.

Pour affronter la confusion des années à venir, nos élites devront user de tous leurs talents rhétoriques pour fournir quantité de réponses nouvelles, avant même qu'aient été posées les véritables questions. Elles ont déjà commencé à le faire en proclamant que la chute du communisme était une victoire des méthodes occidentales, qu'elles soient étiquetées capitalisme, libre entreprise, individualisme ou démocratie. Cela rappelle l'interprétation du tremblement de terre de Lisbonne par les jésuites, qui qualifiaient cette catastrophe de jugement de Dieu. L'échec soviétique n'était-il pas imputable pour moitié à l'héritage de siècles d'impérialisme russe – alors que l'autre moitié résultait de l'application incontrôlée de méthodes rationnelles d'inspiration occidentale ?

Les dix années à venir risquent de mettre à rude épreuve notre civilisation de sophistes et de pharisiens. Même si le développement du nationalisme cadre fort bien avec la méthodologie rationnelle. L'État-nation n'a-t-il pas bénéficié d'un sérieux coup de pouce grâce à son union précoce et passionnée avec la raison – un mariage arrangé au début du xve siècle par un cardinal et un monarque absolu ? Prémisse à cet événement, la méthode rationnelle avait été coupée de toute racine humaniste quand Loyola démontra que la raison était une arme sans limites. Le rêve humaniste nous hante toujours, qui promet un homme à la mesure de l'homme, des valeurs esthétiques et de la vertu ; mais tout cela ne représente que des idéaux marginaux, indépendants des réalités du pouvoir. Nous sommes entrés dans le xviie siècle sous l'emprise de la logique aveugle ; nous achevons le xxe entre les mains de la raison aveugle, une version dégénérée de la première.

Esprit, appétit, foi, émotion, intuition, volonté, expérience – rien de tout cela ne s'applique au fonctionnement de notre société. Nous attribuons nos échecs et nos crimes à des pulsions irrationnelles. L'image de l'homme en tant qu'être achevé – c'est-à-dire notre mémoire consciente – a été tellement ébranlée que nous n'avons plus aucune idée philosophique ou concrète de la manière dont nous pourrions rendre nos autorités publiques ou professionnelles responsables de leurs actions. Privés de nos racines humanistes, nous découvrons avec effroi que les ressources émotionnelles parfaitement naturelles dont nous avons besoin pour affronter notre civilisation dégénèrent facilement en sentiments parmi les plus vils.

Notre société a été conçue en grande partie par des courtisans. Ils ont donc défini l'idée de la modernité d'une manière qui vienne renforcer leurs aptitudes. Nous en venons ainsi à dénigrer quasi automatiquement les forces qu'ils jugent rétrogrades, inefficaces, imprécises, simplistes – c'est-à-dire non professionnelles. Il n'est donc pas étonnant que, à l'instar de la plupart des religions vieillissantes, la raison puisse s'en tirer à bon compte en se présentant comme la solution aux problèmes qu'elle suscite elle-même. Il n'est pas non plus étonnant que, pour la première dans de l'histoire de l'Occident, les courtisans n'aient pas besoin d'évoluer quand ils accèdent au pouvoir, pour la bonne raison que le pouvoir a été conçu à leur image. Après avoir tourné en rond autour des mêmes solutions pendant quatre siècles et demi, nous avons oblitéré tout souvenir du passé. Nous sommes aujourd'hui plus seuls que jamais face à notre temps. Nous n'avons plus de références solides pour nous orienter ; les contradictions utiles ont cessé d'exister. En fait, nous sommes retombés dans notre propre passé.

Ces errances d'hommes déracinés expliquent peut-être la fascination qu'exerce sur nous l'idée d'efficacité. Totalement désorientés, nous n'en sommes pas moins déterminés à y aller très vite. Nous appliquons donc avec zèle ce sous-produit de la raison à notre économie, à l'administration, à l'art et même au processus démocratique. Nous confondons intention et exécution. Décision et gestion. Création et comptabilité. Dans la plaine obscure où nous déambulons, des totems ont été dressés, non pas pour indiquer le chemin, mais pour apporter espoir et soulagement. Le totem de l'efficacité est l'un des plus élevés, comme s'il s'agissait d'une valeur morale autonome.

Dans ce contexte, il est difficile de se souvenir que, dans son essence, une civilisation doit donner la priorité à la réflexion et non à la rapidité. Une réponse facile consisterait à dire que le processus décisionnel doit être dissocié de l'administration, le premier étant par nature organique et réflexif, le second linéaire et structuré. Dans une civilisation qui confond les techniques de management et les valeurs morales, toutes les réponses sont en fait des pièges.

Les moyens de communication modernes compliquent encore la situation dans la mesure où ils reposent précisément sur la vitesse, des vérités-formules et des changements apparents, qui s'obtiennent facilement en jonglant avec les formules. Les nouveaux réseaux internationaux de communication audiovisuelle se flattent de la rapidité avec laquelle ils peuvent fournir des masses d'informations. Mais comme l'a démontré la guerre du Golfe, cela a pour effet d'estomper plus que jamais la ligne de démarcation entre la réflexion et l'action. La distribution efficace de quantités indigestes d'informations ne laisse guère au public la possibilité d'être plus qu'un spectateur.

Un plaidoyer rationnel en faveur de l'efficacité engendre généralement une plus grande inefficacité. Il met l'accent sur la manière dont les choses doivent être faites, en négligeant leur raison d'être. Il évalue certains coûts spécifiques sans envisager les coûts réels. Cette obsession de l'efficacité linéaire est l'une des causes de la crise économique que nous subissons depuis si longtemps. C'est la raison d'être d'une logique étriquée capable de démontrer que la production d'armes est la clé de la prospérité. Pis : elle peut enlever à la démocratie sa force essentielle, la capacité d'agir d'une manière non conventionnelle, de même qu'elle prive l'homme de la force imprévisible de ses instincts.

Quand j'ai affaire à des membres de nos élites, je suis toujours frappé par leur profond pessimisme, et plus particulièrement en ce qui concerne la nature humaine. Ils semblent douter que l'individu moyen puisse travailler suffisamment dur, reconnaître la beauté, voter pour la meilleure politique ou même obéir comme il conviendrait. Ils partent du principe que cet individu ne comprendra jamais la complexité des responsabilités que le sort a dévolues à ceux qui possèdent la compétence et le pouvoir.

C'est particulièrement vrai aujourd'hui de ceux qui se considèrent comme étant à droite. Il faut reconnaître que depuis longtemps déjà nos élites sont très défaitistes en ce qui nous concerne. La gauche idéologique a certainement cru qu'elle savait ce dont les gens avaient besoin et qu'elle pourrait le leur apporter. Les réformateurs plus modérés ont eu sensiblement la même attitude et ont adopté l'idée qu'une administration pouvait répondre à l'attente du peuple.

La nouvelle droite semble vouloir se démarquer en privilégiant l'individualisme et en s'attaquant à la bureaucratie. Mais c'est là un faux débat : pour ces gens, la question n'est pas la bureaucratie en soi mais le type de bureaucratie en cause. Partout où la droite est au pouvoir, les élites administratives des grandes entreprises ou du secteur financier ne cessent de croître. Et celles des gouvernements ne diminuent pas. En fait, les budgets des programmes sociaux sont réduits, alors que ceux qui profitent aux administrations privées et aux grosses fortunes ne cessent d'augmenter.

L'arrivée en force de la nouvelle droite est probablement la conséquence inévitable du renforcement progressif des idées corporatistes dans l'État rationnel. Comment une civilisation aussi attachée à la structure, à la compétence et aux réponses toutes faites pourrait-elle devenir autre chose qu'une coalition de groupements professionnels ? Dans ce contexte, n'est-il pas logique de considérer le citoyen individuel comme un grave obstacle à la marche des affaires ? Cela a été occulté par toute une série de notions terriblement abstraites, présentées comme autant de valeurs – bien que totalement coupées de la réalité sociale. Elles sont généralement tirées de l'Apocalypse et autres sources de fausse mythologie. On continue à imposer l'idéal du rude pionnier défrichant l'Ouest américain, comme une vérité essentielle, aux dix millions de citoyens vivant dans le petit périmètre de New York, comme si l'on pouvait – et devait – faire tenir dix millions d'éléphants dans un magasin de porcelaine.

En réalité, les techniciens, les manipulateurs et les profiteurs du système éprouvent le besoin de détruire tout ce qui tendrait à prouver que la société occidentale peut fonctionner sur la base d'une coopération d'inspiration humaniste. Nos élites sont forcées d'être pessimistes à notre sujet, dans leur propre intérêt. Il leur est essentiel de faire passer l'intérêt personnel pour la motivation première de l'être humain. Nous sommes parvenus à l'un de ces moments difficiles de l'histoire où toute approche sensée paraît gênante et inutile, alors que la puissance de l'intérêt personnel et de la structure semble devenue irrésistible.

Comment la volonté particulière d'un individu pourrait-elle être entendue alors que les détenteurs du pouvoir développent une rhétorique prônant un individualisme factice, et un humanisme privé de toute mythologie, sauf quelque mythes marginaux ? L'espoir qui subsiste réside précisément dans la démarche, lente et proche de la réalité, de l'humaniste. Mais il (peut-être scrions-nous fondés de dire : elle) doit tout d'abord cesser de croire que les réalisations positives de ces quelques derniers siècles sont la conséquence des méthodes rationnelles, de la structure, de l'intérêt personnel, alors que les échecs et la violence résulteraient de l'humanisme et de la sensibilité. En dépit de toutes les rhétoriques qui dominent notre civilisation, c'est précisément l'inverse qui s'est produit.

Selon Jefferson, les hommes se divisent naturellement, de par leur constitution, en deux groupes : ceux qui ont peur du peuple et s'en méfient ; ceux qui s'identifient à lui et lui font confiance. Notre civilisation n'a cessé de confier le pouvoir aux premiers d'entre eux. En revanche, ceux qui ont confiance ont toujours soutenu que la prise de conscience était la clé des progrès de la condition humaine. Or les structures du pouvoir n'ont cessé de considérer la prise de conscience du citoyen comme un danger. Il faut dans un premier temps l'apaiser, puis la canaliser sur un terrain inoffensif grâce aux mécanismes du langage, de la mythologie et de la structure.

Les sociétés courent aveuglément à la catastrophe, sauf si elles trouvent en elles la force de marquer une pause suffisante pour imaginer des moyens de réforme internes. Tel était le sens de la grande pause intervenue à Athènes lorsque la cité fit appel à Solon, qui l'encouragea à « secouer ses jougs ». Les Athéniens pensaient alors, comme Solon l'avait écrit, que « le mal public entre dans la maison de chaque homme. Les portails de la cour ne peuvent suffire à lui barrer la route ».

Les changements qui peuvent nous aider à résoudre nos difficultés sont faciles à répertorier : rétablir la division entre politique et administration ; renoncer au culte du Héros ; élargir le champ du savoir ; mettre un terme à l'alliance entre la barbarie (les généraux, les Héros, les stars, les spéculateurs) et la technocratie ; dénoncer l'intérêt personnel, le pouvoir arbitraire, le cynisme et la rhétorique ; bref, changer nos élites.

C'est l'absence de valeurs qui est à l'origine du vide de notre société. Il ne suffit pas de faire valoir telle ou telle solution pour établir des valeurs. La victoire sur tel ou tel problème ne procure qu'un plaisir orgastique, de courte durée. Le préalable à l'instauration de valeurs, c'est la recherche d'une participation méthodique. C'est par sa participation que l'individu peut acquérir pouvoir et responsabilité. Or nous ne croyons guère à la valeur de la participation. Le système rationnel nous amène à craindre toute initiative. La participation suscite des valeurs pratiques et du bon sens, elle en est elle-même le produit – contrairement aux compétences et à la raison.

Le secret consiste donc à changer notre civilisation : qu'elle ne soit plus une civilisation des réponses toutes faites mais une civilisation susceptible de nous apporter, non pas l'angoisse, mais la satisfaction face au doute. Apprenons à être à l'aise même dans la panique lorsque cela se justifie. Si notre civilisation est aussi avancée que nous le prétendons, rien ne nous oblige à nous comporter comme si toutes nos décisions étaient conçues pour établir des certitudes. Les grands problèmes ne devraient pas être ramenés à un simple débat entre le pour et le contre, à trancher en un temps donné. Cela revient inévitablement à structurer le débat public comme un conflit entre le rationnel et l'irrationnel, dans lequel le bon sens se trouve réduit à une sorte d'élément gênant qu'il faut broyer entre deux pierres issues de l'abstraction. « Au travers des défis qu'il impose et des réactions qu'il suscite, le processus historique fait naître de lui-même la morale de l'humanité [2] », dit Michael Howard. La civilisation se caractérise par le fait qu'elle prend le temps de déterminer ce qu'il convient de faire. Alors pourquoi sommes-nous continuellement bombardés par toutes sortes d'ultimatums politiques, économiques et sociaux ?

Une civilisation faite de réponses ne peut échapper au tourbillon des modes ni aux émotions faciles. Que faut-il faire ? Mais que faut-il faire ? Depuis si longtemps, tant de gens ont répondu à cette question. Certains avec un pouvoir de vie ou de mort. D'autres avec le désir d'exercer eux-mêmes ce pouvoir. Certains étaient de joyeux vendeurs d'idées. D'autres étaient populistes ou élitistes, sincères ou âpres au gain. Autant de réponses. Autant de vérités. Ce besoin de réponses est devenu une véritable maladie, s'insinuant dans nos veines comme une bande de rats poursuivant désespérément la vérité dans les interminables couloirs de la compétence.

Si la question de Socrate peut encore être posée de nos jours, ce n'est certainement pas d'une manière rationnelle. Voltaire a rappelé que les Romains entendaient par *sensus communis* le sens commun, mais aussi l'humanité et la sensibilité. On l'a réduit au simple bon sens, « un état situé à mi-chemin entre la stupidité et l'intelligence ». Depuis lors, nous l'avons restreint encore davantage, comme s'il concernait exclusivement le travail manuel et l'éducation des petits enfants. Tel est l'effet contraignant d'une civilisation qui cherche automatiquement à diviser en recourant à des réponses toutes faites, alors que nous avons désespérément besoin d'unifier l'individu en recourant à des questions.

NOTES

CHAPITRE PREMIER : OÙ L'AUTEUR DONNE SA POSITION

1. VOLTAIRE, *L'Enfant prodigue*, préface, 1736. *Le Siècle de Louis XIV. Les Carnets Piccini.*
2. WITTGENSTEIN, Ludwig, *Tractatus Logico-Philosophicus*, Londres, Routledge & Kegan Paul, 1961. C'est la dernière ligne de l'ouvrage. Publication originale dans *Annalen der Naturphilosophie*, 1921 : « Wovon man nicht sprechen kann, darüber muss man schweigen. »

CHAPITRE II : LA THÉOLOGIE DU POUVOIR

1. VOLTAIRE, *Dictionnaire philosophique*, vol. 6, Paris, Librairie de Fortic, 1826, p. 307. Sous la rubrique « Du juste et de l'injuste. »
2. DIDEROT, *Encyclopédie*, éd. Alain Pons, Paris, Flammarion, 1987, vol. 1, p. 35. Publiée initialement en 18 volumes entre 1751 et 1766.
3. GERMAIN-THOMAS O., *Retour à Bénarès*, Paris, Albin Michel, 1986, p. 56.
4. RICHELIEU, *Testament politique*. L'authenticité de ce document a suscité une longue controverse. On peut raisonnablement croire en son authenticité. D'interminables recherches ont démontré que son contenu coïncide parfaitement à la fois avec d'autres documents incontestablement rédigés par le cardinal et avec ses convictions générales. Si le document a été écrit par son éminence grise, le père Joseph, ou par un de ses partisans s'inspirant d'archives, après la mort de Richelieu, pour en faire un faux testament susceptible d'être utilisé contre le gouvernement d'alors, il n'en reflète pas moins avec exactitude les sentiments de Richelieu. En ce sens, il est peut-être plus véridique que de nombreuses autobiographies dans lesquelles des personnages publics prennent le temps d'aménager l'histoire et leurs idées à la lumière d'événements plus tardifs. En réalité, le *Testament* de Richelieu est une illustration parfaite de la confusion actuelle entre fait et vérité. S'il ne constitue pas un fait, c'est néanmoins une vérité. S'il l'avait écrit pour le publier, c'eût été un fait, mais incontestablement un faux.
5. DEBRÉ Michel, *La Réforme de la fonction publique*, 1945. Ordonnance n° 45-2283 du 9 octobre 1945. « Exposé des motifs ».
6. BRAUDEL Fernand, interviewé par Louis-Bernard Robitaille dans *L'Actualité*, février 1986.

CHAPITRE III : L'ESSOR DE LA RAISON

1. Cf., pour l'exemple de la vache : MIQUEL Pierre, *Les Guerres de religion*, Paris, Fayard, 1980, vol. 1, p. 53.

2. Berlin Isaiah, *The Age of Enlightenment*, Chicago, Mentor, 1956, p. 113.

3. Frye Northrop, Baker Sheridan, Perkins George, eds., *The Harper Handbook of Literature*, New York, Harper & Row, 1988, pp. 168, 169.

4. Diderot, *Encyclopédie*, vol. 2, p. 220.

5. Cf. Loyola Ignace de, *Autobiographie*, trad. Alain Guillermou, Paris, Éditions du Seuil, 1962, p. 45.

6. *Ibid.*, p. 142. La fonction de « greffier public » a disparu depuis lors.

7. Premier sommaire de l'institution, août 1539. Bulle papale « Regimini Militantis », 27 septembre 1540, par. 1.

8. Cf. Delmases Candido de, *Ignatius of Loyola, His Life and Work*, St. Louis, Institute of Jesuit Sources, 1985, pp. 184-200. Citation tirée de la page 200.

9. *Ibid.*

10. Bacon Francis, *First Book of Aphorisms*, n° 12.

11. Cf. Carmona Michel, *Richelieu*, Paris, Fayard, 1983, p. 687.

12. *Ibid.*, p. 393.

13. *Testament politique du Cardinal Richelieu*, p. 71.

14. *Ibid.*, p. 84, 118.

15. Pascal Blaise, *Pensées*, chap. 23. Paris, Éditions du Seuil, 1962. Texte établi par Louis Lafuma, « transition », par. 200, p. 122.

16. Cf. Carmona, *Richelieu*, p. 35.

17. Vico Giambattista, *La Méthode des études de notre temps*, Paris, Grasset, 1981, pp. 226-30.

18. *Ibid.*

19. *Ibid.*, p. 203.

20. La Corse se qualifiait elle-même de royaume, mais Marie de l'Immaculée-Conception exerçait en permanence les fonctions de souveraine et n'était évidemment pas disponible pour des consultations. C'était une manière élégante d'avoir une république sans choquer les mœurs d'alors.

21. Foladare Joseph, *Boswell's Paoli*, Connecticut, Archon Books, 1979, p. 27. Tiré d'une lettre à Du Peyrou datée du 4 novembre 1764.

22. *Ibid.*, p. 42.

23. Voltaire.

24. Rousseau J.-J., *Du Contrat Social*, 1762, livre II, chap. 10. Paris, Garnier-Flammarion.

25. Foladare, *Boswell's Paoli*, p. 33.

26. *Ibid.*, p. 160.

27. Voltaire, *Dictionnaire philosophique*, Paris, Librairie de Fortic, 1826, vol. 7, p. 252. Initialement publié en 1764.

28. Foladare, *Boswell's Paoli*, p. 154.

29. *International Herald Tribune*, 7 mai 1987.

30. Burke Edmund, *Reflections on the Revolution in France*, 1790.

31. Jefferson Thomas, *The Life and Selected Writings of Thomas Jefferson*, New York, Modern Library, 1944, p. 51. Autobiographie, 1821.

32. *Ibid.*, p. 317. Essai, 28 avril 1793.

33. *Ibid.*, p. 373. Lettre à Peter Carr, 19 août 1785.

34. *Ibid.*, p. 576. Lettre au juge John Tyler, 28 juin 1804.

35. *Ibid.*, p. 448. Lettre à E. Rutledge, 18 juillet 1788.

36. *Ibid.*, p. 173. « The character of George Washington ».

37. Bonaparte Napoléon, *Voix de Napoléon*, Genève, Édition du milieu du monde, p. 27. Conversation de mai 1795 avec Madame de Chastenay. La deuxième citation date de juin 1797.

38. *Ibid.*, p. 30, 10 décembre 1797.

39. *Ibid.*, p. 35, 9 novembre 1791.

40. *Ibid.*, p. 58, 21 février 1801.

41. *Ibid.*, p. 193. À Narbonne au Kremlin, 15 octobre 1812.

42. Jefferson, *The Life*, p. 656, lettre à Albert Gallatin, 16 octobre 1815 ; p. 683, lettre à George Ticknor, 25 novembre 1817.

43. *Ibid.*, lettre au comte Dugnani, qui avait été nonce en France en 1789, 14 février 1818, p. 684.

44. Bloy Léon, *L'Ame de Napoléon*, Paris, Mercure de France, 1912, p. 8.
45. Spengler, Oswald, *The Decline of the West*, New York, Alfred A. Knopf, 1926, p. 81.
46. Spengler, *ibid.*, p. 28.
47. Becker Elizabeth, *When the War is Over*, New York, Simon & Schuster, 1986, p. 295.

CHAPITRE IV : LE COURTISAN RATIONNEL

1. Diderot, *Encyclopédie*, vol. 1, p. 320. Cf. Cour.
2. Duc de Saint-Simon, *Mémoires*, vol. 2, chap. 62.
3. Castiglione Baldesar, *The Book of the Courtier*, New York, Doubleday, 1959, p. 299. Publié initialement en italien en 1628.
4. Gabriel Richard A., *Military Incompetence : Why the American Military Doesn't Win*, New York, Hill & Wang, 1985, p. 189.
5. *Ibid.*
6. McNamara Robert, *Blundering into Disaster*, New York, Pantheon, 1986, p. 24.
7. De Gaulle Charles, *Discours et Messages*, vol. 4, *1956-1965*, Paris, Plon, 1970, p. 85. Allocution prononcée à l'École militaire, le 15 février 1963.
8. De Gaulle Charles, *Discours et Messages*, vol. 5, *1966-1969*, p. 18. Conférence de presse tenue au Palais de l'Élysée, le 21 février 1966.
9. Gabriel, *Military Incompetence*, p. 3.
10. McNamara, *Blundering into Disaster*, pp. 24, 26, 36. Voir aussi l'interview accordée par McNamara au magazine *Time*, le 11 février 1991, p. 62. Empreint d'une modestie touchante et d'un véritable souci du bien-être de l'homme, son interprétation des événements passés est en même temps profondément inquiétante et confirme la manière dont McNamara en vint à agir quand il était au pouvoir. Par exemple, en reconnaissant que l'Amérique avait poussé un peu trop loin la menace de la guerre froide, il fit le commentaire suivant :

« Pour commencer, la menace nucléaire. Et je ne parle pas simplement du retard des missiles. Nous aurions pu maintenir notre force de dissuasion avec une fraction du nombre d'ogives que nous avons construites. Les coûts sont colossaux – et pas seulement ceux des ogives. C'est aussi la recherche et la construction de tous ces foutus bombardiers et missiles. Au cours des vingt dernières années, les dépenses inutiles ont atteint des dizaines de milliards. Absurde. Ce n'était vraiment pas nécessaire. De surcroît, nos initiatives ont eu en définitive pour effet de stimuler les Russes. »

Les mots clés de cette analyse au demeurant exacte sont « au cours des vingt dernières années » ; en d'autres termes, le problème a commencé alors qu'il n'était plus au pouvoir.

Ses commentaires sur l'échec de la campagne de bombardement au Viêt-nam offrent d'étonnants aperçus sur la manière dont fonctionne son esprit, en révélant un talent pour l'abstraction : en pratique, cela rend toute forme d'humanisme impossible, et permet facilement d'en blâmer autrui.

« Q. Au moment où vous avez quitté le gouvernement, les États-Unis étaient au milieu de la plus grande campagne de bombardements de toute l'histoire de la guerre... Pensiez-vous à l'époque que ces pilonnages fonctionneraient ?
R. Non, à l'époque je ne pensais pas qu'ils auraient l'effet escompté.
Q. Dans ce cas, pourquoi les avoir entrepris ?
R. Parce que nous devions tenter de prouver qu'ils ne marcheraient pas, en premier lieu. Et parce que d'autres pensaient que ça fonctionnerait.
Q. À qui faites-vous allusion ?
R. À une majorité de hauts responsables militaires, au Comité des forces armées du Sénat, au Président.
Q. Y étiez-vous opposé dès le départ ?
R. Ce n'est pas que j'y étais opposé ; mais, dès le départ, je pensais que ça ne fonctionnerait pas. »
11. McKintterick Nathaniel, « The World Bank and McNamara's Legacy », *The National Interest*, été 1986.
12. *Ibid.*

13. GASPARI Elio, *New York Times*, 2 novembre 1983, éditorial.

14. JENKINS Peter, *Mrs. Thatcher Revolution*, Harvard University Press, 1988, p. 197.

15. Mikhaïl Lermontov écrivit « La mort du poète » le jour où Pouchkine fut provoqué en duel, un duel qu'il n'avait aucun espoir de gagner et qui lui coûta la vie. SHAWCROSS William, *Sideshow*, New York, Simon & Schuster, 1979, p. 77.

16. ROUSSEAU J.J., *Du Contrat social*, Livre II, chap. 10, « Le peuple : Suite », éd. Garnier-Flammarion, p. 75. Cf. aussi le livre que KISSINGER écrivit en hommage à Clemens von Metternich, *A World Restored : Europe after Napoléon*, Gloucester, Mass., Peter Smith, 1972.

17. KISSINGER Henry, discours prononcé lors de la vingt-huitième Conférence de l'Institut international des Études stratégiques, Kyoto, septembre 1986.

18. HERSH Seymour M., *Atlantic Monthly*, mai 1982.

19. Kissinger a nié cette version des événements. Toutefois, son penchant pour le secret et sa manière de raconter l'histoire à laquelle il a participé laissent une image confuse. On a pu le voir au moment de la parution du livre de William Shawcross, *Sideshow : Kissinger, Nixon and the Destruction of Cambodia*, New York, Simon & Schuster, 1979, alors que le premier volume des mémoires de Kissinger, *The White House Years* (Boston, Little, Brown, 1979), en était au stade des épreuves. Kissinger demanda à revoir ces épreuves afin de pouvoir modifier le récit qu'il donnait des événements. Initiative qu'il a niée à maintes reprises. Dans son numéro du 31 octobre 1979, le *New York Times* réfuta son affirmation : « Kissinger a révisé son livre plus qu'il n'a rapporté fidèlement les événements. » Pour une description de tout cela, voir SHAWCROSS William, « The Literary Destruction of Henry Kissinger », *Far Eastern Economic Review*, 2 janvier 1981.

Sur les questions de l'Iran, de l'armement, de la modernisation économique, des prix du pétrole et de l'inflation, on constate un changement d'attitude surprenant entre le volume 1 et le volume 2 des Mémoires de Kissinger. Dans *The White House Years*, il fait un plaidoyer vibrant en faveur de sa politique iranienne : « On ne peut pas non plus prétendre que les achats d'armements du shah détournèrent des ressources destinées au développement économique : critique traditionnelle vis-à-vis des ventes d'armes au profit de pays en développement. Le shah fit l'un et l'autre. La croissance économique iranienne n'en fut pas ralentie pour autant, pas plus que sa cohésion politique ne fut affectée par ses dépenses en matière de défense » (p. 1260). Ce que Kissinger ne dit pas, c'est que dès le début des années 1970 les revenus pétroliers du shah ne suffisaient déjà plus pour maintenir au même niveau les approvisionnements en armes et le développement économique. Il n'y avait que deux solutions pour s'en sortir : réduire les dépenses ou augmenter le prix du pétrole. Or Kissinger souligne que le shah était devenu un élément essentiel de la stratégie américaine comme de sa politique de ventes d'armes. De surcroît, le pétrole restait sa principale source de revenus : « Le vide laissé par le retrait britannique, désormais menacé par une intrusion soviétique et un mouvement radical, serait comblé par une puissance locale qui nous serait favorable. L'Irak serait dissuadé de toute initiative aventureuse à l'encontre des Émirats du sud du Golfe, de la Jordanie et de l'Arabie saoudite. Un Iran puissant pourrait contribuer à calmer l'envie de l'Inde de mener à son terme la conquête du Pakistan. Et tout cela était réalisable sans aucune ressource américaine, puisque le shah était disposé à payer tout l'équipement nécessaire avec ses revenus pétroliers » (p. 1264). Des ressources militaires considérables étaient nécessaires pour remplir toutes ces fonctions. Et Kissinger confirma que le shah fut contraint d'augmenter le prix du pétrole pour maintenir sa politique économique : « Le mobile du shah lors de la première hausse du pétrole était économique et non pas politique; contrairement à ce qui se produisait dans d'autres pays, il en attendait des revenus maximaux pour assurer le développement de son pays » (p. 1262). Cette volonté soudaine de ne plus mentionner que ces « revenus maximaux » étaient également nécessaires pour financer la stratégie d'armement que le gouvernement américain souhaitait à l'est de la Méditerranée était étrange, c'est le moins qu'on puisse dire. À l'appui de la politique pétrolière du shah, Kissinger ajoute : « En réalité, le prix réel du pétrole baissa de 15 % entre 1973 et 1978. » Ce qu'il ne précise pas, c'est que cette baisse résultait d'une montée internationale de l'inflation dont les origines se situaient aux États-Unis.

La description par Kissinger lui-même de l'équation armements/tarifs pétroliers fut reprise dans de nombreux commentaires lui attribuant une grande part de responsabilité dans cette affaire. Dans le deuxième volume de ses mémoires – *Years of Upheaval* (Boston, Little, Brown, 1982) –, il tenta de nier ce qu'il avait déjà pour ainsi dire admis trois ans auparavant : « Plus tard, on prétendit que la politique du gouvernement Nixon à l'égard du shah était influencée par notre désir d'accroître ses revenus afin qu'il puisse acheter davantage de matériel militaire. C'est une contre-vérité [...] L'exemple le plus absurde, peut-être, est la rumeur qui circula selon laquelle on nous avait mis en garde à maintes reprises contre le danger d'une hausse des prix : un avertissement que nous ignorâmes soi-disant parce que Washington se félicitait que ces revenus élevés permettent de financer le réarmement iranien [...] Une telle ignorance relevait de la démagogie » (p. 857-858).

Dans une note de bas de page, il poursuit : « Telle était la thèse aussi prétentieuse qu'ignorante présentée par l'émission politique de CBS, *60 Minutes*, diffusée le 4 mai 1980 et intitulée : " The Kissinger-Shah Connection? ", et par de nombreux articles de Jack Anderson dans le *Washington Post*, par exemple les 5, 10 et 26 décembre 1979. Voir aussi le compte rendu encore plus discutable de Jean-Jacques Servan-Schreiber, *The World Challenge* (New York, Simon and Schuster, 1981, pp. 51-56, 65-70) » (*Years of Upheaval*), p. 1252. Si cette dénégation est exacte, il est regrettable que Kissinger ait omis de mentionner la plus trompeuse de toutes ces sources : *The White House Years*, p. 1260-1264.

Pour une analyse de l'étonnante croissance des stocks d'armements iraniens, provoquant une dépendance accrue de l'industrie américaine des armes vis-à-vis de l'Iran, cf. Sampson Anthony, *The Arms Bazaar*, Londres, Hodder & Stoughton, 1977, p. 241-259. Ce chapitre, intitulé « L'armement du shah », décrit aussi la manière dont Kissinger encouragea et aida lui-même le shah à se procurer les armes les plus sophistiquées.

20. Les descriptions de Simon Reisman abondent aussi bien dans les livres que dans la presse. Une première analyse chez McCall-Newman Christina, *Grits : An Intimate Portrait of the Liberal Party*, Toronto, Macmillan of Canada, 1982, p. 219-225, qui mentionne le rôle joué par Reisman dans le rejet d'un projet de loi prévoyant l'établissement d'un salaire minimum garanti (p. 223) et décrit ses initiatives donnant lieu à de nouvelles réglementations en cas de conflit d'intérêts (p. 444, note 197, de la Quatrième partie). Pour une description plus brève et plus récente, cf. Sawatsky John, *The Insiders : Government, Business and the Lobbyists*, Toronto, McClelland & Steward, 1987, p. 184. Enfin, pour un compte rendu du rôle de Reisman dans les négociations FTA, cf. McQuaig Linda, *The Quick and the Dead : Brian Mulroney, Big Business and the Seduction of Canada*, Toronto, Viking, 1991, pp. 1-7, 161-166.

La réputation de Reisman à propos de son tempérament et de ses crises de colère comme technique de négociation a évolué avec le temps. Au départ, ces tactiques étaient considérées par beaucoup comme efficaces. Puis on en est venu à penser que ce qui était efficace quand il s'agissait de ses subordonnés et de ses collègues risquait de se retourner contre les Canadiens lors de négociations internationales. Les analyses consacrées aux négociations FTA considérèrent peu à peu la technique de Reisman comme l'un des facteurs essentiels de la piètre prestation des Canadiens dans le traité final.

Cette évolution de l'opinion publique apparaît dans les trois ouvrages mentionnés ci-dessus. McCall-Newman parle presque avec admiration de « cet homme jurant, hurlant, riant et fumant d'énormes cigares », qui criait en public à l'intention de son sous-ministre : « Écoutez, Tommy, fichez-moi la paix ! Quand j'aurai besoin de vos foutus conseils, je vous le dirai » (p. 219). Sawatsky parle de son côté d' « un sous-ministre des Finances bruyant, arrogant, prétentieux » (p. 184). McQuaig décrit les séances de négociations où un « Simon Reisman enragé avait peu de chances de pouvoir se contrôler longtemps. Il avait tendance à prendre facilement la mouche. » McQuaig pense que les Américains provoquèrent délibérément Reisman, persuadés que ses « redoutables tirades lorsqu'il exprime sa rage » détourneraient l'attention des Canadiens des points essentiels du débat.

21. Cf. *Time*, 13 février 1989.

22. *Ibid.*

CHAPITRE V : LES ENFANTS DE VOLTAIRE

1. Les descriptions de ces procédés abondent : certaines sont des récits personnels, d'autres sont d'ordre religieux ou analytique. Voici quatre exemples modernes : Martin Malachi, *The Jesuits*, New York, Linden Press, 1987, p. 192 ; Mitchell David, *The Jesuits, A History*, New York, Watts, 1981 ; Peters F.E., *Ours*, New York, Marek, 1981 ; *Les Jésuites* :

spiritualité et activité, Paris, Éditions Beauchesne, 1974. La définition de l'obéissance selon Loyola, que nous avons citée, est tirée de Martin, *The Jesuits*, p. 196-199.

2. London Business School, « The Master's Programme », brochure de présentation des cours. Citation tirée de l'avant-propos des directeurs de programme, Elroy Dimson et David Targett. Sans date (probablement 1986), p. 3.

3. « Course Development and Research Profile », Harvard Business School, 1986.

4. « The Business of the Harvard Business School », publié par l'école, probablement en 1985.

5. *Ibid.*

6. COPLEY Frank B., *Frederick W. Taylor, Father of Scientific Management*, 2 vols., Harper's, 1923, vol. 1, p. 422.

7. MERKLE Judith A., *Management Ideology*, Berkeley, University of California Press, 1980, p. 15. L'ouvrage de Merkle offre une analyse complète de l'organisation scientifique du travail. Cf. aussi pour une documentation de base : *Classics in Management*, ed. Harwood F. Merrill, New York, American Management Association, 1970.

8. LÉNINE V.I, *Œuvres choisies*. Pour un choix de commentaires de Lénine sur le taylorisme, cf. Merkle.

9. MERKLE, *Management Ideology*, p. 291.

10. « The Business of the Harvard Business School ».

11. Pour une description personnelle de l'école, cf. COHEN Peter, *The Gospel According to the Harvard Business School*, Garden City, N.Y., Doubleday, 1973.

12. ZALEZNIK Abraham, « MBAs Learn Value of Home Life », *New York Times*, 16 octobre 1985, Living Section, p. 19.

13. British Business School, Rapport du Rt. Hon. Lord Franks, British Institute of Management, Londres, 2 novembre 1963.

14. Test d'admission pour les diplômés en management (parfois baptisé « Princeton Test »), cf. London Business School, « The Master's Programme », p. 5.

15. London Business School, *Annual Report*, 1984/85, et Harvard, « Course Development ».

16. John F. Kennedy School of Government, Harvard University, Catalogue, 1982-1983.

17. DEBRÉ Michel, *La Réforme*.

18. Cité par GAILLARD Jean-Michel, *Il sera Président, mon fils*, Paris, Ramsay, 1987, p. 58.

19. *Ibid.*, p. 23.

20. École Nationale d'Administration, 1975, brochure interne n° 36.

21. *Le Monde*, 16 octobre 1986, p. 9.

22. Cf. documents publiés par l'ENA, par exemple : *Remarques à l'usage des candidats et des préparateurs*, rédigées chaque année par les enseignants. Ou pour l'épreuve sportive, la brochure intitulée *École Nationale d'Administration : conditions d'accès et régime de scolarité, 1986*.

23. VOLTAIRE, *Dictionnaire philosophique*, p. 149. *Ibid.*, vol. 3, p. 246.

24. Rapport du Forum of Educational Organization Leaders. Publié à Washington et repris dans le *Herald Tribune*, 3 juin 1967.

25. *Le Nouvel Observateur*, 29 août 1986. « Pour lire, il faut inventer » fait partie de ce reportage.

26. Aspen Institute, Séminaire de Warren Edward Baunach, intitulé « Les humanités peuvent-elles améliorer l'efficacité du management? » (1986).

27. NICHOLSON Harold, *The Age of Reason*, Londres, Panther, 1930, p. 169.

28. GAILLARD, *Il sera Président...*, p. 66.

29. FRYE Northrop, « Acta Victoriana », discours d'investiture à la présidence du Victoria College, Toronto, décembre 1959.

30. JEFFERSON, *The Life*. Cf., par exemple, lettres à Peter Carr, 19 août 1785, p. 373, et 10 août 1787, p. 428; à George Washington Lewis, 25 octobre 1825, p. 722; à James Madison, 17 février 1826, p. 726.

31. *Ibid.*, lettre à Henry Lee, 10 août 1824, p. 714.

32. BEER Michael, SPECTOR Bert, LAWRENCE Paul R., MILLS D. Quinn et WALTON Richard E., *Managing Human Assets : The Groundbreaking Harvard Business School Program*, New York, The Free Press, 1984.

1. Un nombre croissant d'instituts offrent des statistiques, souvent annuelles, sur l'armement. Chacun aborde le sujet selon un objectif qui lui est propre et met par conséquent l'accent sur des « faits » qui vont dans son sens. Aucune déformation n'intervient : ce n'est pas nécessaire. Les chiffres sont suffisamment phénoménaux pour qu'il soit inutile d'exagérer. Dans le secteur des armes, il n'existe aucun chiffre « réel ». Tout est dominé par des subventions gouvernementales déclarées ou occultes, et par des prix fixés sur un marché artificiel et « politique ». Le même avion peut être vendu dix fois son coût, ou un dixième de son prix. Les instituts peuvent faire un usage sélectif des chiffres sur lesquels ils arrivent à mettre la main. Personne ne peut les accuser de manquer de professionnalisme si les données qu'ils fournissent sont fragmentaires, dans la mesure où les chiffres sont incomplets. Comparées aux statistiques officielles sur les armements, les données sur les scandales des chemins de fer au xix⁰ siècle paraissent étonnamment honnêtes. En réalité, les instituts font de leur mieux dans des circonstances impossibles.

Military Balance, le rapport annuel de l'Institut international des recherches stratégiques de Londres, offre un compte rendu du marché des armes – en précisant quelles armées disposent de quelles armes. Ce document est – plus ou moins – favorable à l'égard de ce qu'il considère comme un besoin de défense de l'Occident. Le SIPRI (Institut international de recherches sur la paix de Stockholm) publie un bilan annuel des ventes d'armes. Le Conseil sur les priorités économiques de New York s'est attaqué au sujet dans plusieurs rapports qui restent marqués par l'ancienne approche libérale   selon laquelle les armes sont un gouffre financier, comme le prouvent les statistiques.

Des douzaines d'ouvrages fournissent également des statistiques. Les premiers parus sont particulièrement intéressants car ils tentaient de comprendre ce qui était en train de se passer. Parmi les titres utiles citons :

Stanley John, et Pearton Maurice, *The International Trade in Arms*, Londres, International Institute for Strategic Studies (IISS), 1972.

Dubos Jean-François, *Ventes d'armes : Une politique*, Paris, Gallimard, 1974.

SIPRI, *The Arms Trade with The Third World*, New York, Council on Economic Priorities, 1977.

Lydenberg Steven, *Weapons for the World*, New York, Council on Economic Priorities, 1977.

The Brookings Institution, *Armed Forces as a Political Instrument*, Washington, D.C., 1978.

De Grasse Robert W. Jr., *Military Expansion – Economic Decline*, New York, Council on Economic Priorities, 1983.

Hartung William D., *The Economic Consequences of a Nuclear Freeze*, New York, Council on Economic Priorities, 1984.

Evans Carol, « Reappraising Third World Arms Production », in *Survival*, mars 1986.

Adams James, *Engines of War*, New York, Atlantic Monthly Press, 1990.

Navias Martin, *Ballistic Missile Proliferation in the Third World*, Londres, IISS/Brassey's, 1990.

2. Les chiffres officiels des exportations françaises en biens d'équipement pour 1984 sont les suivants :

Armements : 61,8 milliards de francs.

Équipement civil : 56,5 milliards de francs.

3. À propos de Dassault, cf. Saul John Ralston, « The Evolution of Civil-Military Relations in France after the Algerian war », thèse non publiée, Kings College, Londres, 1973, chap. 10, pp. 439-456.

À propos des statistiques mentionnées et pour une analyse plus générale du phénomène, voir :

Goldstein Walter, « The Opportunity Costs of Acting as a Superpower : U.S. Military Strategy in the 1980's ». *Journal of Peace Research*, 18 (3), 1981, p. 248.

Strauss Stephen, « Defence Dominates Research », *Toronto Globe and Mail*, 14 janvier 1987.

Serrill Michael S., « Boom into Bust », *Time*, 3 juillet 1989, pp. 28-29.

4. Cf. par exemple *New York Times*, 12 février 1987, B13. Déclaration de Maurice N. Shuber, officier responsable de la logistique au Pentagone.

5. *International Herald Tribune*, 10 août 1988.

6. Cf. Stanley & Pearton, *The International Trade in Arms*.

7. De Gaulle Charles, *Mémoires de guerre*, vol. 1, *L'Appel*, Paris, Plon, 1954, p. 227. À propos de McNamara, cf. une analyse de cette approche in Stanley & Pearton, *International Trade in Arms*, pp. 72-81.

8. Kuss Henry, discours à l'American Ordnance Association, 20 octobre 1966. Mentionné dans *Arms Sales and Foreign Policy*, étude interne préparée à l'intention de la Commission des Affaires étrangères, Sénat américain, Washington, Government Printing Office, 1967, p. 4.

9. Les deux autres sont : (1) Le refus américano-britannique de fournir à Paris des informations relatives au nucléaire à la fin des années 1950, alors que les Français avaient réalisé pendant la guerre un travail essentiel sur la fission nucléaire (dont la force de frappe française profita directement). (2) La découverte par de Gaulle qu'il était dans l'impossibilité de donner des ordres à sa flotte en Méditerrannée, dans la mesure où elle avait été « intégrée » dans le commandement de l'OTAN, dirigé en permanence par les Américains. À la suite de quoi, il retira presque immédiatement cette flotte.

10. Gallois Pierre M., *Paradoxes de la paix*, Paris, Presses du temps présent, 1967, p. 126.

11. Gilpin Robert, *France in the Age of the Scientific State*, Princeton, N.J., Princeton, University Press, 1968, p. 252.

12. De Gaulle, *Discours et Messages*, vol. 3, p. 81. Discours prononcé à l'Université de Toulouse, 14 février 1959.

13. Citation de Bush, *Toronto Globe and Mail*, 14 janvier 1988.

14. Estimation confirmée par plusieurs groupes d'études. Cf., par exemple, *The Arms Trade with the Third World*, Stockholm, SIPRI, 1975, p. 12.

15. Cité par Sampson Anthony, *The Arms Bazaar*, New York, Viking, 1977, p. 304.

16. *Ibid.*, p. 114. Le titre français correspondant est DMA ou Délégué ministériel pour l'armement.

17. Briancon Pierre, « Puissance de feu », *Libération*, 7-8 mars 1987, p. 3.

18. Cité dans l'*International Herald Tribune*, 24 février 1987, Business Section.

19. *New York Times*, 9 mars 1991. Cf. compte rendu du voyage du secrétaire d'État Baker au Moyen-Orient.

20. *Libération*, 7-8 mars 1987, p. 2. Citation de Henri Conze, in article « Marchands de canons cherchent terre d'accueil. »

21. *Harper's Magazine*, janvier 1987, pp. 50-51.

22. « Sweden's New Realities », *International Herald Tribune*, 3 juin 1987, Special News Report, p. 7; sur la mort d'un officier, cf. *Toronto Globe and Mail*, 17 janvier 1987.

23. *The Arms Trade with the Third World*, p. 12; *Toronto Star*, 18 juillet 1988, A16; *Washington Post*, 27 janvier 1991, C1.

24. *Far Eastern Economic Review*, 9 juillet 1987, p. 28.

25. *The Arms Trade with the Third World*, p. 43.

26. *Toronto Globe and Mail*, juillet 1991, B11.

27. *Le Monde*, 10 août 1988, p. 3; *Washington Post*, 27 janvier 1991, C1.

28. *Far Eastern Economic Review*, 9 juillet 1987, p. 3.

29. *Annual Report to the Congress by the Secretary of Defense, Fiscal Year 1987*, Washington, D.C., U.S. Government Printing Office, 1987, p. 293.

30. Fourquet Michel, *Revue de la Défense nationale*, Paris, ministère de la Défense nationale, 1967, p. 756. Le général Fourquet était DMA entre 1966 et 1968, puis chef d'état-major des armées, de 1968 à 1971.

CHAPITRE VII : QUESTION DE TUER

1. À propos des morts civiles et militaires, cf., par exemple, Gellner John, rédacteur en chef du *Canadian Defense Quarterly*, in *Toronto Globe and Mail*, 31 décembre 1980, p. 7. Des chiffres semblables sont toujours en deçà de la réalité. William Eckhardt, directeur de

recherches au Lentz Peace Research Institute, a établi un relevé des décès provoqués par la guerre entre 1945 et 1989. Il indique 13,3 millions de victimes civiles et 6,8 millions de victimes militaires. Ces données n'incluent pas les conflits ayant coûté moins d'un millier de vies par an. Elles laissent aussi de côté une grande partie des victimes des guérillas et parmi la population civile dans des conflits lointains. Pour la Birmanie, par exemple, Eckhardt donne le chiffre de 22 000 morts. C'est un conflit que je suis de près depuis une dizaine d'années. En raison des désordres, de la violence et de la pauvreté qui règnent dans les états Shan, 220 000 serait certainement plus correct. Un autre bilan a été dressé par Nicole Ball, National Security Archives, Washington, D.C., cité par le *Toronto Globe and Mail*, 30 septembre 1991 : 40 millions de morts répartis entre 125 guerres ou conflits depuis 1945.

2. Gambiez Général F. et Suire Colonel M., *Histoire de la Première Guerre mondiale*, Paris, Fayard, 1968, p. 216. L'ouvrage donne les chiffres suivants concernant les soldats français tués pendant la Première Guerre mondiale :

1914 300 000 en 4 mois et demi.
1915 31 000 par mois
1916 21 000 par mois
1917 13 500 par mois
1918 21 000 par mois

3. *Ibid.*, p. 124.
4. Sun Tse, *L'art de la guerre*, cité d'après *The Art of War*, traduit par Samuel B. Griffith, avant-propos de B. H. Liddell Hart, New York, Oxford University Press, 1963, vi.
5. Sun Tse, *The Art of War*, p. 63.
6. Mills C. Wright, *The Power Elite*, New York, Oxford University Press, 1956, p. 171.
7. Lellouche Pierre, *L'Avenir de la guerre*, Paris, Mazarine, 1985.
8. *Ibid.*, p. 22.

CHAPITRE VIII : COMMENT ORGANISER LA MORT

1. Sun Tse, *The Art of War*, p. 79.
2. *Ibid.*, p. 73, 76-78, 101, 102, 134.
3. *Ibid.*, p. 91.
4. Cité par Elliott-Bateman Michael, *Defeat in the East*, Londres, Oxford University Press, 1967, p. 171.
5. Liddell Hart Sir Basil, *A History of the First World War*, Londres, 1970, p. 80. Première parution : 1930.
6. Liddell Hart Sir Basil, *The Other Side of the Hill*, Londres, Pan, 1978, p. 31. Première parution : 1948.
7. De Gaulle Charles, *Le Fil de l'épée*, Paris, 10/18, 1964. Première parution : 1932.
8. Guibert Comte de, *Écrits militaires, 1772-1790*, préface et notes du général Ménard, Paris, Éditions Copernic, 1976, p. 192.
9. Gambiez et Suire, *Histoire de la Première Guerre mondiale*, p. 105.
10. Liddell Hart, *The Other Side*, p. 32.
11. Bond Brian, *The Victorian Staff College*, Londres, Methuen, 1972, p. 169.
12. *Ibid.*, p. 165. Pour une comparaison plus détaillée, comportant des sources, cf. pp. 162-69.
13. Cité par le commandant Charles Bugnet, *En écoutant le Maréchal Foch*, Paris, Grasset, 1929, p. 39. Bugnet était l'un des aides de camp de Foch.
14. Gambiez et Suire, *Histoire de la Première Guerre mondiale*, p. 330.
15. Bond, *The Victorian Staff College*, p. 279. Citations de Haig et Robertson.
16. *Ibid.*, p. 328.

CHAPITRE IX : LE POUVOIR IMMUABLE

1. *Guardian Weekly*, 13 janvier 1991, critique de *Brute Force* de John Ellis, New York, Viking, 1991, par Jean Edward Smith. « Au cours des 18 derniers mois de la guerre, les Alliés déployèrent 80 000 chars face aux 20 000 blindés allemands, 1,1 million de camions contre 70 000, 235 000 avions de combat contre 45 000. »

2. Cité par Liddell Hart in *The Other Side of the Hill*, p. 26. Il faut noter qu'en 1989, John J. Mearsheimer publia une attaque contre Liddell Hart minimisant son rôle dans le développement de la stratégie des blindés. L'ouvrage de Mearsheimer intitulé *Liddell Hart and the Weight of History*, Londres, Brassey's Defense Publishers, 1989, p. 5, fut replacé dans son contexte par Sir Michael Howard dans une critique publiée dans *The Spectator*, 25 février 1989, p. 28, ainsi que dans une lettre d'Alistair Horne, *The Spectator*, 18 mars 1989, p. 22.

3. *Ibid.*, p. 470.

4. Elliott-Bateman, *Defeat in the East*, p. 67. Cf. aussi la description faite par le Major General Eric Dorman-Smith des campagnes de Wavell et d'Auchinleck, in Liddell Hart, *Strategy*, 2ᵉ édit. rév., New York, Meridian, 1991, appendice 1. Il s'agit d'une lettre écrite par Dorman-Smith à Liddell-Hart en octobre 1942, soit peu de temps après la deuxième campagne. Cf. aussi la critique de ce livre dans *The Spectator*, 30 mars 1991.

5. *Ibid.*, p. 67.

6. Les propos tenus par l'amiral Sir Rowland Jerram sont cités dans Warner Philip, *Auchinleck, The Lonely Soldier*, Londres, Buchanard Enright, 1981, p. 253.

7. Stamp Gavin, dans *The Spectator*, 24 octobre 1987, p. 14.

8. Cité dans Rolo Charles J., *Wingate Raiders*, Londres, Harrap, 1944.

9. Cf. Bidwell Shelford, *The Chindit War*, Londres, Hodder & Stoughton, 1979, p. 38.

10. Sun Tse, *The Art of War*, p. 101.

11. Par exemple, Lellouche, *L'Avenir de la guerre*, p. 13. Il indique le chiffre de 160 pour le tiers monde jusqu'en 1985.

12. Manchester William, *American Caesar : Douglas MacArthur : 1880-1964*, Boston, Little, Brown, 1978, p. 575.

13. Sun Tse, *The Art of War*, p. 85.

14. Gabriel Richard, et Savage Paul, *Crisis in Command*, New York, Hill & Wang, 1978, Tableau II. Gabriel, *Military Incompetence*, p. 21.

15. Gabriel, *Military Incompetence*, p. 184.

16. Guibert, *Crises militaires*, p. 184.

17. *Newsweek*, 31 août 1987, p. 14.

18. Gabriel, *Military Incompetence*, p. 27. Cf. Gabriel pour une analyse complète de ces problèmes de technologie de pointe par rapport aux succès militaires.

19. *Guardian Weekly*, 24 mars 1991, p. 18.

20. *International Herald Tribune*, 22 avril 1991, p. 5.

21. *International Herald Tribune*, 15 avril 1991, p. 3.

22. Smith Jeffrey R., « The Patriot Less than a Hero », Washington Post Service, avril 1991. Voir aussi :

Safire William, *International Herald Tribune*, 7 mars 1991.

« Les scientifiques et les officiers israéliens affirment qu'entre 0 % et 20 % des ogives Scud furent détruites par les Patriotes », *International Herald Tribune*, 2-3 novembre 1991.

New York Times, 9 janvier 1992, A8, rapport de 52 pages par le Dr Theodore A. Postol, médecin et ancien conseiller scientifique au Pentagone, aujourd'hui professeur de politique de sécurité nationale à MIT : « une incapacité presque totale d'intercepter des missiles d'attaque relativement primitifs ».

23. Gabriel, *Military Incompetence*, p. 14.

24. Témoignage de l'auteur qui se trouvait au Pentagone ce matin-là pour un rendez-vous sans rapport avec l'Iran.

25. Gabriel, *Military Incompetence*, p. 185.

26. Pour de plus amples détails sur ce phénomène, cf. Merle Robert, *Le jour ne se lève pas pour nous*, Paris, Plon, 1986.

27. Sun Tse, *The Art of War*, p. 143.

CHAPITRE X : AU SERVICE DE LA COLLECTIVITÉ

1. La guerre dite « de l'Oreille de Jenkins » débuta en 1739, après que Robert Jenkins, capitaine d'un cargo, se présenta devant une commission de la Chambre des communes britannique avec une boîte contenant soi-disant son oreille. Celle-ci lui aurait été coupée aux

Antilles par un garde-côtes espagnol, qui avait pillé son navire. Il en résulta ce qui fut peut-être la première guerre moderne d'un État-nation : un outrage de type national et racial provoqué artificiellement avait permis de justifier des intérêts purement commerciaux.

2. Cf., par exemple, « Second Inaugural Address », in JEFFERSON, *The Life*, 4 mars 1805, p. 334.

3. GUERRAND Roger-Henri, *Les Lieux*, Paris, Éditions la Découverte, 1986, p. 43. La description qui suit et les statistiques relatives à l'une des plus extraordinaires « révolutions » modernes – la création du tout-à-l'égout – sont également tirées de cet ouvrage.

4. JEFFERSON, *The Life*, lettre à l'écrivain Thomas Law, 13 juin 1814, p. 636.

5. *Ibid.*, lettre à Peter Carr, Paris, 10 août 1787, p. 429.

6. Les sources concernant la reconstruction de Paris par Haussmann sont nombreuses. Par exemple, CHAPMAN J. M. et Brian, *The Life and Times of Baron Haussmann*, Londres, Weidenfeld & Nicolson, 1957. Ou ECHARD William E., *Historical Dictionary of the French Second Empire 1852-1887*, Conn., Greenwood Press, 1985. Ou encore CAMPBELL Stuart L., *The Second Empire Revisited : a study in French Historiography*, New Brunswick, N. J., Rutgers University Press, 1978.

7. ZOLA Émile, *L'Argent*, Paris, Bibliothèque Charpentier, 1893, p. 159.

8. Albert Speer adhéra au parti national-socialiste en 1931, c'est-à-dire avant l'accession d'Hitler au pouvoir. Il fut tout d'abord l'architecte préféré d'Hitler, puis ministre de l'Armement. Sous le bref gouvernement du grand amiral Karl Dönitz, en 1945, il fut ministre de l'Économie et de la Production du Reich. Ses mémoires s'intitulent *Inside the Third Reich*, New York, Macmillan, 1970. Pour une analyse de la tentative de Speer pour occulter les implications morales de son rôle politique, cf. SCHMIDT Matthias, *Albert Speer : Das Ende eines Mythos*, Munich, Bernard Scheiz Verlag.

9. CAMPBELL Colin, *Government under Stress*, Toronto, University of Toronto Press, 1983. Campbell étudie Londres, Ottawa et Washington. Toutefois, il ne prend pas suffisamment de distance par rapport aux mythologies des différents systèmes pour aller au-delà des comparaisons et parvenir à les évaluer.

10. Cité dans SORENSEN Theodore, *Kennedy*, New York, Harper & Row, 1965, p. 283.

11. Cf. WILLS Garry, *The Kennedy Imprisonment*, Boston, Atlantic/Little, Brown, 1981, chap. 13, pour une remarquable analyse du style de management qui avait cours à la Maison Blanche sous Kennedy.

12. CARTER Jimmy, *Why not the Best ?*, Nashville, Tenn., Broadman Press, 1975.

13. Les limogeages eurent lieu les 20 et 21 juillet 1979.

14. *The Independent*, Londres, 30 mars 1990. Charles Powell, fonctionnaire et secrétaire aux Affaires étrangères sous Mme Thatcher, déjeuna avec Conrad Black, propriétaire du *Daily Telegraph*, pour le convaincre de soutenir davantage le gouvernement.

15. François Mitterrand, cité dans NAY Catherine, *Le Noir et le Rouge*, Paris, Grasset, 1984, p. 227.

16. *Le Monde*, 10 février 1989, p. 1.

17. JEFFERSON, *The Life*, lettre au président George Washington, 23 mai 1792, p. 513.

18. *New York Times*, 5 juin 1989, p. 1. Cet article donne un relevé des sommes versées aux sénateurs et représentants par des entreprises et des comités d'action politique (PAC).

19. Cf., par exemple, « Demand Grows for MPs in Business World », *The Independent*, Londres, 18 janvier 1989.

20. SAMPSON Anthony, *The Changing Anatomy of Britain*, Londres, Hodder & Stoughton, 1981, p. 181.

CHAPITRE XI : TROIS BRÈVES EXCURSIONS DANS LA DÉRAISON

1. Cf., par exemple, le discours de Maurice F. Strong au Centre des affaires internationales de l'université de Harvard, Cambridge, Mass., 3 mars 1987.

2. Pour une description complète, cf. LUDLOW Peter, *The Making of the European Monetary System*, Londres, Butterworth Scientific, 1982.

3. Les citations à propos de Robert Dole sont tirées de *Life Magazine*, septembre 1987, pp. 63-64. Article de George Filder.

4. *International Herald Tribune*, rapport du 21 janvier 1989, en provenance du Washington Post Service.

5. Cité dans le *New York Times* du 12 janvier 1989, p. 8.

6. Cité dans *The Independent*, Londres, 18 janvier 1989.

7. À propos de la visite de Reagan au Japon, cf. *International Herald Tribune*, 12 mai 1989. Article de William Safire. La compagnie japonaise en question était le Fujisankei Group.

8. *London Times*, 13 février 1989.

CHAPITRE XII : L'ART DU SECRET

1. SUN TSE, *The Art of War*, p. 144. Citations suivantes, p. 147.

2. ERASME Didier, *De Civilitate Morum Puerilium*, 1530. Version française, 1544. Cité dans GUERRAND, *Les Lieux*, p. 24.

3. Cité dans NICHOLSON Harold, *The Age of Reason*, Londres, Panther, 1930, p. 219.

4. JEFFERSON, *The Life*, trois citations : lettre de Paris à James Madison, 20 décembre 1787, p. 436 ; discours d'investiture, 4 mars 1801, p. 321 ; lettre au Secrétaire du Trésor (Albert Gallatin), Washington, 1er avril 1802, p. 566. À propos d'Alexander Hamilton et des Fédéralistes, cf. le dernier chapitre de FLEXNER James Thomas, *The Young Hamilton*, Boston, Little, Brown, 1978.

5. Pour une étude classique des attitudes occidentales concernant l'apprentissage de la propreté et ses conséquences, cf. ERIKSON Erik, *Childhood and Society*, Londres, Penguin, 1965.

6. BRIGGS Asa, *The Longman Encyclopedia*, Londres, Longmans, 1989.

7. Chiffres sur la sécurité : *International Herald Tribune*, 30 mai 1986. Chiffres sur les secrets : *International Herald Tribune*, 19 avril 1990 ; éditorial du *New York Times*, intitulé « 6 796 501 secrets ».

8. *Times*, Londres, 11 février 1989.

9. L'ouvrage est celui de McCOY Alfred W., *The Politics of Heroin in Southeast Asia*, New York, Harper & Row, 1972.

10. Cf., par exemple, *Le Monde*, 23 mai 1986, article de Bernard Guetta.

11. *Daily Telegraph*, 12 mai 1989.

12. *Toronto Star*, 21 juin 1991. Le haut fonctionnaire en question était John Grace.

13. Première citation tirée de ROSENTHAL A. M., dans le *New York Times* du 11 juin 1991, A15. Rosenthal était directeur de la rédaction au moment de l'affaire du Pentagone. Son éditorial du 11 juin résumait les événements.

14. Cf. un portrait de Robert Armstrong dans le chapitre 4 de l'ouvrage cité.

15. À propos des SAS britanniques et de Gibraltar, cf. *The Independent*, 27 janvier 1989, p. 1. L'émission de Thames Television s'intitulait « Death on the Rock ». Ce reportage avait été préparé par un ancien ministre conservateur de l'Intérieur, Lord Windelesham, et par Richard Rampton.

16. Définitions, dans l'ordre :

Johnson's Pocket Dictionary of the English Language, Londres, Chiswick, 1826.

CHAMBERS E., *Cyclopedia or an Universal Dictionary of Arts and Sciences*, Londres, 1738, 2 vols.

Littré, Paris, Librairie Hachette, 1876.

WEBSTER Noah, *An American Dictionary of the English Language*, New York, S. Converse, 1828, 2 vols.

Petit Robert, Paris, Robert.

17. Roberto Calvi était impliqué, en sa qualité de banquier, dans l'obscur triangle reliant la Banque du Vatican, la Mafia et le monde de la finance au cours des années quatre-vingt. Igor Gouzenko était employé à l'ambassade soviétique d'Ottawa. Il fit défection en 1945. Les renseignements qu'il fournit au réseau d'espionnage soviétique basé en Amérique donnèrent un premier élan à la « chasse aux sorcières » du sénateur Joseph McCarthy.

1. Bronowski Jacob, *Science and Human Values*, New York, Harper & Row, 1965, p. 59.

2. Polanyi Michael, « The Republic of Science », *Minerva*, vol. 1, n° 1, automne 1962, p. 53-73.

3. Oppenheimer J. Robert, *Science and the Common Understanding*, New York, Simon & Schuster, 1953, p. 85.

4. Malraux André, cité dans *Le Monde*, 5 juillet 1968, d'après une interview accordée à la fin de sa vie.

5. Ruskin John, *Selections and Essays*, « Time and Tide : The White–Thorn Blossom », New York, Charles Scribner's, 1918, p. 365. Écrit à l'origine en 1871.

6. Bronowski, *Science and Human Values*, pp. 7 et 19.

7. Ruskin John, *Introduction to Modern Painters*, éd. David Barrie, Londres, André Deutsch, 1987, XXXII. Citation tirée de l'introduction de Barrie.

8. L'essentiel de la discussion sur la responsabilité en matière de nucléaire, ici et dans le chapitre suivant, est tiré d'un texte inédit de John Polanyi, daté de février 1986, y compris les citations de Polanyi et du Franck Report, fournies par l'auteur.

9. Oppenheimer, *Science and the Common Understanding*, p. 4.

10. Cité dans *Le Canard Enchaîné* du 21 mai 1987.

11. *The Guardian*, 6 juillet 1987, p. 5.

12. Wald Matthew L., « Can Nuclear Power be Rehabilitated? », *New York Times*, 31 mars 1991.

13. Rapporté par l'*International Herald Tribune* du 5 octobre 1988.

14. Amis Martin, *Einstein's Monsters*, Londres, Jonathan Cape, 1987, pp. 8 et 9.

15. Cité d'après le *Guardian* du 10 novembre 1989, pp. 1 et 7. Cf. aussi *Financial Times*, 11 novembre 1989, p. 6.

16. Cf., par exemple, *Libération* du 24 avril 1991, p. 24 : « Seule certitude : les centrales de demain seront sûres ou ne seront pas. C'est du moins ce qu'affirment les industriels. Leur nouveau credo : la " sûrcté passive ". » *New York Times* du 31 mars 1991 : « La puissance nucléaire peut-elle être réhabilitée ? Le secteur nucléaire tente d'améliorer son image de marque en réduisant les erreurs humaines. »

17. Voici quelques références sur ces sujets :

À propos de la salmonelle : *London Times*, 7 décembre 1988, Marian Burros ; *ibid.*, 10 février 1989, p. 1 et 12 ; *ibid.*, 11 février 1989, p. 1 et 16 ; *ibid.*, 13 février 1989, p. 10 ; *ibid.*, 15 février 1989, p. 1.

À propos des hormones : *Le Monde*, octobre 1987, Philippe Lemaître.

À propos des pesticides : *Toronto Star*, 3 janvier 1988, Andrew Chetley ; *London Times*, 20 juin 1989, Michael McCarthy.

À propos des engrais : *Toronto Star*, 28 août 1988, Lynda Hurst ; *International Herald Tribune*, 9 août 1988, Steven Greenhouse ; *New York Times*, 8 septembre 1989, 1, Keith Schneider.

À propos des usines nucléaires : *International Herald Tribune*, 5 octobre 1988, Keith Schneider.

CHAPITRE XIV : DES PRINCES ET DES HÉROS

1. Il existe de nombreuses descriptions de l'affaire Calas. La biographie classique de Voltaire par Gustave Lanson, publiée en 1906, offre une vision précise du contexte, et je m'en suis largement inspiré.

2. *Oxford English Dictionary*, 3ᵉ édition, s. v. « justice ».

3. Rousseau J. J., *Du contrat social*, Livre II, chap 12, Garnier-Flammarion, p. 79.

4. Hand Learned, *The spirit of Liberty : Papers and Addresses of Learned Hand*, Chicago, University of Chicago Press, 1952, p. 189.

5. Burke Edmund, 22 mars 1775.

6. Cf. l'exposé de ce débat présenté par Sampson Anthony dans *The Changing Anatomy of Britain*, p. 159.

7. Shawcross William, « The Crips and the Bloods », *The Spectator*, 28 mai 1988, p. 10.

8. Lord McCluskey, *Law, Justice and Democracy*, The Reith Lectures, Londres, Sweet and Maxwell, 1986, p. 2.

9. Cité dans Cox Archibald, « Storm over the Supreme Court », Blumenthal Memorial Lecture, 13 février 1986, p. 21.

10. Montesquieu, *De l'esprit des lois*. Première parution en 1748.

11. McCluskey, *Law, Justice and Democracy*, p. 6.

12. « The Court's Pivot Man », *Times*, 6 juillet 1987, p. 8.

13. Cour Suprême des États-Unis. *Payne v. Tennessee*, 28 juin 1991. Après la démission du juge Marshall, sept des neuf juges devaient se prononcer sur la base d'une idéologie conservatrice. Cf. *New York Times*, 28 juin 1991, A1, 10 et 11, pour des citations des juges Marshall, Stevens et Rehnquist.

14. Hart Benjamin, *The Task of the Third Generation; Young Conservatives Look to the Future*, avant-propos du procureur général Edwin Meese et du président Ronald Reagan, Washington, D.C., Heritage Foundation/Regenery Gateway, 1987.

15. Juge Brian Dickson, discours prononcé lors de la réunion annuelle du Barreau canadien, 24 août 1987.

16. Cité dans *Times Magazine*, 6 juillet 1987, p. 32.

17. *International Herald Tribune*, 20 mai 1987.

18. *Financial Times*, 12 février 1992.

19. *Le Monde*, 26 janvier 1989, p. 14, compte rendu de Maurice Peyrot.

20. Wolf Jim, « CIA Says it Used BCCI Legally », *Toronto Globe and Mail*, août 1991, B21.

21. Rawls John, *A Theory of Justice*, Cambridge, Mass., Harvard University Press, 1971.

22. Mann Thomas, *La Montagne Magique*, trad. française de Maurice Betz, Paris, Fayard, 1931. Rééd. Le Livre de Poche, p. 669. Première parution en allemand en 1924.

23. *Voix de Napoléon*, p. 35. Discours prononcé à l'Assemblée le 18 Brumaire.

24. Mann, *La Montagne Magique*, p. 669.

25. Sujets d'innombrables biographies, Garibaldi et d'autres acteurs du Risorgimento, comme Cavour et Mazzini, ont aussi fait l'objet d'analyses plus précises et moins passionnées dans une série de livres publiés depuis plusieurs dizaines d'années par Denis Mack Smith, auquel j'ai emprunté une grande partie de mes informations.

CHAPITRE XV : LE HÉROS ET LA POLITIQUE DE L'IMMORTALITÉ

1. Erikson Erik, *Young Man Luther*, New York, Norton & Co., 1958, p. 75.

2. Schmidt Mathias, *Albert Speer : The End of a Myth*, p. 13-20.

3. Erikson, *Luther*, p. 109.

4. Genet Jean, *Journal du voleur*, Paris, Gallimard, 1949.

5. Genet Jean, *Le Balcon*, Lyon, Marc Barbezat, 1962, p. 37.

CHAPITRE XVI : LE DÉTOURNEMENT DU CAPITALISME

1. Ross Johnson finit par occuper une position éminente à la direction de R.J.R. Nabisco, de 1984 à 1988. Il fut évincé de la compagnie après avoir tenté de s'en assurer la propriété. Suite à la parution de *Barbarians at the Gate : The Fall of R.J.R. Nabisco*, New York, Harper & Row, 1990, il devint le symbole d'une gestion financière irresponsable, inadmissible ou extravagante, selon le point de vue où l'on se place. Cf., par exemple, *Barbarians at the Gate* : « Il allait devenir le symbole même des années quatre-vingt dans le monde des affaires » (p. 11). Dans les années soixante-dix, il s'était lié d'amitié avec Brian Mulroney, à Montréal, et joua un rôle essentiel dans les milieux d'affaires américains pour faire admettre par le Congrès le Traité de libre-échange américano-canadien. Sa flotte de dix avions d'affaires facilita des rencontres avec d'innombrables représentants du monde des affaires ou du sport, en plus de Mulroney et de son épouse. On savait aussi que Mrs. Mulroney aimait faire du « shoping » avec Mrs Johnson, qui disposait d'un budget nettement plus important.

2. Malraux André, *La Condition humaine*, Paris, Folio/Gallimard, 1977, p. 230. Première parution en 1933.

3. Rosabeth Moss Kanter, professeur à la Harvard Business School, commença sa carrière par des études sur la conception communautaire et coopérative de l'économie. Elle est passée progressivement d'une critique des grosses entreprises à une vision de « l'économie post-entreprise ». La citation est tirée de *Where The Giants Learn to Dance : Mastering the Challenging Strategy, Management and Careers in the 1990's*, New York, Simon & Schuster, 1989, p. 52. L'ouvrage s'achève par un chapitre intitulé « La fin prochaine de la Bureaucratie et de la Hiérarchie ».

Dans le même contexte, voir une analyse pratique de la tradition humaniste : OLIVE David, *Just Reward : The Case of Ethical Reform in Business*, Toronto, Penguin, 1987. Voir également le programme de réforme des conseils d'administration proposé par Olive, « Board Games », dans *The Report on Business Magazine, Toronto Globe and Mail*, septembre 1991.

4. *Le Monde*, 18 février 1989, p. 31.

5. *Far Eastern Economic Review*, 27 août 1987, p. 17; *Newsweek*, 31 août 1987, p. 27.

6. Michael Porter, professeur à la Harvard Business School et auteur de *Competition Strategy* (1980), *Competitive Advantage* (1985) et *The Competitive Advantage of Nations* (1990), tous trois publiés par Free Press, New York. On trouve d'intéressants commentaires sur ses méthodes dans « Competitiveness, Strategic Management, Democracy and Justice : The Bad News », introduction à une étude de trois ans sur le phénomène de la « compétitivité » tel que le perçoit Porter. Cette étude a été réalisée par le professeur Jon Alexander, de la Carlton University à Ottawa. Les conclusions préliminaires indiquent que l'approche de Porter déboucherait sur un abandon par les gouvernements du leadership social et économique; ils se limiteraient alors à créer un environnement « où les marchés sont libres de décider d'après leurs propres intérêts. »

7. On trouve une description de la situation de Boeing dans *International Herald Tribune* du 2 février 1989, Business Section, I, par Laura Parker, Washington Post Service.

8. ROGERS James G., de Butler, Rogers & Baskett, cité dans le *New York Times* du 6 septembre 1987, R15.

9. STRONG Maurice F., « Opportunities for Real Growth in an Interdependent World », 17 mai 1987, discours prononcé lors de la conférence de Banff.

10. STRONG, discours prononcé au Centre des affaires internationales de l'université de Harvard, Cambridge, Mass., 3 mars 1987.

11. LAWSON Dominic, dans le *Spectator* du 17 juin 1989, p. 9.

12. Ces trois exemples sont tirés du *Spectator*, 18 mai 1991, p. 5.

13. Les chiffres de ce paragraphe sont tirés de : *International Herald Tribune*, 3 novembre 1988, p. 15; *Globe and Mail*, 2 janvier 1989, B7; *Bangkok Post*, 24 janvier 1990; *International Herald Tribune*, 26 janvier 1990.

14. Les données sur les fusions proviennent des IDD Information Services, d'après le *Bangkok Post* du 24 janvier 1990. Pour obtenir un calcul plus précis du pourcentage de cash flow absorbé par les remboursements d'intérêts, il faudrait prendre en compte 2,2 trillions de dollars plus 1,1 trillion. Les données de l'institution financière ne tiennent évidemment pas compte du rôle joué par les banques en tant qu'intermédiaires encaissant des dépôts. À cet égard, de précieuses informations m'ont été fournies par des économistes de la Federal Reserve Bank (Robert Rewald et Sarah Holden).

Des économistes de la Bank of England m'ont également aidé en ce qui concerne les données britanniques.

Cf. aussi *Newsweek*, 7 novembre 1989; *Time*, 7 novembre 1988; et *Globe and Mail*, 6 janvier 1989.

15. Cité d'après L'*International Herald Tribune* du 1er novembre 1988, p. 13.

16. MORITA Akio, en collaboration avec REINGOLD Edwin M. et SHIMOMURA Mitsuko, *Made in Japan : Akio Morita and Sony*, New York, E. P. Dutton, 1987.

17. Ces statistiques et celles qui suivent sont empruntées à Peter Drucker, dans *Foreign Affairs*. Ils ont été repris par Maurice F. Strong lors d'une conférence à l'université de Victoria, British Columbia, le 30 octobre 1986.

18. STRONG, « Opportunities for Real Growth ».

19. NIETZSCHE Friedrich, *Die Fröhliche Wissenschaft*, vol. 3, p. 16., « Moralität ist Herden-Instinkt, in Einzelnen. »

20. Sir Derek Alun-Jones, président de Ferranti International, cité dans le *Times* de Londres, 18 novembre 1989, p. 17. Cet article donne les grandes lignes de l'affaire.

21. Résolution du Congrès socialiste international de Vancouver, novembre 1978.
22. ENGLER Robert, *The Brotherhood of Oil*, New York, New American Library, 1977, p. 9.
23. *Ibid.*, p. 51.
24. Cf. *The Brotherhood of Oil* et *Toronto Globe and Mail*, 14 mars 1984.
25. DIDEROT, *Encyclopédie*, vol. 2, p. 129 : « FORTUNE (Morale) ».

CHAPITRE XVII : LA MULTIPLICATION DES PAINS

1. À propos de la chute de Jim Slater, cf. *The Economist*, 1er juin 1974, p. 95 ; 24 août 1974, p. 81 ; 1er novembre 1975, p. 72 ; 15 novembre 1975, p. 89 ; 18 septembre 1976, p. 115 ; 15 octobre 1977, p. 121. Le phénomène est analysé dans son ensemble dans RAW Charles, *Slater Walker*, Londres, André Deutsch, 1977.
2. *The Economist*, 15 octobre 1977, p. 121.
3. Le Serpent monétaire européen a vu le jour en 1972, au lendemain de la première grande crise monétaire des années 1970. C'est un régime des changes d'après lequel les pays qui en font partie sont tenus de maintenir leur devise dans les limites de marges (inférieure et supérieure) déterminées par une grille fixant les valeurs relatives de tous les adhérents. Le SME est né en 1979 et il évolue vers une monnaie européenne unique – ou quelque chose qui ressemble à cet idéal. Pour une bonne description des origines du SME, cf. LUDLOW, *The Making of the European Monetary System*.
4. Mentionné par Anthony Sampson dans l'*International Herald Tribune* du 24 novembre 1982, p. 4.
5. Cf. COHEN Diane, « Signals of a Looming Depression », *Maclean's*, 25 août 1988 ; BIANCO Anthony, « The Casino Society », *Business Week*, 16 septembre 1985, p. 78 ; BOSWORTH-DAVIES Rowan, *Too Good to be True : How to Survive in the Casino Society*, Londres, Bodley Head, 1987 ; TAYLOR John, *Storming the Magic Kingdom*, New York, Alfred A. Knopf, 1987.
6. BIANCO, « The Casino Society », p. 79 ; COHEN, « Signals ».
7. JEFFERSON, *The Life*, lettre de Paris à James Madison, 16 septembre 1789.
8. WEBER Max, *L'Éthique protestante et l'esprit du capitalisme*, Traduc. française Paris, Plon. Publié en allemand en 1904-5.
9. Deutéronome, 23:20-21, Exode, 22:24, Lévitique, 25:35-37, Ezéchiel, 18:13, Psaumes, 15:5.
10. ZOLA Émile, *L'Argent*, Paris, Bibliothèque Charpentier, 1893, p. 107.
11. Cf. LEVER Harold et HULME Christopher, *Debt and Danger*, Boston, Atlantic Monthly Press, 1986.
12. Décrit en ces termes dans STORR Anthony, *Solitude – A Return to the Self*, New York, Free Press, 1988.
13. Pour des éclaircissements sur l'affaire Gulf-Pickens, cf. *New York Times*, 1er novembre 1983, D9 ; *Financial Times*, 25 novembre 1983, p. 18 ; *ibid.*, 28 novembre 1983, p. 7, publicité pleine page pour la Gulf ; *ibid.*, 31 décembre 1983 ; *International Herald Tribune*, 31 décembre 1983, Business Section, p. 1.
14. *International Herald Tribune*, 27 mai 1987, Business Section, p. 1.
15. À propos de la reprise de Beatrice, cf. *New York Times*, dimanche 6 septembre 1987, Business Section, p. 1.
16. BUFFETT Warren, cité par HILZENRATH David, *Sunday Star*, 1er septembre 1991. GIULIANI Rudolph, cité dans SHEEHY Gail, « Heaven's Hit Man », *Vanity Fair*, août 1987.
17. Cité dans BOSWORTH-DAVIES, *Too Good to Be True*.
18. ASCHER Carol, « Can't Anyone Tell Right from Wrong ? », in *Present Tense*, janvier-février 1987, pp. 6-13.
19. *Ibid.*
20. *Times*, Londres, 24 avril 1987.
21. Dome Petroleum avait de vastes concessions dans l'Arctique canadien. Des découvertes réalisées à la fin des années soixante-dix furent utilisées pour vendre à plusieurs reprises des lots d'actions dans le monde entier, d'où une hausse spectaculaire des prix. Dans les années quatre-vingt, l'endettement de la compagnie, combiné aux difficultés constantes que représentait l'exploitation de réserves aussi inaccessibles, déboucha finalement sur un effondrement spectaculaire.

22. Roosevelt Phil, « The Secretive Ways of George Soros », *International Herald Tribune*, 13 avril 1987, p. 9.

23. Cf. *Le Monde*, 14 février 1989, p. 21 ; *ibid.*, 1er mars 1989 ; *International Herald Tribune*, 15 avril 1991.

24. Cf., par exemple, *Le Monde*, 15 février 1989.

25. *Times*, Londres, 17 juillet 1989.

26. Homer Sidney, *A History of Interest Rates*, New Brunswick, N.J., Rutgers University Press, 1972.

CHAPITRE XVIII : IMAGES D'IMMORTALITÉ, OU LA VICTOIRE DE L'IDOLÂTRIE

1. On trouve une description détaillée et une remarquable analyse de l'essor de l'Église de Rome et de ses liens avec les croyances romaines, l'architecture et les images, ainsi que sur l'avènement de la magie et de l'idolâtrie grecques, dans Krautheimer Richard, *Rome, Profile of a City, 312-1308*, Princeton, N.J., Princeton University Press, 1980. Je m'en suis largement inspiré pour tout ce qui concerne le christianisme et Rome.

2. Saint Augustin, *La Cité de Dieu*, livre 7, chap. 5.

3. Cf. Daniel-Rops H., *L'Église des temps barbares*, Paris, Fayard, 2e éd., 1965.

4. *Le Coran*, trad. D. Masson, Paris, La Pléiade, Gallimard, 1967 – citation tirée du « Miséricordieux », p. 20. J'ai omis le refrain – « Quel est donc celui des bienfaits de votre Seigneur que tous deux, vous nierez », qui suit chaque verset.

5. Matthieu 5 : 10 ; 18 : 4, 20 : 23.

6. Les trois essais les plus influents dans cette période de transition du xve au xvie siècle sont : Alberti Leon Battista, *À propos de la peinture* (1435), d'après l'évolution de Florence sur le plan artistique ; Piero Della Francesca, *De Prospectiva Pingendi* (Sur la perspective en peinture) (1474-82) et *De quinque corporibus regularibus* (Sur cinq corps réguliers) (après 1482).

7. Cité d'après Keisch Claude, *Grand Empire – Virtue and Vice in The Napoleonic Empire*, New York, Hippocrene Books, 1990, p. 71.

8. Collingwood R.G., *The Principles of Art*, Londres, Oxford University Press, 1974. Première parution en 1938.

9. Ces deux citations de Francis Bacon sont tirées de *Spectator*, 25 mai 1985, p. 36, dans une interview d'Alistair Hicks.

10. Huxley Aldous, *Le meilleur des mondes*, Paris, Plon, 1932, Presses Pocket, p. 190.

11. McLuhan Marshall, *Pour comprendre les media*, trad. J. Paré, Mame, Tours – Paris, 1968.

12. *Ibid.*

13. Cf. *Le Point*, Paris, 24-30 octobre 1988, p. 122.

14. McLuhan Marshall, *Letters of Marshall McLuhan*, Toronto, Oxford University Press, 1987, p. 220.

15. Cf., par exemple, de Liberator et Tamburini, *RanXerox à New York*, Paris, Albin Michel, 1982.

16. Bilal, *La Femme piège*, Paris, Dargaud, 1986.

17. *Le Nouvel Observateur*, Paris, 29 août 1986.

18. Spiegelman Art, *Maus*, New York, Pantheon, 1986. Trad. française, Paris, Flammarion 1988 et 1992.

19. Cité dans Marks Claude, *World Artists, 1950-1980*, New York, H.W. Wilson Publishers, 1984. Voir le passage sur Lichtenstein.

20. Brown Chester, « Returning to the Way Things are », dans *Yummy Fur*, n° 9, Toronto, Vortex Publishing, 1988.

21. Le Clézio J.-M., *Le Procès Verbal*, Paris, Folio, 1963, p. 128.

CHAPITRE XIX : LA VIE EN BOÎTE – L'INDIVIDU ET LA SPÉCIALISATION

1. Shaw George Bernard, *You Never Can Tell*, The Bodley Head Bernard Shaw, vol. 1, Londres, The Bodley Head, 1970, pp. 671, 679, 685. Première parution en 1899.

2. Mann Thomas, *La Montagne magique*. Trad. française, Paris, Fayard, *op. cit.*, p. 669.

3. Mill John Stuart, *Utilitarism, Liberty, Representative Government*, Londres, Everyman Library (Dent), 1964 ; et *On Liberty*, chap. iv et v.

4. À propos de l'usage initial de ces termes, cf. *Oxford English Dictionary*, 2ᵉ éd., vol XVI, Oxford, Clarendon Press, 1989, pp. 152-153 :

Spécialisation : 1843, Mill, *Logic*, p. 270 : « Nous avons vu plus haut les mots *païen* et *vilain*, des exemples remarquables de la spécialisation du sens des mots » ; 1865, Mill, *Comte*, p. 94 : « La spécialisation croissante de tous les emplois [...] ne va pas sans certains inconvénients. »

Spécialiser : 1865, M. Pattison, Oxford Ess., p. 292 : « Le fait même que le nouveau statut a restreint et spécialisé les sujets dans l'École des humanités littéraires... »

Spécialiste : 1862, Herbert Spencer, Premier principe, II, 1, 36, p. 130 : « Même le spécialiste le plus limité ne qualifierait pas de philosophique un essai qui... »

5. Bonnet Charles, *Palingénésie philosophique ou Idées sur l'état passé et l'état futur des êtres vivants*, 17ᵉ partie, chap. 4.

6. Hand Learned, *The Spirit of Liberty*, p. 7.

7. McLuhan, *Letters*, 29 août 1973. Au haut fonctionnaire Nicholas Johnson, U.S. Federal Communications Commission.

8. Les citations de Strong et de Polk sont tirées d'entretiens avec l'auteur, en 1989.

9. Montesquieu, *Lettres persanes*, Paris, Folio, 1981, lettre LXXXIX, Usbek à Ibben.

10. Jefferson, *The Life*, p. 711. Lettre à Monsieur A. Coray, 31 octobre 1823.

11. Happinees Inc., P.O. Box 130, Station Z, Toronto, Canada M5N 2Z3.

12. Charles Murray, cité dans *Sunday Telegraph*, 14 mai 1989, p. 7.

13. *Vanity Fair*, août 1987, p. 134.

14. Love John F., *McDonald's – Behind their Arches*, New York, Bantam Press, 1986, p. 15.

15. La description du Hyatt Regency Waikoloa est tirée de *Time*, 27 février 1989, p. 67.

16. Harris, Louis, *Inside America*, New York, Random House, 1987. Comporte le tableau qui suit.

17. Cf. Kenrick Walter, *The Secret Museum : Pornography in Modern Culture*, New York, Viking, 1987. Voir aussi une critique de ce livre par John Gross, dans le *New York Times* du 7 mai 1987.

18. Discussion de cette pornographie et de son contexte dans Marcus Steven, *The Other Victorians : a Study of Sexuality and Pornography in mid-Nineteenh Century England*, New York, Norton, 1985.

19. McLuhan, *Letters*, à Pierre Elliott Trudeau, 2 juillet 1975, p. 511.

20. *American Vogue*, juin 1986, p. 236. Symposium « American Men : What do they want ? », cité par le Dr Robert Goald, psychiatre et professeur au New York Medical College.

21. Entretien avec l'auteur à Belgrade, 22 octobre 1987.

22. Malraux André, cité dans *Le Monde*, 5 juillet 1986. Publication d'une interview datant de 1975 avec Ion Mihaileanu.

23. Liste tirée de « Rebirth of a Notion », par Jackson Marni, *Toronto Magazine*, septembre 1988.

24. *International Herald Tribune*, octobre 1987. C'est moi qui souligne.

Chapitre xx : les stars

1. Jefferson, *The Life*, Autobiographie, p. 104.

2. Cité dans Kornbluth Jesse, « Faye Fights back », *Vanity Fair*, août 1987, p. 94.

3. Mills Wright C., *The Power Elite*, p. 71.

4. Hand, *The Spirit of Liberty*, p. 38 ; tiré d'un discours intitulé « The Preservation of Personality ».

5. Mills, *The Power Elite*, p. 74.

6. La source d'inspiration de Goya à ce sujet a donné lieu à d'interminables débats. L'historienne d'art Jeanine Baticle attribue cette image à une gravure représentant la même

scène par Miguel Bamborino. Voir aussi *La Vision de l'Apocalypse* par El Greco; elle se trouve au musée Zuloaga, à Zumaya, et date de 1613 – c'est-à-dire de la fin de sa vie; il était alors dans une phase de folie lyrique, qui n'était pas sans ressembler à la vision égocentrique, débridée du peintre moderne. Le personnage principal de ce tableau lève les bras et son visage exprime ce même sentiment ambigu mêlant joie et peur.

7. Eugène Delacroix, *Le 28 juillet 1830 – La Liberté guidant le peuple*, 1831.

8. *Daily Mail*, 1er juillet 1987, p. 1.

9. *Times*, Londres, 20 juin 1989, p. 42.

10. Cité par William R. McMurtry, Q.C., dans un discours à l'intention du barreau canadien, Toronto, 16 janvier 1987.

11. *Ibid*.

12. Publicité pour le Lannick Group dans *Toronto Globe and Mail Report on Business Magazine*, août 1989.

13. Cf. la biographie de Goldman Albert, *The Lives of John Lennon*, New York, William Morrow, 1988. Pour un exemple de la réaction du public, cf. *New York Times* du 12 septembre 1988 : analyse de Allan Kozinn.

14. Christian de La Mazière, cité dans *Paris-Match* du 15 mars 1987, p. 75. La citation de Dalida est tirée du même article.

15. *New York Times*, 8 septembre 1987, A24.

16. Roth Joseph, *Confession of a Murderer, Told in One Night*, New York, Overlook Press, 1985, p. 107. Première parution en 1937.

17. *New York Times Magazine*, 11 juin 1989, p. 28.

18. Pour une description de la maison Presley, cf « Amazing Graceland », *Life Magazine*, septembre 1987, p. 44.

19. David Bowie cité dans *Paris-Match*, 10 avril 1987, p. 37.

20. *Paris-Match*, 3 juin 1988, p. 26.

21. *Le Monde*, 20 mai 1987, article à propos d'un sondage de l'IPSOS réalisé entre les 6 et 13 mai 1987 auprès d'adolescents de 15 à 25 ans. La question posée était la suivante : « Quelles sont les personnalités dont le nom vous vient à l'esprit lorsque vous pensez aux actions efficaces d'aide au développement? »

La liste des quarante plus gros salaires du monde du spectacle publiée par Forbes date du 21 septembre 1987. Certains chiffres sont plus récents et sont tirés d'une enquête de 1991 : « Quelles sont les trois femmes célèbres sur lesquelles vous vous retourneriez en les croisant dans la rue? » *Le Monde*, 13 mai 1987, cahier spécial « Image de Femmes ».

22. La description de la vente est tirée pour l'essentiel de Dunne Dominick, « The Windsor Epilogue », *Vanity Fair*, août 1987, p. 100.

23. Cf., par exemple, son portrait par Sally Bedell Smith dans *Vanity Fair*, juillet 1991.

24. *Paris-Match*.

25. *International Herald Tribune*, 7 avril 1987, p. 1.

26. Dorsey Hebe, « A Princely Birthday in Bavaria », *International Herald Tribune*, 10 juin 1986, p. 10.

27. Les détails relatifs au mariage de Grace Kelly et Rainier de Monaco sont tirés de Spada James, *Grace : The Secret Lives of a Princess*, Garden City, N.Y., Doubleday, 1987. La couturière qui dessina la robe se nommait Helen Rose.

28. *Bangkok Post*, 28 janvier 1990.

29. Mills, *The Power Elite*, p. 75.

30. Cf. couverture du *Toronto Magazine*, décembre 1989.

31. A propos de Sarah Bernhardt, cf. *Le Figaro, Journal des Débats, L'Intransigeant, Le Journal*, 26-30 mars 1923. À propos d'Édith Piaf (13-15 octobre 1963) et de Gérard Philipe (26-29 novembre 1959), voir *Le Monde, Le Figaro* et *Combat*. Au sujet d'Yves Montand (pleine page) la Une de *Libération*, du *Quotidien de Paris* et de *France-Soir*. Demi-page : *Le Figaro, Le Monde*. Couvertures d'hebdomadaires : *Le Nouvel Observateur, L'Express, L'Événement du Jeudi, VSD*.

32. Reagan Ronald, *Where's the Rest of Me ?* 1965, p. 51.

33. *Toronto Globe and Mail*, 6 mai 1986, A13.

34. L'interview la plus controversée de Trudeau est parue le 28 décembre 1975. Réalisée par Bruce Phillips et Carole Taylor sur CTV.

1. On estime en général que les écrits d'Homère n'ont pas été l'œuvre d'un seul poète. Il aurait écrit l'*Iliade* et l'*Odyssée* un peu comme Matthieu rédigeant son évangile.

2. A propos de la filiation de l'Apocalypse par rapport à l'Ancien Testament, cf. Frye Northrop, *The Great Code : The Bible and Literature*, New York, Harcourt Brace Jovanovich, 1982, pp. 73 et 35. La confusion entre l'apôtre Jean et Jean de Patmos prévaut encore de nos jours.

3. A propos du phénomène linguistique de François dans le contexte de son époque, cf. Auerbach Erich, *Mimesis, The Representation of Reality in Western Literature*, New York, Doubleday, 1953, chap. 7. Original en allemand : 1946.

4. Parmi les trois recteurs-poètes les plus connus : Dinko Ranjina (1536-1607), Dominko Zlataric (1558-1613), et Ivan Gundulic (1589-1638), qui écrivit le plus grand poème épique sur Dubrovnik, *Osman*.

5. Baudelaire Charles, *Curiosités esthétiques*.

6. Molière, *La Critique de l'École des Femmes*, scène VI. *Œuvres complètes*, vol. 2, Paris, Flammarion, 1965, p. 132.

7. Richelieu, *Testament*, p. 41.

8. Il existe quantité d'ouvrages sur l'affaire Dreyfus. Le meilleur est sans doute le livre remarquable de Bredin Jean-Denis, *L'Affaire*, Paris, Julliard, 1985. Sur l'engagement de Zola, cf. Troisième partie.

9. Ford Madox Ford, *The English Novel*, Manchester, Carcanet, 1983, p. 76. Première parution en 1930.

Julien Gracq, cité par Haddad Hubert, dans *Julien Gracq*, Paris, Le Castor Astral, 1986, p. 74.

Balzac, *Une fille d'Ève*.

Spengler, The *Decline of the West*, p. 32.

10. De Gourmont Remy, *Les Pas sur le Sable*, Le Livre des Masques, 2ᵉ série.

11. Goncourt Edmond et Jules de, *Journal, Mémoires de la vie littéraire*, vol. 1, 1851-1861, Paris, Fasquelle Éditeurs, p. 9.

12. J'ai pris cette phrase à quelqu'un d'autre. L'écrivain américain Stanley Crouch sait à qui je l'ai volée.

13. Introduction d'Herbert Gorman (1928) à Joyce James, *A Portrait of the Artist as a Young Man*, New York, Modern Library, 1944.

14. Connolly Cyril, *Enemies of Promise*, Harmondsworth, Penguin, 1938, p. 108.

15. Cité dans Griffin Bryan F., « Panic among the Philistines », *Harpers*, août 1981, p. 38.

16. Voltaire, *L'Enfant prodigue*, préface.

17. Cf., par exemple, *The Fontana Dictionary of Modern Thought*, éd. révisée., ed. by Alan Bullock et Oliver Stallybrass, Londres, Fontana, 1988, p. 206.

18. Cité dans *Le Monde*, 5 juillet 1986, p. 19.

19. Cité dans *New York Times*, portrait de I. F. Stone, 22 janvier 1978.

20. Ford R.A.D., *Doors, Words and Silence*, Toronto, Mosaic Press, 1985.

21. Eliot T.S., *Collected Poems, 1909-1962*, Londres, Faber & Faber, 1974, p. 218. « Four Quartets, Little Gidding », première parution en 1942.

1. À propos de Palladio, cf. Muraro Michelangelo, *Civilisation des Villes Vénitiennes*, Paris, Éditions Mengès, 1987. Original italien en 1986. Voir aussi divers ouvrages et articles de Ackerman James S., comme *Palladio*, Harmondsworth, Penguin, 1966.

2. Howard Sir Michael, « Process and Values in History ». Conférence donnée à l'université d'Oxford, 1989.

REMERCIEMENTS

Cet ouvrage m'a demandé plus de dix ans et la liste des personnes qui m'ont aidé est interminable. Ce qui suit est par conséquent incomplet. En revanche, certains auront peut-être oublié les conseils ou les informations qu'ils m'ont fournis. Il va sans dire que, en adressant ces remerciements, je ne suggère nullement que quiconque, à commencer par Maurice Strong, soit d'accord avec ce que j'ai écrit. Je tiens seulement à manifester ma gratitude.

Avant tout, Adrienne, pour ses conseils, sa patience, ses encouragements et son amour.

Puis Adam Bellow, un éditeur extraordinaire qui s'est engagé dans cette longue tâche avec autant d'imagination et de soin que de considération.

En France, Sabine Boulongne qui, traduisant mon ouvrage en français, a vécu pendant des mois avec ces *Bâtards*... et a survécu, avec le soutien de mon éditeur, Jean-Luc Pidoux-Payot.

Ensuite, tous les amis qui ont lu les premières versions, y ont apporté des commentaires et des suggestions et m'ont accordé leur aide. Erwin Glikes, Laura Roebuck, Robin Straus, Mike Shaw, Michael Levine, Cynthia Good, Michelle Lapautre, Diana Mackay, Kristen Hanson, Wendy Law-Yone, Linda Spalding, Vivienne Moody, Emile Martel, Ursula Bender, Roberto Santachiara, Olga Villalba et Jean-François Lamunière.

Étant donné que je suis pour ainsi dire incapable d'écrire à la maison, assis, ou couché, je dois citer également tous les amis qui ont eu la gentillesse de me proposer leur maison comme un lieu de refuge pour un écrivain. Bill et Cathy Graham, dans la Hockley Valley. Tim et Fran Lewis, Roy Whitehead, aujourd'hui décédé, et Hillie, à Bangkok. Bill Glassco à Tadoussac. Émile et Nicole Martel à Paris. Norm Lofts et Lisa Wood au bord du lac Joseph. Sandy et Jane Crews à Arma Island, sur le lac Joseph. John et Sue Polanyi à Sashile, Georgian Bay. Elizabeth Gordon à Seldom Seen. Et, bien entendu, mes amis d'Eygalières qui ont supporté de me voir errer d'un air distrait.

Ma gratitude va aussi au nombre étonnant de gens – certains parmi mes amis, d'autres répondant simplement à mes requêtes – qui m'ont apporté leur aide dans des domaines spécifiques. Parfois noyé dans les marécages de la philosophie, de la religion et de l'histoire, j'ai été périodiquement repêché par Sulak Sivaraksa et le père Joe Maier, à Bangkok, qui m'ont ramené sur les rives du bouddhisme, le professeur Andrew Watson, à Toronto, pour toutes les questions relatives à l'islam et à la civilisation arabe, le professeur Alain Pons, à Paris, concernant Vico et les Encyclopédistes, le père Edgar Bull, John McMurtry, Len Pennachetti, Henri Robillot, le professeur Marjory Rogers, le professeur William Rogers et Olivier Todd. Concernant les jésuites, Michael Coren, André Fournier, S.J., et le professeur Michael Riggens. Sur la mythologie arthurienne, David Staines. À propos de la torture, le professeur Edward Peters.

Pour le chapitre de l'armement, le personnel de l'Institut international des études stratégiques à Londres, Donald Agger, à Washington, et Anthony Sampson m'ont assuré une assistance très précieuse. Dans le domaine militaire, je tiens à remercier le professeur Anthony Clayton, de Sandhurst, Richard Gabriel, le général Pierre Gallois, Sir Michael Howard, Jean Planchais et le professeur John Polanyi, qui m'a également éclairé en ce qui concerne la relation entre la science et la responsabilité sociale. Sur la question de la cybernétique, un grand merci à Stephen Bingham.

Pour tout ce qui concerne les finances et l'économie, ma reconnaissance va à David Mitchell, à New York; Robert Rewald et Sarah Holden, de la Federal Reserve Bank, à Washington; Samuel Brittan, Roger Garside, Simon Lovett, et M.D. Craig, de la Bank of England, tous en Angleterre; Jack Belford, John Grant, Jim Laxer, le professeur Abraham Rotstein, Mary E. Webb au Canada; Alain Vernholes, du *Monde*, à Paris.

Sur le gouvernement et l'administration, Romée de Bellescize, Georges Berthoin, Jean-Michel Gaillard, Charles Galtier, Richard Reeves et Glen Treverton. Sur les questions juridiques, Michael Alexander, maître Denis Debost, le professeur William Graham, Q.C., Christopher Ives et Martin Katz. A propos du secret, Bernard Cadé et Johannes Gottwald, qui ont tous deux exhumé d'intéressants documents.

Sur la tauromachie, Luc Perrot et Aline Pélissier. Sur l'image, Jean-Michel Beurdelay, Tim Clifford, Gérard Drouillet, Pierre Legué, Christopher Pratt, Mary Pratt et Bernard Paul. A propos de la littérature, Julien Gracq, Terence Kilmartin, aujourd'hui décédé, et René de Obaldia. Le regretté Sir Angus Wilson et Tony Garrett ont formé à eux deux une Encyclopédie qui m'a considérablement aidé pour toute une série de sujets.

Sans oublier quantité d'autres amis, dont Diane de Bellescize, Bernard Bois, Guy Dupré, Mary Harrison, Odile Hellier, Phoebe Larmore, Bernard Kaplan, Bill McMurtry, Michael Ondaatje, Paulo et Marzia Perini, Jeremy Riley, Michael Robison, Sarah Thring, Martha Warnes et Julie Wadham, qui, il y a un certain temps, avant *Mort d'un général*, m'a aidé à sauter le pas.

Index des noms

TABLE DES MATIÈRES

PREMIÈRE PARTIE : ARGUMENT

DEUXIÈME PARTIE : SCÈNES D'UN SYSTÈME QUI NE MARCHE PAS

TROISIÈME PARTIE :
SURVIVRE DANS UN MONDE FANTASMATIQUE
L'INDIVIDU DANS L'UNIVERS DE LA RAISON

Cet ouvrage a été réalisé par la
SOCIÉTÉ NOUVELLE FIRMIN-DIDOT
Mesnil-sur-l'Estrée
pour le compte des Éditions Payot
en janvier 1994

Imprimé en France

Dépôt légal : octobre 1993
N° d'impression : 26152